# 唐 研 究

## Journal of Tang Studies

第二十九卷

Volume XXIX

主編　葉煒

北京大学出版社
PEKING UNIVERSITY PRESS

二〇二四·北京

Peking University Press

Beijing　2024

圖書在版編目(CIP)數據

唐研究. 第二十九卷/葉煒主編.—北京：北京大學出版社，2024.3.--
ISBN 978-7-301-35131-4

Ⅰ. K242.07-53

中國國家版本館CIP數據核字第2024EQ9415號

| | |
|---|---|
| 書　　　名 | 唐研究（第二十九卷） |
| | TANG YANJIU（DI-ERSHIJIU JUAN） |
| 著作責任者 | 葉　煒　主編 |
| 責任編輯 | 張　晗 |
| 標準書號 | ISBN 978-7-301-35131-4 |
| 出版發行 | 北京大學出版社 |
| 地　　　址 | 北京市海淀區成府路205號　100871 |
| 網　　　址 | http://www.pup.cn　　新浪微博：@北京大學出版社 |
| 電子郵箱 | 編輯部 wsz@pup.cn　總編室 zpup@pup.cn |
| 電　　　話 | 郵購部 010-62752015　發行部 010-62750672　編輯部 010-62767315 |
| 印刷者 | 北京鑫海金澳膠印有限公司 |
| 經銷者 | 新華書店 |
| | 787毫米×1092毫米　16開本　48.25印張　856千字 |
| | 2024年3月第1版　2024年3月第1次印刷 |
| 定　　　價 | 158.00圓 |

未經許可，不得以任何方式複製或抄襲本書之部分或全部内容。
**版權所有，侵權必究**
舉報電話：010-62752024　電子郵箱：fd@pup.cn
圖書如有印裝質量問題，請與出版部聯繫，電話：010-62756370

主辦單位：唐研究基金會
　　　　　北京大學中國古代史研究中心
創刊主編：榮新江
主　　編：葉　煒
編　　委：（以拼音字母爲序）

陳懷宇　陳志遠　赤木崇敏　方誠峰　馮培紅
傅　揚　雷　聞　李　軍　李鵬飛　劉　屹
柳浚炯　仇鹿鳴　沈睿文　史　睿　孫英剛
唐　雯　王　静　魏　斌　吳　羽　夏　炎
游自勇　余　欣　張小貴　張小艷　趙　晶

※　　　※　　　※

**Founding Chief Editor**：Rong Xinjiang
**Chief Editor**：Ye Wei
**Editors**：

AKAGI Takatoshi　Chen Huaiyu　Chen Zhiyuan
Fang Chengfeng　Feng Peihong　Fu Yang　Lei Wen
Li Jun　Li Pengfei　Liu Yi　Liu Junjiong
Qiu Luming　Shen Ruiwen　Shi Rui　Sun Yinggang
Tang Wen　Wang Jing　Wei Bin　Wu Yu　Xia Yan
You Ziyong　Yu Xin　Zhang Xiaogui　Zhang Xiaoyan
Zhao Jing

# 目　　錄

**專欄　文集中的唐人世界**　　　　　　　　　　　　　　　　　　　　唐雯　策劃

《梁書》《隋書》引録文章的考察 …………………………………………… 聶溦萌(3)

唐太宗征遼後唱和活動與貞觀詩風轉向
　　——日藏古抄卷《翰林學士集》與殷璠"貞觀末標格漸高"
　　　箋解 ………………………………………………………………… 查屏球(35)

唐中宗的歲時生活與最後的政治謀劃：
以《景龍文館記》爲中心 …………………………………………………… 吴　真(65)

唐玄宗的《敕新羅王書》與《敕日本國王書》
　　——《曲江集》所載敕書文本研究 ……………………………………… 童　嶺(99)

從唐人文集看中唐左降官遷謫制度
　　——以韓愈、柳宗元、劉禹錫文集爲中心 ……………………………… 劉真倫(123)

讀《高陵令劉君遺愛碑》論關中鄭白二渠水利往事 ……………………… 吕　博(169)

撰作類型與制度性塑造：韋丹遺愛碑所見唐代的德政記述 ……… 徐紫悦(197)

《桂苑筆耕集》繫年新考 …………………………………………………… 曾　磊(217)

觀風察源：南宋蜀刻《孫可之文集》底本蠡探 ……………………………… 夏　婧(259)

新見晚唐類書《雙金》考 ……………………………………………………… 富嘉吟(281)

宋蜀刻十二行本唐人集之再認識：元時的書册實態 ……………… 石　祥(297)

**論　文**

三階教的"末法觀" …………………………………………………………… 劉　屹(313)

北朝隋唐馮翊嚴氏奉佛考
　　——以石刻史料爲中心 ……………………………………………… 沈國光(337)

"始祖"的譜系：漢唐禮學與禮制嬗變之一瞥 ………………… 孟楷卓（371）
《魏故臨洮王妃楊氏墓誌》與魏末帝位異動 ………………… 張瀟文（403）
《陳詡墓誌》所見陳代史事鈎沉 ………………………………… 李浩搏（423）
隋煬帝陵墓改遷、哀册改刻與貞觀政權的正統建構 ………… 朱超龍（447）
貞觀初年唐朝與林邑關係史新證
　　——以《元軌墓誌》為中心 ……………………………… 董永强（483）
《唐曹懷直墓誌銘並序》與敦煌粟特曹氏 ……………………… 馮培紅（507）
隋唐奏抄探源 …………………………………………………… 李柏楊（533）
從寇境到王土：憲宗元和用兵前後淄青的地方態勢 ………… 吴曉豐（555）
更代往來，以為守備
　　——再論中晚唐防秋兵的戍期與組織形態 …………… 宋欣昀（591）
寄以干城：中晚唐藩鎮薦送大將入朝考 ……………………… 張照陽（613）
再論總材山 ……………………………………………………… 張凱悦（635）
契丹國舅帳與審密氏集團 ……………………………………… 陳曉偉（653）
唐人文學"好奇"風尚研究綜述 ………………………………… 張豐楚（673）

**書　評**

《陝西省考古研究院新入藏墓誌》
《新中國出土墓誌（陝西肆）》 ………………………………… 仇鹿鳴（711）
《朝廷、藩鎮、土豪——唐後期江淮地域政治與社會秩序》 ……… 曾　磊（721）
"五代在碑誌"三部曲平議
　　——《世變下的五代女性》《五代武人之文》
　　　《五代的文武僧庶》 ……………………… 胡耀飛、謝宇榮（733）

2023年唐史研究書目 …………………………………………………（743）
第二十九卷作者研究或學習單位及文章索引 ……………………（753）

《唐研究》簡介及稿約 ……………………………………………（755）
投稿須知 …………………………………………………………（759）

# Contents

**Special Theme** ················································ **Guest Editor: Tang Wen**

A Comparative Study of Articles Cited in the Biographies
 of the *Book of Sui* and the *Book of Liang* ················ Nie Weimeng( 3 )
Singing Activities after the Liao Expedition of the Tang
 and the Change of Zhenguan Poetry Style: A Study on
 the Japanese Old Manuscript Collection of Hanlin Scholars and
 Yin Fan's Explanation of "The Standards Gradually
 Became Higher at the End of Zhenguan" ···················· Zha Pingqiu( 35 )
The Festival Life and Final Political Planning of Emperor
 Zhongzong of the Tang Dynasty: With a Focus on the
 *Jinglong Wenguan Ji* ················································ Wu Zhen( 65 )
Tang Xuanzong's Imperial Edicts to the King of Silla and
 to the King of Japan
 —A Study of the Texts of the Imperial Edicts Contained
 in the *Qujiang Collection* ···································· Tong Ling( 99 )
The Relegation System of Official in the Mid-Tang:
 Case Studies of Han Yu, Liu Zongyuan and Liu Yuxi ······ Liu Zhenlun(123)
"The Stele of Commemorating the Accomplishment of
 Mr. Liu, the County Magistrate of Gaoling" and
 Hydraulic Engineering in Guanzhong ···························· Lü Bo(169)

Compositional Types and Institutional Shaping: The Narrative
   of Benevolent Governance in the Tang Dynasty as
   Reflected in the Stele of Wei Dan ·················· Xu Ziyue(197)
A New Study on the Writing Times of Documents
   in the *Guiyuan Bigeng Ji* ························· Zeng Lei(217)
A Research on the Original Edition of *Collected Works
   of Sun Kezhi* Published in Sichuan Area in the
   Southern Song Dynasty through the Analysis
   of Taboo Words ······································ Xia Jing(259)
A Study on the Newly Discovered late Tang Leishu *Shuangjin* ······ Fu Jiayin(281)
The Actual State of Books in the Yuan Dynasty:
   A Re-examination of the Collected Works
   of Tang Dynasty Poets Printed in Sichuan
   during the Song Dynasty ···························· Shi Xiang(297)

**Articles**

The Viewpoints on the Final Dharma in the School
   of the Three Levels ································· Liu Yi(313)
A Research on the Buddhist Worship of the Pingyi Yan
   Clan from the Northern Dynasties to the Sui and
   Tang Dynasties: Centering on Stone Inscriptions ········ Shen Guoguang(337)
The Genealogy of "Shi Zu": An Observation on the
   Changes of Ritual Study and Ritual System from
   the Han Dynasty to the Tang Dynasty ··················· Meng Kaizhuo(371)
The Newly Found *Epitaph of Yang Aofei* and the Change
   of Throne in the Late Northern Wei Dynasty ············ Zhang Xiaowen(403)
Historical Events of the Chen Dynasty Recorded
   in the *Epitaph of Chen Xu* ··························· Li Haobo(423)
The Relocation of the Mausoleum and Recomposition of

Eulogy of Emperor Yang of Sui and the Construction
   of Orthodoxy of Zhenguan Regime of Tang ............ Zhu Chaolong(447)
A New Historical Evidence for the Relationship between
   the Tang and Champa in the Early Zhenguan Period
   Centered on the *Epitaph of Yuan Gui* ............ Dong Yongqiang(483)
The *Epitaph and Its Preface of Cao Huaizhi in the Tang*
   and Cao Clan of Sogdian in Dunhuang ............ Feng Peihong(507)
The Origin of "Zouchao" of the Sui and Tang Dynasties ............ Li Boyang(533)
From Rebel Area to Imperial Territory: The Situation of
   Ziqing before and after Xianzong's Military Operation ...... Wu Xiaofeng(555)
Soldiers Come and Leave as Frontier Guards
   —A Further Discussion on the Length of the Garrison
      Period and the Organizational Form of the Autumn
      Defence during the Mid and Late Tang Dynasty ......... Song Xinyun(591)
"Granting Shield and Wall": Regional Recommendation
   and Court Appointment of Generals during the Mid
   and Late Tang Dynasty ............ Zhang Zhaoyang(613)
Further Discussion on the Location of Mount Zongcai ......... Zhang Kaiyue(635)
The Clans of the Imperial Brothers-in-law and the
   Shen-mi Bloc of Khitai ............ Chen Xiaowei(653)
A Research Overview on the Fashion of the
   "Affection-for-Wonders" in the Tang Dynasty ............ Zhang Fengchu(673)

**Reviews** ............ (709)

**New Publications** ............ (743)

**Contributors** ............ (753)

**Introduction to the *Journal of Tang Studies*** ............ (755)

**Note from the Editor** ............ (759)

## 專　欄
## 文集中的唐人世界

唐雯　策劃

# 《梁書》《隋書》引録文章的考察

## 聶溦萌

談及古代的文章，一般會先想到集部文獻。但就漢魏南北朝時期而言，正史對於保留這一時期的辭章有極重要作用。從嚴可均輯佚《全上古三代秦漢三國六朝文》的情況看，主要有五種文獻保存這一時期的文章，分别是正史、文章總集或文學性型類書（主要是《文選》《藝文類聚》《文苑英華》）、佛道文獻（尤其是《廣弘明集》）、綜合性類書（主要是《北堂書鈔》《太平御覽》《初學記》）、碑刻。先唐别集由於大部出於後人重輯，在這個問題上反而難以與上述幾類文獻等量齊觀。

文章本應是史書編纂的直接或間接史源之一，所以從《史記》開始已有直接引用文章的做法。趙翼指出《漢書》改造《史記》之一端即增載文章，所收皆"有關於學問，有繫於政務者"，至於武帝以後班氏父子新作諸傳，"亦多載有用章疏"[1]。中古史書收録文章之舉蔚爲大觀，劉知幾在《史通》中專闢《載文》一篇闡述他在這方面的看法[2]。他認爲"文之將史，其流一焉"，贊賞上古經典收録那些"其理讜而切，其文簡而要，足以懲惡勸善，觀風察俗"的篇什，而反對《史記》《漢書》收録大量"喻過其體，詞没其義"的漢賦。讓他更不滿的是漢代以後史書之收録文章，這首先是由於他不滿魏晋以後的文風，認爲有"五失"導致文章虛矯。這樣的文章本來與史家的追求南轅北轍，"而世之作者，恒不之察，聚彼虛説，編而次之，創自起居，成於國史；連章疏録，一字無廢，非復史書，更成文集"。

---

\* 本文是2019年度國家社會科學基金青年項目"漢魏六朝文書行政體系中的官修史研究"（批准號：19CZS005）的階段性成果。

[1] 趙翼著，王樹民校證《廿二史劄記校證（訂補本）》卷二"《漢書》多載有用之文"條，中華書局，1984年，30頁。

[2] 劉知幾著，浦起龍通釋，王煦華整理《史通通釋》卷五《載文》，上海古籍出版社，2009年，114—121頁。

值得注意的是,這番批評幾乎都是針對文書而發的。"五失"的前四失在舉例時就直接列出讓表、檄文、詔敕等公文書,祇有第五失"一概"可以説是所有類型文章皆有套路,公文書亦在其中。這些虛浮的文章"創自起居,成於國史",顯然也是針對文書檔案而言:它們經過起居注、編年史或實録等環節,逐步沉澱於紀傳體國史,尤其是帝紀的部分。

上述官修史體制中的文本編録過程,固然是文章(主要是文書)進入史書最具體系性的過程,但也不能預設史書中的文章祇來源於這一途徑,甚至即便是政務文書,也可能有其他的編纂中介。中古時期的文章之學很大程度上是應用文的創作[1],包含各類實際行用的文書,因此别集、總集也是文書之淵藪。所以,有必要把史書作爲文章整理編纂的終點之一,對其引録文章的途徑、方式進行專門考察。史書引録文章時會採取怎樣的思路和方法,與史書整體的編纂又有怎樣的關係?哪些是史家處理文章時的常規做法,哪些又是獨具匠心的設計?從這些編纂的迹象中,能否推測其引録文章的來源?史書引録文章與集部文獻引録文章是涇渭分明,還是存在聯繫交流?瞭解這些問題,對於我們理解中古史書、史學編纂,以及由史書保留下來的文章資料都將有所幫助。本文帶着這樣的問題意識進行初步嘗試,考察唐初修撰的《梁書》《隋書》列傳引録文章的問題。先對兩史引録文章的情況進行總體分析,再作案例討論,明確引録文章的特點,最後推測這些文章被編纂進入史書的過程。

# 一、對兩史引録文章情況的總體分析

本文對《梁書》《隋書》臣僚列傳中引用的文章進行了收集統計,以此爲基礎展開分析。所謂臣僚列傳,不包括皇后傳、類傳、四夷傳,具體卷數爲《梁書》卷八至卷四六及卷五五、五六,計41卷;《隋書》卷三七至卷七〇,計34卷。兩書卷數大體一致,合計引録文章數量也基本持平,《梁書》188篇,《隋書》197篇,分體裁統計如表1:

---

[1] 曹道衡《從文學角度看〈文選〉所收齊梁應用文》,原載《文學遺産》1993年第3期,收入曹道衡《中古文學史論文集續編》,中華書局,2011年,154—170頁。

表1

| 文獻來源 | 詔敕等王言 | 表奏等上行文書 | 議 | 其他官文書 | 書信 | 其他應用文 | 賦頌論序 | 詩 | 合計 |
|---|---|---|---|---|---|---|---|---|---|
| 《梁書》 | 70 | 43 | 10 | 4 | 25 | 8 | 10 | 18 | 188 |
| 《隋書》 | 60 | 92 | 13 | 1 | 13 | 4 | 10 | 4 | 197 |

上表中，"詔敕等王言"包括册（策）、詔、敕、手詔、手敕、太子令、太子手令、璽書等。"表奏等上行文書"包括表、奏、奏彈（劾）、啓、疏、封事、密啓、密奏、上書等。"議"的統計，對於同一場議中不同人的意見以及簡短的批復詔書等，不重複統計，視爲同一文章。"其他官文書"，《梁書》中是教命和府僚致府主的箋，《隋書》是一份判文。"其他應用文"包括訓子、遺命、祭文、墓志、哀册、連珠、盟誓文等。"賦頌論序"常被長篇引録，獨立性較强，因此單獨統計。

在收集資料過程中，如何判定屬於引録文章，有時比較模糊，因此不得不採取一些權宜的辦法。一是史書表述中容易把口頭的詔敕、奏啓與文書相混淆，如果根據前後文判斷較高可能性屬於面奏過程中的君臣對談，或皇帝遣人口頭傳宣而並未形成文本的所謂詔敕，都不計入其中。二是古人表達並無直接引文和轉述的嚴格界限，一些寥寥數字而又緊密結合在前後叙事中的引文也不計入。

表中把各種體裁按照官方文書、非官方文書加以區分，《隋書》收録的官方文書多而非官方文書少，《梁書》反之。不過這種劃分比較粗略，例如在詔敕王言內部或表奏章疏內部，都可能包含意義不同的文章。下面將結合具體內容對各類文章作進一步分析。

在詔敕王言方面，兩史所收總數雖然相差不多，但若從內容上加以細分就會顯現巨大差異。《梁書》列傳的69件詔敕王言中，大約衹有一半屬於皇帝（或太子）承擔其政治角色並經外朝機構政務程序而發布的命令，而這之中絕大部分是贈官賜謚詔書，以及少量授官詔書。這類詔書都有固定的寫作套路，且不乏虛美之辭，大量引録頗嫌重複，趙翼斥之爲"蕪詞"（詳見本文第二節）。餘下的一半詔敕王言偏於皇帝（或太子）與臣下的私人溝通。最常見的是表達褒獎勸勉，如梁武帝敕陸倕：

> 太子中舍人陸倕所製《石闕銘》,辭義典雅,足爲佳作。昔虞丘辨物,邯鄲獻賦,賞以金帛,前史美談,可賜絹三十匹。[1]

敕昭明太子:

> 太子洗馬王錫、秘書郎張纘,親表英華,朝中髦俊,可以師友事之。[2]

除了勸獎臣下,也有多篇責讓之敕,如賀琛條奏時弊四事,梁武帝"大怒,召主書於前,口授敕責琛"[3],此下長篇引録敕文。個人溝通的主題可以多種多樣,因此也難於一一歸類。另外,《梁書》中的諸太子令在本文統計中也歸入詔敕王言類,而其絶大部分也屬個人溝通性質,下文第三節討論的《梁書》卷二七、三三中的幾篇昭明太子令即是其例。

與《梁書》列傳形成鮮明對照,《隋書》列傳所收詔敕王言較少君臣的個人化溝通,多是經完整政務程序而頒發的詔令,引文多言實事,少有蕪詞,更具有"史料價值"。內容涉及政治核心的人事變動、官員將領的任命、四方軍事經略等等。一些重大歷史事件引録多篇詔敕,如平陳相關 8 篇,有關突厥者 4 篇,其餘有關經略四夷者(吐谷渾、林邑、南寧、嶺南)5 篇[4]。下節討論的功臣皇子罪責文書中也有多篇詔書。

《隋書》中即便是君臣個人溝通的詔敕,也往往與《梁書》風格不同。可以對比以下三份隋文帝和梁武帝嘉獎戰功的詔敕。第一份是李安在平陳之役立有戰功,隋文帝下詔慰勞:

> 陳賊之意,自言水戰爲長,險隘之間,彌謂官軍所憚。開府親將所部,夜動舟師,摧破賊徒,生擒虜衆,益官軍之氣,破賊人之膽,副朕所委,聞以欣

---

[1] 《梁書》卷二七《陸倕傳》,中華書局,1973 年,402—403 頁。
[2] 《梁書》卷二一《王錫傳》,326 頁。
[3] 《梁書》卷三八《賀琛傳》,546 頁。
[4] 爲便於指稱,這裏列出嚴可均《全隋文》卷一至卷三所擬諸詔敕題目(嚴可均《全上古三代秦漢三國六朝文》,中華書局,1958 年)。與平陳相關的八篇詔敕爲:《答梁睿詔》(開皇初)、《下書勞王長述》、《伐陳下源雄冊書》(開皇八年)、《下楊素詔》(開皇十年)、《平陳下晉王廣詔》(開皇九年)、《下韓擒虎賀若弼優詔》、《下宇文述詔》(開皇九年)、《下史祥詔》(開皇九年正月)。突厥相關的四篇詔敕爲:《下達奚長儒詔》(開皇二年)、《冊賀婁子幹爲上大將軍》(開皇二年)、《下書賜賀婁子幹》(開皇四年十一月)、《詔報始畢可汗》(大業十年)。經略四裔相關的五篇詔敕爲:《敕元諧》(開皇元年八月)、《賞元諧詔》(開皇元年八月)、《奪情起韋冲詔》(開皇中)、《遺韋洸書》(開皇十年)、《贈劉方詔》(大業元年)。

然。[1]

第二份是賀婁子幹擊破尉遲迥叛軍,隋文帝大悅,手書云:

> 逆賊尉迥,敢遣蟻衆,作寇懷州。公受命誅討,應機蕩滌,聞以嗟贊,不易可言。丈夫富貴之秋,正在今日,善建功名,以副朝望也。[2]

第三份是梁大通元年北伐,陳慶之奇襲渦陽大敗魏軍,梁得渦陽之地置西徐州,梁武帝賜手詔嘉獎陳慶之云:

> 本非將種,又非豪家,觖望風雲,以至於此。可深思奇略,善克令終。開朱門而待賓,揚聲名於竹帛,豈非大丈夫哉![3]

隋文帝詔敕關心具體的功勞事迹,對臣下的表彰往往歸結爲"令我滿意";而梁武帝的手詔站在陳慶之的角度看待他的經歷,"本非將種,又非豪家,觖望風雲,以至於此",也站在陳慶之的角度想象功成名就之日"開朱門而待賓,揚聲名於竹帛"。梁武帝手詔不言具體戰功,或許是史家摘錄所致,或許原文本不以之爲重點,但《梁書》所錄武帝詔敕的確更具個人化色彩,對不同人有不同看法和溝通態度,從中所見的梁武帝也顯現出人的複雜多變的情感,而不是一臺政治機器。《隋書》却相反,慰勞勸勉之辭幾乎千篇一律,有時甚至使人懷疑史臣引錄這類詔敕是因爲其中陳述功績的部分保留了一些事件細節,與《隋書》收錄文章整體重視軍國大事的思路相應。

上行文書方面,《隋書》在總數量上已經遠高於《梁書》,也使《隋書》在官文書整體數量上遠高於《梁書》。在内容傾向上,兩史如前所述的差異同樣存在:《隋書》絶大部分上行文書屬於軍政公務範疇;《梁書》則包含不少讓表、謝啟及更表達私人感受、需求的上書,第三節討論中會涉及不少這類例證,這裏不再贅述。

非官文書方面,賦頌論序兩史數量恰好相同,《梁書》中書信和詩的數量遠高於《隋書》。以上討論的詔敕王言、章疏表啟都反映君臣之間的交流和關係,而書信與詩作可以真實生動地反映臣下之間的溝通交往。《梁書》的私人書信

---

[1] 《隋書》卷五〇《李安傳》,中華書局,1973年,1323頁。
[2] 《隋書》卷五三《賀婁子幹傳》,1351頁。
[3] 《梁書》卷三二《陳慶之傳》,460—561頁。

依然反映多樣化的溝通和情感,例證可見本文第三節討論的《梁書》卷三三。書信的情況也需要區分,除了通常所說的私人通信外,還有一部分是敵對的兩國或兩軍之間的通信。後者在實質上與官方文書更接近,但由於對話雙方之間没有政治名份,所以不使用章表詔敕之稱,祇泛言爲"書"。《隋書》中的書信,如果排除這類情況,真正的個人書信祇有李德林與魏收往復討論齊史起源問題的書信4篇,而且這些通信發生在北齊而非隋代,以及韋世康與子弟言辭官的書信1篇〔1〕。可以説《隋書》中的私人通信基本是缺位的,史臣的關注以皇帝爲中心,無意於展示臣僚之間的關係世界。

綜上,從具體内容,尤其是"公務"與"私交"的角度對《梁書》《隋書》收載的文章作進一步探討,可以發現《隋書》明顯偏向前者而《梁書》偏向後者。《隋書》列傳收録的文章更多呈現了軍國大事的討論、决策,尤其是隋代平陳、處理突厥問題、征遼東等事件,圍繞這些軍事活動都有不少討論政策、勸勉前綫軍將、褒奬軍功等的文書。而《梁書》列傳在這些方面很薄弱。兩史列傳引録官方文書上的特點也應該結合其帝紀的情況加以考慮。《梁書》帝紀引録大量頒布經濟、法制、禮儀、軍事外交等各類政策的詔書,可以與列傳形成一定互補。但帝紀之體,通常所載祇有正式的詔書文字,至於事件的背景、起因、結果、影響,以及這一决策制定過程中的曲折都無從講述,所以這種編纂方式與《隋書》在列傳中引録大量事關軍國的表奏詔敕還是有相當明顯的差異。另一方面,《隋書》主要反映君臣通過文書行政的一般渠道進行溝通,《梁書》則展現出更多元化的溝通渠道;有制度與人情的互補,而且不僅樂於表現君臣之間的溝通,也樂於表現臣僚之間在公事上或純粹私人之間的溝通。

## 二、散在各篇的文章群

概覽《梁書》《隋書》引録文章的情況後,應該進入對具體文章的分析。對於

---

〔1〕 爲便於指稱,這裏列出嚴可均《全上古三代秦漢三國六朝文》所擬諸書信題目:魏收《與李德林書論齊書起元事》《重遺李德林書》(以上兩篇見《全北齊文》卷四),李德林《復魏收議齊書起元事書》《答魏收書》(以上兩篇見《全隋文》卷一八),韋世康《在絳州與子弟書》(見《全隋文》卷九)。

思考文章與史傳的關係來說,具有一定共性的系列文章更值得重視,這裏稱爲文章群。它們大體分爲三類情況:散在各篇的文章群、以文章組成的傳記、藉由文章叙事的傳記。第一類,文章遍布在不同的篇章中,但在體裁、内容、涉及的人物、事件等方面存在共性,暗示着它們的史源、編纂經過可能也有共性。第二類是一篇傳記引録大量文章,這種列傳編纂方式在《漢書》中就可以見到[1],此下很多紀傳史也都有一些列傳主要是由傳主的對策、上疏、辭賦等作品組成。第三類和第二類比較接近,也在傳記中收録大量文章,但這些文章指向了明確的主題或共同構建一個故事。本文主要對第一、三類文章群進行討論。

散在各篇的文章群,這裏想舉出筆者初讀《梁書》《隋書》印象最深的兩組,即《梁書》的贈謚詔書和《隋書》中有關功臣罪責的文件。

(一)《梁書》的贈謚詔書

趙翼批評《梁書》的蕪詞,最突出的是他對所謂"加恩飾終之詔"的厭惡:"《梁書》諸王及功臣列傳,必載其没後加恩飾終之詔。蓋本國史體例如是,至修入正史,自應刪除,以省繁複。乃……篇篇如此,殊可嘔噦。"[2]

上文提到,《梁書》收録的梁武帝詔敕幾乎一半是贈官賜謚詔書,如果不計私人化性質較强詔敕,那麽贈謚詔書更占據絶大部分。就閲讀觀感而言,確實非常醒目,難怪會首當其衝遭到趙翼批評。如趙翼所言,贈謚詔書大抵以諸王和功臣列傳爲多。《梁書》的諸王列傳包括卷二二武帝兄弟列傳、卷二三武帝兄弟之嗣王列傳[3]、卷二九高祖三王列傳、卷四四太宗十一王世祖二子列傳。宗室諸王傳具有標識紀傳史列傳分期的意義,亦即編次在卷二二武帝兄弟諸王傳以前的各卷人物在時段上屬於開國時期,其中除最後兩卷外都可視爲廣義上的功臣,越在前者越重要。上述諸王和功臣傳,並非人人都引録了贈謚詔書,而是集中於卷九、一〇、一一、一三、一八(以上功臣)和卷二二(諸王)。具體情況如表2。

---

[1] 參見《廿二史劄記校證(訂補本)》卷二"《漢書》多載有用之文"條,29—31頁。
[2] 《廿二史劄記校證(訂補本)》卷九"《梁書》多載飾終之詔"條,195頁。
[3] 武帝兄弟中四人在梁受禪前去世,受禪後追封郡王。《梁書》以他們的嗣王爲傳主,立傳於卷二三。

表 2

| 卷次 | 傳主 | 贈諡詔書收録情况 | 備注 |
|---|---|---|---|
| 九 | 王茂 | √ | |
| | 曹景宗 | 未收 | |
| | 柳慶遠 | √ | |
| 一〇 | 蕭穎達 | 未收 | 收録追贈穎達兄穎胄詔書 |
| | 夏侯詳 | 未收 | |
| | 蔡道恭 | √ | |
| | 楊公則 | 未收 | |
| | 鄧元起 | 未收 | 有罪自盡 |
| 一一 | 張弘策 | √ | |
| | 鄭紹叔 | √ | |
| | 吕僧珍 | √ | |
| 一三 | 范雲 | √ | |
| | 沈約 | 未收 | 懼罪而卒，得惡諡 |
| 一八 | 張惠紹 | √ | |
| | 馮道根 | √ | |
| | 康絢 | 未收 | 主持建成浮山堰 |
| | 昌義之 | √ | |
| 二二 | 臨川王宏 | √ | |
| | 安成王秀 | 未收 | |
| | 南平王偉 | √ | |
| | 鄱陽王恢 | √ | |
| | 始興王憺 | 諡册 | |

爲什麽收録的贈諡詔書集中於上述五卷？功臣各卷的合傳選擇乃基於傳主在建國過程中的出身和功績，所以是否收録贈諡詔書，與上述政治定位有關。下面依次説明卷九至卷二一各卷人物和收録詔書情况。

《梁書》卷九的三人都是武帝雍部舊人，王茂、曹景宗率軍克建康，柳慶遠督江湘運糧，並建元功。三人都獲得贈官賜諡，但曹景宗傳内未收贈諡詔書，或許由於他在梁爲官的聲績不佳。

梁武帝據雍州起兵,坐鎮荆州的南康王長史蕭穎胄的支持對他至關重要,但荆州出身的功臣祇有蕭穎胄和蔡道恭的贈謚詔書被《梁書》收録,皆在卷一〇。蕭穎胄卒於起兵期間,《梁書》竟不爲立傳,其贈謚詔書見於卷一〇其弟穎達傳内。蕭穎胄作爲荆州的實際主事者,收録其詔可以理解,蔡道恭功績並無顯然超過其餘諸人之處,也得以收録詔書。蔡道恭死於對魏作戰的前綫,尸首陷魏,追贈詔書特言"並尋購喪櫬,隨宜資給"[1],或因此特別情況而收録。總之,此卷雖見贈謚詔書,但整體來説此卷傳主當無收録詔書的資格。

卷一一的三人也是武帝舊人,在起兵定謀之際給予了重要的支持和推動,史臣云"締構王業,三子皆有力焉"[2],三人傳記都收録贈謚詔書。

卷一二席闡文出自蕭穎胄部下,力主促成了荆雍的合流;劉悛爲梁南秦二州刺史,韋叡爲上庸太守,並舉鎮應武帝起義。可能由於他們本身名位、勢力稍有差距,雖然都獲得了贈官賜謚(席闡文或無贈官),但没有收録詔書。

卷一三爲范雲、沈約兩人,與武帝有西邸之舊,並大力促成禪代,武帝自己也説"成帝業者,乃卿二人也"[3]。《范雲傳》録贈謚詔,而沈約由於懼罪而卒,被武帝親自謚曰隱,大概因此傳未録詔。

此後卷一四至卷一七都不收録贈謚詔書。武帝軍隊進屯新林以後,開始有大批官員投奔或奉書陳誠,從這時或更晚加入武帝陣營者都可以説是與時沉浮的南齊降臣。卷一四、一五的江淹、任昉、謝朓是門第文才兼備之士,入梁受重用。卷一六、一七是建康投降者中的代表人物,包括實際上密謀、執行殺死東昏侯者以及正式投降時被推上前臺者。他們本來是東昏侯的臣子,但在當時已經趨於明朗的形勢下,選擇完成倒戈的最後一擊,無論當時的功勞或日後受重用的程度,都與前述諸人不能相提並論。

卷一八諸將"初起從上,其功則輕"[4],在後來對魏的戰争中屢有戰功。張惠紹、馮道根、昌義之傳内都收録贈謚詔書。康絢主持建成浮山堰,後來堰潰雖

―――――――――――――――

[1] 《梁書》卷一〇《蔡道恭傳》,194頁。
[2] 《梁書》卷一一史臣論,214頁。
[3] 《梁書》卷一三《沈約傳》,234頁。
[4] 《梁書》卷一八史臣論,296頁。

然和康絢没有直接關係,但也給他的功勞蒙上一些陰影,大概因此其傳不録詔書。一個側證是,史臣論云"浮山之役起,而康絢典其事",把康絢的評價與浮山堰緊緊聯繫,而史臣論最後特别表達了對浮山堰的遺憾:"先是鎮星守天江而堰興,及退舍而堰決,非徒人事,有天道矣。"[1]

卷一九至卷二一亦不收録贈謚詔書。卷一九的三人是蕭穎胄委仗的部下,傳云"時西土位望,惟央與同郡樂藹、劉坦爲州人所推信,故領軍將軍蕭穎胄深相委仗,每事諮焉"[2]。但他們坐鎮後方,没有參與舉兵東下,功勞資歷没有完全得到認可,祇編次於此。卷二〇劉季連、陳伯之,在蕭衍舉兵時分别據益州、江州,劉季連兵敗被俘,陳伯之雖然一度降附,後又曾叛入魏,肯定都不能視爲功臣。卷二一的編次意圖不是很明確,是琅邪王氏等高門士族成員,大抵資歷較老,在當時的政治和社會風氣下,他們不需要與某個政權有特别緊密的聯繫也能夠獲得官位,成爲裝點政權正統性的門面,史臣論稱之爲"梁室名士"[3]。

綜上所述,傳内收録贈謚詔書的開國功臣範圍相當嚴格,而且與列傳編排有成卷的對應關係。這部分列傳選擇是否收録贈謚詔書時,特徵是"先卷後人",亦即很多卷次的傳主根本不在收録贈謚詔書的考慮之内,即使登入了有可能收録詔書的卷次,如個人有特别狀况時也不録詔書。這種特徵也意味着是否收録贈謚詔書與對人物的歷史定位直接挂鈎:開國功臣的收録者中,以梁武嫡系爲主,包括初起兵的五人和入梁立軍功的三人;荆州系僅以蕭穎胄爲代表,蔡道恭似由於特殊原因而收録詔書;其餘東昏文武中祇有范雲和沈約因有翼贊禪代之功,存在加入這一行列的可能,而沈約由於後來遭譴而被排除。宗王傳祇有卷二二五人中的三人載有贈謚詔書,又一人載有謚册,也是"先卷後人",把親身在梁世受封的武帝兄弟和嗣王區别對待。如此,在功臣和宗王中又分出與武帝關係最密切的群體。

與之形成對比的是在卷二二、卷二三高祖兄弟諸王、嗣王傳記以後的各卷臣僚列傳。其中收録贈謚詔書的傳主包括:卷二五周捨,卷三〇裴子野、顧協,卷三

---

[1]《梁書》卷一八史臣論,296頁。
[2]《梁書》卷一九《宗夬傳》,300頁。
[3]《梁書》卷二一史臣論,335頁。

五蕭子顯,卷三六孔休源,卷三八朱异,卷四三江子一兄弟,卷五二《良吏傳》之丘仲孚。從這樣零星的分布態勢可以推測,這一部分對於是否收録詔書的考慮更與個人貢獻有關,而不是像前部列傳那樣首先考慮他們所處的地位,可以稱爲"以人不以卷"。

趙翼認爲《梁書》多録贈謚詔書"蓋本國史體例如是,至修入正史自應删除"〔1〕。宋齊二史即如此處理,未大規模保存贈謚詔書。然而通過上面的討論可以發現,《梁書》作者在收録這些詔書時也非一股腦兒繼承,而是經過了考慮和選擇。那麽,爲何《梁書》要按照這樣的方式標準去保留一批贈謚詔書呢?作爲功臣傳首卷的卷九史臣論云:

> 王茂、曹景宗、柳慶遠雖世爲將家,然未顯奇節。梁興,因日月末光,以成所志,配迹方、邵,勒勳鐘鼎,偉哉!昔漢光武全愛功臣,不過朝請、特進,寇、鄧、耿、賈咸不盡其器力。茂等迭據方岳,位終上將,君臣之際,邁於前代矣。〔2〕

不僅評價了本卷收録的王、曹、柳三人,還在處理功臣的問題上把梁武帝與東漢光武帝相對比,贊賞"君臣之際,邁於前代"。又卷二二梁武兄弟諸王傳末史臣論云:

> 自昔王者創業,廣植親親,割裂州國,封建子弟。是以大旅少帛,崇於魯、衛,盤石凝脂,樹斯梁、楚。高祖遠遵前軌,藩屏懿親。至於安成、南平、鄱陽、始興,俱以名迹著,蓋亦漢之間、平矣。〔3〕

同樣是將梁武比迹漢帝,稱贊他對宗王問題的處理。

南朝宋齊兩代,屠殺宗室、功臣之事屢見不鮮,梁武帝寬和地處理這些關係就顯得更加難得。《梁書》顯然着意表彰梁武帝在這方面的做法,最容易讓人想起的就是《蕭子恪傳》記載梁武帝在文德殿接見子恪時的長篇大論。對贈謚詔書取捨的選擇也能起到證明梁武帝與最爲親貴的功臣、宗王善始令終的作用,這可能是姚氏父子選擇性保存國史中此類內容的意圖。而與同樣在唐初修成的《隋書》的功臣列傳合觀,雖然未必是修撰兩史的史官有意採取對比的手法,但

---

〔1〕《廿二史劄記校證(訂補本)》卷九"《梁書》多載飾終之詔"條,195頁。
〔2〕《梁書》卷九史臣論,184頁。
〔3〕《梁書》卷二二史臣論,355—356頁。

隋世功臣多不保全,《隋書》功臣傳常常以引録昭示傳主罪行的表奏詔書等告終,確實形成了强烈的反差。

(二)《隋書》功臣皇子罪責文書

《隋書》以鮮明的態度、頗具整體性的表現手法,呈現了對隋文帝及其時代的觀點。卷二《高祖紀》末節贊揚隋文帝一統天下的武功和二十年治世的同時,也提出尖鋭批評:

> 然天性沉猜,素無學術,好爲小數,不達大體,故忠臣義士莫得盡心竭辭。其草創元勳及有功諸將,誅夷罪退,罕有存者。又不悦詩書,廢除學校,唯婦言是用,廢黜諸子。逮於暮年,持法尤峻,喜怒不常,過於殺戮。[1]

文帝之過有三,一是誅夷功臣,二是廢黜諸子,三是末年的無差別濫殺。史臣論也有大抵同樣的内容,更進一步把這些與隋的滅亡相聯繫:"迹其衰怠之源,稽其亂亡之兆,起自高祖,成於煬帝,所由來遠矣,非一朝一夕。"[2]這些論點,在《隋書》列傳的編纂中通過人物編排、史論闡述、材料取捨等方式也得到體現。

先來看《隋書》在宗室諸王傳以前的六卷開國功臣列傳。這六卷中,對傳主功臣的負面記載、評價之多,爲前代史書所少有。史臣論和一些綜論性的記載可以反映整卷傳記的大體走向,祇有卷三九諸人以"以勞定國,以功懋賞,保其禄位,貽厥子孫"[3](史臣論語)的正面形象出現,其他各卷多少有所貶抑。對於位列功臣傳首卷(卷三七)的李穆、梁睿,史臣論已經評價他們"方魏朝之貞烈,有愧王陵,比晉室之忠臣,終慚徐廣",李穆子孫遭到清洗,史臣論云"得之非道,可不戒歟"[4]。此下一卷(卷三八),傳記後部引入了隋文帝自己對"薄於功臣"問題的解釋:

> 微劉昉、鄭譯及〔盧〕賁、柳裘、皇甫績等,則我不至此。然此等皆反覆子也。當周宣帝時,以無賴得幸,及帝大漸,顔之儀等請以宗王輔政,此輩行詐,顧命於我。我將爲治,又欲亂之。故昉謀大逆於前,譯爲巫蠱於後。如賁之徒,皆不滿志。任之則不遜,致之則怨,自難信也,非我棄之。衆人見

---

[1]《隋書》卷二《高祖紀下》,54頁。
[2]《隋書》卷二《高祖紀下》,56頁。
[3]《隋書》卷三九史臣論,1160頁。
[4]《隋書》卷三七史臣論,1129頁。

此,或有竊議,謂我薄於功臣,斯不然矣。[1]

此卷傳主就是文帝在此談論的五人。雖然他們並不都以罪譴收場,但史傳借文帝之口把他們稱爲"反覆子"、亂政難信之人。卷四〇更全部收錄被誅死的功臣,並在史臣論對文帝刻薄功臣一事進行集中討論,給出"高祖佐命元功,鮮有終其天命,配享清廟,寂寞無聞"[2]的定性。而更符合通常"宗臣"印象,也的確在當時政治中發揮巨大作用的高熲、蘇威和李德林,乃被編錄到功臣單元最後的卷四一、四二。

由此,通過開國功臣列傳的編次和議題設定,呼應了《高祖紀》批評隋文帝殺戮功臣的觀點。復需注意的是,諸傳史臣論還明確表達他們的開國之勳是"得之非道""行詐",從而形成一種始亂終棄的解釋,卷四〇史臣論於上引句後云:

> 斯蓋草創帝圖,事出權道,本異同心,故久而逾薄。其牽牛蹊田,雖則有罪,奪之非道,能無怨乎?皆深文巧詆,致之刑辟,高祖沉猜之心,固已甚矣。求其餘慶,不亦難哉![3]

由於文帝與功臣最初的結合乃出於投機,並無根底,時間久了自然滋生矛盾,乃至落到"深文巧詆,致之刑辟"的境地,君臣兩失。這種始亂終棄型論調不僅應用於功臣問題,也應用於廢殺諸子的問題。文帝諸子(卷四五)卷末史臣論認爲,封建諸王過崇其威重,"進之既逾制,退之不以道",又認爲文帝廢黜太子勇,"開逆亂之源,長覬覦之望",最終導致國破家亡[4]。

通過《隋書》可以確認這樣的事實:《隋書》所謂的功臣,本來是周隋之際的政治投機者,大多在隋朝也沒有受重用,甚至被貶官或伏誅。這與歷史上一般對功臣的理解並不符合。歷史書寫中的開國功臣並不是一種固定唯一的事實,例如《舊唐書》功臣傳的取錄範圍就不完全對應李唐開國之初所認定的"太原元謀勳效",反而更偏重於太宗功臣,仇鹿鳴深入考證了唐代功臣認定與國史功臣立傳對象的變化歷程[5]。意識到"功臣"的不確定性,前引《隋書》史臣論"高祖

---

[1]《隋書》卷三八《盧賁傳》,1143頁。
[2]《隋書》卷四〇史臣論,1178頁。
[3]《隋書》卷四〇史臣論,1178頁。
[4]《隋書》卷四五史臣論,1247頁。
[5] 仇鹿鳴《隱没與改篡——〈舊唐書〉唐開國紀事表微》,《唐研究》第25卷,北京大學出版社,2020年,147—172頁。

佐命元功,鮮有終其天命,配享清廟"之語就很有意思了——在一般政治觀點中,配享清廟纔意味着視爲功臣,又怎麼會有不能配享的佐命元功呢?所以,唐修《隋書》是有意把這樣一群功勞存疑,德行有虧的人放在開國功臣傳的顯著位置,再在其傳中記載負面事實,最後在史臣論一針見血,完成隋代惡始惡終的形象。在這一系列叙事方法中,通過引録文書揭露諸功臣不光彩的犯罪事實(實則也常以其"深文巧詆"而透露出隋文帝的猜忌刻薄),爲"惡始"提供大量一手的鐵一般的事實,是鑄成這種對隋代歷史解釋的重要一環。

表3整理了功臣諸傳中發生於隋文帝時期的彰顯傳主罪責的各類文書檔案:

表3

| 卷次 | 傳主 | 文書類型 | 引文篇幅(行)[1] | 簡介 |
|---|---|---|---|---|
| 三八 | 劉昉 | 劾奏(治書侍御史梁毗) | 2 | 犯禁酒令,治書侍御史梁毗劾奏昉,有詔不治。 |
| | | 詔 | 30 | 與梁士彦、宇文忻相與謀反,事泄,下詔誅之。 |
| | 鄭譯 | 詔 | 2 | 與母别居爲憲司所劾,除名。詔書責讓,賜以《孝經》。 |
| 四〇 | 梁士彦 | —— | —— | 與劉昉同反,詔書見《劉昉傳》。 |
| | 宇文忻 | —— | —— | 與劉昉同反,詔書見《劉昉傳》。 |
| | 王誼 | 劾奏(御史大夫楊素) | 6 | 子卒,逾年,上表請除了婦公主服。御史大夫楊素劾之,有詔勿治,然恩禮稍薄。 |
| | | 詔 | 4 | 公卿奏誼大逆不道,罪當死。詔宜伏國刑。 |
| | 元諧 | 奏(有司) | 3.5 | 人告元諧謀反,上令案其事。有司奏諧罪狀。上怒殺之。 |
| 四一 | 高熲 | 上言(國令) | 4 | 熲國令上熲陰事,有司請斬熲。帝以方殺虞慶則、王世積,除名爲民。 |
| 四二 | 李德林 | 摘引多份表奏 | 合計約5行 | 摘引多份表奏述李德林前後忤旨事。德林被貶外任。 |

---

[1] 引文篇幅的行數或頁數以中華書局點校本計。下同。

又文帝諸子傳同類文書如表4:

表4

| 卷次 | 傳主 | 文書類型 | 引文篇幅（行） | 簡介 |
|---|---|---|---|---|
| 四五 | 房陵王勇 | 詔 | 6 | 詔廢太子。 |
| | | 詔 | 15 | 詔誅煽惑太子者十四人。 |
| | 秦孝王俊 | 議 | 2 | 爲妃鴆殺。群臣議王二子母皆罪廢,不合承嗣。 |
| | 庶人秀 | 詔 | 16 | 廢爲庶人,禁錮,下詔數其罪。 |

關於上舉諸文書,有幾點需要補充説明。劉昉、梁士彦、宇文忻三人捲入同一場謀反案,宣布罪行和決議的詔書長篇收録在《劉昉傳》内,梁、宇文二傳没有重複。《李德林傳》講述德林漸失上意,至少包括三件事。换宅一案摘引德林所换市店八十塸店人上表所訴、蘇威奏、李圓通、馮世基等進言;置五百家鄉正之争摘引關東諸道巡省使者虞慶則等奏、李德林奏;冒爲父取贈官事,摘引李元操、陳茂等奏。秦王俊非爲文帝所殺,但他死前已被免官,甚至疾篤之時還受到文帝斥責以至"慚怖,疾甚",史臣論云"俊以憂卒"〔1〕。而且他死後被判定二子不得嗣爵,實近於廢黜。

以上文書12件（批）,涉及11位傳主。其中5名功臣被殺,高熲也幾乎被殺,由於當時已連續誅戮功臣纔逃過一劫,李德林被貶外任。文帝諸子,楊勇、楊秀廢黜,楊俊以憂卒且不得傳國。可見大部分是針對功臣、皇子群體的重要案件,引録表奏詔書宣露其犯罪事實,祇有《鄭譯傳》引用詔書的案件没有對傳主造成嚴重影響。在連續的傳記中頻繁引録,短則數十,長則數百字,此外還有一些有關罪責、争端的叙述也顯然是由文書檔案（尤其是刑獄資料）改編而來,給讀者留下很深印象。

(三) 小結

綜合以上對《梁書》《隋書》兩個案例的討論,可以發現相關文章群（實則都

---

〔1〕《隋書》卷四五《秦孝王俊傳》,1240頁;同卷史臣論,1247頁。

是文書)的採録與人物編次、史論撰寫等史書編纂的其他方面緊密結合,説明文章引録的問題在史書的後期編纂環節中也深受重視。這些文書有可能在更前期的史傳文本中已經存在,編纂過程中被有意保留,也有可能是編纂時從其他來源新增入史文。《梁書》收載功臣贈謚詔書有較大可能屬於前一種情況。《史通》云"夫國之不造,史有哀册,自晉宋已還,多載於起居注"[1];唐代諸司應送史館事例中包括高級官員除授的制詞和定謚的行狀謚議[2]。由此猜想,南朝的贈謚詔書比較有可能存在於起居注或舊國史列傳中。《隋書》收録的功臣罪狀文書不易判斷。不過,通常史傳的寫法,如果傳主以正面形象出現,尤其是作爲功臣出現,不會如此詳細記録其罪惡。所以,或許舊史中這些人物本不以正面形象出現,或許這些罪狀文書是後來改編時增入,這兩種可能性較高。

筆者過去關注官修史收集、保存、編纂資料的基本機制,它意味着官方文書檔案在修史的前期準備亦即資料儲備環節的基礎作用,它們爲史書的體例、模式提供了一些底色,但特色化意圖或歷史意識並不會太明顯。例如帝紀近於起居注的體例,臣僚列傳以履歷行狀爲主幹的體例,都是官修史體制提供的底色。這裏很難説存在某位或某一批史官的主觀意圖。上文討論的兩個案例,補充了官方文書發揮作用的另一種方式,即在後期的史書編纂環節,爲了配合整體的歷史叙事而有意保留或增入一些文書。當然,史書引録的文書或文章不會篇篇皆有深意,因爲官修史機制本身就是大量文書被不斷精簡整合的過程,這一過程雖做不到完全客觀,但也未必就有特別意圖,如何取捨、如何删改,更多情況下是個人大體遵循常規做法的偶然選擇。想要探討文書背後的史家意圖,需要結合更多因素一併考慮,如一系列文書或多重編纂史傳的手法。

## 三、藉由文章進行叙述的傳記

### (一)《梁書》卷一六《王亮傳》[3]

如前所述,王亮作爲建康投降的代表人物,與張稷、王瑩二人同在一卷。儘

---

[1]《史通通釋》卷一七《雜説中》"《宋略》一條",453頁。
[2] 王溥《唐會要》卷六三《史館上》,上海古籍出版社,2006年,1286頁。
[3]《梁書》卷一六《王亮傳》,267—270頁。

管這裏前後兩卷合傳的契機是殺東昏、以建康降之事,但各人的傳記未必以此爲中心。

《王亮傳》前半記述生平,後半引錄了兩篇有關聯的文件。起因是王亮因罪削爵被廢爲庶人,他的友人范縝在侍宴時爲他鳴不平,還順帶貶損正受推重的謝朓,引起梁武帝不快。傳記引用了御史中丞任昉奏彈范縝之文,以及梁武帝詰問范縝的璽書(表5)。前者與《文選》收錄的幾篇奏彈文相比,文書程式完整,篇幅相仿,很可能未做刪減。其中詳細説明了對范縝私結王亮情況的調查,以及范縝侍宴時出言不遜之狀,並陳述范縝歷來的薄行。璽書有詰問"十條",但引文因刪節已無法一一分清,范縝對這十條質問"答支離而已"。

表5

| 序號 | 體裁 | 作者(→接收方) | 嚴可均擬題 | 引文篇幅 |
|---|---|---|---|---|
| 1 | 奏彈 | 任昉 | 奏彈范縝 | 1頁 |
| 2 | 璽書 | 梁武帝→范縝 | 璽書詰范縝 | 4行 |

乍看起來,兩篇文書的主角似乎已經從王亮身上偏離,不過閲讀璽書引文内容,會發現幾乎是整篇王亮傳記的提綱。璽書云:

> 亮少乏才能,無聞時輩,昔經冒入羣英,相與豈薄,晚節諂事江祏,爲吏部,末協附梅蟲兒、茹法珍,遂執昏政。比屋罹禍,盡家塗炭,四海沸騰,天下横潰,此誰之咎!食亂君之禄,不死於治世。亮協固凶黨,作威作福,靡衣玉食,女樂盈房,勢危事逼,自相吞噬。建石首題,啓靡請罪。朕録其白旗之來,貰其既往之咎。亮反覆不忠,奸賄彰暴,有何可論,妄相談述?具以狀對。

"冒入羣英"當指在齊入士林館事,此後諂事江祏,協附羣小,於東昏之世傾側取容,也都見於本傳。在對王亮的認識定位上,本傳與武帝這封璽書保持一致。

(二)《梁書》卷三一《袁昂傳》[1]

袁昂是《梁書》中少有的單人獨立成卷的人物。他官位顯赫,但諸書對他的政績功勳記載很少。《梁書·袁昂傳》除了記載必要的個人履歷外,大多篇幅由

---

[1]《梁書》卷三一《袁昂傳》,451—457頁。

收録文章占去,通過這些文章再現了袁昂與梁武帝之間模範、理想的君臣關係。從本卷史臣論可知,這正是史家透過袁昂想要關注的問題。

本傳收録書信3篇,啓1篇,詔2篇,遺命1篇,共7篇文章(表6)。

表6

| 序號 | 體裁 | 作者(→接收方) | 嚴可均擬題 | 引文篇幅(行) |
| --- | --- | --- | --- | --- |
| 1 | 書 | 袁昂→友人 | 答服問書 | 8 |
| 2 | 手書 | 蕭衍→袁昂 | 爲蕭僕射與袁昂書 | 10.5 |
| 3 | 答書 | 袁昂→蕭衍 | 答武帝書 | 6 |
| 4 | 謝啓 | 袁昂→梁武帝 | 謝後軍臨川王參軍事啓 | 10 |
| 5 | 答詔 | 梁武帝→袁昂 | 答袁昂詔 | 0.5 |
| 6 | 詔 | 梁武帝 | 贈袁昂詔 | 2.5 |
| 7 | 遺命 | 袁昂→諸子 | 臨終敕諸子 | 6 |

第一篇回復友人的書信未直接反映袁昂與梁武帝的關係,但不能說完全無關。袁昂爲從兄袁彖服期服,或疑此舉不合禮制,袁昂遂致書申明己志,因自幼喪父,由從兄提養栽培,"常願千秋之後,從服期齊","雖禮無明據,乃事有先例"。父子、君臣是兩種很容易發生類比的關係。袁昂爲其父廬墓制服,又爲有訓養之恩的從兄服期服,和他對齊東昏侯始終不棄,於東昏死後降梁又竭誠自效[1],構成了一對映射。

從第二篇文章開始,諸文都緊密圍繞袁昂與梁武的君臣關係主題。梁武帝蕭衍於東昏之世起兵雍州,進圍建康,當時南齊州郡"皆望風款降",而出任吳興太守的袁昂"獨拒境不受命",蕭衍手書勸降。由於當時蕭衍尚未稱帝,兩人溝通(包括袁昂的答書)使用的的確是書信,但在實質上與手敕、表啓非常相似。此書由江革起草,曉喻天文人事,順逆之理[2]。而袁昂答書不卑不亢,自陳"食人之禄",不可"頓忘一旦"。本卷史臣論特地着墨於這組往來書信,云"及抗疏高祖,無虧忠節,斯亦存夷、叔之風矣"。這兩篇文章可謂全傳重點。

---

[1] 上述事實皆見本傳。
[2] 參見《梁書》卷三六《江革傳》,523頁。

此後的四篇文章表現了袁昂降梁後"終爲梁室臺鼎,何其美焉"(本卷史臣論語)的經歷。第四篇是天監二年袁昂被任命爲後軍臨川王參軍事時的謝啓,這是他第一次在梁武政權獲得任用,開篇即言"恩降絕望之辰,慶集寒心之日"。第五篇是梁武帝對謝啓的答詔,傳記祇引用了"朕遺射鉤,卿無自外"一句,以齊桓公和管仲射鉤的典故寬慰袁昂。此後袁昂深受委任,官至中書令、尚書令、司空,年八十而薨。第六篇文章是贈官賵賻的詔書,其中對袁昂的蓋棺定論是"公器寓凝素,志誠貞方,端朝爕理,嘉猷載緝"。第七篇袁昂遺命,對諸子提出不受贈謚的要求。值得注意的是,袁昂臨終本有不受贈謚的遺疏上呈[1],此傳卻採用了另一份遺命。觀傳中所引,多數文字是袁昂自白在梁爲臣的心迹:"自念負罪私門,階榮望絶,保存性命,以爲幸甚,不謂叨竊寵靈,一至於此。常欲竭誠酬報,申吾乃心,所以朝廷每興師北伐,吾輒啓求行,誓之丹款,實非矯言。"所謂人之云亡,其言也善,此傳叙述袁昂在梁經歷時僅排比履歷,少有具體事迹,却通過引録遺命補充了心路歷程的一面,也是很有趣的處理方式。

《袁昂傳》與《王亮傳》頗有共性。兩傳都以文章爲主導,這些文章突顯了梁武帝本人的觀點立場。王亮傾側於昏主群小之間,依違於拔旗易幟之際,梁武帝斥其"反覆不忠,奸賄彰暴";袁昂則在齊無虧忠節,又得到梁武帝"卿無自外"的囑托,在梁志誠奉國。無論梁武帝的這些見解是否合適,他鮮明的態度在國史中得到了貫徹。因爲《袁昂傳》梁武帝的手書與袁昂答書性質近於手敕、表啓,可以説兩傳收録的文章以官方文件爲主,但這些官方文件頗具"個人化"色彩,或者説整篇傳記主要是在個人化的一面來使用這些文件,史家關注人生經歷、情感與道德。

(三)《梁書》卷二七、卷三三[2]

關於《梁書》,最後想討論的案例是卷二七和卷三三。兩卷都是文士儒宗,幾乎都曾在昭明太子東宮任職,是東宮文壇的重要成員。傳中多引録文辭,展示了這批文學之士間交織的人物關係。

---

[1] 本傳云"昂臨終遺疏,不受贈謚","疏"一般理解爲上呈皇帝的文書,從情理上説,袁昂若有不受贈謚的想法,也應事先上言朝廷,而不是得到贈官之詔後再由家人子弟推辭。而我們看到"復曰"引録的遺命,是對子姪訴説的口吻,並非此前的"臨終遺疏"。

[2] 《梁書》卷二七,401—411頁;同書卷三三,469—487頁。

卷二七編錄五人，陸襄傳中未引錄文章，其餘四人傳中引錄文章8篇。整體來看，諸人傳記中所載實事比較豐富，但引用的文章也頗可觀(表7)。

表7

| 序號 | 體裁 | 作者(→接收方) | 嚴可均/逯欽立擬題 | 引文篇幅 | 出處 |
| --- | --- | --- | --- | --- | --- |
| 1 | 賦 | 任昉 | 答陸倕感知己賦 | 1頁 | 《陸倕傳》 |
| 2 | 敕 | 梁武帝 | 敕答陸倕 | 1.5行 | 《陸倕傳》 |
| 3 | 令 | 昭明太子→蕭綱 | 與晉安王綱令 | 7行 | 《到洽傳》 |
| 4 | 令 | 昭明太子 | 與明山賓令 | 1行 | 《明山賓傳》 |
| 5 | 詩 | 昭明太子→明山賓 | 詒明山賓詩 | 1.5行 | 《明山賓傳》 |
| 6 | 令 | 昭明太子→殷芸 | 與殷芸令 | 3行 | 《明山賓傳》 |
| 7 | 令(手書) | 昭明太子→殷鈞 | 誡諭殷鈞手書 | 2行 | 《殷鈞傳》 |
| 8 | (答書) | 殷鈞→昭明太子 | 答昭明太子 | 3.5行 | 《殷鈞傳》 |

前兩篇見《陸倕傳》，一是陸倕贈任昉《感知己賦》後，任昉以同題酬答之賦；一是陸倕奉詔作《石闕銘》，梁武帝下敕稱賞並賜絹。第三篇在《到洽傳》末，是昭明太子致信晉安王綱，懷念在一兩年中接連物故的東宮舊臣明山賓、到洽、陸倕、張率，這四人都在卷二七或三三有傳。第四、五篇見於《明山賓傳》，昭明太子聞明山賓築室不就，下令資助，並贈詩一首。前者雖然在史傳中稱爲"有令曰"，但從其引文末言"聞構宇未成，今送薄助"，可知性質相當於寫給明氏的書信。第六篇見《明山賓傳》末，明氏去世後，昭明太子致信殷芸懷念明氏。第七、八篇見《殷鈞傳》，殷鈞居喪過禮，昭明太子手書誡諭，殷鈞奉答。以上8篇文章，後6篇都反應昭明太子與諸賢的親近、諸賢去世後太子的哀傷，《陸倕傳》的兩篇反應他與任昉的情誼，以及文才受到梁武帝贊賞。

卷三三編錄王僧孺、張率、劉孝綽、王筠四人，收載文辭的比率較卷二七更高，共計17篇，每人傳中都載有多篇(表8)。

表8

| 序號 | 體裁 | 作者(→接收方) | 嚴可均/逯欽立擬題 | 引文篇幅 | 出處 |
|---|---|---|---|---|---|
| 1 | 表 | 蕭遙光(任昉) | 始安王遙光《上明帝表薦王暕王僧孺》(任昉《爲蕭揚州薦士表》) | 2.5行 | 《王僧孺傳》 |
| 2 | 詩 | 任昉→王僧孺 | 贈王僧孺詩 | 3行 | |
| 3 | 箋 | 王僧孺→蕭績 | 奉辭南康王府箋 | 7行 | |
| 4 | 書 | 王僧孺→何炯 | 與何炯書 | 3頁 | |
| 5 | 手敕 | 梁武帝 | 手敕答張率 | 1行 | 《張率傳》 |
| 6 | 詩 | 梁武帝→張率 | 賜張率詩 | 0.5行 | |
| 7 | 賦 | 張率 | 河南國獻舞馬賦應詔(並序) | 2.5頁 | |
| 8 | (令) | 昭明太子→蕭綱 | 與晉安王綱令 | 1.5行 | |
| 9 | 詩 | 任昉→劉孝綽 | 答劉孝綽詩 | 1.5行 | 《劉孝綽傳》 |
| 10 | 手敕 | 梁武帝 | 手敕答劉孝綽 | 0.5行 | |
| 11 | 書 | 蕭繹→劉孝綽 | 與劉孝綽書 | 6行 | |
| 12 | (答書) | 劉孝綽→蕭繹 | 答湘東王書 | 8行 | |
| 13 | 啓 | 劉孝綽→梁武帝 | 謝西中郎諮議啓 | 5行 | |
| 14 | 啓 | 劉孝綽→昭明太子 | 謝東宮啓 | 12.5行 | |
| 15 | 書 | 沈約→王筠 | 報王筠書 | 4行 | 《王筠傳》 |
| 16 | 自序 | 王筠 | 自序 | 4.5行 | |
| 17 | 書 | 王筠→諸兒 | 與諸兒書論家世集 | 3.5行 | |

前3篇見於《王僧孺傳》。齊建武初,始安王遙光奉詔舉薦王暕及王僧孺兩人,傳中祇引錄了表薦王僧孺的部分。這份表文的實際作者是任昉,《文選》收錄了此表全文,題爲《任彥昇〈爲蕭揚州薦士表〉》。《王僧孺傳》收錄的第二篇文章作者也是任昉,他在西邸交遊時贈詩於王僧孺,本傳錄其大略以見王僧孺爲時輩所推。入梁,王僧孺出任南康王蕭績長史,因與典簽不協受到誣陷,並因此被罷官很長時間,後兩文皆以此爲背景而作。第三篇文章是王僧孺"逮詣南司"之際向南康王辭行之箋,感念南康王厚恩,表達今後再無以報效的哀傷;第四篇是後來寫給既是友人又是王府同僚的何炯的書信,自陳哀苦。

《張率傳》引文 4 篇,前兩篇簡短引録梁武帝手敕和賜詩,都是對張率所獻詩文的稱賞,而後長篇收録了張率奉詔所作河南國獻舞馬賦,傳云"時與到洽、周興嗣同奉詔爲賦,高祖以率及興嗣爲工"。最後一篇引文是昭明太子《與晉安王綱令》,已見卷二七《到洽傳》引,這裏祇引録了與張率相關的部分,張率曾在晉安王府任職十年,"恩禮甚篤"。

劉孝綽是昭明太子東宫諸學士中一位特別的人物,他的個人經歷貫穿了齊竟陵王西邸學士到梁昭明太子東宫之遊的聚散興衰,而昭明太子又將撰録自己文集及作序的任務獨交予劉孝綽負責[1]。《劉孝綽傳》引録 6 篇文章,其中後 4 篇篇幅都較長。第一篇是劉孝綽於天監初起家爲佐著作郎期間,任昉答其所贈《歸沐詩》。任昉乃劉孝綽父繪之朋輩,在劉孝綽年少時就賞愛其才。傳引詩句五聯,《類聚》《英華》亦引五聯,但屬於不同的節本[2],説明此詩原有全本流行。第二篇梁武帝答劉孝綽兼水部郎謝啓的手敕,祇節引一句"美錦未可便製,簿領亦宜稍習",顯示劉孝綽受到皇帝器重。兩詩文都融入本傳對劉孝綽早年之風光的叙述。

普通六年(525)[3],劉孝綽與同遊東宫的到洽矛盾激化,被對方劾奏所行不檢,因此免官。從後人的視角,這一事件宣告曾盛極一時的東宫文壇的離散,而身處當時者恐怕也不會毫無預感,因爲那時候,天監年間以來欣欣向榮的氣象正被北伐的展開和不利蒙上陰影。本傳稱免官後的劉孝綽深爲忿恨,不僅寫信給隨藩在荆雍的諸弟談論與到洽的矛盾——當然都是怪罪對方,還把這些信件寄給昭明太子,像是尋求裁判,而太子"命焚之,不開視也",信中所言今天也不得而知[4]。無論在《梁書》或其他文獻中,似未見到太子本人

---

[1] 部分學者認爲劉孝綽也是《文選》的主要編纂者,參見岡村繁著,陸曉光譯《文選之研究》第一章,上海古籍出版社,2002 年,83—87 頁;但也有觀點認爲《文選》由東宫學士多人共同編纂,參見曹道衡《關於蕭統和〈文選〉的幾個問題》,原載《社會科學戰綫》1995 年第 5 期,收入曹道衡《中古文學史論集續編》,176—177 頁。

[2] 歐陽詢《藝文類聚》卷三一,上海古籍出版社,1999 年,554 頁;李昉《文苑英華》卷二四〇,中華書局,1955 年,1207 頁下欄。

[3] 事在到洽任御史中丞時,據《梁書》卷二七《到洽傳》,在普通六年。

[4] 嚴可均《全梁文》卷六〇從《歲時紀要》輯録劉孝綽《與弟書》一首,僅四句,也没有涉及重要信息。嚴可均《全上古三代秦漢三國六朝文》,3311 頁下欄。

有關此案或在劉孝綽罷官居家期間與之往來的任何文字。而一年多後,剛剛到任荆州的湘東王繹致書劉孝綽,開示自己赴任途中新作詩文,並談及虞卿、司馬遷失意而著書的典故,蓋藉吟詠唱和以寬慰其懷。劉孝綽答書一面鄭重感謝蕭繹厚意,一面自陳退居素里,閉門懸筆。這兩封書信是本傳所收第三、四篇文章。

劉孝綽廢黜期間,除了湘東王繹的關心,梁武帝也"數使僕射徐勉宣旨慰撫之,每朝宴常引與焉",不久後因孝綽奉詔作詩尤工,起之爲西中郎湘東王諮議。此前蕭繹致信寬慰,起復後又先入繹府爲諮議,蕭繹在此事中的積極姿態可能與當時在荆雍藩府的孝綽諸弟有關。起復後,劉孝綽分別向梁武帝和昭明太子奉啓陳謝,即本傳所錄第五、六篇文章。啓謝武帝開頭就直白陳訴得罪乃由於到洽的構陷,"兼逢匪怨之友,遂居司隸之官,交構是非,用成萋斐",而後表達對武帝的感恩與效答之志。啓謝昭明太子則幾乎通篇鋪陳其爲小人所陷,幸賴主上明鑒,得以起復,更像是一篇自白書。這大大跳出了通常謝啓的措辭範疇,也生動地體現了傳末所言孝綽"仗氣負才""多忤於物",及史臣論言"孝綽不拘言行,自躓身名,徒鬱抑當年,非不遇也"。

最後,《王筠傳》收錄文章3篇。一是沈約書報王筠贈詩。沈約於音韻獨有造詣,而王筠足爲知音,因此沈約對他特別贊賞。二是自序,講述少年以來讀書之事,可能是截取的一段。三是與諸兒書,論其家七世相沿,人人有文集,世間無匹,勉勵諸子維繫家學。

綜合而言,《梁書》卷二七和卷三三所引錄的文章表現了豐富的人物關係,更具"人情味"的内涵。兩卷中,《劉孝綽傳》是史家匠心頗多的。如上所述,劉孝綽既是昭明太子在文學上最信任之人,又是促成東宫文壇崩潰的當事人。其傳迥異於一些所謂"排履歷、填格式"的傳記,有很强的叙事性,勾畫出一位天賦異稟、早得文名而又恃才傲物的主人公,與舊友反目,雖仕宦未爲顯達,却得到梁武帝、昭明太子、晉安王綱的包容禮遇,及世人對其文章的推崇。傳中選錄的文章成爲上述叙事的重要支撑,本傳正文又與卷末史臣論相呼應,極具整體性。史臣論未及全傳另外三位人物,祇以王僧孺與劉孝綽相對比,"王僧孺之巨學,劉孝綽之詞藻,主非不好也,才非不用也",却未能"拾青紫,取極貴"。由於王僧孺是這兩卷中唯一未在昭明太子東宫任職者,看來將其編錄於此卷就是因爲其人生軌迹與劉孝綽相仿,其傳的寫作方式、選錄文章的思路,也與《劉孝綽傳》如出一轍。

在這兩卷(尤其是卷二七)中牽拉起人物關係網絡的是昭明太子,兩卷引錄的文章包括昭明太子與蕭綱、明山賓、殷芸、殷鈞、劉孝綽的交流,而交流内容還提到陸倕、到洽、張率。此外,陸倕、張率、劉孝綽傳中都能看到梁武帝褒賞的文字,《張率傳》還引錄了受到梁武帝贊賞的賦文。任昉"好交結,獎進士友"[1],也是出現較多的人物,他與陸倕、王僧孺、劉孝綽間的酬贈之作被引錄。其他文章還包括王僧孺與何炯、蕭繹與劉孝綽、沈約與王筠的往來等。相比談論公事的文書,這些文章流露出作者個人更鮮明的好惡、情感,編織起錯綜複雜、有血有肉的歷史情境。

相比之下,《隋書》很難找到這樣的傳記,如《隋書》卷五七、卷五八集中收錄文史之士盧思道、李孝貞、薛道衡、魏澹、辛德源、許善心等人文章,也引用了不少文章,但或是歌功頌德之作,或是重要的奏議,或是史著的《序例》和《序傳》。《隋書》的文章選錄極度陷入皇帝視角,《梁書》的文章則對政壇、文壇在皇帝以外的部分賦予更多關注。

(四)《隋書》卷五一《長孫晟傳》[2]

以下來看《隋書》的典型案例。《隋書·長孫晟傳》附於其從父長孫覽傳中,但此卷長孫覽、長孫熾兩人傳記都不長,主要篇幅在長孫晟。長孫晟在周宣帝時就出使突厥,在彼方滯留了很長時間,以善馳射爲攝圖所愛,對突厥政權内部形勢關係、當地山川等都非常熟悉。他在隋朝是突厥通式的人物,傳中主要記錄了他所參與的對突厥事務的討論、處理過程。這些記述應該依據了大量的文書檔案,本傳現在還保留了 1 篇較長的引錄和 5 篇較短的引錄(表9)。

---

[1] 《梁書》卷一四《任昉傳》:"昉好交結,獎進士友,得其延譽者,率多升擢,故衣冠貴遊,莫不争與交好,坐上賓客,恒有數十。時人慕之,號曰任君,言如漢之三君也。"254 頁。

[2] 《隋書》卷五一《長孫晟傳》,1329—1336 頁。

表9

| 序號 | 體裁 | 作者 | 嚴可均擬題 | 引文篇幅(行) |
|---|---|---|---|---|
| 1 | 上書 | 長孫晟 | 上書進離間突厥計 | 8 |
| 2 | 奏 | 處羅侯(突厥莫何可汗) | 奏請取北牙 | 1 |
| 3 | 奏 | 長孫晟 | 奏許染干尚主 | 3 |
| 4 | 奏 | 長孫晟 | 奏徙染干部落 | 2 |
| 5 | 奏 | 長孫晟 | 奏請招慰都藍部落 | 1 |
| 6 | 表奏 | 長孫晟 | 表奏宜北伐 | 1.5 |

第一篇也是最長的一篇，乃上書陳離間突厥諸可汗之策，目標是令突厥"首尾猜嫌，腹心離阻，十數年後，承釁討之，必可一舉而空其國矣"。這個政策在此後基本得到實施和成功，這封上書對於隋的突厥經略有奠基意義，因此引用相對完整。第二篇是長孫晟出使處羅侯，轉呈處羅侯請求攻取阿波的奏文。此奏後還有樂安公元諧、武陽公李充、長孫晟等人的議及文帝的意見，但不知是御前會議的記錄還是根據奏議文書改寫。第三篇是朝議將許與處羅侯之子雍閭結婚，長孫晟上奏分析時勢，建議與染干聯姻並以之牽制雍閭，文帝接受了這一建議。第四、五篇也是長孫晟有關如何處置、利用染干勢力的上奏，最後一篇奏請大舉北伐，文帝都依策施行。隋軍送染干北出，又聯合塞外部落，大破突厥。

《長孫晟傳》之外，《突厥傳》也引用大量文章。兩相比較，前者所引祇有第一篇較長，突出文本本身，此後諸奏的節引與敘事緊密貼合，蓋相關敘事本來也有不少出自文書檔案，爲了提高敘事效率，做了較多改寫提煉。由此，《長孫晟傳》的敘事反映出隋朝內部在對待突厥的問題上如何考慮、如何部署、如何應對調整。而《突厥傳》引錄的主要是諸可汗與隋朝之間的往來國書、表詔，直接呈現雙方的關係，引文大多具有一定篇幅，因爲這些文書的措辭、長短等也是雙方地位、關係的象徵。簡言之，《長孫晟傳》反應隋朝如何處理突厥事務，《突厥傳》祇想呈現隋朝制服了突厥這一結果。《突厥傳》的寫作延續了中古時期四夷傳頗具象徵意味和模式化的寫作方式。

**(五)《隋書》卷六九《王劭袁充傳》**[1]

《隋書》王劭與袁充合傳,列於臣僚列傳的倒數第二卷。兩人都出身名門,早有博學警悟之譽,但《隋書》對兩人完全是負面評價,史臣論云:

> 劭經營符瑞,雜以妖訛,充變動星占,謬增晷影。厚誣天道,亂常侮衆,刑兹勿捨,其在斯乎!

本卷記兩人行事不多,絶大部分篇幅在於轉録表奏,所録完全呈現了史臣論的觀點。對這種寫法,劉知幾非常不滿,評價爲"唯録其詭辭妄説,遂盈一篇,尋又申以詆訶,尤其諂惑"[2]。在轉載文章的問題上,《隋書》與南朝諸史相比已屬克制,此卷却不避繁冗。

《王劭傳》引所上表奏文書共6篇(表10),第一篇請求依古制於五時取五木變火以救時疾,雖然没有明顯諂媚的意思,但與災祥有關。第二、三篇存録篇幅最長,是向隋文帝兩次陳説符命,開始以符瑞"乾没榮利"(史臣論語)。前文云"上表",後文云"上書",但兩文内容模式基本一致,不知是否確有文書體裁的差異。第四篇奏文言黄鳳泉所出石有文字物象,是隋之"長久吉慶";第五篇在文帝獻皇后去世後,上言稱皇后是菩薩升天;第六篇在煬帝平漢王諒之亂後,上書請絶漢王諒屬籍。這三篇都是緊跟時事投皇帝所好。

表10

| 序號 | 體裁 | 作者 | 嚴可均擬題 | 引文篇幅(行) |
|---|---|---|---|---|
| 1 | 表 | 王劭 | 請變火表 | 5 |
| 2 | 表 | 王劭 | 言符命表 | 40 |
| 3 | 上書 | 王劭 | 復上書言符命 | 39 |
| 4 | 奏 | 王劭 | 上奏黄鳳泉二白石文 | 8 |
| 5 | 上言 | 王劭 | 上言獻皇后生天 | 6 |
| 6 | 上書 | 王劭 | 上煬帝書請絶漢王諒屬籍 | 4 |

《袁充傳》引表奏5篇,史臣論所言"變動星占,謬增晷影",分見第四、五文

---

[1]《隋書》卷六九《王劭袁充傳》,1601—1613頁。
[2]《史通通釋》卷一七"《隋書》一條",469頁。

和第一文。第四篇引文簡短,是在熒惑守太微後表稱"陛下修德,熒惑退舍",而通常星占會把熒惑的出現視爲警示。第五表也延續這一思路,"謹録尤異上天降祥、破突厥等狀七事",但挑選的瑞兆絶大部分是流星、熒惑、赤氣,在中古星占中一般是兵禍之象,袁充通過曲解詭辯把這些天象包裝成祥瑞。而《隋書·天文志》收録了同樣的天象,却採用了更加通行而於隋不利的占辭[1]。第一文有關日影短長,也見於《隋書·天文志》,彼處亦不諱言袁充此説在隋唐引起很大争議批評。此外,第二篇是在文帝改元仁壽之初上表稱帝所生年月日合於陰陽律吕,而煬帝即位後他又如法炮製,上奏稱帝即位之年與堯受命年合,即本傳所引第三文。袁充詭辭媚上的文章肯定不止這幾篇,如本傳云"時軍國多務,充候帝意欲有所爲,便奏稱天文見象,須有改作"。綜合來看,本傳選録的表奏都是在重要的時期,對日月星象、帝王年命等重要徵兆的解説,而多指鹿爲馬,信口雌黄,既是袁充其人的謬妄,也是有隋一朝的荒誕(表11)。

表11

| 序號 | 體裁 | 作者 | 嚴可均擬題 | 引文篇幅(行) |
| --- | --- | --- | --- | --- |
| 1 | 表奏 | 袁充 | 日景漸長表 | 8.5 |
| 2 | 表 | 袁充 | 推文帝本命表 | 3 |
| 3 | 奏 | 袁充、太史丞高智寶 | 上言煬帝年命 | 5.5 |
| 4 | 表 | 袁充 | (未收録) | 0.5 |
| 5 | 表 | 袁充 | 上煬帝星瑞表 | 14 |

# 結　語

以上對《梁書》《隋書》列傳引録文章的情況進行了考察。在體裁上,《隋書》引録詔書表奏等官方文書的比率明顯高於《梁書》;在内容上,《隋書》引録的文章以反映軍國大事爲主,《梁書》則以個人化的表達爲特色;《隋書》主要體現政治的"公"的領域内的君臣溝通渠道,《梁書》則不拘於此,還能够反映君臣之

---

[1] 參見張馳《"僞造"天象與〈隋書·天文志〉執筆的意圖——袁充相關史事辨析》,《自然科學史研究》第40卷第4期(2021年),437—446頁。

間、臣下之間相對私人化的溝通。

　　文章收録的總體情况由史源和編纂過程决定。《隋書》列傳引録文章以有關軍國要務的官方文書爲主的特點,與中古紀傳史帝紀(也包括《梁書》帝紀)的史源特點比較符合。這一特點又源於起居注及起居注背後的官方整理編纂文書檔案的機制。陳爽指出,起居注是正史本紀編纂的主要依據,也是志書編纂的參照〔1〕。對比《隋書》和《梁書》列傳引録文章的方式,可以發現前者在史源和思路上也接近於起居注、本紀一脈,後者則似别有依托。

　　唐修《隋書》以前的舊隋史主要是王劭《隋書》,但王書非紀傳體,又不能完全符合唐人的意識形態,唐初史臣可能並不太依賴。令狐德棻奏請唐高祖修近代史時説"梁陳及齊,猶有文籍,至周隋遭大業離亂,多有遺闕"〔2〕,暗示王劭《隋書》難以像通常紀傳體國史一樣成爲新史編纂的藍本。綜觀唐初所修五史,梁陳北齊史都由前代作者之子續成,而任命修隋史的史官始終與舊隋史編纂没有任何聯繫,而且他們在新修的隋史中毫不諱言對王劭史才以及王劭本人的鄙夷〔3〕。《隋書·經籍志》史部著録有《隋開皇起居注》六十卷〔4〕,《史通·古今正史》謂隋史煬帝世之史料"有王胄等所修《大業起居注》"〔5〕,亦即隋代兩帝的起居注都保存至唐代。此外,《隋志》史部舊事類有《開業平陳記》二十卷〔6〕,集部有《霸朝集》三卷〔7〕,隋世君臣的别集更加豐富。這些文籍不一定就是唐初修隋史時實際利用的,但可以判斷,當時有較好的條件重新參考利用起居注及其他文籍資料來撰寫隋史。

　　另一方面,唐修《隋書》與王劭《隋書》也有一定的相似性。王劭書的體例是將同類事件排比在一起,各爲題目,似乎有些類書的意味,劉知幾則稱之爲《尚

---

〔1〕 陳爽《"王命之副"——魏晉南北朝的起居注編纂與政務運行》,《北京大學學報》2023年第4期,47—58頁。

〔2〕 《舊唐書》卷七三《令狐德棻傳》,中華書局,1975年,2597頁。

〔3〕 《隋書》卷六九《王劭傳》,1609—1610頁。

〔4〕 《隋書》卷三三《經籍志二》,965頁。

〔5〕 《史通通釋》卷一二《古今正史》,344頁。

〔6〕 《隋書》卷三三《經籍志二》,967頁。

〔7〕 《隋書》卷三五《經籍志四》,1088頁。其下又著録《皇朝詔集》九卷、《皇朝陳事詔》十三卷,疑亦是隋詔。

書》體〔1〕。上文討論的《隋書·長孫晟傳》《王劭袁充傳》都有鮮明的主題,所引文章也緊密圍繞主題,或許是受王劭書的影響。王劭引錄文章的方法受到劉知幾稱贊,《史通·載文》云:"唯王劭撰《齊》《隋》二史,其所取也,文皆詣實,理多可信;至於悠悠飾詞,皆不之取。"〔2〕祇取"詣實"之文而不取"悠悠飾詞"的評價,和唐修《隋書》引錄文章多能反映軍國大事基本一致,這方面引錄文章的風格,兩書也有延續性。綜合而言,唐修《隋書》列傳引錄文章的特點,可能部分沿襲自王劭,部分出於初唐史官,也可以說是王劭和初唐史官都遵循了北朝修史環境的大基調。

《隋書》列傳體現北朝起居注特點者,尚有一端,即對廷議、面奏過程的記載格外豐富詳細。如果說《梁書》中作爲個人的梁武帝更多浮現於他寫給臣僚的文字間,《隋書》中作爲個人的隋文帝則出現在與朝臣商議政務的場景中。有趣的是,梁武帝本人也是乾綱獨斷、事必躬親的君主,他恢復了尚書郎奏事之制,乃至大臣"每有疑事,倚立求決"〔3〕。但《梁書》中却很少記載梁武帝與朝臣面議的場面,這大約體現出南北修史的日常記録機制之不同。陳爽推測,十六國的起居注"有較多'記人君言行動止之事'的叙事功能,更接近於國史的初稿",至北朝隋唐起居注也同樣"有大量圍繞君主行止的叙事内容"〔4〕。不僅唐修《隋書》列傳受此影響,王劭《隋書》"多録口敕"〔5〕,亦當源出起居注。但"東晉南朝的起居注多爲帝王詔令和群臣奏議的行政公文,罕有帝王行止的記録"〔6〕,《梁書》也就無從記載梁武帝議政的情况。

和北朝的基調相對比,《梁書》列傳又展現出另一種特點。《梁書》列傳的王

---

〔1〕《隋書》卷六九《王劭傳》云"以類相從,爲其題目",1609頁。《史通通釋》卷一《六家》云:"隋秘書監太原王劭,又録開皇、仁壽時事,編而次之,以類相從,各爲其目,勒成《隋書》八十卷。尋其義例,皆準《尚書》。"3頁。

〔2〕《史通通釋》卷五《載文》,117頁。

〔3〕《隋書》卷二六《百官志上》天監元年詔云"曹郎可依昔奏事",721頁;《梁書》卷三《武帝紀下》,84頁。

〔4〕陳爽《"王命之副"——魏晉南北朝的起居注編纂與政務運行》,《北京大學學報》2023年第4期,47—58頁。

〔5〕《隋書》卷六九《王劭傳》,1609頁。

〔6〕陳爽《"王命之副"——魏晉南北朝的起居注編纂與政務運行》,《北京大學學報》2023年第4期,47—58頁。

言類型多樣,很多顯然不是起居注或詔令集、故事制度類文獻所能包括,可能源於梁武帝的個人文集。《武帝紀》末尾提到梁武帝有文集一百二十卷[1],但《隋書·經籍志》集部著録的卷數很少[2],《梁書》中的大量武帝文字應該是較早的史家已經採録。類似的,昭明太子、蕭綱(簡文帝)、蕭繹(元帝)的書信詔令也多次在列傳中出現,或亦採自別集,《隋志》集部有"《梁簡文帝集》八十五卷。《梁元帝集》五十二卷。《梁元帝小集》十卷。《梁昭明太子集》二十卷"[3]。因爲皇帝無傳,其文集的篇章祇能散入各傳;而臣僚的文集在《梁書》列傳編纂中又有怎樣的作用,是否會出現以其人之集編纂其人之傳的情況[4]?《梁書》列傳常常在末尾記録傳主文集編録的情況,若假設列傳多據其人之集,則載明有文集傳世者的列傳應當引録較多文章,未載文集者不應引録或應引録較少。但據筆者統計,實際情況並非如此,看不到明顯的規律。不過《梁書》列傳收録大量薦表、讓表、謝啓、書信等,是官方的起居注—國史系統難於提供的,因此從總體上説,肯定依據了文集。祇是《梁書》對文集的使用方式不是據別集而作傳,而是在文集中收集資料,再散入史傳,因此,有些作者的文章頻繁出現在多個傳記中,而某傳中出現的傳主文章也不一定是採自其別集,也有可能來自於各種選集。《隋書》的編纂則更多限於官修史體制範圍内的史料整理,雖然也引録賦頌論序,當有體制之外的來源,但這些引用基本上與傳記前後叙事缺乏有機聯系,是長篇而獨立的插入,更像是修史最後的一點點綴。反觀《梁書》列傳,其選擇文章的思路、編入史傳的手法,和官修史體制中從起居注到實録、國史層層篩選機務要務的思路不同,有時對慣於這種思路的人而言或許有散碎和不得要領之感。這是文集對《梁書》列傳產生的整體性的影響。由此似乎可以導向南朝的官修史體制較北朝式微,但問題可能更複雜。南朝齊梁以來的官方編纂領域愈趨寬廣,對《梁書》列傳影響最大的梁武帝文集也不能説與官方編纂無關,所以如果

---

[1] 《梁書》卷三《武帝紀下》,96頁。

[2] 《隋書》卷三五《經籍志四》:"《梁武帝集》二十六卷。梁三十二卷。《梁武帝詩賦集》二十卷。《梁武帝雜文集》九卷。《梁武帝別集目録》二卷。《梁武帝淨業賦》三卷。"1076頁。

[3] 《隋書》卷三五《經籍志四》,1076頁。

[4] 近來唐雯指出,《舊唐書》中晚唐時期部分列傳主要依據文集小序編成,見唐雯《〈舊唐書〉列傳史源辨析之一——以傳世傳記類材料爲中心》,《中國中古史研究》第8卷,中西書局,2020年,17—36頁。

把國史作爲官方編纂的一部分來理解,那麼《梁》《隋》兩書的差異並不簡單的是官修史體制的強弱所致,而是受到整體官方編纂情况的影響。

# A Comparative Study of Articles Cited in the Biographies of the *Book of Sui* and the *Book of Liang*

## Nie Weimeng

The articles cited in the biographies of the *Book of Sui* 隋書 are mainly official documents related to military and state affairs, and reflect the communication between the emperor and officials through channels of document administration. In contrast, the articles recorded in the biographies of the *Book of Liang* 梁書 show more personal opinions and emotions, reflecting private communication between the emperor and officials, as well as between different officials. These phenomena suggest that articles in the *Book of Sui* mainly come from the court diaries 起居注, while those in the *Book of Liang* mainly come from literary collections 文集. Through the selection of articles, arranging characters and historical comments, the compiler can express his specific historical understanding.

# 唐太宗征遼後唱和活動與貞觀詩風轉向
## ——日藏古抄卷《翰林學士集》與殷璠"貞觀末標格漸高"箋解*

### 查屏球

關於唐詩的發展，盛唐人殷璠《河岳英靈集》原序有一句經典論述：

> 自蕭氏以還，尤增矯飾。武德初微波尚在，貞觀末標格漸高，景雲中頗通遠調，開元十五年後，聲律風骨始備矣。[1]

武德、貞觀三十餘年內，除了極少數如《王績集》外，有完整文集傳世者甚少，其所論對象主要是指宮廷詩風。武德有九年(618—626)，戰亂難息，政局動蕩，僅有少量宮廷唱和事。貞觀有二十三年(627—649)，唐太宗頻頻舉辦唱和活動，但殷璠認爲多數時期與武德時代是一體的，仍沿續齊梁微波，祇是到了貞觀末纔有變化。將二十三年分成初、中、晚、末四階段，可將貞觀十九年至二十三年五年視爲"末"，由於文獻有限，在現存史料中，日傳古抄卷《翰林學士集》對這一文學現象有最原始的記錄。此卷能流傳海外，當爲一時流行讀物。殷璠《河岳英靈集》形成於天寶三載(744)或天寶十二載[2]，上距貞觀已百年，依當時文本傳布條件推斷，殷璠能見到的貞觀詩集也應僅限於流行之集，古抄卷《翰林學士集》應是其中的一種。因此，細解此卷可對殷璠之論有更確切的認識。

## 一、《翰林學士集》的形成與流傳

《翰林學士集》是一卷古抄本，現存於日本名古屋市中區大須觀音寶生院

---

* 本文爲貴州省社會科學規劃國學單列項目"日韓藏稀見唐詩選本研究"(17GZGX10)、國家社會科學基金重大專案"日韓藏唐詩選本研究"(18ZDA249)階段成果。

[1] 傅璇琮主編《唐人選唐詩新編》，陝西人民教育出版社，1996年，107頁。

[2] 見戴偉華《論〈河岳英靈集〉的成書過程》，《文學遺産》2013年第11期。

(真福寺文庫),明治四十一年(1908)被指定爲國寶與重要文化財,書籍形制是卷軸,高 28 釐米,長 6 米 43 釐米,共録十八位詩人五十一首詩,長期作爲古書法作品爲人所重,清末由清駐日使館人員陳矩(衡山,1851—1939)抄録回國,其文獻價值漸爲學人關注。日本近代書志家森立之(1807—1885)《經籍訪古志》有叙録,陳田(1850—1922)於陳矩抄印本中有長篇序跋,考析其源。今人陳伯海、陳尚君、葉國良、賈晋華等在文本校勘與文獻來源上也多有研究。藉近觀之利,日本學者藏中進、村田正博的研究所得更多[1]。以下據此,對相關問題再作説明。

**(一) 書名與成書時間問題**

這一古抄卷是一殘卷,卷頭已缺,原書名久已缺失,目録也有殘,"翰林學士詩集"一名乃後人所加,非原初書名,因所收之作全出於貞觀年間,而貞觀年間尚無翰林學士之説,此職遲至開元二十六年(738)方有,《新唐書·職官志》:

> 自太宗時,名儒學士時時召以草制,然猶未有名號。乾封以後,始號北門學士。玄宗初,置翰林待詔,以張説、陸堅、張九齡等爲之,掌四方表疏、批答、應和文章,既而又以中書務劇,文書多壅滯,乃選文學之士,號翰林供奉,與集賢院學士分掌制詔書敕。開元二十六年,又改翰林供奉爲學士,别置學士院,專掌内命。[2]

本卷所收詩人多是太宗、高宗朝人,不可能有後此五十多年纔設的職名,這一書名應是後人據開元後官制加上的,此卷應另有他名。

在此抄卷中,唐太宗詩下署謚號"太宗文皇帝",《舊唐書·太宗紀》:"[貞觀二十三年]八月丙子,百僚上謚曰文皇帝,廟號太宗。庚寅葬昭陵。上元元年(674)八月,改上尊號曰文武聖皇帝。天寶十三載二月,改上尊號爲文武大聖大廣孝皇帝。"[3]書應成於上元元年之前。

又,本卷收録了武后罪人上官儀、褚遂良、長孫無忌之作,三人在武后朝情況不一:

---

[1] 藏中進《翰林學士集二種影印與翻刻》,櫻楓社關西支社,1989 年;村田正博《〈翰林學士集〉本文考——以古抄本校訂爲中心》,大阪市立大學文學部《人文研究》第 42 卷第 5 分册,1990 年 12 月。
[2] 《新唐書》卷四六,中華書局,1975 年,1183 頁。
[3] 《舊唐書》卷三《太宗紀》,中華書局,1975 年,62—63 頁。

《舊唐書·長孫無忌傳》:帝竟不親問無忌謀反所由,惟聽〔許〕敬宗誣構之説,遂去其官爵,流黔州,仍遣使發次州府兵援送至流所。其子秘書監、駙馬都尉沖等並除名,流於嶺外。〔許〕敬宗尋與吏部尚書李義府遣大理正袁公瑜,就黔州重鞫無忌反狀,公瑜逼令自縊而死,籍没其家。無忌既有大功,而死非其罪,天下至今哀之。上元元年,優詔追復無忌官爵,特令無忌孫延主齊獻公之祀。[1]

《舊唐書·褚遂良傳》:帝乃立昭儀爲皇后,左遷遂良潭州都督。顯慶二年(657),轉桂州都督。未幾,又貶爲愛州刺史。明年卒官,年六十三。遂良卒後二歲餘,許敬宗、李義府奏言長孫無忌所構逆謀,並遂良扇動,乃追削官爵,子孫配流愛州。弘道元年(683)二月,高宗遺詔放還本郡。神龍元年(705),則天遺制復遂良及韓瑗爵位。[2]

《舊唐書·上官儀傳》:太宗聞其名,召授弘文館直學士,累遷秘書郎。時太宗雅好屬文,每遣儀視草,又多令繼和,凡有宴集,儀嘗預焉。俄又預撰《晉書》成,轉起居郎,加級賜帛。高宗嗣位,遷秘書少監。龍朔二年,加銀青光禄大夫、西臺侍郎、同東西臺三品,兼弘文館學士如故。本以詞彩自達,工於五言詩,好以綺錯婉媚爲本。儀既貴顯,故當時多有效其體者,時人謂爲"上官體"。儀頗恃才任勢,故爲當代所嫉。麟德元年(664),宦者王伏勝與梁王忠抵罪,許敬宗乃構儀與忠通謀,遂下獄而死,家口籍没。[3]子庭芝,歷位周王府屬,與儀俱被殺。庭芝有女,中宗時爲昭容,每侍帝草制誥,以故追贈儀爲中書令、秦州都督、楚國公,庭芝黄門侍郎、岐州刺史、天水郡公,仍令以禮改葬。[4]

三人雖都是經許敬宗誣陷遇害,高宗武后對三人處置不同。長孫無忌、褚遂良二人是開國重臣,武后對其處置僅是流貶,並分别於上元元年(674)、弘道元年

---

[1]《舊唐書》卷六五,2456頁。
[2]《舊唐書》卷八〇,2739頁。
[3]《新唐書》一〇五《上官儀傳》:"初,武后得志,遂牽制帝,專威福,帝不能堪;又引道士行厭勝,中人王伏勝發之。帝因大怒,將廢爲庶人,召儀與議。儀曰:'皇后專恣,海内失望,宜廢之以順人心。'帝使草詔。左右奔告后,后自申訴,帝乃悔;又恐后怨恚,乃曰:'上官儀教我。'后由是深惡儀。"4035頁。上官儀屬武則天"深惡"者。
[4]《舊唐書》卷八〇,2743頁。

(683)平反。上官則以謀逆罪被殺,終高宗武后一朝,未得平反。本卷選録上官儀之作,當在上官受害之前,即麟德元年前。這樣,本卷形成當在貞觀二十三年至麟德元年之間,即在高宗朝初期,本卷首篇示好於即位不久的高宗(見下文分析),兩者是相合的。

### (二) 總集還是別集

因翰林學士與本書無涉,近世多將本書改名,服部宇之吉《佚存書目》取名爲《貞觀君臣唱和詩集》,福本雅一《唐鈔本·翰林學士集解説》名之爲《唐太宗御制及應詔詩集》。或因其中有六位署弘文館學士,詩三十三,占一半以上,取名爲《弘文館學士詩集》;或以爲許敬宗主持編定過多種大型類書,如《芳林要覽》三百卷、《類文三百》、《士(文)館詞林》一千卷、《麗正文苑》二十卷,認爲這一抄卷或是某一總集的部分截録,然因缺少證據,難成定論。興膳宏、陳尚君等先生又認爲本卷是《許敬宗集》中一卷[1],似可成立,列述如下,並作相關補述。這本古抄卷在卷末有卷標:"集卷第二 詩一。"這是唐卷軸書的特徵,集當是某種文集的簡稱,極可能是《許敬宗集》的簡稱,現由如下。

一是他書有類似的例子,如今日存《王勃集》抄卷卷首卷末有"集卷第二十九""集卷第三十",《白氏文集》卷首卷末所標"文集卷第某"[2],與此類似。

二是賦爲第一卷,詩在賦後,這是承《文選》以來文集體例傳統,唐人別集多是如此,如《王績集》《高適集》《李白集》《韓愈集》《柳宗元集》,首卷就是賦,次卷爲詩[3]。本卷作爲全集的第二卷,合乎唐集體例。此卷多爲君臣唱和詩或應詔令作,事涉皇家,當爲詩卷之首,以從尊君之規。

三是《許敬宗集》卷帙較大,單集獨立流行,應有可能。《舊唐書·經籍志》著録《許敬宗集》六十卷,《新唐書·藝文志》著録《許敬宗集》八十卷,遠超同時代的《虞世南集》三十卷、《于志寧集》四十卷、《劉子翼集》十卷、《沈叔安集》二

---

[1] 傅璇琮主編《唐人選唐詩新編》,4—5頁。
[2] 參見楊柳《新發現的唐寫本〈王勃集〉殘卷》,https://www.sohu.com/a/663722807_121662795,訪問時間:2024.1.7。
[3] 參見興膳宏《關於翰林學士集》,《平野星照教授退休紀念·中國文學論叢》,大谷大學文藝學會,1994年。興膳宏著,戴燕譯《異域之眼——興膳宏中國古典論集》,復旦大學出版社,2006年,180—194頁。

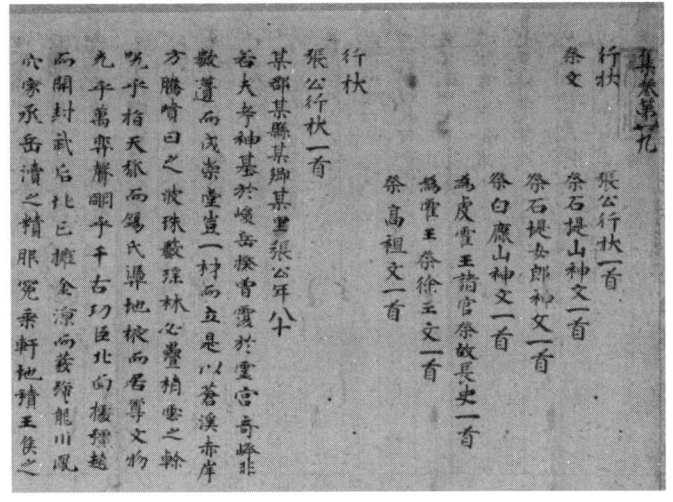

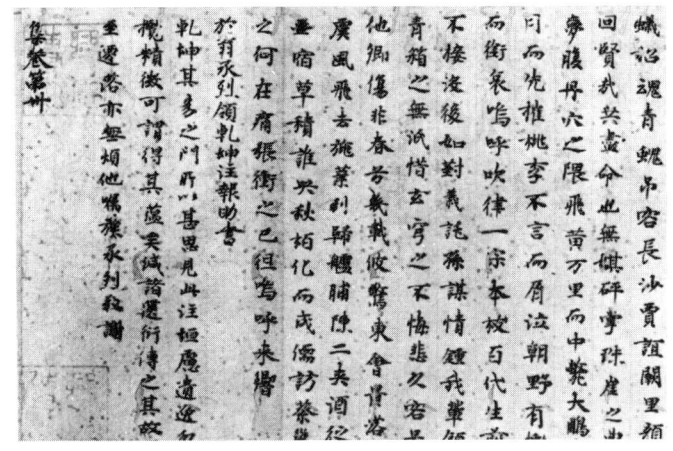

日本京都大學藏古抄《王勃集》殘卷

十卷、《褚遂良集》二十卷,其原初是一部體量龐大的書,這一卷作爲"應詔奉令詩"專集單行是有可能的。

四是本卷内容有明顯的許敬宗色彩,所選許敬宗詩數量是最多的,在十三組中,每一組皆有;第一組與最後一組作者人名前所列職銜以許敬宗最完整。其他人或述全稱,但都無散官階名,如"銀青光禄大夫"之類,僅在許敬宗名前出現,而且僅於首尾卷中全列,有標示著作權的意義。

五是在排序與分類上,也有許敬宗特色。全卷由十三組應詔令詩構成,除首詩之外,各組依時序排列。每組詩,多保留原有的排序,御詩在前,後接應詔令之作。題名、署名也多保存進奉時的原狀。先依體分類,四言詩居先,五言詩在後,因四言承《詩經》傳統而來,故多尊之在前。然而,第一首與第二首四言詩在排序上打破了時序,體現了許敬宗的特殊用意(見下文)。

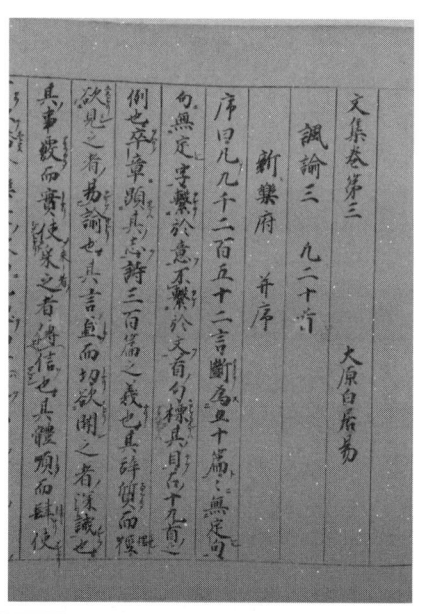

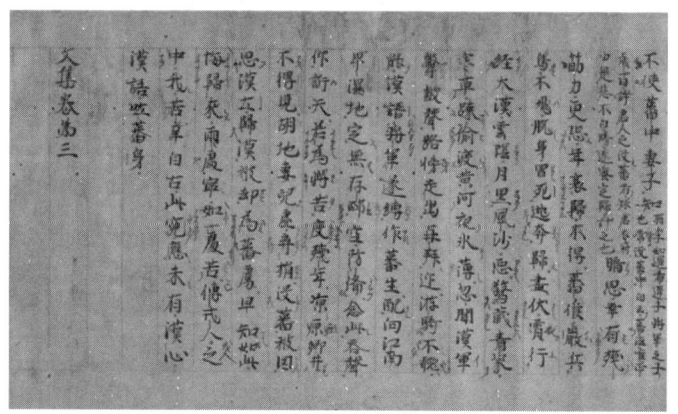

日藏金澤文庫本白居易《白氏文集》書影

六是在個人別集中收入他人參與的唱和組詩,尤其是君臣唱詩,是唐人別集流行體例。如《張説集》。第一卷首篇"附《喜雨賦》明皇御製",接下來是張説(667—731)自己《喜雨賦應制》,詩的排序也是以應制詩、奉和詩居首,前四卷皆奉和應制之作。第二卷"雜詩",先列"附《喜雪》明皇御製",再列己詩《奉和喜雪應制》。御製在前,己詩在後,或祇列己詩,不列他人奉和詩,或先列己詩《扈從南出雀鼠谷》,再列明皇御製《答張說南出雀鼠谷》以及宋璟、蘇頲、王丘、袁輝、崔翹、張九齡、王光庭、席豫、梁昇卿、趙冬曦等人的《奉和聖製答張說南出雀鼠谷》。己前君後,可能是後人作的調整。又,張九齡《張燕公集》卷四中有一組詩《送張說巡邊》,先列《明皇御製送張說巡邊附》,再有賈曾《餞張尚書赴朔方奉敕撰序附》,再列張說《將赴朔方軍應制》以及宋璟、源乾曜、張嘉貞、盧從願、許景光、崔禹錫、王翰、韓休、徐知仁、蘇晋、王光庭、袁暉、席豫、張九齡、徐堅、崔日用、賀知章《奉和聖製送張尚書巡邊》。類似又如明皇御製《送張說集賢上學士》,賈曾《集賢殿書院奉敕送學士張說上賜宴序》,張說《賦得輝字》、源乾曜《賦得迎字》、裴崔《賦得升字》、蘇頲《賦得茲字》、韋杭《賦得西字》、程行諶《賦得迴字》、李皓《賦得催字》、蕭嵩《賦得登字》、李元紘《賦得私字》、賀知章《賦得謨字》、陸堅《賦得今字》、劉昇附《賦得賓字》、王翰《賦得筵字》、趙冬曦《賦得蓮字》、韋述《賦得華字》,多達十五人,與前二組一樣,都有他人作品入集,排序或有調整,表明將這類應制奉和詩集完整納入自己別集中已成通例,許氏這一卷或許更存舊貌。另,《張燕公集》中還存有唱和集《岳陽集》,所收就是張說在岳陽與人唱和之作,在己詩之後多附唱和者作品,與此例相符〔1〕,故收他人唱和之作入集是唐集常例〔2〕。

還須要說明的是:本卷最後成書不是出於許敬宗之手,而是由他人代理完成,很可能是許敬宗的孫子許彥伯。理由如下:一是標示的職銜與實際寫作時間並不相符,如:《五言奉和侍宴儀鸞殿早秋應詔並同應詔四首並御詩》,儀鸞殿在洛陽。《舊唐書》卷三《太宗紀》下載:"〔貞觀〕十五年春正月……幸洛陽宮……

---

〔1〕《唐摭言》卷六記:"相公昔在南中,自爲《岳陽集》,有送別詩云:'誰念三千里,江潭一老翁。'"表明《岳陽集》曾單獨流行。《岳陽集》原書已佚,已散入《張燕公集》中,尹矛、王琚、趙冬羲等人的和作也附在其中。唯因如此,在流傳過程中,也會出現訛誤,如《酉陽雜俎》卷八記:"蜀小將韋少卿,韋表微堂兄也。少不喜書,嗜好割青,其季父嘗令解衣視之,胸上刺一樹,樹梢集鳥數十,其下懸鏡,鏡鼻繫索,有人止於側牽之。叔不解,問焉。少卿笑曰:叔不曾讀張燕公詩否?'挽鏡寒鴉集'耳。"此句應爲"晚景寒鴉集",在《三體唐詩》《唐詩紀事》中作者是張說兒子張均。現存《張燕公集》中已作爲張說之作了。《四庫總目》言:"《唐書·藝文志》載其集三十卷,今所傳本止二十五卷,然自宋以後諸家著錄並同,則其五卷之佚久矣。"其實,《新唐書》《郡齋讀書志》所載都是二十卷,今傳本多五卷,已不存舊貌。這一句詩的署名也可佐證這一點。

〔2〕張九齡《曲江集》祇存己作,或是經後人整理的結果。

冬十月辛卯,大閲於伊闕。壬辰,幸嵩陽。"《新唐書》卷二《太宗紀》與《資治通鑑》卷一九六"貞觀十五年"所載均同。又,《舊唐書》卷一八九上《儒學》上載:"朱子奢……十五年卒。"長孫無忌、楊師道、朱子奢所題職官名與作詩時間相符。而許敬宗職銜題爲"給事中高陽縣開國男",《舊唐書》卷八二《許敬宗傳》載,"〔貞觀〕十七年,封高陽縣男",故貞觀十五年許敬宗職官不得題"高陽縣男"。此處"高陽縣男"應是許氏後人在整理抄録時添加上去的。與原初實情並不相符。又如:"《五言七夕侍宴賦韻得歸衣飛機一首》中書舍人臣許上。"僅寫姓不寫名,由原拓圖片看,省去"敬宗"二字,是因這一行的空間不夠。這種情況的出現與處理方式祇能是他人所爲。

當然也有抄寫之誤,如最後一組詠棋詩,"臣上"後省人名"官儀上",這應是抄寫者的誤省。又,第二首中有一"治"字犯高宗諱,這可能是日本抄寫者把原來減筆避諱字補足所致。藏中進指出本書還存有另一種抄本,見《天理圖書館稀書目録》,是日本幕末天保壬寅(十三)(1842)年古抄物,名爲:古詩集殘簡,存十九行半,尾題:詩集卷第二/法隆寺/,"詩集"之説與古書例不合,或許是錯抄失真了。

**(三) 古抄卷在日的流傳**

與"古詩集殘簡"相關的抄卷上有標識來源的注文"東南院",表明這一古抄卷應是奈良東大寺舊物。東大寺創建於728年,東南院曾是空海(774—835)開創密宗的道場,文物甚多,"古詩集殘簡"還留有抄録者的説明:"天平十三年(732)辛巳七月五日夕陽書寫了。"在背書文字中有注"承和六年(834)"。根據這一信息推斷,本卷在日本天平十三年(732)之前已在日本流傳,一百年後,日本承平六年(834)仍有人抄録於東大寺東南院。真福寺帳簿記録約在14世紀後本卷流散到尾張國岐阜羽島真福寺寶生院。從8世紀到19世紀一千多年裏,它一直流傳有序,真實無疑。

此卷何時傳入日本? 或曰元和初(805),空海攜入;或曰粟田真人、山上憶良於開元初帶入。筆者以爲後一種可能更大。本書有明顯的高宗武后時代色彩(見下説明),應是武后時代的流行讀物,這與粟田真人、山上憶良的需求是契合的。這一批遣唐使在武后朝末期到唐,事在百濟白村江口唐日大戰四十年後,更重對當代文化的汲取。《續日本紀》記粟田真人作爲遣唐使對武后朝也頗有好

感,也視天后武則天爲至尊:

> 〔慶雲元年(704)〕秋七月甲申朔,正四位下粟田朝臣真人,自唐國至。初至唐時,有人來問曰:"何處使人?"答曰:"日本國使。"我使反問曰:"此是何州界?"答曰:"是大周楚州鹽城縣界也。"更問:"先是大唐,今稱大周。國號緣何改稱?"答曰:"永淳二年,天皇太帝崩。皇太后登位,稱號聖神皇帝,國號大周。"問答略了,唐人謂我使曰:"亟聞,海東有大倭國。謂之君子國。人民豐樂,禮義敦行。今看使人,儀容大净。豈不信乎?"語畢而去。[1]

他受到武后的禮遇,《舊唐書》卷一九九上《東夷傳·倭國》記:

> 長安三年,其大臣朝臣真人,來貢方物。朝臣真人者,猶中國户部尚書,冠進德冠,其頂爲花,分而四散,身服紫袍,以帛爲腰帶。真人好讀經史,解屬文,容止温雅。則天宴之於麟德殿,授司膳卿,放還本國。

他在唐收羅文獻時,對高宗武后朝流行的名家之集《許敬宗集》當有所關注,這一古抄卷可能就是隨《許敬宗集》一起被抄録到日本。

在日本史料中也有關於許敬宗集的記録,《正倉院文書·寫章疏目録·天平二十年(739)六月十日》中列出的唐集僅四:《太宗文皇帝集》四十卷、《群英集》二十一卷、《許敬宗集》十卷、《庾信集》二十卷[2],除《群英集》可能是總集之外,其他三者應是唐初最流行的別集。唐太宗以帝王之尊享有如此地位,自當別論,庾信已屬前朝人了,其集在唐初有詩文範本的功能。由這個目録看,許敬宗已成爲當時最有影響的當朝詩人了,至少在8世紀前三十年對於日本人來説就是如此。在9世紀末成書的《日本國見在書目》中仍著録三種許敬宗集:《許敬宗集》二十集、《許高陽集》九卷、《許敬宗八詠》。這表明許集在日本流傳頗廣,影響很大。平安之後,全書漸佚,僅存一卷,或是詩集首卷曾作爲君臣唱和範本單本流行而得留存[3]。上述表明在7世紀末8世紀初,《許敬宗文集》曾經流行於唐、日兩地,這應是一段被湮没的文學史。將一書中一卷析出單獨流傳,

---

[1] 黑板勝美、國史大系編修會編《新訂增補國史大系》第二卷《續日本紀》卷三,吉川弘文館,1966年,21頁。

[2] 東京大學史料編纂所撰《大日本古文書(編年文書)》第3卷,東京大學出版會,1968年,84頁。

[3] 參見孫猛《日本國見在書目録詳考》,上海古籍出版社,2015年,1866—1868頁。

是日本接受大唐文化的特有方式,如日本學人詩學教材《白氏文集·新樂府》《唐三體詩·唐詩絕句》就是如此。書籍流傳有一些偶然性,荻生徂徠在長崎明商船上發現了《李攀龍集》,結果造成《李攀龍集》與李攀龍《唐詩選》風行日本二百年。許敬宗書在日本的流傳可能也是如此,起初,粟田真人、山上憶良等遣唐使在唐接觸到在武后大周朝流行的讀物《許敬宗集》,攜回日本,奉爲學習時文範本。神龍之後,隨着武后政治被否定,許敬宗文壇地位在唐已大爲下降,但其書在日本仍流行了上百年,有二十卷、九卷、八詠集多種形態,也有《貞觀應詔令詩集》這種單卷。在《白氏文集》流行前,《許敬宗集》可能是日本最流行的唐人別集,古抄卷爲文學史補充了這一信息。

## 二、首次詩時序顛倒與許敬宗政治用心

這一卷詩全是貞觀朝御詩和應詔奉令之作,許敬宗在高宗朝仍生活了二十多年,也多次參預宮廷唱和之事,可以推想其在高宗朝這類詩當編在另卷之中。本卷編定於高宗朝初期,選目與編序當與當時的政治動向以及許敬宗的政治用心相關,將其置於貞觀、永徽政治背景中考察,可以看出本卷保留了高宗武后時期的書籍原態。全書共有十三組詩,各詩於題下署作者職銜、姓名,排序如表1:

表1

| 卷首題目 | 題下作者姓名、職銜全稱(官職+作者) |
| --- | --- |
| 四言奉陪皇太子釋奠詩一(十)首應令 | 銀青光祿大夫中書侍郎行太子右庶子弘文館學士高陽縣開國男臣許敬宗(592—672) |
| 四言曲池酺飲座銘並同作七首 | 沛公鄭元璹(574—663)、兵部侍郎于志寧(588—665)、武康公沈叔安(590—660?)、燕王友張後胤(576—658)、鄭王友張文琮(580—660?)、著作郎許敬宗、越王文學陸揩(593—663) |
| 五言奉和侍宴儀鸞殿早秋應詔並同應詔四首並御詩 | 太宗文皇帝(698—649)、司空趙國公長孫無忌(594—659)、中書令駙馬都尉安德郡開國公楊師道(590—647)、國子司業朱子奢(691?—641)、給事中高陽縣開國男許敬宗 |

續表

| 卷首題目 | 題下作者姓名、職銜全稱（官職＋作者） |
| --- | --- |
| 五言侍宴中山詩序一首奉敕製並御詩 | 許敬宗奉敕撰序、太宗文皇帝 |
| 五言遼東侍宴臨秋同賦臨韻應詔並同作三首並御詩 | 太宗文皇帝、黃門侍郎弘文館學士褚遂良（596—659）、太子右庶子高陽縣開國男弘文館學士許敬宗、秘書郎弘文館直學士上官儀（608—665） |
| 五言春日侍宴望海同賦光韻應詔合同上九首並御詩 | 太宗文皇帝、司徒國公長孫無忌、開府儀同三司申國公高士廉（576—647）、吏部尚書駙馬都尉安德郡國公楊師道、侍中清苑縣開國男劉洎（685？—646）、中書令江陵縣開國子弘文館學士岑文本（595—645）、黃門侍郎弘文館學士褚遂良、太子右庶子高陽男開國男弘文館學士許敬宗、秘書郎弘文館直學士上官儀、左宗衛率府長史弘文館直學士鄭仁軌（610—664？） |
| 五言奉和淺水源觀平薛舉舊迹應詔及同上五首並御詩 | 太宗文皇帝、司徒趙國公長孫無忌、太常卿駙馬都尉安德郡開國公楊師道、兼黃門侍郎弘文館學士褚遂良、太子右庶子高陽縣開國男弘文館學士許敬宗、秘書郎弘文館直學士上官儀 |
| 五言侍宴延慶殿同賦別題得阿閣鳳應詔並同上三首並御詩 | 太宗文皇帝、司徒趙國公臣長孫無忌、銀青光祿大夫行右庶子高陽縣開國男弘文館學士許敬宗、秘書郎弘文館直學士臣上官儀 |
| 五言七夕侍宴賦韻得歸衣飛機一首應詔 | 中書舍人許（敬宗） |
| 五言侍宴延慶殿集同賦得花間鳥一首應詔並御詩 | 太宗文皇帝、中書侍郎許敬宗 |
| 五言侍宴抄柵宮賦得情一首應詔 | 給事中許敬宗 |
| 五言後池侍宴迴文一首應詔 | 中書侍郎許敬宗 |
| 五言奉和詠棋應詔並同上六首並御詩 | 太宗文皇帝、銀青光祿大夫行太子右庶子高陽縣開國男弘文館學士許敬宗、承議郎守著作郎弘文館學士劉子翼（598—659？）、起居郎弘文館直學士（上官儀） |

詩之選目與排列有以下特點：（1）在排序上，總體上依時序；各組之中，兼顧職序與齒序兩方面的因素，太宗居前，重臣長孫無忌置前，其他多依齒序排列，如

果有開國勳臣長孫無忌、楊師道、褚遂良,多跟在太宗之後,居他人之前。這一次序可能保留了唱和組詩形成時最初的狀況。(2)對每次唱和詩,不盡是全取。如《五言侍宴中山詩序一首奉敕製序並御詩》,僅取許敬宗序與唐太宗一詩,其他人詩則未錄。現知許敬宗就有《奉和宴中山應制》一首[1]。(3)許敬宗參預的君臣唱和詩没有被完全錄取,如貞觀十六冬唐太宗有《重幸武功》《過舊宅二首》,許敬宗、上官儀等人都有和作《奉和過舊宅應制》,就未見收錄。貞觀十年唐太宗作《入潼關》,許敬宗存有《奉入潼關》也未收入。雖然,本卷主要收錄了許敬宗參預的貞觀應詔令詩,但是又非貞觀應詔令"全集",而是選錄,其選擇與編排,與當時政治背景有關,對此可從以下幾方面來分析:

(一)《四言奉陪皇太子釋奠詩一(十)首應令》居首之意

本卷前二首都是四言詩,内容都關係到太子,第一首寫於高宗爲太子時,第二首爲前太子而作。在時間上,後者早於前者,但是在排序上,許氏仍將與高宗相關的詩置於卷首。顯然,許氏要以這種方式表明奉高宗爲正朔的政治態度。這一首是許敬宗個人作品《四言奉詔陪皇太子釋奠詩一(十)首應令》,其任此職時間、太子釋奠事以及許氏作詩時間,皆有史可稽,《舊唐書·許敬宗傳》記:

〔貞觀〕十七年,以修《武德》、《貞觀實錄》成,封高陽縣男,賜物八百段,權檢校黃門侍郎。高宗在春宮,遷太子右庶子。十九年,太宗親伐高麗,皇太子定州監國,敬宗與高士廉等共知機要。中書令岑文本卒於行所,令敬宗以本官檢校中書侍郎。太宗大破遼賊於駐蹕山,敬宗立於馬前受旨草詔書,詞彩甚麗,深見嗟賞。……二十一年,加銀青光禄大夫。

至貞觀二十一年,所署之職纔齊全,故詩當作於貞觀二十一年後。又,《舊唐書·太宗紀》:"二十一年……〔二月〕丁丑,皇太子於國學釋菜。"《新唐書》卷一五《禮樂志五》記:"〔貞觀二十一年〕中書侍郎許敬宗等奏:'……請國學釋奠以祭酒、司業、博士爲三獻,辭稱"皇帝謹遣"。州學以刺史、上佐、博士三獻,縣學以令、丞、主簿若尉三獻。如社祭,給明衣。'會皇太子釋奠,自爲初獻,以祭酒張

---

[1] 《文苑英華》卷一六八,許敬宗《奉和宴中山應制》:"飛雲旋碧海,解網宥青丘。養更停八駿,觀風駐五牛。張樂臨堯野,揚麾歷舜州。中山獻仙酤,趙媛發清謳。塞門朱雁入,郊藪紫麟遊。一舉氛霓静,千齡德化流。"中華書局,1966年,807頁。

後胤亞獻,光州刺史攝司業趙弘智終獻。"

相關史籍還記錄了許敬宗爲太子釋奠作詩事:

《唐會要》卷三五:〔貞觀〕二十〔一〕年二月,詔皇太子於國學釋奠於先聖、先師,皇太子爲初獻,國子祭酒張復裔爲亞獻,光州刺史、攝司業趙弘智爲終獻。既而就講,弘智演《孝經》忠臣孝子之義。右庶子許敬宗上四言詩,以美其事。

《册府元龜》卷三七:二十一年二月詔皇太子之國學釋奠,賜學官胄子帛各有差,仍擢其高業。右庶子許敬宗上四言詩以美其事。

《册府元龜》卷二六〇:唐太宗貞觀二十一年二月丁丑(19日)詔:"皇太子(高宗)之國學釋奠於先師。"皇太子爲初獻,國子祭酒張後裔爲亞獻,光州刺史攝司業趙弘智爲終獻。既講,弘智開講《孝經》,敷弘忠臣孝子之義,皇太子歡甚,因令宣勞,胄子以上言名教之所,繇學校之所,作君臣父子之義,風化訓導之端,加之以弘獎,因之以誡勵,凡數百言,詞義甚美,聽者竦然,無不歡悦,更相顧曰:"此誠德音也。"於是賜學官胄子帛各有差,仍擢其高業者。右庶子許敬宗上四言詩以美其事。

貞觀二十一年,許敬宗五十四歲,身任東宮右庶子,對於二十五歲的太子來説,可稱爲老臣,故對於釋奠之禮提出了改進建議並獲採納。詩贊太子也是釋奠活動一部分,能爲官史記載,説明其詩在當時頗有影響,此事已成爲他重要的政治資本。前文推定本卷編定在貞觀二十三年至麟德元年之間,許敬宗將這首詩置於卷首既展示了他擁戴高宗的政治立場,又表明他與高宗關係密切,突出自己特殊的政治地位。

高宗李治(628—683)是太宗第九子,其繼位不是順位繼承,而是伴隨着激烈的宮廷内鬥。前太子李承乾、魏王李泰爲争寵而興宮鬥,愈演愈烈,李承乾甚至參預了齊王李之祐謀逆之事,敗露之後,李治纔得到機會,於貞觀十七年十六歲時立爲太子。

《舊唐書·太宗諸子傳》:時皇太子承乾有足疾,泰潛有奪嫡之意,招駙馬都尉柴令武、房遺愛等二十餘人,厚加贈遺,寄以腹心。黄門侍郎韋挺、工部尚書杜楚客相繼攝泰府事,二人俱爲泰要結朝臣,津通賂遺。文武群官,各有附托,自爲朋黨。承乾懼其凌奪,陰遣人詐稱泰府典簽,詣玄武門爲泰進封事。太宗省之,其書皆言泰之罪狀,太宗知其詐,而捕之不獲。十七年,承乾敗……太宗因謂侍臣曰："承乾言亦是。我若立泰，便是儲君之位可經求而得耳。泰立，承乾、晋王皆不存；晋王立，泰共承乾可無恙也。"乃幽泰於將作監……太宗因謂侍臣曰："自今太子不道，藩王窺嗣者，兩棄之。傳之子孫，以爲永制。"

《舊唐書·高宗紀》：十七年，皇太子承乾廢，魏王泰亦以罪黜，太宗與長孫無忌、房玄齡、李勣等計議，立晋王爲皇太子。太宗每視朝，常令在側，觀決庶政，或令參議，太宗數稱其善。

前太子與兩個王子皆因失德而被廢，李治被立太子後尤重道德形象，因爲當時李治太子的地位也不是絶對穩定的。

《資治通鑑》卷一九九《唐紀十三》貞觀十七年十一月條：敕選良家女以實東宫，癸巳，太子遣左庶子于志寧辭之。上曰："吾不欲使子孫生於微賤耳。今既致辭，當從其意。"上疑太子仁弱，密謂長孫無忌曰："公勸我立雉奴，雉奴懦，恐不能守社稷，奈何！吴王恪英果類我，我欲立之，何如？"無忌固争，以爲不可。上曰："公以恪非己之甥邪？"無忌曰："太子仁厚，真守文良主，儲副至重，豈可數易！願陛下熟思之。"上乃止。

李治素以好學稱名，釋奠是美化太子形象的傳統節目，贊太子釋奠詩，也是這項崇儒活動中的一道禮儀，許詩展示太子尊師、好學、重儒美德，可提升高宗在唐太宗與朝臣眼中的文化地位。所以，許詩所贊辭是依據李治形象需要而精心設計的，是投其所好的。在李治登基後，把舊作翻出放在詩卷之首，也向世人展示了自己的政治資本。

**（二）《四言奉陪皇太子釋奠詩一（十）首應令》内在隱意**

分析本詩具體内容可見出許敬宗的這一政治用心，詩言：

天鈞初播，流形肇分。應圖作極，執契爲君。經邦測景，命秩頒雲。功弘海謐，〔化〕洽風薰。（其一）

彝典潛敷，至淳冥歇。六位斯辨，九籌爰設。叔世時訛，滔天作孽。雅誥咸蕩，微言殆絶。（其二）

皇靈拓統，帝宅遐光。馳威日域，浹化乾綱。網羅千代，併吞百王。禎凝國太，慶襲元良。（其三）

前星降彩，猗蘭挺秀。少海揚清，若華騰茂。仙簧妙響，長琴雅奏。具

體生知,克昌宸構。(其四)

天庭朗玉,睿掌暉珠。問安昏定,奉禮晨趨。照宣離景,幾亞神摳。承綸太極,肄業鴻都。(其五)

望苑方春,震宮將旦。吟笳順動,連旗遠煥。册府開扃,儒庠引泮。迴輪馳道,增華甲觀。(其六)

尊師上德,齒學崇年。登歌暢美,啐爵思虔。雩童鼓篋,碩老重筵。辭雕辯囿,矢激言泉。(其七)

九宮率職,六聰咸事。濟濟飛纓,昂昂踐位。栝箭成德,琢瑜爲器。仰仞齊高,升堂寫秘。(其八)

初芳候律,新吪諧音。磬喧浮泗,絃静淄林。珪碑炫目,璧水澄心。蕊飄蹊靄,葉滿帷深。(其九)

縟禮光備,文思可紀。日駟輪斜,雲門祝止。景福垂裕,受釐延祉。嚴訓一尊,澄湮萬汜。(其十)

該詩是典儀性的頌辭,合叙理、頌贊、諷勸於一體。其一引論:天道常存,唯應天承運者可持信爲君,創造天下太平。其二、三贊頌唐國開國歷史:古典淳正合乎天地秩序之理,世道衰亂,雅頌之調不存,唯有聖人一統天下恢復禮制。其四、五進入主題,贊頌太子。少海,指太子,如王起《莊恪太子哀册文》言:"有少海之波逝,無西園之蓋飛。"先言其有天生之質,如同皇朝秉承天運一樣,性與天通,生而知之。再言其孝忠有禮,德位相配,並特贊其有好學之品。其六、七、八、九贊釋奠之禮。望苑,博望苑,代指皇太子禮賓處。《漢書》卷六三《戾太子劉據傳》:"及冠就宮,上爲立博望苑,使通賓客。"震宮,原指震卦,《易經·象》曰:"震驚百里,驚遠而懼邇也。出可以守宗廟社稷,以爲祭主也。"後也代指東宮或太子。如隋于仲文《侍宴東宮應令》詩:"銅樓充震位,銀牓集嘉賓。"唐盧僎《上幸皇太子新院應制》:"佳氣曉蔥蔥,乾行入震宮。"許詩寫到太子黎明即起,伴着莊重儀仗進入書卷林列、儒生群立的太學;釋奠時,先行尊師敬老之禮,擺宴共食,再主持講學論辯,滿朝官員恭敬有加,都獲得了見賢思齊的教益;其九、十贊頌太子尊儒之舉合乎古義,體現了皇帝教子之效。從文體形式上看,許敬宗師法了《文選》卷二〇中顏延之《皇太子釋奠會作詩》一詩,同時,他又不是對顏詩簡單地模擬與複製,而有創意在其中,體現了武后時代"自我作古"[1]精神。除了在形式上不守舊規,將九章改爲十章,在内容上,依"論天理—述國史—贊太子—頌今上"幾部分依次展開,既沿續了尊師重教、崇儒守仁、好學修性的傳統頌語,又在頌上諫儲的格式中,融入他對現實政治思考。其中以下幾點值得關注:

第一,首論順天承運之理,除强調唐朝政權的正當權之外,也含有現實性指向,似在肯定李治儲位得之自然,是順應天意的,否定偶然獲位的議論,提升太子居位的自信。高宗爲太子纔四年,很需要這一種自信。

第二,在述史中含有現實批判,"時訛","作孼"指隋末動亂,證明唐室繼統的合法性,也在批判前太子李承乾、魏王李泰、齊王李祐篡位之亂,"雅誥"是指唐高祖撥亂返正之舉,也隱指李世民果斷出手,把爭儲之亂消滅在萌芽中。所謂"微言"包括了對晉王李治的非議,甚至包括唐太宗相信的"柔弱"之評。

第三,詩言"問安昏定,奉禮晨趨"。肯定了太子李治孝行之美,當時李治即以"仁孝"知名。《新唐書·高宗紀》:"太宗嘗命皇太子遊觀習射,太子辭以非所好,願得奉至尊,居膝下。太宗大喜,乃營寢殿側爲別院,使太子居之。太宗每視朝,皇太子常侍,觀决庶政。"顯然,許氏的稱道不是泛泛而言,而是有針對性的。

第四,"皇靈拓統""併吞百王"既贊唐王室一統天下之威,也包括對唐太宗征遼東之舉的肯定。此役從貞觀十八年十一月戰到次年十二月,雖有勝利,但並未達到征服對方的目的,太宗因此大病一場。許敬宗仍頌之爲"馳威"之舉,這與當時的氣氛是相合的。李世民敗歸途中,忌諱他人言其敗事,劉洎見到他之後對人透露出他體弱病危之事,竟被他賜死[2]。在這種情形下,許敬宗衹能以歌功頌德之辭來哄皇帝開心。這是一篇公開的文字,許氏利用這一機會向太宗表達了忠心。

---

[1] 《舊唐書》卷五《高宗紀》:"皇太子在而立太孫,未有前例。上曰:自我作古,可乎?"109頁。《舊唐書》卷二二《禮儀志二》:"〔總章元年〕鴻生碩儒,俱稱盡善,搢紳士子,並奏該通。創此宏模,自我作古。因心既展,情禮獲伸,永言宗祀,良深感慰","時既沿革,莫或相遵,自我作古,用適於事。"856、863—864頁。這些表明"自我作古"觀念實爲高宗武后朝的通行語。

[2] 《資治通鑑》卷一九八《唐紀十四》貞觀十九年十二月條:"及上不豫,〔劉〕洎從内出,色甚悲懼,謂同列曰:'疾勢如此,聖躬可憂。'或譖於上曰:'洎言國家事不足憂,但當輔幼主行伊、霍故事,大臣有異志者誅之,自定矣。'上以爲然。庚申,下詔稱:'洎與人竊議,窺窬萬一,謀執朝衡,自處伊、霍,猜忌大臣,皆欲夷戮,宜賜自盡。'"6233頁。

第五，肯定了太宗教子有方，"嚴訓一尊，澄湮萬氾"。就是對太宗教子的稱道。這於史籍有徵，《資治通鑑》卷一九七《唐紀十三》貞觀十七年四月："庚子，定太子見三師儀：迎於殿門外，先拜，三師答拜，每門讓於三師。三師坐，太子乃坐。其與三師書，前後稱名、'惶恐'。""黄門侍郎劉洎上言：'以太子宜勤學問，親師友。今入侍宮闈，動逾旬朔，師保以下，接對甚希，伏願少抑下流之愛，弘遠大之規則，則海內幸甚。'上乃命洎與岑文本、褚遂良、馬周更日詣東宮，與太子遊處談論。""閏月，辛亥，上謂侍臣曰：'朕自立太子，遇物則誨之，見其飯則曰："汝知稼穡之艱難，則常有斯飯矣。"見其乘馬則曰："汝知其勞逸，不竭其力，則常得乘之矣。"見其乘舟則曰："水所以載舟，亦所以覆舟，民猶水也，君猶舟也。"見其息於木下則曰："木從繩則正。後從諫則聖。"'"太宗吸取對承乾、李泰教育失敗的教訓，加強了對李治的言傳身教，這些事在當時即有流傳。由顏延之詩看，頌聖原屬這類詩一項基本內容，許氏所寫更具針對性。

將此與第二首四言詩《四言曲池醻飲座銘並同作七首》相比較更易見出這種現實感，在這一首詩下許敬宗所署官職是著作郎，唐史本傳記其於貞觀八年任此職，《舊唐書·太宗紀》言："〔貞觀八年〕二月乙巳，皇太子加元服。丙午，賜天下醻三日。"本年度太子李承乾成年，朝廷舉辦加冠禮典，詩應作於此年。七首詩或贊時頌聖，或叙山水之樂，暢飲之歡，不涉及太子本事，更不見對當下時事的評議，多具禮儀化格式化的特徵。雖然，其中如于志寧、沈叔安、張文琮等是一時名家，有別集傳世，但是在這種模式化的寫作中，作者的個性思考與現實性指向多被湮没了。

(三) 高宗朝初政治背景與本卷編定的政治指向

由於在長孫皇后喪禮上有輕狂失禮之舉，又有嫁女求財之事，許敬宗在貞觀朝人品已遭非議，人格形象不佳，被逐出政治核心圈，但在武后篡權過程中，他找準了時機，鹹魚翻身，官運亨通。

《舊唐書·許敬宗傳》：高宗嗣位，代于志寧爲禮部尚書。敬宗嫁女與蠻酋馮盎之子，多納金寶，爲有司所劾，左授鄭州刺史。永徽三年，入爲衛尉卿，加弘文館學士，兼修國史。六年，復拜禮部尚書。高宗將廢皇后王氏而立武昭儀，敬宗特贊成其計。長孫無忌、褚遂良、韓瑗等並直言忤旨，敬宗與李義府潛加誣構，並流死於嶺外。顯慶元年，加太子賓客，尋册拜侍中，監修國史。三年,進封郡公,尋贈其父善心爲冀州刺史。

《資治通鑑》卷一九九《唐紀十四》:禮部尚書許敬宗亦數勸無忌,無忌厲色折之。

衛尉卿許敬宗、御史大夫崔義玄、中丞袁公瑜,皆潛布腹心於武昭儀矣。

許敬宗宣言於朝曰:"田舍翁多收十斛麥,尚欲易婦,況天子欲立后,何豫諸人事而妄生異議乎?"

這一卷詩成於麟德元年上官儀被害前,也即在武則天爭奪皇后期間。許敬宗編此"應詔令集"既炫耀了政治資本,表明自己才華已得老皇帝的肯定;又將應太子令之詩置於詩集之首,所選作品又以許敬宗署"右庶子"職後爲多,共六篇,占所選己詩一半,也有意强調自己東宮舊人的身份,表明忠心於高宗的政治立場;他希望以自己的詩才與對現實政治的思考,引起高宗、武則天的重視。

## 三、太宗晚年詩與"貞觀末標格漸高"

在以上實證基礎上,可對殷璠所論"貞觀末標格漸高"一語作更具體分析。根據已有成果與相關史料,我們也可以依時序將這一卷詩與相關創作活動排序如表2:

表2

| 卷首目錄 | 寫作時間 | 主要依據 |
| --- | --- | --- |
| 四言曲池酺飲座銘並同作七首 | 貞觀八年二月 | 賜天下酺三日,許敬宗職[1] |
| 五言七夕侍宴賦韻得歸衣飛機一首應詔 | 貞觀九年 | 許敬宗中書舍人 |
| 五言奉和侍宴儀鸞殿早秋應詔並同應詔四首並御詩 | 貞觀十五年前 | 朱子奢死 許敬宗給事中 |
| 五言侍宴抄棚宮賦得情一首應詔 | 貞觀十六年 | 許敬宗給事中 |
| 五言侍宴延慶殿同賦別題得阿閣鳳應詔並同上三首並御詩 | 貞觀十八年 | 許敬宗右庶子 |
| 五言春日侍宴望海同賦光韻應詔合同上九首並御詩 | 貞觀十九年 | 岑文本卒於本年中 |

[1] 參見附錄考辨。

續表

| 卷首目録 | 寫作時間 | 主要依據 |
|---|---|---|
| 五言侍宴中山詩序一首奉敕製並御詩 | 貞觀十九年 | 太宗親征高麗 |
| 五言遼東侍宴臨秋同賦臨韻應詔並同作三首並御詩 | 貞觀十九年 | 太宗親征高麗回朝 |
| 五言奉和淺水源觀平薛舉舊迹應詔及同上五首並御詩 | 貞觀二十年〔1〕 | 許敬宗太子右庶子 |
| 五言侍宴延慶殿集同賦得花間鳥一首應詔並御詩 | 貞觀二十年 | 許敬宗中書侍郎 |
| 五言後池侍宴迴文一首應詔 | 貞觀二十年 | 許敬宗中書侍郎 |
| 四言奉陪皇太子釋奠詩一(十)首應令 | 貞觀二十一年二月 | 太子釋奠 |
| 五言奉和詠棋應詔並同上六首並御詩 | 貞觀二十一年 | 許敬宗銀青光禄大夫 |

如前所述,許敬宗約於貞觀八年就參加了太宗主持的宫廷應詔唱和活動,身經貞觀詩壇十五年。但是,如上所述,這一卷"貞觀奉和詩卷"並不是他參預的宫廷唱和活動全部詩作,而是有選擇的,其中以貞觀十九年後居多。貞觀朝有二十三年,所謂"貞觀末"可指貞觀十九年之後的五年,在本卷中就是指貞觀十九、二十、二十一年三年裏的二十三首詩。

殷璠好以風骨論詩,所謂"標格"應是由標與格兩部分組成,這是與"風骨"對應的品評概念。劉勰《文心雕龍·風骨》説:"怊悵述情,必始乎風;沉吟鋪辭,莫先於骨。故辭之待骨,如體之樹骸;情之含風,猶形之包氣。結言端直,則文骨成焉;意氣駿爽,則文風清焉。"標,風標,也即風,是指詩歌情感的感染力;格,詩格,指詩歌語言表現力,當時主要是指對聲律藝術把握的精準與運用的自然。殷璠以爲唐詩至開元十五年後極盛,標誌就是"聲律、風骨(筆者注:此處風骨偏指内容)齊備矣"。在八十年前的"貞觀末(645—649)","風骨(標)""聲律(格)"的新變仍處在初始狀態,故稱其爲"漸高"。許敬宗在本卷中有意強調其爲右庶

---

〔1〕 按:貞觀二十年八月壬申(13日),太宗幸漢故甘泉宫,詔以平定遠戎,宜備禮告廟,頒示普天。據此推斷,本詩作於貞觀二十年,即太宗逝前三年,詩表達了英雄暮年回憶往事時的激動與感慨。

子之後的作品,無意中爲貞觀末詩壇留下了一些原始信息。僅就這一卷看,以貞觀十九年太宗征遼詩爲標誌,貞觀朝前後詩風確有很大的不同。

在内容上,之前的作品多有空洞之嫌,儀式化、程式化傾向明顯,少見到詩家個性化的性情與思想。這之後則有所不同,多數作品有真情實感在其中,如《淺水源觀平薛舉舊迹》一組就體現了這一點。

五言行經破薛舉戰地　　太宗文皇帝

昔年懷壯氣,提戈初仗節。心隨朗日高,志與秋霜潔。移鋒驚電起,轉戰長河決。營碎落星沉,陣卷橫雲裂。一揮氛沴静,再舉鯨鯢滅。於茲俯舊原,屬目駐華軒。沉沙無故迹,滅竈有殘痕。浪霞穿水净,峰霧抱蓮昏。世途亟流易,人事殊今昔。長想眺前蹤,撫躬聊自適。

五言奉和行經破薛舉戰地應詔　　司徒趙國公臣長孫無忌上

天步昔未平,隴上駐神兵。戈回曦御轉,弓滿桂輪明。屏塵安地軸,卷霧静乾扃。往振雷霆氣,今垂雨露情。高垣起新邑,長楊布故營。山川澄素景,林薄動秋聲。風野征翼駃,霜渚寒流清。朝煙澹雲罕,夕吹繞霓旌。鳴鑾出雁塞,疊鼓入龍城。方陪東觀禮,奉璧侍雲亭。

五言奉和行經破薛舉戰地應詔　　太常卿駙馬都尉安德郡開國公臣楊師道上

鳳紀初膺籙,龍顔昔在田。鳴祠憑隴嶂,召雨竊涇川。受律威丹浦,揚兵震阪泉。上戈基此地,握契繼斯年。六轡乘秋景,三驅被廣壖。凝笳入曉囀,析羽雜風懸。塞雲銜落日,關城帶斷煙。迴輿登故壘,駐蹕想荒阡。歲月方悠复,神功逾赫然。微臣願奉職,導禮翠華前。

五言奉和行經破薛舉戰地應詔　　兼黄門侍郎弘文館學士臣褚遂良上

王功先美化,帝略藴戎昭。魚驪入丹浦,龍戰起鳴條。長劍星光落,高旗月影飄。昔往摧勃寇,今巡奏短簫。旌門麗霜景,帳殿含秋飈。呼沱冰未結,官渡柳初凋。邊烽夕霧卷,關陳曉雲銷。鴻名兼轍迹,至聖俯唐堯。睿藻煙霞焕,天聲宫羽調。平分共飲德,率土更聞韶。

五言奉和行經破薛舉戰地應詔　　太子右庶子高陽縣開國男弘文館學士臣許敬宗上

混元分大象,長策挫脩鯨。於斯建宸極,由此創鴻名。一戎乾宇泰,千祀德流清。垂衣凝庶績,端拱鑄羣生。復整瑶池駕,還臨官渡營。周遊尋曩迹,曠望動天情。帷宮面丹浦,帳殿矚宛城。虞場棲九穗,前歌被六英。戰地甘泉湧,陣處景雲生。普天沾凱澤,相攜欣頌平。
《資治通鑑》卷一九七《唐紀十三》貞觀二十年八月條:

> 己巳(10日),上行幸靈州。
>
> 庚辰(21日),至涇州。丙戌(29日)逾隴山,至西瓦亭觀馬牧。九月,上至靈州。
>
> 壬申(10月14日),上幸漢故甘泉宮。
>
> 敕勒諸部俟斤遣使相繼詣靈州者數千人,咸云:"願得天至尊爲奴等天可汗,子子孫孫常爲天至尊奴,死無所恨。"
>
> 甲辰(11月16日),上爲詩序其事曰:"雪恥酬百王,除凶報千古。"公卿請勒石於靈州,從之。

前一年,唐太宗率大軍親征高麗,無功而返,鬱積生病。在西巡中,降伏突厥,纔使他稍有寬解,在經過二十前與薛舉作戰處,詩興大發,領着諸臣寫下了這組詩。諸家詩藝不一,但在太宗的激發下,多寫出真實感受。戰薛舉是奠定唐開國大業與李世民政治地位的決定性戰役,其時,唐太宗纔二十歲,已表現出過人的膽識與超凡的軍事才能。《資治通鑑》卷一八六《唐紀二》武德元年八月條:

> 世民知仁果將士離心,命行軍總管梁實營於淺水原以誘之。羅睺大喜,盡銳攻之,梁實守險不出;營中無水,人馬不飲者數日。羅睺攻之甚急;世民度賊已疲,謂諸將曰:"可以戰矣!"遲明,使右武候大將軍龐玉陳於淺水原。羅睺併兵擊之,玉戰,幾不能支,世民引大軍自原北出其不意,羅睺引兵還戰。世民帥驍騎數十先陷陣,唐兵表裏奮擊,呼聲動地。羅睺士卒大潰,斬首數千級。世民帥二千餘騎追之,竇軌叩馬苦諫曰:"仁果猶據堅城,雖破羅睺,未可輕進,請且按兵以觀之。"世民曰:"吾慮之久矣,破竹之勢,不可失也,舅勿復言!"遂進。仁果陳於城下,世民據涇水臨之,仁果驍將渾幹等數人臨陳來降。仁果懼,引兵入城拒守。日向暮,大軍繼至,遂圍之。夜半,守城者爭自投下。仁果計窮,己酉,出降;得其精兵萬餘人,男女五萬口。……上使李密迎秦王世民於豳州,密自恃智略功名,見上猶有傲色;及見世民,不覺驚服,私謂殷開山曰:"真英主也!不如是,何以定禍亂乎!"

由史料所記看,詩題中的"淺水源"就是當年的決戰之處,也是李世民軍事才能大放異彩之處。開戰之初,敵多我少,敵强我弱,李世民攻守計謀得當,先是縱敵驕横,堅守不出,拖得敵方糧盡人疲,出戰相殺,再設伏兵,適時攻擊,一舉打垮敵方士氣,並且憑勝戰之勇,率少量軍隊直追到敵方中心區決戰,迫敵投降,虜兵五萬,勝況空前。當時其舅竇軌力勸他不要冒險,但是他却看出破竹之勢,稍縱即逝,執意衝鋒。其多謀善斷,英勇無畏,贏得時人的敬重。三十年後,故地重遊,他想到自己已由二十歲的青年變成過半百的老者,由一個王子成爲統治天下二十多年的强君,天下也由四分五裂的危邦亂國成爲威鎮一方的强國,自然感慨良多。詩不是簡單陳述戰事,也不僅僅排叙軍隊高昂的氣勢,强盛的陣仗,而着重表達詩人在回憶往年驚心動魄之事時流露出的激動與自豪,表現出了當年一往無前的豪情、出奇制勝的自信與背水一戰的勇氣,情真氣盛,二十句一氣呵成,少有拼湊斷痕。長孫無忌是李世民妻兄,楊師道是李世民姐夫,都是開國元勳,"常從太宗征討",都參與了與突厥作戰。他們的詩中亦多有真情實感,氣韻渾成。褚遂良,褚亮之子,褚亮父子原是薛舉幕人,薛敗後爲李世民豪氣折服,轉入其帳下,他也是平薛之戰的見證者,其詩雖多頌聖之詞,但仍寫出了當年對太宗英豪之氣的欽佩。許敬宗雖不曾參與其事,但其詩藝高妙,用詞造句,典雅莊重,在頌聖之中表現出身逢盛世的自信與豪情。

在藝術上,這些詩又體現了對聲律藝術運用的自覺性。在貞觀時期,聲律藝術仍處於探索試驗階段,多數仍較生硬,不夠成熟。一方面,在政治上,正面輿論承北朝正統派傳統,多視聲律藝術爲亡國之音加以否定;另一方面,南北的統一又加速了這一藝術的傳播,北地詩人也多以之爲高雅藝術的象徵,積極學習。李世民從武德四年在秦王府設文學館起,有心問學,着意於聲律藝術,如現有《秋日斅庚信體》[1]一詩,所謂"庚信體"就是以聲韻與對偶藝術爲主要特徵,唐太宗這一舉措還曾遭到虞世南的批評[2]。如何合理地吸收以聲律爲代表的南朝

---

[1]《全唐詩》卷一李世民《秋日斅庚信體》:"嶺銜宵月桂,珠穿曉露叢。蟬啼覺樹冷,螢火不温風。花生圓菊蕊,荷盡戲魚通。晨浦鳴飛雁,夕渚集棲鴻。颯颯高天吹,氛澄下熾空。"其中"花生圓菊蕊,荷盡戲魚通","颯颯高天吹,氛澄下熾空"二聯皆合近體律法。

[2]《新唐書》卷一〇二《虞世南傳》:"帝嘗作宫體詩,使賡和。世南曰:'聖作誠工,然體非雅正。上之所好,下必有甚者,臣恐此詩一傳,天下風靡。不敢奉詔。'帝曰:'朕試卿耳!'賜帛五十匹。"3972頁。

詩藝術已是貞觀詩人自覺的追求。如《隋書·文學傳論序》言：

> 江左宮商發越，貴於清綺，河朔詞義貞剛，重乎氣質。氣質則理勝其詞，清綺則文過其意，理深者便於時用，文華者宜於詠歌，此其南北詞人得失之大較也。若能掇彼清音，簡茲累句，各去所短，合其兩長，則文質斌斌，盡善盡美矣。梁自大同之後，雅道淪缺，漸乖典則，爭馳新巧。簡文、湘東，啟其淫放，徐陵、庾信，分路揚鑣。其意淺而繁，其文匿而彩，詞尚輕險，情多哀思。格以延陵之聽，蓋亦亡國之音乎！周氏吞併梁、荊，此風扇於關右，狂簡斐然成俗，流宕忘反，無所取裁。

《隋書》紀傳部分成書於唐太宗貞觀十年，此論當出自北地詩人魏徵，他既認定南朝這類詩是亡國之音，也承認"文華者宜於詠歌"，提出"若能掇彼清音，簡茲累句，各去所短，合其兩長，則文質斌斌，盡善盡美矣"。由本卷所選詩看，李世民等人在消化聲律藝術上也很用心。如上引詩，李世民在激蕩陳述中播入一聯寫景，"浪霞穿水净，峰霧抱蓮昏"。與全詩格調不符，稍有割裂與拼湊之迹。但是，這一聯完全符合"平平平仄仄，仄仄仄平平"錯律規則，李世民是將其作爲一種點綴有意嵌入到詩中的。

相對來說，許敬宗因受南朝文化熏陶較多，在聲律上稍稍成熟一些，如其在貞觀十五年爲給事中時所作《奉和儀鸞殿早秋》：

> 睿想追嘉豫，臨軒御早秋。斜暉麗粉壁，清吹蕭朱樓。高殿凝陰滿，雕窗豔曲流。小臣參廣宴，大造諒難酬。
>
> 仄仄平平仄，平平仄仄平。平平平仄仄，仄仄仄平平。仄仄平平仄，平平仄仄平。平平平仄仄，仄仄仄平平。

已是非常標準的五言律詩。其貞觀末作品更是如此。如上所引，雖是古詩，其中也不乏合律詩句，如第一聯"混元分大象，長策挫修鯨"，第三聯"一戎乾宇泰，千祀德流清"，第六聯"周遊尋曩迹，曠望動天情"，皆合錯列律。第九、十聯"睿藻煙霞煥，天聲㊁羽調。平分㊈飲德，率土更聞韶"（圓圈内仄字當平，方框内平字當仄，下同）一聯中也僅有單字不合律，整首詩律化傾向非常明顯。而所選上官儀、劉子翼《奉和詠棋》二首也基本合律。

> 寶局光仙岫，瑶棋掩帝臺。圖雲雙陣起，雁寫兩行開。固節脩常道，侵

邊慎禍胎。恭⃞列⃞定⃞儲妙,空挹季長才。

定位資裨將,⃞制⃞變伫中權。重關⃞舍宿並,六出帶花圓。引寇疏疑絶,窺強怯未前。金枰⃞自韞粹,玉帳豈能傳。

一⃞枰位纔設,兩⃞敵智⃞俱申。勢危翻效古,行險乍爲新。稱⃞征非禦寇,言⃞劫詎⃞侵人。欲知情慮審,鴻雁不留神。

鋭心争決勝,運⃞功谷圖全。眼⃞均須⃞執後,气⃞等欲乘先。引征遥下雁,徇地遠侵邊。借問逢仙日,何如偶聖年。

各首均有一半以上詩句合律,其他也祇是個別字出律。更值得關注的是這一組所選的唐太宗詩完全合律:

治兵期制勝,裂地不要勳。半死圍中斷,全生節外分。雁行非假翼,陣氣本無雲。玩此孫吳意,怡神静俗氛。

平平平仄仄,仄仄仄平平。仄仄平平仄,平平仄仄平。平平平仄仄,仄仄仄平平。仄仄平平仄,平平仄仄平。

這一現象並不是偶然的,它們體現了那個時代詩人在詩藝上的積極追求,努力嘗試運用當代最新潮的藝術範式。經過二十五六年的摸索,唐太宗及貞觀詩人在聲律運用上已有較自覺的意識了。

貞觀晚期詩歌的這些新的發展,頗爲此後詩人關注。如編於開元十三年的《初學記》就録有這一時期多首詩:

《初學記》卷三:唐太宗《遼東山夜臨秋詩》:煙⃞生遥⃞岸隱,月⃞落半崖⃞陰。連山驚鳥亂,隔岫斷猿吟。

唐太宗《山閣晚秋詩》:山亭秋已滿,巖牖涼風度。疏蘭尚染煙,殘菊猶承露。古石衣新苔,新巢封古樹。歷覽情無極,咫尺輪光暮。

上官儀《奉和山夜臨秋詩》:殿帳清炎氣,輦⃞道⃞含秋陰。凄風移漢築,流水入虞琴。雲⃞飛送⃞斷雁,月⃞上浄疏林。滴⃞瀝露⃞枝響,空⃞濛煙壑⃞深。

卷六:楊師道《奉和春日望海詩》:春山臨渤海,征旅輟晨裝。迴瞰盧龍塞,斜瞻肅慎鄉。洪波迴地軸,孤嶼映雲光。落日驚濤上,浮天駭浪長。仙臺隱螭駕,水府汎黿梁。碣石朝煙滅,之罘歸鴈翔。北巡非漢后,東幸異秦皇。搴旗羽林客,拔距少年場。電擊驅遼水,鵬飛出帶方。將舉青邱繳,安訪白霓裳。

卷一四:楊師道《初秋夜坐應詔詩》:玉琯涼初應,金壺夜漸闌。倉池流稍潔,仙掌露方團。雁聲風處斷,樹影月中寒。爽氣長空净,高吟覺思寬。

貞觀十九年,唐太宗在征高麗前後,多次與群臣唱和,所叙之主題多是出征所遇境與事,而不是在宮廷中憑空構想或拼湊偶句,詩境比宮廷詩大有拓展,且多能主動運用新近流行的音韻藝術。《初學記》所録雖與許敬宗有所不同,但也表明貞觀朝詩風在晚期的這種發展與變化,在開元年間仍得到人們的認可。這些可能就是殷璠所論的具體物件與根據。

《翰林學士詩集》是傳承了一千三百多年的珍貴文物,與封藏於石窟中的敦煌抄卷不同,它是在當時已被廣爲轉抄的書籍,其編輯、流傳與其時政治環境、文化土壤密切相關,故至今仍可令人感受到那個時代氣息以及編者、轉抄者豐富而複雜的内心世界。雖僅是一卷五十多首,却濃縮了那個時代政治文化的光譜與詩學色彩,片光吉羽,彌足珍貴。

# 附:關於《翰林學士詩集·四言曲池酺飲座銘》題下職名的考析

### 一、《翰林學士詩集》中于志寧"兵部侍郎"任職時間解

《翰林學士詩集》中《四言曲池酺飲座銘並同作七首》第三首曰:"涇抽冠筭,源開綬花。水隨灣曲,樹逐風斜。始攀幽桂,更折疏麻。再歡難遇,聊賞山家。"題下署曰:"兵部侍郎于志寧。"于志寧,正史有傳,但未記其任職兵部侍郎事。任職時間不明,這首詩的寫作時間也難確定,須有細析之必要。

于志寧(588—665),新舊《唐書》有傳:隋末,李淵起兵入關中,于志寧與長孫無忌在長春宮迎候,李淵任于志寧爲銀青光禄大夫、秦王李世民屬下渭北道行軍元帥府記室。轉任天策府從事中郎、文學館學士,屬唐初開國元勳。貞觀二

年,任中書侍郎。後加散騎常侍、太子左庶子,封黎陽縣公。640年,兼太子詹事,教導皇太子李承乾。晉王李治被立爲皇太子,于志寧再任太子左庶子。唐高宗李治繼位,于志寧任侍中。650年,加光禄大夫之位,進封燕國公。651年,監修國史,與李勣一起主編了《本草並圖》五十四篇。任尚書左僕射、同中書門下三品。652年,兼太子少師。656年,轉太子太傅。659年,任太子太師、同中書門下三品。唐高宗廢王皇后,立武昭儀爲皇后,長孫無忌、褚遂良強烈反對,于志寧保持中立。長孫無忌被殺後,于志寧連坐、被免職,左遷榮州刺史。664年,轉華州刺史。665年,于志寧去世,贈幽州都督,謚號爲定。追贈左光禄大夫、太子太師。

在新舊《唐書·于志寧傳》中都無其任兵部侍郎的記録,關於于志寧生平尚存一原始資料,即令狐德棻撰《大唐故柱國燕國公于君碑銘》(收於《全唐文》卷一三七),現存碑石嚴重風化,字迹漶漫,脱字過多。此碑由于志寧兒子于立政書,其拓片被清人作爲書法珍貴收藏流傳,至今尚存早期拓文,然也找不到相應的文字。藉助其他文獻可恢復部分殘文。此碑在宋時爲趙明誠《金石録》所録,《金石録》卷二四《唐于志寧碑》:

> 右唐于志寧碑,以考《唐史》列傳,其微時所歷官,史多不書,今亦不復録,録其尤著者。碑云"大業十年爲清河縣長",而傳云"爲冠氏長"。碑云:"自中書侍郎遷兵部授蒲州刺史不赴,後爲衛尉卿判太常卿事,以本官兼雍州别駕遷禮部尚書。"而史皆不載。史云:"自侍中拜尚書左僕射同中書門下三品,頃之兼太子少師遷太傅。顯慶四年,以老乞骸骨,詔解僕射更拜太子太師,仍同三品。"今以碑考之,其初拜僕射也,未嘗領中書門下三品。至罷僕射乃爲同中書門下參謀朝政,皆史家之誤。又案百官志,唐初宰相,有參議朝政、參預朝政、參知政事,其後有同中書門下三品、同平章事。永淳中遂以"平章事"入銜,而獨無參謀朝政之名,蓋惟見於此耳。

專門指出于志寧自中書侍郎遷兵部授蒲州刺史不赴事,其中遷兵部事本傳失載。清王昶《金石萃編》卷五六録文稍異:

> 貞觀元年,拜御史府長史,高視首席,匡贊□藩,無勞露居之請,自諧匡正之寄。三年,□中書侍郎,密□□□□□□□,同范甯之宏益□□,若孔演之多識□意,尋□□部侍郎□□□□□右庶子加散騎常侍,以□□宫,多所

□益,賜黃□一斤,賜絹百匹。

據此,可將《全唐文》卷一三七令狐德棻《大唐故柱國燕國公于君碑銘》録文稍作整理:

> 貞觀元年,拜御史府長史,高視首席,匡贊邸藩,無勞露居之請,自諧匡正之寄。三年,進中書侍郎,密〔不〕勿〔階墀,巨細無遺〕,不敢告勞,〔又〕同范甯之宏益〔政仁〕,若孔演之多識〔會〕意。尋□□〔遷兵〕部侍郎,〔隨後轉〕左庶子加散騎常侍,以〔昔事輔東〕宮多所〔增〕益,賜黃〔金〕一斤,賜絹百匹。太子〔元冠〕,〔陪〕侍春坊。多〔歷時〕歲,既〔有〕宏益宜加優賞。七年,檢校蒲州刺史。尋〔因〕調護寄〔養罷〕舉,〔節冠於群〕綸,〔學通於四〕部。十年,進爵爲公,邑一千户。(闕三字)太宗墨敕答曰:"忽省來表,讜言周備,若非至誠於國,誰能披露乃心?"……未及拜制即詔授本職,公(闕二字)陳情,敕令中書侍郎岑文本就家喻旨云:"忠孝不並,我兒須人輔弼,卿宜抑割,豈可徇以私情?"公固陳哀苦,竟被奪情。……復拜左庶子,加銀青光禄於(闕四字)翼鶴(闕一字)飛(闕一字)邁(闕二字)之清塵,跨應徐之勝迹,十八年,拜金紫光禄大夫,行衛尉卿,判太常卿事。

由整理後的這一段話看,于志寧任兵部侍郎時間,應在散騎常侍前,這與本傳所叙相合。《舊唐書·于志寧傳》言:"貞觀三年,累遷中書侍郎。太宗命貴臣内殿宴,怪不見志寧,或奏曰:'敕召三品已上,志寧非三品,所以不來。'太宗特令預宴,即加授散騎常侍行太子左庶子,累封黎陽縣公。"中書侍郎、六部侍郎都是正四品上,左右散騎常侍,從三品上。于志寧於貞觀三年爲中書侍郎,隨後任左庶子,散騎常侍,七年檢校蒲州刺史,其爲兵部侍郎,即在貞觀三年至七年間,這一段職官順序爲:中書侍郎(貞觀三年)—兵部侍郎(貞觀六年)—左庶子、散騎常侍(貞觀六年)—檢校蒲州刺史(七年)—服喪離職(貞觀八年下半年)—左庶子(復職,貞觀十年)—金紫光禄大夫衛尉卿判太常卿事(貞觀十八年)。左庶子,四品上,散騎常侍從三品上,是散官階,其任此職時,仍保留着兵部侍郎職事官一職,故能檢校蒲州刺史。其由中書侍郎轉兵部侍郎,至貞觀八年服喪去職。《舊唐書·太宗紀》:"〔貞觀八年〕二月乙巳,皇太子加元服。丙午,賜天下酺三日。"詩當作於貞觀八年二月,其時于志寧可能仍有兵部侍郎一職。拼合趙金誠、王昶的録文可以得知于志寧任兵部侍郎一職的時間,也可印證這組詩寫作時間。

## 二、許敬宗任著作郎時間辨

《舊唐書》卷八二《許敬宗傳》:"太宗聞其名,召補秦府學士。貞觀八年,累除著作郎,兼修國史,遷中書舍人。"明言于志寧入秦府文館學士後,至貞八年纔爲著作郎。但此説又與其他史料有衝突。

《全唐文》卷四收武德四年太宗《置文館學士教》:"屬以大行臺司勳郎中杜如晦,記室考功郎中房元齡、于志寧,軍諮祭酒蘇世長,天策府記室薛收,文學褚亮、姚思廉,太學博士陸德明、孔穎達,主簿李道元,天策倉曹李守素,王府記室參軍虞世南,參軍事蔡允恭、薛元敬、顔相時,宋州總管府户曹許敬宗,太學助教蓋文達,諮議典籤蘇勗等。"這表明許敬宗在入秦府文館時的身份是宋州總管户曹。但是,《舊唐書》卷七二《褚亮傳》在記録太宗十八學士事時言:"始太宗既平寇亂,留意儒學,乃於宫城西起文學館,以待四方文士。於是,以屬大行臺司勳郎中杜如晦,記室考功郎中房玄齡及于志寧,軍諮祭酒蘇世長,天策府記室薛收,文學褚亮、姚思廉,太學博士陸德明、孔穎達,主簿李玄道,天策倉曹李守素,記室參軍虞世南,參軍事蔡允恭、顔相時,著作佐郎攝記室許敬宗、薛元敬,太學助教蓋文達,軍諮典籤蘇勗,並以本官兼文學館學士。及薛收卒,復徵東虞州録事參軍劉孝孫入館。尋遣圖其狀貌,題其名字、爵里,乃命亮爲之像贊,號《十八學士寫真圖》,藏之書府,以彰禮賢之重也。"著作郎從五品上,序位應在虞世南等參軍七品職之前,這裏顯然是一個錯誤。這個錯誤應是抄寫者在抄録時有意改動的。諸人未變,僅許敬宗職名有變,這一改當與許敬宗或其後人有關。《舊唐書》多據其時尚存的《貞觀實録》,而《貞觀實録》是由許敬宗主持完成的,當時已爲人揭發多有不實,如許敬宗爲求財嫁女邊將,在實録中將親家的敗將之舉誇飾爲大英雄行徑,故其爲改善形象拔高職務,將當時低職宋州總管府户曹改成後來之高職著作郎,亦是可能之事。又,中唐張彦遠(815—907)《歷代名畫記》卷九記其事言文:"屬大行臺、司勳郎中杜如晦,記室、考功郎中房玄齡及于志寧,軍諮祭酒蘇世長,天策府記室薛收,文學褚亮、姚察,太學博士陸德明、孔穎達,主簿李玄道,天策倉曹李守素,秦王記室虞世南,參軍蔡允恭、顔相時,著作郎、記室許敬宗、薛元敬,太學助教蓋文達,典籤蘇勗等。"這應是沿用實録之説了。唯許敬宗宗本傳,行文前後有序,不可隨意改動,故仍記下貞觀八年後爲著作郎之説。因此,不可據《十八學士寫真圖》時間,斷定許敬宗任著作郎時間,再據此推定許詩時間。

## Singing Activities after the Liao Expedition of the Tang and the Change of Zhenguan Poetry Style: A Study on the Japanese Old Manuscript Collection of Hanlin Scholars and Yin Fan's Explanation of "The Standards Gradually Became Higher at the End of Zhenguan"

Zha Pingqiu

The Japanese old manuscript *Collection of Hanlin Scholars* 翰林學士集 has the largest number of Xu Jingzong's 許敬宗 poems and the most complete list of his professional titles. These suggest that this book may be a volume of the *Collection of Xu Jingzong* 許敬宗集. In addition, the volume label "Collection Volume 2, Poetry 1" 集卷第二 詩一 is similar to the manuscripts of the *Collection of Wang Bo* 王勃集 and *Collection of Bai* 白氏文集 kept in Japan. The old manuscripts were brought to Japan in the era of Empress Wu 武后, and the *Collection of Xu Jingzong* became very popular. The first song emphasizes the high status of Emperor Taizong 太宗, manifests his special relationship with Emperor Gaozong 高宗, and enhances Xu's political status. Before poems about Taizong's 太宗 Liao expedition 征遼 in the nineteenth year of Zhenguan 貞觀（645）, works seemed hollow, ritualistic and stylized. After that, works became magnificent, genuine, emphasizing the use of rhythm art, and there are even *jinti* poems 近體詩. These changes caught the attention of Tang people as many poems in this period were recorded in the *Chuxue Ji* 初學記. Yin Fan 殷璠 also stated, "the standard gradually became higher at the end of Zhenguan."貞觀末標格漸高

# 唐中宗的歲時生活與最後的政治謀劃：
## 以《景龍文館記》爲中心

吴 真

修文館是初唐文官制度的重要一環，唐高祖武德四年(621)於門下省設置修文館，"精選天下賢良文學之士"[1]，以本官兼任學士，"凡朝廷有制度沿革，禮儀輕重，得參議焉"[2]。武德九年改修文館爲弘文館，中宗神龍元年(705)改爲昭文館，神龍二年又改回修文館，這期間文館學士一直未有定員。景龍二年(708)四月，唐中宗李顯(656—710)敕令修文館增置多名學士，並對學士定員建制進行了理論規定：

> 大學士四人，象四時。學士八人，象八節。直學士十二人，象十二時。
> 遊宴悉預，最爲親近也。[3]

此條記載最早見於武平一所撰《景龍文館記》，《新唐書·李適傳》則記爲："中宗景龍二年，始於修文館置大學士四員、學士八員、直學士十二員，象四時、八節、十二月。"[4]在此，二十四位學士的三級分層，分别對應着春夏秋冬的四季、"二至二分"和"四立"的八個節氣，以及十二月的月份。這意味着將作爲國家文化象徵的文館學士人倫之序，納入天人交感、天人合一的宇宙時間體系之中[5]。

---

[1]《唐會要》卷六四《宏文館》，中華書局，1960年，1114頁。
[2]《舊唐書》卷四三《職官志》，中華書局，1975年，1848頁。
[3] 武平一撰，陶敏輯校《景龍文館記》，中華書局，2015年，9頁。此後四月二十三日、二十五日，五月五日，十月四日，中宗多次指定官員入館"並爲學士"。參見朱勝非《紺珠集》卷七，清《文淵閣四庫全書》本，17b頁；《唐會要》卷六四《宏文館》，1114—1115頁。
[4]《新唐書》卷二〇二《李適傳》，中華書局，1975年，5748頁。
[5]《周禮》把執政大臣分爲六官，即天官、地官、春官、夏官、秋官、冬官，分掌邦政。武則天光宅年間(684)曾據此改中央官制，"改尚書省爲文昌臺，左右僕射爲文昌左右相，吏部爲天官，户部爲地官，禮部爲春官，兵部爲夏官，刑部爲秋官，工部爲冬官"。《舊唐書》卷四二《職官志》，1788頁。中宗對修文館學士的設置，是對武后復古官制政治遺產的繼承和延伸，但將其與節氣時序相對應，則是中宗的首創。

從景龍二年四月開始增置修文館學士,直至景龍四年六月中宗暴卒,凡天子有所遊宴聚會,修文館學士必以文學侍從的身份相隨唱和,"遊宴悉預,最爲親近也"。武周宗室出身的武平一(？—741),在景龍二年五月五日入選修文館直學士[1],親身經歷了兩年之間盛極一時的君臣宴飲酬唱。他在開元(713—741)初年撰述了《景龍文館記》,以編年的形式記録54次中宗巡幸及修文館遊宴,並存録宴會上的君臣唱和詩作。全書共十卷,前七卷爲編年紀事,後三卷爲文館學士傳記。《景龍文館記》佚於元明之間,《文苑英華》《長安志》《天中記》《類説》《紺珠集》《唐詩紀事》《説郛》等書中尚有較多佚文存録,尤其是南宋計有功《唐詩紀事》保存佚文最多而又最爲集中,並且記録了景龍年間修文館遊宴活動的連續時間綫。陶敏認爲"它是一部將編年體與紀傳體結合在一起的、記録一朝文學狀況的專門史著作"[2];仇鹿鳴通過考察上官婉兒與文館學士的活動指出:"由於武平一是中宗時代宫廷生活的局内人,加之本人黨派成見不深,且著是書時,距唐隆、先天政變已有歷年,與時事違礙較少,故所述提供了官方記載之外,較爲公允客觀且頗具歷史現場感的私家記事,具有第一手的史料價值。"[3]

景龍時期充任學士的李嶠、韋元旦、沈佺期、李適、宋之問、杜審言、崔湜、蘇頲、張説、盧藏用等29人[4]都是朝廷重臣[5],又是文壇翹楚。以往研究者較多從文學史角度研究《景龍文館記》,賈晉華《唐代集會總集與詩人群研究》

---

[1] 《唐會要》卷六四《宏文館》:"〔景龍二年〕五月五日,敕吏部侍郎薛稷、考功員外郎馬懷素、户部員外郎宋之問、起居舍人武平一、國子主簿杜審言並爲直學士。"1115頁。

[2] 陶敏《景龍文館記考》,《景龍文館記》附録,191頁。

[3] 仇鹿鳴《碑傳與史傳:上官婉兒的生平與形象》,《學術月刊》2014年第5期,159頁。

[4] 景龍二年四月修文館設定24學士祇是爲了符合時序象徵,在景龍三年之後的實際操作中,三類學士的確切員數皆與原計劃不符,至景龍四年,擔任過學士的共有29人。參見胡旭、胡倩《唐景龍修文館學士及文學活動考論》,《文史哲》2017年第6期。岳娟娟《唐代唱和詩研究》從《大正藏》《根本説一切有部尼陀那》卷一發現景龍四年四月修文館的24位學士名單,並認爲景龍年間學士共有30人。復旦大學出版社,2014年,220—221頁。盧燕新《唐修文館及神龍至景雲年間在館學士考》考得神龍二年至景龍二年四月入館學士7人,之後至景雲二年(711),共有29人。《中華文史論叢》2015年第2期。

[5] 景龍時期的修文館大學士官階均在正三品以上,學士則在正三品至正五品下之間。

(2001年)曾有輯本[1],並討論該書之於唐詩史的意義;彭慶生《唐中宗朝詩歌繫年考》(2008年)參校《景龍文館記》,系統整理了中宗朝的文學活動[2];岳娟娟《唐代唱和詩研究》(2014年)留意到中宗愛好遊樂與發掘民俗的關係[3];陶敏輯校《景龍文館記》(2015年)四卷本考訂精詳,附錄《景龍文館記考》考辨頗悉,其中指出"這次活動規模之大,規格之高,持續時間之長,參加者們之全力以赴,在歷史上即使不是絕無僅有,也是極爲罕見的"[4]。趙昌平考察中宗時期頻繁的應制唱和活動,得出了"七律成熟於中宗景龍年間"的結論[5]。本文在充分借鑒以往研究成果的基礎上,希望返回到景龍修文館建制的原點——時間秩序,考察唐中宗與他按照這一秩序組建的修文館學士團隊在兩個年度中的節日生活。

## 一、《景龍文館記》的歲時民俗誌性質

《景龍文館記》依照歲時日程,記述唐中宗和他的臣子們在景龍二年四月至景龍四年六月的兩個年度週期裏的宴遊生活。唐高祖武德七年(624)官修類書《藝文類聚》卷四《歲時部中》列出的十個節日[6],在《景龍文館記》中大多能找到相應的節日活動記錄。《景龍文館記》還記錄了三個節氣(立春、清明、冬至)的遊樂活動,這是因爲"節日"與"節氣"共同構成了唐代的公共節日。官方將具有特定習俗活動的時間節點稱爲"節日"或"令節"[7],開元十七年(731),張説率領百官上表,建議以玄宗生日八月初五爲千秋節,玄宗《答百寮請以八月五日

---

[1] 共輯得詩歌366首,斷句4則,詞5首,賦1首,序4首,文館學士傳記8則。賈晉華《唐代集會總集與詩人群研究》(第二版),北京大學出版社,2015年。
[2] 彭慶生《唐中宗朝詩歌繫年考》,韓經太、陳亮編選《彭慶生文集》,新華出版社,2018年。
[3] 岳娟娟《唐代唱和詩研究》,復旦大學出版社,2014年。
[4] 陶敏《景龍文館記考》,《景龍文館記》附錄,163頁。
[5] 趙昌平《初唐七律的成熟及其風格溯源》,《趙昌平自選集》,廣西師範大學出版社,1997年,24—43頁。
[6] 《藝文類聚》卷四《歲時部中》,上海古籍出版社,1999年,58—84頁。
[7] 本文的歲時節日,"主要是指與天時、物候的週期性轉換相適應,在人們的社會生活中約定俗成的、具有某種風俗活動內容的特定時日"。見鍾敬文主編《民俗學概論》,上海文藝出版社,1998年,131頁。

爲千秋節手詔》回復道:"凡是節日,或以天氣推移,或因人事表記。八月五日當朕生日,感先聖之慶靈,荷皇天之眷命。卿等請爲令節,上獻嘉名。"[1]詔文透露出唐人對於"節日"的雙重定義,一方面是標記天時、氣候變化的節氣,如"二至二分"和"四立"的八節,另一方面則是紀念某一歷史人物、事件以及神話信仰,並且已經相沿成俗的節日,如五月五日、七月七日。

據筆者目力所及,在現存初唐文獻中,完整地記錄一年之中"令節"的具體生活實踐,唯有《景龍文館記》一書。該書共記載26次節日活動,其中既有冬至天子郊祀、元正朝會等國家歲時禮儀,也有立春、人日、月晦、上巳、寒食清明、七夕、重陽、除夕等節日的宴飲、遊藝民俗、節物風情。大學士李嶠在景龍三年重陽節的登高儀式中,撰唱和詩《奉和九日幸臨渭亭登高應制得歡字》謂:"令節三秋晚,重陽九日歡。"[2]《景龍文館記》作者武平一在景龍四年的人日(正月初七)侍宴時,作《幸梨園觀打球應制》詩云:"令節重邀遊,分鑣戲彩球。"[3]——逢令節則邀遊宴飲,這是貫穿《景龍文館記》一書的基調。

《景龍文館記》載錄的三百多首詩歌皆爲修文館學士在節日宴會現場、儀式過程中唱和寫作的應制詩歌,再加上武平一在編修《景龍文館記》時插入他作爲現場參與者的旁述與補白[4],全書較爲立體地呈現了歲時民俗的歷史現場。以今天的學術視點觀之,《景龍文館記》稱得上是一部古代歲時節日的田野民俗誌[5],如果在唐前的歲時民俗文獻框架中觀察此書,可以更加清晰地照見其民俗誌的文本性質。南梁的宗懍撰於承聖二年(553)的《荆楚記》,記載長江中游

---

[1] 唐玄宗《答百寮請以八月五日爲千秋節手詔》,《全唐文》卷三〇,中華書局,1983年,337頁。

[2] 《景龍文館記》卷二,73頁。

[3] 《景龍文館記》卷三,107頁。

[4] 《景龍文館記》前七卷記事的體例是採取按年月順序編排的編年形式,每一條下,首記活動事件,然後錄入有關的唱和詩及雜文。現存佚文中仍可見作者武平一作爲當事人回憶當時修文館情事的語氣,比如述及景龍四年正月五日大明殿君臣吟詩聯句,在列舉十三句聯句之後說,"此外遺忘",此應是武平一口吻。參見陶敏《景龍文館記考》,《景龍文館記》附錄,169—170頁。

[5] "民俗誌"一詞最早由日本民俗學之父柳田國男提出,1920年柳田開始出版其主編的《爐邊叢書》,他將叢書中的多部民俗資料集命名爲"民俗誌",此後中日兩國一般將某一個地區或某一社群風土俗人情的民俗調查記錄,稱爲"民俗誌"。與Ethnography對應的"民族誌"(以"他"群爲研究對象)概念相比,民俗誌以"我"群爲記錄對象,記錄者本身是民俗誌所記錄的社區、社群中的一個個體。參見陸薇薇《日本民俗誌的立與破》,《民俗研究》2018年第4期,83—94頁。

江漢地區的歲時風俗,撰成後默默無聞,直至隋大業年間(604—618)杜公瞻將其書名改爲《荆楚歲時記》並爲之作詳細注解,此書方由隱而顯[1]。隋代南北統一之後,士大夫階層的歲時意識明顯增强。虞世南在隋大業年間編撰的大型類書《北堂書鈔》,首次在"天部""地部"之間,增設"歲時部"四卷[2]。世居博陵曲陽(今屬河北保定市)的北朝世宦家族杜氏,在隋代也出現兩位歲時知識的整理者:杜臺卿撰述《玉燭寶典》十二卷,按月列出時俗風物,具有供當政者參考南北風俗的獨特價值,受到隋文帝的嘉獎[3];杜臺卿的侄子杜公瞻,爲南梁宗懔《荆楚記》作注。杜公瞻結合北地風俗對《荆楚歲時記》進行全面的注釋與補正,"把荆楚一個地方的風俗誌變爲聯繫中國古今的、横亘於整個中國地域的風俗資料集成"[4]。唐武德七年(624),歐陽詢、令狐德棻等十餘人奉詔編修《藝文類聚》,卷三至卷五亦設有"歲時部"。

《景龍文館記》雖然距離《荆楚歲時記》《玉燭寶典》《北堂書鈔》《藝文類聚》四書約80年至150年的時間,但仍然是歲時知識譜系内的文獻。建立了這個歲時知識參照座標之後,以往淹没在《景龍文館記》頌聖文藻中的歲時節日民俗事項——信仰、神話傳説、儀式、娱樂、節物、飲食——得以一一浮現。表1按照節日次序,從《景龍文館記》記載中離析出景龍二年四月至景龍四年六月的歲時民俗事項:

---

[1] 參見蕭放《歲時記與歲時觀念——以〈荆楚歲時記〉爲中心的研究》,華中師範大學出版社,2019年,14—16頁。注:本文所引《荆楚歲時記》皆爲杜公瞻注本,宗懔撰,杜公瞻注,姜彥稚輯校《荆楚歲時記》,中華書局,2018年。

[2] 虞世南《北堂書鈔》,天津古籍出版社,1988年。

[3] 《隋書》卷五八《杜臺卿傳》,中華書局,1973年,1421頁。《玉燭寶典》蓋佚於元明時,清末光緒間,楊守敬訪得唐代傳入日本的七卷本《玉燭寶典》,由黎庶昌在日本刊入《古逸叢書》中,其後域内傳本皆據此本影印。

[4] 守屋美都雄《荆楚歲時記解説》,宗懔撰,守屋美都雄譯注,布目潮渢、中村裕一補訂《荆楚歲時記》,平凡社,1978年,276頁。

表1

| 節日 | 時間 | 事件、儀式、詩作 | 節物 |
|---|---|---|---|
| 除夕 | 景龍二年、三年 | 二年：遊長安故城未央宫〔1〕，諸學士入閣守歲，設庭燎，置酒奏樂〔2〕。三年：中宗、韋后及學士就安樂公主宅守歲，慶賀公主之子滿月，《歲夜安樂公主滿月侍宴應制》 | 庭燎，歲酒〔3〕，春盤〔4〕 |
| 元日 | 四年 | 元日朝會，賜群臣柏葉，《奉和元日賜群臣柏葉》 | 柏葉酒〔5〕 |
| 立春 | 三年、四年 | 三年：遊苑迎春，東郊迎春仗，《奉和立春遊苑迎春應制》，賜剪彩花，《立春日侍宴内殿出剪彩花應制》。四年：望春宫迎春仗〔6〕，宴饮，賜剪彩花，《奉和春日幸望春宫》 | 剪彩花、戴春燕〔7〕和春雞〔8〕 |

〔1〕《景龍文館記》卷一《十二月三十日幸長安故城應制》，43—44頁。

〔2〕《景龍文館記》卷一《十二月晦日學士入閣守歲》，44頁。舊俗除夕徹夜不眠，以送舊歲，迎新歲，謂之"守歲"。北宋《古今歲時雜詠》卷四一收沈佺期《守歲應制》，應爲景龍二年大内守歲所作，參沈佺期撰，陶敏、易淑瓊校注《沈佺期集校注》卷三，中華書局，2001年，144頁。

〔3〕除夕夜點燃用木柴、松枝等疊成的柴塔以迎接新年，謂之"庭燎"。歲酒，即春節飲以辟邪的椒酒、柏酒。宗懔《荆楚歲時記》："正月一日……長幼悉正衣冠，以次拜賀，進椒、柏酒，飲桃湯。"沈佺期《守歲應制》："殿上燈人争烈火，宫中侲子亂驅妖。宜將歲酒調神藥，聖祚千春萬國朝。"杜審言《守歲侍宴應制》（可能作於景龍元年或之前）："宫闕星河低拂樹，殿廷燈燭上薰天。彈絃奏節梅風入，對局探鈎柏酒傳。"

〔4〕《景龍文館記》收沈佺期《歲夜安樂公主滿月侍宴》："歲炬常燃桂，春盤預折梅。"103頁。春盤即五辛盤，古代元旦食五種辛辣味道的蔬菜，有驅病、迎新之義。五辛盤，作爲元日食品最早見於吴晉間周處的《風土記》，説元日早晨吃五辛菜，"以助發五藏氣"（《玉燭寶典》卷一引）。參見常建華《中國古代歲時節日》，中國工人出版社，2020年，16頁。唐人往往於除夕元旦或立春日食用春盤，白居易《歲日家宴戲示弟姪等兼呈張侍御二十八丈殷判官二十三兄》："歲盞後推藍尾酒，春盤先勸膠牙餳。"

〔5〕皇帝元日臨朝時，除受拜吟詩外，還向文武官員分贈象徵"長壽百歲"和"百業興旺"的柏葉或柏葉酒，受賜的官員往往賦詩謝恩。武平一《奉和元日賜群臣柏葉》："緑葉迎春緑，寒枝歷歲寒。願持柏葉壽，長奉萬年歡。"

〔6〕《太平御覽》卷二〇引《唐書》："景龍四年正月八日立春，上令侍臣自芳林門經苑東度入仗，至望春宫迎春。内出彩花樹，人賜一枝。"《太平御覽》卷二〇，中華書局影印，1963年，99頁。立春儀式"迎春仗"，皇帝侍臣組成的儀仗隊伍，從長安城外出發，經東北門芳林門，行至望春宫，舉行迎春儀式。沈佺期作於景龍三年立春日的《奉和春日幸望春宫》："東郊暫轉迎春仗，上苑初飛行慶杯。"同日李適《奉和春日幸望春宫》："金輿翠輦迎嘉節，御苑仙官待獻春。"《景龍文館記》卷一，39頁。

〔7〕劉憲《立春日侍宴内殿出剪彩花應制》："剪花疑始發，刻燕似新窺。"41頁。刻燕即用彩紙剪爲春燕的立春習俗，《荆楚歲時記》："立春日，悉剪彩爲燕以戴之。"

〔8〕崔日用《奉和立春遊苑迎春應制》："瑶筐彩燕先呈瑞，金縷晨雞未學鳴。"前句指戴春燕，後句指以彩縷製作春雞。《文昌雜錄》："唐歲時節物，立春則有彩勝、雞、燕。"

續表

| 節日 | 時間 | 事件、儀式、詩作 | 節物 |
|---|---|---|---|
| 人日 | 三年、四年 | 三年:宴清暉閣遇雪,賜金彩人勝内殿宴飲,學士起舞,《奉和人日清暉閣宴群臣遇雪應制》。四年:宴大明殿,賜王公以下彩縷人勝,《人日侍宴大明宫應制》,梨園亭觀打毬,《幸梨園亭觀打毬應制》 | 金彩人勝、彩縷人勝 |
| 月晦 | 三年、四年 | 三年:昆明池遊舟,結彩樓比試賦詩,《奉和晦日幸昆明池應制》。四年:泛舟溠水,祓除〔1〕,摘蘭草,《晦日溠水應制》 | |
| 三月三 | 三年、四年 | 三年:梨園亭宴,泛舟祓禊〔2〕。四年:於渭濱臨渭亭祓禊,《奉和三日祓禊渭濱》,賜群官細柳圈〔3〕,戴之免蠱毒瘟疫。 | 細柳圈 |
| 寒食清明 | 四年〔4〕 | 拋毬〔5〕、梨園毬場拔河 | 麥粥、彩毬、鏤雞子〔6〕 |
| 七夕 | 二年、三年 | 二年:兩儀殿會宴,《奉和七夕侍宴兩儀殿應制》。三年:梨園亭宴侍臣學士〔7〕 | 針樓、星筵、喜子 |

〔1〕 沈佺期《晦日溠水應制》:"素溠接宸居,青門盛祓除。摘蘭喧鳳野,浮藻溢龍渠。"《景龍文館記》卷三,117頁。

〔2〕 沈佺期《三月三日宴梨園》:"九重馳道出,上巳禊堂開。畫鷁中川動,青龍上苑來。"《景龍文館記》卷二,61頁。

〔3〕 《舊唐書》卷七《中宗紀》:"三月甲寅,幸臨渭亭修禊飲,賜群官柳桊以辟惡。"149頁。

〔4〕 《舊唐書》卷七《中宗紀》:景龍四年(710)二月"庚戌,令中書門下供奉官五品已上,文武三品已上並諸學士等,自芳林門入,集於梨園球場,分朋拔河,帝與皇后、公主親往觀之"。149頁。此條《唐詩紀事》卷九記爲:"三月一日清明,幸梨園,命侍臣爲拔河之戲。"《説郛》《天中記》《類説》等書引《景龍文館記》皆記時間爲"四年清明"。此年二月庚戌是二月二十九日,比三月一日清明早兩天。古代的清明是冬至之後第一百七日,先兩日爲寒食,即寒食爲冬至之後第一百五日。對以景龍三年至四年曆法,則《舊唐書·中宗紀》所記爲寒食節活動,《唐詩紀事》所記爲清明節活動。唐代的寒食、清明一般連着休假,故景龍四年的梨園球場拔河,可能是持續三天的節慶活動。

〔5〕 《資治通鑑》卷二〇九《唐紀二十五》中宗景龍四年二月"庚戌,上御梨園球場。命文武三品以上拋毬及分朋拔河"。中華書局,1956年,6639頁。

〔6〕 《類説》卷六引《景龍文館記》:"寒食,賜麥粥、帖彩毬、鏤雞子。"開元年間張説《奉和聖製初入秦川路寒食應制》詩:"便幕那能鏤雞子,行宫善巧帖毛毬。"

〔7〕 此次七夕宴遊無唱和記録,僅見《舊唐書·中宗紀》:"七月辛酉,幸梨園亭,宴侍臣學士。"此年七月辛酉即七月初七。

續表

| 節日 | 時間 | 事件、儀式、詩作 | 節物 |
|---|---|---|---|
| 重陽 | 二年2次、三年 | 二年九月:慈恩寺登高,飲菊花壽酒,賦詩《奉和九月九日登慈恩寺浮圖應制》。二年閏九月:總持寺登高,作宴賦詩,《閏九月九日幸總持寺應制》。三年:臨渭亭登高,中宗《九日登高序》,學士分韻賦詩,《奉和九日幸臨渭亭登高應制得×字》24首 | 菊花酒,茱萸囊,吃蟹螯 |
| 冬至 | 三年 | 景龍三年十一月十三日,中宗親祀南郊祭天,韋后登壇亞獻,召前修文館學士崔湜、鄭愔入陪大禮,赦天下 | |
| 臘日 | 二年、三年 | 二年:宴堅昆使〔1〕。三年:召學士圍獵〔2〕,晚自北門入,於内殿賜食〔3〕 | 賜口脂、臘脂〔4〕、紅雪、澡豆 |

上表羅列了中宗生命最後兩年的節日實踐與民俗生活,其中除了元日的朝會、立春的迎春仗、冬至的郊祀禮是國家儀式,中宗必須出席主持,以盡天子職責〔5〕,其餘的節日活動並非天子的責任,因此它們大都未被《舊唐書》《新唐書》《資治通鑑》所記録。

## 二、重組的近臣核心圈

710年7月唐隆政變後,相王李旦一系取代了中宗一系坐上皇位,之後即位的李隆基爲了强化其得位的合法性,對中宗朝的歷史表述進行了調整。這一態

---

〔1〕《玉海》卷一五九引《景龍文館記》:"〔景龍二年〕十二月丙申,宴堅昆使於兩儀殿。"按十二月丙申即初八,臘八節。

〔2〕《景龍文館記》卷二:"三年臘日,帝於苑中召學士近臣,賜獵。"88頁。

〔3〕《歲時廣記》卷三九《臘日》"賜御食"條:"《景龍文館記》:'三年,臘日,帝於苑中,召近臣賜臘。晚自北門入,於内殿賜食,加口脂、紅雪、澡豆等。'"711頁。

〔4〕《景龍文館記》卷二:"加口脂、臘脂,盛以翠碧鏤牙筒。"88—89頁。

〔5〕 關於唐代帝王的傳統歲時節日與統治秩序,詳見王静《歲時與秩序——唐代的時間政治》,《唐研究》第21卷,北京大學出版社,2015年,357—380頁。

度影響了後代歷史書寫,《舊唐書》説中宗"志昏近習,心無遠圖"[1],中宗與修文館學士兩年多的宴集,被視作天子與詞臣的荒嬉遊處,《新唐書》批評道:"然皆狎猥佻佞,忘君臣禮法,惟以文華取幸。"[2]

　　修文館學士絶非以文學取幸的官員。相反,在成爲修文館學士之前,文人必須獲得一定的職官品級,進入中央官員隊伍,然後纔能被皇帝任命、入充文館。自唐太宗時起,修(弘)文館隸屬於門下省,學士"並以本官兼文館學士"[3],主要由中書省、門下省的官員兼充。景龍時期,修文館大學士的官階均在正三品以上,經常由宰相兼任,權德輿《昭文館大學士壁記》稱:"景龍初始置大學士,名命益重,多以宰司處之。"[4]學士的官階則在正三品至正五品下之間[5]。景龍二年之後兼任學士的官員,官銜計有:中書令、兵部尚書、秘書監、中書侍郎、中書舍人、吏部侍郎、太常卿、給事中、國子主簿[6]。這些五品下以上的中央官員被修文館"徵攻文之士以充之"[7],具有官階與文名的雙重榮耀。

　　更重要的是,景龍二年七月至景龍四年六月之間,三十名修文館學士跟隨中宗度過了包括除夕、元旦在内的幾乎所有傳統節日,並且一起參加了五十多場宴會。在這些遊宴之外,他們也是每日在朝堂之上向皇帝秉奏國家大事的高級官員。《資治通鑑》記:"每遊幸禁苑,或宗戚宴集,學士無不畢從……同預宴者,惟中書、門下及長參王公、親貴數人而已。至大宴,方召八座、九列、諸司五品以上預焉。"[8]學士參加的是皇帝退朝之後的私人遊幸,以及限定於皇室宗戚、兩省高官數人的内宴,等於説,景龍二年之後,中宗在公、私場合召見最多的大臣就是

[1]《舊唐書》卷七《中宗紀》,151頁。
[2]《新唐書》卷二〇二《李適傳》,5748頁。
[3] 唐太宗《置文館學士教》,《全唐文》卷四,49頁。
[4] 權德輿《昭文館大學士壁記》,《全唐文》卷四九四,5037頁。
[5] 學士類衹有沈佺期是從六品上的起居郎,但他成爲學士之後很快在内宴上"弄辭悦帝",獲得中宗賜給緋魚,升擢至中書舍人。《新唐書》卷二〇二《沈佺期傳》,5749頁。《景龍文館記》卷二:"三年人日……是日甚歡,上令學士遞起屢舞,至沈佺期作回波詞云:'身名已蒙齒録,袍笏未復牙緋。'帝大笑,遂賜之。"47頁。5名直學士的官品較低,從六品上或下。
[6] 關於景龍文館學士的職官品級的統計,參見盧燕新《唐修文館及神龍至景雲年間在館學士考》,229—230頁。
[7]《唐會要》卷六四《宏文館》,1114頁。
[8]《資治通鑑》卷二〇九《唐紀二十五》景龍二年四月條,6622頁。

文館學士。由此可見,修文館學士是真正意義上的皇帝近臣。學士群也因此成爲景龍時期的中央官員想努力擠進的權力核心圈。《新唐書》《景龍文館記》記録的崔日用求學士一事,即可證明"學士"一詞在當時如何"名命益重"。

進士出身的崔日用,依附諸武和安樂公主勢力而得拜兵部侍郎,一天他參加中宗在内殿的宴會,酒酣起舞,自歌云:"日用讀書萬卷,何忍不蒙學士? 墨制簾下出來,微臣眼看喜死。"[1]中宗似乎並不反感這一招張揚的"求學士",當場敕令崔日用兼修文館學士[2]。由於是自己"争"來的學士頭銜,而非公認的文華,崔日用在學士圈中處於鄙視鏈的底端,經常被戲嘲。景龍四年立春日的宴會上,崔日用眼紅武平一被中宗親賜兩枝彩花,想乘着酒醉奪花,被武平一跪奏嘲諷:"讀書萬卷,從日用滿口虚張。"[3]同年二月另一次宴席上,崔日用挑釁武平一的《春秋》知識,被武氏壓倒,祇能認輸説"吾請北面",引來"闔坐大笑"[4]。

綜上所述,景龍二年四月,中宗精選朝中五品以上官員,組建以修文館學士爲名的"近臣"團隊,不大可能是皇帝一時心血來潮。這就要回溯中宗與朝臣的君臣關係史。

中宗在被軟禁房州的十五年之間,遠離政治中心,他重登皇位主要憑藉以張柬之爲首的南衙官僚集團和太平公主及相王勢力。與久居政治中心、長期出任皇嗣且早和太平公主結盟的相王相比,中宗的統治基礎極爲有限。爲了交接與籠絡更多的朝臣,在仰仗韋氏后族、吸納諸武勢力的同時,中宗還通過選用東宫官僚以及任用墨敕斜封官等諸多方式,努力擴大自己的統治基礎[5]。景龍元年七月,太子李重俊發兵誅殺武三思父子,兵敗身死,皇嗣之位空懸,韋后和安樂公主一系勢力急速擴張,立安樂公主爲皇太女的動議日益凸顯,太平公主和相王被韋后一系視爲最大威脅,圖謀構陷除之[6]。景龍元年秋天之後,朝廷各方勢

---

[1]《景龍文館記》卷二,60頁。
[2] 中宗時崔日用結納權寵,"驟拜兵部侍郎。宴内殿,酒酣,起爲《回波舞》,求學士,即詔兼修文館學士。"《新唐書》卷一二二《崔日用傳》,4330頁。
[3]《景龍文館記》卷三,112頁。
[4]《新唐書》卷一一九《武平一傳》,4295頁。《景龍文館記》卷三,122頁。
[5] 唐華全《試論唐中宗時期的諸武勢力》,《中國史研究》1996年第3期,99—109頁。
[6]《資治通鑑》卷二〇八《唐紀二十四》景龍元年八月條:"安樂公主及兵部尚書宗楚客日夜謀譖相王,使侍御史冉祖雍誣奏相王及太平公主,云'與重俊通謀,請收付制獄'。"6614頁。

力之間矛盾的尖銳化[1],或許讓中宗意識到和事平衡的緊迫性,這纔有了第二年四月,修文館的擴編以及七月之後皇帝與學士高頻度的宴集。

如果將修文館學士的勢力分配詳列出來,更可窺見景龍二年中宗組建文館團隊的謀劃(表2)。

表2

| 派系(人數) | 景龍時期修文館學士 |
| --- | --- |
| 韋后一派(10)[2] | 宗楚客、李嶠、趙彦昭、鄭愔、韋元旦、韋嗣立、韋安石、閻朝隱、宋之問、李迥秀 |
| 太平公主一派(5)[3] | 蕭至忠、崔湜、薛稷、岑羲、盧藏用 |
| 相王一派(13)[4] | 李適、徐彦伯、沈佺期、李乂、蘇頲、張説、徐堅、劉憲、崔日用、褚無量、馬懷素、劉子玄(知幾)[5]、武平一 |
| 學士任上去世(3) | 劉允濟、杜審言、韋湑[6] |

由表2所見,韋后、安樂公主一派主要有宗楚客、李嶠等正三品官員(兼修文館大學士)以及諸韋;相王一派主要是官階六品至四品的學士、直學士,其中不乏褚無量、徐堅、劉子玄等武周時期即享有清譽的文士。而且相王一派的學士,直至開元時期仍健在朝廷,歷史評價亦較佳,《資治通鑑》對於景龍修文館學士的評議——"於是天下靡然争以文華相尚,儒學忠讜之士莫得進矣"[7]——帶着玄宗時期的偏見,以偏概全,祇看到文館學士中的韋后一系,罔顧學士名單中還有傾

---

[1] 詳參黃永年《説李武政權》,《人文雜誌》1982年第1期,99—107頁。
[2] 被視爲韋后及安樂公主之羽翼,睿宗上臺後以罪被殺或被貶黜,且未被睿宗或玄宗起復的學士。
[3] 景龍時期即與太平公主結盟,先天二年(713)參與太平公主謀叛,事敗被誅。
[4] 景龍時期早與相王聯絡,睿宗上臺後或是未被清理、得任新職,或是平安渡過景雲、先天的政治動亂,得以善終。
[5] 景龍二年四月的第一批學士名單中有劉子玄(即劉知幾),但劉氏似乎未參加修文館實際活動,《景龍文館記》無其出席記録。
[6] 韋湑是韋后從父兄韋温的弟弟,"湑初兼修文館大學士……湑兄弟頗以文詞進,帝方盛選文章侍從,與賦詩相娛樂,湑雖爲學士,常在北軍,無所造作"。《新唐書》卷一三一《韋温傳》,5844頁。韋湑雖身爲學士,却因在北衙禁軍,故未參加宮廷詩歌唱和活動,亦無詩歌流傳。故陶敏輯《景龍文館記》未將韋湑列入其中。
[7] 《資治通鑑》卷二〇九《唐紀二十五》景龍二年四月條,6622頁。

向於相王、太平公主一系,後來成爲開元重臣的蘇頲、張説、徐堅等十餘名學士。

有意味的是,韋温、韋巨源、紀處訥等武韋勢力的中堅並未入館,而且最受中宗倚重的東宫舊僚,在文館中亦罕見其屬。神龍元年復位之後,中宗任命魏元忠、韋安石、李懷遠、唐休景、崔玄暐、楊再思、祝欽明進入宰相團隊〔1〕。這些中宗在東宫太子時的左膀右臂,祇有韋安石一人入館爲學士,而且他祇參加過一次修文館宴集,即景龍三年九月九日登高〔2〕。中宗太子時期的侍讀祝欽明,早於武周時期因"業奥六經"而拜著作郎,兼弘文館學士,中宗復位之後,祝欽明擢國子祭酒並同中書門下三品,反而未被選爲修文館學士。由此亦可證景龍二年中宗任命朝中高官兼任修文館學士,首先考慮籠絡那些與韋后、相王、太平公主等勢力暗通聲氣的臣子,以期爲我所用,而原來已屬中宗一方"基本盤"的東宫舊僚,反而不需要格外拉攏,故罕入文館。

景龍二年十月,中宗組建修文館學士團隊之時,"韋后烝亂,外戚盛。〔武〕平一重斥語,即自請抑母黨"〔3〕。中宗並未採納武平一削弱后黨勢力的上言,反而寄望於組織文館學士來緩和矛盾。進入景龍二年冬天,朝廷舉行的内宴頻次明顯加密,十二月共有6場遊宴,十二月晦夜,"敕中書門下與學士、諸王、駙馬入閣守歲,設庭燎,置酒奏樂"〔4〕。中宗藉助傳統節日的守歲之俗,將宗戚、文館學士、兩省官僚這三類權力核心人員"輯睦"於一堂,以示君臣一德〔5〕。

黄正建考察唐代皇帝賜宴指出:"唐代皇帝始終想把宴會作爲操縱、控制臣下,調節君臣關係的一種手段,其經濟、娛樂意義祇在其次。"〔6〕對於君權微弱的中宗來説更是如此,他將后黨、妹妹太平公主、弟弟相王的三方勢力引入修文館學士群,而且幾乎不選自己東宫勢力,這顯示出中宗對於通過遊幸宴會籠絡、

---

〔1〕 王欽若等編纂,周勛初等校訂《册府元龜》卷一七二《帝王部·求舊二》,鳳凰出版社,2006年,1915頁。

〔2〕 《景龍文館記》卷二,72—74頁。

〔3〕 《新唐書》卷一一九《武平一傳》,4293頁。

〔4〕 《景龍文館記》卷一,44頁。

〔5〕 《資治通鑑》胡三省注將此次君臣相與酣適的内殿守歲,視爲中宗步隋煬帝的後塵:"帝之爲此,亡隋之續耳。"《資治通鑑》卷二〇九《唐紀二十五》,6630頁。

〔6〕 黄正建《唐代官員宴會的類型及其社會職能》,《走進日常:唐代的衣食住行》,中西書局,2019年,109頁。

平衡各方勢力,抱有較大的期待,所以他纔會在兩年半的時間裏舉行54場遊宴。

爲了消弭森嚴的等級界限,緩和各方勢力的緊張,中宗在賜宴時常常有意嬉戲,帶頭開臣子的玩笑,使氣氛融洽。例如景龍二年除夕守歲宴上,中宗讓韋皇后的老乳母戲嫁御史大夫竇從一,"上與侍臣大笑"[1]。中宗又鼓勵學士表演才藝,景龍二年正月人日賜宴,"是日甚歡,上令學士遞起屢舞"[2]。宴席上還允許並鼓勵喝醉,以示君臣極樂,景龍二年十一月五日中宗生日宴上,中宗對學士說:"欲與卿等詞人,時賦詩宴樂,可識朕意,不須惜醉。"大學士李嶠、宗楚客等跪奏:"既陪天歡,不敢不醉。"[3]在幾次唱和詩宴上,中宗要求學士作詩競賽,"人題四韻,後罰三杯"[4],"其最後成,罰之引滿"[5]。學士們唱和詩常常描寫歡宴醉態,韋元旦《奉和春日幸望春宫》云"景色歡娛長若此,承恩不醉不還家"[6],可以説"酒醉"在此時是最爲政治正確的行爲。

## 三、賞賜節物:權力的區隔與宣示

在中國歲時節日史上,中宗還是"發明"節日傳統的高產帝王。南宋陳元靚《歲時廣記》記載始於中宗的節日風俗傳統,計有以下9種:春天的"賜柳圈"[7],夏天的"賜朱櫻"[8],立春的"剪春花"[9],人日的"賜彩勝""詔賦詩"[10],元宵的"縱出遊"[11],清明的"戲拔河"[12],上巳的"賜柳卷"[13],臘日的"賜御

---

[1] 《景龍文館記》卷一,45頁。
[2] 《景龍文館記》卷二,47頁。
[3] 《景龍文館記》卷一,30頁。
[4] 《景龍文館記》卷二,97頁。
[5] 《景龍文館記》卷二,74頁。
[6] 《景龍文館記》卷三,115頁。
[7] 《歲時廣記》卷一《春》,46頁。
[8] 《歲時廣記》卷二《夏》,77頁。
[9] 《歲時廣記》卷八《立春》,168頁。
[10] 《歲時廣記》卷九《人日》,182頁。
[11] 《歲時廣記》卷一一《上元》,221頁。
[12] 《歲時廣記》卷一七《清明》,329頁。
[13] 《歲時廣記》卷一八《上巳》,366頁。

食"[1]。其中,有 6 種屬於皇帝的節日"賜物"。

根據布爾迪厄的權力理論,權力始終處於社會生活的核心位置,所有的文化符號與實踐——從藝術趣味、服飾風格、飲食習慣到宗教、科學與哲學及至語言本身都體現了强化社會區隔的利益與功能。權力的成功實施需要合法化,因此,行動者的社會性的所有實踐或符號都不能離開行動者所處場域中的建構性的權力關係[2]。《景龍文館記》所記歲時節日遊宴,便是中宗重構天子權威的權力場域,在宴會上產生的唱和文學、舞蹈文藝、賜物,都是權力的象徵符號。以往學界較爲關注唱和詩體現的權力關係,我們認爲節日賜物也是中宗時期較爲突出的政治現象。《新唐書·李適傳》云:

> 凡天子饗會遊豫,唯宰相及學士得從。春幸梨園,並渭水祓除,則賜細柳圈辟癘;夏宴蒲萄園,賜朱櫻;秋登慈恩浮圖,獻菊花酒稱壽;冬幸新豐,歷白鹿觀,上驪山,賜浴湯池,給香粉蘭澤,從行給翔麟馬,品官黄衣各一。[3]

在節日遊宴的同時,中宗還熱衷於賞賜細柳圈、菊花酒、香粉等節日用品。此類物品在唐宋時期稱爲"歲時節物",指的是出現在特定節日的食品、工藝品、植物。北宋龐文英《文昌雜錄》曰:"唐歲時節物,元日則有屠蘇酒、五辛盤、咬牙餳,人日則有煎餅,上元則有絲籠,二月二日則有迎富貴果子,三月三日則有鏤人,寒食則有假花雞毬、鏤雞子、子推蒸餅、餳粥,四月八日則有糕糜,五月五日則有百索、糉子,夏至則有結杏子,七月七日則有金針、織女臺、乞巧果子,八月一日則有點灸杖子,九月九日則有茱萸、菊花酒、糕,臘日則有口脂、面藥、澡豆,立春則有彩勝、雞、燕、生菜。"[4]根據本文表 1 整理所見,出現於《景龍文館記》的節物如下:屠蘇酒、五辛盤、假花雞毬、鏤雞子、餳粥、金針、織女臺、茱萸、菊花酒、口脂、面藥、澡豆、彩勝、春燕、春雞。

臣子向皇帝進獻歲時節物,皇帝通過賞賜節物的方式顯示對百官的恩惠,這是唐代節日的重要内容。《唐會要》記載因爲臣子獻賀節物日漸奢侈,唐太宗、

---

[1] 《歲時廣記》卷三九《臘日》,711 頁。
[2] 戴維·斯沃茨(David Swartz)著,陶東風譯《文化與權力:布爾迪厄的社會學》,上海譯文出版社,2006 年,7 頁。
[3] 《新唐書》卷二〇二《李適傳》,5748 頁。
[4] 龐文英《文昌雜錄》卷三,大象出版社,2019 年,163 頁。

高宗、武則天曾頒布"諸節日並不得輒有進獻"[1]的禁令。神龍元年二月,中宗復位伊始就頒布敕令禁止節日進獻:"皆因節日,宗屬婚親、王公妃主,競相賀遺,或造珍麗,妄爲進奉。"[2]神龍三年四月,中宗發布詔令予以重申:"自今應是諸節日及生日,並不得輒有進奉。"[3]中宗一方面禁止臣子進奉節物,另一方面又藉着節日名義,給文館學士賞賜了不同花樣的節物。根據《景龍文館記》,中宗凡有節日賜宴,必伴以節物賞賜。"凡天子饗會遊豫,唯宰相及學士得從",中宗有意通過饗會遊豫,製造修文館學士與其他朝臣的權力區隔,在宴會上賞賜節物,更是強化了這種社會區隔。

景龍三年立春日[4]的宮廷宴席上,出現了一種叫做"剪彩花"[5]的節物。這是興起於晉代[6]、模擬彩花與綠葉的絲製工藝品。南梁劉孝威《剪彩花絶句》"淺深依樹色,舒卷聽人裁",所云即爲由彩色絲絹剪製的彩花,將春色長久地留存在人間,故云"假令春色度,經住手中開"[7]。剪彩花類似於"模擬巫術",將絲製的花葉裝點在尚未生芽葉的樹枝上,以催生自然春天的到來,是以作爲冬春時節的時令物品,頻繁出現於詩文中。比如《荆楚歲時記》作者宗懔《早春詩》中有"散粉成初蝶,剪彩作新梅"[8];南梁蕭綱《雪裏覓梅花詩》有"定須還剪彩,學作兩三枝"[9];南梁鮑泉《詠剪彩花》說"花生剪刀裏,從來訝逼真。風動雖難落,蜂飛欲向人。不知今日後,誰能逆作春"[10]。以上詠剪彩花的六朝詩歌,皆云其被用於迎春,却未提及剪彩花是立春的節物。《資治通鑑》

---

[1] 《册府元龜》卷六三《帝王部·發號令》,673 頁。
[2] 《唐大詔令集》卷二《中宗即位赦》,中華書局,2008 年,7 頁。
[3] 《唐會要》卷二九《節日》,542 頁。
[4] 景龍三年立春是太陽曆的 2 月 1 日,因前一年有閏九月,故此日的農曆仍是景龍二年十二月十七日。韋元旦《中宗立春遊苑應制》稱:"殷正臘月早迎新。"
[5] 《歲時廣記》卷八記爲"剪春花"。
[6] 《事物紀原》卷八據《建康實録》中的"晉惠帝令宮人插五色通草花",認爲"剪彩起於晉"。高承撰,李果訂,金圓、許沛藻點校《事物紀原》卷八《歲時風俗部》,中華書局,1989 年,429 頁。
[7] 蒲積中編,徐敏霞點校《古今歲時雜詠》卷三,三秦出版社,2009 年,32 頁。
[8] 《初學記》卷三《歲時部》,中華書局,2004 年,48 頁。
[9] 《初學記》卷二八《果木部》,682 頁。
[10] 《藝文類聚》卷八八《木部》,1509 頁。逆是時間副詞,與"先"同義,逆作春,謂先作春也,參見徐仁甫編著《廣釋詞》,四川人民出版社,1981 年,245 頁。

載隋煬帝營建洛陽西苑,"宫樹秋冬凋落,則剪彩爲華葉,綴於枝條,色渝則易以新者,常如陽春"[1]。大概在晋至隋之間,剪彩花是冬季和早春的迎春風俗,但仍未固定於立春日。《荆楚歲時記》的立春習俗是"剪彩爲燕以戴之"[2],没有提到剪彩花。

剪彩花成爲立春節物,應自景龍三年始。目前搜檢到最早提及剪彩花的唐代文獻皆爲此年立春日中宗迎春賜剪彩花。《景龍文館記》收入作於此日的《立春日侍宴内出剪彩花應制》和《中宗立春遊苑應制》各7首,上官婉兒之詩爲首:"密葉因裁吐,新花逐剪舒。攀條雖不謬,摘蕊詎知虚。"[3]長安一帶的立春日,萬物尚未復蘇,百花尚未開放,"池魚戲葉仍含凍,宫女裁花已作春"[4],於是用彩花樹在宫中營造出人工的春景。此年立春宴上,宋之問寫下了千古名句——"今年春色早,應爲剪刀催"[5],生動描摹出宫廷剪彩花"催春"的神奇巫術。在此,歲時節物剪彩花意味着天子的權力意志可以左右時序,文館學士應制詩亦著重歌詠這一點,"裁成識天意,萬物與花同"(蘇頲)[6],"剪綺裁紅妙春色,宫梅殿柳識天情"(崔日用)[7]。

景龍四年正月八日立春,中宗於望春宫設宴,"内出彩花樹,人賜一枝,令學士賦詩"[8]。人工的迎春花樹高達近十米,比之立春的傳統節物,比如春幡、春勝、春燕,彩花樹顯然更具工藝性與觀賞性。作爲新興節物,彩花樹也是皇帝恩寵的新形式展演,每人分發一枝彩花,因其稀缺性,更增添了恩寵的榮耀,又製作成可供攜帶的樹枝狀,便於學士們攜回家中展示恩榮。當日内宴上,武平一所作《望春宫迎春内出彩花樹應制》深得中宗賞嘆,更賜花一枝,以彰其美。"所賜學士花,並令插在頭上,後所賜者,平一左右交插,因舞蹈拜謝"[9]。景龍四年的

---

[1]《資治通鑑》卷一八〇《隋紀四》大業元年五月條,5620頁。
[2]《荆楚歲時記》,14頁。
[3] 上官婉兒《立春日侍宴内出剪彩花應制》,《景龍文館記》卷一,40頁。學士同日另作有7首七律《中宗立春遊苑應制》。
[4] 韋元旦《中宗立春遊苑應制》,《景龍文館記》卷一,38頁。
[5] 宋之問《立春日侍宴内出剪彩花應制》,《景龍文館記》卷一,41頁。
[6] 蘇頲《立春日侍宴内出剪彩花應制》,《景龍文館記》卷一,41頁。
[7] 崔日用《中宗立春遊苑應制》,《景龍文館記》卷一,38頁。
[8]《景龍文館記》卷三,111頁。
[9] 同上。

此次賜花示寵由於武平一的詩作與表現而成爲歲時故事,宋代《事物紀原》據此認爲"立春之賜花,自唐中宗始也"〔1〕。《歲時廣記》立春之俗"剪春花",亦以景龍四年之事爲出典〔2〕。

剪彩花,就是神龍初年中宗《禁進獻奇巧制》"或翦翠裁紅,飾三春之草樹"〔3〕一句所指之物,也是神龍三年《禁節日進物制》所禁"並不得用假花假果、金薄銀薄等物"〔4〕中的"假花"。中宗主張節儉,禁止王公臣子搜求這些奢侈之物向他進獻;而他自己却將賜彩花作爲特殊的恩賞,在立春日賜予近臣。通過節物的施受,君臣之間建立起更爲親密的私人關係。在古代節日儀式傳統中,下級官員向上級官員進獻的"賀節之儀",以及上級官員對下級官員賜物、設宴的"節候賞物",即節物的雙向流動,是歲時節日的重要一環。歸義軍治下的敦煌,一直保持這一傳統〔5〕。地方官僚系統藉用歲時節物的雙向流動來實現溝通,可是到了頂層的皇帝一層,節物的向上流動被皇帝以"節儉"的名義加以阻斷,祇有皇帝賜物的向下流動被允許進行。《文苑英華》卷五九五、五九六收入"節朔謝物"相關的臣子謝表,就是賜物向下流動的生動記錄。

歲時節日是皇權"展示"恩寵的節點,在另一個解釋層面上,這也是權力區隔的"宣示",意味着在特定的時間節點上,祇能由皇權宣示上對下的權威性和統攝力,而不允許下對上的討好、溝通。《景龍文館記》記錄了中宗在節日裏賞賜給學士15種歲時節物,其背後是中宗宣示天子權威的遠圖。

## 四、佛教徒中宗與消失的令節

唐高祖武德七年官修類書《藝文類聚》卷四《歲時部中》列出了10個節日:元正、人日、正月十五日、月晦、寒食、三月三、五月五、七月七、七月十五、九月九。

---

〔1〕《事物紀原》卷八《歲時風俗部》,429頁。
〔2〕《歲時廣記》卷八,168頁。
〔3〕唐中宗《禁進獻奇巧制》,《全唐文》卷一六,196頁。
〔4〕《册府元龜》卷六三《帝王部·發號令》,673頁。
〔5〕朱國立、王晶波《時間·秩序·政治:節俗行事與歸義軍政權》,《蘭州大學學報》2023年第2期,110—120頁。

失載於《景龍文館記》現存輯本的是正月十五日、五月五、七月十五。這三個令節"消失"的原因似乎各不相同。

上元節（正月十五日）在隋唐時期已有放燈、遊燈、觀燈節俗，隋大業年間楊廣《正月十五日於通衢建燈夜升南樓詩》、薛道衡《和許給事善心戲場轉韻詩》即寫此夜觀燈之俗。武則天長安年間（701—704），蘇味道《正月十五夜》、郭利貞《上元》、崔液《上元夜六首》描寫長安城裏元宵之夜的景色[1]，中宗神龍、景龍年間，長安正月十五的燈會尤其興盛。劉肅《大唐新語》卷八云："神龍之際，京城正月望日，盛飾燈影之會。金吾弛禁，特許夜行。貴遊戚屬，及下隸工賈，無不夜遊。車馬駢闐，人不得顧。"[2]南宋陳元靚《歲時廣記》上元"徇人心"條，引《皇朝歲時雜記》："觀《景龍文館》列叙唐中宗時燈夕侈靡之甚，比於今兹，十倍百倍，乃知本朝諸聖，特徇民心，與人同樂耳。"[3]又《舊唐書·中宗紀》云："〔四年正月〕丙寅上元夜，帝與皇后微行觀燈，因幸中書令蕭至忠之第。是夜，放宮女數千人看燈，因此多有亡逸者。丁卯夜，又微行看燈。"[4]此條所記乃景龍四年的上元節，可能與《皇朝歲時雜記》所引《景龍文館記》原書逸文發生於同年。我們廣搜文獻亦未見景龍三至四年上元節的修文館學士詩文存世，也有可能上元夜百官各自放假夜遊，中宗微服觀燈，故未組織上元宮廷詩會。

五月五日未見載於《景龍文館記》，這是比較反常的現象。因爲北魏以來，宮廷就有五月五日燕饗的節俗，魏孝文帝太和十八年（494）五月，因日蝕，"詔罷五月五日、七月七日饗"[5]。此日百官向宮廷進獻珍玩，《隋書》卷四一記："尋屬五月五日，百寮上饋，多以珍玩。"[6]唐高宗顯慶二年（657）四月曾頒布《停諸節進獻詔》云："比至五月五日及寒食等諸節日，並有歡慶事。諸王妃主及諸

---

[1] 劉肅《大唐新語》卷八記三人的上元詩爲中宗神龍年間創作，但蘇味道亡於神龍元年。彭慶生《武則天朝詩歌繫年考》考辨時間爲武則天長安二年或三年的正月十五，《彭慶生文集》，226頁。
[2] 劉肅撰，許德楠、李鼎霞點校《大唐新語》卷八，中華書局，1984年，127—128頁。
[3] 《歲時廣記》卷一一，213頁。
[4] 《舊唐書》卷七《中宗紀》，149頁。
[5] 《北史》卷三《魏本紀》，中華書局，1974年，111頁。
[6] 《隋書》卷四一《蘇威傳》，1189頁。

親等,營造衣物,雕鏤雞子,競作奇技,以將進獻。"[1]爲了"儉以訓俗,禮以移風",高宗要求停止五月五日的進獻,然"歡慶事"仍可照常進行。以中宗喜歡節日宴飲的習性,在位五年半而無一次五月遊宴的記載,其背後原因頗值得深究。

事實上,《景龍文館記》所載中宗生命最後三年的生活軌跡中,夏天的活動記載基本空白。景龍二年四月二十二日,朝廷增置修文館學士[2],但此年的四月至七月,並無修文館學士與中宗遊幸唱和的活動記錄。《舊唐書》《資治通鑑》此年的記事亦從四月癸未(廿一)之後,一下跨至秋七月癸巳(初三)。《景龍文館記》所載中宗朝修文館的第一次活動是景龍二年七夕的兩儀殿御宴奉和,等於從四月到七夕的兩個多月間,中宗不曾召集這些新進的文學侍臣們宴飲。景龍三年的夏天,同樣不見中宗有所遊幸,《景龍文館記》記載修文館學士在春天侍宴長安芙蓉園,李嶠等人作有《春日侍宴芙蓉園應制》,接下來的活動便已是七夕的梨園亭侍宴[3]。試將《景龍文館記》所載景龍二年四月修文館恢復建制至四年六月中宗暴崩的 26 個月之間、中宗主持御宴的四季分布情況整理如表3：

表3

| | 春 一至三月 | 夏 四至六月 | 秋 七至九月 | 冬 十至十二月 |
|---|---|---|---|---|
| 景龍二年 | 修文館未恢復 | 0 | 3 | 6 |
| 景龍三年 | 9 | 0 | 5 | 11 |
| 景龍四年 | 13 | 5 | 中宗已薨 | 中宗已薨 |

由表中可見,冬天和春天是中宗最爲活躍的季節,尤其是冬十二月,幾乎每隔三四天即有遊宴活動。夏天的四月至六月則是中宗活動的沉寂期,《景龍文館記》沒有記載中宗景龍二、三年的夏天行跡,景龍四年夏天倒是有 5 次遊幸活動(其原因詳下),但都不是節日行爲,自然也就沒有五月五日過節的記錄。

---

[1]《全唐文》卷一二《停諸節進獻詔》,146 頁;《唐會要》卷二九《節日》,541 頁。
[2]《唐會要》卷六四《宏文館》,1114 頁。《資治通鑑》卷二〇九《唐紀二十五》景龍二年四月條記爲癸未(廿一),6622 頁。
[3]《景龍文館記》,62—63 頁。《資治通鑑》卷二〇九《唐紀二十五》景龍二年五月丙寅(十一)有朝廷人事變動的記事,6635 頁。

李唐皇室有心腦血管的遺傳病史,唐高祖、唐太宗、長孫皇后、唐高宗均患有"風疾"一類的心腦血管疾病[1]。風疾遇暑熱的天氣就會加重,而至清涼的天氣就會好轉。貞觀二十一年(647),唐太宗爲減輕風疾病情,命重修太和宫,他在《答群臣請修太和宫手詔》中自陳:"比者風虚頗積,爲弊至深,況復炎景蒸時,温風鏗節,沈痾屬此,理所不堪,久欲追涼。"[2]唐高宗的風疾更甚,史載高宗自顯慶以後,"多苦風疾,百司表奏,皆委天后詳决"[3]。永徽三年(652),高宗在前朝避暑勝地修建了新的涼宫九成宫,謂侍臣曰:"朕性不宜熱,所司頻奏請造此殿。"[4]李唐皇室第四代的李賢(中宗李顯之兄),自幼年即患有風疾,《答邢文偉令》信中,李賢説自己"比日以來,風虚更積,中奉恩旨,不許重勞"[5]。李顯似乎也患有風疾,此病患者最突出的臨床表現便是怕熱,他在剛剛復辟的神龍元年四月二十七日(705年5月24日),便以暑熱爲理由,改爲隔天上朝:"上以時屬炎暑,制令每隔日不坐。右拾遺靳恒上疏諫。"[6]中宗没有採納諫臣意見[7],之後六年間的夏天,朝廷一直沿襲隔天上朝的節奏。

因患風疾而畏暑,這可能是《景龍文館記》不載中宗景龍二年至三年夏天活動的最重要因素,也是中宗缺席傳統節日五月五日的原因。此節正值北方天氣暑熱之時,《魏書·崔巨倫傳》記崔巨倫在五月五日的官僚集會上,創作一首口語詩:"五月五日時,天氣已太熱。狗便呀欲死,牛復吐出舌。"[8]動物尚如此畏熱,人何以堪?畏熱的中宗於是缺席五月五日的宴飲。

中宗從夏天的文學公共事務中暫時脱身,並不意味着完全"神隱"。如果對勘以佛教文獻,就會發現,夏天正是中宗作爲佛教徒從事宗教活動的活躍時期。

武則天出於篡唐的政治需要,極力扶持佛教。深諳這一點的中宗,在幽居房州時,便投其母所好,潛心於佛典之中。"15年的幽居與潛心於佛典,不僅使中

---

[1] 安家琪《唐代"風疾"考論》,《唐史論叢》第19輯,三秦出版社,2014年,275—301頁。
[2] 《唐會要》卷三〇《太和宫》,550—551頁。
[3] 《舊唐書》卷六《則天皇后紀》,115頁。
[4] 《唐會要》卷三〇《九成宫》,556頁。
[5] 《舊唐書》卷一八九《邢文偉傳》,4960頁。
[6] 《唐會要》卷二四《受朝賀》,456頁。
[7] 《册府元龜》卷五四四《諫諍部》記此事説"帝不納",6224—6225頁。
[8] 《魏書》卷五六《崔巨倫傳》,中華書局,1974年,1251頁。

宗'深崇釋典',從中找到了精神寄託,而且'精貫白業,遊藝玄樞',成爲一個虔誠的信佛者。"[1]神龍、景龍年間,中宗大規模修建佛教寺院、利用内道場進行佛教活動,邀請大量高僧到長安洛陽供養、支持大規模譯經活動,供養佛指舍利。[2]在中宗的這些崇佛活動之中,有一類活動尚未引起學界關注,那就是"坐夏"。

神龍元年,中宗詔道亮等十八位宗師"入長樂大内坐夏安居",並請道亮爲"受菩薩戒"[3]。古印度僧徒依釋迦牟尼的遺法,每年於雨季三個月間禁外出,静修禮懺,稱爲"安居""夏坐"或"坐臘"。中國和日本的僧徒則於農曆四月十五日至七月十五日安居修行,稱"坐夏"或"結夏"。東晉佛寺已有結夏安居制度,《荆楚歲時記》亦云:"四月十五日乃法王禁足之辰,釋子護生之日。天下僧尼以此日就禪刹挂搭,謂之結夏,又謂之結制。"[4]玄奘《大唐西域記》卷八亦記:"故以四月十六日入安居,七月十五日解安居也。"[5]坐夏期間,佛教徒專心修業、齋戒誦經、持戒嚴肅,至七月十五結夏圓滿,稱爲"解夏"(又稱"臘除"),過了這一天,佛教徒就增長法臘一歲,所以法臘又稱"夏臘"。佛教徒不是以生年論長幼,而是以夏臘論長幼次序[6]。

佛教文獻共載有中宗3次坐夏活動。一是上述中宗復位伊始的神龍元年,二是神龍"三年丁未(五月初十),帝召〔義净〕入内,並同翻經沙門九旬坐夏"[7]。一旬是十天,九旬坐夏,即坐夏三個月。三是景龍二年,律師文綱被中宗延入内

---

[1] 李金水《論唐中宗、睿宗時期佛道政策的嬗變》,《厦門大學學報》1998年第3期,113頁。
[2] 孫英剛《長安與荆州之間:唐中宗與佛教》,榮新江主編《唐代宗教信仰與社會》,上海辭書出版社,2003年,125—150頁。
[3] 贊寧撰,范祥雍點校《宋高僧傳》卷八《唐越州雲門寺道亮傳》,中華書局,1987年,183頁。
[4]《荆楚歲時記》,41頁。
[5] 玄奘、辯機原著,季羨林等校注《大唐西域記校注》卷八"安居月日"條,中華書局,2000年,698頁。
[6] 贊寧《大宋僧史略》卷下:"所言臘者,經律中以七月十六日是比丘五分法身生來之歲首,則七月十五日是臘除也。比丘出俗,不以俗年爲計,乃數夏臘耳。"贊寧撰,富世平校注《大宋僧史略校注》,中華書局,2015年,187頁。
[7] 智昇撰,富世平點校《開元釋教録》卷九《總括群經録》,中華書局,2018年,558頁。義净是玄奘徒弟,翻譯了《藥師經》等佛典,是唐代四大譯僧之一。可參劉淑芬《玄奘的最後十年(655—664)——兼論總章二年(669)改葬事》,《中華文史論叢》2009年第3期,1—97頁。

道場行道,"於乾陵宫爲内尼受戒,復於宫中坐夏"〔1〕,爲中宗、韋后講《四分律》。坐夏的文獻雖然祇有三條,但聯繫到中宗對佛教的虔誠,可以想見每年四月至七月的坐夏,應該是佛教徒中宗持戒修行的一部分。這樣就解釋了《景龍文館記》開始記載的景龍二年,爲何四月至七月七夕之間,中宗没有召集文人遊宴。因爲此年的二月開始,中宗就投入一系列的佛事之中,先是二月十五日,中宗、韋后等皇親貴族割髮受戒,以身施佛,送舍利至岐州法門寺入塔,於長安、岐州舉行齋會〔2〕。三月之後,中宗與恒景、道俊等荆州僧人在内道場一同坐夏。景龍二年有閏九月,這一年的兩個重陽節,中宗都選擇在佛寺度過。九月九日,中宗與群臣至慈恩寺登高,此寺佛塔爲"永徽三年沙門玄奘所立"〔3〕,中宗出生之後,玄奘曾賜其號"佛光王",並爲其祈福〔4〕。此次重陽節慈恩寺登高,是《景龍文館記》所記參與人數最多、留存詩作最多(28首)的君臣唱和〔5〕。閏九月九日,中宗又與文館學士至長安城西南的莊嚴寺閣與總持寺塔登高〔6〕,可見中宗有意將重陽登高的節日習俗與禮佛的信仰實踐相融合。

在佛寺與近臣度過傳統佳節,意味着佛教徒中宗試圖在佛教信仰與傳統歲時之間尋找平衡點。七月十五日是解夏日,僧徒一般坐夏持戒至此日,方告圓滿。然而景龍二年、三年的七月七日,中宗均出席了兩儀殿、梨園亭的七夕夜宴,這似乎説明他在嘗試調和七月七日(傳統節日)與七月十五日(佛教節日)之間的縫隙,提前結夏,以表示對七夕傳統的重視。七月十五日反而不見《景龍文館記》有所記載,因爲中宗在結束夏天的修行生活之後,將召集七夕晚宴作爲解夏儀式,之後的七月十五,反而没有聚合文館近臣一起宴飲。七月十五日是衆僧功德圓滿之期,這天修供,其福可報百倍,因此信佛者在七月十五日設齋會,具有慶祝解夏和盂蘭盆節目連救母兩重含義。《舊唐書》載景龍三年七月"壬戌(七月

---

〔1〕 《宋高僧傳》卷一四《唐京師崇聖寺文綱傳》,332—333頁。
〔2〕 詳參傅升岐《唐中宗與法門寺》,《文博》1996年第6期,102—107頁。
〔3〕 即今西安大雁塔。《唐會要》卷四八《寺》,845頁。
〔4〕 慧立、彦悰著,孫毓棠、謝方點校《大慈恩寺三藏法師傳》卷九,中華書局,2000年,198頁。
〔5〕 《景龍文館記》,13—18頁。
〔6〕 《景龍文館記》,19—20頁。彭慶生《唐中宗朝詩歌繫年考》,258—259頁。

初八),安福門外設無遮齋,三品已上行香"[1]。無遮齋大會一般爲期七天七夜,七月初八持續至十五日。《景龍文館記》的景龍三年活動中未見此日記載,原因就在中宗是以個人宗教身份參與七月十五日齋會,故未留下文士的詩文唱作。同樣的情況還見於《舊唐書》卷七載景龍三年春正月"癸酉(十五),〔中宗〕幸薦福寺"[2],此日元宵節,中宗先訪薦福寺,再微服夜行觀燈,故未見載於《景龍文館記》。

《景龍文館記》中不僅沒有七月十五日記載,同樣也失載四月八日佛誕節,雖然在《洛陽伽藍記》《荆楚歲時記》《魏書·釋老志》記載中,佛誕節已是南北社會共用的傳統節日。由此似乎可以看到中宗"公私分明"的節日態度:佛教節日是私的領域,佛教徒的中宗較少在這樣的日子召集群臣遊宴;傳統歲時令節則是公的領域,作爲帝王的中宗需要執行一國之君的世俗職責,利用節日宴集彰顯君威。當遇到臘日(十二月初八)這種既是傳統節日、又是佛教節日(佛教傳入中國後將此日定爲釋迦牟尼"成道日")的節點時,中宗的君主身份認同占了上風。

## 五、天子歸來與中宗之死

往年一進入四月便"神隱"的中宗,在景龍四年的夏天却異常活躍起來。《景龍文館記》共有5條記載,四月初一(立夏),中宗幸長寧公主莊,四月初六,遊芳林園摘櫻桃,四月十四,中宗與文館學士至位於長安城東北部的隆慶池,泛舟戲樂,又至池邊的禮部尚書竇希玠宅宴樂。四月初八、五月初五照例沒有過節宴集的記録,但至五月己卯(二十九日),中宗與近臣内宴。六月壬午(初二)即7月3日,中宗暴崩。

初唐的李唐皇室似乎存在着一個夏天"魔咒"——唐高祖崩於五月六日,唐

---

[1] 《舊唐書》卷七《中宗紀》,147頁。
[2] 《舊唐書》卷七《中宗紀》,147頁。薦福寺前身是中宗在藩的宅第,後建爲佛寺。中宗復辟之後,大加營建,安排著名的高僧入駐該寺,使之成爲長安的佛教中心。

太宗崩於五月廿六,長孫皇后崩於六月二十一日〔1〕,三位皆患有"風疾",崩於炎夏,因爲夏天本來就是突發性心腦血管疾病的高發期。中宗没能逃脱這一魔咒,這應當與他在這個夏天的反常行爲有很深的關係。景龍四年的四月已是立夏與小暑之間的炎熱季節,嚮畏暑熱的中宗却安排了多場户外宴飲。最後一次宴飲是五月二十九日,國子祭酒祝欽明自請跳"八風舞,摇頭轉目,備諸醜態,上笑"〔2〕,身體似乎尚無大恙,兩天之後,中宗暴崩,享年五十五歲。關於中宗之死,歷來《舊唐書》《資治通鑑》等均載爲被韋后、安樂公主毒殺,但黄永年先生《説李武政權》提問道:"中宗的存在對韋后干政並無妨礙,韋后又何必謀殺中宗以招來個封建時代大不韙的'篡弑'罪名,給自己增添麻煩。"這確實是無法回避的疑點,黄先生據此認爲:"中宗很大可能是病死的。他生於高宗顯慶元年(656),到此時已五十五歲,宫庭的淫樂生活容易損壞人的健康,年過半百因病死亡本屬正常。"〔3〕歷來論者未能注意到《景龍文館記》所載中宗生命最後三年的日常生活,我們認爲這些記事猶如中宗的"病歷卡",其中的蛛絲馬迹透露出中宗暴卒的一些綫索。

首先可以肯定的是,景龍四年夏,中宗不僅放棄了"坐夏"修行,而且也打破了前兩年夏天修文館不宴集的習慣。這絕對不是一個長年患風疾的佛教徒的正常行爲〔4〕。而且此年一月至三月間,中宗一共出席13場遊宴,比前一年增加了4場。遊宴頻頻的背後,是各方權力博弈的暗流涌動。景龍三年十一月,朝中的政治鬥争已趨白熱化,"於時,太平、安樂公主各立黨相報毀,親貴離閧,帝患之,欲令敦和,以訪平一"。對此武平一的建議是:"願悉召近親貴人,會宴内殿,告以輯睦,申以恩勤。"〔5〕這個建議顯然被中宗所採納,十一月他先後在安樂公主、長寧公主的家宅宴請文館學士,景龍四年正月五日宴請吐蕃使,座上即有太

---

〔1〕《唐六典》卷四,126頁。中宗的父母即高宗、武后,忌日分别爲十二月四日、十一月二十六日,參見吴凌傑《家國分野:唐代"國忌行香"問題再探》,《唐都學刊》2021年第5期,24—34頁。

〔2〕《資治通鑑》卷二○九《唐紀二十五》景雲元年五月條,6641頁。

〔3〕黄永年《説李武政權》,《人文雜誌》1982年第1期,105頁。

〔4〕如果没有聯繫之前兩年中宗的行迹,很容易從景龍四年中宗在二月、四月的行動得出"可見其身體尚可"(唐華全《略論唐中宗時期的政治風雲》,《河北學刊》1993年第2期,78—83頁)的"正常"結論,而忽略了真正的"非常"情況。

〔5〕《新唐書》卷一一九《武平一傳》,4294頁。

平公主和安樂公主,從未參與朝廷文學唱和的太平公主甚至在席間"柏梁體聯句"即興吟出一句"無心爲子輒求郎"[1]。兩天之後,中宗在大明殿度過人日佳節,賜王公以下彩縷人勝,又令李隆基等4人與吐蕃10人對陣馬毬,文館學士崔湜等14人詠詩以進。

景龍三年年末,中宗車架在驪山一帶盤桓十來天,十二月十二日中宗幸新豐温泉宫,十八日中宗與韋皇后、太平公主、上官婉兒[2]等"王后帝女,宫嬪邦媛",幸韋嗣立在驪山鸚鵡谷的别莊,"加以中宫敦序"[3]。此行一是對韋嗣立加以優待,封逍遥公,令百官賦詩以賀,中宗親製詩序。鄭州陽武人韋嗣立與父思謙、兄承慶三人俱列相位,景龍三年遷兵部尚書,屢次上諫,直言中宗營造寺觀、濫食封邑諸弊。韋嗣立與韋后宗屬疏遠,中宗特令其編入韋后的屬籍,如此韋嗣立就成了皇親[4]。此行第二個目的是"輯睦",中宗特許學士攜眷屬隨行,張説《東山記》載:"謂我諸兄,引内子於重幄,見兒童於行殿,家人之禮優,棠棣之詩作。"[5]中宗把韋皇后、太平公主、諸學士及眷屬集合到長安郊外的名臣别莊,"欲令敦和",經營頗費苦心,張説《東山記》將此次驪山行總結爲:"上以示慈惠之恩,朝野歡並,君臣義洽。"

從韋嗣立别莊出來,中宗到驪山南麓的白鹿觀朝拜,這是《景龍文館記》所記中宗唯一一次遊幸道觀。李唐王朝尊祖重道,武則天以周代唐,更重佛教,中宗上臺一直奉行重佛輕道政策,景龍三年,反對中宗佞佛的呼聲愈演愈烈,在反佛的背後,是徹底削除武周殘留政治勢力、恢復太宗體制的政治訴求,"特别是擁護相王李旦、反對韋武勢力的姚崇等著名大臣,都極端反對中宗佞佛,這使得中宗也感到了壓力"[6]。因此景龍三年十二月十八日,中宗來到武德六年唐高

---

[1] 《景龍文館記》卷三,106頁。柏梁體聯句是摹仿漢武帝與群臣聯句,每人各作押韻的七言一句,敘述本人的身份職責。景龍四年正月五日共有14人聯句,太平公主之句最爲俚俗,其中深意尚待抉發。太平公主的文學素養似乎不高,無一首詩文存世。

[2] 張説《奉和幸韋嗣立山莊侍宴應制》詩中有"舞鳳隨公主,雕龍賦婕妤",《唐詩紀事》卷一一記此處即指"先一日太平公主、上官昭容題詩數篇"。計有功撰,王仲鏞校箋《唐詩紀事校箋》,中華書局,2007年,353頁。

[3] 張説《東山記》,《景龍文館記》卷二,91頁。

[4] 《舊唐書》卷八八《韋嗣立傳》,2865—2874頁。

[5] 張説《東山記》,《景龍文館記》卷二,91—92頁。

[6] 孫英剛《長安與荆州之間:唐中宗與佛教》,《唐代宗教信仰與社會》,142頁。

祖因神鹿祥瑞降世而重修的道觀〔1〕，其實是在重新確認李唐與道教的同宗關係。隨從中宗幸白鹿觀的文館學士有李嶠、宗楚客、趙彦昭等3名宰相以及崔湜、張説等7名學士。中宗在白鹿觀御宴上所題御詩序已佚，但從趙彦昭等人《幸白鹿觀應制》詩中頻繁出現的"國誕玄宗聖，家尋碧落仙"〔2〕表述可見，中宗這次罕見的巡幸道觀，釋放出渴望恢復李唐舊制的信號。

白鹿觀之後，中宗與文館學士遊歷了驪山北麓的秦始皇陵，十二月二十二日，登上驪山頂，憑弔秦漢遺迹。中宗《登驪山高頂寓目》詩云：

> 四郊秦漢國，八水帝王都。閭閻雄里閈，城闕壯規模。貫渭稱天邑，含岐實奧區。金門披玉館，因此識黃圖。〔3〕

此詩氣象闊大，用語雄渾，不太符合史書裏軟弱昏庸的中宗形象，故被《文苑英華》誤爲唐太宗詩，《唐詩紀事》則誤作沈佺期詩〔4〕。中宗在景龍三年立春、重陽寫作的御詩，較爲平庸，不似《登驪山高頂寓目》這般的天子氣象。詩從心出，詩爲言，這時候的中宗罕見地展示出有爲天子之氣概，如果聯繫接下來五個月他的作爲，似乎可以視作"天子歸來"的某些迹象〔5〕。

景龍四年正月，中宗的節日遊宴活動比之前更爲密集，《景龍文館記》記有元日、五日、七日、八日（立春）、二十七日、晦日共6場宴會，此外還有該書未記入的元宵幸蕭至忠宅之宴。正月二十七日，中宗送遠嫁吐蕃的金城公主至始平縣，兩天後的正月晦日（此月末日爲二十九日），中宗與學士在滻水上舉行月晦的祓除儀式，二月初二纔回到長安宫中〔6〕。

景龍四年立春日内宴，中宗特賜文館學士每人一枝彩花樹，正如上文所云，這是君權的宣示。"三月，内宴，賜宰臣已下内樣巾子。"〔7〕這種巾子是中宗爲

---

〔1〕 白鹿觀本名驪山觀，唐前已有，李淵遊獵於驪山，得白鹿一隻，以爲神鹿，故命人重修道觀，更名白鹿觀。宋敏求《長安志》卷一五，三秦出版社，2013年，459頁。

〔2〕 《景龍文館記》卷二，99頁。

〔3〕 《景龍文館記》卷三，100頁。

〔4〕 相關考辨見《景龍文館記》卷三，101頁。

〔5〕 中宗在神龍元年令天下寺觀以"中興"爲名，以象徵李唐社稷的光復，但神龍三年返回長安後，却一反初衷，禁言中興，否定自身李唐中興之君的名號。相關討論詳參張達志《理異於兹：唐中宗禁言中興的歷史語境》，《中國史研究》2019年第2期，69—90頁。

〔6〕 《舊唐書》卷七《中宗紀》，149頁。

〔7〕 《唐會要》卷三一《巾子》，579頁。

藩王時佩戴的，襆頭頂部前傾"踣"，因而號稱"英王踣樣"，據考古發現的同時期墓葬壁畫，以中宗命名的頭飾確實對當時男性襆頭形制產生過影響。吕博認爲，此次帽樣的改動，"意圖在視覺層面盡可能地恢復'李家天下'的色彩。而且，聯繫當時的朝局動向來説，賜帽樣之舉在某種程度上也可看作是他伸張個人權力的策略"[1]。此説堪爲的論，然未能留意《舊唐書》將此次賜巾的時間記爲景龍四年三月壬戌[2]，即三月十一日。《景龍文館記》於此日有另一條記事，二事聯繫起來則大有深意："十一日，宴於昭容之别院。鄭愔《幸上官昭容院嶂獻詩四首》。"[3]也就是説，三月壬戌，中宗是在上官婉兒的别院宴集學士，並賜内樣巾子。景龍三年十一月二十九日，上官婉兒被起復爲婕妤，之後跟隨中宗出遊驪山，她的復出背後有太平公主的操作[4]。中宗選擇在上官婉兒的别院"宣示"其天子權威，侍宴的學士中，鄭愔、宗楚客[5]是韋后一黨的中堅，可以想見賜樣之舉在宴席上引起的波瀾。

四月五日，中宗更是把遊芳林園食櫻桃的恩寵進一步擴大化，"上遊櫻桃園，引中書門下五品以上諸司長官、學士等入芳林園嘗櫻桃，便令馬上口摘，置酒爲樂"[6]。門下、尚書兩省（鸞臺鳳閣）的五品以上諸司長官，素來是朝廷最爲核心的官僚層[7]，除了元旦大朝會，平常難得參與宫廷内宴。但此日中宗命他們與文館學士同席，"至暝，每人賜朱櫻兩籠"[8]。將夏果的奢侈品賜予百官，

---

[1] 吕博《頭飾背後的政治史》，四川人民出版社，2018年，84頁。
[2] 《舊唐書》卷七《中宗紀》："壬戌，賜宰臣已下内樣巾子。"149頁。
[3] 《景龍文館記》卷三，130頁。
[4] 《起復上官氏爲婕妤制》，《景龍文館記》卷一，32頁。仇鹿鳴注意到，上官婉兒的起復時機頗爲微妙，"考慮到墓誌中所見太平公主與上官婉兒的密切關係，上官婉兒此時的起復、但又僅以婕妤的身份起復，其背後或有多股政治勢力角力其中"。仇鹿鳴《碑傳與史傳：上官婉兒的生平與形象》，《學術月刊》2014年第5期，157—168頁。
[5] 《新唐書》卷三四《五行志一》："中宗賜宰臣宗楚客等巾子樣。"879頁。
[6] 《舊唐書》卷七《中宗紀》，149頁。《太平御覽》卷九六九引《景龍文館記》："四年夏四月，上幸兩儀殿，命侍臣升殿食櫻桃。其櫻桃並盛以琉璃，和以杏酪，飲塗糜酒。"4298頁。
[7] 唐朝在中央設立了三省：門下省、中書省、尚書省。太宗之後，國家決策權力集中於中書、門下兩省。此兩省的五品以上官員，位高權重，是御史大夫、御史中丞的重點彈劾對象，《唐六典》卷一三《御史臺》："其百僚有奸非隱伏，得專推劾。若中書門下五品已上、尚書省四品已上、諸司三品以上，則書而進之，並送中門下。"
[8] 《景龍文館記》卷三，140頁。

這當然也是中宗確立個人君威的一個舉措。

在生命的最後三個月,中宗在積極推恩的同時,對"敦和"太平公主、相王與韋后一黨,也有一些新的安排。景龍四年立夏日(四月初一)中宗與上官婉兒及十餘名學士幸長寧公主東莊別墅,置酒賦詩。長寧公主是中宗與韋皇后所生第四女,下嫁楊慎交,"内倚母愛,寵傾一朝"[1],但不似安樂公主那樣介入政治。景龍三年,中宗曾四次巡幸安樂公主宅,也曾臨幸妹妹太平公主之宅,但在景龍四年立夏日的這次巡幸之後,直至6月去世前,中宗都再未踏足公主的宅邸。

中宗生前最後一次宫外臨幸,便是四月十四日隆慶池之行。長安隆慶坊南在垂拱年間(685—688)形成了一處湖泊,當時稱作"隆慶池",《景龍文館記》稱"中多王侯第宅"[2],其中就有相王五個兒子的府第,亦號"五王子宅",臨淄王李隆基的藩邸就在池邊。李隆基即位(712)後,隆慶池成爲玄宗的天命符瑞,避玄宗名諱改稱"興慶池",開元二年(714)閏二月,玄宗令祠龍池,興慶池成爲玄宗天命符瑞的標誌。也因此在《唐會要》等開元之後的叙事中,景龍四年四月中宗在隆慶池的遊宴活動,被改寫爲中宗預知池中有符瑞顯現,以爲威脅自己而親往鎮壓。《唐會要》卷三〇"興慶宫"條記:"望氣者雲,有天子氣。中宗數行其地,命泛舟,以駝、象踏氣以厭之。"[3]《資治通鑑》亦云:"乙未,上幸隆慶池,結彩爲樓,宴侍臣,泛舟戲象以厭之。"[4]近年已有論者辨明中宗宴遊隆慶池被史家附會、改寫的過程[5],不過似未留意景龍三年十二月十八日中宗寫於秦始皇陵的一首詠史詩——

> 眷言君失德,驪邑想秦餘。政煩方改篆,愚俗乃焚書。阿房久已滅,閣道遂成墟。欲厭東南氣,翻傷掩鮑車。[6]

中宗對秦朝覆國教訓頗有思考,"愚俗乃焚書""翻傷掩鮑車"不無針砭之

---

[1] 《新唐書》卷八三《中宗八女傳》,3653頁。
[2] 《景龍文館記》卷三,141頁。
[3] 《唐會要》卷三〇《興慶宫》,558頁。
[4] 《資治通鑑》卷二〇九《唐紀二十五》,6640—6641頁。
[5] 吕家慧《盛世叙事:中宗、玄宗朝的龍池書寫》,《北京大學學報》2022年第2期,120—131頁。包曉悦《興慶池:一座政治景觀的誕生與變遷》,《唐研究》第21卷,北京大學出版社,2015年,142—162頁。
[6] 唐中宗《幸秦始皇陵》,《景龍文館記》卷二,100頁。

意,從全詩意旨可窺見,中宗對秦始皇東遊的動機——"欲厭東南氣",是頗不以爲然的。所以四個月之後,中宗臨幸隆慶池,不大可能是爲了"厭氣"而前往。而且中宗之前曾多次遊宴隆慶池,比如景龍三年三月,爲慶祝文館學士韋嗣立、崔湜、趙彥昭升職,中宗命於池上設燒尾宴,"至時勑衛尉陳設,尚書省諸司各具采舟遊勝,飛樓結艦,光奪霞日"[1]。

雖然中宗幸隆慶池並非爲了鎮壓於己不利的王氣,然而這畢竟是他生前最後一次出宮遊宴,而且在立夏之後的天氣裏(當天已是陽曆5月17日)户外觀看競渡表演[2]、登船泛舟池上[3],對於一向畏熱的五十五歲風疾病人來說,並不是一件愜意的事情。此舉祇有放到景龍四年的時間脈絡中,其政治意義纔能得到確當的理解。

中宗幸隆慶池的同一天還有另一場活動——"其日過〔竇〕希玠宅,學士賦詩"[4]。此日蘇頲等4人作有《奉和幸禮部尚書竇希玠宅應制》,由"奉和"二字可推中宗當時作有御詩,可惜已佚。此前三月八日,中宗"令學士尋勝,同宴於禮部尚書竇希玠亭,賦詩",張説爲寫《南省就竇尚書山池尋花柳宴序》,序曰:"尋花柳者,上賜群臣之宴也。"[5]中宗三月八日賜張説等學士在竇宅開宴,似乎是爲四月十四日隆慶池之後的臨幸竇宅打前站。這應該是一次有所謀劃的臨幸。扶風舊家竇氏是代北虜姓之一,竇希玠曾祖竇抗爲唐高祖太穆皇后之從兄,抗子竇誕(希玠之祖)娶高祖女襄陽公主,其叔父孝諶之女爲相王德妃,生子隆基。竇希玠年少襲爵,中宗時爲禮部尚書,《舊唐書》在《竇希玠傳》後評曰:"竇氏自武德至今(案:開元時期),再爲外戚,一品三人,三品已上三十餘人,尚主者八人,女爲王妃六人,唐世貴盛,莫與爲比。"[6]竇希玠即李隆基之堂舅,安然渡

---

[1] 封演《封氏聞見記》,《叢書集成初編》卷五,商務印書館,1936年,58頁。
[2] 當天學士所作應制詩以"幸隆慶池觀競渡應制"爲題,且李適詩中有"凌晨黼帳碧池開""急槳争標排荐渡"之句,可證此日中宗於户外帳篷中觀看飛舟競渡。《景龍文館記》卷三,142頁。
[3] 《舊唐書·中宗紀》説"結彩爲樓,宴侍臣,泛舟戲樂",蘇瓌《興慶池侍宴應制》亦云"瑞鳳飛來隨帝輦,祥魚出戲躍王舟",可見中宗當日也登舟遊幸池上。
[4] 《景龍文館記》卷三,145頁。《舊唐書》卷七《中宗紀》記景龍四年四月"乙未,幸隆慶池,結彩爲樓,宴侍臣,泛舟戲樂,因幸禮部尚書竇希〔玠〕宅",149頁。
[5] 《景龍文館記》卷三,130頁。
[6] 《舊唐書》卷六一《竇威傳》,2371頁。

過唐隆之變,景雲二年(711)被禮任爲太子少傅,開元二年殁,玄宗《贈竇希玠尚書左丞相制》稱,"希玠有賢戚之美"〔1〕。

當日文館學士所作《奉和幸禮部尚書竇希玠宅應制》詩,重在揭示唐高祖太穆皇后一系的外戚竇氏自開國以來與皇室的緊密關係:"尚書列侯地,外戚近臣家"(蘇頲),"北斗樞機任,西京肺腑親。疇昔王門下,今兹制幸辰"(劉憲)〔2〕。應當看到,中宗選擇了武氏、韋氏之外的"肺腑親"竇氏加以恩榮,之前又有巡幸白鹿觀之舉,這都是在釋放回歸李唐政治傳統的信號。因此四月十四日在臨幸竇宅之前的泛舟隆慶池,也應該出於相同的意圖。

細查此日陪同的修文館學士名單:徐彥伯、李適、武平一、劉憲、蘇頲、沈佺期〔3〕、韋元旦、李乂、張説、馬懷素。其中唯有韋元旦屬於韋后一黨,其餘9人皆爲相王一系。據《景龍文館記》所載,這天陪幸大臣在學士之外,還有極少參與内宴的尚書右僕射、同中書門下三品蘇瓌(639—710)。蘇瓌原是相王藩邸舊僚,景龍三年九月拜相,其子蘇頲時任中書舍人兼修文館學士,"父子同掌樞密,時以爲榮"〔4〕。父子二人後來在睿宗、玄宗登基的關鍵時刻被委以太極殿"書詔"的重要工作。景龍四年六月,中宗暴崩,韋后秘不發喪,召諸宰相入禁中會議,中宗的遺詔令相王"參謀輔政",宗楚客與韋温欲更改遺詔,"〔蘇〕瓌獨正色拒之"〔5〕。睿宗即位後感念蘇瓌之功,下制曰:"自周旋近密,損益樞機,謀猷有成,匡贊無忌。頃者遺恩顧托,先意昭明,奸回動摇,内外危逼,獨申讜議,實挫邪謀。"〔6〕由此推想,景龍四年四月十四日,一定有一個强大到難以抗拒的理由,

---

〔1〕 唐玄宗《贈竇希玠尚書左丞相制》,《全唐文》卷二一,245頁。

〔2〕 《景龍文館記》卷三,145頁。此日的劉憲、李乂詩,《唐詩紀事》題作《陪幸五王宅》,但詩語"北斗""北第"皆指竇希玠任職的禮部,且二詩無一字涉及"五王",尤可證中宗此次臨幸乃是竇宅,並未至五王宅。

〔3〕 沈佺期在景雲二年仍擔任中書舍人,起草《冊金城公主文》等詔書,可見仍受睿宗信任。《唐大詔令集》卷四二,206頁。

〔4〕 《舊唐書》卷八八《蘇瓌傳》,2880頁。《景龍文館記》記録蘇瓌兩次參加文館活動,一是景龍三年九月重陽節的登高賦詩,見《景龍文館記》72頁;二是景龍四年四月的隆慶池侍宴,見《景龍文館記》144頁。蘇氏父子在景龍四年的活動,詳見郁賢皓《蘇頲事迹考》,收入氏著《唐風館雜稿》,遼寧大學出版社,1999年,20—21頁。

〔5〕 《舊唐書》卷八八《蘇瓌傳》,2879頁。《大唐新語》卷三記載同《舊唐書·蘇瓌傳》,中華書局,1984年,46頁。

〔6〕 《舊唐書》卷八八《蘇瓌傳》,2879頁。

促使中宗克服身體的不適,組織了這次反常的夏日宮外巡幸;並且爲了這個理由,他遴選了隨行學士名單,特地傳喚老宰相蘇瓌,或許如睿宗制文所稱,這是一種"遺恩顧托"。是以一個多月之後,中宗暴崩,蘇瓌在韋后一黨矯詔稱制之時,堅持着中宗生前的囑托。

綜上所述,中宗生命最後六個月的行動節點主要表現爲:巡幸道教白鹿觀——賜彩花樹、帽樣、櫻桃以宣示君恩——親近外戚竇氏——召蘇瓌等相王一系臣子巡幸隆慶池。一系列有所意圖的舉動,似乎預示着李唐天子歸來。然而頻密的夏天活動打破了中宗的生活規律,極大地消耗其心力,六月初二,來不及實現"遠圖"的中宗,暴崩於神龍殿。

# 結　語

修文館學士的擴編與遊宴活動,是中宗制衡各方勢力的策略與手段。正是經過"詞臣"唱和表象下多種戰略的運用,權力纔得以順利推行和發揮作用,也因此在後人的偏見遮蔽下,掩蓋了權力運作的猙獰面目。同時,也正是由於這種權力戰略,使錯綜複雜的權力網不是處於劍拔弩張的持續緊張之中,而有時變得相對寬鬆,富有人情味,使網中人誤以爲權力之網已經可以一手掌握。

由於中宗在景龍四年六月的猝死,讓《景龍文館記》成爲中宗生命終點"最後的瘋狂"的證明材料,被歷來論者賦予了反面教材的意義[1],比如《直齋書録解題》稱其"頗記中宗君臣宴褻無度,以及暴崩"。可是如果將《景龍文館記》看作中宗及其近臣的日常生活民俗誌,再細查修文館學士的權勢構成與背景,一個力圖通過遊幸宴會籠絡平衡各方勢力的唐中宗,漸漸從歷史陰翳中向我們走來。他是一個在生命的最後兩年半時間裏一邊上朝一邊舉行54場遊宴的忙碌帝王,一個發明了眾多節日傳統的喜歡過節的天子,也是一個一生崇佛却在最後半年

---

[1] 除了上文所引文獻,重新解讀李顯歷史形象的代表性研究,還有孫英剛《唐代前期宫廷革命研究》,《唐研究》第7卷,北京大學出版社,2001年,272—276頁。褚文哲《製作李顯——兩唐書〈中宗本紀〉文本中的荒唐帝王書寫》,《社會/文化史集刊》第3輯,時英出版社,2010年,239—259頁;《製作李顯——〈資治通鑑〉文本中的苦命王子·缺能帝王書寫》,《社會/文化史集刊》第4輯,時英出版社,2010年,151—200頁。

放棄"坐夏"修行的虔誠佛教徒,更是一個斡旋於妻女弟妹以及朝臣之間的仁愛家長。這些歷史人物多面性,也正是《景龍文館記》一類文集最爲突出的文獻價值所在。

# The Festival Life and Final Political Planning of Emperor Zhongzong of the Tang Dynasty: With a Focus on the *Jinglong Wenguan Ji*

## Wu Zhen

In the second year of Jinglong 景龍 in the Tang dynasty, Emperor Zhongzong 中宗 expanded the structure of the cultural institution Xiuwen Guan 修文館 based on the order of time and solar terms. To maintain the balance of influence between different factions, he created a separate group of advisors from the Three Departments 三省 by selecting central government officials who held a rank higher than the fifth-under to serve as academicians in the institution. The record of the institution, *Jinglong Wenguan Ji* 景龍文館記, was written by academician Wu Pingyi 武平一. It chronicles 26 traditional festive banquets and 54 recreational gatherings that Emperor Zhongzong and academicians celebrated. The book contains over 200 poems composed by the emperor and academicians during these festive banquets, offering a vivid portrayal of the historical scene of court customs throughout the seasons. Emperor Zhongzong was actively involved in the "invention" of holiday traditions. He strengthened the power distinction between academicians and other officials by gifting them with the latest invention of festival items at the banquets. The absence of records for three festivals is due to the Buddhist practice of the summer meditation( zuoxia 坐夏). He attempted to balance his personal Buddhist beliefs and traditional seasonal events by reducing the gatherings of courtiers during Buddhist festivals. In the fourth year of Jinglong, Emperor Zhongzong frequently summoned academicians and officials higher than fifth rank to partake in banquets and recreational activities before the sudden demise. He not only abandoned the practice of summer meditation but also broke the tradition of not feasting with the academicians which he had insisted during the past two summers. On the fourteenth of the fourth month of this year, he made his final visit outside the palace to the Longqing Lake 隆慶池. He summoned Prime Minister Su Gui 蘇瓌 and academicians who were closely associated with Li Dan 李旦. They visited the residence of the Dou 竇, one of the relatives of Emperor Gaozu's 高祖 empress. This visit, in connection with their previous visit to the Bailu Temple 白鹿觀, reveals a strategic plan by Emperor Zhongzong to restore the political traditions of the Li-Tang 李唐, which can be inferred from the temporal context provided in the *Jinglong Wenguan Ji*.

# 唐玄宗的《敕新羅王書》與《敕日本國王書》
## ——《曲江集》所載敕書文本研究

童　嶺

## 一、制度史與文學史之間的唐代敕書

　　唐代的中前期，延續東晉南北朝的文學創作機制，有大量的文學作品（或與文學相關的作品）產生於帝制官僚體系下的機構群，抑或是產生於類似宫廷宴集之類的活動之中，這是不争的事實。另一方面，寫作技能作爲唐代宫廷政治生活的一部分，其重要性越來越凸顯。皇帝對"文"的重視與企求，在文官系統中形成了"大臣以無文爲恥"[1]的共同意識。尤其是唐玄宗開元以來，中書舍人、知制誥以及翰林待詔等草詔詞臣因爲參與到詔令等文書之起草，能夠在唐代帝制機構的中樞發揮重要的政治作用，其手中"文"的影響力，超出了文學史的範疇，與唐代的制度史、政治史也有不可分割的重要聯繫。也可以説，唐代的文學演變與知識人興趣點的轉化，亦同步反映在唐代制度史之中。

　　處在中國中世貴族制延長綫上的唐帝國[2]，皇帝的個人意志已經逐漸向絶對意志靠攏，但是，唐帝國前期經過太宗朝、高宗朝、則天武周朝到玄宗朝，很

---

〔1〕　張說《唐昭容上官氏文集序》，載《全唐文》卷二二五，中華書局，1983年，2274頁。案，此文在《文苑英華》《四六法海》等題爲《上官昭容集序》。關於張說在"以科舉和文章爲核心的新體制中的地位與影響力"，請參陸揚《上官婉兒和她的製作者》，《清流文化與唐帝國》，北京大學出版社，2016年，264—282頁。

〔2〕　例如，宫崎市定《大唐帝国：中国の中世》一書明確指出："唐代文化本質上是貴族文化。"中公文庫，1988年，356頁。

少有皇帝直接下達敕命。皇帝的意志,通常要經過中央文官的擬定——文書化之後——方纔成爲正式的國家意志,此即"王言"。這一現象,不僅是唐代制度史研究的命題,也不能被唐代文學史忽視。關於唐代"王言"的七大種類,《唐六典》卷九《中書省》中書令條有云:

> 凡王言之制有七:
> 一曰册書,立後建嫡,封樹藩屏,寵命尊賢,臨軒備禮則用之。
> 二曰制書,行大賞罰,授大官爵,釐年舊政,赦宥降慮則用之。
> 三曰慰勞制書,褒贊賢能,勸勉勤勞則用之。
> 四曰發日敕,謂御畫發日敕也。增減官員,廢置州縣,徵發兵馬,除免官爵,授六品已下官,處流已上罪,用庫物五百段、錢二百千、倉糧五百石、奴婢二十人、馬五十疋、牛五十頭、羊五百口已上則用之。
> 五曰敕旨,謂百司承旨而爲程式,奏事請施行者。
> 六曰論事敕書,慰諭公卿,誡約臣下則用之。
> 七曰敕牒,隨事承旨,不易舊典則用之。
> 皆宣署申覆而施行焉。[1]

以上"王言"七種,類似的記載,亦見於《舊唐書》卷四三《職官志二》中書省條、《新唐書》卷四七《百官志二》中書省條,以及《唐會要》卷五四《省號上》等唐宋典籍之中。這七種制詔王言,構成了唐代文書行政的基本特徵。它們將皇帝的個人意志,以文書行政的形式變成了國家意志。這種從唐太宗時代以來的"文官系統也因此成爲整個東亞文明的支柱"[2]。其影響力超越了國境綫,例如唐代制詔樣式就成了古代日本公式令的母法。

王言七種之中,"敕"共有四種:發日敕、敕旨、論事敕書、敕牒。其中,"論事敕書"所指的"誡約臣下",特指關涉某種事件時使用。包括"論事敕書"在内的這四種"敕"在實際使用時,功能與形制可能會有所交叉[3]。

---

[1] 李林甫等撰,陳仲夫點校《唐六典》卷九《中書省》,中華書局,1992年,273—274頁。
[2] 費子智(C. P. Fitzgerald)著,童嶺譯《天之子李世民:唐王朝的奠基者》第八章《長安的朝廷(630—640年)》,社會科學文獻出版社,2022年,167頁。
[3] 據中村裕一研究,"論事敕書"是針對國家體系下具體成員的王言(而非面向所有帝國成員的敕書)。中村裕一《唐代制敕研究》第三章《敕書》,汲古書院,1991年,578頁。

雷聞教授根據敦煌 S. 11287 文書研究後,並綜合中村裕一等學者的先行研究,推斷出唐代論事敕書成立過程如下(表1)[1]:

表1　唐代論事敕書成立過程表

| | 論事敕書 |
|---|---|
| 中書省 | 起草 |
| | 覆奏、進畫、皇帝畫日、畫"敕" |
| | 更寫一通、描日、描"敕"、加印、宣、奉、行 |
| 門下省 | 署而頒之,並加以函封 |
| 尚書省 | 發遣使者,給其"道次符、牒" |

雖然國際唐研究學界尚有不同的程序分類[2],但總體而言,本文所涉及的重心,不在中書省的後續環節或是門下省的函封環節,而在中書省的"起草"以及最後尚書省的實際"發遣"首尾兩大環節。

論事敕書的主要特徵,即是"慰諭公卿,誡約臣下"。這裏的"臣下",在唐帝國的語境下,不僅指内臣,也指册封體系下的外臣(或者被唐帝國視爲外臣的藩夷君主)。現存的唐代論事敕書,除去《文館詞林》卷四六八《翰林制詔》等總集輯録之外,唐代文人别集"論事敕書"最多的則保存在:張九齡《曲江集》、陸贄《陸宣公翰苑集》、白居易《白氏文集》、李德裕《會昌一品集》等大家文集之中。因此,詳究其中一家别集,抑或是詳究别集中之一種或多種"論事敕書",可謂探討唐代制度史與文學史的一個突破口。

## 二、《曲江集》所收敕書

公元7、8世紀的唐代文人與9世紀以後的文人,某種意義上存在本質的區

---

[1] 雷聞《從S. 11287看唐代論事敕書的成立過程》,《唐研究》第1卷,北京大學出版社,1995年,331頁。原表格中涉及"制書"部分,因與本文直接聯繫較遠,故略之不録。又可參氏著《官文書與唐代政務運行研究》,上海古籍出版社,2023年,38頁。

[2] 比如李錦繡教授認爲:"王言不一定都經過中書,下通於上者也不一定都經過門下。中書省門下省對上達於下、下通於上者,所掌互相交錯。"參其著《唐"王言之制"初探:讀唐六典劄記之一》,《季羨林教授八十華誕紀念論文集》,江西人民出版社,1991年,290頁。

別。關於這一點,麥大維(David McMullen)《唐代中國的國家與學者》一書也說道:

> 他們的文集提供一個標尺,顯示自8世紀以來唐代士人的世界曾經發生多麼巨大的變化,在那時,"潤色王言"纔是文人的雄心。[1]

唐代皇帝的個人意志,聚焦到唐代中前期,具體而言即是"唐玄宗的"意志,如何成爲"唐帝國的"意志。這其中的幾重轉換過程,讓我們不得不關注到"潤色王言"的著名文儒(草詔詞臣)、被唐玄宗稱爲有"王佐之才"(徐浩《文獻張公碑》)的張九齡[2]。

張九齡(678—740),一名博物,字子壽,韶州曲江人[3]。張九齡墓在民國初年被盜掘,所幸墓誌尚在,其云"五行之氣均,九德之美具"[4]。張九齡生於唐高宗儀鳳三年(678),卒於唐玄宗開元二十八年(740)。少以能文知名鄉里。武周長安二年(702)進士及第。唐中宗神龍三年(707)再試,中"材堪經邦科",擢秘書省校書郎。唐睿宗太極元年(712),三中"道侔伊吕科",遷左拾遺。這一年八月,唐玄宗登基,尊睿宗爲太上皇。

開元一朝的官制,是唐帝國官制高度成熟的表現[5]。開元十年,宰相張説擢張九齡爲中書舍人内供奉,這一官職,當時又稱翰林待詔、翰林供奉——我們根據各家年譜梳理[6],可以認爲在這一年之前,張九齡没有爲唐玄宗撰寫過"慰諭公卿,誡約臣下"的論事敕書。到了開元十九年,張九齡以秘書少監兼集賢院學

---

[1] 麥大維(David McMullen)著,張達志等譯《唐代中國的國家與學者》第六章《文章觀》,中國社會科學出版社,2019年,181頁。

[2] 全稱《唐故金紫光禄大夫中書令集賢院學士知院事修國史尚書右丞相荆州大都督府長史贈大都督上柱國始興開國伯文獻張公碑銘》,明萬曆四十四年謝正蒙刻本《曲江集》附録或《全唐文》卷四四〇(中華書局,1983年,4489—4492頁)。下文簡稱《文獻張公碑》。

[3] 關於張九齡的籍貫,傳世史料和出土文獻有范陽、曲江、始興三種説法,詳參顧建國《張九齡研究》第一章《張九齡的家世及其成長環境》,中華書局,2007年,18—27頁。

[4] 墓誌爲曾經與張九齡共事的徐安貞所撰,録文及拓片請參《唐代張九齡墓發掘簡報》,《文物》1961年第6期,45—51頁。

[5] 辻正博《隋唐国制の特質》,荒川正晴編《中華世界の再編とユーラシア東部:4—8世紀》,岩波書店,2022年,159—163頁。

[6] 比較重要的張九齡年譜有:何格恩《張九齡年譜》,《嶺南學報》1935年第4卷第1期;楊承祖《張九齡年譜(附論五種)》,臺灣大學文史叢刊,1964年;李世亮《張九齡年譜》,廣東高等教育出版社,1994年;顧建國《張九齡年譜》,中國社會科學出版社,2005年。

士副知院事。開元二十年,轉工部侍郎,兼知制誥。開元二十一年底,拜中書侍郎、同中書門下平章事、兼修國史,次年任中書令,可視爲唐帝國的宰相[1]。可以説從開元十九年以來,"動爲蒼生謀",張九齡撰寫的論事敕書大量增多。

留存至今日的張九齡詩文集,是唐人別集中相對完整的一種。據《唐集叙録》,有二十卷本與十二卷本之分[2]。熊飛以《四部叢刊》初編重印《曲江集》爲底本(二十卷本),整理而成《張九齡集校注》[3]。雖然在不少文句字詞方面,筆者與熊飛意見並不一致,但因爲它是目前較易見的《曲江集》整理本,故本文引用標注此整理本的卷次與頁數,但引文正文的部分句讀、分段和異文,筆者則根據《曲江集》的其他刻本(如"中華再造善本"影印國圖所藏明成化九年韶州本、日本東洋文化所藏嘉靖十五年本等)及《文苑英華》《全唐文》等重新録入,讀者審焉。

首先,根據《四部叢刊》二十卷本的《曲江集》,敕書集中在卷六至卷一二共七卷之中。其中,卷六爲南郊、東封、后土、籍田四篇敕書,性質上並不能完全算是論事敕書;卷七是從《敕皇太子納妃》到《敕處分舉人》等對内爲主的論事敕書;卷八是從《敕薛泰書》《敕安西副大都護王斛斯書》到《敕幽州解讀張守珪書》等對藩鎮大員的論事敕書爲主(含敕新羅王書一份);卷九是從《敕新羅王金興光書》《敕契丹都督涅禮書》到《敕河東節度副使王忠嗣書》等對四夷君長及藩鎮大員的論事敕書;卷十是從《敕當州別駕董懲運書》《敕當息羌首領書》到《敕瀚海軍使蓋嘉運書》等對四夷君長及藩鎮大員的論事敕書;卷一一是從《敕契丹知兵馬中郎李過折書》《敕突厥苾伽可汗書》到《敕吐蕃贊普書》等對四夷君長(此卷以突厥可汗爲主)及藩鎮大員的論事敕書;卷一二是從《敕吐蕃贊普書》到《敕安南首領爨仁哲等書》等對四夷君長(此卷以吐蕃等爲主)及藩鎮大員的論事敕書。

上舉七卷之中,除去唐帝國的藩鎮大員(節度使、節度副使等)内臣的論事

---

[1] 唐代官職無宰相,前期以"中書門下平章事"爲相,中書令亦然,均被唐人視作"拜相"。《舊唐書·百官志一》云:"自高宗已後,爲宰相者必加'同中書門下三品',雖品高亦然,唯三公、三師、中書令則否。"又可參陳仲安、王素《漢唐職官制度研究》,中華書局,1993年,101—105頁。

[2] 萬曼《唐集叙録》,中華書局,1980年,46—48頁。

[3] 張九齡撰,熊飛校注《張九齡集校注》,中華書局,2008年。

敕書,筆者把《曲江集》中作爲"王言"之一種、給四夷君長的論事敕書情况,製出表2:

**表2 《曲江集》所載致四夷君長"論事敕書"分類表**

| 唐代地域 | 四夷名稱 | 敕書數量 | 敕書備考 |
| --- | --- | --- | --- |
| 東部（東北） | 契丹 | 3 | 或署"契丹",或署"松漠" |
| | 奚 | 3 | |
| | 新羅 | 3 | 敕《新羅王金重熙》一書爲《全唐文》卷四七一誤收 |
| | 渤海 | 4 | |
| | 日本 | 1 | |
| 南部 | 安南 | 1 | |
| | 西南蠻 | 4 | |
| 西部 | 吐蕃 | 10 | 其中三封爲《敕金城公主書》 |
| | 護密國 | 2 | 或爲玄奘《大唐西域記》"達摩悉鐵帝國"（伊朗語Termistat） |
| | 識匿國 | 1 | 位於帕米爾高原,唐人亦譯爲屍棄尼、瑟匿國。又見慧超《往五天竺國傳》[1] |
| | 勃律國 | 1 | 敕書對象爲小勃律國 |
| | 罽賓國 | 1 | |
| 北部 | 突騎施 | 1 | |
| | 突厥 | 8 | 其中一封敕書對象爲內附突厥九姓治下的葉護[2] |

據上表,《曲江集》中給四夷君長的"論事敕書"約有四十三封。這些敕書被純文學的視角目之爲"文學性不强"[3]而歷來缺少分析研究,既有的少量論著,也僅僅是以這些敕書來"補史"或"證史"。但是,如果溯源學術史,《四庫全書總

---

[1] 唐納德·洛佩兹（Donald Lopez Jr.）著,馮立君譯《慧超的旅行》,社會科學文獻出版社,2022年,216—217頁。

[2] 熊飛標點本卷一二《敕諸國王葉護城使等書》爲"敕諸國王、葉護城使等"。據復旦大學文史研究院吴玉貴先生教示,"葉護"與"城使"之間,當施頓號,非"葉護城"之意,謹致謝忱。

[3] 例如:喬象鍾、陳鐵民主編《唐代文學史·上册》,人民文學出版社,1995年,272頁。舉這樣的例證,絕非爲了詬病此前的文學研究對於張九齡敕書的忽視,而是1949年之後的學科建制,使這類中古文士的所謂"非文學性"文章,在文史二系都無着落,缺乏立足文本本位的深入研究。

目提要》之中,紀昀對《曲江集》的"論事敕書"給予了高度的評價:

> 文筆宏博典實,有垂紳正笏氣象,亦具見大雅之遺。堅局於當時風氣,以富豔求之,不足以爲定論。至所撰制草,明白切當,多得王言之體。[1]

其實,即便在文學史研究的層面,"得(某)體"也是一個非常高的詩文理論評價。後世同爲儒臣的紀昀,稱張九齡"得王言之體",絕非虛言。對《曲江集》中已載的四十三封敕書進行全面分析,恐不是一篇論文可以完成。例如,陳建森、速水大等對於《曲江集》中幾份敕突厥、突騎施的論事敕書有過專論[2]。

下面擬就其中三封《敕新羅王書》與一封《敕日本國王書》進行立足於文本之研究。

選取這幾種論事敕書作爲本文基本討論文獻的緣由有三:第一,雖然與唐帝國存在親疏等級之差,但新羅與日本同屬於公元8世紀的東亞文明圈,對於漢字、漢籍的掌握超過了表中的其他政權如突厥、契丹、小勃律等等;第二,這四封論事敕書在撰寫時間上集中於開元二十二至二十四年三年之間;第三,從文體學上看,四封論事敕書具有一定的内在共通邏輯聯繫。

在展開討論對東亞世界(新羅、日本)的敕書之前,這裏簡單陳述筆者對張九齡對北方強鄰——突厥所擬敕書的文本特質之初步理解。首先,《曲江集》中所收的八封敕突厥書(集中在《曲江集》卷一一),文辭上雖然強調唐皇帝與突厥可汗的父子關係,或是對可汗個人的褒獎,但没有對突厥這一民族、這一政權進行褒美;其次,這些敕突厥書的文辭多用相對通俗易懂的字句,單句明顯多於駢句,甚至有類似唐人口語之處。這兩點,在下文我們討論敕新羅與敕日本的文書中,是幾乎看不到的。從中可以看出唐帝國對"漢字文化圈"與非純粹"漢字文化圈"游牧民族政權的不同態度。

以下,首先考察頒賜給新羅王的論事敕書。

---

[1] 《四庫全書總目》卷一四九《集部二》,中華書局,1965年,1279頁。

[2] 陳建森《張九齡〈曲江集〉敕書的文史價值——開元二十二至二十四年突騎施蘇禄侵犯四鎮個案探究》,《華南師範大學學報》,2007年第3期,56—62頁。速水大《開元二三年の突厥の"東下"と唐の情報收集》,金子修一先生古稀記念論文集編集委員會編《東アジアにおける皇帝權力と國際秩序:金子修一先生古稀記念論文集》,汲古書院,2020年,367—394頁。同氏《安史の亂における突厥王族阿史那氏の動向》亦涉及玄宗這一時期的突厥問題,氣賀澤保規編《隋唐洛陽と東アジア:洛阳學の新地平》,法藏館,2020年,115—144頁。

## 三、《敕新羅王書》文本研究

目前收載於《曲江集》的發送給新羅王書的論事敕書,共有三封(表 2 已指出《敕新羅王金重熙書》爲誤收[1])。分別是:

A. 卷八《敕新羅王金興光書》(下文簡稱《敕新羅王 A》)
B. 卷九《敕(雞林州大都督)新羅王金興光書》(下文簡稱《敕新羅王 B》)
C. 卷九《敕新羅王金興光書》(下文簡稱《敕新羅王 C》)

三封敕書的對象都是新羅王金興光。金興光(? —737),諡新羅聖德王,姓金,原名隆基,避唐玄宗諱,被敕命改名,故改稱金興光,是新羅第 33 代君主。改名事件,不見於《舊唐書》及《新唐書》,唯被朝鮮史料《三國史記·新羅本紀》記載[2]。唐玄宗治世,略相當於統一新羅聖德王金興光(702—737 年在位)、孝成王金承慶(737—742 年在位)、景德王金憲英(742—765 年在位)的統治時代。據布目潮渢等《隋唐帝國》一書的分析,"這一時代的新羅,進入了統一之後,大力輸入唐的文物、制度,迎來了新羅文化的全盛時代"[3]。聖德王金興光時代,一年之内甚至派出三批入唐使者[4],全面汲取唐文化。

首先考察這一"全盛時代"下的《敕新羅王 A》。此敕書《曲江集》無分段,現分段鈔録如下:

> 敕新羅王、開府儀同三司、使持節大都督雞林州諸軍事、上柱國金興光:
> 賀正使金碣丹等至,兼得所進物,省表具之。海路艱阻,朝賀不闕,歲亦忠謹,日以嗟稱,所謂君子爲邦,動必由禮。頃者渤海靺鞨,不識恩信,負恃荒遠,且爾逋誅。卿嫉惡之情,常以奮勵,故去年遣中使伺行成與金思蘭同

---

[1] 新羅王金重熙(788—809)活動時代遠在張九齡没後的貞元、元和年間。《全唐文》誤收《敕新羅王金重熙書》,實爲白居易之作。參熊飛校注《張九齡集校注》,1125 頁。
[2] 金富軾《三國史記》卷八《新羅本紀第八》,景仁文化社,1979 年,93 頁。
[3] 布目潮渢、栗原益男《隋唐帝国》第四章《玄宗の開元・天寶時代》,講談社學術文庫,1997 年,170 頁。
[4] 韓國學界最新的研究請參考:權悳永著,樓正豪譯《古代韓中外交史:遣唐使研究》一書所載"新羅神文王至聖德王時期遣唐使一覽表",秀威資訊科技股份有限公司,2022 年,101—103 頁。

往,欲以葉謀。比聞此賊困窮,偷生海曲,唯以抄竊,作梗道路,卿當隨近伺隙,掩襲取之。奇功若有所成,重賞更何所愛? 適欲多有寄附,實慮此賊抄奪,不可不防,豈資窮寇? 待蕩滅之後,終無所惜。

一昨金志廉等到,緣事緒未及還期,忽嬰瘵疾,遽令救療,而不幸殂逝,相次數人。言念殊鄉,載深軫悼。想卿聞此,良以增懷。然死者生之常,固其命也。固當理遣,無以累情。

初秋尚熱,卿及首領百姓已下,並平安好。今有答信物及別寄少信物,並付金信忠往,至宜領取,遣書指不多及。[1]

此篇《敕新羅王 A》又見於《全唐文》卷二八四。這篇論事敕書的寫作時間,據陳寅恪先生高足何格恩《張曲江詩文事迹編年考》將其繫在開元二十二年七月之間[2]。

論事敕書抬頭稱呼名號中的"雞林州",至此已有半個世紀以上的淵源。最初在龍朔元年(661),新羅王金春秋卒,其子金法敏嗣位,唐廷詔以新羅國爲"雞林州都督府",授予親唐派的金法敏"雞林州都督"之稱號[3]。此後一直沿用至玄宗朝不變。

以文辭考察,《敕新羅王 A》是駢散結合,然而也並非單純地駢體用於麗辭,散體用於議論,亦有用駢體議論事務之處。以文本的內部考察,可分三層文義:

第一層叙事邏輯,抑或說"論事"邏輯,以作爲屬國的新羅賀正使金碣丹來長安爲引子。此事又見於《册府元龜》卷九七五《外臣部》:"二十二年正月壬子,新羅王興光大臣金端竭丹來賀正,帝於內殿宴之,授衛尉少卿員外,賜緋襴袍、平漫銀帶及絹六十疋,放還蕃。"[4]這一論事敕書發生的背景,是前一年渤海靺鞨越海入寇唐帝國的登州。因此,張九齡此書用"君子爲邦,動必由禮"形容臣屬的新羅,然後用"不識恩信,負恃荒遠"來痛斥渤海,在文意上形成較爲強烈的對

---

[1] 熊飛校注《張九齡集校注》卷八,534—535 頁。案:原校注本無分段。又,部分文字筆者據《文苑英華》等進行了重錄,不盡同於熊飛先生的版本,標點亦然。下同。

[2] 何格恩《張曲江詩文事迹編年考》,廣東省文物展覽會編《廣東文物》卷 7,中華文化協進會,1940 年,48 頁。

[3] 童嶺《炎鳳朔龍記——大唐帝國與東亞的中世》第四章《朔之龍》,商務印書館,2014 年,94 頁。

[4] 周勳初等校訂《册府元龜》卷九七五,鳳凰出版社,2006 年,11287 頁。

比感。緊接着,在褒美新羅之後,希望新羅能在軍事上與唐帝國協力,故而繼續用駢體文句寫到"奇功若有所成,重賞更何所愛",重申了唐帝國的恩威並施之舉。以論事而言,這封敕書的第一層文意到"待蕩滅之後,終無所惜"爲止,即是它最主要的文意。

若展開考察,在新羅聖德王金興光三十二年(733,唐玄宗開元二十一年),面對渤海的入侵,唐玄宗採取的策略有二,一是派遣流亡在唐土的親唐派大門藝回幽州對抗渤海國君大武藝[1];二是派金思蘭回國,加封金興光"開府儀同三司、寧海軍使,使發兵擊靺鞨南鄙"[2]。也就是《敕新羅王 A》中所謂的"欲以葉謀"。其實給新羅王的 ABC 三封敕書,或多或少都圍繞着當時的渤海問題[3],這是論事敕書的"事"之主旨。

第二層文意,從六朝至初唐的文氣上來看,屬於第一層主要文意的補充。即談及金興光之弟金志廉不幸去世。"一昨"具體而言是開元二十一年十二月。其勸説的邏輯"然死者生之常,固其命也。固當理遣,無以累情"則是東晉以來的死生無常,個體生命與曠達的"情"之間的瓜葛。兩個不避重複的"固"字,其實從一個方面也顯示出張九齡對於文字與內容的精準把握。

第三層則爲論事敕書的固定模式,以四季之時問安,並饋贈屬國君主禮物。

此三層文意,構成了獨具特色的"張九齡式"論事敕書之文風,這種文風自然也將"唐玄宗的"意志,成功轉化爲"唐帝國的"正式"王言",並傳遞給了新羅王。

以下再考察《敕新羅王 B》,其全文如次:

敕雞林州大都督、新羅王金興光:

賀正、謝恩兩使續至,再省來表,深具雅懷。卿位總一方,道逾萬里,

---

[1] 關於這一事件,日本學者石井正敏、古畑徹等多有討論,中文學界比較重要的論文是:黃約瑟《讀〈曲江集〉所收唐與渤海及新羅敕書》,《黃約瑟隋唐史論集》,中華書局,1997 年,81—113 頁。

[2] 金富軾《三國史記》卷八《新羅本紀第八》,景仁文化社,1979 年,98 頁。

[3] 公元 8 世紀中葉開始崛起的渤海勢力,其實牽涉到唐、新羅、日本等東亞諸多政權。參考:礪波護、武田幸男《隋唐帝国と古代朝鮮》第 14 章《新羅と渤海》,中央公論社,1997 年,389—420 頁。

托[1]誠見於章奏,執禮存乎使臣,雖隔滄溟,亦如面會。卿既能副朕虚己,朕亦保卿一心。言念懇誠,每以嗟尚。況文章禮樂,燦焉可觀,德義簪裾,浸以成俗。自非才包時傑,志合本朝,豈得物土異宜,而風流一變?乃比卿於魯、衛,豈復同於蕃服?朕之此懷,想所知也。

賀正使金義質及祖榮,相次永逝,念其遠勞,情以傷憫。雖有寵贈,猶不能忘,想卿乍聞,當甚軫悼。

近又得思蘭表稱,知卿欲於浿江置戍,既當渤海冲要,又與禄山相望,仍有遠圖,固是長策。且藐爾渤海,久已逋誅,重勞師徒,未能撲滅。卿每疾惡,深用嘉之,警寇安邊,有何不可?處置訖,因使以聞。

今有少物,答卿厚意,至宜領取。春暮已暄,卿及首領百姓並安好,遣書指不多及。[2]

《敕新羅王 B》在明萬曆刻本十二卷本系統的《曲江集》中,題作《賜新羅都護金興光書》。在部分古籍如屈大均所輯《廣東文選》(康熙二十六年三閣書院刻本)卷一中,亦作此題。但考唐代官職,尤其是六大都護府的都護,"則由長安政府直接委派"[3]。"都護府"與新羅以當地首領擔任地方最高長官的"都督府"不同,因此,"新羅都護"是"大都督"之誤題。時間上,《敕新羅王 B》緊接在《敕新羅王 A》的後一年,即開元二十三年,新羅聖德王三十四年。據"春暮已暄"四字,何格恩考證在"本年三月間"[4]。

如果按照文意,此份論事敕書可分爲四層。

第一層文意,其實是接續去年的《敕新羅王 A》,對"位總一方,道逾萬里"的新羅王表示贊許。以下多用駢辭,特別是"文章禮樂,燦焉可觀";"比卿於魯、衛,豈復同於蕃服",甚至可以說是今後新羅、朝鮮"小中華"意識的支撐典故之一。

第二層文意,對賀正使金義質、金祖榮(亦作"金榮")的去世表示哀悼。但張九齡在文辭的拿捏上,例如"念其遠勞,情以傷憫"與前年的《敕新羅王 A》的"言念殊鄉,載深軫悼",可謂意同而辭不同,這是魏晉以來貴族文學的一種重要

---

[1] 熊飛校注本此處據《文苑英華》改爲"純",與上下句駢體不合。
[2] 《張九齡集校注》卷九,555—556 頁。
[3] 童嶺《炎鳳朔龍記——大唐帝國與東亞的中世》第四章《朔之龍》,97 頁。
[4] 何格恩《張曲江詩文事迹編年考》,53 頁。

第三層文意,涉及東北亞歷史上的浿江置戍問題,是此份敕書的核心文意所在。前番渤海大武藝犯唐之境,唐與新羅的聯軍"重勞師徒,未能撲滅",特別是新羅的軍隊北上,遇到惡劣冰雪天氣,死傷慘重。又,唐廷得到去年回新羅的金思蘭上表,希望能沿着浿江一帶設置軍事堡壘。唐玄宗以"警寇安邊,有何不可"答應了這一要求。這樣,唐與新羅的勢力範圍就以浿江爲界,浿江以北包括高句麗的故都平壤爲唐帝國控制;浿江以南高句麗的土地(當然包括百濟故地)由新羅控制,《三國史記》作"敕賜浿江以南地"[1]。從這時起,新羅從宗主國——唐的皇帝那裏得到了正式的敕書認可。《敕新羅王 B》還要求新羅王"處置訖,因使以聞"。實際上,在下一年(開元二十四年)新羅在浿江設置軍事據點已畢,也立刻上表唐廷以聞。

值得注意的是,張九齡指出,唐玄宗允許新羅沿江置戍的另一個重要理由是"又與禄山相望",也就是希望新羅與唐在幽州的張守珪、安禄山等軍事勢力,能够夾擊、制衡渤海[2]。

第四層文意,同於《敕新羅王 A》,也爲論事敕書的固定模式,祇是四季之時問安與饋贈屬國君主禮物,兩個文句順序略微顛倒而已。

然後我們繼續考察《敕新羅王 C》,第三封論事敕書字數在三者之中爲最少,其全文如次:

敕雞林州大都督、新羅王金興光:

比歲使來,朝貢相繼,雖隔滄海,無異諸華,禮樂衣冠,亦在此矣。皆是卿率心忠義,能此恭勤,朕每嘉之,常優等數,想卿在遠,應體至懷。

頃者彼處使來,累有物故,水土不習,食飲異宜,奄忽爲災,遂至不救。言近[3]逝者,此其命乎!想卿乍聞,應以傷悼。所以表奏,皆依來請。

---

[1]《三國史記》卷八《新羅本紀》,99 頁。

[2] 雖然如蒲立本(Edwin George Pulleyblank)認爲"張九齡非常瞧不起軍人"(氏著,丁俊譯《安禄山叛亂的背景》,中西書局,2018 年,90 頁),但是至少在這個時間點,以及這份"論事敕書"之中,張九齡還是平穩地傳達了"唐玄宗的"意志。

[3] "中華再造善本"影印國圖所藏成化九年韶州本,作"近";熊飛整理本從《文苑英華》作"念"。如果單純從辭義看,兩字皆可。但是從《敕新羅王》ABC 三封敕書的連續性來看,作"近"爲佳。

夏初漸熱,卿及吏人並平安好,遣書指不多及。[1]

《敕新羅王C》寫成時間是在開元二十四年(新羅聖德王三十五年),這份論事敕書在"事"的層面,延續A和B兩封敕書。然而,新羅本質上祇想鞏固既有的勢力範圍,對唐玄宗前後勸説其出兵渤海有點力不從心,或者説其"陽奉陰違"也並不爲過。唐玄宗在此之後,處理渤海問題已不再重點依靠新羅之牽制,傾向於由幽州直接出兵。因此《敕新羅王C》的簡短文辭之中,似乎也可以體現出這一"王言"的轉變。

第一層文意,是對新羅歷年遣使朝貢的褒獎,"雖隔滄海,無異諸華"等句,再一次把新羅的地位升格爲唐帝國册封體系的上層。

第二層文意,是對水土不服去世的新羅使者之哀悼。然而與A和B相比,這份敕書的哀辭是籠統性而非針對性。最重要的"所以表奏,皆依來請",應該是延續《敕新羅王B》關於"浿江置戍"一事,新羅完成置戍,向唐廷正式稟告[2]。

第三層文意是套用句式作季節性問安,唯獨饋贈屬國新羅國王禮物之句,恐版本有脱落,無有涉及。

簡而言之,頒賜給新羅的三封論事敕書,在時間節點上是開元二十二年、二十三年及二十四年,存在連續性。一方面敕書的文書內容與文辭形式是我們要留意之處,另一方面,敕書背後的唐玄宗時代東亞局勢,也是"論事"得以成立的外在原因。

## 四、《敕日本國王書》文本研究

費正清指出:"以中國爲中心的、等級制的中國外交關係,所包括的其他民族和國家可以分爲三個大圈。"依照費正清的觀點,第一個是漢字圈(朝鮮、越南、琉球群島以及"某些短暫時期"的日本),第二個是内亞圈(遊牧或者半遊牧

---

[1]《張九齡集校注》卷九,577頁。

[2] 新羅王上表全文云:"伏奉恩敕,浿江以南,宜令新羅安置。臣生居海裔,沐化聖朝。雖丹素爲心,而功無可效,以忠正爲事,而勢不足賞。陛下降雨露之恩,發日月之詔,錫臣土境,廣臣邑居,遂使墾闢有期,農桑得所。臣奉絲綸之旨,荷榮寵之深,粉骨糜身,無繇上答。"載《册府元龜》卷九七一《外臣部》,11241頁。

的民族),第三個是外圈(日本、東南亞等)〔1〕。可見在費正清的觀點之中,日本是比較微妙的存在,在第一圈與第三圈之間徘徊。那麽,唐玄宗時代的日本,處於哪一圈呢? 基於具體國書的分析,可以幫助我們解決這一疑惑在内的諸多問題。

《曲江集》(二十卷本)卷一二收有《敕日本國王書》一封。列舉如下,進行文本分析:

> 敕日本國王王明樂美御德:
>
> 彼禮義之國,神靈所扶,滄溟往來,未嘗爲患。不知去歲,何負幽明? 丹墀真人廣成等入朝東歸,初出江口,雲霧鬥暗,所向迷方。俄遭惡風,諸船飄蕩。其後一船在越州界,其真人廣成尋已發歸,計當至國。一船飄入南海,即朝臣名代,艱虞備至,性命僅存。名代未發之間,又得廣州表奏,朝臣廣成等飄至林邑國。既在異國,言語不通,並被劫掠,或殺或賣,言念災患,所不忍聞。
>
> 然則林邑諸國,比常朝貢,朕已敕安南都護,令宣敕告示,見在者令其送來。待至之日,當存撫發遣。又一船不知所在,永用疚懷,或已達彼蕃,有來人可具奏。此等災變,良不可測,卿等忠信,則爾何負神明? 而使彼行人,罹此凶害。想卿聞此,當用驚嗟,然天壤悠悠,各有命也。
>
> 中冬甚寒,卿及百姓並平安好,今朝臣名代還,一一口具,遣書指不多及。〔2〕

何格恩將這份《敕日本國王書》繫年於開元二十二年十一月間〔3〕,也就是《敕新羅王A》的同一年。

論事敕書的對象"日本國王王明樂美御德",熊飛標點本據《文苑英華》等將第二個"王"字改爲"主"。實則十二卷本明刻《曲江集》作"王王"不誤,不煩改也。

聚焦當時東亞的時間點,唐玄宗開元二十二年,對應爲新羅聖德王三十三年、渤海武王仁安十五年、日本聖武天皇天平六年。作爲册封體系屬國的新羅,

---

〔1〕 費正清(John King Fairbank)編,杜繼東譯《中國的世界秩序:傳統中國的對外關係》,中國社會科學出版社,2010年,2頁。
〔2〕 《張九齡集校注》卷一二,684頁。
〔3〕 何格恩《張曲江詩文事迹編年考》,49—50頁。

没有使用獨立年號,而渤海與日本都使用了獨立年號[1]。西嶋定生認爲,此份論事敕書開首"敕日本國王王明樂美御德",雖然顯示了要把日本編入唐王朝的册封體制之内,但實際上唐與日本的關係,本質上不同於唐與新羅、渤海的關係。日本是"唐帝國册封體制外部存在的朝貢國"[2]。

唐玄宗的開元盛世,差不多就是日本的"奈良時代"。在《敕日本國王書》寫成的二十四年前,唐玄宗即位兩年前,即710年,日本都城遷至奈良,模仿長安城建造了平城京。

這封敕書的對象是"日本國王",但是"王明樂美御德"六字,據推測是"天皇"的日語發音"すめらみこと"之記音漢字。例如《養老令》的《儀制令》"天子"條,《義解》釋曰:"至風俗所稱别,不依文字,假如皇御孫命,及須明樂美御德之類也。"[3]可以説,日本遣唐使提供的"王(須)明樂美御德"比較巧妙地化解了"皇帝"與"天皇"兩個稱號之間不可調和的矛盾[4]。我們不確定張九齡是否知道這一"王明樂美御德"用語的準確含義,但按照《曲江集》給四夷君長(包括給國内節度使)的論事敕書範式推測,很大可能張九齡也認爲這就是日本國王的名字。

這封敕書的正文,大約可以分爲三層文意。

第一層,以"禮義之國,神靈所扶,滄溟往來,未嘗爲患"開篇,意爲日本在唐玄宗時代大量派遣使者來華,此乃嚮往"禮儀"之舉,那麼,其本身也就具備了進

---

[1] 關於東亞年號的意義,較新的研究請參:水上雅晴編《年號と東アジア:改元の思想と文化》,八木書店,2019年。重要的史料集成請參:水上雅晴、石立善主編《日本漢學珍稀文獻集成·年號之部》,上海社會科學院出版社,2018年。

[2] 西嶋定生《中国古代国家と東アジア世界》第二篇第二章《東アジア世界と册封體制:6—8世紀の東アジア》,東京大學出版會,1983年,457—458頁。

[3] 高明士《"日本"國號與"天皇"制的起源》,《唐史論叢》第17卷,陝西師範大學出版社,2014年,165頁。又可參:王貞平《唐代賓禮研究:亞洲視域中的外交信息傳遞》,中西書局,2017年,142—143頁。又據尚永亮先生提示,"王"字也可能是"士"字,這樣與日語發音"す"對應。

[4] 隋唐歷史上,"日出處天子致書日没處天子"引起的隋煬帝日本國書事件之衝突,一定會給此後的遣唐使帶來深刻的記憶,他們可能和唐代外交機構一起"合作",利用日語的記音漢字,避免這類衝突再次發生。例如,黄遵憲《日本國志》卷四《鄰交志一》也收録了這封論事敕書,黄遵憲在題目下考證"即日本天皇二字譯音,蓋當時諮詢其名,而使者詭以此對也"。但筆者認爲,唐代外交機構以促成形式上的遣唐使"進貢"爲目的,可能是默認了這一事實,並非如黄遵憲所謂單方面的"使者詭對"也。

入"禮儀"世界的資格——"禮儀之國",故而滄海往來,一直得到神靈的庇佑。然後提及"去歲"(733)赴唐的遣唐使[1],今年回國時"俄遭惡風,諸船飄蕩",遣唐使船隻遭遇惡劣海洋天氣,日本遣唐使的正使"丹墀真人廣成"(多治比廣成、朝臣廣成)與副使"朝臣名代"船隻被冲散,此行回日本一共四艘船,除去"又一船不知所在",據妹尾達彥最新研究:

第二船 736 年回國。

第三船漂到昆侖。

739 年判官平群廣成等經由渤海回國。

第四船消息不明。[2]

而通過張九齡《敕日本國王書》可知,在開元二十二年的年末,唐玄宗掌握到的海難之後的使團信息是:一艘船漂至越州界;一艘船(朝臣名代)漂至南海;一艘船(朝臣廣成)漂至林邑國;一艘不知所蹤。其中,漂流至林邑國的日本使團遭遇最爲悲慘,遭到土人的搶劫與殺害。

第二層文意,重點談唐帝國針對漂至林邑國的朝臣廣成的緊急處理方法。即命令唐帝國安南都護府的都護直接介入此事,禁止作爲屬國的林邑國對落難遣唐使的侵襲,"朕已敕安南都護,令宣敕告示,見在者令其送來。待至之日,當存撫發遣"。並就此事對日本國王表示哀悼,同時也寬慰對方"此等災變,良不可測"。最後以"各有命也"了結此層文意。

第三層文意,則類似於《敕新羅王書》三封最後的套用句式,以季節性問候加上饋贈日本國君主禮物等結束。其中"卿及百姓並平安好",《文苑英華》"百姓"前尚有"首領"二字,熊飛校注本據《文苑英華》補。但是,檢核明萬曆十二卷本《曲江集》,並無此"首領"二字,筆者傾向於保留明十二卷本原貌。

總體看來,《敕日本國王書》駢散句式上面,更傾向於用散句。駢句則集中在每層文辭的開首與結尾,主要充當了修飾,論事則以散句爲主。這與《敕新羅王書》中大量用駢句議論,明顯不同。不知是否在張九齡的潛意識中,認爲與新

---

[1] 童嶺《六朝隋唐漢籍舊鈔本研究》所載"隋唐時代與日本遣唐(隋)使派遣對照表",中華書局,2017 年,42—43 頁。

[2] 妹尾達彥《武則天的神都、長安和日本都城——8 世紀初的東亞》,童嶺編《域外漢籍研究集刊》第 23 輯"隋唐中國與域外文獻專號",中華書局,2022 年,42 頁。

羅相比，日本的"漢文"水準略爲遜色。因爲可供對比的敕日本文書相對太少，這祇是筆者的一個推測。

在這封論事敕書文本分析的最後，筆者想從《曲江集》本身的文本形態，簡要回應一下日本學者認爲的《敕日本國王書》所隱含的"東方小國"問題。

代表性學者爲金子修一、堀敏一兩位教授。金子修一先生曾經指出，唐代的國際文書根據對象的不同有三個等級的形式：

（a）敵國關係——"皇帝敬問"
（b）父子關係（特例）——"皇帝問"
（c）父子關係（一般）——"敕"[1]

此後，堀敏一根據金子修一的三種分類法，認爲張九齡"他把日本當做最低級別的國家之一""當做東方小國而看低了"[2]。

兩位日本學者得出的這一結論，筆者認爲從文本考證是很難成立的。首先，金子修一先生的分類，依據了類書《册府元龜》《文苑英華》等史料，類書的性質是"摘抄"，不能像《曲江集》一樣完全還原當時的文本事實；其次，如果我們全面梳理《曲江集》的論事敕書，唐帝國東南西北（參本文表2）四大方向的國家或民族政權，都無一例外地被賜予過"敕"書，包括金子修一、堀敏一認爲是敵國關係的強大的突厥；第三，"敬問"與"敕"的差別，不在於等級（強國或"東方小國"），而在於何時使用何種文體，當作爲王言七種之一的論事敕書產生時，唐廷可以頒賜給任何一個國家或民族政權。

也就是說，"敕"與"皇帝敬問""皇帝問"的差別，與其說在於授予對象政權的"大小強弱差異"，不如認爲是王言的"文體差異"更爲妥當。

## 五、小結：唐代論事敕書與"文"的關係

通過上述三封《敕新羅王書》和一封《敕日本國王書》的文本分析可知，張九

---

[1] 金子修一《隋唐の国際秩序と東アジア》第四章《唐代の国際文書形式》，日本名著刊行會，2001年，130頁。
[2] 堀敏一著，韓昇等譯《隋唐帝國與東亞》第三章《日本與隋唐王朝間的國書》，雲南人民出版社，2002年，77—78頁。

齡作爲唐帝國核心的"草詔詞臣",在唐玄宗中前期治下的文書系統的傳遞上,精準地將"唐玄宗的"意志以"論事敕書"的文體形式貫穿到帝國的各個角落。就"論事敕書"這種文體而言,"論事"的清晰明確與"文采"的華麗典雅,是一枚硬幣的兩面,合而體現出處於東亞文明圈頂峰的長安政府之"文治"精神。

S. A. M. Adshead 在 *T'ang China: The Rise of the East in World History*(《唐代中國:世界史中東方的崛起》)一書中特別指出到了唐玄宗時代,唐代中國所取得的"多重成就"非常類似於 21 世紀初的美國[1]。這一比方雖然有不恰當之處,但在公元 8 世紀的歐亞大陸東部,新羅、日本以及本文沒有重點涉及的渤海等,都積極學習唐帝國高度發達的文官行政制度,將其進行微調後,作爲本國的政治模型。

另外,關於本文所討論的四封論事敕書(開元二十二年至二十四年)的一個不可忽視的"前傳",即開元二十年頒布了《大唐開元禮》,代表了唐帝國禮制的巔峰[2]。因此,禮制與律令視域下的文官行政制度,它的方式與原理,在東亞範圍內是共享的,從具體層面上看,共享一種典雅漢字文學(不一定全部是詩歌)及其文化價值,這是公元 8 世紀東亞範圍內不爭的事實。

張九齡被後世稱爲"開元賢相"(《四庫全書總目提要》),他所草擬的"論事敕書"最後傳遞到四夷君長手上,至少還要經過中書省與門下省的復議與審定。論事敕書的最重要功能,即是將皇帝意志("唐玄宗的")轉變成國家意志("唐帝國的")。但是,作品的"文學所屬權",歸中書舍人等草詔詞臣所有,這一點,是唐代"留制集"的通行規則。《舊唐書》卷一四七《高郢傳》云:

> 郢性恭慎廉潔,罕與人交遊,守官奉法勤恪,掌誥累年,家無制草。或謂之曰:"前輩皆留制集,公焚之何也?"曰:"王言不可存私家。"時人重其慎密。[3]

高郢作爲中書舍人,家裏不藏有"論事敕書"在內的諸種王言的草稿,更不將之收入自己的文集。雖然這被《舊唐書》作爲他處事極度"慎密"的例證,但是,"前

---

[1] S. A. M. Adshead, *T'ang China: The Rise of the East in World History*, Palgrave Macmillan, 2004. Preface, X.

[2] 顧濤《漢唐禮制因革譜》,上海書店出版社,2018 年,2 頁。

[3] 《舊唐書》卷一四七,中華書局,1975 年,3977 頁。

輩皆留制集",可見通行的規則是將王言草稿作爲自己的文學作品收録到自己的别集之中。實際上,不僅僅是張九齡,白居易、陸贄等均將王言草稿收入自己的别集。

雖然在不少現代研究者的眼中,"論事敕書"不屬於"純文學",例如臺灣大學楊承祖教授曾云:"九齡制草碑狀甚富,然皆作爲實用,羌無性情,以吾人今日之標準衡之,多不屬純文學範圍。"〔1〕但是,張九齡的文學成就至少應該體現在:詩歌及應用型文章這兩大層面。例如張九齡的《曲江集》曾經被岑仲勉稱爲"唐集之雄"〔2〕。張九齡稱"雄"的原因,也與唐玄宗對於"文"的觀念不同於初唐有關,《新唐書》卷二〇一《文藝傳》云:

> 唐有天下三百年,文章無慮三變。高祖、太宗,大難始夷,沿江左餘風,綷句繪章,揣合低卬,故王、楊爲之伯。玄宗好經術,群臣稍厭雕瑑,索理致,崇雅黜浮,氣益雄渾,則燕、許擅其宗。是時,唐興已百年,諸儒争自名家。〔3〕

上述引文"玄宗好經術,群臣稍厭雕瑑,索理致,崇雅黜浮,氣益雄渾"正是張九齡文名在政治界與文學界都得到美譽與"雄"名的大時代背景。"文"不再是單純的"文學",僅僅就有唐三百年考察,唐玄宗時代的"文"也蘊含了不同於前後時代的政治影響力。當時人出於對於"文"的自信,普遍認爲"文"在一定程度上具有平衡皇權的能力。例如,面對唐玄宗有一次的人事安排質疑,張九齡甚至敢於抗言:"然臣出入臺閣,典司誥命有年矣!"〔4〕

明代徐師曾《文體明辨序説》云:

> 唐制,王言有七,其四曰發敕,五曰敕旨,六曰論事敕書,七曰敕牒,則唐之用敕廣矣。(中略)其詞有散文,有四六。〔5〕

徐師曾用"今制"(明代)認爲,論事敕書是"散文",給六品以下贈封用"四六"。

---

〔1〕 楊承祖《張九齡年譜(附論五種)》,138頁。
〔2〕 岑仲勉《〈張曲江集〉萬曆癸丑刊本之攘功鬥争及集本文字與殘餘石刻之會勘》,《岑仲勉史學論文續集》,中華書局,2004年,257頁。
〔3〕 《新唐書》卷二〇一《文藝傳》,中華書局,1975年,5725頁。
〔4〕 《資治通鑑》卷二一四《唐紀三十》,中華書局,1956年,6823頁。
〔5〕 徐師曾著,羅根澤校點《文體明辨序説》,人民文學出版社,1962年,113頁。案:同收一册的吴訥《文章辨體序説》没有對"敕"一體進行單獨分類。

這種情況並不適用於敕書高度發達的唐代。陳寅恪《讀〈鶯鶯傳〉》云：

> 然公式文字，六朝以降，本以駢體爲正宗。西魏北周之時，曾一度復古，旋即廢除。（中略）至於北宋繼昌黎古文運動之歐陽永叔爲翰林學士，亦不能變公式文之駢體。[1]

陳寅恪指出從六朝至北宋，公式文以駢文爲主流，雖然有唐代古文運動，但亦不能影響到論事敕書這樣的公式文之寫法，可謂至言。此外，在文體學的縱向時間軸上，敕書的前後時代差異，可能並不比詩歌或辭賦小。上述《敕新羅王書》與《敕日本國王書》就足可以説明這一點。

王夫之《讀通鑑論》認爲唐代祇有三人可稱清貞宰相，即宋璟、盧懷慎與張九齡，並云："張九齡抱忠清以終始，夐乎爲一代泰山喬岳之風標。"[2]其實退而言之，僅僅是憑藉《望月懷遠》"海上生明月，天涯共此時"抑或《感遇》"草木本有心，何求美人折""漢上有遊女，求思安可得"等千古絕唱，就可以在唐代文學史上擁有不朽盛名的張九齡，他的整體"文學面貌"更需要今天的研究者沉潛到唐玄宗前期的中央文官政治實態中去考察，而論事敕書無疑是闡釋張九齡整體"文學面貌"，並解析他作爲唐帝國"草詔詞臣"身份內涵的重要文獻。

限於篇幅，本文僅選取了四篇論事敕書"嘗一臠肉"，然而張九齡作爲一個完整的唐代人物，應該從多維視角去解讀他的人與文，並將其置於開元時代的唐帝國"草詔詞臣"中央文官系統下去審視，這或許可以成爲今後唐代制度史、文學史研究的新話題。

附記：本文初稿，曾宣讀於"第十五屆唐代文化國際學術研討會"（臺北：中國唐代學會、臺灣大學中文系、佛光大學歷史學系，2022.11.18—19）、"鉤稽沉隱求索之：中古中國的權力、景觀與秩序"逸仙高研院工作坊（廣州：中山大學歷史學系，2023.4.15）及"文本、制度與社會：唐人文集的世界"研討會（上海：復旦大學中文系，2023.6.17）。先後得到了康韻梅、陳志信、范兆飛、游自勇、張達志、李丹婕、仇鹿鳴、趙晶、唐雯、陸揚、吳玉貴等師友的指正，特此致謝。

---

[1] 陳寅恪《讀〈鶯鶯傳〉》，《元白詩箋證稿》，三聯書店，2001年，119—120頁。
[2] 王夫之撰，舒士彥點校《讀通鑑論》卷二二《玄宗》，中華書局，1975年，652頁。

附圖1 南京圖書館藏明萬曆十二年刻本《唐丞相張曲江先生文集》

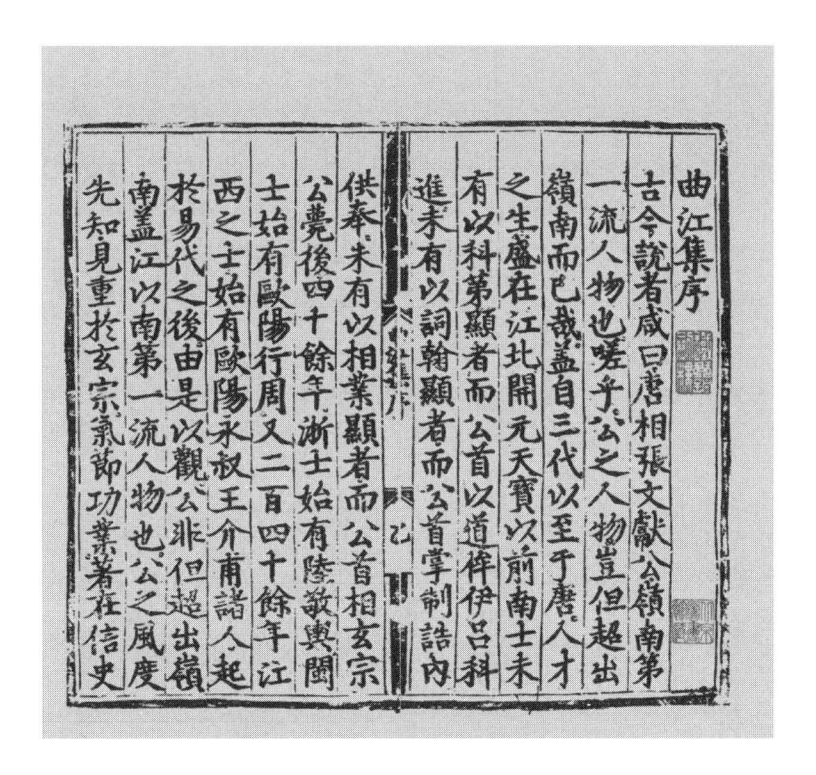

附圖2 明成化九年蘇韡刻本《曲江集》(1)

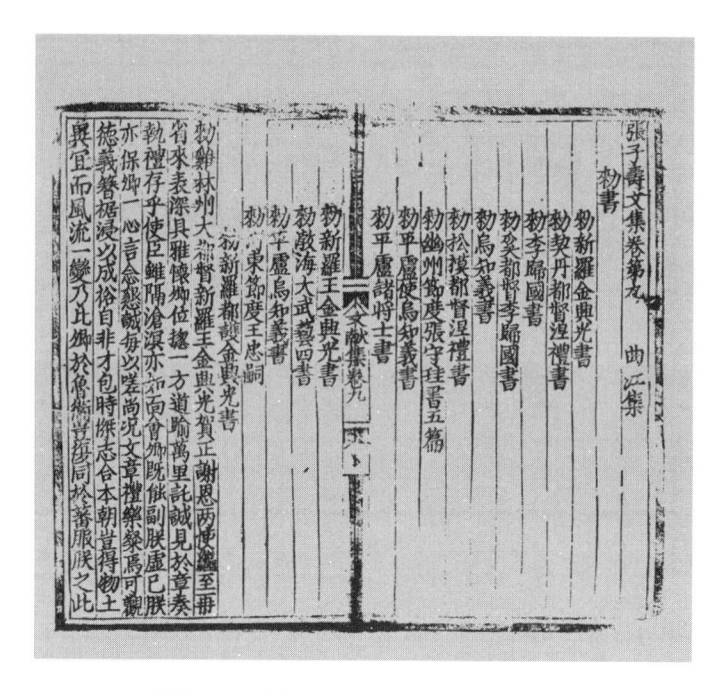

附圖 2　明成化九年蘇韡刻本《曲江集》(2)

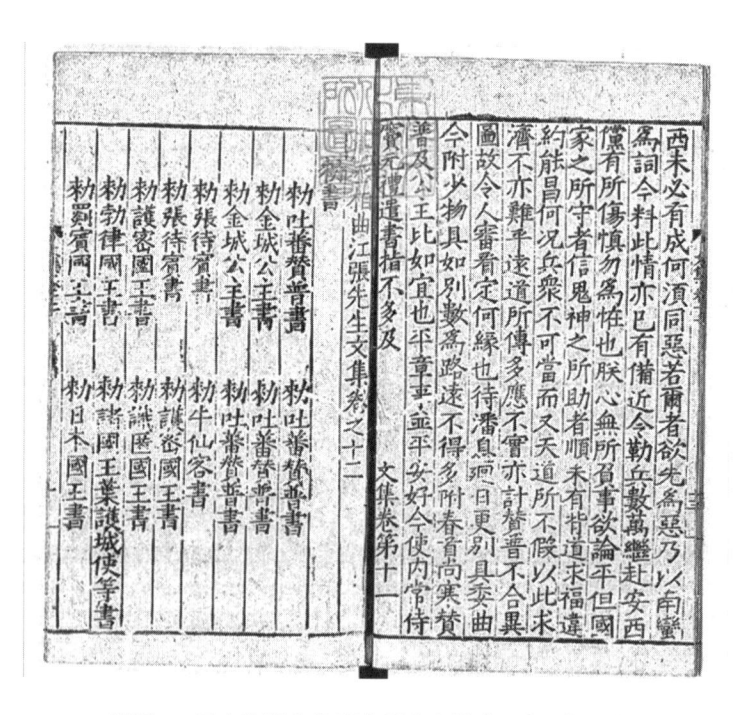

附圖 3　日本東洋文化研究所藏嘉靖十五年《曲江集》

# Tang Xuanzong's Imperial Edicts to the King of Silla and to the King of Japan

## —A Study of the Texts of the Imperial Edicts Contained in the *Qujiang Collection*

Tong Ling

There was a fixed writing pattern between the Tang dynasty and the surrounding nationalities and countries. According to the *Compendium of administrative law of the six divisions of the Tang bureaucracy* 唐六典, "there are seven kinds of king's words." One of them was the imperial edicts on affairs. On the other hand, "literature" became more and more important in the Kaiyuan 開元 era, and imperial edict drafters who embellished the king's words were upholding the "literature" of the tradition, and striving to restore the glory of the "literature". Zhang Jiuling 張九齡, a famous Confucian scholar and scribe in the flourishing days of the Kaiyuan era, could be regarded as the model of a generation of scribes. Most of the present-day studies of Tang literature focus on his poems, and few on his other writings (especially his under-ordered writings). This paper presents a close reading of texts including Xuanzong's 玄宗 Imperial Edict to the King of Silla 敕新羅王書 and Imperial Edict to the King of Japan 敕日本國王書, in the *Qujiang Collection* 曲江集. The research not only to point out that Zhang Jiuling was the "great masterpiece" of a generation of writings in Kaiyuan Flourishing Age, but also through the format of the documents to see the relationship between the central civil service system and the writing of the articles, and at the same time to examine the Tang dynasty and the East Asian world of international diplomatic instruments style.

# 從唐人文集看中唐左降官遷謫制度
## ——以韓愈、柳宗元、劉禹錫文集爲中心

### 劉真倫

在現代法律制度中,大陸法系側重於成文法,海洋法系側重於案例法。二者相輔相成,共同構建起相對完善的法治體系。現代法律制度架構如此,古代法律制度同樣如此。以法治體系建設相對較爲完善的唐代爲例,《唐律疏議》《大唐六典》《通典》《唐會要》以及兩《唐書》職官、刑法諸志,成文法已經初步完備;而子部、史部尤其是集部典籍中記錄的大量法治個案、司法流程乃至執法細節,則是案例法最原始、最豐富、最生動的檔案淵藪。通過這些案例,成文法的制度構架纔得以豐滿完整。就唐代法律制度研究而言,現代學術界對唐代成文法的研究相對較爲集中,對《唐律疏議》等專書的研究也多有成果;而有關案例法的研究起步較晚,除唐人早已集議的鹽法、錢重物輕、子復父仇等案例外,集中討論者有限。至於有意識地通過集部文獻所載案例印證、補充乃至完善相關法律體系,同時考察法律條文之外的實際執法細節乃至真實的法治狀態者,迄今尚不多見。筆者浸潤於韓愈、柳宗元、劉禹錫文集多年,於韓、柳、劉左遷的經歷耳熟能詳,於中唐左降官遷謫制度也時有所悟。雖於制度史研究學非專門,班門弄斧,難免孟浪之譏;然負曝獻芹,取其誠慤而已矣!大雅君子,庶乎諒哉!

## 一、解題

此處需要解讀的,是篇題中的三個術語:中唐、左降官、遷謫制度。

首先講遷謫制度:遷,流放。謫,罰也,責也,見《說文》及《一切經音義》。遷謫,指京官犯罪責罰外放。《舊唐書·魏元忠傳》:"睿宗即位,制令陪葬定陵。

景雲三年(712),又降制曰:'故左僕射齊國公魏元忠,代洽人望,時稱國良,歷事三朝,俱展誠效。晚年遷謫,頗非其罪,宜特還其子著作郎晃實封一百户。'"此處"晚年遷謫",指《舊唐書·中宗紀》所記景龍元年(707)九月甲辰魏元忠左授務川尉。蘇頲《曉發興州入陳平路》:"舊史饒遷謫,恒情厭苦辛。"〔1〕歷朝歷代都有官員的貶謫流放,其稱謂各各不一。此處的"遷謫",均是官員犯罪由京城左遷外地,最接近中唐的"左降官"。本文討論中唐左降官制度,同時參照唐前期官員的遷謫狀況以比較前後期制度的變遷,標題必須覆蓋全唐,所以用"遷謫制度"。

其次講左降官:開元以後,犯罪京官貶職外放被稱爲左降官。玄宗"開元十年(722)六月敕:自今以後,準格敕應合決杖人,若有便流移、左貶之色,杖訖,許一月内將息,然後發遣。其緣惡逆、指斥乘輿者,臨時發遣"〔2〕。《舊唐書·玄宗紀上》:"〔開元十七年十一月〕戊申,車駕還宫,大赦天下。流移人並放還,左降官移近處。"流移,即流人、流移人。左貶,即左貶官、左降官。左降官,或以爲"指被降職削級並遷任外地或遠地的官員"〔3〕,或以爲"指因犯罪被貶到邊遠地區任員外官的官吏"〔4〕,皆不確。韓愈自監察御史貶陽山令。監察御史正八品下,陽山縣爲中下縣,縣令從七品上〔5〕。柳宗元自禮部員外郎貶邵州刺史。禮部員外郎從六品上,邵州爲下州,刺史正四品下〔6〕。劉禹錫自屯田員外郎貶連州刺史。員外郎從六品上,連州爲下州〔7〕,刺史正四品下。所以,左降官未必一律"降職削級",也並非一律"員外置同正員"。至於貶地,説"遷任外地或遠

---

〔1〕 彭定求等編《全唐詩》卷七四,中華書局,1960年,811頁。

〔2〕 杜佑撰,王文錦、王永興等點校《通典》卷一七〇《刑法八·寬恕》,中華書局,1988年,4414頁。

〔3〕 張豔雲《唐代左降官與流人異同辨析》,《唐史論叢》第7輯,陝西師範大學出版社,1998年,342頁。

〔4〕 彭炳金《唐代貶官制度研究》,《人文雜誌》2006年第2期,116頁。

〔5〕 分見《新唐書》卷四八《百官志三》,中華書局,1975年,1239頁;李吉甫撰,賀次君點校《元和郡縣圖志》卷二九《江南道五》,中華書局,1983年,711頁;《新唐書》卷四九下《百官志四下》,1319頁。

〔6〕 分見《新唐書》卷四六《百官志一》,1188頁;《元和郡縣圖志》卷二九《江南道五》,714頁;《新唐書》卷四九下《百官志四下》,1318頁。

〔7〕 《元和郡縣圖志》卷二九《江南道五》,711頁。

地"差可,説"被貶到邊遠地區"則屬以偏概全。八司馬所貶,陳諫河中少尹,韓泰撫州刺史,韓曄池州刺史,凌準和州刺史,程异岳州刺史,皆在内地。概而言之:唐人重内輕外,遷放外地,均稱爲貶謫,這裏的"貶謫"指的是地位的降低,並非特指降職削級、流放邊遠。

最後講中唐:歷史上對唐代的分期,有三唐説、四唐説、五唐説等。本文所説的"中唐"取三唐説,並特指玄宗、肅宗、代宗、德宗、順宗、憲宗六朝約一百一十年。這個時期,是大唐王朝由盛轉衰的轉捩點,也是中華民族由中世紀向近現代轉換的轉捩點。這一説法本之於陳寅恪先生的判斷,指實爲玄宗至憲宗六朝百年,則爲本人的個人見解。具體討論,參見下文。

本文的選題,通過唐人文集考察中唐左降官遷謫制度,有以下幾方面的考慮:其一,唐人文集所載唐代官員遷謫案例極爲豐富,是考察唐代官員遷謫制度最爲原始、豐富、生動的檔案淵藪。通過個案研究歸納、梳理乃至印證、補充最終完善成文法體制的執法細節乃至法治體系,本來就是現代法律制度研究的常規途徑。其二,作爲法律條文,以《唐律疏議》爲代表的成文法,是考察唐代法治水平的基礎。但法律條文之外的實際執法細節乃至真實的法治狀態如何,還有待通過案例分析加以確認或辨析。其三,有唐三百年,其法律制度有一以貫之的連續性,也有除舊布新的階段性。具體説來,唐代的法治體系,可以自開元前後區分爲兩大階段。本文關注的重點是:在由中世紀向近現代轉換的歷史轉捩點上,在唐代官員遷謫制度尤其是實際案例所體現的唐前期到唐後期的法治走向,應該能體現一個民族國家文明與進步的價值取向。

## 二、檢控環節

所謂檢控環節,是指犯罪人員尚處於犯罪嫌疑人階段,偵查部門、檢察機關、司法機構提起訴訟的環節。就唐代而言,這是三法司即御史臺、刑部、大理寺的職責。通常的程序,包括彈劾、告密、偵緝等環節;非常情況下,程序皆可省略,一切訴諸聖心。

1. 彈劾

彈劾是追究犯罪官員最常規的法律途徑。在唐代,彈劾之責由御史臺承當。

《唐六典》卷一三《御史臺》御史大夫條:"凡中外百僚之事應彈劾者,御史言於大夫,大事則方幅奏彈,小事則署名而已。"注:"舊彈奏,皇帝視事日,御史奏之。自景龍三年已來,皆先進狀,聽進止。許則奏之,不許則止。"具體承擔推彈雜事者,爲侍御史,"侍御史六人,從六品下。掌糾舉百寮及入閣承詔,知推、彈、雜事。凡三司理事,與給事中、中書舍人更直朝堂。若三司所按而非其長官,則與刑部郎中、員外郎、大理司直、評事往訊。彈劾,則大夫、中丞押奏。……久次者一人知雜事,謂之雜端,殿中監察職掌、進名、遷改及令史考第,臺內事顓決,亦號臺端。次一人知公廨,次一人知彈"〔1〕。

韓、柳、劉三子中,唯劉禹錫經歷了正式的彈劾程序。貞元二十一年(805)三月中旬前後,侍御史竇群奏屯田員外郎劉禹錫挾邪亂政,不宜在朝。此時竇群的職務,正是侍御史知雜事。《舊唐書·劉禹錫傳》記其始末云:

> 貞元末,王叔文於東宫用事,後輩務進多附麗之,禹錫尤爲叔文知獎,以宰相器待之。順宗即位,久疾不任政事,禁中文誥,皆出於叔文。引禹錫及柳宗元入禁中,與之圖議,言無不從,轉屯田員外郎、判度支鹽鐵案,兼崇陵使判官。頗怙威權,中傷端士。宗元素不悦武元衡,時武元衡爲御史中丞,乃左授右庶子。侍御史竇群奏禹錫挾邪亂政,不宜在朝,群即日罷官。韓皋憑藉貴門,不附叔文黨,出爲湖南觀察使。既任,喜怒凌人,京師人士不敢指名,道路以目,時號二王、劉、柳。〔2〕

《資治通鑑》卷二三六順宗永貞元年三月戊子(十九日)下記其事云:

> 德宗之末,叔文之黨多爲御史。元衡薄其爲人,待之莽鹵。元衡爲山陵儀仗使,劉禹錫求爲判官,不許。叔文以元衡在風憲,欲使附己,使其黨誘以權利。元衡不從,由是左遷。……侍御史竇群奏屯田員外郎劉禹錫挾邪亂政,不宜在朝。又嘗謁叔文,揖之曰:"事固有不可知者。"叔文曰:"何謂也?"群曰:"去歲李實怙恩挾貴,氣蓋一時。公當此時逡巡路旁,乃江南一吏耳。今公一旦復據其地,安知路旁無如公者乎?"其黨欲逐之,韋執誼以

---

〔1〕《新唐書》卷四八《百官志三》,1237頁。
〔2〕《舊唐書》卷一六〇《劉禹錫傳》,中華書局,1975年,4210頁。

群素有强直名,止之。[1]

劉禹錫《上門下武相公啓》記録了這場官司的由來:"緬思受譴之始,他人不知。屬山園事繁,羼懦力竭。本使有内嬖之吏,供司有恃寵之臣。言涉猜嫌,動礙關束。城社之勢,函矢紛然。彌縫其間,崎嶇備盡。始慮罪因事闕,寧虞謗逐迹生。智乏周身,又誰咎也!"[2] 據"山園事繁",知其事發生在劉禹錫任崇陵使判官期間。"本使"指崇陵使杜佑,"供司"指北衙主事,蓋"崇陵所奉,半出我軍"[3],北司的身影一目了然。據"言涉猜嫌,動礙關束。城社之勢,函矢紛然。彌縫其間,崎嶇備盡",知"本使内嬖之吏""供司恃寵之臣",猶城狐社鼠,各有靠山而競肆威福。身爲崇陵使判官的劉禹錫,難免左右爲難,四面受敵。"始慮罪因事闕,寧虞謗逐迹生",一場事務性糾葛,隨着"謗逐迹生",最終演變爲"頗怙威權,中傷端士"的彈劾案。具體罪狀,除兩《唐書》、《通鑑》列舉的武元衡案、韓皋案之外,補闕張正買疏諫他事被誣爲朋黨案、韓愈南貶陽山案也在其間,參見拙文《韓愈〈岳陽樓別竇司直〉解讀》[4]。

這場彈劾案的結果,是"群即日罷官"。不僅如此,"其黨欲逐之,韋執誼以群素有强直名,止之"。但竇群最終仍然爲叔文之黨所排,出爲唐州刺史。但事情並没有到此爲止,憲宗八月初五即位,八月初六貶二王,九月十三日貶劉、柳等。劉禹錫貶連州刺史,十一月十四日再貶朗州司馬。柳宗元貶邵州刺史,十一月十四日再貶永州司馬[5]。二人貶謫黔邊、嶺南,除後貶的韋執誼之外,在八司馬中譴謫最重。劉禹錫《上杜司徒書》云:"間者昧於藩身,推致危地。始以飛謗生釁,終成公議抵刑。"瞿蜕園注云:"'終成公議抵刑'者,緣王、韋之黨連坐也。假令無人構陷,固仍不免於連坐,或不至沈廢如是之久。"[6] 本文以爲:"終成公議抵刑"者,指竇群劾奏禹錫挾邪亂政,"頗怙威權,中傷端士",激起公憤,形成公議,在貶謫二王、八司馬時加重了對劉禹錫的懲罰。這樣看來,竇群的彈劾,也並非毫

---

[1]《資治通鑑》卷二三六,中華書局,1956年,7612—7613頁。
[2] 劉禹錫著,瞿蜕園箋證《劉禹錫集箋證》卷一八,上海古籍出版社,1989年,455—456頁。
[3] 王洌《楊志廉妻劉氏合祔墓誌》,《隋唐五代墓誌彙編》陝西卷第4册,天津古籍出版社,1992年,66頁。
[4] 劉真倫《韓愈〈岳陽樓別竇司直〉解讀——陽山心結揭秘篇》,《雲夢學刊》2022年第4期。
[5]《舊唐書》卷一四《憲宗紀上》,412、413頁。
[6]《劉禹錫集箋證》卷一〇,238、243頁。

無作用。不過歸根結底,這場彈劾案以竇群外放始,以劉、柳重譴終,決定性的因素,不是事實的真僞,更不是論議的是非,而是權力的掌控。二王、劉、柳在上,竇群不得不出;二王失勢,劉、柳不得不放。考察中唐的法治走向,實在令人沮喪。

2. 告密

古代的告密之風,最早可以追溯到周厲王使衛巫監謗者。形成法律制度,則歸功於商鞅。《史記·商君列傳》:"令民爲什伍,而相牧司連坐。"索隱:"牧司,謂相糾發也,一家有罪而九家連舉發。若不糾舉,則什家連坐。恐變令不行,故設重禁。"[1]如果說商鞅的"連坐"僅限於鄰里十家之間的相互監視,唐代的舉報制度則覆蓋全社會。如此重大的社會工程,非最高統治者頂層設計不可。武后垂拱元年置匭院,屬中書省,以諫議大夫及補闕、拾遺一人爲知匭使。設方函,四面分別塗青丹白黑四色,每日暮進晨出,列於署外。凡臣民有懷才自薦、匡政補過、申冤辯誣、進獻賦頌者,均可以狀分類投匭。就現存史料考察,其主要功能,就是告密,西京留守劉仁軌被投匭誣告謀反自赴洛陽請罪,就是最典型的案例。中唐時期,侍御史六人中,"次一人知東推、理匭等,有不糾舉者罰之"[2],糾舉告密正式納入了國家檢察機關的法定職能中。

韓、柳、劉三子中,唯韓愈經歷過告密的磨難:南貶陽山,就緣於一次告密。韓愈南貶陽山,其事特別詭秘,因爲他本人根本不知道自己身犯何罪。《赴江陵途中寄翰林三學士》寫出了自己的滿腹惶惑:"孤臣昔放逐,泣血追愆尤。汗漫不省識,恍如乘桴浮。"完全是禍從天降。輿論倒是有所猜測,"或自疑上疏"[3]。這樣的猜測倒不是完全沒有道理,畢竟南貶就發生在上《御史臺上論天旱人饑狀》的第二天[4],且聯名上疏的韓愈、張署、李方叔"三人俱爲縣令南方"[5]。但"上疏

---

[1] 《史記》卷六八《商君列傳》,中華書局,1959年,2230頁。

[2] 《新唐書》卷四八《百官志三》,1237頁。

[3] 劉真倫、岳珍《韓愈詩集彙校箋注》卷一,待刊。以下出注,皆祇出篇名、卷次。

[4] 韓愈《縣齋有懷》:"捐匭辰在丁,鍛翮時方楷。"魏引孫曰:"貞元十九年十二月,公以監察御史上天旱人饑疏,貶陽山令。辰在丁,謂上疏之日也。"王伯大音釋:"鍛翮,文人多以喻罪棄之士也。楷,音乍。唐土德,以辰日楷。丁卯,貞元十九年十二月十九日也。後一日爲戊辰,蓋上疏與得責相去一日耳。"貞元十九年十二月戊申朔。丁卯,二十日。戊辰,二十一日。是韓愈南貶陽山,在貞元十九年十二月二十一日戊辰。

[5] 韓愈《唐故河南縣令張君(署)墓誌銘》,劉真倫、岳珍《韓愈文集彙校箋注》卷二〇,中華書局,2010年,2116頁。

豈其由",韓愈本人斷然否定了這一猜測。因爲上疏的當天"天子惻然感,司空嘆綢繆",甚至"謂言即施設",怎麼可能在一天之後"乃反遷炎洲"?方崧卿《年譜增考》"駕其罪於上疏"的説法,或許真正命中了事實的真相。這就是説:上疏雖然不是南貶的真實原因,但至少應該是南貶的藉口。南貶的真實原因是什麽,其實他本人並非毫無所知,與貞元二十一年三月上巳所作《幽懷》同期創作的《君子法天運》"小人惟所遇,寒暑不可期。利害有常勢,取捨無定姿",對劉、柳已有猜測。郴州至江陵途中所作《陪杜侍御遊湘西寺獨宿有題因獻楊常侍》"椒蘭爭妒忌",即暗指劉、柳。到達岳州所作《岳陽樓别竇司直》"愛才不擇行,觸事得讒謗",這是對"劉、柳泄言"的正式確認。稍晚於此篇的《赴江陵途中寄翰林三學士》:"同官盡才俊,偏善柳與劉,或慮語言泄,傳之落冤讎。"纔正式點出劉、柳的大名。方崧卿《韓詩箋校》:"時柳宗元、劉禹錫皆與公同時爲御史。德宗末年,韋、王之黨已成。叔文有寵東宫,韋執誼傾心附之,而劉、柳輩皆與爲友。執誼以恩幸眷於德宗,時時召見問外事。疑補闕張正買等議己朋黨,讒而逐之,與逐公事正相類。公於劉、柳曾愛其才,而實鄙其人,故《别竇司直》詩云:'愛才不擇行,觸事得讒謗。'而此云:'或慮言語泄,傳之落冤讎。'蓋韋、王植黨,公必有不平之語於劉、柳之前。僭讒既成,韋執誼嫁其罪於上疏耳。此爲信然。"方世舉注:"方説此貶由伾、文,得之。然由於劉、柳泄言,伾、文始知。詩謂'豈其由',不忍實指友朋而作疑詞也。不然,則不必有'劉柳'、'豈其'二語。"簡而言之:陽山之貶的真實原因,劉、柳泄言,韋、王下石,韓愈本人早有猜測。畢竟自己在哪些場合流露過對韋、王的批評性意見,他本人應該心知肚明。但劉、柳是韓愈的知己之交,韋、王是韓愈的天然盟友,所謂"不忍實指友朋",反映的不過是韓愈自己不能理解、不願接受這一真相的内心矛盾。

自貞元十九年冬末韓愈南貶陽山,到貞元二十一年十月量移荆州途中抵達岳州,積鬱了三個年頭的疑慮一旦豁然開朗:"愛才不擇行,觸事得讒謗"直接認定"劉、柳泄言",這已經不是猜疑,而是指控,其信息顯然來自竇庠。竇群彈奏劉禹錫頗怙威權,中傷端士一案,應該早已傳到岳州。且竇群此時已經外遷唐州,了無顧忌;二王、八司馬除韋執誼之外皆遭重譴,再無威脅。竇庠此時透露劉、柳泄言,韋、王下石真相,合情合理。不過,存在泄言的可能性,並不能直接認定泄言爲事實。韓愈的指控,竇群的彈奏,還需要劉禹錫本人的承認,纔能最終認定事實真相。於是當年十一月韓愈抵達荆州之後,直接將《岳陽樓别竇司直》一詩見示劉禹錫並令屬和。目的是逼劉禹錫當面表態:陽山冤案是不是通過你"泄言"觸發的?這樣的粗暴做法似乎不太厚道,所以何焯《義門讀書記》謂其"過矣""失大人長者之度"[1];但却符合韓愈耿直的性格,同時也符合劉、柳坦白直率的行爲方式。韓、柳、劉本爲道義之交,出賣朋友的行爲,已經在他們之間埋下了沉重的心理隱患。緘默隱忍,將使他們彼此猜疑,並最終分道揚鑣;捅破這層心理障礙,坦率交心,纔有可能讓他們在未來的日子裏繼續攜手並行。果然,劉禹錫的答辯没有讓韓愈失望。其《韓十八侍御見示岳陽樓别竇司直詩因令屬和重以自述故足成六十二韻》《上杜司徒書》《上門下武相公啓》等作,對"泄言"的指責,没有否認、回避、推諉,而是以自悔、自責表示歉意,同時又自争、自辯,解釋自己不得不"泄言"的苦衷。就和詩而言,"夙昔慙知己""左丘猶有恥",是就"泄言"向韓愈道歉之詞。"衛足不如葵,漏川空嘆蟻",謂葵花雖然一心向日,却還知道遮蔽其根;而自己一心"徇公""盡忠",却忽略了自我保護,包括保護至交好友在内。謂千里之堤,潰於蟻穴,是自悔一言不慎,自貽伊戚,即《上杜司徒書》"末學見淺,少年氣粗"。這是道歉,也是自我辯護之辭。就《上杜司徒書》而言,"盡誠可以絕嫌猜,徇公可以弭讒愬",自述其少年意氣,以爲"盡誠""徇公",即可以開誠布公、暢所欲言,而不至引來嫌疑、猜忌、讒毁、誹謗。言外之意,謂其"泄言",亦"盡誠""徇公"之舉,並無一己私欲在内。至多算是"少年氣粗"而已,並没有出賣朋友的惡意。又以"謂慎獨防微爲近隘""謂艱貞用晦爲廢忠"解釋自己的行爲,謂自己年少輕狂,袛知道"盡忠""徇公",而忽略了前賢"慎獨防微""艱貞用晦"的古訓。字面上雖然略有自悔、自責含義,實際上是强調自己爲了"大公""大忠"而不惜犧牲友朋情誼乃至個人聲名。言外之意,謂"防微""用晦",不能以"廢忠"爲代價;君上利益高於一切,在核心利益面前,拘泥於聖賢古訓,不通權變,那就是無所含容,氣量褊狹、氣局狹隘。這裏所説的"大公""大忠",即二王、八司馬所面臨的順宗即位的窘境。明白了順宗君臣面臨的艱危處境,也就明白了二王、八司馬戰戰兢兢、如履薄冰的精神狀態,同時也就不難理解他們疑慮重重而又殺伐果决的執政風格。不得不承認,在表達歉意

---

[1] 何焯《義門讀書記·昌黎集》卷一,清乾隆刻本,葉八下。

争取諒解的同時,坦然陳述時局艱危之際自己不得不堅守的公忠立場,劉禹錫的答辯是成功的。不過即便如此,在傳統文化體系中,朋友爲五倫之一,置身於人類文明的任何時期,出賣朋友的告密行爲,都超越了文明底綫。是以古有親親相隱之情,今有舉證豁免之權。告密行爲,於國或情有可原,於己則私德有虧。"終成公議抵刑",公道自在人心。

3. 偵緝

立足現代法治公、檢、法體系,觀照唐代司法流程:如果說御史臺相當於檢控機關,侍御史與刑部郎中、員外郎、大理司直、評事組成的三司理事,就相當於司法機關。那麽問題就出來了:負責偵訊緝捕的公安機關乃至武警系統,在唐代職官諸志中似乎未見蹤迹。但警方的工作在任何時代都不會缺位,唐代法制系統中,這一職能又由誰來承當呢?貞元十五年太學生薛約案似乎能提供一點思考的綫索。

貞元十五年,太學生薛約以議論時政得罪,將徙連州,行前臨時居住在國子司業陽城家,被有關部門跟蹤發現。陽城讓辦案人員坐在門外,與薛約飲酒決別,涕泣送之郊外。德宗聞之,以爲陽城黨護罪人,貶陽城爲道州刺史。太學生魯郡李儻、廬江何蕃等百六十人投業奔走,稽首闕下,叫閽籲天,請求恢復陽城的職務,被辦案人員阻止,疏不得上,部分學生被捕。一連數日,學生們北嚮如初。行至延喜門,陽城派人追奪了學生們進獻朝廷的請願奏章,並攔住道路,勸學生們退去。陽城對學生的愛護、學生對陽城的愛戴,堪稱師生道義相許、生死與共的典範。觀其慷慨赴義,匍匐相救,可歌可泣,感人至深。柳宗元《與太學諸生喜詣闕留陽城司業書》記載了這場運動的不少細節,並正面表達了自己對陽城外貶道州刺史的不滿:"僕時通籍光範門,就職書府,聞之悒然不喜。非特爲諸生戚戚也,乃僕亦失其師表,而莫有所矜式焉。"對學生請願,"輒用撫手喜甚,震抃不寧,不意古道復形於今",比之爲漢魏李膺、嵇康之事。"太學生徒仰闕赴訴者,僕謂訖千百年不可睹聞,乃今日聞而睹之"[1],肯定了學生行爲的正當性。《國子司業陽城遺愛碣》熱情頌揚陽城師生的情誼:"今公於征,孰表儒門。生徒

---

[1] 柳宗元《與太學諸生喜詣闕留陽城司業書》,劉真倫、岳珍《柳宗元集彙校箋注》卷三四。謹按:本文徵引柳集文字,均採自拙著《柳宗元集彙校箋注》,待出版。以下出注,皆祇出篇名、卷次。

上言,稽首帝閽。謂天蓋高,曾莫我聞。青衿涕濡,填街盈衢。遠送於南,望慕踟躕。立石書德,用揚懿則。"〔1〕千載之下,猶令人感動。韓愈亦爲此作《子産不毀鄉校頌》一篇,正面表達了對陽城師生的支持;又專門爲這場運動的領袖人物作了《何蕃傳》,以表達自己的立場態度;又在《順宗實録》卷四詳細記載這場學生運動,譴責朝廷的作爲;同時在《歐陽生哀辭》留下"會監有獄"四字,爲當局鎮壓太學諸生留下了案底。韓、柳對陽城師生的表彰,體現了他們超越時代的博愛精神與人文關懷。

韓愈《順宗實録》卷四《陽城傳》:"有薛約者,嘗學於城,狂躁,以言事得罪。將徙連州,客寄有根蔕,吏縱求得城家。坐吏於門,與約飲決別,涕泣送之郊外。德宗聞之,以城爲黨罪人,出爲道州刺史。"〔2〕文讜注:"有根蔕,言約隱城家,如蘿蔦之寄於松栢也。"魏本注:"'有'當作'無'。"《舊唐書·陽城傳》:"有薛約者,嘗學於城。性狂躁,以言事得罪,徙連州。客寄無根蔕,臺吏以蹤迹求得之於城家。"方成珪《箋正》:"'有',舊史作'無'爲勝。"根,樹根、樹幹。蔕,俗作"蒂",見朱駿聲《説文通訓定聲》。蔕,瓜果與枝莖連接處。所謂"有根蔕""無根蔕",語義皆通。根與蔕相依相傍,"根蔕"可引申爲依傍。有根蔕,謂有依傍,猶蔦之傍根,如"蘿蔦之寄於松栢"是也;無根蔕,謂無所依傍,即"客寄無根蔕"。縱、蹤字通〔3〕。《實録》"縱求",即跟蹤搜尋。據此,知《舊傳》所改與文讜注所解,與《實録》原義不合。此處"客寄有根蔕,吏縱求得城家",上下句爲因果關係。"根"者,本也,即瓜之本體。"蔕"者,瓜蔕也。循蔕求根,即順藤摸瓜。薛約得罪之後,學籍已不在太學,是以居無定所。但客寄所至,爲"吏"所跟蹤,留下了綫索,此"有根蔕",即有綫索。正因爲"客寄有根蔕",纔導致"吏縱求得城家",語意明白無誤。

《實録》的"吏",《舊傳》作"臺吏"。此"臺"字本義,指執法三司。《後漢書·袁紹傳》:"坐召三臺,專制朝政。"章懷太子注引《晋書》:"《漢官》:尚書爲中臺,御史爲憲臺,謁者爲外臺,是謂三臺。"漢魏晋宋間,"臺"又泛指朝廷

---

〔1〕《柳宗元集彙校箋注》卷九。
〔2〕《順宗實録》卷四。謹按:本文徵引《順宗實録》文字,均採自拙著《順宗實録校補箋注》,待刊。以下出注,皆祇出篇名、卷次。
〔3〕《後漢書·荀彧傳》:"是故先帝貴指縱之功。"章懷太子注:"縱,或作'蹤',兩通。"

禁省。《晉書·張昌傳》:"及李流寇蜀,昌潛遁半年,聚黨數千人,盜得幢麾,詐言臺遣其募人討流。"《宋書·竟陵王誕傳》:"誕見符至,大怒,喚饒入交問:'汝欲死邪?訴臺求解。'"據此,此"臺吏"似指御史臺令史、亭長、掌固等胥吏。但御史臺職司檢控,而跟蹤、偵訊、緝捕爲警方職責,非御史臺胥吏所能承當。司其職者,至少應該具備兩大條件:其一,有戶口管理之權,纔有可能限制居民行動,部署綫人監視案犯。其二,有兵力調遣之權,纔有可能制服案犯反抗,順利實施拘捕。符合這一條件者,在中唐應該祇有一家,這就是掌握了京師十六萬禁軍,同時又掌握了長安左右街功德使的左右神策中尉。遵循這一綫索,有如下發現:王希遷,中唐宦官,早年事德宗於東宮。廣德二年春,僕固懷恩反叛。王希遷受專典神策軍的天下觀軍容宣慰處置使魚朝恩派遣,以監軍使身份監王景岑軍討姚良。建中四年十月丁未,涇原兵變,隨德宗出狩奉天;興元元年二月丁卯,李懷光叛,隨德宗出狩漢中。興元冬十月戊辰,爲右神策軍都知兵馬使。貞元二年,自"右神策軍都知兵馬使"改"監勾當右神策軍"。貞元三年十月初,賊李廣弘等謀逆,王希遷等捕其黨與斬之。貞元四年,以街西功德使身份主持般若三藏續翻《大乘理趣六波羅蜜多經》。時職銜爲街西功德使監勾當右神策軍使、營幕使、元從、興元元從、鎮軍大將軍行右監門衛將軍知内侍省事、上柱國、大原縣開國伯[1]。貞元五年七月一日,王希遷以右街功德使身份進上沙門良秀《新翻譯大乘理趣六波羅蜜經疏》[2]。貞元五年之後,傳世文獻中未見王希遷活動蹤迹,應受當年魚朝恩被誅牽連,退出了官場。貞元十七年卒[3],享年不詳。

　　王希遷實地主持過一場偵訊緝捕之戰。貞元三年十月初,賊李廣弘等謀逆,王希遷等捕其黨與斬之。《舊唐書·韓遊瓌傳》:"李廣弘者,或云宗室親王之胤,落髮爲僧。自云見五嶽四瀆神,已當爲人主。貞元三年,自邠州至京師。有市人董昌者,通導廣弘舍於資敬寺尼智因之室。智因本宮人,董昌以酒食結殿前射生將韓欽緒、李政諫、南珍霞、神策將魏修、李俊,前越州參軍劉昉、陸緩、陸絳、

---

[1] 《大唐貞元續開元釋教録》卷上,大正藏第55册 No. 2156。
[2] 《大唐貞元續開元釋教録》卷中,大正藏第55册 No. 2156。
[3] 《唐故萬善寺尼那羅延墓誌銘並序》,《西安碑林博物館新藏墓誌續編》下册,陝西師範大學出版社,2014年,618頁。

陸充、徐綱等,同謀爲逆。廣弘言:'岳瀆神言可以十月十日舉事,必捷。'自欽緒已下皆有署置爲宰相,以智因尼爲後,謀於舉事日夜,令欽緒擊鼓於凌霄門,焚飛龍厩舍草積。又令珍霞盜擊街鼓,集城中人。又令政諫、修、偘等,領射生神策兵內應。事克,縱剽五日,朝官悉殺之。事未發,魏修、李偘上變,令內官王希遷等捕其黨與斬之。"[1]《册府元龜》卷五一五:"貞元三年十月,擒獲謀逆賊李廣弘等六人,令中官王希遷鞫之於內侍詔獄,皆款伏。"[2]

王希遷貞元五年之後退出了官場,沒能真正擔任神策中尉。但他此前擔任的監句當右神策軍使,就是神策中尉的前身,正好擁有調遣禁軍之權;而街西功德使一職,正好擁有戶口管理之權。除此之外,他擔任的"營幕使"一職,尤其值得注意。營幕使職責:凡諸司官知制誥、翰林學士初遷,本院賜宴,由營幕使宿設帳幕圖褥,尚食供饌,酒坊使供美酒,是爲敕設宴[3]。值得注意的是:唐代凡任營幕使者,皆身兼軍職。這一傳統,一直延續至後代。高承《事物紀原》卷六東西使班部"儀鸞"條:"《宋朝會要》曰:'唐置營幕使,後置同和院。梁開平初改儀鸞院使,宋朝置儀鸞使。'"[4]明王三聘《事物考》卷四"錦衣衛"條:"唐置營幕使,宋置儀鑾使,國初置儀鑾司,後罷司置衛,統軍同諸衛,而所隸又有將軍、力士、校尉人等,職掌直駕、侍衛、巡捕等事,其任遇漸加,視諸衛獨異。首領鎮撫司,問理本衛刑名。"[5]從營幕使的嫡傳錦衣衛,可以知道其真正的地位:除"宿設帳幕圖褥",即充當軍方後勤部、裝備部之外,還職掌直駕、侍衛、巡捕等事,集後代刑警、武警及國安職能於一身,應該就是唐代的警署。

4. 天威譴責,聖心獨斷

韓愈的潮州之貶,與常規的彈劾、偵緝、告密等檢控程序無關,純出天子個人意志。《舊唐書·韓愈傳》記其事曰:

鳳翔法門寺有護國真身塔,塔內有釋迦文佛指骨一節。其書本傳法,三十年一開,開則歲豐人泰。十四年正月,上令中使杜英奇押官人三十人,持

---

[1]《舊唐書》卷一四四《韓遊瓌傳》,3920頁。
[2]《册府元龜》卷五一五《憲官部·剛正二》,中華書局,1960年,6162頁。
[3] 李肇《翰林志》,清知不足齋叢書本,葉七下。
[4] 高承《事物紀原》卷六,明弘治十八年魏氏仁實堂重刻正統本,葉五下。
[5] 王三聘《事物考》卷四《官職》,明嘉靖四十二年刻本,葉二七下。

香花赴臨皋驛迎佛骨，自光順門入大内，留禁中三日，乃送諸寺。王公士庶奔走施捨，惟恐在後。百姓有廢業破產，燒頂灼臂而求供養者。愈素不喜佛，上疏諫曰……疏奏，憲宗怒甚。間一日，出疏以示宰臣，將加極法。裴度、崔群奏曰："韓愈上忤尊聽，誠宜得罪，然而非内懷忠懇，不避黜責，豈能至此？伏乞稍賜寬容，以來諫者。"上曰："愈言我奉佛太過，我猶爲容之。至謂東漢奉佛之後，帝王咸致夭促，何言之乖剌也？愈爲人臣，敢爾狂妄，固不可赦。"於是人情驚惋，乃至國戚諸貴亦以罪愈太重，因事言之，乃貶爲潮州刺史。[1]

洪興祖《韓子年譜》"十四年己亥春貶潮州刺史"條："舊史云：'鳳翔法門寺有釋迦指骨一節。是年正月丁亥，上令中使押宫人持香花迎佛骨，留禁中三日，乃送諸寺。王公士庶奔走捨施，唯恐在後。百姓有廢業破產、燒頂灼臂而求供養者。愈上疏極陳其弊。癸巳，貶潮州刺史。宰相疑馮宿草疏，出宿爲歙州刺史。'時宰相皇甫鎛、程异也。"[2] 元和十四年(819)正月庚辰朔，癸巳十四日。據《舊傳》"間一日，出疏以示宰臣"，則上疏之日，當在正月十三日壬辰。《潮州刺史謝上表》："臣以今年正月十四日蒙恩除潮州刺史，即日奔馳上道。"受譴之日，即日上道。《舊傳》"將加極法"，《新傳》作"將抵以死"，這一判決，純出憲宗個人意氣。時宰相四人：裴度、崔群、皇甫鎛、程异。裴度、崔群力勸從寬，皇甫鎛、程异"疑馮宿草疏"，實際上也是在轉移視綫，減輕韓愈責任，稀釋天子怒氣；再加上"中外駭異，雖戚里諸貴亦爲愈言"；韓愈始得逃脱死罪，貶謫潮州。

如果要進一步追索，憲宗對韓愈的個人意氣，似乎並不始於貶潮，早在元和初年已露端倪。如果説順宗即位赦遷延一月始達陽山，可以怪罪二王、劉、柳及崔簡、楊憑輩的阻撓。量移江陵發生在八月九日憲宗即位之後，時二王已貶，八司馬已失勢；在位諸相中，杜佑、韋執誼與韓愈本人並無直接衝突，此時面臨二王、劉、柳失勢，必將有所收斂；杜黄裳於二王本爲異己，於韓愈素無恩怨；此外能左右決策的，恐怕祇有憲宗一人。試觀韓愈元和年間的處境，或許能佐證上述的判斷：元和元年六月韓愈召拜權知國子博士返京，二年夏末即以避謗自求分教東

---

[1]《舊唐書》卷一六○《韓愈傳》，4198—4201頁。
[2] 洪興祖《韓子年譜》，吕大防等撰，徐敏霞校輯《韓愈年譜》，中華書局，1991年，67頁。

都;六年夏入爲朝議郎、行尚書職方員外郎、上騎都尉;七年二月六日又以上疏理華陰令柳澗事不實貶國子博士;十一年正月二十日遷中書舍人,以論淮西事宜與裴丞相議合,而宰相李逢吉不便之,五月三十日貶太子右庶子[1];十二年七月二十九日兼御史中丞充彰義軍行軍司馬[2],從裴度平蔡,蔡平,十二年十二月壬戌爲刑部侍郎[3];十三年三月二十五日進《平淮西碑》[4],其後憲宗命段文昌重撰[5],並下詔磨去韓文另刻段文[6];磨碑之後,即是貶潮,二者發生的時間前後重疊,可以合併考察憲宗對韓愈的真實態度。以此評估韓愈在憲宗朝的處境,坎坷至此,絕非偶然。反觀韓愈對憲宗的態度:貞元二十一年順宗、憲宗權力交接之際呼應鄭絪"立嫡以長",作《對禹問》支持憲宗繼統;淮西戰前,作《論淮西事宜狀》支持憲宗用兵;淮西之戰作爲裴度副手行軍司馬親臨前綫,並直接策劃了三方分攻逼迫吳元濟兵力外調,然後突擊蔡州空城的大計[7];並最終成功破蔡。然而從磨碑到貶潮,憲宗對韓愈態度始終冷漠,這顯然不是愬妻或所謂"石烈士"之流所能置喙。

　　概括起來講:從順宗立太子到憲宗生平最大的功業淮西之戰,韓愈始終都是憲宗最堅定的支持者,正如後人所評:"淮西功業貫吾唐,吏部文章日月光。"[8]東坡身處異代,不受當時利害恩怨的影響,自然能做到客觀公正。然而就"淮西

---

　　[1]《新唐書》卷四九上《百官志四上》東宮官右春坊:"右庶子二人,正四品下。中舍人二人,正五品下。掌侍從、獻納、啓奏,中舍人爲之貳。"

　　[2]《新唐書》卷四八《百官志三》御史臺:"大夫一人,正三品。中丞二人,正四品下。大夫掌以刑法典章糾正百官之罪惡,中丞爲之貳。"

　　[3]《新唐書》卷四六《百官志一》尚書省刑部:"尚書一人,正三品。侍郎一人,正四品下。掌律令、刑法、徒隸、按覆、讞禁之政。"。

　　[4]《韓愈文集彙校箋注》卷二〇,2195頁,

　　[5]《舊唐書》卷一六〇《韓愈傳》:"淮蔡平,十二月隨度還朝,以功授刑部侍郎。仍詔愈撰《平淮西碑》,其辭多敘裴度事。時先入蔡州擒吳元濟,李愬功第一,愬不平之。愬妻出入禁中,因訴碑辭不實,詔令磨愈文,憲宗命翰林學士段文昌重撰文勒石。"4198頁。

　　[6]《寶刻叢編》據《復齋碑錄》著錄云:"唐段文昌撰,陸邳分書並篆額,元和十四年十二月建。"

　　[7] 李翱《韓公行狀》:"公知蔡州精卒悉聚界上以拒官軍,守城者率老弱,且不過千人,亟白丞相,請以兵三千人間道以入,必擒吳元濟。丞相未及行,而李愬自唐州文城壘提其卒,以夜入蔡州,果得元濟。"李翱撰,郝潤華、杜學林校注《李翱文集校注》,中華書局,2021年,162頁。

　　[8] 蘇軾《沿流館中得二絕句》,查慎行《蘇詩補注》卷四八,《文淵閣四庫全書》本,葉一四下。

功業"而言,淮西之戰功臣皆有封賞〔1〕,唯韓愈遭受冷遇,自右庶子兼御史中丞改刑部侍郎〔2〕,右庶子、御史中丞、刑部侍郎,同爲正四品下。就"吏部文章"而言,韓碑"辭多叙裴度事"的指責也不能成立。《平淮西碑》全文主旨及主要篇幅,在"紀聖功""被金石",今試做統計分析:"九年蔡將死"到"其無用樂",叙憲宗決策伐蔡、命將出師,計 407 字,其間"大官臆决唱聲","因撫而有,順且無事","萬口和附,並爲一談",特别突出憲宗在"一二臣同"逆勢下聖躬獨裁的堅强果斷;"乃敕顔、胤、愬、武、古、通,咸統於弘"到"道無留者",113 字,叙憲宗親頒平蔡方略,特别突出"三方分攻""大軍北乘"的破蔡秘訣;"頷頷蔡城"到"坐以治之",256 字,記平蔡之後治蔡方略。"帝有恩言,相度來宣",主角仍是憲宗,裴度衹是傳達詔旨。全篇結論是:"不赦不疑,由天子明,凡此蔡功,惟斷乃成"。戰前決策、戰場指揮、戰後治理方略,皆歸功皇上。全篇 1490 字,776 字皆頌揚憲宗。此外記戰場態勢,"顔胤武合攻其北"到"斬元濟於京師",合計 207 字。其中記"顔胤武合攻其北……降萬二千"55 字,"都統弘責戰益急,顔胤武合戰益用命,元濟盡併其衆洄曲以備"25 字,記都統弘、顔、胤、武四人合計 80 字。"愬入其西,得賊將輒釋不殺,用其策,戰皆有功"18 字,"十月壬申,愬用所得賊將,自文城因天大雪,疾馳百二十里,用夜半到蔡,破其門,取元濟以獻,盡得其屬人卒"22 字,記李愬合計 40 字。"十二年八月丞相度至帥",10 字。"辛巳丞相度入蔡以皇帝命赦其人",14 字。記裴度合計 24 字。"其辭多叙裴度事",從何説起! 自安史亂後,朝廷對强藩名帥心存疑忌,即或忠心耿耿如郭子儀、李晟者在所難免,子儀以奢靡自污,晟以危言危行自保,可見其處境。李愬爲李晟之子,唐安公主之婿,又得權相李逢吉薦帥唐州,家世顯赫,正在朝廷防範之列。即便韓碑有意淡化李愬功績,對李氏而言有利無弊,何至於翻臉反噬〔3〕! 事實上,憲宗對李愬的防範,並非無端猜測,將其招降納叛的蔡州驕兵悍將或調或貶,就是

---

〔1〕《平淮西碑》:"册功:弘加侍中;愬爲左僕射,帥山南東道;顔、胤皆加司空;公武以散騎常侍帥鄜坊丹延;道古進大夫;文通加散騎常侍。丞相度朝京師,道封晉國公,進階金紫光禄大夫,以舊官相。而以其副總爲工部尚書,領蔡任。既還奏,群臣請紀聖功,被之金石。皇帝以命臣愈。"

〔2〕《舊唐書》卷一五《憲宗紀下》,462 頁。

〔3〕《新唐書》卷二一四《吴元濟傳》:"愈以元濟之平,繇度能固天子意,得不赦,故諸將不敢首鼠,卒禽之,多歸度功。而愬特以入蔡功居第一。愬妻,唐安公主女也,出入禁中,訴愈文不實。帝亦重牾武臣心,詔斵其文,更命翰林學士段文昌爲之。"6011 頁。

明顯的迹象〔1〕。從這個角度考慮,韓碑最招李愬忌諱的,應該是"盡得其屬人卒"一語。但李愬奏請免董重質死罪,"且乞於本軍驅使"〔2〕,可見韓碑所言,確屬事實,並非捕風捉影。憲宗以馬總統蔡,而遣李愬歸山南,並將蔡州兵將分散調遣,目的何在,君臣雙方心知肚明。韓愈點破此秘,正見其公忠謀國的立朝風節,憲宗應該能够領會。然而憲宗仍然如此冷對韓愈,其間必有因由。

  本文判斷:真正的禍端,應該就是貞元二十一年順宗立儲之際表態支持憲宗的那篇《對禹問》。《對禹問》以傳子"前定"、傳賢"未前定",比較二者得失利弊,最終選擇"立嫡以長",正面支持憲宗繼統;同時以孟子"五百年必有王者興"爲前提,肯定其"雖不得賢,猶可守法"的優越性。這裏的"守法",也就是韓愈的一貫主張:繼先王之道,守先王之法;説得更明白一點,也就是宗周公之統,守孔孟之道,後人稱之爲道統。但"五百年必有王者興",就意味着除了開國君主之外,後王皆非聖賢,"雖不得賢"一語,就坐實了這一判斷。對韓愈而言,這一説法没有任何問題,因爲道統高於治統。《處州孔子廟碑》記孔子祀典:"孔子用王者事,巍然當座,以門人爲配。自天子而下,北面跪祭,進退誠敬,禮如親弟子者。"由此斷定"生人以來,未有如孔子者,其賢過於堯舜"〔3〕。堯舜之賢尚且不如孔子,治統豈能高於道統?相反,治統的合法性衹能來源於道統,這就是"雖不得賢,猶可守法"的真實含義。回到此語的語言環境,其隱含的潛臺詞就不能深究了。德宗傳位順宗,順宗傳位憲宗,雖不得賢,猶可守法。其字面的意義,當然是傳子優於傳賢,表達的是韓愈對傳子的正面肯定。但這八字的前提是"與其傳不得聖人",則所傳並非聖人,一目了然。這樣的判斷,對今人而言可以説是實事求是,對生活在皇權時代的下臣而言,難免被視爲大逆不道。從元和年間韓愈的遭際看來,憲宗皇帝應該是讀懂了這篇文章,所以對自己的這位支持者心存芥蒂。這芥蒂是否來自於"雖不得賢",雖難以斷定;但未能對上憲宗的胃口,却可以認

---

〔1〕《新唐書》卷二一四《吴元濟傳》:"李祐以功遷神武將軍,賜田宅米粟。帝迹董重質教元濟亂,欲誅之,而李愬先許不死,故貶春州司户參軍;凌朝江潘州司户參軍。"6012頁。
〔2〕《舊唐書》卷一六一《董重質傳》,4227頁。
〔3〕《韓愈文集彙校箋注》卷二一,2277頁。

定[1]。潮州之貶主要出於憲宗的個人意氣，根子應該在此。

此外，八司馬貶謫，除韋執誼之外，五司馬皆在內地，唯柳宗元初貶邵州刺史，追貶永州司馬，元和十年再貶柳州刺史；劉禹錫初貶連州刺史，追貶朗州司馬；元和十年出爲播州刺史，再改連州；所貶皆黔邊、嶺南，在八司馬中譴謫最重。如果説劉禹錫重譴，是因爲竇群的彈劾"終成公議抵刑"，加重了處罰；那麽竇群的彈劾並不包括柳宗元，且韓愈"因令屬和""岳陽樓別竇司直詩"，也不包括柳宗元，《永貞行》一詩雖提及二王八司馬，但火力却集中在劉禹錫身上，可知柳宗元"泄言"的嫌疑已經排除了。由此看來，柳宗元的重譴，也應該是另有原因。

實際上，柳宗元的重譴，同樣來源於憲宗皇帝的個人意氣。柳宗元有《舜禹之事》一文，討論禪讓制度的可行性，重點在論證"前者忘後者繫"的必要性以及違背這一原則給朝廷乃至國家安危帶來的現實危險乃至道義責任。具體説來，禪讓制度得以實施的大前提，是"忘"與"繫"，也就是百姓對前聖的淡忘與今聖的依戀。前聖"退而自忘"十餘年，今聖"進而自繫"十餘年，前後一世共積三十餘年，"忘""繫"條件始得成熟。如果反其道而行之，"一日得舜而與之天下"，則"小争於朝，大争於野，其爲亂，堯無以已之"，天下大亂，國破家亡，就難以避免了。所以篇末斬釘截鐵地斷言："不若是，不能與人天下。"很顯然，這話是説給"厭倦萬機"[2]的順宗皇帝聽的。順宗自建中元年(780)正月丁卯正式冊立爲皇太子，至貞元二十一年正月二十六日丙申即皇帝位，歷時二十五年。自奉天之戰始，報效君國，遺愛百姓，"自繫"已歷一世；而登基不過半年，"自忘"還任重道遠。憲宗自貞元二十一年三月二十四日癸巳冊爲皇太子，七月二十八日乙未奉詔監國，八月初九乙巳即位，亮相朝廷不過半年，尚未完成"自繫"的任務。即便聖明如虞舜，一旦"一日得之而與之天下"，其結果也祇能是必争必亂。這是全文的主旨，也是文章的創作目的。

人所共知：中國歷史上的宦官之禍，最慘痛的莫過於東漢、中唐、晚明。東漢宦官之禍，不過是漢桓所封宦者五侯之流弄權、百官趨附、清流受害；晚明的宦官

---

[1] 參見拙文《傳子、傳賢與立長、立賢：君權傳承的機制與體制Ⅱ——柳宗元〈舜禹之事〉與韓愈〈對禹問〉比較研究》，《周口師範學院學報》2023年第2期。

[2] 《順宗實錄校補箋注》卷四。

之禍,不過是魏忠賢之流秉筆中樞,操控人事大權,通過東廠、錦衣衛迫害東林黨人,以此禍亂朝政,荼毒天下。中唐宦官則與之完全不同:他們藉安史之亂的東風,趁皇家對滿朝文武大臣心懷疑忌的機會,通過神策中尉,掌控了十六萬皇家禁軍;通過監軍使,掌控各地節鎮;通過翰林使口含天憲,掌控了草詔發命的立法大權;通過樞密使,掌控了朝廷機要部門;更重要的是,通過北衙百二十司中遍布各行各業的產業管理部門,掌控了國家的經濟大權,國有經濟由此轉化成了皇室經濟;到代宗、德宗以後,他們更以皇室家奴的身份,介入了皇權傳承的遴選與決策,順宗以下歷代新君的選擇、更替乃至生死存亡,都掌握在家奴之手。家奴政治挽救了李唐皇室的政治危機,必不可免的是,對皇室的反噬也必將同步啓動。中唐君主中最早意識到這一危機的,就是順宗。早在東宮時,順宗就"未嘗以顔色假借宦官"〔1〕,也由此爲宦官所忌。二十五年的太子生涯,可以説是步步驚心。貞元二十一年正月二十六日丙申順宗即位,與宦官的矛盾進一步激化,從擁立舒王到擁立憲宗取代順宗,可以説是步步緊逼。三月二十四日癸巳册皇太子之後,通過太子監國進而擁立憲宗登基,已經成爲宦官集團的陽謀而非陰謀。明白了這一點,纔能明白《舜禹之事》的苦心。文章明確反對"一日得舜而與之天下"的倉促禪讓。通過設置"忘""繫"作爲禪讓制度的必備條件,尤其強調"退而自忘又十餘年","進而自繫積十餘年",前後一世共積三十餘年,"忘""繫"條件始得成熟的硬性規定。文章最後斷言"不若是,不能與人天下",對"厭倦萬機"的順宗和急於登基的憲宗提出了最後的警告〔2〕。這一態度,不可能不激怒憲宗。柳宗元被重譴的命運,實際上已經不可避免了。

韓、柳因君主的個人意志遭受重譴,並没有經歷常規的彈劾、偵緝等檢控程序以及三司理事等審理判決程序,雖然並不符合當時的法治流程。但"非常之斷,人主專之"〔3〕。《唐律疏議》卷一《名例律》引《史記》云:"前主所是著爲律,後主所是疏爲令。"疏議:"《史記·杜周傳》:周爲廷尉,其治大仿張湯,而候伺上所欲擠者,因而陷之;上所欲釋者,久繫待問,而微見其冤狀。客有讓周曰:

---

〔1〕 《舊唐書》卷一四《順宗紀》,410頁。
〔2〕 參見拙文《傳子、傳賢與立長、立賢:君權傳承的機制與體制Ⅰ——柳宗元〈舜禹之事〉與韓愈〈對禹問〉比較研究》,《周口師範學院學報》2023年第1期。
〔3〕 長孫無忌等撰,劉俊文點校《唐律疏議》卷二《名例律》,中華書局,1983年,51頁。

'君爲天子決平,不循三尺法。三尺竹簡書法律。專以人主意指爲獄,獄者固如是乎?'周曰:'三尺安在哉?前主所是著爲律,後主所是疏爲令。當時爲是,何古之法乎?'"〔1〕更何況中唐的學術主流是春秋公羊學,"以權輔正,裁之聖心"〔2〕,是中唐公羊學派的綱領性主張,也是柳宗元自己終身奉行的大私爲公、大中唯忠的政治準則。即便流程不合,也並不違反制度。不過,憲宗對韓、柳意氣用事,其性質並不僅僅限於他個人私德。站在中世紀向近現代轉型的歷史轉捩點上思考,這是法制還是人治的問題。本人之所以特別關注開元之後的法制走向,着眼點也在這裏。

## 三、審理環節

審理,指審訊、處置。在具體司法流程中,至少可以分爲審訊與判決兩步。

1. 審訊

現代司法機關所司審訊功能,唐代分爲兩個級別:一般案件,由侍御史與刑部郎中、員外郎、大理司直、評事組成的三司理事審理;重大案件,"三司詰之。三司,謂御史大夫、中書、門下也。大事奏裁,小事專達。凡有彈劾,御史以白大夫,大事以方幅,小事署名而已。有制覆囚,則與刑部尚書平閱"〔3〕。

司法審訊職能,唐代多由御史承當。如來俊臣以侍御史按制獄,侯思止以左臺侍御史按制獄,萬國俊以右臺侍御史按制獄,來子珣以左臺監察御史按制獄等。他官主持獄事者,亦多在三司官員之列,如周興以司刑少卿、秋官侍郎屢受制獄等。偶有以軍職從事者,如丘神勣以左金吾衛將軍鞫制獄,索元禮以遊擊將軍於洛州牧院推案制獄等,其性質與上文所舉王希遷略同。具體的案例,史部之外,多見子部,如《龍筋鳳髓判》《太平廣記》等,集部反而少見。其實史部所載酷吏,多集中在武后年間。《新唐書·酷吏傳》以爲"天寶後至肅、代間,政頗事叢,奸臣作威,渠憸宿狡,頗用慘刻奮,然不得如武后時敢搏摯殺戮矣"〔4〕。實際上

---

〔1〕《唐律疏議》卷一《名例律》,19頁。
〔2〕 陸淳《春秋集傳纂例》卷一,影《文淵閣四庫全書》本,葉二上。
〔3〕《新唐書》卷四八《百官志三》,1235頁。
〔4〕《新唐書》卷二〇九《酷吏傳》,5904頁。

肅、代值安史之變,戰亂時期,其血腥慘刻,絕不可能亞於武周。之所以如此,應該是史官書寫有所忌諱。質言之:武周之搏摯殺戮,主要對象是李唐皇族龍子龍孫。中宗復辟,爲受害者申冤成爲政治正確;此後君主皆李唐皇族嫡系,維護皇家顔面成爲政治正確。酷吏之血腥慘刻屬於負能量,拿着皇家俸祿的史官們應該有這個政治自覺。子部著作屬於雜著,街談巷語,道聽途説,尺幅相對寬鬆。集部著作署名發表,文責自負,該説什麽、不該説什麽自有分寸。何況"避人焚諫草"[1],本來就是政治紀律。事涉法司,再小也是國家機密。韓、柳、劉詩文於南貶不少細節都有相當詳細的描述,唯於司法審訊環節諱莫如深,且中唐其他文集中也少有涉及此類敏感話題者,原因應該就在這裏。具體到韓、柳、劉:韓愈兩次南貶,從案發到發譴都不過二十四小時,司法程序恐怕還來不及啓動。劉、柳第一次南貶,自永貞元年八月初六二王貶蜀,到九月十三日柳貶邵、劉貶連,其間三十八天,均在朝履職,至少沒有入獄迹象。元和九年底詔追入京,劉正月二十二日至京[2];柳二月初至京[3],三月十四日乙酉再貶離京。其間居京一月有餘,劉、柳詩文中均無司法審理迹象。這或許表明:中唐時期的法制流程,可能已經大大簡化了。

2. 判決

現代司法機關的判決功能,根據案情大小、量刑輕重,分別由初、中、高級法院主持宣判。唐代的判決宣判應該與審訊環節相同,同樣是分級管理:一般案件處置權在侍御史與刑部郎中、員外郎、大理司直、評事組成的三司理事,重大案件處置權在御史大夫、中書、門下組成的三司。小事專達,大事奏裁,最終裁奪權仍然在皇上。

劉禹錫元和十年初貶播州,即今貴州遵義。韓愈《柳子厚墓誌銘》:"其召至京師而復爲刺史也,中山劉夢得禹錫亦在遣中,當詣播州。子厚泣曰:'播州非

---

[1] 杜甫《晚出左掖》,《杜工部集》卷一〇,《續古逸叢書》景宋本配毛氏汲古閣本,葉八上。
[2] 劉禹錫《傷獨孤舍人並引》:"貞元中,余以御史監祠事,河南獨孤生始仕爲奉禮郎,有事宗廟郊時,必與之俱,縣是甚熟。及余謫武陵九年間,獨孤生仕至中書舍人,視草禁中,上方許以宰相。元和十年春,余衹召抵京師次都亭日,舍人以疾不起。余聞,因作傷詞以爲弔。"獨孤郁卒於元和十年正月二十二日甲午,見韓愈《唐故秘書少監贈絳州刺史獨孤府君墓誌銘》。
[3] 柳宗元《詔追赴都二月至灞亭上》,參見《柳宗元集彙校箋注》卷四二。

人所居,而夢得親在堂。吾不忍夢得之窮無辭以白其大人,且萬無母子俱往理。'請於朝,將拜疏,願以柳易播,雖重得罪死不恨。遇有以夢得事白上者,夢得於是改刺連州。"[1]《舊唐書·劉禹錫傳》:"元和十年自武陵召還,宰相復欲置郎署。時禹錫作《遊玄都觀詠看花君子詩》,語涉譏刺,執政不悦,復出爲播州刺史。詔下,御史中丞裴度奏曰:'劉禹錫有母,年八十餘。今播州西南極遠,猿狖所居,人跡罕至。禹錫誠合得罪,然其老母必去不得,則與此子爲死别,臣恐傷陛下孝理之風。伏請屈法,稍移近處。'憲宗曰:'夫爲人子,每事尤須謹慎,常恐貽親之憂。今禹錫所坐,更合重於他人,卿豈可以此論之?'度無以對。良久,帝改容而言曰:'朕所言,是責人子之事,然終不欲傷其所親之心。'乃改授連州刺史。"[2]時宰相爲武元衡、張弘靖、韋貫之。考慮到劉禹錫元和八年《上門下武相公啓》有"自前歲振淹,命行中止,或聞興論,亦慇重傷"之説,知元和六年禹錫曾有"振淹"機會。《舊唐書·劉禹錫傳》記其事云:"會程异復掌轉,有詔以韓皋及禹錫等爲遠州刺史。屬武元衡在中書,諫官十餘人論列,言不可復用而止。"[3]其爲武元衡所阻至爲明白。禹錫元和十年召還京師,欲復置郎署的宰相,當爲張弘靖、韋貫之或二者之一;遠黜播州,主角當爲武元衡;改刺連州,此裴度之力。這場終審判决,處置權在御史大夫、中書、門下組成的三司。但最終的裁奪權,仍然在天子個人。

韓愈潮州之貶,憲宗始終是主角。所有的審訊、判决環節全部省略,所有的三司官員全部靠邊,天子直接判處死刑。有機會發言的衹有四位宰相,所謂"戚里諸貴亦爲愈言",衹不過是輿論壓力,並非直接參與了判决討論。

從韓愈、柳宗元、劉禹錫案例考察,定罪量刑的環節,天子仍然占據主導地位。初唐"不經鳳閣鸞臺,何名爲敕"[4]的法制觀念,中唐以後已成絶響。

---

[1]《韓愈文集彙校箋注》卷二二,2408頁。
[2]《舊唐書》卷一六〇《劉禹錫傳》,4211頁。
[3]《舊唐書》卷一六〇《劉禹錫傳》,4210—4211頁。
[4]《舊唐書》卷八七《劉禕之傳》,2848頁。

## 四、左降官類型

在中唐官方文件中,"左降官"一詞常常與"流人""流移人""流人配隸效力之類"以及"元敕令長任者""別敕因責授降資正員官""責授正員官"等詞並列對舉。《唐會要》卷四一有"左降官及流人"一類,共計三十二條。則中唐"左降官"一詞,其內涵有廣義、狹義之分:與"流人"相對應者爲廣義,與"責授正員官"相對應者爲狹義。由此我們可以得出結論,唐代官員犯罪遷謫分爲兩大類別:罷免所有官職勳爵削職爲民者稱"流人",即"流民";保留官員身份及部分待遇者稱"左降官",即"流官"。二者的區別,即"貶則降秩而已,流爲擯死之刑"[1]。廣義的"左降官",即"流人"之外的所有犯罪遷謫官員,包括"責授正員官"與"員外置同正員"兩大類別,其區別在於是否參與公務、行使職官權力。陸贄《三奏量移官狀》:"謹按承前格令,左降官非元敕令長任者,每至考滿,即申所司,量其舊資,便與改叙。"[2] 可知陸贄將"左降官"分爲兩類:左降官元敕令長任者、左降官非元敕令長任者,至爲明白。陸贄的"左降官元敕令長任者",即"責授正員官";"左降官非元敕令長任者",即"員外置同正員"。狹義的"左降官",則僅指"員外置同正員",即此後所謂"不得簽書公事"。下文討論"左降官類型"採用廣義,主要包括"責授正員官"與"員外置同正員"兩大類別。

1. 責授正員官

正員,正式編制內的人員。員外,正員之外臨時增加的編外人員。《新唐書·百官志》:"初,太宗省內外官,定制爲七百三十員。曰:'吾以此待天下賢材,足矣。'然是時已有員外置,其後又有特置,同正員。至於檢校、兼、守、判、知之類,皆非本制。"[3] 即便各級胥吏,亦皆有定員。武后亂政,權補試攝始濫,所謂"正員不足,權補試攝"[4]。但初唐編外人員仍守官臨事,柳宗元《上户部

---

[1] 《唐會要》卷四一《左降官及流人》,上海古籍出版社,2006年,863頁。
[2] 陸贄撰,王素點校《陸贄集》卷二〇,中華書局,2006年,662頁。
[3] 《新唐書》卷四六《百官志一》,1181頁。
[4] 張鷟《朝野僉載》,清《畿輔叢書》本,葉二五上。

狀》"見百姓莊宅公驗有司户李邕判給處,足明皆是正官"〔1〕,就是證據。

韓、柳、劉三子中,貞元十九年韓愈貶陽山縣令、元和十四年貶潮州刺史,元和十年柳宗元貶柳州刺史,劉禹錫貶連州刺史,都屬於責授正員官。責授正員官作爲廣義的左降官,屬於被貶責的罪犯。所謂"責授"之"責",用貶責、責罰義。其與狹義的左降官即員外置同正員相比,其主要差别,除保留編制之外,就是保有莅民理政也就是"釐務"的權力。責授正員官有職有權同時又身負罪責,這樣的雙重身份,在詭黠險惡的官場會面臨什麽樣的處境,成文法中是不可能有任何明文規定的,需要通過具體的個案考察認知,從而追索成文法書面文字背後現實社會的真相,進而思考唐代法治環境從前期到後期的實際走向,也是很有价值的。

韓愈貶謫陽山期間的生存環境,在其詩文中記録得非常詳實,具有可靠的史料價值。《赴江陵途中寄翰林三學士》:"逾嶺到所任,低顔奉君侯。酸寒何足道,隨事生瘡疣。"所謂"隨事生瘡疣",即動輒得咎。韓愈此時爲陽山縣令,動輒得咎,應該不僅僅是下屬刁難,更根本的原因應該是上司咎責。而此時的頂頭上司連州刺史崔簡,即子厚姊夫;湖南觀察使楊憑,即子厚岳丈。詩又云:"遠地觸途異,吏民似猿猴。生獰多忿狠,辭舌紛嘲啁。"生獰,生猛、猙獰。忿狠,違逆乖戾。嘲嗽,象聲詞,鳥鳴聲。"嘲啁",謂南方少數族方言如鳥語難以辨析。又云:"癘疫忽潛遘,十家無一瘳。猜嫌動置毒,對按輒懷愁。"《廣韻》:"案,烏旰切,几屬。又察行也,考也,驗也。"引申爲查驗、核實。韓詩"對按輒懷愁"之"按",指官府公文。《隋書·劉炫傳》:"古人委任責成,歲終考其殿最,案不重校,文不繁悉。""猜嫌動置毒,對按輒懷愁",謂面對胥吏們的癘疫調查公文動輒"置毒"的猜測、懷疑,哭笑不得;而"十家無一瘳"的壓力,也使得這位無計可施的地方官終日愁眉不展。《永貞行》:"怪鳥爭鳴令人憎,蠱蠱群飛夜撲燈,雄虺毒螫墮股肱。食中置藥肝心崩,左右使令詐難憑,慎無浪信常兢兢。"如果説"蠱蠱群飛""雄虺毒螫"還衹是暗示,那麽"食中置藥",怎能不令人肝膽俱裂!而這一切都來自於自己身邊的"左右使令",其奸惡詭詐,實在令人不敢信任。《縣齋有懷》:"夷言聽未慣,越俗循猶詐。指摘兩憎嫌,睢盱互猜訝。祗緣恩未報,豈

---

〔1〕《上户部狀》,見《柳宗元集彙校箋注》卷三九。

謂生足藉。"詩謂越人詭詐,表面温順馴良,内心傲慢跋扈;人前唯唯諾諾,人後則猜忌狐疑,相互仇視、憎惡,相互糾舉、揭發。祇不過自己大事未了,祇能夠暫且忍辱偷生,猶司馬公所云"人固有一死,或重於太山,或輕於鴻毛,用之所趣異也"。韓愈此時的大事,當然是五《原》的撰著,道統的開創。苟非如此,實在是生無可戀。絶望至此,可以想見其生存環境。

不過同樣是責授正員官,韓愈元和十四年南貶潮州刺史的生存環境似乎有所不同。赴潮途中,即有《晚次宣溪辱韶州張使君惠書叙别酬以二章》《贈别元十八協律六首》《初南食貽元十八協律》《答柳柳州食蝦蟆》;在潮期間,有《謝孔大夫狀》《送毛仙翁序》《潮州請置鄉校牒》《與大顛師書》;離潮前,有《量移袁州張韶州端公先以詩相賀因酬之》《别趙子》——可見人際關係大不一樣。究其原因,並非潮州人品格情性優於陽山,也不是韓愈性格突變學會了圓滑乖巧,而是風頭有變。《舊唐書·韓愈傳》:"憲宗謂宰臣曰:'昨得韓愈到潮州表,因思其所諫佛骨事,大是愛我,我豈不知?然愈爲人臣,不當言人主事佛乃年促也。我以是惡其容易。'上欲復用愈,故先語及,觀宰臣之奏對。"再加上當時的頂頭上司不再是仇視韓愈的崔簡、楊憑之流,而是廣州刺史兼御史大夫、嶺南節度使孔戣,孔戣爲韓愈知己之友,對韓愈優禮有加,二人往來密切,《潮州謝孔大夫狀》《南海神廟碑》即是明證。在這種背景下,誰敢不長眼睛,虎頭捋鬚。對韓愈而言,這或許算是幸運;對處於中世紀到近現代歷史轉捩點上民族國家的政治體制、法制體系建設而言,唯上唯官,予取予奪,生之在君,死之在君,貧之在君,富之在君,却未必是好消息。

2. 員外置同正員

《通典》:"員外官同正員者,禄料賜會食料一事以上,並同正員。其不同正員者,禄賜食料亦同正員,餘各給半。職田並不給。"[1]

柳宗元《上户部狀》:"左降官員外置同正員,俸料舊用户部省員、闕官錢充。"俸料,俸禄加禄料、食料、厨料等糧食或料錢,合稱"俸料"。趙元一《奉天録》:"月給俸料,以安其心。"[2] 省員,裁減的員額。闕官,舊官已離任,新官未

---

[1]《通典》卷三五《禄秩》,964頁。
[2] 趙元一《奉天録》卷二,清道光十年秦氏享帚精舍刻本,葉七上。

到職,正員官出闕的員額;又稱"闕員",韓愈《與袁滋相公書》:"伏聞賓位尚有闕員。"[1]此處"左降官員外置同正員,俸料舊用户部省員、闕官錢充"一語,上句"左降官員外置同正員"爲判斷句,"左降官"爲主語,"員外置同正員"爲謂語,意思是:"左降官"的性質,屬於"員外置同正員"。下句爲主謂賓狀齊全的主謂句,主語"俸料",承上省定語"左降官";謂語動詞"用",賓語"户部省員、闕官錢",補語動詞"充"。意思是:"左降官"的"俸料",一直以來都按照舊制,用户部裁減冗員、正員官出闕所省下的錢糧抵償發放。上下兩句組合成複句,二者之間爲因果關係。因爲"左降官"是"員外置同正員",所以他們的"俸料"並非來自國家財政預算,而是來自户部預算外經費;用現代財經制度比附,大致相當於中央財政轉移支付。柳宗元此篇記録了中唐左降官俸料來源的收支、管理細節,不但有助於進一步深化有關左降官經濟待遇、日常生活的研究,同時還有助於補充並深化相關財政制度的成文法記載。

柳宗元《上户部狀》:"左降官是受責之人,都不釐務。"釐務,處理公務。此處"左降官是受責之人,都不釐務",上句承下省"都"字,謂左降官都是因罪受到貶責、責罰的人,所以都不能參與政務管理。中唐左降官無論正職刺史、縣令還是州縣參佐,都不能參與公務,《上户部狀》的記録清楚明白,確鑿無疑。

按前引《通典·祿秩》,唐代遷謫官員的類型應該分爲三類:正員、員外置同正員、員外不同正員者。而《上户部狀》"左降官員外置同正員"表明,凡左降官皆是員外置同正員,實際上否定了"員外不同正員者"的存在。柳宗元《上户部狀》的説法,實質上與陸贄《三奏量移官狀》相合,可知並非孤證。兩分法與三分法直接衝突,按理必有一誤。但二者同是進上之作,而且事涉朝廷制度,其基本事實不容有誤。比較合理的解釋是:《通典》通考歷代典制,上自唐虞三代,下訖天寶之末,必要時下探肅、代[2],其記事略古詳今,主要反映的是開元、天寶以前的制度;柳宗元《上户部狀》作於元和十年之後,主要反映中唐時期的左降官體制。而中唐正處於華夏文明中古時代向近現代轉化的歷史轉捩點上,開、天前體制與開、天後體制的差異,也正是本文關注的重點。

---

[1] 《韓愈文集彙校箋注》卷九,930頁。
[2] 《通典·點校前言》,4頁。

韓、柳、劉三子中,永貞元年柳宗元初貶邵州刺史,追貶永州司馬,劉禹錫連州刺史,追貶朗州司馬,都屬於員外置同正員。但八司馬九月十三日初貶刺史,未見正式詔敕。十一月十四日再貶司馬,雖有詔,但《册府》所録,未見"員外置同正員"字樣。《册府元龜》卷一五三《帝王部·明罰二》:"順(憲)宗貞元二十一年八月即位,改元永貞元年。制曰:'銀青光禄大夫守散騎常侍、翰林學士、上柱國、富陽縣開國男王伾,將仕郎前守尚書户部侍郎充度支及諸道鹽鐵運等副使,賜紫金魚袋王叔文等。夙以薄伎,並參近署,偕緣際會,遂洽恩榮。驟居左掖之秩,超贊中邦之賦。曾不自勵,以效其誠。而乃漏泄密令,張皇威福,畜姦冒進,黷貨彰聞。迹其敗類,載深驚嘆。夫去邪屏枉,爲國之要;懲惡勸善,制政之先。恭聞上皇之旨,俾遠不仁之害。宜從貶削,猶示優容。伾可開州司馬員外置同正員,叔文可守渝州司户參軍員外置同正員,並馳驛發遣。'十一月,詔貶撫州刺史韓泰爲虔州司馬,河中少尹陳諫爲台州司馬,邵州刺史柳宗元爲永州司馬,連州刺史劉禹錫爲朗州司馬,池州刺史韓畢(曄)爲饒州司馬,和州刺史凌準爲連州司馬,岳州刺史程异爲柳(郴)州司馬。泰等皆以善於王叔文,前自郎官出爲刺史。時議猶爲貸法,故再貶焉。"[1]順宗八月辛丑傳位於憲宗,制文又稱"恭聞上皇之旨",則此處所録爲憲宗制文無疑。又按:程异再貶"柳州",《舊紀》《舊傳》均作"郴州",是。不過二王貶謫,明確爲"員外置同正員";但以此推定八司馬皆屬"員外置同正員",據上述史料,難以論定。今檢柳集有《哭連州凌員外司馬》《韋使君黄溪祈雨見召從行至祠下口號》"俟罪非真吏"[2],則八司馬貶謫均屬於員外置同正員,可以認定。

## 五、發遣

　　發,發配。遣,遣送。《東觀漢記·張歆傳》:"有報父仇賊自出,歆召囚詣閤。曰:'欲自受其辭。'既入,解械飲食之,便發遣,遂棄官亡命。"中唐遷謫,始

---

[1]《册府元龜》卷一五三《帝王部·明罰二》,1853頁。
[2]《哭連州凌員外司馬》《韋使君黄溪祈雨見召從行至祠下口號》,均見《柳宗元集彙校箋注》卷四三。

發京師,自有章程。本文稱之爲發遣時限、發遣糾察。

1. 發遣時限

《唐律疏議》卷九:"諸之官限滿不赴者,一日笞十,十日加一等,罪止徒一年。"疏議曰:"依令:之官各有裝束程限。"[1]

《唐會要》卷四一:"長壽三年五月三日敕:貶降官並令於朝堂謝,仍容三五日裝束。……開元十年六月十二日敕:自今以後,準格及敕,應合決杖人,若便流移左貶之色,決訖,許一月內將息,然後發遣;其緣惡逆指斥乘輿者,臨時發遣。"[2]

按成文法,左降官及流人發遣有時限規定,具體分爲兩種:一般流移、左貶之色,允許三五日乃至一月內發遣;其緣惡逆,則臨時發遣。臨時,即時、即刻、事發當時。按《唐律疏議》卷九"稽緩制書"條疏議曰:"在令無有程限,成案皆云'即日行下',稱'即日'者,謂百刻內也。"[3]可見其嚴苛。

在中唐案例中,臨時發遣似乎已經成爲常態。韓愈《御史臺上論天旱人饑狀》在貞元十九年十二月二十日,被謫陽山在二十一日[4];滄桑巨變,祇在一日之間。其上《潮州刺史謝上表》,"以今年正月十四日蒙恩除潮州刺史,即日奔馳上道"[5]。《左遷至藍關示姪孫湘》:"一封朝奏九重天,夕貶潮州路八千。"即十四日早晨被貶,當日晚即到達藍關,此爲紀實。或以爲"此詩作在出京二、三日"[6],不確。據《舊傳》"間一日,出疏以示宰臣",知韓愈上疏之日在正月十三日,次日即十四日早朝憲宗出疏以示宰臣,此時始得與裴度等討論並爭議處置方案。所謂"朝奏""夕貶",祇是強調"奏""貶"祇在一日之間而已,在嚴格的意義上,表述並不準確。合理的解讀是:早上還在九重天上爭議那封《論佛骨表》,晚間就已經奔走在貶謫潮州的八千里漫漫長途之中。"藍田縣,畿,東北至府八十里","藍田關在縣東南九十里,即嶢關也"[7]。韓愈從死罪減爲左降,屬於

---

[1] 《唐律疏議》卷九,176—187頁。
[2] 《唐會要》卷四一《左降官及流人》,859—860頁。
[3] 《唐律疏議》卷九,196頁。
[4] 《韓愈詩集彙校箋注》卷二。
[5] 《韓愈文集彙校箋注》卷二九,2921頁。
[6] 屈守元等《韓愈全集校注》,四川大學出版社,1996年,759頁。
[7] 《元和郡縣圖志》卷一《關內道·京兆府》,15—16頁。

"指斥乘輿者",理當"臨時發遣",即刻出發。從京城到藍田關,不過170里。按"左降官量情狀稍重者,日馳十驛以上赴任"的規定,如"奔馳上道",京城到藍田,不到一日程。早發京城夕次藍田,似乎是中唐左降官的習慣,類似的案例不少。今試舉一例,以爲旁證。《太平廣記》卷一五三引《續定命録》"崔朴"條:

> 户部侍郎楊炎貶道州司户參軍,自朝受責,馳驛出城,不得歸第。炎妻先病,至是炎慮耗達,妻聞驚必至不起。其日,炎夕次藍田,〔崔〕清方主郵務。炎纔下馬,屈崔少府相見。便曰:"某出城時,妻病綿惙,聞某得罪,事情可知。欲奉煩爲申辭疾,請假一日,發一急脚附書,寬兩處相憂。以候其來耗。便當首路,可乎?"清許之,郵知事吕華進而言曰:"此故不可,敕命嚴迅。"清謂吕華:"楊侍郎迫切!不然,申府以闕馬,可乎?"華久而對曰:"此即可矣。"〔1〕

2. 發遣糾察

對左降官、流移人的發遣,成文法有專門的糾察條款:

《唐六典》卷一三《御史臺》殿中侍御史:"凡兩京城内,則分知左右巡,各察其所巡之内有不法之事。"注:"謂左降、流移停匿不去,及妖訛、宿宵、蒲博、盗竊、獄訟、冤濫、諸州綱典、貿易、隱盗、賦斂不如法式,諸此之類,咸舉按而奏之。若不能糾察及故縱蔽匿者,則量其輕重,而坐所由御史。"〔2〕又《天聖令·獄官令》第15條:"專使部領,送達配所。"〔3〕

按成文法的規定,左降官發遣,有官方的糾察監督。具體負責督察者,有殿中侍御史及專使。據韓詩"中使臨門遣",這"專使"應該就是中唐無所不在的宦官。如果説以上的表述稍嫌抽象的話,韓愈的詩文中有關於左降官發遣的場面描寫:貞元十九年的陽山之貶,《赴江陵途中寄翰林三學士》這樣描述:"中使臨門遣,頃刻不得留。病妹卧床褥,分知隔明幽。"元和十年的潮州之貶,《祭女挐女文》云:"昔汝疾亟,值吾南逐。蒼黄分散,使汝驚憂。我視汝顔,心知死隔;汝

---

〔1〕 李昉等編《太平廣記》卷一五三,中華書局,1961年,1098頁。
〔2〕 李林甫等撰,陳仲夫點校《唐六典》卷一三,中華書局,1992年,378頁。
〔3〕 天一閣博物館、中國社會科學院歷史研究所《天一閣藏明鈔本天聖令校證(附唐令復原研究)》"唐開元獄官令復原清本",中華書局,2006年,615頁。

視我面,悲不能啼。"[1]聲淚俱下,傷心慘惻,給人以靈魂的震顫。

## 六、隨遷家口

左降官及流人遷貶,其必須隨遷的家口,原則上是"妻妾從之"[2]。具體的細節,可以從具體的案例推知。

《舊唐書》卷六五《高士廉傳》:"隋軍伐遼,時兵部尚書斛斯政亡奔高麗,士廉坐與交遊,謫爲朱鳶主簿。事父母以孝聞,嶺南瘴癘,不可同行,留妻鮮于氏侍養,供給不足。又念妹無所庇,乃賣大宅,買小宅以處之,分其餘資,輕裝而去。"由此看來,隋唐之際,隨遷家口的政策相對比較寬鬆。韓愈《祭鄭夫人文》"兄罷譏口,承命南遷"[3],《復志賦》"當歲行之未復兮,從伯氏以南遷",韓愈於宗兄韓會爲弟,父没,養於兄會。無論是弟還是養子,均不應在隨遷之列。或許中唐左降官的隨遷家口,包括了全部供養人口,所以《祭鄭夫人文》有"百口偕行"之説。貶潮途中所作《過始興江口感懷》又云"目前百口還相逐",或許可以佐證上文的推測。果然如此,則較之隋唐之際,中唐左降官的隨遷家口政策或許嚴厲了許多。

中唐左降官的隨遷家口,至少應該包括妻妾子女。韓愈《赴江陵途中寄翰林三學士》:"弱妻抱稚子,出拜忘慚羞。儡俛不回顧,行行詣連州。"《女挐壙銘》:"愈既行,有司以罪人家不可留京師,迫遣之。女挐年十二,病在席。既驚痛與其父訣,又輿致走道,撼頓失食飲節,死於商南層峰驛。"[4]有司以罪人家不可留京師而迫遣之,應該是當時的政策。與此前父母老不可同行,留妻侍養相比較,對注重人倫孝養的傳統文化而言,未免有倒退之嫌。《祭女挐女文》:"我既南行,家亦隨譴。扶汝上輿,走朝至暮。大雪冰寒,傷汝羸肌。撼頓險阻,不得少息。不能食飲,又使渴飢。死於窮山,實非其命。"[5]所感傷者,就不僅僅是

---

[1]《韓愈文集彙校箋注》卷一三,1505頁。
[2]《唐律疏議》卷三《名例》犯流應配條,67頁。
[3]《韓愈文集彙校箋注》卷一三,1460頁。
[4]《韓愈文集彙校箋注》卷二五,2695頁。
[5]《韓愈文集彙校箋注》卷一三,1505頁。

個人的不幸了。不過,弟妹子侄應該不在隨遷之列。《赴江陵途中寄翰林三學士》"病妹卧床褥,分知隔明幽。悲啼乞就别,百請不領頭",既云"乞就别"而不可得,顯然就不在隨遷之列了。《左遷至藍關示侄孫湘》:"知汝遠來應有意,好收吾骨瘴江邊。"[1]云"知汝遠來",表明其遠來出乎意料;且"女挐死當元和之十四年二月二日","侄孫湘"没有與半月之後始離京南遷的家口同行,顯然不在負責發遣糾察的專使視野之内,應該不屬於强制隨遷人員。

對於左降官老疾父母、祖父母是否隨遷,初唐的規定是"具狀上請,聽敕處分"。《唐律疏議》卷三:"諸犯死罪非十惡,而祖父母、父母老疾應侍,家無期親成丁者,上請。"疏議曰:"謂非謀反以下、内亂以上死罪,而祖父母、父母,通曾、高祖以來,年八十以上及篤疾,據令應侍,户内無期親年二十一以上、五十九以下者,皆申刑部,具狀上請,聽敕處分。"[2]但中唐的實際案例似乎有趨嚴的徵兆。以劉禹錫爲例,永貞元年九月初貶,取道華州、靈寶、陝州、洛陽、鄧州、宜城,然後南下荆門待命。繞道洛陽,目的就是迎取老母同赴貶所。至元和十年再貶播州,始有"老母必去不得,則與此子爲死别"之説。其後元和十四年劉母卒於連州,可知八十餘老母始終隨遷。對照《唐律疏議》"年八十以上"條文以及隋唐間高士廉案例,憲宗之慘刻涼薄,實在是無可諱言。

## 七、流貶行程

左降官及流人遷貶,不但發遣環節有諸多監察限制,此後整個流貶行程,也都在官方的嚴密掌控之下。具體説來,對行進速度和抵達時間都有具體要求,成文法稱之爲"程限";沿途有專使或逐段遞送的臨時人員負責監押,成文法稱爲"領送使人""押領綱典"。

1. 行程時限

《唐律疏議》卷三:"諸流配人在道會赦,計行程過限者,不得以赦原。謂從上道日總計,行程有違者。"疏議曰:"'行程',依令:'馬,日七十里;驢及步人,五

---

[1] 《韓愈詩集彙校箋注》卷一〇。
[2] 《唐律疏議》卷三,69頁。

十里;車,三十里。'其水程,江、河、餘水沿泝,程各不同。但車馬及步人同行,遲速不等者,並從遲者爲限。"〔1〕

《唐會要》卷四一:"天寶五載七月六日敕:應流貶之人皆負譴罪,如聞在路多作逗遛,郡縣阿容許其停滯,自今以後,左降官量情狀稍重者,日馳十驛以上赴任。流人押領,綱典畫時,遞相分付。如更因循,所由官當別有處分。"〔2〕天一閣藏《天聖令》卷二七《獄官令》:"諸流移人至配所,付領訖,仍勘本所發遣日月及到日,準計行程。若領送使人在路稽留,不依程限,領處官司隨事推斷,仍以狀申省。"〔3〕

韓、柳、劉三子的詩文都爲自己的南遷行程留下了清晰的痕迹,從中可以準確生動地復原其行旅過程,包括行程時限。其中最準確細緻同時又充滿爭議的,是韓愈的潮州之貶。

韓愈離京赴潮在元和十年正月十四日,這一點史料記載確鑿無疑,不存在爭議,有爭議的是抵達潮州的時間。洪興祖《韓子年譜》:"公之被謫,即日上道,便道取疾,以至海上。初以二月二日過宜城,見《宜城驛記》。三月二十五日至潮州,《謝上表》云:'蒙恩除潮州刺史,即日奔馳上道,經涉嶺海,水陸萬里,以今月二十五日到州上訖。'《瀧吏》詩云:'南行逾六旬,始下昌樂瀧。'又云:'下此三千里,有州始名潮。'公以正月十四日去國,行逾六旬,三月幾望矣。遂以二十五日至潮,則是十許日行三千里,蓋瀧水湍急故也。……《謝表》又云'年纔五十',時年五十二。四月十六日有《送毛仙翁序》,二十四日有《祭鱷魚文》。"〔4〕朱熹《新書》本傳注引方考:"《謝表》及《祭神文》皆止云'今月',而《逐鱷魚文》正本皆但云'年月日',則公之到郡,實不知何月日也。況自韶至廣雖爲順流,而自廣之惠、自惠之潮,水陸相半,要非旬日可到。故公《表》亦云:'自潮至廣,來往動皆經月。'則公到郡決非三月,而逐鱷魚亦未必在四月二十四日也。"朱熹《新書》本傳注:"道里行程,則方說爲是。但與《大顛第一書》石本乃云'四月七日',則

---

〔1〕《唐律疏議》卷三,68頁。
〔2〕《唐會要》卷四一《左降官及流人》,860頁。
〔3〕《天一閣藏明鈔本天聖令校證(附唐令復原研究)》"唐開元獄官令復原清本",645頁。
〔4〕 洪興祖《韓子年譜》,見《韓愈年譜》,67—68頁。

又似實以三月二十五日至郡也。未詳其説。闕之可也。"[1]明清諸家多上承宋人,雖衆説紛紜,而無多發明,唯王元啓有自己的推測。王元啓注:"六旬,蓋'四旬'之誤。公以正月十四日貶潮州,即日上道,至三月二十五日至治所。八千里地以七旬餘赴之,殊爲不過。方疑自京至韶已逾六旬,則自韶至潮,三千里不應以八九日赴之,因欲盡刪《謝表》《祭神文》'三月二十五日至治下'之語。不知自京之韶不及五千里,不須行至六旬,改作'逾四旬',即集中《宜城驛記》《潮州謝上表》《祭神文》《鰐魚文》《與大顛師書》石本所載月日悉無可疑。方説見(王伯大本)附録《本傳》小注,餘詳《題臨瀧寺》詩。又考別本《臨瀧寺》詩注引《舊史·地理志》'韶州至京四千九百三十二里'。余謂正使足五千里,公爲嚴程所迫,必無行過六旬之理。'六'當作'四',蓋無疑也。"[2]

由於洪譜與方考對《與大顛師書》真僞判斷不同,乃各自立説:洪譜認定《與大顛師書》爲韓愈所作,判定《謝上表》"今月二十五日到州上訖"之"今月"爲三月,有四月七日《與大顛師書第一書》、十六日《送毛仙翁序》、二十四日《祭鰐魚文》爲證。方考認定《與大顛師書》爲僞作,判定《謝上表》"今月"爲四月。有意思的是:他們的論據,都是"南行逾六旬,始下昌樂瀧"。而且洪、方對"逾六旬"的解讀完全相同,都是超過六十天。自正月十四下推六十天,"下昌樂"的具體時間,在"三月幾望"即三月十四日,洪、方的結論也完全相同。衹不過洪譜以爲"十許日行三千里,蓋瀧水湍急故也",而方考則以爲"自韶至廣、自廣之惠、自惠之潮,水陸相半,要非旬日可到",否定了洪説。其餘諸家,或從洪譜,或從方考,抵潮時間雖有三月、四月之別,但自京至昌樂超過六十天、"下昌樂"在"三月幾望",這個結論也基本相同。與以上兩説不同,王元啓注認定"自京之韶不及五千里,不須行至六旬,'六'當作'四'"。如詩云"南行逾四旬",則"下昌樂"的具體時間,當在離京之後的第四十一天,即二月二十五日癸酉。綜合考察,以上四説,無一不誤。從韓愈離京赴潮的實際行程考察,王元啓的推算較爲接近。王氏以爲"自京至韶不及五千里,不須行至六旬",極是。但"六"與"四"形音義俱不

---

[1] 朱熹《朱文公校昌黎先生集傳》,南宋理宗寶慶三年王伯大本《朱文公校昌黎先生文集》附録,葉七下。

[2] 王元啓《讀韓記疑》卷二,清嘉慶五年王尚玨刻本,葉一〇上。

相近，無緣致誤。改"六"作"四"，既不屬於文字通假或音訛、形訛訂正，又没有文獻、版本依據，極爲不妥。鄭珍之説，僅改洪譜"幾望"爲"望後"，無大異同，且毫無依據，可以無論。洪譜之誤非常明顯，自韶至潮三千里，確非"旬日可到"，更非"七八日可到"，方、鄭的質疑無可辯駁。何況嚴格按"一旬十日""六旬六十日"推算，"逾六旬"即超越六旬應爲六十一日。自正月十四下推六十一天，則"下昌樂"的時間，應該在三月十五望日癸巳，既非"幾望"，更非"望後"某日。所以，自韶至潮，非八日可到，是可以肯定的。方考四月二十五日抵潮之説，其誤有三：其一，韓集中有多篇潮州之作題署於四月二十四日之前，方氏提出己説之前，應對以上諸篇逐一辨析；其二，其説與韓愈南貶實際行程不合；其三，亦與韓愈"南行逾六旬，始下昌樂瀧"本義不合。以上三點，第三點詳見"南行逾六旬"注文。其餘兩點，簡析如次：就第一點而言，《祭大湖神文》明署"元和十四年歲次己亥三月己卯朔某日"，見魏本引孫汝聽本；《與大顛書》第一篇明署"四月七日"，見《考異》所出石本；《送毛仙翁十八兄序》篇末明署"元和十四年己亥四月十六日"；《祭鱷魚文》開篇即稱"元和十四年四月二十四日"，見潮本、祝本、文本、魏本、南宋蜀本、《永樂大典》本。有如此之多的作品作於四月二十五日之前，對此不作辨析，將韓愈抵達潮州的時間定在四月二十五日，是無法成立的。就第二點而言，考察韓愈"始下昌樂瀧"的具體時間，應該在參照唐代貶謫官員行程時限的前提下，考慮三月二十四日抵潮與四月二十四日抵潮的合理性；並以此爲基礎，逐段計算韓愈南貶的實際行程及其速度；並以之與可供參照的其他遷謫官員的實際行程進行對比，最終確認韓愈的抵潮時間。

韓詩"南行逾六旬"，"逾"本義爲"越"，謂"超越""跨越""逾越"，指跨越某個特定的時空界限，進入新的時空畛閾。如逾界，指跨越某個特定的空間界限，進入新的空間畛閾。逾期，指跨越某個特定的時間界限，進入新的時間畛閾。可以判定："逾年"者，跨入第二年；"逾月"者，跨入第二月；"逾旬"者，跨入第二旬。"逾年"的"年"並非指基數詞三百六十五天，而是指序數詞第二年；"逾月"的"月"並非指基數詞三十天或二十九天，而是指序數詞第二個月；"逾旬"的"旬"並非指基數詞十天，而是指序數詞第二旬。"旬"字本義爲十日。唐制十日一休沐，以每旬之末爲休沐日。《資治通鑑》大和五年二月戊戌："是日旬休。"元胡三省注："一月三旬，遇旬則下直而休沐，謂之旬休，今謂之旬假是也。"大和五年二月庚午朔,戊戌爲二十九日。胡氏所謂"遇旬則下直而休沐",此"旬"義爲"旬休日",指每月十日、二十日、三十日(月小二十九日)。明白了"逾""旬"的字義,就可以解讀"南行逾六旬"的語義了。元和十四年正月庚辰朔,韓愈十四日癸巳南貶潮州,當日離京。二十日旬休,"逾旬"即"越過旬休日"亦即跨入第二旬在離京之後的第八天(二十一日),不必等到離京十一日之後的二十四日。由於月小,正月二十九日旬休,跨入第三旬在二月一日。以此類推,跨入第四旬在二月十一日,跨入第五旬在二月二十一日,跨入第六旬在三月一日。此時上距癸巳離京僅四十七天,而非六十一天,這就是"南行逾六旬"的本來意義。

韓愈貶潮途中紀行諸詩中,記載行程日期者三處:宜城,在二月初二;韶州,"南行逾六旬,始下昌樂瀧",在三月初一;抵潮,在三月二十四日。這三段行程的里程和速度很容易計算:西京至宜城,自正月十四日離京,至二月二日,歷時十八天。考慮到韓愈在宜城除《宜城驛記》外,還作有《題楚昭王廟》一篇,其在宜城應該有一天的停留。那麼韓愈抵達宜城,至遲也在二月一日。換言之:韓愈由西京到宜城,行程不超過十七天。宜城在襄州南95里,距西京1345里〔1〕,平均每天的行進速度略高於79里。這段路程的里程和所費時間都確切可靠,由此計算出來的速度是韓愈本人南遷潮州的行程中第一段可以確認的實際速度,對進而推算韓愈由京至潮的整個行程速度,具有重要的參考價值。第二段行程,二月三日辛亥發宜城,三月一日己卯抵達韶州,歷時29天。據《元和郡縣圖志》,宜城至韶州,經岳、潭、郴三州,2735里,韓愈平均每天的行進速度略高於94里。這個速度,應該符合唐代左降官的行程時限。賀蘭敏之咸亨二年(671)六月十三日戊寅貶雷州,八月六日庚午賜死韶州〔2〕。由初貶至賜死,歷時不過53天,其中由京至韶的行程,應在50天上下。兩相對照,韓公歷時47天由京抵韶,應屬正常。如果抵達韶州已經是三月十五望日癸巳,則宜城至昌樂瀧,費時44天,每天的平均行進速度不到30里;總計長安至韶州,則費時已達61天,每天的平均行進速度不到45里,顯然不符合唐代左降官的行程時限,也不符合韓愈貶潮

---

〔1〕《元和郡縣圖志》卷二一《山南道二·襄州》,531、528頁。
〔2〕《舊唐書》卷五《高宗紀下》,96頁;《資治通鑑》卷二〇二《唐紀十八》高宗咸亨二年六月條,6367頁。

的總體行進速度。

明確了西京至宜城、宜城至韶州的日程及速度之後,第三段行程,即韶州至潮洲的日程及速度也就不難推算了。韶州至潮洲有水陸兩路:陸路取道循州,嶺南道潮州"西南至廣州水陸路相兼約一千六百里"[1],即《潮州刺史謝上表》所云"臣所領州在廣府極東界上,去廣府雖云纔二千里,然來往動皆經月"者。水路取道廣州,由扶胥口、屯門山出海東行。韓愈由韶趨潮,所取路徑,韓集有紀行詩一一記録:韶州、臨瀧縣、宣溪、始興江口、峽山、曾江口、扶胥、屯門。扶胥爲廣州出海口,即今廣東番禺縣東南三江口。文讜注"扶胥,山名,在海口,公作《南海神廟碑》云'扶胥之口,黄木之灣'是也"。屯門山,在今廣東深圳寶安南。《唐會要》卷七三《安南都護府》:"開元二十四年正月,廣州寶安縣新置屯門鎮,領兵二千人,以防海口。"《新唐書·地理七下》:"廣州東南海行,二百里至屯門山。"可見韓愈所取爲水路,洪譜"便道取疾,以至海上"是也。韶州至廣州530里[2],廣州至潮州,《元和郡縣圖志》載水陸相兼爲1600里,此當取道虔州。至於海路里程,舊志失載。據現代航海圖,廣州至汕頭直航距離爲511公里,即1022里。由海邊到潮陽郡城的距離,《通典》卷一八二《州郡十二·潮陽郡》:"東至大海一百二十七里,南至大海八十五里,東南到大海六十九里。"以上三條道路,均當爲中唐時期潮州至海邊的驛路。考慮到遷謫人員行程匆促,"便道取疾"應爲常態,此取"六十九里"一路。則廣州至潮州,約1091里。加上韶州至廣州530里,韓愈貶潮的第三段行程韶州至潮州,總計1621里。三月二日發韶州,沿北江順流南下廣州,自廣州乘船泛海東行,至潮洲東南登陸赴潮,歷時23天,行程1621里,日均速度略高於70里,三月二十四日抵達潮州,時間應該是足夠了。

總計韓愈貶潮行程,正月十四日癸巳由長安出發,三月二十四日壬寅抵潮,歷時正好70天。西京至潮洲行程,依《元和郡縣圖志》取道郴州、韶州、廣州一路,三段路程相加,共計5701里。以70日計,日均行進速度略高於81里。這個速度,和第一段行程即長安至宜城的速度相近,也和賀蘭敏之貶韶的速度約略相當,應該符合唐代左降官的行程時限。相反,如果韓愈抵潮的日期是四月二十四

---

[1] 《元和郡縣圖志》卷三四《嶺南道一·潮州》,895頁。
[2] 《元和郡縣圖志》卷三四《嶺南道一·韶州》,901頁。

日辛未,途中歷經 99 天,折合爲日均速度,每天不過 57 里,其結果就不堪設想了。

歸納上文,筆者的結論是:《瀧吏》一詩的創作時間,在元和十四年三月一日,韓愈南遷潮州,由樂昌縣下昌樂瀧趨韶州途中。這個結論,在韓詩中還有旁證:量移袁州途中所作《韶州留别張使君》:"來往再逢梅柳新。"[1] 韓愈於元和十五年閏正月八日到袁州任,見《袁州刺史謝上表》及洪興祖《韓子年譜》、方崧卿《年表》。閏正月八日之前,到三月一日之間,正值早春二月,梅蕊柳芽,蒙茸猶新。如據洪、方繫於三月既望,梅已殘而柳已葱蘢披拂,不得言"新"。所以"三月既望"之說,與韓愈本人經歷"梅柳新"無法彌合。

除此之外還可以發現,韓、柳、劉三子的遷謫行程,韓愈潮州之行以 70 日行 5701 里,日均行進速度 81 里多。除此之外,韓的陽山之行,柳的永州之行、柳州之行,劉的朗州之行、連州之行,都達不到這個速度。合理的解釋是:韓愈貶潮,屬於"其緣惡逆,指斥乘輿者,臨時發遣""左降官量情狀稍重者,日馳十驛以上赴任"。韓愈南貶陽山,貞元十九年十二月二十一日離京,二月十六日始到陽山[2],歷時 53 天。京師至陽山 3839 里[3],日均速度 72 里多。柳宗元貶永州在三月十四日,六月二十七日丁卯到任,歷時 103 天。京師至柳州 4245 里[4],日均速度 41 里略多。劉禹錫貶連州在三月十四日,六月十一日到州,歷時 87 天。京師至連州 3665 里[5],日均速度 42 里多。由此可以得出另一個推論:量移官員的程限規定,或許較初貶官員略微寬鬆。

《唐律疏議》卷三"諸流配人在道會赦,計行程過限者,不得以赦原"一條,以不逾越程限作爲享受赦原的資格,可見關係重大。但如何考核,如何認定,成文法並未明確規定。不過,左降官抵達貶所後都有謝表奏上,其内容除了認罪伏法、戀闕思君等套話之外,主要是報告"到任上訖""到州上訖"的具體時間。韓

---

[1]《韓愈詩集彙校箋注》卷一〇。
[2] 參見《同冠峽》,《韓愈詩集彙校箋注》卷二。
[3]《元和郡縣圖志》卷二九《江南道五·連州》,711 頁。
[4]《元和郡縣圖志》卷三七《嶺南道四·柳州》,926 頁。
[5]《元和郡縣圖志》卷二九《江南道五·連州》,711 頁。

愈《潮州刺史謝上表》:"今月二十五日到州上訖。"[1]此元和十四年三月二十五日癸卯。《袁州刺史謝上表》:"以今月八日到任上訖。"[2]此元和十五年閏正月八日。柳宗元《謝除柳州刺史表》:"伏奉三月十三日制,除臣使持節柳州諸軍事守柳州刺史,六月二十七日到任上訖。"[3]劉禹錫《謝上連州刺史表》:"臣某言:伏奉去三月七日制,授臣使持節連州刺史。……即以今月十一日到州上訖。"[4]此元和十年六月十一日。有意思的是:《全唐文》收錄謝上表67篇,其格式相對統一,各篇卷首書受命年月日,以下書抵達任所月日。其抵達月份:不書者2,估計應有脱文;書月份者6,書"其月"者1,這是直接寫明抵達月份之例;書"某月日"者22,這是月日脱落之例;書"今月"者28,則表明該月已見上文無須重複所以省爲"今月"。謝表爲官方正式文件,事關赦原量移資格,所奏抵達貶所的時間應該有所在州郡的官方確認,那麽驛站上傳的《謝上表》封面,應有正式的題簽注明收件、發件年月日,所以《謝上表》正文省月份爲"今月"而署明某日。驛站爲官方機構,身負監管之責,應該不會有人敢於爲罪臣造假而自干法紀。

2. 行程督責

左降官遷貶途中亦有使者監控督責,就現有文獻考察,這些使者至少包括三類:其一,領送使人,見前引《獄官令》。宦官專使應屬此類。劉禹錫代竇群作《謝中使送上表》:"中使吐突士曉至,並送臣之本任者。"[5]薛調《無雙傳》:"忽報有中使押領内家三十人往園陵,以備灑掃。"[6]皆屬此類。其二,押領綱典,見前引《唐會要》卷四一《左降官及流人》。押領,押送、率領。綱典,奉使有所部送,謂差爲綱典。綱爲首,典爲從。《宋刑統》卷一一《職制律》"奉使部送寄人雇人"條:"諸奉使有所部送而雇人、寄人者,杖一百,闕事者徒一年,受寄雇者減一等。即綱典自相放代者,笞五十,取財者坐贓論,闕事者依寄雇闕事法。仍以綱

---

[1]《韓愈文集彙校箋注》卷一九,2921頁。
[2]《韓愈文集彙校箋注》卷一九,2941頁。
[3]《柳宗元集彙校箋注》卷三八。
[4]《劉禹錫集箋證》卷九,1487—1488頁。
[5]《劉禹錫集箋證》卷一四,349—350頁。
[6]《太平廣記》卷四八六,4003頁。

爲首,典爲從。"疏議曰:"奉使有所部送,謂差爲綱典。"〔1〕這類押領綱典"雇人""寄人",顯然屬於商業行爲。"盡時遞相分付",則屬於分段遣送,即所謂"遞解"。臨時雇傭的性質比較明顯。其三,驛站胥吏,亦有遞解之責。

韓愈《瀧吏》:"往問瀧頭吏,潮州尚幾里?行當何時到?土風復何似?瀧吏垂手笑,官何問之愚!譬官居京邑,何由知東吴?東吴遊宦鄉,官知自有由。潮州底處所?有罪乃竄流。儂幸無負犯,何由到而知?官今行自到,那邊妄問爲!不虞卒見困,汗出愧且駭。吏曰聊戲官,儂嘗使往罷。"罷,即遣送罪犯。《說文》:"罷,遣有辠也。"據此,知驛站胥吏亦有遞解之責。觀韓詩中瀧吏訓斥韓愈的派頭,面對這位淮西之戰名震天下的行軍司馬、剛剛卸任的刑部侍郎,毫不怯場,嬉笑怒罵,而官威凛然;非治獄執法之吏,難以有此刁鑽苛刻、冷酷嚴峻。

以宦官爲專使遣送左降官,史料中並不少見。義成節度使姚南仲得罪監軍薛盈珍,及其得罪,幕僚馬少微補外,"使宦官護送,渡江,投之水云"〔2〕。韓愈《董溪墓誌》記宰相董晉之子董溪之事云:"兵誅恒州,改度支郎中,攝御史中丞,爲糧料使。兵罷,遷商州刺史。糧料吏有忿争相牽告者,事及於公,因徵下御史獄。公不與吏辯,一皆引伏。受垢除名,徙封州。元和六年五月十二日死湘中。"〔3〕董溪獲罪,其爲冤案,至爲顯然。此役征討王承宗,始於元和四年十月,終於元和五年七月,歷時不到兩年,居然三换糧料使。元和四年"冬十月癸未……以神策左軍中尉吐突承璀爲鎮州行營招討處置等使,以龍武將軍趙萬敵爲神策先鋒將,内官宋惟澄、曹進玉、馬朝江等爲行營館驛糧料等使"〔4〕。可知兵發之初,館驛糧料等使由宦官擔任。從《册府元龜》卷五一一"前糧料使"的提法可以知道,此後董溪、于皋暮又先後擔任此職。中唐閹宦勢焰囂張,吐突承璀尤爲惡劣。此次出師以宦官爲統帥,朝議抨擊至爲激烈,憲宗不得不在發命五天之後,改"招討處置使"爲"招討宣慰使",即是明證。糧料使换任頻繁,顯然也是權力鬥争的結果。董溪接替宦官擔任此職,無異於虎口奪食。蓋中唐時期,神策

---

〔1〕 竇儀等撰,吴翊如點校《宋刑統》,中華書局,1984年,172—173頁。
〔2〕 《新唐書》卷一六二《姚南仲傳》,4990頁。
〔3〕 韓愈《唐故朝散大夫商州刺史除名徙封州董府君墓誌銘》,《韓愈文集彙校箋注》卷一九,2033頁。
〔4〕 《舊唐書》卷一四《憲宗紀上》,429頁。

軍已經成爲宦官控制下無所不在同時具有壟斷性質的一個巨大的官商利益集團,内官出任糧料使,正是其利益所在,勢所必爭。董溪、于皋謩成爲吐突承璀的眼中釘,應該是意料中事。《薛巽墓誌》載:"元和五年,兵誅恒州,□糧料使董溪。溪素知之,留參幕府,倚以出納。兵亂,觸糧料府,府使與其佐懼逼迫去,軍食萬計,委棄不顧。"[1]威逼糧料府的"盜",正是吐突承璀麾下的"亂兵",其中蹊蹺,一目了然。就《册府元龜》的記載分析,于皋謩"犯諸色贓計錢四千二百貫",然後再加上"前糧料使董溪犯諸色贓",總計也不過"四千三百貫"。那麽董溪的贓罪,充其量也不過一百貫。區區百貫的虧空,即便完全屬實,在數以鉅億的軍費中也不過九牛一毛;對於出身於宰相門第的世家子弟董溪而言,更是不值一提。這樣一個莫須有的罪名,流放封州,已嫌過當,而當局尚"悔其輕",居然"詔中使半道殺之"[2]。這樣的世道,還有什麽公理可言?從以上案例可以判斷,中唐法治,尚任重道遠。

## 八、左降官遷轉

左降官遷轉,最佳途徑,當然是君命徵召。《順宗實録》記載,貞元二十一年"三月壬申,追故相忠州刺史陸贄、郴州别駕鄭餘慶、前京兆尹杭州刺史韓皋、前諫議大夫道州刺史陽城赴京師",即屬此類。但這种機會並不常見,常見的還是考滿量移和赦宥量移。但"德宗自貞元十年已後不復有赦令,左降官雖有名德才望,以微過忤旨譴逐者,一去皆不復叙用"[3]。而且即便是獲得量移機會,其程序之繁複、操作之推委拖遝,亦屬常態。還有一點應該指出的是:左降官量移,並不意味着罪行豁免。量移僅僅意味着减刑,陸贄《三奏量移官狀》"舊例:左降官每準恩赦,量移不過三百五百里"[4],可見是相當有限的减刑。用今人能够理解的語言表述,不過是减刑、脱帽而已,罪犯的紅字仍未洗滌。對量移左降官

---

[1] 崔雍《唐故鄂州員外司户薛君墓誌銘》,《隋唐五代墓誌彙編》河南卷,天津古籍出版社,1991年,97頁。
[2] 《新唐書》卷一六五《權德輿傳》,5078頁。
[3] 《順宗實録校補箋注》卷二。
[4] 《陸贄集》,661頁。

這一地位,韓愈《量移袁州張韶州端公先以詩相賀因酬之》"遇赦移官罪未除"表述得最爲明白[1]。祇有君命徵召,纔算是平反,這就是韓愈郴州赴江陵途中屢屢流露其返京、歸家願望的真正原因。

1. 考滿量移

開元十八年正月五日《東郊制》:"流人及左降官考滿、載滿、丁憂服滿者,亦準例稍與量移。"[2]

德宗貞元六年十二月庚午《南郊制》:"左降官經三考,流人、配隸、效力之類經三周年者,普與量移。"[3]

憲宗元和十二年七月敕:"自今以後,左降官及責授正員官等,並從到任後,經五考滿許量移。今日以前左降官等及量移未復資官,亦宜準此處分。"[4]

從上引史料可以發現,左降官考滿量移,從三考到五考,日漸嚴厲。不過即便是這一規定也毫無意義,陸贄貶忠州別駕在貞元十一年四月,陽城貶道州刺史在貞元十五年九月。到貞元二十一年三月詔追入京,陸已貶十一年,陽已貶七年,三考、五考,均成空話。八司馬被貶於永貞元年九月,除韋執誼、凌準先卒,程异元和四年閏三月除揚子留後外,柳宗元、劉禹錫、韓曄、陳諫、韓泰五人,直到元和十年三月始得量移,其間已歷十一年之久。考滿量移,形同虛設。

2. 赦宥量移

陸贄《三奏量移官狀》:"謹按承前格令,左降官非元敕令長任者,每至考滿,即申所司,量其舊資,便與改叙;縱或未有遷轉,亦即任其歸還。逮於開元末,李林甫固權專恣,凡所斥黜,類多非辜,慮其却回,或復冤訴,遂奏左降官考滿未別改轉者,且給俸料,不須即停,外示優矜,實欲羈繫。"[5]

順宗二月甲子即位制:"左降官並移近處,如復資者,任依常調赴選。如有親故在上都任,於所司陳狀,便與處分。別敕因責授降資正員官者,亦進

---

[1] 《韓愈詩集彙校箋注》卷一〇。
[2] 《册府元龜》卷八五《帝王部·赦宥四》,1008頁。
[3] 《册府元龜》卷八九《帝王部·赦宥八》,1063頁。
[4] 《唐會要》卷四一《左降官及流人》,862頁。
[5] 《陸贄集》,662頁。

改。"[1]

憲宗元和十三年正月乙酉朔《大赦詔》："左降官及流人、移隸等,並與量移近處。別敕因責降授正員官,所司亦與處分。"[2]

赦宥量移的實例,韓愈貞元二十一年量移荆州法曹參軍可以作爲典範。方崧卿《韓文年表》："是歲正月二十六日丙申,順宗即位。二月二十四日甲子,大赦。八月辛丑,改元永貞,憲宗即位。公以二月赦當量移,夏末俟命於郴,秋移江陵府法曹,九月道湘潭,十月航洞庭,冬至江陵。"洪興祖《韓子年譜》："是年八月憲宗受禪,公兩遇赦矣。"韓愈二月遇赦,自當量移。然遷延至夏秋之交始離陽山[3],至夏末猶俟命於郴,延至秋末始受法曹之命[4],秋冬之交始得成行,約十一月始到荆州。

《陪杜侍御遊湘西寺獨宿有題因獻楊常侍》："誰令悲生腸,坐使淚盈臉。翻飛乏羽翼,指摘困瑕玷。"[5]陳景雲注："按:公自陽山遇赦,僅量移江陵法曹,蓋本道廉使楊憑故抑之。《八月十五夜贈張功曹》詩所謂'州家申名使家抑,坎軻祇得移荆蠻'是也[6]。時韋、王之勢方熾,憑之抑公,乃迎合權貴意耳。詩中'椒蘭'、'絳灌'自斥韋、王,而指瑕摘垢,蓋謂使家之抑也。"指瑕摘垢,使家之抑,陳説是。椒蘭、絳灌,自斥韋、王,則似矣而未達一間。"絳灌共讒諂"者,指韋、王下石;"椒蘭争妒忌"者,指劉、柳洩言。詩又云:"旅程愧淹留,徂歲嗟荏苒。"此聯關鍵不在"荏苒",而在"徂歲""淹留"。《祭郴州李使君文》:"俟新命於衡陽,費薪芻於館候。輟行謀於俄頃,見秋月之三毀。逮天書之下降,猶低回以宿留。"自貞元二十一年正月丙申順宗即位,二月甲子大赦,而韓愈夏秋之交始得離開陽山,其後又俟命於郴者三月,其受命移江陵法曹,已在秋末。其中的原因,"州家申名使家抑",説得最爲直截了當。此刻在楊憑的地盤上自嘆"徂歲""淹留",耐人尋味。

---

[1] 《册府元龜》卷八九《帝王部·赦宥八》,1064頁。
[2] 《册府元龜》卷八九《帝王部·赦宥八》,1070頁。
[3] 參見《宿龍宫灘》"宵殘雨送涼",《韓愈詩集彙校箋注》卷九。
[4] 參見《祭郴州李使君文》:"輟行謀於俄頃,見秋月之三毀。"《韓愈文集彙校箋注》卷一二,1315頁。
[5] 《韓愈詩集彙校箋注》卷二。
[6] 《韓愈詩集彙校箋注》卷三。

韓愈《答張徹》："赦行五百里,月變三十莢。"[1]魏引樊曰:"二十一年正月順宗即位,二月大赦,公自陽山量移江陵法曹。"魏引孫曰:"《帝王世紀》曰:'堯時有草夾階而生,每月朔日生一莢,至望日則落一莢,月小則餘一莢。''月變三十莢',言及一月也。莢音冥。"《元和郡縣圖志》卷三〇《江南道·連州》:東北至上都三千六百六十五里。陽山縣:西北至州水路一百四十七里。則陽山至上都長安,三千八百一十二里。按程大昌《演繁露續集》、孫奕《示兒編》赦書日行五百里的速度,不到八日可至。樊汝霖、孫汝聽的解讀,針對順宗即位赦而言,"赦行五百里,月變三十莢",意味着自二月二十四日大赦,到赦令抵達陽山,居然耗費了整整一個月。《送區弘》云:"我遷於南日周圍。"韓愈貞元二十年三月始達陽山,至二十一年三月得到赦令,正好整整一年,可以作爲孫說的旁證。又《八月十五夜贈張功曹》:"昨者州前槌大鼓,嗣皇繼聖登夔皋。赦書一日行萬里,罪從大辟皆除徙。遷者追回流者還,滌瑕蕩垢清朝班。州家申名使家抑,坎軻祗得移荆蠻。"洪譜:"公在郴時,《八月十五日夜贈張功曹》云:……是年八月憲宗受禪,公兩遇赦矣。"此處"遷者追回流者還,滌瑕蕩垢清朝班",即指順宗二月甲子大赦天下制[2]。詩中"昨者",當然是"八月十五"的昨日,也就是八月十四日。《元和郡縣圖志》卷三〇《江南道五》:"郴州,西北至上都三千二百七十五里。"按"赦行五百里"的速度,"嗣皇繼聖登夔皋"的信息不過七日可到郴州。八月五日辛丑《順宗傳位皇太子改元誥》:"自貞元二十一年八月五日昧爽已前,天下應犯死罪,特降從流;流已下,遞減一等。"[3]八月五日頒布赦書,八月十四日抵達郴州,耗時十日,完全符合"赦行五百里"的速度。"州家申名使家抑",披露了貶謫人員通過大赦得到量移的制度化程序:首先需要所在州府申名上報,然後由觀察使以上層層審批。此處"州家申名使家抑",並不意味着州家申名及時、使家有意壓抑,而是説州家申名、使家審批環節都層層壓抑。説穿了,也就是指控崔簡、楊憑輩橫生枝節、阻擾量移。概而言之:順宗赦令,遷延一月始到陽山,延宕半年始得量移之命,"州家申名使家抑",這就是鐵證。孫汝聽所言,即

---

[1]《韓愈詩集彙校箋注》卷二。
[2]《册府元龜》卷八九《帝王部·赦宥八》,1066頁。
[3]《順宗實錄校補箋注》卷五。

爲此而發。

然而問題還不止於此,量移僅僅是減刑,罪犯的身份還在延續,這就是"月變三十莢"所揭示的另一層含義。洪譜云:"'赦行五百里,月變三十莢。漸階群振鷺,入學誨螟蛉。'自十九年冬謫陽山,至今(元和元年丙戌)夏召還,積三十月矣。"王伯大音釋:"公以貞元十九年十二月貶陽山,歷再歲至元和元年六月方召爲博士,實在貶所逾三十月,再值赦,方歸朝也。"蓂莢,傳説中的瑞草,堯時生於庭,隨月凋榮。《竹書紀年》卷上:"有草夾階而生,月朔始生一莢,月半而生十五莢;十六日以後,日落一莢,及晦而盡;月小,則一莢焦而不落。名曰蓂莢,一曰歷莢。"如果聯繫"漸階群振鷺,入學誨螟蛉",則"月變三十莢",指隨月凋榮的蓂莢,已經歷了三十輪回。意思是:自十九年冬十二月貶謫陽山,到元和元年六月自江陵召拜國子博士重返京師,已歷經了三十個月。此語的機鋒,暗指南貶陽山與量移江陵同樣是犯罪之身,所以稱江陵爲"貶所",恰如其分。韓愈江陵法曹任上的種種牢騷,即由此而來。《答張徹》作於元和元年六月韓愈自江陵召還爲國子博士抵達京師後。痛定思痛,於陽山之貶感觸尤深。"月變三十莢"一語,洪興祖、王伯大解讀爲"實在貶所逾三十月",即爲此而發。"月變三十莢"的兩種解讀,樊汝霖、孫汝聽所解,重點在順宗即位赦抵達陽山的遷延;洪興祖、王伯大所解,重點在量移江陵繼續服刑,三十月後始得返京。而這樣的處置,明顯違背了順宗"咸赦除之""流人放還""依常調赴選"的恩赦,這就不僅僅是"州家申名使家抑",仍在相位的二王八司馬後臺杜佑隱約可見[1]。"月變三十莢",一語雙關。而雙關,正是韓詩常見的藝術手法,讀者不可輕輕放過。

不過,量移的制度化程序設置本身確實煩瑣。憲宗元和十二年七月敕:"考滿後,委本任處州府具元貶事例及到州縣月日,申刑部勘責。俾吏部量資望位量移官,仍每季具名聞奏,並申中書門下。其曾任刺史、都督、郎官、御史並五品以上及常參官,刑部檢勘其所犯事由聞奏,中書門下商量處分。其月敕左降官等考滿量移,先有敕令,因循日久,都不舉行,遂使幽遐之中,恩澤不及。自今以後,左降官及量移未復資官,亦宜準此處分。如是本犯十惡五逆及指斥乘輿,妖言不

---

[1] 參見拙文《時空跳躍、精誠交通:韓愈、孟郊、李翱〈遠遊聯句〉解讀——兼及韓愈陽山心結的最終消解》,《唐代文學研究》第22輯,社會科學文獻出版社,2022年。

順,假托休咎,反逆緣累及贓賄數多,情狀稍重者,宜具事由奏聞。其曾任刺史、都督、郎官、御史五品以上常參官,刑部檢勘具元犯事由聞奏,並申中書門下商量處分。未滿五考以前遇恩赦者,準當時節文處分。其復資度數,準元和二年六月二十七日敕。"[1]衙門無數,也就意味着關卡無數,每一個關卡都把控着你的生死大權。中唐左降官量移道路之艱辛,也就不奇怪了。至於劉、柳,《舊唐書·憲宗紀上》:"元和元年八月壬午,左降官韋執誼、韓泰、陳諫、柳宗元、劉禹錫、韓曄、凌準、程异等八人,縱逢恩赦,不在量移之限。"朝廷既有明詔,其坎坷困頓,也就注定了。

3. 放歸

《唐會要》卷四一《左降官及流人》:"乾元元年二月五日敕節文:其左降官非反逆緣坐及犯惡逆、名教、枉法、強盜贓,如有親年八十以上及患在床枕不堪扶持,更無兄弟者,許停官終養。其流移人亦準此。"

對左降官是否可以回鄉歸養,似乎未見成法。但韓愈詩中多有表述。量移江陵期間,韓詩累累通過挂冠歸耕的願望,表達對量移法曹的不滿,似乎歸耕園田的地位還要高於量移。

《岳陽樓別竇司直》云:"誓耕十畝田,不取萬乘相。細君知蠶織,稚子已能餉。行當挂其冠,生死君一訪。"《赴江陵途中寄翰林三學士》云:"前日遇恩赦,私心喜還憂。果然又羈縶,不得歸鋤櫌。"又云:"深思罷官去,畢命依松楸。"《遠遊聯句》孟郊云:"默誓去外俗,嘉願還中州。江生行既樂,躬輦自相勸。飲醇趣明代,味腥謝荒陬。"王伯大以"嘉願還中州"爲"東野欲自江南反洛陽",不確。此處東野設想韓愈在陽山最大的願望,是要回到家鄉,回到中原,回到帝京。即呼應《岳陽樓別竇司直》《赴江陵途中寄翰林三學士》等作。

# 九、結語

陳寅恪先生曾經判斷:在中國學術文化史上,韓愈是"承先啓後轉舊爲新關

---

[1]《唐會要》卷四一《左降官及流人》,862頁。

挍點之人物",他"結束南北朝相承之舊局面","開啓趙宋以降之新局面"〔1〕,爲漢唐學術系統向宋明學術系統的嬗變開闢了先路。換言之:中唐不僅是大唐王朝由盛轉衰的轉捩點,也是中華民族由中世紀向近現代轉換的轉捩點。請注意:本文所説的"中唐",正是陳寅恪先生所説的"關捩點"。其具體時間範圍,包括玄宗、肅宗、代宗、德宗、順宗、憲宗六朝約一百一十年,這是筆者的個人觀點,也是筆者多年以來一直着力研究的方向。"中唐"百年,整個國家的政治、經濟、思想、文化發生了制度層面的根本變化,由中世紀向近現代轉換的趨勢也異常明顯:就政治制度而言,漢唐三省六部的中央集權,隨着翰林使、神策中尉、樞密使等數以百計的使職出現,開始向宋、明君主獨裁的方向演進。經濟制度方面,隨着兩税法的出現,周、隋土地國有的均田制開始向自由買賣的土地私有制演進。隨着玄宗百寶、大盈庫的出現,"自是天下之財爲人君私藏"〔2〕,財税國有開始向皇家私有演進,裴延齡"陛下自有本分錢物用之不竭"就是證據〔3〕。兵役制度,由府兵而彍騎而藩鎮,義務兵役制變爲職業兵役制。税收政策由丁税、畝税改爲"青苗錢""地頭錢",實物地租開始向貨幣地租演進。税間架即房地產税,除陌錢即消費税,漆木竹麻即特產税。國税之外歲貢"羨餘"即地方財政向中央財政實施的轉移支付;用户部裁減冗員、正員官出闕所省下的錢糧抵償發放"左降官"的"俸料",即中央財政向地方財政實施的轉移支付。"量出爲入",即赤字財政。"錢重物輕",即價格雙軌制。在思想文化方面,由中世紀向近現代轉換的趨勢也同樣明顯:就本體論而言,上古的元氣一元論、中古的陰陽二元對立統一論,已經發展到韓、柳的天地人三元共存論。就天人關係理論而言,韓的天人對立、相仇相殘;柳的天人相分、互不干預;劉的二元分立、相勝相用,其共性都是通過天性的善惡,認識人性的善惡。就人性論而言,韓的"博愛之謂仁,行而宜之之謂義,由是而之焉之謂道,足乎己無待於外之謂德",揭示人類的價值理性,被周、張、大程等尊爲道統;柳的"夫天之貴斯人也,則付剛健純粹於其躬。剛健之氣鍾於人也爲志,純粹之氣注於人也爲明。故善言天爵者,不必在道德忠信,

---

〔1〕 陳寅恪《論韓愈》,《金明館叢稿初編》,上海古籍出版社,1980年,296頁。
〔2〕《新唐書》卷五一《食貨志一》,1347頁。
〔3〕《舊唐書》卷一三五《裴延齡傳》:"天下賦税當爲三分:一分充乾豆,一分充賓客,一分充君之庖厨。"3721頁。

明與志而已矣"[1],揭示人類的功利理性,被荆公、紫陽等奉爲圭臬。二者同樣殊途同歸,缺一不可。就政治理論而言,韓的"從周""守道",柳的"尊秦""忠君",雙峰並峙,相輔相成;就經濟思想而言,韓的君臣民相生相養,柳的富國强兵,同樣相反相成,互爲補充。以上種種演變,無一不意味着中世紀向近現代的轉换。而評價這些演變的標準,祇能是文明的走向,政治制度與法治體係的演變同樣如此。這就是本文爲什麽會特别注重實際案例所體現的唐前期到唐後期法治走向的根本原因。

## The Relegation System of Official in the Mid-Tang: Case Studies of Han Yu, Liu Zongyuan and Liu Yuxi

### Liu Zhenlun

By analyzing the cases of relegation recorded in the collections of mainly three writers, this article examines the relegation system of official in the mid-Tang. First, this article confirms and supplements the statutory law represented by legal documents such as the *Tang code with commentary* 唐律疏議. Second, this article examines details of law enforcement and the degree of rule of law. Third, the article examines the changes and continuities of the relegation system before and after the Kaiyuan 開元 era. By presenting the legal development during the Tang dynasty, this article attempts to show the Chinese value orientation in the establishment of the political system and the legal system at the turning point from medieval society to modern society.

---

[1] 柳宗元《天爵論》,《柳宗元集彙校箋注》卷三。

# 讀《高陵令劉君遺愛碑》論關中鄭白二渠水利往事

## 吕　博

　　唐文宗大和四年（830），居住在高陵縣的李士清等六十三人，感念前縣令劉仁師的治水善舉，前往縣庭想要爲他樹立德政碑。爲離任長官建德政碑，必須遵循唐代法律規定。《唐六典》云："凡德政碑及生祠，皆取政績可稱，州爲申省，省司勘覆定，奏聞，乃立焉。"[1] 在唐代，給官員立碑需要州向省申報，省司勘覆之後，奏聞皇帝纔可樹立。復據《封氏聞見記》載，如果"官有異政"，而且在"考秩已終"、任期已滿的情況下，吏民要爲離任官員"立碑頌德"者，皆須"審詳事實"，州司需以狀聞奏，恩敕聽許，然後得建。這種爲離任官員歌功頌德的碑刻，被稱作"頌德碑"，有時也叫作"遺愛碑"，立碑目的是爲官員"樹之風聲"[2]。

　　《高陵令劉君遺愛碑》記録表明，高陵縣李士清等人遵照上述程式，首先申報縣庭。"縣令以狀申府，府以狀考於明法吏"。按照寶應年間的詔書，凡有政績立碑者，需要將具體事迹上達尚書省吏部考功司，考其詞狀，然後將相關情況奏聞皇帝。皇帝知悉事實，下詔稱此事有利於交結人心，所以允諾李士清等爲劉仁師立碑。碑題爲《高陵令劉君遺愛碑》，碑稱遺愛，也是約定俗成[3]。

---

[1]　李林甫等撰，陳仲夫點校《唐六典》卷四《尚書禮部》，中華書局，1992 年，120 頁。
[2]　封演撰，趙貞信校注《封氏聞見記校注》卷五《頌德》，中華書局，2005 年，40 頁。
[3]　近年來有關德政碑的代表性研究，可以參考劉馨珺《唐代"生祠立碑"——論地方信息法制化》，收入鄧小南、曹家齊、平田茂樹主編《文書・政令・信息溝通：以唐宋時期爲主》，北京大學出版社，2012 年，463—516 頁。仇鹿鳴《長安與河北：中晚唐的政治與文化》第四章，北京師範大學出版社，2018 年，124—173 頁。劉琴麗《表彰抑或利用：唐代德政碑刻立的政治意圖》，《江西社會科學》2014 年第 12 期，146—152 頁。何亦凡《德政類碑刻與唐代地方治理》，《甘肅社會科學》2023 年第 2 期，78—85 頁。等等。

明乎此,也可以瞭解《高陵令劉君遺愛碑》的建立流程[1]。

高陵李士清等六十三人在數十年之後,依然記得縣令劉仁師之善政,堅持要爲離任的縣令立德政碑。那麽,縣令劉仁師在高陵有哪些治績,讓當地人感恩戴德？這還需要從他們的居住之地談起。

一

李士清等人居住的高陵處在涇河下游,是土地肥沃的農耕區域。涇水由西向東流經此地,又加之水利工程白渠的存在,使其自漢代以來就有"天府之國"的美稱(參圖1)。這點在史籍裏斑斑可考[2]。《遺愛碑》言簡意賅,直稱"涇水東行,注白渠,釃而爲三,以沃關中,故秦人常得善歲"[3]。白渠起自關中涇陽西北六十里,"堰涇水入焉"。關於渠之東西兩至,《類編長安志》如是記載:"西自雲陽縣界來,東入高陵縣界。"渠水分爲三股,故被稱作三白渠。《十道志》曰:"太白、中白、南白,謂之三白渠也。渠上斗門四十八,三限口,在縣東北分南北三渠處。"[4]

---

[1] 唐武后聖曆二年制:"州縣長吏,非奉有敕旨,毋得擅立碑。"《資治通鑑》卷二〇六《唐紀二十二》則天皇后聖曆二年八月,中華書局,1956年,6540頁。

劉禹錫《高陵令劉君遺愛碑序》曰:"大和四年,高陵人李士清等六十三人,具前令劉君之德,詣縣,請以金石刻。縣令以狀申於府,府以狀考於明法吏。吏上言:'謹按寶應詔書,凡以政績將立碑者,具所紀之文上尚書考功,有司考其詞,宜有紀者乃奏。'明年八月庚午,詔曰可。"

《舊唐書》卷一五八《鄭瀚傳》:"改考功員外郎。刺史有驅迫人吏上言政績,請刊石紀德者,瀚探得其情,條責廉使,巧迹遂露。人服其敏識。"中華書局,1975年,4167頁。是唐時頌官長德政之碑必上考功,奉旨乃得立。

顧炎武撰,黃汝成集釋,欒保群點校《日知錄集釋》卷二二"生碑",中華書局,2020年,1140頁。

[2] 關於關中天府之國的稱呼,可參王雙懷《"天府之國"的演變》,《中國經濟史研究》2009年第1期,71—81頁。

[3] 劉禹錫撰,陶敏、陶紅雨校注《劉禹錫全集編年校注》卷一七《高陵縣令劉君遺愛碑》,中華書局,2019年,1962頁。

[4] 駱天驤撰,黃永年點校《類編長安志》卷六《泉渠·渠·白渠》,中華書局,1990年,193—194頁。

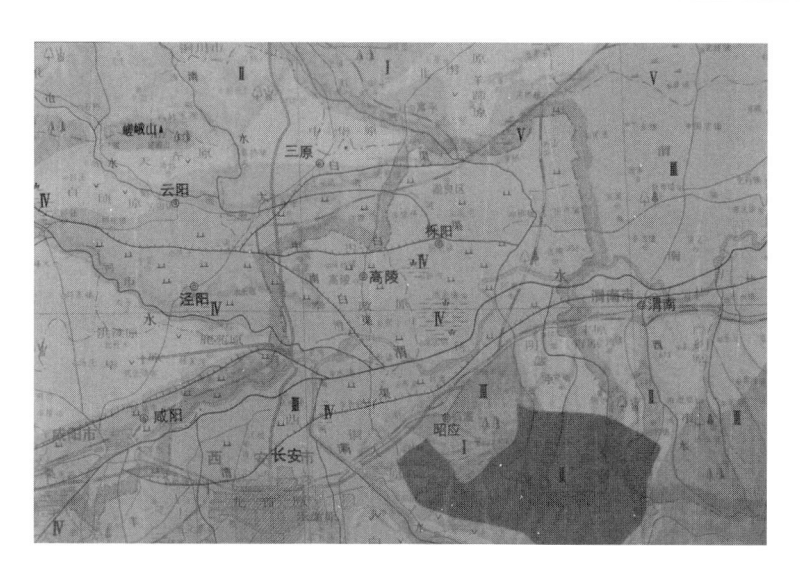

**圖1　西安市唐時期自然環境圖（局部）**[1]

白渠流域是京畿農業腹地所在，因而唐王朝的《水部式》對此地的水利灌溉有嚴格規定。《高陵令劉君遺愛碑》稱："按水部式，決泄有時，畎澮有度，居上游者不得擁泉而顓其腴。每歲少尹一人行視之，以誅不式。"[2] 從文辭來看，這條水部式文應該是簡寫或者改寫，但式文透露出，京兆少尹每年都要受命到此地巡視，懲戒不法，足見朝廷對此地水利農耕的重視程度。事實上，20世紀在敦煌莫高窟出土的《水部式》殘卷，就對涇河、渭河地區的水利灌溉情況有細密的條文規定，遠超劉禹錫在碑文中的概括（參圖2）。今引文如下：

> 涇、渭二水大白渠，每年京兆少尹一人檢校。其二水口大斗門，至澆田之時，須有開下。放水多少，委當界縣官共專當官司相知，量事開閉。
>
> 諸渠長及斗門長至澆田之時，專知節水多少。其州縣每年各差一官檢校。長官及都水官司時加巡察。[3]

---

[1]　史念海主編《西安歷史地圖集》，西安地圖出版社，1996年，23頁。
[2]　《劉禹錫全集編年校注》卷一七《高陵縣令劉君遺愛碑》，1962頁。
[3]　劉俊文《敦煌吐魯番唐代法制文書考釋》，中華書局，1989年，327頁。

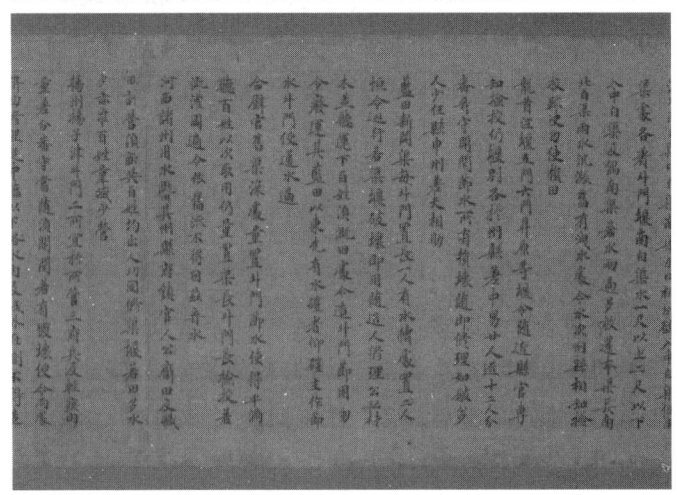

圖 2　P. 2507《開元水部式》殘卷[1]

雖條文具列,但未必嚴格執行。尤其是在王朝遭罹兵燹之際,這樣的法令就更難貫徹實施。《高陵令劉君遺愛碑》稱"兵興已還,浸失根本",說的就是這個意思。史籍中有關高陵區域灌溉具體情況記録不多,但是《文苑英華》中保留的幾條判文,涉及該區域的灌溉問題,兹徵引一則如下:

> 得清白二渠交口不著斗門堰,府司科高陵令罪,云是二月一日以前。

---

[1] 圖版來源:中國國家圖書館·中國國家數字圖書館—中華古籍資源庫—法藏敦煌遺書,http://read.nlc.cn/OutOpenBook/OpenObjectBook? aid = 892&bid = 241825.0,2023 - 11 - 25,訪問時間:2024.1.12。

劉仲宜對：

殷俗富人，實惟稼穡。分疆列土，必假溝渠。白公入秦，卒興涇水之利。史起居魏，大引河流之溢。信衣食之是資，知珠玉之非貴。理宜順時役築，作制隄防。惟彼高陵，地稱三輔。瞻言沃壤，良由二渠。完謹苟虧，畜泄乖用。必貽罪戾，何以逃刑。且如雨畢除道，既候於天時。水潦成渠，再編於《月令》。斗門不設，交渠未修。功雖關於千金，時靡過於二月。遽即科殿，恐爽廉平。請從矜釋，謂合通典。[1]

"清""白"二渠，流經高陵。其中，"白"指三白渠中的中白渠，而"清"則是清渠。《長安志》載，清渠是清冶谷水（清水）的下游，流經三原、高陵，入白渠，並於櫟陽縣內合於渭水[2]。另據《水部式》載：

京兆府高陵縣界清、白二渠交口，著斗門堰。清水恒準水爲五分，三分入中白渠，二分入清渠。若水雨過多，即與上下用水處相知開放，還入清水……[3]

在高陵縣交口的斗門處，清水被五分，三分匯入中白渠，二分流向清渠[4]。而在雨水充沛，水量豐盈之時，上下游斗門則需開放，使清白二渠中的水重新還入清水。綜合來看，高陵縣令有責建造、修葺清白二渠交口上的斗門，調節水利，溉田泄洪。如若失職，或將科罪[5]。

正如劉仲宜應對中所指出的那樣，經清、白二渠的灌溉，地處"三輔"的高陵縣，堪稱"沃壤"。然而，長慶三年（823），高陵縣所面對的情況，則與判文的描述大相徑庭。問題的關鍵在於，高陵處於涇河下游，而上游的涇陽縣人用水無度，水不及下，中白渠水量銳減。而僅得清水二分水量的清渠，恐怕也很難完全灌溉高陵縣內的良田。這樣的後果就是"涇田獨肥，它邑爲枯"[6]。高陵等處地力

---

[1] 以上兩則引文出自《文苑英華》卷五二八《清白二渠判》，中華書局，1966年，2703頁。
[2] 宋敏求撰，辛德勇、郎潔點校《長安志》卷一七《櫟陽》，三秦出版社，2013年，519頁。
[3] 劉俊文《敦煌吐魯番唐代法制文書考釋》，327頁。
[4] 李令福《論唐代引涇灌渠的渠系變化與效益增加》，《中國農史》2008年第2期，16頁。
[5] 多則判文顯示，二月一日以前，高陵令"不著斗門堰"，並無罪責。這是因爲《水部式》規定，八月三十日至二月一日，河渠處枯水期，斗門"亦任開放"，供給沿岸用水。二月一日之後，爲防桃花汛，斗門纔關閉。因此，數則判文認爲，二月一日之前，高陵令不著斗門堰，是"修葺既非後時"，既無妨礙灌溉，也沒有造成洪災，不宜科罪。
[6] 《劉禹錫全集編年校注》卷一七《高陵縣令劉君遺愛碑》，1962頁。

衰減,但是税收徵發如初。面對困境,高陵人赴訴京兆府,甚至"泣迎尹馬"。但是無度用水的皆是"權倖家",他們"榮勢足以破理",訴者反而"得罪"。因此涇河下游的普通民衆"咋舌不敢言",祇能忍氣吞聲。

這種情況在長慶三年因劉仁師的到任而發生改變。劉禹錫在碑文中稱,高陵令劉君勵精圖治,視民疾苦,如疽在身,務以決去,試圖治理涇陽人獨占水利的問題。碑記劉仁師"乃循故事,考式文暨前後詔條"[1],意思是縣令不僅瞭解了朝廷在此處治水的往事,而且還查閱了歷次皇帝因爲治理鄭白兩渠頒下的詔書。所以,要理解《高陵令劉君遺愛碑》中權倖破理,訴者得罪的情況,也需要瞭解鄭白兩渠的水利治理"故事"。"權倖家"壅水占田大概是影響鄭白流域水利灌溉的根本原因之一。

"故事"表明,涇渭流域的農田用水問題並不是祇存在於晚唐時代。據《通典》卷第二《食貨二·水利田》記:

> 永徽六年,雍州長史長孫祥奏言:"往日鄭、白渠溉田四萬餘頃,今爲富商大賈競造碾磑,堰遏費水,渠流梗澀,止溉一萬許頃。請修營此渠,以便百姓。至於鹹鹵,亦堪爲水田。"高宗曰:"疏導渠流,使通溉灌,濟拔炎旱,應大利益。"太尉無忌對曰:"白渠水帶泥淤,灌田益其肥美。又渠水發源本高,向下枝分極衆。若使流至同州,則水饒足。比爲碾磑用水,泄渠水隨入滑;加以壅遏耗竭,所以得利遂少。"於是遣祥等分檢渠上碾磑,皆毁之。[2]

這段材料被人引用甚廣,用來説明鄭白渠在唐代灌溉面積日益鋭減的問題。但是仍有一些細節值得辨析。比如宋版《通典》有古人讀書句讀,將"比爲碾磑用水,泄渠水隨入滑"斷句爲"比爲碾磑,用水泄渠,水隨入滑"。宋本斷句似更佳,意思是指三白渠上設置碾磑以後,需要用水力推動,故而碾磑用水將白渠中的水泄出。此句中的"滑"字理解頗有爭議。《通典》《文獻通考》的點校者都將"滑"加了專名號,似將其視作地名,但滑州離關中相當遠,似有不確。不過,顧祖禹《讀史方輿紀要》卷五二《陝西一》中引録此語,作"比爲碾磑用水,泄渠水隨入渭,加以壅遏耗竭,所以失利"[3]。按《讀史方輿紀要》的改動,則是碾磑用水泄

---

[1]《劉禹錫全集編年校注》卷一七《高陵縣令劉君遺愛碑》,1962頁。
[2] 杜佑撰,王文錦等點校《通典》卷二《食貨二·水利田》,中華書局,1988年,39頁。
[3] 顧祖禹撰,賀次君、施和金點校《讀史方輿紀要》卷五二《陝西一·山川險要》,中華書局,2005年,2479頁。

白渠水入渭水,導致白渠下游無法灌溉。"滑""渭"形近易誤,渭水地勢又較低,所以存在這種可能。不過,宋版《通典》已是"滑"字,顧祖禹之説也僅作參考。朱華認爲此處"滑"也可能是"華"之訛,則衹是因音近推論[1]。司馬貞《史記索引》訓"滑"爲:"滑,亂也。"[2]另據《北堂書鈔》引《續漢書》:"王涣爲河南温縣令,士俗豪强,涣到,舉賢誅滑,民開門,皆放牛於野。""滑"亦可指不法之人。無論如何,所謂"水隨入滑"應即意味着以往用水的規範被打破,不法分子從中以碾磑牟利,奸宄叢生,其弊甚巨。正如宋人張方平所言:"昔在唐初,二渠所溉猶萬餘頃,及承平漸久,事不務本,沃衍之地占爲權豪觀遊林苑,而水利分於池榭碾磑,以故亡天府之利,貽天下之害。"[3]

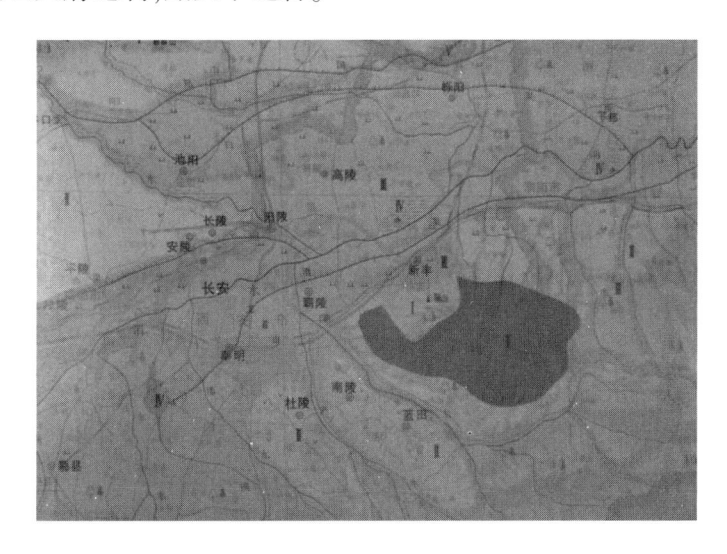

圖3　西安市西漢時期自然環境圖(局部)[4]

引文中長孫祥奏陳,昔日鄭白二渠可以灌溉農田四萬餘頃。此説承於舊史,考《史記·河渠書》《漢書·溝洫志》,僅鄭國渠修成後,"溉澤鹵之地"即達四萬餘頃[5]。此外,加上白渠的溉田面積,則其所謂"往日鄭、白渠溉田四萬餘頃"則

---

[1]　朱華《唐代關中地區碾磑毁廢原因新探》,《唐史論叢》第32輯,198頁。
[2]　《史記》卷一二六《滑稽列傳》,中華書局,1982年,3197頁。
[3]　張方平撰,鄭涵點校《張方平集》卷一九《平戎十策及表·足食》,中州古籍出版社,1992年,266頁。
[4]　史念海主編《西安歷史地圖集》,22頁。
[5]　《史記》卷二九《河渠書》,1408頁。

並非無稽之談(參圖3)。雖然這一數字,學界還存在不同看法[1],但不得不承認的是,至永徽年間,關中鄭白二渠僅能灌溉萬餘頃田地的狀況,顯然是不正常的。那麽,水利田數字劇降的原因究竟是什麽呢?

長孫祥又指出:"今爲富商大賈競造碾磑,堰遏費水,渠流梗澀。"富商與大賈同義,均指富有商人。《元和郡縣圖志》作"富僧大賈"[2],則分指兩類。事實上,後者的記錄可能更切合歷史情境。在唐代早期,關中寺院確實擁有大量財富,僧侶也經營不少碾磑斂財[3]。也就是說,很多富有的僧侶、商人住在涇渭流域,他們依靠"碾磑"磨麥營利,堰頭分流水源,造成鄭白兩渠水流梗塞,不能暢通[4]。富僧自然是寺院僧侶,那麽大賈可能是哪些人呢?

《新唐書・兵志》記"初,高祖以義兵起太原,已定天下,悉罷遣歸,其願留宿

---

[1] 《中國水利史稿》指出,單純取用涇水灌溉,鄭國渠的灌溉面積也衹能達到五十萬畝左右,遠不及四萬頃。參武漢水利電力學院《中國水利史稿》(上册),水利電力出版社,1979年,125頁。李令福認爲,《史記・河渠書》記載鄭國渠"溉澤鹵之地四萬餘頃"的真實含義,指的既不是鄭國渠實際灌田的面積,也不是某一年實際受水的面積,而是渠水所能達到的灌區的總規模。參李令福:《秦鄭國渠的初步研究》,陝西師範大學西北歷史環境與經濟社會發展研究中心編《歷史環境與文明演進——2004年歷史地理國際學術研討會論文集》,商務印書館,2005年,200頁。以往學者從農業技術史和歷史地理的角度,對"溉澤鹵之地四萬餘頃"的記載進行了討論。事實上,不應忽視《史記》文本內在的某些特徵。太史公記敘鄭國渠水利設施修建的旨意之一,即在於説明"秦以富彊,卒並諸侯"的歷史結果,並闡發"甚哉,水之爲利害也"的觀點,其中有無誇大,很難判別。此外,不應忽視的是,據司馬遷稱:"余南登廬山,觀禹疏九江,遂至於會稽太湟,上姑蘇,望五湖;東闚洛汭、大邳,迎河,行淮、泗、濟、漯洛渠;西瞻蜀之岷山及離碓;北自龍門至於朔方。"這表明他對各地水利設施皆親有探查,而在《史記》創作的年代,鄭國渠南岸的六輔渠亦在營建,這些支流無疑擴大了鄭國渠的流域面積,而四萬頃的數字是否也包括了漢代鄭國渠上六輔渠的灌溉範圍,亦待後考。

[2] "往日鄭白渠溉田四萬餘頃,今爲富僧大賈,競造碾磑,止溉一萬許頃。"李吉甫撰,賀次君點校《元和郡縣圖志》卷一《關内道一・京兆府上・雲陽》,中華書局,1983年,11頁。

[3] 參謝和耐著,耿昇譯《中國5—10世紀的寺院經濟》,甘肅人民出版社,1987年,142頁。

[4] 對此關中碾磑經營問題,比較早的研究有那波利貞《中晚唐時代燉煌地方佛教寺院》(上),《東亞經濟論叢》第1卷第3號,1941年,567—575頁;錢穆《水碓與水磑——思親強學室讀書記之十四》,《責善半月刊》第2卷第21期1942年,19—21頁。西嶋定生《碾磑尋蹤——華北農業兩年三作制的産生》,載劉俊文主編《日本學者研究中國史論著選譯》第四卷《六朝隋唐》,中華書局,1992年,358—377頁;吳晗《中古時代的水力利用——碾、磑、碓》,《中國建設月刊》第6卷第1期,1948年,36、37頁。梁中效《唐代的碾磑業》,《中國史研究》1987年第2期,130、131頁。《唐代關中地區碾磑毁廢原因新探》,《唐史論叢》第32輯,三秦出版社,2021年,185—200頁。等等。本文則是以《高陵令劉君遺愛碑》爲綫索,討論唐代關中基本經濟區衰落的原因,以及杜佑爲何在《通典》中花篇幅關心唐代的水利田問題,在細節考訂與史料理解方面也與諸位學者有所不同。

衛者三萬人。高祖以渭北白渠旁民棄腴田分給之,號'元從禁軍'。後老不任事,以其子弟代,謂之'父子軍'"[1]。以上記載表明,在渭北白渠旁,唐初以來居住着大量"元從禁軍",擁有土地。《鄴侯家傳》對居住白渠一帶元從禁軍的數字有更詳細的記載,云"太原從義之師心膂不歸者六萬",唐王朝將渭河白渠下七縣絶户膏腴之地分配給太原義師爲永業田,而且在每縣下專置太原田,將其分給太原元從之父兄子弟[2]。大量元從禁軍及其親屬居止於此,證明所謂的富商大賈至少有一部分可能是他們的後人。

引文顯示出,針對長孫晟的上奏,唐高宗李治很快就做出了批復:"疏導渠流,使通漑灌,濟波炎旱,應大利益。"長孫無忌也清楚白渠流經黄土高原,富含淤泥,灌漑會使得田地更加肥美,而且渠水發源地勢較高,向下游灌漑極廣,一直可以流至關中東大門同州地區;但是比爲碾磑,用水泄渠,水隨入滑[3],加之不法之人"壅遏耗竭",故得利遂少。

在皇帝和宰相的雙重支持下,長孫祥等分檢渠上碾磑,後皆毁之。可以設想,在長孫祥等人努力拆毁鄭白兩渠水碾後,涇渭流域的的農田缺水情况應該有所好轉。

可是,問題遠没解决。高宗雖令渠上碾磑皆毁撤之,但"未幾所毁皆復"。杜佑在長孫無忌"對曰"之後記述了一句"至大曆中,水田纔得六千二百餘頃"[4]。也就是說,一百多年後,依靠鄭白兩渠灌漑的水田纔6200餘頃,比起永徽六年拆毁渠上碾磑之前,少了近4000餘頃。較於漢代的4萬餘頃,鋭减數字更是驚人。中間百年究竟發生了什麽?杜佑没有詳細講述經過。他衹是羅列數字,通過今昔對比,感嘆水田衰减之甚。

好在《唐會要》卷八九《磑碾》《疏鑿利人》、《册府元龜》卷四九七《水利》部

---

[1] 《新唐書》卷五〇《兵志》,中華書局,1975年,1330頁。

[2] "國初太原從義之師,願留宿衛,爲心膂不歸者六萬。於渭北白渠之下七縣絶户膏腴之地分給義師家爲永業,於縣下置太原田以居其父兄子弟。於龍首監置營以處,並爲臣高祖仲威。起第於監內,謂之'元從禁軍'……初元從軍老及缺,必取其家子弟鄉親代之,謂之'父子軍'。"王應麟《玉海》(合璧本)卷一三八《兵制》引《鄴侯家傳》,中文出版社,1977年,2659—2660頁。

[3] 曾貽芬校箋《通典食貨典校箋》作:"比爲碾磑用水泄渠,水隨入滑。"巴蜀書社,2013年,44頁。與中華本《通典》句讀不同。

[4] 《通典》卷二《食貨二·水利田》,39頁。

分,所記爲我們瞭解水田鋭减的"故事"提供了一些綫索。涇渭流域的權勢之家大量修建的碾磑應當是這一流域水田鋭减的原因。

## 二

開元九年(721)正月,負責京畿水利的京兆少尹李元紘上奏"疏三輔諸渠"。《唐會要》對此事有簡要記載:"開元九年正月,京兆少尹李元紘奏疏三輔諸渠。王公之家,緣渠立磑,以害水功,一切毁之,百姓大獲其利。"[1]

《新唐書》同樣記載了李元紘的相關事迹。唐中宗年間李元紘仕任雍州司户參軍,太平公主聲震天下,號稱百司"順望風指"。此時太平公主曾與平民競營碾磑,李元紘則還之於民。雍州長史竇懷貞改李元紘判。元紘堅持己見,署判後曰:"南山可移,判不可摇也。"[2]其中,傳記中記"時王、主、權家皆旁渠立磑",也透露出像太平公主這樣的達官權貴一般都在京城經營碾磑。實際上,如李元紘一樣剛正不阿的官員,實屬鳳毛麟角,京兆尹、京兆少尹對於太平公主這樣的權勢之家,應該常常無可奈何。

雖然唐令强調四民分業,規定"工、商之家不得預於士,食禄之人不得奪下人之利"[3],同時也申明"凡官人不得於部内請射田地及造碾磑,與人爭利"[4],但是制度規定常常淪爲空文。現實生活中,親王、公主等權勢之家皆"旁渠立磑,潴堨爭利"[5],讓利於民基本淪爲口號。李元紘開元九年擔任京兆少尹時,曾下令盡毁王公權勢之家的碾磑,分溉渠下田,民賴其恩。這裏的"諸渠"自然含有鄭白兩渠,也包括京畿地區的其他小渠。其實,京兆少尹有一項法律賦予的權力就是督視"涇、渭、白渠"[6]。祇是面對豪勢之家"競逐水利"之時,京兆

---

[1] 王溥《唐會要》卷八九《磑碾》,中華書局,1960年,1622頁。
[2] 《新唐書》卷一二六《李元紘傳》,4419頁。
[3] 《唐六典》卷三《尚書户部》,74頁。
[4] 《唐六典》卷三〇《三府督護州縣官吏》,749頁。
[5] 《新唐書》卷一二六《李元紘傳》,4419頁。
[6] "河堤謁者六人,正八品下。掌完堤堰、利溝瀆、漁捕之事。涇、渭、白渠,以京兆少尹一人督視。"《新唐書》卷四八《百官志三》,1277頁。

尹、京兆少尹還需要有勇氣來懲辦。李元紘拆毀碾磑的事迹表明，至少在開元九年，京兆官員依然有過大規模拆除碾磑的舉動。

如果單看開元年間的《水部式》條文，政府對於關中地區的水利使用有嚴格的細則來限定。《水部式》規定："諸水碾磑，若擁水質泥塞渠，不自疏導，致令水溢渠壞，於公私有妨者，碾磑即令毀破。"〔1〕但具體執行起來，京兆少尹或京兆尹碰到的常常是官宦權勢之家，非富即貴，處理起來十分棘手。譬如，《舊唐書·高力士傳》稱其天寶年間"於京城西北截灃水作碾，並轉五輪，日碾麥三百斛"〔2〕。面對高力士這樣權勢熏天的人物，京兆府官員大概不敢也不便下手治理。

雖然歷經永徽六年、開元九年兩次大規模拆除，但豪勢之家依靠碾磑專占水利的問題並未解決。四十三年後，廣德二年（764），李栖筠又再次上奏要拆京城北白渠上王公、寺觀磑碾，目的在於廣水田之利〔3〕。關於此事，多種文獻記載略有不同，其中《册府元龜》卷四九七《邦計部·河渠》將此事記爲大曆初，時間顯誤，但文字多於其他文獻，兹錄如下：

> 先是，大曆初，李栖筠爲工部侍郎。時關中沃野千里，舊資鄭、白二渠，爲豪家貴戚，壅隔上流，置私碾百餘所，以收末利。農夫所得，十奪六七，栖筠舉奏其弊，悉毀折之，人大賴焉，公望充積。〔4〕

如上所記，碾磑壅水主要發生在鄭、白二渠上游，所謂"豪家貴戚，壅隔上流，置私碾百餘所"。另據《册府元龜》卷四七四《臺省部·奏議》稱李栖筠於代宗廣德

---

〔1〕 劉俊文《敦煌吐魯番唐代法制文書考釋》，329頁。

〔2〕 《舊唐書》卷一八四《高力士傳》，4758頁。《新唐書》記載略有不同，於"都北堰灃列五磑，日僦三百斛直"，5859頁。方萬鵬參考近代水碾磨麥的效率指出："《舊唐書》所載五輪水磑'日碾麥三百斛'是相對比較合理的，即每輪每日可加工六十斛，這個數字相對於晚近以來水磨的普遍加工效率，已屬很高了。《新唐書》所載'日僦三百斛直'有可能是纂史者在渲染高力士斂財之術時的率意之筆，不可據信，當以《舊唐書》所載爲準。"詳參方萬鵬《釋昇平公主"脂粉磑"——兼論唐代水力碾磑的生産效率和營利能力》，《唐史論叢》第31輯，三秦出版社，2020年，16—17頁。

〔3〕 "廣德二年，春，三月，敕工部侍郎李栖筠、京兆少尹崔洧拆公主水碾磑十所，通白渠支渠，溉公私田，歲收稻二百萬斛，京城賴之。常年命官皆不果敢，二人不避强禦，故用之。（本條不知原出何書。）"王讜撰，周勛初校證《唐語林校證》卷一《政事上》，中華書局，1987年，59頁。"廣德二年，尚書工部侍郎李栖筠復陳其弊，代宗亦命拆去私碾磑七千餘所。歲餘，栖筠出常州，私制如初。至大曆中，水利所及，纔六千二百餘頃。"《類編長安志》卷六《泉渠·渠·三白渠》，195頁。

〔4〕 《册府元龜》卷四九七《邦計部·河渠》，5952頁。

二年三月癸丑,"奏京畿諸縣百渠下王公寺觀碾磑凡七十餘所,有妨農利,并請毀廢,計收田租二百萬。言入,帝甚善之,爲權臣不便,寢之"[1]。如果《册府元龜》所記無差,李栖筠所上奏議未能全部實行,鄭、白二渠沿岸100多所私碾也衹拆除了70餘所。

爲何還有30餘所不能盡拆？材料顯示,是由於當權者的阻攔。此處所提到的"權臣"即元載。《册府元龜》卷三三九記:"又李栖筠爲工部侍郎,公望充積,爲載所出,爲常州刺史。"對照《邦計部・河渠》,李栖筠是由於拆除碾磑獲得人望,而元載也是因爲他"公望充積"而出其爲刺史。

李栖筠爲李吉甫之父,所以李吉甫特別在《元和郡縣圖志》關内道部分重點提及先父功績:"廣德二年,臣吉甫先臣文獻公爲工部侍郎,復陳其弊,代宗亦命先臣拆去私碾磑七十餘所。歲餘,先臣出牧常州,私制如初。至大曆中,利所及纔六千二百餘頃。"[2]其實,有其他文獻表明,京兆少尹崔昭[3]在此次碾磑拆除活動中起到過重要作用,非李栖筠獨占功勞。李吉甫在誇耀先考業績之時一同指出,在李栖筠出任常州刺史後不足一年時間,鄭白兩渠上就"私制如初"。到大曆年間,水利田衹有"六千二百餘頃"。"六千二百餘頃"的數字杜佑也提及,極言相比永徽年間水田數量鋭減。大曆總共十四年,此處之大曆,應指大曆十三年前白渠流域的水田總量。可是,鄭、白兩渠上的碾磑已經永徽六年、開元九年、廣德二年三次大規模的拆除。新的權勢之家對於鄭白流域水利的控制,依舊如燒不盡的野草,稍不留意,春風吹又生。

另外,廣德年間急切拆除私碾,還需考慮安史之亂後唐王朝財政困窘的狀況。此一時期,京師因爲缺少糧食發生饑荒,曾不得不屢次下達禁酤酒令。《新唐書・食貨志》記:

唐初無酒禁。乾元元年,京師酒貴,肅宗以稟食方屈,乃禁京城酤酒,期

---

[1]《唐會要》亦稱"奏請拆京城北白渠上王公寺觀磑碾七十餘所,以廣水田之利,計歲收粳稻三百萬石。"以此觀之,所謂"計收田租二百萬"或是李栖筠奏言所稱,是否是當年實際所收,亦有待商榷。《册府元龜》卷四七四《臺省部・奏議》,5657頁。

[2]《元和郡縣圖志》卷一《關内道一・京兆府上・雲陽》,11頁。

[3]《唐會要》記載爲"充京兆少尹崔昭",《唐語林》記載爲"京兆少尹崔沔"。崔沔開元二十七年去世,《舊唐書》卷一一《代宗紀》記載,大曆三年五月,"癸酉,以左散騎常侍崔昭爲京兆尹"。廣德二年時的京兆少尹極可能是崔昭。《唐語林》所記應誤。

> 以麥熟如初。二年,饑,復禁酤,非光禄祭祀、燕蕃客,不御酒。廣德二年,定天下酤户以月收税。建中元年,罷之。三年,復禁民酤,以佐軍費,置肆釀酒,斛收直三千,州縣總領,醨薄私釀者論其罪。尋以京師四方所湊,罷榷。貞元二年,復禁京城、畿縣酒,天下置肆以酤者,斗錢百五十,免其徭役,獨淮南、忠武、宣武、河東榷麴而已。[1]

而鄭白流域是重要的糧食産區,除供給京畿日常消耗外,面對着吐蕃的侵擾,還有相當沉重的軍糧供給任務:

> 廣德元年,詔一户三丁者免一丁,凡畝税二升,男子二十五爲成丁,五十五爲老,以優民。而彊寇未夷,民耗斂重。及吐蕃逼京師,近甸屯兵數萬,百官進俸錢,又率户以給軍糧。[2]

饑荒和軍事的雙重壓力下,恢復關中鄭白兩渠流域内的糧食種植和糧食産量,就顯得極爲迫切。不過,問題很難解決。6200餘頃的水利田,絕對難以支撐京畿地區衆多官民的生活所需。很難想象,如果没有江南轉運,唐王朝該如何維繫京畿地區的糧食消耗。6200餘頃的水利田數字應該是保持了一段時間並可能有所增加。

直到十三年後,鄭白流域内的碾磑纔再次被治理。《唐會要》記載:"〔大曆〕十二年(777),京兆尹黎幹開決鄭、白二水支渠及稻田磑碾,復秦漢水道,以溉陸田。"至此,6200餘頃的水利田應該又有所增加[3]。

《唐會要》又載:

> 大曆十三年正月四日奏:"三白渠下碾有妨,合廢拆總四十四所。自今以後,如更置,即依録奏。"其年正月,壞京畿白渠八十餘所。先是,黎幹奏以鄭、白支渠碾磑,擁隔水利,人不得灌溉,請皆毁之。從之。[4]

《册府元龜》所記過程更爲詳細:

> 大曆十二年,京兆尹黎幹奏曰:"臣得畿内百姓連狀,陳涇水爲碾磑,擁

---

[1]《新唐書》卷五四《食貨志四》,1381頁。
[2]《新唐書》卷五一《食貨志一》,1347頁。
[3] 關於開渠的時間,《新唐書》卷一四五《黎幹傳》記載稍有不同:"十三年,涇水擁隔,請開鄭、白支渠,復秦、漢故道以溉民田,廢碾磑八十餘所。"4721頁。《新唐書》或有不確。
[4]《唐會要》卷八九《磑碾》,1622頁。

隔不得溉田,請決開鄭、白支渠,復秦漢水道,以溉陸田,收數倍之利。"乃詔發使簡覆,不許碾磑妨農。幹又奏請修六門堰。許之。

十三年正月,壞京畿白渠磑八十餘所,以妨奪農業也。帝思致理之本,務於養人,以田農者,生民之原,苦於不足;碾磑者,興利之業,主於並兼。遂發使行其損益之由,僉以爲正渠無害,支渠有損。乃命府縣,凡支渠磑,一切罷之。[1]

以上《唐會要》所記與《册府元龜》所載亦有差異。下文《册府元龜》稱:"決開鄭、白支渠,復秦漢水道,以溉陸田",無"及稻田碾磑"五字,並祇强調"不許碾磑妨農"。決開支渠、決壞碾磑都可以理解,但所謂"稻田"則不好解釋。從下文看,其目的是"以溉陸田",即灌溉種植小麥、粟的旱地,是否説明蓄水量很大的稻田對旱地的灌溉也是一項阻礙?這種推論,其實也頗有可能。《天聖令》記"取水溉田,皆從下始,先稻後陸,依次而用"[2]。這證明稻田與陸田之間也會産生用水矛盾。

《册府元龜》這段記載還顯示出鄭白渠流域内舊有的秦漢水道皆被碾磑堵塞,秦漢時代原有的陸田自然不復存在。此次拆除的是鄭、白支渠上的碾磑,所謂"凡支渠磑,一切罷之",也就是説正渠上的碾磑並未涉及。本來按照唐代《水部式》規定,支渠、小渠上的碾磑也不是不能使用。《水部式》記"諸溉灌小渠上先有碾磑,其水以下即棄者,每年八月卅日以後,正月一日以前,聽動用。自餘之月,仰所管官司於用磑斗門下著鏁封印,仍去却磑石,先盡百姓灌溉。若天雨水足,不須澆田,任聽動用。其旁渠疑有偷水之磑,亦準此斷塞"[3]。按照《水部式》的規定,諸支渠上的小碾要在農閒季節使用,所謂八月三十日之後,正月一日之前。除此時間外,"磑斗門下著鏁封印,仍去却磑石",目的是爲了保證"百姓灌溉"。祇有"天雨水足,不須澆田"之時,碾磑纔任聽動用。其旁渠疑有偷水之磑,亦"著鏁封印,仍去却磑石"。

黎幹這封奏疏,以及十三年朝廷大規模拆除碾磑的舉動,還應置於十二年的

---

[1] 《册府元龜》卷四九七《邦計部・河渠》,5952頁。
[2] 天一閣博物館、中國社會科學院歷史研究所天聖令整理課題組《天一閣藏明鈔本天聖令校證(附唐令復原研究)》卷三〇《雜令》,中華書局2005年,第370頁。
[3] 劉俊文《敦煌吐魯番唐代法制文書考釋》,331—332頁。

諸多情境中進行觀察。支渠碾磑之弊在於堰塞河道,削減灌溉之利,但在洪澇之時,或又極易産生堰塞湖。《舊唐書》卷一一《代宗紀》稱:"〔大曆十二年〕六月癸巳,時小旱,上齋居祈禱,聖體不康,是日不視朝……冬十月丁亥,户部侍郎、判度支韓滉言解縣兩池生瑞鹽,乃置祠,號寶應靈慶池……京兆尹黎幹奏水損田三萬一千頃。度支使韓滉奏所損不多。兼渭南令劉藻曲附滉,亦云部内田不損。差御史趙計檢渭南田,亦附滉云不損。上曰:'水旱咸均,不宜渭南獨免。'復命御史朱敖檢之,渭南損田三千頃。上嘆息曰:'縣令職在字人,不損亦宜稱損,損而不聞,豈有卹隱之意耶!'劉藻、趙計皆貶官。"[1]由上記載可知,大曆十二年六月先經旱災,九月、十月關中又經澇災。尤其秋後的洪澇災害,亦見於《韓滉傳》:"大曆十二年秋,霖雨害稼,京兆尹黎幹奏畿縣損田,滉執云幹奏不實。乃命御史巡覆,回奏諸縣凡損三萬一千一百九十五頃。時渭南令劉藻曲附滉,言所部無損,白於府及户部。分巡御史趙計復檢行,奏與藻合。代宗覽奏,以爲水旱咸均,不宜渭南獨免,申命御史朱敖再檢,渭南損田三千餘頃。"[2]此次關内受災地區,多達三萬四千多頃。

從這個角度考慮,黎幹所謂"請決開鄭、白支渠,復秦漢水道",或也有疏浚之意。正是由於碾磑使得河道調節水利的功能喪失,關中遭災嚴重,在三個月後,朝廷決定拆毁八十餘座碾磑。

《唐會要》的記載顯示出,黎幹拆除的八十餘座碾磑中有兩輪碾磑是皇帝愛女昇平公主的產業[3]。《舊唐書·郭曖傳》稱這兩輪碾磑是"脂粉磑",盈利想必頗爲可觀[4],所以公主分外珍惜。八十餘所碾磑中也有郭子儀的"私磑兩

---

[1]《舊唐書》卷一一《代宗本紀》,311—313 頁。
[2]《舊唐書》卷二九《韓滉傳》,3600 頁。
[3]《唐會要》卷八九《磑碾》,1622 頁。
[4] 方萬鵬曾論證,脂粉磑含義有二:一者,是"湯沐邑"之一種,與"脂粉錢""脂粉田"相近,水碾所獲利潤供公主脂粉之資。二者,脂粉磑也用於加工生産脂粉所需的穀粉。相比而言,後者精細化程度高,收益巨大。對於脂粉磑的理解,本文同意第一種觀點。而考《舊唐書·王鉷傳》"唐法沿於周、隋,妃嬪宫官,位有尊卑,亦隨其品而給授,以供衣服鉛粉之費,以奉於宸極"(《舊唐書》卷一〇五《王鉷傳》,3229 頁),可知唐代後宫女性主用鉛粉,而非米粉。而方氏所據《齊民要術》所載配製胭脂法,所需米粉之量似亦並不大。故其第二種觀點仍待進一步考察。詳參方萬鵬《釋昇平公主"脂粉磑"——兼論唐代水力碾磑的生産效率和營利能力》,《唐史論叢》第 31 輯,19—21 頁。

輪",因此"所司未敢毀徹"。[1]對於脂粉磑,昇平公主也曾乞求留置。皇帝回答説:"吾爲蒼生,爾識吾意,可爲衆率先。"昇平公主兩輪水碾率先被毀,起到殺雞儆猴的功效,"公主即日命毀,由是勢門碾磑八十餘所皆毀之"。[2]昇平公主、郭子儀的事迹,可能依然能透露出白渠碾磑爲何屢禁不止的問題所在。權勢之家的阻礙大概是鄭白流域碾磑屢拆屢建的根本原因。

大曆十三年,京兆尹黎幹在皇帝的支持下拆除鄭白渠碾磑。"權勢之家"在鄭白兩渠專占水利,消耗無度的情況應該會得以緩解。然而,所謂涇陽地區的上田依然不斷被賜予官宦。唐德宗時期,李晟就獲得過"涇陽上田"[3],其他置産殖業的王公貴族恐怕不可勝數。

唐德宗貞元年間,京兆尹依然重視白渠水利。《唐會要》記載:"貞元四年六月二十六日,涇陽縣三白渠限口,京兆尹鄭叔則奏:六縣分水之處,實爲要害,請準諸堰例,置監及丁夫守當。敕旨依。"[4]此段,《玉海》卷二二《地理・唐三白渠》引《會要》作"貞元四年六月二十六日,涇陽縣三白渠限口,準諸堰例置監。(從京兆鄭叔則之請也)"[5]限口即是分水之處,如劉仁師修整之後的"三限口",即是白渠三叉分水之處。結合文義及《玉海》判定,《唐會要》所記疑有錯簡,引文疑爲:

> 貞元四年(788)六月二十六日,京兆尹鄭叔則奏:"涇陽縣三白渠限口,六縣分水之處,實爲要害,請準諸例,置監及丁夫守當。"敕旨依。

貞元四年六月二十六日,京兆尹鄭叔則上奏云三白渠限口,是六縣分水的要害之處,需要專門置監並且派遣丁夫守衛。這裏的監應指"洪池監"。《類編長安志》記該監在涇陽縣"西北五十里,管三白渠"[6]。所謂六縣乃分水之六縣,是指三白渠流經的諸縣。《宋史・河渠四》記"三白渠溉涇陽、櫟陽、高陵、雲陽、三原、

---

[1]《舊唐書》卷一二〇《郭曖傳》,3470頁。

[2]"又一云,帝以是年有詔,毀除白渠水支流碾磑,以妨民溉田。昇平有脂粉磑兩輪,所司未敢毀撤,公主見代宗訴之。帝謂主曰:'吾行此詔,蓋爲蒼生耳。爾豈不識我意耶?可爲衆率先。'公主即日命毀,由是勢門碾磑八十餘所皆毀之。"《册府元龜》卷四九七《邦計部・河渠》,5952頁。

[3]《舊唐書》卷一三三《李晟傳》,3671頁。

[4]《唐會要》卷八九《疏鑿利人》,1620頁。

[5]《玉海》(合璧本)卷二二《地理・唐三白渠》引《會要》,474頁。

[6]《類編長安志》卷一《涇陽縣》,33頁。

富平",而"六縣田三千八百五十餘頃……"[1]這段記載表明,唐德宗時代,徑直從白渠的分水處進行管理,爲何呢?這很可能和上下游的用水分配相關。

唐憲宗元和六年五月,京兆尹奏左右神策軍子弟承擔穿淘浻渠與安裝斗門的任務,購買渠地的價錢需要官府和碾戶分出[2]。碾戶表明在鄭白兩渠可能依然有大量碾磑存在並有專人以此謀生[3]。元和八年(813)十二月,以京兆尹李銛爲鄜坊觀察使,以代裴武入爲京兆尹。辛巳,敕:"應賜王公、公主、百官等莊宅、碾磑、店鋪、車坊、園林等,一任貼典貨賣,其所緣稅役,便令府縣收管。"[4]

## 三

此後,文獻顯示出鄭白兩渠上下游水利灌溉的問題比較突出。《唐會要》記:"初,仁師爲高陵令,上言三白渠可利者遠,而涇陽獨有之,條理上聞,其弊遂革,關中大賴焉。"[5]《唐會要》將此事的年代繫於大曆,時間顯誤。高陵令究竟在三白渠具體做了哪些工作,使得"其弊遂革,關中大賴焉"?弊又具體是哪裏?回答這些問題,有賴於前文提到的《高陵令劉君遺愛碑》[6]。這也讓我們從"故事"中再次回歸到高陵的時空。

按照《唐六典》規定:"凡用水自下始"[7],指明水利使用"自下"原則,應該是爲了避免上游獨占水利。白渠流溉六縣,但此時處在上游的涇陽人"果擁而顓之"。涇陽人"公取全流,浸原爲畦"。私開四竇,致使"澤不及下"。造成的後果是"涇田獨肥,它邑爲枯"。面對如此情況,高陵"人或赴訴,泣迎尹馬"。但是向京兆尹哭訴全然無功,"上涇之腴,皆權幸家,榮勢足以破理。訴者復得罪,均

---

[1] 《宋史》卷九四《河渠志五》,中華書局,1985年,2346頁。
[2] 《冊府元龜》卷四九七《邦計部·河渠》,5953頁
[3] 《天聖令》記"其欲緣渠造碾磑,經州縣申牒,檢水還流入渠及公私無妨者,聽之。即須修理渠堰者,先役用水之家"。《天一閣藏明鈔本天聖令校證(附唐令復原研究)》卷三〇《雜令》,370頁。這些用水之家應該即是碾戶。先役用水之家是一般原則,但這裏的徭役其實是官府和碾戶分擔。
[4] 《舊唐書》卷一五《憲宗紀》,448頁。
[5] 《唐會要》卷八九《疏鑿利人》,1621—1622頁。
[6] 《劉禹錫全集編年校注》卷一七《高陵縣令劉君遺愛碑》,1962—1967頁。
[7] 《唐六典》卷七《尚書工部》,226頁。

"咋舌不敢言,吞冤含忍,冢視孫子"[1]。直到長慶三年,到任的高陵令劉仁師勵精圖治,依照《水部式》及前後詔書規定,主張開通新的水道接入涇陽,碑中稱:"請杜私竇,使無棄流;請遵前令,使無越制。"[2]可是掾吏"依違不決",事情依舊不了了之。

兩年之後的寶曆元年(825),鄭覃擔任京兆尹,事情有了轉機。是年九月,劉仁師向皇帝狀陳高陵水利困境。皇帝將事情交給宰相、御史督辦。御史元谷親自調查,太常撰日,尚書省下符給京兆府,司錄姚康、士曹掾季紹轉符給涇陽縣,涇陽縣主簿實際操辦此事。至此,得到皇帝批示,尚書省正式下達公文。高陵人本以爲功成八九。但是上游涇陽人使了一個奇招去賄賂術士,上言皇帝:"白渠下,高祖故墅在焉,子孫當恭敬,不宜以畚鍤近阡陌。"[3]《元和郡縣圖志》記載:"龍躍宮,在縣(高陵)西十四里,高祖太武皇帝龍潛舊居也,武德六年置。"[4],李淵"龍潛舊居"自然不宜動土。事實上,奇士的言論也是有法律依據的,按照《水部式》規定"溉灌者又不得浸人廬舍,壞人墳隧"[5]。何況是李唐皇室舊宅。《唐律疏議》卷一《名例律》"十惡"中記"謀大逆"指"謂謀毀宗廟、山陵及宮闕"[6],故而如在高祖舊居動土,則應是"謀大逆"的罪行。唐敬宗聽聞,便命京兆立即停止工事。《高陵令劉君遺愛碑》稱劉仁師叩頭至額破血流,事情纔又有起色。丞相彭原公李程斂容謝曰:"明府真愛人,陛下視元元無所恡,第未周知情僞耳。"[7]遂幫劉仁師呈言皇帝。翌日,皇帝下詔允諾動工(參圖4)。

事實上,依據《水部式》,唐王朝曾嚴格限制民間在"涇、渭、白渠"上修建堤堰,稱"不得當渠造堰"。祇有在"地高水下"之處,且農田需要灌溉的情況下,纔聽其"臨時蹔堰"[9]。但高陵縣渠堰的修築乃是奉詔而行,或不受此約束。興

---

[1] 《劉禹錫全集編年校注》卷一七《高陵縣令劉君遺愛碑》,1967頁。
[2] 《劉禹錫全集編年校注》卷一七《高陵縣令劉君遺愛碑》,1967頁。
[3] 《劉禹錫全集編年校注》卷一七《高陵縣令劉君遺愛碑》,1962頁。
[4] 《元和郡縣圖志》卷二《關內道二·京兆府下·高陵》,27頁。
[5] 《唐六典》卷七《尚書工部》,226頁。
[6] 長孫無忌等撰,劉俊文箋解《唐律疏議箋解》卷第一《名例》,中華書局,1996年,57頁。
[7] 《劉禹錫全集編年校注》卷一七《高陵縣令劉君遺愛碑》,1962—1963頁。
[8] 此圖蒙武漢大學歷史學院畢康健博士繪製,在此專致謝意。
[9] 劉俊文《敦煌吐魯番唐代法制文書考釋》,326頁。

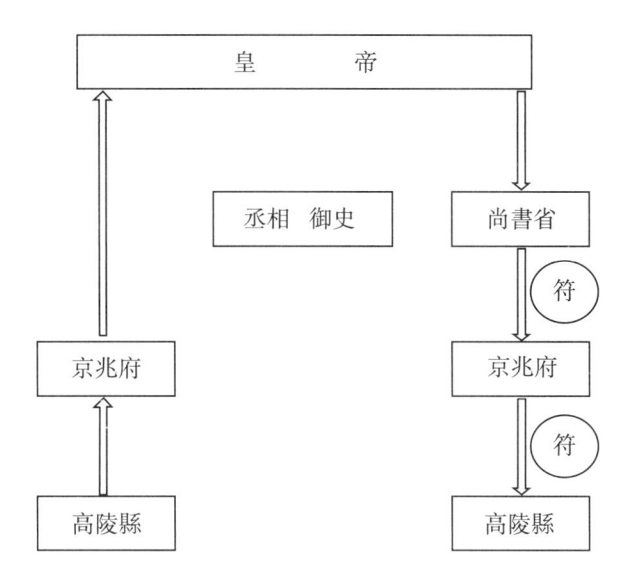

```
                    ┌─────────────┐
                    │   皇   帝   │
                    └──┬───────▲──┘
                       │       │
                       ▼       │
         ┌─────────┐       ┌─────────┐
         │丞相 御史│       │ 尚書省  │
         └─────────┘       └────┬────┘
                                │ 符
                                ▼
         ┌─────────┐       ┌─────────┐
         │ 京兆府  │       │ 京兆府  │
         └────▲────┘       └────┬────┘
              │                 │ 符
              │                 ▼
         ┌─────────┐       ┌─────────┐
         │ 高陵縣  │       │ 高陵縣  │
         └─────────┘       └─────────┘
```

**圖4　《高陵縣令劉君遺愛碑》載文書行政處理示意圖**[1]

修水利一般在冬天農閒時間，劉仁師率領鄉民經仲冬、季冬，修渠建堰。終成一派水流滾滾、耕種繁忙的景象。劉禹錫在《高陵令劉君遺愛碑》中描述其情景如下："駛流渾渾，如脈宣氣，蒿荒漚冒，迎耜釋釋。"[1] 高陵六十年懸而未決的灌溉難題，因劉君的到來而得到改變。碑稱"吞恨六十年，明府雪之"。因此"請名渠曰劉公，而名堰曰彭城"。渠水"按股引而東，千七百步，其廣四尋，而深半之"。是歲關中旱災頻仍，而"渠下田獨有秋"。

劉公渠成第二年，涇陽、三原白渠上游二縣，又私設堰塞為七堰，損折水勢，使得下游渠水不豐。劉仁師親至京兆府陳情，京兆府命蘇特至水濱，盡撤堰塞，於是高陵縣民衆得享渠水長利，碑稱縣民為了感念劉仁師治水功績，生子皆以劉名之[2]。可見劉仁師善政確實造福一方。

高陵人"蒙被惠風"，而惜"劉公"捨去，遂"發於胸懷，播為聲詩"。劉禹錫採其旨而變其詞，誌於石。文曰：

噫，涇水之逶迤，溉我公兮及我私。水無心兮人多僻，錮上游兮乾我澤。

時逢理兮官得材，墨綬縈兮劉君來。能愛人兮恤其隱，心既公兮言既盡。縣

---

[1] 《劉禹錫全集編年校注》卷一七《高陵縣令劉君遺愛碑》，1963頁。
[2] 《劉禹錫全集編年校注》卷一七《高陵縣令劉君遺愛碑》，1963頁。

申府兮府聞天,積憤刷兮沈痾瘳。劃新渠兮百畎流,行龍蛇兮止膏油。遵水式兮復田制,無荒區兮有良歲。嗟劉君兮去翱翔,遺我福兮牽我腸。紀成功兮鑴美石,求信詞兮昭懿績。[1]

此後,唐文宗大和元年,曾特別下詔强調"任百姓取水溉田",這似乎是針對高陵百姓專言。從相關迹象來看,高陵等白渠下游地區在晚唐取用渠水灌溉的情況有所改觀,大和二年十一月,京兆府奏准御史中丞温造等奏,修醴泉、富平等十縣渠堰、斗門等,醴泉、富平都是白渠下游流經的區域,被特別提出。同時差少尹韋文恪充渠堰使,便令自揀擇清强官三人,專令巡檢修造。

同年唐文宗在鄭白流域内推廣江南水車,目的在於"以廣溉種":

二年閏三月,京兆府奏准内出樣,造水車訖。時鄭、白渠既役,又命江南徵造水軍匠。帝於禁中親指準,乃分賜畿内諸縣,令依樣製造,以廣溉種。[2]

水車乃汲水灌溉設施。隨着京兆府興修關中渠堰、主導製造標準水車,大和年間關中地區鄭白流域的水田灌溉應該有所好轉。

不過,稍令人感到蹊蹺的是,劉仁師此次治理白渠,衹是修堰拓展水流,並未涉及碾磑問題,是白渠上碾磑占水的問題解决了嗎?我想可能並未解决,劉仁師以高陵縣令之職可能不敢拆除權勢之家的碾磑。上文提到的京兆尹鄭覃即使在擔任宰相後,依然對涇陽碾磑採取較爲温和的態度。

開成元年(836)正月乙巳,唐文宗御紫宸殿,宰臣鄭覃、李石進曰:"陛下改元御殿,中外寧謐,今於(宋本《册府元龜》作'全放',應是)京兆府一年租税,又停天下四節進奉,恩澤所該,實當要切。近年赦令皆不及此。"[3]他們也討論到涇陽碾磑、水利問題。李石又奏:"涇陽水利,方春作時,請禁碾磑;秋冬水閑,任却動用。"[4]李石的上奏表明,上游涇陽地區依然存在大量碾磑,他衹是强調在農忙季節停用碾磑,而秋冬水閑,任用碾磑。宰相鄭覃也衹是説:"務農乃原其本也,遊手末作,自當衰止。"[5]除此之外,並無更爲激進的意見。

---

[1] 《劉禹錫全集編年校注》卷一七《高陵縣令劉君遺愛碑》,1963—1964頁。
[2] 《册府元龜》卷四九七《邦計部·河渠第二》,5955頁。
[3] 《册府元龜》卷五八《帝王部·勤政》,651頁。
[4] 同上。
[5] 同上。

數年後,權勢之家專占水利的情況可能依舊存在。皇室後胤李知柔擔任京兆尹之時,鄭、白渠又出現"梗壅"的情形,以致民不得歲。李知柔調任三輔,"治復舊道,灌浸如約"[1],遂無旱虞。民衆詣闕請立石紀功。李知柔當然不願打破在任不樹立德政碑的慣例,固讓得止。

最近新見晚唐宦官《張彥敏墓志》講述唐懿宗即位之後,曾派遣宦官張彥敏對鄭白渠進行整修:

> 今皇帝踐登寶位,搜訪瓌材,嚮公幹蠱之能,籍□□□之譽。特加朱紱,用旌懋勳。旋以鄭白舊渠,秦漢所保,既人民是賴,實衣食之原。堰埭致於六門,破壞皆由春水。國力□費,常歲繕修。功用千餘,金帛萬計。莫保盤石之固,常憂累卵之危。欲謀經久之牢,須資奇異之略。公於此際,實在僉論。恩命既頒,監工斯至。伐丁丁之木,召赳赳之夫。持畚者舉袂成幃,荷鍤者揮汗如雨。俄聞奏罷,已見畫圖。功且逾於建橋,誠更懇於拜井。堅固莫量其遠近,緡錢且省其萬餘。伏奏未終,金章已賜。光輝里巷,愜稱時情。行止漸逼於煙霄,問望更臻於外内。既歷試諸難,合踐天鈞。當四方多壘之時,是數處屯兵之日。[2]

引文稱:"旋以鄭白舊渠,秦漢所保,既人民是賴,實衣食之原。堰埭致於六門,破壞皆由春水。"其中六門是指涇陽縣三白渠六斗門。"涇陽縣三白渠限口,六縣分水之處,實爲要害。"春水應即桃花汛。《漢書·溝洫志》記:"來春桃華水盛,必羨溢,有填淤反壤之害。"[3]顏師古注:"《月令》'仲春之月,始雨水,桃始華',蓋桃方華時,既有雨水,川谷冰泮,衆流猥集,波瀾盛長,故謂之桃花水耳。"[4]六門即面臨着"春水"危害。季汛時期,分水六斗門等容易受損,平抑水流的作用減弱,故文稱"莫保盤石之固,常憂累卵之危"。爲了修六埭財政消耗巨大,墓誌稱:"國力□費,常歲繕修。功用千餘,金帛萬計。"但這種情況,因爲宦官張彥敏

---

[1]《新唐書》卷八一《睿宗諸子·嗣薛王知柔傳》,3603頁。
[2] 王慶昱《新見晚唐宦官張彥敏墓誌所涉史事考述》,《唐史論叢》第27輯,三秦出版社,2018年,325—326頁。録文中,"盤石"誤録爲"磐石","拜井"誤録爲"鑿井","春水"誤録爲"春水",今對照墓誌圖版改正。
[3]《漢書》卷二九《溝洫志第九》,中華書局,1962年,1689頁。
[4]《漢書》卷二九《溝洫志第九》,1690頁。

的到來而得到改觀。"公於此際,實在僉論。恩命既頒,監工斯至。伐丁丁之木,召赳赳之夫。持畚者舉袂成幬,荷鍤者揮汗如雨。"最終在張彦敏的監工下,"緡錢且省其萬餘"。張彦敏監修鄭白渠六斗門,還是與朝廷看重關中農業的背景相關。在龐勛曾切斷東南漕運的背景下,保障關中水利設施免遭春汛損害、恢復糧食種植,在帝國諸項事務中,就顯得十分迫切。

唐僖宗光啓元年(885),南方持續戰亂,漕運不至,唐都長安雖號稱沃野,然"其土地狹,所出不足以給京師,備水旱,故常轉漕東南之粟"[1]。關中鄭白水田又被再次想起:

> 僖宗光啓元年三月,詔曰:"食乃人天,農爲國本,兵荒益久,漕輓不通,而關中鄭、白兩渠,古今同利,四萬頃沃饒之業,億兆人衣食之源。比者權豪競相占奪,堰高磑下,足明棄水之由;稻浸稑澆,乃見侵田之害。今因流散,尚可經營。宜委京兆尹選强幹僚屬,巡行鄉里,逐便相度,兼利公私。或署職特置使名,假之權寵,或力田遞升科級,許免徵徭,因務勸公,冀能兼蓄,亦宜速具聞奏。"[2]

唐僖宗在詔書中特別强調"兵荒益久,漕輓不通",所以關中鄭白渠農田灌溉往事又被提及。鄭白渠蘊含偉力,他聲稱:"關中鄭、白兩渠,古今同利,四萬頃沃饒之業,億兆人衣食之源。"鄭白渠在漢代能灌溉四萬餘頃是唐人的集體記憶。但是在唐末關中缺糧少衣的情況下,唐僖宗依然提到鄭白流域"權豪競相占奪,堰高磑下"的現狀。他試圖委派京兆尹選派"强幹僚屬",巡行鄉里,更改前弊。但結果可想而知。

## 結語:權勢之家與"關中基本經濟區"

《高陵縣令劉君遺愛碑》開篇記涇水東行,注白渠,釃而爲三,以沃關中,故秦人常得善歲[3]。劉禹錫用一句話回顧白渠水利往事,闡述雖簡,倒也是事

---

[1]《新唐書》卷五三《食貨志三》,1365頁。
[2]《册府元龜》卷四九七《邦計部·河渠第二》,5955頁。
[3]《劉禹錫全集編年校注》卷一七《高陵縣令劉君遺愛碑》,1962頁。

實。實際上,"鄭國在前,白渠起後"。關中農業經濟有一個重要轉折就是從鄭國渠修成開始的。司馬遷在《史記》中就高度稱贊鄭國渠的功用:"用注填閼之水,溉澤鹵之地四萬餘頃,收皆畝一鍾。於是關中爲沃野,無凶年,秦以富强,卒併諸侯,因命曰鄭國渠。"[1]在太史公看來,鄭國渠的修成,"溉澤鹵之地"後,秦國獲得了旱澇保收的農業腹地。鄭國渠廣袤的灌溉範圍是"秦以富强,卒併諸侯"的根本經濟保證。

公元前95年,白渠的修成,使得關中平原灌溉面積更加廣闊:

> 太始二年,趙中大夫白公復奏穿渠。引涇水,首起谷口,尾入櫟陽,注渭中,袤二百里,溉田四千五百餘頃,因名曰白渠。民得其饒,歌之曰:"田於何所?池陽、谷口。鄭國在前,白渠起後。舉臿爲雲,決渠爲雨。涇水一石,其泥數斗。且溉且糞,長我禾黍。衣食京師,億萬之口。"言此兩渠饒也。[2]

鄭白兩渠的存在,大概是歷代政權得以在關中立足的重要經濟資本。所謂"關中爲沃野,無凶年";"衣食京師,億萬之口",這都是對兩渠重要功用的評價[3]。學者冀朝鼎亦高度重視鄭白二渠對關中"基本經濟區"形成的重要性,他認爲關中廣袤的農業耕地是秦漢帝國"地理與經濟基礎"[4]。

但是進入隋唐時代,司馬遷描述的情況已經不復存在。大量官僚貴族的湧入,隋唐王朝的賜田、食實封等政策,使得關中成了所謂"人多地狹"之地,加之雨霖天旱等自然災害,不時出現饑饉的情形,以致皇帝要親自帶領百官去關東就食[5]。

此外,官僚貴族不僅在關中廣占田地,他們還經營大量碾磑抽取水流,影響農田水利灌溉,使得關中人多地少的情況雪上加霜。據上文羅列,唐王朝在永徽六

---

[1]《史記》卷二九《河渠書》,中華書局,1982年,1408頁。
[2]《漢書》卷二九《溝洫志》,中華書局,1962年,1685頁。
[3]《漢書》卷二九《溝洫志》,1678,1685頁。
[4] 參考冀朝鼎《中國歷史上的基本經濟區與水利事業的發展》,中國社會科學出版社,1981年,65—70頁。
[5] "上以關中饑饉,米斗三百,將幸東都;丙寅,發京師,留太子監國,使劉仁軌、裴炎、薛元超輔之。時出幸倉猝,扈從之士有餓死於中道者。上慮道路多草竊,命監察御史魏元忠檢校車駕前後。元忠受詔,即閱視赤縣獄,得盜一人,神采語言異於衆;命釋桎梏,襲冠帶,乘驛以從,與之共食宿,托以詰盜,其人笑許諾。比及東都,士馬萬數,不亡一錢。"《資治通鑑》卷二〇三《唐紀十九》高宗永淳元年四月,6407頁。

年、開元九年、廣德二年、大曆十三年下詔要求拆除碾磑,但結果是屢拆屢建。至大曆年間,灌溉數字從漢代的 45000 頃鋭減至 6200 餘頃,農田面積降至不足原額的 1/7。關中作爲農業中心的盛况一去不返。要説水田鋭減的原因,權勢之家的碾磑經營恐怕是最重要的。"量地以制邑,度地以居民"的原則被破壞了。

杜佑在《通典》卷一七四《州郡典》"雍州"條下同樣提到了關中水利田鋭減的問題。文字透露出他關心關中鄭白渠水田,目的是以今况古,尋找對付吐蕃的策略。兹赘引如下:

> 或曰:"昔秦以區區關中,滅六强國,今萬方財力,上奉京師,外有犬戎憑陵,城陷數百,内有兵革未寧,年將三紀,豈制置異術而古今殊時者乎?"答曰:"按周制,步百爲畝,畝百給一夫。商鞅佐秦,以一夫力餘,地利不盡,於是改制二百四十步爲畝,百畝給一夫矣。又以秦地曠而人寡,晉地狹而人稠,誘三晉人發秦地利,優其田宅,復及子孫。而使秦人應敵於外,非農與戰,不得入官。大率百人則五十人爲農,五十人習戰,兵强國富,職此之由。其後仕宦之途猥多,道釋之教漸起,浮華浸盛,末業日滋。今大率百人方十人爲農,無十人習戰,其餘皆務他業。以今準古,損益可知。又秦開鄭渠,溉田四萬頃。漢開白渠,復溉田四千五百餘頃。關中沃衍,實在於斯。聖唐永徽中,兩渠所溉,唯萬許頃。洎大曆初,又減至六千二百餘頃,比於漢代,減三萬八九千頃。每畝所減石餘,即僅校四五百萬石矣。地利損耗既如此,人力散分又如彼,欲求强富,其可得乎!昔漢文之時,長安之北七百里外,即匈奴之地,控弦數十萬騎,侵掠未嘗暫寧。計其舉國人衆,不過漢一大郡。晁錯請備障塞,北邊由是獲安。今自潼關之西,隴山之東,鄜坊之南,終南之北,纔十餘州地,已數十萬家。吐蕃雖强,陷覆河隴,竊料全國,尚未敵焉。况餘力薄才,食鮮藝拙,比之華人,殊不侔矣。徒以令峻而衆心齊一,馬多而競逐莫及。誠能復兩渠之饒,究浮食之弊,恤農夫,誘其歸,趣撫戰士,勵其勳伐,酌晁錯之策,擇險要之地,繕完城壘,用我所長,漸開屯田,更蓄財力,將冀收復河隴,豈唯自守而已哉!加以幅圓萬里之所資,宣布皇王之大政,則何嚮不濟、何爲不成者乎!"[1]

---

[1]《通典》卷一七四《州郡四·古雍州》,4563—4564 頁。

杜佑指出"昔秦以區區關中,滅六強國",同樣是依憑關中之地,而且如今有各方財力"上奉京師",但是如今關中地區外有吐蕃侵陵,"城陷數百",内有兵革未息,年將三紀(涇師之亂)。這是因爲政術差異還是因爲"古今殊時"？

接下來的回答,自然是圍繞這兩個問題展開。杜佑藉他人之口回答,秦之所以能滅六國,是因爲商鞅變法,改革田畝制度,徠三晉民衆盡秦地利,强調唯耕與戰等等措施〔1〕。杜佑聲稱,在商鞅的這些舉措下,秦國"五十人爲農,五十人習戰",秦國"兵强國富,職此之由"。但是,唐王朝"百人方十人爲農,無十人習戰,其餘皆務他業"。

他同時强調水利設施對於關中地區的作用,"又秦開鄭渠,溉田四萬頃。漢開白渠,復溉田四千五百餘頃。關中沃衍,實在於斯"。但是進入唐代,情況就發生了重大轉變,關中地力衰退嚴重。"唐永徽中,兩渠所溉,唯萬許頃。洎大曆初,又減至六千二百餘頃,比於漢代,減三萬八九千頃。每畝所減石餘,即僅校四五百萬石矣。"他進而感嘆道:"地利損耗既如此,人力散分又如彼,欲求强富,其可得乎!"

杜佑還非常清楚,安史之亂後,唐王朝通過漕運向關中輸送的糧食鋭減。《通典》記:"至天寶七載,滿二百五十萬石。……大曆後,水陸運每歲四十萬石入關。"〔2〕因此,杜佑也很擔心唐代的江南轉運有一天被切斷。面對內憂外患,他試圖恢復漢代地力,目的在於維繫京畿生計的同時進而應對吐蕃威脅。他又借古諷今用漢文帝備障塞,禦匈奴的事迹來尋找唐王朝抵禦吐蕃的方法。他説:"誠能復兩渠之饒,究浮食之弊,恤農夫,誘其歸,趣撫戰士,勵其勳伐,酌晁錯之策,擇險要之地,繕完城壘,用我所長,漸開屯田,更蓄財力,將冀收復河隴,豈唯自守而已哉!"

以上這些都透露出杜佑在《通典·食貨典》中專闢"水利田"一門進而關心京畿水利灌溉的原因。但是他的想法多少有些理想主義。

李唐滅亡後,進入宋代,鄭白兩渠流域内的耕地面積進一步減少,鄭白流域

---

〔1〕 相關研究可以參考孫聞博《商鞅"農戰"政策推行與帝國興衰——以"君—官—民"政治結構變動爲中心》,《中國史研究》,2020 年第 1 期,33—50 頁。

〔2〕《通典》卷一〇《食貨十·漕運》,224 頁。

溉田面積不及兩千頃:

> 至道元年正月,度支判官梁鼎、陳堯叟上鄭白渠利害:"按舊史,鄭渠元引涇水,自仲山西抵瓠口,並北山東注洛,三百餘里,溉田四萬頃,畝收一鍾。白渠亦引涇水,起谷口,入櫟陽,注渭水,長二百餘里,溉田四千五百頃。兩渠溉田凡四萬四千五百頃,今所存者不及二千頃,皆近代改修渠堰,浸隳舊防,繇是灌溉之利,絶少於古矣。鄭渠難爲興工,今請遣使先詣三白渠行視,復修舊迹。"於是詔大理寺丞皇甫選、光禄寺丞何亮乘傳經度。[1]

關中平原在唐以後不復爲政治中心,這和該區域農業腹地的衰落密切相關。但是根據《元史》記載,由於豐利渠的整修,至大二十年關中流域灌溉面積進一步復原至四萬五千餘頃:

> 至大元年(1308),王琚爲西臺御史,建言於豐利渠上更開石渠五十一丈,闊一丈,深五尺,積一十五萬三千工,每方一尺爲一工。自延祐元年興工,至五年渠成。是年秋,改隤至新口。泰定間,言者謂石渠歲久,水流漸穿逾下,去岸益高。至正三年,御史宋秉亮相視其隤,謂渠積年坎取淤土,疊壘於岸,極爲高崇,力難送土於上,因請就岸高處開通鹿巷,以便夫行。廷議允可。四年,屯田同知牙八胡、涇尹李克忠發丁夫開鹿巷八十四處,削平土壘四百五十餘步。二十年,陝西行省左丞相帖里帖木兒遣都事楊欽修治,凡溉農田四萬五千餘頃。[2]

同樣的土地、同樣的水利環境,每個王朝的治水策略大同小異,但是歷代的"治水執行力"却十分不同。這從某種程度上也反映了王朝的興衰程度。

附記:本文曾在 2023 年 6 月 17—18 日復旦大學中國語言文學系舉辦的"文本制度與社會:唐人文集的世界"工作坊上宣讀。評議人仇鹿鳴老師等曾提出過不少寶貴意見,修改時多有參酌。在寫作、修改的過程中,辛康、畢康健、李兆宇、戴汶熹、井浩淼等同學提供了不少幫助。在此一並致謝!唯文責自負。

---

[1]《宋史》卷九四《河渠志四》,2346 頁。
[2]《元史》卷六六《河渠志三》,中華書局,1976 年,1658—1659 頁。

# "The Stele of Commemorating the Accomplishment of Mr. Liu, the County Magistrate of Gaoling" and Hydraulic Engineering in Guanzhong

Lü Bo

Liu Yuxi 劉禹錫's "The stele commemorating the accomplishment of Mr. Liu, the county magistrate of Gaoling" 高陵令劉君遺愛碑 records the unwavering efforts of Liu Renshi 劉仁師, the county magistrate of Gaoling, in water management. The water problems faced by Gaoling County were typical in the Guanzhong region, as the irrigated areas by the Zheng 鄭 and Bai 白 irrigation canals had declined sharply. As the capital of the Tang dynasty was located in Guanzhong 關中, many bureaucrats and aristocrats seized vast tracts of land in the Jing 涇 and Wei 渭 River basin and operated numerous water-powered stone mills to extract water. This significantly undermined agricultural irrigation in the region. Despite repeated attempts by the court to get the problem under control, they were unsuccessful. As a result, the irrigation capacity of the Zheng and Bai irrigation canals never recovered to the level of the Han dynasty's 40,000 hectares and the foundation of "watered fields" of the Guanzhong region, which served as a "fundamental economic zone," ceased to exist.

# 撰作類型與制度性塑造：
# 韋丹遺愛碑所見唐代的德政記述

## 徐紫悦

杜牧《樊川文集》收有三篇與韋丹遺愛碑有關的文章，爲《唐故江西觀察使武陽公韋公遺愛碑》《進撰故江西韋大夫遺愛碑文表》及《謝許受江西送撰韋丹碑彩絹等狀》[1]（以下分別簡稱爲《韋碑》《進表》及《謝狀》），這三篇文章展現了一個鏈條較爲完整且細節豐富的唐代德政碑文進撰過程，頗爲難得。

遺愛碑之屬，乃稱頌官員政績的紀念碑。唐人封演謂"在官有異政，考秩已終，吏人立碑頌德……故謂之'頌德碑'，亦曰'遺愛碑'"[2]，可見遺愛碑與頌德碑並無二致。葉昌熾總結"立碑之例"，將遺愛碑歸入述德類，"郡邑吏民爲其府主伐石頌德，統謂之'德政碑'"，並列舉了頌德碑、清德頌、善政碑等諸多別名[3]，是爲的論。因此本文將此類記頌官員德政功績的碑碣通稱爲德政碑。

近年來關於唐代德政碑的研究不斷湧現，學者已就德政碑立碑制度的演變、德政碑的頒授程式、德政碑所反映的多層級政治主體之間的複雜互動等話題作了較多討論，充分揭示了德政碑之申立條件、頒授流程、政治景觀效應等各方面

---

[1] 杜牧撰，吳在慶校注《杜牧集繫年校注》卷七《唐故江西觀察使武陽公韋公遺愛碑》、卷一五《進撰故江西韋大夫遺愛碑文表》、卷一五《謝許受江西送撰韋丹碑彩絹等狀》，中華書局，2008年，693—696、941—942、962頁。

[2] 封演撰，趙貞信校注《封氏聞見記校注》卷五《頌德》，中華書局，2005年，40頁。

[3] 葉昌熾撰，柯昌泗評《語石 語石異同評》卷三"立碑總例"條，中華書局，1994年，180—182頁；並參葉昌熾撰，姚文昌點校《語石》，浙江大學出版社，2018年，89—90頁。

的情況,以及德政碑所映射出的唐代地方社會面貌[1]。總之,既有研究多側重於在"中央—地方"這組政治關係的視角下對德政碑加以考察,在上述視角之外,德政碑亦與唐代的考課制度緊密相關——例如《舊唐書·良吏傳下》云薛珏"拜試太子中允,兼渭南尉,奏課第一",遷官離任後,渭南縣民"請立碑紀政,珏固讓不受"[2];又如滎陽縣令盧正道清德碑,刻於其碑陽的敕文褒獎盧正道"課最居首"等[3]。筆者管見,將唐代德政碑與官員考課相聯繫並作了集中論述的是臺灣學者劉馨珺,劉著系統搜集了唐代地方官建生祠、立德政碑的事例,分析了這些事例在時間、地點、碑主官職、立碑方式上的分布情況,並結合宋代的事例着重討論唐宋考課法的執行與變化[4],創獲頗多,不過對唐代考課制度層次性的關注稍有不足。可以進一步追問的是,唐代考課制度中的哪些環節會與德政碑產生關聯?考課過程中的行政文書又與稍顯格套化的德政碑文有何關係?這些問題都尚待繼續探討。除《樊川文集》集中了與韋丹遺愛碑相關的三篇文章以外,韓愈爲韋丹撰寫的墓誌銘亦幸賴韓愈文集得以留存於世[5],這兩處材料遺留下的蛛絲馬迹,提供了解答上述問題的綫索。

本文首先考察韋丹遺愛碑頒賜事件,以此作爲進一步分析《韋碑》的背景論述。其次從《韋碑》提供的德政碑文撰作細節出發,就唐代德政碑文的撰作流程、撰文材料、撰者身份展開討論,並從中歸納出德政碑文的撰作類型。最後,以《韋碑》與韋丹誌文所記韋丹江西觀察使任上的營建、開田數目大致相合爲切入點,並結合其他德政

---

[1] 如榮新江《敦煌寫本〈敕河西節度兵部尚書張公德政之碑〉校考》,《周一良先生八十生日紀念論文集》,中國社會科學出版社,1993年,206—216頁;劉馨珺《"唐律"與宋代法文化》貳《〈職制律·長吏輒立碑〉與地方官考課》,嘉義大學出版社,2010年,71—186頁;仇鹿鳴《權力與觀衆:德政碑所見唐代的中央與地方》,原刊《唐研究》第19卷,增訂後收入仇鹿鳴《長安與河北之間:中晚唐的政治與文化》,北京師範大學出版社,2018年,124—173頁;劉琴麗《中晚唐時期敕賜德政碑考論》,黃正建主編,中國社會科學院歷史所隋唐宋遼金元史研究室編《隋唐遼宋金元史論叢》第5輯,上海古籍出版社,2015年,73—82頁;夏炎《唐代石刻水旱祈禱祝文的反傳統表達及其在地方治理中的功用》,《史學月刊》2021年第5期,60—72頁;何亦凡《唐代德政類碑刻:民間社會與王朝國家互動的鮮活證明》,《中國典籍與文化》2023年第1期,21—31頁;等等。茲不贅舉。

[2] 《舊唐書》卷一八五下《良吏傳下·薛珏傳》,中華書局,1975年,4827頁。

[3] 王昶輯《金石萃編》卷六八《盧正道敕》,中國書店影印掃葉山房本,1985年,葉四a。

[4] 劉馨珺《"唐律"與宋代法文化》貳《〈職制律·長吏輒立碑〉與地方官考課》,71—186頁。

[5] 韓愈著,劉真倫、岳珍校注《韓愈文集彙校箋注》卷一五《唐故江西觀察使韋公墓誌銘》,中華書局,2010年,1660—1662頁。

碑的例子,探究唐代考課制度與德政碑申請制度是如何逐步形塑德政碑文的。

## 一、韋丹遺愛碑的頒賜

大中三年(849),時任史館修撰的杜牧受詔撰寫韋丹遺愛碑文[1],杜牧在碑文中交代立碑緣由如下:

> 皇帝召丞相延英便殿講議政事,及於循吏,且稱元和中興之盛,言理人者誰居第一？丞相墀言:"臣嘗守土江西,目睹觀察使韋丹有大功德被於八州,歿四十年,稚老歌思,如丹尚存。"丞相敏中、丞相植皆曰:"臣知丹之爲理,所至人愛,所去人思,江西之政,熟於聽聞。"乃命守臣紇干泉上丹之功狀,聯大中三年正月二十日詔書,授史臣尚書司勳員外郎杜牧,曰:"汝爲丹序而銘之,以美大其事。"[2]

宣宗與宰臣討論元和時期誰可居循吏之首,宰相周墀推薦了江西觀察使韋丹,宰相白敏中和馬植附議。因而宣宗令時任江西觀察使的紇干泉呈上韋丹的功狀[3],並由杜牧撰寫碑文以宣揚"元和第一循吏"韋丹的事迹。從碑文撰寫完成後杜牧所呈《進表》中的"創爲碑紀","所冀通衢一建,百姓皆觀",可知確有立碑一事[4],且碑文記叙的立碑緣起部分應當也刻在了韋丹遺愛碑石上[5]。與宣宗敕立韋碑相關,《東觀奏記》"韋宙任侍御史"條記載:"上因讀《元和實

---

[1] 杜牧於大中二年(848)八月內擢爲司勳員外郎、史館修撰。見繆鉞《杜牧年譜》,河北教育出版社,1999年,182—184頁。賴瑞和對這件事已有所討論,指出杜牧在受詔撰韋丹遺愛碑時,真正的工作"乃在史館供職"。賴瑞和《唐代中層文官》,中華書局,2011年,186頁。

[2] 《杜牧集繫年校注》卷七《唐故江西觀察使武陽公韋公遺愛碑》,693頁。

[3] 《唐方鎮年表》將紇干泉擔任江西觀察使的時間繫於大中元年至大中三年(吳廷燮《唐方鎮年表》,中華書局,1980年,841頁)。《文苑英華》卷四〇八收有崔嘏《授紇干泉江西觀察使制》(中華書局,1966年,2071—2072頁)。

[4] 《杜牧集繫年校注》卷一五《進撰故江西韋大夫遺愛碑文表》,941頁;《新唐書·韋丹傳》亦云"命刻功於碑"。中華書局,1975年,5630頁。

[5] 如鄭叔敖德政碑碑文起首"辛巳詔俞銘紀左馮翊澄城令鄭楚相功德於其理所之南門也,澄人謂余……求成其文,寔美公政"云云刻在碑石上。拓片見北京圖書館金石組編《北京圖書館藏中國歷代石刻拓本彙編》第28冊,中州古籍出版社,1989年,138頁;錄文見《金石萃編》卷一〇四《大唐同州澄城縣令鄭公德政碑銘並序》,葉一a。

錄》,見故江西觀察使韋丹政事卓異,問宰臣孰爲丹後。宰臣周墀奏:'臣近任江西觀察使,見丹行事,餘風遺愛,至今在人。其子宙,見任河陽觀察判官。'上曰:'速與好官。'持憲者聞之,奏爲侍御史。"[1]《資治通鑑》"〔大中三年〕春,正月,上與宰相論元和循吏孰爲第一"條的史源便是杜牧所撰碑文及《東觀奏記》這兩處記載[2]。可見,韋丹遺愛碑的頒授出自宣宗皇帝的旨意,可被視爲宣宗朝廷推行"師法元和"政治宣傳的一環。

宣宗一朝對憲宗的追思、推崇和仿效已早爲學者指出[3],這從上文宣宗與宰臣討論元和中興時期的循吏,讀《元和實錄》,拔擢元和名臣韋丹之子韋宙的這些舉動中也可得到印證。另如宣宗登臨憲宗曾去過的青龍佛宮,以收復河湟爲完成憲宗未竟之業,建造放有憲宗御像的介福堂等等[4],都體現了宣宗不遺餘力地營造出大中朝政取法元和的面貌。韋丹遺愛碑的頒賜也當放在這一背景下來理解。

韋丹遺愛碑的碑文在起首交代立碑緣由後,先花了不少篇幅鋪陳元和中興之盛,然後再列敘韋丹的家世、科第和歷官(其中記韋丹與平劉闢事稍詳),並詳細記述了韋丹在江西觀察使任上的治績德政,最後便是碑文的銘辭部分。這與杜牧在《進表》中自述的撰文考量相符:

> 臣不敢深引古文,廣徵樸學,但首敘元和中興得人之盛,次述韋丹在任爲治之功。事必直書,辭無華飾,所冀通衢一建,百姓皆觀,事事彰明,人人曉會。[5]

杜牧之所以如此安排碑文結構,其一和爲文的客觀要求有關,韋丹既爲"元和第一循吏",那麼在敘述韋丹的具體事迹前,交代元和時期的歷史背景自是題中之

---

[1] 裴庭裕撰,田廷柱點校《東觀奏記》上卷"韋宙任侍御史"條,中華書局,1994年,87頁。

[2]《資治通鑑》卷二四八《唐紀六十四》宣宗大中三年正月條,中華書局,1956年,8037頁;靳亞娟對《資治通鑑》宣宗時期史源的考察已指出了這一點,見靳亞娟《〈資治通鑑〉唐宣宗時期的史源——兼論宋敏求及其〈宣宗實錄〉》,《文史》2019年第4輯,143頁。

[3] 如黃樓《唐宣宗大中政局研究》,天津古籍出版社,2012年,45—74頁。

[4]《東觀奏記》中卷"唐宣宗開便門至青龍佛宮"條,108頁;《資治通鑑》卷二四八《唐紀六十四》宣宗大中三年閏十一月條,8040頁;王讜撰,周勛初校證《唐語林校證》卷一《德行》,中華書局,2008年,18頁。

[5]《杜牧集繫年校注》卷一五《進撰故江西韋大夫遺愛碑文表》,941頁。

義;其二或和作者杜牧的自身因素有關,向來主張削平藩鎮的杜牧對憲宗元和時期持認同態度[1],因此可以認爲碑文追述元和中興的部分帶有一定的個人感情色彩;其三,也是最重要的,韋丹遺愛碑建立後,藉由德政碑的政治景觀效應,"首叙元和中興得人之盛"的大段文字成爲一種顯豁的表達,不僅宣揚了元和中興得人之盛,更傳遞了來自朝廷的政治訊息,即碑文銘辭中的"大中聖人,元和是師"[2]。

在追述元和中興的內容最後,碑文寫道:"今下明詔刻丹治效,令得與元和功臣,彰中興得人之盛。"[3]這體現了宣宗敕立韋碑行爲背後,是宣宗朝廷意圖通過立於地方通衢的韋碑,來强化"元和中興"的歷史記憶,及傳播"元和中興得人之盛"的官方話語。"元和中興"之説,早在元和二年(807)韓愈《元和聖德詩》序中便已有端緒[4];至元和六年,李吉甫的上奏中則明確提到憲宗"禀上聖之姿,啟中興之運"[5]。幾十年後宣宗即位伊始的會昌六年(846)十月,朝廷商議憲宗廟庭的功臣配享,君臣往來討論的文書中稱憲宗"赫耀中興""道協中興"云云[6],可見朝廷上下對此次議立功臣配享的定位,乃是確立配享"中興之主"憲宗皇帝廟庭的"元和功臣"。議立功臣配享與敕立韋碑背後的政治邏輯是一樣的,也即通過對"元和中興"及"元和功臣"的宣揚和展示來强調大中政權的合法性,而韋丹遺愛碑的頒賜更是將這種話語體系傳遞至地方及百姓,甚或藉由在地方上立碑的行爲轉化成了地方知識與記憶的一部分[7]。

那麽,又爲何是韋丹成爲了元和循吏的代表,達成了宣宗朝廷這次"走向地方"的政治宣傳呢? 首先,宰相周墀的舉薦起到了關鍵作用。"嘗守土江西"的

---

[1] 可參讀繆鉞《杜牧傳》,河北教育出版社,1999年,14—22頁。
[2] 《杜牧集繫年校注》卷七《唐故江西觀察使武陽公韋公遺愛碑》,696頁。
[3] 《杜牧集繫年校注》卷七《唐故江西觀察使武陽公韋公遺愛碑》,694頁。
[4] 韓愈著,方世舉編年箋注《韓昌黎詩集編年箋注》卷六《元和聖德詩》序云"太平之期,適當今日"。中華書局,2012年,315頁。參陸揚《西川和浙西事件與元和政治格局的形成》,原刊《唐研究》第8卷,後收入陸揚《清流文化與唐帝國》,北京大學出版社,2016年,19—58頁。
[5] 《唐會要》卷六九《州府及縣加減官》,上海古籍出版社,2006年,1451頁。
[6] 《唐會要》卷一八《雜録》,433頁。
[7] 仇鹿鳴在討論德政(紀功)碑、神道碑等紀念碑的政治景觀效應的研究中指出:"紀念碑遠不僅是一種靜止的景觀,同樣是一種被反覆言説的具有流動性的知識與記憶。"仇鹿鳴《長安與河北之間:中晚唐的政治與文化》,149頁。

周墀對前任江西觀察使韋丹的舉薦,某種程度上遵循了中晚唐時期"由在任節度使或監軍上表爲離任節度使請立碑"的慣例[1]。

其次,韋丹在江西觀察使任上的卓然政績也是獲致遺愛碑的必要條件。江西觀察使韋丹的主要功績,概括來講就是解決了當地"霖必江溢,燥必火作,火水夾攻"[2],不利於生產的問題。根據《韋碑》的記述,洪州毗鄰贛水,當地習俗又以茅竹建屋,因此雨季便遭洪澇,旱季又遇火災,自然條件惡劣,致使"人無固志,傾搖懈怠,不爲旬月生產計"[3]。韋丹到任後教百姓建造瓦房,開衢築堤,勸勉農作[4],實有龔黄之風。元稹《茅舍》詩中對韋丹的治績有一段形象的描述:"前日洪州牧,念此常嗟訝。牧民未及久,郡邑紛如化。峻邸儼相望,飛甍遠相跨。旗亭紅粉泥,佛廟青鴛瓦。斯事纔未終,斯人久云謝。有客自洪來,洪民至今藉。"[5]元稹此詩作於元和五年至元和十年三月任江陵府士曹參軍期間[6],當時楚地亦以居茅爲俗,面臨着與江西類似的問題,雖然元稹認爲"惜其心太亟,作役無容暇,臺觀亦已多,工徒稍冤咤"[7],但基本上還是肯定了韋丹的做法。從詩文來看,洪州的茅屋在短短幾年內悉數變爲重樓飛瓦,韋丹的施政造福了當地百姓。

最後,韋丹聲名較好,在士林中也有一定的地位,這集中體現在韋丹於江西觀察使任上對廬山東林寺的着力經營。據元和七年(812)李肇《東林寺經藏碑》記載,作爲海內名刹的廬山東林寺三藏經論"闕而無補",韋丹採納靈澈的提議,"於東林施爲殿堂,用尊秘藏",延請高僧義彤主持董理經藏,並配備了"受持灑

---

[1] 仇鹿鳴《長安與河北之間:中晚唐的政治與文化》,160—161頁。周墀於會昌四年至會昌六年任江西觀察使,繼任者即紇干皋。《唐方鎮年表》,840—841頁。據《新唐書·韋丹傳》,"大和中,裴誼觀察江西,上言爲丹立祠堂,刻石紀功,不報",5630頁。知在大中以前的文宗大和年間,時任江西觀察使的裴誼就曾申請爲韋丹建祠立碑。

[2] 《杜牧集繫年校注》卷七《唐故江西觀察使武陽公韋公遺愛碑》,695頁。

[3] 《杜牧集繫年校注》卷七《唐故江西觀察使武陽公韋公遺愛碑》,695頁。

[4] 據《韋碑》,並參《韋誌》及《新唐書》卷一九七《循吏·韋丹傳》。

[5] 元稹著,周相錄校注《元稹集校注》卷三《茅舍》,上海古籍出版社,2011年,77頁。

[6] 參傅璇琮《唐翰林學士傳論》,遼海出版社,2005年,588頁。《元稹集編年箋注》將此詩繫於元和九年,見元稹著,楊軍箋注《元稹集編年箋注(詩歌卷)》,三秦出版社,2002年,503頁。

[7] 《元稹集校注》卷三《茅舍》,77頁。

掃者七人"〔1〕。這通東林寺經藏碑初立於元和七年九月,"武宗時廢,大中十三年七月八日馮瓚重書再立,並篆額"〔2〕。白居易在《東林寺經藏西廊記》中稱贊韋丹營建的東林寺經藏爲"釋宫之天禄、石渠"〔3〕。此外,靈澈是當時著名的詩僧,劉禹錫曾爲其作集序〔4〕。《雲溪友議》卷中《思歸隱》記載了韋丹和靈澈兩人的交往,"江西韋大夫丹,與東林靈澈上人,驚忘形之契,篇什唱和,月唯四五焉"〔5〕;《唐國史補》亦記靈澈傳蓮花漏於韋丹一事〔6〕。韋丹在士林中的交遊由此可窺一斑。韋丹受誣而卒後〔7〕,曾有"黑老迎韋公上仙"的傳聞〔8〕,反映了時人對韋丹善終的祝願。

總之,江西觀察使韋丹自身的突出政績與嘉名,以及宰相周墀的舉薦,使其在身後獲得了敕立遺愛碑的殊榮。宣宗頒賜的韋丹遺愛碑將江西觀察使韋丹的治績德政作爲地方守吏的榜樣以訓勸來者,同時也通過碑主"元和第一循吏"的身份,對立碑緣由的交代,對"元和中興"的大段追述,以及對"大中聖人,元和是師"的標舉,明確地將"宣宗皇帝效法元和"的信息傳達到了地方及百姓。

## 二、唐代德政碑的撰作:流程、材料與撰者

在目前所見的唐代德政碑頒授事例中,由皇帝直接下敕建立的韋丹遺愛碑

---

〔1〕 《文苑英華》卷八六五李肇《東林寺經藏碑》,4567頁。
〔2〕 陳思編著《寶刻叢編》卷一五《江南東路·江州》"唐東林寺經藏碑"條引《復齋碑録》,浙江古籍出版社,2012年,1019頁。
〔3〕 白居易著,謝思煒校注《白居易文集校注》卷六《東林寺經藏西廊記》,中華書局,2011年,270頁。
〔4〕 劉禹錫撰,陶敏、陶紅雨校注《劉禹錫全集編年校注》卷一八《文(大和下)·澈上人文集紀》,中華書局,2019年,2004—2005頁。《文苑英華》卷七一三作"澈上人集序",3684頁。
〔5〕 范攄撰,唐雯校箋《雲溪友議校箋》卷中《思歸隱》,中華書局,2017年,77頁。"唯",校記曰:《稗海》本、《太平廣記》卷二五六無,《四庫》本作'居'",78頁。
〔6〕 李肇《唐國史補》卷中:"越僧靈澈得蓮花漏於廬山,傳江西觀察使韋丹。"上海古籍出版社,1979年,38頁。
〔7〕 見《韋誌》及《新唐書》卷一九七《循吏·韋丹傳》。
〔8〕 《太平廣記》卷三五《神仙》引《會昌解頤録》:"韋公官江西觀察使,到郡二年,忽一日,有一叟謂閣人曰:'爾報公,可道黑老來也。'公聞之,倒屣相迎,公明日無疾,忽然卒。皆言黑老迎韋公上仙矣。"中華書局,1961年,225頁。

屬於占比很少的個別幾例[1]。絕大多數的唐代德政碑都是由吏民發起申請，後經朝廷允准刻立。其中有些德政碑雖然碑文交代是由吏民請立，但實際上出自朝廷授意[2]，這種情況下碑文中叙吏民之請的文字也並非僅是格套之辭，反倒説明無論德政碑因何而立，都須遵循以吏民請立碑爲起點的頒授程序。即便像韋丹遺愛碑這樣的特例，其後碑文撰寫、地方付酬等環節仍不出中晚唐時期逐步形成的制度慣例。本節將從《樊川文集》提供的韋丹遺愛碑碑文撰作細節入手，結合其他例子，聚焦於唐代德政碑文的撰作問題，主要包括碑文的撰作流程，撰寫碑文所依據的材料，以及撰者身份。

《進撰故江西韋大夫遺愛碑文表》云："右。臣奉某月日敕牒，令撰故江西觀察使韋丹遺愛碑文……其碑文本，謹隨狀封進以聞。"[3]奉命撰寫韋碑的杜牧將撰畢的碑文隨《進表》一起呈上。《謝許受江西送撰韋丹碑彩絹等狀》則是作者杜牧奉旨領受江西觀察使紇干臮送來的撰文酬勞後，上給皇帝的謝狀[4]。中晚唐時期，方鎮節帥德政碑的撰者按例由皇帝指派[5]，如田弘正德政碑碑文起首叙穆宗詔命元稹"爾司予言，其文以付"[6]，又如翰林侍講學士崔郾受命撰高承簡德政碑文[7]，翰林學士宋申錫受命撰李聽德政碑文[8]，皆是其例。這些德政碑文的撰者完成皇帝交付的撰文任務後，應當上表進呈碑文，《進表》便

---

[1] 另如《舊唐書・崔圓傳》"玄宗親製遺愛碑於蜀以寵之"，3279頁。張説《大唐開元十三年隴右監牧頌德碑》"既而大君有命，舊史書功，吟咏瓌奇，篆刻金石"，張説著，熊飛校注《張説集校注》卷一二《大唐開元十三年隴右監牧頌德碑》，中華書局，2013年，625頁；並參劉琴麗《中晚唐時期敕賜德政碑考論》，73—82頁。

[2] 如張孝忠遺愛碑、杜佑淮南遺愛碑，見權德輿撰，郭廣偉校點《權德輿詩文集》，上海古籍出版社，2008年，178—188頁；並參仇鹿鳴《長安與河北之間：中晚唐的政治與文化》，159—160、163—165頁。又田弘正德政碑，見《元稹集校注》卷五二《沂國公魏博德政碑》，1293—1296頁。

[3] 《杜牧集繫年校注》卷一五《進撰故江西韋大夫遺愛碑文表》，941—942頁。

[4] 《杜牧集繫年校注》卷一五《謝許受江西送撰韋丹碑彩絹等狀》，962頁。

[5] 筆者所見例外僅有咸通六年（865）山南東道節度使、襄州刺史徐商德政碑，其碑文由當地父老約請李騭所作。見《文苑英華》卷八七〇李騭《徐襄州碑》，4591頁。

[6] 《元稹集校注》卷五二《沂國公魏博德政碑》，1293頁。

[7] 董誥等編《全唐文》卷六八敬宗皇帝《賜義成軍節度使高承簡立德政碑敕》，中華書局，1983年，716頁。

[8] 《全唐文》卷七四文宗皇帝《賜義成軍節度使凉國公李聽立德政碑敕》，773頁。

是一例,另一個可以舉出的例子是元稹《進田弘正碑文狀》[1]。作者獲得的撰文酬勞一般都是馬、絲之屬[2],並由立碑的方鎮提供給碑文撰者[3],《韋碑》之撰因出自宣宗旨意,所以杜牧須經宣宗允准纔可領受紇干臮送來的彩絹,並須呈上《謝狀》給皇帝。方鎮節帥德政碑的碑文撰呈流程在唐中後期漸成一套慣例,與之相較,刺史、縣令德政碑的碑文撰作在唐代基本沒有變化,且主要有以下兩處不同:其一,碑文撰者往往由地方吏民延請,如陳子昂《臨邛縣令封君遺愛碑》《漢州雒縣令張君吏人頌德碑》都是受當地父老邀請而作[4],裴曜卿德政頌由盧縣父老約請官孫逖撰寫[5],貞元十四年(798)澄城縣令鄭叔敖德政碑緣於"澄人謂余……求成其文,實美公政"[6];其二,未見有將撰成的德政碑文進呈於上之例。

《韋碑》例中尤可注意的是碑文明確交代了杜牧撰文取資的材料,也就是江西觀察使紇干臮所上的"丹之功狀"[7]。所謂"功狀",若作爲文書專名來理解,指的是記載歷任考第和功勳的銓選文書[8],史睿根據吐魯番出土文書對功狀的樣式進行了復原,其中包括授官年月、合今經考若干、前後功績若何等內容[9]。不過結合其他事例來看,這裏的"丹之功狀"理解爲記載韋丹江西觀察使任上具體功績德政的文書更爲妥當,類似的例子有:

---

[1] 《元稹集校注》卷三五《進田弘正碑文狀》,952—953 頁。

[2] 參榮新江《敦煌寫本〈敕河西節度兵部尚書張公德政之碑〉校考》,《周一良先生八十生日紀念論文集》,215—216 頁。

[3] 魏博節度使田緒就曾寄送馬及絹請陸贄撰寫田承嗣遺愛碑,後因陸贄拒撰碑文而被退回,見陸贄撰,王素點校《陸贄集》卷二〇《請還田緒所寄撰碑文馬絹狀》,中華書局,2006 年,641—642 頁。

[4] 陳子昂撰,徐鵬校箋《陳子昂集(修訂本)》卷五《臨邛縣令封君遺愛碑》"班白之老,胥史之徒……又述其行狀,訪余以銘勒之事",卷五《漢州雒縣令張君吏人頌德碑》"子昂時因歸寧,採藥岐嶺,父老乃載酒邀諸途,論府君之深仁,訪生祠之故事,永我以典禮,博我以文章"。上海古籍出版社,2013 年,110、119 頁。

[5] 《文苑英華》卷七七五孫逖《唐濟州刺史裴公德政頌》,4083 頁。

[6] 《金石萃編》卷一〇四《大唐同州澄城縣令鄭公德政碑銘並序》,葉一 a。

[7] 《杜牧集繫年校注》卷七《唐故江西觀察使武陽公韋公遺愛碑》,693 頁。

[8] 《册府元龜》卷五〇六《邦計部·俸禄二》記尚書吏部各機構的俸錢,其中就有"功狀院"。中華書局,1960 年,6081 頁。

[9] 史睿《再論銓選中的功狀》,《中國古代法律文獻研究》第 6 輯,2013 年,238—250 頁。

大和四年,高陵人李士清等六十三人,思前令劉君之德,詣縣請金石刻。縣令以狀申府,府以狀考於明法吏。吏上言:謹按寶應詔書,凡以政績將立碑者,其具所紀之文上尚書考功,有司考其詞,宜有紀者,乃奏。明年八月庚午,詔曰:可。〔1〕

襄之卒校民吏,自七州之幼艾,追思公之養育教訓,相與上言京師。狀公之事績,請於天子,刻之碑石,用昭示於無窮。〔2〕

陛下以元年正月壬戌詔臣稹曰:"朕有臣弘正,自魏入鎮,魏人思之。因守臣愬狀其德政,乞文於碑。爾司予言,其文以付。"〔3〕

高陵縣民爲前縣令劉仁師申請立德政碑的"狀"類屬"以政績將立碑",狀中述寫的"所紀之文"大約就是德政碑文的主幹内容。第二條引文中,用以"請於天子,刻之碑石"的亦是吏民所寫關於節度使徐商在任爲治期間功勞事跡的狀文。田弘正德政碑的申請與撰寫同樣以繼任者李愬呈上的德政狀爲參考。因此可以認爲,申請者提供的德政狀是德政碑文最主要的取材來源。特别是對於州縣層級的德政碑而言,若没有當地吏民呈上的記叙官員在地方上具體行事治績的狀文,諸如劉仁師任職高陵縣令期間"仲冬,新渠成,涉季冬二日,新堰成……渠成之明年,涇陽、三原二邑中,又擁其衝爲七堰,以折水勢,使下流不厚,君詣京兆府索言之,府命從事蘇特至水濱,盡撤不當擁者,繇是邑人享其長利,生子以劉名之"〔4〕的政績恐怕難以如此瑣細又具詳地呈現於德政碑文中。而魏博節度使田弘正德政碑文在參考德政狀之外,作爲中央與魏博之間互動制衡的政治工具,其碑文内容自不會僅僅是歌頌田弘正治魏有功,還須在文字上仔細斟酌以收"魏博及鎮州將吏等並知弘正首懷忠義,以致功勳"〔5〕之效。

上述事例表明,由地方上呈的德政狀是德政碑文撰作最重要的撰文材料。權德輿所撰湖南觀察使李巽遺愛碑文開頭詳述了李碑撰刻前期的過程,不僅提

---

〔1〕《劉禹錫全集編年校注》卷一七《文(大和上)·高陵縣令劉君遺愛碑》,1961—1962頁。
〔2〕《文苑英華》卷八七〇李騭《徐襄州碑》,4591頁。
〔3〕《元稹集校注》卷五二《沂國公魏博德政碑》,1293頁;集本無"於碑",《文苑英華》卷八六九元稹《魏博節度使田弘正碑》在"乞文"後多出"於碑"二字,注曰"集無此二字",4587頁。今據《英華》補。
〔4〕《劉禹錫全集編年校注》卷一七《文(大和上)·高陵縣令劉君遺愛碑》,1963頁。
〔5〕《元稹集校注》卷三五《進田弘正碑文狀》,953頁。

供了有關德政狀的更多細節,而且頗可與韋碑互參,茲具録如下:

> 歲九月,制詔湖南長帥中執法李公巽爲江西。申命小宗伯吕公渭爲之代。於是循其功善,迹其故實,百城之吏言於郡,伍府之長欵於軍。鄉部僑舊,華顛卯角,一其音詞,奔走理下,請鏤金石,以爲表式。吕公以公之馨香,可覆視而不可誣也;衆之詠嘆,可論次而不可遏也,悉以列上,實蒙可報,乃類其言而文之,云:善爲理者,必因其俗而求所以便之,因其便而思所以化之。惠澤被而五教行,財用足而百志成。上下熙熙,臻於洽平。古之循吏,公之報政,皆是道也。[1]

貞元十三年九月,湖南觀察使李巽移鎮江西[2],繼任的吕渭將李巽的善政"悉以列上"請立碑。吕渭上表的内容來源於軍吏百姓"循其功善,迹其故實"而撰成的李巽德政狀。另外,表云"善爲理者,必因其俗而求所以便之,因其便而思所以化之……古之循吏,公之報政,皆是道也",李巽遺愛碑文中亦有"以室廬苫蓋之不固也,則教其陶瓦以易之"[3]的記載。聯繫韋丹教民陶瓦,變易風俗的治績,可見當時對於治理南方的方鎮大吏,能否成功地移風易俗,促進對南方的開發,是評判其能否成爲循吏的重要標準[4]。

至於德政碑文撰者的身份,劉琴麗已有考論:"唐朝敕令撰寫碑文的大臣身份地位都較爲顯赫,他們或爲宰臣,如張説、董晋、陸贄、李絳等;或爲當時的著名文臣,如元稹、杜牧、柳公權、司空圖等;更有皇帝御製的碑文。"[5]韋丹遺愛碑又爲我們提供了繼續考察的切入點。杜牧受詔撰韋丹遺愛碑得因於他的史臣身份,這從《韋碑》銘辭中"乃命史臣,刻序碑辭"[6]可得印證。唐代的官給碑誌,

---

[1] 《權德輿詩文集》卷一二《大唐湖南都團練觀察處置等使朝散大夫檢校左散騎常侍持節都督潭州諸軍事兼潭州刺史御史中丞雲騎尉賜紫金魚袋李公遺愛碑銘並序》,193—194 頁。

[2] 《舊唐書》卷一三《德宗紀下》,386 頁。

[3] 《權德輿詩文集》卷一二《大唐湖南都團練觀察處置等使朝散大夫檢校左散騎常侍持節都督潭州諸軍事兼潭州刺史御史中丞雲騎尉賜紫金魚袋李公遺愛碑銘並序》,194 頁。

[4] 宋璟遺愛碑稱頌宋璟總領廣府期間的政績,其中一條也是"其率人板築,教人陶瓦,室皆塗塈,晝遊則華風可觀,家撤乎茨,夜坐則災火不發,棟宇之利也自今始"。《張説集校注》卷一二《廣州都督嶺南按察五府經略使宋公遺愛碑頌》,640 頁。

[5] 劉琴麗《中晚唐時期敕賜德政碑考論》,76 頁。

[6] 《杜牧集繫年校注》卷七《唐故江西觀察使武陽公韋公遺愛碑》,696 頁。

其文交付史官撰寫是比較常見的現象,如裴曜卿德政頌由史臣孫逖撰文[1],李勣墓誌出自"爰詔史臣,載揚勳烈"之手[2],鄭儋神道碑爲"太史、尚書比部郎中、護軍韓愈"[3]所撰。杜牧又在《進表》中自謙道:"是宜使内直學士,西掖辭臣,振發雄文,流傳後代。"[4]其中的"内直學士"指翰林學士,"西掖辭臣"則主要指中書舍人,那麼翰林學士和中書舍人亦具有撰寫德政碑文的資格。結合其他實例來看,德政碑文的撰者身份大多是知制誥、中書舍人、翰林學士這樣的詞臣,以及諸館學士、史官等帶有官方身份的文士,如前舉李聽德政碑由翰林學士宋申錫撰文,劉仁師遺愛碑由集賢院學士劉禹錫撰文[5],徐襄州碑由弘文館學士李鷟撰文[6],田弘正德政碑由知制誥元稹撰文[7],又如貞元十四年同州澄城縣令鄭叔敖德政碑題名"司封郎中、集賢殿學士□□撰"[8],元和八年樊澤遺愛頌爲中書舍人、平章事李絳所撰[9]。即便在所存德政碑相對較少的唐前期,碑文撰者也經常是陳子昂、王維這樣的知名文人[10]。

藉由杜牧撰《韋碑》一例提供的綫索,可以發現州縣一級德政碑的撰作在整個唐代變化不大,而方鎮一級德政碑的撰作則在中晚唐漸成規程——不僅碑文的撰者例由朝廷指派,而且碑文撰成後應上表進呈,撰文酬勞則由地方出資提供。碑文撰者大多是諸如史官、諸館學士、翰林學士等帶有官方身份的文士詞臣。此外,

---

[1]《文苑英華》卷七七五孫逖《唐濟州刺史裴公德政頌》,4082—4083頁。

[2]《大唐故司空太子太師贈太尉揚州大都督上柱國英國公勣墓誌銘》,墓誌拓片和錄文可參見張沛編著《昭陵碑石》,三秦出版社,1993年,54—55、172—174頁。

[3]《韓愈文集彙校箋注》卷一六《唐故河東節度觀察使榮陽鄭公神道碑文》,1806頁。

[4]《杜牧集繫年校注》卷一五《進撰故江西韋大夫遺愛碑文表》,941頁。

[5] 參《劉禹錫全集編年校注》附錄《劉禹錫簡譜》,2541頁。

[6]《文苑英華》卷八七〇李鷟《徐襄州碑》,"襄之父老請詞於公之舊軍副吏、太常少卿、弘文館學士李鷟"。4591頁。

[7] 參周相錄《元稹年譜新編》,上海古籍出版社,2004年,180、196—197頁。

[8]《金石萃編》卷一〇四《大唐同州澄城縣令鄭公德政碑銘並序》,葉一a。碑文泐去撰者名字,《金石錄》記爲陳京,趙明誠撰,金文明校證《金石錄校證》卷九"唐澄城令鄭君德政碑"條,上海書畫出版社,1985年,171頁。

[9]《寶刻叢編》卷三《京西南路·襄陽府》"唐樊成公遺愛頌"條引《集古錄目》,170頁。

[10] 陳子昂《臨邛縣令封君遺愛碑》及《漢州雒縣令張君吏人頌德碑》,見《陳子昂集(修訂本)》卷五,108—111、115—119頁;王維撰,陳鐵民校注《王維集校注》卷一〇《魏郡太守河北採訪處置使上黨苗公德政碑並序》,中華書局,1997年,931—977頁。

申請立碑的一方呈交的德政狀記錄了碑主在官爲治期間的具體功勞政績,是撰寫德政碑文所最主要依據的材料。最後,相較於方鎮節帥德政碑,刺史、縣令德政碑文的撰作更有賴於吏民對碑主德政的記述,並爲此延請撰者製成碑文。

由此,唐代德政碑的撰作可大致按方鎮、州縣兩個層級區分爲兩種類型:方鎮一級德政碑的撰作,須經過由在任節度使或監軍具德政狀上表,朝廷指派碑文撰者,撰者進呈德政碑文等一系列環節,構成制度化的規程;而州縣一級德政碑的撰作,則由州縣吏民具德政狀請立碑,獲得朝廷批准後再延請文士撰成碑文。這兩種撰作類型對應了各自不同的德政碑文生成過程,是瞭解唐代德政碑文形成過程的一把鎖鑰。

## 三、唐代德政碑文背後的兩種制度脈絡

德政碑的頒授與考課聯繫密切,相關例證在唐代並不鮮見。除了前文已提到的渭南縣尉薛珏和榮陽縣令盧正道,還有元氏縣令龐履溫清德碑首敘考課之事:"若令長子男,銅章墨綬,而尤善最者,可屈指而知……以今方古,君何讓焉。"[1]此外,興、鳳兩州團練使嚴震"居部十四年,考課爲天下最,教訓盡其物宜,編人有以質理之詞,攄其肝膈,刻巖石而頌公者"[2],嚴震的治績在《唐會要》中有明確記載"理行爲山南第一,特賜上下考"[3]。

根據學者對唐代考課制度的研究,唐代的考課每年一考,且按官階高低有所區分:原則上正四品上以下的官僚由本司或本州長官評定考績並匯總至尚書吏部考功司,州刺史前期由皇帝所派特使考核,中葉以後則由皇帝親考,而同中書門下平章事、方鎮節度使、親王及大都督之類的大員則由皇帝親考[4]。有關這類大員的考課,《唐會要·考上》有一段詳細的記載:

---

[1]《金石萃編》卷八一《大唐元氏縣令龐君清德之碑》,葉四 a。
[2]《權德輿詩文集》卷二一《贈太保嚴公墓誌銘並序》,327 頁。
[3]《唐會要》卷八一《考上》,1780 頁。
[4] 參黃清連《唐代的文官考課制度》,《"中研院"歷史語言研究所集刊》第 55 本第 1 分,1984 年,139—200 頁;鄧小南著,吳宗國審定《課績·資格·考察——唐宋文官考核制度側談》,大象出版社,1997 年,32—34 頁。

〔貞元七年〕十二月,校外官考使奏:"準《考課令》:三品以上官及同中書門下平章事考,並奏取裁注云,親王及大都督亦同。伏詳此文,則職位崇重,考績褒貶,不在有司,皆合上奏。今緣諸州觀察、刺史、大都督府長史及上中下都督、都護等,有帶節度使者,方鎮既崇,名禮當異,每歲考績,亦請奏裁。其非節度、觀察等州府長官,有帶臺省官者,請不在此限。"[1]

這篇上表主要是奏請"帶節度使者"比照《考課令》對其他高官要職的考課方法,由皇帝裁注定考,蓋因中晚唐以降,方鎮節度使逐漸掌領一方,也進入了"職位崇重,考績褒貶,不在有司,皆合上奏"的行列。《新唐書》詳細記載了節度、觀察諸使的課績定等標準[2],"由於這些大員的課績,基本都定在上考範圍之内,所以,當考課之際,祇不過是在上考中再區分爲上中下三等"[3]。既然方鎮節帥亦須受考且"請上奏裁",那麼皇帝奏裁的依據是什麼呢? 這就牽涉到考課過程中官員呈報的考狀。

考狀是應考官員呈交的"具録當年功過行能"的考課文書[4]。《考課令》規定"凡官人申考狀,不得過兩紙三紙"[5],同時唐制對考狀的內容亦有明確規定。據大中六年七月考功奏疏,奏文先再次申明《考課令》對考狀篇幅的限制,隨後規定刺史、縣令"賦税畢集,判斷不滯"之類的政績皆爲"尋常職分",不納入課績,要求"自今後,但云所勾當常行公事,並無敗闕,即得準職分無失,及開田招户,辨獄雪冤,及新置之事,則任録其事由申上,亦須簡要,不得繁多"[6]。宣宗敕依考功奏。可見考狀主要記録的是足以計入課績的功勞事項,而且文須簡練。《唐會要·考上》記元和十四年考功對考官注考的要求,由此亦可略窺考狀的内容,其曰"自今以後,應注考狀,但直言某色行能,某色異政,某色樹置,某色勞效,推斷某色獄,糾舉某色事,便書善惡,不得更有虛美閒言,其中以下考,亦各言事狀"[7]。無論是哪一等考第,注考所寫的考詞均須條列具體的事項來作爲

---

[1]《唐會要》卷八一《考上》,1781頁。
[2]《新唐書》卷四九下《百官志四下·外官》,1310頁。
[3] 鄧小南著,吳宗國審定《課績·資格·考察——唐宋文官考核制度側談》,29頁。
[4] 仁井田陞《唐令拾遺·考課令》,東京大學出版會,1933年,327頁。
[5]《唐會要》卷八二《考下》,1787頁。
[6]《唐會要》卷八二《考下》,1787—1788頁。
[7]《唐會要》卷八一《考上》,1783頁。

定考及褒貶的依據,那麽考詞中的這些"某色"諸項便是來自考狀的記述。傳世文獻中的記載較爲具詳地呈現出了考狀的面貌,吐魯番出土文書《唐開元五年考牒草》(65TAM341:30／1[b])則提供了唐代考狀的實例,可直接一睹考狀的"真容",史睿據此將考狀進行了復原,現參考史先生的研究將這件考牒移録如下:

(前缺)

1 並遊弈、斥候、採羅,界内無□

2 處,鞍馬 □□無損,部判府務□

3 無稽,兵士無冤,官馬十駄肥碩。

4 一　　去年考〔後〕以來,不請私假,

5 亦無犯負。

6 牒件通開元五年考〔

7 　　　開元五年三月十一日

(後缺)〔1〕

牒文將應考當年的功過行能簡要羅列,諸如"界内無□""官馬十駄肥碩""不請私假"等,史睿已指出這些列出的政績"都與《考課令》中的善最條款吻合"〔2〕。

由此再來看韋丹遺愛碑的例子,韋丹去世前曾有一場風波,據韓愈所撰《唐故江西觀察使韋公墓誌銘》(以下簡稱《韋誌》)記載:

> 卒有違令當死者,公不果於誅,杖而遣之去。上書告公所爲不法者若干條。朝廷方勇於治,且以爲公名才能臣,治功聞天下,不辯則受垢。詔罷官,留江西待辨。使未至月餘,公以疾薨。使至,辨凡卒所告事若干條,皆無絲毫實。詔笞卒百,流嶺南。公能益明。春秋五十八,薨於元和五年八月六日。〔3〕

---

〔1〕 唐長孺主編《吐魯番出土文書》肆,文物出版社,1996年,61頁;並參史睿《唐代外官考課的法律程序》,《文津學志》第1輯,北京圖書館出版社,2003年,127—128頁。

〔2〕 史睿《唐代外官考課的法律程序》,128頁。

〔3〕 《韓愈文集彙校箋注》卷一五《唐故江西觀察使韋公墓誌銘》,1662頁。

從中首先可以看出,韋丹江西觀察使任上的出色治績在當時就已受到廣泛認可。元和五年,韋丹因受人誣告而"罷官,留江西待辨",未及辨白就去世了。由撰於元和六年[1],也就是韋丹去世第二年的《韋誌》可知,韋丹所受誣陷不久便已查明,他治理江西的功績也並未因此受到影響。《新唐書·韋丹傳》記此事略同[2]。此外《韋誌》銘文云"碑於墓前,維昭美故,納銘墓中,以識公墓"[3],又《寶刻叢編》引《京兆金石錄》記有一通元和七年"唐江西觀察使韋丹碑"[4],應爲韋丹神道碑,可見韋丹身後的喪葬規格還是比較高的。由此也可明確,江西觀察使韋丹的治功在當時確屬突出。《韋碑》銘辭所謂"考第理行,誰高武陽",並非完全是出於表彰"元和第一循吏"的需要而作的誇飾之詞。

繼而,通過比讀《韋碑》及《韋誌》,唐代考課與德政碑文之間的聯繫浮現了出來:

> 凡爲瓦屋萬四千間,樓四千二百間……築堤三尺,長十二里……鑿六百陂塘,灌田一萬頃。(《韋碑》)

> 爲瓦屋萬三千七百,爲重屋四千七百……築堤扞江,長十二里……灌陂塘五百九十八,得田萬二千頃。(《韋誌》)

《韋碑》取材於韋丹的功狀,《韋誌》則應取材於韋丹的行狀,兩者取材來源不同而關係韋丹治效的興建、開田數却大致相合,説明這些具體的數字應當皆源於考課時留下的記録,也即以考狀爲代表的考課文書。與韋丹遺愛碑類似的例子有開元十三年(725)由張説奉敕撰寫的隴右監牧頌德碑,碑文記隴右監牧王毛仲"元年牧馬二十四萬匹,十三年乃四十三萬匹,初有牛三萬五千頭,是年亦五萬頭,初有羊十一萬二千口,是年乃亦二十八萬六千口"[5],正符合"四善二十七最"中的"牧養肥碩,蕃息孳多,爲牧官之最"[6]。碑文還具列了王毛仲的八件

---

[1] 據《韋誌》,韋丹元和五年八月去世後,於元和六年七月"從葬萬年少陵原",並由韓愈撰寫墓誌銘,見《韓愈文集彙校箋注》卷一五《唐故江西觀察使韋公墓誌銘》,1662頁。
[2] 《新唐書》卷一九七《韋丹傳》,5630頁。
[3] 《韓愈文集彙校箋注》卷一五《唐故江西觀察使韋公墓誌銘》,1662頁。
[4] 《寶刻叢編》卷八"唐江西觀察使韋丹碑"條引《京兆金石錄》,587頁。
[5] 《張説集校注》卷一二《大唐開元十三年隴右監牧頌德碑》,624頁。
[6] 李林甫等撰,陳仲夫點校《唐六典》卷二《尚書吏部》"考功郎中員外郎"條,中華書局,1992年,43頁。

政績,如"納長户隱田税三萬五千石,以儉私肥公","蒔蒿麥苜蓿一千九百頃,以芟蓄御冬"〔1〕,等等。考狀中能夠反映課績的各項事功在德政碑文中得到了直接的體現。

推而廣之可以發現,户口、田地和賦役是德政碑文基本必書的内容。即便是受慣例作用及政治因素影響較大的方鎮節帥德政碑,此類内容也頗爲常見,如淮南節度使杜佑遺愛碑"又潴雷陂,以溉稿地,醨引新渠,匯於河流"〔2〕,義成軍節度使高承簡德政碑"公乃計其户版,悉以配給,比盡地利,且廣賦輸"〔3〕,義成軍節度使李德裕德政碑"郡有渚田千頃,蓋上腴也,先是畝種之人,盡主兼併之家,至則均其耕墾,首及貧弱"〔4〕,等等。至於刺史、縣令德政碑,其情況則稍有不同。《通典·選舉三·考績》所記"大唐考課之法"表明户口和墾田是唐廷對於州縣官員的考核重點,蓋因此二者關係着國家的財政命脈〔5〕,前文引用的大中六年七月考功奏疏就將"開田招户"作爲可以寫進考狀計入課績的事項。與之相應,刺史、縣令德政碑碑文中常見關於增益户口和墾田的記述,在此權舉幾例,如《大唐元氏縣令龐君清德之碑》"詢知疾苦,所患虛丁,撫狀上陳,應時申削,籍無□税,人獲息肩,其政四也"〔6〕,滎陽縣令盧正道清德文"貌年巡户,定賦徵徭,情僞必探,高卑咸若,心同懸鏡,自辯妍蚩,手類持衡,不差輕重,其平直有如此者"〔7〕,《唐廬州刺史本州團練使羅珦德政碑》"又命有不耕之田,有能興耒耡者聽耕之,所耕之田,因爲之主,墾田滋多,歲以大穰"〔8〕,等等。不過並非所有的刺史、縣令德政碑文都與重視户口和墾田的考課法具有緊密關聯,比如劉仁

---

〔1〕《張説集校注》卷一二《大唐開元十三年隴右監牧頌德碑》,625頁。

〔2〕《權德輿詩文集》卷一一《大唐銀青光禄大夫檢校司徒同中書門下平章事太清宫使及度支諸道鹽鐵轉運等使崇文館大學士上柱國岐國公杜公淮南遺愛碑》,180頁。

〔3〕《全唐文》卷七二四崔鄲《唐義成軍節度鄭滑潁等州觀察處置等使金紫光禄大夫檢校尚書右僕射使持節滑州諸軍事兼滑州刺史御史大夫上柱國襲封密國公食邑三千户高公德政碑並序》,7449—7450頁。

〔4〕《全唐文》卷七三一賈餗《贊皇公李德裕德政碑》,7543頁。

〔5〕 杜佑撰,王文錦等點校《通典》卷一五《選舉三·考績》,中華書局,1988年,370—371頁;並參鄧小南著,吴宗國審定《課績·資格·考察——唐宋文官考核制度側談》,22—24頁。

〔6〕《金石萃編》卷八一《大唐元氏縣令龐君清德之碑》,葉四a。

〔7〕《金石萃編》卷六八《大唐洛州滎陽縣頭陀逸僧識法師上頌聖主中興得賢令盧公清德之文並序》,《石刻史料新編》第1輯第2册,葉二b。

〔8〕《全唐文》卷四七八楊憑《唐廬州刺史本州團練使羅珦德政碑》,4885頁。

師遺愛碑文專敘高陵縣令劉仁師興修水利之功[1]。此外羅列並泛泛陳述州縣官員政績的情況亦較爲常見。究其緣由,應是因爲州縣一級的德政碑文很大程度上有賴吏民對碑主地方治績的記述,以致相較於考課制度對德政碑文的形塑作用,有些州縣官員德政碑文受德政碑申請制度的影響更深。

綜上所述,考狀中條列的諸項事功好比申立德政碑的"加分項",這個"加分項"和唐代的課績標準直接相關,因而諸如開田、益户、營造等事項也就大量出現在德政碑文中,有的甚至還留存了具體數目。那麽可以認爲,考狀中的内容構成了德政碑文的要件,這便是考課過程中的考狀與德政碑文之間的關係。而德政狀就好比大抵圍繞着"加分項"展開的"申請陳述"。"考狀—德政狀—德政碑文"的文獻相因鏈條就此明晰。但另一方面,唐代考課制度對德政碑文的形塑並不是絶對的。由於州縣一級的德政碑碑文内容主要來源於當地吏民對碑主的德政記述,這份記述並不必然與朝廷制定的課績標準有直接對應關係,也就是說有些刺史、縣令德政碑的情況可以歸納爲"德政狀—德政碑文",反映了德政碑申請制度對德政碑文的制度性塑造。有唐一代的德政碑文就在考課制度與德政碑申請制度二者的作用交織下形成。

## 四、結語:制度運作下的德政記述

杜牧《樊川文集》中有關韋丹遺愛碑的三篇文章——韋丹遺愛碑碑文、進撰碑文表和謝許受酬絹狀——提供了唐代德政碑文撰作的諸多細節,也爲探討德政碑文作爲一種制度運作下的記述如何爲相關制度所形塑,提供了綫索。

在唐代德政碑的頒授事例中,韋丹遺愛碑屬於由皇帝直接下敕立碑的特例,不過其碑文撰作的過程仍不出唐中後期逐步形成的制度慣例。韋丹遺愛碑的頒賜是宣宗朝廷推行"師法元和"政治宣傳的一環,而宰相周墀的舉薦,以及江西觀察使韋丹自身的不凡政績與聲望,上述因素共同促成了韋丹作爲元和循吏的代表獲賜遺愛碑。

根據杜牧撰寫韋丹遺愛碑文一事提供的信息,並結合其他唐代德政碑的例

---

[1]《劉禹錫全集編年校注》卷一七《高陵縣令劉君遺愛碑》,1961—1964 頁。

子,本文認爲唐代德政碑文的形成有兩條綫索。其一是與德政碑的層級(方鎮、州縣)相對應的兩種撰作類型,所謂"撰作類型"包括不同申請主體所呈交的德政狀,碑文撰者是由朝廷指定還是自發延請,碑文撰成後進呈與否等諸多方面,是爲兩種不同的德政碑文生成過程。其二是唐代考課與德政碑申請制度對德政碑文的制度性塑造,首先德政碑申請制度中要求申請者呈交的德政狀,是德政碑文最主要的取材來源;其次《韋碑》與《韋誌》中大致相合的營建和開田數目提示考課過程中的行政文書與德政碑文有着密切聯繫,考狀中能够體現治績的各項事功構成了德政碑文的要件,因而諸如開田、益户、營造等内容也就大量出現在德政碑文中;另一方面有些州縣一級的德政碑文並没有呈現出與考課之間具有緊密關聯,反映了唐代德政碑文是在這兩種制度的交織作用下形成的。上述結論並不適用於所有的唐代德政碑,還是存在一些特例,比如像田弘正德政碑那樣受政治因素影響較深的德政碑文;又如大曆五年(770)龔丘縣令庾賁德政碑[1],其申立在方鎮一級就完成了,並没有奏至朝廷,亦屬特例,不過其碑頌倒是與其他州縣官員德政碑文並無二致,因此本文關於州縣一級德政碑文的討論在這個特例上仍有適用性。

  流程化的生成機制與層層相因的文本形塑,在横向與縱向上釐清了唐代德政碑文在制度運作下的形成過程,今後或可將這兩點思考推廣到對中古時期正史、碑誌、典章會要等文獻的考察中去。以往討論較多的在於官修史籍與政治權力之間的關係,此外也不可忽視"制度"這隻"看不見的手"對文本形成的作用。通過考察唐代德政碑文在相關制度運作下的形成過程,本文旨在揭示制度在潛移默化中對文本的塑造作用,譬如唐代德政碑文中關於開田益户的記述,正是由於唐代考課制度規定的課績標準,纔會出現在以表彰政績爲標的的德政碑文中;而且制度所起到的作用也並非絶對,在一些刺史、縣令德政碑文中,還可以看到州縣吏民的主體力量。將"制度"視角納入對中古文獻的考察,制度環節中不同文獻之間的關係,以及終端文獻背後的文本相因鏈得以發明,中古史料也就變"厚"了。

---

[1]《金石萃編》卷九五《庾賁德政頌》,葉四b—五b;並參《全唐文》卷四三七李陽冰《龔邱縣令庾公德政碑頌並序》,4461—4462頁。

## Compositional Types and Institutional Shaping: The Narrative of Benevolent Governance in the Tang Dynasty as Reflected in the Stele of Wei Dan

Xu Ziyue

The inscription, the submittal, and the *zhuang* 狀 to express gratitude for receiving payment of the stele of Wei Dan 韋丹 in *Collected Works of Fan Chuan* 樊川文集 by Du Mu 杜牧 provide many clues to examine the inscription composition of the steles of benevolent governance in the Tang dynasty and relevant institutions. The bestowal of the stele of Wei Dan was a link of implementing political propaganda about taking Yuan He 元和 as model by the court of Xuan Zong 宣宗. With the joint help of Zhou Chi's 周墀 recommendation, his own political achievements and good fame, Wei Dan turned out to represent benevolent officials during Yuan He and was awarded the stele of benevolent governance. The three articles about the stele of Wei Dan give a hint about the process, materials and character of author of the inscription composing of the steles of benevolent governance in the Tang dynasty. It can be used to conclude the composing types of the inscription of the steles of benevolent governance in the Tang dynasty. In addition, by comparing the inscription of the stele of Wei Dan and the epitaph of Wei Dan, it can be found that works which reflect political achievements such as exploiting land, increasing households and constructions written in kaozhuang 考狀 constitute the key of the steles of benevolent governance inscription. Besides, dezhengzhuang 德政狀, which applicants are required to submit according to the institution of applying for a stele of benevolent governance, is the main material of inscription composition. The assessment institution and steles of benevolent governance application institution of the Tang dynasty interweave with each other, and shape the inscription of the steles of benevolent governance in the Tang dynasty.

# 《桂苑筆耕集》繫年新考

曾　磊

　　《桂苑筆耕集》(以下簡稱《筆耕集》)是唐末新羅文士崔致遠所著別集。崔致遠十二歲時入唐求學,時值唐懿宗咸通七年(866)。他在八年後以賓貢進士及第,守選三年,調授宣州溧水縣尉,廣明元年(880)冬罷職[1]。隨即進入淮南使府任職,蒙節度使高駢"專委筆硯,軍書輻至,竭力抵當,四年用心,萬有餘首"。中和四年(884)冬,崔致遠離淮歸國,次年春抵達新羅。他"自惜微勞,冀達聖鑒",從這"萬有餘首"文書中沙汰出三百餘篇,勒爲二十卷《筆耕集》,於光啓二年(886)正月呈獻定康王[2]。

　　晚清以前,《筆耕集》在國內唯有《崇文總目》著録[3],可見北宋館閣寶藏,此後則長期失傳。不過,在朝鮮半島,此集"屢經鋟印",雖"板刻舊佚,拓本亦絕罕"[4],但仍有少數珍本流傳。朝鮮純祖三十四年(1834,清道光十四年),徐有

---

[1] 崔致遠在《桂苑筆耕集》中多次自述入唐、及第與離唐的時間與年齡,綫索較爲清楚,但《三國史記》《東國通鑑》和徐有榘《校印桂苑筆耕集序》等誤讀相關記載,認爲崔致遠"年十二,從商舶入中原,十八舉進士第",進而誤導了不少當代研究者。李定廣對此有詳細考辨,參見《關於崔致遠研究的三個誤區及其突破》,《學術界》2012年第9期,29—31頁。

[2] 崔致遠《桂苑筆耕序》,崔致遠撰,党銀平校注《桂苑筆耕集校注》,中華書局,2007年,14頁。崔致遠不知僖宗中和五年三月已改元光啓,在序末注此集"中和六年正月日"呈進。

[3] 王堯臣等編次,錢東垣等輯釋《崇文總目》卷五《別集類》,中華書局,1985年,384頁。此外,《秘書省續編到四庫闕書目》提及崔致遠《中山覆簣集》和《詩賦》,但未提及《筆耕集》,反映北宋後期《筆耕集》仍藏於内府,不在求書之列。之後的《新唐書·藝文志》《宋史·藝文志》《通志·藝文略》等雖然著録《筆耕集》,但相關記載應該是據《崇文總目》補入,並不能説明此時《筆耕集》仍有寶藏。加之《新唐書》《資治通鑑》和宋元以降的筆記小説對《筆耕集》均無引用,官私目録亦未著録,《筆耕集》很可能在南宋時期已經亡佚。參見馬楠《〈新唐書藝文志〉增補修訂〈舊唐書經籍志〉的三種文獻來源》《離析〈宋史藝文志〉》,《唐宋官私目録研究》,中西書局,2020年,59、140頁;金程宇《〈桂苑筆耕集〉流傳中國考》,《域外漢籍叢考》,中華書局,2007年,90—92頁。

[4] 徐有榘《校印桂苑筆耕集序》,《桂苑筆耕集校注》,6頁。

架以木活字排印洪奭周家藏本後,《筆耕集》回流中國,並引起士人關注。然而,這一近世最通行的木活字本實際上晚於潘仕成《海山仙館叢書》刻本和《四部叢刊》影印本所據底本,亦晚於日本國會圖書館所藏寫刻本[1]。

《筆耕集》作爲崔致遠自編選集,基本以原始面貌傳世,收錄了他廣明、中和年間佐高駢幕時寫作的大量文翰,被公認爲反映唐末政治、社會狀况的珍貴一手文獻。但此集分體編次,時間要素並不清晰,收入的公文書皆以四六駢體寫成,講究麗辭、事典和偶對,表意比較模糊,導致研究者在提取歷史信息時頗感困難。党銀平、夏婧和余國江基於整理文獻的立場,對《筆耕集》中的不少篇目進行了繫年[2]。周連寬、方積六、嚴耕望、韋旭昇、郁賢皓、祁慶富、陳志堅、任曉禮和蔡帆等則出於考訂史事的需要,對《筆耕集》中某些特定文書的寫作時間和歷史背景做過較多討論[3]。上舉前輩研究固已形成相當有益的積累,但若具體到個別文書的繫年,仍不乏可以補正之處。下文便就此略作申説,並在文末附上本文所考文書繫年總表。

另需説明的是,目前國内出版的兩種《桂苑筆耕集》點校本中,2007年党銀平校注本以徐有榘木活字本爲底本,2018年李時人、詹緒左編校本則改以日本

---

[1] 金程宇比對《海山仙館叢書》本和《四部叢刊》本的目錄順序、各篇題目和正文文字後,判斷兩本出自同一系統。大致在同一時期,日本學者藤本幸夫比對《四部叢刊》影印的無錫孫毓修小緑天藏本和日本對馬歷史民俗資料館宗家文庫所藏《筆耕集》《濂洛風雅》後,依據刻工和印記,最終確定小緑天藏本刊於朝鮮顯宗八年(1667,清康熙六年)。藤本還依據日本國會圖書館藏本的書印和墨書,推斷此本爲朝鮮明宗朝(1545—1567,明嘉靖二十四年至隆慶元年)寫刻本。參見金程宇《日本國會圖書館藏〈桂苑筆耕集〉的文獻價值》,《域外漢籍叢考》,1—11頁;《前言》,崔致遠撰、李時人、詹緒左編校《崔致遠全集》,上海古籍出版社,2018年,25—26頁。

[2] 夏婧《〈桂苑筆耕集校注〉舉正》,《書品》2012年第3輯,89—92頁;夏婧《〈桂苑筆耕集校注〉匡補》,《域外漢籍研究集刊》第9輯,2013年,215—248頁;余國江《〈桂苑筆耕集校注〉繫年商榷》,《古文獻整理與研究》第2輯,2016年,14—24頁。

[3] 周連寬《唐高駢鎮淮事迹考》,《嶺南學報》1951年第11卷第2期,11—45頁;方積六《黄巢起義考》,中國社會科學出版社,1983年;嚴耕望《唐僕尚丞郎表》,中華書局,1986年;韋旭昇《崔致遠居唐宦途時期足迹考述》,《延邊大學學報》1998年第4期,66—76頁;郁賢皓《唐刺史考全編》,安徽大學出版社,2000年;祁慶富《崔致遠在中國行迹考》,《烟臺大學學報》2007年第3期,338—342頁;陳志堅《唐末中和年間徐泗揚兵争之始末——崔致遠〈桂苑筆耕集〉事箋之一》,《魯東大學學報》2008年第5期,20—25頁;任曉禮《崔致遠羈留山東半島行程與文學創作考辨》,《東岳論叢》2013年第10期,73—76頁;蔡帆《朝廷、藩鎮、土豪:唐後期江淮地域政治與社會秩序》,浙江大學出版社,2021年。

國會圖書館藏本爲底本[1]。校注本雖然在底本選擇和文字校勘上不及編校本,但附有篇章繫年。爲利用和討論党銀平的考辨成果,本文仍主要引用校注本,同時參考編校本。

# 一、崔致遠任職、歸國考:兼論《筆耕集》文書繫年的上下限

1. 崔致遠任職考

《筆耕集》卷一七至一九收録了崔致遠從入幕到歸國時期創作的公私交往詩文,可以據此還原崔致遠的淮南宦歷。其中最集中記述崔致遠任職始末的,是卷一八《長啓》,故筆者在箋注《長啓》的基礎上,勾連其他文書,進行繫年。

首先需要確定《長啓》的寫作時間。《長啓》附於《謝職狀》之後,文中提到"去年中夏,伏遇出師",指廣明二年高駢屯兵東塘事件[2],党銀平據此考訂啓、狀均應寫於中和二年[3]。

《長啓》又説"其如都統巡官,須選人材稱職,外塞四方之望,内資十乘之威。若今某塵玷恩知,尸素寵位,但恐買戎狄之笑,沽史傳之譏"。《謝職狀》所謝之職當是都統巡官[4]。但崔致遠進狀辭謝後,接受此職,《桂苑筆耕序》《祭巘山神文》《與禮部裴尚書瓚狀》等文書的結銜中均含有"前都統巡官"[5]。祇是中和二年正月八日後王鐸已經代高駢爲都統[6],高駢一時不知消息,仍在年初新命崔致遠爲都統巡官。待唐廷詔令傳到淮南,崔致遠不得不再次轉職。同卷《謝改職狀》説"右某伏蒙仁恩,特賜公牒,改署館驛巡官,令隨旌旆西去者"[7],

---

[1] 《凡例》,《桂苑筆耕集校注》,23頁;《前言》,《崔致遠全集》,26頁。
[2] 唐僖宗廣明二年七月十一日改元中和,故當年七月十一日前,本文標注爲廣明二年,七月十一日後則改注中和元年。此外,若需指稱一整年,統稱爲中和元年。
[3] 《桂苑筆耕集校注》,627頁。
[4] 《桂苑筆耕集校注》,626頁。
[5] 《桂苑筆耕集校注》,序13頁、735頁;《崔致遠全集》,559頁。
[6] 諸書對王鐸授都統時間的記載,頗有出入,精確至月日的亦有七説,方積六據《唐大詔令集》中的原始詔敕考訂後,認爲《新唐書》《資治通鑑》"中和二年正月八日"的記載正確,參見《黃巢起義考》,202頁。
[7] 《桂苑筆耕集校注》,643頁。

即述此事。高駢在改署崔致遠職位的同時,命令他扈從中和二年的第二次出兵[1]。故崔致遠作《謝李珀書》向節度副使李珀辭行,感謝李珀"不遺薄藝,累發重言",並爲"伏緣既忝從軍,難爲乞假,不獲祗候陳謝"致歉[2]。夏婧雖然注意到此李珀即《筆耕集》卷一三《請節度判官李珀大夫充副使》《請副使李大夫知留後》提到的李大夫,但由於堅持《謝李珀書》中的"從軍"指崔致遠廣明二年隨高駢出師東塘一事,將三份文書皆繫於是年,忽略了三件文書中存在的兩個反證[3]。一是《謝李珀書》呼高駢爲"太尉"。高駢乾符六年(879)移鎮淮南前已加檢校司徒[4],廣明二年遷檢校太尉[5]。《謝李珀書》若寫於廣明二年第一次出兵前,更可能稱高駢爲"司徒"。二是《請節度判官李珀大夫充副使》説"一來淮甸,四換星霜"[6]。高駢乾符六年冬移鎮淮南,至中和二年夏已任職三年有餘,姑且可以稱爲"四換星霜"。但若從乾符六年下數到廣明二年,則僅有兩年多,難作如此表述。且《謝李珀書》以"副使"稱呼李珀,必然寫於《請節度判官李珀大夫充副使》之後,故《謝李珀書》《請節度判官李珀大夫充副使》《請副使李大夫知留後》三件文書皆應繫於中和二年,《謝李珀書》中的"從軍"指的是崔致遠中和二年的第二次隨行。

---

[1] 廣明、中和二年,唐廷兩次詔令高駢出兵關中,但兩次出兵均不成功,《筆耕集》卷一一《答江西王尚書書》《答襄陽郤將軍書》詳述兩事。參見《桂苑筆耕集校注》,334—336、348—350 頁。

[2] 《桂苑筆耕集校注》,705 頁。

[3] 夏婧《〈桂苑筆耕集校注〉匡補》,248 頁。

[4] 《舊唐書》載高駢乾符"六年冬,進位檢校司徒、揚州大都督府長史、淮南節度副大使知節度事",《新唐書》則説高駢在西川任上"進檢校司徒,封燕國公",王徽在"皇帝改元之六年"(即乾符六年)寫作的《創築羅城記》中記録高駢的結銜爲"諸道鹽鐵轉運兼鎮海軍節度等使、開府儀同三司、檢校司徒、同中書門下平章事、燕國公",證明《舊唐書》的記載有誤,《新唐書》的記載較切近事實。參見《舊唐書》卷一八二《高駢傳》,中華書局,1975 年,4704 頁;《新唐書》卷二二四下《高駢傳》,中華書局,1975 年,6394 頁;袁説友等編,趙曉蘭整理《成都文類》卷二五《創築羅城記》,中華書局,2011 年,405 頁。

[5] 《筆耕集》卷二《謝加太尉表》感謝供奉官嚴遵美前來淮南慰諭將校,並賜高駢加檢校太尉敕書、手詔各一封,表文説"今者已率雄師,將誅巨猾,征旗指路,遠趨堯日之光;戰艦淩波,方托舜風之力。豈期王人遠降,帝命俄臨,獎其外鎮之微勞,授以上司之劇任",顯然寫於廣明二年五月十二日高駢屯兵東塘後。但《新唐書》記載中和元年二月己卯(六日)唐廷加高駢檢校太尉。理解爲當年二月成都行在發敕,五月專使到揚州宣旨,比較合適。參見《桂苑筆耕集校注》,33 頁;《新唐書》卷六三《宰相表》,1744 頁。

[6] 《桂苑筆耕集校注》,409 頁。

瞭解上述情况後，我們便能明確《謝職狀》《長啓》必定寫於中和二年年初。並且，若從《筆耕集》入手，分析唐廷與淮南間信息傳遞速度的話，可以發現進奏院狀報用時較短，一般在一個月左右[1]。詔書實物傳遞用時相對較長：廣明二年四月十日唐廷發布催促高駢出兵的詔令，高駢約在七月初收到，相隔將近三月[2]；同年十一月十一日唐廷罷高駢鹽鐵使之職，高駢雖然在當年年末已經通過進奏院獲知消息，但實際收到文書，却要等到中和二年六月十六日，相隔二百一十三天[3]。筆者姑且取中間數，認爲成都、揚州間的信息傳遞大致需要一兩個月。以此推之，《謝職狀》《長啓》最有可能作於中和二年三月前，《謝改職狀》等則作於中和二年四月前後。又，《筆耕集》卷九《都統王令公三首（第一）》説："某比承詔旨，久緩師期，今伏見令公命許君親，身先將校……已閱全師，既離弊鎮。……欲取來月上旬，決謀進退，直衝宋野，先會梁園。"[4]卷一一《告報諸道徵會軍兵書》則説："中和二年五月十二日具銜某謹告某州府節度使……已取今月十八日，部領兵士，發離本鎮，必得直驅汴道，徑入潼關，立剗梟巢，去迎鑾駕。"[5]兩相對照，便知中和二年四月高駢與王鐸約定來月出師，同上文推測四月高駢安排李琯知留後、崔致遠從征若合符節。

之後，還需要仔細分析《長啓》的叙述，其文曰：

> 某東海一布衣也，頃者萬里辭家，十年觀國，本望止於榜尾科第，江淮一縣令耳。前年冬罷離末尉，望應宏詞，計決居山，暫爲隱退。學期至海，更自琢磨。俱緣禄俸無餘，書糧不濟，輒攜勃窣，來掃膺門。豈料太尉相公迥垂獎憐，便署職秩，迹趨鄭驛，身寓陶窗。免憂東郭之貧，但養北宮之勇。去年

---

[1] 唐制，敕書日行五百里，《唐大詔令集》《册府元龜》中存有多份相關文書。成都與揚州相距約三千里，在最理想情况下，文書六天内就能從成都送達揚州。《筆耕集》卷一《賀改年號表》説在"今月"得到進奏院狀報，知悉當月十一日改元中和，那麼，兩地消息傳遞最長需要十九天，最短則可能衹有六天。同書卷六《謝加侍中兼實封狀》説由進奏院狀報，得知唐廷"十一月十一日恩制"，本狀未言"去年"，亦不稱"今月"，説明高駢在當年十二月獲悉消息，狀報傳送花費二十天到四十八天。參見顧炎武撰，黄汝成集釋《日知録集釋》卷一〇"驛傳"，中華書局，2020年，550頁；《桂苑筆耕集校注》，1、148頁。

[2] 《桂苑筆耕集校注》，69頁。

[3] 繫年詳見本文第四節考證。

[4] 《桂苑筆耕集校注》，240頁。

[5] 《桂苑筆耕集校注》，321、322頁。

中夏,伏遇出師,忽賜招呼,猥加驅策,許隨龍旆,久倚鷁舟。每恨布鼓音凡,鉛刀器鈍,縱傾肝膽,莫副指踪。遽蒙念以慕善依仁,特賜奏薦,重言天應,忝獲超升。若非九重倚賴於功名,十道遵承於法令。則其恩命,亦豈肯許。某自江外一上縣尉,便授内殿憲秩,又兼章紱。……昨蒙恩慈,特賜轉職,尋已具狀陳讓,兼納所賜公牒,伏奉批誨,即有敕命,但請收之。……某伏自前年得在門下,更無知識,唯謁諸廳,幕中垂情,幸而獲宥。竊聆太尉相公去年夏於東塘顧問某之時,諸郎官同力薦揚,和之如響。遂沾厚遇,遽竊殊榮。昨者繼陳讜言,不徇尊旨,實乃惜太尉相公之名望,存淮南藩府之規儀。……今者甘置嚴誅,輒傾真懇,乞解所職,以弭官謗可也。伏惟太尉相公特賜允從,今得其所。儻蒙未垂擯棄,猶許依棲,則望成別補冗員,或薄支虛給,一枝數粒,可養羽毛;斗水尺波,得安鬐鬣。[1]

"豈料太尉相公迥垂獎憐"前數句,概述崔致遠入幕前的經歷。他罷溧水尉後,本欲參加宏詞科考試,但因"禄俸無餘,書糧不濟",不得不求入高駢幕府任職,卷一七《初投獻太尉啓》《再獻啓》即作於此時[2]。兩啓正文都以"司徒相公"稱呼高駢,說明《初投獻太尉啓》之名應非當時實錄,而是結集時新添加的。

《再獻啓》中提到的兩個細節需要特別注意,一是崔致遠感謝高駢"念以遠别海隅,久沉江徼,特垂豐餼,俾濟朝饑",表明《再獻啓》是藉感謝高駢賜給"豐餼"之機再次請職,其中的叙述與卷一九《與客將書》相合。《與客將書》稱:"伏蒙將軍念以來自異鄉,勤於儒道,曲垂提挈,得遂獻投。……今欲專修啓事,再獻相公,少申感謝之懷,預寫辭違之懇。未知可否,先取指麾。"[3]此"客將",李時人認爲指卷一四《客將哥舒璫兼充樂營使》提到的哥舒璫,[4]當無問題。崔致遠說此前已"得遂獻投",則《初投獻太尉啓》經哥舒璫遞送高駢。又說"今欲專修啓事,再獻相公,少申感謝之懷","再獻"的"啓事"即《再獻啓》,"感謝"的便

---

[1] 《桂苑筆耕集校注》,625—627頁。
[2] 《桂苑筆耕集校注》,572—581頁。
[3] 《桂苑筆耕集校注》,693—694頁。
[4] 李時人《新羅崔致遠生平著述及其漢文小説〈雙女墳記〉的創作流傳》,《崔致遠全集》,841—842頁。此外,吴麗娱曾撰專文討論晚唐的客將與客司,參見《試論晚唐五代的客將、客司與客省》,《中國史研究》2002年第4期,69—82頁。

是"豐餞"〔1〕。《再獻啓》之後有《謝生料狀》,狀中稱高駢爲"司空相公",顯爲"司徒相公"的誤植,又説"某昨日伏蒙仁慈,再賜生料",則高駢收到《再獻啓》後,饋贈崔致遠生料〔2〕。崔致遠兩次投獻文啓,高駢兩次回贈餼料,並接受崔致遠入幕,所以《長啓》後文説廣明元年已經入幕("前年得在門下")。《謝生料狀》的下一篇《獻詩啓》回應"同年顧雲校書獻相公長啓一首,短歌十篇"〔3〕,獻給高駢三十首七言紀德詩,其中第二十九首寫道"天上香風吹楚澤,江南江北鎮成春",顯示紀德詩或作於廣明元年十二月,或作於廣明二年正月;最後一首《陳情》寫道"此身依托同雞犬,他日升天莫棄遺"〔4〕,自喻爲高駢的"雞犬",一定寫於正式入幕後。二是該啓首稱"某今月五日謹以所學篇章五通,貢於賓次",對應《初投獻太尉啓》文末提及的"謹録所業雜篇章五軸,兼陳情七言長句詩一百篇,齋沐上獻",顯示《初投獻太尉啓》寫於廣明元年冬某月五日。

崔致遠入幕後,高駢"迴垂獎憐,便署職秩,迹趨鄭驛,身寓陶窗",卷一七《謝職狀》説"右某今月二十五日伏承公牒,特賜署充館驛巡官者,恩降臺階,光生旅舍"〔5〕,對應此事。狀文中所説的"今月二十五日",筆者認爲很可能指廣明二年正月二十五日。卷一九《謝元郎中書》稱:"伏蒙太尉恩慈,特賜轉職,不任歡慶。……伏自去年刺謁燕臺,職叨鄭驛,皆蒙郎中推心獎念,假力薦揚,使孤根無委地之虞,短翮有凌雲之望。今者忽忝非常之遇,深慚不稱之譏。雖樂從軍,敢安尸禄。且鷃披隼翼,已覺非宜;雞處鶴群,固當自責。時日已具狀辭讓,以此未敢祇候陳謝。"〔6〕"職叨鄭驛"是説崔致遠去年開始擔任館驛巡官,如今要從館驛巡官轉職,又擔憂"忽忝非常之遇,深慚不稱之譏",以致"具狀辭讓",新職必是《謝職狀》所謝的都統巡官。而崔致遠僅在中和二年年初短暫擔任過都統巡官,《謝元郎中書》所説的"去年"一定是廣明二年。另外,《筆耕集》中崔致遠代筆的公文書,最早的似乎是廣明二年"春首"前後寫作的《浙西周寶司空

---

〔1〕 余國江此前已據文意推測《與客將書》的寫作稍早於《再獻啓》,參見《〈桂苑筆耕集校注〉繫年商榷》,23 頁。
〔2〕 《桂苑筆耕集校注》,581—582 頁。
〔3〕 《桂苑筆耕集校注》,583 頁。
〔4〕 《桂苑筆耕集校注》,607 頁。
〔5〕 《桂苑筆耕集校注》,608 頁。
〔6〕 《桂苑筆耕集校注》,706—707 頁。

五首(第一)》[1],"今月"理解爲"春首"的正月,較爲合理。崔致遠廣明元年冬入幕後,仍居旅舍,直到正式獲任館驛巡官,纔有"客司奉傳處分,借賜官宅安下",他爲此作《謝借宅狀》[2]。遷居時,宋絢"借賜官車",崔致遠"得離旅館",他爲此作《謝宋絢侍御書》[3]。

《長啓》下文繼續寫道:"去年中夏,伏遇出師,忽賜招呼,猥加驅策,許隨龍斾,久倚鷁舟。"對應卷一七《出師後告辭狀》《謝令從軍狀》《謝借舫子狀》。高駢廣明二年五月十二日出兵東塘之初,崔致遠並未與其同行。稍後高駢通過客司傳令崔致遠"借舟船隨從行李",等到崔致遠赴軍前,高駢又通過客司"借賜舫子安下"[4]。

在屯兵東塘時期,高駢應該與崔致遠多有接觸,並對其頗爲欣賞,因此"許奏薦",並拔擢他"超升"。"許奏薦"對應卷一七《謝許奏薦狀》"右某昨日見衙前兵馬使曠師禮奉傳處分,特賜慰問,兼許奏薦,令自修狀本來者"[5]。"超升"則指《長啓》下文說到的"授内殿憲秩,又兼章紱"。《祭巉山神文》中崔致遠的結銜爲"淮南入新羅兼送國信等使、前都統巡官、承務郎、殿中侍御史、内供奉、賜緋魚袋"[6],《長啓》之"内殿憲秩"指"殿中侍御史","兼章紱"指"賜緋魚袋"。但高駢仍感意猶未盡,故在中和二年任崔致遠爲都統巡官。

崔致遠雖然最終接受任命,但在《長啓》中極力推辭此職,稱衹"望成別補冗員,或薄支虛給"。卷一八《謝加料錢狀》《謝衣段狀》可能與此相關[7]。

2. 崔致遠歸國考

《筆耕集》卷二〇收錄了崔致遠東歸新羅前後創作的一系列詩文,韋旭昇、祁慶富和任曉禮等學者曾對此做過研究。其中任曉禮重點關注崔致遠滯留山東

---

[1] 繫年詳見本文第六節考證。
[2] 《桂苑筆耕集校注》,610 頁。
[3] 《桂苑筆耕集校注》,696 頁。
[4] 《桂苑筆耕集校注》,612—620 頁。党銀平認爲《出師後告辭狀》《謝令從軍狀》與廣明二年的出兵相關,余國江則指出《謝借舫子狀》亦與之相關,參見《〈桂苑筆耕集校注〉繫年商榷》,23 頁。筆者猜測高駢急召崔致遠赴軍前,可能是趙公約叛逃事件發生後,產生了與周寶進行文書溝通的需要。
[5] 《桂苑筆耕集校注》,618 頁。
[6] 《桂苑筆耕集校注》,735 頁。
[7] 《桂苑筆耕集校注》,632、634 頁。

半島時創作的二十二篇詩文,具體考辨各篇的創作時間及崔致遠歸國的路綫,並指出崔致遠歸國主要出於新羅國王的秘召,分析較前人精到,但他對《筆耕集》中的其他文獻未加注意,論證猶有不盡如人意之處,下文略作補充。

任曉禮首先總結出前人提及的崔致遠請歸的三點原因,一是思念故國,二是受父老召唤,三是對高駢失望。之後,他據崔致遠堂弟栖遠"假新羅國入淮海使録事職名"迎接致遠東歸和崔致遠歸國後立即被任命爲"侍讀兼翰林學士守兵部侍郎知瑞書監"兩點,判斷新羅國王的密召纔是崔致遠回國的決定性因素[1]。

任曉禮的觀點大致可從,需作進一步説明的僅有兩點。一是《筆耕集》卷一八《謝探請料錢狀》和卷二〇《謝許歸覲啓》與崔致遠歸國相關。兩文均寫於中和四年,前狀以"今有本國使船過海,某欲買茶藥,寄附家信"爲由,請求高駢"特賜探給三個月料錢",後啓則感謝高駢"許令歸覲"新羅[2]。崔致遠個人的意願,當不至於在數月間發生巨變,促使他決定歸國的必是新羅使者傳達的王令。我們可以推測:中和四年,"新羅國入淮南使"金仁圭來華後,一方面奉王命要求崔致遠儘快回國,一面通過高駢與唐廷接洽,故唐廷任命崔致遠爲"淮南入新羅兼送國信使",允許他和金仁圭一起返回新羅[3]。

此外,任曉禮似未留意崔致遠行前曾與高駢約定出使後返唐。《筆耕集》卷二〇中頗多詩文言及此事,如:

(1)《謝許歸覲啓》:唯願暫謀東返,迎待西來,仰托仁封,永安卑迹[4]。
(2)《上太尉別紙五首(第五)》:冀申專對之能,早遂再來之望[5]。

---

[1] 任曉禮《崔致遠羈留山東半島行程與文學創作考辨》,74頁。
[2] 《桂苑筆耕集校注》,645—646、718頁。《謝探請料錢狀》説"伏惟太尉念以依門館次三千客,別庭闈已十八年",党銀平主張崔致遠咸通九年入唐,至中和四年不足十八年,此"十八年"實爲約數,進而將此狀較模糊地繫於中和末年,之後又簡單地根據崔致遠中和四年歸國,將《謝許歸覲啓》繫於中和四年。實際上,崔致遠在咸通七年入唐,至中和四年恰好十八年。而與《謝探請料錢狀》所説的"別庭闈已十八年"相應,《謝許歸覲啓》稱"伏緣某自年十二離家,今已二九載矣",兩文皆撰於中和四年。《謝許歸覲啓》自云將在秋冬季節返程:"唯仰趙衰之冬日,深暖旅懷;豈吟張翰之秋風,遽牽歸思。"加之崔致遠八月已離巡官之任,可以確認寫於七月。
[3] 《祭巉山神文》中金、崔二人的結銜中分別帶有"新羅國入淮南使"和"淮南入新羅兼送國信等使"。《與禮部裴尚書瓚狀》亦稱"今則崔致遠奉使言歸"。參見《桂苑筆耕集校注》,735頁;《崔致遠全集》,560頁。
[4] 《桂苑筆耕集校注》,718頁。
[5] 《桂苑筆耕集校注》,733頁。

(3)《歸燕吟獻太尉》：秋去春來能守信，暖風涼雨飽相諳。再依大廈雖知許，久汙雕梁却自慚[1]。

(4)《行次山陽續蒙太尉寄賜衣段令充歸覲續壽信物謹以詩謝》：萬里始成歸去計，一心先算却來程[2]。

《酬楊瞻秀才送別》甚至更明確地寫道"海槎雖定隔年回，衣錦還鄉愧不才。暫別蕪城當葉落，遠尋蓬島趁花開"[3]。崔致遠稱與楊瞻僅是"暫別"，行前已經確定"隔年回"淮南。祗是他回國後立即被新羅王委以要職，無法再如約返唐。

崔致遠離開淮南後、到達山東前的行迹，任曉禮未加考辨，韋旭昇和祁慶富則從嚴耕望之說，認爲崔致遠七月已離巡官之職，十月首途東歸[4]，由揚州行江路至楚州，從楚州入海，沿途經過海州，之後來到山東半島[5]。

嚴耕望根據崔致遠《石峰》自注判斷其十月首途東歸，恐怕有誤。《石峰》自注說"中和甲辰年冬十月，奉使東泛，泊舟於大珠山下，凡所入目，命爲篇名，嘯月吟風，貯成十首，寄高員外"[6]。十月乃"泊舟於大珠山下"之期，並非"奉使東泛"之始。大珠山，一作大朱山，《通典》云密州諸城縣"古齊長城東南自上大朱山起，盡州南界二百五十里"[7]。《入唐求法巡禮行記》提及此地，但因爲圓仁顧慮"其大珠山計當新羅正西，若到彼進發，災禍難量，加以彼新羅與張寶高興亂相戰，得西風及乾坤風，定着賊境"，所以並未前往。圓仁開成四年（839）三月二十二日從楚州出發，四月一日行至大珠山附近，新羅水手申云："自此北行一日，於密州管東岸，有大珠山。今得南風，更到彼山，修理船，即從彼山，渡海，甚可平善。"[8]換言之，楚州和大珠山間的旅程需要花費九天時間。任曉禮據《上太尉別紙五首（第五）》"伏見今年自十月之交，至於周正月，略無鬐發"和

---

[1]《桂苑筆耕集校注》，747頁。
[2]《桂苑筆耕集校注》，750頁。
[3]《桂苑筆耕集校注》，748頁。
[4] 嚴耕望《唐僕尚丞郎表》，619頁。
[5] 韋旭昇《崔致遠居唐宦途時期足跡考述》，73—76頁；祁慶富《崔致遠在中國行迹考》，340—342頁。
[6]《桂苑筆耕集校注》，755—756頁。
[7] 杜佑撰，王文錦等點校《通典》卷一〇八《州郡典》，中華書局，1988年，4774頁。
[8] 小野勝年《入唐求法巡禮行記の研究》第一卷，法藏館，1989年，457、474、476頁。

《沙汀》"別恨滿懷吟到夜,那堪又值月圓時",判斷崔致遠在九月底十月初("十月之交")和十月十五日("月圓")之間來到大珠山[1]。但未留意《沙汀》前的《潮浪》亦記載月相,此詩說"驟雪翻霜千萬重,往來弦望躡前踪"[2]。"八日月中分謂之弦,十五日日月相望謂之望"[3],《潮浪》中的"弦望"當指十月八日與十五日。那麼,崔致遠很可能在十月八日前停泊大珠山,由此倒推,他應該在九月末於楚州入海。

嚴耕望還根據崔致遠《謝再送月料錢狀》婉拒"昨日軍資庫送到館驛巡官八月料錢",判斷其七月後離職,其說可從。秋冬季節黃、渤海區風信不利,崔致遠早早做好次年春纔能抵達的準備[4],故在揚、楚兩地與師友詩酒酬唱,依依惜別,行路相當緩慢[5]。以往學者僅留意《行次山陽續蒙太尉寄賜衣段令充歸覲續壽信物謹以詩謝》《楚州張尚書水郭相迎因以詩謝》等少數幾首注明地點的詩文,其實依據"江""海"等綫索,亦可確定其他詩文寫作的地點。《陳情上太尉詩》寫道"客路離愁江上雨",《酬楊贍秀才送別》寫道"好把壯心謀後會,廣陵風月待銜杯"[6],崔致遠從揚州沂江而上,到達楚州,這兩首一定寫於揚州啓程前。兩詩之間還有《歸燕吟獻太尉》[7],大致作於同一時期。而《楚州張尚書水郭相迎因以詩謝》說"萬里乘槎從此去,預愁魂斷謝公樓",顯示崔致遠在楚州乘船入海[8]。存有"今則共別淮城,齊登海艦""望淮海則陟遐自邇,指風波則視險如夷""臨行與爲真心說,海水何時得盡枯""海山遙望曉煙濃,百幅帆張萬里風""天際孤帆窣浪飛"等字句的《上太尉別紙五首(第一)》《上太尉別紙五首

---

[1] 任曉禮《崔致遠羈留山東半島行程與文學創作考辨》,74頁。
[2] 《桂苑筆耕集校注》,757頁。
[3] 王充撰,黄暉整理《論衡校釋》卷二三《四諱篇》,中華書局,1990年,977頁。
[4] 《筆耕集》卷二〇《酬楊贍秀才送別》說"暫別蕪城當葉落,遠尋蓬島趁花開",意指當年秋天("葉落")離開揚州("蕪城"),次年春天("花開")回到新羅("蓬島"),參見《桂苑筆耕集校注》,748頁。
[5] 圓仁開成四年從揚州去楚州,僅用三天,崔致遠的行路時間顯然遠較此長,參見小野勝年《入唐求法巡禮行記の研究》第一卷,416、421頁。
[6] 《桂苑筆耕集校注》,744、748頁。
[7] 《筆耕集》卷二〇《奉和座主尚書避難過維揚寵示絕句三首》應該寫於中和三年,筆者將另行撰文,加以考證。
[8] 《桂苑筆耕集校注》,753頁。

(第二)》《留别女道士》《酬進士楊瞻送别》《酬吴巒秀才惜别二絶句(第二)》當作於楚州泛海前[1]。《行次山陽續蒙太尉寄賜衣段令充歸覲續壽信物謹以詩謝》的寫作時間則較之稍早[2]。

僅從《筆耕集》來看,崔致遠自楚州泛海後,似未在海州登陸。前揭韋旭昇和祁慶富文都主張崔致遠歸國時途經海州,然論據不同。韋旭昇認爲《上太尉别紙五首(第二)》中的"淮海"指淮南道海州,祁慶富則認爲《石峰》《山頂危石》對山勢景觀的描寫與海州雲臺山符合。查《新唐書·方鎮表》,上元元年(760)後海州始終隸屬青密節度[3],韋旭昇的判斷失誤,祁慶富的論證也有臆測嫌疑,二者均不可從。

崔致遠羈留山東半島時的行程,任曉禮進行了詳細梳理。他認爲崔致遠一行在中和四年十月初抵達大珠山,十一月十日行至乳山,中和五年春折返巘山祭神[4],之後出海,在三月回到新羅,並指出《上太尉别紙五首(第三)》和《石峰》以下十詩寫於大珠山,《上太尉别紙五首(第四)》《上太尉别紙五首(第五)》和《和友人除夜見寄》以下五詩寫於乳山,《祭巘山神文》和《將歸海東巘山春望》以下三詩寫於巘山[5]。其說大致可從,但任曉禮據《上太尉别紙五首(第四)》"某舟船行李自到乳山,旬日候風,已及冬節"倒推崔致遠十一月十日行至乳山,略有問題。查《唐代的曆》,中和四年冬至("冬節")爲十一月二十六日[6],由此上數十天("旬日")則是十一月十六日。

3. 小結

以往學界一般認爲崔致遠於廣明元年冬被辟爲高駢幕僚,於中和四年冬東

---

[1] 《桂苑筆耕集校注》,727、729、751、752、755頁。
[2] 《桂苑筆耕集校注》,750頁。
[3] 《新唐書》卷六五《方鎮表二》,1803頁。
[4] 唐僖宗中和五年三月十四日改元光啓,故當年三月十四日前,本文標注爲中和五年,三月十四日後則改注光啓元年。
[5] 余國江亦據《祭巘山神文》"去歲初冬,及東牟東"等語,判斷其作於中和五年春登州候風時期,參見《〈桂苑筆耕集校注〉繫年商榷》,24頁。
[6] 平岡武夫《唐代的曆》,上海古籍出版社,1990年,331頁。

返新羅,《筆耕集》中的文書寫於這四年間〔1〕。上文重新考求《筆耕集》内證後,指出崔致遠廣明元年冬入幕,廣明二年正月二十五日被署爲館驛巡官,中和四年七月後離職,《筆耕集》中的公文書祇能寫於廣明、中和時代的四十二個月之内。崔致遠的公私交往詩文,則可能寫於廣明元年冬至中和五年春。

## 二、王鐸任職考:兼論《桂苑筆耕集》文書的定名

王鐸,字昭範,出身名門太原王氏,是懿、僖兩朝最重要的大臣之一。黄巢起義期間,他曾兩次出任唐軍統帥〔2〕。《筆耕集》中存有八篇寄送給王鐸的文書。

根據《資治通鑑》的記載,王鐸中和二年正月八日"兼中書令,充諸道行營都都統,權知義成節度使,俟罷兵復還政府",次年正月八日"爲義成節度使,令赴鎮"〔3〕。党銀平由此入手,將標題中帶有"滑州"的卷七《滑州都統王令公三首》、卷八《滑州王令公》繫於中和三年,將標題中僅有"都統"的卷九《都統王令公三首》、卷一〇《都統王令公賀冬至》繫於中和二年〔4〕。夏婧同樣認爲卷八《滑州王令公》寫於中和三年,並據此考訂高駢落鹽鐵使的時間〔5〕。

不過,細讀文書正文,却能得出一些不同的結論。

卷七的三首别紙分别寫道:

(1)《滑州都統王令公三首(第一)》:伏見制書,伏承榮加内史之任,暫執元戎之權,往鎮雄藩,誓殲窮寇,佇復宫闕,則歸廟堂。

---

〔1〕 楊渭生《崔致遠與〈桂苑筆耕集〉》,《韓國研究》第2輯,1995年,3—5頁。嚴耕望則結合《桂苑筆耕序》《謝再送月料錢狀》和《石峰》本注,判斷"致遠掌駢書記,始於中和元年,止於四年七月",參見《唐僕尚丞郎表》,446、620頁。

〔2〕 兩《唐書》、《資治通鑑》對王鐸宦歷的記載頗有抵牾,黄清連對此做過詳細考辨,參見《王鐸與晚唐政局——以討伐黄巢之亂爲中心》,《"中研院"歷史語言研究所集刊》第63本第2分,207—267頁。

〔3〕 諸書對王鐸罷都統時間和原因的記載,亦有分歧,存在三說,方積六據《唐大詔令集》中的原始詔敕考訂後,認爲《新唐書》《資治通鑑》"中和三年正月八日"王鐸因作戰無功而被罷免的記載正確,參見《黄巢起義考》,230—233頁。

〔4〕 《桂苑筆耕集校注》,159—163、227—228、240—245、290—292頁。本節以下引文不詳注頁碼,以免煩瑣。

〔5〕 夏婧《〈桂苑筆耕集校注〉匡補》,246—247頁。

(2)《滑州都統王令公三首(第二)》:伏睹制書,伏承榮膺寵命,正鎮雄藩,伏惟感慰。

(3)《滑州都統王令公三首(第三)》:伏承旌幢已到鎮上訖,伏惟感慰。第一首的叙述,與《資治通鑑》中和二年條王鐸"兼中書令"的記載幾乎可以逐句對應。此别紙當寫於中和二年。之後,第二首説王鐸"榮膺寵命,正鎮雄藩",第三首又説"伏承旌幢已到鎮上訖"。换言之,兩首中前件寫於中和三年王鐸接到唐廷"令赴鎮"詔命時,後件寫於當年王鐸實際到鎮時。

卷八《滑州王令公》的寫作時間甚至可能比中和二年更早。此件説高駢"遽登常伯之高資,復益實封之異寵",雖然"遞路不通,制書未到",但王鐸"先垂榮問,過辱獎詞"。高駢中和元年十一月十一日落鹽鐵使的同時加侍中("常伯")和一百户"實封",次年六月十六日收到"制書"〔1〕。該别紙必定寫於中和二年六月十六日之前,很可能是中和元年年末。

至於卷九《都統王令公三首》和卷一〇《都統王令公賀冬至》的繫年,筆者贊同党銀平中和二年之説,並認爲可進一步繫到某月。本文第一節已經指出《都統王令公三首(第一)》"來月上旬,決謀進退"的"來月"指中和二年五月,此件作於同年四月。《都統王令公三首(第二)》寫於"夏星没火,秋琯飄灰"之時,即某年夏秋之交,但文中缺乏其他繫年綫索。《都統王令公三首(第三)》説"不料徐戎忽聚,費誓猶陳,未豁征途,難通饋輦",指中和二年徐泗揚兵争事件,此事始於五月中旬,六七月間正處於白熱化狀態,次年纔漸漸消歇〔2〕。故第三首必定寫於中和二年下半年。第二首位處第一、三首之間,寫作時間應該晚於第一首,早於第三首,同樣寫於中和二年。此外,第三首提及"恭俟捷音,專申賀禮,未前祝望,不暇啓陳云云",或許是祝賀中和二年夏初唐軍在"宜君縣南殺戮逆賊黄巢徒伴二萬餘人,生擒三千人並賊將"的大捷。是年"六月十三日,皇帝御宣政殿,排仗受宰臣及百僚賀禮畢",宜君大捷當在六月十三日之前,高駢爲此事上《賀殺戮黄巢徒伴表》,表中同樣控訴徐州時溥阻斷道路("顧彭野之久妨道

---

〔1〕 繫年詳見本文第四節考證。
〔2〕 陳志堅通過梳理《筆耕集》,還原了中和元年至三年間徐州時溥和揚州高駢爲争奪泗州展開的一系列鬥争,參見《唐末中和年間徐泗揚兵争之始末——崔致遠〈桂苑筆耕集〉事箋之一》,20—25頁。

路,怒髮雖衝")〔1〕。高駢應該是在大捷前作《都統王令公三首(第二)》,在大捷後作《都統王令公三首(第三)》。換言之,卷九的三首別紙很可能分別作於中和二年的四、五、六月。卷一〇《都統王令公賀冬至》正文祝王鐸"必資景福,早建殊功,惟當肅殺之時,便遂討除之勢",與標題的"都統"和"冬至"相合。綜合崔致遠及王鐸任職情況來看,王鐸掌握兵權、得"遂討除之勢"的"肅殺之時",僅可能是中和二年的冬至。查《唐代的曆》,中和二年冬至爲十一月四日〔2〕。

綜上,八首別紙中,《滑州王令公》作於中和二年六月十六日之前,《滑州都統王令公三首(第一)》《都統王令公三首》《都統王令公賀冬至》作於中和二年,《滑州都統王令公三首(第二)》《滑州都統王令公三首(第三)》則作於中和三年。

此外,第一節已經提到,卷一七《初投獻太尉啓》的標題稱高駢爲"太尉",但正文呼爲"司徒相公",反映本書各篇的標題很可能是結集時新添加的,絶非當時實録,第二節的考察驗證了這一點。卷八《滑州王令公》寫於中和三年之前,此時王鐸任"司徒兼侍中充太清宫使,弘文館大學士兼延資庫使"〔3〕,並未出鎮義成,反映《筆耕集》中文書的標題不僅擬於事後,而且帶有一定的隨意性〔4〕,研究者不可不顧正文叙述,僅據標題進行繫年。

## 三、西川立築城碑考

乾符三年,高駢時任西川節度使,爲防禦南詔滋擾,在成都修建羅城〔5〕。乾符六年,轉任鎮海節度使的高駢上奏"臣前理成都,築大城,請紀其事",僖宗

---

〔1〕 方積六據《賀殺戮黄巢徒伴表》考訂了宜君之戰的發生時間,但未注意表中提及高駢、時溥之爭,參見《黄巢起義考》,210—211 頁。

〔2〕 《唐代的曆》,328 頁。

〔3〕 宋敏求編《唐大詔令集》卷五一《王鐸弘文館大學士等制》,中華書局,2008 年,267 頁。夏婧對中和初王鐸任"首相"的情況有詳細考辨,參見《〈桂苑筆耕集校注〉匡補》,244 頁。

〔4〕 《筆耕集》篇目定名的隨意性還體現在另外兩處:本文第一節討論過的兩份《謝職狀》中,前一首標題的"謝"表示感謝,後一首標題的"謝"表示辭謝,作者定名時未加區分;卷七《吏部裴瓚尚書二首(第二)》,標題稱裴瓚爲尚書,但正文稱裴瓚爲侍郎,參見《桂苑筆耕集校注》,184 頁。

〔5〕 《資治通鑑》卷二五二《唐紀六八》僖宗乾符三年十月條,中華書局,1956 年,8185 頁。

"命翰林學士承旨臣王徽授其功狀"〔1〕。僖宗幸蜀後,又下令將該"功狀"鐫刻立碑。《筆耕集》中有三件文書直接提及此事:

(1)卷二《謝立西川築城碑表》:伏奉十一月六日敕旨,以臣在任西川節度使日,創築羅城,昨因有敕嘉獎,方進所賜碑詞,今已付所司鐫寫建立者〔2〕。

(2)卷八《西川柳常侍》:某頃鎮龜城,別營雉堞,蓋符天意,得就土功。今者幸遇巡遊,謂申績效,久留御輦,俾立豐碑。……常侍直道而行,樂人之善,遠垂華翰,過辱獎詞,以永傳不朽之譚,先見未來之事〔3〕。

(3)卷一六《西川羅城圖記》:公雖迎金鳳銜書,未議石龜戴版。蓋乃謙冲自牧,恥其功伐驟稱。及蒼烏高飛,翠華遠狩,儼仙遊於玉壘,安聖慮於金墉。故得親覽宏規,益欽忠節,特傳瑤檢,徵進碑詞。遂命雕鐫,永揚威烈。……中和三年龍集癸卯八月二十五日記〔4〕。

其中《謝立西川築城碑表》向唐廷致意,《西川柳常侍》向撰寫立碑詔書的西川柳常侍表示感謝,寫作時間不明;《西川羅城圖記》則是專門的紀念文,自述寫於"中和三年龍集癸卯八月二十五日"。但可以確認《謝立西川築城碑表》中"付所司鐫寫建立"的"十一月六日",必在僖宗幸蜀的廣明二年正月二十八日之後〔5〕,《西川羅城圖記》撰寫的中和三年八月二十五日之前,筆者猜測較可能是距離中和三年更近的中和二年十一月六日。

卷二《請巡幸第二表》爲上述猜想提供了證據。此表寫於《請巡幸江淮表》之後,同樣提出暫時遷都揚州的建議。兩表的時間綫索比較明確,周連寬很早便

---

〔1〕《成都文類》卷二五《創築羅城記》,495—499頁;另見《全唐文》卷七九三《創築羅城記》,中華書局,1983年,8307—8310頁。值得一提的是此文首題"皇帝改元之六年",即乾符六年,正文記事範圍也在乾符六年之內,但末言"中和四年記"。《寶刻類編》《輿地碑記目》著錄此碑,稱"王徽撰,行書,董璟篆額,中和四年正月,成都""唐中和四年,翰林王徽記,在城中信相院"。那麼,當是碑文作於乾符六年,碑石立於中和四年。參見《寶刻類編》卷六《創築羅城碑》,《石刻史料新編》第1輯第24册,新文豐出版公司,1977年,18490頁;王象之編著,趙一生點校《輿地碑記目》卷四《成都府碑記》,《輿地紀勝》,浙江古籍出版社,2013年,補闕109頁。

〔2〕《桂苑筆耕集校注》,39頁。
〔3〕《桂苑筆耕集校注》,233頁。
〔4〕《桂苑筆耕集校注》,544頁。
〔5〕日期據方積六考訂,參見《黃巢起義考》,153—156頁。

提出前表當作於中和元年九月高駢東塘退師之後,後表則作於中和三年春[1]。不過,《請巡幸第二表》的寫作時間還可以進一步明確到中和三年二月至四月間。《資治通鑑》載中和三年二月"峽路招討指揮使莊夢蝶爲韓秀昇、屈行從所敗,退保忠州,應援使胡弘略戰亦不利;江、淮貢賦皆爲賊所阻,百官無俸",四月黃巢不敵李克用,自長安潰走[2]。《請巡幸第二表》所謂"荊州道路,群寇將侵""列鎮貢賦,無計流通"云云,應指韓秀昇之亂,"倘或未收鳳闕,尚駐鑾輿"則顯示此時戰事未發生黃巢退出長安這樣的重大轉折。表中還説"臣頃鎮成都,偶諧遠慮,克符天意,亟就土功。別營雉堞之雄規,永壯龜城之峻境。……伏遇陛下遠耀珠旗,高臨玉壘。樂降絲綸之旨,深嘉毫髮之勞"[3]。此"絲綸之旨",包含表彰高駢在成都"亟就土功"的内容,應該就是《謝立西川築城碑表》所説的"十一月六日敕旨"。

綜上,可以判定《謝立西川築城碑表》和《西川柳常侍》寫於中和二年十一月六日至年末。

## 四、高駢落鹽鐵使考

根據《資治通鑑》的記載,中和二年五月唐廷認爲高駢勤王不力,罷免其鹽鐵使職務[4],《筆耕集》收録的五份文書却顯示上述記載有誤,高駢落鹽鐵使實在某年十一月:

(1)卷二《謝加侍中表》:臣伏奉去年十一月十一日恩制,加授臣侍中,依前淮南節度使,階勳封並如故,仍加食實封一百户者[5]。

(2)卷二《謝賜宣慰兼加侍中實封表》:六月十六日,供奉官劉叔齊至,奉宣聖旨,慰諭臣及將校,並賜臣敕書手詔各一封、官告一通,就加臣侍中,

---

[1] 周連寬《唐高駢鎮淮事迹考》,36頁。
[2] 《資治通鑑》卷二五五《唐紀七一》僖宗中和三年二月條、四月甲辰條,8289、8293頁。
[3] 《桂苑筆耕集校注》,57頁。
[4] 《資治通鑑》卷二五五《唐紀七一》僖宗中和二年五月條,8270頁。
[5] 《桂苑筆耕集校注》,48頁。

仍加食實封一百户,餘如故者[1]。

(3)卷三《謝就加侍中兼實封狀》:右臣得進奏院狀報,伏奉某月日恩制,加授臣侍中,餘並如故,仍加食實封一百户者[2]。

(4)卷六《謝加侍中兼實封狀》:右得進奏院狀報,伏奉十一月十一日恩制,加授侍中,仍加食實封一百户者[3]。

(5)卷六《謝落諸道鹽鐵使加侍中兼實封狀》:右某伏奉去年十一月十一日恩制,加授侍中,餘並如故,仍加食實封一百户,落諸道鹽鐵使者[4]。

方積六主張高駢落鹽鐵使在中和元年十一月,劉叔齊宣旨在次年六月十六日,但未作論證[5]。夏婧則有較細密的說明:她根據五篇表狀中或稱"十一月十一日恩制",或稱"去年十一月十一日恩制",判斷五文寫於前後兩年。第三、四篇稱從進奏院獲知狀報,應是當年末奏上,第二篇明確記述六月宣慰使到達淮南頒發詔令、官告,必爲次年之事,第一、五篇則是次年正式獲得官告後分別向皇帝、宰相奏謝。而依據岑仲勉此前對高駢領鹽鐵使年限的考證,高駢在中和二年落鹽鐵使,以上第三、四篇應該寫於當年,其他三篇則寫於第二年。夏婧同時注意到卷八《滑州王令公》"遽登常伯之高資,復益實封之異寵……伏緣遞路不通,制書未到,先垂榮問,過辱獎詞"和《翰林侯翶學士》"今者拜以古官,加之真食,伏蒙學士親奉宸眷,過垂獎詞"等叙述,同樣與高駢加侍中、落鹽鐵使事相關。前一文證明高駢在"制書未到"前已獲知任命,"滑州王令公"王鐸中和三年正月纔出任治所在滑州的義成節度使,證明中和三年正月制書仍未送抵淮南。後一文表明侯翶奉命撰寫相關制書,此文可能寫於中和二年或三年[6]。

筆者贊同夏婧的分析思路,但認爲其結論或可商榷。夏婧用以判斷"制書未到"時間的《滑州王令公》和岑仲勉用以判斷高駢領鹽鐵使年限的《謝落諸

---

[1] 《桂苑筆耕集校注》,51頁。
[2] 《桂苑筆耕集校注》,85頁。
[3] 《桂苑筆耕集校注》,148頁。
[4] 《桂苑筆耕集校注》,150頁。
[5] 方積六《黄巢起義考》,184頁。
[6] 夏婧《〈桂苑筆耕集校注〉匡補》,245—247頁。

道鹽鐵使加侍中兼實封狀》，筆者的理解都有所不同。前文第二節已經指出，中和二年王鐸僅"權知義成節度使"，中和三年纔實際就鎮，且《筆耕集》文書的標題多擬於結集時，並不能反映寫作時受納者的實際官銜，《滑州王令公》的寫作時間還需另作考察。此外，岑仲勉繫年的依據是狀稱"一司權課，六換暄涼"，《資治通鑑》載高駢中和二年五月落鹽鐵使，"六換暄涼"謂任職三年，即高駢乾符六年至中和二年任鹽鐵使。但五件相關文書都說明高駢落鹽鐵使必在十一月而非五月，《資治通鑑》的記載存在問題，由此倒推高駢的始任時間，結論頗難令人信服。種種證據皆顯示高駢就任鹽鐵使當在乾符六年之前。《筆耕集》卷二《讓官請致仕表》說"當荆門失守之時，乃楚塞宿兵之際，悉趨戎旆，兼綰牢盆"[1]，卷一七《七言記德詩三十首》中《漕運》排在《荆南》和《浙西》之間[2]，前揭《創築羅城記》則寫道"重以萑蒲充斥，荆楚傷夷，遂假威望，兹用底寧。弓矢專征，銅鹽劇任，安危攸繫，一以委之"[3]。高駢移鎮荆南時已加鹽鐵轉運使[4]。而《舊唐書·高駢傳》謂乾符四年高駢由"檢校尚書右僕射、江陵尹、荆南節度觀察等使"進位爲"檢校司空、潤州刺史、鎮海軍節度、浙江西道觀察等使"[5]，《資治通鑑》則說高駢乾符五年正月"爲荆南節度使兼鹽鐵轉運使"[6]。記載雖有差異，但都表明高駢在乾符六年前已任荆南節度使。

進而言之，在《舊唐書》《資治通鑑》對高駢移鎮荆南時間的歧異記載中，當以前者爲非，後者爲是。一來，《輿地紀勝》著錄《青松亭記》，稱此碑"唐乾符四年，四川節度使成都尹高駢記並書"[7]。顯示乾符四年高駢仍在西川任上，未移鎮荆南。二來，《創築羅城記》指出高駢移鎮荆南的背景是"萑蒲充斥，荆楚傷夷"，後文又說"往哉荆渚，荆渚既清；又徙金陵，金陵以平。救鄢郢之剽殘，拯江

---

[1] 《桂苑筆耕集校注》，62頁。
[2] 《桂苑筆耕集校注》，603—604頁。
[3] 《成都文類》卷二五《創築羅城記》，498頁。
[4] 劉偉對上述史料已有注意，參見《〈桂苑筆耕集〉考述》，陝西師範大學2004年碩士學位論文，10—11頁。
[5] 《舊唐書》卷一八二《高駢傳》，4703頁。
[6] 《資治通鑑》卷二五三《唐紀六九》僖宗乾符五年正月庚戌條，8194頁。
[7] 《輿地紀勝》卷一五七《潼川府路》，3383頁。"四川"顯爲"西川"之誤。

湖之焚溺。期月之内,罔不樂康"[1]。"萑蒲"謂草寇,實際上指代王黃起義軍。《資治通鑑》載"王仙芝餘黨剽掠浙西,朝廷以荆南節度使高駢先在天平有威名,仙芝黨多鄆人,乃徙駢爲鎮海節度使"[2]。而根據方積六的考證,乾符五年年初王黃侵入荆南,並一度攻入江陵外城,但在二月曾元裕於黄梅殺王仙芝後,起義軍便撤出荆南,退回江淮[3]。高駢"期月"間從荆南移鎮浙西,便是因爲乾符五年五月後王黄起義軍轉入浙西。《資治通鑑》的記載與石刻史料、戰爭形勢相合,應當採信。

《謝落諸道鹽鐵使加侍中兼實封狀》説高駢"一司榷課,六换暄涼",卷二《讓官請致仕表》則説高駢"四載主銅鹽之務,不能富國贍軍"[4],證明高駢的鹽鐵使任期應該是三年多。由乾符五年正月下數到中和元年十一月,恰好有三年多,方積六之説可從。

卷五《進御衣段狀》同樣爲高駢中和元年落鹽鐵使提供了證據。此狀首言"當道先兼鹽鐵使織造中和四年已前御衣羅折造布並綾錦等"[5],朱祖德認爲它反映高駢中和四年仍在上供貢物[6],但未注意高駢是以"先兼鹽鐵使"的身份,進獻"中和四年已前"的御衣段。高駢若中和元年十一月未罷鹽鐵使,第二個任期正好在中和四年正月結束。他進獻的"中和四年已前"御衣段,應該理解爲他在第二個鹽鐵使任期内應職責要求而生產的物料,並不是他作爲淮南道節度使的特殊上貢。

高駢落職後的繼任者爲李都,《筆耕集》卷七、八收有四首《鹽鐵李都相公》別紙[7]。從文意來看,前三首應該寫於中和元年罷職或中和二年收到官告前後,最後一首可能寫於中和四年六月十七日唐軍討平黄巢後,崔致遠離職前,故稱"雖董卓已燃巨腹,衆切歡呼;而桓彝若有忠魂,潛應慟哭"。

---

[1] 《成都文類》卷二五《創築羅城記》,498頁。
[2] 《資治通鑑》卷二五三《唐紀六九》僖宗乾符五年六月條,8208頁。
[3] 方積六《黄巢起義考》,30—78頁。
[4] 《桂苑筆耕集校注》,62頁。《舊唐書·高駢傳》引唐廷報高駢詔,稱其"銅鹽重務,綰握約及七年",但此説缺乏其他依據,難以採信。參見《舊唐書》卷一八二《高駢傳》,4707頁。
[5] 《桂苑筆耕集校注》,130頁。
[6] 朱祖德《唐代淮南道研究》,花木蘭文化出版社,2009年,117—118頁。
[7] 《桂苑筆耕集校注》,189—194、228—231頁。

綜上，《謝就加侍中兼實封狀》《謝加侍中兼實封狀》當作於中和元年十一月十一日至年末，《謝賜宣慰兼加侍中實封表》《謝加侍中表》《謝落諸道鹽鐵使加侍中兼實封狀》則作於中和二年六月十六日後。四首《鹽鐵李都相公》以外，卷八《史館蕭邁相公》《三相公》《翰林侯翩學士》等亦爲同一事由而作[1]，可能寫於高駢落鹽鐵使的中和元年，也可能寫於他正式得到官告的中和二年。

## 五、許勍、孫端任職考

根據《資治通鑑》的記載，廣明二年正月僖宗逃至成都後，爲激勵高駢出兵圍剿亂軍，特傳詔允許他用墨敕向有功軍將及時授官[2]。方積六則依據《筆耕集》卷三《謝詔止行墨敕狀》和卷一三《行墨敕授散騎常侍》，指出唐廷傳詔的時間當在二月九日，傳詔的對象是各道節度使[3]。《謝詔止行墨敕狀》說："去春權降詔命，許諸道承制除官，已兩道降敕止絶，自今後凡有要甄獎者，並於急遞奏聞，不得更議承制者。……自奉前年十一月一日敕旨，仰遵成命，靜守常規，至於近日所招賊徒，祗與往時先賜官告，曾無僭越，豈可隱藏。"[4]本狀寫於中和三年，文中的"去春"指中和二年春，"前年十一月"則指中和元年十一月[5]。唐廷廣明二年二月授權，但在當年十一月和次年春兩次下詔，收回藩鎮墨敕除官的權力。高駢聲稱自己"前年雖奉詔旨，未欲施行"，後來因爲"鎮海節度使周寶欲惑軍情，潛施巧計，便以無功將吏，悉皆超授官榮"，"若不依周寶，必恐事生，遂

---

[1]《桂苑筆耕集校注》，189—194、228—231、234—239頁。
[2]《資治通鑑》卷二五四《唐紀七十》僖宗中和元年正月條，8246頁。
[3] 方積六《黃巢起義考》，156—159頁。
[4]《桂苑筆耕集校注》，78—79頁。
[5] 游自勇指出此狀既有"去春"，又有"前年"，造成了年代上的混亂，並解釋"去春"是僖宗詔旨上的話，"前年"是崔致遠代擬高駢的口氣。進而依據文集一般按照寫作先後順序編排，此狀之後是中和二年《謝除鍾傳充江西觀察使狀》，判斷其時間下限應是中和二年。而狀上所說前年與周寶的衝突，發生在廣明二年五到九月間，因此認定此狀的寫作時間是中和二年。其實《謝詔止行墨敕狀》《謝除鍾傳充江西觀察使狀》間尚有《謝郯公甫充監軍手詔狀》，且夏婧判斷郯公甫充任淮南監軍至少在中和三年，本狀的時間下限並非中和二年。狀文既然以"前年"稱廣明二年，正說明寫作之年爲中和三年。參見游自勇《墨詔、墨敕與唐五代的政務運行》，《歷史研究》2005年第5期，42頁；夏婧《〈桂苑筆耕集校注〉匡補》，245頁。

準詔書,得行軍賞",然中和元年十一月奉詔後就停止墨敕除官。高駢與周寶的關係在廣明二年五月東塘出師後逐漸走向破裂,那麽,高駢可能僅在廣明二年五月至年末短暫行使過墨敕除官的權力。另外,從《行墨敕授散騎常侍》所録二月九日詔書節文來看,各道節度使墨敕除官的對象是"諸州有功刺史及大將軍等如要勸獎者",可除之官是"員外置同正員"和"從監察御史至常侍"[1]。而從卷一三收入的墨敕除官文書來看,高駢所除官有"檢校右散騎常侍""御史中丞""右武衛將軍員外置同正""知江州軍州事"和"彭城郡君"[2]。其中"檢校右散騎常侍"爲檢校官,"御史中丞"爲憲銜,"右武衛將軍員外置同正"爲員外官,都僅標識等級,並無實際職務。"彭城郡君"和"知江州軍州事"則需要特別討論。《授高霸權知江州軍州事》提到"牒準詔應諸州刺史如有軍功,卿量加爵賞,如有罪犯,卿宜書罰,别差人知州,具狀申奏者",顯示高駢還擁有對諸州刺史"爵賞""書罰"甚至"别差人知州"的權力[3]。蔡帆推測高駢由於諸道都統的地位,得到了墨敕除授州刺史(甚至淮南道以外的江州刺史)的權力[4],其説可從,但還須注意墨敕封爵恐怕也衹是都統獨有的權力。

在瞭解上述制度背景後,可以嘗試對《筆耕集》中有關許勍、孫端兩位"賊帥"刺史的文書重加考訂。

1. 許勍文書

(1) 卷三《謝秦彦等正授刺史狀》:新授和州刺史秦彦,新授滁州刺史許勍。右件官臣先奏請各授管内刺史,今月某日得進奏院狀報,伏奉某月日敕旨允許者。……臣限拘藩鎮,不獲稱謝行在,無任抃戴兢灼之至[5]。

(2) 卷一二《滁州許勍》:報許勍,得狀知妻劉氏將從征討,願效勤勞,嘉尚之懷,諭言不及。……勉致殊功,即行懋賞[6]。

(3) 卷一二《滁州許勍》:報許勍……訪知近日浙西周相公頻差上元鎮

---

[1]《桂苑筆耕集校注》,399頁。
[2]《桂苑筆耕集校注》,399—408頁。
[3]《桂苑筆耕集校注》,405頁。
[4] 蔡帆《朝廷、藩鎮、土豪:唐後期江淮地域政治與社會秩序》,213頁。
[5]《桂苑筆耕集校注》,87頁。
[6]《桂苑筆耕集校注》,363頁。

使馬暨,專齎書曲,兼將金銀送到和州,説誘秦彦,令歸浙岸,許授雪川。信使繼來,事情甚細,則未知秦彦終欲如何。……況乃邦媛相隨,家肥是保,永除異慮,必享同榮。或恐未審浙西所爲,先此告示〔1〕。

(4) 卷一三《許勍妻劉氏封彭城郡君》:牒奉處分……以滁州刺史許勍妻劉氏……一昨專命良夫,討除叛卒,遽陳丹赤,固願同征。手驅組練之群,遠攻城壘;身脱綺羅之色,久犯氛埃。四德有餘,六韜可試,豈獨家之肥也,實謂邦之媛兮。……事須準詔行墨敕封彭城郡君,仍表次録奏並牒知者〔2〕。

(5) 卷一四《許勍授廬州刺史》:牒奉處分……前件官自舉六條,已逾四載,邑無吠犬,境絶飛蝗。……事須準敕授廬州刺史〔3〕。

卷一二有兩份同名文書,爲免混淆,下文將第(2)篇《滁州許勍》稱爲《滁州許勍第一》,第(3)篇《滁州許勍》稱爲《滁州許勍第二》。

許勍曾爲黄巢部將,兵敗後降高駢。《資治通鑑》載乾符六年正月"鎮海節度使高駢遣其將張璘、梁纘分道擊黄巢,屢破之,降其將秦彦、畢師鐸、李罕之、許勍等數十人"〔4〕。《謝秦彦等正授刺史狀》稱和州、滁州爲"管内",又提到"行在",顯然寫於高駢鎮淮、僖宗幸蜀以後。加之本狀奏請唐廷授刺史,並未行使都統墨敕差人知州的權力,寫作時間很可能在廣明二年正月至五月間。

《滁州許勍第一》《滁州許勍第二》《許勍妻劉氏封彭城郡君》都與許勍妻劉氏相關。《滁州許勍第一》稱許劉氏將從征討,《許勍妻劉氏封彭城郡君》則行墨敕封征討有功的劉氏爲彭城郡君。《滁州許勍第二》説許勍有"邦媛相隨",此"邦媛"指劉氏,《許勍妻劉氏封彭城郡君》亦以"邦之媛"讚美劉氏。那麽,以上三文的寫作順序應當是《滁州許勍第一》《許勍妻劉氏封彭城郡君》《滁州許勍第二》。又,《滁州許勍第一》在劉氏從征前,已經許諾"勉致殊功,即行懋賞"。而根據前文的分析,都統墨敕"量加爵賞"的權力限於"諸州刺史如有軍功"者,許勍此時應該已經除授滁州刺史,所以高駢能够事先許諾其妻爵賞。换言之,《滁州許勍第一》寫於《謝秦彦等正授刺史狀》之後,且此篇和《許勍妻劉氏封彭城郡

---

〔1〕《桂苑筆耕集校注》,382頁。
〔2〕《桂苑筆耕集校注》,406—407頁。
〔3〕《桂苑筆耕集校注》,456頁。
〔4〕《資治通鑑》卷二五三《唐紀六九》僖宗乾符六年正月條,8211頁。

君》同樣寫於高駢享有墨敕除官權力的中和元年之内[1]。

《滁州許勛第二》提到"浙西周相公"周寶遣人至和州説誘秦彦,提供了另一條繫年的綫索。正史記載秦彦中和二年離開和州,逐宣歙觀察使竇潏而自代[2]。《桂苑筆耕集》卷一三《趙詞攝和州刺史》及《舊唐書》《資治通鑑》光啓二年五月時吕用之爲"淮南右都押衙、和州刺史"的記載[3],則顯示直到光啓二年,高駢仍能控制和州。《滁州許勛第二》的繫年,不可能晚於中和二年。

最後是《許勛授廬州刺史》。文中明確叙述"前件官自舉六條,已逾四載",但從許勛任滁州刺史的廣明二年下數四年,乃是光啓元年。崔致遠已經在前一年八月卸任,隨後歸國,不可能爲高駢代作舉牒。那麼,此處的"已逾四載"很可能使用了"歲初增年"的計數方法,實際上就寫於中和四年正月以後。

綜上,可以確定五份文書的寫作順序爲《謝秦彦等正授刺史狀》《滁州許勛第一》《許勛妻劉氏封彭城郡君》《滁州許勛第二》《許勛授廬州刺史》。《謝秦彦等正授刺史狀》當寫於廣明二年正月至五月,《許勛妻劉氏封彭城郡君》《滁州許勛第一》可能寫於廣明二年五月至年末,《滁州許勛第二》可能寫於廣明二年五月至中和二年,《許勛授廬州刺史》則寫於中和四年正月至七月。

2. 孫端文書

(1)卷四《奏請歸順軍孫端狀》:歸順軍都知兵馬使、銀青光禄大夫、檢校國子祭酒、兼左武衛將軍、御史中丞、上柱國孫端:右件官巢鳥知風,園葵向日,能投善教,永戢奸圖。既悛抗斧之心,可在執殳之列。仰希甄獎,輒具奏論。伏乞聖慈特授一官,勒在軍前驅使,冀率感恩之衆,永除稔惡之徒[4]。

(2)卷五《奏論抽發兵士狀》:當道先準詔旨,抽廬、壽、滁、和等州兵馬共

---

[1] 中和元年淮南内部似無動亂,筆者頗爲懷疑許勛和劉氏所討"叛卒"指感化時溥軍。據方積六、陳志堅考訂,廣明二年五月,感化節度使支詳聽從兵馬都監楊復光召命,遣牙將時溥、陳璠率兵五千入關討黄巢,時溥在途中嘩變擅返,廢支詳,自立爲留後;八月,時溥正式受命爲感化留後。而感化爲徵兵,四月起一直圍攻舊屬感化的泗州,戰爭一度波及淮南管内的楚州。若當年五月至八月間,許勛和劉氏曾參與對時溥的作戰,稱此戰目的在於"討除叛卒",至爲妥當。參見方積六《黄巢起義考》,189—191頁;陳志堅《唐末中和年間徐泗揚兵争之始末——崔致遠〈桂苑筆耕集〉事箋之一》,22—23頁。
[2] 《資治通鑑》卷二五五《唐紀七一》僖宗中和二年條,8287頁。
[3] 《桂苑筆耕集校注》,446—447頁;《舊唐書》卷一九下《僖宗紀》,724頁。
[4] 《桂苑筆耕集校注》,105—106頁。

二萬人,仍委監軍使押領赴軍前者。……臣當管廬州與和州,舊有仇嫌,至今疑忌。唯謀以怨報怨,未遂知和而和。孫端新授滁州,又與秦彦有隙,既是滁、和接境,動有他虞;若於光、蔡會軍,必酬舊憾。事非便穩,理合奏論[1]。

(3)卷一二《歸順軍孫端》:報孫端將軍,自從歸投,久處閑散,想多鬱悒,不暫弭忘。但以端職秩已高,官資須稱,使司累具奏薦,朝廷則有指揮。……秋晚其凉,切慎將息,節級遍與慰問,悉之[2]。

(4)卷一四《孫端權知舒州軍州事》:牒奉處分……今則委之郡政,試以公才,既逢豹變之秋,善守龍舒之境。爲邦致理,必見三年有成;向國輸忠,勉令百姓無患。即迎帝賞,更峻官榮。事須差權知舒州軍州事[3]。

(5)卷一四《歸順軍補衙前兵馬使》:牒奉處分,前件官身榮豹飾,志習龍韜。奮心於擊鼓其鏜,騁力於挾輈以走。早歸信義,無憚勤勞。去年寇據屬城[4],兵徵諸郡,共諫微孽,各誓前驅。既遵令於牙璋,宜陟名於甲騎。聊遷職秩,用報軍功。爾其勿替忠誠,更邀上賞。事須差充衙前兵馬使[5]。

孫端的出身較許勍曖昧,《資治通鑑》曾三次提及此人,中和二年"鎮海節度使周寶奏高駢承制以賊帥孫端爲宣歙觀察使,詔寶與宣歙觀察使裴虔餘發兵拒之",光啓三年"[楊]行密乃悉發廬州兵,復借兵於和州刺史孫端",文德元年(888)袁襲建議楊行密"宜卑辭厚幣,説和州孫端、上元張雄",共同對抗洪州孫儒[6]。

五份文書中,《奏論抽發兵士狀》和《孫端權知舒州軍州事》的寫作時間較易推求。《奏論抽發兵士狀》稱需"抽廬、壽、滁、和等州兵馬共二萬人",高駢以"當管廬州與和州,舊有仇嫌""孫端新授滁州,又與秦彦有隙"推脱廬、和、滁三州軍隊的調遣,但同意壽州抽發兵士。卷一二《壽州張翱》和卷一九《與壽州張常侍書》提到這支軍隊,前件説張翱"已部領兵士,將赴令公軍前",高駢還囑咐他們"春寒慎爲行

---

[1]《桂苑筆耕集校注》,122—123頁。
[2]《桂苑筆耕集校注》,377—378頁。
[3]《桂苑筆耕集校注》,457—458頁。
[4] 李時人、詹緒佐據日本國會圖書館藏本,校"去正"爲"去年",參見《崔致遠全集》,325頁。
[5]《桂苑筆耕集校注》,469頁。
[6]《資治通鑑》卷二五五《唐紀七一》僖宗中和二年七月條、卷二五七《唐紀七三》僖宗光啓三年四月辛未條、僖宗文德元年八月戊辰條,8273、8356、8381頁。

李",後件説張翱爲"大元帥以雄才薦,請貳前驅,帝亦惟曰俞"〔1〕。此處的"大元帥"和"令公"都指王鐸。王鐸中和二年就任都統,秦彦在同年叛離和州,如此看來,《奏論抽發兵士狀》必作於中和二年春。而高駢差孫端"權知舒州軍州事"時,文書中專門提到"即迎帝賞,更峻官榮",顯然行使了都統墨敕除官之權,《孫端權知舒州軍州事》的寫作時間可以明確到廣明二年五月至年末。統而觀之,高駢中和元年以孫端"權知舒州",中和二年則"新授滁州"。但大概由於許勍的抵抗,"新授"未能落實〔2〕。

《歸順軍補衙前兵馬使》的綫索相對隱微。文中説"去年寇據屬城,兵徵諸郡,共諫微孽",應該指中和二年徐泗揚兵争事件。"屬城"是説楚州首府山陽,卷一四《吕用之兼管山陽都知兵馬使》便因"屬城多難,散卒無依",差吕用之"兼充山陽軍都知兵馬使"〔3〕。以"去年"稱中和二年,則本件舉牒寫於中和三年。

《奏請歸順軍孫端狀》《歸順軍孫端》的寫作時間更不易確定。以文辭和情理推敲,《奏請歸順軍孫端狀》中孫端的結銜包含"歸順軍都知兵馬使、銀青光禄大夫、檢校國子祭酒、兼左武衛將軍、御史中丞、上柱國",有檢校銜,無職事官和幕府軍職,應該寫於孫端補衙前兵馬使前。而孫端得檢校銜,應與"權知舒州軍州事"同時,此後由於"新授滁州"不果,纔淪落到"久處閒散"的境地。又,《歸順軍孫端》要求孫端"秋晚其涼,切慎將息,節級遍與慰問"。"節級"者,船越泰次根據《韋君靖碑》題名中"應管諸鎮寨節級""當州軍府官節級"等表述,指出是對兵馬使、押衙等軍將職級的泛稱〔4〕,此別紙應該寫於孫端補衙前兵馬使後。再結合"秋涼"的叙述與崔致遠任職情況來看,最可能寫於中和三年秋。那麽,《奏請歸順軍孫端狀》當寫於中和二年春至中和三年秋。

綜上,可以推測《奏請歸順軍孫端狀》寫於中和二年春至中和三年秋,《奏論

---

〔1〕《桂苑筆耕集校注》,383、713頁。方積六援引《舊唐書·僖宗紀》中和三年四月楊復光告捷露布"壽州大將張行方……同效驅馳",《新唐書·黄巢傳》"天子更以王鐸爲諸道行營都統……復光以壽、渝、荆南軍合〔周〕岌營武功"等材料,論證壽州軍隊中和二年到達關中,並且參與了中和三年四月攻占長安的戰鬥,參見《黄巢起義考》,第208—210頁。

〔2〕郁賢皓考訂許勍長任滁州刺史至光啓二年,參見《唐刺史考全編》,1714頁。

〔3〕《桂苑筆耕集校注》,472頁。

〔4〕船越泰次《五代節度使体制下に於ける末端支配の考察—所由·節級考—》,《唐代兩税法研究》,汲古書院,1996年,373—398頁。

抽發兵士狀》寫於中和二年春,《歸順軍補衙前兵馬使》寫於中和三年秋以前,《孫端權知舒州軍州事》和《歸順軍孫端》可能分别寫於廣明二年五月至年末、中和三年秋。

## 六、高駢、周寶交惡考

周寶,字上珪[1],平州盧龍人。他在會昌時選入京城宿衛,與高駢同隸右神策軍,因此交好。乾符六年,高駢移鎮淮南後,周寶代爲鎮海軍節度使。唐廷本欲使淮浙兩方相互配合,共同鎮壓黄巢起義軍,不料兩方的關係竟迅速惡化。《新唐書·周寶傳》記載兩方交惡的經過爲:

> 駢爲都統,寖不禮寶,寶銜之。帝在蜀,淮南絶貢賦,譖言道浙西爲寶剽阻。帝知其誣,不直駢,自是顯隙。駢出屯東塘,約西定京師,寶喜,將赴之,或曰:"高氏欲圖公地。"寶未信。駢遣人請會金山,謀執寶,寶答曰:"平時且不聞境上會,况上蒙塵,宗廟焚辱,甯高會時耶?我非李康,不能爲人作功勳、欺朝廷也。"駢遣人切讓,寶亦詬絶之。[2]

《資治通鑑》中和元年(806)條的敘述較之稍詳[3]。

《資治通鑑》元和元年三月條《考異》引劉崇遠《金華子雜編》:"高駢在淮海、周寶在浙西爲節度使,相與有隙。駢忽遣使悔叙離絶,願復和好,請境會於金山。寶謂其使者曰:'我非李康,更要作家門功勳,欺詐朝廷邪!'"注云:"元和中,李康鎮東川,傳有異志。駢祖崇文鎮西川,乃僞設鄰好,康不防備,來會於境,爲崇文所斬。"[4]這應該就是《新唐書·周寶傳》與《資治通鑑》相關記載的史源。劉崇遠將高、周交惡的原因歸納爲三點:(1)高駢輕視周寶;(2)高駢污蔑周

---

[1] 周寶妻墓誌云周寶字"尚圭",參見西安市文物保護考古研究院《西安曲江唐博陵郡夫人崔氏墓發掘簡報》,《文博》2018年第8期,18頁。

[2] 《新唐書》卷一八六《周寶傳》,5417頁。《舊唐書》未爲周寶立傳,《新唐書·周寶傳》主要以《吴越備史》中的周寶小傳爲基礎,參見錢儼撰,李最欣點校《吴越備史》,傅璇琮、徐海榮、徐吉軍主編《五代史書彙編》第10册,杭州出版社,2004年,6177—6178頁。

[3] 《資治通鑑》卷二五四《唐紀七十》僖宗中和元年九月條,8257—8258頁。

[4] 《資治通鑑》卷二三七《唐紀五三》憲宗元和元年三月條,7628—7629頁。

寶阻斷淮南進奉;(3)高駢意圖藉東塘之會拘禁周寶。總之,高駢鎮淮後,無意救援朝廷,有意兼併浙西,這導致他與周寶的關係走向破裂。《北夢瑣言》載"高太尉鎮淮海,擁兵不進,與浙西周寶不睦"[1],《舊唐書·高駢傳》云"駢大閱軍師,欲兼併兩浙,爲孫策三分之計"[2],與此略同。

以上幾種記載反映了唐末五代人對高、周交惡的一般認知,《筆耕集》則保留了當事人的直接說明。雖然不免一面之詞的嫌疑,但亦不妨參考。

卷一一《答江西王尚書書》稱:

(1)僕與浙帥周司空早於鳳里相識,亦爲鴒原往還,接載笑載言之時,展如兄如弟之分。況作建旟交代,真爲結綬相知。既睦比鄰,罷扃外户,江南江北,只門行春;三楚三吳,盡喧來暮。方謂憑我友歲寒之節,解吾君宵旰之憂。

(2)豈料蒼鳥高飛,翠華遠狩,僕以久叨重寄,便決專征,偶緣兵力未加,人心尚懾,遂於春首,先發羽書,仍請都統判官顧雲協律,議共成之事,謀相見之期。固非閱被廬之軍,徵夾谷之會。實欲親謀歃血,方寫痛心。若能接濟師徒,粗得振揚聲勢。而乃周司空却自棄同即異,不能捨短從長。忽疑惑於澠池,謂矜誇於踐土。便見戒嚴城壁,阻塞津途,構猜嫌而信有小人,遺故舊而曾無大過。僕雖逢彼怒,但守吾真。

(3)及至中夏出軍,外方多事,冀安弊鎮,旁倚近鄰。又合幕客過江,請爲都統副使,豈銜弓旌之禮,邀辟元戎;祇憑鈇鉞之威,撫綏近境。周司空確乎阻意,莞爾興譏,不從固請之言,自惜有餘之刃。頻移矚顧,但積沉猜,見此初屯下瀨之師,未設中流之誓,猶淹水道,久候天風。軍聲既振於四鄰,人意自防於兩岸。

(4)偶有背軍官健趙公約者,走投浙西,釣以巧言,構爲細作,便移長牒,妄說異端。其書云:位極上公,權尊都統,別興異見,遽起他謀,以何悔尤,欲爲燒劫。僕以趙襄子之忍辱,念兹在兹;藺相如之慎微,有始有卒。遂馳書牒,具述事情。

---

[1] 孫光憲撰,賈二强校點《北夢瑣言》卷五《淮浙解紛詔》,中華書局,2002年,102頁。
[2]《舊唐書》卷一八二《高駢傳》,4705頁。此記載很可能源於《廣陵妖亂志》。

(5) 聞司空尚發怨言,自懷怍色,與宣護景虔貞、徐帥時溥者暗資積贔,相應密謀,各興梗路之兵戈,遍告沿江之郡邑。以至練成戰陣,鎖斷征途。僕若不辭險阻之虞,必致殺傷之患。坐甲而未期破竹,迴車而用待負荆。

(6) 尋屬繼奉絲綸,不令離鎮,遂驅組練,却已班師。雖云帝命斯遵,實乃鄰兵所阻[1]。

党銀平根據文中提及的東塘屯兵事件和宣歙"前廉已去,新帥未來"一語,將此書繫於中和元年。文書首言"十二月六日",指中和元年十二月六日,文中記敘的事件基本發生於同年。上引文字備述是年高駢與周寶交惡始末,與《筆耕集》中收録的數件高、周往來文書頗有呼應,故將其分段並加序號,以便下文討論。

第(1)段回憶高、周二人的舊交,稱周寶移鎮浙西之初,兩人的關係並未惡化,"江南江北,只鬥行春;三楚三吳,盡喧來暮"。卷九《浙西周寶司空五首(第一)》答謝周寶"寄示書碑樣"[2],並使用相同的典故,"來暮歌稀,行春化拙",顯然也寫於高、周交惡前。第(2)段提及廣明二年"春首",高、周漸生齟齬,前文第一節已經論證崔致遠於廣明二年正月二十五日被高駢辟爲館驛巡官,那麼,《浙西周寶司空五首(第一)》應該寫於廣明二正月末。

第(2)段稱述中和元年"春首"高、周二人開始產生矛盾。此段的表意較爲模糊,高駢自述"固非閱被廬之軍,徵夾谷之會。實欲親謀歃血,方寫痛心。若能接濟師徒,粗得振揚聲勢",而周寶"却自棄同即異,不能捨短從長。忽疑惑於澠池,謂矜誇於踐土"。被廬、夾谷、澠池、踐土,指向春秋戰國時期的四次會盟。周寶對淮浙會盟抱有疑慮,以致"戒嚴城壁,阻塞津途",表明東塘出兵前他已經開始懷疑高駢有意兼併浙西。這種懷疑,應該像《金華子雜編》指出的一樣,源於周寶的部分幕僚,故高駢斥責周寶"構猜嫌而信有小人,遺故舊而曾無大過"。不過,高駢自稱"雖逢彼怒,但守吾真",故"中夏"出兵前仍"合幕客過江,請爲都統副使"。卷九《浙西周寶司空五首(第二)》首句言"録温者包藏異謀,玷汙玄

---

[1]《桂苑筆耕集校注》,334—336 頁。
[2]《桂苑筆耕集校注》,245 頁。此碑很可能是周寶作爲鎮海軍的新任節度使,爲前任高駢所立的德政碑。封演云唐人"在官有異政,考秩已終,吏人立碑頌德者……故謂之'頌德碑',亦曰'遺愛碑'"。參見封演撰,趙貞信校注《封氏聞見記校注》,中華書局,2005 年,40 頁。

化,螻蟈暫成聚窟,鴟梟貴欲同巢"[1],殊不可解,前人未做討論。《浙西周寶司空五首(第二)》的寫作時間應該在《浙西周寶司空五首(第一)》和《浙西周寶司空五首(第三)》之間,前者的繫年上文已有討論,後者則被党銀平繫於"中夏出軍"前後[2]。換言之,《浙西周寶司空五首(第二)》應該寫於廣明二年"春首"到"中夏"之間。就文意來看,"録温"似爲人名,指高駢的一位部下。《浙西周寶司空五首(第二)》下文寫道"[録温]果彰罪迹,遂舉刑書,既絶慮於竊鈇,俾成規於用鉞。言堪自賀,事必相傳。豈料司空染五色毫,飛一函紙,徵美詞於魯史,辱虛譽於劉箋"。似乎是暗示録温在軍中策動反對高駢的嘩變("竊鈇"),高駢發覺後嚴加處分("用鉞"),而周寶特意作別紙加以稱美("染五色毫,飛一函紙")。這樣看來,廣明二年"春首"到"中夏"間,高、周關係雖然惡化,但還未至破裂。

第(3)(4)段敘説高、周的決裂。第(3)段稱"又合幕客過江,請爲都統副使",前揭卷九《浙西周寶司空五首(第三)》寫於此時。第(4)段提到"偶有背軍官健趙公約走投浙西者",卷一一《答浙西周司空書》便是具述此事的"書牒"[3]。趙公約叛逃事件發生在"中夏"之後,高駢"繼奉絲綸,不令離鎮,遂驅組練,却已班師"之前,即廣明二年五月十二日至中和元年九月六日間[4]。不過,事件的發生日期還可以進一步考實。

趙公約本爲淮南官健,叛逃浙西後,稱自己曾在江浦船艦隔簾探聽,得知淮軍有犯浙的企圖,周寶因此移牒譴責高駢,並向唐廷和其他節度使申訴。高駢在《答浙西周司空書》中批評周寶竟"以此陳奏聖主,以此傳告諸侯",在《答江西王尚書書》中指責周寶"與宣護景虔貞、徐帥時溥者暗資積釁,相應密謀,各興梗路之兵戈,遍告沿江之郡邑"。意即趙公約事件發生後,周寶不僅迅速將消息上報唐廷,而且很快傳告給淮浙周邊藩鎮。卷一一《答襄陽郤將軍書》詳述中和元年高駢出兵、退兵始末,似與周寶的陳奏相關。《答襄陽郤將軍書》説"既知其北路

---

[1] 《桂苑筆耕集校注》,246頁。
[2] 《桂苑筆耕集校注》,248頁。
[3] 《桂苑筆耕集校注》,329—331頁。
[4] 《資治通鑑》卷二五四《考異》引《廣陵妖亂志》云"[高駢]自五月十二日出東塘,至九月六日歸府",同卷《考異》引《唐補紀》云"中和元年四月,高駢帥師駐泊東塘,自五月出府,九月却歸",8251、8262頁。

阻艱,遂决於西征利涉。尋奉詔旨云:卿手下甲兵數少,眼前防慮處多,但保淮南之封疆,協和浙右之師旅。爲朕全吳越之地,遣朕無東南之憂。言其垂功,固亦不朽。某以兵機固難自滯,君命有所不從。已事征行,必期進發,占風選日,只欲奮飛。又奉七月十一日詔旨云:諸道師徒,四面攻討,計度收克,朝夕可期。卿宜式遏寇戎,饋輦粟帛,何必離任,則是勤王。或恐餘孽遁逃,最要先事布置。以此再承綸旨,遂駐舟師,唯廣利權,宜供戎費"[1]。其中第一道撤軍詔旨説"但保淮南之封疆,協和浙右之師旅",意有所指,應該是唐廷收到周寶報告趙公約事件的奏狀後,命令高駢退兵,避免雙方的矛盾繼續激化。那麽,便需要考訂這道撤軍詔旨的頒行時間。

唐廷的第二道撤軍詔旨頒行於七月十一日,卷三《謝詔狀》則顯示唐廷曾在四月十日向高駢發出過催促進軍的詔旨[2],故而可以首先將第一道撤軍詔旨的頒行時間限制在四月十日到七月十一日之間[3]。其次,高駢在七月內幾次向唐廷表態將會儘快出兵,顯示他此時很可能還未接到第一道撤軍詔旨。《謝詔狀》云"自啓行十乘,已屯駐五旬。伏緣江路多虞,風波未便,暫淹行色,用候良時。非致役於遷延,但興懷於斁鑠。今則仰睹鳳銜之詔,況乘隼擊之秋。俯勵軍謀,仰遵睿算。即冀朝離江北,暮到漢南"。高駢五月十二日出兵,查《唐代的曆》,"屯駐五旬"後是七月三日[4]。卷一一《檄黃巢書》稱"廣明二年七月八日,諸道都統檢校太尉某告黃巢……波濤既息,道路即通,當解纜於石頭,孫權後殿;佇落帆於峴首,杜預前驅。收復京都,克期旬朔"[5]。蔡帆已經注意到"高駢於七月初發出《謝詔狀》向唐朝廷表明其'即冀朝離江北,暮到漢南'的决心後,更於七月八日發布了《檄黃巢書》,似乎是對唐朝廷質疑其不願進兵的公開回應"[6],但未發覺卷一《賀改年號表》説"今月某日,得進奏院狀報,奉十一日宣下,改廣明元年爲中和元年者。……臣今者既獲成師以出,必能仗義而行。迹

---

[1] 《桂苑筆耕集校注》,348—349頁。
[2] 《桂苑筆耕集校注》,69頁。
[3] 方積六亦有相似推定,但最終認爲高駢不可能在九月六日撤軍前收到唐廷的兩道撤軍詔書,參見《黃巢起義考》,183—186頁。
[4] 《唐代的曆》,326頁。
[5] 《桂苑筆耕集校注》,311—313頁。
[6] 蔡帆《朝廷、藩鎮、土豪:唐後期江淮地域政治與社會秩序》,166頁。

泛戈船,心馳劍閣。冀陳戎捷,永賀堯年。臨楚水以魂飛,朝天可待;望秦雲而目極,捧日爲期",同樣表明了出兵的决心。僖宗廣明二年七月十一日改元中和,此表以"今月"呼七月,稱"奉十一日宣下",應該寫於七月中下旬。换言之,高駢很可能在七月末或八月纔收到第一道撤軍詔旨。以高駢九月六日收到唐廷七月十一日發出的第二道撤軍詔旨後退兵這一信息傳遞速度(五十四天)倒推,唐廷應該在六月六日到七月三日間發出第一道詔旨,加之揚州、潤州兩地與成都間的信息傳遞速度大體類似,唐廷或在之前的四月十一日到五月九日間收到了周寶報告趙公約事件的上書。將這一計算結果,參酌以前文趙公約事件必發生於中和元年五月十二日至九月六日間的推測,可以確定趙公約事件與高駢東塘出兵相距不遠,唐廷兩道詔書的發出時間也衹間隔幾日。事件可能發生在五月中旬,第一道詔書則頒行於七月初。

《答江西王尚書書》對高、周關係的叙述止於中和元年九月,卷九《浙西周寶司空五首(第四)》《浙西周寶司空五首(第五)》則反映了之後兩方關係的暫時調和〔1〕。

党銀平指出《浙西周寶司空五首(第四)》"入持宰相之權,則迎急詔"與卷一〇《浙西周寶司空》"願親傅説之星,早環帝座",對應中和元年十一月周寶加同平章事,前者可繫於中和元年,後者可繫於中和年間〔2〕,但未注意《浙西周寶司空五首(第四)》還提到"景值新秋,時當聖代""又慶生辰,永資景福",主要慶賀周寶"新秋"的"生辰"。高駢、周寶或在新秋已經獲知任命,十一月衹是周寶正式收到加同平章事官告的時間。《浙西周寶司空》則説"禮慶履長,傳標視朔",又説"既睹趙衰之日,永洽物情","履長"是冬至的禮儀,"趙衰之日"亦指冬日,此别紙當寫於冬至前後,是在周寶正式收到官告後"拜賀"他加同平章事。查《唐代的曆》,中和元年冬至是十一月二十三日〔3〕。

党銀平又因《浙西周寶司空五首(第五)》有"唯願内防蠍譖,外息狐疑,必期戮力於公家,不敢欺心於暗室"一語,將其繫於中和元年或稍後,筆者認爲此别

---

〔1〕《桂苑筆耕集校注》,249—251頁。
〔2〕《桂苑筆耕集校注》,292頁。
〔3〕《唐代的曆》,326頁。

紙更有可能寫於中和元年年末。根據上文的考證,高駢曾在中和元年新秋和冬至先後致信周寶,周寶必有回應。《浙西周寶司空五首(第五)》説"專使押衙傅遜至,啓閲華緘,奉承珍貺",此"華緘"即爲周寶復信。

中和元年高、周短暫修好後,又因浙西收容淮南"當道臨淮叛卒"而再次決裂,《筆耕集》卷一一《浙西周寶司空書》《浙西護軍焦將軍書》詳述此事[1]。《浙西周寶司空書》云:"前年六月中,貴鎮有天平潞府元從兵士,背叛奔逃,數僅百人,爲患非小,遂蒙移牒,請爲追擒。"高駢曾在咸通十年至乾符元年間任天平節度使[2],這批"天平潞府元從兵士"跟隨他從天平到西川、荆南、浙西,最後留在浙西,因爲與周寶發生矛盾,叛逃入舊主所在的淮南。高駢乾符六年十月從浙西移鎮淮南,此"前年六月中"至少是廣明元年六月中,下數兩年,爲中和二年。另值一提的是,這位焦將軍應該是浙西監軍。《筆耕集》中提到的另一位"護軍"便是先後擔任山南、淮南監軍的郄公甫[3]。

綜上,與周寶直接相關的九份文書中,《浙西周寶司空五首(第一)》寫於廣明二年正月末,《浙西周寶司空五首(第二)》寫於廣明二年正月末至五月十二日間,《浙西周寶司空五首(第三)》寫於中和元年五月十二日前,《浙西周寶司空五首(第四)》寫於中和元年新秋,《浙西周寶司空五首(第五)》《浙西周寶司空》寫於中和元年冬至,《答浙西周司空書》寫於中和元年五月中旬前後,《浙西周寶司空書》和《浙西護軍焦將軍書》寫於中和二年。

## 七、《黄籙齋詞》製作考:兼論卷一五齋詞的系統考察

《筆耕集》卷一五收録了十五首齋詞,其中《應天節齋詞》至《禳火齋詞》十二首爲道教齋詞,《天王院齋詞》和《爲故昭義僕射齋詞二首》爲佛教齋詞。道教研究者對此已有注意,孫鋼便詳細解説了幾件齋詞的文體格式、應用場景和宗派特色,並注意到高駢往往在齋詞中爲國家、皇帝祈願。不過,前輩並未深論十五

---

[1] 《桂苑筆耕集校注》,353—361頁。
[2] 繫年參邵明凡《高駢年譜》,遼寧大學2011年碩士學位論文,14—17頁。
[3] 夏婧對郄公甫的任職有詳細考訂,參見《〈桂苑筆耕集校注〉匡補》,244—245頁。

首齋詞的創作時間,孫鋼僅簡單推斷《應天節齋詞三首》應該是三年間分別創作的,又指出有六首齋詞與三元節相關,即爲上元正月十五日、中元七月十五日、下元十月十五日所設的齋會而創作,但未明確論證九份齋詞的寫作年份[1]。

其實十五首齋詞除注明時間的《禳火齋詞》《天王院齋詞》《爲故昭義僕射齋詞二首》外[2],另十一首齋詞的"叙齋"和"祈願"部分對時事多有指涉,頗可據此進行繫年。不過,大部分齋詞的寫作時間應較齋會舉行之日更早,具體時間不易確認,故筆者將僅詳細考證時間綫索最爲明確的《黄籙齋詞》,對其他齋詞則祇做簡單的説明。

《黄籙齋詞》的"叙齋"部分説"然以早分相印,久握兵符,當扶危静亂之秋,有戮暴誅奸之役。伏慮政條失所,刑律乖宜,愆違暗積於玄司,殃咎難逃於黑籍。今則景銷木德,節啓火威,稽首昊天,叩心靈地,局蹐而謹陳薄奠,禱祠而仰獻微誠"。"祈願"的部分則祈求"掃闈外之煙塵,早成勳業"[3]。

高駢在齋詞中解釋自己此前因爲肩負出境討賊("當扶危静亂之秋,有戮暴誅奸之役")和保境安民("伏慮政條失所,刑律乖宜")的責任,一度耽誤了修道,直到該年春夏之交("景銷木德,節啓火威")纔稍得閒暇。文中的"兵符"既然與"戮暴誅奸之役"相關,應該指都統職位。高駢中和二年正月落都統,《黄籙齋詞》必作於中和元年。當年春天,高駢曾與鄭畋約定夏初會師關中,鄭畋三月十六日發布的討黄巢檄文中説"淮南高相公,會關東諸道百萬雄師,計以夏初,會於關内"[4],齋詞中"掃闈外之煙塵,早成勳業"即謂此事。那麼,《黄籙齋詞》當作於廣明二年春夏之交,即三、四月間。

至於《應天節齋詞三首》和七首三元齋詞的繫年,我們首先可以綜合崔致遠

---

[1] 孫鋼《儼陳醮禮·敬薦齋誠——淺談崔致遠〈桂苑筆耕集〉中的道教齋詞》,《中國道教》2011 年第 1 期,24—27、46 頁。

[2] 《桂苑筆耕集校注》,515—516、518、522、525 頁。《禳火齋詞》説高駢"粗安一境,已涉五年",又説"方當暮月,始起融風",高駢乾符六年十月移鎮淮南,下數五年爲中和四年,"暮月"謂三月,此件齋詞寫於中和四年三月。《天王院齋詞》《爲故昭義僕射齋詞二首》在開頭注明寫作時間,分別是中和二年正月十五日("唐中和二年太歲壬寅正月望日")和同年七月二十三日、七月二十七日。

[3] 《桂苑筆耕集校注》,514 頁。

[4] 《册府元龜》卷四一六《將帥部》,中華書局,1960 年,4961 頁。日期據方積六考訂,參見《黄巢起義考》,165—166 頁。

任職年限與應天節、三元節的時間進行判斷。崔致遠廣明元年正月二十五日至中和四年七月任職於淮南幕府,下元節在十月十五日,三首《下元齋詞》一定是爲中和元、二、三年的三個下元齋會而創作的。之後還可以根據當時的政治、社會形勢和齋詞中的隱微敘述,對其寫作時間做大致推測。如應天節指僖宗的生日,《唐會要》載"僖宗惠聖恭定孝皇帝諱儇,咸通三年壬午五月八日,生於東內",注云"以其日爲應天節"〔1〕。此類齋詞頗爲重要,崔致遠入幕、得職雖然較早,但真正得到高駢賞識,要等到廣明二年五月十二日東塘出師之後〔2〕。換言之,至少到中和二年,崔致遠纔具備寫作應天節齋詞的資格。第一首《應天節齋詞》可能寫於中和二年。而從三首《應天節齋詞》的祈願內容來看,第一首說"伏願……暫興時雨,遍洗妖氛",第二首說"伏願……塵銷九野,波息四溟",第三首說"伏願……峒山順軌,汾水回鑾"〔3〕。顯然,前兩首齋詞寫作時唐廷仍陷於平叛戰爭中,而第三首齋詞寫作時,唐廷已經基本結束了平叛戰爭,開始計劃"回鑾"。我們可以結合中和三、四年的戰爭形勢進行判斷:中和三年四月十日,唐軍光復長安,黄巢逃向河南,六月開始圍攻陳州;次年二月,李克用發兵援助陳、許,兩月後陳州解圍;五月八日,尚讓降唐;六月七日,黄巢在萊蕪縣爲部將林言所殺〔4〕。後兩首齋詞應該分別寫於中和三、四年。

兩首上元齋詞中,《上元黄籙齋詞》提到"既榮人爵,須報主恩"〔5〕,"人爵"指前揭中和元年十一月十一日高駢落鹽鐵使、加侍中的同時"加食實封一百户"。高駢雖然在中和二年六月十六日纔正式收到官告,但在前一年年末已經通過進奏院獲知消息。故此件齋詞當寫於中和二年。而《上元齋詞》列於《上元黄籙齋詞》之後,創作時間應該稍晚。細察文意,此齋詞寫作時唐軍似仍未打開戰爭局面,故高駢"冀銷妖祲,仰告威靈",更有可能寫於中和三年而非四年〔6〕。文中說"祇誓顯誅寇孽,寧知暗積愆殃",暗指高駢廣明、中和二年兩次出兵時與

---

〔1〕《唐會要》卷二《帝號》,中華書局,1960年,15頁。
〔2〕 詳見本文第一節考證。
〔3〕《桂苑筆耕集校注》,490、492、494頁。
〔4〕 方積六《黄巢起義考》,242—263頁。
〔5〕《桂苑筆耕集校注》,497頁。
〔6〕《桂苑筆耕集校注》,508頁。

周寶、時溥發生的矛盾[1]。

兩首同名異文的《中元齋詞》中,第一首齋詞叙述"俾臣代勳善繼,真位高遷,留形於煙閣雲臺,縱賞於芝田蕙圃"[2],"代勳善繼"與"留形於煙閣雲臺""真位高遷"與"縱賞於芝田蕙圃"分別隔句相對,前者稱頌高駢在人間取得的功業,後者贊美他修道方面的進展。"留形於煙閣雲臺"指《筆耕集》卷二《謝賜御制真贊表》提到的"已令於大慈寺御真院寫朕真並扈從宰臣等真,列卿儀貌,俱會此堂",此事在中和二年二月二十六日由宣慰使李從孟告知高駢[3]。那麼,第一首一定寫於中和二年。第二首的寫作時間,筆者稍有疑慮,祇能猜想更有可能是中和三年,蓋此齋詞前後的上元、下元齋詞基本可以確認寫於中和三年。

總之,綜合齋詞的宗教背景、崔致遠的任職情況和唐末的時代形勢,可對卷一五齋詞的寫作時間進行系統考察。

## 八、結論

晚唐史料蕪雜混亂,兩《唐書》、《資治通鑑》對同一事件的記載往往存在數月甚至數年的出入。因此,與一般的文集不同,收入大量公文書的《筆耕集》不止有補充歷史細節、豐滿社會圖景之功,更有考訂正史記載、還原唐末史實之用。但前輩囿於從《筆耕集》中提取信息的難度,僅對以《答襄陽郄將軍書》爲代表的數十件文書做過較集中的討論,且出身文學、文獻學和歷史學等不同專業的學者往往忽視本專業以外的相關討論。

筆者在上文重新討論了《筆耕集》中百餘件文書的繫年。繫年的方法大致依循夏婧的指引[4],一是通讀全書,系統考量與一人或一事相關的文書(尤其

---

[1] 《筆耕集》中頗多文書論及此事,並極力以鄭鎮周寶、時溥的阻攔爲淮南廣明、中和二年均未出兵開脱,如上行的文書《讓官請致仕表》"時溥興北林戎役,周寶致南鄰責言"、平行的別紙《蕭遘相公二首(第二)》"乃有浙侯構隙,沛將加兵,三年已來,二憾不釋",甚至宗教疏記《求化修諸道觀疏》"前年則江寇南逼,去歲則淮戎北侵"。參見《桂苑筆耕集校注》,62、283、567頁。
[2] 《桂苑筆耕集校注》,499頁。
[3] 《桂苑筆耕集校注》,42頁。
[4] 夏婧《〈桂苑筆耕集校注〉匡補》,245、247頁。

是某些進行綜合性敘事的篇章),二是推究文本内證,三是利用文史領域的各種前人成果,四是關注文集的編纂手法,五是在繫年時盡力區分出文書的寫作時間、送達時間及其中所述事件的發生時間三個層次。據筆者估計,《筆耕集》中大部分文本可以繫到某年甚至某月。在爲《筆耕集》清楚繫年,並充分挖掘其中藴含的歷史信息之後,我們對晚唐歷史發展(特别是江淮地域政治變動)的研究有望取得新突破。

# 附録　《桂苑筆耕集》文書繫年

説明:下表依照時序排列論文所考《桂苑筆耕集》篇目。表1列舉寫作時間、順序較爲清楚的篇目,表2列舉寫作時間、順序相對不清楚的篇目。

表1

| 卷數與篇名 | 寫作時間 |
| --- | --- |
| 卷一七《初投獻太尉啓》 | 廣明元年冬(某月五日) |
| 卷一九《與客將書》 | 廣明元年冬(某月) |
| 卷一七《再獻啓》 | 廣明元年冬(某月) |
| 卷一七《謝生料狀》 | 廣明元年冬 |
| 卷一七《獻詩啓》 | 廣明元年十二月或廣明二年正月 |
| 卷一七《謝職狀》 | 廣明二年正月二十五日至月末 |
| 卷九《浙西周寶司空五首(第一)》 | 廣明二年正月末 |
| 卷一七《謝借宅狀》 | 廣明二年正、二月間 |
| 卷一九《謝宋絢侍御書》 | 廣明二年正、二月間 |
| 卷一五《黄籙齋詞》 | 廣明二年三、四月間 |
| 卷一七《出師後告辭狀》 | 廣明二年五月十二日稍後 |
| 卷一七《謝令從軍狀》 | 廣明二年五月中旬 |
| 卷一七《謝借舫子狀》 | 廣明二年五月中旬 |
| 卷一一《答浙西周司空書》 | 廣明二年五月中旬 |
| 卷九《浙西周寶司空五首(第四)》 | 中和元年新秋 |
| 卷三《謝就加侍中兼實封狀》 | 中和元年十一月十一日至年末 |

續表

| 卷數與篇名 | 寫作時間 |
| --- | --- |
| 卷六《謝加侍中兼實封狀》 | 中和元年十一月十一日至年末 |
| 卷一〇《浙西周寶司空》 | 中和元年十一月二十三日前後 |
| 卷九《浙西周寶司空五首(第五)》 | 中和元年十一月二十三日至年末 |
| 卷一八《謝職狀》 | 中和二年年初至三月 |
| 卷一八《長啓》 | 中和二年年初至三月 |
| 卷七《滑州都統王令公三首(第一)》 | 中和二年年初至三月 |
| 卷五《奏論抽發兵士狀》 | 中和二年春 |
| 卷九《都統王令公三首(第一)》 | 中和二年四月 |
| 卷一三《請節度判官李珰大夫充副使》 | 中和二年四月 |
| 卷一三《請副使李大夫知留後》 | 中和二年四月 |
| 卷一八《謝李珰書》 | 中和二年四月 |
| 卷九《都統王令公三首(第二)》 | 中和二年五月 |
| 卷九《都統王令公三首(第三)》 | 中和二年六月 |
| 卷二《謝賜宣慰兼加侍中實封表》 | 中和二年六月十六日稍後 |
| 卷二《謝加侍中表》 | 中和二年六月十六日稍後 |
| 卷六《謝落諸道鹽鐵使加侍中兼實封狀》 | 中和二年六月十六日稍後 |
| 卷一〇《都統王令公賀冬至》 | 中和二年十一月四日前後 |
| 卷二《謝立西川築城碑表》 | 中和二年十一月六日至年末 |
| 卷八《西川柳常侍》 | 中和二年十一月六日至年末 |
| 卷七《滑州都統王令公三首(第二)》 | 中和三年正月八日後 |
| 卷七《滑州都統王令公三首(第三)》 | 中和三年正月八日後 |
| 卷一八《謝探請料錢狀》 | 中和四年上半年 |
| 卷八《鹽鐵李都相公(第二)》 | 中和四年六月十七日至七月末 |
| 卷二〇《謝許歸覲啓》 | 中和四年七月 |
| 卷二〇《陳情上太尉詩》《歸燕吟獻太尉》《酬楊贍秀才送別》 | 中和四年八月 |
| 卷二〇《行次山陽續蒙太尉寄賜衣段令充歸覲續壽信物謹以詩謝》 | 中和四年八、九月 |

續表

| 卷數與篇名 | 寫作時間 |
| --- | --- |
| 卷二〇《上太尉別紙五首（第一）》《上太尉別紙五首（第二）》《酬進士楊贍送別》《楚州張尚書水郭相迎因以詩謝》《酬吳巒秀才惜別二絶句》 | 中和四年九月末 |
| 卷二〇《潮浪》 | 中和四年十月八日至十五日 |
| 卷二〇《上太尉別紙五首（第四）》 | 中和四年十一月十六日 |

表 2

| 卷數與篇名 | 寫作時間 |
| --- | --- |
| 卷三《謝秦彦等正授刺史狀》 | 廣明二年正月至五月 |
| 卷九《浙西周寶司空五首（第二）》 | 廣明二年春首至五月十二日 |
| 卷一三《許勛妻劉氏封彭城郡君》 | 廣明二年五月至年末 |
| 卷一二《滁州許勛第一》 | 廣明二年五月至年末 |
| 卷一四《孫端權知舒州軍州事》 | 廣明二年五月至年末 |
| 卷一二《滁州許勛第二》 | 廣明二年五月至中和二年 |
| 卷一五《下元齋詞第一》 | 中和元年十月十五日前 |
| 卷八《滑州王令公》 | 中和元年十一月十一日至中和二年六月十六日 |
| 卷七《鹽鐵李都相公（第一）》 | 中和元年十一月十一日稍後或中和二年六月十六日稍後 |
| 卷七《鹽鐵李都相公（第二）》 | 中和元年十一月十一日稍後或中和二年六月十六日稍後 |
| 卷八《鹽鐵李都相公（第一）》 | 中和元年十一月十一日稍後或中和二年六月十六日稍後 |
| 卷八《史館蕭遘相公》 | 中和元年十一月十一日稍後或中和二年六月十六日稍後 |
| 卷八《三相公》 | 中和元年十一月十一日稍後或中和二年六月十六日稍後 |

續表

| 卷數與篇名 | 寫作時間 |
| --- | --- |
| 卷八《翰林侯翺學士》 | 中和元年十一月十一日稍後或中和二年六月十六日稍後 |
| 卷一七《謝許奏薦狀》 | 中和元年下半年 |
| 卷一五《上元黄籙齋詞》 | 中和二年正月十五日前 |
| 卷一五《應天節齋詞三首(第一)》 | 中和二年五月八日前 |
| 卷一五《中元齋詞第一》 | 中和二年七月十五日前 |
| 卷一五《下元齋詞第二》 | 中和二年十月十五日前 |
| 卷四《奏請歸順軍孫端狀》 | 中和二年春至中和三年秋 |
| 卷一一《浙西周寶司空書》 | 中和二年 |
| 卷一一《浙西護軍焦將軍書》 | 中和二年 |
| 卷一八《謝加料錢狀》 | 中和二年 |
| 卷一八《謝衣段狀》 | 中和二年 |
| 卷一五《上元齋詞》 | 中和三年正月十五日前 |
| 卷一五《應天節齋詞三首(第二)》 | 中和三年五月八日前 |
| 卷一五《中元齋詞第二》 | 中和三年七月十五日前 |
| 卷一五《下元齋詞第三》 | 中和三年十月十五日前 |
| 卷一二《歸順軍孫端》 | 中和三年秋 |
| 卷一四《許勍授廬州刺史》 | 中和四年正月至七月 |
| 卷一五《禳火齋詞》 | 中和四年三月 |
| 卷一五《應天節齋詞三首(第三)》 | 中和四年五月八日前 |

# A New Study on the Writing Times of Documents in the *Guiyuan Bigeng Ji*

Zeng Lei

The *Guiyuan Bigeng Ji* 桂苑筆耕集 was compiled by the Silla scholar Choe Chiwon 崔致遠. It contained a large number of official documents written during his tenure as a subordinate of Huainan military commissioner 淮南節度使 Gao Pian 高駢 in Guang Ming 廣明 and Zhong He 中和 periods. These are important sources for the study of political and military changes in the late Tang dynasty. However, most documents were parallel writings (pianwen 駢文) with unclear chronological references. This is a big obstacle for researchers to obtain historical information. This article selects seven groups of documents with internal connections (related to a specific person or specific event), and determines their writing times based on the textual evidence and previous studies. In addition to the writing times, this article tries to determine the delivery times of the documents and the occurrence times of events mentioned in each document.

# 觀風察源：南宋蜀刻《孫可之文集》底本蠡探[*]

## 夏　婧

南宋孝宗朝宰臣周必大集内存有淳熙八年（1181）三月奏對一封，云："臣昨蒙聖慈遣中使下詢唐孫樵《讀開元錄雜報》數事，内有'宣政門宰相與百僚廷諍十刻罷'一項，遍檢新舊唐史及諸書並不該載。"[1]孝宗垂問之篇係晚唐士人孫樵作品，今載孫樵集卷一〇與《文粹》卷四九。

孫樵字可之（一作隱之），文集自序稱廣明、中和間僖宗避居蜀地，曾頒詔獎掖才行優長者三人，孫氏即以"有揚、馬之文"在列。中和四年（884）"遂閲所著文及碑碣、書檄、傳記、銘誌，得二百餘篇。蕞其可觀者三十五篇，編成十卷，藏諸篋笥，以貽子孫"[2]，親自遴選，編纂成集。

孫樵集今存南宋刻本兩部，梓行於蜀地，屬《唐六十家集》零種。據刻本避宋諱情形，刊印不早於光宗朝（1190—1194）[3]。一部入藏元翰林國史院、明文淵閣内府，清初爲劉體仁所有，現藏中國國家圖書館[4]。另一部曾爲清人顧抱沖插架物，經黄丕烈、顧千里校跋，今亦藏中國國家圖書館[5]。兩部蜀刻係同

---

[*] 本文初稿曾在復旦大學中古中國研究班報告（2023.04.26），承諸師友惠示意見，謹此一併致謝。

[1] 周必大《周益文忠公集》卷一四六《奉詔錄》，《宋集珍本叢刊》第 50 册影印明澹生堂鈔本，綫裝書局，2004 年，253 頁。

[2] 孫樵《孫可之文集序》，《宋蜀刻本唐人集》第 23 册、"中華再造善本"影印中國國家圖書館藏南宋刻本。

[3] 趙望秦、馬君毅《宋蜀刻本〈孫可之文集〉三題》，《雲南民族大學學報》2014 年第 6 期，106 頁。

[4] 書號 09630，《續古逸叢書》《宋蜀刻本唐人集》（上海古籍出版社，2012 年）影印。

[5] 書號 13309，"中華再造善本"（北京圖書館出版社，2003 年）、《宋蜀刻本唐人集選刊》（國家圖書館出版社，2021 年）影印。

版,今本文字因後人挖改填描,以致頗有異同。宋刻與後世孫樵集版本淵源,前人研討甚夥,雖存分歧,但明清以降諸本祖述正德(1517)王鏊本、間接源自南宋蜀刻應漸成共識〔1〕。孫樵集自唐末成編至南宋刊本問世三百年間,文本傳寫流布是否有迹可尋?

## 一、孫樵集早期流播及形態蠡測

北宋景祐至慶曆間(1034—1041)官修《崇文總目》著錄"孫樵《經緯集》三卷",係館閣見存藏書。《新唐書》卷六〇《藝文志》據以補入唐人著述。晁公武《郡齋讀書志》袁州本卷四(衢州本卷一八同)亦以"孫樵《經緯集》三卷"見錄〔2〕。晁氏早期藏書得自四川轉運副使井度貽贈,多存北宋中後期至南宋紹興間,尤其是川蜀地區鈔刻本〔3〕。孫集三卷本未見相應傳本〔4〕。南宋初《遂初堂書目》僅稱"孫樵集"。陳振孫《直齋書錄解題》卷一六作"孫樵集十卷",一般認爲載錄者即蜀刻同源本〔5〕。

"經緯集"疑孫氏自編原題〔6〕。傳本存文頗有據時事而發、以期裨補治政之作,如《復佛事奏》(蜀刻本卷六)、《與李諫議行方書》(卷三)奏諫宣宗復崇佛法,《興元新路記》(卷四)議文川谷路興廢利弊,《書田將軍邊事》(卷二)論巴蜀備邊措置,又如引起孝宗矚目之《讀開元錄雜報》即借開元舊事諷喻今政。部分

---

〔1〕 參萬曼《唐集叙錄》,中華書局,1982年,301—304頁;李明霞《宋本〈孫可之文集〉研究》,陝西師範大學2008年碩士學位論文,《宋蜀刻〈唐六十家集〉版本新探》,華東師範大學2012年博士學位論文;石祥《明正德刻本〈孫可之文集〉底本指實:兼論底本實物的探求》(《文史》待刊)等。
〔2〕 鄭樵《通志》卷七〇《藝文略》、馬端臨《文獻通考》卷二三三《經籍考》著錄同。
〔3〕 馬楠《從杜鵬舉、姚應績二本重審〈郡齋讀書志〉》,《文史》2022年第1期,117、126頁。
〔4〕 錢謙益《絳雲樓書目》卷三著錄"孫樵《經緯集》,三卷",《粵雅堂叢書》本,葉一一反。錢氏藏書多毁,難以考實。
〔5〕 程有慶《宋蜀刻本〈唐六十家集〉考辨》,《文獻》1994年第1期,23—36頁。
〔6〕 《郡齋讀書志》袁州本卷四節引孫序,復云"遂輯所著,名'經緯集'",或緣所見本題署。"經緯"題名用意,可旁參宋人李清臣《孫學士洙墓誌銘》"所奏論說五十篇,善言祖宗事,指切治體,推往較今,分辨得失,抑揚條鬯,讀之令人感動嘆息。一時傳寫摹印,目曰《經緯集》",杜大珪編《名臣碑傳琬琰集》中集卷二五。

作品可知撰於孫樵入仕前,或曾用於舉業行卷。任廣《書叙指南》卷一三"歲月日時下"引稱:"冬夜,狀曰燈青火白。孫樵《經緯集》。"[1]《書叙指南》二十卷,成書於北宋末[2],從各部典籍摘編雋語[3],以備書啓撰作、尺牘應用。全書徵引孫樵文句三十三處,對應於傳本十五篇作品。"燈青火白"語出孫樵《迎春奏》,任氏纂輯所據本或尚題"經緯集",分卷狀況不詳。北宋後"經緯集"作爲孫氏集名行用漸渺[4],傳世十卷本多題"孫可之文集""孫職方集"或徑稱"孫樵集"[5]。

　　孫氏自述選文三十五篇,與單行集本數目相合。太平興國至雍熙間(982—986)官修《文苑英華》擇録孫樵作品三篇。大中祥符四年(1011)姚鉉編選《文粹》,採摭十篇。《新唐書》裁剪孫氏《書何易于》《書田將軍邊事》二文入《循吏傳》《突厥傳》。北宋中至南宋初,孫樵作品又散見於史著、詩注、類書等稱引[6]。孫氏《龍多山録》摹畫梓潼郡南山勢奇峻,文成後嘗在當地付諸刻石,《輿地紀勝》稱"舊刻刓闕,元祐七年(1092)劉象功再書,遒勁可喜"[7],至遲於北宋中葉猶爲人知見。《輿地碑記目》載興元府石刻尚有孫樵《褒城驛記》"在雙林驛"、《刻武侯碑陰》《興元新路記》[8]。孫樵自陳"爲文真訣"得於來無擇、來氏又取法皇甫湜,儼然以韓愈三傳弟子自詡[9]。宋人評騭韓門後學優劣,以皇甫、孫氏並舉[10],應曾獲見相關文辭。紹興初,孔傳增續《六帖》三十卷,今存乾道時期刻

---

[1]　任廣《書叙指南》卷一三,中國國家圖書館藏明嘉靖六年刊本(書號06916),葉一二正。
[2]　參羅寧、高浥烜《〈書叙指南〉作者及版本考述》,《西南交通大學學報》2019年第1期,45—55、61頁。
[3]　高浥烜《〈書叙指南〉研究》統計引書71種,其中集部類20種,西南交通大學2019年碩士學位論文,15—18頁。
[4]　明崇禎間雖有孫耀祖、孫猷箋評本題"經緯集",文本實據正德本《孫可之文集》傳刻,題名應依書志等回改。
[5]　蜀刻《唐六十家集》各集多以作者表字題稱,對別集原名有所更改。
[6]　如司馬光《資治通鑑》卷二四九載"進士孫樵上言"云云,係撮舉《復佛寺奏》要旨;《通鑑考異》卷一三援引《孫氏西齋録》。任淵《山谷詩注》《後山詩注》亦有徵引。
[7]　王象之編《輿地紀勝》卷一五九《潼川府路·合州》,中華書局,1992年,4332頁。
[8]　《輿地碑記目》卷四,《粵雅堂叢書》本,葉二五反。
[9]　如《與王霖秀才書》《與友人論文書》。
[10]　如蘇軾《謝歐陽内翰書》。

本,標引孫樵文十六處[1],尚在蜀刻孫集問世稍前。各類引述去其重複,至少涉及孫樵傳世作品二十七篇(參附表),幾無溢出傳本篇目[2],單行本應大體維持孫氏自編樣貌。

　　蜀刻本依孫氏自序作十卷,與早期書志"《經緯集》三卷"記載出入,以往多視作卷次分併不同。如結合刊本實物、書籍形制演變,似可稍作推求。蜀刻半葉十二行、行二十一字,每一筒子頁大字滿刻計五百零四字。孫樵集耗用刊版僅四十六印葉,復含序文一葉、總目三葉。三十五篇作品正文計一萬七千二百餘字,單卷字數最多者二千四百餘字(卷三),少者僅一千二百字左右(卷六、七、九),較之唐集單卷體量相對偏少。孫樵身歷唐末武、宣、懿、僖數朝,其時版印雖已漸行,所刊多爲時曆、字書、佛典,文集等仍以寫本爲主要傳播形態。唐寫本規制尺幅不一,如比照佛教鈔經,以每紙行十七字、二十八行推算[3],寫本單紙鈔寫在四百五十字至五百字之間,大致與蜀刻一葉篇幅相當。如將刻本印葉推原爲寫卷行款,每卷用紙約在三(+1)至六(+1)紙間。《崇文總目》所載"《經緯集》三卷"如爲孫集完整内容,"三卷"疑據館閣藏書物質形態著録,即三個卷子裝,每卷復含數個内容單元"篇卷"。據蜀刻本推比,刻本三四卷内容合爲寫本一軸,如卷一至三(十五葉)、卷四至七(十五葉)、卷八至十(十二葉),較接近寫卷一

---

[1]《孔氏六帖》卷三"擇日以祀……孫樵文"及"竈鬼以時録人功過"實出陸龜蒙《祀竈解》;卷四"合以慎烈"、卷二二"上請貸期"、卷二六"蒙金以砂"所據爲《文粹》引孫樵作品;卷一六"孫樵謂兵籍於州則易"及卷二三"孫樵謂春耕夏蘯"係《新唐書》節取孫氏《書田將軍邊事》文句;卷二九"麟出豈妖孔子云亡,孫樵",據《文粹》卷七八,出自孫朴《瑞箴》。上述八處不計入。

[2] 孫樵集外作品,陳尚君《全唐文補編》卷八七據陶穀《清異録》卷下輯補《送茶與焦刑部書》"晚甘侯十五人,遣侍齋閣。此徒皆請雷而摘,拜水而和,蓋建陽丹山碧水之鄉,月潤雲龕之侶。慎勿賤用之",中華書局,2005年,1066頁。文近諧謔,即非假托,應不在孫氏自認"可觀者"編集之列。又《玉海》卷五五"唐記室新書"引:"《中興書目》:唐東川節度掌書記李途撰,纂集諸書事迹爲對語,(引)[列]四百餘門。職方郎中孫樵爲之序。"《(合璧本)玉海》,中文出版社,1977年,1097頁。按,孫序今佚,兩宋類書、詩注偶稱"孫樵《記室新書》""孫樵《新書》"云云,當緣撰序事致誤。

[3] 趙彦衛撰,傅根清點校《雲麓漫鈔》卷三:"釋氏寫經,一行以十七字爲準。國朝試童行誦經,計其紙數,以十七字爲行,二十五行爲一紙。"中華書局,1996年,49頁。隋唐時期敦煌佛經寫本形制以一紙二十八行居多,儒道文獻每紙二十至三十一行不等,正文行十二至十六字,參藤枝晃《敦煌寫本概述》"寫本的外部特徵",徐慶全、李樹清譯,榮新江校,《敦煌研究》1996年第2期,102—106頁;張涌泉《敦煌寫本文獻學》,甘肅教育出版社,2013年,15、637頁。

般體量[1]。北宋後"《經緯集》三卷"記載日稀,十卷本漸行於世,或與卷裝不復作爲書籍主要裝幀形制有關。

## 二、南宋蜀刻《孫可之文集》底本推源

前人曾據蜀刻本行文遣詞、自注遺存唐諱,認爲底本源出唐寫本[2]。實則孫樵以唐人撰述,奉遵本朝諱自屬情理中事,據以推論底本時代證據並不充分。值得留意者,《孫可之文集》卷八《唐故倉部郎中康公墓誌銘》云:"是歲會昌元年也,其年冬得博學宏詞,授秘書省正字。明年,臨桂元公以觀風支使來辟,換試秘書郎。"誌主康鐐[3],一作"康璙"[4]。"臨桂元公"爲元晦,會昌二年(842)至五年任桂管觀察使,故徵辟康氏入府。所謂"觀風支使",實即唐地方節鎮所置"觀察支使"。地方長官職在鎮撫黎元、觀風察俗,此處是否出於文辭潤飾而變稱?通讀誌文,他處叙述康鐐官職遷轉多採用正式定名,如"五年調,再授秘書省校書郎。大中二年復調授京兆府參軍。……明年授大理評事、兼監察御史、户部巡官。明年改鹽鐵巡官。……明年授試大理司議郎、兼侍御史、度支巡官。明年改授檢校户部員外郎、兼侍御史、轉運推官。明年换判官。……咸通元年,改檢校禮部郎中、兼侍御史、充轉運判官。"[5]稱"觀風支使"或别有原因。

---

[1] 參比南宋紹興刊本《白氏文集》,該本半葉十三行、行二十二至二十六字不等,單卷不少於十葉,文本篇幅至少在五千字以上。紹興本《白氏文集》多數卷端標題不另起新葉,直接或略空數行連寫於前卷尾題(如卷二一、二二直接連寫,卷四、五之間空三行,卷三九、四〇間空一行,卷六四、六五間隔四行刻寫);版心書名下記數表示分帙,葉數標記方式也非每卷獨立編列,而以"帙"爲單位,跨卷連排。北宋刻、南宋公文紙印本李賀《歌詩編》(袁克文舊藏,現藏臺北"國家圖書館")也存在跨卷接寫葉碼現象,一般認爲反映早期刊本沿承寫卷形制特點,參傅增湘《藏園群書經眼錄》卷一二,中華書局,1983年,1087—1088頁。

[2] 趙望秦、馬君毅《宋蜀刻本〈孫可之文集〉三題》,105—106頁。

[3] 《孫可之文集》卷八,葉二正—二反。正文未言及康氏名諱,孫集總目、卷端目錄題"康鐐郎中墓銘",疑出早期傳本正文題下附注。李成晴分析指出唐集具有"諱名作爲題注"體例,參《李白集詩題、題下自注的寫卷本原貌與義例》,《文學遺産》2021年第5期,71—74頁;《元白集詩題的"應然"與"例校"》,《文獻》2023年第4期,143—145頁等。

[4] 勞格、趙鉞著,徐敏霞、王桂珍點校《唐尚書省郎官石柱題名考》卷一七倉部郎中,中華書局,1992年,794頁。

[5] 《孫可之文集》卷八,葉二反—三正。

與之相類,《文粹》卷一〇〇收録孫樵《書何易于》,云:"觀風使聞其狀,以易于挺身爲民,卒不加劾。……是時相國裴公出鎮綿州,獨能嘉易于治。嘗從觀其政,導從不過三人,其易于廉約如此。"〔1〕與本文論旨相關,《文粹》有兩處重要異文。其一,"觀風使",《文苑英華》卷三七一、《孫可之文集》卷二皆作"觀察使",《英華》校語引"《文粹》作風"〔2〕。《新唐書·循吏傳》據孫樵此篇爲何易于立傳,亦稱"觀察使素賢之,不劾也"〔3〕。其二,"其易于",《文苑英華》卷三七一作"其察易于",《孫可之文集》卷二作"其全易于"(《英華》校語亦稱"集作全")。"其易于"文句闕脱,"察""全"意雖兩可,作"察"似更優長,至少可旁證《英華》所據孫集嘗作"察"。《孫可之文集》《文粹》以"觀風"代指"觀察"、《文粹》脱落"察"字,或可初步推測二者各自所據底本,即孫樵集某種文本存在避用"察"字情形。

行文書刻回避某字,通常出於避國諱、家諱等禮法規約。孫樵生卒、家世不詳,"察"是否係孫氏家諱,暫無實據,但顯然不在李唐國諱之列。參據現有史料,"察"曾作爲後蜀時期諱字。蜀主孟知祥,祖名察,孟氏進封蜀王後立三廟,稱帝後追尊其祖爲孝景皇帝、廟號世祖〔4〕。廣政初,蜀相毋昭裔以唐開成石經爲底本,捐資開雕經注並行之蜀石經,被視作與文翁興學媲美之盛事。廣政中相繼完成《孝經》《論語》《爾雅》《周易》《毛詩》《尚書》《儀禮》《禮記》《周禮》《左傳》(至卷一七)近十種典籍刊刻,《左傳》餘卷及《公羊傳》《穀梁傳》入宋後補刻、續刻而成〔5〕。前人討論石經書刻時代已注意其間避諱現象,如晁公武《石經考異序》云:"《左氏傳》不誌何人書,而'詳'字闕其畫,亦必爲蜀人所書。"〔6〕

---

〔1〕 姚鉉編《文粹》卷一〇〇,"中華再造善本"影印中國國家圖書館藏南宋紹興九年臨安府刻本,葉二九反—三〇正。

〔2〕 李昉等編《文苑英華》卷三七一,中華書局,1966年,1899頁。《孫可之文集》卷二,葉一反。

〔3〕 歐陽脩、宋祁《新唐書》卷一九七《循吏傳》,中華書局,1975年,5634頁。

〔4〕 張唐英《蜀檮杌》卷下,傅璇琮、徐海榮、徐吉軍主編《五代史書彙編》拾,杭州出版社,2004年,6091頁。

〔5〕 顧永新《蜀石經續刻、補刻考》,原刊《儒家典籍與思想研究》第3輯(2011年),收入《經學文獻的衍生和通俗化》第三章第六節,北京大學出版社,2014年。

〔6〕 周復俊《全蜀藝文志》卷三六范成大《石經始末記》引晁氏序,明嘉靖刻本,葉四正—四反。"詳",曹學佺《蜀中廣記》卷九一作"祥"。按,宋拓蜀石經殘本內孟氏本名"祥"及嫌名"詳""翔"均見闕筆。

錢大昕《十駕齋養新録》"石刻詩經殘本"明確指出："後蜀石刻《詩經》殘本,起《召南·鵲巢》,至《邶風·二子乘舟》止,經、注皆完好。……碑於'察'字皆作'窡',蓋避知祥祖諱。"〔1〕

蜀刻石經實物,元以後亡失,明內府尚存完整宋拓,後亦流散。錢氏寓目之《詩經》拓本爲黄丕烈篋藏,現藏上海圖書館。共涉"察"字四例,均減寫末三筆(着重號爲本文所加,下同):

1.《邶風·柏舟》:我心匪鑒,不可以茹。(鑒,所以察形也。茹,度也。箋云:鑒之察形,但知方圓白黑,不能度其真僞。我心匪如是鑒也,我於衆人之善惡外內,心度知之。)

2.《邶風·柏舟》:心之憂矣,如匪澣衣。(如衣之不澣矣。箋云:衣之不澣,則憒亂垢辱,無照察也。)

3.《邶風·谷風》:既阻我德,賈用不售。(阻,難也。箋云:既難却我,隱蔽我之善,我脩婦道以事之,覬其察己,猶見疏外,如賣物不售者也。)〔2〕

《毛詩》以外,現存蜀刻石經殘本《周禮》及《左傳》宋拓亦見"察"字避寫:

1.《周禮·秋官·司寇》:掌察四方中士八人。

2.《周禮·秋官·司寇》:以五刑糾萬民。(刑亦法也,糾猶察異之。)

3.《周禮·秋官·司寇》:察獄訟之辭。

4.《周禮·秋官·司寇》:聽其獄訟,察其辭辨。

5.《周禮·秋官·司寇》:禁殺戮,掌司斬殺戮者,凡傷人見血而不以告者,攘獄者,遏訟者,以告而誅之。(司猶察也。察此四者,告於司寇,罪之也。)

6.《周禮·秋官·司寇》:幾酒。(苛察沽買酒過多及非時。)

7.《周禮·秋官·司寇》:銜枚氏掌司囂。(察囂讙者與其聒亂在朝者之言語。)〔3〕

---

〔1〕 錢大昕《十駕齋養新録》卷一五,鳳凰出版社,2016年,416頁。
〔2〕 王天然《蜀石經〈毛詩〉殘拓校理》,《中國典籍與文化論叢》第23輯,2020年,65、68、95頁。
〔3〕 劉體乾輯《宋拓蜀石經殘本》,《民國時期經學叢書》第6輯第59冊影印,文听閣圖書有限公司,2013年,22、43、105、111、125頁。

8.《春秋經傳集解》卷一五《襄公十四年》:自王以下,各有父兄子弟以補察其政。(補其愆過,察其得失。)[1]

《周禮》八處"察"字均闕刻末兩筆,《左傳》二"察"字僅闕末筆。《禮記·曲禮》:"《詩》《書》不諱,臨文不諱",鄭注云"爲其失事正"[2]。經典文本如以他字改替,牽涉較廣,有悖本義,蜀刻石經採取減筆以示闕敬。《毛詩》由將仕郎秘書省秘書郎張紹文書丹、張延族鐫石,《周禮》由將仕郎秘書省秘書郎孫朋吉書丹、刻工不詳,《左傳》書刻者均不詳[3]。或因書成衆手,具體減筆形式亦稍有異同。

闕寫諱字筆畫外,出土文獻爲孟蜀諱改施行狀況提供了更多確證。後蜀時期遺存實物,除前引蜀石經,另有九種記載涉及避用"察"字,均與職銜相關,即官名內"觀察"改稱"觀風"、"監察"改云"監按",基本涵蓋節鎮觀察處置使、留後、支使、判官、推官等各級文職僚佐。列爲表1:

表1

| 序號 | 擬題 | 避諱實例 | 時間 |
|---|---|---|---|
| 1 | 許仁傑墓誌[4] | 門吏前東川觀風判官、朝散大夫、檢校尚書刑部郎中、兼侍御史、柱國、賜紫金魚袋毛文慶撰 | 天成二年(927)十二月卒,三年正月葬 |
| 2 | 福慶長公主墓誌[5] | 唐推忠再造致理功臣、劍南兩川節度使、管內營田觀風處置、統押近界諸蠻兼西山八國雲南安撫制置等使、開府儀同三司、檢校太尉、兼中書令、行成都尹、上柱國、清河郡開國公、食邑一千五百户、食實封一百户孟公夫人福慶長公主墓誌銘 | 長興三年(932)正月卒,十一月葬 |
| 3 | 任君妻博陵郡君崔氏墓誌[6] | 男光德,前梓綿龍劍普等州觀風推官 | 廣政四年(941)十一月卒 |

[1] 《宋拓蜀石經殘本》,《民國時期經學叢書》第6輯第60册影印,874頁。參王天然《蜀石經〈春秋經傳集解〉殘拓校理》,《中國典籍與文化論叢》第22輯,2020年,101頁。
[2] 《禮記正義》卷三,阮元校刻《十三經注疏》本,中華書局,2009年,2707頁。
[3] 曾宏父《石刻鋪叙》卷上《益郡石經》,《知不足齋叢書》本,葉二反—三正。
[4] 拓本刊成都文物考古研究所、成都博物院編《成都出土歷代墓銘券文圖錄綜釋》(上),文物出版社,2012年,64頁。
[5] 《成都出土歷代墓銘券文圖錄綜釋》(上),67頁。
[6] 仇鹿鳴、夏婧輯校《五代十國墓誌彙編》後蜀005,上海古籍出版社,2022年,535頁。

續表

| 序號 | 擬題 | 避諱實例 | 時間 |
|---|---|---|---|
| 4 | 張虔釗墓誌[1] | 大蜀故匡國奉聖叶力功臣、北路行營都招討安撫使、興元武定管界沿邊諸寨屯駐都指揮使、左匡聖馬步都指揮使、山南節度興鳳等州管内觀風營田處置等使、開府儀同三司、檢校太師、兼中書令、行興元尹、上柱國、清河郡開國公、食邑四千户、食實封三百户、贈太子太師、賜諡温穆清河張公墓誌銘 | 廣政十一年二月卒，九月葬 |
| 5 | 張虔釗買地券[2] | 故匡國奉聖叶力功臣、北路行營招討安撫等使、左匡聖馬步都指揮使、山南節度興鳳等州管内觀風營田處置等使、興元武定管界沿邊諸寨屯駐都指揮使、開府儀同三司、檢校太師、兼中書令、清河郡開國公、食邑四千户、食實封三百户、行興元尹張府君家 | 廣政十一年九月十五日 |
| 6 | 韋毅妻張氏墓誌[3] | 侄壻前源壁等州觀風判官、將仕郎、檢校尚書虞部員外郎、兼監按御史、賜緋魚袋羅濟撰 | 廣政十七年九月卒，十八年十月葬 |
| 7 | 孫漢韶墓誌[4] | (1)大蜀故匡時翊聖推忠保大功臣、武信軍節度、遂合渝瀘昌等州管内觀風營田處置等使、開府儀同三司、守太傅、兼中書令、使持節遂州諸軍事、守遂州刺史、上柱國、樂安郡王、食邑三千户、食實封二佰户、贈太尉、梁州牧、賜諡忠簡孫公内誌<br>(2)門吏前遂合渝瀘昌等州觀風支使、將仕郎、兼監按御史、賜緋魚袋王又撰<br>(3)除檢校司徒、充彰國軍節度觀風留後……就加光禄大夫、檢校太保、依前充彰國軍節度觀風留後 | 廣政十八年八月卒，十二月葬 |

[1]《成都出土歷代墓銘券文圖録綜釋》(上)，73頁。
[2] 成都市文物管理處《成都市東郊後蜀張虔釗墓》，《文物》1982年第3期，26頁；《成都出土歷代墓銘券文圖録綜釋》(上)，74頁。
[3] 四川省文物管理局編《四川文物志》上册，巴蜀書社，2005年，295頁。又，北京大學圖書館藏拓本。
[4]《成都出土歷代墓銘券文圖録綜釋》(上)，86頁。

續表

| 序號 | 擬題 | 避諱實例 | 時間 |
|---|---|---|---|
| 8 | 韋毅墓誌[1] | (1)侄聳將仕郎、檢校尚書虞部員外郎、守彭州九隴縣令、兼監按御史、賜紫金魚袋羅濟撰<br>(2)次弟宏,皇任源州觀風判官 | 廣政十九年八月卒,二十一年七月葬 |
| 9 | 大蜀利州都督府皇澤寺唐則天皇后武氏新廟記[2] | (1)懷□□□□路都招討副使、昭武軍節度、利巴集文等州管内觀風營田處置等使、管界沿邊諸寨屯駐都指揮使、北路計度轉運使□□□<br>(2)■公昭武軍節度、利巴集文等州觀風處置等使、管界沿邊諸寨屯駐都指揮使<br>(3)觀風判官兼供軍判官吳興沈公 | 廣政二十二年歲在己未九月六日記 |

後蜀時期出土史料而直書"察"字者亦有三例:

1. 許仁傑墓誌,云:"蜀扶天佐命忠烈功臣、前武德軍節度、梓綿龍劍普等州觀察處置等使、開府儀同三司、檢校太師、兼中書令、梓州刺史、臨潁王、食邑九千户、食實封三百户、贈太師、謚忠廣公有子六人,公即第三也。"天成二年十二月卒,三年正月葬。[3]

按"臨潁王"爲許存,原係荆南節度成汭將,乾寧中降王建。王建爲其更名王宗播,與諸子弟同列[4]。乾德四年(923)六月許璠墓誌云:"太師臨潁王以悼深手足,痛極肺肝。"[5] "扶天佐命忠烈功臣"爲前蜀功臣號[6],許存"梓綿龍劍普等州觀察處置等使"當係前蜀政權授職。

---

[1] 拓本刊馮萍莉、孫藝《〈才調集〉編者韋毅世系生平考》,《博物館學刊》第6輯。
[2] 張明善、黃展岳《四川廣元縣皇澤寺調查記》,《考古》1960年第7期,74頁;李之勤《後蜀〈利州都督府皇澤寺唐則天皇后武氏新廟記〉碑和廣元縣皇澤寺的武則天像辨析》,《考古與文物》1988年第3期,80—83頁。
[3] 《成都出土歷代墓銘券文圖録綜釋》(上),64頁。
[4] 司馬光撰,胡三省音注《資治通鑑》卷二六〇,中華書局,1956年,8488頁。吴任臣撰,徐敏霞、周瑩點校《十國春秋》卷三九《王宗播傳》,中華書局,2010年,577頁。
[5] 拓本刊《北京圖書館藏中國歷代石刻拓本彙編》第37册,中州古籍出版社,1989年,15頁。
[6] 如賾藏撰《古尊宿語録》卷三五"維乾德元年歲次己卯十月乙未朔十五日丁酉,弟子扶天佐命忠烈功臣、開府儀同三司、檢校太尉、太子太傅、兼中書令、食邑五千户嘉王宗壽",中華書局,1994年,665頁。前蜀所頒近似功臣號,如高祖假子王宗侃於乾德元年正月加"扶天佐命匡聖保國功臣",《成都出土歷代墓銘券文圖録綜釋》(上),51頁。

2. 崔有鄰墓誌,云:"自斟灌受徵,拜監察御史。……屬中原俶擾,西蜀開霸。……大蜀明德四年(937)太歲丁酉三月甲寅朔八日辛酉記。"〔1〕

崔有鄰前任壽光令,故稱"自斟灌受徵"。誌文叙"拜監察御史"於"中原俶擾,西蜀開霸"前,應係後唐授任。

3. 徐鐸墓誌,云:"及莊宗克平梁苑,以軍功,三年夏六月除授銀青光禄大夫、檢校太子賓客、兼監察御史,仍賜忠義功臣,宣從興聖太子、令公入蜀。"廣政十四年十二月卒,十五年四月葬。〔2〕

徐鐸初仕後唐莊宗,"兼監察御史"爲同光三年(925)六月除授,隨興聖太子魏王繼岌、令公郭崇韜討平前蜀。

上舉事例雖未加避諱,各具情由。或緣私家撰誌徑行移寫前朝除授職銜,不另作追改。

以石刻記載爲綫索,反觀傳世文獻,可發現蜀諱用例間或遺存。《宋史·李昊傳》:"蜀亡入洛,明宗授昊檢校兵部郎中,詔西川孟知祥、三川制置使趙季良同於榷鹽、度支、户部院間授昊一職。昊至蜀,久無所授。會知祥奏季良爲西川節度副使,昊辭歸洛,知祥始辟爲觀風推官。遷掌書記。知祥稱帝,擢爲禮部侍郎、翰林學士。"〔3〕《十國春秋·李昊傳》即作"觀察推官"。天成三年李昊撰《創築羊馬城記》褒揚孟氏修城勞績,自此受委章奏書檄〔4〕。李氏入宋後卒,《宋史》傳文所見李昊仕蜀官稱,疑係傳狀移録當時告身文書所致。

孟知祥自同光四年正月入蜀,長興四年二月受册蜀王,應順元年(934)閏正月建號稱帝,四月改元明德,七月卒殁。子孟昶即位,至明德五年改元廣政,二十八年(宋乾德三年)降宋,國亡〔5〕。梳理孟蜀諱改情形,據前引李昊(天成三年前)、許仁傑(天成三年)、福慶長公主(長興三年)數例,孟氏入蜀之初,轄境内恐已漸諱其名,乃至改易官號。目前所見,以"觀風"代指"觀察"最爲典型,或出自正式政令,即因

---

〔1〕 拓本刊李霞《五代後蜀崔有鄰墓誌考釋》,《惠州學院學報》2020年第5期,36頁。
〔2〕 《成都出土歷代墓銘券文圖録綜釋》(上),80頁。
〔3〕 脱脱等撰《宋史》卷四七九《李昊傳》,中華書局,1985年,13891頁。
〔4〕 《十國春秋》卷五二《李昊》,769—774頁。
〔5〕 歐陽脩撰,徐無黨注《新五代史(修訂本)》卷六四《後蜀世家》,中華書局,2016年,897—908頁。

諱而釐改官名。單行"察"字如逐一替改,不易區分辨析,參比同時期中原政權定例,實際行用可能主要採取減筆敬闕〔1〕,非官方系統文本諱否處置或更寬鬆。

傳世文獻叙述李唐官職而言稱"觀風"云云,往往與撰者仕蜀背景有關。《郡齋讀書志》雜家類著録"《續事始》五卷,右僞蜀馮鑑廣孝孫所著""《事始》三卷,右唐劉孝孫等撰。太宗命諸王府官以事名類,推原本(袁州本作'初')始,凡二十六門,以教始學諸王"〔2〕,係闡述事物得名、沿革等雜纂類撰述。《説郛》本《續事始》題撰人"梓州射洪縣令"〔3〕,存367則。涉及蜀諱者,如"團練使,肅宗武德中改採訪使爲觀風使,並領都團練。其後上郡刺史有團練使之號"〔4〕;"觀風使,肅宗至德元年改採訪使爲觀風處置使"〔5〕;"内外諸司使判官……厥後三司、諸道節度、觀風等使及刺史各置判官"〔6〕;"觀風支使,唐至德初改採訪爲觀風使,始置判官二人、支使二人、推官巡官各一人也"〔7〕;"驛門十二辰候,開元二十五年命觀風使鄭審檢校兩京驛,即今門,置十二辰候"〔8〕。

上引前四則"觀風"均係"觀察"諱改。"驛門十二辰候"條情形稍複雜,又見《孔氏六帖》卷三"開元二十九年,命觀風使鄭審檢校兩京驛門,即今門。置十二辰候,自審始也。《事始》"〔9〕。所叙事溢出劉孝孫《事始》斷限,應即馮氏

---

〔1〕 後唐天成三年正月"此後凡廟諱,但避正文,其偏傍文字,不必減少點畫";晋天福三年(938)二月"所諱字正文及偏旁,皆闕點畫,望令依令式施行",王溥《五代會要》卷四,上海古籍出版社,2006年,62—63頁。

〔2〕 晁公武撰,孫猛校證《郡齋讀書志校證》卷一二,上海古籍出版社,1990年,520—521頁。

〔3〕 涵芬樓本陶宗儀《説郛》卷一○誤作"馬鑑",《説郛三種》,上海古籍出版社,1988年,201頁。臨海市博物館藏抄本《説郛》卷一四《續事始》題"五代蜀馮鑑,梓州射洪縣人",徐三見《汲古閣藏明抄六十卷本〈説郛〉考述》,《東南文化》1994年第6期,119頁。

〔4〕 涵芬樓本《説郛》卷一○,"武德"係"至德"之誤,《説郛三種》,206頁。該則又見北宋元豐間高承編《事物紀原》卷六"節鉞帥漕部"引"馮鑑曰":"團練,肅宗乾元元年置防禦團練使。馮鑑曰:至德中,觀風使並領都團練。其後上州亦有其號。"明正統十二年閻敬刊本,葉一二正。

〔5〕 涵芬樓本《説郛》卷一○,《説郛三種》,206頁。

〔6〕 涵芬樓本《説郛》卷一○,《説郛三種》,208頁。

〔7〕 涵芬樓本《説郛》卷一○,《説郛三種》,208頁。該則又見《事物紀原》卷六"支使,唐置觀察使,亦置觀察支使,則支使唐置官也。《續事始》曰:唐至德初,改採訪使爲觀風,始置判官二人、支使二人、推官一人也",葉二○正。

〔8〕 涵芬樓本《説郛》卷一○,《説郛三種》,211頁。

〔9〕 孔傳《孔氏六帖》卷三,南宋乾道刻本,葉九反。該則又見謝維新、虞載編《古今合璧事類備要》別集卷六"橋道門""兩京置辰堠"條,明嘉靖三十一年至三十五年刻本,葉五正。

《續事始》省稱。據《唐會要》卷六一《御史臺》"開元十六年七月十九日敕：'巡傳驛宜因御史出使，便令校察。'至二十五年五月，監察御史鄭審檢校兩京館驛，猶未稱使。今驛門前十二辰(堆)〔塠〕，即審創焉"[1]，可知《孔氏六帖》"二十九"係"二十五"形訛，且鄭氏官銜原作"監察御史"，《續事始》因避改而致誤。

前述孫樵《唐故倉部郎中康公墓誌銘》《書何易于》幾處文句用字特例，透露蜀刻《孫可之文集》底本、《文粹》編纂所據孫氏篇辭，似有源出孟蜀時期迹象。重審《書何易于》"其易于廉約如此"，《文粹》脫字與《孫可之文集》刊本作"全"之間，或許也可從"察"字諱改探尋傳誤原因。如視《文苑英華》所引"察"爲原文正字，孟蜀時期傳鈔因諱減筆書寫，上半字形若再有點畫漫漶闕損，被誤判爲"全"字上半，加之文意可通，後出文本進而添補成字[2]，亦不無可能。

察——宨察——宨祭——全

蜀刻孫樵集內尚有"觀察"六處、"監察御史"一處、單用"察"字五處，其中四例亦見《文粹》選篇[3]，均直書其字，未作改替。僅以占比論，不加諱改反居多數。《文粹》編者姚鉉淳化以來(994)長期帶職史館，史稱其家富藏書，頗多異本，任外官期間甚至因課吏寫書而遭糾彈[4]，所蓄應頗有可觀[5]。《文粹》纂輯歷時十載，至大中祥符四年成書，初刻於寶元二年(1039)左右，今傳最早爲紹興九年(1139)刊本[6]。《唐六十家集》彙輯各類舊本而成，前人已注意蜀刻唐集往往與他本相異。如考慮《文粹》引孫樵作品、蜀刻別集來源各異，却在不同

---

[1] 王溥撰《唐會要》卷六一，上海古籍出版社，2006年，1247頁。晏殊《類要》卷一八"十二辰候子"引《唐錄故要》略同。按《新唐書》卷五八《藝文志》雜史類著錄"凌璠《唐錄政要》十二卷，昭宗時江都尉"，《類要》每有徵引，"唐錄故要"疑即此書。

[2] 參陳垣《史諱舉例》卷四"因避諱闕筆而致誤例"舉證。筆者以往所見因宋諱減筆而傳鈔致誤實例，如"玄"誤"立"、"竟"誤"音"、"意"、"弘"誤"引"、"胤"誤"徹"、"桓"誤"柏"等。

[3] 《孫可之文集》卷二《書田將軍邊事》"察兵賦之虛實"(《文苑英華》卷三七五、《文粹》卷一〇〇)；卷三《寓汴州觀察判官書》篇題、"觀察使"三處、"判官察州縣事"；卷四《梓潼移江記》"觀察使"兩處；卷五《孫氏西齋錄》"崔察"三處(《文粹》卷一〇〇)；卷八《唐故倉部郎中康公墓誌銘》"監察御史"。

[4] 《宋史》卷四四一《姚鉉傳》，13054—13055頁。

[5] 查屏球認爲《文粹》編纂可能因姚氏仕宦經歷利用宋廷館閣藏書，《紙抄文本向印刷文本轉變過程中的撰述與出版特點——〈文粹〉編纂與流傳過程考述》，《贛南師範學院學報》2015年第2期，49—52頁。

[6] 姚鉉《文粹序》、施昌言《文粹後序》，"中華再造善本"影印南宋紹興九年臨安府刻本。

篇目出現孟蜀諱字,若非底本曾在此期間傳寫,宋人毋庸特意追避,則所見未加諱稱形式更可能出自兩宋校理者回改[1],即添補單字闕筆、官稱復從唐制,消弭底本時代印迹。康鐐墓誌"觀風支使"或因不如"觀風使"連稱習見易辨而致遺落,反而提供了追索底本源頭一綫契機。

  類似情形,杜光庭(850—933)《錄異記》亦可能在後蜀時期傳寫。卷四"永清大王廟"云:"房州永清縣去郡東百二十里,山邑殘毀,城郭蕭條。……大中壬申歲,襄州觀風判官王士澄督審支郡,覽而異之,恐板木銷訛,乃刻石於廟。"[2]杜氏仕晚唐僖宗、前蜀王氏,《錄異記》撰成於乾德三年(921)間[3]。"觀風判官"之稱既非故事"大中壬申歲"唐制,又非杜光庭所仕前蜀用語[4],疑文本曾在後蜀時期傳鈔,故作諱改。北宋太宗朝編《太平廣記》多引該書條目,《崇文總目》小説家類著録"《錄異記》十卷",可知内廷藏有此書。今傳《錄異記》單行本除明清叢書本,多源自《道藏》。杜光庭長期致力於道經纂輯,歷年網羅達數千卷[5]。作爲唐末道門領袖,杜氏本人撰作也必然爲時推重。北宋前期官方曾多次組織編集、校刻道藏,或收取傳録於孟蜀之《錄異記》[6]。其中諱字則因襲

---

[1] 五代時期諱字或經宋人回改之例,P. 2014《切韻》五代刻本以"漙,水名"表"湍水"(周祖謨編《唐五代韻書集存》,中華書局,1983 年,753 頁),疑因避用後漢劉知遠曾祖劉湍名諱本字,宋修《廣韻》卷二即改作"湍,水名,在鄧州",參虞萬里、楊蓉蓉《韻書與避諱》,《辭書研究》1995 年第 3 期,145—146 頁。以今人整理文獻通例而言,如係後世刊寫時增避之諱,一般也予回改。

[2] 杜光庭《錄異記》卷四,羅争鳴輯校《杜光庭記傳十種輯校》,中華書局,2013 年,56 頁。

[3] 《錄異記》成書時間推考,參李劍國《唐五代志怪傳奇叙録(增訂本)》,中華書局,2017 年,1430 頁。

[4] 談愷本《太平廣記》卷三〇七作"襄州觀察判官王澄……出《集異記》",汪紹楹校語引明沈與文野竹齋鈔本"出《錄異記》",中華書局,1961 年,2432 頁。

[5] 《太上黄籙大齋儀》卷五二,《道藏》第 9 册,上海書店出版社、文物出版社、天津古籍出版社,1988 年,346 頁。

[6] 太宗淳化間纂集道書 3737 卷,真宗大中祥符間編成《寶文統録》4359 卷,稍後張君房增益爲《天宮寶藏》4565 卷,參陳國符《道藏源流考》,中華書局,2012 年,128—133 頁;龍彼得撰,李豐楙譯《宋代道書收藏考》,《宗教研究》2014 年第 2 期,284—286 頁。按《郡齋讀書志》袁州本卷二下著録鄧自和《道藏書目》一卷,總計六部 311 帙(據分部列數,應爲 352 帙),陳國符疑其即太宗朝道書部帙狀況(136 頁)。《天宮寶藏》明確稱以《千字文》爲函目,編自"天"至"宮"字號,計 466 字。《錄異記》今收存於正統道藏《洞玄部·記傳類》"恭"字號,序次在"天""宮"之間。前述鄧氏編目,依次爲大洞真部八十一帙、靈寶洞玄部九十帙,如亦採千字文序號,應已用至第 153 之"恭"字。《錄異記》至遲於真宗時應已入藏。

未改,形成道藏系統文本雜糅面貌。

　　復由孫樵身世、行止再稍作推考。"察"如作爲孫樵家諱,且在行文中同樣諱"察"爲"風",目前暫乏旁證,可能性甚微。參據孫氏撰作,早歲曾幾度往還秦蜀[1],故有如《出蜀賦》《梓潼移江記》《祭梓潼神君文》等篇。孫氏自會昌間奔走舉場,大中二年(848)康鏻以京兆府參軍主持當年進士解送,孫氏獲取文解。其後蹭蹬數載,至大中九年始登第。僖宗入蜀,詔赴行在,授職方郎中。中和末自訂文集,當已年近六旬[2]。即使唐亡(907)後仍在世,恐亦難久長。南宋中期地志復記孫氏"僑居於府城東晝錦坊,今宅在焉""孫樵墓,在小溪縣"[3],小溪縣即唐遂州方義縣,孫氏似終老於蜀地。

　　孫樵行止與同時期另一孫氏士人略相仿佛。北宋朝臣孫抃奉孫朴爲七世祖,孫朴徙居長安,武、宣之際應舉及第,大中時入西川杜悰幕府[4]。其人疑即大中初與李商隱同官唱和者(《樊南乙集序》"樂安孫朴"、《和孫朴韋蟾孔雀詠》),嘗任忠武軍節度判官,撰有《崇聖寺佛牙碑》(《金石錄》卷一〇)[5],今存文《瑞箴》(《文粹》卷七八)。孫朴之子長孺攝職彭山令,罷秩後因家眉山,貯書講學,時號"書樓孫家"[6]。孫氏書樓或云即由僖宗親筆賜額[7]。孫樵編集自序稱"家本關東,代襲簪纓。藏書五千卷,常自探討",與此支孫氏有無淵源,尚待印證,或可藉此旁窺唐末士族因官寓蜀、聚書好尚之一斑。

　　孫樵既有寓居往還蜀中經歷,又嘗蒙詔褒揚文名,文集編成後進納唐廷、傳付子孫,在當地傳鈔流布合於情理。孫氏本人幾無可能仕至後蜀,集內避蜀諱文

---

[1] 陶喻之《唐孫樵履棧考——兼論〈興元新路記〉》,《文博》1994年第2期,57—60頁。

[2] 參丁恩全《孫樵年譜》,《〈孫可之文集〉校注》附錄一,中國社會科學出版社,2017年,156—198頁。

[3] 《輿地紀勝》卷一五五《潼川府路・遂寧府》,4212、4210頁。

[4] 蘇頌《蘇魏公集》卷六三《朝請大夫太子少傅致仕贈太子太保公行狀》、卷五五《太子少傅致仕贈太子太保孫公墓誌銘》。

[5] 參陶敏《全唐詩人名彙考》,遼海出版社,2006年,1022頁。

[6] 蘇頌《朝請大夫太子少傅致仕贈太子太保孫公行狀》《太子少傅致仕贈太子太保孫公墓誌銘》。

[7] 魏了翁《鶴山先生大全文集》卷四一《眉山孫氏書樓記》:"樓建於唐之開成,至光啓元年僖宗御武德殿,書'書樓'二字賜之,今石本尚存。自僞蜀燬於災。"《四部叢刊初編》景宋本,葉一三反。

辭祇能出自後世鈔刻者所爲。五代蜀中書業日益繁盛,規模漸廣[1]。前引杜光庭另一部撰述《道德真經廣聖義》三十卷,前蜀武成、永平間(909—913)即由任知玄捐俸助刻,版成四百六十餘片[2]。僧人曇域應衆所請,編刊其師貫休歌詩文贊,"尋檢稿草及暗記憶者,約一千首,乃雕刻版部,題號《禪月集》",時爲前蜀乾德五年(923)[3]。後蜀宰臣毋昭裔發願刊印《文選》《初學記》《白氏六帖》更廣爲人知,書版由毋氏後裔攜入中朝,至大中祥符間猶存[4]。宋初平蜀,曾徵收圖籍逾萬卷[5],充實三館藏書,其中應有一定數量刊本。遺存孟蜀諱之孫樵集、《錄異記》在當時也不乏付梓印行可能。雖無法斷言《孫可之文集》所據爲寫本抑或刊本,但南宋蜀刻底本很可能即源自孟蜀舊本。至少就孫樵集而言,"蜀"不僅指向刊本地域信息,也嵌藏了底本時代印記。

## 結　語

存世唐五代別集,除個別知名撰者在刊本外尚留有形態較豐富之早期文本可供比勘同異,如王勃、陳子昂集唐寫本,白居易集舊鈔等,多數集本倘有宋刻,已屬幸事。因版刻實物稀缺,唐集早期傳布實況多難以具體察考,僅能約略推言應存舊本。蜀刻《唐六十家集》作爲早期刊版實物、多種唐別集祖本,歷來備受矚目。本文以孫樵集南宋刊本回改未盡之"觀風"一詞及北宋至南宋初總集、類書等徵引爲綫索,綜合出土實物所見孟蜀避諱用例,嘗試在宋刊問世前探求孫樵集早期流播些許形迹,姑作蠡測,期近其的。

---

[1] 參葉德輝《書林清話》卷一"刻板盛於五代",中華書局,1957年,22—23頁;宿白《唐五代時期雕版印刷手工業的發展》,收入《唐宋時期的雕版印刷》,文物出版社,1999年,4—11頁;李致忠《五代版印實錄與文獻記錄》,《文獻》2007年第1期,3—14頁。

[2] 島田翰撰,杜澤遜、王曉娟點校《古文舊書考》卷一,上海古籍出版社,2017年,127—135頁。

[3] 曇域《禪月集後序》,貫休《禪月集》,《四部叢刊初編》景宋鈔本。

[4] 《宋史》卷四七九《毋守素傳》,13894頁。

[5] 程俱撰,張富祥校證《麟臺故事校證》卷二中《書籍》:"[乾德]三年平蜀,遣右拾遺孫逢吉往收其圖籍,凡得書萬三千卷。"中華書局,2000年,251頁。

# 附：南宋中葉前孫樵作品稱引情況簡表[1]

| 卷次 | 篇目 | 文苑英華 | 文粹 | 書叙指南 | 孔傳六帖 | 其他 |
|---|---|---|---|---|---|---|
| 序目 | 孫可之文集序 | | | | | |
| 卷一 | 大明宮賦 | | | | | 《玉海》卷一五七 |
| | 露臺遺基賦 | | | 卷一〇"慚悚羞愧" | | |
| | 出蜀賦 | | | 卷一三"歲月日時上" | | |
| 卷二 | 書何易于 | 卷三七一 | 卷一〇〇 | | | |
| | 書田將軍邊事 | 卷三七五 | 卷一〇〇 | | | |
| | 書褒城驛壁 | 卷三七四 | 卷四九 | 卷九"筵宴席會·醉"卷一二"富貴權寵" | 卷三"館驛"卷一二"吏久從政" | 《輿地碑目記》卷四 |
| 卷三 | 與李諫議行方書 | | 卷八三 | | | |
| | 與高錫望書 | | | 卷七"稱謙引咎" | | |
| | 寓汴觀察判官書 | | | | | |
| | 與賈希逸書 | | 卷八四 | 卷二〇"哭泣追傷" | 卷七"貧"卷二六"文辭" | 《記纂淵海》卷一八、卷二六 |

---

[1] 一書同卷內多次稱引，於卷數後括注頻次。《玉海》編纂時蜀刻唐集應已行世，僅見《玉海》稱引篇目暫作參證。

續表

| 卷次 | 篇目 | 文苑英華 | 文粹 | 書叙指南 | 孔傳六帖 | 其他 |
|---|---|---|---|---|---|---|
| | 與王霖秀才書 | | | 卷六"和協裨贊·阿順謟諛" | | 《山谷詩注》卷一七 《後山詩注》卷三、卷八(2)、卷九 《記纂淵海》(宋刻本,下同)卷一六七 |
| | 與友生論文書 | | | | | |
| 卷四 | 梓潼移江記 | | | | | |
| | 興元新路記 | | | | | 《輿地碑目記》卷四 |
| | 蕭相國寫真讚 | | | | | 《記纂淵海》卷六七、卷七七 |
| 卷五 | 孫氏西齋録 | | 卷一〇〇 | | 卷一"閏月" 卷二〇"裸" | 《記纂淵海》卷九一、卷一七〇 |
| | 武皇遺劍録 | | | 卷二〇"雜備稱用上" | | |
| | 龍多山録 | | | | | 《輿地紀勝》卷一五九 |
| 卷六 | 迎春奏 | | | 卷六"閒寂安静" 卷一三"歲月日時下" | | |
| | 復佛寺奏 | | 卷二六下 | | 卷二二"徵役" | |
| 卷七 | 序西南夷 | | | | | |
| | 序陳生舉進士 | | | | | |

| 卷次 | 篇目 | 文苑英華 | 文粹 | 書叙指南 | 孔傳六帖 | 其他 |
|---|---|---|---|---|---|---|
| | 寓居對 | | | 卷五"儒習科第"(2)<br>卷五"詞章詩闕上"<br>卷五"詞章詩闕下"<br>卷一一"飢寒貧賤上"<br>卷一一"飢寒貧賤中"(3)<br>卷一三"節令氣候上"<br>卷一五"勞勒困頓拘束" | | 《山谷詩注》卷一九、《記纂淵海》卷五一、卷九五 |
| | 乞巧對 | | | 卷五"詞章詩闕下"(2)<br>卷一二"道家流語" | 卷七"寢" | |
| 卷八 | 文貞公笏銘 | | 卷六七 | | 卷四"笏" | 《記纂淵海》卷六〇、卷六七 |
| | 潼關甲銘 | | | | | 《記纂淵海》卷一五七《玉海》卷一五一 |
| | 康故倉部郎中康公墓誌銘 | | | 卷五"詞章詩闕下" | | 《山谷詩注》卷二年《後山詩注》卷一三《記纂淵海》卷一二七 |

續表

| 卷次 | 篇目 | 文苑英華 | 文粹 | 書叙指南 | 孔傳六帖 | 其他 |
|---|---|---|---|---|---|---|
| | 刻武侯碑陰 | | 卷五五上 | | | 《記纂淵海》卷六二<br>《輿地碑目記》卷四 |
| | 舜城碑 | | | | | 《玉海》卷一七三 |
| 卷九 | 逐疰鬼文 | | | 卷四"言語論辯下"<br>卷一六"會計支費·數目藏蓄利息"<br>卷一八"賄賂關節援助" | 卷二"錢"<br>卷九"唇"<br>卷一二"巧宦"<br>卷一三"贓賄"<br>卷二七"鬼神" | |
| | 祭高諫議文 | | | 卷一〇"感荷論報" | | 《記纂淵海》卷四五（2）、卷一一六、卷一四三 |
| | 祭梓潼神君文 | | | | 卷二七"鬼神" | |
| 卷一〇 | 讀開元雜報 | | 卷四九 | 卷四"言語論辯下"<br>卷五"文房衆物" | | |
| | 罵僮志 | | | 卷四"言語論辯下"<br>卷一一"飢寒貧賤中"<br>卷一五"憂憤躁歎·愁苦" | 卷七"貧" | 《後山詩注》卷七<br>《記纂淵海》卷一二五、卷一六二 |
| | 復召堰籍 | | | | | |

# A Research on the Original Edition of *Collected Works of Sun Kezhi* Published in Sichuan Area in the Southern Song Dynasty through the Analysis of Taboo Words

Xia Jing

As a late Tang literati, *Sun Qiao* 孫樵, whose courtesy name is *Kezhi* 可之, compiled his collected works during his residence in Sichuan in his later years. *Collected Works of Sun Kezhi* printed in Sichuan area during the Southern Song dynasty was the earliest edition of *Sun*'s anthology. In this edition, the phrase Guanfeng 觀風 replaced Guancha 觀察 to indicate the meaning of observe. Such usage can also be found in *Sun*'s articles recorded in *Wencui* 文粹 which was compiled in Northern Song Dynasty. Since the word "cha" 察 was the name of the grandfather of the establisher of the Later Shu 後蜀 regime, this character became a taboo character that time. According to the documents and excavated stone inscriptions in this period, the particular word was generally replaced by other characters such as "feng" 風. Neither Sun Qiao nor carvers in the Song dynasty needed to avoid the usage of this character. Thus, the original edition of *Collected Works of Sun Kezhi* could be carved or derived from an edition carved during the Later Shu period.

# 新見晚唐類書《雙金》考

富嘉吟

## 前　言

《雙金》一書,見於《宋史》卷二〇七《藝文六》"類事"門下,全五卷,編者作鄭昂(一作"喎")[1]。前後又有温庭筠《學海》三十卷、孫翰《錦繡谷》五卷、齊逸人《玉府新書》三卷等,可知其爲類書之一種,撰作時期約在晚唐五代之間。《宋志》以外,如《新唐書·藝文志》、晁公武《郡齋讀書志》、陳振孫《直齋書録解題》以下公私書目均無著録。而與晁陳二人大約同時,日人信西所撰《通憲入道藏書目録》則留下了如下記載:"大字雙金。二帖。上下。"[2]信西所見,或即《宋史》所録《雙金》一書。

《雙金》一書雖在中土散佚已久,而其宋本竟然尚存於天壤,秘藏於名古屋真福寺大須文庫(以下簡稱"真福寺本")。真福寺本未曾公開流通影印,向來鮮有人知。《經籍訪古志》所著録、《古逸叢書》所影印,不少出自真福寺藏本,然而《雙金》始終未能得到應有的關注[3]。謹迻録《真福寺善本目録》相關部分如下[4]:

---

[1]　脱脱等《宋史》,中華書局,1985年,5295頁。
[2]　日本宫内厅書陵部藏伏見宫家舊藏本。
[3]　大陸地區關於此書的介紹,目力所及,主要見於版刻類研究著作,如宿白《唐宋時期的雕版印刷》所收《北宋汴梁雕版印刷考略》(文物出版社,1999,12—63頁),或在介紹海外漢籍的著作中簡略提及(嚴紹璗《漢籍在日本的流布研究》第十章《日本宗教組織的漢籍特藏》第一節"真言宗真福寺的漢籍特藏",江蘇古籍出版社,1992年,317頁)。
[4]　黑板勝美編《真福寺善本目録》,黑板勝美出版,1935年,5—6頁。

新雕雙金　　　　　　一册
縱七寸九分　　　　　横四寸五分

　　宋熙寧二年刊本。葉子本。紙數三十二枚。四周双邊。半版十一行。原表紙題簽に「新雕中字雙金一部」と印し、その左右に「此本今將經籍子史重加校勘、近五百餘事件、錯誤並以改證、甚至精詳、己酉熙寧二年十月望日印行。」とあり、且つその下に「爾王」の朱方印あり、卷首に景德四年閏五月日」の「雙金序」あり、本文は玄象、四時節令、地土草木、帝德、道釋、鬼神、戎狄、文教禮樂、宗族、軍武、刑教、職官、屋宇器服、鳥獸、人事、農田、支體性情、虛實語數色の十八門に分つ、内本紙四枚分即ち玄象の一部、四時節令全部、地土草木一部を佚失す。

根據日本國文學資料館複製膠片可見，真福寺本封面右下題有"第六十七合下"六字，其後有空白扉頁一枚，題"文政四年辛巳九月日令／修理畢／寺社奉行所"。再後則爲題簽頁，除《目録》提及的"爾王"印之外，題簽右下尚有"尾張國大須／寶生院經藏／圖書寺社官／府點檢之印"方印、"寺社／官府再點／檢印"圓印。扉頁及方印，乃是文政四年（1821）真福寺清理、修復典籍之時所留；圓印則是嘉永元年（1848）再次點檢之時捺印[1]。

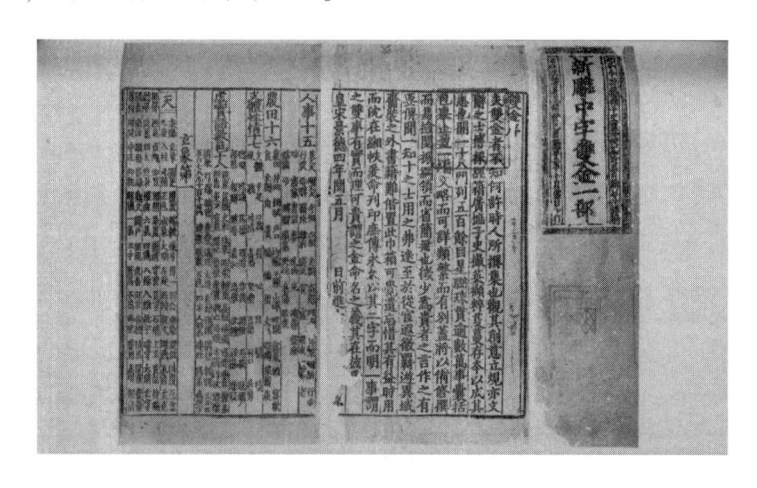

《真福寺善本集影》（北野山真福寺寶生院，1935年）所收《雙金》牌記及卷首書影

―――――――

[1]　若山善三郎《大須文庫考》，典籍研究會，1937年，4頁。

真福寺本以外,日本國立公文書館又有江户時期鈔本一部,爲昌平坂學問所舊藏(以下簡稱"昌平本")。昌平本基本上是對真福寺本的再現,僅僅有極少數的異文存在,似乎都是形近而譌。欄外有朱筆校正,或是同一鈔寫者所爲。遺憾的是,昌平本中並未留下關於此本鈔寫年月、背景的任何綫索,祇能推測是在真福寺本完成修復的文政四年以後。這一時期,真福寺所藏典籍得到了日本國文學者、漢學者的廣泛關注,如昌平坂學問所刊行官版《扶桑略記》便是以真福寺所藏本校合而成的[1]。昌平本《雙金》的出現,應當在同一歷史背景之下加以理解。

衆所周知,作爲日藏佚存漢籍出版之嚆矢的《佚存叢書》,乃是由昌平坂學問所大學頭林述齋首倡,在寬政十一年(1799)至文化七年(1810)陸續刊刻而成的[2]。除去確實出版的十六種以外,尚有如前田家舊藏《玉燭寶典》之類,當時雖然在昌平坂學問所製作了鈔本,然而最終並未付諸刊行[3]。雖然昌平本《雙金》的鈔寫年代大大晚於《佚存叢書》最後的出版日期,然而,林述齋歿於天保十二年(1841),而《佚存叢書》也是在十一年間陸續刊刻而成,並非一蹴而就。昌平本的鈔寫及校勘,固然無法斷言即與《佚存叢書》相關,至少可以認爲是延續了昌平坂學問所自《佚存叢書》以來對於中土古佚文獻的關注這一傳統。

由於《雙金》一書極爲罕見,本文不得不花費一定篇幅鈔録其序文、目録,並在這一基礎上,對其内容、刊行、作者等問題作一初步的探討。

## 一、《雙金》的内容及其刊行

《雙金》一書自題簽以下,依次爲雙金序、目録、正文、書末識語。序文、目録、正文之間順流而下、不另起一葉,即不存在所謂的"流水"。這一版式特徵常

---

[1] 參見福井保《江户幕府刊行物》所收《昌平坂學問所刊刻典籍目録》,雄松堂書店,1985年。
[2] 參見《國史大辭典》第1卷所收大庭脩撰"佚存叢書"條目,吉川弘文館,1979年,682頁。
[3] 參見拙文《重論〈古逸叢書〉本〈玉燭寶典〉之底本》,《敦煌寫本研究年報》第16號,2022年,113—126頁。

見於較早的北宋本中,證明其祖本極有可能來自某一寫卷[1]。

本書題籤作"新雕中字雙金一部"。所謂"新雕",無疑是指書籍的再次刊刻。如下文所述,真福寺本並非《雙金》最早的刊本,因此,這裏的"新雕"絶非後世書坊專爲牟利而臆造"新雕""新鐫"之流。而"中字"則是雕版印刷中常見的、以字體大小對書籍進行分類命名的方式。岳浚《九經三傳沿革例》(日本國立國會圖書館藏嘉慶二十年汪氏影宋刊本)中便提及若干種大字本、中字本。《雙金》正文字體大小適中,正符合"中字"這一特徵。《通憲目》所提及的上下二帖"大字雙金"不知淵源何處,不知是唐人原鈔,亦或是流傳至日本以後新做的鈔本。

關於"雙金"一詞的含義,原書所載《雙金序》詮釋如下:

> 以其二字而明一事,謂之雙;事有實而理可貴,謂之金。命名之義,其在兹乎。

《雙金序》起始有"夫雙金者,不知何許時人所撰集也",文末署"皇宋景德四年閏五月□□□日前進士□□□□□序",姓名部分殘闕不可識讀。這位前進士既非《雙金》一書的編撰者,亦與編撰者無任何交集,其對於書名含義的解釋自然不過是一種推測而已。不過根據書中内容來看,這一推測雖不中、亦不遠矣。

《雙金》一書採用二級分類,即《雙金序》所謂"開一十八門,列五百餘目",謹録如下:

> 玄象第一:天、日、月、星、雲、風、雷、電、雨、雪、霜、露、霧、雹、霞、虹、河漢、冰

> 四時節令二:春、夏、秋、冬、寒暑、元日、人日、上元、晦日、社日、寒食、上巳、端午、三伏、七夕、九日、冬至、律曆、更漏、晝夜、霽

> 地土草木三:地、土、泥、塵、山、原野、石、水、淮、江、河、海、芝、蓮、菊、蘭、茅、蓬、苔、水、松柏、葵、桐、桂、槐、柳、桑、榆、竹

> 帝德第四:帝德、形相、符命、后妃、儲副、公主、駙馬、皇親、宫禁、殿宇、

---

[1] 參見楊成凱《古籍版本十講》第一講"宋刻本的鑒賞與收藏"關於"流水"的講解。中華書局,2023年。

闕、朝會、御矜、封禪、巡狩、守衛、儀仗、籍田、郊、明堂、祥瑞、圖讖、諫諍、貢獻、封建、治化、喪亂、渥恩、褒賞、赦命

道釋第五：道教、養生、仙號、形貌、境界、樓臺、宮寢、園囿、山岳、林木、果實、流醴、禽獸、衣服、車轝、幢節、机帳、丹藥、仙經、囊笈、道士、宮觀、釋教、禪定、佛、僧、寺

鬼神戎狄六：鬼神、變化、禱祀、禍福、敬遠、淫厲、由人、妖怪、戎狄、四夷、和戎、犯邊、威信、向化、邊塞、烽戍、遊俠、凶逆、降、叛亂、誅戮、竊盜、寇賊、遺失

文教第七：文教、詩、易、春秋、九流、學校、勤學、師友、孝、忠、義、智、信、仁、直、德、謙讓

禮樂第八：禮、威儀、無禮、亨禮、鄉飲、射禮、贄禮、祭祀、社、釋奠、褉、樂、雜戲、歌、舞、雜舞、琴、瑟、鼓、鐘、磬、笙、簫、笛、篪、竽、缶、嘯

宗族第九：宗族、夫婦、離、喪夫、喪妻、父子、喪子、母子、兄弟、姊妹、叔姪、舅甥、嫂叔、女、奴、婢

軍武第十：武、軍器、旌旗、弓、箭、弩、甲冑、干戈、矛戟、鼓、角、將帥、營壘、兵旅、陣、訓練、攻伐、固守、武功、盟誓、敗、罷兵、班師、謀略、辯說、射

刑政第十一：刑法、獄囚、推驗、罪罰、謫罰、改過、宥罪、政治、弊政、清廉、擢士、待士、考試、舉薦、入仕、攻業、出使、貴盛、徵士、中貴、奢侈、儉約、施惠、致仕、賞譽

職官第十二：宰相、三公、太傅、太保、太尉、吏部、禮部、僕射、尚書、郎中、侍中、中令、舍人、諫議、散騎、九卿、大夫、中丞、御史、太子師傅、金吾、京尹、河南尹、節度、觀察、幕府、度支、轉運、塩鐵、刺史、異政、清廉、遺愛、瑞感、勸課、別駕、錄事、功曹、判司、縣令、能政、感化、屈才、縣尉、主簿

屋宇器服十三：城池、關防、市、室宇、樓、臺、閣、戶、牆、籬、井、道路、橋梁、隄防、池沼、舟、車、衣服、裘、衾被、冠、帽、印綬、履舄、鑑、珮、刀、劍、雜器、釜、鼎、盤、杯、扇、釵、囊、帷幔、帳、幕、屏風、簾、牀、席、枕、杖、筆、墨、硯、紙、鞭、細褥、香

鳥獸十四：鳥、鳳、鶯、鶴、雞、雉、鴈、鷹、烏、鵲、鴛鴦、鸎、鸚鵡、鷰、鶻、鳩[1]、獸、馬、牛、羊、虎、象、熊、鹿、狐、兔、猿、猪、狗、蟲、蛇、蟬、蠅、龜、龍、魚、珠、玉、金、錢、錦、繡、絲、布帛

人事十五：美丈夫、醜丈夫、奇相、凶相、美艷、姿態、服飾、髻鬟、醜陋、行步、行役、婚媾、羇旅、離別、餞送、貧、富、朋友、隱逸、老、幼、寢寐、書信、夢、疾病、死、殯葬、靈座、轜輀、弔、賻贈、墳墓、哭泣、哀傷、居喪

農田十六：農田、井田、稅賦、戶口、均輸、平糴、山澤、畋獵、禽荒、酒、宴飲、食、米、麨、肉、羹、醞、醯、塩、火、燈燭、柴薪、炭

支體性情十七：支體、手足、口齒、眉、心、目、髭、髮、視、聽、性情、喜怒、笑樂、言語、利口、壯男、聰明、默識、節操、毀謗、詐偽、謟佞、愚蔽、勉礪、報恩、報讎、黜辱、羞恥、恐懼、訛偽、淫亂、嫌疑

虛實語數色十八：假象、真偽、文彩、往來、剛柔、輕重、長短、清濁、遲速、曲直、難易、新舊、多少、安危、閑忙、聚散、虛實、興亡、逆順、方圓、浮沈、毀壞、消歇、厚薄、疎密、重疊、遠近、先後、卷舒、淺深、攜持、刲割、一、二、三、四、五、六、七、八、九、十、百、千、萬、連數、假數、五色、四方、人姓名、連姓、國名、我汝字

二級類目之下收録與之相關的辭藻，如"玄象第一""天"類下有"秉陽、玄象、圓蓋、覆盆、轉轂、張弓"等。這些詞均由兩個漢字組成，且許多彼此兩兩對偶，如"道釋第五""養生"類下"攝生、養命、吐故、納新"；當然也有一些並無明顯的對偶關係，如"刑政第十一""謫罰"類下"大戒、抉瑕"。由此可見《雙金》之"雙"，並不僅僅意味着"以其二字而明一事"，應當同時包括所收辭藻本身字數爲雙、相鄰詞彙兩兩對偶爲雙這兩層含義。而所謂的"金"，大概近於鍾嶸"披沙簡金"[2]之義。晚唐類書題名多有帶"金"字者，如李商隱《金鑰》[3]、敦煌出土《籯金》之類。

《雙金》題簽左右有小字兩列，作"此本今將經籍子史重加校勘近五百餘事

---

[1] 昌平本作"鴻"。
[2] 鍾嶸著，王叔岷箋證《鍾嶸詩品箋證稿》卷上《晋黃門郎潘岳詩》，中華書局，2007年，179頁。
[3] 《宋史》卷二〇七《藝文志六》"類事"，5293頁。

件錯誤/並以改證甚至精詳已酉熙寧二年十月望日印行"。其後有景德四年(1007)《雙金序》,卷末又有熙寧二年(1069)識語。這三段文字乃是關於北宋年間《雙金》一書刊行始末的重要材料,其中題簽與識語當爲同時同人所做,晚於《雙金序》六十餘年。

根據《雙金序》記載,序文作者"惜其有益時用而沈在緗帙,爰命刊印,庶傳永久"。由此可知,《雙金》一書早在景德四年便有過一次刊刻。而題簽左右小字所提及的"己酉熙寧二年十月望日印行",則是在舊本基礎上,通過"經籍子史重加校勘"而修訂的新本。事實上,題簽這段文字乃是來自卷末識語的簡省,謹錄識語如下:

> 此書曾因撿閲,舛錯稍多。蓋是自來遞相摸搭,刊亥爲豕,刻馬成烏,誤後學之披尋,失先賢之本意。爰將經史逐一詳證,近五百餘事件訛誤。今重新書寫,召工雕刻,仍將一色純皮好紙裝印,貴得悠□□書 君子詳識,此本乃是張家真本矣。時 聖宋己酉熙寧二年孟冬十月望日白。

所謂"張家真本"不知何本,檢《五代史補》(日本國立公文書館藏汲古閣刊本)卷五《張昭遠疑太玄經》,有如下記載:

> 張昭遠特好學,積書數萬卷,以樓載之,時謂之"書樓張公家"。嘗謂所親:"《太玄經》見黃鐘不在戊巳之位,使律本從何而生乎。揚子雲本通曆象,嘗著是書,嚴君平爲之下星緯行度,凡二十八宿,於參、觜、牛頗差其次。未知君平之學止於是耶,後人傳之誤也,未可知矣。"其探討如此。

張昭遠乃是五代至北宋初年名臣,曾參與《舊唐書》的編修事業,其生平見於《宋史》卷二六三《張昭傳》[1]。傳中記載其"點閲三館書籍,校正添補""博通學藝,書無不覽,兼善天文、風角、太一、卜相、兵法、釋老之説,藏書數萬卷"[2]。眾所周知,《宋史·藝文志》乃是刪削《國史藝文志》而來。頗懷疑其所著錄《雙金》一書,乃是來自唐五代館閣舊藏。而所謂"張家真本",大概便是張昭遠職事之餘鈔寫宮廷藏書所得。如若這一臆測成立,《雙金序》所闕失的"前進士"某

---

[1] 參見昌彼得等編《宋人傳記資料索引》第三册,鼎文書局,1987年,2258頁。
[2] 《宋史》卷二六三《張昭傳》,9091頁。

某,極有可能便是張昭遠之子、進士張秉圖[1]。景德本或許便是以家藏寫本刊刻,而熙寧本所以自信地宣稱"此本乃是張家真本",或許便是因爲其所據底本來自收録有張秉圖《雙金序》的景德本一系,雖然需要訂正之處不少,仍然可以凌駕於世間諸本之上的緣故。

遺憾的是,《雙金》一書雖然在景德、熙寧年間兩次刊行,然而南宋以後便在中土不見蹤迹,後世唯有仰賴真福寺本方得以一睹其面容。

## 二、《雙金》的作者及其性質

《雙金序》謂本書"不知何許時人所撰集也",可見早在北宋初年流傳於世的《雙金》便已經湮没了編者姓氏。前引《宋志》作"鄭昺(一作嵎)",大東急記念文庫所藏江户醫家小林辰《文館詞林考證》附録《續佚存叢書目》,其中收録有"鄭嵎《雙金》一卷",不知是傳寫之誤,還是轉録自《宋志》的某一作"鄭嵎"的版本。無論鄭嵎、鄭昺,文獻均無記載,唯有鄭嵎一人見諸晚唐典籍,即長詩《津陽門詩》作者,宣宗大中五年(851)進士及第,其生平事迹詳於《唐詩紀事》《唐才子傳》[2]。這一年代定位雖然稱不上精確,然而與《宋志》將其置於温庭筠之後也算大致相符。《唐詩紀事》卷六二"鄭嵎"條下所録《津陽門詩序》云:"開成中,嵎常得群書,下帷於石甕僧觀,而甚聞宫中陳迹焉。"[3]而詩中更有大量關於唐時故事的自注。如"樓南更起鬪雞殿,晨光山影相參差"句,注作"觀風樓在宫之外東北隅,屬夾城而連上内,前臨馳道,周視山川。寶應中,魚朝恩毁之以修章敬。今遺址尚存,唯鬪雞殿與球場迤邐尚在。"可見鄭嵎既具備廣讀群書的客觀條件,又具有驚奇炫博的主觀意願。

更重要的一則材料,則來自《北夢瑣言》卷一一"希慕求進"條:

> 唐自大中後,進士尤盛。封定鄉、丁茂珪場中頭角,舉子與其交者,必先登第,而二公各二十舉方成名,何進退之相懸也。先是,李都、崔雍、孫瑝、鄭

---

[1] 《宋史》卷二六三《張昭傳》:"子秉圖進士及第。"9092頁。其具體登科年月不詳,故《宋登科記考》列入附録,江蘇教育出版社,2009年,1873頁。

[2] 參見周勛初主編《唐詩大辭典(修訂本)》,鳳凰出版社,2003年,280頁。

[3] 王仲鏞《唐詩紀事校箋》,巴蜀書社,1989年,1671頁。

嶧四君子,蒙其盼睞者,因是進升。故曰:"欲得命通,問瑝、嶧、都、雍。"葆光子曰:"士無華腴寒素,雖瓌意琦行、奧學雄文,苟不資發揚,無以昭播。是則希顏慕藺、馳騁利名者不能免也。"[1]

根據《郡齋讀書志》記載,鄭嶧登第乃在大中五年[2]。《北夢瑣言》所謂"先是……蒙其盼睞者,因是進升",不知在其登第前抑或後。根據上文封定鄉、丁茂珪二人"各二十舉方成名"類推,或許李、崔、孫、鄭四君子登第以前,便在長安士子之間擁有極高的聲譽,得其贊譽者便可在科場拔得頭籌。這一現象,與一般印象中晚唐舉子拜謁權貴、疏通關節的情況大不相同。總之,鄭嶧在長安科場聲名甚重,如若《雙金》確爲其編纂,很大可能便是針對科舉詩賦需要使用儷語而製作的類書。

類書與科舉關係之密切,自毋庸置疑。現存唐代四大類書之中,《雙金》與《白氏六帖事類集》[3](以下簡稱《六帖》)最爲近似。謹以一二門類爲例。

《雙金》"玄象第一""四時節令二"部分,大致相當於《六帖》卷一"天地日月星辰雲雨風雷四時節臘"。其中,如"河漢""寒暑""上巳""端午""三伏""七夕""九日"一類,《六帖》所用名稱不同;"電""冬至",《六帖》不單列而附錄於二級分類之下;"晝夜""霽"確無條目,除此以外,各個二級類目均與《六帖》相同。

又如《雙金》"職官第十二",大致相當於《六帖》卷二一"職官"。《雙金》所收二級類目之中,具體官職名稱條目均與《六帖》相同,而"異政""清廉""遺愛""瑞感""勸課""能政""感化""屈才"之類描述性條目,則來自《六帖》二級分類下的附錄條目。

總而言之,《雙金》一書的框架大致沿襲了《白氏六帖事類集》的二級分類及其具體類目,或許與其成書年代相去不遠有關。其中部分一級分類,乃是對於《六帖》一級分類的合併,其原因自然是由於其乃是一種便於攜帶的小冊子,即《雙金序》所謂"囊括包舉,止盈一編",不得不壓縮篇幅所致。唯一例外,則是《雙金》"虛實語數色十八"門,在包括《六帖》在内的舊來類書之中並無單獨門

---

[1] 孫光憲撰,賈二強點校《北夢瑣言》,中華書局,2002年,244頁。
[2] 參見傅璇琮主編《唐才子傳校箋》卷七"鄭嶧"條引證,中華書局,1995年,363頁。
[3] 白居易《白氏六帖事類集》,影印傅增湘舊藏宋紹興刻本,文物出版社,1987年。

類,顯然是爲了製作儷對而設立的。

《雙金》二級分類下收録的具體儷語,其情況較分類問題似乎要複雜一些,似乎是同時吸收了《初學記》事對部分的四字對句與《六帖》駢儷詞彙而來的。謹以《初學記》(日本宮内厅書陵部藏宋紹興刻本)卷二"天部下""雨"類事對、《六帖》卷一"雨十一"與《雙金》"玄象第一"門下"雨"類所收爲例,並將《雙金》所列儷語序號標注於對應文字之下:

《初學記》:離畢化坎(①②)、鸜鳴魚唫(③④)、土龍石鷰(⑩⑤)、濯枝潤葉(⑥⑪)、荆臺灌壇(㊾㊻)、含水嗽酒(⑬⑭)、蟻封龍穴(㊸㊹)、積薪環艾(㊺㊵)、伐殷討邢(⑮⑯)、檮林暴野(㉙㉚)、十夜九旬(㉑⑳)、石牛桐魚、商羊舞黑蜧躍(⑰⑱)、洗兵潤兵(⑫)、流粟流麥(㊶㊷)

《六帖》:雨以潤之、遇雨若濡、雷雨作解、雨我公田、天降時雨、月離於畢(①)、滂沱(㊿)、霡霂(㊶)、三日(㉒)、九旬十夜(⑳㉑)、朝隮於西、不節、天作淫雨、膏雨、時雨、淫雨、霈然(㊽)、密雨、膏澤、霖雨、祁祁、膏之、驟雨、零雨、如晦(㉝)、五政、一旬(㉓)、休應而時若、咎徵、將降、秋無、霑裳(㉔)、墊巾、商羊鼓舞(⑰)、鸜鳴於垤(③)、救成都火(㉖)、少女風、降不破塊(⑦)、陽臺、注必隨車(⑨)、假蓋(㉕)、伐殷(⑭)、討邢(⑯)、洗兵(⑫)、流麥(㊷)、蟻封穴(㊸)、鸜巢、鷰飛、蜧躍(⑱)、逃雨、沮澤之龍、近壬子日、有窨、雨汁、雨行、雲不待族而雨、濯枝(⑥)、倒井、愁霖、玄冥、屏翳(㊼)、赤松子、土龍(⑩)、焚身請、漂粟(㊶)

《雙金》:①離畢、②化坎、③鸜鳴、④魚唫、⑤石鷰、⑥濯枝、⑦破塊、⑧散絲、⑨隨車、⑩土龍、⑪潤葉、⑫洗兵、⑬含水、⑭嗽酒、⑮伐殷、⑯討邢、⑰商羊、⑱黑蜧、⑲天降、⑳九旬、㉑十夜、㉒三日、㉓一旬、㉔霑服、㉕假蓋、㉖救火、㉗墊巾、㉘若濡、㉙檮林、㉚暴野、㉛膏野、㉜甘雷、㉝如晦、㉞救旱、㉟薄霧、㊱輕埃、㊲如膏、㊳化鷰、㊴爲霖、㊵環艾、㊶流粟、㊷漂麥、㊸蟻封、㊹龍穴、㊺積薪、㊻灌壇、㊼屏翳、㊽四冥、㊾荆臺、㊿滂沱、㊶霡霂、㊷浹洽、㊸沾溥、㊹空濛、㊺九野、㊻洗滌、㊼昭蘇、㊽霏微、㊾淫溢、㊿滂沛、㉛膏之、㉒霈然、㊳霏霏、㊴蕭蕭、㊵凄凄、㊶冥冥、㊷颯颯、㊸雨過、㊹雨足、㊺雨金、㊻雨餘、㊼雨血、㊽雨散、㊾雨澤、㊿雨霈

根據重複内容及其順序可見,《雙金》收録的儷語乃是在《初學記》事對基礎上,

吸收《六帖》部分詞彙並將其精簡爲雙字(如"救成都火"精簡爲"救火",如"降不破塊"精簡爲"破塊"),同時又在量上進行了極大的補充,似乎還針對詞的不同語法結構(偏正、動賓之類)進行了次序的調整。

然而,與《初學記》相比,這些新增的詞彙不少並不存在出典,如同樣是雙聲疊韻,"冥冥"一詞固然可以認爲是來自《山鬼》"雷填填兮雨冥冥"[1],而"蕭蕭"一詞雖然能夠用來形容雨聲,但是並不存在一個具有足夠認知度的典故[2]。《雙金》所以僅僅收錄儷語而不錄出典,除去縮減體量、便於攜帶這一原因之外,恐怕也與其收錄內容並不都有代表性出典這一客觀現實有關。從這個意義上來説,《雙金》可以説偏離了唐代前期官修大型類書事文兼備的傳統,而延續了《六帖》以來類書爲了應對詩文撰寫的現實需求、逐漸輕典故而重文辭的這一時代傾向。

以儷語爲收錄對象的類書,上可以追溯至梁人朱澹遠《語麗》[3]。在唐代的敦煌寫本之中,存在若干種與《雙金》相近的、所謂"類語"體類書[4]。這些類書在門類上雖然與《雙金》有很大不同,但是在相同類目下具體收錄的駢語,則有不少重合之處。僅以《語對》卷六"縣令"、《籯金》卷二"縣令子男之篇第廿四"中"縣令"部分,與《雙金》"職官第十二""縣令"部分相比對如下[5]:

《雙金》:①墨綬、②銅章、③象雷、④製錦、⑤烹鮮、⑥展驥、⑦偃室、⑧陶令、⑨戴星、⑩佩韋、⑪彈琴、⑫驅雞、⑬字人、⑭撫俗、⑮任力、⑯河陽(花)、⑰彭澤(柳)、⑱百里、⑲一同、⑳單父、㉑西門、㉒子奇、㉓子游、㉔朱仲(卿)、㉕遺愛、㉖馴雉、㉗懸魚

《語對》:銅章(②)、墨綬(①)、制錦(④)、烹鮮(⑤)、驅雞(⑫)、馴雉(㉖)、一同(⑲)、三異、展驥(⑥)、聞弦、佩弦、乘星(⑨)、下堂、攀轅、利器、神明、蟲避境、虎度河、翔鸞、三善

---

[1] 洪興祖《楚辭補注》,中華書局,1983年,81頁。
[2] 《詩經·車攻》雖有"蕭蕭馬鳴"一段,然與雨聲無涉。
[3] 陳振孫《直齋書録解題》卷一四《類書類》,上海古籍出版社,1987年,422頁。
[4] 參見王三慶《敦煌本古類書〈語對〉研究》,文史哲出版社,1985年。王三慶《敦煌類書》,麗文文化事業股份有限公司,1993年,359—360、414—416頁。以下所引敦煌類書一依王書録文。
[5] 相似部分僅僅考慮詞條本身,對於同一典故而詞條不同者不計在內。

《籯金》:縣宰、銅符(②)、墨綬(①)、陸雲、王奐、一同(㉑)、五城、三善、三異、翔鸞、飛蝗、製錦(④)、烹鮮(⑤)、塵甑、小序、庭鵲喧、海神哭、盤根、董宣、河陽文藻(⑯)、河內歸來、理蒲、董安于、西門豹、尹何、密子賤、王阜

敦煌"類語"體類書收錄對象以雙字儷語爲主而不限於此,亦存在四字對,以及徑直採用人名、書名的情況。而與之相對,《雙金》對於雙字儷語的極致追求,反映出其書更爲濃厚的應試色彩。這一特質不僅僅導致了《雙金》一書收錄的儷語同時包含典故與文辭兩類,在典故之中更存在一些牽強附會的情況。如"職官"門"九卿"條下有"辨魚"一詞,小字注曰:"王肅爲光祿卿。"這一典故,來自《三國志·魏書·王肅傳》:"時有二魚長尺,集於武庫之屋,有司以爲吉祥。肅曰:'魚生於淵而亢於屋,介鱗之物失其所也。邊將其殆有棄甲之變乎?'其後果有東關之敗。"[1]然而,這條記載乃是王肅以學者身份所下判斷,與光祿卿這一職務本身並無多大關係,多少有些牽強附會之嫌。大概是由於這個原因,纔需要特意以小字注解加以說明。

自《雙金》以後,宋代出現了不少專以駢儷詞彙爲收錄條目的類書,如蘇易簡《文選雙字類要》、林鉞《漢雋》之類。這些類書採用與《雙金》同樣的編撰思路,而僅僅將編選對象限定爲某種書籍而已。《文選雙字類要》的出現,被認爲是"一部草創之作,一空依傍"[2]。其中有"方色"一門,細分爲東、西、南、北、赤、白、青、黃、黑九類,同樣被認爲首出[3]。事實上,《文選雙字類要》的這一分類方式,正可以在《雙金》"虛實語數色十八"門下五色、青、赤、白、黃、黑以及四方若干條目中尋覓到更早的源頭。

蘇易簡其人其事見於《宋史》本傳,其歿雖在景德本《雙金》刊行以前[4],然而"〔太平興國〕八年(983),以右拾遺知制誥","〔雍熙〕三年(986),充翰林學

---

[1] 陳壽撰,裴松之注《三國志》卷一三,中華書局,1987年,418頁。
[2] 踪凡《從〈文選雙字類要〉到〈文選類林〉》,《斯文》第3輯,社會科學文獻出版社,2018年,113—124頁。
[3] 郭昊天《〈文選雙字類要〉研究》,華東師範大學2019年碩士學位論文,33頁。
[4] 參見《全宋詩》第2冊所收蘇易簡傳記,848頁。

士"[1],曾經參與《文苑英華》編纂事業;其編纂《文房四譜》之時,亦曾經參閱秘府書籍[2];或許因此得見唐代宫廷舊本亦未可知。無論如何,《雙金》一書的現世,填補了自《六帖》、敦煌語對體類書以來至《文選雙字類要》《漢雋》發展變遷中的又一節點,使得其脈絡昭然。

需要注意的是,《宋志》所收《雙金》爲五卷本,雖非巨製,然而現存本不過三十二葉,既無需要,也無可能再細分卷帙。考慮到同樣作爲類書,《白氏六帖事類集》與敦煌出土《兔園策府》都存在白文本與附注本兩種類型[3],可以推測《雙金》一書在唐宋鈔本時代或許也同樣存在簡繁兩種形態。事實上,現存《雙金》之中偶爾也存在以小字標注駢語出處的特例,除上述"辨魚"條之外,如"虛實語數色十八""國名"下各區域名稱,均注明其所在方位,長短不一。長者如"齊",注作"虛危分。齊國營丘青州也。北至燕,西至九河,南至淄水,東至海。禹貢:海岱惟青州"。短者如"蜀",注作"觜參分"。而敦煌類書如《語對》之類,也偶爾存在僅錄詞條而無出典、釋文的情況[4]。

如果這一推測成立,那麼《宋志》所收來自唐代館閣舊藏的五卷本,或爲詳注出典的繁本寫卷。其所以爲五卷,大概與《雙金》一書二級分類共五百餘種有關。而北宋以降景德本一系則刊爲不分卷簡本,與其稱之爲類書,不如將其視爲一種"要約便覽"[5],即景德本《雙金序》所謂"備修撰而易簡閱,振綱領而省簡册"。而大約正是由於景德本不具載典故的特點,極易造成詞彙魯魚亥豕,以致熙寧重刊之時不得不"爰將經史逐一詳證,近五百餘事件訛誤"。至於《通憲入道藏書目録》所載上下二帖大字本,則是唐土繁本、簡本之外的又一種樣貌。《通憲目》所載書籍數量有言"帖"者、有言"卷"者、有言"帙"者,亦有連用者,似乎僅僅是照録原書,並無一定之規。雖然藤原通憲的活躍年代相當於南宋後期,《通憲目》中甚至還混雜着其殁後新出典籍,然而其中所著録的漢籍似乎有着極

---

[1] 《宋史》卷二六六《蘇易簡傳》,9171—9172 頁。
[2] 《文房四譜》序:"因閲書秘府,遂檢尋前志,並耳目所及、交知所載者集成此譜。"上海書店出版社,2015 年,84 頁。
[3] 關於《白氏六帖》附注本與無注本,參見《白氏六帖事類集》所收胡道静序及山崎誠《白氏六帖考》,《白居易研究年報》第 2 號,勉誠社,1993 年。
[4] 王三慶《敦煌本古類書〈語對〉研究》,21 頁。
[5] 內藤湖南《宋元版の話》,市立名古屋圖書館,1931 年,15 頁。

其古老的淵源[1]，應當並非自真福寺本鈔出。總而言之，以《雙金》一書而有五卷本、不分卷本、上下二帖本，又有"中字"本、"大字"本，正反映出早期類書在流傳上的不穩定性與隨意性。

## 結　論

綜上所述，《雙金》一書極有可能是晚唐文人鄭嵎爲科舉詩賦而製作的應試書籍。全書在《白氏六帖事類集》的二級分類基礎上進行合併增删，各個分類之下羅列儷對之語。這些詞彙乃是在《初學記》《白氏六帖事類集》之類先行類書基礎之上補充完成的，其中部分詞彙並不具有嚴格意義上的出典，乃至牽强附會，顯示出晚唐類書自《六帖》以來偏離知識性而轉向辭藻的這一時代特徵。

《雙金》一書在唐宋鈔本時代，或許曾經有過無注簡本與附注繁本兩種形態。其中，簡本在北宋景德、熙寧年間各有刊刻。遺憾的是，無論簡本繁本，在南宋以降的文獻之中已不見其身影。而在東瀛之地，則意外留存了珍貴的北宋刊本及江户時期的傳鈔本。除去日本佛教寺院在保存文獻上的悠久傳統之外，恐怕也與日本模擬科舉而設立的課試制度的存在有關。《雙金》一書本身作爲極爲罕見的北宋刊本，既是版本研究重要的材料[2]，而對於其内容的重新發掘，則不僅是有助於理解晚唐科場文學風氣，更彌補了唐宋之際類書流變中不可或缺的一環。

荷蒙大須觀音寶生院(真福寺)慨允刊載書影，謹致謝忱！

---

[1] 如《禮記子本義疏》《樂書要録》之類。
[2] 參見尾崎康《正史宋元版の研究》，汲古書院，1989年，162頁。

# A Study on the Newly Discovered late Tang Leishu *Shuangjin*

Fu Jiayin

This paper is a brief study of the authorship, content and publication history of the Northern Song edition of *Shuangjin* 雙金 in the collection of the Shinpuku-ji Temple 真福寺 in Nagoya 名古屋. This book was compiled by the late Tang literati Zheng Yu 鄭嵎 as a reference book for poetry examination. He compiled the book based on *Chuxueji* 初學記 and *Baishiliutieshileiji* 白氏六帖事類集. The content of this book showed that late Tang leishu 類書 deviated from encyclopedia and turned to reference book for examination. During the Tang and Song dynasties, there were two forms of editions of *Shuangjin*, including editions with commentaries and editions without commentaries. Editions without commentaries were published during the Jingde 景德 and Xining 熙寧 era in the Northern Song dynasty. This book is not only an extremely rare Northern Song publication, but also served as an important source for the study of editions. Analyzing the content of this book also contributes to better understanding of the culture of examination literature and the changes of leishu between the Tang-Song period.

# 宋蜀刻十二行本唐人集之再認識：元時的書册實態*

## 石　祥

　　宋蜀刻本唐人集，已知現存 25 種 27 部，是宋本唐集的最大宗；其中十二行本現存 19 種 20 部，占據絶大多數。由於其中多種是存世唯一宋本，或是與其他宋本有顯著差異，版本價值自不待言，頗受重視。

　　在先行研究中，既有對蜀刻唐人集做整體考察者，也有專治某一唐人集而論及蜀刻本者；後者數量當然更多，在某些細部觀點（如刊刻時間）上，或與前者不同。綜合來看，其主要結論有：蜀刻唐人集有十一行、十二行兩個系統，各系統内部行款版式一致。十一行本的刊刻約在兩宋之交，十二行本約在南宋中期；它們與《直齋書録解題》記述的《唐六十家集》"川本""蜀本"的特徵多有相合，宜爲其中的一部分。明《文淵閣書目》著録兩部《唐六十家詩》，應即陳氏所稱《唐六十家集》。而現存絶大多數十二行本鈐有元代官印，據此它們在元明兩代皆是宮廷藏書[1]。

---

*　本文是國家社科基金重大項目"東亞漢籍版本學史"（22&GZD331）的階段性成果。

[1]　北京圖書館編《中國版刻圖録（第二版）》，文物出版社，1961 年。程有慶《宋蜀刻本〈唐六十家集〉考辨》，《文獻》1994 年第 1 期，23—236 頁。李致忠《宋刻唐人文集》，《文獻》2005 年第 2、3、4 期（連載）。趙望秦《〈宋蜀刻本唐人集叢刊〉跋文讀後案》，《古籍整理研究學刊》2012 年第 5 期，9—12 頁。李明霞《宋蜀刻〈唐六十家集〉版本新探》，華東師範大學 2012 年博士學位論文。陳尚君《宋蜀刻本唐人集選刊序言》，《宋蜀刻本唐人集選刊》，國家圖書館出版社，2021 年。高橋良行著，蔣寅譯《劉長卿集傳本考》，《揚州師院學報》1988 年第 1 期，40—50 頁。陳順智《劉長卿集版本考述》，《文獻》2001 年第 1 期，105—118 頁。趙望秦《宋蜀刻本〈陸宣公文集〉考》，《古籍研究》2001 年第 3 期，23—25 頁。劉真倫《韓愈集宋元傳本研究》，中國社會科學出版社，2004 年。趙望秦《劉體仁竊書辨誣兼及其它》，《商洛學院學報》2010 年第 5 期，36—40 頁。吕正惠《孟浩然詩集的版本問題》，《閩江學刊》2011 年第 3 期，117—123 頁。趙望秦《宋蜀刻本〈李太白文集〉考述》，《陝西師範大學學報》2014 年第 3 期，140—143 頁。趙望秦、馬君毅《宋蜀刻本〈孫可之文集〉三題》，《雲南民族大學學報》2014 年第 6 期，105—108 頁。

研究的展開，受益於蜀刻唐人集的陸續影印。上海古籍出版社的《宋蜀刻唐人集叢刊》收錄品種最多（23 種），該社自 1970 年代末起，先以綫裝本陸續印行，1994 年平裝重印，2013 年精裝再印，每種後附跋文介紹。除了《孫可之文集》選印翰林國史院藏本而未印顧抱冲藏本（兩部是同版的不同印本），該叢刊囊括了大陸地區的全部藏本[1]。之後，"中華再造善本"收錄了 21 部蜀刻唐人集（《孫可之文集》選印了顧抱冲藏本）。在更早的 20 世紀前半段，也有一些影印本，如商務印書館影印《張文昌文集》《皇甫持正文集》《李長吉文集》《許用晦文集》《鄭守愚文集》《孫可之文集》《司空表聖文集》，收入《續古逸叢書》；陶湘影印《孟浩然詩集》，董康影印十行本《劉夢得文集》；等等。

不過，受影印技術的制約，這些影印本未能呈現出原書實物的諸多細節。最新出版的《宋蜀刻本唐人集選刊》以高清彩色原大方式，選印 16 部十二行本，加上稍早影印的《歐陽行周文集》《孟浩然詩集》，現已有 18 種 18 部蜀刻十二行本有了高清彩色複製本[2]。利用彩印複製本，重新審視十二行本，就會有一些新的認識。

## 一、元"翰林國史院官書"印的鈐蓋慣例及印痕

除去《孫可之文集》顧抱冲藏本、《杜荀鶴文集》，現存的 20 部十二行本，有 18 部鈐"翰林國史院官書"印，現裝成 49 册。如所周知，古籍多經重裝，而重裝可能會變動分册。根據"翰林國史院官書"的鈐蓋情況，可以推擬十二行本在元代的分册面貌。

爲便後續討論，先介紹十二行本中"翰林國史院官書"印的一個現象：由於印油沾染，在鈐印葉的另半葉對應位置，有水平反向的印痕，或深或淺，但無一例外，除非另半葉宋刻原物後來損去（補配用紙與宋刻原紙有明顯色差，在高清彩

---

[1] 未印者是日本静嘉堂文庫藏十一行本《李太白文集》，崇蘭館藏十行本《劉夢得文集》，臺北"國家圖書館"藏十二行本《歐陽行周文集》及《新刊權載之文集》卷四三至五〇。

[2] 《宋蜀刻本唐人集選刊》，國家圖書館出版社，2021 年。《唐僧弘秀集 歐陽行周文集》，世界書局，2013 年。《孟浩然詩集》，收入《國家圖書館藏古籍善本集成》，文物出版社，2017 年。目前，《孫可之文集》顧抱冲藏本、《昌黎先生文集》（均藏中國國家圖書館）及臺北"國家圖書館"藏《新刊權載之文集》卷四三至五〇，尚無高清彩色複製本。

印中清晰可辨),深者可大體辨識出印文,淺者衹留下淡淡的局部痕迹。與此同時,相鄰葉的對應位置也往往留下印痕,如《鄭守愚文集》卷三末葉 A 面鈐印,同葉 B 面、前一葉 B 面均有印痕。通過這些印痕,可知某些宋刻原物已損去的葉面,原有翰林國史院印。如,《元微之文集》某卷末葉 B 面(版心殘損不可見,現與卷三〇僅存的前兩葉裝成一册)有印痕,印文依稀可辨,乃知已損去的 A 面有印。《陸宣公文集》目錄首葉現存 A 面是抄配,無翰林國史院印,B 面尚是宋刻原物,有印痕,可知 A 面宋刻原物元時尚存,並鈐官印。

再看"翰林國史院官書"印在目前分册及卷次中的位置。如表1所示,18 部十二行本中,《孟浩然詩集》以下 9 部爲全本,《孟東野文集》以下 9 部爲殘本,現有鈐印 52 處(有 2 處鈐印所在宋刻原葉已損,據前述反向印痕識出)。9 部全本的全書首葉皆鈐元官印。案,現存十二行本或有序或無序,有序者以序居首(後接目錄),無序者以目錄居首。與之對應,有序者,元官印鈐於序首葉,無序則鈐在目錄首葉,卷一首葉一概不鈐。——至於殘本,若首册尚存,則其首葉(序首葉或目錄首葉)鈐有元官印。

值得注意的是,《劉夢得文集》《昌黎先生文集》二種,首册首葉無印,似與上述相悖,需要一番解説。《劉夢得文集》以卷一首葉爲開端,未見序與目錄,與其他十二行本以序或目錄居首的情形不同,可推論翰林國史院印鈐於序或目錄首葉,該部分葉面後來損去。至於《昌黎先生文集》,序及目錄皆存,却未見元官印,或是偶爾漏蓋。要之,在(當時存在的)全書首葉鈐印,是翰林國史院鈐印的慣常做法。

鈐印於全書末葉,是可以明顯觀察到的另一慣例。9 部全本的全書末葉均有鈐印,一目了然;在殘本中,宋刻原物末册尚存且到尾的 3 部(元微之、劉文房、權載之),與之同。

至於書中各卷的鈐印情況,如表1,元官印並非在每卷首尾均鈐蓋,而是相隔卷數不定;與此同時,這些鈐印又是在相鄰卷成組出現,凡某卷末葉鈐印,次卷首葉鈐印(受缺卷影響,在 9 部殘本中,這一成組出現的面貌有斷缺,但大體趨勢仍可分明看出)。如《陸宣公文集》目錄首葉 A 面有印,卷五末葉 B 面有印,跨度爲目錄加五卷;卷六首葉 A 面有印,卷九末葉 A 面有印,横跨四卷。

在目前分册中,有一部分成組出現的相鄰卷鈐印,處於同册之中,即前卷末葉與後卷首葉直接相鄰。這種情況共有 5 組:《元微之文集》卷六末葉 B 面與卷七首葉 A 面,《新刊權載之文集》卷六倒數第二葉 B 面(此卷末葉係後補,元時缺)與卷七首葉 A 面、卷四四末葉 A 面與卷四五首葉 A 面,《陸宣公文集》卷五末葉 B 面與卷六首葉 A 面、卷九末葉 A 面與卷一〇首葉 A 面。如前述,"翰林國史院官書"印會在相鄰葉留下印痕,但以上 5 組 10 葉全無彼此印痕留存,乃知它們在元時分屬不同册,前後葉不相鄰,故無沾染的"機會"。綜上可知,相鄰卷的成組鈐印,實際是元代分册的痕迹[1]。甲卷首葉有鈐印,此卷即爲子册之首,乙卷末葉鈐印,該卷便是丑册之末。

元翰林國史院還收藏碑帖,其上亦鈐此印。宋拓本《神策軍碑》(現藏中國國家圖書館),現存前半部分,計 27 開,至"京嘉其誠"止,首開末開各鈐"翰林國史院官書"[2]。清初學者姚際恒《好古堂家藏書畫記》,稱其家藏有《大觀帖》殘本(存卷一、一〇),其中卷一首尾鈐翰林國史院印,可見元時卷一爲一册。

《大觀帖》第一、第十兩卷,皆宋裝,曆爲紹興周禹錫、錢子方、姜匯思所藏。第一卷有賈似道"魏國公印",前後皆有元世祖"翰林國史院官書"合縫長印及明晋府收藏諸印。[3]

要之,每册首尾葉鈐印,是元翰林國史院典守書籍與碑帖的慣例。這一做法與收儲典守有密切關聯。標明物權以防盜、便於清點收儲,是藏書鈐印的實用性目的;尤其是官署藏書,不似私家秘藏,能夠接觸藏書的人員多且雜,散亂丢失風險更大,典守制度須更加嚴密。僅在全書首尾鈐印,中間各册皆無印,效果自然不及每册首尾鈐印。與之類似,明文淵閣亦是每册加蓋藏印,但"文淵閣印"祇在首葉鈐印。如,元大德九年(1305)陳仁子東山書院刻本《古迂陳氏家藏夢溪筆談》。該本六册,序首葉(首册)、卷五首葉(第二册)、卷八首葉(第三册)、卷一二首葉

---

[1] 關於翰林國史院印標誌著分册,前引趙望秦《劉體仁竊書辨誣兼及其它》有過論述:"元代翰林國史院爲其存書鈐蓋藏書印章是有規定的,即在每册書而不是每種書的首尾加蓋藏書印章。進而由此規律來推測,上列七種全本在當時是各裝爲一册;《張承吉文集》則是裝爲二册;《劉文房文集》與《姚少監詩集》原是各裝爲二册,而如今各佚去的是整整一册……"不過,趙氏當時僅據上海古籍出版社的黑白影印本(藏書印套紅),無法看出浸染的印痕,所以他是根據鈐蓋藏書印的一般習慣言之。

[2] 《中國國家圖書館善本碑帖綜録》,上海書畫出版社,2020 年,336—345 頁。據書影,此拓本册末的"翰林國史院官書"同樣在另一側的對稱位置留下印痕。

[3] 姚際恒《好古堂家藏書畫記》,卷上,清嘉慶四至十六年桐川顧氏刻讀畫齋叢書本。

(第四册)、卷二二首葉(第六册),均鈐"文淵閣印";唯卷一八(第五册之首卷)首葉損去,第二葉無此印,照他册情況類推,已缺的首葉明時應存,亦有"文淵閣印"。

表1

| 宋蜀刻十二行本唐人集 | 册數 | 鈐印處 | 現分册中位置 | 元代册數 |
|---|---|---|---|---|
| 孟浩然詩集三卷 | 2 | 序首葉A | 首册首葉 | 1 |
| 李長吉文集四卷 | 1 | 序首葉A | 册首葉 | 1 |
| | | 卷一〇末葉A | 册末葉 | |
| 鄭守愚文集三卷 | 1 | 序首葉A | 册首葉 | 1 |
| | | 卷三末葉A | 册末葉 | |
| 歐陽行周文集十卷 | 2 | 序首葉A | 首册首葉 | 1 |
| | | 卷一〇末葉A | 第二册末葉 | |
| 皇甫持正文集六卷 | 1 | 目錄首葉A | 册首葉 | 1 |
| | | 卷六末葉A | 册末葉 | |
| 許用晦文集二卷遺篇一卷拾遺一卷 | 1 | 目錄首葉A | 册首葉 | 1 |
| | | 拾遺篇末葉A | 册末葉 | |
| 張承吉文集十卷 | 2 | 目錄首葉A | 首册首葉 | 2 |
| | | 卷五末葉B | 首册末葉 | |
| | | 卷六首葉A | 第二册首葉 | |
| | | 卷一〇末葉A | 第二册末葉 | |
| 孫可之文集十卷 | 1 | 序首葉A | 册首葉 | 1 |
| | | 卷一〇末葉B | 册末葉 | |
| 司空表聖文集十卷 | 2 | 序首葉A | 首册首葉 | 1 |
| | | 卷一〇末葉B | 第二册末葉 | |
| 孟東野文集十卷 | 2 | 目錄首葉A | 首册首葉 | 1+1 |
| | | 卷五末葉A | 第二册末葉 | |
| 元微之文集六十卷 | 3 | 序首葉A | 首册首葉 | 4+? |
| | | 卷六末葉B | 首册册中 | |
| | | 卷七首葉A | 首册册中 | |
| | | 某卷末葉A | 第二册 | |
| | | 卷六〇末葉A | 第三册末葉 | |

續表

| 宋蜀刻十二行本唐人集 | 册數 | 鈐印處 | 現分册中位置 | 元代册數 |
|---|---|---|---|---|
| 劉文房文集十卷 | 2 | 卷五首葉 A | 首册首葉 | 1 + 1 |
| | | 卷一〇末葉 A | 第二册末葉 | |
| 權載之文集五十卷 | 4 | 序首葉 A | 首册首葉 | 6 + 2 |
| | | 卷六倒數第二葉 B | 首册册中 | |
| | | 卷七首葉 A | 首册册中 | |
| | | 卷二一首葉 A | 第二册首葉 | |
| | | 卷二七首葉 A | 第三册首葉 | |
| | | 卷四四末葉 A | 第四册册中 | |
| | | 卷四五首葉 A | 第四册册中 | |
| | | 卷五〇末葉 A | 第四册末葉 | |
| 昌黎先生文集四十卷外集十卷 | 16 | 卷四末葉 A | 第二册末葉 | 4 + 3 |
| | | 卷一一末葉 A | 第五册册中 | |
| | | 卷一六末葉 A | 第七册末葉 | |
| | | 卷二五首葉 A | 第十册册中 | |
| | | 卷三二末葉 A | 第十二册末葉 | |
| | | 卷三三首葉 A | 第十三册首葉 | |
| | | 卷四〇末葉 A | 第十四册末葉 | |
| 張文昌文集□卷 | 1 | 目錄首葉 A | 册首葉 | 1 |
| 劉夢得文集□卷 | 1 | 卷四末葉 A | 册末葉 | 1 + ? |
| 姚少監文集十卷 | 1 | 目錄首葉 A | 册首葉 | 1 + 1 |
| | | 卷五末葉 B | 册末葉 | |
| 陸宣公文集□卷 | 6 | 目錄首葉 A | 首册首葉 | 3 + ? |
| | | 卷五末葉 B | 第三册册中 | |
| | | 卷六首葉 A | 第三册册中 | |
| | | 卷九末葉 A | 第五册册中 | |
| | | 卷一〇首葉 A | 第五册册中 | |

## 二、十二行本元時分册的構擬

　　按以上考述,十二行本在元代的分册如下。9 部全本的分册清晰:《孟浩然詩集》(46 葉)、《李長吉文集》(51 葉)、《鄭守愚文集》(56 葉)、《歐陽行周文集》(92 葉)、《皇甫持正文集》(52 葉)、《許用晦文集》(89 葉)、《孫可之文集》(47 葉)、《司空表聖文集》(84 葉),均裝成一册;《張承吉文集》(上册 46 葉、下册 48 葉,共 94 葉),裝爲二册。

　　至於 9 部殘本,《孟東野文集》十卷,現存目録、卷一至五(53 葉),首尾有印,是完整一册;卷六至一〇,若彼時尚存,則另成一册。《劉文房文集》十卷亦如之,現存卷五至一〇(60 葉),首尾有印,元時是完整一册,現缺的前四卷又是一册。

　　《劉夢得文集》,現存卷一至四(44 葉),元時爲一册。此册卷前有缺損,僅卷四末葉有印,册首之印應在現已缺損的目録或序首葉上。此書在元時是否祇殘存前四卷,固不可知,若當時仍存其他若干卷,則至少還有一册。

　　《張文昌文集》,現存目録、卷一至四(55 葉),僅目録首葉有印,元時在同一册内,但此册不全。案,此書目録内容至卷四止,其後一行恰是葉末最後一行,標"張文昌文集目録",給人以目録至此完結、全書四卷的感覺。此處經過作僞,挖補痕迹在高清彩印中一眼可辨;按之前目録的樣貌,此行原應作"第五卷"。由此反證,元時所存不止四卷,册末鈐印在卷五或之後某卷的末葉。《直齋書録解題》:"《張籍集》三卷。唐國子監司業張籍文昌撰。川本作五卷。"[1]未知陳氏記録的"川本",是否便是十二行本。

　　《姚少監文集》現存目録、卷一至五(47 葉),首尾鈐印俱在,元時爲一册。此册看似首尾完整,實際也有缺葉。目録第五葉 B 面的卷五以下内容,沿版框内沿被挖去,再墊紙補好,描出欄綫(這些痕迹在高清彩印中可以識别),末行補"姚少監文集目録終"。目録部分原有葉數不止 5 葉;若後五卷目録篇幅與前五卷相當,則此册實際約有 50 葉。現已不存的卷六至一〇,元時另爲一册。

---

[1] 陳振孫《直齋書録解題》,上海古籍出版社,1987 年,565 頁。

《陸宣公文集》,現存目録、卷一至一二,末兩卷爲抄配。如前述,此書目録首葉宋刻原物有翰林國史院印,目録、卷一至五爲元時首册(60 葉),卷六至九爲第二册(65 葉),這兩册首尾完整;卷一〇起爲第三册(54 葉),現存末兩卷爲抄配,故無元官印。十二行本《陸宣公文集》全書爲二十二卷,抑或十二卷,存在不同意見[1]。若是十二卷本,第三册自然止於卷一二,宋刻原物末葉應有印;若是二十二卷本,則第三册止於何卷,之下又分幾册,無從得知。

《元微之文集》六十卷,現存序、目録、卷一至一四、卷三〇前兩葉、卷五一至六〇,以及不知何卷的末葉 B 面。序、目録、卷一至六是第一册,該册首尾完整,各有鈐印(74 葉)。卷七至一四之後某卷,爲第二册(卷七至一四共 61 葉),卷一四末葉無元官印,可知第二册非至此卷止。卷五一之前某卷至六〇爲末册(卷五一至六〇共 50 葉),卷五一首葉無元官印,可知它不是末册首卷。卷三〇距離卷一四、卷五一很遠,從篇幅考慮,它必屬於單獨的另外一册;此卷首葉無藏印,則非一册之開端,元時必與卷二九同屬一册。無論如何,可以確認,《元微之文集》在元代至少有 4 册。

《昌黎先生文集》《權載之文集》宋刻原物亦多有殘缺,但它們的分册情況却可以完全推擬。

《昌黎先生文集》四十卷《外集》十卷,其中卷五至七、卷一七至二四、外集十卷爲抄配,行款與宋本同。卷四末葉有印,則序、目録、卷一至四爲首册(70 葉)。卷一一末葉、卷一六末葉有印,則卷一二至一六爲一册(65 葉)。卷二五首葉、卷三二末葉有印,以上八卷又爲一册(70 葉)。卷三三首葉、卷四〇末葉有印,此八卷亦爲一册(68 葉)。以上是可以確認起訖的 4 册。

卷五至一一共七卷,其中卷八至一一爲宋刻,卷一一末葉有印,知是一册之末。那麽,此册始於何卷,卷五至一一是一册,還是兩册?案,此書可確認首尾的 4 册,均在 70 頁上下。而卷五爲 15 葉、卷六 8 葉、卷七 9 葉、卷八 13 葉、卷九 12 葉、卷一〇 12 葉、卷一一 12 葉,共 81 葉;若分裝兩册,無論如何割分,都會有一册不足 40 葉,與前述各册相差太遠,故此七卷當爲一册。同理,卷一七爲 11 葉、

---

[1] 前引趙望秦《宋蜀刻本〈陸宣公文集〉考》主張是十二卷本,學界的一般認識是二十二卷本。

卷一八 9 葉、卷一九 12 葉、卷二〇 9 葉、卷二一 13 葉、卷二二 10 葉、卷二三 11 葉、卷二四 8 葉,共 83 葉,也應裝成一册。《外集》十卷全爲抄配(44 葉),其中卷六至一〇爲《順宗實録》(26 葉)。劉真倫指出,《外集》抄配的來源不是十二行本,篇目有差異;據十二行本書前目録,卷一至五爲 37 篇,抄配本僅有 27 篇[1]。將這些少去的篇目按十二行本的行款計算,約合 12—13 葉,因此十二行本《外集》的實際葉數在 60 葉上下,仍應裝成一册。綜上,《昌黎先生文集》在元時應裝爲 7 册。

《權載之文集》五十卷,存序、目録、卷一至八、二一至三一、四三至五〇。序、目録、卷一至六(現存 60 葉)、卷二一至二六(現存 65 葉)、卷四五至五〇(72 葉),是首尾鈐印、起訖清楚的三册。但有兩點須注意:其一,目録現存 8 葉,内容是前八卷篇目,以下被裁去,將目録末葉"權載之文集目録終"及其後空白部分(A 面左半及 B 面全部)裁剪,貼補至此。被"移植"過來的目録末葉的版心未被塗抹,可辨認出葉碼是"廿三",加上遭作僞損去的 15 葉目録,首册實有 75 葉。其二,卷二六現存 14 葉,不到尾,是以卷末應有元官印而不可見。按所缺部分的篇幅推算,在宋本中應爲 1 葉,故卷二一至二六實爲 66 葉。

另有 3 册可以確認其首尾之一端,即卷七至卷八之後某卷爲一册,卷二七至卷三一之後某卷爲一册,卷四三之前某卷至四四爲一册。而卷七至二〇有 14 卷、卷二七至四二有 16 卷,從篇幅上考慮,它們不可能各自衹裝成一册。

今案,權集有嘉慶朱珪刻本,係以十二行本的傳抄本爲底本刊刻,可以利用它推擬宋刻缺損部分的元時分册。朱本十行二十一字,相比宋本的十二行二十一字,每葉少去四行。若每葉滿版,則朱本 6 葉等於宋刻 5 葉,但實際刻書不會如此(如卷末葉有空行留白)。將宋本與朱本共存的各卷比照,宋本一卷爲 7—10 葉者,朱本大致比宋本多出 1 葉;宋本一卷爲 10 葉以上者,朱本多出 1—2 葉;宋本一卷在 20 葉以上者,朱本多出 3 葉或更多。將相連的若干卷作整體測算,宋本葉數大體是朱本葉數的 85% 稍多;如卷二七至三一,宋本 50 葉,朱本 57 葉;卷四五至五〇,宋本 72 葉,朱本 82 葉。

準此,朱本卷七至二〇共 151 葉,其中卷七至一三 73 葉,卷一四至二〇 78 葉;

---

[1] 劉真倫《韓愈集宋元傳本研究》,中國社會科學出版社,2004 年,128—141 頁。

推算宋本卷七至一三約 63—65 葉,卷一四至二〇約 67—69 葉,篇幅相當,且與前述各册葉數接近,宋本分册應即如此。同理,卷二七至三二,朱本 66 葉,推算宋本約 57—59 葉(宋本現存卷二七至三一 50 葉,朱本卷三二 9 葉,可爲參照);卷三三至三九,朱本 71 葉,宋本約 61—63 葉;卷四〇至至四四,朱本 66 葉,宋本約 57—59 葉;葉數彼此相當,與前述各册相差亦不遠,元時應即如此分册〔1〕。如上推導,《權載之文集》在元時應裝成 8 册。

依上文所述,現存 18 部有"元翰林國史院官書"印的十二行本,元時分册起訖清楚以及雖部分殘缺但可分析出分册位置者,有 32 册,實物不存但能推導出分册的有 8 册,總計 40 册。這是 18 部十二行本在元時册數的下限。情理上,現缺卷册在元代未必全缺,則册數還將更多。

在構擬分册的過程中,可以感覺到:分册時謀求各册葉數接近,如此則裝成的書册厚度大體相當,整齊美觀;而元人認爲恰當的分册葉數的"中位數",約是 70 葉上下,此點在部帙較大的《權載之文集》等書中更顯清晰〔2〕。當然,各書各卷篇幅不同,勢難一律按 70 葉上下劃分,此時元人則偏向於厚分册。如《孟浩然詩集》(46 葉)、《鄭守愚文集》(56 葉)、《孫可之文集》(47 葉)等,篇幅有限,衹能裝成一册;《歐陽行周文集》(92 葉)、《許用晦文集》(89 葉)、《司空表聖文集》(84 葉),若分裝兩册,每册 40 餘葉,與前幾種相當,却仍裝成一册,足見"寧厚勿薄"的傾向。

此外,鈐有元官印的 18 部十二行本中,12 部鈐有清初劉體仁藏印。劉氏鈐蓋藏印,相當規則,且與元官印有明顯對應關係:若某書有序,則序首葉鈐印(唯《權載之文集》鈐於序次葉,《李長吉文集》序首葉大幅破損,未見劉氏藏印,或是在已損去的部分上)。無論序之有無,目録首葉皆鈐印。卷一首葉皆鈐印(僅

---

〔1〕 《權載之文集》有一部清抄本,五十卷全,行款爲十二行二十一字,與宋本相同,後爲傅增湘購得,稱:"此書似乾嘉人筆迹,疑即朱笥河家照宋蜀本傳録者……據朱石君刻權集序,言竹君舊藏宋刊本得之陶氏五柳居,陶得書日自鈔一部,其後詢其侄少河索觀原本,亦鈔存一部以假之彭文勤,彭又録副。當時海内衹此四部,此本必爲傳鈔三部之一。彭本余曾手校,則此帙非陶即朱耳。"傅增湘《藏園群書經眼録》,中華書局,2009 年,873 頁。此抄本現不知存何處,本文衹能退而求其次,從嘉慶朱珪刻本入手。

〔2〕 當然,元翰林國史院收儲的蜀刻本,也完全有可能是宋時裝幀,元人未加重裝,改變分册。

《鄭守愚文集》無）。其他各卷,凡首葉有"翰林國史院官書"印者,劉氏必鈐印。如前述,元官印鈐於各册首尾,是以至清初十二行本極有可能仍保持分册,劉氏將自己的藏印蓋在諸册之首葉,乃形成伴隨元官印出現的面貌。

## 三、十二行本在元代的裝幀形式

如所周知,書經重裝,有可能變換裝幀形式。現存十二行本全爲綫裝,因綫裝出現較晚,所以它們在元時應是包背裝或蝴蝶裝〔1〕。而究竟是何種裝幀,同樣可以推知;前述"翰林國史院官書"的反向印痕,便是綫索。

無論是蝴蝶裝,還是包背裝,某葉 A 面(B 面)有印,該印對應於同葉 B 面(A 面)與相鄰的前一葉 B 面(後一葉 A 面)的位置是固定的。而且,無論是何種裝幀,同葉另一面以及相鄰葉上的印痕,也一定是水平反向的。職是之故,印痕的位置與方向不是判斷裝幀形式的綫索。

問題的關鍵,是印痕深淺。印痕是印油沾染/滲透的結果,沾染/滲透嚴重則印痕深,輕微則印痕淺,與鈐印葉無接觸,則不可能產生印痕。"翰林國史院官書"鈐蓋於册首册尾,元時書衣早已損去,因此現在祇能見到册首葉 A 面之印在同葉 B 面的印痕,無法看到印染在元時扉葉或書衣内側的印痕。而册尾之印,若鈐在末葉 A 面,便會沾染末葉 B 面與前一葉 B 面。觀察後一種情況的所有實例,末葉 B 面的印痕皆重於前一葉 B 面的印痕,部分前一葉 B 面甚至没有印痕,這説明二者的沾染/滲透程度有明顯差異。

蝴蝶裝是版心向内對折,有字一面在内,包背裝是版心向外對折,有字一面在外。故而,合起書册時,若是蝴蝶裝,同一葉的 A 面與 B 面直接相貼;若是包

---

〔1〕 學界一般認爲綫裝出現於明代中期。陳騰進一步提出,"綫裝書當起源於明嘉靖年間的蘇州地區,萬曆以後盛行全國",他還總結之前學者對於綫裝起源時間的討論。參陳騰《綫裝書的起源時間》,《中國典籍與文化》,2020 年第 4 期,136—143 頁。蝴蝶裝通行於宋元,是一般常識。包背裝的出現時間不甚明確,李致忠認爲出現於北宋初年,黄永年、陳先行認爲是南宋後期。參李致忠、吴芳思《中國書史研究中的一些問題(之二) 古書梵夾裝、旋風裝、蝴蝶裝、包背裝、綫裝的起源與流變》,《圖書館學通訊》,1987 年第 2 期,74—85 頁。黄永年《古籍版本學》,江蘇教育出版社,2009 年,68 頁。陳先行《古籍善本(修訂版)》,上海人民出版社,2020 年,526 頁。

背裝，後一葉 A 面與前一葉 B 面直接相貼。準此，蝴蝶裝之書，A 面鈐印，同葉 B 面與之直接相貼而染上印痕，而印油須滲透本葉與前一葉紙背，纔能在前一葉 B 面留下印痕，"難度"較大；包背裝則反之。緣此，末葉 B 面的印痕皆重於前一葉 B 面的印痕，便證明元代鈐印時十二行本是蝴蝶裝。

可作爲旁證比擬的是，現存某些宋元本經元代國子監收藏，鈐有"國子監崇文閣官書借讀者必須愛護損壞闕失典掌者不許收受"長印，如中國國家圖書館藏宋刻本《册府元龜》、宋紹興四年溫州州學刻遞修本《大唐六典注》、宋刻宋元遞修本《經典釋文》（一殘本、一全本）、上海圖書館藏元刻本《顔氏家訓》、北京大學圖書館藏元大德七年雲謙刻本《説苑》等。其中，《顔氏家訓》《大唐六典注》《册府元龜》《説苑》，現爲蝴蝶裝（雖未必是元時裝幀保持至今）。<u>根據國子監印的鈐蓋情況，可斷定以上諸書在元時全爲蝴蝶裝</u>。其説如下：

國子監崇文閣印鈐於序首葉、目錄首葉、某卷首葉及某卷末葉，卷數相隔不定；與前述"翰林國史院官書"印同理，這是元代分册起訖的標識。而在上揭諸本中，國子監崇文閣印全部加蓋在無字的背面。若鈐印時書是包背裝，須將書拆爲散葉狀態，方能在紙背鈐印，之後還要將書重新裝回，極不便利；另一方面，紙背鈐印，正面祇有不甚清晰的反向印痕，標識物權的效果就打了折扣。

若是蝴蝶裝，在首葉、末葉的紙背上鈐印，不存在困難。打開書衣，一眼可見首葉背白上的國子監崇文閣官印；翻至册尾，則是末葉背白上的此印。首尾明晰清楚，與標識物權、典守防盜的需求相符，也便於日常點檢收儲。

書籍裝幀與鈐蓋藏印，各是書册制度的一個方面。書册制度並非憑空設立，而是面向當時情境、針對實際需求的解決方案。翰林國史院與國子監皆是元代中央官署，時代相同，情境相同，面臨的問題與需求自然相近，是故典藏收儲時採取相近操作，理所宜然。作爲這些操作的結果，其藏書的形態遂呈現出高度一致的面貌。通過以上復原，可以清晰地看出這一點。

## 餘 論

在十二行本中，還有一些值得探究的細節。《陸宣公文集》目錄首葉 A 面是抄配，其前兩行下半部及版框外部分，紙色與他處不同，劉體仁的"潁川劉考功藏書印"朱文方印、"體""仁"朱文連珠印正蓋在此處。細審之,這部分是用另紙貼蓋上去,描出版框欄綫,再加蓋藏印。由於貼蓋的紙張不厚,能約略看出被遮蓋的補抄原紙在與"潁川劉考功藏書印"的對應位置上,鈐有一枚朱文方印,右側兩字大體可辨,作"寶乙□□"。顯然,貼蓋是劉體仁所爲,元翰林國史院時A面仍是宋刻原物(B面有"翰林國史院官書"印痕),A面的缺損及抄補時間介於兩者之間。

劉體仁是順治十二年(1655)進士,曾任吏部主事。由於他有京官經歷,又成批收藏十二行本,已有研究認爲十二行本清初仍存宫廷,劉氏將其竊出[1]。"寶乙□□"印的存在,顯示十二行本之流出,恐非如此簡單;至少《陸宣公文集》,在劉氏之前,還經他人收藏。反之,若"寶乙□□"印是劉氏藏印,他無須遮蓋自己藏印,直接在空白處加蓋其他印章即可。而"寶乙□□"印及印主,很可能距離劉氏時間不遠,在當時有某種須避忌的情由,劉氏遂將它遮去。

最後想要强調的是,本文對於十二行本的研討,是以高清彩色複製本爲基礎的。調閱古籍原書,經常遭遇困難,學者往往是利用影印本進行研究,這點無須諱言。但是以往通行的黑白或灰度影印方式,呈現效果有限,版本實物的很多細節未能體現。已有研究的很多疏漏,與此有關。新的高清彩印,極大提升了呈現效果,對於版本研究的意義重大。因此,可以預見,高清彩印必將在今後的古籍影印中占據越來越重要的位置。而研究者利用高清彩印的優長,重審並修正前人研究,也將是今後古籍研究的重要面向。

2021年12月初稿<br>
2022年4月定稿

説明:本文初稿曾在早稻田大學中國古籍文化研究所、復旦大學古籍整理研究所、北京大學中國古文獻研究中心"中日漢籍研究學術研討會"(2021年12月27日)發表。承郭永秉先生辨識"寶乙□□"印,謹表感謝。

---

[1] 趙望秦論證劉氏藏書非竊得,並徵引王士禛之説,稱《權載之文集》劉體仁得自顧宸。見趙望秦《劉體仁竊書辨誣兼及其它》,《商洛學院學報》2010年5期,36—40頁。

# The Actual State of Books in the Yuan Dynasty: A Re-examination of the Collected Works of Tang Dynasty Poets Printed in Sichuan during the Song Dynasty

## Shi Xiang

There are 20 ( with 19 types) remaining Song dynasty Sichuan editions of collected works of Tang dynasty poets. They make up the majority of remaining collected works of Tang dynasty poets. The newly published high-resolution colour photocopies provide more details to examine their actual condition during the Yuan dynasty. These editions bear official seal of the Hanlin Guoshi Academy 翰林國史院 of the Yuan dynasty and reverse imprint stained with its printing oil of the first sealing at the beginning and end of each volume. It shows that it is a common practice for the Hanlin Guoshi Academy to collect and preserve books. Using the official seal of the Hanlin Guoshi Academy and considering the number of pages and length, the division of volume of these books can also be revealed. In addition, these 12-row editions in the Yuan dynasty were in butterfly binding, the same bookbinding method used by the Yuan Guozijian 國子監. Additionally, Liu Tiren 劉體仁 did not directly receive these editions when they were dispersed from the palace. Therefore, the claim that Liu Tiren stole books may not be true.

論　文

# 三階教的"末法觀"*

## 劉　屹

## 一、引言

1927年，矢吹慶輝氏曾對信行（540—594）的三階教給予高度評價：

> 三階教是……大乘佛教之一歸趨，佛教各派之一異彩，日本新興諸宗之前鋒，隋唐思想史上之一系，無所有思想之極致，無盡施一法之實踐的鼓吹，末法佛教的首唱，普法佛教的宣揚，聖者同行之集團，民間佛教之先驅，他宗誹難之焦點，筆禍禁斷之特例等。[1]

所謂"末法佛教"，是矢吹氏書中提出的一個概念，指佛教内部以"末法思想"或"末法意識"作爲弘法傳教前置條件的一些宗派。依矢吹氏所論，三階教因成立在先，故其在樹立"末法意識"爲立教根本方面，可說是中日兩國的净土宗、日本净土真宗、日蓮宗等宣揚"末法思想"諸宗派的共同先導。日本佛教學者對三階教之所以如此重視，原因之一即三階教被認爲在取用"末法思想"，並以"末法意識"組創真正的宗派、教團方面，具有首開其端的重要意義[2]。

---

\* 本文是國家社科基金重點項目"中國佛教'末法思想'的歷史學研究"（19AZS015）階段性成果。

[1] 矢吹慶輝《三階教之研究》，岩波書店，1927年，《自叙》，1—2頁。譯文參考藍吉富《信行（540—594）與三階教》，1973年初刊；此據同作者主編《大藏經補編》，華宇出版社，1984—1986年，26册，No.0147，《三階教殘卷·小引》，頁214a。

[2] 對三階教的組織形態，目前有不同的理解。有學者不認爲三階教是"教"或"派"，而祇是一種佛教的"運動"。本文不擬深究這一問題，仍按照學界習慣，稱信行所倡揚的佛教活動爲"三階教"。

矢吹氏還首次系統地對三階教的"三階"教義,從時、處、人等三個不同的角度作出解釋[1]。對"時"的解釋,認爲"三階"有對應"正像末三時"之意,但又不是完全能夠對應得上;大體佛滅之後一千年以内,對應"正像二時",分别是第一和第二階;佛滅一千年或一千五百年以後,開始對應"末法"階段,是爲第三階[2]。矢吹氏對"末法"的理解就是"正像末三時"中的第三時。他追溯了隋唐以前佛教"末法觀"發展的情況,總結了關於"正像二時"的四種不同的説法。似乎因爲南北朝佛教對"正像二時"本來就説法不一,所以三階教將"三階"中的前兩階對應"正像二時",也就没有什麽權威而固定的依據。這種將"三階"與"三時"直接匹配的做法,對後來學者影響極大。

1938 年,湯用彤先生提出:"三階教雖興於隋代,然實北朝流行信仰所産生之結晶品。"他認爲:三階教相信當時佛法已入末法時代,其教義和戒行,包括提倡施與、立無盡藏等看似獨特之處,都不難在南北朝佛教,特别是北朝後期的疑僞經中找到依據。因而信行實際上較多採取了其當世已有流行的觀念與實踐,創立自己的宗派[3]。湯先生還進一步分析了三階教對於"末法"的觀念:

> 其出發點認爲現世已入末法時期,因而有濁世之教行。三階者,或依時分,佛滅後第一五百年正法時期,第二五百年像法時期,總一千年爲第一、二階。佛滅一千年後入末法,爲第三階。然所説並非一致,或言一千五百年後入末法,爲第三階。[4]

儘管矢吹氏和湯先生都注意到三階教的"三階"在與"正像末三時"對應時,總顯得不那麽若合符節,但仍有不少學者認爲:既然三階教相信當世已入"末法",而這"末法"祇能是"正像末三時"中的"末法",所以三階教的"第一階"對應"正

---

[1] 在學術史上,矢吹氏並非最早研究三階教的日本學者。詳見岡部和雄、田中良昭編《中國仏教研究入門》,2007 年日文初版;此據辛如意漢譯本《中國佛教研究入門》,法鼓文化,2013 年,274—276 頁。

[2] 《三階教之研究》,193—194 頁。

[3] 湯用彤《漢魏兩晋南北朝佛教史》,1938 年初版,此據中華書局,1983 年、2016 年版,588—590 頁。

[4] 湯用彤《隋唐佛教史稿》,中華書局,1982 年,196—197 頁。

法","第二階"對應"像法","第三階"對應"末法"[1]。"三階"與"三時"並不能規整地對應,祇是因爲南北朝時期佛教關於"正像二時"和"正像末三時"的説法本身就很混亂,所以"三階"與"三時"不能直接比對起來,本就不足爲奇。

此後,也有學者專門討論三階教的"時機觀"或"時代觀"[2],對"三階"與"三時"的對應關係,基本遵從前輩舊説。西本照真提出三階教的"三階"與"正像末三時"是兩套各自獨立的系統,兩者並不相通[3]。Jamie Hubbard 在 1986 年撰寫其博士論文時,也曾按照傳統的説法,以爲"三階"是有意爲了與"三時"對應。而當他遍讀三階教文獻後,却改變了看法,認爲信行及其三階教,並不認同以慧思《立誓願文》爲代表的、對日本佛教產生深遠影響的"正像末三時説"。1996 年,他提出:三階教的"三階"與"正像末三時"的"三時"根本不存在對應關係[4]。其證據是在現存三階教文獻中,祇有 9 處提及"末法",却没有一例是在"正像末三時"的背景下使用的;"像法"一詞出現 34 次,祇有 2 例是與"正法"連用的。三階教文獻也從不認爲自己所處的世間是所謂"末法萬年"時代。由此,他不僅提出"正像末三時説"不曾被三階教所接受,而且"三時説"在中國佛教中是否曾被廣泛接受,也成爲一個疑問。

不過這樣的看法至今没有得到足夠的重視。中日研究三階教的學者,有的仍然遵從舊説[5],有的對舊説雖有遲疑,却没有正面回應 Hubbard 教授這一新見。如張總認爲:三階教似乎確有將"三階"對應"三時"的意圖,但在年代的序

---

[1] 如中國佛教協會編《中國佛教》第 1 輯,知識出版社,1980 年,355 頁。杜繼文主編《佛教史》,江蘇人民出版社,2006 年,235 頁。等等。

[2] 木村清孝《信行の時機觀とその意義》,《日本佛教學會年報》第 49 號,1984 年,167—184 頁。收入氏著《東アジア佛教思想の基礎構造》,春秋社,2001 年,442—457 頁。篠原勇慈《三階教の時代觀について》,《宗教研究》第 283 號,Part2,1990 年,129—130 頁。

[3] 西本照真《中國淨土教と三階教における末法思想の位置》,《宗教研究》第 290 號,1991 年,47—65 頁。同氏《三階教の研究》,春秋社,1998 年,239—299 頁。

[4] Jamie Hubbard, "Mofa, The Three Levels Movement, and the Theory of the Three Periods", *Journal of the International Association of Buddhist Studies*, Vol. 19, No. 1, 1996, pp. 1–17. 並參同作者 *Absolute Delusion, Perfect Buddhahood: The Rise and Fall of a Chinese Heresy*, Honolulu, University of Hawai'i Press, 2001, pp. 76–89。

[5] 直至日本近年出版的、由專家執筆的普及性讀物,仍然將"正像末三時"與三階教的"三階"牽連在一起。見沖本克己編輯委員,菅野博史編輯協力,釋果鏡漢譯:《新亞洲佛教史》第 7 卷《中國Ⅱ·隋唐·興盛展開的佛教》,日文版 2010 年;此據漢譯本,法鼓文化,2016 年,264—265 頁。

列與數量上,缺少明晰的表示。信行著作中引述的多種經典,所述末法時序年代不統一,所以三階教經典對此問題也沒有給出統一而明確的説法。信行之後弟子的闡述,與信行又有不同[1]。楊學勇認爲三階教被統治者禁斷的主要原因之一,即信行以當世爲"末法"之世,對現實描繪極度黑暗,引起統治者不滿[2]。因此,信行及其三階教究竟如何看待"正像末三時説",特别是如何看待"三時"中的"末法"與當世的關係? 這是三階教研究中一個尚未徹底解决的基礎性問題。

在以往的研究中,没有注意到區分出"末法"一詞的兩種不同内涵,所以提到"末法",就必然是"正像末三時"之"末法";既然三階教取用了"正像末三時"中的第三時"末法",則對"末法"之前的"正像二時"的取用,就應是不言而喻的。然而,現在越來越有必要區分出印度佛典中原初意義的"末法",與中國佛教"正像末三時"的"末法"在具體内涵上的不同[3]。三階教如何看待"末法",以及"三階"是否和"三時"相對應的問題,就有重新思考的必要和可能。

## 二、三階教對"末法"的理解

前述西本照真氏雖明確提出"三階"與"三時"並不匹對,但其重在解析"三階"屬於三階教獨創的教義,並未對"正像末三時"爲何不能匹配"三階"做出詳細的論證。Hubbard 教授曾專門考察過三階教文獻中"末法"的用例,但他並未意識到印度佛教的"末法"與中國佛教"正像末三時説"下的"末法"之間的區别。本文將嘗試在辨析"末法"一詞在不同語境下含義有别的前提下,重新考察三階教所使用的"末法"一詞的真正意涵。

《[明]大乘無盡藏法》,被認爲是信行在相州創教時期的早期著作,是三階教基本典籍之一[4]。目前此書祇有敦煌殘卷(S.190、S.2137、S.9139)保存下

---

[1] 張總《中國三階教史——一個佛教史上湮滅的教派》,社會科學文獻出版社,2013 年,621—627 頁。

[2] 楊學勇《三階教史研究》,甘肅文化出版社,2017 年,58—59 頁。

[3] 參見劉屹《何謂"末法"?》,《華林國際佛學學刊》第 4 卷第 1 期,2021 年,39—70 頁。《何謂末法?——對一些誤解的辨析》,《敦煌研究》2022 年第 1 期,33—41 頁。

[4] 此書介紹,見張總前揭書,553—554 頁。並參楊學勇前揭書,83—85 頁。

來。現存文字中,兩處提及"末法":

> 又《法華經》四《安樂行品》教:佛去世後,**末法**法師說法,法於内明遠惡近善法,義最具足。總而言之,如諸經律戒品廣說。又**末法**凡夫,學捨邪入正,《涅槃》最顯。捨惡入善,捨小入大,《十輪經》最顯。〔1〕

這裏信行提到三部佛經,《法華經》《涅槃經》和《十輪經》。所謂"末法凡夫",應是與前面的"末法法師"相對應的。對於"末法凡夫"來說,如欲"捨邪入正",《涅槃經》最有效應。如欲"捨惡入善"和"捨小〔乘〕入大〔乘〕",《大方廣十輪經》最有效應。《法華經·安樂行品》的確是印度佛教"末法"觀念較早、較權威的表述,《法華經》的原文是:

> 又,文殊師利!如來滅後,於末法中,欲說是經,應住安樂行。若口宣說,若讀經時,不樂說人,及經典過,亦不輕慢,諸餘法師,不說他人好惡、長短。於聲聞人,亦不稱名,說其過惡,亦不稱名,讚嘆其美,又亦不生怨嫌之心。善修如是安樂心故,諸有聽者,不逆其意,有所難問,不以小乘法答,但以大乘而爲解說,令得一切種智。〔2〕

這個"末法"是指釋迦佛法逐漸衰退直至消亡的整個過程。在《法華經》中,這一過程並未分爲正法、像法和末法這三個時期。換言之,釋迦牟尼如來滅度之後,世間就開始進入釋迦佛法的"末法"時期。文殊師利要在這樣的世間講說釋迦如來所傳的《法華經》法,就要"住安樂行",以下具體講如何能夠"住安樂行"。文殊師利不應被視爲"法師",故所謂"末法法師",應指"於末法中,欲說是經"的"諸餘法師",泛指那些在佛滅之後的"末法"時期,仍然能夠一心傳法說經的法師。至於"遠惡近善法",應是信行三階教所闡發的新意,並非《法華經》原本的思想。從《〔明〕大乘無盡藏法》這兩處"末法"用例看,信行遵循的是《法華經》本來意義上的"末法"用意,即從釋迦滅度之後,無需經歷"正像二時",就直接進入"末法"時期。

信行到京城後的宣教著作《三階佛法》(大約592年成書)卷二云:

---

〔1〕 此據方廣錩整理《大乘無盡藏法》,方廣錩主編《藏外佛教文獻》第4輯,宗教文化出版社,1998年,365頁。"捨惡入善",敦煌寫本原作"捨慈入善",應爲訛誤。方廣錩使用了S.9139和S.2137兩件寫本整理錄校。

〔2〕 《妙法蓮華經》卷五《安樂行品》,《大正藏》第9冊,No.0262,頁37c29-38a07。

> 準依《法華經·法師品》説:四者,學四安樂行菩薩。文當,破三乘歸一乘後説。文當,於後惡世,如來滅後,於**末法**中,法欲滅時。義當,三乘菩薩摩訶薩,猶不得親近諸貴等,何况空見有見衆生。[1]

這裏的"末法"實際是對《法華經》原文的引用,意涵自然也同於《法華經》的本義。所謂"法欲滅時",也是出自《法華經·安樂行品》釋迦如來與文殊師利之間的對話,如來三次説道:"文殊師利!菩薩摩訶薩!於後末世,法欲滅時"云云[2]。可見《法華經》的"末法"與"末世"含義相同,都是指如來滅後佛法漸衰的"惡世"。漸衰的最終結果即"法欲滅時"。亦即説,"末法"和"末世"的表現是"惡世",最終都會走向"法滅"的結局。信行就是爲了應對佛滅之後的"末法""末世"或"惡世",纔宣揚三階佛法的要義。

信行在京城宣教時期的另一部著作,也被認爲是信行最晚期的著作《對根起行法》云:

> 七者,十一部經,説邪盡顛倒。十一部經者,一者《迦葉經》;二者如《大集月藏分經》,説明《法滅盡品》,正法悉滅;三者如《阿含經》,説正法滅盡;四者如《大方廣十輪經》,説一切人民,皆悉起於斷常;五者如《薩遮尼乾子經》,説一切衆生,皆悉起於三種顛倒;六者如《摩訶摩耶經》第二卷説,文當,佛滅度一千年已後,唯有兩個比丘,學作不浄觀正,坐禪不起,高下彼此是非心;七者如《大般涅槃經》説,**末法**世時,一闡提及五逆罪,如大地土;八者如《最妙勝定經》;九者《大雲經》;十者《佛藏經》,説正人唯有一人、兩人;十一人(者),《觀佛三昧海經》[3]。

無論是竺法護、法顯,還是曇無讖、慧嚴等現存諸本涅槃類的經典,都不見有"末法世時,一闡提及五逆罪,如大地土"之類的語句。南北本《大般涅槃經》多次出現將五逆罪與一闡提相提並論的表述,意在宣揚即便是觸犯五逆罪和一闡提衆生,都具有佛性。但"末法世時""末世""末法",都不見於諸本《涅槃經》。信行

---

[1] 此書簡介,參見張總前揭書,568—571頁。楊學勇前揭書,88—92頁。敦煌寫本有S. 2684、P. 2059。録文參照矢吹氏《三階教之研究·別篇》,24頁。

[2] 《妙法蓮華經》卷五《安樂行品》,《大正藏》第9册,No. 0262,頁38b2、b15、c4。

[3] 此書簡介,參見張總前揭書,571—573頁。楊學勇前揭書,96—104頁。録文參照矢吹氏《三階教之研究·別篇》,135頁。

此處應該是依據頭腦中的印象，取其大意而論，即之所以會出現五逆罪、一闡提遍及世間的景象，正是佛滅之後，"末法世時"的體現。而此處徵引到的十一部佛經，沒有一部秉持"正像末三時説"。

信行還撰作《學求善知識發菩提心法》，其標題全稱爲：

> 明世間五濁世界、**末法**惡時、十惡衆〔生〕、福德下行，於此四種具足人中，謂當三乘器人，依諸大乘經論，學求善知識發菩提心[1]。

依張總的解説，所謂"此四種具足人"，即"五濁世界、末法惡時、十惡衆生、福德下行"這四種惡。"認惡"是三階教的核心教義之一，承認現世已處於佛滅之後佛法漸衰的五濁惡世，處於第三階，所以那些原本適用於第一階和第二階的其他教法，都已不再適用於第三階，祇有"普敬"與"認惡"構成的"普法"，纔是現世（第三階）修行的可行法門。

另一部信行撰作的《末法衆生於佛法廢興所由法》，全稱爲《明諸經中對根淺深**末法**衆生於佛法内廢興所由法》。目前祇見著録，未見文本[2]。信行還撰作《兩階人發菩提心異同法》，目前祇有海内孤本金川灣石窟刻經本，現存並不完整的文本内有云："二如《法華經》説，爲**末法**衆生説法，於内廣説空。"[3]這一用例仍然是依照《法華經》的文意來理解和使用"末法"一詞。

金川灣石窟還刻有信行撰作的《明諸經中對根淺深發菩提心法》，可與杏雨書屋公布的《敦煌秘笈》羽411號寫本相對勘。其中有云：

> 如來滅後，於惡世中。何以故？如來了知**末法**世中行佛法、住持佛法、滅佛法，法師最勝最上，無與等者。所以慇懃慇懃，至到至到，段段具説，於我滅後，當如是説法。如《法華經》第五卷《安樂行品》中説。[4]

顯然，這裏信行還是就《法華經·安樂行品》闡發經義，必然仍按《法華經》的"末

---

[1] 此書簡介，參見張總前揭書，573—577頁。楊學勇前揭書，79—80頁。有敦煌本 P.2283 和金川灣石窟刻經本。著録則見於《人集録都目》《大周録》《開元録》《貞元録》等，文繁不引。

[2] 《大周録》卷一五著録其簡稱，《開元録》卷一八指明爲信行所撰。敦煌本 P.2412《人集録都目》著録全稱。

[3] 趙榮、雷德侯（Lothar Ledderose）主編《中國佛教石經·陝西省》第1卷，中國美術學院出版社，2020年，528頁。並參張總《陝西淳化金川灣石窟三階教刻經珍例——海内孤本〈兩階人發菩提心異同法〉録介》，《敦煌吐魯番研究》第20卷，上海古籍出版社，2021年，123頁。

[4] 《中國佛教石經·陝西省》第1卷，524頁。金川灣石窟此句殘泐，依據羽411號補。

法"意涵來理解。且如來在此前講到自己滅度後的"末法"階段該如何施行佛法、住持佛法,乃至最終佛法消亡,假如此"末法"之前還有"正像"二時存在,如來不應跳過正像二時,祇就第三時的"末法"言説。

同樣祇保存在金川灣石窟的信行著作《〈大集經月藏分經〉略抄出》,也有一處提及"末法":"所以**末法**國土及佛法,皆悉付囑諸天等,種種異生衆。"[1]從前後文來看,這裏的"末法"也祇是如來滅度後的惡世或衰世,不應特指"正像二時"之後的第三時。

信行去世後,三階教弟子爲解釋其著述而作疏解。如爲《三階佛法》作注疏的《三階佛法密記》云:

> 三有三句,明認惡所由:一由畏罪徹到;二由信用佛語;三由解法檢驗。"畏罪徹到"者,謂畏未來最大多重惡果。"信用佛語"者,謂即能仰學先聖知己,由認惡入道。於中有七:一唯由見佛自認己過去犯戒惡;二唯由見佛爲惡時惡人説惡法;三唯由見佛訶**末法**法師不説惡;四唯由見臨得聖出家人由認惡得道;五唯由見直心菩薩自認犯戒惡;六唯由見摩訶薩怕生死;七唯由見怕罪是菩薩種姓相。"解法檢驗"者,謂現見**末法**第三階人旃陀羅等,不畏後世,定墮地獄,與經符同,驗經中説。今時怕罪決得出世,故須認惡。亦驗知有第一階根機。[2]

這一段是講"認惡"的三種途徑。"末法法師"已見於前文。所謂"末法第三階人旃陀羅等",應是依據《十輪經》對"旃陀羅"的描繪。旃陀羅原本是印度最低下的種姓,在《十輪經》中被描繪爲不畏後世,不遵禁戒,即使出家爲僧,也常破壞戒律,惡行不斷的一類人[3]。《三階佛法密記》又云:

> 三又一句,釋今令得抄出所由(先牒《華嚴經》對機授法爲疑,後唯除下引《十輪經》道法立因解難)。問:經言:不入餘人之手。云何**末法**抄出?答:《華嚴》據對機故,不入餘人手。《十輪》據遺法,故得今時抄出。[4]

---

[1] 《中國佛教石經·陝西省》第1卷,540頁。
[2] 此書介紹見張總前揭書,613—614頁。錄文參照矢吹氏《三階教之研究·別篇》,95頁。
[3] 參見《大方廣十輪經》卷四《刹利旃陀羅現智相品》的描述,《大正藏》第13册,No.0410,頁696b–698b的描述。又見於金川灣石窟刻經,《中國佛教石經·陝西省》第1卷,559頁。
[4] 錄文參照矢吹氏《三階教之研究·別篇》,106頁。括號內原文是小注。

所謂"抄出",依上下文意,是指從諸經中抄出符合三階教義的部分。三階教徒認爲《華嚴經》的受持奉頌,需要根機適合的人或菩薩纔行。《十輪經》則正適合"今時""末法"之世"抄出"。這或許隱含了三階教認爲《華嚴經》不如《十輪經》適應當下"末法"衆生的觀點。

以上從現存三階教遺籍和目錄中,共找到 10 個"末法"的用例,大部分都出自信行本人的著作。可見信行對"末法"一詞的理解和使用,有如下特點:第一,"末法"就是現世,就是當下,故現世的衆生,被稱爲"末法衆生""末法凡夫""末法法師""末法第三階人"等。第二,信行及弟子使用"末法"一詞時,從來不曾與"正法""像法"二詞連用。這個意義上的"末法",既無"正像二時"作爲先導,本身也不屬於"正像末三時"中的第三時。第三,信行主要是按照《法華經》的原義來理解"末法"一詞。《法華經》認爲從佛滅開始,世間就已進入釋迦佛法的"末法"時期。此"末法"是無需"正法""像法"作爲前置的。後面將會看到,《三階佛法密記》明言:佛在世時是第一階,佛去世後一千年或一千五百年以內,是第二階;此後纔進入第三階。亦即説,三階教認爲從第二階(佛滅之後)開始,世間就已進入"末法"階段。因此,"末法"時期的開始並不是離信行晚近時代纔發生的事情,三階教衹是強調了"末法"時期從佛滅後一直延續"至今"的既成事實,而不需承擔因做出何時纔開始"末法"的判定,而有可能涉及對現世君王道德評判之風險。

## 三、正法、像法與第一階、第二階

前文已述,三階教的"末法"從來不曾與"正像二時"連用。但三階教文獻中,的確出現了大量"正法"與"像法"的用例。Hubbard 教授曾統計過"像法"在現存三階教文獻中的三十多個用例,認爲衹有兩處出現"正像二時"連用的情況。由此證明三階教文獻提及了"像法",也並不等於三階教認同"正像二時"。這個結論無疑是正確的。不過這些具體的用例還需要分析其上下文的語境。例如,總計三十幾個"像法"用例中,絶大多數都是在引用《像法決疑經》經名時出現"像法"一詞,這就不能簡單憑用例數量多寡來判斷是否屬於"正像二時"的概念。這並不是一個通過統計和計算比例就能解決的問題。但也沒必要把每個

"正法"與"像法"的用例,都像上面討論的"末法"那樣逐一分析討論。例如,"正法"一詞在大多數情況下是表示圓滿、純净的釋迦佛法。這與"正像二時"或"正像末三時"中表示時段概念的"正法",顯然不能相提並論。本文要討論的主要是作爲時段概念的"正法"一詞。

信行在《三階佛法》卷二云:

> 五者學不輕行菩薩。文當,佛滅度後,正法滅後,像法中,增上慢比丘,有大勢力時,唯一人一行。莫問道俗四衆,違順善惡,唯純禮敬,作學菩薩行,想當來佛,想善,乃至不見其一分一豪(毫)惡,準依《法華經·不輕菩薩品説》。[1]

如何理解這裏的"佛滅度後,正法滅後,像法中"?如果按照三者先後順序來理解,即佛滅度後進入正法,正法也結束了,就進入像法。從字面上看,似乎可以成立。如此就符合"正像二時説"。"佛滅度後正法滅後"之語,多次在三階教文獻中出現,這是一個固定的表述。其意涵所指,究竟是指"佛滅度"與"正法滅"是兩件先後發生的事件,還是同時發生的一件事?不同的理解,就會有佛在世時爲"正法"和佛滅度後若干年内爲"正法",這兩種不同的意涵。同樣在《三階佛法》卷二云:

> 一者不輕菩薩,於佛滅度後起教;**亦名**一切聖人隱不現時起教;**亦名**佛滅度五百年後起教;**亦名**正法滅後起教;**亦名**一切十二種最大邪見顛倒衆生有大勢力時,競興滅佛法時起教。準依《法華經·不輕菩薩品》,佛滅度後,正法滅後,增上慢比丘,有大勢力時;準依《大般涅槃經·四依品》,佛滅度後,聖人隱不現時。《邪正品》,佛滅度後七百年,邪魔作佛、作出家人。準依《迦葉經》第一卷,佛滅度五百年後,惡賊狗菩薩。準依《摩訶摩耶經》第二卷,佛滅度五百年後,九十六種道,競興滅佛法。準依《大方廣十輪經》□第二、第四、第五、第六卷,五濁惡世界,遠離於佛,一切人民,皆悉起於斷常。旃陀羅、無慚愧僧、以驢準狗驢菩薩。準依《大薩遮尼捷子經》第三卷,於末世正法不行,三種顛倒衆生,競興等説驗之,所以得知。[2]

---

[1] 矢吹氏《三階教之研究·别篇》,25頁。
[2] 矢吹氏《三階教之研究·别篇》,33—34頁。

連用四個所謂"亦名",表明不輕菩薩在"佛滅度後起教",在"一切聖人隱不現時起教",在"佛滅度五百年後起教",都可等同於在"正法滅後起教"。這裏就有歧義出現:"正法滅"究竟是以佛滅度爲標誌,還是以佛滅度五百年爲標誌? 按照《法華經》原義,祇有佛在世時,纔是正法之世,佛滅度就象徵着"正法"的結束,"末法"的開始。但這樣的説法在佛經中並不是唯一的。信行著作中引用各種不同的佛經,對於"正法"時期的理解也不相同。如上段引文出現的《法華經》認爲佛滅度的同時,正法亦滅;《迦葉經》和《摩訶摩耶經》都講佛滅度後五百年,纔會進入佛法破壞的惡世,意味着前五百年應還屬於"正法"時期。

不僅如此,《三階佛法》引用到的《大般涅槃經》還説:"我涅槃後,正法未滅,餘八十年",這又表明"佛滅度"與"正法滅"並不同時。上引《大般涅槃經》文,又説佛滅後七百年,纔會有"邪魔作佛、作出家人"。《法華經》與《涅槃經》這兩部基本佛典,對於正法何時結束的判定並不相同。日本所傳的《三階佛法》卷一,有所謂"佛滅度後時節分齊"的大段内容[1]。信行引用到的諸部佛經,由於成書時代和關注主題的不同,提及佛滅度後佛法漸衰、惡世漸興的時節,也是各不相同。信行及其弟子在引證這些佛經來宣揚三階佛法時,必然要遇到諸經對於"佛滅度後時節"各説各話的問題。若不加梳理地放在一起引述,必然會引起理解上的歧義。但信行的目的又不在於爲佛滅度後的佛教發展排列出一個標準的時序來。他祇能是將這些不同的佛滅度後時節問題大致作一歸納編排,這可能就是"分齊"之意。日本所傳《三階佛法》卷三,列舉出《法華經》《迦葉經》《大般涅槃經》《像法決疑經》《最妙勝定經》《大薩遮尼乾子經》《雜阿含經》《摩訶摩耶經》《大集月藏經》《佛藏經》《大方廣十輪經》諸經,關於佛滅度後出現佛法被破壞的不同時節,從佛滅度開始,到佛滅度後五百年、一千年、一千五百年、二千年,不一而足[2]。信行祇是將諸經異説按時節長短客觀擺列,並無剪裁取捨之意。這就造成在信行的著作中,"佛滅度後、正法滅後"無法固定下時間指向。換言之,"正法滅"究竟發生在何時?"正法"結束之後是否必然緊隨一個"像法"時期? 信行對這些問題似乎都沒想給出明確的答案。

---

[1] 矢吹氏《三階教之研究·別篇》,265—266頁。
[2] 矢吹氏《三階教之研究·別篇》,345—359頁。

同樣地,三階教文獻多次提及"像法"。在排除《像法決疑經》經名中出現的"像法"用例之外,主要還有兩種情況。第一是因爲摘抄、引用到的佛經,如《大集月藏分》有明確的"正像二時",如《人集錄都目》中著錄《大集月藏分經明像法中要行法人集錄略抄》,應即簡稱爲《大集月藏分經略抄出》者[1]。但這樣的用例,在三階教文獻中非常少見。

第二是到了唐代,三階教徒改造《像法決疑經》而成的《示所犯者瑜伽法鏡經》[2],很明顯將"正法"與"像法"看作佛滅之後兩個不同的時代,且"正法""像法"都會滅盡。但却没有將"末法"置於"像法"結束之後。還有敦煌寫本 S.212《信行口集真如實觀》,認爲佛滅之後,"正法由(猶)存,過後五百年餘,像法初起,正像同持千載"。此即南北朝時"正像二時説"中的一種:正法五百年、像法五百年[3]。但這都已是唐代三階教徒的觀念,表明唐初三階教,已多多少少受到"正像末三時説"影響,却不能看成信行所處時代三階教對"像法"的理解。

唐以前的三階教,似乎一直不曾試圖將"正像二時"與"第一階""第二階"相匹對起來。信行《對根起行法》云:

> 上下兩人出世時,時有二。一者佛在世,及佛滅度後千五百年已前,是正見人出世時。二者,千六百年後,是邪見人出世時。[4]

信行在此所言的是"佛在世""佛滅度後千五百年已前""〔佛滅度〕千六百年後"這三個時間分段。前兩個時段是"正見人出世",第三個時段是"邪見人出世"。這三個時段也隱含了"三階"的分别。更清晰的表述見《三階佛法密記》云:

> 佛在世,佛自住持佛法,位判是第一階時。佛滅度後一千五百年以前,

---

[1] 此書簡介,見張總前揭書,584—585 頁。楊學勇前揭書,75—76 頁。金川灣石窟存石刻本。

[2] 此書簡介,見張總前揭書,617—619 頁。並參 Antonino Forte, "The Relativity of the Concept of Orthodoxy in Chinese Buddhism: Chih-sheng's Indictment of Shih-li and the Proscription of the Dharma Mirror Sūtra", Robert E. Buswell, Jr. ed., *Chinese Buddhist Apocrypha*, Honolulu: University of Hawaii Press, 1990, pp. 239–249。

[3] 參見劉屹、劉菊林《S.212〈信行口集真如實觀〉中的佛陀生滅年代問題》,《文津學志》第 15 輯,2021 年,132—141 頁。

[4] 矢吹氏《三階教之研究·别篇》,129 頁。

由有聖人及利根正見成就凡夫住持佛法,位判是第二階時。從佛滅度一千五百年以後,利根凡夫戒定慧,別解別行,皆悉邪盡,當第三階時。[1]

可見信行及三階教徒認爲:佛在世時是第一階;佛滅度後一千年或一千五百年以内,是第二階;此後直到信行所處的時代,屬於第三階。南北朝佛教通行的"正像二時",都包含在三階教的"第二階"之内。這説明三階教的"三階"與"正像末"的"三時",屬於兩個不同的佛滅後時節系統。三階教並無刻意取用"正像二時"之意,"三階"與"三時",的確是無法互相匹對。三階教作爲"末法佛教"的前提,並不是三階教接受"正像末三時説",而是秉承《法華經》的"末法説"。這應是自矢吹慶輝以來對三階教與"末法"關係的一個新的認識。

## 四、三階教對佛滅年代的認知

三階教並非按照"正像末三時"的佛滅後時節來安排自己的"三階",而且在教内文獻中對於佛滅後一千年還是一千五百年開始"第三階",似乎也没有明確而統一的界定,以致有學者認爲:三階教對於第三階從何時開始的問題,始終存在佛滅後一千年和佛滅後一千五百年兩種異説,但又未曾試圖加以統一,説明這個問題對於三階教而言,並不重要[2]。我認爲信行和三階教即便不秉持"正像末三時説",但"佛滅年代"對於三階教的立教,仍然是一個無法迴避的重要論題。因爲祇有確定了佛滅年代,纔談得上推算佛滅後一千年和佛滅後一千五百年與"三階"的對應關係。目前信行的著作中没有留下直接討論佛滅年代的内容,並不等於三階教對於這個問題採取避而不談的態度。

敦煌寫本 S.212《信行口集真如實觀》,雖然不是信行本人的著作,但的確是三階教的文獻無疑。按照我在前揭 2021 年文的研究,這應是唐代三階教徒在公元 750 年(庚寅)左右編撰而成的。寫本殘存的内容,首先就給出了佛陀生滅的年代,然後再計算"至今"多少年。儘管原卷抄寫存在明顯的缺漏現象,仍然對中古時期佛教研究中佛陀生滅的年代問題,提供了重要的新資料,而且對於理解

---

[1] 矢吹氏《三階教之研究·别篇》,75—76 頁。
[2] 藍吉富前揭文,頁208a。

三階教對佛滅年代的認知,也是重要的切入口。

《信行口集真如實觀 起序 卷一》開篇一段對佛陀生滅年代的記述:

> 釋迦如來癸未年七月七日夜,托蔭摩耶;以甲申年四月八日夜,現生左〔右〕脇;壬寅年二月八日夜,逾城出家;癸丑年正月八日,除無明睡(惱),朗然大悟,故號爲佛力世雄,三明獨決。至辛丑年二月十五日夜,現滅拘尸。依中國法、迦唯羅國記,通代相承,書堂户側,作如是。自釋迦滅度已來,至今庚寅年,以經二百七十三年。〔1〕

我此前的研究已經嘗試解讀:"以經二百七十三年",應指"第二階"結束、"第三階"開始後,至公元 750 年已有 273 年。這樣纔符合中古時期佛教談及佛滅之年至今多少年的目的和意義。果如此,則公元 477 年應是三階教認可的"第二階"結束、"第三階"開始之年。如果由 477 年上溯 1000 年,是公元前 523 年;上溯 1500 年,是公元前 1023 年。亦即説,按照 S.212 所記推算出來的佛滅之年,或者是公元前 523 年,或者是公元前 1023 年。這兩個佛滅年代,是否可以和已知的佛滅年代對應起來?

從東漢末年開始延續下來的"春秋系佛誕説",到 6 世紀中期面臨新的挑戰。信行所處的時代,即公元 6 世紀中後期,當時的中國佛教對佛滅年代的認知,仍處在諸説並起的階段。"西周穆王壬申歲佛滅説"還未出現,更不要説到唐初此説纔逐漸固定化,成爲比較權威的説法〔2〕。慧思和法上分別在 558 年和 576 年提出了可以對應到中國曆法干支紀年和王統紀年的兩套全新的佛陀生滅年代。我在前揭 2021 年文中,已對比了慧思、法上之説與 S.212 寫本中佛陀生滅年代的聯繫與區别,即佛陀入胎、降誕、出家、成道、滅度這五個時間,具體的月日都是相同的,且在降誕、出家、成道這三個年份的干支上,慧思、法上都是相同的;祇在滅度年的干支上相差一年,因爲兩人分别認爲釋迦牟尼 80 歲和 79 歲滅度。S.212 所記佛陀年代干支與慧思、法上兩人所説的干支存在半個甲子的規律性差異。换言之,唐代三階教所持的佛滅年代説,與慧思、法上之説都不相同,但又有一定聯繫。

---

〔1〕 矢吹氏《三階教之研究·别篇》,197 頁。
〔2〕 參見拙文《穆王五十二年佛滅説的形成》,《敦煌學輯刊》2018 年第 2 期,166—177 頁。

在信行去世後,597 年,費長房作《歷代三寶紀》,總結了當時他所知道的六種佛陀生滅年代説:

> 至第十九主莊王他十年(前 687),即魯《春秋》莊公七年(前 687),夏四月辛卯夜,恒星不見。夜中星隕如雨。案此即是如來誕生王宮時也(先賢諸德,推佛生年,互有遲邇。依《法顯傳》,推佛生時,則當殷世武乙二十六年甲午[?]。至今開皇十七年丁巳,便已一千六百八十一年。依沙門法上答高句麗國問,則當前周第五主昭王瑕二十四年甲寅[?]。至今丁巳,則一千四百八十六年。引《穆天子別傳》爲證,稱瑕子滿嗣位,穆王聞佛生迦維,遂西遊而不返。依《像正記》,當前周第十七主平王宜臼四十八年戊午[前 723]。至今丁巳,則一千三百二十三年。依後周沙門釋道安用羅什《年紀》及《石柱銘》推,則當前周第十八主桓王林五年乙丑[前 715]。至今丁巳,則一千二百二十五年。依趙伯林梁大同元年[535]於盧山遇弘度律師,得佛滅度後衆聖點記推,則當前周第二十九主貞定王亮二年甲戌[前 467]。至今丁巳,殆一千六十一年。唯此最近)。[1]

費長房在《歷代三寶紀》的正文中,是按照佛誕於東周莊王十年,佛陀在世七十九年,佛滅於東周匡王四年[2],將佛陀生平年代與中國王統紀年相匹對。我們關注的是佛滅年代,以上六説中,除了"衆聖點記説"是從佛滅開始計算至丁巳年,其他五説都是講佛誕之年距丁巳年多少年。佛誕之年再經過 79 年,就是佛滅之年。因此可將費長房所述的六種佛陀生滅年代論轉化爲表 1(表中粗體字爲費氏直接給出的數據,或根據其提供的王統紀年可以直接查出的數據;斜體字爲本文作者推算的數據):

---

[1] 費長房《歷代三寶紀》卷一《帝年上 周秦》,《大正藏》第 49 册,No. 2034,23 頁上欄。相關討論,參見陳志遠《辨常星之夜落:中古佛曆推算的學説及解釋技藝》,《文史》2018 年第 4 輯,117—138 頁。

[2] 費長房在《歷代三寶記》卷一《帝年上 周秦》云:"佛以匡王四年壬子二月十五日後夜,於中天竺拘尸那城入般涅槃。自爾已來至今開皇十七年丁巳,一千二百五年,世間眼滅。"《大正藏》第 49 册,No. 2034,23 頁中欄至下欄。東周匡王四年爲前 609 年,自匡王四年至開皇十七年(597),正好 1205 年。

表1

| | 依據 | 佛誕 | 距丁巳年 | 佛滅 | 距丁巳年 | 備注 |
|---|---|---|---|---|---|---|
| 1 | 《春秋》 | 前687 | 1284 | 前609 | 1205 | 春秋系 |
| 2 | 《法顯傳》 | 前1084 | 1681 | 前1005 | 1602 | 法顯説[1] |
| 3 | 《穆天子别傳》 | 前968 | 1565 | 前889 | 1486 | 法上説[2] |
| 4 | 《像正記》 | 前726 | 1323 | 前647 | 1244 | —[3] |
| 5 | 《年紀》《石柱銘》 | 前628 | 1225 | 前549 | 1146 | 道安説[4] |
| 6 | 衆聖點記説 | 前543 | 1140 | 前464 | 1061 | 趙伯林説[5] |

"衆聖點記説"傳入中國最晚，費長房説"唯此最近"，意思是按此推算的結果與丁巳年相距最近，而非暗示費氏傾向於"衆聖點記説"的佛滅年代最值得相信。以上"六説"中，祇有"法顯説"已經超出1500年之限。這對於費長房來説，就需要有一番思量：若依"法顯説"，則"正像二時"1500年已過，隋初當已入"末法"。即便取傳統的"春秋系佛誕説"，未來也還祇有300年左右就會入"末法"。費長房顯然既不敢明言剛立國不久的隋朝，特别是對佛教復興大有貢獻的隋文帝，是一位身處"末法"時代的君王；也不敢斷言隋朝會在300年後進入"末法"時代。他必然要考慮到不能輕易將隋朝君王置於"末法"時代"惡王"的境地，所以他採取的是將"正像二時"1500年延長至2000年，從而將"末法"開始的時間後延至

---

[1] 按照法顯的行歷，他在師子國兩年抄寫佛經，在義熙七年(411)啓程歸國，則他在師子國期間應是410—411年間。如此算來，佛誕之年應在前1087年，佛滅之年爲前1008年。但費長房認爲法顯在師子國聽聞此説的時間是義熙元年(405)，由此上溯1497年，則公元前1092年應爲佛誕之年，前1013年爲佛滅之年。這兩種計算方法都與費長房直接從"至今丁巳年"上溯去推算的結果存在偏差。

[2] 據《續高僧傳》等史料記載，法上答高麗國使者時，本來説的是佛陀生於昭王二十四年甲寅，自滅度以來至武平七年丙申，凡經一千四百六十五年。亦即説，法上認爲佛滅年代相當於公元前889年，佛誕之年爲前968年。但費長房這裏錯把法上説的佛滅之年(前889)當成佛誕之年(前968)作爲計算的起點，於是纔出現"至今丁巳，則一千四百八十六年"之説。表中數據是按照對法上所説佛陀生滅年代正確理解而推算的。

[3] 按現在通行的曆表，周平王四十八年戊午應爲前723年。但按費長房的推算，平王四十八年就是前726年。這説明費長房所使用的曆表與我們今日所據不盡相同，纔會出現計算的誤差。

[4] 現在的曆表中，周桓王五年乙丑是前715年，但按費長房的計算，是前628年。

[5] 現在的曆表中，周貞定王二年甲戌是前467年，但按費長房的計算，是前464年。

遥遠的將來,避開如何界定隋朝帝王與"末法"時代"惡王"關係這樣敏感的話題。

費氏所舉"六説"中,没有體現慧思《立誓願文》所言的佛陀生滅年代(佛誕相當於公元前1147,佛滅相當於公元前1067年)。這是否可以成爲懷疑《立誓願文》並非慧思所作的證據?實際上,慧思《立誓願文》關於佛陀生滅年代的説法並非孤證,完全可在山東地區北朝佛教石刻中得到印證。如山東泰安東平洪頂山7號摩崖刻石云:

>　　釋迦雙林後一千六百廿三年,大沙門僧安道壹書刊大空王佛……[1]

洪頂山15號摩崖刻石云:

>　　雙林後千六百廿歲。[2]

"雙林"的典故是指釋迦在拘尸那迦國娑羅雙樹下滅度,這兩條題記的意思是摩崖刻石的時間,分别在釋迦雙林滅度之後的1623年和1620年。若按照以上費氏"六説"中六種佛滅年代計算,與這兩條洪頂山刻石題記最接近的是《法顯傳》的説法,1623－1005＝618;1620－1005＝615。亦即説公元618年和公元615年分别是這兩個摩崖刻石的時間。但這不符合僧安道壹是北朝末年人的共識。同理,若按其他五種佛滅年代計算,刻石的時間都會更晚,最晚將會延至12世紀,這些結論都是不可能的。但若取用《立誓願文》的佛滅年代來計算,1623－1067＝556;1620－1067＝553。這兩個年代基本上符合僧安道壹在洪頂山摩崖刻石的大致年代。换言之,通過《立誓願文》的佛滅年代,可以推算出這兩條題記分别刻於公元556年和公元553年[3]。這也無疑印證了《立誓願文》中的佛滅年代,在6世紀50年代的山東地區,具有相當大的認可度。《立誓願文》的成書時間較洪頂山的兩條題記時間都晚,所以慧思並不是《立誓願文》中佛陀生滅年代的首創者。他曾到過兖州説法,或許接觸了當時山東地區佛教流傳的佛陀

---

[1] 雷德侯、王永波主編《中國佛教石經·山東省》第1卷,中國美術學院出版社,2014年,137—144頁。

[2] 《中國佛教石經·山東省》第1卷,243—249頁。

[3] 前輩學者已有依據慧思之説而推算這裏的刻石年代,但由於《立誓願文》的真僞不能確定,故尚有保留。見張總《末法與佛曆之關聯初探》,《法源》第17期,1999年,143—144頁。張總《北朝至隋山東佛教藝術查研新得》,巫鴻主編《漢唐之間的宗教藝術與考古》,文物出版社,2000年,68—69頁。

生滅年代説法,因而這種民間流傳的佛滅年代説,得以通過慧思而記入《立誓願文》。費長房一則不可能將當時流傳的所有佛陀生滅年代説一網打盡。二則他取用了法上的佛陀生滅年代,而法上所説與慧思所説基本上是同一套干支紀年,祇是換算的結果不同。因此,可以認爲慧思的佛陀生滅年代説,間接地反映在費氏"六説"中了。從佛陀生滅年代這個角度是無法質疑《立誓願文》可靠性的。

循此思路,若以 S.212 中輾轉推算出來的前 523 和前 1023 兩個佛滅年代來對照費長房的"六説",表面上看,很難找到可以直接對應的推算結果。但若同樣結合北朝後期的佛教石刻,或可有新的綫索。河南汲縣有東魏興和四年(542)上官香等摩崖造像記,中有一句:

> 如來隱變雙林,以有一千六百兩十五年。[1]

這一難得的既有明確紀年,又有佛滅至今積年的造像記,説明這通造像碑的功德主們相信:佛滅之年到他們造像之年,已有 1625 年。由此很容易推算出這一群功德主們認可的佛滅之年,相當於前 1083 年。這與費氏以上"六説"中任何一説都相差甚遠,也無法與慧思所記、洪頂山刻石所推算的公元前 1067 年相合。但却與 S.212 寫本推算出來的前 1023 年有着一層隱秘的聯繫,即兩種算法得出的佛滅之年,恰好相差一個甲子 60 年。這應該不是巧合。

雖然慧思主張的佛滅年代相當於公元前 1067 年,法上主張的佛滅之年相當於公元前 889 年,兩説看似相差很大,但兩説採用的干支紀年基本相同。爲何會出現干支相同而公元紀年不同的結果? 自唐初以後,大多數場合下都以西周穆王壬申歲爲佛滅之年,以此爲起點計算到"至今"的年數也有很多例子,因而可以推算出唐初以後,"穆王壬申歲"就相當於公元前 949 年或前 948 年。與壬申歲對應的公元紀年相比較,慧思的説法應該是多算了兩個甲子(948 + 120 = 1068),而法上的説法則少算了一個甲子(949 - 60 = 889)[2]。這就意味着,很

---

[1] 此據李新宇、周海嬰主編《魯迅大全集》第 25 卷《學術編·魯迅輯校石刻手稿·造像》,長江文藝出版社,2011 年,270 頁。

[2] 鎌田茂雄大約最早注意到慧思與法上兩人計算結果的這種微妙關係。參見鎌田茂雄《中國における末法の自覺とその克服》,佛教思想研究會編《佛教思想》5《苦》,平樂寺書店,1980 年,265—290 頁。張總注意到更多表面看起來歧異紛紜的佛滅年代諸説,其實彼此之間祇是差了一個或兩個甲子的情況。見張總《末法與佛曆關聯再探》,《法源》第 21 期,2003 年,209—210 頁。

可能這些佛誕、佛滅年代説大體沿用着相同的干支紀年，祇是在换算成王統紀年時，由於各自所依據的曆表不同，導致换算的結果參差不齊。雖然現在難以説清古人到底怎麽會産生這種曆年换算中的誤差，但興和四年上官香等造像記所體現的佛滅年代（前 1083），與從 S.212 推算出來的結果（前 1023）僅有一個甲子之差，我認爲前者是可以間接佐證後者計算結果的。换言之，興和四年造像記與 S.212 寫本，兩者雖然前後相差二百多年，但關於佛滅紀年所使用的干支應該是相同的[1]。汲縣位於信行最初立教傳教的相州（安陽）之南，隋初的魏郡與汲郡毗鄰，大體屬於同一地域。在此區域内流傳干支紀年相同的一種佛滅年代説，是完全可以理解的。汲縣一帶民間流行的佛滅紀年，是否可以用來推算山東洪頂山的那兩條有雙林典故的紀年？如果按照汲縣流傳的佛滅紀年計算，洪頂山的兩條摩崖刻石的年代就分别爲 1620 - 1083 = 537 年和 1623 - 1083 = 540 年。這已超出了現在公認的僧安道壹在山東地區摩崖刻石活動以 553 年爲最早的時間上限。合理的解釋應該是當時的山東地區和河南地區，各自奉行了兩套不同的佛滅年代説（姑且分爲 A、B 兩大類）。這兩套佛滅紀年的干支紀年，彼此相差半個甲子，相應的公元紀年换算也必然無法兼容。其中存在或是地域，或是學派之間的差異，在此尚不能詳究。

　　如果歸納梳理一下前文提及的幾種佛滅紀年，或可得出這樣的認知：6 世紀 40 年代河南汲縣已出現了 A1 類佛滅紀年（前 1083）。慧思在 6 世紀 50 年代就已接觸到山東地區流傳的 B1 類佛滅紀年（前 1067）；他雖然將這種佛滅紀年體現在《立誓願文》中，但他没有機會對鄴城地區的佛教界施加影響。6 世紀 50—60 年代，僧安道壹在山東參與的刻經活動所採用的佛滅紀年，有比《立誓願文》成書更早的例子，説明山東地區纔是 B1 類佛滅紀年的發源地。僧安道壹曾在 6 世紀 60—70 年代西行入鄴。如果他不是代表唯一的可能性，至少也是諸多可能性之一，能够在山東地區佛教界與鄴城佛教界之間建立起實際的聯繫。因而 576 年法上用 B2 類佛滅紀年（前 889）的干支來答復高麗國使，也就不足爲奇。

---

　　[1] 干支相同，因採用曆表不同，而導致計算的積年不同。最明顯的例子即《立誓願文》提出的佛滅年代干支，慧思自己計算，結果對應的是公元前 1067 年，法上計算對應的是公元前 889 年，而唐初人計算則對應公元前 948 年。雖不知興和四年造像記所依據的佛滅年代干支爲何，但可推想應與 S.212 所記的干支相同，否則就難以恰好存在一個甲子的差異。

至於爲何法上不取用汲縣、魏郡一帶已經流行的 A 類,却接受來自山東地區的 B 類,背後或有學派的傾向,我目前還不能解答。隨着慧思、法上對南北佛教界的影響,B1 和 B2 兩類佛滅紀年在南北朝後期逐漸廣爲人知。到隋初,費長房纔將法上所宣揚的 B2 類作爲"六説"之一,而將最先出現的 A1 類棄之不顧(或費氏根本不知道還有此類説法)。但汲縣地方對於佛滅年代的記憶,經由隋代信行師徒的傳記,到唐代三階教徒仍然尊奉不移,變成了三階教内部世傳的一種佛滅年代説,即 A2 類(前 1023)。A、B 兩大類相比,關於佛陀年代的干支,彼此相差了半個甲子。A1 與 A2 干支相同,但根據不同的曆表,計算出的積年相差一個甲子。B1 與 B2 類也是相同的干支,計算出的積年却相差了將近三個甲子。

若這樣的關聯性能夠建立起來,則説明三階教並非不關注佛滅年代問題,很可能從信行的時代就接受了北朝後期在相衛之地流傳的佛陀生滅年代説。後來在唐代大行其道的"穆王壬申歲佛滅説",可説是前述 B1、B2 類的"優化版"(干支相同),姑稱之爲 B3 類(前 949 或前 948)。但這是到唐初纔正式確立的,信行創教時還没有出現。在信行去世後,三階教徒仍然承續了信行時代的佛滅年代説。如果不是從 S.212 中讀出 A2 類的佛滅年代説,可能三階教自己認可的佛滅年代説還會被湮没下去。由 S.212 所推算出的前 523 年不適合作爲三階教認可的佛滅年代説,是因爲三階教總是强調佛滅一千年或一千五百年後如何,以公元前 523 年爲計算的起點,將會出現佛滅一千五百年後的節點要等到公元 10 世紀纔到來。而以公元前 1023 年爲佛滅年代,對 6 世紀末纔開始創立的三階教而言,可以確保一千年和一千五百年這兩個時間節點都已是過去時,符合 6 世紀末已是佛滅之後"末法"時代的大背景。按照唐代盛行的"穆王壬申歲佛滅説",佛滅後一千五百年,通常被認爲是公元 552 年。亦即説公元 552 年以後,也已進入三階教的"第三階"了。因此三階教没必要非要用自己的 A2 説與唐代通行的 B3 説去一較高下。或是反映了教主信行之後,三階教就缺乏理論創新的人才,或是三階教徒不再糾結佛滅年代的問題,導致 A2 類的佛滅年代説,似乎就長期陷入湮没無聞狀態了。

## 五、結語

　　一直以來,三階教作爲"末法佛教"的代表而受到學界的重視。但實際上,此"末法"非彼"末法"。從歷史來看,真正成爲"末法佛教"的中日兩國净土宗、日本净土真宗和日蓮宗等,無一不以經過中國佛教改造而生的"正像末三時説"爲立教根基。而三階教所言的"末法",却祇是印度佛教傳統的"末法"觀念。在6、7世紀的中國佛教,可能並没有人能夠很清晰地將兩種"末法説"做出區分。在現存三階教文獻中,祇能看到信行對《法華經》"末法"觀念的堅持,而看不到他對"正像末三時"的評價。慧思的時代(515—577)略早於信行,558年撰作《立誓願文》時的慧思已踏上南下的路途。此後慧思主要在南朝地域中活動。與信行同時代的吉藏(549—623),早年在南方活動,隋初纔被從揚州迎奉至長安。吉藏是"正像末三時"的尊奉者,並且與費長房一樣,特意將"正像二時"的一千五百年改作二千年。不僅信行似乎不知"正像末三時説",相州的靈裕(518—605)在隋初開鑿大住聖窟時,也祇鐫刻"法滅之相"而不涉及"末法"之説[1]。這或許説明,"正像末三時説"是慧思到南方後傳播開來的,相衛地區的佛教傳統最初並未得以接觸,也更談不上接受,所以信行的著作中没有提及"正像末三時",很可能是地域上的差異所造成的,未必出於刻意的宗派分隔。

　　以往學者們論及三階教對"末法"的强調,總是不自覺地受到"正像末三時説"的影響,認爲信行意在宣揚:從第三階開始,纔算進入三階教的"末法"時期。但其實信行認爲"末法"早在佛滅之後就開始,因而三階教並不需要像"正像末三時説"那樣,一定要分別確定"像法"接替"正法"、"末法"接替"像法"的時間點,否則就無法區分"正像末三時"各自的時間節點何在。對信行來説,並不是"末法"開始纔要實行第三階"普法"。三階教關心的並不是"末法"從何時開始的問題,而是當第二階的"别法"已不再適用時,第三階纔要改行"普法"來應對從第二階延續下來的"末法"。總之,信行的"末法"觀念是:"末法"時期從佛滅

---

[1] 詳見拙文《安陽寶山大住聖窟的著録、踏察與研究》,《唐研究》第26卷,北京大學出版社,2021年,267—326頁。

之後就已開始,經過佛滅後一千年或一千五百年的實踐,證明諸家所行的"別法"並不能解決第二階中佛法漸衰的現狀,所以第三階要改行"普法"。在信行的教義中,"末法"已是不證自明的時代背景和現實環境,這可能是三階教始終不曾像其他佛教宗派那樣,在何時入"末法"的問題上多費口舌的原因。

但信行強調自己"普法"的優越,將其他宗派崇奉特定佛、菩薩,宣揚特定修行方式的做法稱爲祇適用於第二階的"別法"。這難免會觸動那些正在形成中的中國佛教宗派。例如,在信行時代的三階教文獻中,似乎並未見到對"净土宗"的批評。"净土宗"不僅力倡"正像末三時説",而且對阿彌陀佛的獨尊,對念佛修行方式的偏好,正符合三階教所批判的"別法"。因此,兩派之間存在巨大的分歧是難以避免的。但要説信行時代的三階教就有意批判"净土宗",很可能不符合事實。一是所謂"净土宗"並不能認爲在信行當世已經形成;二是信行著作中提及"净土"一詞,基本上都是佛經中的意義,並無其他引申、暗指之意。而到唐代纔有净土宗徒不斷著書批判信行及其三階教。所以,三階教與净土宗的矛盾,很可能本來是一種"言者無心,聽者有意"的誤會。

總之,三階教的研究雖已有百多年的歷史,但真正投入其中並做出成績的,也祇有區區幾人而已。這仍然是一個可以繼續深入研究的領域。本文討論到的信行本人對於"末法"的認知,以及三階教是否自有固定的佛滅年代説等問題,都是以往研究中措意不多的基礎性論題。三階教的"末法觀"或許可作爲三階教研究繼續深入的一個重要切入點。

## The Viewpoints on the Final Dharma in the School of the Three Levels

### Liu Yi

It was a widely held view that the core ideas of the Three Levels (Sanjie 三階) in the School of the Three Levels (Sanjie Jiao 三階教) were associated with the Three Times (Sanshi 三時) including the True Dharma (zhengfa 正法), the Semblance Dharma (xiangfa 像法) and the Final Dharma (mofa 末法). However, the term "mofa" used by the monk Xinxing 信行 and his disciples did not refer to the Final

Dharma of the Three Times. This indicates that the Three Times theory was not accepted by the School of the Three Levels at all. Moreover, it was believed that the School of the Three Levels did not care about the date of Buddha's birth and nirvana. However, there are some hints that the date of Buddha was a basic topic discussed by the members of this school and was integrated into their theory. Nevertheless, from the end of the 6th century until the middle of the 20th century, they believed in a different system for the date than other mainstream Buddhist sects.

# 北朝隋唐馮翊嚴氏奉佛考
## ——以石刻史料爲中心[*]

## 沈國光

  無論是佛教史學界,還是中古史學界,對家族信仰的研究始終是一個重要課題。中古民衆以家族爲單位參與造像,可以説是佛教在社會中瀰漫的一個縮影。這一時期,佛教已逐步滲透到了家族生活的核心。誠然,家族與佛教信仰的關係已是一個爲學界所深耕熟耘的話題。陳寅恪曾指出南北朝諸皇室中蕭梁與楊隋兩家與佛教關係最深切,雖然兩家至唐時已爲亡國遺裔,"然其世代遺傳之宗教信仰,固繼承不替,與梁隋盛日無異也"[1]。魏晋至隋唐時期,奉佛成爲某些家庭,乃至家族中一種可傳遞的信仰實踐。作爲一種極端的奉佛方式,不少家族世代中屢有出家爲僧尼者。這也透漏着佛教與傳統家族制度之間存在某種緊張[2]。這不僅限於蕭梁與楊隋二家,傳世文獻中不乏有家族"世奉佛法""家世奉佛"的記載[3]。雖然已經有不少個案研究討論了數個中古家族世代對於佛教的崇奉與經

---

[*] 本文爲國家社科基金重大項目"中國歷代釋氏碑誌的輯録整理與綜合研究"(批准號20&ZD266)的階段性成果。

[1] 陳寅恪《武曌與佛教》,《金明館叢稿二編》,生活·讀書·新知三聯書店,2001年,154頁。

[2] 出家者中多有女性,因此不少討論信仰與家族關係的論文是圍繞比丘尼展開。具代表性的有:李玉珍《唐代的比丘尼》,臺灣學生書局,1989年,49—72頁;Bernard Faure, "Voice of Dissent: Women in Early Chan and Tiantai",《禅文化研究所紀要》第24號,1998年,25—42頁;劉琴麗《墓誌所見唐代比丘尼與家人關係》,《華夏考古》2010年第2期,108—111頁;陳金華《家族紐帶與唐代女尼:兩個案例的研究》,賈晉華編《融合之迹:佛教與中國傳統》,上海人民出版社,2017年,213—242頁。

[3] 相關研究可參看王永平《六朝江東世族之家風家學研究》,江蘇古籍出版社,2003年,97—100、181—186、247—250頁;紀志昌《兩晋佛教居士研究》,臺灣大學出版委員會,2007年,149—276頁。

營,但限於材料,在開展具體研究過程中難免有捉襟見肘之感[1],以至於多數討論祇能局限於家族中某人或某幾人的崇佛事迹,並不能有效地展現出"世代"的特徵[2]。幸運的是,地不愛寶,近年來不斷出土和公布的墓誌材料爲復原和理解北朝至隋唐間家族佛教信仰的傳遞實態開拓了可茲討論的餘地。基於此,另一個可以考察的視角是,伴隨着家族的發育、成長以及遷徙,尤其是至唐代大量家族出現了"中央化"的現象[3],與之相伴的信仰也經歷了從地方到中央的過程,地方的弘法實踐逐步滲透到兩京的上流社會之中。這一過程,似乎尚未引起學界的重視。因此,本文擬通過此時期馮翊嚴氏的相關材料管窺以上兩個問題[4]。

在展開具體討論之前,有必要對中古馮翊嚴氏早期的形成與發展略作介紹。據《元和姓纂》載,嚴原爲芈姓,"楚莊王支孫,以諡爲姓",後避漢明帝諱,改莊爲嚴。漢時有莊不識,其孫青翟爲丞相,"青翟之後,代居馮翊",至魏鄀陽侯嚴稜徙之華陰[5]。《魏書》嚴稜本傳稱其爲"馮翊臨晉人",後"遇亂避地河南"。嚴稜子稚玉於太和五年(481)爲假馮翊公[6]。嚴稜一支即是此後馮翊嚴氏的主要淵源。因嚴稜後徙之華陰,故後世又稱此支爲華陰嚴氏。關於此支嚴氏早期

---

〔1〕 上揭陳寅恪《武曌與佛教》一文在討論榮國夫人楊氏篤信佛教時,亦不得不借用南北朝士人信仰多因家世遺傳的事實加以推測。

〔2〕 如史葦湘與馬德討論了中古敦煌地區李氏、陰氏、索氏、張氏、曹氏、翟氏等家族的開龕建窟,分見史葦湘《世族與石窟》,敦煌文物研究所編《敦煌研究文集》,甘肅人民出版社,1982年,151—164頁;馬德《都僧統之"家窟"及其營建——〈臘八燃燈分配窟龕名數〉叢識之三》,《敦煌研究》1989年第4期,54—58頁。關於河東裴氏奉佛的考察,可參看吉川忠夫《裴休傳—唐代の一士大夫と佛教—》,《東方學報》第64卷,1992年,115—227頁;愛宕元《唐代河東聞喜の裴氏と佛教信仰—中眷裴氏の三階教信仰を中心として—》,吉川忠夫編《唐代の宗教》,朋友書店,2000年,35—61頁。張弓與謝重光考察中古士族歷代對家寺的營建,分見張弓《漢唐佛寺文化史》,中國社會科學出版社,1997年,191—193頁;謝重光《中古佛教僧官制度和社會生活》,商務印書館,2009年,400—406頁。

〔3〕 毛漢光《從士族籍貫遷移看唐代士族之中央化》,《中國中古社會史論》,上海書店出版社,2002年,234—333頁。

〔4〕 上揭李玉珍《唐代的比丘尼》已初步考察了唐代馮翊嚴氏(按:李氏作"天水嚴氏")的佛教信仰,但未作深論,70頁。

〔5〕 林寶著,岑仲勉校《元和姓纂(附四校記)》卷五,中華書局,1994年,779頁。

〔6〕 《魏書》卷四三《嚴稜傳》,中華書局,2017年,1061頁。又,嚴元貴墓誌稱元貴爲馮翊郡人,其先"值晉室播遷,家於洛邑",見王其禕、周曉薇《隋代墓誌銘彙考》第5册,綫裝書局,2007年,154—156頁。《魏書·嚴稜傳》稱嚴稜避地河南後,劉裕以之爲廣威將軍云云。可知,嚴元貴一支在嚴稜之前已經離開馮翊,家於洛陽。

發展,岑仲勉已據唐穆員撰《國子司業嚴(士元)誌》有所疏證[1]。同時,在新見唐代墓誌中有更細緻的記載。嚴逢墓誌稱:"其先因楚莊王嚴辛爲令尹,至恭王封於陽陵,以謚爲氏。又翰仕魏爲馮翊太守,乃家關中,遂居華陰,是爲馮翊人焉。"[2]嚴翰,《册府元龜》稱其字公仲[3]。《三國志》裴注引《魏略》有載一嚴幹,字公仲,馮翊東縣人。馮翊東縣"舊無冠族",幹亦爲單家。建安時分馮翊郡,嚴幹"仕東郡爲右職"[4]。兩處文獻均稱其字爲公仲,可知嚴翰即嚴幹,翰、幹二字蓋因形似而訛。另,新見唐嚴謇墓誌稱"東漢扶風守翰,亦明《公羊》"。嚴翰通《公羊》與上引《魏略》中稱嚴幹"特善《公羊春秋》"吻合[5],此亦可爲嚴翰即嚴幹添一憑證。從嚴幹/嚴翰被稱爲"單家"這一點來看,嚴氏此時尚未在地方上崛起[6]。唐長孺注意到嚴氏成功地藉馮翊分郡之機,在"舊無冠族"的東部,突破了冠族在州郡僚佐的壟斷[7]。至西晉末,嚴氏已成爲地方上之大族,在史書中有"馮翊大姓諸嚴"之稱[8]。

## 一、北朝至初唐關中馮翊嚴氏的崇佛事迹

嚴氏對於佛教的信仰與崇拜,在北朝時期就已初見端倪。《金石萃編》收録

---

[1] 林寶著,岑仲勉校《元和姓纂(附四校記)》卷五,779頁。

[2] 張保义《唐故朝議郎行洺州臨洺縣令柱國嚴府君(逢)墓誌銘並序》,毛陽光主編《洛陽流散唐代墓誌彙編續集》,國家圖書館出版社,2018年,810—811頁。穆員《國子司業嚴公(士元)墓誌銘》稱:"其先有漢太子太傅彭祖,爲左馮翊,子孫家焉。十二代祖翰林,東漢末復守本郡。"《全唐文》卷七八四,中華書局,1983年,8205頁上欄。這裏的"嚴翰林"應該即是嚴逢墓誌中的"嚴翰",衍"林"字。岑仲勉指出《國子司業嚴公(士元)墓誌銘》所記世系代數記載有誤,見《元和姓纂(附四校記)》卷五,779頁。

[3] 《册府元龜》卷八四五《總録部》,中華書局,1960年,10033頁下欄。《册府元龜》此條未注明引自何書,疑與下條相同,出於《魏典》。

[4] 《三國志》卷二三《裴潛傳》,中華書局,1964年,674—675頁。

[5] 裴休《唐故桂州刺史兼御史中丞本管防禦觀察等使贈左散騎常侍嚴公(謇)墓誌銘並序》,洛陽市文物考古研究院編《藏石集粹》,中州古籍出版社,2020年,244—246頁。該書校録文字時將下文"後魏"之"後"上屬,標點爲"亦明《公羊》後"。現已更正。

[6] 《魏略》亦稱當時馮翊之甲族爲"桓、田、吉、郭及故侍中鄭文信等"。《三國志》卷二三《裴潛傳》,674頁。

[7] 唐長孺《東漢末期的大姓名士》,《魏晉南北朝史論拾遺》,中華書局,2011年,26頁。

[8] 《晉書》卷六〇《牽秀傳》,中華書局,1974年,1636頁。

一方《袁□等五十人造像記》〔1〕。近人顏娟英編《北朝佛教石刻拓片百品》亦收此篇,且據拓片對《金石萃編》內之闕字進行了增補與修正〔2〕。不過,通過核對拓片文字,顏氏的錄文也存在一些問題。現將該造像碑側上欄文字逐錄於下。

    正光三年歲次壬寅八月五日
     □袁永、靳神子,化主東鄉三〔3〕如〔4〕   邑主嚴桃
     □東鄉萇〔5〕洛、袁思禮,邑胥〔6〕袁陽德、袁達、靳國珍
     □嚴三〔7〕德,邑正嚴雙興〔8〕,都維那靳令石、袁安興、東
     嚴國昌、張萇洛,但官袁洪珍、靳韶歡、東鄉猛虎〔9〕
     □典錄袁承達,東鄉暎周五十人,共造石像一軀。

碑側下欄及背陰爲綫刻人物圖,每一人物旁刻有文字說明爲何人及其身份,此不贅錄。統計該石刻造像記以及題名,可確定爲嚴氏的共有 16 人。作爲邑主的嚴桃是造像的主導者之一,而嚴氏又是這次造像活動的主要參與者。《平津讀碑記》載此碑在陝西高陵〔10〕。北魏時期,高陵/高陸爲馮翊郡治所,活動於此的嚴氏可能是從臨晉遷徙至高陵一帶〔11〕。總之,這一造像反映了關中渭水流域民

---

〔1〕 王昶編《金石萃編》卷二九,《石刻史料新編》第 1 輯第 1 冊,新文豐出版公司,1982 年,518 上欄—519 上欄。

〔2〕 顏娟英主編《北朝佛教石刻拓片百品》(下文簡稱《百品》),"中研院"歷史語言研究所,2008 年,53—54 頁。

〔3〕 《金石萃編》錄文作"毛",《百品》錄文作"三"。原刻爲▉,當爲"三"之異體字,當從《百品》。

〔4〕 《金石萃編》錄文作"如",《百品》錄文作"女"。原刻爲▉,女當爲左部,暫從《金石萃編》。

〔5〕 《金石萃編》錄文作"正",《百品》錄文作"萇"。原刻爲▉,該造像記內"清信士史萇受"之"萇",原刻爲▉。兩字當同爲"萇"。

〔6〕 "胥",原刻爲同▉。《百品》錄文作"胃",以此爲別字。王昶指出此字爲"胥",從王說。

〔7〕 《金石萃編》錄文作"大",《百品》錄文作"三"。原刻爲▉。該造像記背陰附綫刻人物圖旁有"邑胥嚴▉德",當從《百品》作"三"。

〔8〕 《金石萃編》錄文作"興",《百品》錄文作"歸"。據拓片,當作從《金石萃編》作"興"。

〔9〕 《金石萃編》在"虎"後還有一"嚴"字。據拓片,"虎"後行文換行,無"嚴"字。

〔10〕 洪頤煊《平津讀碑記》卷二,《石刻史料新編》第 1 輯第 26 冊,19369 頁下欄。

〔11〕 《魏書》卷一○六《地形志二下》,2852 頁。需要說明的是,《魏略》載建安時期曾分馮翊西數縣爲左內史郡,治在高陵,東數縣爲本郡,治在馮翊。《三國志》卷二三《裴潛傳》,674 頁。東漢末至西晉時,馮翊之治所在臨晉。因此,《魏書·嚴稜傳》仍稱其爲"馮翊臨晉人"。

衆的信仰當無疑問,活動在此一帶的嚴氏當即爲馮翊嚴氏。

嚴氏在關中地方上的影響力,還可從嚴詮墓誌中管窺[1]。誌文稱嚴詮爲馮翊臨晉人。嚴詮及其父、祖父三代的經歷可以説是北朝馮翊嚴氏在地方上的一個縮影。嚴詮之祖名僧貴,北魏皇興年間入仕,後爲華山太守,由"僧貴"之名可知嚴氏對佛教之尊崇。嚴詮父期,"俠居河渭,帶險稱雄",孝文帝時除爲華陰縣令。嚴詮則有"洞理悟物之性"與"恭寬孝義之風",墓誌又稱其"情好朋交,愛汎鄉友"。"洞理悟物之性"似指其在佛教上的造詣,其餘則指其在地方上獲得的風評。結合《袁□等五十人造像記》中出現參與造像的諸嚴,北朝後期在馮翊一帶聚居着不少嚴氏,並且已經從地方大姓成爲扎根鄉里的豪族官僚。除了上述造像記之外,關中地區還有兩方造像記中有嚴氏的身影。在今臨潼有一尊北周天和二年(567)的圓雕盧舍那佛造像座,其中有一百九十名婦女題名。在該石座左側第一層銘文中有"邑子嚴女媚"的記載。另藏於渭南博物館的一方造像碑稱"開皇七年……清信佛弟子嚴始榮……割捨家資……爲亡父母敬造釋加(迦)石象(像)一軀……爲帝主人□及自己身、妻兒眷屬,弟兄□□……"云云。據《陝西金石志》稱該造像記出於咸寧(今西安市長安區)[2]。這些嚴氏很可能與聚居於馮翊的嚴氏屬同族。將嚴詮墓誌與上引三方造像記連綴起來看,可知自北魏至隋嚴氏家族在關中地方社會中頗有影響力,且一直參與與佛教相關的活動,甚至成爲了地域性佛教信仰的領袖家族。

至隋末唐初,馮翊嚴氏中出現了一位出家的高僧。約成書於神龍年間的《弘贊法華傳》載一僧釋智儼。此僧並非學界所熟知的法順弟子、法藏之師、被奉爲華嚴二祖的智儼。《弘贊法華傳》所載之智儼俗姓嚴,同州人[3]。同州,即馮翊郡[4]。智儼這一支嚴氏應該自北朝以來一直扎根鄉里而未遷徙流移。同州地區

---

[1] 葉煒、劉秀峰主編《墨香閣藏北朝墓誌》,上海古籍出版社,2016年,88—89頁。
[2] 陝西省考古研究院、陝西省銅川市藥王山管理局編《陝西藥王山碑刻藝術總集》第7卷《臨潼、渭南地區造像碑》,上海辭書出版社,2014年,125、150頁。
[3] 慧詳《弘贊法華傳》卷三《唐同州戒業寺釋智儼傳》,《大正藏》第51册,No.2067,大正一切經刊行會,1924年,20頁下欄—21頁上欄。《弘贊法華傳》是據《高僧傳》《續高僧傳》等文獻爲主要材料加以編輯而成。(參見伊吹敦《唐僧慧祥に就いて》,《早稻田大學大學院文學研究科紀要:哲學・史學篇別册》第14集,1987年,33—45頁)但此智儼不見他書記載。下文凡叙其事迹時,不復出注。
[4] 《舊唐書》卷三八《地理一》,中華書局,1975年,1400頁。

的佛教發展至隋代出現一個小高潮。仁壽元年(601),道密奉命將隋文帝所頒舍利送至同州武鄉縣大興國寺。大興國寺的前身正是楊堅出生之地般若尼寺[1]。不過,智儼出家的寺院不在武鄉縣,而在朝邑縣。據稱智儼十二三歲時遇一梵僧而剃度,居於朝邑縣戒業寺。唐初,朝邑縣爲同州屬縣[2],戒業寺在朝邑郭城附近。李懷光叛亂之後,寺中僧侶交通縣中官吏將寺遷徙至西崗,寺魁"日縱其徒於民間爲禍福語以動惑之",以至"民無老幼男女,争相率以奉所欲"[3]。此事雖已不是智儼所在時發生,亦可知戒業寺在朝邑縣内還是很有影響力。智儼入寺後,"遍近衆師,廣祈玄教",對《攝論》《唯識》《般若》《維摩》及《法華》諸經均能"貫其幽旨,窮其了義",且又"善談《老》《易》,雅論玄情"。正因爲智儼傑出的佛學造詣,他在顯慶三年(658)獲太州仙掌縣道俗之請,至靈仙寺講《法華經》。太州,即華州[4],與同州接壤。靈仙寺肇建於李淵,因其建義時途經華陰神祠"望祀靈壇以求多祉",又感此地乃"萬國朝宗之路,六合交會之區,可以瞻仰儀形,栖遲禪誦",遂建此寺,並造像書經以修禔福,後於貞觀初立碑[5]。《弘贊法華傳》記錄智儼在靈仙寺宣講《法華經》時,從經上佛字中出現了舍利的神異現象。這或許與同、華地區的舍利崇拜相關[6]。智儼此後"往來講導,涉履數州",凡經之處"香花幡蓋,鼓樂絃歌,車馬振天地,人物隘城郭"。隱居之後,智儼"所感惠利,動盈億萬,一無希取,並隨處施之"。待其圓寂之時,"素服而從弟子禮者"達萬餘人。智

---

[1] 王邵《舍利感應記》,道宣編《廣弘明集》卷一七,《大正藏》第 52 册, No. 2103,214 頁下欄;王昶《金石萃編》卷四〇《同州舍利塔額》,《石刻史料新編》第 1 輯第 1 册,683 頁下欄—684 頁上欄;道宣著,郭紹林點校《續高僧傳》卷二八《隋京師大興善寺釋道密傳》,中華書局,2014 年,1084 頁。關於楊堅出生以及道密送舍利於同州的討論,可參看 Chen Jinhua, *Monks and Monarchs, Kinship and Kingship: Tanqian in Sui Buddhism and Politics*, Italian School of East Asian Studies, 2002, pp. 78 – 79。

[2] 乾元三年(760),朝邑縣從同州割出,歸於河中府。參見《舊唐書》卷三八《地理一》,1400 頁。

[3] 沈亞之《復戒業寺記》,《文苑英華》卷八一七,中華書局,1956 年,4316 頁上欄。

[4] 華州於垂拱二年(686)至神龍元年(705)、上元元年(760)至寶應元年(762)間被改稱太州。參見《舊唐書》卷三八《地理一》,1399 頁。

[5] 法琳《辯正論》卷四《十代奉佛篇下》,《大正藏》卷 52 册, No. 2110,511 頁中欄。據《辯正論》載,靈仙寺碑文由李百藥製。《金石録》收録此碑,題爲《唐鎮岳靈仙寺碑》,由薛收撰文。趙明誠著,金文明校證《金石録校證》卷三,廣西師範大學出版社,2005 年,48 頁。

[6] 除了同州大興國寺,華州思覺寺亦是隋文帝仁壽元年分頒舍利之地。參見王邵《舍利感應記》,《廣弘明集》卷一七,《大正藏》第 52 册, No. 2103,214 頁下欄。

儼所涉之地現已不得而知,可能主要還是集中在關中地區,影響不小。

目前所見北朝與佛教相關的石刻中,關東地區部分造像題記也顯示了嚴氏對佛教相關社會事務的參與。這些嚴氏是否屬於馮翊嚴氏一支,現已無從考證[1]。雖然暫時未能將所有北朝參與造像以及與佛教相關社會事務中的嚴氏都確定爲馮翊嚴氏一支,但至少可以説明北朝時期馮翊嚴氏已經開始傾心於釋教。尤其是在關中地區,嚴氏已經成爲地方性的豪族官僚,並且在地方上積極地進行弘法實踐。《袁□等五十人造像記》表明,馮翊嚴氏以家族合宗的形式參與到造像活動之中,並起着關鍵性作用。這與嚴詮墓誌所示北朝後期嚴氏在渭水流域頗有影響力這一點暗合。經過北朝的沉澱,智儼從衆多受到義邑影響的家族成員中脱穎而出,成爲一名地方上的高僧。

## 二、從馮翊到兩京:唐代馮翊嚴氏與洛陽佛教

馮翊嚴氏在北朝時就有人走出鄉里。至唐代,已有不少馮翊嚴氏定居兩京、葬於兩京,出現"中央化"的現象。其中代表性人物是嚴挺之,其家族已遷居洛陽,其本人也已躋身官僚體制的上層序列[2]。如所周知,唐代兩京地區佛教鼎盛,居於兩京的官僚、士人與兩京佛教互動頻繁。嚴挺之與洛陽佛教、北宗禪義福、律宗法慎等僧人關係密切。嚴挺之濃厚的佛教情結在其後世代多有傳承,佛教信仰成爲其家族文化中的重要一部分。尤其是因爲洛陽是這一支嚴氏"中央化"後的定居之地,嚴挺之後代在洛陽的崇佛事迹非常豐富。

嚴浚,字挺之,以字行。兩《唐書》稱其爲華州華陰人[3]。蓋因北魏嚴稜徙

---

[1] 關東地區有嚴氏家族成員參與的造像有兩種。其一是東魏武定年間的《標異鄉義慈惠石柱頌》,在今河北省定興縣。其二是北齊《在孫寺造像記》,在今河南省登封市。分見顔娟英主編《北朝佛教石刻拓片百品》,184—199 頁;《金石萃編》卷三三,《石刻史料新編》第 1 輯第 1 册,581 上欄—584 上欄。

[2] 據《元和姓纂》載,嚴氏有馮翊、敦煌、吴郡以及廣漢四支。其中廣漢一支有嚴震,史稱"世居梓州鹽亭,云本望馮翊"。(林寶著,岑仲勉校《元和姓纂(附四校記)》,778—785 頁)因唐代世系攀附現象屢見不鮮,故本文對這支"云本望馮翊"的嚴氏不作討論。

[3] 《舊唐書》卷九九《嚴挺之傳》,3103 頁;《新唐書》卷一二九《嚴挺之傳》,中華書局,1975 年,4482 頁。

於華陰,故稱其爲華陰人。嚴稜五代孫君協,君協子方約,嚴挺之即方約之子[1]。關於嚴挺之崇佛,《舊唐書·嚴挺之傳》載:

> 挺之素歸心釋典,事僧惠義。及至東都,鬱鬱不得志,成疾。自爲墓誌曰:"……其年九月,寢疾,終於洛陽某里之私第。十一月,葬於大照和尚塔次西原,禮也……"挺之與裴寬皆奉佛。開元末,惠義卒,挺之服縗麻送於龕所。寬爲河南尹,僧普寂卒,寬與妻子皆服縗絰,設次哭臨,妻子送喪至嵩山。故挺之誌文云"葬於大照塔側",祈其靈祐也。[2]

《新唐書·嚴挺之傳》稱挺之"與浮屠惠義善",去世之後葬於惠義塔側[3]。伯蘭特·佛爾(Bernard Faure)指出惠義與大照禪師普寂是兩位僧人[4]。上引《舊唐書》將惠義與普寂對舉,這位惠義可能就是神秀弟子中與普寂齊名的義福。《宋高僧傳·義福傳》稱義福圓寂後"中書侍郎嚴挺之躬行喪服,若弟子焉"[5],這與《舊唐書》所載惠義卒後嚴挺之服麻送葬的情節相吻合。

之所以稱嚴挺之與洛陽佛教關係密切,一方面因其在天寶元年(742)後回到東都,終於洛陽私第,並葬於洛陽。另一方面,嚴挺之與當時活躍於兩京的北宗禪僧人普寂、義福都有很深的淵源。他在逝世前自明心迹,願葬於嵩山大照和尚普寂之塔側。

義福是神秀的弟子,北宗禪的代表性僧人。嚴挺之在義福去世之後撰寫了《唐大智禪師碑》。這是關於義福生平最詳細的記載。趙明誠《金石錄》中收錄《唐大智禪師碑》及《唐大智禪師碑陰》。前者"嚴復撰,史惟則八分書",立於開元二十四年(741)九月。後者爲陽伯成撰,史惟則書,成於開元二十九年。顧炎武校本"復"旁注"濬",《金石文字記》稱此碑爲嚴挺之撰[6]。"濬",同"浚"。

---

[1] 林寶著,岑仲勉校《元和姓纂(附四校記)》,779 頁。
[2] 《舊唐書》卷九九《嚴挺之傳》,3106 頁。
[3] 《新唐書》卷一二九《嚴挺之傳》,4483 頁。
[4] 伯蘭特·佛爾著,蔣海怒譯《正統性的意欲:北宗禪之批判系譜》,上海古籍出版社,2010年,79 頁,注釋2。
[5] 贊寧著,范祥雍點校《宋高僧傳》卷九《唐京兆慈恩寺義福傳》,中華書局,1987 年,197 頁。
[6] 趙明誠著,金文明校證《金石錄校證》卷六,104、112 頁;顧炎武《金石文字記》,《石刻史料新編》第 1 輯第 12 册,9246 頁上欄。

當以顧氏所説爲是。此碑現存西安碑林博物館。嚴挺之在碑文中交代了撰文之緣起以及與義福之往來。其稱：

> 禪師之季曰道深，力方墳而心静，弟子莊濟等，營豐碑而志勤。伊余識昧，昔嘗面禀，非以文詞取拙，將爲剋慕在懷……有太僕卿濮陽杜昱者，與余法利同事，共集禪師衆所知見實録，其餘傳聞，不必盡記。[1]

同碑載，義福先後於東都福先寺師事胐法師，於嵩岳寺師事法如，並於載初年間落髮受戒。因"聞荆州玉泉道場大通禪師以禪惠兼化"，故義福又至大通禪師神秀處學法。神秀於久視中應武則天之詔入洛[2]。神秀圓寂之際，《唐大智禪師碑》稱"唯禪師（義福）親在左右"，可知義福或即與神秀一同入洛，並常伴其左右。此後，義福先後至終南感化寺、京師慈恩寺。開元十三年，玄宗東巡，特令其駐錫東都福先寺。開元十五年，義福回駐京師。直至開元廿一年，義福又入東京，駐南龍興寺，並於廿三年圓寂[3]。嚴挺之神龍元年（705）擢第，授義興尉，得到時爲常州刺史的姚崇賞識。《舊唐書·嚴挺之傳》載"及崇再入爲中書令，引挺之爲右拾遺"[4]。景雲元年（710）六月，姚崇再入朝爲兵部尚書、同中書門下三品[5]。嚴挺之當是在此後不久至長安任職。雖然在先天與開元初期嚴挺之被貶爲萬州員外參軍，但是至開元中期又入朝爲考功員外郎，累官至中書侍郎[6]，直至開

---

[1] 張柏齡《〈唐大智禪師碑〉考釋》，《碑林集刊》第4輯，陝西人民美術出版社，1996年，93—103頁。《金石萃編》與《全唐文》皆載此碑。張柏齡據西安碑林博物館藏原刻對其文字進行了校勘。今從張伯齡之録文。下文凡述義福生平出張柏齡校訂碑文處，不復出注。

[2] 關於神秀入洛之時間，《傳法寶記》稱"久視中"，《楞伽師資記》引《楞伽人法志》稱"大足元年"。杜胐《傳法寶記》、净覺《楞伽師資記》，韓傳强《禪宗北宗敦煌文獻録校與研究》，江蘇人民出版社，2018年，48、332頁。久視二年（701）正月，武周改年號爲大足，當以此年爲是。

[3] 關於義福往返兩京以及圓寂的時間，《宋高僧傳》中的記載與《唐大智禪師碑》多有出入，當以碑文爲準。參見張培鋒《禪宗北宗義福、普寂禪師關係考——〈宋高僧傳·義福傳〉箋證》，《文學與文化》第9輯，南開大學出版社，2009年，277—284頁。

[4] 《舊唐書》卷九九《嚴挺之傳》，3103頁。

[5] 《新唐書》卷六一《宰相表一》，1677頁。

[6] 《舊唐書》卷九九《嚴挺之傳》載嚴挺之先天二年（713）正月時曾上疏睿宗，後因反對時任侍御史的任知古而被貶萬州員外參軍。（3103—3104頁）《舊唐書》卷一〇六《王琚傳》載，先天政變時任知古任侍御史，3250頁。故推測嚴挺之被貶至地方的時間在開元初。另，兩《唐書·嚴挺之傳》不載其任中書侍郎，但在《舊唐書》卷一〇六《李林甫傳》有載挺之於開元時期任此職，3237頁。

元二十四年十一月出爲洺州刺史[1]。在此期間,嚴挺之一直活躍於兩京,必當與此時屢受玄宗召見的義福多有交集,故碑文中稱嚴挺之曾得以"面禀"義福。義福圓寂於洛陽南龍興寺,在圓寂之前"召其學徒,告已將終",挺之亦在所召之列[2]。正如上文所引,義福圓寂後,嚴挺之"躬行喪服",服麻送葬。據《唐大智禪師碑》所載,碑文撰寫於開元廿四年七月六日遷靈於龍門奉先寺之後,這應該是嚴挺之被貶前夕撰寫的最後的一篇宗教性文字。可知嚴挺之任中書侍郎期間密切關注着洛陽佛教發展的動態。《金石録》卷七又載有一方《大智禪師碑》,稱"嚴浚撰,胡霈然集王右軍書",立碑時間爲天寶十一載八月[3]。但此碑之樹立時間較嚴挺之逝世的天寶元年至少晚了十餘年。《墨池編》同樣記載了兩方義福碑,稱有《大智禪師義福碑》《大智禪師碑陰記》,史惟則書,又有《大智禪師碑》爲"胡沛然撰,集羲之書"[4]。前一方即現碑林所藏之碑。此外,《永樂大典》本《河南志》載洛陽寬政坊内有《興禪師碑》,由"唐中書侍郎嚴挺之撰,胡霈然書"[5],此又爲《唐兩京城坊考》所沿用[6]。《興禪師碑》已佚,現不知"興禪師"指何人,亦不確定《河南志》所稱"中書侍郎"是否是嚴挺之撰寫碑文時之結銜。

此外,嚴挺之又與律宗僧人法慎有所聯繋。法慎原爲揚州僧,曾於長安瑶臺寺成律師處受具戒,後又於太原寺東塔院學律。歸江都後,"以龍象參議,故再至京國"。時任黄門侍郎的盧藏用推崇法慎,"於院内置經藏,嚴以香燈",嚴挺之等人"願同灑掃"[7]。此"院"並非揚州龍興寺之别院,而當在洛陽。"願同灑掃"之人中還有房琯、畢構。房琯在開元十二年調補同州馮翊尉前,曾於陸渾

---

[1] 《資治通鑑》卷二一四《唐紀三十》開元二十四年十一月壬寅條,中華書局,1956年,6825頁。
[2] 李昉等《太平廣記》卷九七《義福》引《明皇雜録》,中華書局,1961年,645—646頁。
[3] 趙明誠著,金文明校證《金石録校證》卷七,123頁。
[4] 朱長文纂輯,何立民點校《墨池編》一七,浙江人民美術出版社,2012年,573—574頁。
[5] 徐松輯,高敏點校《河南志》卷一,中華書局,2012年,23頁。
[6] 徐松著,李健超增訂《最新增訂唐兩京城坊考》卷五,三秦出版社,2020年,492頁。
[7] 李華《楊(揚)州龍興寺經律院和尚碑》,《文苑英華》卷八六二,4548頁下欄—4550頁上欄;《宋高僧傳》卷一四《唐楊(揚)州龍興寺法慎傳》,346—347頁。

伊陽山中讀書十餘歲〔1〕。伊陽山即在洛陽附近。畢構在洛陽勸善坊有宅邸〔2〕。房、畢二人似乎都没有去過揚州。據盧藏用妻鄭冲墓誌載，鄭氏"自服膺釋教，垂卅年"，曾於開元中"受秘旨於大照宗師"，天寶時"證微言於弘正法主"，又"通《楞伽》《思益》《法華》《維摩》等經密義"。重要的是，鄭冲天寶九載逝世於"洛陽崇讓里之私第"〔3〕。一者可知，盧藏用夫妻均崇信釋教，二者可知盧藏用之宅在洛陽崇讓里。據此，盧藏用"置以經藏"的"院"當指法慎在洛陽住錫期間寺院的别院。結合上考嚴挺之之仕宦經歷，挺之開元年間在洛陽參與了盧藏用所舉行的佛事活動。

嚴挺之後代，除了仕宦地方者外，有長居洛陽者。有意思的是，據《明氏（遷）嚴夫人（挺之）墓誌並序》載誌主爲嚴挺之之女，亦諱挺之，疑墓誌誤刻。墓誌有載：

> 夫人幼而習善，晚尤勤道。依東京弘正和上脩學，超然大悟，洞入覺境。
> 四諦五乘之教，目覽無遺；世間出世之理，心融不礙。〔4〕

明遷墓誌亦載其妻在晚年"棲心道門，深入覺境。時諸道者，咸高其行"〔5〕。弘正，亦作宏正、弘政，是普寂的傳法弟子，即上文所稱盧藏用妻之師。史稱普寂門人"升堂者六十有三，得自在惠者，一曰弘正。正公之廊廡，龍象又倍，或化嵩洛，或之荆吴"〔6〕。弘正在天寶時期在洛陽聖善寺傳法，龍象輩出，遠超其

---

〔1〕《舊唐書》卷一一一《房琯傳》，3320頁。據《宋高僧傳·法慎傳》載，李華之碑撰寫於大曆八年，346頁。碑文中所繫諸人之官銜，並非諸人與盧藏用置經藏時"願同灑掃"時之官銜。盧藏用於先天時期因阿附太平公主而被流放嶺表，卒於開元初。《舊唐書》卷九四《盧藏用傳》，3004頁。碑文中王昌齡之銜爲"詞人氾水尉"，但王昌齡任氾水尉的時間在開元二十二年後。黄益元《王昌齡生平事迹辯證》，《文學遺產》1992年第2期，31—34頁。碑文中賀知章之銜爲"秘書監"，但其任此職的時間是在李亨被立爲太子的開元二十六年。《新唐書》卷一九六《賀知章傳》，5607頁。

〔2〕徐松著，李健超增訂《最新增訂唐兩京城坊考》卷五，387頁。

〔3〕鄭瑊《唐故尚書右丞盧府君（藏用）夫人滎鄭氏（冲）墓誌銘並序》，中國文物研究所、千唐誌齋博物館編《新中國出土墓誌·河南（叁）·千唐誌齋（壹）》，文物出版社，2008年，上册167頁、下册124頁。

〔4〕佚名《明氏（遷）嚴夫人墓誌並序》，《洛陽流散唐代墓誌彙編續集》，362—363頁。

〔5〕歐陽瑶《故廣平郡洺水縣令明府君（遷）墓誌銘並序》，《洛陽流散唐代墓誌彙編續集》，374—375頁。

〔6〕獨孤及《舒州山谷寺覺寂塔隋故鏡智禪師碑銘》，《文苑英華》卷八六四，4562頁上欄。

師〔1〕。從嚴挺之與義福、普寂的關係來看,其女師從弘正或當受其影響。

除了嚴挺之之女,其子嚴武有三女均於洛陽出家,且與洛陽禪、律二宗的關係十分密切。

其一是嚴清源。清源約生於天寶八載,得度後配住東都安國寺,"受法於長壽澄和尚"。約在大曆三年(768),清源於安國寺"□勝律師"處受具戒,後又"聽習於石壁覺大德"〔2〕。長壽寺在洛陽嘉善坊。東都安國寺在洛陽宣風坊,在會昌前爲一尼寺〔3〕。石壁寺具體所在不詳,亦當在洛陽附近。五代時人楊凝式曾居洛陽,宋人張齊賢《洛陽搢紳舊聞記》載其逸事。其稱:

> 尋常每出,上馬至大門外,前驅者請所訪,楊與一老僕語曰:"今日好向東遊廣愛寺。"老僕曰:"不如西向遊石壁寺。"少師舉鞭曰:"且遊廣愛寺。"鞭馬欲東。老僕曰:"且向西遊石壁寺。"少師徐曰:"且遊石壁寺。"聞者竊笑之。〔4〕

據此可知,石壁寺與廣愛寺分別在洛陽西、東。"澄和尚"與"覺大德"已不可斷言爲何人,但可以做一些推測。"澄和尚"可能是指澄空。據梁寧《唐東都安國寺故臨壇大德(澄空)塔下銘並序》載,澄空原爲長安功德尼淨因的弟子,因"洛中事法嘗闕",應邀至洛陽〔5〕。之所以認爲"澄和尚"爲澄空的可能性較大〔6〕。其一,雖然澄空在洛陽的駐錫地不詳,但塔銘稱其是安國寺臨壇大德,

---

〔1〕 關於弘正事迹的具體研究,參見徐文明《禪宗第八代北宗弘正大師》,《敦煌學輯刊》1999年第2期,32—39頁。

〔2〕 清江《唐故安國寺清源律師墓誌並序》,《新中國出土墓誌·河南(叁)·千唐誌齋(壹)》,上册209頁、下册152—153頁。

〔3〕 徐松著、李健超增訂《最新增訂唐兩京城坊考》卷五,436、494頁。

〔4〕 丁喜霞《〈洛陽搢紳舊聞記〉校注》卷一《少師佯狂》,中國社會科學出版社,2013年,14頁。

〔5〕 吳鋼編《全唐文補遺》第4輯,三秦出版社,1997年,5—6頁。

〔6〕 約與澄空同時代,還有兩位可被稱爲"澄和尚"的僧侣。其一是澄沼。據張彥遠《三祖大師碑陰記》,澄沼原在嵩山,大曆初應時任留守東都兼河南尹的張延賞之請,至洛陽修建大聖善寺(姚鉉編《文粹》卷六三,"中華再造善本"影印宋紹興九年臨安府刻本,18b—19a頁)。據新出相關石刻史料,澄沼此後一直在聖善寺。見趙振華《洛陽棲霞宮村出土唐代經幢初探》,《洛陽古代銘刻文獻研究》,三秦出版社,2009年,610—611頁。但現存史料中未見澄沼有徙居長壽寺之舉動。其二是澄璨。據聖善寺沙門惟忠所述《唐寧刹寺故臨壇大德尼澄璨尊勝陀羅幢記並序》,祇知澄璨在元和九年(814)終於寧刹寺法花道場,葬於禹門護法寺,其餘事迹皆不詳。見張乃翥《跋龍門地區新發現的三件唐代石刻》,《文獻》1991年第2期,245—255頁。

與清源同爲安國寺尼。其二,澄空爲律宗東塔宗傳人[1],這與清源律師的身份又有交集。"覺大德"疑指幻覺。《唐故東都麟趾寺法華院律大師墓誌銘並序》稱幻覺六歲出家,後爲都城臨壇大德,於貞元十八年(802)示寂,俗年八十八,僧臘六十七[2]。雖然誌文没有幻覺駐錫石壁寺的記載,但從幻覺的生平可知清源"聽習於石壁覺大德"時,幻覺即在洛陽。

其二是嚴清悟。清悟爲嚴武第二女,約出生於天寶十四載,於大曆六年得度,配住東京安國寺,最終就化於永貞元年(805)八月。其墓誌載,清悟夏臘三十二,則其受戒當在大曆九年前後[3]。清悟或即在安國寺受具足。在此之前,其姊清源亦於此寺受戒。墓誌又稱清悟有弟子文亮,乃"伯兄之女"。雖然清悟之墓誌記載簡略,但仍透露出嚴氏家族佛教信仰傳承的信息。

其三是嚴清敏。《八瓊室金石補正》收録一方《尼戒香等尊勝幢記》,在洛陽存古閣。另陸心源《唐文續拾》亦收録此文,題爲《平泉寺智寂等造經幢記》。通覽此記,文中未見"平泉寺"字樣,不知陸心源擬題何據。此幢缺字甚夥,兩幢記録文又多有出入,可互相補正。現逐録相關文字如下。

  大德尼清敏,俗姓嚴,天水(上闕)冑族之胤矣。(《續拾》在"冑"前作缺一字,文末又脱"矣"字)先祖諱挺之,任中□□郎(《續拾》作"先師[缺]郎諱挺之")。皇考官任卌二政,後除(此二字《續拾》缺)黄門侍郎、劍南東西西(衍"西",《續拾》祇録一"西"字)兩川節度使,諱武。令□□□□□□□鍾□□□□華。(《續拾》作"令□□情[缺]華")六歲出家於上都遵善寺,廿(《續拾》闕)授戒於□□(此二字《續拾》作"東都")□□焉……□棲心□□□□□□□□(《續拾》作"頓棲□門學問,惟我山門祖師,便指")於空王心印,次禮於敬愛東院(《續拾》作"次□化於敬愛東院")……賢姪女隨芳□亮(《續拾》作"賢□女□兮文亮"),致(《續拾》脱)補闕嚴公諱楚之,令淑(《續拾》作女)也。風□天生,性堅神□,精修禪

---

[1] 王磊《中唐以前兩京地區的東塔宗——兼及〈宋高僧傳〉之編撰》,《漢語佛學評論》第5輯,上海古籍出版社,2017年,182—183頁。
[2] 周紹良主編《唐代墓誌彙編》貞元一一七,上海古籍出版社,1992年,1923頁。
[3] 文亮《大唐故安國寺嚴大德(清悟)墓銘並序》,《洛陽流散唐代墓誌彙編續集》,512—513頁。

(《續拾》作缺)□,衆皆推之,亦升臨壇之位也。嗚呼! 先師居遷變世界,在□□□□(《續拾》作"存没有□□"),膏盲疾來,藥餌無救。俗□□十九(《續拾》作"□□七十九"),僧臘□十□(《續拾》作"像[缺]"),以開成元年歲次景辰十一月景寅朔十一(《續拾》作六)日,奄然遷化於……[1]

此處稱"天水"爲清敏之郡望,似誤。清敏爲嚴挺之之孫、嚴武之女無疑,其郡望當爲馮翊。從卒年推算,清敏於乾元元年(758)出生,廣德元年(763)出家於遵善寺。遵善寺或即大興善寺之前身,在長安靖善坊[2]。至大曆十二年,清敏已在洛陽,並於某寺受戒。殘記中言"空王心印",正是禪宗不立文字、以心傳心的傳承法門。這可能就是清敏在受戒後前往敬愛寺的原因。敬愛寺是北宗禪在洛陽重要的道場,普寂、普寂法嗣法玩、普寂法孫大證曇真、明演等北宗禪僧侣均曾隸名於此寺[3]。清敏受戒時,普寂與曇真已圓寂。明演在興元後方纔開法[4]。法玩在大曆時期"教被灃洛,德高嵩少",於敬愛寺臨壇開法,最終在貞元六年示寂於敬愛寺[5]。清敏在敬愛寺時,正值法玩弘法之時,其亦當受到北宗禪之影響。

疑同樣出於嚴氏的女尼還有清源墓誌的撰者清江。從其法名"清江"來看,她應與清源、清敏及清悟屬同一字輩,很可能是嚴武的另一個女兒。同時,上文提到的清敏"伯兄之女"文亮,正是嚴清悟墓誌的撰寫者。幢記稱其爲"賢姪女",其父爲嚴楚之。陸增祥稱楚之即嚴武之子楚卿。新見《朝散郎前守叔王府兵曹參軍崔公(寵)故夫人嚴氏墓銘並序》載:

夫人幼離慈愛。有義姑安國寺臨壇大德清悟,立性高邁,潔志貞堅……

---

[1] 陸增祥編《八瓊室金石補正》卷四七,《石刻史料新編》第 1 輯第 7 册,4759 頁下欄—4761 頁上欄;陸心源編《唐文續拾》卷一一,《全唐文》,11296 頁下欄—11297 頁上欄。

[2] 徐松著,李健超增訂《最新增訂唐兩京城坊考》卷二,55 頁。按李健超的説法,"遵善寺"是西晉時舊址,隋立大興城之後,即新建大興善寺,以所封爲名,從此不應再有遵善寺之名。

[3] 徐文明《北宗修法禪略考》,白化文主編《周紹良先生紀念文集》,北京圖書館出版社,2006 年,411 頁;王惠民《唐東都敬愛寺考》,《唐研究》第 12 卷,北京大學出版社,2006 年,357—377 頁。

[4] 楊叶《唐故禪大德演公塔銘並序》,《唐代墓誌彙編》貞元一一一,1917 頁。明演爲老安弟子義琬法孫,其輩分低於法玩。若兩人同在敬愛寺,清敏所禮之僧或即爲法玩。

[5] 李充《大唐東都敬愛寺故開法臨檀(壇)大德法玩禪師塔銘並序》,《唐文續拾》卷四,《全唐文》,11221 頁上欄。

撫視提育,至笄之年……有出家堂妹安國寺尼文亮,皇右補闕諱楚卿之次女也。即故臨壇大德清悟親姪女,仍上足之弟子也。[1]

據墓誌所示世系,此嚴氏爲嚴武之孫女,嚴鄭卿之女。一可知陸增祥所説楚之即楚卿無誤。二亦可知此女自幼即由清悟撫育,爲其弟子。此外,鄭卿有子弘亮,弘亮有子逢。嚴逢同樣傾心釋教。嚴逢墓誌稱其"生而孝敬,棲心釋苑。思欲冥契真理,俛俛浮生,所以梵典空經,未嘗釋手,三乘得妙,萬法指迷"。其幼女"慕空門,從師學法"[2]。

嚴挺之晚年歸洛[3],去世後,其後人在洛陽一直秉持着對於佛教的崇信。一個鮮明的特點是,嚴挺之及其後輩與北宗禪關係密切。自神秀入洛之後,嵩洛地區成爲北宗禪的根本所在[4]。定居於洛陽的嚴挺之一系受其禪風熏陶也是理所當然之事。實際上,北宗禪在義福、普寂的推動下,爲了脱離東山法門山林佛教的傳統而向都市佛教妥協,逐漸形成了禪律一致的思想[5]。久居都市的嚴氏在信仰上的表現亦與之同軌。嚴挺之在尊崇北宗禪的同時又受律宗僧法慎的影響,他後輩中出家的諸尼與禪、律二宗淵源亦極深厚。

需要補充的是,除了嚴挺之一系,其兄嚴損之一系在洛陽同樣有崇佛的舉動。2014年洛陽出土一佛頂尊勝陀羅尼經幢,幢末題記云:

河中觀察判官、侍御史内供奉、賜緋魚袋嚴謇□爲先兄桂府觀察使兼御

---

[1] 崔竈《朝散郎前守叔王府兵曹參軍崔公(竈)故夫人嚴氏墓銘並序》,毛陽光主編《洛陽流散唐代墓誌彙編三編》,國家圖書館出版社,2023年,498—499頁。

[2] 張保乂《唐故朝議郎行洺州臨洺縣令柱國嚴(逢)墓志銘並序》,《洛陽流散唐代墓誌彙編續集》,810—811頁。嚴逢墓誌對其譜系的記載似有誤。其稱:"曾祖諱武,皇西川節度使,贈左僕射,鄭國公。祖諱武,皇殿中侍御史,賜緋魚袋。考諱弘亮,皇桂府觀察判官,兼侍御史。"嚴逢妻劉氏墓誌載:"高祖諱挺之,唐中書侍郎。曾祖諱武,黄門侍郎,三任劍南節度使。祖鄭卿,興元節度參謀。考弘亮,宋州楚丘尉。"嚴逢《唐故彭城郡劉夫人墓誌》,《洛陽流散唐代墓誌彙編續集》,778—779頁。據《元和姓纂》載嚴武有三子,分别爲楚卿、越卿、鄭卿。780頁。本文以《唐故彭城郡劉夫人墓誌》所記譜系爲準,弘亮之父爲嚴鄭卿。

[3] 《舊唐書》卷九九《嚴挺之傳》,3106頁。

[4] 葛兆光《誰是六祖?——重讀〈唐中岳沙門釋法如禪師行狀〉》,《文史》2012年第3輯,中華書局,2012年,245—266頁。

[5] 伊吹敦《「戒律」から「清規」へ——北宗の禪律一致とその克服としての清規の誕生》,《日本仏教学会年報》第74號,2008年,49—90頁;同氏《北宗における禪律一致思想の形成》,《東洋学研究》第47號,2010年,362—278頁。

史大夫、贈工部尚書建立。長慶叁年拾貳月貳拾玖日記。〔1〕
嚴賽之兄爲嚴謩,同屬馮翊嚴氏。據嚴士良墓誌,士良之祖爲嚴方約、父爲損之,其伯即是嚴挺之。士良有二子,長曰謩、次曰賽〔2〕。嚴賽墓誌載"長兄謩,善詩有名,自秘書監觀察桂管,亦終於位"〔3〕。《舊唐書》載長慶二年(822)夏四月"丁亥,以秘書監嚴譽爲桂管觀察使"〔4〕。岑仲勉據《方鎮表》稱此"譽"當爲"謩"之訛,推測其在四年底卒於桂管任上〔5〕。據嚴賽墓誌及白居易撰《嚴謨可桂管觀察使制》〔6〕,可知岑仲勉稱《舊唐書》訛字爲的論〔7〕。長慶三年時,郭釗爲河中節度使,嚴賽供職其幕府〔8〕,但一直與洛陽保持密切聯繫。

嚴士良一系與嚴挺之一系同樣於洛陽有居所。嚴士良逝世於河南縣芳苑里,其妻韋氏卒於東都陶化里第,並"祔於河南縣龍門鄉之西原嚴氏之大塋"〔9〕。嚴賽妻李玩最終遘疾終於"東都宣教里之私第"〔10〕。此時之嚴氏均於洛陽有宅邸,嚴氏的家族葬地亦在洛陽。雖然無法知曉嚴賽爲其兄謩所建立之經幢在洛陽的具體位置,但依然可以管窺中晚唐時期洛陽的嚴氏一直與佛教保持着良好的關係。

除了嚴方約一系外,洛陽崇佛的馮翊嚴氏還有嚴郢。《新唐書·嚴郢傳》稱

---

〔1〕《唐佛頂尊勝陀羅尼嚴氏幢記》,張永華、趙文成、趙君平編《秦晉豫新出墓誌蒐佚三編》,國家圖書館出版社,2020年,925—926頁。

〔2〕 嚴綬《唐故正議大夫使持節江州諸軍事守江州刺史上柱國嚴府君(士良)墓誌銘並序》,《藏石集粹》,220—222頁。

〔3〕 裴休《唐故桂州刺史兼御史中丞本管防禦觀察等使贈左散騎常侍嚴公(賽)墓誌銘並序》,《藏石集粹》,244—246頁。

〔4〕《舊唐書》卷一六《穆宗紀》,497頁。

〔5〕 岑仲勉《唐史餘瀋》卷三"二嚴不如謩",中華書局,2004年,167頁

〔6〕 白居易著,朱金城箋校《白居易集箋校》卷五一,上海古籍出版社,2020年,2949—2950頁。

〔7〕 據上引經幢記,嚴謩已於長慶三年十二月二十九日前逝世。

〔8〕 吳廷燮《唐方鎮年表》卷四,中華書局,1980年,453—454頁;裴休《唐故桂州刺史兼御史中丞本管防禦觀察等使贈左散騎常侍嚴公(賽)墓誌銘並序》,《藏石集粹》,244—246頁。

〔9〕 邵之防《唐故正議大夫江州刺史嚴府君夫人扶風郡京兆韋氏墓誌銘並序》,《藏石集粹》,228—229頁。

〔10〕 錢知進《唐故朝散大夫使持節都督桂州諸軍事守桂州刺史兼御史中丞充桂管都防禦觀察處置等使上柱國賜紫金魚袋贈左散騎常侍馮翊嚴公(賽)夫人贊皇縣君趙君李氏(玩)墓誌銘並序》,《藏石集粹》,252—253頁。

其爲"華州華陰人"[1],柳宗元《先君石表陰先友記》則稱鄂爲河南人[2]。嚴鄂當屬馮翊嚴氏一支無疑,"河南"當指其籍貫。安禄山攻陷洛陽,時爲協律郎知東都太廟的嚴鄂"潛奉九廟神主於私第",直至至德三載(758)收復東都後有司"迎神主歸於太廟"[3]。嚴鄂此後相繼在荆南等地任職,後至郭子儀元帥府爲判官、行軍司馬,在子儀自河中出鎮邠州後領留府。直至大曆十年前後遷爲河南尹[4]。1981年,在陝西彬縣塔附近發現四塊殘碑,其中三塊可合而爲一,約爲原碑文的三分之二。該石碑建立的時間是大曆六年十一月十五日,記述了郭子儀及其部帥重修邠州開元寺之事[5]。至於該碑的撰者,現僅存"鄂撰"二字。楊忠敏推測是高鄂,似不確。《舊唐書》載高鄂在郭子儀節度朔方時爲掌書記[6]。碑文稱"以鄂爲令尹之偏"。《左傳》載"司馬,令尹之偏"[7]。嚴鄂在邠州正擔任行軍司馬一職。這篇碑文的撰者當爲嚴鄂。現可見碑文中引《大般若經》與《金光明經》,推測嚴鄂對於這兩部佛經還是非常熟悉的。與嚴鄂最爲密切的是密宗。大曆九年六月十五日,不空圓寂,嚴鄂撰寫了《三藏和上影讚並序》,並自稱爲不空弟子[8]。是年八月,代宗敕於大興善寺以不空荼毗所得舍

---

[1] 《新唐書》卷一四五《嚴鄂傳》,4727頁。

[2] 柳宗元著,尹占華、韓文奇校注《柳宗元集校注》卷一二,中華書局,2013年,766頁。

[3] 《唐會要》卷一七,上海古籍出版社,1991年,411頁。

[4] 《新唐書》卷一四五《嚴鄂傳》,4727—4728頁。《新唐書·嚴鄂傳》"子儀鎮邠州,檄鄂主留務。河中士卒不樂戍邠,多逃還。鄂取渠首尸之,乃定","歲餘,召至京師"拜河南尹、水陸運使。郭子儀以河中出鎮邠州的時間是在大曆四年六月。《資治通鑑》卷二二四《唐紀四十》大曆四年六月辛酉條,7208—7209頁。如此推算,嚴鄂當在大曆六年前後任河南尹。據郁賢皓考證,大曆六年至七年前後的河南尹分别是張延賞和相里造,而嚴鄂的出任時間在大曆十年前後。今從郁氏之考訂。參見郁賢皓《唐刺史考全編》卷四九,安徽大學出版社,2000年,598—599頁。

[5] 楊忠敏《唐開元寺殘碑辨析》,《文博》1990年第3期,60—61頁;陳躍進《唐〈重修邠州開元寺碑〉述略》,《碑林集刊》第11集,陝西人民美術出版社,2005年,55—57、310頁。陳文附拓片,並對録文進行標點。凡下引此碑文,皆參陳文,不復出注。

[6] 《舊唐書》卷一四七《高鄂傳》,3975頁。

[7] 《春秋左傳正義》卷四〇,襄公三十年條,阮元校刻《十三經注疏》,中華書局,1980年,2013頁中欄。

[8] 圓照編《代宗朝贈司空廣智三藏和上表制集》卷四,吕建福編《不空全集》,中華書局,2021年,1905—1906頁。讚文中並未提及撰文時間,但《代宗朝贈司空廣智三藏和上表制集》按時間順序收録諸文,此讚前一篇亦未載時間,前第二篇爲六月十八日,下一篇爲六月二十八日。推測嚴鄂即在此兩時間點内撰文。

利建塔。舍利塔建完後,由嚴郢撰文,徐浩書丹,樹立豐碑[1]。此即《金石録》中記載建於建中二年(781)十一月的《唐三藏和尚不空碑》[2]。嚴郢自大曆十四年三月遷爲京兆尹,至建中三年四月被貶爲費州長史[3]。嚴郢職京兆尹任,受不空弟子惠朗所托撰寫了碑文[4]。嚴郢何時師從不空已無從考知。但是有一點需要注意的是,嚴郢青壯年時曾長期居於洛陽,後又仕宦長安。在開天時期,密宗一度成爲洛陽與長安佛教主流之一。"開元三大士"善無畏、金剛智及不空弘法的中心多在長安,洛陽則毫無疑問是密宗僅次於長安的另一個中心[5]。

自北朝嚴稜"避地河南"至以嚴挺之爲代表的唐代馮翊嚴氏定居洛陽,這一支嚴氏業已逐漸離開關中,完成了"中央化"過程,不僅僅再是北朝至唐初的地方豪族。在洛陽釋風的影響下,嚴氏堅持以佛教信仰爲家學傳承,以弘法爲己任。這與唐代釋風在社會上層的流布互爲表裏。

附帶一提的還有嚴厚本。馮翊嚴氏在"中央化"的進程中,除了洛陽之外,亦有一支居於長安。總體而言,定居落籍於長安的一支發展遠没有洛陽一支興盛。據嚴厚本墓誌載,厚本曾祖蜀客,祖延之,父戒,又稱嚴挺之爲伯祖、嚴武爲伯[6]。

---

[1] 圓照《大廣智不空三藏和上本事》,《不空全集》,2078頁。
[2] 趙明誠著,金文明校證《金石録校證》卷八,148頁。
[3] 《舊唐書》卷一一《代宗紀》,315頁;同書卷一二《德宗紀上》,333頁。
[4] 嚴郢《唐大興善寺故大德大辨正廣智三藏和尚碑銘並序》,圓照《代宗朝贈司空廣智三藏和上表制集》卷六,《不空全集》,1933頁。《金石萃編》亦著録此碑文。此碑現存西安碑林博物館。勝又俊教據碑林藏碑拓片比較了諸記載的異文。參見勝又俊教《不空三藏の碑文について》,《密教学研究》第1期,1969年,97—113頁。
[5] 對三人生平的考訂,可參見周一良著,錢文忠譯《唐代密宗》,上海遠東出版社,1996年;塚本俊孝《中国に於ける密教受容について——伝入期たる善無畏・金剛智・不空の時代》,《仏教文化研究》第2號,知恩院,1952年,89—99頁;吕建福《中國密教史(修訂版)》,中國社會科學出版社,1995年,269—273、288—293、329—345頁。以往對三大士在洛陽的行迹措意不多。實際上,洛陽對於密宗同樣重要。關於此問題,筆者擬另撰文説明。
[6] 劉三復《唐故朝請大夫尚書司封郎中嚴府君(厚本)墓誌銘並序》,西安市文物稽查隊編《西安新獲墓誌集萃》,文物出版社,2016年,210—213頁。下文凡述嚴厚本生平,皆參此墓誌,不復出注。又,嚴訾墓誌稱"曾祖弟厚本",結合嚴厚本墓誌所載世系稱謂,嚴厚本之曾祖蜀客即爲嚴挺之之父嚴方約。不過,嚴厚本墓誌稱其曾祖爲"太原府參軍",《元和姓纂》稱方約爲"利州司功"。此外,據嚴約墓誌所載譜系可知,嚴約即是嚴方約。此墓誌詳細記載嚴約任官之遷轉,未見有太原府參軍之任。《秦晉豫新出墓誌蒐佚續編》,國家圖書館出版社,2015年,435頁。存疑待考。

嚴謇墓誌亦稱其爲謇"曾祖弟"[1]。與嚴挺之一支不同，嚴厚本長期居於長安、宦於長安[2]，最終葬於萬年縣神和原。與嚴挺之一系相同，嚴厚本與佛教淵源亦深。嚴厚本墓誌稱"公之力餘，探討佛書"。青年時期的嚴厚本篤信釋教。十六歲喪母後，嚴厚本尚有一幼弟，"晝夜抱持以號"，厚本"思釋氏法慈悲，可以福冥寞者，乃刺臂，血寫佛經"。嚴厚本逝世於會昌四年（844），《宋高僧傳》稱其在會昌元年曾爲道宣"爲碑頌德"[3]，此碑即當是《金石錄》所載柳公權書《唐宣公律院碣》[4]。可知厚本自幼及長一直保持着對佛教的信仰。嚴厚本亦曾與僧侶請教書法。元人劉有定釋鄭杓《衍極》，解釋草書中"鳳尾諾"的來源時稱：

> 以後有鳳尾諾，亦出於章草。唐人不知所出，有老僧善讀書，太常博士嚴厚本問之，僧云："前代帝王各有僚吏箋啓上陳本府，旨爲可行，是批鳳尾諾之意，取其爲羽族之長，始於晉元帝批焉。"[5]

鳳尾諾原是東漢至南朝時期長官對於文書案卷的批答畫諾，源自章草[6]，唐人多已不知爲何物。陸龜蒙曾爲回答"鳳尾諾爲何等物？圖耶？書耶？"的疑問專作《說鳳尾諾》一文[7]。上引元人這一記載當有所本。嚴厚本墓誌載厚本曾有太常博士之任。又據程大昌《續考古錄》卷八"子夏易"條載嚴厚本撰有《鳳尾諾記》[8]。依此看來，嚴厚本對於"鳳尾諾"的認識即是來自於僧侶。

---

[1] 嚴謇墓誌整理者句讀爲"曾祖弟厚，本貞苦"云云，實誤。《藏石集粹》，245頁。
[2] 參看黃樓《新出〈嚴厚本墓誌〉考釋——中唐"經學進用"儒士的個案考察》，裴建平主編《紀念西安碑林930年週年華誕學術研討會論文集》，三秦出版社，2018年，295—297頁。
[3] 《宋高僧傳》卷一四《唐京兆西明寺道宣傳》，330頁。
[4] 趙明誠著，金文明校證《金石錄校證》卷一〇，182頁。
[5] 鄭杓著，鍾彥飛點校《衍極》卷二《書要篇》，北京師範大學出版社，2016年，92頁。
[6] 周一良《魏晉南北朝史札記（補訂本）》，中華書局，2015年，477—479頁；王素《長沙東牌樓東漢簡牘選釋》，《文物》2005年第12期，69—75頁。
[7] 陸龜蒙《說鳳尾諾》，《文苑英華》卷三六二，1859頁下欄—1860頁上欄。
[8] 程大昌著，劉尚榮校證《續考古編》卷八《子夏易》，中華書局，2008年，372頁。嚴厚本善易學，墓誌稱其曾作《續易玄解文集》，《冊府元龜》則記其曾爲《周易》博士。《冊府元龜》卷六〇一《學校部》，7223頁上欄。故程大昌所記當有所本。

## 三、從洛陽到地方:唐代馮翊嚴氏與地方佛教

馮翊嚴氏在唐代已經完成了"中央化"的過程,但不少家族成員又因仕宦而供職於地方。在地方任職期間,他們與當地僧人發生接觸,推動各地佛教事業的展開。現據相關史料,分述如下。

(一) 嚴武與巴州佛教

嚴武爲嚴挺之之子。天寶八載至天寶十四載前,嚴武一直在哥舒翰幕府之中,先後爲隴右節度使與河西節度使判官[1]。在此期間,嚴武或已接受不空灌頂。天寶十二載,哥舒翰奏請不空赴節度使府,不空於次年抵達武威。史稱"節度已下,至於一命,皆授灌頂。士庶之類,數千人衆,咸登道場"[2]。嚴武既任判官,當在灌頂之列。

嚴武明確的崇佛事迹則是在巴州。乾元元年(至德三載,758)六月因房琯失職而受牽連,嚴武自京兆尹貶爲巴州刺史,約至上元元年(760)四月後遷河南尹[3]。現巴中縣南一公里化城山有著名的南龕石窟遺迹。其中雲屏山石造像與嚴武關係密切。清人葉昌熾《語石》載巴州有五通與嚴武相關的摩崖,分別是韓濟撰《救苦觀音讚》、杜甫書《九日南山詩》以及《佛龕記》《龙日寺西龕石壁詩》《光福寺楠木歌》。後三通不署書人,葉昌熾稱此"雄偉俊邁,非幕府所能代作也"[4],即推定爲嚴武書[5]。乾元元年末至二年初,嚴武爲"奉報烈考中書侍郎"而開鑿了一尊觀世音菩薩像,並由巴州長史韓濟撰造像記[6]。此即今南

---

[1] 陳冠明《嚴武行年考》,《杜甫研究學刊》1996年第2期,53—65頁。
[2] 趙遷《大唐故大德贈司空大辨正廣智不空三藏行狀》,《不空全集》,2071頁。不空在哥舒翰節度使府灌頂衆人的研究,參看岩崎日出男《不空三藏と哥舒翰》,《印度学仏教学研究》第34卷第2號,1986年,514—517頁。
[3] 上揭陳冠明《嚴武行年考》。
[4] 葉昌熾著,姚文昌點校《語石》卷七,浙江大學出版社,2018年,239頁。其中《光福寺楠木歌》葉昌熾誤作《廣福寺楠木歌》。
[5] 趙明誠《金石錄》載《唐楠木歌》爲嚴武撰,史俊行書,又載《唐嚴武題龍日寺西龕石壁詩》。參趙明誠著,金文明校證《金石錄校證》卷一〇,189頁。
[6] 韓濟《唐救苦觀世音菩薩像銘》,劉喜海編《金石苑》卷二,《石刻史料新編》第1輯第9册,6300頁下欄;程崇勛《巴中石窟》,文物出版社,2009年,111—112頁。

龕石窟第 87 龕。此時已距嚴挺之去世約十六年。

在此後不久,嚴武又上奏請立光福寺,並將奏敕文書刻於佛龕,即葉昌熾所記《佛龕記》,現在南龕石窟第 1 龕外壁。此摩崖爲:

A. 巴州城南二里有古佛龕一所

右,山南西道度支(疑當爲"支度")判官、衛尉少卿兼侍御史内供奉嚴武奏:

臣頃牧巴州,其州南二里有前件古佛龕一所。舊石壁鐫刻五百餘鋪,劃開諸龕,化出衆像,前佛後佛,大身小身,琢磨至堅,雕飾甚妙。屬歲月綿遠,儀形虧缺,乃掃拂苔蘚。披除榛蕪,仰如來之容;爰依鷲嶺,祈聖上之福。新作龍宫,精思竭誠,崇因樹果,建造屋宇叁拾餘間,並移洪鐘壹口。莊嚴福地,增益勝緣。焚香無時,與國風而蕩穢;然燈不夜,助皇明以燭幽。曾未經營,自然成就。臣幸承恩宥,馳赴闕庭,辭日奏陳,許令置額,伏望特旌裔土,俯錫嘉名。降以紫泥,遠被雲雷之澤;題諸紺宇,長懸日月之光。兼請度無色役、有道行者漆僧,永以住持,俾其修習。

敕旨:其寺宜以光福爲名,餘依。

乾元三年四月十三日[1]

南龕石窟的開鑿肇始於唐[2],現存造像共計有 176 窟龕,2553 軀,絶大多數爲唐代開鑿。題名所示開鑿時間最早的是化城縣縣尉党守業於開元二十三年始鑿、完成於開元二十八年的第 69 龕,其次爲張令該完成於開元二十八年二月的第 71 龕以及完成於天寶十載的第 89 龕[3]。對於上引嚴武摩崖題記,顧森認爲清人所見是後世補刻[4]。胡文和與胡文成對此予以駁正,並指出清人所見《唐嚴武乞賜山南寺表》(即《佛龕記》)的真實性[5]。顧、胡二文均已關注到與《金石苑》所載碑刻相關的另外三條記載。其中兩條出自南宋王象之的《輿地紀

---

[1] 劉喜海編《金石苑》卷二,《石刻史料新編》第 1 輯第 9 册,6301 頁上欄—6301 頁下欄;程崇勛《巴中石窟》,21 頁。

[2] 顧森《巴中南龕摩崖造像形成年代初探》,《美術史論》第 8 輯,天津人民美術出版社,1983 年,111—133 頁。

[3] 程崇勛《巴中石窟》,19、85—88、90—92、113—114 頁。

[4] 上揭顧森《巴中南龕摩崖造像形成年代初探》。

[5] 胡文和、胡文成《巴蜀佛教雕刻藝術史·中》,巴蜀書社,2015 年,221—224 頁。

勝》,一條出自明曹學佺的《蜀中名勝記》,現逐録於下:

  B.《唐古佛龕石刻》。在城南二里,有大書石刻載:唐乾元三年,山南西道嚴武奏:臣頃牧巴州,其州南一(當爲"二")里有古佛龕,舊石鐫五百餘,伏望特賜洪名。敕以"光福"爲額。[1]

  C.《唐嚴武乞賜山南寺表》。乾元三年。[2]

  D.《圖經》云:"……嚴武《奏乞山南寺額表》云:'願度有道行僧,永以住持,俾其修習。'……"[3]

《輿地紀勝》中所謂《唐古佛龕石刻》當即是《唐嚴武乞賜山南寺表》。顧文認爲此清人所見摩崖文字(即 A)爲後世補刻的原因,其一是 A 中的"五百餘鋪"與其所引《輿地碑記》中"五百餘佛"所示的石窟規模不同。劉文則指出"鋪"實際上亦可作"尊""軀""龕"解。實際上,《輿地碑記目》在"餘"下並無"佛"字,而同爲王象之撰的《蜀碑記》則有"佛"字而無"伏"字。疑《蜀碑記》之記載爲手民之誤。其二是關於嚴武官職的結銜。顧森認爲 A 中嚴武結銜的官職,多不見於兩《唐書》、《通鑑》及唐人筆記。正如劉文所言,史書記載唐人官銜簡略,並不能據此否定 A 的真實性。同時,顧文認爲"衛尉少卿"爲中央職務,刺史領中央職銜不合唐制。但開龕時,嚴武或僅是山南西道判官。奏文稱嚴武"頃牧巴州",後又"弛赴庭闕",故得以向唐廷請額。但回到巴州後,嚴武似不再領刺史一職,"頃"當作"往昔"解。嚴武在乾元三年四月時若僅任"山南西道度支判官"[4],則作爲使府屬官而領京官銜並不違唐制。關鍵問題在於所謂"度支判官"之職務。衆所周知,度支爲唐代負責中央財政的"三司"之一。至德元載十月,肅宗

---

[1] 王象之著,趙一生點校《輿地紀勝》卷一八七《利州路·巴州·碑記》,浙江古籍出版社,2012 年,3842—3843 頁。"其州南一里"之"一",《輿地碑記目》作"二",當從後者。又,點校者在"餘"後補入"佛"字,似據王象之《蜀碑記》。《蜀碑記》卷三"餘"字下有"佛"字,但無"伏"字,《輿地碑記目》同《輿地紀勝》。疑《蜀碑記》誤"伏"爲"佛"字。王象之《蜀碑記》卷三《巴州》,收入《輿地紀勝》第 12 册,24 頁;王象之《輿地碑記目》卷四《巴州碑記》,收入《輿地紀勝》第 12 册,143 頁。

[2] 《輿地紀勝》卷一八七《利州路·巴州·碑記》,3844 頁。

[3] 曹學佺著,劉知漸點校《蜀中名勝記》卷二五《川北道·保寧府·巴州》,重慶出版社,1984 年,372 頁。

[4] 上揭陳冠明《嚴武行年考》中引證嚴武於乾元四年依然任巴州刺史的史料中並無明言嚴武領刺史之職。郁賢皓考證乾元三年巴州刺史時亦僅據"頃牧巴州"一句。見郁賢皓《唐刺史考全編》,2870—2871 頁。

爲了保障江淮賦稅得以順利運輸至扶風,特以第五琦爲山南等五道度支使[1]。由於運河的收復以及漕運綫路的調整,此職至乾元元年又改成河南五道度支使,仍由第五琦充任[2]。這一職務雖然前後兩名,均當是戰時狀態下中央特派到地方的財政機構。據日野開三郎考證,從屬"山南五道"的山南西道到乾元時期已不屬"河南五道"[3]。由此看來,A中稱嚴武爲"山南西道度支判官"是不合理的。此"度支"當爲"支度"之乙,此誤在文獻中常見[4]。度支與支度,一爲中央政府財政長官,一爲地方政府財政長官。按唐制,諸道節度等使例可兼本道支度使,置判官一人[5]。嚴武當是山南西道支度判官。無論是《金石苑》還是現可見之摩崖,均作"度支"。因此推定,《金石苑》所錄及現存摩崖文字當非原有文字。

但不能否認的是,清人所見依然保留了原石文字的基本信息。A中的文書用語均是唐代官文書用語。更重要的是,從上引B、C、D諸條引文來看,其基本內容在A中均有體現。雖然文字略有出入,蓋因《輿地紀勝》等記載是節引原文所致。關於嚴武建寺的記載,則又有羊士諤《題郡南山光福寺》爲證。序中即稱"寺即嚴黃門所置"[6]。因此,《金石苑》所錄《佛龕記》雖或是後人重題補刻,但亦當有所本。

通過以上梳理可知,在嚴武之前,巴州南龕山已有不少造像,但因長時間無人掃拂而呈一派荒涼景象。嚴武至巴州後,不僅新建屋宇三十餘間,並奏請朝廷置額,建立寺院,且度僧以住持。葉昌熾疑所謂杜甫書《九日南山詩》爲後世好

---

[1] 《資治通鑑》卷二一九《唐紀三五》至德元載十月癸未條,7001—7002頁。文獻中又有作"支度使",爭訟紛紜。李錦繡對此有詳細考辨,並認爲當作"度支使"。參見李錦繡《唐代財政史稿·下卷》第1分册,北京大學出版社,2001年,49—55頁。

[2] 《册府元龜》卷四八三《邦計部》,5769頁上欄。

[3] 文獻中對"山南五道"與"河南五道"的記載混亂,日野開三郎對其沿革變化及屬道有詳細考證。參見日野開三郎《再び「第五琦の塩鉄使と就任權塩開始」について》,《日野開三郎東洋史學論集》第3卷《唐代兩税法の研究·前篇》,三一書房,1980年,431—452頁。

[4] 卞孝萱《唐代的度支使與支度使——新版〈舊唐書〉校勘記之一》,《中國社會經濟史研究》1983年第1期,59—65頁。

[5] 《新唐書》卷四九下《百官四下》,1309頁。

[6] 《全唐詩》卷三三二,中華書局,1960年,3705頁。

事者僞作[1]。在第 1 龕外嚴武《佛龕記》左側刻老杜《九日奉寄嚴大夫》,現已多磨滅[2],同樣疑是後世好事人托名杜甫所題[3]。不過,葉昌熾提及的《龙日寺西龕石壁詩》爲嚴武所作當無疑問。此摩崖在《金石錄》中就已被著録[4]。奇怪的是,此詩所言爲西龕山龍日寺,但現所見題刻却是在南龕山第 2 龕外左側石壁[5]。唐代龍日寺在西龕山無疑。今西龕石窟第 87 龕外龕陰刻"大唐西龕龍日寺"七字,被認爲是唐人所書[6]。趙明誠稱《唐嚴武題龍日寺西龕石壁詩》"行書,無姓名"。現見此摩崖稱"五言暮春題龍日寺西龕石壁一首。巴州刺史嚴武",末尾未署題名。詩中"報國建香刹,開鑾臨僻州"一句似指其建立光福寺之事。或此詩原題於西龕山,後磨滅不可見,好事者復將其刻於嚴武建寺之南龕

---

[1] 葉昌熾《語石》此條内小注稱"此刻或是宋時好事者依托"。陶喻之據劉雲孫藏從多個方面指出此拓爲僞作。其說可從。需要說明的是,陶喻之認爲劉雲孫藏拓實際上是摹繪《金石苑》中《判府太中萬公九日南山詩》,將"萬"字改刻爲"嚴"字,並在末尾附上"乾元二年杜甫書"。陶喻之《巴中乾元二年杜甫書嚴武摩崖題詞辨僞》,《杜甫研究學刊》2001 年第 4 期,67—73 頁。今據考古工作者考察,南龕山第 25 號龕老君洞正壁上方存《判府大中嚴公九日南山詩》,録作"嚴"而非"萬",但詩末"乾元二年杜甫書"。程崇勛《巴中石窟》,48 頁。如此則劉雲孫所藏書有"乾元二年杜甫書"之拓片當非原石拓片。又,考古工作所録《判府大中嚴公九日南山詩》内容與《金石苑》中《判府太中萬公九日南山詩》除"嚴""萬"二字不同外,別無二致。劉喜海編《金石苑》卷五,《石刻史料新編》第 1 輯第 9 册,6532 頁上欄—6532 頁下欄。不知原石"嚴"字是否有"萬"字改刻痕迹。

[2] 程崇勛《巴中石窟》,21 頁。

[3] 與所謂《判府大中嚴公九日南山詩》同在第 25 龕的元人題記中有《郭將仕贊詩》。該詩有"可愛少陵品題在"一句。程崇勛《巴中石窟》,51 頁。若《判府大中嚴公九日南山詩》爲宋代萬公所作,則"少陵品題"疑似指第 1 號龕之《九日奉寄嚴大夫》。但此詩似亦非少陵品題。《九日奉寄嚴大夫》有"何路出巴山"一句,嚴武和此詩作《巴嶺答杜二見憶》。二詩作於寶應元年(762)九月九日,雖然對此時嚴武是否因徐知道之叛而被阻於巴山仍存有爭議,但可以肯定嚴武此時在巴山,並不會於巴州南龕山題刻詩文。而杜甫同日又作《九日登梓州城》,亦不會在巴州品題。杜甫著,謝思煒校注《杜甫集校注》卷一二,上海古籍出版社,2016 年,1946—1950 頁。關於《九日奉寄嚴大夫》所涉史實的考訂,亦參此書校注。故疑南龕山第 1 號龕外所刻《九日奉寄嚴大夫》乃後人據杜詩所題。另可舉一例。今西龕石窟第 87 龕外龕右壁陰刻杜詩,末題"杜甫廣德二年"。程崇勛《巴中石窟》,235 頁。據殘存文字,可知此詩爲傳世之《滕王亭子》。此詩作於廣德二年無誤,但時老杜在閬州,詩文描繪之景象亦是閬州玉臺觀内之滕王元嬰所建之亭。《杜甫集校注》卷一三,2041—2043 頁。《滕王亭子》一詩與西龕山全然無涉。此摩崖當是好事人托名杜甫所題。南龕山所刻《九日奉寄嚴大夫》亦當如此。

[4] 趙明誠著,金文明校證《金石録校證》卷一〇,189 頁。

[5] 程崇勛《巴中石窟》,22 頁。

[6] 程崇勛《巴中石窟》,235 頁。

山? 無論如何,嚴武對於巴州南龕山、西龕山佛教石窟的開鑿以及山水景觀都表現出濃烈的興趣。

嚴武造像與建寺之事對於巴州此後佛教的發展頗有影響。南龕石窟第93龕刻有一通《巴郡太守滎陽鄭公新建天王記》,文字現多磨滅,幸《金石苑》所存錄文較完整[1]。巴州刺史鄭公現已無從考訂爲何人,撰者爲蕭珦。據記文,鄭公"虔於浮圖",會昌六年十二月前往南山,見"嚴黃門武鐫鏤釋像之所,乃命工爲國及閫境寮庶立毗沙於其側",並"就建華屋,以護風雨"。同時,因鄭公夫人彭城劉氏入巴途中"寒暑生疾",故又"立救苦觀音於毗沙之左"。所謂"嚴黃門武鐫鏤釋像"即第87龕嚴武爲父祈福所建觀音像。鄭公所建毗沙門像在今94龕,龕内除了天王像外還有一尊素裝男子像,似指鄭公。在第94龕旁的第95龕即是鄭公爲劉氏作造之觀音像[2]。記文中提及的"僧法端",或即是光福寺之僧侣。

總之,嚴武在巴州任職期間造像、建寺以及題刻,表現出對佛教事業的熱衷。嚴武建寺後,嚴武與史俊均有題詩,即葉昌熾所見《光福寺楠木詩》,現在第25龕老君洞外右側頂所鑿淺龕内,但多已漫漶[3]。據《金石苑》錄文,嚴武詩中有"亦知鐘梵報黃昏,猶卧禪床戀奇響",史俊詩中亦有"會待良工一時晤,應歸法水作慈航"[4],不僅描繪了光福寺的景致,亦透露出濃濃禪意。此外,嚴武在巴州的崇佛事迹,也爲後世守郡者效仿。鄭公開龕的時間在武宗逝世後不久(武宗逝世於會昌六年三月)。鄭公追隨嚴武於巴州造像,可以説是巴州地方佛教在會昌滅法後的復蘇。

**(二)嚴士良與江州佛教**

嚴損之爲挺之兄弟,有士良、士元二子。嚴士良與其妻韋氏都傾心於佛教。韋氏晚年"發迹化源,棲心佛乘"[5],嚴士良則在任江州刺史期間參與了慧遠影

---

[1] 劉喜海編《金石苑》卷二,《石刻史料新編》第1輯第9册,6333頁下欄。
[2] 程崇勛《巴中石窟》,117—119頁。
[3] 程崇勛《巴中石窟》,51頁。
[4] 劉喜海編《金石苑》卷二,《石刻史料新編》第1輯第9册,6302頁上欄—6302頁下欄。
[5] 邵之防《唐嚴士良妻韋氏墓誌》,《藏石集粹》,228—229頁。有意思的是,據此墓誌載,韋氏之從族兄爲韋皋,而韋皋是中晚唐時期一個典型的奉佛官僚,且推動了佛教在四川地區的傳播與興盛。參見何孝榮《論韋皋與佛教》,《西南大學學報》2012年第5期,154—159頁。

堂的建設。

嚴士良生平"素蓄浩然之懷,喜遂休閑之意"[1]。廬山環境清雅,自六朝以來即是佛教繁盛之地。嚴士良在任職江州期間曾至廬山名刹東林寺遊覽。李演《東林寺遠法師影堂碑並序》載:

> 皇唐貞元十有一祀,江州刺史馮翊嚴公士良,秉明德以分符,宣中和以述職。上贊緝熙之化,下臨擊壤之人。以無爲政,克用其民。巡稽外野,指途中林,敷衽禪關,式瞻遺像,喟然嘆曰:"斯名也,寒暑不能易其芳;斯德也,江海無以臻其極。彼瑣行纖節,尚崇植楹廡,正位居室。噫!尊美若兹,而隅形在壁,俾珍儀掩翳,清光不曜,豈惇德允元(玄)之旨乎?"乃與寺之上首熙怡律師圖之。將遷(按:當作"構")勝宇,且示實相。律師久儲於懷,果協其素,旌美樹善,二謀同心,悦徒勸工……故非夫遠公之志德,不能譯聖文、服秀民;非夫嚴公之澈識,不能立清祀、揚妙軌。[2]

李演的這篇碑文不僅記叙了遠公影堂建立之因緣,並且極力贊揚了嚴士良在此過程中的作用以及"立清祀、揚妙軌"的影響。東林寺是東晉時期江州刺史桓伊專爲安頓慧遠及其徒屬所創立的寺院[3]。唐代貞元十一年,嚴士良在江州"敷衽禪關",因而與東林寺的熙怡律師共圖修建遠公影堂。

嚴士良與東林寺上首熙怡律師之間有着良好的關係。據許堯佐撰《廬山東林寺大德熙怡大師碑銘並序》載,熙怡律師於南岳寺受具足戒,至東林寺"修律儀"。熙怡初隸東林居耶舍塔院逾二紀,後至大林寺,貞元中歸東林戒壇院。熙怡在廬山"臨壇持法,垂五十年"。在此期間,"四方學者,差肩繼踵,發此柔軟,納其飯依"。熙怡浸淫律學,史稱其"自兹窮討經論,切磋心要,加以律儀端静,受持勤至"[4]。可見熙怡是當時廬山地區一位影響甚大的律僧。白居易《唐江州興果寺大德湊公塔碣銘並序》稱東林寺有甘露壇,神湊曾於此"登壇進律,鬱

---

[1] 嚴士良之生平,俱參嚴綬所撰嚴士良墓誌,《藏石集粹》,220—222頁。
[2] 李演《東林寺遠法師影堂碑並序》,《文苑英華》卷八六七,4577頁上欄。
[3] 釋慧皎著,湯用彤校注,湯一玄整理《高僧傳》卷六《晋廬山釋慧遠傳》,中華書局,1992年,212頁。
[4] 許堯佐《廬山東林寺律大德熙怡大師碑銘並序》,《文粹》卷六二,15a—16a頁。

爲法將者垂三十年,領羯磨會十三,化大衆萬數"[1]。甘露壇即甘露戒壇,據傳爲梁太清中建[2]。熙怡所臨之壇當即此。除了熙怡與神湊外,曇毗亦曾"累莅事於甘露壇",並於甘露壇"傳戒一十五會,講訓經律三十七座"[3]。又有上弘和尚善講《四分律》,應九江太守李康之請入駐東林寺。上弘在東林寺"坐甘露壇而誓衆主盟者二十年",前後登壇"施尸羅者十有八會","得度者達五千七十二人"[4]。戒壇院就應該就是東林寺甘露戒壇所在之子院,在中唐時期是一個重要的地方律學中心。現已不知嚴士良是否從熙怡學律,但熙怡圓寂於貞元十二年,與嚴士良共建遠法師影堂或是其生前最後一件大事。《東林寺遠法師影堂碑》初立於貞元中,書丹者爲鄂州頭陀寺僧惟嵩,篆額者爲江州録事參軍王遹[5]。王遹爲嚴士良之僚佐,可知此碑的撰文與建立當在影堂建成後不久。如此推知,這位惟嵩與嚴士良亦當相識。

嚴士良與熙怡、惟嵩建立慧遠影堂、樹立石碑,積極營造廬山的佛教景觀,這一方面是感慨於慧遠之名德,另一方面恐怕是受到了嚴氏家族信仰的影響。其中透露出的另一點信息是,嚴士良與洛陽的嚴挺之一系一樣,都對律宗表現出相當的熱情。雖然現已不知二者的熱情是否有具體關聯,但依然顯示出,家族內部信仰的傳承是中古時期佛教在世俗世界中傳播延續的一種重要方式。

至五代時期,東林寺又出現了一位嚴氏的身影。保大七年(949)秋,嚴續遊覽東林,並留題名。嚴續之郡望亦或是馮翊。在題名結銜中自稱"馮翊縣開國伯"[6],《南唐書》稱嚴續爲馮翊人[7],《十國春秋》稱其父嚴可求爲同州人,又

---

[1] 白居易著,朱金城箋校《白居易集箋校》卷四一,2631頁。
[2] 陳舜俞《廬山記》卷一,《大正藏》第51册,No. 2095,1029頁上欄。
[3] 劉軻《棲霞寺故大德毗律師碑》,《文苑英華》卷八六四,4562頁下欄。碑文稱"至德三載,敕隸於明寺。後累莅事於甘露壇",在記叙完曇毗於甘露壇傳法事迹後稱"州牧蕭公高其人"云云。檢《唐刺史考全編》,蕭華曾於廣德年間任江州刺史。郁賢皓《唐刺史考全編》,2277頁。可知碑文中之"蕭公"即蕭華,"甘露壇"當是江州廬山之甘露壇無疑。
[4] 白居易著,朱金城箋校《白居易集箋校》卷四一《唐撫州景雲寺故律大德上弘和尚石塔碑銘並序》,2625頁;劉軻《廬山東林寺故臨壇大德塔銘並序》,《文苑英華》卷七八六,4157頁下欄。
[5] 陳舜俞《廬山記》卷五,《大正藏》第51册,No. 2095,1048頁中欄。
[6] 陳舜俞《廬山記》卷七,《大正藏》第51册,No. 2095,1051頁上欄—1051頁中欄。
[7] 陸游《南唐書》卷一〇《嚴續傳》,南京出版社,2010年,314頁。

引《九國志》稱"本馮翊人"[1],實同。不過,現祇知其曾遊覽東林寺,其餘崇佛事迹已不詳。

(三)嚴綬與宣州等地佛教

嚴挹之亦是挺之兄弟,有子丹。現尚未見嚴挹之與嚴丹佛教信仰的材料。但嚴丹之子綬則篤信釋教。嚴綬早年任職宣州,也成了禪定寺通公和尚的弟子,參與了宣州佛教事業的建設。禪定寺爲宣州名刹,周昉任宣州别駕時曾於此寺畫北方天王像[2]。《寶刻叢編》引《復齋碑録》載有一通《唐禪定寺通公碑》,由嚴綬撰、顔頵正書,建於永貞元年十一月二十五日[3]。據碑文,這位通公曾居宣城禪定寺之中院,後曾奉詔赴闕,終以貞元十四年(798)遷化於宣州溧陽縣之唐興寺。其弟子超庠、無言等爲通公建塔立碑,請嚴綬撰寫碑文。嚴綬在碑文中講述了其與通公之因緣。其稱:

> 大師禪定寺之舊院,綬比承乏。倅戎之日,特捨禄選勝創修。當山嶺之苕嶢,控城邑之氣象。弟子無言,繼紹大乘,後來之傑,裹足南國,星馳北來。以余嘗忝大師之門人,固請建碑置之舊院,旌大師之高躅,永昭示於將來。
> 余以戎務方殷,曠於文墨,經時扣寂,方始就焉。[4]

貞元時期,嚴綬佐劉贊爲宣歙觀察判官、團練副使。至貞元十二年劉贊卒,嚴綬"掌宣歙留務"[5]。嚴綬在宣州長達十年[6],不僅成爲通公之門人,並且捨禄施財、擇地選勝爲通公創修寺院。從建碑的時間看,此時嚴綬已任河東節度使[7]。即使"戎務方殷,曠於文墨",嚴綬依然爲遠在宣州的禪定寺僧侶撰文,亦可見其因緣之深厚。

嚴綬先後任職多地,並且一直與佛教保持着密切的聯繫,尤其是對無生和尚

---

[1] 吴任臣著,徐敏霞、周瑩點校《十國春秋》卷一〇《嚴可求傳》,中華書局,2010年,136頁。
[2] 朱景玄著,吴企明校注《唐朝名畫録校注》,黄山書社,2016年,31頁。
[3] 陳思《寶刻叢編》卷一五,《石刻史料新編》第1輯第24册,18337頁下欄。
[4] 嚴綬《唐宣州禪定寺故禪宗大德通公之碑》,陳尚君編《全唐文補編》,中華書局,2005年,2303頁。
[5] 《舊唐書》卷一四六《嚴綬傳》,3960頁;元稹著,周相録校注《元稹集校注》卷五五《故金紫光禄大夫檢校司徒兼太子少傅贈太保鄭國公食邑三千户嚴公(綬)行狀》(下文簡稱《嚴綬行狀》),上海古籍出版社,2011年,1344—1345頁。
[6] 元稹著,周相録校注《元稹集校注》卷五五《嚴綬行狀》,1345頁。
[7] 嚴綬於貞元十七年八月任此職。《舊唐書》卷一三《德宗紀下》,395頁。

釋圓寂的供養。釋圓寂在《宋高僧傳》中凡兩見。其一稱：

> 釋圓寂，不知何許人也。恒以禪觀爲務，勤修匪懈，就嵩山老安禪師請決心疑，一皆明煥。寂化行相部，依附者多。久居天平等山，稠禪師往迹無不遍尋。時大司空嚴綬傾心信重。[1]

其二稱：

> 鄴中釋圓寂，氏族生地俱不可尋。初從嵩山見老安禪師，道契相符，莫測涯岸……襄州節度使嚴綬，傾心供養，亦號無生和尚焉。[2]

釋圓寂不僅從禪宗的嵩山老安"請決心疑"，同時也精通相部律。稠禪師爲北齊僧，在唐代是一個常被回憶與崇敬的僧侶[3]。《朝野僉載》稱稠禪師在并州營幢子未成，遘疾而亡[4]。既然釋圓寂對"稠禪師往迹無不遍尋"，那麼他就一定曾前往并州。而嚴綬則在貞元十六年十月至元和四年之間，在并州歷任太原少尹、北都副留守、河東行軍司馬、河東節度使兼太原尹等職[5]。嚴綬或即是在并州任職期間結識圓寂。據《宋高僧傳》載嚴綬官職，一稱是"大司空"，一稱是"襄州節度使"。嚴綬在遷爲荆南節度使時檢校司空，至山南東道節度使時仍帶司空銜[6]。如此推測，從并州至襄州，嚴綬一直供養着釋圓寂。

元和四年，嚴綬入拜尚書右僕射[7]。就在嚴綬外任江陵尹、荆南節度使之前[8]，元和六年正月，憲宗敕孟簡等人於豐泉寺譯《大乘本生心地觀音經》。此經譯成後，嚴綬上賀表。白居易爲翰林時草有《答文武百寮嚴綬等賀御製新譯大乘本生心地觀經序表》，稱嚴綬等人"精通外學"[9]。此外，澄觀是唐代華嚴

---

[1] 《宋高僧傳》卷一〇《唐鄴都圓寂傳》，234 頁。

[2] 《宋高僧傳》卷一九《唐昇州莊嚴寺惠忠傳附圓寂傳》，496 頁。

[3] 葛兆光《記憶、神話以及歷史的消失——以北齊僧稠禪師的資料爲例》，《東岳論叢》2005 年第 4 期，20—24 頁。

[4] 張鷟著，趙守儼點校《朝野僉載》卷二，中華書局，1979 年，40 頁。

[5] 《資治通鑑》卷二三五《唐紀五一》貞元十六年十月甲午條，7593 頁；同書卷二三七《唐紀五三》元和四年二月丁卯條，7656—7657 頁；元稹著，周相録校注《元稹集校注》卷五五《嚴綬行狀》，1345 頁。

[6] 《舊唐書》卷一四六《嚴綬傳》，3960 頁；元稹著，周相録校注《元稹集校注》卷五五《嚴綬行狀》，1345 頁。

[7] 《舊唐書》卷一四六《嚴綬傳》，3960 頁。

[8] 嚴綬外任時間在六年三月。參見《舊唐書》卷一四《憲宗紀上》，434 頁。

[9] 白居易著，朱金城箋校《白居易集箋校》卷五六，3201 頁。

宗的重要僧侣。嚴綬慕其高風,與陸長源等請澄觀撰《三聖圓融觀》一卷[1]。《宋高僧傳》載嚴綬此時爲"襄陽節度使"[2]。元和九年,嚴綬被授予山南東道節度使(亦稱襄陽節度使、襄州節度使)[3],或在任此職期間傾心於澄觀之學。

## 四、結語

世族作爲中古時期政治與社會中最活躍的群體,他們的知識、學術體系無疑構成了當時重要的社會文化風景。陳寅恪曾提出了中古時期學術家族化的重要論斷,並以天師道在世族中的傳承爲例開展了典範性研究[4]。與道教傳承相伴的是家族中佛教信仰的傳承。雖然以往學者們對此並無疑議,但受研究材料所限,對於這種佛教信仰"世代"傳遞的現象衹能以推論概而言之。與此同時,對於中古時期家族成長與佛教信仰傳承的課題,似乎一直缺乏關聯性研究。幸賴墓誌的出土,使得能夠較爲清晰地勾勒信仰在家族成長過程中的傳遞性。本文所討論的中古馮翊嚴氏正是一個典型的研究樣本[5]。

雖然不能確定北朝參與造像活動的嚴氏均出自馮翊一支,但可以明確關中渭水流域的嚴氏已經成爲馮翊地區的豪族,並且開始擔任邑主,組織邑義,建立造像。馮翊嚴氏奉佛的舉動一直延續到唐代。在關中地區,初唐時期出現了一位出自馮翊嚴氏的高僧——智儼。唐代嚴氏世代奉佛最鮮明的是嚴挺之一系。他們亦或與同時代之名僧多有往來,或是開窟造像,或是營建寺院,或是書寫佛教碑銘。嚴挺之後代的女性中多有出家爲尼者,而且形成了姑姪之間以姑爲師

---

[1] 《宋高僧傳》卷五《唐代州五臺山清涼寺澄觀傳》,106—107頁;祖琇《隆興佛教編年通論》卷一九,《卍續藏經》第130册,新文豐出版公司,1993年,612頁上欄。嚴綬等請撰《三聖圓融觀》之事不見於《宋高僧傳》,僅見於《隆興佛教編年通論》。

[2] 《宋高僧傳》卷五《唐代州五臺山清涼寺澄觀傳》,106頁。

[3] 《舊唐書》卷一四六《嚴綬傳》,3961頁。

[4] 陳寅恪《天師道與濱海地域之關係》《崔浩與寇謙之》,《金明館叢稿初編》,生活·讀書·新知三聯書店,2001年,1—46、120—158頁。

[5] 唐代道教世家關於世代奉道的信仰由於涉及家族譜系與法脈譜系的雙重建構,情況要比佛教隱晦、複雜得多。可參看雷聞《碑誌所見的麻姑山鄧氏——一個唐代道教世家的初步考察》,《唐研究》第17卷,北京大學出版社,2011年,39—69頁。

的現象。從地域的角度來看,大部分馮翊嚴氏已在元魏至盛唐期間完成了中央化過程。嚴方約後代基本已落籍洛陽,並擁有宅邸。據唐代諸馮翊嚴氏墓誌所記,仕宦於地方的嚴氏最終歸葬於洛陽家族墓地。洛陽作爲唐代除長安之外另一個政治文化中心,不同的佛教流派先後在這裏成爲一時之顯學,嚴氏的信仰也緊隨潮流。

學界對於隋唐時期"宗派"存在與否一直都有争議[1],各有得失,今不俱論。但無疑,自武后至代、德時期,所謂的北宗禪與密宗諸僧相繼被執政者所青睞而大放異彩。以嚴挺之與嚴郢爲代表的嚴氏從義福與不空受學,並成爲其弟子。可見嚴氏的佛教信仰與當時於洛陽煊赫一時的大德密切相關。嚴挺之學北宗禪,其女清敏亦從"空王心印"的禪宗法門,嚴郢學密,嚴氏後人在洛陽又建陀羅尼經幢。嚴氏似在佛教具體知識的受習上也存有一定的繼承性。另一個值得關注的特點是,伴隨着北宗禪禪律一致思想的形成,唐代嚴氏家族中有不少成員對律宗都保持着好感,出家者中不乏成爲律師者。這種具體學説的選擇與繼承,一方面受到了相繼而起的各種佛學潮流影響,另一方面可以視之爲家族文化的傳統家學。以嚴氏在洛成員的北宗禪傳承爲例,在中晚唐洛陽北宗禪已不復往日之榮耀時,嚴氏家族成員中依然與北宗禪的僧人保持着密切聯繫。家族傳統成爲中古時期宗教知識傳習與延續的重要途徑,是佛教在師徒宗法間傳承外重要的一環。

縱觀北朝至隋唐馮翊嚴氏的信仰史,嚴氏在北朝時期祇是受佛教義邑影響的地方豪族。到北朝末至唐初,關中的嚴氏孕育出了一位高僧——智儼。隨着"中央化"的過程,馮翊嚴氏定居洛陽,以嚴挺之一系爲代表的家族成員開始躋身官僚體制上層序列,並繼續以佛教信仰作爲家學傳承,以弘法爲己任,直接推動了佛教在社會上層的流布。與此同時,家族成員仕宦地方,積極參與地方佛教事務,也實現了兩京佛教對於地方佛教的反哺。可以説,嚴氏的家族信仰史是北朝佛教深耕地方的弘法實踐,在唐代開花結果的一個歷史縮影。

---

[1] 楊維中在反駁質疑隋唐存在宗派的觀點時有所梳理。參看楊維中《"宗派"分野與專業分工——關於隋唐佛教成立宗派問題的思考》,《河北學刊》2020年第3期,47—55頁。

## 附：中古馮翊嚴氏世系表[1]

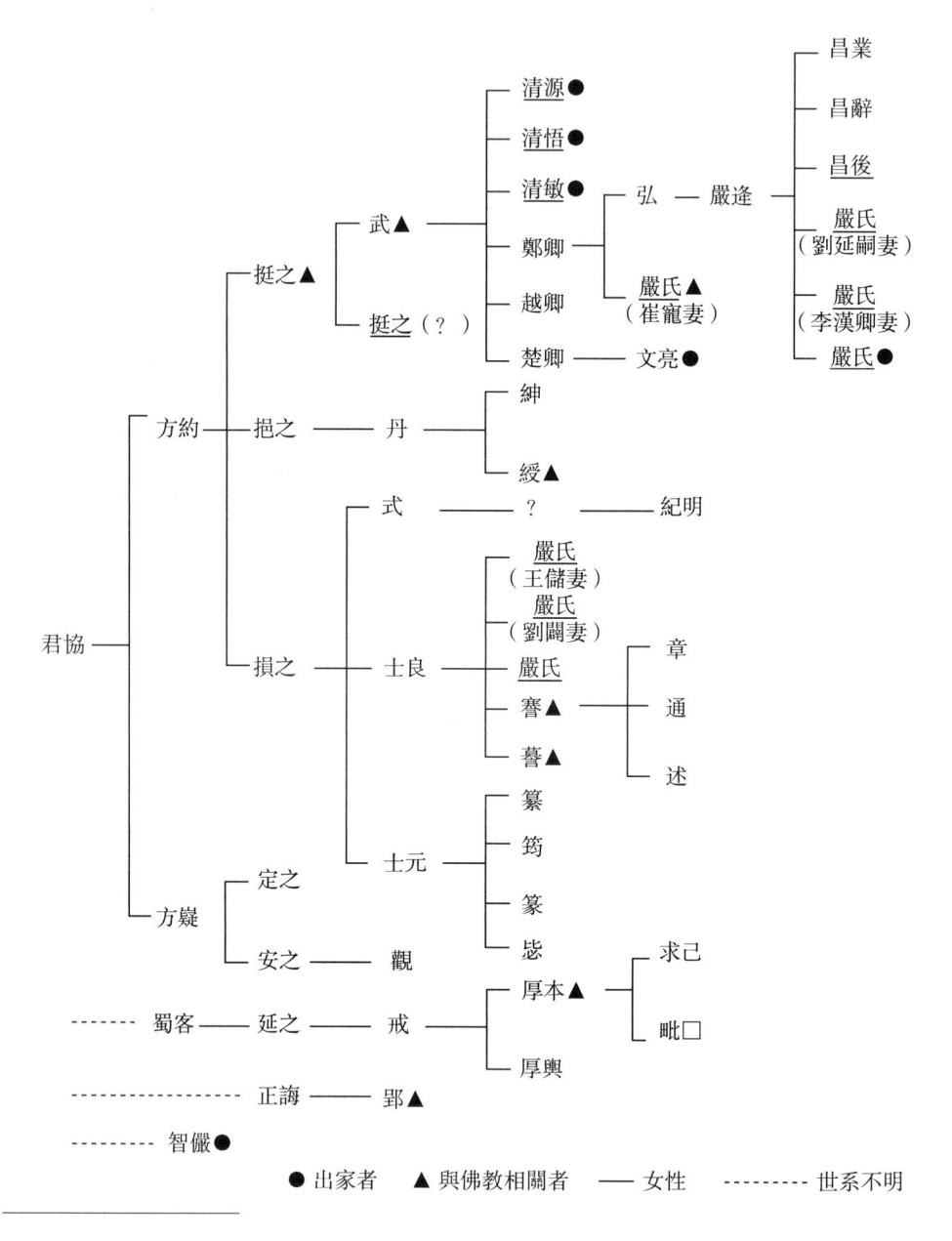

```
                                      ┌─ 清源●
                                      ├─ 清悟●
                                      ├─ 清敏●                    ┌─ 昌業
                              ┌─ 武▲─┤                           ├─ 昌辭
                              │       ├─ 鄭卿 ─── 弘 ─── 嚴逢 ──┼─ 昌後
                     ┌─ 挺之▲┤       ├─ 越卿      │              ├─ 嚴氏（劉延嗣妻）
                     │        │       │            嚴氏▲         ├─ 嚴氏（李漢卿妻）
                     │        │       │           （崔寵妻）     └─ 嚴氏●
                     │        └─ 挺之（？）
                     │                └─ 楚卿 ─── 文亮●
              ┌─ 方約┤
              │      │                       ┌─ 紳
              │      ├─ 挹之 ─── 丹 ────────┤
              │      │                       └─ 綏▲
              │      │
              │      │        ┌─ 式 ─── ？ ─── 紀明
              │      │        │
              │      │        │        ┌─ 嚴氏（王儲妻）
              │      │        │        ├─ 嚴氏（劉鬭妻）
              │      └─ 損之──┤        │                    ┌─ 章
              │               │        ├─ 嚴氏              │
              │               ├─ 士良─┤                     ├─ 通
              │               │        ├─ 謇▲               │
              │               │        │                    └─ 述
              │               │        └─ 薈▲
              │               │
       君協 ──┤               │        ┌─ 篆
              │               └─ 士元─┼─ 筠
              │                        ├─ 篡
              │                        └─ 惢
              │
              │         ┌─ 定之
              └─ 方巖──┤
                        └─ 安之 ─── 觀
                                                             ┌─ 求己
- - - 蜀客 ─── 延之 ─── 戒 ──┬─ 厚本▲ ─────────────────┤
                              │                              └─ 毗□
                              └─ 厚輿

- - - - - - - - - 正誨 ─── 郢▲

- - - - - 智儼●
```

● 出家者　▲ 與佛教相關者　—— 女性　- - - - 世系不明

---

〔1〕 薛國中曾對唐代馮翊嚴氏世系進行了整理，但偶有疏漏。參見薛國中《唐〈嚴謇墓誌〉考釋》，《碑林集刊》第 27 輯，三秦出版社，2022 年，95—106 頁。

# A Research on the Buddhist Worship of the Pingyi Yan Clan from the Northern Dynasties to the Sui and Tang Dynasties: Centering on Stone Inscriptions

Shen Guoguang

By the end of the Northern Dynasties, the Pingyi Yan clan 馮翊嚴氏 had already grown into a powerful local clan in the Guanzhong 關中 region. They took root in the local society, participated in the local Buddhist community organization, and presided over the construction of Buddhist statues. From the end of the Northern Dynasties to the beginning of the Tang dynasty, this clan nurtured an influential monk named Zhiyan 智儼 in the Guanzhong region. This tradition continued into the Tang dynasty, represented by Yan Tingzhi's 嚴挺之 branch. They socialised with famous monks, built cave temples and other temples, transcribed Buddhist inscriptions and some members of them even became nuns themselves. In addition, in the course of "centralization", the Yan clan migrated to Luoyang 洛陽. Clan members such as Yan Tingzhi 嚴挺之 and Yan Ying 嚴郢 were not only part of the upper echelon of the bureaucratic system, but also in close contact with the Buddhist monks of the Northern Chan 北宗禪, the Vinaya 律宗 and the Esoteric sect 密宗 who were active in Luoyang 洛陽. This strongly promoted the spread of Buddhism in the upper echelons of society. At the same time, some family members were appointed as local officials, who also actively participated in local Buddhist affairs and promoted Buddhism in the two capitals( Liangjing 兩京) back to local Buddhism. It can be said that the history of the Yan clan's belief was also a historical epitome of the spread of local Buddhism in the Northern Dynasties and its flourishing in the Tang dynasty.

# "始祖"的譜系:漢唐禮學與禮制嬗變之一瞥

孟楷卓

權力的現實建構離不開象徵體系的運作,或者説,没有符號表徵和儀式展演就没有國家與政治[1]。"國之大事,在祀與戎",作爲象徵的祭祀儀式對於政權存續的意義毫不亞於暴力的直接宣示,由此可見,考察禮儀的觀念與實踐是理解中國古代歷史不可或缺的一環。在華夏禮制史上,西漢後期聲勢浩大的儒學化復古改制浪潮是一個重要節點,秦以來的神祠祭祀自此終止,以南郊祭天爲核心的郊廟祭祀體制得以開啓並延續兩千年之久[2]。自此以降,華夏國家的禮制實踐便與儒家禮學的演變密不可分。

敬天法祖是中國傳統社會的核心理念,其最重要的現實表徵(representation)便是居於國家祭祀主體地位的郊廟祭祀。祭天與尊祖的統一,使得構建本朝祖宗秩序成爲華夏政權宣示天命與正統的重要基礎。列祖列宗之中,"宗廟正主"是郊廟祭祀的核心角色,也往往是王朝正統的人格化身,因此"以誰爲宗廟正主"便成爲禮制實踐的重要問題。在儒家經典中,"宗廟正主"最常見的名號是"太祖",此外還有一個名號儘管不見於經書正文却屢屢出現在禮制的表達與實踐之中,它就是"始祖"。這兩個名號由此成爲貫穿漢唐禮學和禮制嬗變的一對重要概念。

兩者之中,"始祖"尤爲獨特——雖然它在"五經"中僅見於傳説子夏爲《儀禮·喪服》所作的《傳》,但是仍然成爲後世儒家禮學與王朝禮制中揮之不去的

---

[1] David I. Kertzer, *Ritual, Politics and Power*, New Haven: Yale University Press, 1988, pp. 1–14.

[2] 參見王葆玹《西漢經學源流》,東大圖書股份有限公司,1994年,235—262頁;甘懷真《西漢郊祀禮的成立》,《皇權、禮儀與經典詮釋:中國古代政治史研究》,華東師範大學出版社,2008年,26—58頁;田天《秦漢國家祭祀史稿》,生活·讀書·新知三聯書店,2015年,228—257頁。

存在。隨着禮學史和禮制史研究的推進,越來越多的學者開始注意到這一現象,並將中古時代最重要的經學家鄭玄對"始祖"的認識納入考察視野[1]。但目前學界對鄭玄"始祖"觀等關鍵問題的認識仍有不足,也欠缺對相關現象的全面梳理和整體把握,忽略了對研究理路和思維方法的反省。

在禮學史和禮制史研究中存在一種學理分析上的跨時空和本質性假設,可分爲兩個層面:一是史家認爲禮學中存在意涵明確且穩定不變的永恒概念,因此常常挑選個別詮釋拔高爲超越文本和時空的"定義";二是史家預設不同時空的古人共享同一個思維世界,從而將本來處於各自語境的古人言説視作互爲補充的文本集合。這些預設忽視了文本及其言説者的語境[2],對思想的承續性有過高的估計。這篇小文便是對上述反思的一種嘗試,力圖在文本細讀的基礎上回答以下幾個問題:第一,"始祖"是如何成爲儒家禮學和王朝禮制中的一個命題;第二,鄭玄如何將"始祖"置於其禮學體系之中;第三,鄭玄"始祖"觀對魏晉以降的禮制實踐產生了何種影響;第四,當鄭學被立爲官學後,唐人如何認識並構建李唐王朝的祖宗秩序。在討論暫告一段落後,本文希望提供一個關於漢唐

---

[1] 代表性研究首推華喆《中古廟制"始祖"問題再探》一文,《文史》2015年第3輯,117—134頁,以該文爲基礎探討相關問題的有:趙永磊《塑造正統:北魏太廟制度的構建》,《歷史研究》2017年第6期,24—44頁;吳麗娛《也談唐代郊廟祭祀中的"始祖"問題》,《文史》2019年第1輯,107—138頁;王爾《"祀堯"或"祀高帝"?——東漢建武七年郊祀禮議的政治意涵及思想淵源》,《中華文史論叢》2020年第1期,41—67頁;李若暉《〈詩·商頌·那〉禮制與鄭玄更禮》,《北京師範大學學報》2021年第1期,58—71頁;肖永奎《論宋儒對"始祖信仰"的探索:從王安石的廟制改革到朱熹的〈家禮〉》,《世界宗教文化》2021年第5期,152—158頁;張良《宋代前期"太祖"位號考述》,包偉民、劉後濱主編《唐宋歷史評論》第10輯,社會科學文獻出版社,2022年,72—88頁。其他研究參見李衡眉《歷代昭穆制度中"始祖"稱呼之誤釐正》,《求是學刊》1995年第3期,95—100頁;錢杭《中國古代世系學研究》,《歷史研究》2001年第6期,3—15頁;郭善兵《魏晉南北朝皇家宗廟禮制若干問題考辨:兼與梁滿倉先生商榷》,《中國史研究》2015年第2期,169—190頁;陳贇《早期儒家對周代宗法的理念型刻畫》,王中江等主編《中國儒學》第10輯,中國社會科學出版社,2015年,314—343頁;林鵠《宗法、喪服與廟制:儒家早期經典與宋儒的宗族理論》,《社會》2015年第1期,49—73頁;常達《儒家始祖形象的三種形態及其意義》,《開放時代》2020年第2期,63—74頁。

[2] 斯金納提醒我們:没有永恒不變的概念,有的祇是對同一概念不斷涌現的多種詮釋;任何言説必然是特定時刻特定意圖的反映,都應當被置於言説者所處語境之中加以考察。參見 Quentin Skinner, "Meaning and Understanding in the History of Ideas", *Visions of Politics*, vol. I: *Regarding Method*, Cambridge University Press, 2002, pp. 88。原文初刊於1969年。

禮學和禮制中"始祖"觀念的新譜系〔1〕。

## 一、"始祖"問題在漢代的浮現

(一)

"禮"的觀念源遠流長,在春秋戰國時又成爲儒家政治理念的核心,但後世以王朝典禮爲中心、囊括萬民生老病死的學術與制度體系的"禮",却要晚至西漢中後期纔逐漸浮現〔2〕。武、宣之際,博士后蒼在整理古文《禮經》和古文《禮記》的基礎上,著書解説《禮經》達數萬言,流傳於世,時人尊爲"后氏《禮》";他的弟子戴德、戴聖又編輯大小戴《記》,解釋和補充《禮經》(《儀禮》)的内容〔3〕。經典自此齊備,後世所謂"禮學"方具雛形。

在禮學視域(horizon)下,西漢後期以降,人們對"太祖"和"始祖"兩個概念的争論大多與經書自身的模糊不清有關。《儀禮·喪服》言"爲人後者爲其父母報",《傳》稱:

> 爲人後者孰後?後大宗也。曷爲後大宗?大宗者,尊之統也。禽獸知母而不知父,野人曰父母何算焉,都邑之士則知尊禰矣,大夫及學士則知尊祖矣,諸侯及其大祖,天子及其始祖之所自出。〔4〕

《喪服傳》雖非經書正文,但被認爲是子夏所作,承自聖人之言,故備受時人重視,地位幾近於經〔5〕。《傳》文本身重在闡發宗法制中"尊大宗"的觀念和理想

---

〔1〕 本文所説的譜系,並不是傳統生物樹式的譜系,而是源自尼采、後經福柯改造的反對起源、否定綫性史觀和重視歷史細節的譜系。參見 Michel Foucault, "Nietzsche, la généalogie, l' histoire", *Hommage à Jean Hyppolite*, Paris: Presses Universitaires de France, 1971, pp. 145—172;中譯本參見福柯著,蘇力譯,李猛校《尼采·譜系學·歷史學》,劉小楓選編《尼采在西方(重訂本)》,華東師範大學出版社,2009 年,189—213 頁。

〔2〕 參見甘懷真《先秦禮觀念再探》及《"制禮"觀念的探析》兩文,《皇權、禮儀與經典詮釋》,3—25、59—85 頁。

〔3〕 參見王葆玹《西漢經學源流》,85—90 頁;《漢書》卷八八《儒林傳》,中華書局,1962 年,3599、3613、3615 頁。

〔4〕 鄭玄注,賈公彥疏《儀禮注疏》卷三〇《喪服》,影印阮刻《十三經注疏》本,中華書局,2009 年,2393 頁上欄。

〔5〕 參見皮錫瑞撰,周予同注釋《經學歷史》,中華書局,1959 年,48 頁。

的身份秩序:它按照社會等級高低標明了人們應當追尊的祖先之遠近。從上下文看,"始祖之所自出"者比"太祖"更久遠,但比"始祖之所自出"降一等的"始祖"與前文出現的"太祖"之間的關係並不明晰。就字義而言,戰國秦漢文獻中的"大(太)"作形容詞有極大、最大之意,即段玉裁所謂"後世凡言大而以爲形容未盡則作太"[1],與"始"的字義確有差別,謹慎起見理應視"始祖"和"太祖"爲不同名號。但若考慮到春秋以來儒家有"慎終追遠"(《論語·學而》)的觀念,重視"起源",那麼認爲《傳》文作者爲了避免文辭重複而在下文用"始祖"作爲"太祖"的同義替換也是合理的。總之,"五經"正文對"始祖"的缺載和《喪服傳》語義的模糊,都給後人留下了自由詮釋的空間。

目前所見最早在討論禮制時使用天子始祖的,是漢元帝時后蒼的弟子匡衡。他針對存續前代王朝後裔的問題,建議恢復"王者存二王後"的古制,即在已經册封周天子後代的情況下,還應當册封殷人後裔,使他們能夠繼續祭祀"其王者之始祖"[2]。匡衡强調"更立殷後"的目的不在於"繼宋之絶侯",而在於"上承湯統"。匡衡對大宗的尊崇,恰與《喪服傳》相一致,或許表明他關於"始祖"的論説與《傳》文有所關聯。

(二)

元帝以降,儒生要求復古改制的聲勢愈發浩大,其推崇的典範是周制。《孝經·聖治章》中的孔子之言被時人認爲反映了周朝祖宗秩序:

> 子曰:"天地之性人爲貴,人之行莫大於孝,孝莫大於嚴父,嚴父莫大於配天,則周公其人也。昔者周公郊祀后稷以配天,宗祀文王於明堂以配上帝……"[3]

《孝經》藉孔子之口將人倫與祭天相關聯,並稱周公以祖先后稷配天,以父親文王配上帝,樹立了一個禮制典範。那麼在周人郊祀禮中配祀天的后稷擁有什麼

---

[1] 參見葉玉英《論程度副詞{太}出現的時代及其與"太"、"大"、"泰"的關係》,《福建師範大學學報》2009年第3期,130—131頁;許慎撰,段玉裁注《説文解字注》,影印經韻樓藏本,上海古籍出版社,1981年,565頁上欄。

[2] 《漢書》卷六七《梅福傳》,中華書局,1962年,2926頁。

[3] 邢昺注疏《孝經注疏》卷九《聖治章》,影印阮刻《十三經注疏》本,中華書局,2009年,5551頁。

禮制身份呢？漢人將《喪服傳》中的天子始祖拿來解釋后稷的身份，並試圖藉此改革本朝禮制，追尊始祖。漢成帝時，災異屢現，平當引《孝經》論證太上皇爲漢朝始祖，應當恢復其寢廟園以安天意：

> 當上書言："……《孝經》曰：'天地之性人爲貴……則周公其人也。'……周公既成文、武之業而制作禮樂，修嚴父配天之事，知文王不欲以子臨父，故推而序之，上極於后稷而以配天。……高皇帝聖德受命，有天下，尊太上皇，猶周文武之追王太王、王季也。此漢之始祖，後嗣所宜尊奉……"[1]

平當視太上皇爲漢朝始祖，稱劉邦尊太上皇類同於"周文武之追王太王、王季也"。他這樣對比並非認爲太王是周朝始祖，祇是因爲漢朝世系僅能追溯到劉邦之父，故而祇好做折中處理。從"推而序之，上極於后稷"來看，平當顯然將后稷視作周朝始祖，而他定義"始祖"的原則是"世系之始"。此外，倘若考慮到劉邦此時已被尊爲太祖，那麼平當尊太上皇爲始祖的提議，或可說明他認爲"始祖"與"太祖"是不同概念。這是史料所見漢人對兩者關係的最早看法。

"世系之始"是由"始祖"一詞的字面意義自然生發出來的原則，但若僅以此爲限定，便會在推而序之時永無止境。平當意在恢復太上皇的祭祀以平息天怒，如何妥當地定義"始祖"並不是他關注的焦點，因此他的論說留有學理上的漏洞。

與之相比，以復古改制爲己任的王莽，便有更完善的構想。平帝元始年間，王莽構建起一套以南郊祭祀天地爲核心的新禮，他也引《孝經》爲據："王者尊其考，欲以配天，緣考之意，欲尊祖，推而上之，遂及始祖。是以周公郊祀后稷以配天……天子親合祀天墜於南郊，以高帝、高后配。……復聖王之制，顯太祖之功也。"[2]儘管他同樣以"世系之始"爲定義"始祖"的原則，但卻與平當尊太上皇的做法不同，是將太祖劉邦配天比作周公以始祖后稷配天的"聖王之制"，尊劉邦爲始祖。劉邦顯然不是漢朝世系之始，王莽視之爲漢朝始祖與他對祖宗秩序的認識有關。

王莽日後代漢爲新時曾設立九廟，有祖廟與親廟（禰廟）之別。他尊黃帝和虞

---

[1]《漢書》卷七一《平當傳》，3049頁。
[2]《漢書》卷二五下《郊祀志五下》，1264—1266頁。

舜等五位古代帝王爲祖,"凡五廟不墮",又按血緣上追四代祖先爲四親廟[1]。不少漢人認爲"祖有功而宗有德",唯祖宗之廟百世不遷,而無功德者僅立親廟,親盡則毁[2]。王莽分立祖廟與親廟正體現出他對這一理念的認同。換言之,王莽在"世系之始"原則外追加了"功德論"作爲補充條件。這樣就能解釋他之前爲何不認可漢朝太上皇的地位,因爲後者屬於無功德的普通祖先,太祖劉邦纔配得上始祖的名位。

王莽禪代前後制禮作樂的語境,與元始改制時相比已發生變化。爲了謀求禪代的正當性(legitimacy),他採納"漢家堯後"説將漢家世系上溯至堯[3],然後將王氏祖先上溯至舜,宣揚堯舜相禪、王氏當立。但他並未止步於此,或許是出於對堯舜相禪語境下堯在舜上、漢在新前的不滿,王莽在尊舜爲始祖時又追尊黄帝爲太初祖,並以黄帝爲宗廟之主,舜位列昭穆。這樣一來,王莽建立的新王朝就不再僅僅是天命循環中繼漢而興的普通朝代,而是作爲堯舜共同祖先的黄帝的直接繼承者[4],是上古聖王治世的再現。

元始改制時,王莽視漢太祖劉邦爲漢家始祖,有着將"始祖"與"太祖"兩個名號融合的傾向。代漢爲新之際,禮制實踐的語境因禪代話語的引入而發生轉變,"始祖"的地位進一步抬升。王爾推測"太初祖"是"太祖"的變形[5],然而從王莽頒布的詔書中提及黄帝廟號時多次省作"皇初祖"來看[6],"太初祖"名號的核心在於"初"而非"太"。此外,"初"與"始"在當時的讖緯話語中可以構成一種等級序列,例如《易》緯《乾鑿度》稱"太初"乃"氣之始","太始"乃"形之始","太初"先於"太始"[7]。由此可見,王莽設計的"太初祖"與傳統的"太祖"

---

[1]《漢書》卷九九中《王莽傳中》、卷九九下《王莽傳下》,4106、4162頁。
[2]《漢書》卷七三《韋玄成傳》,3120頁。
[3] 關於"漢家堯後"說,參見楊權《"漢家堯後"說考論》,《史學月刊》2006年第6期,22—30頁;龔留柱、張信通《"漢家堯後"與兩漢之際的天命之爭:兼論中國古代的政治合法性問題》,《史學月刊》2013年第10期,26—36頁;崔建華《西漢時期"漢家堯後"說的生成及演化》,《人文雜誌》2021年第8期,106—113頁。
[4] 視黄帝爲共祖涉及漢人的一種歷史觀念,下節將會提及。
[5] 參見王爾《"祀堯"或"祀高帝"?》,63—64頁。
[6]《漢書》卷九九《王莽傳》,4095、4106、4158頁。
[7]《禮記正義》卷一四《月令》,影印阮刻《十三經注疏》本,中華書局,2009年,2927頁上欄。

並無直接關聯,反而與"始祖"的聯繫更加密切。換言之,在王莽九廟之制中,凸顯起源意義的"太初祖"和"始祖"乃是其核心設置,"太祖"這一傳統名號反倒隱沒不顯。

(三)

兩漢之際,人們對於追尊上古聖王興致益然,王莽對"漢家堯後"說的採用並未影響東漢光武帝君臣對尊堯的熱忱。王爾指出,光武帝劉秀曾經兩次有意以堯取代劉邦於郊祀配天,"漢劉祖堯,宜令郊祀帝堯以配天,宗祀高祖以配上帝""周郊后稷,漢當祀堯"[1]。劉秀以堯祀天的想法沒有從禮議轉化爲實踐,但是這並不意味着時人對"漢家堯後"觀的否定,因爲反對郊堯的杜林等人僅是強調"漢業特起,功不緣堯",因循故事較爲穩妥罷了,仍然承認漢爲"唐之苗""當以高祖配堯之後"。

在劉秀的設想中,堯應當怎樣融入漢家原有的祖宗秩序呢? 或者説,在時人心中,堯與太祖劉邦和太宗劉恒構成何種秩序? 儘管郊祀以堯配天的方案最終落空,後人無從得知劉秀的具體構想,但史料仍然保留了蛛絲馬跡。在劉秀去世二十二年後東漢官方組織的白虎觀辯經中,形成了一種對周朝祖宗秩序的認識,《通典》載:"或有引《白虎通義》云'后稷爲始祖,文王爲太祖,武王爲太宗'。"[2]這個秩序很難不使人認爲是一種對漢家祖宗秩序的隱喻:在"漢家堯後"説籠罩下,堯是漢朝始祖,其後依次有太祖劉邦和太宗劉恒等列祖列宗。

《白虎通義》給出的始祖、太祖和太宗的秩序安排,解決了"漢家堯後"説被東漢君臣認可後,時人如何重構漢朝祖宗秩序的問題。但后稷爲始祖、文王爲太祖的構想與當時存世的先秦典籍的記載相矛盾,例如《國語·周語》明確說后稷是周人太祖,"我太祖后稷之所經緯也"[3]。學理上的這一衝突,使人不難理解元始

---

[1] 參見王爾《"祀堯"或"祀高帝"?》,41—67 頁;劉珍撰,吳樹平校注《東觀漢記校注》卷一《世祖光武皇帝紀》,中華書局,2008 年,8 頁;《後漢書》卷二七《杜林傳》,中華書局,1965 年,937 頁。下文所引杜林等人言論亦出《東觀漢紀》《後漢書》同頁。

[2] 《通典》卷四七《禮·沿革·吉禮六》,中華書局,1988 年,1313 頁。《白虎通義》流傳之中多有散佚,故今本不見此句情有可原;此外,部分學者懷疑今本《白虎通義》爲僞書,參見石瑊《〈白虎通〉研究述評》,《中國史研究動態》2022 年第 2 期,5—14 頁。本文暫不涉及此問題。

[3] 徐元誥撰,王樹民、沈長雲點校《國語集解(修訂本)》卷三《周語下》,中華書局,2002 年,125 頁。

改制時王莽融合"始祖"和"太祖"的取徑爲何會在一些東漢學者那裏引發共鳴。

與鄭玄齊名有"先鄭"之稱的學者鄭衆,就在解釋《周禮》經文時稱"大祖,始祖廟也"[1]。東漢官定緯書也出現合二祖於一的傾向,如《禮》緯《稽命徵》載:

> 唐虞五廟,親廟四,始祖廟一。……殷五廟,至子孫六。夏無大祖,宗禹而已,則五廟。殷人祖契而宗湯,則六廟。周尊后稷宗文王武王,則七廟。
>
> 契爲始祖,湯爲受命王,各立其廟,與親廟四,故六。[2]

《稽命徵》將天子廟制分爲"祖""宗""親",如殷人"祖契而宗湯"外加四親廟,在提及祖廟時"始祖""太祖""祖"相互替換,可知其意乃"始祖"與"太祖"同制異名。

"禮經"的成立、禮學的形成以及儒生復古改制運動的興起,使得《喪服傳》中的"始祖"一詞進入人們的視野之中。平當和王莽都把《孝經》與《喪服傳》結合起來理解周代禮制,認爲后稷是周人始祖,並且都認同"世系之始"是定義"始祖"的主要標準。王莽又引入"功德論"作爲補充標準來定位"始祖",並有着將"始祖"與"太祖"兩個名號相融合的傾向。他也首次將"始祖"從觀念轉化爲制度現實,設置"始祖廟",這使得"始祖"成爲後世禮制實踐中難以忽視的問題。東漢建立以後,一些人接納"漢家堯後"說,面臨闡釋堯與太祖劉邦名號差異的問題,故而提出周人以后稷爲始祖、文王爲太祖的二祖分別說。另一些人則堅守經典等古籍内在的融貫,認爲"始祖"與"太祖"同制異名,是爲二祖同一說。兩種觀點的對立,標誌着禮學與禮制視域下"始祖"作爲問題的成立。

## 二、鄭玄"始祖"觀再探

漢末,鄭玄以《周禮》爲中心貫通三《禮》構建起獨特而完整的禮學體系,進而統攝其餘各經,對後世禮學發展和禮制演變產生了深遠影響[3]。辨明鄭玄

---

[1]《周禮注疏》卷八《天官·夏采》,影印阮刻《十三經注疏》本,中華書局,2009年,1495頁下欄。

[2]《禮記正義》卷一二《王制》,2890頁下欄;《毛詩正義》卷二〇《商頌·烈祖》,影印阮刻《十三經注疏》本,中華書局,2009年,1341頁上欄。

[3] 參見華喆《禮是鄭學:漢唐間經典詮釋變遷史論稿》,生活·讀書·新知三聯書店,2018年,8—10頁。

對"始祖"概念的詮釋意義不凡。鄭玄注經致力於學理上的内外融貫[1],這使得從鄭注中提煉出穩定的"始祖"含義成爲了可能。

(一)

前引《喪服傳》"諸侯及其大祖,天子及其始祖之所自出"一句,鄭玄注云:

> 大祖,始封之君。始祖者,感神靈而生,若稷、契也。自,由也,及始祖之所由出,謂祭天也。[2]

華喆認爲:在鄭玄禮學中,天子始祖感神靈而生,屬於郊祀範疇,天子太祖乃始封之君,屬於廟制範疇;始祖是氏族之始,而太祖之上的世系猶有追溯的可能;王肅破壞了"始祖"與郊祀的聯繫,中唐趙匡則首次將"始祖"引入宗廟範疇[3]。

然而,倘若立足於鄭玄三《禮》注的整體理路,便會發現上述觀點仍有進一步討論的空間。就太祖乃始封之君而言,已有學者注意到鄭玄"始封祖"概念多與諸侯和卿大夫廟制聯繫在一起,而非天子廟制,並且合"始祖"與"太祖"爲一[4]。

本文認爲,鄭玄視"始祖"和"太祖"爲同制異名概念,並依據身份等級的差異給出了不同定義。鄭玄引入感生説來解釋天子郊廟之制,他認爲天有六天,除去昊天上帝外還有五個感生天帝[5],後者輪流感生不同王朝的始祖;周人始祖后稷乃蒼帝靈威仰所生,因此周公南郊祭天禮是以后稷配祀靈威仰。《禮記·

---

[1] 參見加賀榮治《中國古典解釋史・魏晉篇》,勁草書房,1964年,37頁;池田秀三《鄭學の特質》,渡邊義浩主編《兩漢における易と三禮》,汲古書院,2006年,287—312頁。沈文倬《序》,陳戍國點校《周禮・儀禮・禮記》,岳麓書社,2006年,1—2頁;刁小龍《鄭玄禮學及其時代》,清華大學歷史系2008年博士學位論文;喬秀岩《論鄭王禮説異同》,原載《北大史學》第13輯,北京大學出版社,2008年,1—17頁,後經修訂收入喬秀岩、葉純芳《學術史讀書記》,生活・讀書・新知三聯書店,2019年,40—61頁;刁小龍《鄭玄禮學體系管窺:以藏冰用冰和五祀説爲例》,《北京師範大學學報》2011年第3期,82—89頁;喬秀岩《鄭學第一原理》,《古典學集刊》第1輯,華東師範大學出版社,2015年,349—367頁;高瑞傑《重建"周禮":鄭玄"周禮"觀與會通三禮之探析》,虞萬里主編《經學文獻研究集刊》第26輯,上海書店出版社,2021年,80—101頁。
[2] 《儀禮注疏》卷三〇《喪服》,2393頁上欄。
[3] 參見前引華喆《中古廟制"始祖"問題再探》一文。
[4] 參見前引錢杭《中國古代世系學研究》、陳贇《早期儒家對周代宗法的理念型刻畫》和林鵠《宗法、喪服與廟制》等文。常達注意到經典文本中"始封祖"等概念是與諸侯和卿大夫聯繫在一起的,而非天子,但未給出諸侯廟制的證據,參見常達《儒家始祖形象的三種形態及其意義》,63—74頁。
[5] 《禮記正義》卷三四《大傳》,3264頁上欄。

喪服小記》:

> 王者禘其祖之所自出,以其祖配之。
>
> 【鄭注】禘,大祭也。始祖感天神靈而生,祭天則以其祖配之。[1]

同時,鄭玄認爲天子始祖就是天子太祖,這在鄭注中有多次體現,如《周禮·天官·夏采》:

> 夏采,掌大喪,以冕服復於大祖。
>
> 【鄭注】鄭司農云:"……大祖,始祖廟也。"[2]

鄭司農即鄭衆。經文的"大祖"當作空間理解,是"太祖廟"的省稱,故而鄭衆解釋爲"始祖廟",認爲"太祖"等同於"始祖"。又《周禮·春官·守祧》:

> 守祧,掌守先王先公之廟祧。
>
> 【鄭注】廟,謂太祖之廟及三昭三穆。……先公之遷主藏於后稷之廟。[3]

《周禮·夏官·祭僕》:

> 祭僕……大喪,復於小廟。
>
> 【鄭注】小廟,高祖以下也。始祖曰太廟。[4]

《禮記·王制》:

> 天子七廟,三昭三穆與大祖之廟而七。
>
> 【鄭注】此周制。七者,大祖及文王、武王之祧與親廟四。大祖,后稷。[5]

《禮記·曾子問》:

> (孔子)曰:"大廟火,日食,后之喪,雨霑服失容則廢……"
>
> 【鄭注】大廟,始祖廟。宗廟皆然,主於始祖耳。[6]

上述鄭注都表明天子太祖即天子始祖,對周人來説即后稷。

---

[1]《禮記正義》卷三二《喪服小記》,3240 頁上欄。
[2]《周禮注疏》卷八《天官·夏采》,1495 頁下欄。
[3]《周禮注疏》卷二一《春官·守祧》,1691 頁下欄。
[4]《周禮注疏》卷三一《夏官·祭僕》,1841 頁上欄。
[5]《禮記正義》卷一二《王制》,2890 頁上欄。
[6] 結合經注上下文可知此處描述的是天子之禮,《禮記正義》卷一八《曾子問》,3018 頁下欄。

## （二）

一些學者辯解稱：后稷在鄭玄的"周禮"中扮演了雙重角色——他既是周作爲諸侯國時的始封之君，即太祖，又在周人奪取天下、獲得郊祀特權後成了周的始祖，因此不能得出"鄭玄認爲始祖即太祖"的認識。

本文認爲，這種解釋偏離了鄭注的語境，在兩個方面與鄭玄禮學相矛盾：其一，"始封之君"不能與天子太祖挂鉤；其二，后稷身份的核心是感天神靈而生而非始封。

首先，鄭注從未用"始封"解釋天子廟制，而是用於詮釋諸侯和卿大夫的太祖，《禮記·王制》：

> 天子七廟，三昭三穆與太祖之廟而七。
> 
> 【鄭注】此周制。……大祖，后稷。
> 
> 諸侯五廟，二昭二穆與大祖之廟而五。
> 
> 【鄭注】大祖，始封之君。王者之後不爲始封之君廟。
> 
> 【孔疏】凡始封之君，謂王之子弟封爲諸侯，爲後世之大祖。
> 
> 大夫三廟，一昭一穆與大祖之廟而三。
> 
> 【鄭注】太祖，别子始爵者。《大傳》曰："别子爲祖"，謂此雖非别子始爵者亦然。
> 
> 【孔疏】此據諸侯之子始爲卿大夫謂之别子者也。……引《大傳》者，證此大祖是别子也。[1]

鄭注明確說，諸侯太祖是其國"始封之君"，卿大夫太祖是"别子始爵者"或"别子"。在前引《儀禮·喪服》《禮記·大傳》"諸侯及其大祖"經文下，鄭玄都將"太祖"解釋作"始封之君"或"受封君"。没有一處鄭注將"始封"與天子太祖聯繫起來。孔穎達等人在疏通鄭注時，也忠實地按照"始封之君"——諸侯和"别子"——卿大夫的對應關係解釋經注[2]。由此可知，在鄭玄禮學中，將"始封之君"與天子太祖相關聯的做法是錯誤的。

---

[1] 《禮記正義》卷一二《王制》，2890頁上欄—2891頁上欄。

[2] 唐人賈公彥在解釋《儀禮·喪服傳》鄭注時也說："大祖始封之君者……爲上公九命，爲牧八命，爲侯伯七命，爲子男五命，此皆爲大祖，後世不毁其廟。若魯之周公，齊之大公，衛之康叔，鄭之桓公之類，皆是大祖者也。"參見《儀禮注疏》卷三〇《喪服》，2393頁下欄。

其次,用后稷受封一事解釋他在鄭玄"周禮"中具有雙重身份,違背了鄭玄對上古帝王的認識。漢人對上古帝王世系的認識呈現出兩種截然不同的觀念。一種觀念認爲上古帝王與凡人區别不大,他們的世系最終都能追溯到黄帝,如《大戴禮記·帝系》載:

> 少典産軒轅,是爲黄帝。黄帝産玄囂……是爲帝嚳。帝嚳産放勛,是爲帝堯。黄帝産昌意,昌意産高陽,是爲帝顓頊。顓頊産窮蟬……是爲帝舜……顓頊産鯀,鯀産文命,是爲禹……帝嚳卜其四妃之子,而皆有天下。上妃有邰氏之女也,曰姜嫄,氏産后稷;次妃……産契;次妃……産帝堯;次妃……産帝摯。[1]

陳壁生指出,上述帝系的基本特徵就是把五帝、三王時代理解爲同一家帝系的傳承,認爲上古帝王都有生物學父親,因而就祇能否認"感生"之説,並否認真正的"始祖"的存在[2]。與之相對的,便是基於聖王感生説來理解上古歷史,漢代緯書多見此類記載,如東漢官方確立的《詩》緯《含神霧》載:

> 大迹出雷澤,華胥履之,生伏羲。大電光繞北斗樞星,照郊野,感附寶而生黄帝。瑶光如蜺貫月,正白,感女樞,生顓頊。慶都與赤龍合昏,生赤帝伊祁,堯也。握登見大虹,意感而生帝舜。大禹之興,黑風會紀。扶都見白氣貫月,感黑帝生湯……[3]

衆所周知,鄭玄以緯書解經,認同帝王感生的歷史觀念。以感生説觀照上古歷史,便會認爲上古帝王因感生而與凡人不同,不能簡單地用世俗標準來衡量[4]。鄭玄在詮釋后稷的歷史時,格外强調那些有神聖化色彩的事迹,尤其是感天神靈而生和得天助而立功業之事,這在《詩經》的《大雅·生民》等篇鄭箋中多有體現,

---

[1] 孔廣森《大戴禮記補注》卷七《帝系》,中華書局,2013年,136—140頁。

[2] 毛亨、劉歆、班固、賈逵、馬融、服虔和王肅等多數漢魏學者都傾向於這種理解,參見陳壁生《周公的郊祀禮:鄭玄的經學構建》,《湖南大學學報》2018年第5期,46—47頁。

[3] 安居香山、中村璋八輯《緯書集成》,《詩·含神霧》,河北人民出版社,1994年,461—463頁。

[4] 鄭玄在主張聖人感生説的同時,認爲聖人仍有名義上的父親,參見吴飛《聖人無父:〈詩經〉感生四篇的詮釋之争》,干春松、陳壁生主編《經學與建國》,中國人民大學出版社,2013年,103—121頁;李曉璇《聖人的感生與同祖:鄭玄、王肅關於殷周始祖出生故事的争論》,《世界宗教文化》2016年第2期,112—117頁;陳壁生《周公的郊祀禮》,44頁。

爲學界所共知〔1〕。

可見,鄭玄對后稷身份的詮釋重在感天神靈而生,而非始受封等世俗符號。用"始封之君"解釋后稷爲周人太祖的取徑,屬於用鄭學之外的觀念解釋鄭學的概念。鄭玄對天子太祖的定義,祇能回到前引"太祖,始祖廟也"等鄭注中探求〔2〕。换言之,鄭玄認爲天子太祖就是天子始祖,亦即感天神靈而生之人。

(三)

鄭玄又將諸侯和卿大夫的太祖等同於各自始祖。一些學者注意到鄭注有着將卿大夫的太祖與始祖混同的傾向,可惜並未發現這是鄭玄"始祖"觀的要素之一。前引鄭注《禮記・王制》提到卿大夫的太祖是"别子始爵者"或"别子",《禮記・喪服小記》稱:

> 别子爲祖。
> 【鄭注】諸侯之庶子,别爲後世爲始祖也。〔3〕

鄭玄又將"别子"解釋爲其後世之"始祖",則知其意以卿大夫太祖爲始祖。

至於諸侯的始祖,前人並没有在鄭注中找到例證,祇是泛泛談及而已。其實鄭玄對諸侯始祖也有申説,《禮記・祭法》載:

> 天下有王,分地建國……設廟、祧、壇、墠而祭之……
> 【鄭注】……天子遷廟之主,以昭穆合藏於二祧之中。諸侯無祧,藏於祖考之廟中。《聘禮》曰:"不腆先君之祧。"是謂始祖廟也。〔4〕

理解"始祖廟"的關鍵,在於《聘禮》此處描述的是天子還是諸侯,《儀禮・聘禮》:

> 至於朝,主人曰:"不腆先君之祧,既拚以俟矣。"
> 【鄭注】賓至外門,下大夫入告,出釋此辭。主人者,公也。……遷主所

---

〔1〕《毛詩正義》卷九《小雅・小大雅譜》、卷一七《大雅・生民》、卷一九《周頌・思文》、卷二〇《魯頌・閟宮》,857頁上欄、1137頁、1271頁上欄、1326頁。

〔2〕 有一處鄭注時而使人們誤以爲鄭玄也以文王爲周人太祖,但若仔細揣摩上下文可知該處鄭箋"大祖,謂文王"祇是在解釋《詩》序所説的"大祖"是誰而已。參見《毛詩正義》卷一九《周頌・雍》,1284頁上欄。

〔3〕 孔穎達疏:"别子爲祖"者,謂諸侯嫡子之弟别於正嫡,故稱别子也。爲祖者,别與後世爲始祖。謂此别子子孫爲卿大夫,立此别子爲始祖。參見《禮記正義》卷三二《喪服小記》,3240頁。

〔4〕《禮記正義》卷四六《祭法》,3447頁。

在曰祧。《周禮》天子七廟,文、武爲祧。諸侯五廟,則祧始祖也,是亦廟也。[1]

據鄭注,《聘禮》中的"主人"是"公",即諸侯。因此鄭注"'不腆先君之祧'是謂始祖廟"中的"始祖廟"是指諸侯始祖廟,《儀禮·聘禮》中鄭注"諸侯五廟,則祧始祖"也是此意。《禮記·祭統》的鄭注亦是如此[2]。可見,在鄭玄看來,諸侯太祖就是諸侯始祖。

綜上,天子、諸侯和卿大夫的太祖在鄭注中常被置換爲始祖,换言之鄭玄認爲在郊天和宗廟祭祀中"太祖"就是"始祖"。他界定"始祖"的理論原則同樣是"世系之始",但又以感天生説和始封説分别設定了天子與諸侯/卿大夫世系的上限[3]。具體而言,在鄭學之中,天子始祖/太祖是感天神靈而生之人;諸侯始祖/太祖是"始封之君";卿大夫始祖/太祖是"别子始爵者"或"别子"。這種按照身份等級制對同一名號做不同定義的方式並非個案,西漢韋玄成便曾以"始受命"和"始封之君"分别定義天子與諸侯的太祖[4]。

## 三、鄭學的射程:漢隋之間"始祖"的表達與實踐

歷史没有主綫,但史學須有框架。魏晋以降,禮學與國家政治和士人社會的交融越發緊密,特别是在禮法融合浪潮下[5],鄭玄禮學愈發受到重視,逐漸成爲中古士人的知識底色。因此,以鄭玄禮學作爲參照系觀察漢唐間禮學與禮制的嬗變,不失爲一種可行的研究取徑。

---

[1] 《儀禮注疏》卷二〇《聘禮》,2273 頁下欄。

[2] 經文稱:"君致齊於外,夫人致齊於内,然後會於大廟。"據上下文可知"君"指的是諸侯,則"大廟"是諸侯太祖,鄭注曰:"大廟,始祖廟也。"參見《禮記正義》卷四九《祭統》,3480 頁上欄。

[3] 前人多默認"感生"等於"感天生",本文對此持保留態度,謹慎起見應當視後者從屬於前者。

[4] 參見張書豪《從奏議到經義:西漢晚期廟數之爭析論》,《政大中文學報》2011 年總第 15 期,175—177 頁;程蘇東《魏初太學博士所習師法考》,《饒宗頤國學院院刊》第 3 期,中華書局有限公司,2016 年,332 頁。

[5] 自陳寅恪揭櫫以來已成學界共識,僅舉個别著述爲代表,參見陳寅恪《隋唐制度淵源略論稿》,生活·讀書·新知三聯書店,2001 年,111 頁;瞿同祖《中國法律與中國社會》,中華書局,1981 年,337 頁;祝總斌《略論晋律之"儒家化"》,《中國史研究》1985 年第 2 期,109—124 頁。

鄭玄"始祖"觀必須置於其禮學整體框架内加以理解。在其"始祖"觀的三個要素——"始祖"和"太祖"同一説、天子始祖/太祖感天生説、諸侯與卿大夫始祖/太祖始封説(含別子/別子始爵)中,前兩個要素與他的周公祭天禮關聯密切。鄭玄分郊丘爲二,在南郊祭天禮外獨創圜丘禮,認爲周人在冬至於圜丘以帝嚳配祀昊天上帝,夏曆正月於南郊以始祖后稷配祀感生天靈威仰,季秋於明堂以文王配祀五感生天、五人帝和五人神[1]。此外,少有人注意到,鄭玄有着否定"漢家堯後"説的傾向。他認爲劉邦是其母感神所生[2],那麽據其天子始祖感天生説和二祖同一論,可知鄭玄以劉邦爲漢朝始祖/太祖,不以堯爲漢家祖宗。

鄭玄構建的這個禮儀體系在融貫性與系統性上,可謂前無古人,後無來者。但思想越是精深微妙,便離行動越遠。直接影響制度實踐的概念,往往是相對複雜深奥的思想經歷過層層下滲後的簡化變種[3]。同時,語境的轉換也會導致思想的内部秩序遭到忽視,這時原本相互維繫的各個部分就變成了行動者隨意拆解、重組的文化資源。想要考察鄭學對漢唐間禮學與禮制的影響,就需要關注思想的擴散與再生産。

(一)

漢亡以後,魏、蜀、吴三分天下,禮制實踐各異其趣。劉備作爲漢室宗親,紹漢而立名正言順,故其禮制承繼兩漢即可,無需改弦更張[4]。東漢末年的宗廟之制與鄭玄對周禮的理解非常接近,"四時所祭,高廟一祖二宗,及近帝四"[5]。或也因此,部分蜀漢士人對天子祖宗秩序的理解並不取東漢前期《白虎通義》的"始祖""太祖"分立説,而是接近鄭玄的二祖同一説。《通典》引譙周《禮祭集志》稱:"天子之廟,始祖及高、曾、祖、考,皆月朔加薦,以象平生朔食也,謂之月

---

[1] 關於五感生天(五帝)、五人帝和五人神,劉斌所論最爲清晰,參見劉斌《鄭玄六天説析論》,安平秋主編《中國典籍與文化論叢》第24輯,鳳凰出版社,2021年,1—42頁。鄭玄對明堂祭祀對象的闡述可參考其《雜問志》等作品,參見《禮記正義》卷四六《祭法》,3444上欄—3445頁上欄;《周禮注疏》卷一九《春官·小宗伯》,1653頁上欄。

[2] 孔穎達:"'玄之聞也……劉媪是漢太上皇之妻,感赤龍而生高祖……'如鄭此言。"參見《毛詩正義》卷一七《大雅·生民》,1140頁下欄。

[3] 參見王汎森《思想是生活的一種方式——兼論思想史的層次》,《思想是生活的一種方式:中國近代思想史的再思考》,聯經出版公司,2017年,19—52頁。

[4] 參見郭善兵《中國古代帝王宗廟禮制研究》,人民出版社,2007年,250頁。

[5] 《續漢書·祭祀志下》,《後漢書》,3197頁;《禮記正義》卷一二《王制》,2890頁上欄。

祭。二祧之廟,無月祭也。"[1]

與此相對,曹魏和孫吴都存在正統危機,嘗試在漢家舊儀外創設新禮,其中尤以魏明帝景初改制爲代表。學界業已認識到,景初改制雖然採納鄭玄"郊丘二分"説,以鄭學爲本,但並未完全遵照鄭玄祭天禮的設計[2]。魏明帝君臣尊舜爲始祖於圜丘配祀皇皇帝天,以太祖曹操於南郊配祀皇天之神,宗祀高祖曹丕於明堂配祀上帝[3]。以帝嚳配祀圜丘是鄭玄祭天禮的薄弱環節,正如王肅所説:"玄以圜丘祭昊天,最爲首禮,周人立后稷廟,不立嚳廟,是周人尊嚳不若后稷及文、武,以嚳配至重之天,何輕重顛倒之失所?"[4]魏明帝改以始祖舜配圜丘、太祖曹操配南郊,顯然更符合現實需要。[5]

景初改制與鄭學相異之處還有很多,受到多種因素的共同影響。首先,魏明帝尊舜爲始祖是受到"漢家堯後"説的影響。鄭玄並不認可"漢家堯後"説,但魏明帝君臣爲了强調漢魏禪代的正當性,便跳出鄭學的範疇。其次,景初改制分立"始祖""太祖",並非鄭學之意。既往研究認爲魏明帝尊舜爲始祖、曹操爲太祖與鄭學相合,但據本文所論實與鄭學相異,承接的可能是以《白虎通義》爲代表的二祖分别説。

最後,景初改制未將"始祖"立於太廟,亦非鄭學之意。華喆認爲鄭玄將"始祖"排除在太廟之外,景初改制即是代表。實際上,鄭玄合"始祖""太祖"爲一,太祖廟即始祖廟,並未將"始祖"踢出宗廟。魏明帝不立始祖廟並非依從鄭學,

---

[1] 《通典》卷四九《禮·沿革·吉禮八》,1369頁。

[2] 除前引華喆、陳壁生論著外,還可參見金子修一《魏晋より隋唐に至る郊祀·宗廟の制度について》,初刊《史學雜誌》第88編第10號,後收入《中國古代皇帝祭祀の研究》,岩波書店,2006年,31—65頁;古橋紀宏《魏晋禮制與經學》,北京大學《儒藏》編纂與研究中心編《儒家典籍與思想研究》第2輯,北京大學出版社,2010年,254—295頁;牛敬飛《經學與禮制的互動:論五精帝在魏晋南朝郊祀、明堂之發展》,《文史》2017年第4輯,123—138頁;楊英《曹魏、西晋郊禮重構及其對鄭玄、王肅説之擇從》,《史學集刊》2021年第5期,75—86頁;陳壁生《經學、歷史與歷史書寫:以鄭玄論圜丘禮爲例》,《四川大學學報》2022年第2期,23—31頁。

[3] 從晋武帝君臣對曹魏禮制的叙述看,這裏的"皇皇帝天"是指"昊天上帝","皇天之神"和"上帝"是指曹魏的感生天帝,參見《宋書》卷一六《禮三》,中華書局,2019年,423頁。

[4] 《禮記正義》卷四六《祭法》,3444頁下欄。

[5] 華喆認爲,舜在傳説中無感生事迹,以舜爲始祖表明曹魏放棄了鄭玄天子始祖感生説,是與鄭學相異。參見華喆《中古廟制"始祖"問題再探》,123頁。其實,帝舜感生故事在上文所引《含神霧》"握登見大虹,意感而生帝舜"即有體現,故而上述觀點有待商榷。

而是出於現實考量。在明帝之前，魏文帝曹丕已於黄初四年(223)定制以曹操爲太祖；而在景初元年(237)十月制定郊祀禮前，當年六月，明帝確定了以曹操爲太祖、曹丕爲高祖和自己爲烈祖的七廟之制[1]。魏明帝在太祖之外另尊舜爲始祖已脱出鄭學範疇，若將始祖引入太廟則又會破壞太祖曹操、高祖曹丕和己身爲烈祖的一祖二祧之制，威脅自己神主永世不遷的地位。

由此可見，景初改制的非鄭學要素要比以往認爲得更多，它實際上是鄭玄郊丘二分説、天子始祖感天生説，《白虎通義》二祖分立説，"漢家堯後"説和魏明帝自我拔高用意等多重因素雜糅的産物。

孫吳立國正統性於三國之中最爲薄弱，其着力點在讖緯符瑞[2]，郊廟之制斷續而成。孫權尊孫堅廟爲始祖廟，而後孫亮又爲孫權立太祖廟[3]。從結果來看，孫吳施行了"始祖廟"和"太祖廟"分立的制度，形式上更接近《白虎通義》的觀點。

(二)

鄭玄禮學的系統性賦予其無與倫比的地位，但也因其過於學理化而屢遭批評。鄭玄祭天禮最重要的批評者是王肅，他既否定鄭玄分郊丘爲二的觀點，又抨擊鄭玄天子始祖感天生説[4]。兩晉郊祀禮在相當程度上遵從了王肅對鄭學的調整。西晉建立以後，晉武帝正式將圜丘禮并入南郊禮、方丘禮并入北郊禮[5]，同時不再單獨設置始祖。但是"始祖"觀念並未消失，兩晉時人在捨棄鄭玄郊丘爲二説時，對其"始祖"觀進行拆分，淡化聖王感生觀，接受他"始祖"與"太祖"同制異名説和諸侯始祖/太祖始封説。

王肅即是其中代表。儘管今天所見王肅《聖證論》中未見"始祖"一詞，但孔穎達在轉述王肅觀點時説："若王肅，則以爲天子七廟者，謂高祖之父及高祖之

---

[1] 《三國志》卷二《魏書·文帝紀》注引《魏書》、卷三《魏書·明帝紀》，中華書局，1982年，83、109頁；《宋書》卷一六《禮三》，482頁。

[2] 參見朱子彦《孫吳政權正統性觀念的構建——兼論吳晉爭奪天命》，《人文雜誌》2021年第2期，93—102頁。

[3] 《三國志》卷四六《吳書·孫堅傳》注引《吳録》，1101頁；《宋書》卷一六《禮三》，459—460、484頁。

[4] 參見前引華喆、陳壁生、牛敬飛、楊英和金子修一等人研究。

[5] 《晉書》卷一九《禮上》，中華書局，1974年，583—584頁。

祖廟爲二祧,並始祖及親廟四爲七。"此外,參與到鄭王之爭中的晉人馬昭、孔晁和南朝張融,也未提及王肅曾區分"始祖"與"太祖"[1]。與王肅同時代的西晉學者摯虞亦是如此,其《決疑要注》言:

> 凡昭穆……始祖特於北,其後以次夾始祖而南,昭在西,穆在東。
> 親盡則廟毀,毀廟之主藏於始祖之廟。……祫於始祖之廟。[2]

西晉並無始祖之制,但這未妨礙摯虞以"始祖"爲天子宗廟之主。南朝劉昭注《續漢書·祭祀志》所記東漢以太祖劉邦爲中心的宗廟祭祀禮時,還引用了摯虞的觀點,讀者若不加審視會誤以爲東漢曾立始祖廟。西晉禮學對"始祖"與"太祖"同制異名觀的認同,延續到了東晉時期。晉元帝時,華恒奉命討論宗廟之制:

> 太常華恒被符,宗廟宜時有定處。恒按前議以爲:"……今有七室,而神主有十,宜當別立。……按《周官》有先公先王之廟,今宜爲京兆以上,別立三室於太廟西廂。宣皇帝得正始祖之位,惠、懷二帝不替,而昭穆不闕,於禮爲安。"[3]

廟號時常出現名實分離的傾向,比如享有太祖廟號者有時並不被視爲宗廟之主,相反一些被冠以其他廟號之人常常被認爲是當朝太祖。晉武帝追尊司馬懿爲高祖,司馬昭爲太祖,看似以司馬昭爲宗廟之主,但是前人已指出,在兩晉禮制與時人心中,高祖司馬懿纔是宗廟之主——太祖[4]。華恒在此稱司馬懿"得正始祖之位",則是又以"始祖"爲宗廟之祖,可推知他與鄭玄、摯虞等人一樣認爲"始祖"和"太祖"同制異名。

在天子始祖之外,晉人對諸侯廟制的認識也受鄭玄影響。晉武帝時,群臣討論中山王司馬睦的國廟問題:

> 睦,譙王之弟,兄弟具封,今求各立禰廟,下太常議。博士祭酒劉熹等議:"《王制》諸侯五廟,是則立始祖,謂嫡統承重一人,得立祖禰之廟,群弟

---

[1]《禮記正義》卷一二《王制》,2890 頁下欄—2891 頁上欄。
[2]《續漢書·祭祀志下》,《後漢書》,3195、3199 頁。
[3]《通典》卷四八《禮·沿革·吉禮七》,1349—1350 頁。
[4] 參見梁滿倉《魏晉南北朝皇家宗廟制度述論》,13—35 頁;郭善兵《魏晉南北朝皇家宗廟禮制若干問題考辨:兼與梁滿倉先生商榷》,179—187 頁。

雖並爲諸侯始封之君,未得立廟也。唯今正統當立祖廟,中山不得並也。後代中山乃得爲睦立廟,爲後代子孫之始祖耳。"[1]

司馬進二子皆受封爲王,譙王年長爲嫡,中山王年幼爲庶,依照宗法觀念當由譙王立廟祭祀其父。中山王請求朝廷允許自己也立廟祭祀其父,屬於非常之舉,由此引發朝野爭議。博士劉熹看似引《禮記》經文爲據,實際上援引的是鄭玄對諸侯廟制的詮釋,即諸侯始封之君爲"後代子孫之始祖"。儘管另有支持中山王的聲音,但是晉武帝遵從太常之議,以"禮,諸侯二昭二穆,與太祖之廟而五,太祖即始封君也"的理由拒絕了中山王的請求。武帝的看法顯然同樣來自鄭玄"大祖,始封之君。王者之後不爲始封之君廟"的注解。

南朝郊廟祭祀與兩晉變化不大[2],梁代侯景和陳朝雖然也有"始祖廟"[3],但於史料中僅見孤例,並不確定是否爲"太祖廟"的別稱,其他與"始祖"有關之制便僅有梁朝"迎氣以始祖配"而已[4]。

(三)

與兩晉南朝不同,十六國北朝諸政權在華夏化進程中往往面臨正統性的缺失,因而更有興趣將不見於經書正文但却屢現於鄭注中的"始祖"付諸禮制實踐。十六國時期政權更迭頻繁,儀制往往未遑建設,史料多有佚失,因而可以探明禮制細節的朝代寥寥無幾。就始祖廟而言,可舉出同制異名(成漢)與異制異名(姚秦、後凉)兩種情況。

上文提及蜀地譙周認可天子始祖與太祖同一說,這種取向或許對後來成漢政權的廟制實踐有所影響。據載,李雄追尊其父李特爲景帝,廟號始祖,他死後則被後人尊爲太宗[5]。李特侄子李壽即位後,改立宗廟,史稱:"壽……廟曰中

---

[1] 《通典》卷五一《禮·沿革·吉禮十》,1428頁。
[2] 南朝也遵從郊丘合一說。《通典》雖記陳武帝"永定元年受禪,修圓丘,柴燎告天",但是從《陳書·高祖紀》和《五代史志》的記載來看,此處"圓丘"應該是指當時南郊禮中的祭壇形制。《通典》卷四二《禮·沿革·吉禮一》,1178頁;《陳書》卷二《高祖紀下》,中華書局,2021年,35頁;《隋書》卷六《禮儀志一》,中華書局,2020年,125頁。
[3] 《梁書》卷五六《侯景傳》,中華書局,2020年,956頁;《隋書》卷七《禮儀志二》,149頁。
[4] 《隋書》卷七《禮儀志二》,143頁。
[5] 《晉書》卷一二〇《李特載記》、卷一二一《李雄載記》,3029、3036、3040頁。

宗。……即僞位之後,改立宗廟,以父驤爲漢始祖廟,特、雄爲大成廟。"[1]李壽將李特與李雄移出太廟後,爲其父立始祖廟,自己死後則被尊爲中宗。成漢政權雖然經歷了大、小宗的轉換,但其廟制對"始祖"和"太祖"同制異名觀的遵從始終如一。

姚秦和後涼與同時期南方諸政權不同,採取了分立始祖廟和太祖廟的制度。姚秦尊姚弋仲爲始祖,尊姚萇爲太祖;後涼尊太公吕望爲始祖,永爲不遷之廟,尊吕光爲太祖[2]。

與姚秦和後涼幾乎同時建國的北魏,也推行了二廟分立之制。北魏還重拾鄭玄郊丘爲二説,構建起有别於東晉南朝的郊廟制度。據趙永磊考證:在宗廟方面,太武帝神主入廟以前,北魏太廟設始祖神元帝神主,之後遷毁;在郊天方面,道武帝分郊丘爲二,郊天祭祀以始祖配祀,而後孝文帝取消始祖的配祀資格,但是仍堅持鄭玄郊丘爲二和六天説[3]。趙永磊又根據北齊、北周制度推測北魏後期南郊所祭爲感生天,有一定道理。孝文帝以後,始祖神元帝從國家祭祀中完全退出,孝明帝又規定圜丘以太祖道武帝配天,南郊以世祖太武帝配上帝,明堂以高祖孝文帝配祀,北魏郊廟制度趨於定型。若以鄭學爲標尺,可以認爲北魏後期郊廟制度在形式上接受了鄭玄的郊丘二分説和六天説,但並未體認其天子始祖/太祖感天生説和二祖同一説。

北周自詡"憲章姬周",於圜丘以神農氏配昊天上帝,南郊以始祖獻侯莫那配感帝靈威仰,明堂以太祖文帝配上帝[4]。其制顯然是依據《禮記·祭法》"周人禘嚳而郊稷,祖文王而宗武王"經文及鄭注創設的[5],遵從了鄭玄郊丘爲二説和天子始祖感天生説,僅與其"始祖""太祖"同一説相異。鄭玄把"祖文王而宗武王"解釋爲明堂禮,並稱"祖宗通言爾",又引《孝經》"宗祀文王於明堂以配

---

[1]《晉書》卷一二一《李壽載記》,3046頁;常璩撰,任乃强校注《華陽國志校補圖注》卷九《李特雄期壽勢志》,上海古籍出版社,1987年,502頁。

[2]《晉書》卷一一六《姚弋仲及姚萇載記》、卷一二二《吕光載記》,2961、2973、3059、3064頁。

[3] 最新研究及前人研究綜述,參見前引趙永磊《塑造正統:北魏太廟制度的構建》一文,以及《争膺天命:北魏華夏天神祭祀考論》,《歷史研究》2020年第4期,74—97頁。

[4]《周書》卷三《孝閔帝紀》,中華書局,1971年,46—47頁;《隋書》卷六《禮儀志一》,130頁。

[5]《禮記正義》卷四六《祭法》,3444頁上欄。

上帝"强行將文王由"祖"降格爲"宗"作解。但北周君臣有着拔高宇文泰的强烈需要,因而直取經文的字面意義,"文考德符五運,受天明命,祖於明堂,以配上帝,廟爲太祖",尊宇文泰爲太祖配祀明堂。

北魏和北周的天子廟制採取二祖分立制,但是時人對諸侯廟制的理解反而遵從鄭玄二祖同一説。北魏孝明帝神龜元年(518),靈太后父胡國珍去世,贈太上秦公,群臣商議其國廟正主之位是否應當虛置:

> 太學博士王延業議曰:"……鄭玄云:'高祖已下,與始祖而五。'……鄭玄云:'實四廟而言五廟者,容高祖爲始封君之子。'明始封之君,在四世之外,正位太祖,乃得稱五廟之孫。……今太上秦公……實有始封之功,方成不遷之廟。但親在四世之内,名班昭穆之序,雖應爲太祖,而尚在禰位,不可遠探高祖之父,以合五者之數。……"

> 博士盧觀議:"……《禮緯》又云:'諸侯五廟,親四,始祖一。'明始封之君或上或下,雖未居正室,無廢四祀之親。……"

> 侍中、太傅、清河王懌議:"……遠稽《禮緯》諸儒所説,近循晉公之廟故事,宜依博士王延業議,定立四主,親止高曾,且虛太祖之位,以待子孫而備五廟焉。"[1]

王延業引鄭玄爲據認爲:諸侯國廟由始祖廟與高祖以下四親廟共五廟組成;諸侯始封之君爲始祖;諸侯始祖即太祖;胡國珍當爲其國始祖/太祖,但"親在四世之内"應暫居昭穆,其國廟僅立四主,虛置正位。可知,王延業認同鄭玄二祖同一説和諸侯始祖/太祖始封説。

盧觀承接王延業對鄭玄上述觀點的認可,祇是認爲諸侯國廟必須爲五,即便始封之君"未居正室",也應另外再立四親凑齊五廟之數。清河王元懌對鄭玄二祖同一説和諸侯始祖/太祖始封説也没有異議,他建議朝廷應當聽從王延業的意見,虛置正位,僅立四廟。

需要注意的是,王延業和元懌都舉司馬懿爲例,"以宣帝是始封之君,應爲太祖",以始封之君定義司馬懿的宗廟正主之位。這種取徑也表明北魏雖有南郊祭感生天之禮,但没有體認鄭玄天子始祖/太祖感天生説。

---

[1]《魏書》卷一〇八《禮志》,中華書局,2018年,3019—3024頁。

思想一旦化作文本,其意涵的多重性便是作者所無法控制的[1]。若以郊丘爲二和天子始祖/太祖感天生説爲標尺,漢唐間國家祭祀對鄭學的採用呈現出曹魏、北魏和北周等高峰,但是三者又都出於各自考量加以改造,與其他因素相糅合。這些着眼於標新立異的政權,恰恰選擇了與鄭玄相異的天子宗廟觀,在太祖之外另尊始祖,然而合郊丘爲一的兩晉南朝却往往認同鄭玄的二祖同一觀,雙方在形式上呈現出對鄭學取捨兼存的多元圖景。相較之下,鄭玄的諸侯始祖/太祖始封説獲得了廣泛認同,甚至有時被上升到對天子廟制的詮釋之中。

## 四、鄭學語境的消解與唐朝祖宗秩序的變化

近年來,禮制史研究者逐漸注意到"始祖"在隋唐禮議中的頻繁出現,並嘗試探究其原因[2]。與既往研究不同,本文認爲,隋唐時期除武周外無論是祭天還是立廟,"始祖"一詞都從禮制明文中消失了,主要成爲時人探討本朝祖宗秩序的概念工具。

### (一)

隋唐時人曾有設立"始祖"的提議,但是都没有付諸實際。隋代,楊堅改周爲隋後没有繼承北周的郊廟制度,而是以其父楊忠在國家典禮中配祀[3]。煬帝即位後,"欲尊周法,營立七廟",先是接受了"太祖、高祖各一殿,準周文武二祧,與始祖而三"的建議,但不久又發覺自己被排除在不遷之廟外而反悔:"今始祖及二祧已具,今後子孫,處朕何所?"[4]隋煬帝爲了抬高自身,不僅否決了設立"始祖廟"的建議,還計劃"别立高祖之廟",試圖跳出原來以太祖楊忠爲中心的宗廟體系。這種對現實和己身利益的强烈關照,與不久前北周"始祖"之制的復古主義形成鮮明對比。

---

[1] J. G. A. Pocock, "Languages and Their Implications: The Transformation of the Study of Political Thought", *Politics, Language, and Time: Essays on Political Thought and History*, University of Chicago Press, 1989, pp. 17—25.
[2] 參見前引吴麗娱《也談唐代郊廟祭祀中的"始祖"問題》一文。
[3] 《隋書》卷六《禮儀志一》,130—131頁。
[4] 《隋書》卷七《禮儀志二》,151—153頁。

## "始祖"的譜系:漢唐禮學與禮制嬗變之一瞥

關於唐朝郊廟祭祀中的祖宗秩序,學界業已注意到太祖景皇帝李虎地位的變化是理解相關問題的出發點之一[1]。本文要補充的是,唐人對本朝祖宗秩序的討論是圍繞着"誰是宗廟之主"問題展開的,李虎的禮制地位祇是這個核心問題中的一環。

唐人對天子"始祖"的闡釋大多出於定位宗廟之主的目的,相關論述可分爲兩類三種。第一類,認爲應當另立"始祖"並以涼武昭王爲之。貞觀九年(635),唐高祖李淵去世,將行祔廟之禮。朱子奢建議太廟廟數應由五廟改爲七廟,並給出兩種方案——"若親盡之外,有王業之所基者,如殷之玄王,周之后稷,尊爲始祖";"倘無其例,請三昭三穆,各置神主,太祖一室,考而虛位。將待七百之祚,遞遷方處"[2]。考慮到朱子奢是以"禮是鄭學"爲宗旨的《禮記正義》的重要編纂者[3],他將"始祖"與"太祖"混同的觀點想必與鄭玄"始祖"觀有所淵源。不過,當時持不同意見認爲應當尊涼武昭王爲始祖的人有很多,"時議者欲立七廟,以涼武昭王爲始祖,房玄齡等皆以爲然"[4]。于志寧等少數派認爲涼武昭王"非王業所因"不能尊爲始祖,阻止了這項提議。

第二類,認爲應當尊已有廟號之祖爲"始祖",其中按尊奉對象可分爲太祖景皇帝李虎和高祖李淵兩種。天授元年(690),武則天在洛陽創制七廟,尊周文王爲始祖,其下依次有睿祖、嚴祖、肅祖、烈祖、顯祖和太祖等號[5]。中宗復唐後,時人欲效法武周,引《白虎通義》"后稷爲始祖、文王爲太祖、武王爲太宗"爲據,建議在太祖李虎之外另尊涼武昭王爲始祖。這遭致張齊賢等人的反對——"伏尋禮經,始祖即是太祖,太祖之外,更無始祖"[6]。經書正文根本沒有出現"始祖",張齊賢所謂"伏尋禮經"祇能是源自《禮記正義》《周禮注疏》《儀禮注

---

[1] 參見前引吳麗娛《也談唐代郊廟祭祀中的"始祖"問題》一文,以及户崎哲彥《唐代における禘祫論争とその意義》,《東方學》第80輯,東京:東方學會,1990年,82—96頁;馮茜《中晚唐郊廟禮制新變中的儒學色彩——禮制意義上的"太祖"在唐代郊廟中的出現及其地位的凸顯》,《文史》2014年第3輯,241—254頁。
[2] 《舊唐書》卷二五《禮儀志五》,中華書局,1975年,941—942頁。
[3] 孔穎達《禮記正義序》,《禮記正義》,2653頁下欄。
[4] 《舊唐書》卷七八《于志寧傳》,2693—2694頁。
[5] 《舊唐書》卷一八三《外戚·武承嗣傳》,4729頁。
[6] 《舊唐書》卷二五《禮儀志五》,946頁。

疏》中鄭玄的二祖同一説。

不過,他對天子始祖的定義没有取鄭玄的感天生説,而是從其對經典與歷史的理解出發認爲:經書稱"始封之君"爲太祖,如契和后稷;漢朝無始封祖,以"受命者"劉邦爲太祖;魏晋禪讓時代,曹操和司馬懿是"創業者",曹丕和司馬炎是"受命者",兩朝都以"創業者"爲太祖,北周、隋朝禮同;涼武昭王之於本朝,如同杜林所言"漢業特起,功不源堯",不當爲始祖;本朝景皇帝李虎,"始封唐公",與經典及古制相符,實爲太祖。張齊賢强調"始封"是追尊始祖/太祖的首要原則,没有"始封之君"則應當選擇"受命者"或"創業者"。需要注意,以上僅是張齊賢對前代禮制變遷的認識,個别學者視之爲彼時禮制實踐者的真實意圖,則混淆了言説與事實的界限。

這次禮議以中宗採納張齊賢的建議放棄另尊始祖而收尾。但是如果認爲唐人對宗廟之主的認識就此定型——以太祖李虎爲始祖,無疑會放大禮議結果的意義。中宗並未在制度上明確太祖李虎爲宗廟之主,因此半個多世紀後,到代宗寶應元年(762)歸崇敬等人還要鄭重其事地上表請求以太祖李虎爲始祖、配昊天於圜丘[1]。

(二)

觀念往往受到制度現實的影響而發生變化。唐人之所以在代宗朝會認爲太祖李虎應當正"始祖"之位,就是因爲在此之前的大部分時間内,國家祭祀圍繞着高祖李淵展開。這使唐人常常從政治現實出發,認爲高祖是宗廟之主,是國家始祖/太祖[2]。在唐朝國家典禮中,郊天(含明堂)祭祀地位最爲重要,太廟祭祀前期因宗廟正祖虚位而禮儀有缺、後期相對完善但重要性仍不及郊天[3],因此二者之中前者最能反映唐人對祖宗秩序的認識。唐前期以郊天爲代表的國家祭祀經歷了從以太祖李虎爲中心到以高祖李淵爲中心的變化。

李唐建國之初,李淵尊李虎爲太祖,並採納鄭玄郊丘爲二説,定制:

　　冬至,祀昊天上帝於圜丘,景帝配;夏至,祭皇地祇於方丘,景帝配;

---

[1] 《舊唐書》卷二一《禮儀志一》,836頁。
[2] 唐人稱李淵爲太祖一事,參見史正玉《李淵廟謚改易問題所見唐代"太祖"的多重意涵》,《中國史研究》2023年第2期,104—119頁。
[3] 參見金子修一《古代中國と皇帝祭祀》,汲古書院,2001年,174—190頁。

孟春辛日,祈穀,祀感帝於南郊,元帝配;

孟夏之月,雩祀昊天上帝於圓丘,景帝配;

季秋,祀五方上帝於明堂,元帝配;孟冬,祭神州於北郊,景帝配。〔1〕

祭天方面,最重要的冬至於圓丘祭昊天上帝之禮以太祖配祀;祭地方面,最重要的夏至於方丘祭皇地祇之禮也以太祖配祀。可見,《武德禮》是以太祖李虎爲中心,視之爲宗廟之主。

然而,《武德禮》的設想並未得到延續,太宗《貞觀禮》便改以高祖李淵爲中心:

冬至,祀昊天上帝於圓丘,高祖配;夏至,祭皇地祇於方丘,高祖配;

孟春辛日,祈穀,祀感帝於南郊,元帝配;

孟夏之月,雩祀五方上帝、五人帝、五官於南郊(元帝配?);

季秋,祀五方上帝於明堂,高祖配;孟冬,祭神州於北郊,高祖配。〔2〕

高宗《顯慶禮》延續了《貞觀禮》的内核,並出現將高祖李淵視爲國家始祖的聲音。顯慶元年(656),主持制定新禮的長孫無忌與禮官上言,提出:

高祖太武皇帝躬受天命,奄有神州,創制改物,體元居正,爲國始祖,抑有舊章。昔者炎漢高帝,當塗太祖,皆以受命,例並配天。請遵故實,奉祀高祖於圓丘,以配昊天上帝。伏惟太宗文皇帝……宗祀於明堂,以配上帝。又請依武德故事,兼配感帝作主。斯乃二祖德隆,永不遷廟;兩聖功大,各得配天。遠協《孝經》,近申詔意。〔3〕

此後,乾封二年(667)郝處俊上言稱"高祖依新禮見配圓丘昊天上帝及方丘皇地

---

〔1〕 據《舊唐書》卷二一《禮儀志一》819—821頁整理。吳麗娛稱《舊唐書·禮儀志》載《武德禮》雩祀以元帝配五方帝,《也談唐代郊廟祭祀中的"始祖"問題》,111頁注2。今檢《舊唐書·禮儀志》知其所言有誤。

〔2〕 有學者認爲《貞觀禮》仍以太祖景帝配昊天於圓丘及方丘皇地祇,參見高明士《武德到貞觀禮的成立:唐朝立國政策研究之一》,收入中國唐代學會編《第二届國際唐代學術會議論文集》,文津出版社,1993年,1159—1214頁。但是《舊唐書》載:"貞觀初,詔奉高祖配圓丘及明堂北郊之祀,元帝專配感帝,自餘悉依武德",《通典》亦稱:"貞觀中,奉高祖配圓丘。……貞觀中,奉高祖配地郊",因此《貞觀禮》應當已經以高祖爲國家祭祀的中心,參見小島毅《郊祀制度の變遷》,《東洋文化研究所紀要》第108册,東洋文化研究所,1989年,134頁;《舊唐書》卷二一《禮儀志一》,821頁;《通典》卷四三《禮·沿革·吉禮二》,1193頁;《通典》卷四五《禮·沿革·吉禮四》,1261頁。

〔3〕 《舊唐書》卷二一《禮儀志一》,821—823頁。

祇",當年十二月,高宗下詔:"自今以後,祭圓丘、五方、明堂、感帝、神州等祠,高祖太武皇帝、太宗文皇帝崇配,仍總祭昊天上帝及五帝於明堂。"[1]高宗君臣進一步明確了高祖李淵在國家祭祀中的核心地位。高宗朝以後,郊丘諸祠以高祖、太宗和高宗共同配祀,仍以高祖爲首,到玄宗開元十一年(723),又恢復到以高祖單獨配祀圜丘的舊禮[2]。玄宗《開元禮》及開元後期、天寶年間的儒家典禮同樣以高祖爲中心[3],史籍有徵,此不贅述。

由此可見,唐前期國家祭祀在貞觀以後是以高祖爲中心而非太祖,即"郊祭天地,以高祖神堯皇帝配座,故將祭郊廟,告高祖神堯皇帝室"[4]。李虎空有"太祖"廟號,却無實際禮制地位。這深刻影響到唐人對本朝祖宗秩序的認知。除長孫無忌等人宣稱高祖爲國家始祖外,開元初年,主掌國家禮儀的太常卿姜皎等人也公開宣稱太廟是高祖李淵之廟,"夫七廟者,高祖神堯皇帝之廟也"[5],無視李虎太祖廟號的禮制地位。

(三)

尊崇高祖,忽視太祖,符合唐前期君臣對二祖功業高下的評判,但與儒家經典以太祖爲尊的理念不合。安史之亂對李唐正統的打擊使得這個學理上的矛盾變得不容忽視,同時代宗即位後宗廟神主的遷毁需要也爲禮制變革提供了契機。由於玄宗、肅宗相繼去世,代宗需要將太祖李虎父(光皇帝)、祖(宣皇帝)的神主遷出正室,於是就面臨着是否正李虎太祖之位的問題。代宗朝群臣遂就此展開了一場從郊天禮出發對祖宗秩序的大禮議。

有趣的是,論辯雙方在援引鄭玄禮學詮釋天子始祖/太祖時却各自秉持不同看法。歸崇敬等人雖合二祖爲一但却將始封説上升到天子廟制:"以神堯爲受命之主,非始封之君,不得爲太祖以配天地。太祖景皇帝始受封於唐,即殷之契,

---

[1]《舊唐書》卷二一《禮儀志一》,825—827頁。
[2]《舊唐書》卷二一《禮儀志一》,828—833頁。
[3] 玄宗改革禮制時往往突破儒家禮學與禮制的限制,學界對此多有申説,參見吴麗娛《皇帝"私"禮與國家公制:"開元後禮"的分期及流變》,《中國社會科學》2014年第4期,160—165頁。本文僅着眼於傳統儒學及制度語境,故對溢出儒家禮的內容不做展開。
[4]《舊唐書》卷二一《禮儀志一》,836頁。
[5]《舊唐書》卷二五《禮儀志五》,951頁。

周之后稷也。請以太祖景皇帝郊祀配天地,告請宗廟。"[1] 轉年,堅持尊高祖爲始祖的黎幹則認爲這並非鄭玄之意:"雖云據鄭學,今欲以景皇帝爲始祖之廟以配天,復與鄭義相乖",他論證道:

> 而欲引稷、契爲例,其義又異是。爰稽邃古洎今,無以人臣爲始祖者,惟殷以契,周以稷。夫稷、契者,皆天子元妃之子,感神而生。……契長而佐禹治水,有大功。舜乃命契作司徒,百姓既和,遂封於商。……稷長而勤於稼穡……有大功,舜封於邰,號曰后稷。……皆有令德……舜、禹有天下,稷、契在其間,量功比德,抑其次也。[2]

黎幹反對天子始祖/太祖始封論,強調"無以人臣爲始祖者"。他認爲歸崇敬等人所舉商始祖契和周始祖稷,雖爲人臣,但都具備特殊的品質,不僅是天子元妃之子,還是感神而生,更有大功於天下,因此纔被後世得天下之子孫尊爲始祖。契、稷這類始祖屬於"經綸草昧"之主。他又針對歸崇敬等人關於曹魏以曹操爲始祖、晉以司馬懿爲始祖的論點,反駁道:

> 夫孟德、仲達者,皆人傑也。擁天下之強兵,挾漢、魏之微主,專制海内,令行草偃,服衮冕,陳軒懸,天子決事於私第,公卿列拜於道左,名雖爲臣,勢實凌君。[3]

黎幹認爲,曹操和司馬懿這樣後世"因之而禪代"者"名雖爲臣,勢實凌君",屬於"造我區宇"之始祖。他強調,景皇帝李虎既不是后稷這樣"經綸草昧"之主,也不是曹操這樣"造我區宇"之主,因此不能作爲本朝始祖,無法與"廓清隋室"的"受命之君""國家始祖"李淵"同功比德""爲昊天匹"。

在黎幹看來,李虎徒有太祖虛名而無任何功業,甚至依照鄭玄禮學應當遷毀其廟,"則景皇帝親盡,廟主合祧,却欲配祭天地,錯亂祖宗"[4]。這種心態恐怕是當時不少士人的内心寫照,不久便有言事者直言不諱地否定李虎"始封之君"的身份,"太祖景皇帝追封於唐,高祖實受命之祖",要求重新以高祖配享天

---

[1]《舊唐書》卷二一《禮儀志一》,836 頁。
[2]《舊唐書》卷二一《禮儀志一》,839—840 頁。
[3]《舊唐書》卷二一《禮儀志一》,841 頁。
[4]《舊唐書》卷二一《禮儀志一》,840 頁。

地〔1〕。反對李虎配天的聲音之强烈,迫使代宗"疑之,詔百僚會議"。這場歷時近兩年的禮議,最終因獨孤及抛出遵守"武德、貞觀憲章"的大義纔得以收場。他强調尊李虎爲太祖乃是"高祖、太宗所以尊崇之禮",若不以之配天,就要廢其太祖廟號並遷毀其廟,使"尊祖報本之道,其墜於地乎"。

這場禮議的結果是唐朝國家祭祀轉而以太祖爲中心,逐步確立了太祖李虎作爲宗廟之主的地位。寶應改制以後,中唐時人對國家祭祀的關注從郊天轉移到宗廟合祭問題上。在鄭玄禮學框架内,始祖即太祖,其上别無他祖,始終居於宗廟正位,因而不存在宗廟合祭時始祖/太祖要爲更久遠的祖先讓位的問題。但是對唐人來說,李虎之上還有其他祖先,鄭玄的構想不能與現實相融,因此宗廟合祭時以哪一祖先居於正位就成了中唐時人爭論不休的問題。

鄭玄禮學雖然在唐初被尊爲官學,但在世人心中的地位早已動搖,歷經玄宗朝"禮文之變"後〔2〕,其權威屬性更是崩塌殆盡。黎幹便批評鄭玄對"禘"作多種詮釋的解經方式,認爲他"顛倒錯亂,皆率胸臆,曾無典據,何足可憑"〔3〕。中唐宗廟合祭問題不僅脱出鄭學框架,也推動經典詮釋方式發生變化。一方面,不少人注意到今制與古禮的衝突,"殷、周以遷廟皆出太祖之後,故得合食有序,尊卑不差",魏晋以降,太祖世近,使得模仿周制失去可行性;另一方面,人們愈發注意到儒家經典的局限性,顔真卿便直言:"禮經殘缺,既無明據,儒者能方義類,斟酌其中,則可舉而行之,蓋協於正也。"〔4〕

更重要的是,在鄭玄的時代,緯書有着不亞於經書的權威性。鄭玄構建其禮學體系的一個重要語境,便是追求經緯合一。然而東漢以後,緯書的地位不斷下降,最終淪爲禁書,爲儒者所不齒。經緯合一的學術語境也隨之消解,鄭玄禮學自然在唐人眼中顯得越來越不倫不類。跳出鄭學框架,接受古今差異,承認經典殘缺,新的學術風氣也由此生發。在中晚唐儒家學者中走得最遠的當屬趙匡,他

---

〔1〕《舊唐書》卷二一《禮儀志一》,842頁。

〔2〕馮茜總結道,玄宗以降,經典文本的規範性在學理與實踐層面遭遇到雙重危機。參見馮茜《唐宋之際禮學思想的轉型》,生活·讀書·新知三聯書店,2020年,49—58頁。

〔3〕《舊唐書》卷二一《禮儀志一》,839頁。

〔4〕《舊唐書》卷二六《禮議志六》,1001—1002頁。

強調經學重在探尋"聖人之意",爲宋儒探究"天理"導夫先路[1]。鄭玄爲彌合經書矛盾而對"禘"作出不同詮釋,趙匡却捨棄以經典爲本的取徑,以己意爲標準重新闡發"禘"禮,認爲其禮乃是在天子始祖廟中祭祀始祖所出之帝並以始祖配之[2]。但是趙匡的詮釋並未影響到中晚唐的禮制實踐,寶應改制以後,廟堂上的衮衮諸公已經對"太祖"和"始祖"的異同失去了興趣。

## 餘論:禮學與禮制承續中的斷裂面

論述至此,有必要停下來爲漢唐禮學與禮制中的"始祖"一詞,描繪一個新的譜系。西漢後期以降,在儒生復古改制呼聲推動之下,時人嘗試將經典中的聖王之制轉化爲現實制度,以謀求太平治世。漢人多將《喪服傳》中"始祖"與《孝經·聖治章》所記周公祭天禮結合起來,構建出后稷爲周人始祖的禮制典範。但是由於經書記載的缺漏與模糊,僅從"世系之始"這個無窮無盡的定義域出發,人們難以就"始祖"在儒家禮制中的地位達成共識。直到漢末,鄭玄構建起一個宏大繁雜的禮學體系,方纔提供了一套可供取材的"始祖"觀念。

然而,斷裂是思想承續的常態。三《禮》本非融貫的文本集合,鄭玄奮力彌縫所創造出的禮學體系祇能是一個遠離禮制實踐的理想模型。況且,文本一經成立便獨立於作者之外,對其意涵的詮釋往往呈現出多重面貌。漢隋之間關於"始祖"的討論與運用,便是一部鄭玄禮學被行動者隨意拆解、重組的衍生史。認識到這種斷裂性,纔能理解當時禮制實踐中"尊鄭"與"反鄭"並行不悖的奇特圖景。

隋唐以降,思想承續的斷裂性更加突出。唐初,鄭玄禮學被立爲官學,看似登峰造極,實際上却因爲自身學術語境的消解,而趨於形骸化,逐漸淪爲僅存於

---

[1] 參見華喆《禮是鄭學》,386頁。
[2] 趙匡《辨禘義》,陸淳撰,吳人整理《春秋集傳纂例》卷二,上海書店出版社,2012年,175頁。另參見華喆《中古廟制"始祖"問題再探》,132頁。

禮典中的空殼[1]。十六國北朝追尊久遠祖先爲始祖的熱情至此漸漸消散,唐人大多將"始祖"用作定位宗廟之主的概念工具,而不是付諸禮制實踐。其次,鄭玄賦予"始祖"的特殊意涵逐漸無人在意。唐人議禮時雖然多引鄭學爲依據,有時也接受鄭玄"始祖"觀中的某一要素[2],但是具體詮釋往往率由己意。例如唐代張齊賢、黎幹及歸崇敬等人與北魏元懌、王延業一樣,雖然強調自己從鄭學出發,但却都將"始封"概念從諸侯上升到天子,致使鄭玄有意區分的天子始祖/太祖感天生說和諸侯始祖/太祖始封說產生了合流。

這個譜系的後續有着更大的斷層。首先,揆諸史籍,唐王朝自寶應改制以後的各類禮議都不再有"始祖"的身影。這種沉寂直至10世紀30年代纔被打破。後唐應順元年(934),時人欲尊懿祖朱邪執宜爲始祖[3],後者方纔重回禮議之中。後晋天福二年(937),御史中丞張昭遠爲反對設立始祖不遷之廟的提議,而説出了那句著名的"臣讀十四代史書,見兩千年故事,觀諸家宗廟,都無始祖之稱"[4]。

其次,中唐以後,人們對經典的詮釋方式發生了變化,即以鄭玄爲代表專注於彌合經典的"文本主義"式微,以趙匡爲代表秉持"聖人之意"取捨經書内容的"義理主義"逐漸興起[5]。禮制實踐領域也出現變動:儒家經典不再是必須遵從的對象,鄭玄禮學也喪失了權威屬性,二者被視爲與前代典制並列的禮制資源。玄宗自我作古的改制浪潮雖然被戰亂打斷,但其對經典與古制規範性的否定姿態,已然對禮制實踐領域產生了影響[6]。在宋仁宗即位之初關於郊祀配享問題的討論中,負責禮儀院事務的謝絳便將經書、鄭學和故事等量齊觀,認爲應當捨棄經書所載聖王之制和兩漢禮制,"三代、兩漢之際,經禮雖著,而事遠難

---

[1] 參見喬秀岩《義疏學衰亡史論》,生活·讀書·新知書店,2017年,236頁;華喆《禮是鄭學》,386—387頁;馮茜《〈開元禮〉與"鄭王之爭"在禮制層面的消亡——以郊祀爲中心的討論》,《中國典籍與文化》2014年第4期,4—10頁。

[2] 以二祖同一説爲例,除本文所舉數人外,中晚唐秉持這一態度的還有王彦威和韓愈,參見朱溢《唐宋時期太廟廟數的變遷》,《中華文史論叢》2010年第2期,138—139頁。

[3] 《舊五代史》卷一四二《禮志上》,中華書局,2015年,2211頁。

[4] 《舊五代史》卷一四二《禮志上》,2213頁。

[5] 參見華喆《禮是鄭學》,385—415頁;馮茜《唐宋之際禮學思想的轉型》,1—16頁。

[6] 參見葉純芳、喬秀岩《〈孝經孔傳述議讀本〉編後記》,《學術史讀書記》,201—206頁;馮茜《唐宋之際禮學思想的轉型》,49—58頁。

法",提出可從李唐故事與鄭玄禮學中擇一而從[1]。與此同時,唐宋時人關注"始祖"問題的側重點也發生變化,目光逐漸從郊祀禮轉移至宗廟禮。除去仁宗朝對郊祀配享問題的討論外,宋人對"始祖"的詮釋與運用多集中於宗廟合祭方面[2]。

譜系總是一種批判,對概念分析的批判,對"一切基本概念都有清楚的含義"這一觀點的批判[3]。正如本文所展示的那樣,關於"始祖"的詮釋是一場無休無止的對話,在不同的言説者和行動者那裏總能找到不同的理解。從中可以窺見中國古代禮學和禮制史中,文本、觀念和實踐三者的互動關係:儒家經典是中古時人表達與實踐"古禮"的文本源頭,但經書詰屈聱牙、艱澀難懂,人們往往要依靠前輩學者的詮釋纔能領會"聖人之意";儒家經典與前賢典論仍舊停留在文本和觀念領域,想要打破禮學與禮制間的隔閡還須藉由具體時空下議禮之人的再詮釋;禮議無論是否付諸實際,都映射出言説者對古禮今制的構想,是透視時人觀念世界的鏡子;最後,部分禮議經由帝王及其臣僚的斟酌損益而轉化爲現實制度,便又成爲後人可資利用的文化資源,匯入到新的互動之流中去。可見,論及中國古代禮學與禮制史的相關問題時,應當注意到經典、前人著述、今人議論和制度實踐間的每一次交匯中,所存在的或隱或現的斷裂面。

## The Genealogy of "Shi Zu": An Observation on the Changes of Ritual Study and Ritual System from the Han Dynasty to the Tang Dynasty

### Meng Kaizhuo

The concepts of "Shi Zu"始祖 and "Tai Zu"太祖 played importants role in the

---

[1]《續資治通鑑長編》卷九九,真宗乾興元年十一月,中華書局,2004年,2300—2301頁。

[2] 參見張焕君《宋代太廟中的始祖之争:以紹熙五年爲中心》,原載《中國文化研究》2006年第2期,48—56頁,後經修訂收入葉純芳、喬秀岩編《朱熹禮學基本問題研究》,中華書局,2015年,449—462頁。

[3] 參見昆廷·斯金納著,趙雨淘譯《霍布斯及其批評者:自由與國家》,《國家與自由:斯金納訪華講演録》,北京大學出版社,2018年,139頁。

ritual study and ritual system of both the Han and the Tang dynasties. The Han people's opinions differed on whether the two were identical or different. Zheng Xuan 鄭玄 developed a systematic concept based on the birth legend of the first ancestor and status hierarchies. He believed that "Shi Zu" was the same as "Tai Zu", "Shi Zu" or "Tai Zu" of the Son of Heaven was born of God, and "Shi Zu" or "Tai Zu" of the princes and great officers were the first ennobled-men. During the early medieval China, people disassembled and reorganized these concepts and put them into practice. This resulted in a ritual system that partly followed and partly contradicted Zheng Xuan's ideas. However, in the Sui and Tang dynasties, "Shi Zu" no longer embodied a clear stipulation of the court ritual system. It became a conceptual tool for people to understand the order of their ancestors. Since the mid-Tang, with changes in the interpretation of Confucian classics, and the emergence of problems with ancestral order in the Imperial Ancestral Temple sacrificial ceremonies, the expression and practice of "Shi Zu" entered a new context.

# 《魏故臨洮王妃楊氏墓誌》與魏末帝位異動

張瀟文

《魏故臨洮王妃楊氏墓誌》誌高67釐米,長68.5釐米。全文27行,足行27字。墓誌出土時間不詳,於2014年在洛陽市新安縣農家灶臺被發現,現藏於山西大同西京文化博物館[1]。拓片及錄文見於大同北朝藝術研究院編著《北朝藝術研究院藏品圖錄·墓誌》[2](下簡稱《圖錄》)、殷憲《北魏臨洮王妃楊氏墓誌考述》[3](下簡稱《考述》)、張永華等編《秦晉豫新出墓誌蒐佚三編》[4]。《考述》一文當中還對碑誌書法特色以及楊氏生平做出考察。誌主楊氏是京兆王元愉妾室。元愉是孝文帝第三子,他在永平元年(508)起事冀州,隨後兵敗身死。正光四年(523),胡太后追封元愉爲臨洮王。起事冀州期間,元愉曾立楊氏爲皇后。楊氏墓誌中不僅概述了誌主生平,還總括了元愉與楊氏子嗣的姓名、年齡、家庭成員,爲進一步系統研究臨洮王系家族史提供重要基礎。何德章在論述普泰元年(531)帝位"一年三易換"時指出:"北魏末期一系列政治動蕩中,帝位異動所蘊含的政治內容爲確立孝文帝的法統。"[5]此處所說的孝文帝法統,其實不止作用於普泰元年,而廣泛地作用於魏末至東西魏分裂時期的一系列帝位變更與異動之中。在楊氏的子嗣之中,次子元寶暉的兒子元釗在武泰元年(528)被胡太后立爲幼主,三子元寶炬在大統元年(535)被宇文泰立爲西魏文

---

[1] 張永華、趙文成、趙君平編《秦晉豫新出墓誌蒐佚三編》前言,國家圖書館出版社,2020年,1頁。
[2] 殷憲主編《北朝藝術研究院藏品圖錄·墓誌》,文物出版社,2016年,84—85頁。
[3] 殷憲《北魏臨洮王妃楊氏墓誌考述》,殷憲、段亦玄著《北魏平城書迹研究》,商務印書館,2016年,434—454頁。
[4] 張永華、趙文成、趙君平編《秦晉新出墓誌蒐佚三編》第1冊,60頁。
[5] 何德章《北魏末帝位異動與東西魏的政治走向》,《魏晉南北朝隋唐史資料》第18輯,武漢大學出版社,2001年,51—62頁。

帝。這兩次繼位分別是魏末亂局的開端和東西分裂勢成定局的尾聲。身爲孝文帝直系的臨洮王支系,在魏末至東西魏分裂時期的帝位異動當中扮演了重要的角色。元釗、元寶炬繼位的經過是什麽,其背後有哪些現實局勢、制度傳統的影響？本文擬從臨洮王系家族史的視角出發,嘗試回答上述問題。

## 一、楊氏墓誌録文

1. 魏故臨洮王妃楊氏墓誌銘

2. 妃諱奥妃,字婉瀯,恒農華陰人也。漢太尉震之裔,晋太傅〔1〕駿之〇世孫,

3. 祖伯念,安南、秦州、安邑子。考柒〔2〕德,蘭陵太守。家世皆以忠篤知名,清廉

4. 推稱,所以長榮守貴,見賞前朝。〇妃少而機悟,長而温敏,幽閑表德,寬

5. 裕在躬,孝友純深,因情而至,方嚴和謹,尅自天然。季十有八,百兩云歸。

6. 釐務軒閨,内言不出,奉〇王以敬,接下以慈,雖《小星》惠及而不專,《關雎》

7. 進賢以輔佐,以斯爲匹,不能尚也。若夫彤管箴戒〔3〕之篇,母儀婦容之典,

8. 顧史問詩之誨,開圖鏡鑒之録,莫不尋讀玩誦,談説如流。必以身屬下,

9. 不以貴惰物。女工之藝,妙絶當時。織紝組紃之業,饎釀醴酏之品,蘋藻

10. 薦羞之儀,籩豆折俎之數,皆詳達法制,諳曉無疑。躬自先人,必經乎目。

---

〔1〕 "晋太傅",《圖録》《考述》録文作"太保"。按:拓片字形接近"傅",結合《晋書》卷四《惠帝紀》和《晋書》卷四〇《楊駿傳》記載改作"傅"。中華書局,1974年,90、1177頁。

〔2〕 "考柒德",《圖録》録文作"深德",《考述》改作"柒德"。楊氏長子《元寶月墓誌》(録文參見毛遠明編《漢魏六朝碑刻校注》第5册,綫裝書局,2008年,376—378頁)第28列作"父次德蘭陵太守",字迹清晰。按:楊氏墓誌此字不清晰,但顯然不是"次""深"二字,今從《考述》作"柒"。

〔3〕 "箴戒",拓片文字不清晰,《圖録》《考述》録文作"箴或",文義不通,改作"戒"。

11. 雖王博之妻,孝而無廢,叔文之母,相而猶績。度彼儔兹,烏能是過。○王

12. 既遇禍,幽居別室。四子蒙稚,半離繈褓。一女遺育,甫及將笄。情計分肇,

13. □□塗炭。行路爲之改容,聞者爲之灑泣。○妃推亡撫存,哀而有礼,雖

14. 敬姜晝哭,杞婦崩隤,假斯而譬,何足云也。歲序言周,西光復迫,以永平

15. 二年十一月十二日薨於第,春秋廿有九。蒼梧不從,蓋樹非古。正光四

16. 年,歲次癸卯四月丁巳朔廿九日己酉,窆穸於洛陽之西○陵東南培

17. 塿之陽○先王神塋之内,乃作銘曰:

18. 昌源啓冑,肇自帝辛,桐珪既錫,命氏斯因。灼灼丞相,實爲俊民,堂堂兩

19. 儀,寔邁清塵。於穆不已,誕兹柔惠,表淑來嬪,君王是儷。質優桃李,聲芳

20. □桂,玉式葳蕤,金相琬璳。有聞六行,無違四德,温良恭儉,秉心淵塞。望

21. 班均操,瞻樊取則,方以母師,永貽邦國。與仁乖信,報道誠欺,松雕霰日,

22. 蘭滅春時。迴飆娥英,倏忽崦嵫,祖庭戒軔,遠蔔斯期。惟□既備,駕言歸

23. 止,月照松萋,風翻旐起。窮扃一閉,方爲萬祀,刊石泉幽,流芬無已。

24. 息寶月年廿二,寶暉[1]年廿一,寶炬年十七,寶明年十六。息女明月年十

25. 五。月嬪蕭氏,曾祖齊□[2]高皇帝。祖映,齊司空臨川獻王。父

---

[1] "寶暉",《圖錄》錄文作"寶輝",《考述》改作"寶暉"。按:核查拓片、《魏書》卷九《肅宗紀》,中華書局,1976年,248頁,當作"暉"。

[2] "齊□",《圖錄》錄文作"僞齊",《考述》改作"齊□"。楊氏墓誌此處字迹難以辨認。按:後文述及蕭映、蕭子賢時均稱"齊"而非"僞齊",今從《考述》作"齊□"。

子賢,齊太子

26. 詹士[1]平樂侯。妣□□氏,□皇太后再從侄。祖洪儀,馮翊太守。父曰□平

27. □□□。明月適侯民□□□□皇太后姨弟少□。月息男朔沙,季二。

## 二、楊氏生平

誌主楊氏是孝文帝第三子京兆王元愉的妾室。楊氏與元愉的結合發生在元愉任徐州刺史期間。《魏書·京兆王傳》記載元愉與楊氏的結合如下:

> 世宗爲納順皇后妹爲妃,而不見禮答。愉在徐州,納妾李氏,本姓楊,東郡人,夜聞其歌,悦之,遂被寵嬖。[2]

據殷憲考證,元愉任徐州刺史在太和二十一年(497),罷州還京在宣武帝景明元年(499)稍後[3]。楊氏卒於永平二年(509)十一月十二日,卒年"春秋廿有九",知其生於太和五年。誌文稱"季(年)十有八,百兩云歸",知其"被寵嬖"[4]時年齡十八歲,在太和二十二年。時間正好在此時間區間之內。宣武繼位後,楊氏隨元愉被召回洛陽,傳載:

---

[1] "詹士",楊氏墓誌殘損,此二字難以辨認,《圖錄》《考述》錄文均未錄入。核查楊氏長子《元寶月墓誌》第29列,可知元寶月岳父官職爲"太子詹士",故補入"詹士"二字。李猛注意到"蕭子賢的官職,諸誌記載頗有差異,《元寶月墓誌》爲'齊太子詹事',《宇文彪碑》爲'中庶子',《蕭齡之墓誌》載其遷轉'拜太子洗馬,遷中庶子'",對此,他推測"北魏對其父子賢有過相應的追贈,太子詹事或即追贈之官"。李猛《蕭氏入北與南北分合——從蕭彪天監初奔北出發》(未刊稿)。按:元寶月墓誌立於孝昌元年(525),與楊氏墓誌僅相距兩年,且楊氏墓誌是元寶月負責完成的,補作"詹士"最爲妥當。

[2] 《魏書》卷二二《京兆王愉傳》,589—590頁。

[3] 殷憲《北魏臨洮王妃楊氏墓誌考述》。若根據《北史》推斷,元愉出鎮彭城時候年僅十歲,殷憲亦主張此說。羅新《漫長的餘生》認爲:《北史》對於元愉的年齡記載存在問題。他指出元愉的弟弟元懌出生於太和十一年,則元愉實際生年當在此之前。元愉出鎮彭城時應至少十二歲,次年遇見楊氏時至少十三歲。北京日報出版社,2022年,257頁。本文認同羅新的觀點。

[4] 誌文"季(年)十有八,百兩云歸"不實。據《京兆王愉傳》傳文,元愉還京後爲楊氏尋得趙郡李氏門戶依托,隨後"就之禮逆"、正式成婚(590頁)。誌文諱言元愉、楊氏的結合不合禮儀,故稱徐州期間二人已經成婚。

罷州還京,欲進貴之,托右中郎將趙郡李恃顯爲之養父,就之禮逆,產子寶月。順皇后召李入宫,毁擊之,强令爲尼於内,以子付妃養之。歲餘,后父于勁,以后久無所誕,乃上表勸廣嬪侍。因令后歸李於愉,舊愛更甚。[1]

楊氏本爲歌女,元愉爲其托名趙郡李氏。據《崔光傳》可知,直到元愉兵敗身死、衆人討論誌主處刑問題的時候,她依舊被稱爲"李氏"[2]。元愉所托李恃顯,是趙郡李氏東祖李順同族旁親,與當時較爲活躍的李憲一支血脈疏遠[3]。李恃顯不僅認領楊氏爲女兒,他的兒子李道舒也在冀州叛亂中"與愉同逆。愉敗,走免"[4]。可見李恃顯與元愉關係緊密,且對元愉的政治資源有一定依賴性。元愉冀州兵敗身亡後,這種依賴關係消失。因此在正光四年[5],長子元寶月重新安葬父母時,不再托稱趙郡李氏,轉而改稱弘農楊氏。誌文稱楊氏爲"漢太尉震之裔,晉太傅駿之世孫",殷憲指出這顯然是死後托名[6]。元寶炬大統元年即位之後,追尊"皇妣楊氏爲皇后"[7]。這説明西魏官方也將誌主稱爲楊氏。

元愉回京之後,宣武"爲納順皇后妹爲妃,而不見禮答"。殷憲考證元愉納

---

[1]《魏書》卷二二《京兆王愉傳》,589—590頁。

[2]《魏書》卷六七《崔光傳》:"永平元年秋,將刑元愉妾李氏,群官無敢言者。敕光爲詔,光逡巡不作,奏曰:'伏聞當刑元愉妾李,加之屠割。妖惑扇亂,誠合此罪。但外人竊云李今懷妊,例待分産。……臣之愚識,知無不言,乞停李獄,以俟育孕。'世宗納之。"1490—1491頁。奏文中稱她爲李氏,可見直到死前她都被視爲趙郡李氏。

[3]《魏書》卷三六《李順傳》:"初順與從兄靈、從弟孝伯並以學識器業見重於時,故能砥礪宗族,競各修尚。靈與族叔詵、族弟熙等俱被徵。"843頁。李順的族叔詵是李恃顯祖父。關於李憲一支,可參考楊艷華《出土墓誌與北朝趙郡李氏家族研究——以東祖李順房支爲中心》,《北方文物》2017年第4期,58—63頁。

[4]《魏書》卷三六《李順傳》,846頁。

[5]《魏書》卷八《世宗紀》:"[正光]四年春二月壬辰,追封故咸陽王禧爲敷城王,京兆王愉爲臨洮王,清河王懌爲范陽王,以禮加葬。"234頁。《魏書》卷二二《京兆王愉傳》:"後靈太后令愉之四子皆附屬籍,追封愉臨洮王。子寶月襲。乃改葬父母,追服三年。"590頁。可知元寶月改葬父母事在正光四年復爵之後,與誌文符合。

[6] 殷憲論證參見《北魏臨洮王妃楊氏墓誌考述》。據唐長孺考證,楊駿一支在西晉已經絕滅,墓誌顯然爲托名。詳見唐長孺《〈魏書·楊播傳〉自云"弘農華陰人"辨》,氏著《山居存稿續編》,中華書局,2010年,94—98頁。楊氏長子元寶月墓誌中也托稱楊氏爲弘農楊氏,有關論述可參考何德章《僞托望族與冒襲先祖——以北族人墓誌爲中心——讀北朝墓誌劄記之二》,《魏晉南北朝隋唐史資料》第17輯,武漢大學出版社,2000年,137—143頁。

[7]《北史》卷五《西魏文帝紀》,中華書局,1974年,175頁。

于妃的時間在景明三年到四年(502—503)之間[1]。鄭雅如指出:從元愉刻意抬高楊氏身份,並行婚姻之禮的行爲來看,元愉本來有意娶楊氏爲正妻[2]。爲楊氏托稱趙郡李氏,是爲了滿足孝文改制後皇子祇能娶胡漢高門的要求[3]。傳文"就之禮逆"顯示出二人甚至有可能已經完成正式的婚禮。但是,宣武帝強制將于皇后妹賜予元愉,改變了元愉的家内秩序。在楊氏産子寶月之後,她被于皇后扣押宫中,"強令爲尼",幾年之後纔被歸還給元愉。此事誌文不載,傳文中時間不詳。殷憲認爲楊氏被扣宫中的時間"早不過景明三年,晚不過景明四年"[4]。至於楊氏回京兆王府的時間則仍然不詳。不過,誌文中詳細記載了楊氏歸葬時子嗣年齡:"息寶月年廿二,寶暉年廿一,寶炬年十七,寶明年十六。息女明月年十五。"五位子嗣出生年份見表1:

表1 楊氏子嗣出生年份表

| 子嗣 | 楊氏歸葬時(523)年齡 | 出生年份 |
| --- | --- | --- |
| 元寶月 | 22 | 502 |
| 元寶暉 | 21 | 503 |
| 元寶炬 | 17 | 507 |
| 元寶明 | 16 | 508 |
| 元明月 | 15 | 509 |

若從子嗣出生時間倒推,順皇后扣押楊氏時間應在景明四年(503)前後,歸還楊氏時間至少在正始四年(507)以前。

楊氏回到元愉身邊不久後,元愉與廣平王元懷"貪縱不法",受到懲罰。傳載:

---

[1] 殷憲《北魏臨洮王妃楊氏墓誌考述》。
[2] 鄭雅如《胡漢交錯:北魏鮮卑諸王婚姻制度與文化辨析》,收入《張廣達先生九十華誕祝壽論文集》,新文豐出版公司,2021年,1109—1154頁。類似論述亦見於羅新《漫長的餘生》,255頁。
[3] 陳爽《世家大族與北魏政治》,中國社會科學出版社,1998年,54—57頁。
[4] 殷憲《北魏臨洮王妃楊氏墓誌考述》。

>　　與弟廣平王懷頗相誇尚，競慕奢麗，貪縱不法。於是世宗攝愉禁中推案，杖愉五十，出爲冀州刺史。[1]

元愉、元懷犯事頗爲嚴重[2]。作爲懲罰，宣武將諸王幽禁"於其第"，隨後將元愉貶爲冀州刺史[3]。核查《世宗紀》，幽禁諸王事在正始三年十一月，元愉冀州叛亂事起永平元年（508）八月，同年九月叛亂平息。本傳記載稱元愉"赦天下，號建平元年，立李氏爲皇后"，兵敗"攜李及四子數十騎出門"，被擒之後"詔徵赴京師，申以家人之訓。愉每止宿亭傳，必攜李手，盡其私情"[4]。可知元愉冀州起事、兵敗回京全程，楊氏及子嗣都在他身邊。元愉死後，楊氏本來會被處以極刑。依據《賊律》，犯"謀反大逆"者會被處以"梟首"[5]。但是由於當時楊氏已經有身孕，中書令崔光上奏反對即刻行刑，《魏書·崔光傳》載：

>　　永平元年秋，將刑元愉妾李氏，群官無敢言者。敕光爲詔，光逡巡不作，奏曰："伏聞當刑元愉妾李，加之屠割。妖惑扇亂，誠合此罪。但外人竊云李今懷妊，例待分產。且臣尋諸舊典，兼推近事，戮至刳胎，謂之虐刑，桀紂之主，乃行斯事。君舉必書，義無隱昧，酷而乖法，何以示後？陛下春秋已長，未有儲體，皇子襁褓，至有夭失。臣之愚識，知無不言，乞停李獄，以俟育孕。"世宗納之。[6]

《魏書》卷一一一《刑罰志》載："神䴥中，詔司徒崔浩定律令。……婦人當刑而孕，產後百日乃決。"[7]這是目前可見最早將懷孕婦女處決時間明確規定爲"產

---

[1]《魏書》卷二二《京兆王愉傳》，590頁。
[2]《魏書》卷五八《楊昱傳》："正始中，以京兆、廣平二王國臣，多有縱恣，公行屬請，於是詔禦史中尉崔亮窮治之，伏法於都市者三十餘人，其不死者悉除名爲民。唯昱與博陵崔楷以忠諫得免。"1291頁。
[3]《魏書》卷二一《彭城王勰傳》："及京兆、廣平暴虐不法，詔宿衛隊主率羽林虎賁，幽守諸王於其第。勰上表切諫，世宗不納。"581頁。
[4]《魏書》卷二二《京兆王愉傳》，590頁。
[5]《魏書》卷一一一《刑罰志》，2884—2885頁。
[6]《魏書》卷六七《崔光傳》，1490—1491頁。
[7]《魏書》卷一一一《刑罰志》，2874頁。

後百日"的記載[1]。這一律法後來爲唐律繼承[2]。元愉永平元年九月去世，此時楊氏已有身孕。元明月至遲出生於次年七八月份。據墓誌，楊氏在永平二年十一月被處死，時間正好滿足生產後百日。崔光奏疏稱"李今懷妊，例待分產"。此處的"例"，應當就是北魏神䴥律以來形成的成例。奏文稱指宣武帝"春秋已長，未有儲體"之事。由於子貴母死制度的惡性影響，後嗣稀少是宣武一朝的重要問題[3]。《魏書》見載的宣武男嗣祇有兩人。長子元昌爲于皇后所生，永平元年三月戊子薨逝[4]。二子孝明帝永平三年三月丙戌出生[5]。處理楊氏的時候，宣武長子已經夭折，二子尚未出生，正是缺少子嗣問題最爲膠着的時刻。崔光在此提議楊氏按例緩刑，無疑是出於保證皇室子孫綿延的現實目的[6]。

元愉子嗣押送洛陽之後幽禁於宗正寺中，直至宣武駕崩纔得以釋放[7]。誌文稱"妃推亡撫存，哀而有禮"，説明楊氏幽禁洛陽期間應該與其子嗣在一起。可以推測，楊氏一生最後的時光，是在洛陽宗正寺的幽禁中度過的。誌文記載楊氏歸葬時間爲正光四年(523)四月廿九日，與《魏書·世宗紀、京兆王愉傳》記載相合。誌文稱"窆穸於洛陽之西○陵東南培塿之陽○先王神塋之內"，可知正光四年元寶月等子嗣以正妻的待遇將楊氏與元愉合葬。

---

[1] 此前，律法之中也存在對懷孕婦人寬容的法令與案例。如：西漢景帝後元三年詔"年八十以上，八歲以下，及孕者未乳，師、朱儒當鞫繫者，頌繫之"，顔師古注："頌讀曰容。容，寬容之，不桎梏。"《漢書》卷二三《刑法志》，中華書局，1962年，1106頁。即按律法應當被"鞫繫"束縛的懷孕婦女可以得到"頌繫""不桎梏"的寬容處理。王莽時期，其子王宇犯事，"莽執宇送獄，飲藥死。宇妻焉懷子，繫獄，須產子已，殺之"，《漢書》卷九九上《王莽傳上》，4065頁。這也是懷孕婦女產後再行刑的實際案例。但是將懷孕婦女的行刑時間明確規定爲"產後百日"，神䴥律是目前所見最早的記載。

[2] 張金龍《北魏政治史》第八卷，甘肅教育出版社，2008年，108—109頁；楊廷福《〈唐律〉歷史淵源略論稿》，《中華文史論叢》第8輯，上海古籍出版社，1978年，141—182頁。

[3] 田餘慶《北魏後宮子貴母死之制的形成和演變》，原刊《國學研究》第5卷，北京大學出版社，1998年；收入氏著《拓跋史探(修訂本)》，三聯書店，2011年，1—51頁。

[4] 《魏書》卷八《世宗紀》，205頁。

[5] 《魏書》卷九《肅宗紀》，221頁。

[6] 永平二年，宣武帝"詔禁屠殺含孕，以爲永制"，《魏書》卷八《世宗紀》，209頁。可見在永平初年，宣武帝曾頒布一系列保護含孕的政策。楊氏緩刑應當就是其中一例。

[7] 《北史》卷五《西魏文帝紀》："帝正始初坐父愉罪，兄弟皆幽宗正寺。及宣武崩，乃得雪。"174頁。

楊氏短暫而無奈的一生雖已結束，而關於她身世記憶的書寫却仍在繼續。《北史》有《楊騰傳》，傳主楊騰是"〔西魏〕文帝之舅""妹爲京兆王愉妃"，即楊氏親生兄長。傳文全文如下：

> 楊騰，弘農人，文帝之舅也。父貴，琅邪郡守，封華陰男。騰妹爲京兆王愉妃，故騰得處貴遊。景明初，襲爵。後爲襄城太守，甚有聲稱。文帝即位，位開府儀同三司，出鎮河東。薨，贈司空、雍州刺史，諡曰貞襄。子盛。[1]

《楊騰傳》獨見於《北史》，是李延壽從《魏書》《北齊書》《周書》《隋書》以外的材料搜得並補入《外戚傳》的[2]。從楊騰的身份及傳文内容對楊氏身份的粉飾來看，其來源很有可能與西魏國史及其衍生史書有關。據傳文，楊騰是楊氏的兄長，因爲妹妹的關係，楊騰"得處貴遊"之間，並得到外任襄城太守的機會。然而，當時的楊氏尚托稱李氏，楊騰在以元愉爲中心的貴遊圈的存在不啻爲京兆王妃身世的"污點"。這會使得楊騰在貴遊之間的地位尷尬而邊緣。這或許就是楊騰外任地方官的原因。也正因爲楊騰長期外任、與臨洮王系保持了相當的距離，他幸運地避開了永平元年元愉冀州叛亂，未受過多牽連[3]。時至西魏，楊氏三子元寶炬登基之後，楊騰又憑藉"文帝之舅"的身份在西魏朝廷中獲得一席之地，死後獲贈"司空、雍州刺史，諡曰貞襄"。傳文稱楊騰"弘農人"，"父貴，琅邪郡守，封華陰男"，應與西魏朝廷對楊氏身份的官方記叙是吻合的，却與楊氏墓誌所謂"考柒德，蘭陵太守"存在區别[4]。按：楊氏與元愉在徐州相識，而琅琊與蘭陵同爲徐州屬郡。對於楊父官至"琅邪郡守""蘭陵太守"的兩種記叙，都是基於楊氏出自徐州這一記憶的不同想象延伸。至於《楊騰傳》所聲稱的楊父"封華陰男"，則是對於楊騰本人在景明年間獲華陰男爵位一事的粉飾。這種差别或許説明，正光年間，以元寶月爲首的臨洮王子嗣爲母親立墓誌時，楊騰大概

---

[1] 《北史》卷八〇《楊騰傳》，2692 頁。胡怡波學妹提示我注意此條材料，特此致謝。

[2] 參見《北史》卷八〇《外戚傳》，2670 頁。

[3] 也存在一種可能性，是西魏官方諱言元愉叛亂一事，因此省去了相關細節。但是，《楊騰傳》與楊氏墓誌對於楊氏身世記載的不同説明，楊騰與臨洮王系對於楊氏的記憶存在顯著差别，他們之間應當確實保持了一定的距離。

[4] 殷憲推測楊氏墓誌當中的楊父官職是元愉恢復王爵後的增封，見其《北魏臨洮王妃楊氏墓誌考述》。但是，《楊騰傳》與楊氏墓誌對楊父的官爵記載存在明顯的差異，直接將楊氏墓誌當中的記載理解爲確證或有不妥。

率没有参與其中。而西魏文帝登基之後,楊騰爲了攀附皇室,以"文帝之舅"的身份積極地參與了西魏朝廷對於楊氏身份的記敘,並將自己生命史中"封華陰男"一事編入西魏官方對皇妣楊氏身世的記憶中。楊氏墓誌與《楊騰傳》的出入,反映了正光年間臨洮王子嗣對母親的記憶與西魏官方對文帝皇妣記敘的差別。而這種差別,與其兄長楊騰不無關係。

## 三、胡太后與臨洮王系的"撫養關係"

元愉死後,楊氏與臨洮家族的五個孩子一起被幽禁於宗正寺。《元寶月墓誌》稱:"七齡喪考,八歲妣薨。率由毀瘠,哀過乎禮。昆季嬰蒙,止於宗正。王撫慈群弟,有人長之規焉。年十有四,爲清河文獻王所攝養,文獻王深愛異之。"[1]楊氏死後,她的子嗣仍然被幽禁,直到延昌四年(515)宣武帝駕崩纔得以釋放。獲釋之後,子嗣並沒有歸屬原籍,而是寄養在其他宗室門下。孝明帝繼位以後,胡太后成爲臨洮王後人最重要的庇護者。

楊氏墓誌載"明月適侯民□□□□皇太后姨弟少□。月息男朔沙,年二"。可知至少在正光三年(522),楊氏幼女元明月已經婚配,對象是胡太后親屬。延昌四年宣武駕崩之後,長子元寶月被寄養於與胡太后關係密切的清河王元懌門下。神龜三年(520),元又政變,軟禁胡太后、殺害元懌[2]。臨洮王系失去了往日的庇護者。《太平御覽》保留了一段不見於今本《魏書》《北史》的材料:

> 《後魏書》……又曰:汝南王悦,字宣,禮性不倫,俶儻難測。無故過杖京兆王愉子寶月。悦國前郎中令北平陽固上疏諫曰:"伏聞殿下乃以小怒過行威罰,誠嚴訓有餘,而慈惠不足。……"悦覽之大怒。[3]

這段材料應當是《魏書·汝南王悦傳》闕文[4]。《魏書·陽固傳》:"及汝南王悦爲太尉,選舉多非其人,又輕肆榎撻,固以前爲元卿,雖離國,猶上疏切諫。事

---

[1] 《漢魏六朝碑刻校注》第5册,376—378頁。
[2] 詳見張金龍《北魏政治史》第9卷,甘肅教育出版社,2008年,145—162頁。
[3] 《太平御覽》卷四五四《人事部五十九》,中華書局,1959年,2087頁。
[4] 陳爽《〈太平御覽〉所引〈後魏書〉研究》,《中國社會科學院歷史研究所學刊》第9集,商務印書館,2015年,237—266頁。

在悦傳。"[1]據此,陽固諫元悦事發生在元悦成爲太尉之後。元悦成爲太尉事在正光元年十月[2],其契機是"清河王懌爲元叉所害,悦了無讎恨之意……又大喜,以悦爲侍中、太尉"[3]。據此可知,上引文中元悦無故過杖元寶月事發生在正光初年胡太后失勢、元懌被害之後。元懌曾推舉陽固"除步兵校尉,領汝南王悦郎中令",又在神龜末"辟固從事中郎"。他對楊固有推舉之恩,楊固也曾是元懌故吏。在元寶月被元悦無故杖責時,楊固之所以選擇上疏切諫,也與元懌、元寶月曾經的撫養關係有關。此事雖不能直接說明胡太后對於臨洮王諸子嗣的庇護作用,却也是胡太后失勢之後臨洮王後人悲慘處境的真實寫照。

正光四年(523),在尚未完全擺脱幽禁的胡太后主導下,元愉追封臨洮王、元懌追封范陽王,"以禮加葬"[4]。胡太后擺脱宮禁的轉捩點是宦官劉騰之死[5]。劉騰死於正光四年二月,與元愉、元懌追封幾乎同時。此次追封,或許正是胡太后試探局勢之舉。因爲此事,元愉子嗣得以歸屬原籍、改葬父母。這既有可能是胡太后對臨洮王子嗣的施恩,也有可能是以元寶月爲首的臨洮王子嗣向胡太后爭取的結果。

孝昌元年(525),胡太后成功復辟,同年元寶月去世。元寶月的死後增爵,同樣可以看到胡太后的影響。《元寶月墓誌》:

> 有詔贈持節、都督秦州諸軍事、平西將軍、秦州刺史。……故又詔曰:新贈具官。皇宗王諱,帝孫宗令,望實隆重。早世淪英,宜加褒異。可葬以王禮,餘如前贈。考行論德,諡曰孝王。[6]

可知,元寶月死後贈官本來衹有"持節、都督秦州諸軍事、平西將軍、秦州刺史",尚未封王。其後臨時下詔"葬以王禮"、賜諡"孝王"。這種臨時改變不符合正常賜官賜諡流程,是胡太后本人干預的結果。這裏涉及今本《魏書》有關元寶月爵位記載的衍誤。《魏書·京兆王愉傳》載:

---

[1]《魏書》卷七二《陽固傳》,1612頁。
[2]《魏書》卷九《肅宗紀》,231頁。
[3]《魏書》卷二二《汝南王悦傳》,593頁。
[4]《魏書》卷九《肅宗紀》,234頁;《魏書》卷二二《京兆王愉傳》,590頁。
[5] 關於胡太后幽禁問題,詳見張金龍《北魏政治史》第9卷,294—307頁。
[6]《漢魏六朝碑刻校注》第5册,376—378頁。

追封愉臨洮王。子寶月襲。乃改葬父母,追服三年。[1]

基於這條史料,很容易認爲元愉死後追封臨洮王爵位,並由其長子元寶月繼承爵位。然而,《魏書》本紀明確將元釗稱爲"皇曾孫故臨洮王寶暉世子釗"[2],説明實際襲爵的是元寶暉一脈。元寶月墓誌題爲"魏故持節都督秦州諸軍事平西將軍秦州刺史孝王墓誌並銘",但稱"孝王",不稱"臨洮孝王"。楊氏墓誌、元寶月墓誌均將元寶月正妻蕭氏稱爲"嬪",而非"妃"。這都説明元寶月雖然獲得了"葬以王禮"的哀榮,却未必繼承過臨洮王的爵位。將《魏書》記載與《北史》《册府元龜》比對,可見表2:

表2 《魏書》《北史》《册府元龜》文字對比

| 《魏書》 | 《北史》 | 《册府元龜》 |
| --- | --- | --- |
| 後靈太后令愉之四子皆附屬籍,追封愉臨洮王。子寶月襲。乃改葬父母,追服三年。 | 後靈太后令愉之四子皆附屬籍,追封愉臨洮王。寶月乃改葬父母,追服三年[3]。 | 靈太后令愉之四子皆附屬籍,追封愉臨洮王。子寶月乃改葬父母,追服三年[4]。 |

《北史》《册府元龜》祇記述元寶月"改葬父母,追服三年"之事,未及封爵問題。《魏書》多出一個"襲"字,改變了全文的含義。《北史》《册府元龜》皆爲唐宋時人據《魏書·京兆王愉傳》抄録而成,與今本《魏書》屬於不同系統。參照二書及《元寶月墓誌》,可知今本《魏書》"襲"爲衍字。事實應該是:正光四年,元寶月歸附原籍、改葬父母,並"追葬三年",但是並未襲臨洮王爵。三年之喪尚未守滿,孝昌元年元寶月病逝。臨洮王爵位由元寶暉一脈繼承[5]。但是在胡太后的推動下,元寶月仍然獲賜"孝王"名號並"葬以王禮"。這大概是胡太后對曾經受她庇護的元寶月的最後一點恩賜。

武泰元年(528)孝明駕崩,胡太后先奉潘充華女"言太子繼位"、大赦改元。

---

[1] 《魏書》卷二二《京兆王愉傳》,590頁。
[2] 《魏書》卷九《肅宗紀》,248頁。
[3] 《北史》卷一九《京兆王愉傳》,中華書局,1974年,716頁。
[4] 《册府元龜》卷二九五《宗室部·復爵》,鳳凰出版社,2006年,3330頁。
[5] 《魏書》卷一二《孝靜帝紀》:"齊獻武王討黑獺,戰於邙山,大破之,擒寶炬兄子臨洮王森。"306頁。武定元年(543)邙山大戰中元寶月次子元森被擒時,被稱爲"臨洮王森"。這應該是臨洮王爵位繼承在河陰之後發生了變動。

數日後"始言潘嬪本實生女",改立"皇曾孫故臨洮王寶暉世子釗"爲帝[1]。此處的幼帝元釗正是襲臨洮王爵的元寶暉的世子。此外,臨洮王爵位跳過長子元寶月,由二子元寶暉繼承。這兩個細節暗示元寶暉或許是宣武帝所賜後妻于妃所生。首先,北魏有"後妻承嫡"的傳統,即在皇帝賜婚的情況下,"前妻雖先有子,後賜之妻子皆承嫡"[2]。元寶月爲元愉與楊氏長子。若元寶暉也是元愉與楊氏所生,寶暉一系無權繼承臨洮王爵位。祇有當元寶暉是由宣武賜婚的于妃所生時,元寶暉一系纔有更加充分的繼承資格。羅新注意到楊氏墓誌對于妃的存在隻字不提,"祇認楊奧妃爲元愉正妃",這是元寶月爲首的臨洮王子嗣"完美地表達了元愉一直堅持的立場"[3]。楊氏墓誌當中將元寶暉列於子嗣之間或許也是出於這個原因:元寶月等人諱言于妃,但是作爲臨洮王位實際繼承者的元寶暉存在感如此之强,以至於無法直接忽視他的存在,祇好將他也列於子嗣之中。至於此事是否獲得元寶暉本人首肯,則不得而知。其次,元寶月、元寶暉年齡祇差一歲,出生間隔時間應該不久。上引傳文稱楊氏"產子寶月"之後,"順皇后召李入宮,毀擊之,强令爲尼於内,以子付妃養之"。傳文敘述此事時對元寶暉的情況隻字未提。殷憲推測元寶暉是楊氏被召入宮之前所懷,並在被扣宮中期間出生[4]。但是,如若寶月、寶暉二人均爲楊氏所生,且均卷入楊氏被扣宮中的事件,似乎很難解釋爲什麼傳文在記敘此事時明確交代了元寶月的出生、撫養方式,却對元寶暉的出生、撫養等細節隻字不提。結合後來元釗襲臨洮王爵位的史實來看,元寶暉有可能是楊氏被扣押宮中之後,元愉與正妃于氏所生子。如果這一推論成立,那麽胡太后選擇立元釗爲幼帝,除了年幼之外,或許也考慮到了元寶暉一脉正妃所出的身份。

上述大量事實細節暗示:孝明帝時期,胡太后對父母雙亡的臨洮王系提供了重要的照顧,在事實上形成了一種鬆散的"撫養關係"。這種撫養關係並不針對

---

[1]《魏書》卷一三《宣武靈皇后胡氏傳》,340頁。
[2]《魏書》卷六一《畢衆敬傳》,1361頁。關於"後妻承嫡",參見陳爽《譜牒所見中古婚姻、家庭與社會》,學林出版社,2015年,191—192頁;羅文星《拓跋政權賜妻婚姻的研究》,《中正歷史學刊》2015年第18期,第15—16頁。
[3] 羅新《漫長的餘生》,259—260頁。
[4] 殷憲《北魏臨洮王妃楊氏墓誌考述》。

某一個個體,而是針對臨洮王系整體。從表面來看,胡太后對元寶月、元明月的庇護似乎更爲明顯。但是,不能忽略最終襲臨洮王爵並被胡太后立爲幼帝的是元寶暉一脈。元愉正妻于妃所生的元寶暉,或許纔是胡太后傾注精力的關鍵所在。武泰元年胡太后選擇立元寶暉子元釗爲帝,正是利用這一層撫養關係,讓自己成爲幼帝的保太后。從這個角度來看,胡太后並非傳統認爲的北魏子貴母死制度完結點。孝明帝死後,她依舊延續和利用着保太后制度傳統,以維護自己臨朝聽政的權力。

## 四、臨洮王系西遷與元寶炬繼位

河陰之變,胡太后被殺。臨洮王後人喪失了原有的庇護者。元寶月、元寶暉均在河陰之變以前去世[1]。在隨後的東西魏分裂過程中,於史可徵的臨洮王系成員元寶炬、元明月、元森(元寶月次子)都跟隨元脩、宇文泰西遷關中。在此過程中,元明月、元寶炬與元脩的關係值得關注。

永熙三年(534),平原公主元明月寡居洛陽。《北齊書・神武帝紀》載:

> 魏帝既有異圖,時侍中封隆之與孫騰私言。隆之喪妻,魏帝欲妻以妹。騰亦未之信,心害隆之,泄其言於斛斯椿。椿以白魏帝。又孫騰帶仗入省,擅殺御史。並亡來奔。[2]

封隆之喪妻,孝武帝元脩欲"妻以妹"。據《孫騰傳》,這裏提到的公主即是元明月[3]。據上文:封隆之與孫騰爭尚元明月,元明月歸封隆之。出於報復,孫騰向斛斯椿透露封隆之的言論,並由斛斯椿向孝武帝元脩告發封隆之[4]。封隆

---

[1] 元寶月去世於孝昌元年,據墓誌可無疑問。元寶暉具體死亡時間不詳,但據《魏書・肅宗紀》"皇曾孫故臨洮王寶暉世子釗",248頁,可知元寶暉至少死於武泰元年之前。

[2] 《北史》卷六《齊高祖神武帝紀》,219頁。

[3] 《北齊書》卷一八《孫騰傳》,中華書局,1972年,233頁。

[4] 《資治通鑑》與《北齊書》對此記載有所不同,《資治通鑑》卷一五六《梁紀十二》中大通六年條:"侍中封隆之言於丞相歡曰:'斛斯椿等今在京師,必構禍亂。'隆之與僕射孫騰爭尚魏主妹平原公主,公主歸隆之,騰泄其言於椿,椿以白帝。"中華書局,1956年,4844頁。《北齊書》稱封隆之與孫騰私言,孫騰向斛斯椿泄露他的言論。而按照《通鑑》的説法,應當是封隆之與高歡私言,其言論被孫騰透露給斛斯椿。

之懼罪投奔高歡。此後不久孫騰也因"擅殺御史",投奔高歡。從後來的事態發展來看,封隆之、孫騰相繼投奔高歡的行爲,確實激化了高歡與元脩的矛盾。封隆之此時官至侍中,是洛陽朝政當中的重要人物。此處,元脩欲將元明月許配給封隆之,應當是希望利用元明月爲他籠絡關係。此後不久,元脩與高歡關係徹底破裂,招納宇文泰,西奔入關。《北史·孝武帝紀》載:

> 帝之在洛也,從妹不嫁者三:一曰平原公主明月,南陽王同産也;二曰安德公主,清河王懌女也;三曰蒺藜,亦封公主。帝内宴,令諸婦人詠詩。或詠鮑照樂府曰:"朱門九重門九闈,願逐明月入君懷。"帝既以明月入關。蒺藜自縊。[1]

在洛陽期間,元脩與元明月等尚未出嫁的從妹關係密切。王夫之所謂"〔元〕脩之淫亂"[2],所指或許就是此事。西奔入關時,元脩在三位"從妹不嫁者"當中祇帶走了元明月。在洛期間,元明月既是元脩吟詠詩賦的伙伴,也是他籠絡人際的幫手。二人關係的密切程度可見一斑。

元寶炬是後來的西魏文帝。不同於其他成員,元寶炬早年與胡太后並不親近。《北史·魏本紀》保存了關於他早年經歷的記載:

> 帝正始初坐父愉罪,兄弟皆幽宗正寺。及宣武崩,乃得雪。正光中,拜直閤將軍。時胡太后多嬖寵,帝與明帝謀誅之,事泄,免官。[3]

正光年間,元叉把持政權。元寶炬這一時期拜直閤將軍,侍奉孝明帝左右,其背後至少是元叉的默許。孝明帝死前不久,元寶炬還參與了"謀誅"胡太后嬖寵的密謀。與臨洮王系其他成員不同,早年的元寶炬一直站在胡太后的對立陣營。這或許是因爲元寶炬早年並沒有像元寶月一樣寄養在元懌家中。而從後來臨洮王支追隨元脩入關的事實來看,不能排除元寶炬早年寄養在元懷一家門下的可能性。而可以明確的是,元寶炬從青少年時代開始,便與臨洮王系其他子嗣保持了一定距離。而這或許也爲此後元寶炬在入繼西魏帝位時的選擇埋下了伏筆。

元寶炬是孝文帝直系後代,河陰之變之後一直身在洛陽。爾朱榮在推選前廢帝之前,曾經考慮過立元寶炬爲帝[4],但是最終並沒有選擇他,原因不明。

---

[1] 《北史》卷五《孝武帝紀》,第174頁。
[2] 王夫之《讀通鑑論》卷一七《梁武帝·二二》,中華書局,1975年,497頁。
[3] 《北史》卷五《西魏文帝紀》,174頁。
[4] 《魏書》卷七五《爾朱世隆傳》,1669頁。

孝武死後,宇文泰選擇元寶炬繼位。選擇他的原因首先是年齡。元脩死後,諸人推舉廣平王入繼大統[1]。此處廣平王指的是元贊[2],即元脩兄元悌的兒子。濮陽王元順反對選擇元贊,《北史·元順傳》載:"順於別室垂涕謂周文曰:'廣平雖親,年德並茂,不宜居大寶。'周文深然之。"[3]元悌死於河陰之變,時年二十三歲[4],當出生於正始三年(506)。以此倒推,其子元贊的出生時間至早在熙平年間,西魏文帝繼位時,其年齡不超過十八歲。而當時的元寶炬已經二十九歲了。宇文泰因爲"年德並茂"放棄元贊,説明他希望奉立長君,而非幼主。《資治通鑑》載:"侍中濮陽王順,於別室垂涕謂泰曰:'高歡逼逐先帝,立幼主以專權,明公宜反其所爲。廣平沖幼,不如立長君而奉之。'泰乃奉太宰南陽王寶炬而立之。"[5]《資治通鑑》的記載內容來源不詳,不過據此可知,宇文泰奉立長君,是爲了將自己與立幼主元善見的高歡區別開來,從而增加西魏政權的合法性。胡勝源認爲,宇文泰選擇長君元寶炬的原因是"在強鄰窺伺,親魏室諸將勢力龐大的情況下,宇文泰不得不顧全大局收斂野心""擁戴長君也可宣示其無專權之意"[6]。然而,不能忽視的現實是,元魏成年君主並不易於控制。河陰之變以來,不乏繼位皇帝反抗軍閥,導致局勢變動的例子[7]。而且元魏宗室身份此時仍然具有實際上的影響力[8]。對於這些現狀,剛剛鴆殺元脩的宇文泰不會沒有知覺。那麼,爲何宇文泰能夠安心選擇長君元寶炬?或者説,爲何元寶炬會甘願受宇文

---

[1] 《北史》卷一五《拓跋順傳》,568頁。
[2] 參見《北史》卷五《西魏文帝紀》,175頁。
[3] 《北史》卷一五《拓跋順傳》,568頁。
[4] 《漢魏六朝碑刻校注》第6册,157—159頁。
[5] 《資治通鑑》卷一五六《梁紀十二》中大通六年條,4858頁。
[6] 胡勝源《"君臣大義"和東西魏政權的建立和穩固》,《政大歷史學報》第52期,22頁。
[7] 爾朱榮"更立長君"元子攸,後遭其手刃。中興二年(532),高歡立元脩爲帝。此後元脩在洛陽部署朝政,與高歡對抗,並招納宇文泰,主動西遷關中,直接推動東西對峙的局勢。元脩在洛陽"下詔罪狀神武,爲北伐經營"時,司馬子如對高歡説:"本欲立小者,正爲此耳。"《北史》卷六《齊高祖神武帝紀》,222頁。孝武西遷以後,厙狄干語高歡云:"本欲取懦弱者爲主,王無事立此長君,使其不可駕御,今但作十五日行,自可廢之,更立餘者。"《北史》卷六《齊高祖神武帝紀》,221頁。元脩對峙高歡、西遷關中以後,高歡及其部下方始正視"立長君"的危險性,旋即選擇年僅十一歲的元善見繼承帝位。
[8] 胡勝源《"君臣大義"和東西魏政權的建立和穩固》,《政大歷史學報》第52期,15—22頁。

泰控制,未曾反抗？這或許仍需從元明月之死的過程中尋找答案。《北史·孝武帝紀》載:

> 帝既以明月入關。蒺藜自縊。宇文泰使元氏諸王取明月殺之。帝不悦,或時彎弓,或時推案,君臣由此不安乎。[1]

西遷之後,元明月被卷入了孝武帝與宇文泰的博弈之中。宇文泰令"元氏諸王"殺死元明月,是孝武、宇文泰衝突顯化的原因。元寶炬是元脩身邊親信之人,也是元明月的親兄長,而殺元明月者也同爲元魏宗室。在此事件當中,元寶炬的身份極其敏感。很難想象他要如何獨善其身。宇文泰之所以授意元魏宗室動手殺死元明月,這種行爲並不僅僅出自他本性的殘忍,也説明此時元魏宗室尚存政治號召力。宇文泰"使元氏諸王取明月殺之",是爲了試探諸王的立場,並迫使他們在元脩與自己之間做出選擇。參與誅殺元明月的元魏諸王,則在宇文泰與元脩之間做出了明確的選擇,喪失了身爲宗室的政治資本。現存史料當中,已經無法找到元寶炬在"宇文泰使元氏諸王取明月殺之"時的具體反應和行爲。但是,元明月、元脩相繼被殺害後,身爲元明月兄長、元脩親信的他却毫髮無損,甚至在宇文泰的授意之下入繼大統。結合元寶炬早年與其他臨洮王後人保持一定距離的情況來看,不難想象,在元明月被殺的時候,元寶炬就已經在元明月和宇文泰之間做出了選擇,並且用某種行爲向宇文泰表明了立場。這也就解釋了了,早已成年的長君元寶炬爲何安坐西魏帝位十餘年,不再做出任何不受北鎮軍閥控制的舉動。

## 五、小結

上文從《魏故臨洮王妃楊氏墓誌》考釋出發,梳理了從宣武帝時期至元寶炬繼位期間臨洮王系的情況。概而言之,京兆王元愉、楊氏早年在徐州結合。從元愉爲楊氏托稱李氏"就之禮逆"的行爲來看,元愉本意迎娶楊氏爲正妻,兩人有可能已經完成婚禮。但是,宣武帝强制將于妃賜予元愉。楊氏衹能屈居妾室。元愉身後有四子一女,分別是元寶月、元寶暉、元寶炬、元寶明、元明月。其中,後來襲臨洮王爵位的元寶暉有可能是元愉與于妃所生,其餘子嗣則爲楊氏所生。

---

[1]《北史》卷五《西魏文帝紀》,174 頁。

元愉叛亂死後,楊氏與諸子幽禁宗正寺。孝明時期,臨洮王系諸子被寄養在不同的宗室門下。正光三年,元明月與"皇太后姨弟"已經成婚並育有一子。正光四年,胡太后"令愉之四子皆附屬籍"並"追封愉臨洮王"。此後元寶暉繼承臨洮王爵。孝昌元年,元寶月病逝。胡太后破格"新贈具官""葬以王禮"。這些細節都可以體現胡太后對父母雙亡的臨洮王系諸子的翼護。孝明帝死後,胡太后沿用、改造了北魏保太后制度傳統,利用這一層鬆散的"撫養關係"立元寶暉之子元釗爲帝以繼續臨朝聽政。

胡太后立幼帝的行爲旋即招來朝野的不滿。爾朱榮聯合元子攸發動河陰之變,殺胡太后、幼帝元釗,"更立長君"。此後,元寶炬、元明月逐漸靠近元脩,隨之西遷關中。元脩在與宇文泰的對抗之中敗下陣來。在洛陽期間元明月既與元脩宴飲吟詩,又助他籠絡人脈,二人關係密切。入關以後,宇文泰"使元氏諸王取明月殺之",激化與元脩的矛盾。他隨後殺死元脩,立元寶炬爲帝。宇文泰立元寶炬的首要原因,是爲了通過"奉立長君",樹立西魏政權的合法性。之所以要求元氏諸王殺元明月,可能是元魏宗室尚存號召力,宇文泰需要據此試探宗室的意嚮,迫使他們在元脩與自己之間選擇。元寶炬作爲元脩的心腹、元明月親兄長,在元脩與宇文泰的衝突之中毫髮無損,最後入繼大統。不難想象他是如何在元脩與宇文泰之間做出選擇的。宇文泰意欲立長君,同時需要防止元脩反目的情況再次出現。因此,年長、身爲孝文直系,並且在"使元氏諸王取明月殺之"過程中很可能已經表明自己立場的元寶炬成爲宇文泰對繼位君主最好的選擇。

至此,從臨洮王系家族史的視角出發,元釗、元寶炬繼承皇位的原因都得到了解釋。值得注意的是,胡太后是孝明帝生母。她臨朝稱制往往被解讀爲"子貴母死"制度的徹底結束和北魏皇后制度漢化的最終完成[1]。需要注意的是,胡太后既非宣武可敦,又非孝明保母,臨朝稱制不符合此前的北魏傳統。孝明在位期間,胡太后必須以華夏傳統裝點自己。但她依舊存在於"子貴母死"的制度傳統之下。在孝明一朝胡太后的權力存在明顯的局促:元乂政變、孝明謀誅"嬖

---

[1] 田餘慶《北魏後宫子貴母死之制的形成和演變》,原刊《國學研究》第5卷,北京大學出版社,1998年;收入氏著《拓跋史探(修訂本)》,1—51頁;潘敦《可敦、皇后與北魏政治》,《中國史研究》2020年第4期,第82—104頁。

寵"的事例顯示出"北魏皇太后的政治權力是從皇帝兒子(包括親生子與養子)而來,一旦母子隔絕(或母子情斷),權力就很容易被取消"[1]。如何尋找更加恰當的合法性來源,防止自己再度因母子隔絕、情斷而失去權力,是武泰元年的胡太后必須要面對的現實課題。這個時候,她長期傾注精力的臨洮王系發揮了作用:胡太后長年照拂臨洮王系諸子嗣。他們之間存在着鬆散但事實性的撫養關係。元寶暉子元釗年幼,易於控制。立元釗爲幼帝後,胡太后既可以將幼帝撫養、控制在自己身邊,防止母子隔絕情況再次出現;又可以標榜自己對臨洮王系,尤其是對元釗的撫養之實,將自己變成北魏傳統中的保太后,從而獲得更加穩定的權力合法性。北魏前期,保太后制度原本是"源自草原政治傳統的'可敦'"與"華夏禮制中的'皇后'"之間的"調節閥和節拍器",擔任皇子保母的多爲戴罪入宫、出身低微的女性[2]。經過文明太后、大小馮皇后的長期運作,北魏後期的保太后制度業已淪爲後宫女性争取權力、臨朝聽政的制度資源[3]。身爲孝明生母的胡太后,在孝明帝一朝固然要用華夏傳統粉飾自我,孝明帝死後,她立元釗爲幼帝,則是重新沿用北魏保太后制度傳統。可以想見的是,如果不是河陰之變打斷一切,胡太后應當會繼續以保太后身份臨朝聽政,繼續享受北魏傳統所帶來的制度紅利。北魏"子貴母死""母子共治"制度傳統也將繼續延續。

## The Newly Found *Epitaph of Yang Aofei* and the Change of Throne in the Late Northern Wei Dynasty

### Zhang Xiaowen

Yang Aofei 楊奧妃 was the wife of Yuan Yu 元愉, the third son of Emperor

---

[1] 鄭雅如《胡風與漢制:重探北魏的"皇后"、"皇太后"制度》,《"中研院"歷史語言研究所集刊》第90本第1分,2019年,1—76頁。

[2] 潘敦《北魏王琚妻郭氏墓誌考釋》,《中華文史論叢》2017年第4期,161—181頁。

[3] 相關論文參見田餘慶《北魏後宫子貴母死之制的形成和演變》;潘敦《可敦、皇后與北魏政治》,《中國史研究》2020年第4期,第82—104頁。及謝振華《"漢末故事"與北魏孝文幽皇后馮氏之死》,《魏晉南北朝隋唐史資料》第42輯,上海古籍出版社,2020年,68—85頁。

Xiaowen 孝文帝 of the Northern Wei dynasty. According to her epitaph and the *Weishu* 魏書, she was a singer in Xuzhou 徐州 in her early years and married Yuan Yu when he was appointed governor of Xuzhou. After Emperor Xuanwu 宣武帝 forced Yuan Yu to marry consort Yu 于妃, Yang was demoted to a concubine. In 508, Yuan Yu rebelled in Jizhou 冀州 and elevated Yang to empress. His rebellion was unsuccessful and he was soon put to death. Yang and their children were imprisoned at the Court of Imperial Clan (Zongzhengsi 宗正寺) in Luoyang 洛陽 for half a year and Yang was executed after she gave birth to a daughter. Yuan Yu and Yang had four sons and one daughter. Under Emperor Xiaoming's 孝明帝 reign, their children were raised by various royal families and were looked after and protected by Empress Dowager Hu 胡太后. After the incident of Heyin 河陰之變, Yuan Yu's third son Yuan Baoju 元寶炬 and his daughter Yuan Mingyue 元明月 gradually approached Yuan Xiu 元修 who later became Emperor Xiaowu 孝武帝, and then moved west with him to Guanzhong 關中. Emperor Xiaowu committed incest with Yuan Mingyue and Yuwen Tai 宇文泰 forced the royal family to kill Mingyue after moving into the Guanzhong. This exacerbated his conflict with Yuan Xiu, and then he killed Yuan Xiu. These actions were probably for testing the royal family. Considering that Yuan Baoju was appointed as emperor, it is very likely that he took a stand in the killing of Yuan Mingyue. The fates of Yang and her children were closely linked to the political turmoil in the late Northern Wei dynasty. It is also worth noticing that after the death of Emperor Xiaoming, Empress Dowager Hu appointed Yuan Yu's grandson Yuan Zhao 元釗 to preserve her power. It shows the institutional tradition of the forced death of birth mother of the heir (ziguimusi 子貴母死) and "two sages" in the Northern Wei dynasty continued even after the death of Emperor Xiaoming until the incident of Heyin.

# 《陳詡墓誌》所見陳代史事鈎沉

## 李浩搏

　　在正史材料稀缺的情況下,目前學界對於南朝後期歷史的研究,愈發重視出土材料的使用。但衆所周知,此時期墓誌史料出土數量極少,其中,陳代墓誌更是鳳毛麟角,目前尚存原石或拓本者僅有《衛和墓誌》《黄法氍墓誌》兩方。另有《陳叔獻墓誌》《章昭達墓誌》《歐陽頠墓誌》《徐陵墓誌》《沈欽墓誌》《陳暄墓誌》《魯廣達墓誌》七方墓誌原石、拓本無存,僅誌文内容見於前人著錄,刊刻紀年不詳,但誌主仕於陳代[1]。這九方墓誌中,《衛和墓誌》誌主不見於正史,其餘誌主《陳書》大多有傳;大多誌文爲隻言片語,僅《黄法氍墓誌》誌文較爲豐富,故學者對於此誌討論甚夥[2]。若將目光後移,墓主葬於隋代的墓誌中,存在内容與陳代相關者,稍可彌補陳代墓誌寡少之遺憾。《陳詡墓誌》(以下簡稱爲《詡誌》)之誌主雖以隋臣身份入葬,但人生經歷却與陳代密切相關。與前揭九方陳代墓誌誌主相較,陳詡仕宦不顯,亦不見於正史,但誌文内容詳備豐富,爲陳代政治史諸多重要問題的研究提供了珍貴綫索。目前學界對《詡誌》缺乏關注,筆者管見所及,除陳爽先生曾以誌文爲中心進行過譜牒復原外[3],僅有少量研究較

---

[1] 此數方墓誌的前人著錄情況,可參見王連龍《南北朝墓誌集成》,上海人民出版社,2021年,1054—1057頁。另外,目前尚可見陳太建十年(578)《劉仲舉墓誌》拓本,不過已被學者斷定爲僞刻拓本。參見汪慶正《南朝石刻文字概述》,《文物》1985年第3期,84頁。

[2] 學界關於《黄法氍墓誌》的討論,可參見王素《陳黄法氍墓誌校正》,《文物》1993年第11期,40—45頁;羅新、葉煒《新出魏晉南北朝墓誌疏證》,中華書局,2005年,45—47頁;朱智武《東晉南朝出土墓誌所見地名釋例》,《南京理工大學學報(社會科學版)》2014年第6期,43—47頁;邵磊《陳朝名將黄法氍墓誌辨析》,《東南文化》2015年第2期,76—83頁。

[3] 陳爽《出土墓誌所見中古譜牒研究》,學林出版社,2015年,308頁。

爲側面地涉及《誗誌》[1]，尚無專題研究出現。可能由於《誗誌》被歸入隋代墓誌，研究魏晋南北朝墓誌與隋代墓誌的學者群體不同，關注問題相異，故有所忽略。筆者不揣淺陋，擬通過《誗誌》所提示的綫索對陳代相關史事進行鈎沉。

## 一、墓誌誌文與誌主仕宦經歷

《誗誌》出土時間、地點不明，誌石、拓本均未能傳世，初見於南宋陳思《寶刻叢編》，題名爲《前陳伏波將軍陳誗墓誌》[2]，並注明引自《復齋碑錄》。王厚之《復齋碑錄》已散佚，今日無從得知王氏著錄情況，僅能由此判斷《誗誌》最晚出土於南宋。陳思僅錄墓主下葬日期爲"開皇二十年（600）十二月十八日"，而誌文缺。元代陶宗儀《古刻叢鈔》（以下簡稱《叢鈔》）最早對《誗誌》誌文錄文，題名爲《前陳伏波將軍驃騎府諮議參軍陳府君墓誌序》，誌文撰寫者爲"儀同三司周彪"[3]。陶氏雖未說明墓誌形制，但其錄文碑陽部分順行直錄，而碑陰部分保存了墓誌原有書寫格式，則元時誌石或拓本尚存。陶氏所錄誌題與陳思不同，陳氏所錄題名當爲自擬之簡稱，此亦可作爲陶氏得見原誌或拓本之旁證。曹魏碑禁以來，西晋開始流行將碑埋入地下而額題墓誌的小碑形墓誌[4]，至北朝仍

---

[1] 陳爽根據《誗誌》格式認爲劉宋晚年至南齊通行的首列家族譜系及婚媾、次及傳主生平並贊銘、置傳主卒歲於卒年之前且通篇無撰造題銘的誌銘格式一直延續至隋初仍然存在；根據《誗誌》誌文內容認爲南朝墓誌中庶出子在婚姻、仕履等方面與嫡子差異不大。分見氏著《出土墓誌所見中古譜牒探迹》，《中國史研究》2013年第4期，92頁；《中古墓誌研究三題》，中國社會科學院歷史所編《隋唐遼宋金元史論叢》第7輯，上海古籍出版社，2017年，19頁。范兆飛根據《誗誌》譜系刻於碑陰，認爲南朝墓誌雖有誌主譜系位置出現在首叙或尾記的現象，但並未成爲標準格式而確定下來，見氏著《南北朝士族譜系的異同與意義》，《史學月刊》2019年第3期，12—13頁。周沫如認爲隋唐墓誌多有銘，《誗誌》未立銘屬特例，參氏著《清代學者研治隋代碑誌的主要成就及意義》，《商丘師範學院學報》2021年第2期，65頁。蔡紅梅注意到《誗誌》如同衆多隋代墓誌一樣，均爲誌主攀附了顯赫的始祖，參氏著《隋代墓誌銘文體研究》，華中科技大學2016年碩士學位論文，29頁。李少華在梳理隋代女性崇佛原因時，將《誗誌》所記陳誗第五女善才皈依佛教歸入天性喜佛一類，參氏著《隋代崇佛女性與佛教信仰研究》，天津師範大學2020年碩士學位論文，48頁。

[2] 陳思《寶刻叢編》卷三，中華書局，2015年，167頁。

[3] 陶宗儀《古刻叢鈔》，《石刻史料新編》第1輯第10册，新文豐出版公司，1977年，7602頁上欄—7603頁上欄。

[4] 羅振玉言："晋人墓誌皆爲小碑，直立壙中，與後世墓誌平放者不同，故無蓋而有額。"參見氏著《石交錄》卷二《真松老人遺稿（甲）》，《民國叢書》第5編，上海書店，1996年。

廣泛存在。從陶氏保留的碑陰格式來看，碑陰文字共 16 行，每行若滿行爲 21 字，由此可窺知《詡誌》應屬直立放置的小碑形墓誌。

陶氏之後，清代又有多家著録《詡誌》。葉奕苞《金石録補》將此誌名爲《隋伏波將軍陳府君墓誌序》，其録誌題、撰者與《叢鈔》相同，葉氏節抄誌文，間有其自行添加的助詞，僅對碑陽與碑陰内容分别標識，而未保留碑陰行款格式，節抄誌文後，葉氏又添加"按語"，說明將此誌名爲"隋伏波將軍陳府君墓誌序"是因陳詡終於隋，並對陳詡生平簡要概括評議[1]。葉氏並未說明其節抄録文内容依據原石、拓本抑或陶氏《叢鈔》，葉氏録文中存在與陶氏録文相異文字，甚至有語意不同之處，但更似葉氏抄録、理解有誤而非另有與陶氏不同的版本依據。葉氏之後，嚴可均《全隋文》收録該誌碑陽部分全文，注明録自陶氏《叢鈔》，並進行了點斷[2]。其後黄本驥《古誌石華》全録此誌，題名與《叢鈔》同，但碑陰部分並未保留行款，亦未說明依據，觀其録文内容，雖存在少量異於陶氏之處，但更可能是抄録《叢鈔》過程中産生錯誤而非另有所據[3]。其後又有張仲炘《湖北金石志》録此誌全文，張氏保留了碑陰行款格式，且將葉奕苞《金石録補》的"按語"附於録文之後，張氏注明此誌"佚，據《古刻叢鈔》録入"[4]。似可證至清代時《詡誌》原石、拓本已無存，諸家録文均以陶氏《叢鈔》爲據。另外，吳鎬《漢魏六朝誌墓金石例》和李富孫《漢魏六朝墓銘纂例》曾對此誌内容簡要概述，並就書寫體例略作評議[5]。

今人王其禕、周曉薇主編《隋代墓誌銘彙考》收録《詡誌》，保留陶氏《叢鈔》題名，在"附考"中說明依據《古刻叢鈔》與《古誌石華》録文，並在《叢鈔》的基礎上增加標點，且對《叢鈔》部分未能識辨之字推測補全[6]。

---

[1] 葉奕苞《金石録補》卷九，《石刻史料新編》第 1 輯第 12 册，9032 頁下欄。
[2] 嚴可均《全上古三代秦漢三國六朝文》卷二八，中華書局，1958 年，4185 頁。
[3] 黄本驥《古誌石華》卷四，《石刻史料新編》第 2 輯第 2 册，新文豐出版公司，1979 年，1182 頁上欄—1183 頁上欄。
[4] 張仲炘《湖北金石志·金石志三》，《石刻史料新編》第 1 輯第 16 册，11988 頁上欄—11989 頁下欄。
[5] 吳鎬《漢魏六朝誌墓金石例》卷二《六朝誌墓例》，《石刻史料新編》第 3 輯第 40 册，新文豐出版公司，1986 年，414 頁；李富孫《漢魏六朝墓銘纂例》卷四，《石刻史料新編》第 3 輯第 40 册，466 頁下欄。
[6] 王其禕、周曉薇主編《隋代墓誌銘彙考》第 2 册，綫裝書局，2007 年，355—358 頁。

綜上,歷代諸家全録或節録《詡誌》均以最早出現的陶氏《叢鈔》爲依據,故筆者擬以《叢鈔》爲底本録文,並對碑陰之行款格式進行保留,其後諸家録文異於《叢鈔》之處,筆者所作校記見脚注。現録文於下:

君諱詡,字孟和,潁川許昌人也。鴻基浚序[1],有虞之苗□[2]。若夫姚墟誕聖,嬀汭降神[3],四門穆穆,八表光禪,商均不嗣,周贊胡公,封建於陳,因□命氏[4]。鴻臚元方,榮書魏册;徵士季方,高著先賢。自下蟬聯,並罄繡言史。祖僧亮,神情淡遠,素風高奇,齊輔國府行佐。父敫,風儀峻整,雅有綱格,歷至前梁儀同。君幼而聰敏,長而好學。博覽百家,漁獵九部。懸梁刺股,手不釋書。天才俊拔,思若有神。文章□□,動成部帙。景純五色之筆,江淹用之麗藻,王充五行俱下,都市稱爲□□。有集廿卷,爲世所重。起家爲岳陽王雍州西曹,轉府記室[5]。梁國蕃周,將佐送款。武成元年授帥都督。衛州東征,王師失律,軍潰陷陳,同旅督將七十二人,並囚俘檻[6]。屬陳相王曇頊初秉朝政,虐示國威,縱情好煞,於望國門,並害諸士。君於刑所,附啓自陳,蒙答貰死[7],漏刃獲生。俄而釋禁,策名預宦,授招遠將軍,加伏波將軍,俄遷驃騎府諮議。□國云亡,總管秦王招賢慕士,迎還并州,客禮厚遇,辭老還鄉。第二息孝騫,昆季男女,久違膝下,忽奉慈顏,悲喜不勝,如從天落,相率盡養,日膳常珍,則儀狄九醖,何曾百品,恣口釋心[8],意恬如也。同畢卓之酣歌,慕阮孚之任放。達無遺有[9],識假歸真[10]。所製終制,非秦始之高墳,是王孫之赢葬[11],乃遺命送終,唯令儉

---

[1]《全隋文》作"浚基浚序",當爲嚴氏誤録。
[2]《古誌石華》與《隋代墓誌銘彙考》作"有虞之苗裔",二者應爲推測補全。
[3]《古誌石華》作"僞汭降神",當係誤録。
[4]《古誌石華》與《隋代墓誌銘彙考》作"因而命氏",二者應爲推測補全。
[5]《金石録補》作"起家爲岳陽王記室",當係葉氏録文時理解有誤。
[6]《古誌石華》《隋代墓誌銘彙考》作"並因俘檻"。《金石録補》作"武成元年授則都督,衛州東征失律,同旅督將七十二人俘艦相屬"。此當爲葉氏節抄過程中出現的斷句錯誤,將原屬下句的"屬"劃歸上句,以致將"檻"誤作"艦",而非葉氏所據爲異於陶氏《叢鈔》之版本。
[7]《隋代墓誌銘彙考》作"蒙答貴死",應爲因形近而誤書。
[8]《古誌石華》《全隋文》《隋代墓誌銘彙考》均將"口"誤録作"□"。
[9]《古誌石華》《隋代墓誌銘彙考》作"達無遺有"。
[10]《古誌石華》《隋代墓誌銘彙考》作"释假歸真"。
[11]《隋代墓誌銘彙考》誤作"是王孫之赢葬"。

薄,不許立銘。開皇廿年九月廿四日卒於檀溪里,時年七十六[1]。五男五女,男則孝悌著聞,居喪過禮;女則柔和顯稱,婉娩聽從。以其□□[2]十二月丙辰朔十八日癸酉歸葬高陽鄉之舊山。式鐫序誌,用傳不朽。

　　碑陰

　　君第二叔爽,字寶明,州祭酒從事,妻太原王氏。

　　第三叔子暢,字彥舒,法曹從事,妻滎陽吳氏。

　　第五叔孝蓮,字祥敷,梁鎮北府法曹參軍、使持節、驃騎大將軍、開府儀同三司、□江□□□,妻故鄀[3]

　　施氏,並未入此山。

　　第二弟訆,字仲厚。

　　第三弟譯,字季辯,未入此山。孝騫所生李夫人

　　長息孝柴早亡,未入此山。第二息孝騫,字裕閔。

　　第三息君卿,字闓護。第四息曜□,字宏夬。

　　第五息五敏,字稚文。第六息思岵,字幼集。

　　長女禮閨,適梁故儀同郭仲方息元預。

　　第二女藏閨,適陽平郡守大都西門忠息瑱。

　　第三女敏閨,適明威將軍文昇。

　　第四女四閨,適江東長沙王府法曹參軍王不嚴。

　　第五女善才,心願出家,安居大嚴淨寺。

　　君妻琅琊諸葛氏。

據誌文,陳詡卒於開皇二十年,時年七十六,可推知其生於梁普通六年、北魏正光六年(525)。陳詡爲"潁川許昌人",當出身於潁川陳氏,祖、父均在南朝任職,他"起家爲岳陽王雍州西曹",岳陽王應爲蕭詧,"梁國蕃周,將佐送款"當指蕭詧以州屬魏,在西魏扶持下建立後梁,並派遣陳詡以使者身份出使西魏。由於誌文並未明言陳詡"送款"後返歸後梁抑或留在長安,故其武成元年(559)任帥都督可

---

[1] 《古誌石華》《隋代墓誌銘彙考》作"時年七十有六"。
[2] 《古誌石華》《隋代墓誌銘彙考》作"以其年"。
[3] 《古誌石華》《隋代墓誌銘彙考》作"故章"。

能來自於後梁授職,亦可能來源於北周授職。"衛州東征……漏刃獲生"繫於陳詡授帥都督之後,時間上來看,應指北周與陳朝發生直接衝突的華皎之役,在北周的驅使下,後梁亦參與至此役當中。陳詡在是役中被陳朝俘虜,但其於刑所"附啓自陳",被陳廷釋放,其後"策名預宦",在陳朝任官。"□國云亡,總管秦王招賢慕士,迎還并州"中的缺字當爲"陳",陳詡在隋滅陳後降於秦王楊俊,最終卒於隋朝。

明確《詡誌》誌文的大致内容與誌主主要仕宦經歷後,以下對誌文提供的幾條主要綫索進行闡析。

## 二、《詡誌》所見東晉南朝潁川陳氏家族地位

陳詡出身於潁川陳氏,而隋代以前潁川陳氏身份最爲顯赫者,乃陳朝帝室。《陳書·高祖紀上》記陳霸先爲"吳興長城下若里人,漢太丘長陳寔之後也。世居潁川。寔玄孫準,晉太尉。準生匡,匡生達,永嘉南遷,爲丞相掾,歷太子洗馬,出爲長城令,悦其山水,遂家焉"[1]。《陳書》本紀詳細記録了潁川陳氏與陳霸先相關一支在漢晉間的譜系傳承,並言陳氏吳興長城的郡望源於永嘉之亂後的南遷。但姚思廉撰《陳書》多依其父姚察國史舊稿,存有大量爲陳代粉飾避諱之處,《南史》所記陳朝帝室的出身便是另一番面貌,"其本甚微""自云"等辭彙均指明陳霸先攀附先世[2]。關於陳朝帝室僞托潁川陳氏郡望以掩蓋三吳寒門出身,王鳴盛[3]、

---

[1]《陳書》卷一《高祖紀上》,中華書局,1972年,1頁。
[2]《南史》卷九《陳本紀上》:"其本甚微,自云漢太丘長寔之後也。寔玄孫晉太尉準。準生匡,匡生達,永嘉中南遷,爲丞相掾,太子洗馬,出爲長城令,悦其山水,遂家焉。嘗謂所親曰:'此地山川秀麗,當有王者興焉,二百年後,我子孫必鍾斯運。'達生康,復爲丞相掾,咸和中土斷,故爲長城人。康生盱眙太守英,英生尚書郎公弼,公弼生步兵校尉鼎,鼎生散騎侍郎高,高生懷安令詠,詠生安成太守猛,猛生太常卿道巨,道巨生皇考文贊……初仕鄉爲里司,後至建鄴爲油庫吏,徙爲新喻侯蕭映傳教。"中華書局,1975年,257—258頁。
[3] 王鳴盛《十七史商榷》卷五五《南史合宋齊梁陳書三》"陳高祖其本甚微"條,上海古籍出版社,2013年,687頁。

周一良〔1〕、嚴耀中〔2〕、呂春盛〔3〕、鄭雅如〔4〕等學者已多有討論,中村圭爾甚至進一步推測,永嘉之亂所導致的户籍焚毁,使得南渡的陳氏先祖有機會將假籍貫登記在新編的咸和籍上,並利用咸和土斷之機遇製造其出自潁川陳氏的假象〔5〕。筆者對前人結論並無異議,但仍認爲尚需將潁川陳氏後裔在東晉南朝的社會地位與陳朝帝室進行對比,方能夯實此結論。

筆者管見所及,傳世文獻中,東晉南朝潁川陳氏僅見於以下幾條史料:

1.《晉書·祖約傳》載祖約響應蘇峻起兵作亂後"潁川人陳光率其屬攻之,〔祖〕約左右閻禿貌類〔祖〕約,光謂爲約而擒之,約逾垣獲免……〔石〕勒遣石聰來攻之,約衆潰,奔歷陽"〔6〕。王敦起兵後,祖約始終駐軍於壽陽〔7〕,從兵敗後奔歷陽來看,其在淮南地區的濡須水道附近被陳光擊潰,則陳光很可能是永嘉之亂後未至江南、在江淮間率衆自保之流民帥。

2.《晉書·郭璞傳》:"是時潁川陳述爲大將軍掾……爲〔王〕敦所重,未幾而没。〔郭〕璞哭之哀甚……未幾而敦作難。"〔8〕《晉書·王敦傳》:"〔陶〕侃之滅㶷也,〔王〕敦以元帥進鎮東大將軍、開府儀同三司,加都督江揚荆湘交廣六州諸軍事、江州刺史,封漢安侯。敦始自選置,兼統州郡焉。"〔9〕王敦進大將軍、獲得選置僚佐的開府之權在太興元年(318)陶侃平杜弢後,其後他在永昌元年(322)舉兵向闕。陳述爲王敦聘爲大將軍掾當在此期間,任職地點應在江州。其時距

---

〔1〕 周一良《魏晉南北朝史札記(補訂本)》"陳霸先早年經歷"條,中華書局,2015年,298—299頁。

〔2〕 嚴耀中《關於陳文帝祭"胡公"——陳朝帝室姓氏探討》,《歷史研究》2003年第1期,156—160頁。

〔3〕 呂春盛《陳朝的政治結構與族群問題》,稻鄉出版社,2003年,27—33頁。

〔4〕 鄭雅如《唐代士族女兒與家族光榮——從天寶四年〈陳照墓誌〉談起》,《"中研院"歷史語言研究所集刊》第87本第1分,2016年3月,13頁。

〔5〕 中村圭爾《東晉時期揚州的流民問題及其歷史意義》,牟發松主編《社會與國家關係視野下的漢唐歷史變遷》,華東師範大學出版社,2006年,181頁。

〔6〕《晉書》卷一〇〇《祖約傳》,中華書局,1974年,2627頁。《魏書》卷九六《僭晉司馬叡傳》:"祖約爲潁川人陳光率其屬攻之,約乃奔於歷陽。"中華書局,1974年,2098頁。此當由南朝史料系統簡寫而來。

〔7〕《晉書》卷一〇〇《祖約傳》,2626頁。

〔8〕《晉書》卷七二《郭璞傳》,1908頁。

〔9〕《晉書》卷九八《王敦傳》,2554頁。

永嘉亂後衣冠南渡不久,江州又是南下中原人士麇集之所[1],很可能陳述亦屬亂後流移至長江中游之一員。

3.《宋書·荀伯子傳》載潁川人陳茂先上表曰:"祠部郎荀伯子表臣七世祖太尉[陳]準禍加淮南,不應濫賞……"[2]出土於南京市雨花臺區的《謝琰墓誌》記録了出身陳郡謝氏的謝攸之女謝令範"適潁川陳茂先,廣陵郡開國公"[3]。陳茂先得封公爵,且與陳郡謝氏聯姻,政治、社會地位可見一斑。陳準爲晉太尉、廣陵公[4],是陳寔之玄孫,乃《陳書》本紀中陳朝帝室追溯的直系祖先,陳茂先雖處在《陳書》本紀追溯的祖先譜系之外,但其廣陵郡開國公的身份很可能爲繼承陳準而得。

4.《宋書·良吏傳》記元嘉年間"時有北地傅僧祐、潁川陳珉、高平張祐,並以吏才見知……珉爲吳令,善發奸伏,境内以爲神明"[5]。吳縣爲吳郡郡治,吳郡爲吳地經濟、文化中心,地位崇高,陳珉任職吳縣,知其政治地位不低。

5.《太平御覽·工藝部》引劉宋劉敬叔《異苑》曰:"潁川陳寂,元嘉中,晝忽有一足鬼,長三尺許,爲寂驅使,欲與鄰人樗蒱,而無五木。鬼乃取刀斫庭中楊枝,於户間作之,即燒灼,黑白雖分明,但朴爾。"[6]可知宋時有潁川陳寂,但此例有效信息較少,且《異苑》爲小説家語,對考察東晉南朝潁川陳氏家族地位似無太大價值。

目前可見出土文獻中,《翊誌》涉及人物衆多,爲反映潁川陳氏在東晉南朝任官、婚配等信息最豐富者,就書寫體例而言,墓誌可較正史提供更爲明晰的任職綫索,加之傳世文獻中相關材料稀少,故《翊誌》具備突出史料價值。陳翊祖僧亮、父敫正史無傳,陳僧亮任齊輔國府行佐,當是輔國將軍開府後招納的僚佐,

---

[1]《晉書》卷八一《劉胤傳》:"今大難之後,綱紀弛頓,自江陵至於建康三千餘里,流人萬計,布在江州。"2114頁。
[2]《宋書》卷六〇《荀伯子傳》,中華書局,1974年,1628頁。
[3] 參見華國榮《南京南郊六朝謝琰墓》,《文物》1998年第5期,4—14頁。
[4]《宋書》卷六〇《荀伯子傳》,1627頁。
[5]《晉書》卷九二《良吏傳》,2271頁。
[6]《太平御覽》卷七五四《工藝部十一·樗蒱》,中華書局,1960年,3348頁上欄。毛晉《津逮秘書》本《異苑》中,"潁川陳寂"作"潁川宋寂",與《太平御覽》不同。參見劉敬叔撰,范寧校點《異苑》卷六,中華書局,1996年,60頁。

南齊任輔國將軍者衆多,無法明確判定陳僧亮仕於何處。《梁書·孔休源傳》言孔休源早年"除臨川王府行參軍",又言"〔孔〕休源初爲臨川王行佐,及王薨而管州任,時論榮之"〔1〕。可知行佐即爲行參軍。行參軍在南齊不屬軍府重要僚佐,《南齊書·百官志》在列舉軍府十八曹後言"〔城〕局曹以上署正參軍,法曹以下署行參軍,各一人"〔2〕。《陳官品》中行參軍屬第八品〔3〕。南朝此職常爲起家官,如南齊姚道和起家爲齊武帝蕭賾"安北行佐"〔4〕,陸澄"起家太學博士,中軍衛軍府行佐"〔5〕。陳僧亮亦當以行佐起家,但其後始終未得升遷。陳敦任"前梁之儀同",《宋書·百官志》:"江左以來,將軍則中、鎮、撫、四鎮以上或加大,餘官則左右光禄大夫以上並得儀同三司,自此以下不得也。"〔6〕陳敦若爲梁之開府儀同三司,至少位至四鎮將軍或光禄大夫,正史不應無傳。那麽此儀同爲何職?梁時蕭子暉"起家員外散騎侍郎……遷安西武陵王諮議,帶新繁令,隨府轉儀同從事、驃騎長史,卒"〔7〕。賀琛曾任"儀同西昌侯掾"〔8〕,許懋任"後軍豫章王行參軍"後,"遷驃騎大將軍儀同中記室"〔9〕,則陳敦所任之儀同,亦當是軍府中儀同從事或儀同中記室一類僚佐。與蕭子暉、許懋的遷轉經歷進行對照,陳敦之儀同可能亦是起家後遷轉而得,故《翊誌》言"歷至"。許懋由行參軍遷任儀同中記室,而行參軍即爲陳僧亮所任之職,故陳敦遷至"儀同"後,仕宦已較其父僧亮爲高。《翊誌》言陳翊"起家岳陽王雍州西曹,轉府記室",則陳翊與其祖、父一樣,亦以軍府僚佐起家。《翊誌》又言陳翊第二叔爽爲"州祭酒從事",第三叔子暢爲"法曹從事"。東晉南朝刺史加將軍號者,均有州府和軍府兩套系統,陳爽任職於州府,而法曹爲軍府十八曹之一,陳暢當任職於軍府。

較爲可疑的是,《翊誌》言陳翊第五叔孝邈爲"梁鎮北府法曹參軍、使持節、

---

〔1〕《梁書》卷三六《孔休源傳》,中華書局,1973年,520、521頁。
〔2〕《南齊書》卷一六《百官志》,中華書局,1972年,313—314頁。
〔3〕《通典》卷三八《職官二十·秩品三》,中華書局,1988年,1035頁。
〔4〕《南齊書》卷二五《張敬兒傳》,473頁。
〔5〕《南齊書》卷三九《陸澄傳》,681頁。
〔6〕《宋書》卷三九《百官志上》,1224頁。
〔7〕《梁書》卷三五《蕭子恪傳附蕭子暉傳》,516頁。
〔8〕《梁書》卷三八《賀琛傳》,551頁。
〔9〕《梁書》卷四〇《許懋傳》,575頁。

驃騎大將軍、開府儀同三司",軍府法曹參軍並無開府之權,且驃騎大將軍是武散官中的頂級,亦恐非孝遠所能擔任。筆者認爲,《詡誌》之所以書陳敳爲"前梁之儀同",當是與後梁區分,即陳孝遠的官職爲後梁所授。北魏太和改制後,北朝出現了嚴重的軍號散階化趨勢,軍號往往被濫用於安置閑散人員,以致官階猥濫,北魏末年國分東西後,此狀況依舊延續[1]。西魏北周時期,馮遷僅爲宇文護軍府司錄,便進授"驃騎大將軍、開府儀同三司"[2],庾信在入西魏之初、出任弘農郡守前便"進車騎大將軍、儀同三司"[3]。後梁很可能採取了西魏北周的職官系統,如岑善方本爲蕭詧軍府刑獄參軍,後梁建立後即被授予"驃騎大將軍、開府儀同三司"[4]。因此,將孝遠的任職情況放入北朝職官系統中解釋,便合乎情理了。另外,陳詡所授帥都督一職僅見於西魏北周職官系統,目前雖不可見後梁之臣任此職者[5],但今日所見後梁人物事迹大體限於《周書·蕭詧傳》之附傳,人物總量有限且基本限於政權高層,若後梁職官採取西魏北周系統,亦不能排除設置帥都督的可能性,故陳詡出任帥都督時,存在任職於後梁或北周兩種可能。

除仕宦外,婚姻是中古士族研究的另一重要維度。除前揭陳茂先一例外,東晉南朝潁川陳氏的婚姻情況在現存史料中難覓蹤迹,祇能通過《詡誌》提示的綫索窺其一隅。陳詡妻琅琊諸葛氏、第三叔子暢妻滎陽吳氏、第五叔孝遠妻故鄣施氏均非南朝高門。其女之婚配對象郭仲方之子元預、西門忠之子琪、文昇、王不嚴正史均無傳,其中王不嚴爲長沙王府法曹參軍,亦爲軍府僚佐,政治地位與陳詡家族門當户對,其他婚配者亦當與王不嚴地位相當。所例外者,陳詡第二叔爽妻出自高門太原王氏,似頗反常。但范兆飛認爲"太原王氏在南朝的發展軌迹以祁縣王氏爲代表,晉陽王氏轉而沉寂,其主軸王慧龍北投北魏,開啓北朝隋唐

---

[1] 參見閻步克《品位與職位——秦漢魏晉南北朝官階制度研究》,中華書局,2002年,429—442頁。

[2] 《周書》卷一一《馮遷傳》,中華書局,1971年,181頁。

[3] 《周書》卷四一《庾信傳》,734頁。

[4] 《周書》卷四八《蕭詧傳附岑善方傳》,872頁。

[5] 史料中唯一可見後梁之臣授帥都督者爲岑善方之子岑之利,《周書》卷四八《蕭詧傳附岑善方傳》:"高祖録〔岑〕善方充使之功,追〔岑〕之利、〔岑〕之象入朝。授之利帥都督、代王記室參軍。"873頁。則岑之利授任此職已在其入北周之後。

太原王氏的輝煌前途"[1]。陳爽之妻可能出自晉陽王氏。

綜合以上討論,可發現除陳茂先外,東晉南朝潁川陳氏政治、社會地位整體較低。宋武帝永初二年(421)籌建國子學時范泰上表曰:"昔中朝助教,亦用二品。潁川陳載已辟太保掾,而國子取爲助教,即太尉準之弟。所貴在於得才,無繫於定品。教學不明,獎厲不著,今有職閑而學優者,可以本官領之,門地二品,宜以朝請領助教,既可以甄其名品,斯亦敦學之一隅。其二品才堪,自依舊從事。"[2]此處"二品"指九品官人法中鄉品二品,依范泰之意,陳載由太保掾改任助教是西晉時期恪守助教必用二品的刻板規定下的故事,並提議此後"才堪二品"者亦可獲得任助教的資格。那麼陳載的鄉品當爲二品。西晉時期,門第二品尚極難取得,知陳載出身一流高門。考慮到陳載爲陳準之弟、陳茂先爲陳準後人,故他們的崇高地位很可能與陳準有關,且二人均出於劉宋或更早,其後南朝陳氏再無仕宦、婚配較高者出現。

若將陳準一支排除在外,可對潁川陳氏得到以下印象:永嘉之亂衣冠南渡時,陳氏鮮有進入東晉南朝核心區建康、三吴者,南遷較早者如陳述,選擇了長江中游地區而非下游;南遷較晚者如陳光,遲至蘇峻之亂時尚未至江南,聚衆於淮南而成爲流民帥,蘇峻亂後,東晉政權對淮南流民集團進一步整理,並以郗鑒爲核心建立爲晉廷所用的北府軍團[3],陳光集團若被整理收編,即使過江,亦難預僑人高門核心圈層。仕宦方面,除劉宋陳珉任吴令外,齊之陳僧亮、梁之陳敳、陳詡僅能在地方州、軍府擔任僚佐,即使是陳珉,亦難以在建康任職。婚姻方面,《詡誌》所涉及的陳詡家族之人亦難以與高門著姓聯姻。但另一方面,潁川陳氏至少能以州、軍府低級僚佐起家,陳詡族人除陳爽外均任職於軍府,胡阿祥認爲南朝都督府佐吏中"閣内可由都督自行辟用;上佐、外曹按制度應由朝廷除授,但都督可以提出人選,進行推薦,而且某些位尊權重的都督所薦,照例獲得批准,

---

[1] 范兆飛《中古郡望的成立與崩潰——以太原王氏的譜系塑造爲中心》,《廈門大學學報》2013年第5期,30頁。

[2] 《宋書》卷六〇《范泰傳》,1617頁。

[3] 參見川勝義雄著,徐毅苊、李濟滄譯《東晉貴族制的確立過程——與軍事基礎的問題相關聯》,《六朝貴族制社會研究》,上海古籍出版社,2018年,77—178頁。

實際上是先已任用,再上一表,關照一聲而已"〔1〕。陳暢、陳孝璉任職法曹,屬外曹系統,他們的授職即使不是由朝廷直接任命,亦需經過表面上的都督舉薦程序。則潁川陳氏雖仕宦不顯,但仍預士流,官職任命來自於中央授權。

陳霸先早年"仕鄉爲里司",後"至建鄴爲油庫吏",知其在九品官人法下處於士流之外,故《陳書》本紀雖將陳霸先記作陳準的直系後裔,但其實際出身與潁川陳氏非陳準一支相較都要更低,即陳霸先並非出自潁川陳氏,更不可能是陳準之後裔。

## 三、陳朝帝室祖述胡公事再議

經前文討論,可明確東晋南朝潁川陳氏普遍家族地位不彰,對陳朝帝室並非出身潁川陳氏的論斷有所夯實。需進一步思考的是,陳室爲何要攀附並非高門的潁川陳氏?這應從潁川陳氏家族本身的姓氏源流入手,《元和姓纂》"陳氏"條:

> 媯姓。亦州名,本太昊之墟,畫八卦之所。周武王封舜後胡公滿於陳,後爲楚所滅,以國爲氏。出潁川、汝南、下邳、廣陵、東海、河南六望……出自媯姓,虞帝之後。夏帝封舜子商均於虞城,三十二世孫遏父爲周陶正,武王妻以元女太姬,封之宛秋,爲陳侯,以奉舜後,是爲胡公滿。〔2〕

林寶自序云其"案據經籍,窮究舊史,諸家圖牒,無不參詳"〔3〕。《姓纂》通過搜集當時可見的姓氏書、氏族志和士族家狀、譜牒等資料編成,目的是備朝廷封爵之用,一定意義上具有官修性質。《詡誌》言陳氏爲"有虞之苗□""商均不嗣,周聲胡公,封建於陳,因□命氏",與《姓纂》正合,即作爲虞帝之後的媯姓族人受封於陳地後,改認舜帝爲祖先,西周初年分封陳國的初代國君爲胡公滿,潁川陳氏由其中分化而來。因此,潁川陳氏祖先源流的記憶和叙述最晚在隋代便已形成。由於無法判斷《姓纂》"陳氏"條所據資料的書寫時間,陳氏祖先記憶具體形成於

---

〔1〕 胡阿祥《六朝疆域與政區研究》,學苑出版社,2005 年,190 頁。
〔2〕 林寶撰,岑仲勉校《元和姓纂》卷三,中華書局,1994 年,337—338 頁。
〔3〕 《元和姓纂》"原序",1 頁。

何時便成爲一個需要深入思考的問題。

天嘉三年(562)正月陳文帝"設帷宫於南郊,幣告胡公以配天"[1]。就追認胡公爲祖一事而言,潁川陳氏與陳朝帝室産生了重合點。嚴耀中《關於陳文帝祭"胡公"——陳朝帝室姓氏探討》一文認爲陳文帝祭胡公的原因是"把他當作陳氏皇室的始祖,始祖配天,是合乎禮制的。而陳氏把自己看作胡姓後代,當然可以將胡公始封之地'陳'作爲朝代之名"。而陳氏攀附胡公的原因,嚴氏認爲是要塑造陳霸先"興滅國、繼絶世,'本枝攸建',而'宜誓山河',再造乾坤的資格……因爲要凌駕於那些作爲南朝統治基礎的世家著姓之上,祇有攀上這麽一個家世淵源,纔似乎具備了君臨高門大族的地位,這至少在門面上是絶對需要的"。其後又言"關於陳霸先家世起自胡公之説的基本依據,是本人自稱係潁川陳氏的後裔,因爲正宗的潁川陳氏可以説是胡公之後,至少在當時的譜系中是這麽説的"[2]。

筆者對嚴氏部分觀點存有疑問。一是陳朝尊奉胡公的原因。檢《元和姓纂》,陳朝建國時"作爲南朝統治基礎的世家著姓"如琅邪王氏、陳郡謝氏等均攀附了顯赫始祖[3],與之相比,胡公的事迹並無更爲光輝之處,且其受封之陳地與江南相距殊遠,陳霸先亦無法從其處直接獲得統治之理據,也無法就此獲得君臨高門大姓的地位。二是嚴氏言"正宗的潁川陳氏爲胡公之後"的依據是"當時的系譜",南朝譜牒今日難覓,其所言之"系譜"亦當是《姓纂》之記録,但由於無法判定《姓纂》所據材料的形成時間,也就無法直接判定陳氏祖述胡公是家族本身的固有記憶還是受到陳朝帝室奉胡公的影響。故陳奉胡公的原因尚有重新討論之餘地。

---

[1] 《陳書》卷三《世祖紀》,54頁。

[2] 嚴耀中《關於陳文帝祭"胡公"——陳朝帝室姓氏探討》,《歷史研究》2003年第1期,157—158頁。

[3] 陳朝建國初期,出身琅邪王氏者有王冲、王通、王勱等,出身陳郡謝氏者有謝岐、謝哲、謝嘏等,王通在梁陳禪代時擔任傳璽人角色,《陳書》卷一《高祖紀上》,20頁。陳初王勱監吴興以穩定三吴地區,《陳書》卷一七《王勱傳》,238頁。可見高門士族仍具社會影響力。《元和姓纂》卷五"王氏"條下"王姓,出太原、琅邪,周靈王太子晋之後",586頁;卷九"謝氏"條下"姜姓,炎帝之允。申伯以周宣王舅受封於謝,今汝南謝城是也,後失爵,以國爲氏焉",1324頁。琅邪王氏將祖先追溯至周靈王之太子晋,謝氏將祖先追溯至周宣王之舅申伯。在這些先秦人物中,胡公並無優勢之處。

除《誗誌》外,目前出土碑誌材料尚無與東晉南朝潁川陳氏直接相關者,這在很大程度上制約我們找到潁川陳氏在陳代以前奉胡公爲祖的直接證據,反而在《誗誌》書寫後不久,非陳朝帝室後裔的潁川陳氏墓誌誌文中祖述胡公者甚巨,隋大業九年(613)《陳常墓誌》[1]與衆多唐代墓誌均將陳氏始祖指向胡公。雖直接材料難覓,但2004年出土於河北臨漳的北齊天統五年(569)《袁月璣墓誌》[2]提供了間接證據,該誌言陳郡陽夏袁氏爲"有舜之苗裔",《姓纂》"袁氏"條:"嬀姓,舜後陳胡公滿之後。"陳郡夏陽縣下曰:"袁生元孫幹,封貴鄉侯,居陳郡,爲著姓。"[3]同陳氏一樣,陳郡袁氏亦奉胡公爲祖,這是由於先秦時期二姓同源。《袁月璣墓誌》書寫時間雖較陳朝建國稍晚,但基本處於同一時代,考慮到袁月璣女夫爲陳朝敵對勢力"會稽郡開國公王琳",且與陳朝帝室尊奉相同祖先對袁氏而言並無實際益處,故袁氏跟風認祖的可能性較低,其祖先記憶應獨立於陳朝帝室存在。《史記·陳杞世家》叙陳氏族源曰:"陳胡公滿者,虞帝舜之後也。昔舜爲庶人時,堯妻之二女,居於嬀汭,其後因爲氏姓,姓嬀氏。"[4]則胡公爲陳氏、袁氏始祖的説法至遲西漢時已存在,此爲陳朝建國前潁川陳氏祖述胡公的前提。除袁氏外,北魏正光三年(522)的《胡顯明墓誌》[5]和孝昌三年(527)的《胡明相墓誌》[6]都將胡氏祖先追溯至胡公。綜合上述情況,祖述胡公並非陳朝帝室首創。許多漢碑中存在追溯先秦遠祖的現象,魏晉時已普遍流行[7],考慮這一背景,陳代建國前潁川陳氏很可能已形成了祖述胡公的集體記憶。

《誗誌》叙胡公之後陳誗家族的祖先記憶曰:"鴻臚元方,榮書魏册;徵士季

---

[1] 王其禕、周曉薇主編《隋代墓誌銘彙考》第5册,9—12頁。
[2] 許萬順《新出北齊〈蔡府月璣袁氏墓誌文〉》,《中國書法》2005年第4期,36—38頁。
[3] 《元和姓纂》卷四,433、435頁。
[4] 《史記》卷三六《陳杞世家》,中華書局,1982年,1575頁。
[5] 《太原北魏辛祥墓》,《考古》編輯部編《考古學輯刊》第1輯,中國社會科學出版社,1981年,201頁。
[6] 北京圖書館金石組編《北京圖書館藏中國歷代石刻拓本彙編》第5册,中州古籍出版社,1989年,64頁。
[7] 參見沈剛《虛實相間:東漢碑刻中的祖先書寫》,《中國史研究》2020年第2期,30—51頁;范兆飛《胙土命氏——漢魏士族形成史論》,《復旦學報》2016年第3期,1—12頁;《中古郡望的成立與崩潰——以太原王氏的譜系塑造爲中心》,28—38頁;《中古士族譜系的虛實——以太原郭氏的祖先建構爲例》,《中國史研究》2017年第1期,77—94頁;《士族譜系的變奏——基於中古太原白氏爲中心的個案考察》,《中華文史論叢》2018年第4期,117—147頁。

方,高著先賢。"按,元方、季方分別指陳寔二子陳紀、陳諶[1],這與《陳書·高祖紀上》中陳朝帝室所追認的祖先譜系存在差異,《高祖紀》在陳寔後躍至其玄孫陳準,陳準後則代代標明。前文已證陳翊家族門第與陳準直系後裔存在較大差距,二者當屬不同支系,故《翊誌》未書陳準而書陳紀、陳諶,即使不是實錄,亦至少是陳翊一支的獨立祖先記憶。《陳常墓誌》追溯祖先曰:"胡公陳國之後,滿本隆周廟食,蕃乃盛漢公卿。""滿"即胡公滿,"蕃"爲東漢陳蕃,但《後漢書·陳蕃傳》記陳蕃爲汝南平輿人[2],而非潁川許昌人,當因汝南郡乃由潁川郡分出的緣故。值得注意的是,陳常祖先譜系中的陳蕃與陳寔並無關聯,但亦溯至胡公。由此可見潁川陳氏不同支系祖述胡公的共同祖先記憶獨立於陳朝帝室而存在,且未受到陳朝的影響。

王明珂認爲家族"尋得或假借一個華夏祖先傳説",有助於實現華夏化的歷程[3]。考慮到陳霸先崛起於嶺南、麾下多南人酋豪,筆者並不否認陳奉胡公有着藉此宣揚華夏正統的考慮,亦不否認陳奉胡公可能對其後潁川陳氏祖先記憶的普遍化起到了促進作用,使得隋唐時期陳氏祖述胡公的案例俯拾皆是。但由於陳建國前胡公已成爲潁川陳氏、陳郡袁氏等家族的集體祖先記憶,陳奉胡公更多反映的是陳朝帝室將自身家族融入潁川陳氏家族"集體記憶"中的努力,其主要目的是要強調自身潁川陳氏的身份,而非以胡公這一先祖凌駕於諸高門之上。

既知南朝潁川陳氏家族地位不顯,爲何陳朝帝室仍要引該郡望爲己用?筆者認爲,這其間固有陳姓並無其他顯赫郡望可供攀附的無奈,但更爲重要的是,陳室主要意圖在於藉助潁川陳氏之僑人身份。衆所周知,東晉南朝僑人的地位凌駕於吳人與南人之上,吳人雖在經濟、文化、政治等方面較爲發達,但却不是南方文化的創造者,僅是中原文化的追隨者、闡釋者[4]。吳人和南人是陳朝政治結構的主體力量,其中又以吳人爲主幹[5],在政治和文化上,僑人始終是吳人

---

[1] 《後漢書》卷六二《陳寔傳》,中華書局,1965年,2067、2069頁。
[2] 《後漢書》卷六六《陳蕃傳》,2159頁。
[3] 王明珂《華夏化的歷程:太伯傳説的考古與歷史學研究》,臧振華編《中國考古學與歷史學整合研究》,"中研院"歷史語言研究所,1997年,326頁。
[4] 參見張國安《論陳代的南人政治》,北京大學中國古代史研究中心編《田餘慶先生九十華誕論文集》,中華書局,2014年,299頁。
[5] 參見吕春盛《陳朝的政治結構與族群問題》,101—115頁。

的領導者和號召者,陳霸先强調潁川僑人的身份,即是對"吴興武康下若里"郡望的捨棄,便可將家族從吴人中脱離出來,做到高吴人一等,以此獲得對吴人的號召力,進而穩固統治。這可視作陳室以僑姓高門爲政權合作者進行聯合統治的一個側面。

## 四、北周之衡州與華皎之役前後的陳周關係

《詡誌》叙華皎之役曰:"衡州東征,王師失律,軍潰陷陳,同旅督將七十二人,並囚俘檻。屬陳相王曇頊初秉朝政,虐示國威,縱情好煞,於望國門,並害諸士。君於刑所,附啓自陳,蒙答貰死,漏刃獲生。"《周書·蕭巋傳》叙是役過程曰:

> 〔蕭巋天保〕五年(567),陳湘州刺史華皎、巴州刺史戴僧朔並來附。皎送其子玄響爲質於巋,仍請兵伐陳。巋上言其狀。高祖詔衛公直督荆州總管權景宣、大將軍元定等赴之。巋亦遣其柱國王操率水軍二萬,會皎於巴陵。既而與陳將吴明徹等戰於沌口,直軍不利,元定遂没。巋大將軍李廣等亦爲陳人所虜,長沙、巴陵並陷於陳……明年,明徹進寇江陵,引江水灌城。巋出頓紀南以避其鋭。江陵副總管高琳與其尚書僕射王操拒守。巋馬軍主馬武、吉徹等擊明徹,敗之。明徹退保公安。巋乃還江陵。[1]

將《詡誌》與此傳相參。陳詡參與了華皎之役,由於無法確定其任職於後梁還是北周,故其部衆可能在後梁柱國王操所率"水軍二萬"中,亦可能爲衛公直所調遣。後梁與北周軍隊會合於夏口後圍攻郢城,其後吴明徹軍隊方至[2],故無論陳詡歸屬於哪方,都一定在沌口參與了與吴明徹作戰的戰役。綜觀是役,江陵至郢城間的長江一綫均有雙方交鋒之記録,但北周所遣兵力來源呈多樣化特性,劉弘、扶猛分別從距戰綫遥遠的岷州(今甘肅省岷縣)、綏州(今陝西省綏德縣)身

---

[1] 《周書》卷四八《蕭詧傳附蕭巋傳》,863—864頁。
[2] 《周書》卷三四《元定傳》叙華皎之役曰:"梁人與華皎皆爲水軍,〔元〕定爲陸軍,〔衛公〕直總督之,俱至夏口。而陳郢州堅守不下。直令定率步騎數千圍之。陳遣其將淳于量、徐度、吴明徹等水陸來拒。"589—590頁。

赴前綫[1],而衛公直坐鎮襄陽統一調度諸軍[2]。

令人疑惑的是,誌文中"衛州"何指?這既非後梁君主蕭巋之官位,史料所見參與華皎之役的北周將領亦無任職於衛州者。西魏北周是否存在衛州?《周書·武帝紀下》宣政元年(578)"黎陽郡置黎州,汲郡置衛州"[3],隋開皇初,劉子明"歷衛州蔚州長史、幽州總管府[司馬、朔州總管府]長史"[4]。此二衛州爲同一州,本屬北齊,周武帝平齊後方入北周,與《詡誌》出現的衛州無涉。

從陶宗儀《古刻叢鈔》錄文情況來看,元代時《詡誌》誌文已漫漶嚴重,陶氏錄文時不少字未能識辯,僅以"□"代之,誌文中的"衛州"當本爲與其形近之字,錄文時被誤書。那麼被誤錄爲"衛州"處誌文原貌爲何?從字形來看,存在兩種可能。一是"州"本爲"公"。華皎之役中北周統帥爲"衛公直",若陳詡隸屬於"衛公"參與此役,將"州"還原爲"公"合於情理。1919年於河南省洛陽市出土的北魏孝昌二年(526)《寇治墓誌》誌文以正書爲主,雜有少量篆文,其中"州"存在兩例異體書寫,作■與■[5]。此二"州"字左右兩側上窄下寬,與"公"字上半部分部件"■"形近,存在被誤錄的可能。二是"衛"本爲"衡"。東晉咸安二年(372)《王建之墓誌》中,"衛"書作■;北魏普泰元年(531)《新興王元弼墓誌》中,"衡"書作■[6]。此二"衡"字與"衛"相近,亦存在誤錄之可能。

但若"衛"本作"衡",需考慮的是北周是否存在衡州建置。《周書》所載武帝滅齊前史事中,衡州僅一見,《楊紹傳》:"[楊紹]從柱國、燕國公于謹圍江陵……事平……除衡州刺史。"[7]楊紹隨于謹攻陷江陵後授衡州刺史,此衡州當在後梁疆域附近。但《周書》該卷校勘記言:"按衡州是齊地,在今麻城,見《北齊書》卷四《文宣紀》天保十年、《隋書》卷三一《地理志下》永安郡條。周之衡州

---

[1] 參見《周書》卷二七《劉弘傳》,450頁;同書卷四四《扶猛傳》,796頁。
[2] 《周書》卷四五《儒林·沈重傳》:"敕襄州總管、衛公直敦喻遣之,在途供給,務從優厚。保定末,[沈]重至於京師。"810頁。同書卷二九《高琳傳》載吳明徹圍攻江陵役後,"[高琳]進授大將軍,仍副衛公直鎮襄州。"497頁。則自保定時期至華皎之役結束後的時間段内,衛公直始終鎮於襄州。
[3] 《周書》卷六《武帝紀下》,105頁。
[4] 《周書》卷三六《裴果傳附劉志傳》,650頁。
[5] 此二"州"字原拓參見毛遠明《漢魏六朝碑刻異體字典》,中華書局,2014年,1228頁。
[6] 二誌中"衛""衡"原拓參見毛遠明《漢魏六朝碑刻異體字典》,926、320頁。
[7] 《周書》卷二九《楊紹傳》,501頁。

不知在何處。《楊紹碑》說他'歷任燕、敷、幽三州刺史',不舉'衡州',疑'衡'字誤。"[1]此判斷恐誤。首先,史傳與碑誌內容各有詳略、互有不同爲常態,《楊紹碑》所記楊紹任敷、幽二州刺史便不見於《周書》,且西魏扶立蕭詧後,後梁諸州刺史多由蕭詧所部擔任[2],楊紹若任衡州,可能並未實際之任,亦可能任期極短,故爲《楊紹碑》所忽略。其次,北周之衡州尚有其他痕迹可尋。

《隋書·地理志》中,衡州共三見。一是衡山郡條"平陳,置衡州"。衡山郡爲南朝湘州屬郡,位於湘川腹地,爲北朝所取已在隋滅陳時。二是校勘記所言永安郡條,"後齊置衡州,陳廢,後周又置,開皇五年改曰黄州"。《元和郡縣圖志》黄州條曰:"蕭齊於此置齊安郡,隋開皇三年罷郡置黄州,因古黄國爲名也。"[3]"三""五"字形相近,未詳二者孰是。通過《隋志》,知此州本爲北齊所置,當在陳宣帝太建北伐期間入陳,其後吴明徹兵敗吕梁,陳新拓之地又爲北周所取,故該州入周已在華皎之役後。三是澧陽郡崇義縣條"後周置衡州。開皇中置縣,名焉"[4]。此衡州位於今湖南省桑植縣,爲歷代學人忽視,王仲犖《北周地理志》無考,《中國行政區劃通史·十六國北朝卷》認爲該州屬天嘉二年(561)陳文帝向北周索取陳頊時所賂黔中之地[5],所據爲《北史·杜杲傳》所記北周許歸陳頊後,陳文帝"即遣使報聘,並賂黔中數州地,仍請畫野分疆,永敦隣好"[6]。但此認識有誤(理由詳下)。

《隋書·周法尚傳》:"高祖受禪,〔周法尚〕拜巴州刺史,破三鵶叛蠻於鐵山,復從柱國王誼擊走陳寇。遷衡州總管、四州諸軍事,改封譙郡公,邑二千户。"[7]周法尚赴任之所爲永安郡還是崇義縣之衡州?《隋書·高祖紀上》開皇六年(511)

---

[1] 《周書》卷二九校勘記〔二七〕,511頁。
[2] 據《周書》卷四八《蕭詧傳》所附後梁諸臣傳,"詧於江陵稱帝,徵〔蔡大寶〕爲侍中、尚書令……加荆州刺史……"及〔蕭詧〕稱帝,〔王操〕遷五兵尚書、大將軍、郢州刺史",868—870頁。則蕭詧甫稱帝,後梁諸州刺史便立即由蕭詧原部擔任,攻陷江陵後西魏即使在後梁疆域内署任刺史,亦當於後梁建國不久便紛紛調離。
[3] 李吉甫撰,賀次君點校《元和郡縣圖志》卷二七《江南道三》,中華書局,1983年,652頁。
[4] 《隋書》卷二六《地理志下》,中華書局,1973年,893—895頁。
[5] 牟發松、毋有江、魏俊傑《中國行政區劃通史·十六國北朝卷》,復旦大學出版社,2017年,1029頁。
[6] 《北史》卷七〇《杜杲傳》,中華書局,1975年,2428頁。
[7] 《隋書》卷六五《周法尚傳》,1527頁。

十月丙辰"衡州總管周法尚爲黄州總管"[1]。永安郡之衡州最晚在開皇五年已易名爲黄州,則開皇六年十月前,周法尚應在崇義縣之衡州任職,十月後調至已易名爲黄州的永安之衡州。據《隋志》,此衡州置於北周時期,結合《楊紹傳》,此州當在後梁建立後不久便已設置,由此可判定《周書》校勘記與《中國行政區劃通史》之誤,因天嘉二年前此衡州已爲北周所有。陳文帝"賂黔中數州地"恐怕祇是對北周已取之地的一種承認,這在《北史·杜杲傳》的文本中亦有暗示,該《傳》記杜杲出使陳朝後"更往分界。陳於是歸魯山郡……陳文帝謂〔杜〕杲曰:'家弟今蒙禮遣,實是周朝之惠。然不還魯山,恐未能及此。'杲答曰:'……若知止侔魯山,固當不貪一鎮……'"[2]此傳將陳與周"更往分界"和"歸魯山郡"分言,實際上陳僅割讓了魯山一鎮,不及黔中地,由此亦可斷定黔中之衡州早已爲北周所有,陳項南歸後兩國祇是重新劃明疆界,相互承認對方領土而已。若以上判斷無誤,崇義縣之衡州在西魏攻陷江陵後當始終爲北朝所據,那麽《中國歷史地圖集》"北周全圖"與"陳全圖"對陳周疆界綫的劃分很可能存在錯誤,此二圖未標衡州,但今湖南省桑植縣被劃分至南陳疆域中[3]。

綜上考證,華皎之役時北周於今湖南省桑植縣設有衡州。如此,陶氏錄文中的"衛州東征"存在"衛公東征"與"衡州東征"兩種還原方案,雖從字形來看,後者可能性更大,但囿於史料,此二情況都與其時陳周上游軍政形勢相符,分别對應標識華皎之役時陳詡的部衆歸屬和出征地點,均不能排除。而若誌文本作"衡州東征",則《詡誌》提醒我們注意北周衡州的地緣政治地位[4]。

對於北周,衡州是一塊深入南朝腹地的插花地,其南之沅州、其東之武州本爲

---

[1] 《隋書》卷一《高祖紀上》,24頁。

[2] 《北史》卷七〇《杜杲傳》,2428頁。《周書·杜杲傳》所記與《北史》基本相同,唯"陳於是歸魯山郡"作"陳人於是以魯山歸我"。參見《周書》卷三九《杜杲傳》,702頁。《周書·杜杲傳》可能源於隋牛弘周史未成稿或唐初修史時徵集的家狀,而後者可能性更大,故北朝本位立場甚爲強烈。《北史·杜杲傳》文字當脱胎於《周書》,但李延壽改用中立性敘述方式。由於《中國行政區劃通史》對衡州的考察以《北史》爲據,而本文涉及對其論證内容的商榷,故未採用《周書》而取《北史》,特此説明。

[3] "北周全圖"與"陳全圖"分見譚其驤主編《中國歷史地圖集》第四册,中國地圖出版社,1982年,67—68、44—45頁。二圖年代斷限相同,均爲北周建德元年、陳太建四年。

[4] 需説明的是,若陳詡隸於衛公直代表北周參戰,並不意味其與衛公直同處於襄陽,通過前述劉弘、扶猛等人由岷州、綏州身赴前綫來看,北周軍隊地域來源極爲多元化,故戰前陳詡亦可能鎮於他州。

梁末軍閥王琳所據,王琳以湘州爲中心崛起,陳永定二年(558)"後梁主遣其大將軍王操將兵略取王琳之長沙、武陵、南平等郡"[1],州治所在的長沙郡既爲後梁所取,此次取地範圍應包含湘州主體,衡州亦當在此時入北。天嘉元年(560)陳朝平定王琳後,在與北周的戰役中奪回巴、湘。《周書·賀若敦傳》:"自江陵平後,巴、湘之地並内屬,每遣梁人守之。"[2]《陳書·世祖紀》天嘉二年正月"周湘州城主殷亮降,湘州平"[3]。殷亮爲後梁之臣,乃蕭巋之柱國[4],可證《賀若敦傳》所言不虚。陳收復巴、湘後,北周繼續掌控衡州,無論華皎之役時陳詡供職於北周還是後梁,其本質身份都是梁人,若其駐守衡州,可視作北周以梁人守地政策的延續。

衡州北方是長江上游重鎮信州,爲自峽入蜀門户。信州下游是後梁之荆州,上游是北周新取之叛伏不常的梁、益之地[5],梁、益羣蠻遍布,治理難度頗巨。李萬生認爲西魏取得梁、益後,梁政權在該地區仍存影響力,"554 年西魏新征服之地的變亂與梁政權的存在是有一定關係的。新征服之地距梁政權控制之地越近,這種影響就越大,反之,就越小。比如説,信州距梁政權控制之地較近,此州的變亂與梁政權的影響就較大,故此州的變亂從西魏取地之初一直延續到梁滅亡之後的十四年"[6]。北周以梁人守地,既可在關隴本位政策下節約國家核心區的政治資源[7],又可利用梁

---

[1] 《資治通鑑》卷一六七《陳紀一》,中華書局,1956 年,5182 頁。
[2] 《周書》卷二八《賀若敦傳》,475 頁。
[3] 《陳書》卷三《世祖紀》,53 頁。
[4] 《周書》卷四八《蕭詧傳附蕭巋傳》記華皎之役後"衛公直乃歸罪於〔蕭〕巋之柱國殷亮",863 頁。
[5] 據李萬生統計,西魏北周時期,梁、益二州共發生過十五次變亂,其中 6 世紀 50 年代九次,60 年代四次,70 年代和 80 年代各一次。參見氏著《侯景之亂與北朝政局》,中國社會科學文獻出版社,2003 年,188—194 頁。
[6] 李萬生《侯景之亂與北朝政局》,197 頁。
[7] 許倬雲先生曾援引改造沃勒斯坦"近代世界體系分析"及木村正雄"農地開發論",構建市場爲主軸的中國體系網絡分析,並提出"核心—中間—邊陲"概念。參見《傳統中國經濟社會史的若干特性》,收入氏著《求古編》,新星出版社,2006 年,1—14 頁。其後毛漢光將"核心—邊緣"模式運用於中古政治史研究,將關隴本位政策理解爲西魏北周形成了國家核心集團與核心區,國家的政治軍事資源集中於核心區,核心區軍府分布密集而邊緣地區稀疏。參見氏著《中古中國政治史論》,上海書店出版社,2002 年,10—18 頁。

人的身份屬性對梁、益等地的變亂進行控制[1]。若陳詡出鎮衡州,應在武成元年任帥都督獲得領兵資格後,而6世紀60年代梁、益叛亂屢發,北周仍有以梁人居衡州穩定上游的政治需要。

前引《隋書·周法尚傳》載周法尚任衡州總管時兼管"四州諸軍事",知隋廷以衡州爲中心設置了一個囊括四州的都督區,囿於史料,四州範圍無從考證,但以衡州地望窺之,當包括其北方的亭州、奉州。該都督區設置在長江以南與南朝毗鄰區域,北周時期應已成型,功能有二:一是以衡州爲中心對陳之湘州形成壓迫;二是利用上游優勢壓制中下游,隨時可徵調軍隊東下伐陳。

華皎叛陳的數年前,"文帝以湘州出杉木舟,使〔華〕皎營造大艦金翅等二百餘艘,並諸水戰之具,欲以入漢及峽"[2]。《陳書》以陳朝國史爲底本撰修,敘事反映陳朝立場,另一方面看,這亦可理解爲北周利用川峽上游優勢對下游有所壓迫,陳文帝營造舟艦有着防禦意義,即二國處於軍事對峙狀態中。以往學人多將華皎之叛歸因於陳宣帝即位初期威望不足,欲清除文帝故信[3]。但若考慮上游軍事地理形勢,可從另一角度解讀:若華皎降周,會對上游南北對峙平衡造成破壞,此爲陳宣帝所忌憚,間接促進華皎叛陳。光大元年(567)華皎"密啓求廣州,以觀時主意"[4],則令華皎不安者並非其威望地位,而是所居之湘州涉及陳朝核心利益。華皎叛前,"高宗頻命〔華〕皎送大艦金翅等",側面反映陳宣帝懼怕華皎降周後以水戰之具資敵[5]。華皎之役中,陳周雙方雖僅於江陵—郢州一綫正面交鋒,但若陳詡駐於衡州,衡州亦爲北周戰略布局中維持上游優勢以壓

---

[1] 另外,魏斌從西魏北周益州武康郡的天落石造像龕與摩崖碑刻出發,發現宇文氏將渭水以北的氐、羌人群調至蜀地戍守,進而防禦蕭梁殘餘勢力並控遏山地蠻獠和鹽鐵資源。《北魏天落石軍團》,《文史》2023年第2輯,48—70頁。若將其與陳詡事迹合而觀之,可發現無論是在地近關隴的成都平原,還是在與南朝接壤的緣江區域,西魏北周均善於就近籠絡政權邊緣人群戍守蜀地,由此可管窺關隴政治本位下西魏北周對於蜀地的控制理念與治理模式。

[2] 《陳書》卷二〇《華皎傳》,271頁。

[3] 吕春盛《陳朝的政治結構與族群問題》,156—157頁;薛海波《吴明徹北伐與南北朝統一新論》,《南京曉莊學院學報》,2017年第4期,29頁;李磊《南北朝後期東亞的政治格局及其重構》,《江海學刊》2023年第1期,204頁。

[4] 《陳書》卷二〇《華皎傳》,272頁。

[5] 《周書》卷三四《元定傳》載華皎之役,"梁人與華皎皆爲水軍,〔元〕定爲陸軍,〔衛公〕直總督之,俱至夏口",589頁。可證北周缺少水軍。

迫南朝的一環,是此役中的一條暗綫。鄀州州治附近的魯山鎮本爲南朝禦北的據點,但此時已入周,北周可由川峽、魯山夾攻陳之巴州(巴陵郡),進而圖取湘川。華皎叛陳後,北周盡得上游之利,可圍攻重鎮鄀城而無需顧忌上游敵軍將己方軍隊切斷[1]。

《周書·蕭巋傳》言吴明徹攻江陵時,稱"〔蕭〕巋出頓紀南以避其鋭。江陵副總管高琳與其尚書僕射王操拒守",《誋誌》所言"於望國門,並害諸士"應發生於是時。戴僧朔爲華皎部將,隨華皎叛陳被俘後"伏誅於江陵"[2]。望國門當爲江陵城南門,除華皎部將外,"諸士"亦當包含戰役中爲吴明徹軍隊擒獲的後梁或北周將領。通過《誋誌》的描繪,可看到陳軍圍攻江陵期間當衆誅殺俘虜,以期震懾守軍、促其投降的圖景。後梁柱國殷亮曾爲周守湘州,巴湘之役中棄州降陳,華皎之役中又出現在後梁陣中,考慮到巴湘之役後不久,毛喜向陳文帝進言與周和好[3],其後南北局勢緩和,殷亮當在毛喜進言前後被遣還至後梁。與陳文帝對比,陳宣帝並未將吴明徹"送詣丹陽"的北周將領元定送歸北周,致其"憂憤發病卒"[4]。結合《誋誌》,由於作爲傀儡政權的後梁亦代表北周立場,故無論陳宣帝"所害諸士"是否包括北周戰俘,均是陳廷對北周態度較爲敵視的體現。那麽文帝與宣帝時期陳周關係存在明顯區別。

華皎之役後不久的太建五年(573)三月,陳宣帝啓動了出兵淮南的北伐[5],吕春盛考證,北伐前夕北周遣杜杲出使南朝請求修好,並將陳宣帝接受修好的原因歸於早年久留北周受到善待,對周存有特殊感情因素[6]。但《誋誌》所記宣帝於江陵城下"並害諸士"一事,爲重新思考陳周關係提供了綫索。北周與陳在北伐前的聯合恐怕不應視爲穩定的合作關係:北周的深層動機在於坐視陳齊相爭以

---

[1] 《陳書》卷四《廢帝紀》,光大元年九月"周將長胡公拓跋定率步騎二萬入鄀州,與華皎水陸俱進。"68頁。《周書》卷三四《元定傳》:"陳鄀州城堅守不下。〔衛公〕直令〔元〕定率步騎數千圍之。"589—590頁。
[2] 《陳書》卷二〇《華皎傳附戴僧朔傳》,273頁。
[3] 《陳書》卷二九《毛喜傳》:"世祖即位,〔毛〕喜自周還,進和好之策,朝廷乃遣周弘正等通聘。"388頁。
[4] 《周書》卷三四《元定傳》,590頁。
[5] 《陳書》卷五《宣帝紀》,83頁。
[6] 吕春盛《陳朝的政治結構與族群問題》,165—166頁。

圖從中得利,而陳宣帝不顧與北周之宿怨,隨着北伐進程的展開得隴而復望蜀,最終孤軍深入而致兵敗呂梁,爲投機心態下缺乏整體局勢考量而帶來的惡果[1]。

## 五、結論

　　作爲少數與陳代相關且文字流傳至今的碑刻史料,《陳詡墓誌》提供了不少溢出於傳世文獻的信息,其涉及陳詡家族與姻親人物近三十人,且正史均無傳,在魏晉南北朝墓誌中極爲少見。正因涉及人物衆多,《詡誌》爲考察東晉南朝潁川陳氏家族地位提供了直接綫索,亦有助於夯實陳霸先並非出自潁川陳氏的論斷:除陳準直系後裔外,東晉南朝潁川陳氏家族地位不彰,雖仍屬士流,但已非漢魏高門,多僅以八品軍府低級僚佐起家,且缺乏遷轉機遇。陳霸先早年任油庫吏,證其在九品官人法下不預士流,並非出自潁川,更不可能如《陳書·高祖紀》所言爲陳準後裔。

　　《詡誌》所記陳詡家族祖述胡公的現象,有助於重新思考陳朝帝室攀附胡公的原因。陳建國時僑姓高門均已形成攀附先秦遠祖的祖先記憶,胡公在其中並無優越之處,故陳奉胡公並非藉此壓制高門。祖述胡公亦非陳朝帝室首創,潁川陳氏、陳郡袁氏等家族在陳建國前均已形成胡公祖先記憶,且不同支脈構建先祖譜系的差異反映這種記憶相互獨立存在,並未受到陳朝帝室的影響。陳奉胡公並非緣於胡公本身,而是欲融入潁川陳氏的家族記憶中,以強調其僑姓身份,從而懾服在政權中占據主體的吳人、南人,以穩固統治。

　　北周在今湖南省桑植縣長期設有衡州,該州深入陳朝腹地,爲北朝在陳周對峙時期的上游戰略前沿。陶宗儀《古刻叢鈔》所錄《詡誌》"衡州東征"一語有誤,比照中古碑刻字形異體書寫,結合上游陳周軍政形勢,原誌可能作"衛公東征",亦可能作"衡州東征"。若爲後一情況,可知西魏北周以梁人鎮守上游地區的政策長期延續,其目的爲穩固梁益地區、招徠南朝。在華皎之役前後的陳周上游對峙中,衡州起着壓制南朝湘州與壓迫江南中下游的重要軍事作用。

―――――――――

[1] 薛海波認爲陳宣帝發動北伐本質爲缺乏明確目標的軍事投機行爲。參見氏著《吳明徹北伐與南北朝統一新論》,《南京曉莊學院學報》2017年第4期,28—34頁。

# Historical Events of the Chen Dynasty Recorded in the *Epitaph of Chen Xu*

Li Haobo

The brevity of the standard history and the lack of excavated material limit the research on the Chen dynasty. Although the *Epitaph of Chen Xu* 陳詡墓誌 is an epitaph of the Sui dynasty, it provides clues for in-depth discussion of important issues of the Chen dynasty. Firstly, it shows that the Yingchuan Chen clan 潁川陳氏 of the Eastern Jin 東晋 and the Southern Dynasties 南朝 was not a high-ranking clan: most clan members started out as low-ranking officials of the military government. Secondly, Chen Baxian's 陳霸先 early experience proves that he did not belong to this clan. Thirdly, the clan treated Hu Gong 胡公 as its ancestor. This provides clues as to why the Chen dynasty revered Hu Gong. The family memory of this clan formed before the founding of the Chen dynasty and existed independently in different branches of the clan. The imperial sacrifice to Hu Gong was intended to express that the royal family was came from the north and was therefore superior to both the Wu people 吴人 and South people 南人. Fourthly, Hengzhou 衡州 of the Northern Zhou 北周 regime was located in Qianzhong 黔中, deep in the hinterland of the Chen regime. The Weizhou 衛州 in epitaph recorded by Tao Zongyi's 陶宗儀 *Gukecongchao* 古刻叢鈔 should be corrected as Weigong 衛公 or Hengzhou. If this is the latter case, it shows that the Northern Zhou assigned the remaining Liang people 梁人 to guard Hengzhou in order to stabilize the Liang-Yi region 梁益地區 and attract opponents of the Chen regime in the south. Hengzhou played an important military role in the military operations related to Hua Jiao 華皎 and even the long term Chen-Zhou confrontation.

# 隋煬帝陵墓改遷、哀册改刻與貞觀政權的正統建構

## 朱超龍

2012 年，隋煬帝與其皇后蕭氏的合葬墓在江蘇揚州曹莊的一處基建工地上被發現，墓葬未遭嚴重盜擾，後經科學的考古發掘，出土了包括《隋煬帝墓誌》在内的豐富隨葬品（圖1）[1]。墓葬形制和《隋煬帝墓誌》承載了豐富的歷史信息，近年我們從隋煬帝三次改葬涉及的幾處地點入手，揭示出大業十四年（即武德元年，618）吴公臺隋煬帝陵即武德五年雷塘隋煬帝陵，位置在今平山堂北的岡阜之上，武德五年的改葬是在原地進行，貞觀元年（627）的改葬則爲遷葬[2]。又通過考古學方法，推知隋煬帝墓的規格相當於唐初一品官階，一人之下，萬人之上，這是貞觀元年將隋煬帝陵矮化爲隋煬帝墓的結果，目的是配合唐太宗即位後貶抑隋煬帝的輿論宣傳需要。墓葬形制則是雜採漢魏舊制的結果，不祇隋煬帝墓，貞觀時期的高等級墓葬普遍存在"漢制""晉制"因素，這是唐太宗即位後一改唐高祖"唐因隋制"的喪葬儀禮基調，在禮制層面上普遍推行"斟酌漢魏"制度的表現[3]。

熟悉唐初史事的學者都知道，太宗對國史編纂曾表現出異乎尋常的關注，對"玄武門之變"的書寫還有過直接干預之舉。他曾以"知前日之惡，爲後來之戒"爲由向史臣索閱實録，其間雖然遭到諫議大夫朱子奢上言力諫，"不從"，"玄齡乃與給事中許敬宗等删爲高祖、今上實録"。貞觀十七年七月癸巳，書成，上之。

---

[1] 南京博物院、揚州市文物考古研究所、蘇州市考古研究所《江蘇揚州市曹莊隋煬帝墓》，《考古》2014 年第 7 期。

[2] 朱超龍《隋煬帝墓所涉吴公臺、雷塘與西陵考》，《唐史論叢》第 29 輯，三秦出版社，2019 年。

[3] 朱超龍《隋煬帝墓的規格、形制與唐初"斟酌漢魏"制度》，《考古》2022 年第 6 期。

上見書六月四日事,語多微隱,謂玄齡曰:"周公誅管、蔡以安周,季友
鴆叔牙以存魯,朕之所爲,亦類是耳,史官何諱焉!"即命削去浮詞,直書其
事。[1]

是故學者普遍相信,唐初史料曾遭太宗的系統改篡,不可盡信。章太炎就曾言:
"史之失官,莫如書唐隱太子與明建文之事。……隱太子事,加誣乃已甚矣。"甚
至説:"太宗既立,懼於身後名,始以宰相監修國史,故《兩朝實録》無信辭。"[2]
改葬前代帝王這樣的國之大事不見於史載,想必就與唐太宗對國史書寫的干預
有關,因從隋煬帝墓誌我們知道,太宗即位之初就着手對隋煬帝施行改葬,想必
與其通過改葬配合針對隋煬帝的貶抑宣傳,以度過"玄武門之變"後的統治危機
有關。本文理解,貞觀十七年唐太宗關注的"六月四日事"之"浮詞",應不止限
於誅李建成、李元吉事本身,也應包括與之牽連的諸事種種。這是一個系統而龐
大的工程,涉及唐太宗繼位正當性問題,涉及隋煬帝的重新評價問題,還有唐高
祖在貞觀時期的定位問題,不是改動事件本身的字句就能夠涵括的。而包括墓
誌在内的隋煬帝墓的發現,可以説保留了唐太宗改篡國史前的原初"記録",使
得我們可以在一定程度上繞過貞觀朝解構又重構的書寫系統,藉此重新思考其
中涉及的隋唐嬗替之際諸種史事。

## 一、《隋煬帝墓誌》補正

對《隋煬帝墓誌》的識讀目前已先後形成多種不同意見,首先是發掘者最早
在《中國文物報》上披露的釋文[3]:

---

[1]《資治通鑑》卷一九七《唐紀十三》,中華書局,1956 年,6203 頁。
[2] 章太炎《書唐隱太子傳後》,《太炎文録續編》,上海人民出版社,2014 年,117 頁。
[3] 束家平《江蘇揚州曹莊隋煬帝墓考古發掘成果》,《中國文物報》2014 年 2 月 28 日第 8
版;束家平《倏忽的輝煌,千年的爭論——江蘇揚州曹莊隋煬帝墓考古發掘獲重大成果》,《中國文
物報》2014 年 3 月 14 日第 6 版。此外,《2013 中國重要考古發現》也有一版釋文與《中國文物報》
基本相同,祇是後者將繁體字全部轉爲簡化字,見《江蘇揚州曹莊隋唐墓葬》,國家文物局編《2013
中國重要考古發現》,文物出版社,2014 年,96 頁。

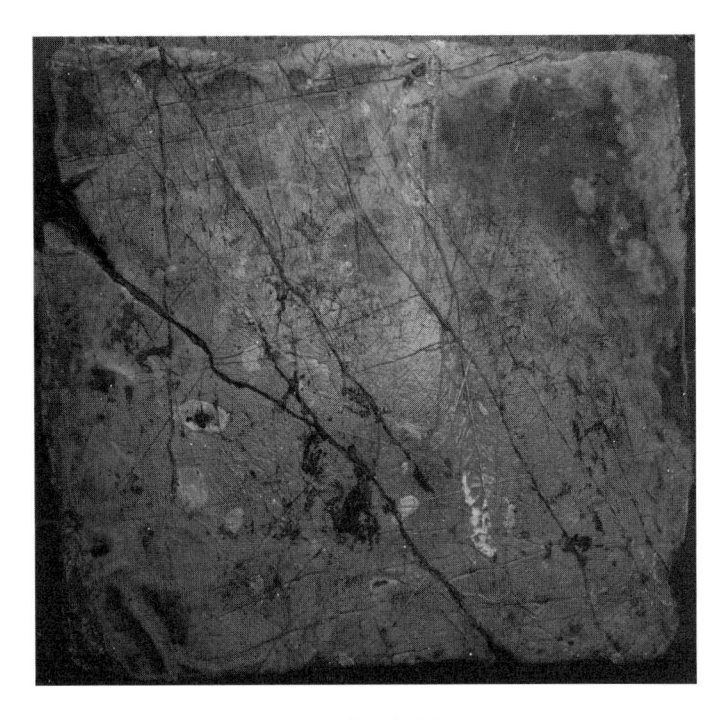

**圖 1　隋煬帝墓誌**

　　　隨故煬帝墓誌　惟隨大業十四年太歲……一日帝崩於揚州江都縣……
　　於流珠堂其年八月……西陵荆棘蕪……永畢蒼悟……貞觀元年……朔……
　　葬煬……禮也　方……

隨後發掘者對釋文略有調整，將第 4 行之"扵"改作"於"，第 6 行之"永畢蒼悟"改作"永異蒼梧"[1]：

　　　隨故煬帝墓誌　惟隨大業十四年太歲……一日帝崩於揚州江都縣……
　　於流珠堂其年八月……西陵荆棘蕪……永異蒼梧……貞觀元年……朔……
　　葬煬……禮也方……

後在正式公布的簡報中，相比《中國文物報》，釋文有較大的變動，將"隨"改作"隋"，補釋出第 8 行之"辛"，删去了第 10 行之"禮也方"[2]：

---

[1] 束家平、杭濤、王小迎《揚州市曹莊隋煬帝墓》，中國考古學會編《中國考古學年鑒2014》，中國社會科學出版社，2015 年，231 頁。
[2] 南京博物院、揚州市文物考古研究所、蘇州市考古研究所《江蘇揚州市曹莊隋煬帝墓》，《考古》2014 年第 7 期，76 頁。

    隋故煬帝墓誌　惟隋大業十四年太歲……一日帝崩於揚州江都縣……
於流珠堂其年八月……西陵荆棘蕪……永異蒼悟……貞觀元年……朔
辛……葬煬……

其後發掘者又從舊説,再改從"隨",重新補充了第 10 行之"禮也""方"等内容,又釋出第 11 行"共川"二字,此外最大的不同是對此前"貞觀元年"的釋讀產生了懷疑,開始考慮"貞觀九年"的可能性[1]:

    隨故煬帝墓誌　惟隨大業十四年太歲……一日帝崩於揚州江都縣……
於流珠堂其年八月……西陵荆棘蕪……永異蒼悟……貞觀元(元或九)
年……朔辛……葬煬……禮也……方……共川……

除了發掘者,張學鋒、氣賀澤保規和余國江對墓誌釋文也有不同意見。張學鋒釋文如下[2]:

  1. 隨故煬帝墓誌

  2. 惟隨大業十四年太歲(戊寅三月丙辰十)

  3. 一日帝崩於揚州江都(……殯)

  4. 於流珠堂其年八月(……吴公臺)

  5. 西陵荆棘蕪(……)

  6. 永畢蒼梧(……)

  7. (……)貞觀九年(……)

  8. (……)朔辛(……)

  9. (……)堇煬(帝……)

  10. (……)禮也方(……)

  11. (……都)督府長(史……)」

---

[1]　束家平《揚州曹莊隋煬帝墓的發掘與收穫》,洪軍主編《隋煬帝與揚州》,廣陵書社,2015年,11頁。

[2]　張學鋒《揚州曹莊隋煬帝墓札記》,童嶺主編《皇帝、單于、士人:中古中國與周邊世界》,中西書局,2014年,18—19頁;張學鋒《揚州曹莊隋煬帝墓研究六題》,《唐史論叢》第 21 輯,三秦出版社,2015年,67頁。張學鋒釋文中無第 7 行之"九",但其論述主"貞觀九年",故在釋文中直接列出。

氣賀澤保規釋文[1]：

1. 隨故煬帝墓誌
2. 惟隨大業十四年太歲 戊寅三月丙午朔丙辰十
3. 一日帝崩於揚州江都 宮寢殿（溫室）……殯
4. 於流珠堂其年八月……
5. 西陵荊棘蕪 叢 ……
6. 永畢蒼梧……
7. □□□貞觀九年…… 三月丁
8. 卯 朔辛 卯 廿五日……
9. 改 葬揚 州 …… 雷塘
10. □禮也方……

並對釋文附加句讀：

> 隨故煬帝墓誌　惟隨大業十四年太歲戊寅三月丙午朔丙辰十一日,帝崩於揚州江都宮(寢殿,溫室)。……殯於流珠堂。其年八月……西陵,荊棘蕪叢……永畢蒼梧……□□□貞觀九年……三月丁卯朔辛卯廿五日……改葬揚州……□,禮也。方……

後余國江根據誌石大小和墓誌間隔推斷,"太歲"以下祇能容納五字,應是"戊寅三月十";第6行確定爲"永異";又與同時期書法作品比較,結合時代背景,推斷第7行"貞觀"後爲"元年";"共川"改釋爲"吳州"。釋文如下[2]：

1. 隨故煬帝墓誌
2. 惟隨大業十四年太歲(戊寅三月十)
3. 一日帝崩於楊州……

---

[1] 氣賀澤保規《隋煬帝墓誌的發現及其意義——兼論墓誌銘復原案》,揚州市文物局編《流星王朝的遺輝:"隋煬帝與揚州"國際學術研討會論文集》,蘇州大學出版社,2015年,223頁。原無第9行"雷塘"二字,後經補釋,以《隋煬帝墓誌の発見とその復元——唐初政治史の一側面》爲題發表於氣賀澤保規主編《隋唐佛教社會の基層構造の研究》,汲古書院,2015年,250—251頁。

[2] 余國江《隋煬帝墓誌釋文補正》,《中國國家博物館館刊》2017年第9期。

4. 於流珠堂其年八月……

5. 西陵荆棘蕪……

6. 永異蒼梧……

7. □□□貞觀元年……

8. □朔十□日……

9. □堊煬(帝)……

10. □禮也方……

11. □□□吴州……

……

綜括以上,張學鋒和氣賀澤保規對墓誌的識讀多依史料發揮,但很難確證是否符合誌文實際。實際上,隋煬帝墓中隨葬墓誌本身及其上内容與傳統文獻多有抵牾,這就提示我們對不辨内容要持更爲審慎的態度。本文大體以余國江的釋讀爲基礎,不過"吴州"二字祇是他的疑測,細審墓誌,"共川"二字還是比較清楚的,且更符合墓誌用語情境。《後漢書·杜篤傳》記載:"同穴裘褐之域,共川鼻飲之國。"李賢引《漢書》賈捐之注曰:"駱越之俗,父子同川而浴,相習以鼻飲。"〔1〕唐代墓誌則多將"共川"引作夫妻前後同死合葬事〔2〕。不過煬帝皇后蕭氏於貞觀二十二年纔得與隋煬帝合葬,也就不會是"共川"所指。參核傳世文獻,則見江都宫之變時,宇文化及"弑帝,欲奉秀立之,衆議不可,乃殺秀及其七男。又殺齊王暕及其二子並燕王倓,隋氏宗室、外戚,無少長皆死"〔3〕。殆至武德二年六月,唐高祖李淵"詔隋帝及其宗室柩在江都者,爲營窆,置陵廟,以故宫人守之"〔4〕,意將隋煬帝與江都宫兵變中同死的宗室合葬。即便貞觀元年將隋煬帝陵墓遷葬、降格,也是將其與其他宗室墓一同遷葬、降格。隋煬帝墓周圍曾勘探出墓葬、夯土和溝等遺迹百餘處,發掘簡報雖説"没有發現陵垣、神道、兆溝等陵園迹象,也

---

〔1〕《後漢書》卷八〇上《文苑列傳》,中華書局,1965年,2600、2603頁。

〔2〕 如唐開元九年(721)《裴自强墓誌》:"兩劍同畫,雙鳧共川,荒茫丘壟,凄慘雲煙。"周紹良主編《唐代墓誌彙編》,上海古籍出版社,1992年,1241頁。

〔3〕《資治通鑑》卷一八五《唐紀一》高祖武德元年三月條,5782頁。

〔4〕《新唐書》卷二《太宗紀》,中華書局,1975年,11頁。

沒有發現與 M1、M2 相關聯的陪葬墓"[1]，但後來在隋煬帝墓西北角不遠的位置發現了一座同時期的磚室墓，編號 M3，長度大概在五六米[2]。這樣的時代、位置與規模，應當就是與隋煬帝有關的宗室陪葬墓，也就是與隋煬帝"共川"者。此與史載相合，其意更近《後漢書》所述。

關鍵的爭議在"貞觀元年"還是"貞觀九年"，本文以前說爲是。主"貞觀九年"者主要是從歷史背景出發，認爲貞觀元年政局不穩和經濟壓力使其無力修建如此規模的墓葬。本文想補充的是，對前代皇帝的改葬必定是國之大事，對隋煬帝的再次改葬與貞觀初期唐太宗應對"玄武門之變"後的統治危機有關，政權穩定的貞觀九年反而沒有必要多此一舉。改葬隋煬帝也不是孤立的事件，從即位開始，唐太宗對前朝遺留問題曾有過一系列撥亂反正之舉。貞觀二年六月，唐太宗謂侍臣曰："君雖不君，臣不可以不臣。"將參與江都宮兵變的裴虔通除名削爵，遷配驩州。七月，又詔："萊州刺史牛方裕、絳州刺史薛世良、廣州都督府長史唐奉義、隋武牙郎將高元禮，並於隋代俱蒙任用，乃協契宇文化及，構成弑逆。宜依裴虔通，除名配流嶺表。"從詔書來看，此番舉動是唐太宗"天地定位""卑高既陳"後，以正統姿態彰"君臣之義"、著"人倫之道"[3]。與此同時，也反映我們熟知的一個事實，太宗君臣對隋煬帝開始了系統高調的貶抑批判。對隋煬帝的重新改葬，當是這些系統動作的一部分。

此外還可以補釋第 5 行第 6 字。該字左右結構，左邊偏旁部分比較清楚，中間一豎與上下短橫清晰可辨，是"土"字。右半部殘泐較甚，但字形尚在，應是"成"（圖 2）。"蕪城"是揚州城的別稱，源自鮑照《蕪城賦》，原是抒發戰火隳摧後"荒蕪之城"的感慨，後因鮑照於文學史、《蕪城賦》於揚州地方史之地位，後世遂以此代

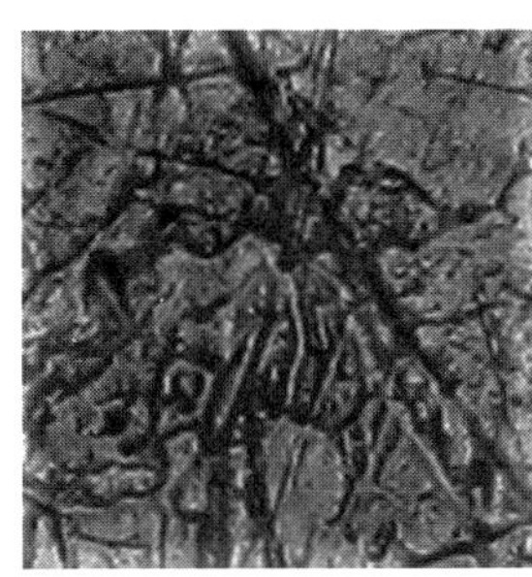

圖 2

---

[1] 南京博物院、揚州市文物考古研究所、蘇州市考古研究所《江蘇揚州市曹莊隋煬帝墓》，《考古》2014 年第 7 期，72—73 頁。

[2] 發掘資料未正式發表，相關消息散見於當地媒體報道。王蓉、李興鵬《隋煬帝墓西北角發現新磚室墓葬，墓主或是楊廣兒子》，《揚州時報》2014 年 10 月 23 日；陶敏《隋煬帝墓西北角再現磚室墓》，《揚州晚報》2014 年 10 月 23 日。

[3] 《舊唐書》卷二《太宗紀上》，中華書局，1975 年，34—35 頁。

指揚州城,其在揚州出土唐人墓誌中習見[1]。"西陵"顯係地名,與"蕪城"連類而書,也是一個證明。

綜合以上,將《隋煬帝墓誌》補正爲:

隨故煬帝墓誌

惟隨大業十四年太歲□□□□」一日帝崩於楊州□□□□□□」於流珠堂其年八月□□□□□□」西陵荊棘蕪城□□□□□□」永異蒼梧□□□□□□□□□」□□□貞觀元年□□□□□□」□朔十□日□□□□□□□」□葬煬 帝 □□□□□□□□」□禮也方□□□□□□□□□」□□□共川……

## 二、關於《隋煬帝墓誌》疑點的再審視

隋煬帝墓被發現的消息甫一公布,就引起了學界和社會公衆的廣泛關注,受到當時網絡輿論環境和曹操墓真僞之爭的波及,隋煬帝墓的真僞問題曾引發過熱烈的討論。以馬伯庸和李文才爲代表的"質疑派"曾指出墓葬存在的幾處"疑點",作爲否定隋煬帝墓真實性的證據[2]。質疑的幾點中與墓誌有關的,一是隨葬墓誌與帝陵規制不合;二是隋煬帝崩卒之年,祇有義寧二年(618)和武德元年兩個正統年號,但墓誌紀年却沿用"大業十四年"。

對於社會上的質疑,考古學界和歷史學界在電視媒體和報刊上有很多正面回應,現在看來,當時對隋煬帝墓的質疑更多地已經脱離事件本身,學界也再没有着意於此。但喧囂沉寂下來之後,回顧曾經的爭論,有些質疑本文認爲是值得再予關注的。

首先還是"大業十四年"的問題。自漢武帝始創建元(前140)直到宣統三年

---

[1] 如元和十年(815)《陳氏季女墓誌》和大和四年(830)《高誠墓誌》。《唐代墓誌彙編》,2010、2117頁。另補充一點,自六朝至中唐,廣陵城、江都城皆建築在蜀岡之上,自唐建中四年(783)年開始,在蜀岡之下開始修築羅城,揚州城自此分爲蜀岡城和蜀岡下的城兩部分,"蕪城"一般指蜀岡古城,在隋代則指代江都城。

[2] 散見於當時的報刊媒體以及微博、博客,相關的總結可參見張學鋒《揚州曹莊隋煬帝墓研究六題》,66頁。

(1911)帝制終結,建元與改元向來都是構建王朝正統的重要一環,是帝王受命繼統的標誌之一。如東晉人徐禪説:"事莫大於正位,禮莫盛於改元。"[1]唐高祖李淵即位當天即循通例改元,《資治通鑑》武德元年五月條載:"戊午,隋恭帝禪位於唐,遂居代邸。甲子,唐王即皇帝位於太極殿,遣刑部尚書蕭造告天於南郊,大赦,改元。罷郡,置州,以太守爲刺史。推五運爲土德,色尚黄。"[2]這是李唐取代楊隋的重要標誌。按李唐的正統敘事,大業十三年後接義寧,義寧二年五月戊午禪位於唐,甲子改元武德,構成了完整的王統傳繼次序。以年號之於封建政權合法性之意義,唐承隋祚後,義寧二年便書義寧二年,武德元年便書武德元年,尤其在《隋煬帝墓誌》這樣極具象徵意義的文本載體中,按理應當不會容有絲毫餘地。

目前的討論常引用清人趙翼的一段議論:"其實天下共主一日尚存,終當稱其年號,則大業十四年不可没也。"[3]是説政權割據分裂時期,大小勢力各有自建的年號在其勢力範圍内行用,天下尚未一統之前,義寧、武德也祇是李唐勢力範圍内尊奉的年號,而此時隋煬帝尚在江都,遵其爲共主的勢力自然繼續行用大業十四年。問題是,這段理論所及範圍並不適用於李唐,此議之前趙翼還有一段議論不能忽略:

> 隋煬帝江都之難在大業十四年,而《隋書》及《北史》祇書十三年者,緣十三年唐高祖起兵入長安,奉代王侑爲帝,改元義寧,而煬帝大業之號已從削除,修史者皆唐臣,自應遵本朝之制,以義寧紀年,而煬帝之被弑轉書於義寧二年之内。[4]

李唐統一後需將隋末諸種"僭僞"年號統一在義寧、武德的書寫框架下,這時在《隋煬帝墓誌》中出現了"大業十四年",當然是不同尋常的。

唐代墓誌中有三方以"大業十四年"紀年,一是武德八年《盧文構夫人月相

---

[1] 杜佑《通典》卷五五《禮·告禮》,中華書局,1988年,1542頁。
[2] 《資治通鑑》卷一八五《唐紀一》,5791頁。
[3] 趙翼著,王樹民校證《廿二史札記校證》,中華書局,1984年,278頁。
[4] 《廿二史札記校證》,277—278頁。

墓誌》[1],一是貞觀十八年《邴德備墓誌》[2],一是永徽二年(651)《劉初墓誌》[3]。它們使用大業十四年可能有多方面的原因,不過官方與民間的文本書寫要區別對待。換句話說,當時官方對民間墓誌的使用並不見有嚴格監督的事例,如果是奉敕撰寫,當然能夠反映李唐的官方立場,如果不是,它們在反映官方立場上的價值與《隋煬帝墓誌》是不能相提並論的。

所以説,《隋煬帝墓誌》使用大業十四年確是值得注意的反常現象,其背後的原因還需要細究。

此外,除了"質疑派"指出的上述 2 處疑點,《隋煬帝墓誌》還存在以下幾處異常情況,可以結合在一起討論。

第一,誌題與誌文對隋煬帝的稱謂不同。誌題與誌文後半稱"煬帝",誌文前半稱"帝"。按諡法:好内遠禮曰煬,去禮遠衆曰煬,逆天虐民曰煬[4]。相比之下,墓誌前半稱"帝"的同時還以舜帝南巡蒼梧的典故諱稱隋煬帝死葬江都。前後是矛盾的。又考慮到貞觀初期貶抑隋煬帝的整體輿論氛圍,很難想象此時會出現以舜帝比擬煬帝的書法。

第二,墓誌義例異常。"荆棘"爲隋唐墓誌中習見的用語,往往代指葬地,"荆棘蕪城"不辭,其間應該句讀,亦即"西陵荆棘",所指當係隋煬帝終葬之處。經考證,西陵應在蕪城之西,也就是今平山堂北的岡阜之上。"西陵"與"蕪城"兩兩對舉,似爲四言駢偶句。以此爲假設,後面似可斷爲"……永異,蒼梧……",則"荆棘"與"永異"合韻。異常處就在這裏,北魏遷洛以後逐漸成熟的墓誌作品,一般分爲誌題、誌序和銘辭三部分,銘辭在誌文末,通常爲四言的韻文,而第 5 行和第 6 行似乎就是四字韻文組成的銘辭,"蒼梧"是以舜帝南巡死於蒼梧之野諱稱煬帝死葬江都,用典也是銘辭部分常見的書法,但是第 7 行却以貞觀元年起始,又言改葬隋煬帝,第 11 行的"共川"在墓誌結尾,用《後漢書》的典故總結改葬事,又是銘辭部分。也就是說,《隋煬帝墓誌》的義例似爲"首題—誌序—銘辭—誌序—銘辭",與一般的墓誌義例不同。

---

[1] 《唐代墓誌彙編》,3 頁。
[2] 周紹良、趙超主編《唐代墓誌彙編續集》,上海古籍出版社,2001 年,30 頁。
[3] 《唐代墓誌彙編》,139 頁。
[4] 轉引自《資治通鑑》卷一八〇《隋紀四》煬帝大業元年條,5615—5616 頁。

表 1　《隋煬帝墓誌》兩部分字迹比較

| | 第一部分（誌題） | 第二部分 |
|---|---|---|
| 隨 | | |
| 帝 | | |

第三，誌題與誌文前半的書法筆迹亦有不同。首先，誌題是擠刻，與墓誌整體有不協調之感。再以誌題與誌文前半都有的"隨"和"帝"來看，後者的"帝"較之誌題更有古風遺蘊，筆畫粗深，用筆提頓痕迹明顯，尤其左半短豎收筆時向左提筆的習慣，是誌題之"帝"没有的，横筆則平直稍顯弧隆；誌題之"帝"則顯瘦勁，整體向右上偏斜，其下半"巾"字一横尤其明顯，轉折處較前者稍顯圓潤；兩字中間兩點的筆迹差别則更明顯。四字似不是同一人書寫（表1）。

由以上，我們可以有一個總結：《隋煬帝墓誌》可以分爲三個部分，第一部分是誌題，第二部分是第2—6行，第三部分是第7—11行。第二部分以"大業十四年"叙事，稱"帝"，並以舜帝比擬隋煬帝，從中可以體味到對隋煬帝的恭謹姿態；第三部分，叙貞觀元年事，稱"煬帝"；誌題也作"煬帝"。

## 三、隋煬帝陵墓改遷與哀册改刻

墓誌作爲墓葬這一有機系統的一部分,應當將其置於隋煬帝三次改葬的動態情境中纔能更好地觀察。故要準確認識《隋煬帝墓誌》的性質和製作過程,先需梳理這三次改葬的基本内容。

按照史乘所記,隋恭帝義寧二年(即隋煬帝大業十四年)三月,隋煬帝於江都宫之變中被弑後,先是"蕭后與宫人撤漆床板爲小棺,與趙王杲同殯於西院流珠堂"[1]。其後有兩次改葬記録,一是武德元年(即大業十四年)八月,隋將陳稜"集衆縞素,爲煬帝發喪,備儀衛,改葬於吴公臺下"[2]。二是武德五年八月,李唐平江南後,改葬雷塘[3]。第三次不見於傳統文獻,是《隋煬帝墓誌》揭示的,貞觀元年對隋煬帝應當還有過一次改葬。

這三次改葬的具體内容,武德元年和武德五年這兩次有比較明確的記載。《資治通鑑》武德元年八月條載:"隋江都太守陳稜求得煬帝之柩,取宇文化及所留輦輅鼓吹,粗備天子儀衛,改葬於江都宫西吴公臺下,其王公以下,皆列瘞於帝塋之側。"[4]《隋書》還記,陳稜發喪時"衰杖送喪,慟感行路,論者深義之"[5]。"天子儀衛","帝塋",改葬的規格是清楚的。

武德五年改葬的具體内容可以從此前唐高祖李淵針對隋煬帝陵墓的詔令推知。武德二年六月,"詔隋帝及其宗室柩在江都者,爲營窆,置陵廟,以故宫人守之"[6]。"陵廟",規格也是明確的。不過此時的李唐勢力並没有深入江都,司馬光《考異》在武德五年"改葬隋煬帝於揚州雷塘"下引《高祖實録》説:"'武德二年六月癸巳,有詔葬隋帝及子孫',此又云葬煬帝,蓋三年李子通猶據江都,雖

---

[1] 《資治通鑑》卷一八五《唐紀一》高祖武德元年三月條,5782頁。
[2] 《隋書》卷六四《陳稜傳》,中華書局,1973年,1520頁。
[3] 《隋書》卷四《煬帝紀下》,94頁。
[4] 《資治通鑑》卷一八六《唐紀二》,5807頁。
[5] 《隋書》卷六四《陳稜傳》,1520頁。
[6] 《新唐書》卷一《高祖紀》,11頁。

有是詔,不果葬也。"[1]亦即此詔僅具政治象徵意義。武德五年的改葬當是武德二年詔令的具體實施,其規格仍當是帝陵。

武德二年詔令"以故宮人守之",也透露出武德五年改葬儀禮方面的更多細節。畢竟此時距離焚草之變已一年有餘,組織出一批專事煬帝陵的隋宮故舊來是不大現實的,此舉也應當衹是徒具象徵意義。趙翼總結説:

> 古來衹有禪讓、征誅二局,其權臣奪國則名篡弑,常相戒而不敢犯。……曹魏則既欲移漢之天下,又不肯居篡弑之名,於是假禪讓爲攘奪。自此例一開,而晋、宋、齊、梁、北齊、後周以及陳、隋皆效之。……甚至唐高祖本以征誅起,而亦假代王之禪……至曹魏創此一局,而奉爲成式者,且十數代,歷七八百年。[2]

禪讓爲中古時期王朝易代的主流模式,隋唐間的嬗替即循此通例。此之成式包括一整套高度程式化的的儀節過程,而以何禮安排禪位皇帝的身後之事也是其中的重要一環。以中古時期禪讓模式祖法的"漢魏故事"來看,曹魏青龍二年(234)三月山陽公薨,《三國志·魏書·明帝紀》載:"〔明〕帝素服發哀,遣使持節典護喪事。"又"追諡山陽公爲漢孝獻皇帝,葬以漢禮"。李賢注所引《獻帝傳》記錄得更爲詳細:

> 帝變服,率群臣哭之,使使持節行司徒太常和洽弔祭,又使持節行大司空大司農崔林監護喪事……追諡山陽公曰孝獻皇帝,册贈璽綏。命司徒、司空持節弔祭護喪,光禄、大鴻臚爲副,將作大匠、復土將軍營成陵墓,及置百官群吏,車旗服章喪葬禮儀,一如漢氏故事。[3]

有討論認爲,曹睿以"漢氏故事"處理山陽公喪葬儀節,其實是要借題發揮"禪代之義",使漢魏易祚是基於禪讓的政治理念進一步强化,其重要性不亞於當初曹丕導演的"禪讓儀式"[4]。因此可以説,新朝以前朝舊禮安葬禪位末帝,是"漢魏故事"儀節程式的重要組成部分。李淵名義上也是以禪讓方式取代楊隋,也

---

[1]《資治通鑑》卷一九〇《唐紀六》,5953頁。
[2]《廿二史札記校證》,143—144頁。
[3]《三國志》卷三《魏書·明帝紀》,中華書局,2007年,101—102頁。
[4] 朱子彦、王光乾《曹魏代漢後的正統化運作——兼論漢魏禪代對蜀漢立國和三分歸晋的影響》,《中國史研究》2011年第1期。

當奉循固有成式,以隋朝舊禮安葬煬帝。史有明文,武德元年五月二十二日即位之初李淵便下詔曰:"以莒之酇邑,奉隋帝爲酇公,行隋正朔。車旗服色,一依舊章。"[1]隋恭帝尚且如此,隋煬帝自當使然。"以故宫人守之",即爲上述必要甚或必需的象徵性舉措。

武德五年對於隋煬帝的改葬,以帝陵規格,以隋代舊禮,也就没有必要對大業十四年吴公臺煬帝陵作大的改動。我們已從兩次改葬涉及的地望入手,指出"吴公臺下"和"雷塘南"實爲一地,在今平山堂北的平岡上,也就是說,武德五年的改葬並没有遷葬[2]。或如有的論者所言,這次改葬更多地應該表現在冢高、鹵簿、鼓吹等外在的方面[3]。不過從當時的淮南局勢來看,可能即便是外在的方面也没有條件完全實踐。《隋書》記載,改葬隋煬帝的契機是"大唐平江南之後"[4],具體所指其實就是杜伏威歸唐,此前杜伏威"盡有江東、淮南之地,南接於嶺,東至於海"[5]。將入朝時,留輔公祐居守,不過二人早有猜忌,杜伏威入朝前陰謂王雄誕曰:"吾入京,若不失職,無令公祐爲變。"果然,輔公祐舉兵反,甚至僭即僞位,自稱宋國[6]。到李唐完全平定東南控制江都,已經是武德七年三月的事了。且杜伏威入朝事在武德五年七月丁亥,改葬隋煬帝事記在八月辛亥,其間祇有二十四天,以隋煬帝陵墓的規模,從技術層面恐怕也是很難實現的。綜此,我們可以説,武德五年的改葬實際上並没有觸及陵墓本體,甚至可能同武德二年一樣,也是未曾真正實踐的象徵性的詔令。

貞觀元年的改葬内容,是我們現在能夠直觀看到的。通過考古學的方法,可以明確其規格經過了太宗朝的矮化,不再是帝陵,而是相當於唐初一品官階,可能同曹魏針對漢獻帝一樣,待其以公禮,萬人之上,一人之下。其形制也一改武德朝"唐承隋制"的儀禮基調,以"漢魏制度"作爲隋煬帝墓形制的實踐來源,使

---

[1] 王溥《唐會要》卷二四《二王三恪》,中華書局,1955年,461頁。
[2] 朱超龍《隋煬帝墓所涉吴公臺、雷塘與西陵考》,《唐史論叢》第29輯。
[3] 張學鋒《揚州曹莊隋煬帝墓札記》,童嶺主編《皇帝、單于、士人:中古中國與周邊世界》,中西書局,2014年,18—19頁;張學鋒《揚州曹莊隋煬帝墓研究六題》,《唐史論叢》第21輯,三秦出版社,2015年,67頁。
[4] 《隋書》卷四《煬帝紀下》,94頁。
[5] 《舊唐書》卷五六《杜伏威傳》,2268頁。
[6] 《舊唐書》卷五六《輔公祐傳》,2269頁。

之更爲符合唐貞觀朝對隋煬帝的重新評價[1]。

明乎以上,再與《隋煬帝墓誌》比照,可以發現隋煬帝的改葬經歷與墓誌的三個部分若合符契。

《左傳·莊公元年》杜預《正義》曰:"魏晋以來,唯天子崩,乃有哀策,將葬,於是遣奠讀之,陳大行功德,叙臣子哀情。"[2]哀册是魏晋以來帝陵的標準配置,大業十四年(即武德元年)八月陳稜隨葬隋帝陵的必定也是哀册。氣賀澤保規已經指出,《隋煬帝墓誌》雖爲墓誌的形式,但使用了哀册的文體[3]。以時代相近的虞世南所撰《隋元德太子哀册文》爲例:

> 維大業二年七月癸丑朔二十三日,皇太子薨於行宫。粤三年五月庚辰朔六日,將遷座於莊陵,禮也。屬綍宵載,鶴關曉闢,肅文物以具陳,儼賓從其如昔。皇帝悼離方之雲晦,嗟震宫之虚象,顧守器以長懷,臨登餕而興想。先遠戒日,占謀允從,庭彝徹俎,階阽收重,抗銘旌以啓路,動徐輪於振容。揆行度名,累德彰謚,爰詔史册,式遵典志,俾濬哲之徽猷,播長久乎天地。其辭曰:……[4]

隋唐時期的哀册文義例大同小異,一般都是以皇帝死葬年月日起首,接稱"將遷座於某陵,禮也",其後主體爲大篇幅的哀慕銘辭。銘辭前則有序言,前序後辭均爲四六體駢文。《隋煬帝墓誌》開篇即言身死的時間、地點,即便先不論其是否爲哀册的問題,"其年八月"後接稱"西陵荆棘","西陵"按常理也應當是終葬的地點,其後又接韻文銘辭,與哀册的結構相合。不消説,隋煬帝哀册的文本叙事自當以楊隋爲本位,書"大業十四年","衰杖送喪,慟感行路"的陳稜也會有表達相應哀慕之情的文字,若其中出現以上古聖王比擬煬帝的書法,想必也在情與理之中,不會令人感到驚訝。

殆至唐高祖李淵時期,出於正統宣傳需要而對"太上皇"隋煬帝以帝禮、以隋禮安葬,也因爲時局的限制,更有陳稜改葬在前,並没有必要也没有條件對其

---

[1] 朱超龍《隋煬帝墓的規格、形制與唐初"斟酌漢魏"制度》,《考古》2022年第6期。
[2] 李學勤主編《春秋左傳正義》,北京大學出版社,1999年,217頁。
[3] 氣賀澤保規《隋煬帝墓誌の發見とその復元——唐初政治史の一側面》,氣賀澤保規主編《隋唐佛教社會の基層構造の研究》,252—254頁。
[4] 《隋書》卷五九《煬三子傳》,1436頁。

包括哀册在内的陵墓作過多改動。

貞觀元年,太宗李世民將其政權合法性訴諸開國功業,重新評價隋煬帝的功過得失,遂有再度改葬隋煬帝之舉。這次改葬的内容首先是將西陵降格爲隋煬帝墓,以體現貞觀朝對隋煬帝的重新定位,喪葬儀禮的基調也不再是楊隋舊禮,而是雜採漢魏舊制。作爲體現皇帝身份的重要象徵性隨葬品,哀册必然也在這次改葬的重點關照之列。也就是説,這次改葬需將哀册相應地矮化爲墓誌,隋煬帝墓中出土的《隋煬帝墓誌》,應當就是由大業十四年陳稜隨葬隋帝陵的哀册改刻製作而成。具體而言,一是添刻誌題,達到矮化的目的,二是將第三部分鏟削磨滅,再於其上覆蓋以唐太宗爲本位的敘事内容。《隋煬帝墓誌》漫漶最甚處就是從第三部分開始,有可能就是磨削後更易受到侵蝕所致。

磨削在技術上並不是大的問題,同時代的例證有貞觀二年李建成墓誌,原石"隱"字明顯爲剗磨去原字後改刻,原字當爲李建成原謚之"戾"字,係墓誌製竣後又根據唐太宗旨意所改〔1〕。而李建成墓誌與《隋煬帝墓誌》皆製作於太宗朝初期,兩墓的安排都應與應對合法性危機的現實需要有關,其採取的改葬與改刻措施可以聯繫起來考慮。

採取這樣看似大費周章的方式將哀册改刻爲墓誌,與長久以來碑刻形成的文化屬性有關。作爲特定紀念性質的物質載體,墓誌的意義並不衹在於其上的内容,還包含了生產過程、視覺形態及其與其他墓葬元素構建出的整體情境。對其修改和重新安置本身就有形式上的象徵意義。西陵矮化爲隋煬帝墓、哀册降格爲墓誌,實際上等於拆解了原有的神聖性和權威性。新政權通過將其意志加之於前朝紀念物的視覺展示過程,潛移默化地給觀者灌輸新的正統敘事。當然,以楊隋爲本位的哀册文中,在對隋末局勢的描述中可能會有與貞觀朝的歷史敘事相互齟齬之處,這也是必然要修改的。

可能會引起疑問的是哀册的材質和形制。陵中用玉册始於唐代,自漢至唐以前陵中僅用竹册。隋朝的哀册材質,《隋書·禮儀志》上説:"諸王、三公、儀同、尚書令、五等開國、太妃、妃、公主……用竹簡十二枚,六枚與軸等,六枚長尺

---

〔1〕 賈二强《釋唐李建成及妃鄭觀音墓誌》,《唐史論叢》第 18 輯,三秦出版社,2014 年,230 頁。

二寸。文出集書,書皆篆字。哀册、贈册亦同。"[1]按禮也是竹册。可見隋唐之間哀册由竹册轉變爲玉册。當然這並不是說石哀册是竹册到玉册的過渡形態,隋煬帝哀册特殊的形制還是要放在當時的特定局勢中考慮,其材質的選擇,其篇幅之短,都有動盪時局限制的原因。不衹哀册,隋煬帝墓葬本體和隨葬品,都存在因陋就簡的情況,也就是史書中所説的"粗備天子儀衛"。實際上即便是在哀册制度已經定型的唐代以後,也不乏使用石質哀册的例子,如唐懿德太子墓所出哀册[2],尤其值得注意的是廣州南漢劉龑康陵[3]和赤峰巴林右旗遼慶陵陪陵耶律弘本墓[4]所出哀册,其形制也是更接近墓誌。

## 四、隋煬帝陵墓改遷、哀册改刻與貞觀政權的正統化運作

　　第二部分所列種種疑點已經基本得到解決,但隨之牽連的問題是,《隋煬帝墓誌》既然確爲貞觀元年由哀册改刻,又因何保留"大業十四年"?史籍中言之鑿鑿的武德五年改葬事又因何不見蹤影?等等。要解答這個問題,需要結合武德、貞觀兩朝政局變動的歷史背景。

　　按前引趙翼所言,古來政權合法性的論證方式,唯禪讓、征誅二局。唐高祖的情況稍顯特殊,趙翼又説:"唐高祖本以征誅起,而亦假代王之禪。"[5]作爲李唐曆命之所在,假以禪讓是李淵舉事之初就已確定的思想路綫。隋大業十二年,高祖李淵手疏與突厥書曰:"當今隋國喪亂,蒼生困窮,若不救濟,總爲上天所責。我今大舉義兵,欲寧天下,遠迎主上還。"[6]又起兵誓衆的檄文曰:"伊、霍、桓、文,並其人也。……上天眷命,屬乎隋室。於是我高祖文皇帝,以后父之尊,周親入相……今便興甲晉陽,奉尊代邸,掃定咸洛,集寧寓縣。放後主於江都,復

---

[1]《隋書》卷九《禮儀志》,175頁。
[2] 陝西省博物館等《唐懿德太子墓發掘簡報》,《文物》1972年第7期,28頁。
[3] 廣州市文物考古研究所《廣州南漢德陵、康陵發掘簡報》,《文物》2006年第7期,23頁。
[4] 巴林右旗博物館《遼慶陵又有重要發現》,《内蒙古文物考古》2000年第2期,9—10頁。
[5]《廿二史札記校證》,143頁。
[6] 温大雅撰,李季平、李錫厚點校《大唐創業起居注》卷一,上海古籍出版社,1983年,8頁。

先帝之鴻績。"[1]李淵在爲其舉義正名的説辭中,首先是對隋臣身份的强調,自比"伊、霍、桓、文",興兵的目的是奉天靖難,挽扶楊隋於傾倒之際。所以攻破長安後扶立代王爲帝,還遥尊隋煬帝爲"太上皇"。從此開始,李淵謹慎地啓動代隋程式,其自義寧元年十一月開始進封唐王,位在王公上,又授相國,加九錫,賜殊物,加殊禮等,又增封唐國,至義寧二年三月,隋煬帝於江都之變中被弑,禪代程式進入最後的收官階段,先是隋少帝下詔禪位唐主李淵,隨後照例是一番群臣勸進,最終三讓而就,李淵順天應人接受禪讓[2]。整個過程基本一仍"漢魏故事"[3]。武德元年五月二十二日,也就是即位兩天後李淵下詔曰:

> 革命創業,禮樂變於三王。修廢繼絶,德澤隆於二代。是以鳴條克罰,杞用夏郊。牧野降休,宋承殷祀。爰及魏晉,禪代相仍。山陽賜號於當塗,陳留受封於典午。上天迴眷,授歷朕躬。隋氏順時,遜其寶位。敬承休命,敢不對揚。永作我賓,宜開土宇。其以莒之酇邑,奉隋帝爲酅公,行隋正朔。車旗服色,一依舊章。仍立周後介國公,共爲二王後。[4]

有論者指出,歷代禪讓政權爲尊崇前代帝王而立之以"二王三恪",待之以國賓,在某種程度上衹是一種歷史的"表相",其歷史的"本相"乃在説明其是否承襲前朝曆運,是否承認前朝政權的合法性,進而是否認爲本朝的天命國祚由前朝演進而來。這是新生禪讓政權塑造正統來源與標明合法性的重要手段[5]。正所謂"必有所承以爲統,而後可以爲天子"[6],一國正統之所由來一向是新朝立國首要的大事,李淵此詔便是將禪讓作爲李唐權力合法性所在這一意識形態確立下來。

如前所述,李淵在禪讓模式下,對自身和隋煬帝的定位遵循一定成規,按論者所言,"禪讓"的王朝更替模式是一個"自臣至君"的身份轉變過程,前朝之

---

[1]《大唐創業起居注》卷二,18—20頁。
[2]《大唐創業起居注》卷三,46—50頁。
[3] 禪讓的具體程式,魏晉以來大同小異,一些學者總結了具體步驟,可以看到李淵所行與之並沒有大的差異,衹是在細節上稍有出入。參朱子彦《九錫制度與易代鼎革》,《文史哲》2005年第6期。
[4]《唐會要》卷二四《二王三恪》,461頁。
[5] 吕博《唐代德運之争與正統問題》,《中國史研究》2012年第4期。
[6] 王夫之《讀通鑑論·緒論一》,中華書局,2013年,921頁。

"臣"的身份是其能夠獲致"正當性"的必要條件[1]。有此君臣之義,纔有新朝法統的基礎,如此纔有武德三年、武德五年針對"太上皇"隋煬帝的改葬詔令。前文分析,這兩次詔令更多地衹是象徵意義,其目的是藉以帝禮改葬隋煬帝宣揚起兵之正當性以及李唐權力來源之合法性。武德五年李唐並未統一全國,武德三年甚至在逐鹿勢力中並不占據完全優勢,兩次強調改葬隋煬帝有爭取楊隋故舊支持,爭取天下民心的現實意義。

一般來說,權力在家族内部的傳承以父死子繼爲主,必要時輔之以兄終弟及,這種常態之下往往能夠保證"祖宗之法"的穩定傳繼,非至必要之時不會輕易變動,但至太宗時,高祖李淵確立的正統路綫必然地發生了變動。

我們知道,唐太宗是通過"玄武門之變"以弑兄逼父的方式踐祚,此等變數很難通過因循常規的方式闡釋其合法性。既然禪讓和征誅是帝王合法性來源的唯二途徑,唐太宗按理已經別無選擇。如有學者所言,太宗在合法性構建方式上與高祖相比已有很大的不同,貞觀朝的立國基礎,是對前朝政權的革命和錯誤路綫的撥亂反正,武功和勳德是太宗強調的重中之重[2]。套用到趙翼所論,實際上就是湯武革命式的"征誅"模式。"征誅"模式之所以能夠成立,則在於前代統治的"亡道""喪亂",這就很自然地將興兵征伐的目的和結果導向平定天下、救濟蒼生的叙事邏輯中。其實除了常被學者徵引的趙翼"禪讓""征誅"說,還有歐陽脩"自古王者之興,必有盛德以受天命,或其功澤被於生民,或累世積漸而成王業"之論,"累世積漸"相當於"禪讓","功澤被於生民"就相當於"征誅"。按照貞觀朝"時太宗功業日盛,高祖私許立爲太子"的正統叙事邏輯,所謂"功業"實際上就是推翻隋煬帝的"亡道"統治,也就是"功澤被於生民"。以此爲命題,李唐的創業史書寫就以太宗爲主角漸次展開。貞觀十年《九嵕山卜陵詔》曰:

> 有隋之季,海内横流,豺狼肆暴,吞噬黔首,邑里凋殘,鞠爲丘墟。朕投袂發憤,情深拯溺,扶翼義師,以濟塗炭。賴蒼昊降鑒,股肱宣力,提劍指麾,天下大定。氛祲清殄,區宇平一,反澆弊於淳樸,致王道於中和。此朕之宿

---

[1] 徐沖《中古時代的歷史書寫與皇帝權力起源》,上海古籍出版社,2017年,16頁。
[2] 李丹婕《承繼還是革命——唐朝政權建立及其歷史叙事》,《中華文史論叢》2013年第3期。

志,於斯已畢。[1]

還有貞觀十年《述聖賦序》:

> 朕以二九之年,屬天下喪亂,毒流區夏,禍遍郊畿,群雄則蜂駭雲興,猛將則風驅霧合。年二十有四,慷慨京邑,電發中原;震蕩三川,掃清八荒。及至壯年,獲臨寶位。[2]

可以看到,有隋失道,唐太宗定亂以濟生民已成爲貞觀時期正統輿論宣傳的叙事格套。在此長期經營下,貞觀朝重新建構起以唐太宗爲中心的創業叙事體系,從而造就出"高祖所以有天下,皆太宗之功"[3]的普遍認知,以至於可以不用拘泥於"立嫡以長"這一傳統禮法。

這一套説辭的便利是,高祖的禪讓模式是統治階級内部的權力更替,自上而下,太宗的征誅模式針對的則是天下生民,自下而上。這一另闢的路徑就在技術上迴避了唐高祖,轉而將其權力合法性寄托於開國事功。簡單來説,唐高祖的權力合法性來源於隋恭帝,隋煬帝爲"太上皇",唐太宗則直接來源於隋煬帝。故從唐太宗重構的合法性論證體系中可以看到,唐高祖和隋恭帝在其中基本上是失語的。具體而言,唐太宗政權賴以成立的開國事功,在貞觀朝爲主導的李唐開國史書寫中必然會得到反復強調。在此趨勢之下,高祖、太子建成以及其他開國功臣的很多功績也被歸之於太宗身上,太宗的一些失敗也被史家所諱避[4]。儘管房玄齡聲稱"史官不虚美,不隱惡"[5],但作爲唐太宗政權命運共同體中的一員,以房玄齡爲代表的史官本身就是"玄武門之變"的參與者[6],也就是説,史官在内的官僚群體的合法性與唐太宗政權的合法性是綁定的,虚太宗之美,隱太宗之惡自是史官不言自明的自覺行爲。此種筆法下,唐高祖和唐太宗在開國

---

[1] 宋敏求《唐大詔令集》卷七六《陵寢上》,商務印書館,1959年,431頁。
[2] 董誥《全唐文》,上海古籍出版社,1983年,46頁。
[3] 《資治通鑑》卷一九一《唐紀七》高祖武德九年六月條,6012頁。
[4] 相關研究以李樹桐爲代表,可參見其系列著述:《李唐太原起義考實》《論唐高祖之才略》《唐隱太子建成軍功考》,《唐史考辨》,(臺北)中華書局,1979年。
[5] 《資治通鑑》卷一九七《唐紀十三》太宗貞觀十七年七月條,6203頁。
[6] 房玄齡深度參與了"玄武門之變"的謀劃,"房謀"之譽即與此有關。《舊唐書》"世傳太宗嘗與文昭圖事,則曰'非如晦莫能籌之'。及如晦至焉,竟從玄齡之策也。蓋房知杜之能斷大事,杜知房之善建嘉謀"。《舊唐書》卷六六《房玄齡杜如晦傳》,2472頁。

史中的篇幅就不可避免地陷入非此即彼的結構性矛盾中,即唐太宗開國功業愈顯揚,則唐高祖事迹愈隱没。在兩《唐書》、《資治通鑑》是如此,在《隋煬帝墓誌》中也是如此——《隋煬帝墓誌》中唐高祖事迹隱而不彰,其原由即在於此。

"大業十四年"也是如此。前文説,唐太宗的合法性來源於隋煬帝,從而迴避了隋恭帝—唐高祖這一正統傳繼體系。這不衹是固有模式的慣性使然,從更具體的現實操作意義上來說,太宗"二九之年"晋陽起兵,時在大業十三年,同年十一月十六日,李淵攻入大興後擁立楊侑爲隋帝,改元義寧。義寧二年三月,隋煬帝於焚草之變中被弑,凶訊至長安,隋恭帝義寧二年五月戊午禪位於唐高祖,六天後的甲子,改元武德。細算下來,此時的李唐建國史相當大的程度上覆蓋了義寧政權。我們已經知道,太宗的征誅模式針對的是隋煬帝,義寧二年實際上就是大業十四年,如果承認義寧政權的正統地位,那麼太宗創業史的前提——隋季喪亂就無從談起,征誅過程也就失去了正當前提[1],創業過程也被壓縮。而有"大業十四年",唐太宗政權的"征誅"論證路徑纔有成立的基礎。這是原哀册"貞觀十四年"保留下來的原因,也是隋恭帝、唐高祖叙事没有出現在其中的原因。

總之,通過對隋煬帝大業十四年哀册的取與捨,太宗通過《隋煬帝墓誌》傳達了新的正統叙事理念:一方面是解構,保留"大業十四年"以否定義寧政權的存在基礎,同時否定繼之而起的武德政權的合法性。另一方面,大業十四年後緊接貞觀元年叙事,貞觀政權重新架構起李唐取代楊隋的革命叙事。從這個意義上來説,唐太宗實際上是李唐的"開國皇帝",這是文獻和《隋煬帝墓誌》想要傳達給我們的直觀印象。

## 五、貞觀時期的"北朝正統論"

歐陽脩言:"正統,王者所以一民而臨天下。三代用正朔,後世有建元之

---

[1] 通過暴力手段推翻前朝建立新王朝的,都是站在了前代王朝的對立面,必須先將前代王朝表述爲"亡道""亂世",藉此使其喪失正當性,方可將作爲前代王朝之臣子的興兵滅亂行爲正當化。參見徐冲《中古時代的歷史書寫與皇帝權力起源》,15頁。

名。……至於建元,遂名年以爲號。由是而後,直以建元之號加於天下而已,所以同萬國而一民也。而後世推次,以爲王者相繼之統。"[1]年號加之於天下是爲正統的表現方式。實際上,早期"統"之含義本就有時間上的統一之意,其最早在《公羊春秋》中得到闡發:

元年者何?君之始年也。春者何?歲之始也。王者孰謂?謂文王也。曷爲先言王而後言正月?王正月也。何言乎王正月?大一統也。[2]

論者指出,《春秋》言"統"之義原本於時間,"統"之觀念與曆法最爲密切[3]。"大一統"在版圖歸屬、地區兼併等表象之外,最首要的是"王正月"所代表的時間統一[4]。這一思想貫穿至今,尤其在政權分立時期有明顯體現,強勢政權往往要求弱勢政權使用其年號,作爲名義上臣屬的標誌之一,此之謂"奉正朔"。還有的學者指出,"統"更强調時間中的延續,有克服斷裂而後繼續的意思,也有空間的接續之義[5]。這樣我們就能總結出正統之中時間概念的兩重含義:一是縱向上無縫銜接前代統序,二是橫向上在統治地域內同步時間維度。二者在漢武帝以後都是以年號的形式表現。《尚書·堯典》記載,堯將禪位於舜,首要的安排便是"乃命羲和,欽若昊天,曆象日月星辰,敬授人時"[6]。以年號加於天下以示正統是"敬授人時"觀念的延續。

從《隋煬帝墓誌》中的年號我們就能闡發出統與不統之問題,雖然乍看下來頗會讓人感到驚駭,但同一時間維度之下理論上不能有兩個政權並存,保留"大業十四年"所反映的,是唐太宗政權在闡釋合法性的過程中,有意或無意地否定隋義寧、唐武德政權的正統地位。

而今留存的史料中,武德政權確常以負面形象出現作爲與貞觀盛世的比較

---

[1] 歐陽脩《正統論》,《歐陽文忠公集》卷七,轉引自饒宗頤《中國史學上之正統論》,遠東出版社,1996年,99頁。

[2] 何休、徐彥《春秋公羊傳注疏》卷一,阮元校刻《十三經注疏》,中華書局,1980年,2196頁。

[3] 饒宗頤《中國史學上之正統論》,8、76頁。

[4] 薛夢瀟《早期中國的紀時法與時間大一統》,《早期中國的月令與"政治時間"》,上海古籍出版社,2018年,243頁。

[5] 蔣重躍《五德終始説與歷史正統觀》,《南京大學學報》2004年第2期,56頁。

[6] 阮元校刻《十三經注疏》,中華書局,1980年,119頁。

對象,但没有達到否定其正統地位的程度,能夠找到的最爲嚴重的評價也衹是"武德之時,政刑紕繆,官方弛紊"[1]。不過單從邏輯上來看,征誅與禪讓二局作爲非此即彼的結構性矛盾,本就無法共存,太宗確立新的正統論證路徑的同時,必然會消解高祖已然確立的禪讓模式的影響,爲其合法性建構掃清障礙。我們找到一些記載,從中可以看出唐太宗針對禪讓論證方式的鮮明態度。

貞觀四年,太宗問蕭瑀曰:"隋文何如主也?"在得到"克己復禮,勤勞思政……雖性非仁明,亦是勵精之主"的正面評價後,太宗説道:"公知其一,未知其二。此人性至察而心不明。夫心暗則照有不通,至察則多疑於物。又欺孤兒寡婦以得天下,恒恐群臣内懷不服,不肯信任百司,每事皆自決斷,雖則勞神苦形,未能盡合於理。朝臣既知其意,亦不敢直言,宰相以下,惟即承順而已。"[2]

隋文帝"以婦翁之親,值周宣帝早殂,結鄭譯等,矯詔入輔政,遂安坐而攘帝位",清人趙翼對此議論道:"古來得天下之易,未有如隋文帝者。"[3]這是太宗所謂"欺孤兒寡婦以得天下"的表面含義。與之相比,高祖也曾有隋文帝"受終未有如斯之易者"的感嘆,但其比較的對象是却是堯、舜。李淵興甲之初,其示衆的檄文中使用了很大的篇幅頌揚隋文帝的雄才偉略:"我高祖文皇帝,以后父之尊,周親入相。"還有:"臨朝恭己,庶績爲心,親覽萬機,平章百姓。兢兢慎於馭朽,翼翼懼於烹鮮。"[4]與上引對比,太宗對隋文帝的重新評價與高祖相比其實是同一事物的一體兩面,似乎是有針對性地拆解以往對隋文帝的正面定位。不過深究其弦外之音,太宗並非僅僅是以此來評價隋文帝得天下之易,"欺孤寡以得天下"實際上是中古時期針對禪讓故事的特定譏諷。十六國時期後趙建平三年(332),石勒大饗群臣,謂徐光曰:"朕方自古開基何等主也?"對曰:"陛下神武籌略邁於高皇,雄藝卓犖超絶魏祖,自三王已來無可比也,其軒轅之亞乎!"勒笑曰:"人豈不自知,卿言亦以太過。朕若逢高皇,當北面而事之,與韓、彭競鞭而争先耳。脱遇光武,當並驅於中原,未知鹿死誰手。"緊接着話鋒一轉:"大丈夫行事當磊磊落落,如日月皎然,終不能如曹孟德、司馬仲達父子,欺他孤兒寡

---

[1] 《舊唐書》卷五七《裴寂傳》,2288頁。
[2] 吴兢撰,謝保成集校《貞觀政要集校》,中華書局,2009年,31頁。
[3] 《廿二史札記校證》,332頁。
[4] 《大唐創業起居注》卷二,18—20頁。

婦,狐媚以取天下也。"[1]

石勒出身夷狄,其合法性論證方式的選擇存在先天局限,對魏晉禪讓故事必然持否定態度。"欺人孤寡""狐媚以取天下"之論一出,自此成爲後世批評禪讓模式的特定典故,大業十三年李密兵逼東都,也以"隋氏往因周末,預奉綴衣,狐媚而圖聖寶,胠篋以取神器"[2]指斥楊隋得天下不正。貞觀二十年下詔編修的《晉書·宣帝紀》有太宗親自撰寫的論贊,也援引石勒的"肆言",批判司馬懿不守臣道,"欺僞以成功":

> 制曰:……〔司馬懿〕受遺二主,佐命三朝,既承忍死之托,曾無殉生之報。天子在外,内起甲兵,陵土未乾,遽相誅戮,貞臣之體,寧若此乎!……輔佐之心,何前忠而後亂?故晉明掩面,耻欺僞以成功;石勒肆言,笑姦回以定業。[3]

《晉史》的修纂備受太宗重視,不僅親爲《宣帝紀》《武帝紀》《陸機傳》和《王羲之傳》四篇撰寫論贊,參與的人員構成也可謂極一時之選,而對比此前的唐高祖,晉史却不在其觀照之列,太宗這一特別舉動,想必就與藉此重申對禪讓的否定態度有關。除了司馬懿,唐太宗對魏晉故事之始作俑者曹操也持類似評價,在其自撰《祭魏太祖文》中批評曹操"觀沉溺而不拯,視顛覆而不持,乖徇國之情,有無君之迹"[4]。

以上可見太宗對禪讓理論的擯斥態度明矣。如果我們循此理路繼續上溯,可以看到不衹唐高祖、隋恭帝、隋煬帝、隋文帝,太宗對北魏至北周的政權法統都持同樣的態度。

對於北周,體現在以釋奠禮爲代表的改革上。貞觀二年太宗"停以周公爲先聖,始立孔子廟堂於國學,以宣父爲先聖,顔子爲先師"[5]。釋奠禮是中古時期禮制的重要內容,通過祭祀先聖、先師確定文化偶像,樹立文化觀念,表明一個王朝文化政策的傾向。貞觀二年的這次釋奠禮改革具有重要的象徵意義,因自

---

[1] 《晉書》卷一〇五《石勒載記下》,中華書局,1974年,2749頁。
[2] 《舊唐書》卷五三《李密傳》,2212頁。
[3] 《晉書》卷一《宣帝紀》,21頁。
[4] 《全唐文》,上海古籍出版社,1983年,131頁。
[5] 《舊唐書》卷一八九上《儒學傳》,4941頁。

北周以來,皆以周公爲先聖。北周釋奠禮以誰爲先聖,史無明文,然其依據《周禮》立制,實行特殊的文化政策,其釋奠禮亦應有所不同,而周公是關隴集團的偶像,又是文化復古主義的象徵,以周公爲先聖是順理成章的。北周武帝平齊以後,力主調和關隴和山東文化的差異,宣帝繼承了他的思想,爲了兼顧雙方的文化傳統,追封孔子爲鄒國公,立後承襲,"別於京師置廟,以時祭享"〔1〕。實行周公、孔子並重的釋奠禮。隋文帝時亦封孔子後爲鄒國公,可能繼續沿襲了周宣帝的釋奠禮政策。隋煬帝時則稱"先師尼父"〔2〕,可見仍是遵循周、隋故事〔3〕。至於唐高祖時期,北周以來的釋奠禮亦無變動,武德二年,詔"令有司於國子學立周公、孔子廟各一所,四時致祭"〔4〕,"以周公爲先聖,孔子配饗"〔5〕。而史載表明,魏晉以來,除北周至於唐高祖以外,歷代皆以孔子爲先聖、顏回爲先師〔6〕,北周以周公爲先聖的釋奠禮政策實際上是獨有的創舉,可以視其作"關中本位政策"在文化思想上的反映。如此說來,周公實際上是關隴集團的精神偶像,祭奠周公是北周至於唐武德時期延續下來的文化傳統,那麽太宗詔罷周公祠,改以孔子爲先聖,顏氏爲先師,改革周、隋及唐高祖在文化政策上的路綫傳統,就有了摧毀關隴集團精神偶像的象徵意味。

對於北魏,明顯體現在太宗朝修史政策的轉向上。先是武德五年,唐高祖李淵下詔修魏、周、隋、梁、齊、陳等六代史:

> 自有魏南徙,乘機撫運,周、隋禪代,歷世相仍,梁氏稱邦,跨據淮海,齊遷龜鼎,陳建皇宗,莫不自命正朔,綿歷歲祀,各殊徽號,删定禮儀。……然而簡牘未編,紀傳咸闕,炎涼已積,謠俗遷訛,餘烈遺風,倏焉將墜。……中書令蕭瑀、給事中王敬業、著作郎殷聞禮可修魏史,侍中陳叔達、秘書丞令狐德棻、太史令庾儉可修周史,兼中書令封德彝、中書舍人顏師古可修隋史,大

---

〔1〕《周書》卷七《宣帝紀》,中華書局,1971年,123頁。
〔2〕《隋書》卷三《煬帝紀上》,72頁。
〔3〕 史睿《北周後期至唐初禮制的變遷與學術文化的統一》,《唐研究》第3卷,北京大學出版社,1997年,168—169頁。
〔4〕《舊唐書》卷一八九上《儒學傳》,4940頁。
〔5〕《資治通鑑》卷一九四《唐紀十》太宗貞觀十一年正月條,6126頁。
〔6〕 高明士《唐代的釋奠禮制及其在教育上意義》,《大陸雜誌》61卷5期,1980年,22—36頁。

理卿崔善爲、中書舍人孔紹安、太子洗馬蕭德言可修梁史,太子詹事裴矩、兼吏部郎中祖孝孫、前秘書丞魏徵可修齊史,秘書監竇璡、給事中歐陽詢、秦王文學姚思廉可修陳史。[1]

從人員身份上來看,唐高祖對於前三史的重視程度遠高於後三史,因在李淵看來,唐代是接續北魏、北周、隋代三朝的天命與機運而來,至於梁朝、北齊與陳朝則是"自命正朔"的"非法王朝"。因此,這次修前代史承擔的官方任務,除了編撰史書本身,更重要的還在於以官方正史的形式,將李唐王朝編織到北魏、北周、隋朝的"通史"序列中去。其指導思想實際上就是"北朝正統論"。唐高祖之前,隋文帝和隋煬帝也都有重修魏史之舉,其目的就在於以此表明隋朝政權的合法性,唐高祖重修魏史,便是繼承了隋代通過官修史書以樹立正統,以彰顯政權合法性的做法[2]。至於貞觀三年,唐太宗重新啓動修史工作,"於中書置秘書内省,以修五代史","令德棻與秘書郎岑文本修周史,中書舍人李百藥修齊史,著作郎姚思廉修梁、陳史,秘書監魏徵修隋史,與尚書左僕射房玄齡總監諸代史"[3]。

所可注意者除人員上的調整外,最大的不同是由"六代史"減爲"五代史",不再包括魏史,原因是:"衆議以魏史既有魏收、魏澹二家,已爲詳備,遂不復修。"[4]而在不久之前的武德五年,魏史的修撰却備受高祖重視,其因如《命蕭瑀等修六代史詔》所説:"簡牘未編,紀傳咸闕,炎涼已積,謠俗遷訛。"與貞觀三年衆議所謂魏史"已爲詳備"可謂對比鮮明。而魏收之《魏書》爲正史中頗受詬病與爭議者,唐人劉知幾謂其"收諂齊氏,於魏室多不平","世薄其書,號爲'穢史'"[5],政治傾向鮮明如此,想必是楊隋至於唐高祖不取此書的主要原因。然而太宗時期却出現了對魏收及其所修《魏書》頗爲誇張的積極評價,如李延壽就對其極盡溢美之詞:"伯起……學博今古,才極從横,體物之旨,尤爲富贍,足以入相如之室,遊尼父之門。勒成魏籍,追蹤班、馬,婉而有則,繁而不蕪,持論序

---

[1]《舊唐書》卷七三《令狐德棻傳》,2597—2598頁。
[2] 李丹婕《承繼還是革命——唐朝政權建立及其歷史叙事》。
[3]《唐會要》卷六三《史館上·修前代史》,1287頁。《舊唐書》卷七三《令狐德棻傳》,2598頁。
[4]《舊唐書》卷七三《令狐德棻傳》,2598頁。
[5] 劉知幾撰,浦起龍通釋《史通通釋》卷一二《古今正史》,上海古籍出版社,2009年,339頁。

言,鉤深致遠。"還爲其爭議專門辯解道:"但意存實録,好抵陰私,至於親故之家,一無所説,不平之議,見於斯矣。"[1]李延壽貞觀十七年着手編修的《北史》即多本魏收之書,祇是略有删削而已[2]。説魏收"足以入相如之室,遊尼父之門",説《魏書》"追蹤班、馬",如此誇張的言辭顯然已經超出正常的學術評價範疇。

唐高祖時確立起周隋禪代、隋唐相因的正統叙事,玄宗天寶七載(748),又增封北魏後裔:"於後魏子孫中,擇揀灼然相承者一人,封爲韓公。準鄫介公例,立爲三恪。"[3]次年七月,"封後魏孝文十代孫元伯明爲韓國公,以備三恪"[4]。此事意味着唐朝將其所繼承的北朝法統上溯到了北魏,劉浦江將之稱爲"北朝正統論"[5]。實際上,從上引《修六代史詔》"自有魏南徙,乘機撫運,周、隋禪代,歷世相仍"的記載來看,因爲北魏、西魏至於北周禪位傳繼之事實,高祖時對北魏的法統地位是認同的,而太宗取魏收之《魏書》,其針對性是不言自明的。

另一方面,唐高祖之所以選取禪讓作爲其正統論證方式,一個重要的原因還在於北周至於隋唐的統治階級皆爲關隴集團[6],自不能採取割裂的手段闡釋合法性。而"北朝正統論"與"關隴集團"的權力更迭實際上是互爲表裏的關係,唐太宗所否定的,是"北朝正統論",同時也在否定關隴集團的政治地位。由此我們想到,這一歷史事實可以爲關隴集團在唐代的消失這一經典問題提供新的觀察維度。陳寅恪提出關隴集團經過武曌破壞後分崩墮落[7],黃永年則通過分析唐高祖、太宗時期將相大臣實際,指出高祖朝元謀功臣與宰相中關隴集團人物纔過半數,太宗朝更減到不足四分之一,則關隴集團在唐初已然消失[8]。參考本文上論,太宗因有否定北朝正統論之需要,作爲北朝正統論之政治實體,太宗

---

[1] 《北史》卷四四《魏收傳》,中華書局,1974年,2048頁。
[2] 周一良《魏收之史學》,《魏晋南北朝史論集》,北京大學出版社,2000年,271頁。
[3] 《唐會要》卷二四《二王三恪》,461頁。
[4] 《通典》卷七四《禮·賓禮》"三恪二王後",2029頁。
[5] 劉浦江《南北朝的歷史遺産與隋唐時代的正統論》,《正統與華夷:中國傳統政治文化研究》,中華書局,2017年。
[6] 陳寅恪《唐代政治史述論稿》,商務印書館,2011年,234—235頁。
[7] 陳寅恪《唐代政治史述論稿》,234—235頁。
[8] 黄永年《關隴集團始末》,《6—9世紀中國政治史》,中國書店出版社,2004年,67—76頁。

有對其施以打擊的動機甚或必要,關隴集團在唐代的式微直至消失,其緣由或在此。

## 六、貞觀時期"遠紹周漢"說之潛流

真正從秦朝開始實踐的五德終始學說是古代帝王受命的主要理論依據,在戰國時期以鄒衍爲代表的陰陽家的設計裏,一姓天子對應金、木、水、火、土中的一德,德運不是固定不變的,舊德衰微,新的德運繼起,天下也隨之易姓改命,如此循環往復,周而復始。而不論相生還是相克,新政權所受命運都繞不開前朝德運的定位問題,前朝德運又取決於更古早的朝代,如此上推直至遠古聖王,進而將其編列到上古聖王以來的德運傳繼脈絡當中[1]。這也是李唐"北朝正統論"確立的思想背景。

不過在實際操作中,以"湯武革命"式的手段問鼎的帝王通常在情理上不願承接勝朝德運,最早面臨這一問題的劉邦可能就有此心理。西漢建立之初,原是以水德居,秦也是水德。漢初爲何承襲秦的德運?《史記》在這裏有一段解釋:"是時天下初定,方綱紀大基,高后女主,皆未遑,故襲秦正朔服色。"[2]顧頡剛提出過一個懷疑也很有道理,劉邦或因秦的國祚太短而不承認爲一德,要使自己直接承周[3]。司馬光則直截了當地指出:"秦焚書坑儒,漢興,學者始推五德生、勝,以秦爲閏位,在木火之間,霸而不王,於是正閏之論興矣。"[4]明確地將漢朝德運銜接周代的討論見於西漢末,時劉向重推五德運次,以漢承神農、黃帝下歷唐虞三代而爲火德,針對秦之德運,則言"昔共工氏以水德間於木火,與秦同運,非其次序,故皆不永"[5]。北魏時高閭對此申述道:"以爲火德者,懸證赤

---

[1] 如王欽若等編《册府元龜》卷四《帝王部·運歷》推次五德運歷,從太昊、炎、黃等上古聖王終至後周,按其自叙,概因宋朝係承續後周而來,編次"五德終始之傳,叶三統因革之義",在於"頒正朔,立制度,咸推歷而更王,居正而惟叙者矣",中華書局,1960年,40—47頁。
[2] 《史記》卷二六《歷書》,中華書局,1959年,1260頁。
[3] 顧頡剛《秦漢的方士與儒生》,北京出版社,2016年,18頁。
[4] 《資治通鑑》卷六九《魏紀一》文帝黃初二年條,2186頁。
[5] 《漢書》卷二五下《郊祀志下》,中華書局,1962年,1271頁。

帝斬蛇之符,棄秦之暴,越惡承善,不以世次爲正也,故以承周爲火德。自兹厥後,乃以爲常。"〔1〕從此,王統有了正閏之别。

所謂閏位,也就是無德的非正統王朝,它們被排出於五德循環體系之外,五德運轉也就不再拘泥於時間上是否無縫銜接。這是漢儒對五德終始學説的補充。饒宗頤總結道:"爲正閏之説者,其争論焦點,即在於承接之間是否爲正與不正之問題。故保持正統,可以放棄若干被認爲閏位,而遥接遠代,爲'超代'之論。"〔2〕

可以看出,"超代"之論是應征誅模式的需要而興起的。相反,前文所論"北朝正統論"則是禪讓模式下王朝順繼下來的自然産物,它們分别對應五行的相剋與相生。那麽太宗既已完成對"北朝正統論"的否決,也就是將北魏以來的政權斥爲閏位後,理應也有"越惡承善"的"超代"之議。

"北朝正統論"雖被視爲李唐三百年間主流的意識形態,但因北魏是以異族征伐入主中原,"由隋而推之,爲周爲魏,則上無所起"〔3〕,歐陽脩《正統論》也説"大抵其可疑之際有三",其中之一便是"以隋承後魏則無始","自唐而上,至於後魏,又推而上之,則爲夷狄"〔4〕。故在有唐一代始終有質疑的聲音存在。爲彌補這一先天性缺陷,唐代知識界出現了"南朝正統論"和"徑承周漢"兩種政治學説,試圖重新闡釋李唐正統的源起,其中"徑承周漢説"在唐前期最受關注。

"徑承周漢"爲高宗時王勃首倡,其説謂:"自黄帝至漢,五運適周,土復歸唐,唐應繼周、漢,不可承周、隋短祚。"王勃此説在武周和玄宗時期開始對政治實踐産生實質性影響:

> 武后時,李嗣真請以周、漢爲二王後,而廢周、隋,中宗復用周、隋。天寶中,太平久,上言者多以詭異進,有崔昌者採勃舊説,上《五行應運曆》,請承周、漢,廢周、隋爲閏……於是玄宗下詔以唐承漢,黜隋以前帝王,廢介、酅公,尊周、漢爲二王後,以商爲三恪,京城起周武王、漢高祖廟。〔5〕

---

〔1〕《魏書》卷一〇八《禮志》,中華書局,1974年,2745頁。
〔2〕饒宗頤《中國史學上之正統論》,76頁。
〔3〕《容齋隨筆》卷九《皇甫湜正閏論》,中華書局,2005年,114頁。
〔4〕歐陽脩《正統論上》,轉引自饒宗頤《中國史學上之正統論》。
〔5〕《新唐書》卷二〇一《王勃傳》,5740頁。

"遠紹周漢"學説並不是王勃的首創,他的祖父王通在隋文帝仁壽三年(603)即有此倡議,在其撰著的《中説·關朗篇》載有此事:

> 子謂薛收曰:"元魏以降,天下無主矣。開皇九載,人始一。先人有言曰:敬其事者大其始,慎其位者正其名。此吾所以建議於仁壽也:'陛下真帝也,無踵偽亂,必紹周、漢,以土襲火,色尚黄,數用五,除四代之法,以乘天命,千載一時,不可失也。'高祖偉之而不能用。所以然者,吾庶幾乎周公之事矣。故《十二策》何先?必先正始者也。"

所謂"偽亂"也就是"四代",宋人阮逸注爲"北朝魏、周、齊、南朝陳也"[1]。王通主張"無踵偽亂,必紹周漢",此爲王勃否定"北朝正統論""徑承周漢"學説的源頭[2]。不過從時人的評價來看,祖孫二人的倡言似乎都與時運不合,王通進言後,隋文帝"下其議於公卿,公卿不悦"[3]。王勃則被中唐的封演譏爲"迂闊",言其説"未爲當時所許"。對崔昌的上言,封氏還諷刺道:"天寶中,升平既久,上書言事者多爲詭異以希進用。"[4]

可疑之處在於,既然正史對"徑承周漢説"在武后、玄宗時的政治影響言之鑿鑿,爲何封氏又有如此評價?而且史載中留下了很多王勃生平的事迹,這些鮮明的事例描繪出的個人形象與"迂闊"一詞可謂相去甚遠。相反,王勃十三歲時嘗作《上絳州上官司馬書》,表達"伏龍門而一息"的仕進之意[5];《舊唐書·文苑上》載:"乾封初,詣闕上《宸遊東嶽頌》。時東都造乾元殿,又上《乾元殿頌》",又"諸王鬭雞,互有勝負,勃戲爲《檄英王雞文》";《新唐書·文藝上》記曰:"麟德初,劉祥道巡行關内,勃上書自陳,祥道表於朝,對策高第。"當時素有知人之鑒的禮部侍郎裴行儉評價他説:"勃等雖有文才,而浮躁淺露,豈享爵禄之器耶!"[6]如果我們把上言"遠紹周漢"一事與上述王勃一貫的行爲兩相對比,能感到明顯的衝突錯亂之感。這樣一個善於察觀言色之人,如果主流意識形

---

[1] 《中説》卷一〇《關朗》,《叢書集成》,中華書局,1985年,36—37頁。
[2] 汪文學《"唐承漢統"説的理論意義和實踐意義》,《西南民族大學學報》2004年第2期。
[3] 杜淹《文中子世家》,《中説校注》附録,中華書局,2013年,267頁。
[4] 趙貞信校注《封氏聞見記校注》,中華書局,2005年,27—28頁。
[5] 王勃著,蔣清翊注《王子安集注》,上海古籍出版社,1995年,164—174頁。
[6] 《舊唐書》卷一九〇上《王勃傳》,5006頁。

態没有發生變動的話,怎會在此時重蹈祖父軌轍,提出這樣一個看似不合時宜的舊説來?這就不得不讓人懷疑,封氏的評價多半是基於中唐人的後見之明。

有史料可以説明,"徑承周漢説"在唐時其實並不如封演評價的那樣,而是有更早的思想基礎,對李唐政治實踐的影響也不止限於武周、玄宗兩朝。《新唐書·則天皇后紀》:"天授元年正月庚辰,大赦,改元曰載初,以十一月爲正月,十二月爲臘月,來年正月爲一月。以周、漢之後爲二王後,封舜、禹、湯之裔爲三恪,周、隋同列國,封其嗣。"《改元載初赦文》申述道:

> 我國家創業,嘗有意改正朔矣。所未改者,蓋有由焉。高祖草創百度,因循隋氏;太宗緯地經天,日不暇給;高宗嗣歷,將宏丕訓,改作之事,屢發聖謨,言猶在耳,永懷無及。……朕所以式遵《禮經》,奉成先志,今推三統之次,國家得天統,當以建子月爲正,考之群藝,厥義昭矣。宜以永昌元年十有一月爲載初元年正月,十有二月改臘月,來年正月改爲一月。[1]

改正朔是王朝易代的首要標誌,服色、禮樂等方面的改制都是以此作爲基礎。《禮記》上説:"立權度量,考文章,改正朔,易服色,殊徽號,異器械,别衣服,此其所得與民變革者也。"孔穎達疏曰:"改正朔者,正謂年始,朔謂月初,言王者得政,示從我始,改故用新。"[2]改正朔意味着革故鼎新、易姓受命,《改元載初赦文》即是武周代唐的政治宣言,改曆周代正朔即意味着改承周代的法統。而赦文明確説,改行周代正朔並不是武后的發明,太宗、高宗時即有此議。此説雖有爲改行周代正朔並繼而以周代唐尋求理據支持的用意,但此時上距太宗朝未遠,武后不至於無故生發出没有的史實來。按照赦文的説法,太宗、高宗之時並未改作,但似乎已有與高祖"因循隋氏"不同的正朔觀念,至於未嘗施行的原因則更耐咀嚼——兩朝傳祚五十餘年,何至"屢發聖謨,言猶在耳",仍舊"永懷無及"?尤其太宗"日不暇給"的理由,讓人不得不懷疑是托詞。太宗朝究竟有没有改承周漢法統的用意,進而有没有具體的實踐,史料和考古發現實際上留下了不少蛛絲馬跡。

貞觀初年創制儀禮,君臣議論多法祖周漢故事,明確地以周漢故制爲依據

---

[1] 《唐大詔令集》卷四《帝王·改元中》,19頁。
[2] 鄭玄注,孔穎達疏《禮記正義》卷三四《大傳》,北京大學出版社,2000年,1166、1167頁。

的,貞觀九年高祖遺詔:"其服輕重,悉從漢制。以日易月,於事爲宜。其園陵制度,務從儉約,斟酌漢魏,以爲規矩。"[1]此時高祖尚在桐宫,詔書反映的應該是太宗的理念。又有貞觀十一年二月《九嵕山卜陵詔》:"漢氏使將相陪陵,又給以東園秘器,篤終之義,恩意深厚,古人豈異我哉! 自今已後,功臣密戚及德業佐時者,如有薨亡,宜賜塋地一所,及以秘器,使窀穸之時,喪事無闕。所司依此營備,稱朕意焉。"[2]又有貞觀二十三年,"遺詔皇太子即位於柩前,喪紀宜用漢制。"[3]從考古發現的對應情況來看,"斟酌漢魏"並不祇是高祖獻陵和太宗昭陵的具體規定,而是具有垂範意義的普遍要求,多座唐初高等級墓葬都發現有濃厚的周、漢文化因素。例如隋煬帝墓方形並附對稱耳室的平面形制,以及臺階墓道的形制,就是跳脱北朝至隋代墓葬傳統遥承"漢制""晋制"的表現;另與隋煬帝合葬的蕭后墓,其中隨葬的一套銅制編鐘16件、編磬20件,還有白玉璋1件[4],都是典型的周代風格文物,同類型器物在隋唐時期没有見到過第二例;陝西西安貞觀五年李壽墓也是方形的平面形制[5],與北朝以來弧方形的磚構墓葬傳統有異,其同隋煬帝墓一樣是"漢制"的表現方式;湖北安陸貞觀年間吴王妃楊氏墓,前堂後室並附對稱耳室的墓葬形制[6],更是對東漢曹魏時期主流墓葬形制的直接移植[7]。

此外,還有太宗封建之議。貞觀元年,太宗"問公卿以享國久長之策,蕭瑀言:'三代封建而久長,秦孤立而速亡。'上以爲然,於是始有封建之議"[8]。其實在武德九年,太宗實際掌握權柄後,對高祖强宗室以鎮天下之分封政策已有討論,指其緣私濫封,勞役百姓,遂"降宗室郡王皆爲縣公,惟有功者數人不降"[9]。貞觀五年下詔實質性推進此事:"皇家宗室及勳賢之臣,宜令作鎮藩部,貽厥子

---

[1]《唐大詔令集》卷一一《帝王·遺詔上》,67頁。
[2]《舊唐書》卷三《太宗本紀下》,47頁。
[3]《舊唐書》卷三《太宗本紀下》,62頁。
[4] 南京博物院、揚州市文物考古研究所、蘇州市考古研究所《江蘇揚州市曹莊隋煬帝墓》,《考古》2014年第7期。
[5] 陝西省博物館、文管會《唐李壽墓發掘簡報》,《文物》1974年第9期。
[6] 孝感地區博物館、安陸縣博物館《安陸王子山唐吴王妃楊氏墓》,《文物》1985年第2期。
[7] 朱超龍《隋煬帝墓的規格、形制與唐初"斟酌漢魏"制度》,《考古》2022年第6期。
[8]《資治通鑑》卷一九二《唐紀八》太宗貞觀元年七月條,6037頁。
[9]《資治通鑑》卷一九二《唐紀八》高祖武德九年十一月條,6025頁。

孫,非有大故,毋或黜免,所司明爲條例,定等級以聞。"[1]殆至貞觀十一年始行分封,詔荆州都督荆王李元景等宗室諸王二十一人、長孫無忌等外姓功臣一十四人代襲刺史,詔令言:

> 但今刺史,即古之諸侯,雖立名不同,監統一也。[2]

> 其所任刺史,咸令子孫代代承襲。[3]

實際上,漢代以後歷代祇是將分封爵位作爲論功行賞的虚名,所謂"設爵無土,署官不職"。太宗此舉則大有不同,是有封地,需到任並行使權力的實封,且代代傳襲。從中可見太宗所行分封是中古以來最爲接近三代實際的。但古今事殊,時過境遷,分封制度已失去現實合理性,太宗此舉無異於倒行逆施。自有此議,群下就有比較激烈的反對意見,尚書右丞魏徵、禮部侍郎李百藥、太子左庶子于志寧、侍御史馬周等先後上疏力陳封建弊病。貞觀十一年詔令頒布後,甚至出現了"群臣不願封"的局面,當時長孫無忌攜房玄齡上表固讓,甚至説:"承恩以來,形影相弔,若履春冰;宗族憂虞,如置湯火。……今因臣等,復有變更,恐紊聖朝綱紀;且後世愚幼不肖之嗣,或抵冒邦憲,自取誅夷,更因延世之賞,致成剿絶之禍,良可哀愍。願停涣汗之旨,賜其性命之恩。"長孫無忌子婦爲長樂公主,他還通過這層關係轉達:"臣披荆棘事陛下,今海内寧一,奈何棄之外州,與遷徙何異!"[4]他們代表的至少是大部分受封者的意見,最終太宗就勢下詔停封刺史。此鬧劇之不合時宜,歷代都有很多批評,宋時范祖禹針對此事的評論比較中肯:"柳宗元有言曰:封建非聖人意也,勢也。蓋自上古以來有之,聖人不得而廢也……古之法不可用於今,猶今之法不可用於古也。後世如有王者,親親而尊賢,務德而愛民,慎擇守令,以治郡縣,亦足以致太平而興禮樂矣。何必如古封建,乃爲盛哉?"[5]而以太宗之雄才,能不知唐時已不具備分封之"勢"了嗎? 在六年之久的議論中實際上已有諸多反對意見,太宗並未理會,施行分封之時也有反對意見,太宗却聽了,以至於倉促停止了已在箭弦之上的分封,而且是畫上了句號,連

---

[1] 《資治通鑑》卷一九三《唐紀九》太宗貞觀五年十一月條,6089頁。
[2] 《舊唐書》卷六五《長孫無忌傳》,2449頁。
[3] 《舊唐書》卷六四《高祖二十二子傳》,2425頁。
[4] 《資治通鑑》卷一九五《唐紀十一》太宗貞觀十三年二月條,6146頁。
[5] 范祖禹《唐鑑》,上海古籍出版社,1984年,41—43頁。

折中的舉措也没有,以後也再未提及此事。誠如詔令所言,太宗分封之議是"規模周、漢,斟酌曹、馬","欲與三代比隆"之舉[1],而其象徵意義似大於實際意義。

李唐又是一個宗法觀念濃厚、宗法制度系統而嚴明的時代。陳成國通過分析李唐帝系和宗室世系、族姓内外與族内嫡庶之分甚爲嚴格、宗法制度受到明確的法律保護、依禮經立私廟等方面,以及祭祀、喪葬、婚姻、饗燕等制度得到了這個認識,並且明確指出,李唐的宗法觀念基本上源於周禮[2]。這裏的起源應在太宗時期,太宗詔修《氏族志》,應該就是這一大的時代背景下的舉措之一。貞觀六年,太宗詔高士廉與韋挺、岑文本、令狐德棻等修撰《氏族志》:

> 責天下譜諜,參考史傳,檢正真僞,進忠賢,退悖惡,先宗室,後外戚,退新門,進舊望,右膏粱,左寒畯,合二百九十三姓,千六百五十一家,爲九等,號曰《氏族志》。[3]

修《氏族志》的意圖,太宗説得很清楚:

> 我今特定族姓者,欲崇重今朝冠冕,何因崔幹猶爲第一等?……卿等不貴我官爵耶! 不須論數世以前,止取今日官爵高下作等級。[4]

高士廉等人初以山東崔氏爲第一等,引起了太宗的不滿,"乃更命刊定,專以今朝品秩爲高下。於是以皇族爲首,外戚次之,降崔民幹爲第三"[5]。太宗希望達到的目的和最終達到的結果是統一的,即崇樹今朝冠冕,具體來説,就是以皇族爲首,外戚次之。因爲中間發生了以山東崔氏爲第一等的小插曲,論者着意於此,將太宗意圖的討論導入政治勢力的二元對立中。又或如陳成國所言,太宗修撰《氏族志》並不是要抛棄門閥觀念與宗法制度,他祇是要造就新的門第觀念與宗法制度,抬高李唐宗室的地位[6]。本文以此爲基礎,從回復姬周宗法制度的角度來理解。一個基本的常識是,姬周的分封制與宗法制互爲表裏,相輔相成,

---

[1] 《舊唐書》卷六四《高祖二十二子傳》,2424頁;《新唐書》卷七八《宗室》,3537頁。
[2] 陳成國《中國禮制史(隋唐五代卷)》,湖南教育出版社,1998年,55—70頁。
[3] 《新唐書》卷九五《高儉傳》,3841頁。
[4] 《舊唐書》卷六五《高士廉傳》,3444頁。
[5] 《資治通鑑》卷一九五《唐紀十一》太宗貞觀十二年正月條,6136頁。
[6] 陳成國《中國禮制史(隋唐五代卷)》,57頁。

具言之,宗法制是分封制實行的基礎,分封制是宗法制的具體體現。太宗施行封建,本應有相與配伍的一套宗法原則。從《氏族志》詔修與頒行的時間即能看出其與分封之間密切的關係,貞觀五年十一月下分封宗室及勛臣詔,令有司制定條例,定次等級,次年詔修《氏族志》;貞觀十一年六月詔宗室、功臣世襲刺史,次年正月《氏族志》修成,頒行天下。二者如影隨形,相輔相成於太宗回復周漢理想社會的大背景下。

## 七、結語

綜括本文,太宗即位之時相比高祖確曾有過比較大的政策轉向,尤其在意識形態領域,包括否定北魏至於楊隋的政權正統性,轉而從周漢王朝引入改制的底本。但因爲周漢時期的一些政策已然不合今宜,很多政策實際上祇具有象徵意義,其更多地意義在於服務於太宗構建正統的意識形態。隋煬帝陵墓的改遷和哀册改刻也是其中的一項環節。以往唐史研究中有一些經典問題,包括"關隴集團"在唐初的消失、太宗頒定《氏族志》和封建之議,都可以納入這一框架里來討論。具體來説,"關隴集團"作爲"北朝正統論"之政治實體,太宗之時已有對其施以打擊的動機,武后的打擊繼之於後,纔使其湮滅於歷史的長河中。頒行《氏族志》與施行封建則爲仿製周代分封制與宗法制,二者互爲表裏,宗法制是分封制實行的依據,分封制是宗法制的外在表現。

太宗與高祖在意識形態上的分歧,最終還要歸結於"玄武門之變"引發的統治危機。對於守成者來説,如何弥縫開國二帝在正統路線上的分歧,是一個考驗政治智慧的巨大難題。不過高宗顯然没有意識到這股潛流對此後李唐産生的巨大影響,唐代前期帝位的繼承不穩定,武力奪取繼承權的情況成爲常態,"玄武門之變"明顯起到了直接或間接的提示作用[1];而由"玄武門之變"引起的太宗重構正統諸種措施,雖然暫時穩定了唐初政局,但同樣爲李唐政權埋下了禍根,如太宗在制度建設和意識形態領域引進了很多周漢制度,敏鋭如王勃,在此基礎

---

[1] 李樹桐《唐代帝位繼承之研究》,《唐代研究論集》第1輯,新文豐出版公司,1992年,113—175頁。

上進一步主張李唐正統應"遠紹周漢"。王勃雖被高宗貶斥,但至武后掌權,在這股已然營造成功的濃厚周漢味道的環境中,她以此作爲武周代唐的理論支撐。武則天爲何定國號爲周,以及諸多改制舉措,或都能從這裏找到新的認識角度。

# The Relocation of the Mausoleum and Recomposition of Eulogy of Emperor Yang of Sui and the Construction of Orthodoxy of Zhenguan Regime of Tang

## Zhu Chaolong

This article first corrects the transcription of the *Epitaph of Emperor Yang of Sui* 隋煬帝墓誌, pointing out the inconsistencies and differences in the overall content, the concept of the phrase "the fourteenth year of Daye" 大業十四年, the title calling Yang Guang 楊廣 the Emperor Yang of Sui, the style and content elements of the epitaph, the calligraphy, and many other features. According to these features, the epitaph could be divided into three parts. In connection with the historical fact that Emperor Yang was buried three times, it could be deduced that the epitaph was modified according to the eulogy recorded in the fourteenth year of Daye. The second part was left over from this eulogy as well, with a title inscribed in the first year of Zhenguan 貞觀元年. The third part was carved after the first year of Zhenguan. The modification of the eulogy was part of the measures to rebury the Emperor Yang in the first year of Zhenguan. The phrase "the fourteenth year of Daye" followed by "the first year of Zhenguan" reflects Emperor Taizong of Tang's 唐太宗 preference of mode of legitimization. He favored the "conquest and execution( zhengzhu 征誅)" mode over the "abdication ( shanrang 禪讓)" mode and the "Orthodox Theory of the Northern Dynasties". To support his rule, Taizong also introduced the system of Zhou and Han dynasties and carried out system construction and ideological propaganda. Taizong's promotion of the Zhou and Han system had a profound influence on political practice even after the early Tang dynasty.

# 貞觀初年唐朝與林邑關係史新證
## ——以《元軌墓誌》爲中心*

### 董永强

在唐朝與南海諸國的對外交往中，與林邑的來往最爲繁密。兩《唐書》將林邑列於南蠻傳之首，在記述南蠻諸國的方位時，多以林邑爲參照。真臘、婆利、刹羅等國入華朝貢時也常隨林邑使者前來。據周偉洲先生研究指出，林邑朝貢唐朝多達35次，僅在武德、貞觀時期就有7次[1]。唐高宗與武則天時期，唐王朝與林邑依然關係密切[2]。遍檢漢文史籍，不難發現，在唐朝與林邑的交往史中，幾乎都是林邑遣使朝貢唐朝的記載，未見有唐朝遣使林邑的情形[3]。這不免給人造成在雙邊關係中林邑單方面向唐朝貢的"虛像"[4]，似乎是"有來無往"。關於唐代的對外關係，日本學者西嶋定生先生早在20世紀60年代就提出

---

\* 本文爲國家社會科學基金一般項目"中古吐魯番社會的結構過程研究"階段成果之一，項目批准號:20BZS145。

[1] 周偉洲《長安與南海諸國》，西安出版社，2003年，139—142頁。

[2] 參見王永平《唐高宗、武則天時期中國與林邑的關係》，《首都師範大學學報》2014年第1期，23—27頁。

[3] 南朝宋人曾充使林邑。魏收《魏書》卷五七《崔挺傳》："掖縣有人，年逾九十，板輿造州。自稱少曾充使林邑，得一美玉，方尺四寸，甚有光彩，藏之海島，垂六十歲。忻逢明治，今願奉之。挺曰：'吾雖德謝古人，未能以玉爲寶。'遣船隨取，光潤果然。竟不肯受，仍表送京都。"中華書局，1974年，1265頁。掖縣即今山東萊州，劉宋泰始二年(466)山東纔被北魏占領。可知，南朝劉宋時，掖縣曾有人出使林邑。

[4] "虛像"一詞藉用自王貞平《唐代賓禮研究：亞洲視域中的外交信息傳遞》，中西書局，2017年，79頁。

了"册封體制論"[1],此後不斷有學者對此進行補充研究。根據"册封/朝貢體制"論的解釋,册封國與受封國之間有着相應的權利與義務[2]。以册封國而言,天子以政、禮、德約束外蕃君主,册封其官爵並接受其朝貢;就受封國而言,外蕃加入以中國爲中心的"册封體制",顯然有着明確的政治訴求,即期望以接受中國的封號來換取中國朝廷的政治承認,保障他們在蕃內的權威地位,爲他們在與他國的競爭中提供支持和庇護[3]。換句話説,唐與周邊國家册封朝貢關係的形成與維持不可能是唐或周邊國家單方面一元地發生,它既依賴於周邊外蕃君主向唐遣使朝貢,也仰賴於唐對這些君主的册封,尤其是唐朝遣使册封對維護雙邊關係至爲重要。因此,跳脱單邊的"虛像",從雙邊乃至多邊的視角審視唐與林邑的"册封/朝貢關係"應是更爲合理的研究取徑。新材料的發現也爲這種研究路徑得以實施提供了堅實的基礎與可能。近年出土於西安的《□故内率府長史贈散騎侍郎元君墓誌銘》(以下簡稱《元軌墓誌》)中有唐遣使林邑的記載,雖然內容比較簡略,但極爲罕見,是唐初確立與林邑"君臣之位"的實物證據,具有重要的補史作用。關於唐代使者的整體性研究,石曉軍先生關注較早,在其博士論文《隋唐外務官僚研究》[4]中對唐代遣外使節有精深討論。此外,李大龍先生的《唐朝和邊疆民族使者往來研究》[5]可謂全面而系統,足可啓發後學。王貞平先生的《唐代的賓禮——亞洲視域中的外交信息傳遞》從信息傳遞的視角討論唐代對外交往,也是不多見的重要成果。在以上研究基礎上,本文將以新刊布的唐貞觀五年《元軌墓誌》爲中心,擬就貞觀三年(629)唐朝遣使林邑的目

---

[1] 西嶋定生《6—8世紀の東アジア》,家永三郎等編《岩波講座日本歷史(古代2)》,岩波書店,1962年,229—278頁。後收入氏著《中国古代国家と東アジア社会》,東京大学出版會,1983年;陳志剛在《中國古代封貢體系的本質屬性:中原王朝陸基國土防禦體系——以封貢體系的理論框架與内部組成、運作規律爲中心》中稱之爲"封貢體系",載陳尚勝編《中國傳統對外關係的思想、制度與政策》,山東大學出版社,2007年,119—161頁;王貞平又將此理論總結爲"朝貢/册封體制論",並辟有專章,細緻梳理其理論內涵,詳見王貞平《唐代賓禮研究:亞洲視域中的外交信息傳遞》,182—214頁。

[2] 參見坂元義種《古代東アジア朝鮮と日本》,吉川弘文館,1978年,16—17頁。

[3] 西嶋定生《中国古代国家と東アジア社会》,東京大学出版會,1983年,415—512頁。

[4] 石曉軍《隋唐外务官僚の研究:鴻臚寺官僚・遣外使節を中心に》,關西大學1996年文學博士學位論文。

[5] 李大龍《唐朝和邊疆民族使者往來研究》,黑龍江教育出版社,2013年。

的以及唐與林邑的關係,發覆鈎沉,以就教於方家。

## 一、林邑副使元軌

《元軌墓誌》原碑 2013 年出土於西安長安區高陽原,現藏長安區博物館。墓誌全文著錄於《長安碑刻》[1],兹據刊布拓本與原石,校錄原文並重新標點如下:

□故内率府長史贈散騎侍郎元君墓誌銘」

□諱軌,字行謨,河南洛陽人也。金行委馭,水運膺」符[2]。鳳峙龍旋,奄九有而爲宅;瑶華瓊萼,延百世而」承祀。曾祖海,雍州牧、馮翊王。祖景才,衛州刺史、平」凉公。道茂緇衣,積宣皂蓋。父運,直閣、銀青光禄大」夫。器高簪紱,名載旗常。

大業十三年,討賊功授正」議大夫,遷右武衛武賁郎將。武德四年,翻僞雄州奉見,敕擬前齊户曹參軍。五年,從征劉闥,授上騎」都尉。九年,任左率府長史。三年,奉敕爲林邑使副。道長且阻,未復龍川之路;生浮世促,俄爲馬革之」還。以五年四月十日,卒於比景。有悼宸衷,乃降詔」曰:元謨遠使絶域,中途殞喪,宜加寵命,式被泉壤」。可贈員外散騎侍郎。即以其年十月廿九日,葬於」京城南十里。四序易流,一塗難忍。期陵谷之有變」,庶丹青之無泯。銘曰」:

疏峰昆閬,導源濛汜。盛緒崇基,謀孫翼子。峨峨雍」牧,事詳惇史。灼灼平凉,於穆不已。悠哉國門,萬里歸魂。素輀曉輓,丹旐晨翻。冥漠孤兆,蕭瑟荒原。徽」猷雖戢[3],竹素方存。李神植書

誌主元軌,字行謨,河南洛陽人,爲北魏昭成帝之後,其家族成員在魏、周及隋三朝仕宦顯赫。北魏孝文帝積極推行漢化改革,在遷都洛陽之初,曾下詔遷洛之民著籍洛陽。太和十九年(495)六月"丙辰,詔遷洛之民,死葬河南,不得還北。於

---

[1] 穆曉軍、宋英主編《長安碑刻》,陝西人民出版社,2014 年,357 頁。
[2] 原石作"苻"。
[3] 《長安碑刻》作"徽猷難戢",誤。當作"徽猷雖戢"。"徽猷",意爲修養。語出《詩經·小雅·角弓》:"君子有徽猷,小人與屬。""雖戢"與"方存"文意對舉。

是代人南遷者,悉爲河南洛陽人"〔1〕。已出土的元淑、元昭、元倖、元儉等墓誌中莫不自稱"河南洛陽人"。

　　誌主曾祖元季海,誌文中直稱作"海"。據《北史》記載,元季海"兄弟中最有名譽",曾爲洛州刺史,後從孝武帝入關,封馮翊王,位中書令、雍州刺史。與誌文記載相合。此外,《北史》將元季海列傳繫於元淑傳之後,據此可知,元季海爲元淑之子。《元淑墓誌》出土於山西大同,已有專文考釋〔2〕。據考證,元淑曾祖父爲北魏昭成帝拓跋什翼犍第五子拓跋壽鳩,祖父爲常山王拓跋遵,父常山康王拓跋素。祖父及父在《魏書》和《北史》中有專傳載其事〔3〕。誌主祖元亨,字德良,又名孝才,誌文作"景才"。《北史》《隋書》皆有傳。大統末,"襲爵馮翊王,累遷勳州刺史,改封平涼王"。北周禪代之後,循例降爵爲公。"隋文帝受禪,自洛州刺史徵拜太常卿。尋出爲衛州刺史。在職八年,風化大洽。"〔4〕誌文較正史簡略,並無抵牾之處。墓誌中對誌主曾祖及祖名諱的寫法與正史記載稍有差異,這在元氏家族成員墓誌中屢見不鮮。據《元倖墓誌》記載,"壽鳩"又寫作"受久"。遵,字勃兜,素又作"素連"〔5〕;而《元昭墓誌》徑稱遵爲"兜",素連爲"連"〔6〕。故,《元軌墓誌》中徑稱季海爲"海",劉黑闥爲"劉闥",爲習見做法。

　　誌主父運,"直閤、銀青光禄大夫",名不見經傳。直閤,即直閤將軍〔7〕,職掌閤内禁衛,爲君主的貼身侍衛。加武散官"銀青光禄大夫"。今據前人研究,結合新出墓誌,補充元軌簡略譜系如下:

　　昭成帝什翼犍—壽鳩—遵—素—淑—季海—亨—運—軌

　　誌文記載元軌在隋末唐初的歷官甚爲簡要。誌主應是以門蔭入官。大業十三年(617),以討賊功授正議大夫。正議大夫,大業三年始置爲文散官,正四品。

---

〔1〕　《魏書》卷七下《高祖紀下》,178頁。
〔2〕　參見大同市博物館《大同東郊北魏元淑墓》,《文物》1989年第8期,57—65頁。
〔3〕　參見王銀田《元淑墓誌考釋——附北魏高琨墓誌小考》,《文物》1989年第8期,66—68頁。
〔4〕　李延壽《北史》卷一五《魏諸宗室列傳》,中華書局,1974年,574頁。
〔5〕　參見趙超《漢魏南北朝墓誌彙編》,天津古籍出版社,1992年,60頁。
〔6〕　參見《漢魏南北朝墓誌彙編》,146頁。
〔7〕　參見張金龍《北魏後期的直閤將軍與"直衛"諸職》,《文史哲》1999年第1期,37—42頁。

《通典》載:"正議大夫、通議大夫,皆隋置散官,蓋取秦大夫掌議論之義。大唐並因之。"〔1〕遷右武衛武賁郎將。武德四年(621),授前齊户曹參軍。"前齊"應是指齊王府。五年,從征劉黑闥,授上騎都尉。九年,"任左率府長史",應有脱字。據《唐六典》記載,率府是負責太子東宮的警衛、門禁、巡邏等職責的武官。包括太子左、右衛率府,太子左、右司禦率府,太子左、右清道率府,太子左、右監門率府,太子左、右内率府〔2〕,統稱爲十率府,是東宫系統的軍事機構,長官皆稱率,副職稱副率,仿十六衛而置。可知,武德末期,元軌爲左率府長史,是東宫僚屬中的守衛武官,正七品上,其主要任務是戍守東宫,出警入蹕,以備儀仗,應握有一定兵權。

元軌進入建成東宫與唐平劉黑闥之亂有密切關係。東征劉黑闥在李建成與李世民争奪戰功過程中有着重要意義。據兩唐書《劉黑闥傳》載:武德四年七月,劉黑闥反,唐前後派軍平剿,皆失利。劉黑闥借兵突厥,攻陷相州,收復竇建德故地。武德五年正月,劉黑闥自稱漢東王,都於洺州。李世民統兵進討,在洺州用水攻,大敗叛軍。劉黑闥逃奔突厥。李世民率軍而還。五月,劉黑闥又借突厥兵卷土而來,寇略山東。不久,河北諸州皆叛,又降於黑闥,復都洺州。"十一月,高祖遣齊王元吉擊之,遲留不進。又令隱太子建成督兵進討,頻戰大捷。"〔3〕此後經過館陶、永濟渠之戰,劉黑闥帶殘兵退入饒陽,最後被饒州刺史所執,斬於洺州,山東復平。

武德五年,被李世民擊潰的劉黑闥借兵突厥復叛。爲了與李世民争奪平亂之功,鞏固自己的太子之位。太子建成採納魏徵建議,親自率領大軍東征劉黑闥,並結交"山東豪傑"。誌文所謂"五年,從征劉黑闥",很可能是指武德五年末,元軌從太子建成征討劉黑闥,"頻戰大捷",因立有軍功,授六轉勳官上騎都尉。元軌爲元魏皇族後裔,又因有從太子出征事,故武德九年得以進入太子東宫任武官。换句話説,最晚到武德九年,元軌已然成爲李建成集團的成員。六月初四,玄武門政變時,他是否參與保衛太子的戰鬥,不可考。從政變當年到貞觀二

---

〔1〕 杜佑撰,王文錦等點校《通典》卷三四《職官·文散官》,中華書局,1988年,936頁。
〔2〕 參見李林甫等撰,陳仲夫點校《唐六典》卷二八《太子左右衛及諸率府》,中華書局,2014年,715—721頁。
〔3〕 劉昫等《舊唐書》卷五五《劉黑闥傳》,中華書局,1975年,2260頁。

年,元軌任官不詳。誌文似乎也有意隱晦。元軌未被剪除,或許與他並非建成陣營骨幹成員,牽涉不深有關。即便如此,其政治生命也基本宣告終結。或許被有意排擠,或許爲表忠心,這纔有貞觀三年奉敕遠赴絶域,出使林邑之旅。畢竟,出使南海有性命之虞。最終,元軌還是客死他鄉。按唐制:六品以下官職任命,稱爲"旨授"。林邑副使應官居六品以下。

## 二、唐遣使元軌册封林邑王

貞觀三年前後,林邑連續向唐朝朝貢。《册府元龜》卷九七〇《外臣部·朝貢三》載:

> 武德六年二月,林邑遣使朝貢。
> 
> 武德八年四月,林邑遣使朝貢。
> 
> 貞觀二年十月,林邑、真臘、參半、殊奈並遣使朝貢。
> 
> 貞觀四年五月,林邑獻火珠,狀如水精,日正午時,以珠承景,取艾衣之,即火見。云得於羅利國。婆利國遣使隨林邑使獻方物。
> 
> 貞觀五年,林邑獻五色鸚鵡[1]。太宗異之,詔太子右庶子李百藥爲之賦。又獻白鸚鵡,精識辨慧,善於應答。太宗憫之,並付其使,令放還於林藪[2]。

以上五次林邑朝貢唐朝的史實,亦見於兩《唐書》。雖然皆是朝貢,但意義各不相同。《舊唐書·林邑傳》對林邑五次朝貢記載稍詳:"武德六年,其王范梵志遣使來朝。八年,又遣使獻方物,高祖爲設九部樂以宴之,及賜其王錦彩。貞觀初,遣使貢馴犀。四年,其王范頭黎遣使獻火珠……五年,又獻五色鸚鵡。"

以上材料表明,從武德到貞觀初,林邑王從范梵志變爲范頭黎。九部樂爲"蠻夷"樂舞,唐代多用於國家禮儀,主要用於賓禮中宴請蕃主和客使,以及嘉禮中冬至、元正朝會等重大國事場合。據《玉海》卷一〇五所引唐《實録》記載,唐

---

[1] 參見王欽若《册府元龜》卷九七〇《外臣部·朝貢三》,中華書局,1960年,11398頁。

[2] 《舊唐書》卷一九七《林邑傳》,5270頁。

前期,九部樂、十部樂作爲賓禮燕享蕃使的記錄有 9 次[1]。賓禮設九部樂具有三重目的:"以明德澤廣被四表,以娛四夷之賓,以睦八荒之俗。"[2]這是西周以來的傳統,即所謂"王者必作四夷之樂,一天下也"[3],象徵着華夷融合,天下一統的政治理念[4]。從這個意義上説,武德八年,高祖李淵宴請林邑使者,使用外交工具"九部樂",並賜其王錦彩,是唐"優禮"林邑的表現,具有鮮明的政治意義。

據《元軌墓誌》可知,貞觀三年,元軌奉敕爲林邑副使,率使團出使林邑。此爲迄今所知唯一記載唐朝派遣使節出使林邑的實物資料,彌足珍貴。但也帶來更多未解之謎。首先,唐王朝爲什麽派遣使者出使林邑? 其次,朝廷爲何選派元軌出使? 再次,元軌使團出使有什麽成果? 最後,爲什麽史籍中對此次出使未有任何記載?

唐朝派出的國使都有明確的使命,對此,《册府元龜・奉使部》總序中有所總結:"唐室以降,踵事增名。則有巡察、黜陟、採訪、處置、按察、宣勞之類,分道而往,領命尤重。大率以交聘敵國,通接殊鄰,勞來遠方,安輯新附,慰撫兵役,分給賑賜,採風俗之厚薄,詢民事之勞逸,究吏治之能否,察獄訟之冤正,搜訪遺滯,刺舉姦濫,或購求墜簡,或奉行寵典,於以宣暢皇風,敦諭詔旨,廣天聽而斯遠。"[5]

元軌出使林邑,正史隻言不提。因此,要瞭解唐朝遣使林邑的真實目的,必須從貞觀三年入手。

據法國史學家馬司帛洛(Georges Maspero)研究,629 年商菩跋摩(Çambhuvarman)死,子建達婆達摩(Kandarpadharma)立。商菩跋摩即中國史書之范梵志,建達婆達摩爲范頭黎[6]。最新的占婆碑銘研究指出,商菩跋摩大約

---

[1] 王應麟《玉海》卷一〇五,廣陵書社,2016 年,1947—1948 頁。
[2] 白居易《白氏六帖事類集》卷一八《四夷樂》,文物出版社,1987 年,葉九一正一背。
[3] 鄭玄注,賈公彦疏,黄侃經文句讀《周禮注疏》卷二四《春官・鞮鞻氏》,上海古籍出版社,1990 年,368 頁上欄。
[4] 參見孫曉輝《兩唐書樂志研究》,上海音樂學院出版社,2005 年,285 頁。
[5] 《册府元龜》卷六五二,7805 頁。
[6] 此據美山發現之梵文碑,詳見馬司帛洛《占婆史》,馮承鈞譯,中華書局,1956 年,40 頁。

580年即位,直到629年去世,在位長達49年[1]。據漢文史籍記載,開皇十五年(595)六月,林邑始遣使向隋貢方物[2]。可知此次遣使來貢的林邑王正是范梵志。此後朝貢斷絶。大業元年(605),隋遣大將軍劉方率軍進攻林邑,范梵志最終棄城敗走。隋退軍後,范梵志"復其故地,遣使謝罪,於是朝貢不絶"[3]。由以上記載推知,范梵志至少在位24年(605—629),長期執政積累的政治資源足以支撐他爲其子即位鋪平道路。范梵志死後,范頭黎順利登上王位,林邑王權平穩交接,説明范梵志應是正常老死,他生前應爲政權更替做過工作,雖然其去世月份不詳,但可以肯定是在元軌出使林邑之前。

據此可知,貞觀三年(629),范頭黎接替范梵志成爲林邑王。易言之,貞觀三年之前,派遣使者三次朝貢唐朝的林邑王均爲范梵志。朝貢制度是西周時期確立的,是其五服統治秩序的重要方面。《國語·周語上》云:"夫先王之制:邦内甸服,邦外侯服。侯、衛賓服,蠻夷要服,戎狄荒服。甸服者祭,侯服者祀,賓服者享,要服者貢,荒服者王。"[4]"要服者貢",即宗主國對處於要服的族群要求納貢。林邑處於要服之地,自然要對中原王朝朝貢。但問題是,朝貢義務是與其獲自中原王朝的權利相對應的。换句話説,邊疆民族對中原王朝的朝貢義務是建立在王朝對民族首領的册封基礎上的。册封,又稱册命,起源於周初。册命時必有册,册是載有王命的文書。所謂"册封"是指中華天子以舉行典禮頒發册書的形式,授予四夷君主本蕃、本國君長稱號或王位,承認其四夷君主對本蕃或本國的統治[5]。除陳朝時短暫絶貢外,南朝的齊、梁以及隋時,林邑多次得到中原王朝的册封,其最高統治者被封爲"林邑王"。武德六年林邑遣使朝貢,是自大業初隋平林邑後,李唐立國以來,林邑首次與唐朝交往。此時的林邑王范梵志並没有得到唐的册封,所以不存在對唐的朝貢義務。這應是林邑與唐初步接觸,很可能主要是向唐朝表示臣服。按照唐朝的册封制度和程式判斷,林邑首次遣

---

[1] Karl-Heinz Golzio (ed.), *Inscriptions of Campā*, Aachen: Shaker Verlag, 2014, p. IX.
[2] 魏徵等《隋書》卷二《高祖紀》,中華書局,1973年,40頁;《册府元龜》卷九七〇《外臣部·朝貢三》,11395頁。
[3] 《隋書》卷八二《南蠻·林邑》,1833頁。
[4] 徐元誥撰,王樹民、沈長雲點校《國語集解》,中華書局,2002年,6—7頁。
[5] 參見王義康《唐代册封與授受四夷官爵試探》,《清華大學學報》2018年第3期,44—62頁。

使便册封其王的可能性很小。所以,武德八年,林邑再次前來朝貢,唐高祖設九部樂宴請林邑使者,並賜其王錦彩。九部樂是唐宮廷舉行盛大典禮或重大場合時纔演奏的樂舞。整個武德時期,僅有突厥使者享有此待遇。"武德元年十月戊寅,讌突厥使者,奏九部樂於庭,引骨吐禄特勒升御坐以寵之。"〔1〕李淵如此優寵突厥使者,意在得到突厥對李唐的支持。武德八年宴請林邑使者,唐朝有意提高接待規格,奏九部樂,必然是林邑使者請求冊封其王得到了唐積極回應的結果,其王得到了冊封,取得了唐朝認可的"合法"地位,這標誌着雙方君臣關係的正式確立。

由此看來,貞觀二年林邑遣使入朝,是履行其蕃臣的朝貢義務。史載林邑使者到達長安是在十月,此距當年冬至及來年元日朝會僅剩一兩月,即使不是專爲正月朝賀而來,也必會趕上來年正月初一的皇帝元正。正月賀正是皇帝正月一日受百官、府州朝集使及蕃客朝賀的重要國禮,依唐制,在朝蕃客必須出席。又據《新唐書·禮樂志》云:"賓禮,以待四夷之君長與其使者。"〔2〕可見唐代將賓禮解釋爲接待、宴會蕃國、使臣之禮。蕃國朝見時,由鴻臚卿"辨其等位,以賓待之"。又云:"皇帝元正、冬至受群臣朝賀而會。……設諸蕃方客位:三等以上,東方、南方在東方朝集使之東,西方、北方在西方朝集使之西,每國異位重行,北面;四等以下,分方位於朝集使六品之下。"〔3〕由此推斷,貞觀三年正月初一,唐朝舉行元正大典,林邑國使必然參加,依唐賓禮規定就位於盛典殿堂之中。

林邑王范梵志於貞觀三年去世,貞觀二年十月林邑使者入朝,説明林邑使者是帶着林邑王范梵志病老、不久於人世的信息入朝的。林邑王新老交替,新王並未獲得唐朝冊封。在唐朝主導的天下秩序裏,取得天子冊封,得到天子承認對於林邑的重要性不言而喻。因此,范梵志遣使入朝,提前知會,並請求唐朝天子冊立其子范頭黎爲新的林邑王,這應是貞觀二年林邑遣使貢唐的真正意圖。也恰恰是貞觀二年林邑謀求唐朝冊封新王的外交努力,纔引出貞觀三年唐朝派遣元軌出使林邑之舉。

---

〔1〕《册府元龜》卷九七四《外臣部·褒異一》,11441 頁。
〔2〕 歐陽修、宋祁《新唐書》卷一六《禮樂志六》,中華書局,1975 年,381 頁。
〔3〕《新唐書》卷一九《禮樂志九》,425 頁。

貞觀二年十月朝貢的林邑使者返國必在貞觀三年。《唐會要》載武周證聖元年(695)九月五日《給入朝蕃使糧料敕》:"蕃國使入朝,其糧料各分等第給:南天竺、北天竺、波斯、大食等國使宜給六個月糧,尸利佛誓、真臘、訶陵等國使給五個月糧,林邑國使給三個月糧。"[1]由此推斷,參加元正朝賀的林邑使者最快返國必在貞觀三年。按唐制,唐朝在册封四夷君長或國王時,首先要對君長或王位的繼承者進行資格審核,若有詔敕,鴻臚寺要派人出使册立四夷首領。這是册封蕃酋的基本流程,鴻臚寺是主要執行機構。據《唐六典》卷一八《鴻臚寺》鴻臚卿條載:"凡二王之後及夷狄君長之子襲官爵者,皆辨其嫡庶,詳其可否,以上尚書。"[2]此外,鴻臚寺卿之下的典客令"掌二王後之版籍及四夷歸化在蕃者之名數"[3]。典客署掌握四夷君長或國王的檔案。林邑王的檔案理應在典客署有存檔,但武德以來,唐朝獲取林邑的信息,無疑大都來自林邑使者。王權更替之際,林邑王的承襲者,是否爲范梵志長子？承襲者是否能夠繼續保持向唐的臣服與朝貢？林邑王位更迭是否會影響唐帝國嶺南邊疆的穩定？這些應是唐廷的核心關切,鴻臚寺未必掌握這些信息。因此,唐朝派遣國使出使林邑,主要目的很可能是册封林邑新王。

另外,從武德到貞觀,唐更年號,改正朔。貞觀二年,林邑國使便前來朝貢,顯然也有恭賀新君即位之意。貞觀三年,恰值太宗新立,林邑王新老交替,唐朝選擇此時遣使林邑,政治意圖明顯,意在重新確立雙方的君臣之位,標誌着兩國關係從李淵—范梵志時期正式進入李世民—范頭黎時期。

唐朝册封使者的選派並不是隨意任命,有較爲完備的選拔制度,遵循一定的標準,主要由鴻臚寺來執行。《舊唐書·職官志》載鴻臚寺職責之一:"若諸蕃人酋渠有封禮命,則受册而往其國。"[4]實際上,册封使者的選任範圍並不局限於鴻臚寺官員。李大龍先生的專著《唐朝和邊疆民族使者往來研究》辟出專章討論。他對276位有明確官職記載的唐朝使者進行統計分析,得出結論:絕大多數使者都是唐朝中央機構的官員,唐前期派遣的使者多爲鴻臚寺官員或兼攝鴻臚

---

[1] 王溥《唐會要》卷一〇〇《雜錄》,上海古籍出版社,2006年,2136頁。
[2] 《唐六典》卷一八《鴻臚寺》,505頁。
[3] 《舊唐書》卷四四《職官志三》,1885頁。
[4] 《舊唐書》卷四四《職官志三》,1885頁。

寺的官職，後期則是以御史臺的官員或兼攝御史臺的官職爲主，而且有相當多的使者是武將。他還強調，唐朝選派使者還有一些具體的標準，或有專對之才，或有文才，或出自親賢，或來自"質子"，或來自招募[1]。據誌文所載，元軌是奉敕爲林邑副使。换句話説，是唐太宗詔令元軌以副使身份出使林邑的。之所以選他出使，原因可能有二：

第一，元軌爲隱太子東宫僚屬，雖然武德九年纔入東宫，牽涉不深，但其身份尷尬，在太宗朝中央機構任職的可能性微乎其微，出使林邑是其建功立勳的絶佳機遇。

第二，元軌爲元魏昭成帝後裔，貴族出身，雖非李唐宗室，但也屬前朝宗英。符合唐朝"受命以出必在親賢"的使者選拔標準。

綜合考慮以上兩點，唐朝纔最終選任他擔任副使前往林邑册立新君。雖然出使林邑的"正使"不詳，但可以肯定此次出使必有正使，對整個林邑使團完成使命負有主要責任。

元軌出使林邑是爲册立新林邑王，故其行程路綫必定是走驛路設施完善的官修幹道。從都城長安到林邑，道阻且長，水陸兼行最爲安全、便捷。經廣州出海到印度、大食是求法僧和商旅的常用路綫。陸路自長安到廣州的交通有兩條，是隋唐時代沿用秦代開通翻越"五嶺"道路中的兩條。《元和郡縣圖志》卷三四載廣州八到曰："西北至上都（長安）取郴州路四千二百一十里，取虔州（治今江西贛州）大庾嶺路五千二百一十里。"[2]可知，由長安至廣州一路可走今湖南郴州，南越九嶷山入廣州；一路從今江西贛州越大庾嶺入廣州；郴州路比大庾嶺路近一千里。郴州路和大庾嶺路的具體路綫，周偉洲先生前揭書中有詳論，此處不贅。海路走"海夷道"。《新唐書·地理志》載：唐朝邊州通往四夷的主要交通路綫七條，其中"廣州海夷道"爲從廣州出發通往海外諸國的重要海上交通路綫。此路綫是來源於貞元年間（785—804）宰相賈耽的行記《邊州入四夷路程》，從廣州出發，經海路去往林邑，走這條路綫最爲便捷。

法國漢學家伯希和據賈耽所記，結合考古材料進行研究，著有《交廣印度兩道考》。伯氏對"廣州通海夷道"的考證最爲可信，兹引如下：

---

[1] 李大龍《唐朝和邊疆民族使者往來研究》，179—185頁。
[2] 李吉甫撰，賀次君點校《元和郡縣圖志》，中華書局，1983年，886頁。

廣州海行二百里至屯門山（在今大嶼山與香港之北），乃帆風西行，二日至九州石（今海南島東北之九洲諸島）。又南二日至象石（今 Tinhosa 島）。又西南三日行，至占不勞山（今越南占婆 Champa 島），山在環王國東二百海里海中。[1]

上引這段路綫是海上絲綢之路從廣州到傅達（巴格達）的最初一段。榮新江先生在討論貞元元年（785）楊良瑤出使大食時對此有最新的研究[2]。據《新唐書·環王傳》所云："環王，本林邑也，一曰占不勞，亦曰占婆。"[3]又據《唐會要》可知，林邑"自至德（756—757）後，遂改稱環王國，不以林邑爲號"，可見，從占不勞山西行二百海里，便可抵達林邑。實際上，林邑（占婆）是海上絲綢之路上重要的中轉站，占婆領域内的占不勞山不僅是航海家重要的地理標誌，也是避風良港。阿拉伯史料中也多有記載。9 世紀中期成書的《中國印度見聞録》中記載了阿拉伯商人從波斯灣到廣州要經過占婆（Tchams）和占不牢（Tchan-Pou-Lao）山補給淡水[4]。另外，《道里邦國志》也記載了 9 世紀下半葉至 10 世紀初阿拉伯人從巴士拉（Bassorah）到廣州的航船要途經"栓府"（即占婆）靠岸[5]。

由此可知，從廣州出發，走海路到林邑是海上絲綢之路的一段重要航綫，有理由推斷元軌使團也應是這樣航行的，最後在林邑國都（今越南茶蕎）北面的比景登陸。因爲誌文中有"卒於比景"之語。比景爲唐代僅次於廣州的一個重要貿易港口，在今越南靈江口，富春（即順化）稍東南。交、廣而來的船舶，最先抵達的口岸就是比景。西漢設縣於此。《水經注》引《林邑記》載比景得名及方位云："自盧容縣至無變，越烽火至比景縣，日在頭上，景當身下，與景相比。如淳曰：故以比景名縣。闞駰曰：比，讀蔭庇之庇。景在已下，言爲身所庇也。""渡比

---

[1] 伯希和《交廣印度兩道考》下卷《海道考·自廣州至滿剌加海峽》，馮承鈞譯，商務印書館，1944 年，63 頁。

[2] 榮新江綜合費瑯、伯希和、馮承鈞、韓振華、陳佳榮、蘇繼卿、劉迎勝、張廣達、林梅村等人的研究，詳細列出從廣州到巴格達海上絲路經行的路綫。詳見榮新江《唐朝與黑衣大食關係史新證——記貞元初年楊良瑤的聘使大食》，《文史》2012 年第 3 期，231—243 頁。

[3] 《新唐書》卷二二二下《南蠻下·環王傳》，6297 頁。

[4] 《中國印度見聞録》，穆根來、汶江、黃卓漢譯，中華書局，1983 年，9 頁。

[5] 伊本·胡爾達兹比赫《道里邦國志》，宋峴譯注，中華書局，1991 年，71 頁。

景至朱吾,朱吾縣浦,今之封界。"〔1〕隋劉方征林邑,引舟師趣比景。《隋書·地理志》:"比景郡,大業元年平林邑,置蕩州,尋改爲郡,統縣四,户一千八百一十五。比景、朱吾、壽泠、西捲。"〔2〕可知隋平林邑,取其地置比景郡,實爲三國時的日南郡地,在横山以南,即今越南廣平、廣治二省之地。此後不久,林邑王范梵志"復其故地"。比景,亦作"匕景",也是求法僧往來經停之地。《南海寄歸内法傳》卷一載:"驩州(治今越南榮市)正南步行可餘半月,若乘船纜五六潮,即匕景,南至占波,即是臨邑(林邑)。"〔3〕《大唐西域求法高僧傳》(下)《荆州慧命禪師》云:"泛舶行至占波,遭風而屢構艱苦。適馬援之銅柱,息匕景而歸唐。"又《洛陽智弘律師》曰:"至合浦升舶,長泛滄溟。風便不通,漂居匕景。覆向交州,住經一夏。"又《荆州法振禪師》云:"整帆匕景之前,鼓浪訶陵之北。"〔4〕説明自漢以來,從海路到比景上岸,再南下至林邑,往來其國都最爲近便,元軌此次出使林邑很可能亦是循例走此路。

誌文又云:"道長且阻,未復龍川之路;生浮世促,俄爲馬革之還。"龍川之路,是用趙佗典故。秦時,置桂林、南海、象郡。任趙佗爲南海龍川令。秦亡後,趙佗併桂林、象郡,自立爲南越王。漢十一年(前196),劉邦遣使陸賈因立佗爲南越王,與剖符通使,和集百越,毋爲南邊患害〔5〕。西漢册立趙佗爲南越王,標誌着漢王朝與南越君臣關係的正式確立,因此陸賈出使的意義非凡。《元軌墓誌》藉用"未復龍川之路",表明元軌出使未完成使命,此使命與陸賈類似,即是册封。馬革之還,用馬援之典。東漢建武二十年(44),馬援平定南越。凱旋回京後,孟冀恭維馬援。馬援對他説:"男兒要當死於邊野,以馬革裹屍還葬耳,何能卧牀上在兒女子手中邪?"〔6〕誌文用馬援之典,指元軌出使林邑"中途殞喪",没能抵達林邑國都,未能完成册封使命。

---

〔1〕 酈道元撰,陳橋驛校證《水經注校證》卷三六《溫水》,中華書局,2007年,836頁。
〔2〕 《隋書》卷三一《地理志下》,886頁。
〔3〕 義净原著,王邦維校注《南海寄歸内法傳校注》,中華書局,1995年,17頁。
〔4〕 《大唐西域求法高僧傳校注》,143、175、206頁。
〔5〕 參見《史記》卷一一三《南越王尉佗傳》,中華書局,1959年,2967頁。
〔6〕 范曄《後漢書》卷二四《馬援傳》,中華書局,1965年,841頁。

## 三、元軌使團的成果與林邑王范頭黎石像

元軌使團的重要成果即是帶回林邑王范頭黎的形象及服飾等圖像信息。這些信息很可能是使團報告的一部分。《舊唐書·林邑傳》曰："太宗崩，詔於陵所刊石圖頭黎之形，列於玄闕之前。"[1] 又，《唐會要·陵議》載："上（高宗）欲闡揚先帝徽烈，乃令匠人琢石，寫諸君長貞觀中擒伏歸化者形狀，而刻其官名。"可見，十四位蕃酋君長的石像被樹立在昭陵玄闕之前，其政治目的十分明確。沈睿文先生在研究昭陵十四君長像與昭陵六駿的布局後指出，蕃酋像是按照地域排列的，西方邊境的諸蕃君長占絕大部分，這表明了唐朝對西北邊諸國或諸部的高度重視。高宗琢石列像不僅在於闡揚太宗徽烈，"以旌武功"，也是籠絡諸蕃酋的重要舉措[2]。"林邑王范頭黎"位列其中[3]。又，北宋游師雄《唐太宗昭陵圖》碑題記載："諸番君長貞觀中擒服歸和者琢石肖形狀而刻其官名凡十四人。"2002年進行發掘，考古人員發現帶有題名的石人座殘石12塊，其中一塊寫有"黎"字。在《唐會要》所列十四人的名號與職官中，"龜茲王訶黎布失畢"和"林邑王范頭黎"都含有此字，經張建林、史考先生研究確定此殘塊屬於范頭黎的石像[4]。文獻和考古均確證，范頭黎石像立於昭陵闕前。唐人張彥遠《歷代名畫

---

[1]《舊唐書》卷一九七《林邑傳》，5270頁。

[2] 參見沈睿文《唐陵的布局：空間與秩序》，北京大學出版社，2009年，227—246頁。

[3]《唐會要》卷二〇《陵議》載諸番君長十四人名號曰："突厥頡利可汗、右衛大將軍阿史那咄苾，突厥頡利可汗、右衛大將軍阿史那什缽苾，突厥乙彌泥孰候利苾可汗、右武衛大將軍阿史那李思摩，突厥都布可汗、右衛大將軍阿史那社爾，薛延陀真珠毗伽可汗，吐番贊普，新羅樂浪郡王金貞德，吐谷渾河源郡王、烏地也拔勒豆可汗慕容諾曷缽，龜茲王訶黎布失畢，于闐王伏闍信，焉耆王龍突騎支，高昌王、左武衛將軍麴智盛，林邑王范頭黎，帝那伏帝國王阿羅那順。"458頁。貞觀朝擒服、歸款或通好的諸君長眾多，唐高宗為何唯獨選擇這十四位樹立石像？筆者認為，之所以選擇他們，應該有一致的標準，不僅要能彰顯太宗開拓四方，統一海內的功績，而且其名號或官職應得到太宗的冊封。若此推測不謬，那范頭黎"林邑王"的名號理應是太宗冊封的，很可能是貞觀三年元軌出使林邑時完成的。

[4] 參見張建林、史考《唐昭陵十四國蕃君長石像及題名石像座疏證》，《碑林集刊》第10集，三秦出版社，2004年，82—90頁。

記》"閻立本"條云:"《永徽朝臣圖》《昭陵列像圖》,傳於代。"[1] 獻陵和昭陵又是在工部尚書閻立德的主持下修建的。因此可知,包括范頭黎石像在内的十四蕃臣石像是有畫稿依據的,這便是閻立本的《昭陵列像圖》。其實,林邑王的衣着服飾特徵在兩唐書中有明確記載。《舊唐書·環王傳》記林邑國王及王后服飾云:"王着白氎古貝,斜絡膊,繞腰,上加真珠金鎖,以爲瓔珞,卷髮而戴花。夫人服朝霞古貝以爲短裙,首戴金花,身飾以金鎖真珠瓔珞。"[2] 林邑王身穿白氎衣服,古貝斜繞在胳臂上,以金綫串珠爲瓔珞裝飾,頭髮捲曲,頭戴像章甫一樣的金冠。兩《唐書》本傳中對林邑王服飾記載如此細緻,當有確切的信息來源。但問題是,正如前揭沈睿文先生專著中指出的那樣,十四蕃臣像中,新羅女王金德、薛延陀真珠毗伽可汗、吐蕃贊普棄宗弄贊,尤其是林邑王范頭黎從未親身來到長安朝貢,那麽,唐朝又是如何獲取范頭黎容狀與服飾的確切信息的? 可以肯定的是,這些信息祇能來源於使者。

　　唐朝皇帝令人爲朝貢蕃酋畫像,發生在特定場合,往往具有明確的政治意圖。據唐人胡璩的筆記小説《譚賓録》載:"唐貞觀三年,東蠻謝元深入朝,冠烏熊皮冠,以金絡額,毛帔,以裳爲行縢,着履。中書侍郎顔師古奏言:'昔周武王治致太平,遠國歸款,周史乃集其事爲《王會篇》。今聖德所及,萬國來朝,卉服鳥章,俱集蠻邸,實可圖寫貽於後,以彰懷遠之德。'從之,乃命立德等圖畫之。"[3]《唐會要》亦有類似記載[4]。可見,因爲有東謝蠻首領親自入朝貢獻,且"卉服鳥章",頗爲罕見;更重要的是,其入朝時間是太宗登基不久的貞觀三年,所以令畫師爲其繪製肖像。其目的正如宋人郭若虚所言是爲了"彰懷遠之德"[5],爲鞏固太宗新政權服務,故可視爲證明其合法性的外交舉措。

---

〔1〕 張彥遠撰,秦仲文、黄苗子點校《歷代名畫記》卷九"閻立本"條,人民美術出版社,2016年,171頁。

〔2〕《舊唐書》卷一九七《南蠻·林邑傳》,5269頁;《新唐書》卷二二二下《南蠻下·環王傳》亦載:"王衣白氎,古貝斜絡臂,飾金琲爲纓,捲髮,戴金華冠如章甫。妻服朝霞,古貝短裙,冠纓如王。"6298頁。

〔3〕 胡璩《譚賓録》卷七,載《續修四庫全書·子部·小説家類》,上海古籍出版社,1996年,20頁。

〔4〕 參見《唐會要》卷九九《東謝蠻》,2089頁。

〔5〕 郭若虚撰,黄苗子點校《圖畫見聞志》卷五"謝元深"條,人民美術出版社,2003年,114頁。

唐朝天下初定，"異國來朝，詔立本畫外國圖"，彰顯盛世氣象。此圖描繪的是"萬國來庭，奉塗山之玉帛，百蠻朝貢，接應門之位序，折旋矩度，端簪奉笏之儀，魁詭譎怪，鼻飲頭飛之俗，盡該毫末，備得人情"〔1〕。

唐朝中央設專職繪製四夷山川形勢等地圖，兼及容貌、衣服等圖像。據《新唐書·百官志》兵部"職方郎中"條云："掌地圖、城隍、鎮戍、烽候、防人道路之遠近及四夷歸化之事。"又曰："凡蕃客至，鴻臚訊其國山川、風土，爲圖奏之，副上於職方；殊俗入朝者，圖其容狀、衣服以聞。"〔2〕另外，據《唐會要》對諸司報送史館諸事的記載，鴻臚寺對訊問外蕃有具體要求："蕃國朝貢，每使至，鴻臚勘問土地、風俗、衣服、貢獻、道里遠近，並其主名字報。"〔3〕換句話說，鴻臚寺負有搜集蕃國各方面資料的職責，並向職方郎中上報。不僅要有文字記錄，而且還要有圖像資料。這些材料都會被歸檔收藏，成爲官修國史的重要來源。《唐六典》亦有類似記載："其外夷每有番官到京，委鴻臚訊其人本國山川、風土，爲圖以奏焉；副上於省。"〔4〕王貞平先生據此也認爲，唐廷爲外國使者畫像是其外交禮儀中的例行項目，歷代中國朝廷也有此做法〔5〕。從現有史料來看，林邑多次遣使朝貢唐朝，即使鴻臚寺"圖其容狀、衣服"，也必定是以使者爲依據的。

林邑使者的圖像資料，在傳爲唐代閻立本所繪的《職貢圖》中有所體現。此畫現存臺北故宮博物院。據李霖燦先生研究，此圖很可能是貞觀五年，林邑、婆利、羅刹三國聯合朝貢唐朝時，閻立本寫實之作。畫中騎馬者應是林邑使臣。林邑使者後面跟著二人，抬方籠，籠中鸚鵡即是朝獻唐朝的貢品〔6〕。（參圖1）

此外，臺北故宮博物院還收藏有南唐顧德謙摹本《梁元帝蕃客入朝圖》，圖

---

〔1〕《歷代名畫記》卷九，170頁。
〔2〕《新唐書》卷四六《百官志一》，1198頁。
〔3〕《唐會要》卷六三《史館上·諸司應送史館事例》，1285頁。
〔4〕《唐六典》卷五《尚書兵部》"職方郎中""員外郎"條，162頁。
〔5〕 王貞平《唐代賓禮研究：亞洲視域中的外交信息傳遞》，中西書局，2017年，65頁。
〔6〕 詳見李霖燦《中國名畫研究》第一章"閻立本《職貢圖》"，浙江大學出版社，2014年，1—12頁。案，林邑朝貢火珠，"表疏不順，群請發兵擊之"，《册府元龜》卷九七〇記作貞觀五年，誤，應爲貞觀四年"五月"，見《唐會要》卷九八，2076頁。林邑貢鸚鵡，太宗將其付還使者，令放歸山林，事在貞觀五年。李書對兩事有所混淆。

圖1 閻立本《職貢圖》中騎馬的林邑使者和籠中的貢唐方物：鸚鵡（臺北故宫博物院藏）

中白描人物來自三十三國，其中也有林邑國[1]。將顧氏白描圖與閻立本所繪《王會圖》對比研究後，羅豐先生認爲，職貢圖中邦國的排列次序有規律可循，基本遵循唐和南梁與周邊國家的利害關係遠近的原則，並由此推論昭陵十四蕃臣像也是依此排列邏輯布局的[2]。這與沈睿文先生的看法基本上不謀而合。在此，我們更關注的是職貢類題材畫上的人物身份。從原藏南京博物院的宋摹本《職貢圖》人物榜題來看，無一例外都是"某某國使"，這説明此類圖畫的人物原型都是諸國使者。因此，以上兩圖中的林邑國人物必是林邑使者無疑。

雖然閻立本《職貢圖》和顧德謙《梁元帝蕃客入朝圖》中的林邑使者形象非常珍貴，但林邑王的容貌與服飾肯定與之大有不同。昭陵蕃臣石像中范頭黎的容貌、服飾信息應另有來源。

《唐律》規定，唐廷派出的使者"受制敕出使，事訖皆須返命奏聞"，且"奏聞"時，內容務必準確無誤。"諸上書若奏事而誤，杖六十；口誤，減二等。"[3]據前文所述，貞觀三年元軌以副使身份出使林邑，這是唐朝首次派遣使者交聘林

---

[1] 臺北故宫博物院編輯委員會《故宫書畫圖録》第15册，"五代南唐顧德謙摹梁元帝蕃客入朝圖卷"條，臺北故宫博物院，1995年，135—140頁。

[2] 參見羅豐《邦國來朝——臺北故宫藏職貢圖題材的國家排序》，《文物》2020年第2期，41—55頁。

[3] 劉俊文《唐律疏議箋解》卷一〇，中華書局，1996年，787頁。

邑,必然要對出使途中的所見所聞向唐廷"奏聞"。使者出使搜集沿途國家和地區的情報,爲朝廷決策提供依據,這是唐朝使者共同肩負的使命。爲此,唐設立主客郎中,專門負責處理這些情報。《新唐書·百官志》載主客郎中、員外郎職掌云:"使絶域者還,上聞見及風俗之宜、供饋贈賮之數。"[1]即要求使者返國之後,要將見聞風俗以及"供饋贈賮"的情況形成使團報告,上奏給尚書省主客司。既然朝廷有探查情報,充當耳目的要求,那元軌使團中應當隨團帶有懂林邑語言文字、能繪製地圖、善畫影圖形的專門人才,他們得以親眼見過林邑王,並畫其形象,最終將此圖像資料帶回長安存檔。因此,唐太宗去世後,高宗"令人琢石"時,林邑王范頭黎的形象資料能夠被隨時調出,彰顯太宗"四夷賓服"功業的蕃臣像工程纔能順利完成。

## 四、貞觀四年唐與林邑"爭禮"

貞觀四年林邑朝貢時險些因表辭不順挑起戰端。《貞觀政要》卷九載:

> 貞觀四年,有司上言:"林邑蠻國,表疏不順,請發兵討擊之。"太宗曰:"兵者,兇器,不得已而用之。故漢光武云:'每一發兵,不覺頭鬚爲白。'自古以來窮兵極武,未有不亡者也。苻堅自恃兵强,欲必吞晉室,興兵百萬,一舉而亡。隋主亦必欲取高麗,頻年勞役,人不勝怨,遂死於匹夫之手。至如頡利,往歲數來侵我國家,部落疲於征役,遂至滅亡。朕今見此,豈得輒即發兵?但經歷山險,土多瘴癘,若我兵士疾疫,雖剋剪此蠻,亦何所補?言語之間,何足介意!"竟不討之。[2]

《新唐書·環王傳》亦載:貞觀時,林邑貢火珠,"其言不恭,群臣請問罪。太宗曰:'昔苻堅欲吞晉,衆百萬,一戰而亡。隋取高麗,歲調發,人與爲怨,乃死匹夫手。朕敢妄議發兵邪?'赦不問"[3]。又,《資治通鑑》卷一九三載:"林邑獻火珠,有司以其表辭不順,請討之,上曰:'好戰者亡,隋煬帝、頡利可汗,皆耳目所

---

[1]《新唐書》卷四六《百官志一》,1196頁。
[2] 吴兢《貞觀政要》卷九《征伐第三十五》,上海古籍出版社,1978年,261頁。
[3]《新唐書》卷二二二下《南蠻下·環王傳》,6298頁。

親見也。小國勝之不武,況未可必乎!語言之間,何足介意!'"[1]又,《文獻通考》卷三三一《四裔八·林邑》載:"貞觀時,王頭黎獻馴象、鏒鎖、五色帶、朝霞布、火珠,其言不恭,群臣請問罪,帝赦不問。"[2]上述四條材料表明,貞觀四年五月林邑貢火珠時,有表進獻。

所謂"表"是一種上呈天子的正式文書。外蕃朝貢使節呈遞給唐朝的國書稱爲貢表。呈授國書是外蕃與唐朝交往中的重要活動。唐朝對貢表的進奏流程有嚴格規定。《唐六典》"中書侍郎"條載:"凡四夷來朝,臨軒則受其表疏,升於西階而奏之","通事舍人"條亦載:"凡四方通表,華夷納貢,皆受而進之。"[3]在接受外蕃進表之前,使者要口述使旨和國書的概要。中書省通事舍人最先收到外蕃進表,應由本省的"翻書譯語"[4]事先翻譯爲中文,再轉呈中書侍郎。由他在接待大殿西階向皇帝口奏[5]。由以上分析可知,貞觀四年林邑進表時,很可能通事舍人審閱貢表後,發現表疏不恭,報告給中書侍郎,再由中書侍郎代表中書省上報天子。此次進表風波正史記載中的所謂"有司""群臣"當指中書省及其相關官員。林邑王呈進太宗之表今不存,表疏如何不順,言辭如何不恭,亦不可知。但可以肯定的是該表爲貢獻方物類奏表,類似的表章,在《全唐文》中有記載,或可參考。

貞觀十六年,烏萇國遣使奉表獻方物。其貢獻方物表稱:

> 大福德至尊,一切王中上,乘天寶車,破諸黑暗。譬如帝釋,能伏阿脩羅王。奴宿種善根,得生釋種。拜至尊。因獻龍腦香。[6]

《唐六典》卷四《尚書禮部》"禮部郎中"條載:"凡君臣上下皆有通稱。凡夷夏之通稱天子曰'皇帝',臣下内外兼稱曰'至尊'……凡上表、疏、箋、啓及判、策、文

---

[1]《資治通鑑》卷一九三《唐紀九》太宗貞觀四年條,6078—6079頁。
[2] 馬端臨《文獻通考》卷三三一《四裔八·林邑》,中華書局,1986年,2601頁。據《新唐書》改"朝霞、大火珠"爲"朝霞布、火珠"。
[3]《唐六典》卷九《中書省》"中書侍郎"條,275、269頁。
[4]《唐六典》卷二《尚書吏部》,35頁。"凡諸司置直,皆有定制"小字注云:中書省翻書譯語十人。鴻臚寺也有"譯語"二十人。
[5] 參見《大唐開元禮》卷七九,"皇帝受蕃使表及幣",民族出版社,2000年,388頁。
[6]《册府元龜》卷九七〇《外臣部·朝貢三》,11399頁;《全唐文》卷九九九《烏萇王達摩》,中華書局,1983年,10352頁。

章,如平闕之式。"烏萇國朝貢表中稱天子爲"至尊",顯然是謹遵唐制。相比而言,俱羅國似乎稍差。

貞觀二十年(646)閏三月,俱羅國遣使朝貢,其内附表云:

> 如雪如珠,如雲如月,潔白高遠,是文夫枝,清涼一切,如須彌山。又如大海,威力自在。如那羅延,如日光明。大王中王。大漢國勝天子名流四海,俱羅那國王忽提婆謹修禮拜。[1]

烏萇國、俱羅國均爲首次與中國交通。無論其國是否有文字,畢竟言語不通,上引表疏必定是由通事舍人部下翻譯的中譯本。中譯本中的信息和口吻必定不如原文準確、周全,因之引起誤解,導致雙方矛盾的事件在後世也不乏其例。[2]

相比而言,林邑與中國交通日久,僅貞觀四年之前就有三次朝貢,對唐朝保持着持久的臣屬關係。此外,貞觀三年,唐朝遣使元軌剛剛完成對林邑王的册封,以常理判斷,貞觀四年朝貢是表陳忠心的良機。爲何其他數次朝貢時,没有表疏不恭問題,唯獨此次會出問題呢?這很可能與唐朝國勢日隆有關。

貞觀"四年三月,諸蕃君長詣闕,請太宗爲天可汗,乃下制令後璽書賜西域北荒之君長,皆稱'皇帝天可汗'。諸蕃渠帥有死亡者,必下詔册立其後嗣焉。統制四夷,自此始也"[3]。"四夷賓服"的天可汗時代正式開啓。進入全盛時期,唐帝國的制度趨於完備成熟,處理與四夷關係的各項制度和禮儀較武德時更爲完善,尤其是文書制度更加嚴格,在朝貢表疏這種正式的外交中對皇帝的稱謂、行文中的平闕格式、避諱等等,都必須嚴格依照唐制規定,處處要體現出對大唐天子的尊崇,若非知表疏的專才,斷然不能做到周全妥當。林邑使者的表疏很可能犯有諸如此類的忌諱,故而群臣以"表疏不恭"問罪。此外,雙方語言交流

---

[1] 《册府元龜》卷九七〇《外臣部·朝貢三》,11399—11400 頁;《全唐文》卷九九九《俱羅王忽提婆》,10355—101356 頁。

[2] 參見計秋楓《馬戛爾尼使華事件中的英吉利"表文"考》,《史學月刊》2008 年第 8 期,48—55 頁;又可參見王宏志《馬戛爾尼使華的翻譯問題》,《"中研院"近代史研究所集刊》2009 年第 63 期,97—145 頁;再可參見廖迅喬《國書與表文背後的話語權力——馬戛爾尼使團國書翻譯的批評話語分析》,《外國語文》2019 年第 2 期,126—132 頁。

[3] 《唐會要》卷一〇〇《雜録》,2134 頁。

困難,"六譯語言方得通"[1],需通過甚至"六譯"纔得以與唐溝通。

比林邑使者"言辭不恭"更甚的"言詞悖慢"事例出現在唐與突厥、吐蕃的使者往來中。

《新唐書·突厥傳上》載:武德初年,頡利可汗恃强,"視中國爲不足與,書辭悖嫚,多須求。帝方經略天下,故屈禮,多所捨貸,贈賚不貲,然而不厭無厓之求也。"[2]

《册府元龜·外臣部》載:"吐蕃以玄宗開元中自恃兵强,每通表疏求敵國之禮,言詞悖慢,帝甚怒之。"[3]

此類現象被稱爲"爭禮"。在唐與四夷使者往來的歷史中,"爭禮"現象時常見諸史籍。由禮儀制度所引發的爭執一般可分爲兩種情形:有意而爲和無心之過。《貞觀政要》《資治通鑑》與《新唐書》《文獻通考》對引起與林邑"爭禮"的原因有不同的表述;前者爲"表疏/表辭不順",似爲無心之過;後者則是"其言不恭",被視爲有意而爲。相比而言,突厥和吐蕃與唐通表時"言辭悖慢",儘管"帝甚怒之",群臣並未請問其罪,而林邑僅不順或不恭,就要興兵,核心原因是時局與國力使然,因爲禮儀在本質上是權力關係的表現。

很顯然,貞觀四年,以國力而言,林邑不可與唐同日而語;再加上隋平林邑的殷鑒未遠,林邑使者斷不會有意"言辭不恭",得罪於唐,可能屬於無心之過。也正是因爲不是有意挑戰大唐國威,太宗纔能專爲此次"爭禮"事件,下"答有司請討林邑詔"。以大國天子"語言之間,何足介意"的包容胸懷,赦免其過,成功化解此次"爭禮"危機。

## 五、結語

武德八年四月,林邑王范梵志遣使朝貢,唐高祖册封其王,雙方正式建立君臣關係。貞觀二年十月,林邑再次遣使朝貢,知會唐朝林邑面臨新老國王更替,

---

[1] 此句引自白居易《馴犀》詩,詳見《全唐詩》卷四二六《白居易三》,中華書局,1999年,4708頁。

[2] 《新唐書》卷二一五上《突厥傳上》,6030頁。

[3] 《册府元龜》卷九九七《外臣部·悖慢》,11703頁。

爲保持雙方關係持續穩定,請新立天子唐太宗册立林邑新王。貞觀三年,林邑王范梵志死,子頭黎立。太宗敕令元軌爲林邑副使,齎册書前往林邑册立頭黎,正使未詳。元軌爲北魏昭成帝拓跋什翼犍之後,曾祖季海、祖亨《北史》《隋書》有傳。出使林邑前,元軌的最後官職爲"左率府長史",出使時任官不詳。元魏貴族後裔及隱太子東宫僚屬的身份是其被選任林邑副使的主要原因。林邑使團應是水陸兼程,從長安出發,很可能經廣州出海,從比景港登陸,元軌未能到達林邑國都,卒於比景。使團中應有善於繪畫的使者,親眼得見范頭黎,爲其繪製肖像,並帶回長安。這成爲昭陵十四蕃臣中"林邑王范頭黎"石像的藍本。貞觀四年三月,諸蕃君長入朝,請太宗爲天可汗,標誌着以唐朝爲主導,"四夷賓服"的天下秩序最終確立。五月,范頭黎遣使貢火珠,或因國力强盛後,唐朝對臣屬四夷的蕃禮要求更高,林邑"表疏不順",引起有司"爭禮",請問其罪,欲興兵討伐。最終太宗下詔赦免。貞觀五年,林邑又遣使貢鸚鵡。爲彰顯懷遠之德,唐廷循例令閻立本作畫,描繪南洋諸國朝貢景象,此即爲收藏於臺北故宫博物院之《職貢圖》。貞觀朝是唐朝積極構建以自我爲中心的天下秩序的奠基階段,貞觀三年,遣使林邑可視爲唐廷主動建立雙方册封朝貢關係至爲關鍵的環節,對長期穩固唐朝與林邑關係起到了積極的促進作用。《元軌墓誌》爲此次唐朝遣使林邑提供了確鑿的實物證據。

# A New Historical Evidence for the Relationship between the Tang and Champa in the Early Zhenguan Period Centered on the *Epitaph of Yuan Gui*

Dong Yongqiang

Although there are records in some history books about Champa envoys to pay tribute to the Tang dynasty, no cases of Tang envoys visiting Champa had been found before the newly discovered and published *Epitaph of Yuan Gui* 元軌墓誌. The epitaph shows that in the third year of Zhenguan 貞觀(629 AD), Yuan Gui was sent to Champa by Emperor Taizong 太宗 as a deputy envoy to entitle Fan Touli 范頭黎 as the new king of Champa. Although Yuan Gui died in Bi Jing 比景 on the diplomatic mission, information of Fan Touli's image and clothing should be brought back to Chang an 長安 and this diplomatic mission became the main basis for the stone statue of Fan Touli among the fourteen chiefs in Zhao Ling 昭陵. The record of Yuan Gui's mission to the Champa in his epitaph has no parallel in other existing historical data and it reveals an important event in the history of Tang foreign relations.

# 《唐曹懷直墓誌銘並序》與敦煌粟特曹氏

## 馮培紅

廿餘年前,筆者曾撰《敦煌曹氏族屬與曹氏歸義軍政權》一文,系統考察了從漢至宋千年之間敦煌曹氏的發展演變,並對五代、宋初曹氏歸義軍節度使曹議金家族的族屬作了蠡測,推斷其爲來自中亞曹國的粟特人。這一結論與《歷史研究》同期發表的榮新江教授大作《敦煌曹氏歸義軍統治者爲粟特後裔説》不謀而合[1]。此後,學者對敦煌曹氏的族屬問題續有討論,尤其是揭出了《唐曹通神道碑》《唐曹懷直墓誌銘並序》等碑誌資料[2],推動了敦煌曹氏族屬研究的進展。其中,2011年公布的曹懷直墓誌内容豐富,價值極高,受到學者們的關注,刊布拓片,迻録文字,撰文考釋,皆有裨於敦煌曹氏族屬的判别,推進相關問題的研究,但個别録文尚有失誤,有些觀點值得商榷,需要彌補的空白之處亦有不少。爲了充分抉發該墓誌的學術價值,推動敦煌曹氏族屬與粟特人問題的研究,兹對墓誌予以重新校録並作進一步探討。

---

[1] 兩文皆載《歷史研究》2001年第1期,65—86頁。
[2] 李並成、解梅《敦煌歸義軍曹氏統治者果爲粟特後裔嗎——與榮新江、馮培紅先生商榷》,《敦煌研究》2006年第6期,109—115頁;沙武田《敦煌石窟歸義軍曹氏供養人畫像與其族屬之判别》,中央文史研究館、敦煌研究院、香港大學饒宗頤學術館編《慶賀饒宗頤先生九十五華誕敦煌學國際學術研討會論文集》,中華書局,2012年,142—167頁。蔣愛花《大唐西市博物館藏曹懷直(元秀)墓誌銘考釋》,李鴻賓主編《中古墓誌胡漢問題研究》,寧夏人民出版社,2013年,337—350頁;魏迎春《〈唐雲麾將軍敦煌曹懷直墓誌銘〉考釋——兼論敦煌曹氏與曹氏歸義軍的族屬》,高田時雄主編《敦煌寫本研究年報》第10號第2分册,京都大學人文科學研究所中國中世寫本研究班,2016年,449—466頁;陳瑋《新出〈唐曹懷直墓誌〉所見安史之亂前後粟特武人動向研究》,《中華文史論叢》2016年第3期,321—345頁。

## 一、《唐曹懷直墓誌銘並序》校録

　　結合趙君平與趙文成、胡戟與榮新江的介紹可知，曹懷直墓誌於 2006 年冬出土於西安市鴈塔區三爻村，旋歸洛陽許氏，三年後入藏大唐西市博物館。誌蓋呈盝頂，邊長 60 釐米，厚 11 釐米，自右至左陰刻篆書"大唐故/曹府君/墓誌銘" 9 字，凡 3 行，行 3 字，四周雲紋，四殺四神。誌身呈正方形，邊長 60.5 釐米，厚 12 釐米，楷書，凡 28 行，行 6—27 字，共 704 字，四側十二生肖。

　　2011 年，趙君平、趙文成率先刊布了墓誌誌身的拓片圖版，並作了簡略的介紹[1]；翌年，胡戟、榮新江刊布了誌蓋、誌身的拓片圖版，也有簡略的介紹，並首次迻録了文字（圖1）[2]；2013 年蔣愛花、2016 年魏迎春和陳瑋先後撰文對該墓誌及其反映的問題進行研究，除了録文之外，陳氏同時也附有圖版[3]。無論是胡、榮二氏的初録，抑或是蔣、魏、陳三氏的後録，均存在誤字、衍字現象，故此對墓誌文字再作校録，以爲學界提供一個準確的定本。

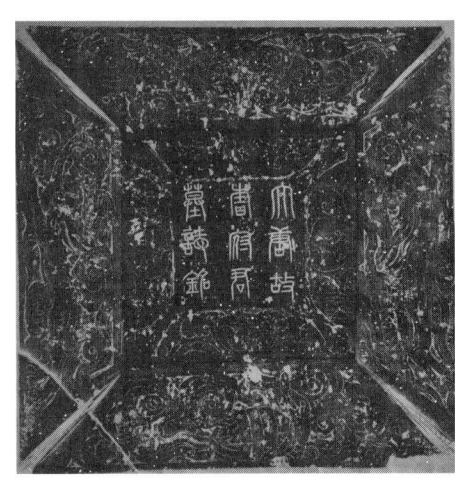

**圖 1**　《唐曹懷直墓誌銘並序》拓片（採自《大唐西市博物館藏墓誌》598 頁）

---

[1]　趙君平、趙文成編《秦晉豫新出墓誌蒐佚》，國家圖書館出版社，2011 年，755 頁。
[2]　胡戟、榮新江主編《大唐西市博物館藏墓誌》，北京大學出版社，2012 年，598—599 頁。
[3]　下引蔣愛花、魏迎春、陳瑋論文，不再一一注明。

1. 大唐故雲麾將軍、守右龍武軍大將軍、上柱國、禄福縣開國男曹府
2. 君墓誌銘並序
3. 府君諱懷直,字元秀。其先疏勒國王裴氏之族也,後徙敦煌,因爲郡人
4. 焉。曾祖諱車, 皇初以左威衛中郎將翊扶有功,賜姓曹氏。祖諱鎮,左
5. 金吾將軍。父諱法智,唐元功臣、左龍武大將軍,封酒泉郡公,贈開府、武
6. 威太守。盛業宏勳,詳載史諜。君,開府之長子也。承累葉之洪慶,挺英姿
7. 於小年。神授聰察,天然忠信。開元中, 聖皇封東岳。君以父功臣,授一【1】
8. 子官,解褐拜右清道率府長史,時年九歲。服紱冕於童幼,嚴進退於□【2】
9. 容。上沐 聖主之恩,又鍾慈父之愛,乃回爵一,給授禄福縣開國男。袟【3】
10. 滿,選補左武衛長史,又調 忠王府屬。不經考, 王册爲 皇太子,遷
11. 右武衛翊府左郎將。無何,又承父一子官,拜本衛中郎將。朝廷懿功,績
12. 稱勤勞,遂授五品。丁 先將軍憂,去職。痛甚發中,形變於外。哀毀之節,
13. 逾越前禮。屬隴右醜虜未殄,節度使哥舒【4】公深竚才略,尤資武毅。奏起
14. 復,充討擊副使。既降 恩命,難爲哀請。蓋魯公伯禽有爲爲之也。未幾
15. 功立,遷左清道率、賜紫金魚袋,依前充【5】使。天寶十五年,凶逆亂華。今【6】

16. 上幸靈武，追【7】入宿衛，拜右龍武將軍、知軍事。本【8】諱元秀，改爲懷直，實署

17. 行也。至德初，扈從歸中京。紀叙勳效，授雲麾將軍。又以統領有能，遷

18. 本軍大將軍、上柱國。君寬【9】而慎柔，和而授受。束髮任職，有進而無退；潔

19. 身奉　君，可大而可久。時人以此，未不心伏。乾元二年歲次己【10】亥六月

20. 十三日，暴薨於本軍官舍，春秋卌三。詔使中官吊慰，贈内府絹五十

21. 疋、布五十端。將窆，准恒袟【11】，給粟帛、虜（鹵）【12】部（簿）、鼓吹。其年十一月廿一日葬於

22. 京兆永壽原，禮也。嗣子左清道率府長史漸，號天莫追，陟岵何依？岡極

23. 蓼莪，增哀封樹。既承令範，式誌幽砥。銘曰：

24. 洪源派遠，崇岳峰高。猗歟將軍，弈葉賢豪。繼體岐嶷，爲國英髦。寬猛以

25. 濟，弦韋允操。正乃人經，義爲身寶。縉綬【13】糜（縻）爵，慈恩聖造。奉上以勤，率

26. 下以道。展武清塞，翊　主歸鎬。盛位酬勳【14】，香名遠聞。門闈彩戟，凌曜霜

27. 氛【15】。行著三善，勇冠六軍。問鳥何邊，藏舟忽云。永壽建塋【16】，龜謀告吉。煙霭

28. 昏晦，風飆颾颸。夜臺無春，佳【17】城有日。千秋萬歲，永安此室。

校勘：

【1】"一"：此字大部殘損，但從殘剩筆畫及上下文意可知爲"一"。胡戟與榮新江（以下簡稱"胡榮"）、魏迎春（以下簡稱"魏"）皆作"一"，蔣愛花（以下簡稱"蔣"）徑作"一"；陳瑋（以下簡稱"陳"）作"一〔一〕"，然未對"〔一〕"作解釋，

不知何意。

【2】"□":此字大部分殘損,僅剩左邊較少筆畫,似爲"礻"或"衤"旁。胡榮、魏皆作"禮",蔣、陳皆逕作"禮"。從墓誌拓片圖版看,似乎右邊上部有一豎或一點:[圖];而從原石照片看,右邊幾乎全殘:[圖],看不到右上部的字迹。另,第13、22行皆有"禮"字:[圖]、[圖],但偏旁書寫略有不同。

【3】【11】"秩":"秩"之異體字,胡榮、蔣、陳皆逕作"秩"。

【4】"舒"字後面,魏衍一"翰"字。

【5】"前充":此二字略有殘損,諸家皆逕作"前充"。

【6】"今"字後面,原空一格,爲平闕式,以示對次行首字"上"(即唐肅宗)的敬空。

【7】"追":此字略有殘損,諸家皆逕作"追"。

【8】"本":此字僅殘剩左上角,從殘剩筆畫及上下文意可以推知爲"本"。胡榮、魏、陳皆作"本",蔣逕作"本"。

【9】"寬":此字略有漫漶,諸家皆逕作"寬"。

【10】"己":胡榮、蔣、陳皆誤作"乙"。乾元二年爲己亥年,即公元759年。

【12】"虜(鹵)":胡榮、蔣皆校改作此,蓋取"鹵簿"之義。不過,下面緊接着的"部"字,胡榮却未校改作"部(簿)"。

【13】"綬":胡榮、蔣、陳皆誤作"授"。

【14】"動":魏誤作"勤"。

【15】"氛":魏誤作"氣"。

【16】"瑩":魏誤作"瑩"。

【17】"佳":從《秦晋豫新出墓誌蒐佚》、胡榮二書的拓片圖版看,此字右部中間兩橫不太明顯,但從原石可以清晰地看出是"佳"字,且"佳城"一詞在墓誌中習見,意指墓地。

另外需要說明的是,墓誌在"聖"(3處)、"皇"(2處)、"王"、"上"、"君"、"詔"、"主"、"忠王"、"先將軍"、"恩命"、"扈從"等字詞前有敬空或換行,屬平闕式,前人錄文時皆逕連錄。

## 二、疏勒裴氏及其東徙敦煌

《唐曹懷直墓誌銘並序》追述道:"其先疏勒國王裴氏之族也,後徙敦煌,因爲郡人焉。"雖然曹懷直的祖先是否真的出自西域疏勒國的王族已無從證實,但這爲敦煌曹氏的族源提供了新的説法,值得重視,這支敦煌曹氏來自西域當無問題。

蔣愛花、魏迎春沿用墓誌記載,稱曹懷直的祖先出自疏勒國王裴氏家族。蔣氏説:"曹懷直祖先雖是遷往敦煌,本身却爲疏勒王家族後裔,是否粟特人難以確定。"在肯定疏勒王家族後裔的基礎上,又提出是否爲粟特人的疑問;她認爲"曹氏家族遷敦煌的時間爲'皇初',即唐朝建國不久"。關於"皇初",曹懷直墓誌記其"曾祖諱車,皇初以左威衛中郎將翊扶有功"。"皇初"容易被誤認爲唐初武德年間(618—626),但重要的是看"左威衛"的存在時代。《唐六典》卷二四"左右威衛"注曰:"煬帝改爲左、右屯衛,皇朝因之。至龍朔二年(662),改爲左、右威衛。……光宅元年(684),改爲左、右豹韜衛。神龍元年(705),復爲左、右威衛。"[1]由此可知,裴車擔任左威衛中郎將是在662—684年之間或705年以後。另從裴車之孫曹法智爲唐元功臣、曾孫曹懷直出生於717年來看[2],裴車任左威衛中郎將當在662—684年之間,而不會早到618—626年之間。因此,"皇初"祇是一個籠統的説法,並不僅限於唐高祖武德年間,高宗時代也包含在内。魏氏根據左右威衛的存在時間,稱"曹車任職時間可能是在龍朔(661—663)之後光宅(684)之前的唐高宗在位期間",但是仍稱"皇初,指唐朝初年,就是説唐朝初年曹車已經跟隨李淵、李世民建立唐朝,官右(當作'左'——引者注)威衛中郎將"。她一方面説裴(曹)車在唐朝初年任左威衛中郎將,另一方面又説到龍朔時纔改名左、右威衛,存在自相矛盾之處;而且,説裴(曹)車跟隨李淵父子建立唐朝,也純屬猜測。魏氏還進一步提到武德三年瓜州刺史賀拔行威、六年沙州別駕竇伏明的兩場叛亂,並稱平叛以後,"必然將當地部分居民或者丁壯遷徙到相對空虛的長安地區,既消除了敦煌叛亂的根源,同時也加強了長安地

---

[1] 李林甫等撰,陳仲夫點校《唐六典》卷二四"左右威衛",中華書局,1992年,621—622頁。
[2] 墓誌記載曹懷直卒於乾元二年(759),享年43歲,可知其生於717年。

區的力量。敦煌的疏勒王後裔裴氏很可能就是這個時期前往長安的"。這一説法純屬臆測,並無根據;稱長安地區相對空虛,亦不甚確切。

魏氏雖稱"疏勒王族遷徙敦煌事件,史無可考",但通過系統梳理漢唐間疏勒與中原政權(含河西五凉)的交往史,得出如下結論:"我們通過以上考證認爲,唐雲麾將軍曹懷直的祖上是東漢時期進入中國並羈留敦煌的疏勒國王質子";"我們認爲唐雲麾將軍曹懷直的祖先是東漢時期從疏勒國遷徙到敦煌的,唐貞觀年間以疏勒王族的身份到達長安"。不過,文中的叙述與論證存在較多問題,所持觀點亦需商榷。

首先,她認爲敦煌曹懷直家族出自疏勒裴氏,原爲東漢時羈留敦煌的疏勒國王質子,到唐貞觀年間(627—649)進一步東遷到長安;但又説:"如果説疏勒王族徙居敦煌是貢使結果,那麽這個期間衹能是東漢的陽嘉三年或北魏高宗末年。我們認爲形成疏勒王族居敦煌是商旅經營因政治關係突變的結果。"曹懷直的祖先究竟是羈留敦煌的疏勒國王質子,還是貢使,抑或是到敦煌進行貿易的商旅?該文還説:"很可能疏勒國原先的風俗與粟特國接近,處於中西交通貿易道路之上,不然從事商賈,在粟特人因凉州被北魏占領而被羈留而同時也被羈留敦煌。"這段話雖然語句欠通順,但似乎是傾向於商旅,而羈留敦煌的時間則被定在北魏占領凉州時期。北魏世祖於439年攻剋北凉國都姑臧,當時高宗(440—465年)尚未出生,前後相差廿餘年。文中提到"北魏高宗末年",僅據《魏書》卷一〇二《西域傳》"疏勒國"條所記"高宗末,其王遣使送釋迦牟尼佛袈裟一"之史料,但這與曹懷直的祖先從疏勒東徙敦煌並無關聯。這樣的論述,不僅對疏勒國王質子東徙時間造成干擾,而且對身份的判斷也變得遊移不定,不清楚是侍子(質子)、貢使抑或商旅,感覺益增混亂,讀來令人費解。

其次,魏氏認爲曹懷直家族在東漢時作爲疏勒國王質子,東徙羈留敦煌,並推測其是因家族失勢不能返回而定居敦煌,臆測成分較大;至於東漢時代,具體提到陽嘉三年(134),所據史料大概是文中引用的《魏略·西戎傳》所記"陽嘉三年時,疏勒王臣槃獻海西青石、金帶各一",但該史料與疏勒王族徙居敦煌之間看不出有何關聯,可謂風馬牛不相及。即便曹懷直的祖先真的是在東漢時期東徙並羈留敦煌,但從曹懷直生活的唐代往上逆推至東漢,中間經歷劇烈變動的魏晋南北朝,特別是北魏攻滅北凉前後,河西走廊大量人口或被北魏東徙至中原,或隨沮渠無諱西遷入西域,要想讓曹懷直的祖先在從東漢陽嘉三年到唐貞觀年間的五六百年中固定居住敦煌,恐怕是難以想象的,也缺乏説服力。

在魏文發表的同年稍後,陳瑋也撰文研究此方墓誌,否定了曹懷直家族出自疏勒王族裴氏的記載,提出了與蔣、魏二氏截然不同的觀點。他以"曹姓在唐初敦煌並非顯姓"爲由,認爲"曹車以疏勒裴氏被賜曹姓顯係僞造"。説曹姓在唐初敦煌並非顯姓,這一觀點應不確切。早在漢代,曹全家族就是著名的敦煌大姓,另外出現了敦煌太守曹宗、滎陽令敦煌人曹嵩[1];到西晉時出現粟特人"敦煌曹祛",與敦煌張鎮、張越兄弟一起反抗涼州刺史張軌,謀奪涼州權力,勢力頗大[2];至唐初,曹氏勢力雖然有所衰落,不能保持一流門閥的地位[3],但其影響力恐也不能完全忽視。

陳氏從疏勒王族裴氏的出現入手探討,指出"疏勒王族裴氏最早見載於唐代史籍",除了作者所舉《通典》"今其國王姓裴"外,《舊唐書·西戎傳》《新唐書·西域傳上》對此亦均有記載;同時又據吐魯番文書及董永强的研究認爲高昌國也有裴氏人物,稱"不排除有定居高昌的疏勒王族裴氏流入敦煌的可能"。文中具體列舉了唐代裴沙、慧琳(俗姓裴)、裴綽三人,均出自疏勒國。陳氏從切實的疏勒裴氏人物及其東徙者進行梳理,可謂獨具慧眼。《通典》卷一九二云:"唐貞觀中朝貢。今其國王姓裴。"[4]這裏的"今"字指唐太宗貞觀以後。查唐代以前文獻,未見疏勒國王姓裴之記載。關於疏勒裴氏,目前所見時代最早的人物也是追述到唐初,所以唐代以前的疏勒人應予擯除。向達在《唐代長安與西域文明》一文中所列疏勒裴氏,有裴玢、裴沙、慧琳、裴神符、裴興奴等人,另外還提到宰相裴休與于闐國的傳説[5]。以上諸人中以裴沙的時代爲最早,《唐裴沙墓誌並序》云:"公諱沙,字鉢羅,疏勒人也。……曾祖施,本蕃大首領;祖支,宣

---

[1] 馮培紅《漢晉敦煌大族略論》,《敦煌學輯刊》2005年第2期,102、106頁。
[2] 馮培紅《敦煌大族與前涼王國》,《内陸アジア言語の研究》XXIV,2009年,94、105—106頁;《粟特人與前涼王國》,《内陸アジア言語の研究》XXX《吉田豊教授·荒川正晴教授還曆記念特集號》,2015年,161—162頁。
[3] 馮培紅《敦煌曹氏族屬與曹氏歸義軍政權》,《歷史研究》2001年第1期,76—78頁。
[4] 杜佑《通典》卷一九二《邊防典八·西戎四·疏勒》,中華書局,1988年,5226頁。
[5] 向達《唐代長安與西域文明》,河北教育出版社,2001年,14—16、63頁。

威將軍;父達,雲麾將軍。"[1]裴沙家族至晚在其祖父裴支時已經東徙,並留仕於唐朝。裴沙卒於開元十二年(724),享年81歲,可知生於貞觀十八年(644),因此推測裴支東來時間是在唐初。《舊唐書》卷一四六《裴玢傳》亦云:"五代祖疏勒國王綽,武德中來朝,授鷹揚大將軍,封天山郡公,因留闕下,遂爲京兆人。"[2]儘管這些墓誌和史傳的追述是否準確難以證實,但疏勒國的部落首領乃至國王東來中原的時間定在唐初,當無大誤。《新唐書》卷二二一上《西域上·疏勒傳》記"王姓裴氏",並言"天寶十二載(753),首領裴國良來朝,授折衝都尉,賜紫袍、金魚"[3]。筆者所見最早的有確切姓名的疏勒國王裴氏,是《册府元龜》卷九七〇《外臣部·朝貢三》所記"聖曆元年(698)春正月真臘國、四月疏勒王裴夷健、臘月默啜,並遣使朝貢"[4]。此外,8世紀赴天竺取經的僧人悟空,在《悟空入竺記》中記其歸程:"漸屆疏勒(一名沙勒),時王裴冷冷、鎮守使魯陽留住五月。"[5]總之,很可能在唐初,疏勒酋長率衆東來,留仕唐朝;爲便於在唐朝內地生活,遂以裴爲姓,裴甚至成爲疏勒國王的姓氏稱呼。至於疏勒人爲何以裴爲姓,學界至今尚無確解。

陳氏又云:"曹懷直家族先世出於疏勒裴氏爲僞,還體現於曹氏家族的封爵、贈官上。"即其父曹法智被封酒泉郡公、贈武威太守,他本人被封祿福縣開國男;並説這些封爵、贈官所屬之地均位於河西走廊,而與疏勒國王裴綽被封天山郡公不同,以此來證明"曹氏與裴氏並非一支"。不過,這一説法並不具有説服力。陳氏仍然肯定曹懷直家族的血統源於西方,並通過敦煌粟特人,特別是曹姓粟特人的舉證,推斷"曹懷直家族先世應屬敦煌地區的粟特人";曹氏之所以稱先世爲疏勒王族裴氏,他"以爲一是攀附高門,一是迫於政治形勢"。敦煌地處絲綢之路交通要衝,也是中亞粟特人東來的聚居之地[6]。出自疏勒的裴車被

---

[1] 周紹良主編《唐代墓誌彙編》開元二一三,上海古籍出版社,1992年,1304頁。
[2] 《舊唐書》卷一四六《裴玢傳》,3969頁。
[3] 《新唐書》卷二二一上《西域上·疏勒傳》,6233—6234頁。《舊唐書》卷一九八《西戎·疏勒傳》僅記疏勒王裴安定,未及首領裴國良,5305頁。
[4] 王欽若等編《册府元龜》卷九七〇《外臣部·朝貢三》,中華書局,1960年,11403頁。
[5] 楊建新主編《古西行記選注》,寧夏人民出版社,1987年,125頁。
[6] 赤木崇敏《ソグド人と敦煌》,森部豐編《ソグド人と東ユーラシアの文化交渉》,勉誠出版,2014年,119—139頁。

賜姓爲曹,這個曹姓極可能是粟特姓氏。至於稱先世爲疏勒王族裴氏,是否爲攀附高門與迫於政治形勢,僅屬推測之論,準確與否尚難遽斷。

從曹懷直墓誌可知,其祖先爲疏勒國王裴氏之族,在没有其他確鑿證據的情况下,不能輕易地判斷其先世出於疏勒裴氏爲僞;疏勒裴氏的出現及其東徙敦煌乃至中原,從史籍與墓誌來看始見於唐初,裴車家族自稱爲疏勒裴氏也在唐初以後,而非魏迎春所説的東漢徙居敦煌。疏勒人裴車因功被賜姓爲曹,顯然是因爲敦煌粟特曹氏勢力影響大,而非陳瑋所説的曹姓在唐初敦煌並非顯姓;陳氏認爲敦煌曹氏是粟特人並無問題,但徑稱曹懷直家族是粟特人却不準確,祇能説出自疏勒的裴車被賜予了粟特曹姓。

## 三、賜姓與改名

本節討論兩個問題:一是曹懷直的曾祖父裴車,被賜姓曹氏;二是曹懷直本名元秀,改爲懷直。

首先來看裴(曹)車的賜姓。墓誌記載,曹懷直的"曾祖諱車,皇初以左威衛中郎將翊扶有功,賜姓曹氏"。如前所論,這裏的"皇初"可以指裴車擔任左威衛中郎將的唐高宗龍朔二年(662)至光宅元年(684)。左威衛爲十六衛之一,設置"翊府中郎將各一人,正四品下";"中郎將掌領其府校尉、旅帥、翊衛之屬以宿衛,而總其府事"[1]。從墓誌的記述來看,左威衛中郎將裴車被賜姓曹氏的原因是"翊扶有功"。然而,蔣愛花、魏迎春、陳瑋均未考證此點,蔣氏僅云"曹車因'翊扶有功',被授予左威衛中郎將";魏氏則説:"唐初有兩部分疏勒國人到長安,一部分是羈留敦煌的疏勒王族之後裔,一部分(疑脱一'是'字——引者注)疏勒國王綽。爲了將羈留敦煌的疏勒王族後裔與疏勒王派遣的侍子加以區别對待,唐朝政府不像安興貴、安修仁家族一樣賜姓李氏,又給一定優待,所以賜姓曹氏是一種最爲穩妥的做法。"所言唐初有兩部分疏勒國人到長安,如前所説,羈留敦煌的疏勒王族上距東漢長達五六百年,既屬虛無縹緲,而在唐初東徙長安亦屬臆測,無法置信。至於稱唐朝給安興貴、修仁兄弟賜姓李氏也不準確,安興貴

---

[1] 《唐六典》卷二四"左右威衛",622頁。

兄弟生活在隋及唐初,其家族被賜姓李氏要遲至安史之亂期間,亦即至德二載(757)安興貴的曾孫安重璋纔獲賜國姓[1],兩者相差一個多世紀。陳瑋稱裴車"不被賜姓李而被賜姓曹,殊不可解",又言曹姓在唐初敦煌並非顯姓,從而認爲"曹車以疏勒裴氏被賜曹姓顯係僞造"。這一觀點也值得商榷。

　　墓誌所記"翊扶有功"是裴車賜姓曹氏的主要依據,他擔任左威衛中郎將期間,稱得上是"翊扶有功"的事件,極可能是指麟德元年(664)年底誅殺西臺侍郎上官儀[2],裴車大概參與了這一事件,支持唐高宗的皇后武氏垂簾聽政。《舊唐書》卷四《高宗紀上》記載,該年"十二月丙戌,殺西臺侍郎上官儀。戊子,庶人忠坐與儀交通,賜死"。此案牽涉甚廣,除了廢太子李忠外,還牽涉到原東臺侍郎薛元超、中書舍人高正業、司列大夫魏玄同、左史鄧玄挺等人,或被流放,或遭貶官[3]。同書卷五《高宗紀下》還記載,咸亨五年(674)八月壬辰,"皇帝稱天皇,皇后稱天后";翌年三月條云:"時帝風疹不能聽朝,政事皆決於天后。自誅上官儀後,上每視朝,天后垂簾於御座後,政事大小皆預聞之,内外稱爲'二聖'。"[4]664年誅上官儀是武后垂簾聽政的重要起點。裴車擔任左威衛中郎將,因爲扶持武后有功,獲得賜姓曹氏。當時武后雖然垂簾聽政,但身份仍是皇后,政權在名義上仍爲李唐王朝,所以她無法明目張膽地給裴車賜予武姓,同時也未賜姓爲李。於是,武后很巧妙地選擇了一個敦煌當地的姓氏,即曹姓,此姓既爲敦煌著姓,又與西域有關,屬粟特的昭武九姓之一,比較適合於賜給同樣出自西域的疏勒裴車。陳瑋也指出存在"藩(當作'蕃'——引者注)將被賜以國姓以外的他姓"的現象,除了所列唐玄宗給寧遠國"以外家姓賜其王曰竇"[5]外,諾思計降唐以後,"敕賜盧性(姓),名庭賓,望范陽郡"[6]。這種以邊地大姓賜予外族的情況,與武后以敦煌曹姓賜予裴車較相類似,祇不過盧爲漢姓高門,曹爲粟特著姓。

---

[1] 《新唐書》卷一三八《李抱玉傳》,4617頁。
[2] 《舊唐書》卷四《高宗紀上》,86頁。又參同書卷八〇《上官儀傳》,2743—2744頁。
[3] 《舊唐書》卷七三《薛收附子元超傳》、卷七八《高季輔傳》、卷八七《魏玄同傳》、卷一九〇上《文苑上·鄧玄挺傳》,2590、2703、2849、5007頁。
[4] 《舊唐書》卷五《高宗紀下》,99—100頁。
[5] 《新唐書》卷二二一下《西域下·寧遠傳》,6250頁。
[6] 《故投降首領諾思計(墓誌)》,吳鋼主編《全唐文補遺》第5輯,三秦出版社,1998年,378頁。

關於賜姓,最常見的是賜予當朝國姓,在唐代如徐世勣、羅藝、劉孝真、杜伏威、高開道、胡大恩等均被賜予李姓[1],李楷固、賀蘭敏之、千金公主李氏、傅遊藝、來子珣、契苾何力妻、契苾明妻等皆被賜武姓[2],桓彦範則"賜姓韋氏"[3],當是從唐中宗韋皇后之姓;薛懷義原名馮小寶,武則天"以懷義非士族,乃改姓薛,令與太平公主婿薛紹合族"[4]。以上賜姓主要是賜予國姓,或者是皇后、駙馬的姓氏。另外也有賜予其他姓氏的,如西突厥特勒大奈從李淵起兵,"及平京城,以力戰功,賞物五千段,賜姓史氏"[5];是光乂"後賜姓齊"[6];裴車被賜姓曹氏與這些人被賜予非國姓的情況是類似的。之所以賜姓曹氏,原因當如陳瑋所言,裴、曹二氏均爲西域人的漢式姓氏。敦煌曹氏源自粟特曹國,在東徙敦煌時大概經由疏勒,兩者之間發生了交融。隋代裴矩在《西域圖記》序中列有三道,其中"中道從高昌、焉耆、龜茲、疏勒,度葱嶺,又經鏺汗、蘇對沙那國、康國、曹國、何國、大小安國、穆國,至波斯,達於西海"[7],就經由疏勒、曹國,東徙的粟特人應當也會在疏勒居停[8]。齊藤達也逐一考察了粟特姓氏的成立過程,指出康姓早在東漢時期就已出現,安姓可以追溯到 5 世紀後半葉,曹、何、史、穆四姓形成於 5 世紀末、6 世紀中葉,石、畢、米三姓則時代更遲[9]。至於粟特昭武九姓中爲何給裴車獨賜曹姓,目前尚無法作出解釋,有待於今後的研究。

其次看曹懷直的改名。墓誌記載"府君諱懷直,字元秀";"天寶十五年(756),凶逆亂華。今上幸靈武,追入宿衛,拜右龍武軍將軍、知軍事。本諱元

---

[1]《舊唐書》卷一《高祖紀》,9—11 頁。
[2]《舊唐書》卷八九《狄仁傑傳》,2893 頁;同書卷一八三《外戚·武承嗣及附薛懷義傳》,4728、4742 頁;同書卷一八六上《酷吏上·傅遊藝、來子珣傳》,4842、4846 頁。《新唐書》卷一一〇《諸夷蕃將·契苾何力及附子明傳》,4121 頁。
[3]《舊唐書》卷七《中宗紀》,139 頁。
[4]《舊唐書》卷一八三《外戚·武承嗣附薛懷義傳》,4741 頁。
[5]《舊唐書》卷一九四下《突厥傳下》,5180 頁。
[6]《新唐書》卷五九《藝文志三》,1563 頁。
[7] 魏徵等《隋書》卷六七《裴矩傳》(點校本二十四史修訂本),中華書局,2019 年,1772 頁。
[8] 參榮新江《西域粟特移民考》,馬大正、王嶸、楊鐮主編《西域考察與研究》,新疆人民出版社,1994 年,162—163 頁。
[9] 斉藤達也《北朝·隋唐史料に見えるソグド姓の成立について》,《史学雑誌》第 118 編第 12 號,2009 年,45—51 頁。

秀,改爲懷直,實署行也"。所謂"凶逆亂華",是指身兼范陽、平盧、河東三道的節度使安禄山起兵反唐,實際爆發時間並非天寶十五載,而是十四載十一月丙寅;翌年六月乙未,唐玄宗外奔,長安不守。馬嵬事變後,太子李亨北上靈武,七月甲子自立爲皇帝,是爲唐肅宗。唐肅宗令追曹元秀至靈武宿衛,官拜右龍武軍將軍、知軍事,並爲他改名爲懷直,仍字元秀。從"實署行"之語及當時的情況看,既顯示了曹元秀(懷直)對唐肅宗的忠心,也體現了唐肅宗對他的信任與籠絡。

唐朝皇帝不僅給臣下賜姓,而且還經常賜名,以示榮寵。賜姓相對單一,賜名可展現更豐富的內容。賜名的原因有多種:(1)因立有功勳,如右武衛將軍李守德,"本宜德也,立功後改名"[1];本姓安氏的粟特人駱元光,"帝念其勳勞,又賜姓李氏,改名元諒"[2]。(2)因治有能名,如路嗣恭,"始名劍客,歷仕郡縣,有能名,累至神烏令,考績上上,爲天下最,以其能,賜名嗣恭"[3]。(3)用以安撫大臣,如給降唐或新任命的節度使賜名,魏博節度使田季安賜名弘正[4]、平盧節度使劉客奴賜名正臣[5]、宣武節度使朱溫賜名全忠,皆爲其例[6]。(4)因作爲心腹而寵信之,如"李輔國,本名靜忠。……肅宗即位,擢爲太子家令,判元帥府行軍司馬事,以心腹委之,仍賜名護國。……從幸鳳翔,授太子詹事,改名輔國"[7];"白志貞者,太原人,本名琇珪。……德宗嘗召見與語,引爲腹心,遂用爲神策軍使、檢校左散騎常侍、兼御史大夫,賜名志貞"[8]。這些名字均爲美名嘉號,表達了對唐朝皇帝的忠心或其他美好的願望。曹元秀改名懷直也同樣如此,且爲"實署行",是指他宿衛有功勞,很好地完成了右龍武軍將軍、知軍事的職責。

---

[1] 《舊唐書》卷一○六《王毛仲傳》,3255頁。據傳文可知,李宜德立功係指710年參加唐隆政變,被賜名守德。曹懷直墓誌記其父曹法智也參加了這場政變,同爲唐元功臣,皆獲封官。
[2] 《舊唐書》卷一四四《李元諒》,3917—3918頁。
[3] 《舊唐書》卷一二二《路嗣恭傳》,3499頁。
[4] 《舊唐書》卷一四一《田弘正傳》,3849頁。
[5] 《舊唐書》卷一四五《劉全諒傳》,3938—3939頁。
[6] 《舊唐書》卷一九下《僖宗紀》,716頁。
[7] 《舊唐書》卷一八四《宦官·李輔國傳》,4759頁。
[8] 《舊唐書》卷一三五《白志貞傳》,3718—3719頁。

## 四、唐元功臣曹法智

曹懷直的祖父曹鎮爲左金吾將軍(從三品),亦爲十六衛軍官,比曾祖父裴(曹)車左威衛中郎將(正四品下)的品級要高,惜墓誌對其事迹無任何記載。

父親曹法智爲唐元功臣,官至左龍武大將軍,爵封酒泉郡公,死後贈開府、武威太守。所謂唐元功臣,是指710年追隨李隆基發動唐隆政變的左、右萬騎,後更名爲左、右龍武軍。《舊唐書》卷一〇六《王毛仲傳》云:

> 及玄宗爲皇太子監國,因奏改左、右萬騎左、右營爲龍武軍,與左、右羽林爲北門四軍,以〔葛〕福順等爲將軍以押之。龍武官盡功臣,受錫賚,號爲"唐元功臣"。

玄宗李隆基以皇太子監國,始於景雲二年(711)二月丁丑;此前在景雲元年(710)七月己巳,被其父唐睿宗册封爲皇太子。睿宗之上臺,得力於唐隆元年(710)六月"庚子夜,臨淄王諱舉兵誅諸韋、武,皆梟首於安福門外,韋太后爲亂兵所殺"[1]。《王毛仲傳》對此次政變有詳細的記載:

> 及〔景龍〕四年六月,中宗遇弑,韋后稱制,令韋播、高嵩爲羽林將軍,令押千騎營,榜棰以取威。其營長葛福順、陳玄禮等相與見玄宗訴冤,會玄宗已與劉幽求、麻嗣宗、薛崇簡等謀舉大計,相顧益歡,令幽求諷之,皆願決死從命。及二十日夜,玄宗入苑中,〔李〕宜德從焉,毛仲避之不入。乙夜,福順等至,玄宗曰:"與公等除大逆,安社稷,各取富貴,在於俄頃,何以取信?"福順等請號而行,斯須斬韋播、韋璿、高嵩等頭來,玄宗舉火視之。又召鍾紹京領總監丁匠刀鋸百人至,因斬關而入,后及安樂公主等皆爲亂兵所殺。其夜,少帝以玄宗著大勳,進封平王。以紹京、幽求知政事,署詔敕。崇簡、嗣宗及福順、宜德,功大者爲將軍,次者爲中郎將。[2]

葛福順、陳玄禮爲千騎營長,千騎即萬騎之前身[3],故《舊唐書》卷八《玄宗紀

---

[1]《舊唐書》卷七《中宗紀》,150頁。
[2]《舊唐書》卷一〇六《王毛仲傳》,3252—3253頁。
[3]《新唐書》卷五〇《兵志》:"武后改'百騎'曰'千騎'。中宗又改'千騎'曰'萬騎',分左、右營。"1331頁。

上》又記作"押萬騎果毅葛福順",以及"分遣萬騎往玄武門殺羽林將軍韋播、高嵩。……左萬騎自左入,右萬騎自右入,合於凌煙閣前"[1]。唐隆政變成功後,李隆基從臨淄王進封爲平王,諸從隨者皆行封賞。需加注意,第三天亦即"癸卯,殿中兼知内外閑廐、檢校龍武右軍、仍押左右厢萬騎平王諱同中書門下三品"[2]。李隆基掌握着右龍武軍並押左、右厢萬騎,又升任爲宰相,完全控制了軍政大權。711年以皇太子監國後,進一步將左、右萬騎左、右營改編爲左、右龍武軍,仍以葛福順等爲將軍押領[3]。龍武軍將領因在唐隆政變中立有大功,所以被稱作"唐元功臣"。

曹法智爲唐元功臣,自然是參加了唐隆政變,並立有大功,尤堪注意的是他官任左龍武大將軍,是龍武軍的最高軍事長官。也正因此,其子曹元秀"以父功臣,授一子官,解褐拜右清道率府長史,時年九歲";"上沐聖主之恩,又鍾慈父之愛,乃回爵一,給授禄福縣開國男";"不經考,王册爲皇太子,遷右武衛翊府左郎將。無何,又承父一子官,拜本衛中郎將"。曹懷直屢因其父而被加授官爵,足見曹法智在玄宗朝的實力和影響。這裏提到的"王"指忠王李浚,開元二十六年立爲皇太子,更名爲李亨[4]。此後曹元秀因承其父曹法智而獲一子官,可見曹法智此時仍在左龍武大將軍任上。曹法智去世後被贈開府、武威太守,前者爲最高級別的文散官開府儀同三司,從一品;後者顯然是因爲武威爲曹氏的著名郡望而獲贈,《太平寰宇記》卷一五二"涼州"條云:"姓氏:平西(西平)郡二姓:申屠、曹。武陵(威)郡六姓:賈、陰、索、安、曹、石"[5]。關於武威曹氏,筆者已經作過探討,認爲是粟特大姓[6],此處不贅。

---

[1]《舊唐書》卷八《玄宗紀上》,166頁。
[2]《舊唐書》卷七《睿宗紀》,153頁。
[3] 關於葛福順與唐隆政變,參唐雯《新出葛福順墓誌疏證——兼論景雲、先天年間的禁軍争奪》,《中華文史論叢》2014年第4期,99—139頁。
[4]《舊唐書》卷一〇《肅宗紀》,239—240頁。
[5] 樂史《太平寰宇記》卷一五二《隴右道三》,中華書局,2007年,2936頁。2949頁校勘記〔一二〕已經指出"疑'武陵'爲'武威'之誤"。另外,"平西"亦爲"西平"之誤。
[6] 馮培紅《〈隋曹慶珍墓誌銘〉與武威粟特曹氏》,《社會科學戰綫》2019年第1期,118—129頁。

## 五、曹懷直的仕歷及與唐肅宗的關係

曹元秀(懷直)爲曹法智的長子，卒於乾元二年(759)，享年43歲，可知出生於開元五年(717)。墓誌記載"開元中，聖皇封東岳"，"聖皇"指唐玄宗，此尊號係至德三載二月唐肅宗爲太上皇唐玄宗所册[1]。唐玄宗東封東岳泰山，事在開元十三年十月、十一月[2]。所頒《東封赦書》中云：

    唐元六月二十日立功官人，往屬艱難，能盡忠義。今成大禮，何日忘之！宜各與一子出身，無子者任回與周親之人[3]。

曹法智爲唐元功臣，按此赦書，要給其一子出身。魏迎春認爲，"封東岳泰山時曹法智父子享受的是諸蕃酋長的待遇，而不是文武官員的待遇"，顯然不確。曹法智因爲是唐元功臣，纔獲得一子出身的恩寵，並非一般文武官員的待遇，更不是諸蕃酋長的待遇。墓誌亦記："君以父功臣，授一子官，解褐拜右清道率府長史，時年九歲。"曹元秀(717—759)是曹法智的長子，年僅9歲就被授予右清道率府長史，爲東宮武官，正七品上。曹元秀9歲時，正好是725年唐玄宗東封泰山的那一年，所以作爲唐元功臣之子而被授予官職。當時的太子爲李鴻（後改名李瑛），是唐玄宗的第二子，開元三年正月立爲皇太子，至二十五年四月廢爲庶人[4]。不過，9歲的曹元秀尚屬孩童，所任右清道率府長史當爲虛領。

曹元秀還因其父而獲授封爵，即"上沐聖主之恩，又鍾慈父之愛，乃回爵一，

---

[1]《舊唐書》卷九《玄宗紀下》記載，至德"三載二月，肅宗與群臣奉上皇尊號曰太上至道聖皇帝"，235頁。

[2]《舊唐書》卷八《玄宗紀上》對此有詳細的記載，開元十三年十月"辛酉，東封泰山，發自東都。十一月丙戌，至兗州岱宗頓。丁亥，致齋於行宫。己丑，日南至，備法駕登山，仗衛羅列岳下百餘里。詔行從留於谷口，上與宰臣、禮官升山。庚寅，祀昊天上帝於上壇，有司祀五帝百神於下壇。禮畢，藏玉册於封祀壇之石礉，然後燔柴。燎發，群臣稱萬歲，傳呼自山頂至岳下，震動山谷。上還齋宫，慶雲見，日抱戴。辛卯，祀皇地祇於社首，藏玉册於石礉，如封祀壇之禮。壬辰，御帳殿受朝賀，大赦天下，流人未還者放還。内外官三品已上賜爵一等，四品已下賜一階，登山官封賜一階，褒聖侯量才與處分。封泰山神爲天齊王，禮秩加三公一等，近山十里，禁其樵採。賜酺七日。侍中源乾曜爲尚書左丞相、兼侍中，中書令張説爲尚書右丞相、兼中書令。甲午，發岱岳"，188—189頁。

[3] 宋敏求編《唐大詔令集》卷六六《典禮·封禪》，中華書局，2008年，371—372頁。

[4]《舊唐書》卷一〇七《玄宗諸子·庶人瑛傳》，3258、3260頁。

給授禄福縣開國男"。前述曹法智的封爵爲酒泉郡公,子元秀爲禄福縣開國男,禄福縣爲肅州(酒泉郡)的附郭縣,似乎透露出其家族與酒泉之間有着密切的關係。關於酒泉曹氏,《唐曹明照墓誌銘並序》云:"夫人曹氏,諱明照。曾祖繼代,金河貴族;父兄歸化,恭惟玉階。"〔1〕曹明照的父兄歸化唐朝,當爲粟特族人無疑;"金河"指今甘肅省酒泉市北大河,後晉彰武軍節度判官高居誨隨張匡鄴出使于闐,所記行程中説:"西北五百里至肅州,渡金河,西百里出天門關,又西百里出玉門關。"〔2〕曹明照一家從中亞粟特曹國東遷入華,曾在酒泉居停,可見酒泉也是粟特曹氏的重要據點〔3〕。

曹元秀在右清道率府長史任滿以後,選補爲左武衛長史,從六品上,屬正常遷序。此後"又調忠王府屬",忠王爲李浚,即後來的唐肅宗李亨,爲唐玄宗的第三子。《舊唐書·肅宗紀》云:"開元十五年正月,封忠王,改名浚。……二十六年六月庚子,立上爲皇太子。"〔4〕親王府屬爲正六品上〔5〕。陳瑋將"屬"當作"屬官"來理解,不確。雖然他在羅列親王府屬官時也提到了正六品上的屬,但卻認爲曹元秀擔任的是從五品下的友,則誤。

墓誌續云:"不經考,王冊爲皇太子,遷右武衛翊府左郎將。"738 年,忠王李浚立爲皇太子,改名李亨。一人得道,雞犬升天。作爲忠王府屬的曹元秀尚未任滿,也隨遷爲右武衛翊府左郎將,正五品上,從官品來看可謂超次躍升。

墓誌接下來叙述:"無何,又承父一子官,拜本衛中郎將。"此時其父曹法智尚在人世,爲左龍武大將軍。曹元秀再次因爲其父而得升官,爲右武衛翊府中郎將,正四品下。陳瑋認爲,這次晉升應在天寶三載十二月癸丑,唐玄宗親祀九宮貴神,禮畢詔曰:"其唐元功臣,締構之初,竭其忠款,録加念舊,情所不忘。普恩

---

〔1〕 陸紹聞《金石續編》卷六《曹氏譙郡君夫人墓誌銘並序》,收入王昶《金石萃編》,陝西人民美術出版社,1990 年,第 4 册,10—11 頁。
〔2〕 歐陽脩《新五代史》卷七四《四夷附録第三》"于闐"條,中華書局,1974 年,917 頁。
〔3〕 榮新江《北朝隋唐粟特人之遷徙及其聚落》"酒泉/肅州"條未及之,見《中古中國與外來文明(修訂版)》,生活·讀書·新知三聯書店,2014 年,58—61 頁;《北朝隋唐粟特人之遷徙及其聚落補考》無"酒泉/肅州"條,見《中古中國與粟特文明》,生活·讀書·新知三聯書店,2014 年,22—41 頁。
〔4〕 《舊唐書》卷一〇《肅宗紀》,239—240 頁。
〔5〕 《唐六典》卷二九"親王府",730 頁。

之外,更加一階。"[1]這就告訴我們,至晚在744年底,曹法智仍在龍武大將軍任上。另外,曹元秀因自身功勞,"遂授五品",當指其武散官爲遊擊將軍[2],從五品下。

不久,曹法智去世,曹元秀丁憂去職,爲父守孝。墓誌續云:"屬隴右醜虜未殄,節度使哥舒公深佇才略,尤資武毅。奏起復,充討擊副使。"據《舊唐書·哥舒翰傳》記載,天寶六載(747)冬,他接替王忠嗣爲隴右節度使;《舊唐書·魯炅傳》亦記:"天寶六年,隴右節度使哥舒翰引爲別奏。"[3]當屬哥舒翰赴任時奏充任職,一同前往隴右。隴右爲唐朝防禦吐蕃的前綫,曹元秀立功後"遷左清道率、賜紫金魚袋,依前充使"。東宫的左清道率實爲階官(正四品上),曹元秀本人依舊在隴右節度使府擔任討擊副使,賜紫金魚袋。值得注意的是,曹元秀在離開太子李亨後約10年,再次成爲東宫官,儘管這衹是名義上的階官,但陳瑋提出"隴右地方軍將與太子的政治親緣關係",也確實頗堪玩味。

755年底,安史之亂爆發,唐朝抽調河隴軍隊東向勤王,哥舒翰也被任命爲皇太子先鋒兵馬元帥,東赴潼關抗禦安禄山軍隊,翌年兵敗,被部下擒降安禄山,不久被殺。曹元秀很可能就在勤王軍隊中,兵敗後被太子李亨招至靈武,追入宿衛,官拜右龍武將軍、知軍事。魏迎春認爲,曹元秀很可能就是跟隨李亨北上靈武的2000名四軍將士中的重要一員,應當不確,因爲從墓誌可知曹元秀是被"追入宿衛"的,並非隨李亨一同前往靈武。吕元膺《驃騎大將軍論公(惟賢)神道碑銘並序》亦云:"肅宗巡狩於朔陲,危亂之時,見其臣節。帥子弟及家僮,以牧馬千駟,罄其財用,以奉禁旅。公少有志尚,奮身轅門。隨先父統其士馬,與元帥哥舒翰掎角捍寇。鋒刃既接,大小數十戰,摧陷堅陣。洎王帥失御,以智信保全所領之軍。馳於靈武,扈從肅宗。"[4]其狀況與曹元秀完全類似,都是潼關兵敗以後再北上馳至靈武的。如上所言,曹元秀早年爲忠王府屬,李亨立爲皇太子後,曹元秀升爲右武衛翊府左郎將,後來在隴右立功而遷爲左清道率,又帶有東

---

[1]《册府元龜》卷八〇《帝王部·慶賜二》,935頁。

[2] 陳瑋以爲是"被授予五品勳官,或爲正五品上騎都尉"。實際上,上騎都尉即勳官。但這裏顯然是指散官,當爲從五品下的遊擊將軍。

[3]《舊唐書》卷一〇四《哥舒翰傳》,3212頁;同書卷一一四《魯炅傳》,3361頁。

[4] 董誥等編《全唐文》卷四七九,中華書局,1983年,4891頁。

宫官銜,因此將他歸入李亨的親信並不爲過。曹元秀追隨太子李亨至靈武,並在至德元載七月甲子唐肅宗即皇帝位後擔任右龍武將軍、知軍事,繼續在其父曹法智曾經任職的龍武軍中任職,擔任實職將軍,從三品〔1〕。就在此時,唐肅宗爲他改名爲懷直,以表示對他耿直忠誠的信任和獎賞。

墓誌續云:"至德初,扈從歸中京,紀叙勳效,授雲麾將軍。又以統領有能,遷本軍大將軍、上柱國。"所謂"扈從歸中京",是指至德二載十月丁卯,曹懷直跟隨唐肅宗從靈武返至中京長安〔2〕。雲麾將軍爲從三品的武散官,可着金紫章服。魏迎春云:"雲麾將軍 唐諸衛武官勳職,武官因軍功皆可得此勳官。"將武散官雲麾將軍誤作爲勳官。右龍武大將軍是右龍武軍的最高軍事長官,正三品;上柱國爲最高級别的勳官,比正二品。可以説,作爲一名武官,無論是職事官(右龍武大將軍),抑或散官(雲麾將軍)、勳官(上柱國),曹懷直都已經位至極品。

然而好景不長,乾元二年六月十三日,曹懷直"暴薨於本軍官舍",享年43歲,可謂英年早逝。魏迎春稱"顯然是一種非正常死亡",並認爲"其暴薨很可能與李輔國有關"。曹懷直英年暴薨,極可能是非正常死亡,但因缺乏史料,暴薨的原因不得而知,至於是否與李輔國有關,亦無從知曉。(參表1)

表1 曹元秀(懷直)仕歷表

| 時間 | 始任年齡 | 任職 |
| --- | --- | --- |
| 開元十三年(725)十一月壬辰 | 9歲 | 右清道率府長史 |
| 某年 | | 禄福縣開國男 |
| 某年 | | 左武衛長史 |
| 開元十五年(727)正月至二十六年(738)六月庚子之間某年 | 11—22歲之間某歲 | 忠王府屬 |
| 開元二十六年(738)六月庚子 | 22歲 | 右武衛翊府左郎將 |
| 天寶三載(744)十二月癸丑 | 28歲 | 右武衛中郎將 |
| 某年 | | 遊擊將軍 |

〔1〕 陳瑋甚至説:"龍武軍中粟特武人在地域出身上有親緣關係,龍武軍中極有可能存在一河西胡人群體。"這一觀點頗有啓發性,值得進一步探究。

〔2〕 長安原稱西京,至德二載十二月戊午更名爲中京,見《舊唐書》卷一〇《肅宗紀》,250頁。

續表

| 時間 | 始任年齡 | 任職 |
|---|---|---|
| 天寶六載(747)冬或稍後 | 31歲或稍後 | 隴右討擊副使 |
| 某年 | | 左清道率、賜紫金魚袋、隴右討擊副使 |
| 至德元載(756)六月甲子後 | 40歲 | 右龍武將軍、知軍事 |
| 至德二載(757)十月丁卯 | 41歲 | 雲麾將軍、右龍武大將軍、上柱國 |

曹懷直之子曹漸，官任左清道率府長史，正七品上。據《舊唐書》卷一〇《肅宗紀》記載，乾元元年(758)二月，"成都、靈武扈從功臣三品已上與一子官"〔1〕。曹懷直爲雲麾將軍、右龍武大將軍、上柱國，散官、職事官、勳官均在三品以上，爲靈武扈從功臣，當時尚在任上，故可與一子官，所以曹漸之得授左清道率府長史，與其父曹元秀(懷直)幼時一樣，皆屬以父功臣而獲授官職，且均爲東宮清道率府長史，這似乎也告訴我們，正七品上的東宮清道率府長史很可能常被用作功臣子的起家官。

## 六、曹懷直家族與敦煌粟特曹氏

裴車被賜姓曹氏，表明其家族原本不是敦煌曹氏。裴車家族從西域疏勒東徙敦煌，雖然不可能像魏迎春所説的遠溯至東漢，但陳瑋所言"曹車以疏勒裴氏被賜曹姓顯係僞造"也難以證實，他進而得出"曹懷直家族先世應屬敦煌地區的粟特人"之結論亦欠確切。不過，敦煌地區很早以來就存在粟特人，出自疏勒的敦煌裴車被賜姓曹氏，所賜之姓更可能是昭武九姓之曹氏，也因此得以加入敦煌粟特曹氏的圈子。

漢代敦煌著名的曹全家族與敦煌太守曹宗的族屬，筆者在廿餘年前曾認爲是漢人，現在看來得出此結論爲時尚早。敦煌在東漢已成爲"華戎所交，一都會也"〔2〕，來自中亞粟特地區的胡人應該不少。三國曹魏時期，敦煌太守倉慈招

---

〔1〕《舊唐書》卷一〇《肅宗紀》，251頁。
〔2〕 司馬彪《續漢書·郡國志五》劉昭注補引《耆舊記》，收入范曄《後漢書》，中華書局，1965年，3521頁。

徠並善待的"西域雜胡"[1]，應當也包含了粟特胡人。及至西晉，敦煌西北長城烽燧 T. XII. a 遺址發現的粟特文信劄，展現了前涼張軌時期粟特人在包括敦煌在内的絲路沿綫的商貿活動[2]，其中第 1、3 號信劄的發出地是敦煌，發信人米薇(Miwnay)在第 3 號信劄中提到長官們説"在這個敦煌(城裏)，没有比阿迪文(Artivan)關係更近的其他親戚了"，以及"我遵從你的命令來到敦煌"[3]；第 2、5 號信劄則是居住在姑臧的代理商向撒馬爾罕的主人報告永嘉之亂前後粟特人、印度人在中國的貿易情况，其中第 2 號信劄的發信人那你槃陀(Nanai-vandak)説，敦煌有 100 個來自撒馬爾罕的自由人，並且提到從敦煌到金城銷售亞麻布等物，以及派遣那斯延(Nasyān)去敦煌，在進入西域以後又返回敦煌，温拉莫(Wan-razmak)往敦煌送了屬於得屈(Takut)的 32 囊麝香[4]；第 5 號信劄的發信人發黎呼到(Frī-khwatāw)説，他跟着翟突斯(Ghāwtus)從姑臧到敦煌，又繼續行至西域[5]。這些粟特文信劄告訴我們，西晉末、前涼初敦煌地區有粟特聚落存在，並通過絲綢之路與撒馬爾罕和中原内地相溝通。王隱《晉書》云："張

---

[1] 陳壽《三國志》卷一六《魏書·倉慈傳》，中華書局，1959 年，512—513 頁。

[2] 參 É. de la Vaissière, *Histoire des Marchands Sogdiens*, Paris: Institut des Hautes Études Chinoises, Collège de France, 2002, pp. 48 – 76。

[3] 辛姆斯-威廉姆斯著，Emma WU 譯《粟特文古信劄新刊本的進展》，榮新江、華瀾、張志清主編《粟特人在中國——歷史、考古、語言的新探索》，中華書局，2005 年，72—87 頁。該書附有第 1 號信劄正、背兩面的黑白圖版。第 1、3 號信劄的正面彩色圖版見 Susan Whitfield with Ursula Sims-Williams (ed.), *The Silk Road: Trade, Travel, War and Faith*, London: The British Library, 2004, pp. 248 – 249。

[4] N. Sims-Williams, "The Sogdian Ancient Letter II", *Philologica et Linguistica: Historia, Pluralitas, Universitas: Festschrift für Helmut Humbach zum 80. Geburtstag am 4. Dezember 2001* (Herausgegeben von Maria Gabriela Schmidt und Walter Bisang unter Mitarbeit von Marion Grein und Bernhard Hiegl), Wissenschaftlicher Verlag Trier, 2001, pp. 267—280；漢譯文參畢波《粟特文古信劄漢譯與注釋》，《文史》2004 年第 2 輯，77—88 頁。關於第一處"敦煌"，辛姆斯-威廉姆斯未給出相應的轉寫，亨寧轉寫爲 δrw'ny，解釋爲敦煌，見 W. B. Henning, "The Date of the Sogdian Ancient Letters", *Bulletin of the School of Oriental and African Studies, University of London*, vol. XII – 3/4, 1948, pp. 601 – 615；哈馬爾塔則轉寫爲 δry'ny，比定爲黎陽，見 J. Harmatta, "The Archaeological Evidence for the Date of the Sogdian 'Ancient Letters'", *Studies in the Sources on the History of pre-Islamic Central Asia*, Budapest, 1979, pp. 153 – 165。兹取前者。

[5] F. Grenet, N. Sims-Williams and É. de la Vaissière, "The Sogdian Ancient Letter V", *Bulletin of the Asia Institute*, XII, 1998, p. 93；漢譯文參畢波《粟特文古信劄漢譯與注釋》，《文史》2004 年第 2 輯，90 頁。

軌爲涼州刺史,敦煌曹袪上言軌老病,更請刺史。"[1]張軌於永寧(301—302)初出刺涼州,308年發生敦煌張鎮、張越兄弟聯合曹袪,與張軌争奪涼州統治權的鬥争。史載,"酒泉太守張鎮潛引秦州刺史賈龕以代軌,密使詣京師,請尚書侍郎曹袪(祛)爲西平太守,圖爲輔車之勢"。曹袪與張鎮兄弟均爲敦煌人,聯手對付涼州刺史張軌,是出於同一地域鄉黨集團的共同利益。經過一番明争暗鬥的政治較量以後,"帝優詔勞軌,依[司馬]模所表,命誅曹袪。軌大悦,赦州内殊死已下。命[張]寔率尹員、宋配步騎三萬討袪,别遣從事田迥、王豐率騎八百自姑臧西南出石驢,據長寧。袪遣麴晁距戰於黃阪。寔詭道出浩亹,戰於破羌。軌斬袪及牙門田嚻"[2]。從晉懷帝下詔的内容與張軌討伐的對象來看,曹袪是這次倒張軌鬥争的主要人物之一。《唐故隋酒城府鷹揚曹君及琅耶郡君安氏墓誌並序》云:"君諱諒,字叔子,濟陰定陶人,晉西平太守曹袪之後也。"[3]曹、安二氏通婚,應當屬於粟特昭武九姓内部的聯姻,由此似可以判斷曹諒、安氏夫婦是入華粟特人的後裔,故曹諒的祖先曹袪亦爲粟特人。榮新江也認爲,"曹諒娶妻安氏(來自布哈拉),本人又姓曹(曹姓來自粟特曹國,Kapūtānā),而其最早的祖先可以追溯至'西平太守曹袪'",不過他説"由這方墓誌我們可以知道有曹姓粟特人入華後的著籍地在西平"[4],則不確切。西平祗是曹袪的任職之地,王隱在曹袪的名前冠書"敦煌"二字,清楚地表明他是敦煌粟特人。從曹袪在西晉朝廷擔任尚書侍郎、後又出任西平太守來看,似乎其祖上從中亞粟特東來入華已有時日。换言之,至晚在曹魏時曹袪祖上已經東徙敦煌。魏明帝太和(227—233)中,倉慈出任敦煌太守,善待前來貿易的西域雜胡,發給過所,公平交易,保障道路交通的安全,得到了西域雜胡的稱頌和愛戴[5];倉慈甚至鼓勵"胡女嫁漢,漢

---

[1] 李昉等《太平御覽》卷三六六《人事部七·耳》,中華書局,1960年,1683—1684頁。
[2] 房玄齡等《晉書》卷八六《張軌傳》,中華書局,1974年,2223—2224頁。
[3] 周紹良主編《唐代墓誌彙編》永徽〇〇八,135頁。
[4] 榮新江《北朝隋唐粟特人之遷徙及其聚落補考》,余太山、李錦繡主編《歐亞學刊》第6輯,中華書局,2007年,168頁;該文收入《中古中國與粟特文明》時,加注了安、曹二氏的中亞本國地名,見該書29頁。
[5] 《三國志》卷一六《魏書·倉慈傳》,512—513頁。

女嫁胡。兩家爲親,更不相奪"[1],這裏的"胡"主要指來自西域的雜胡,最有可能是粟特胡人。這些雜胡當時居住在敦煌,並與漢人相通婚。前凉時期除了曹祛之外,張重華時還有一位護軍曹權[2],不知與敦煌曹祛是否有關係。總之,從敦煌曹祛的情況可以看出,西晉末、前凉初敦煌粟特曹氏已經形成了較大的勢力,成爲當地的豪族,後來甚至發展成爲敦煌曹氏之郡望[3]。

　　北朝是粟特人東來的又一高潮期,包括敦煌在内的河西走廊是入華粟特人的重要據點[4]。敦煌文獻 S. 613v《西魏大統十三年(547)瓜州效穀郡計帳》記載,侯老生有一段10畝麻田,位於舍南一步,"東至曹匹智拔";其妻叩延臘臘有一段10畝,位於舍南一里,"東至曹烏地拔"[5]。敦煌在西魏時稱瓜州,效穀爲其屬郡。計帳中提到的這兩位曹姓人物,取胡名,當是移居敦煌的粟特人,已經成爲西魏政府的編户百姓。及至唐初,曹懷直祖上已從疏勒向東遷徙,也居住在敦煌。裴車因扶持唐高宗皇后武氏垂簾聽政有功,被賜姓曹氏,顯然也是因爲敦煌粟特曹氏的影響力大,纔作爲給新遷入的疏勒人裴氏所賜之姓。經過吐蕃時期的發展,到歸義軍張氏時代,曹氏人物勢力日益抬頭,在敦煌僧俗兩界擔任重要官職。在僧界,P. 4660《曹都僧政邈真贊》記其爲"入京進論大德、兼管内都僧政、賜紫沙門故曹僧政"[6],S. 5972《維摩詰經疏釋》亦題署曰:"河西管内京城進論臨壇供奉大德、賜紫、都僧政香號法鏡手記。"[7]這兩件敦煌文獻所記載的都僧政當爲同一人,即曹法鏡;P. 4660《曹僧政邈真贊》記其爲"敦煌管内僧政、

---

[1] 敦煌文獻 P. 3636《類書》"倉慈"條,見上海古籍出版社、法國國家圖書館編《法藏敦煌西域文獻》第 26 卷,上海古籍出版社,2002 年,172 頁。

[2] 《晋書》卷一〇七《石季龍載記下》,2781 頁。

[3] 馮培紅《粟特人與前凉王國》,《内陸アジア言語の研究》XXIV,2009 年,95 頁。

[4] 馮培紅《北朝至唐初的河西走廊與粟特民族——以昭武九姓河西諸郡望的成立爲出發點》,劉進寶主編《絲路文明》第 1 輯,上海古籍出版社,2016 年,51—92 頁。

[5] 中國社會科學院歷史研究所、中國敦煌吐魯番學會敦煌古文獻編輯委員會、英國國家圖書館、倫敦大學亞非學院編,周紹良主編《英藏敦煌文獻(漢文佛經以外部份)》第 2 卷,四川人民出版社,1990 年,83 頁。

[6] 《法藏敦煌西域文獻》第 33 卷,上海古籍出版社,2005 年,23 頁。

[7] S. 5972《維摩詰經疏釋》,黄永武主編《敦煌寶藏》第 44 册(新文豐出版公司,1982 年)628 頁影印較淡,此處參考鄭炳林、鄭怡楠《敦煌碑銘贊輯釋》(增訂本),上海古籍出版社,2019 年,上册,371—373 頁注[2]。不過,鄭氏將"進"字録作"講"。參照 P. 4660《曹都僧政邈真贊》"入京進論大德"之語,似當爲"進"。

兼勾當三窟曹公",贊文雖稱他是"陳王派息",即曹魏陳思王曹植的後裔,但這應是出於對高門大族譙郡曹氏的攀附與冒充,而"武威貴族"之語則道出了他實際出自或攀附武威粟特曹氏[1]。在俗界,P.4640《己未至辛酉年(899—901)歸義軍軍資庫司布紙破用曆》中凡三次提到"都押衙曹光嗣",以及"押衙曹光進""懸泉鎮使曹子盈"等人[2],後者又見於S.619v《懸泉鎮遏使行玉門軍使曹子盈狀》[3]。尤其是到西漢金山國末期,曹議金(仁貴)出任沙州長史[4],進而從張承奉手中奪取統治權,重建歸義軍。據榮新江及筆者考證,推斷歸義軍節度使曹議金家族爲粟特人後裔。在曹氏歸義軍時代,有些曹氏人物帶有明顯的胡名特徵,可以容易地判别其族屬,如P.2040v《後晉時代净土寺諸色入破曆算會稿》云:"粟柒斗五升,曹阿朶鉢利潤入。"[5] Дх.1355+Дх.3130《洛晟晟賣園舍契》末尾有"見人曹悉歽"的簽押[6]。Дх.2149《欠物曆》中記載到一位"于闐曹慶達"[7],曹慶達名前冠有"于闐"二字,可能是從粟特曹國東遷到于闐,後來又進一步東徙至敦煌。後一階段的遷徙與裴車家族從疏勒東徙敦煌頗相類似。

敦煌地區改姓曹氏的另一則資料是《唐曹惠琳墓版文》:"公諱惠琳,本望敦煌康氏也。……公立身幹蠱,智策縱橫。體剛毅之姿,出酋豪之右。未韶齔,舅氏贈綿州刺史元裕見而奇之,毓爲後嗣。禮均天屬,遂稱曹氏焉。"[8]曹惠琳原

---

[1]《法藏敦煌西域文獻》第33卷,22頁。
[2]《法藏敦煌西域文獻》第32卷,259—267頁。
[3]《英藏敦煌文獻(漢文佛經以外部份)》第2卷,103頁。
[4] 脱脱等《宋史》卷四九〇《外國六·沙州傳》云:"至朱梁時,張氏之後絶,州人推長史曹義金爲帥。"中華書局,1985年新1版,14123頁。P.4638v《曹仁貴狀》末署:"權知歸義軍節度兵馬留後、守沙州長史、銀青光禄大夫、檢校吏部尚書、兼御史大夫、上柱國曹仁貴狀上。"見《法藏敦煌西域文獻》第32卷,235頁。
[5]《法藏敦煌西域文獻》第3卷,上海古籍出版社,1994年,50頁。
[6] 俄羅斯科學院東方研究所聖彼得堡分所、俄羅斯科學出版社東方文學部、上海古籍出版社編《俄藏敦煌文獻》第8卷,上海古籍出版社,1997年,111頁。
[7]《俄藏敦煌文獻》第9卷,上海古籍出版社,1998年,49頁。
[8] 圖版見王仁波主編《隋唐五代墓誌彙編·陝西卷》,天津古籍出版社,1991年,第1冊,159頁;錄文見周紹良、趙超主編《唐代墓誌彙編續集》大曆〇四一,上海古籍出版社,2001年,720頁。

本姓康,爲敦煌大族望姓,也是最著名的粟特姓氏[1]。康、曹二氏之間的聯姻屬於粟特人内部通婚。從"出酋豪之右"之語也可判斷,康惠琳爲粟特人,其改姓曹氏與裴車被賜姓曹氏不同,是因爲他自幼過繼給舅父曹元裕。如上所論,裴車被賜姓曹氏,是因爲敦煌粟特曹氏具有較高的名望,進而融入到敦煌粟特人的圈子中。

附記:本文爲國家社科基金重點項目"中古粟特人與河西社會研究"(19AZS005)、浙江省哲學社科冷門絶學重點項目"中古絲路魚國、粟特、波斯胡人比較研究"(20LMJX01Z)的階段性成果。感謝西安石油大學張利亞副教授在資料上提供的幫助,以及匿名審稿人的寶貴意見!

# The *Epitaph and Its Preface of Cao Huaizhi in the Tang* and Cao Clan of Sogdian in Dunhuang

### Feng Peihong

Cao 曹 is a famous Sogdian family name at medieval Dunhuang 敦煌, especially during the period of the Gui-yi-jun 歸義軍 regime from the Five Dynasties to the early Song dynasty, when Cao Yijin 曹議金 and his family members were the supreme rulers of Guazhou 瓜州 and Shazhou 沙州. Before the Gui-yi-jun regime, there were few materials about this clan. The *Epitaph and Its Preface of Cao Huaizhi in the Tang* 唐曹懷直墓誌銘並序 collected by Tang West Market Museum is a very precious material for studying the Cao clan, and the history of Cao Huaizhi's family and the political struggle in the Tang court. This article re-proofreads and transcribes the text to provide an accurate definitive edition, makes a thorough study of relevant historical events, corrects the careless omission and mistakes of previous researches, and

---

[1] 關於康爲粟特姓氏,可參福島惠《唐代ソグド姓墓誌の基礎的考察》,《学習院史学》第43號,2005年,147、149—150、157頁。《唐康哲墓誌銘並序》記"其敦煌郡人也",見周紹良主編《唐代墓誌彙編》神龍〇一六,1052頁。P.2237《四分律小鈔一本》前面繪有一胡人頭像及肩部,下題"康景宗"三字,見《法藏敦煌西域文獻》第9卷,上海古籍出版社,1999年,312頁。當爲粟特人。

supplements some neglected contents of previous researches. This article also discusses some related topics, such as the eastward migration to Dunhuang of the Pei clan 裴氏 in the Kashgar kingdom, how did Pei Che 裴車 be granted the surname Cao, and how did Cao Yuanxiu 曹元秀 be renamed as Cao Huaizhi. Moreover, this article also analyzes topics like the meritorious statesman Cao Fazhi 曹法智 and his relationship with Emperor Xuanzong 玄宗, Cao Huaizhi's official career and his relationship with Emperor Suzong in the Tang dynasty, and Sogdian Cao clan in Dunhuang.

# 隋唐奏抄探源

## 李柏楊

《唐六典》記載,奏抄是唐代"下之通於上"的重要文書種類,"謂祭祀,支度國用,授六品已下官,斷流已上罪及除、免、官當者,並爲奏抄"[1]。"《隋令》有奏抄、奏彈、露布等"[2],唐代前期繼承隋制,奏抄是政務申報的重要文書形式。相關事務由尚書省上奏,經過門下省審查,然後由皇帝畫"聞",成爲具有行政效力的公文。"中書門下體制"形成後,奏抄的重要性雖然下降,但直到宋代依然不廢。目前關於奏抄的研究,也已取得了較爲豐碩的成果,主要涉及奏抄的格式復原、三省制下奏抄的運作、奏抄使用範圍的變化、中書門下體制下奏抄的行用等問題[3]。

但是,目前關於奏抄制度形成問題的研究却並不充分。劉後濱《唐代中書門下體制研究》一書中曾提及,漢唐間奏事文書形態存在從"奏"到"奏案"、再到

---

[1] 李林甫等撰,陳仲夫點校《唐六典》卷八《門下省》,中華書局,1992年,241—242頁。

[2] 《唐六典》卷八《門下省》,242頁。

[3] 參看仁井田陞著,栗勁等譯《唐令拾遺》,長春出版社,1989年,480—482頁;中村裕一《唐代公文書研究》,汲古書院,1996年,177—183頁;仁井田陞著,池田温編集代表《唐令拾遺補》,東京大學出版會,1997年,708—709頁;大津透:《唐律令国家の予算について—儀鳳三年度支奏抄·四年金部旨符試釈—》,《史學雜誌》95卷12號,1986年,中譯文收入劉俊文主編《日本中青年學者論中國史·六朝隋唐卷》,上海古籍出版社,1995年;劉後濱《唐代中書門下體制研究》,齊魯書社,2004年,73—111頁;吳麗娛《試論"狀"在唐朝中央行政體系中的應用與傳遞》,《文史》2008年第1輯,119—148頁;王孫盈政《天下政本——從公文運行考察尚書省在唐代中書門下體制下的地位》,《歷史教學》2012年第24期,35—39頁;郭桂坤《唐代前期的奏事文書與奏事制度》,榮新江主編《唐研究》第22卷,北京大學出版社,2016年,157—179頁;郭桂坤《唐代前期的奏抄與發日敕書》,《文史》2018年第1輯,133—158頁;張雨《公文書與唐前期司法政務運行——以奏抄和發日敕爲中心》,包偉民、劉後濱主編《唐宋歷史評論》第7輯,社會科學文獻出版社,2020年,59—74頁;郭桂坤《唐代後期奏抄的應用問題——以新見〈乾寧三年(896)劉翱將仕郎告身〉爲中心的討論》,葉煒主編《唐研究》第25卷,北京大學出版社,2020年,381—400頁。

"奏抄"的演變,奏抄形成於隋唐之際,與三省制的成立密切相關[1]。該書所重點考察的是從三省制到中書門下體制的轉型,這無疑是唐代制度史至爲關鍵的問題之一。此後學者關於奏抄的研究,基本上都是在這一框架下展開的。近年來,關於中書門下體制下諸問題的研究已經取得不少成果,但關於唐代制度形成史的研究,則仍有可以繼續推進的空間。

本文擬在漢唐間制度變遷的視野下,從政務處理層次、制度運行過程的角度出發,考察隋唐奏抄文書制度的形成及其意義。在討論中,本文不僅關注申奏文書的演變,亦從公文體系整體考慮,將下行文書納入考察範圍,進而揭示出在"奏—奏案—奏抄"這一脈絡之外,漢代以來部分王言文書與隋唐奏抄的關聯。通過文書制度研究,或可深化對於南北朝隋唐之際王朝中樞體制乃至政治結構演化脈絡的認識。論述中的不妥之處,尚祈方家教正。

## 一、從奏抄與奏案的差異說起

劉後濱先生將南北朝奏案的基本特性歸結爲以下四點:

1. 上奏者身份爲尚書省,是以尚書機構名義向皇帝奏事的文書;
2. 應用場合包括國家的主要政務,亦即尚書省諸曹局所掌的政務範圍;
3. 皇帝對"奏案"的批復是畫"可";
4. 在尚書省奏案上奏君主的過程中需經門下省審署。[2]

先看第1點,奏案無疑是尚書省文書,具體來說,上奏的主體應是尚書省諸曹。《宋書·禮志》載皇太子監國有司儀注中"準於黃案"的"關事儀",其起首即爲"某曹關"[3],相當於"某曹奏",這與目前所見唐代奏抄式相同。關於第2點,南北朝奏案涉及政務內容十分廣泛,隋唐奏抄亦是如此,不過各類事項還需具體分析。再看第4點,奏案、奏抄皆需門下省官員審署,雖然南北朝隋唐時期門下

---

[1] 劉後濱《唐代中書門下體制研究》,73—97頁;劉後濱《從奏案到奏抄——漢唐間奏事文書形態的演進與行政審批制度的變遷》,《北京理工大學學報》2002年第4期,16—21頁。

[2] 劉後濱《唐代中書門下體制研究》,86頁。

[3] 《宋書》卷一五《禮志二》,中華書局,1974年,382頁。

省職能經歷了演變,但平省尚書奏事的職責却始終存在。這樣看來,似乎祇是第3點奏案畫"可"有別於後世奏抄畫"聞"。

"可"與"聞"的區别值得留意。對於奏案,皇帝既可能以"可"字進行批復,也可能會批復其他意見。根據皇帝意見,尚書機構會再發布尚書符,且符文更爲具體。但對於奏抄,皇帝則是僅畫"聞"而"不可否",如陸贄所言,"旨授(即以奏抄任命)者,蓋吏部銓材署職,然後上言,詔旨但畫聞以從之,而不可否者也"[1]。簡言之,奏案的内容屬於"請示",而奏抄的上奏内容雖然屬於"請示",但也有僅需"報告"皇帝聞知的意味[2]。南北朝時期,史料中並沒有皇帝"御畫聞"的記載[3]。另外,唐代皇帝畫"聞"的文書還有奏彈,但是在南北朝時期,皇帝對於御史所上奏彈文書,却往往可能做出與御史所請不同的批示,以顯示其寬大。南北朝奏彈的運作機制當與唐代不同。在唐代,御史彈劾官員的職能多由"狀"承擔,奏彈很大程度上是禮制層面的裝置[4],皇帝對於奏彈,亦當多像對待奏抄一樣是"不可否"[5]。可見,即使是同名的公文文體,南北朝與唐代仍有不小的區别,更何况奏案、奏抄這樣名稱相異的公文了。

對於奏案、奏抄具體的使用範圍,還需細加比較分析,不能籠統看待。比如"官當"一項,唐代制度十分明確,尚書官員多爲照章辦事。而在南朝,"官當"之

---

[1] 陸贄撰,王素點校《陸贄集》卷一七《請許臺省長官舉薦屬吏狀》,中華書局,2006年,538頁。

[2] 關於中古上行公文"報告性"與"請示性"的區分,可參看葉煒《釋唐後期上行公文中的兼申現象》,《史學月刊》2020年第5期,16—25頁。

[3] 漢代對於臣民上"章",有"口報聞"之制,屬於口頭傳達,不形成詔書。詳參馬怡《漢代詔書之三品》,北京大學中國古代史研究中心編《田餘慶先生九十華誕頌壽論文集》,中華書局,2014年,77頁;代國璽《漢代公文形態新探》,《中國史研究》2015年第2期,41頁。另外,最近有學者根據新出木牘所載諸侯王文書中的"命曰聞"推定漢代存在"制曰聞",參見汪華龍《"制曰聞"與奏呈記録:揚州蜀秀河M1木牘的文書學考察》,《"中研院"歷史語言研究所集刊》第94本第3分,2023年,525—260頁。其中"命曰聞"所涉事務屬於近臣報告,且上行文書近似後來《獨斷》所載之"章",與承載國家日常政務的"奏"有别。因此,雖然"命曰聞"與"御畫聞"有一定相似性,但二者差異也十分顯著。

[4] 參看吴曉豐《唐代的奏彈及其運作》,《中華文史論叢》2020年第4期,205—218頁。

[5] 關於唐代奏彈畫"聞",是學者推測,目前還没有直接證據。且皇帝亦有寬宥之例。不過,自唐中宗時期明確"其御史彈事,亦先進狀",此後皇帝對奏彈當以直接批准爲主。參看《唐會要》卷二五《百官奏事》,中華書局,1960年,477頁。

制尚不明晰,齊梁之前,可能並無官當之法[1]。相關處理有的需要皇帝決定,不太可能像唐代皇帝對奏抄那樣"不可否"。又如"斷流已上罪"[2],流之上爲死刑,但漢代以來並非所有死刑都需要皇帝核准,而隋文帝時,"詔諸州死罪不得便決,悉移大理案覆,事盡然後上省奏裁……〔開皇〕十五年制,死罪者三奏而後決"[3]。用奏抄處理天下常規死刑的制度,至此方能成立,而死罪覆奏的制度,也經歷了一個發展完善的過程。至於流刑,在北朝纔成爲正式規定,背後有很深的北族淵源,漢魏六朝並無其制[4],奏案更不會涉及。北朝對常規流刑的處理程序,亦當不會嚴於死刑,而是諸州能夠"便決",不用奏聞皇帝。

尤其值得關注的是授官制度。南北朝並不存在類似奏抄"授六品以下官"的文書制度。在隋代之前,其中相當一部分官職並不由皇帝任命,而是府主得以自行除授,至隋代"大小之官,悉由吏部"[5],奏抄"授六品以下官"的規定方纔可能形成。學者在討論隋唐奏授官職制度時,或引《隋書·百官志》所記梁陳制度:

> 其用官式,吏部先爲白牒,録數十人名,吏部尚書與參掌人共署奏。敕或可或不可。其不用者,更銓量奏請。若敕可,則付選,更色別,量貴賤,内外分之,隨才補用。以黃紙録名,八座通署,奏可,即出付典名。而典以名貼鶴頭板,整威儀,送往得官之家。[6]

上述程序較爲複雜。簡單來説,"吏部尚書與參掌人共署奏""更銓量奏請"屬於"啓"體,皇帝以"敕"答之[7],之後的"八座通署,奏可"則屬於奏案。考慮到上

---

[1] 顧江龍《兩晋南北朝與隋唐官僚特權之比較——從贓罪、除免官當的視角》,《史學月刊》2007年第12期,39頁。

[2] 郭桂坤先生認爲《唐六典》奏抄"斷流已上罪"之"上"應爲"下",見前引《唐代前期的奏抄與發日敕書》,139—140頁。而如張雨先生指出,唐代分"徒以下罪"和"流以上罪",前者無需皇帝處理,見張雨《公文書與唐前期司法政務運行——以奏抄和發日敕爲中心》,59頁。

[3] 《隋書》卷二五《刑法志》,中華書局,1973年,714頁。

[4] 參看黃楨《再論流刑在北魏的成立——北族因素與經典比附》,《中華文史論叢》2017年第4期。

[5] 《隋書》卷七五《儒林·劉炫傳》,1721頁。

[6] 《隋書》卷二六《百官志上》,748頁。

[7] 相關問題,可參看周文俊《〈文心雕龍〉"啓"體論的文體譜系考察——以公文制度爲中心》,《中山大學學報》2018年第4期,12—20頁。

文所解釋奏案、奏抄的差別，以批復奏案的方式授官，顯與奏抄不同。而且如陸贄所言唐代奏授（旨授）是"蓋吏部銓材署職，然後上言"，似並不必須在正式上奏前先用類似"啓"的文書（如唐代的"狀"）請示皇帝。在奏授過程中，吏部官員和負責審核的門下省官員權限較大，如學者所論，"官員實際上成爲常行政務的最終裁決者"[1]。而大部分奏授所涉官職，應當都是隋代"大小之官，皆由吏部"的新產物。總之，奏案、奏抄涉及的政務内容不盡相同。

奏案作爲尚書省上奏文書，不具備詔書效力，祇有在皇帝以"可"字批准、最終形成詔書後，纔能生效，史書常記爲"詔可"。在具體執行過程中，當不會僅以奏案文書作爲憑據，因爲皇帝也可能做其他批復。但在唐代，御畫奏抄並非詔書，而是仍稱奏抄。律令對奏抄的管理視同制敕王言。《唐律疏議》："盗制書徒二年，敕及奏抄亦同。敕旨無御畫，奏抄即有御畫，不可以御畫奏抄輕於敕旨，各與盗制書罪同。"[2]所謂"奏抄即有御畫"，是説奏抄一般都有御畫，並不是説奏抄還分爲有御畫、無御畫兩種。事實上，在御畫行下之前，相關文書更準確的稱謂祇是"牒"。如《唐律疏議》"同職犯罪"條所載："尚書省應奏之事，須緣門下者，以狀牒門下省，準式依令，先門下録事勘，給事中讀，黄門侍郎省，侍中審。有乖失者，依法駁正，却牒省司。"[3]嚴格來説，祇有御畫行下後纔能稱作"奏抄"。

又，唐律在解釋"諸棄毁制書及官文書者"時稱："'制書'，敕及奏抄亦同。'官文書'，謂曹司所行公案及符、移、解牒之類。"[4]可見奏抄在管理上並不被視作官文書，而是視同制敕王言，先前學者也已經注意到此點，兹不贅述。這裏需要加以解釋的是《唐律疏議》中的另一處記載：

> 諸稽緩制書者，一日笞五十，謄制敕符移之類皆是。……注云"謄制敕符移之類"，謂奉正制敕，更謄已出，符、移、關、解、刺、牒皆是，故言"之類"。[5]

歷來學者多誤將"謄制敕符移之類"斷句作"謄制、敕、符、移之類"，即把這四種

---

[1] 張雨《公文書與唐前期司法政務運行——以奏抄和發日敕爲中心》，60頁；張雨《唐代司法政務運行機制及演變研究》，上海古籍出版社，2020年，138頁。
[2] 劉俊文《唐律疏議箋解》卷一九《賊盗》，中華書局，1996年，1349頁。
[3] 劉俊文《唐律疏議箋解》卷五《名例》，81頁。
[4] 劉俊文《唐律疏議箋解》卷二七《雜律》，1914頁。
[5] 劉俊文《唐律疏議箋解》卷九《職制》，771頁。

文體視作並列關係,認爲是謄寫後的制、敕、符、移[1]。照此理解,則四種文書全爲一類,没必要稱罪名爲"稽緩制書"了。然則唐律對制敕、符移本有不同規定,如毁棄公文者,"制、敕、奏抄,徒一年;官文書杖八十"[2]。其實,《唐律疏議》該條中"謄"並非僅指謄寫,而是具有轉録、連寫之意,如北魏鹿樹生移南齊兗州府長史文稱"府奉被行所尚書符騰詔"[3],"騰"與"謄"含義相近[4]。因此,唐律原意是説連寫、轉録了制敕的符、移等文書,即"謄制、敕之符、移",這也就是"奉正制敕,更謄已出"的真實含義[5]。吐魯番出土文書即載有:"交河縣主者:敕旨連寫如右,牒至準敕者……敕,符到奉行。"[6]事實上,唐代制授告身即是"謄制符",敕授告身即是"謄敕符"。《唐律疏議》在這裏没有提及奏抄,是因爲將奏抄納入了廣義"制敕"的範圍,與符、移等"官文書"有别。奏抄後接上尚書符,則可稱作"旨符",符文稱"奉旨如右",包括了御畫"聞"字的完整奏抄便可視作"旨",故任官制度中的"奏授"即多稱"旨授"。

奏案、奏抄文書體式的差異也十分關鍵。劉宋元嘉二十六年(449)皇太子監國儀注:

> 某曹關:太常甲乙啓辭。押。某署令某甲上言,某事云云。請臺告報如所稱。主者詳檢相應,請聽如所上。事諾,别符申攝奉行。謹關。
> 
> 年月日。
> 
> 右關事儀,準於黄案。年月日右方,關門下位。年月下左方下,附列尚書衆官署。其尚書名下應云奏者,今言關。餘皆如黄案式。[7]

---

[1] 參看劉俊文《唐律疏議箋解》,774頁;吴宗國主編《盛唐政治制度研究》,上海辭書出版社,2003年,139頁;錢大群《唐律疏義新注》,南京師範大學出版社,2007年,326頁。
[2] 劉俊文《唐律疏議箋解》卷二七《雜律》,1915頁。
[3] 《南齊書》卷五七《魏虜傳》,中華書局,1972年,993頁。
[4] 據睡虎地秦簡所載,秦文書行政中有"當騰騰"的表述,亦涉及公文傳寫。參見陳偉主編《秦簡牘合集(壹)》,武漢大學出版社,2014年,286—288頁。
[5] 大津透斷句爲"謄制、敕符移之類皆是",似得其意,但没有具體解釋,見前引《唐律令国家の予算について—儀鳳三年度支奏抄・四年金部旨符試釈—》,44頁。
[6] 《唐貞觀廿二年(648)安西都護府承敕下交河縣符爲處分三衛犯私罪納課違番事》,唐長孺主編《吐魯番出土文書(三)》,文物出版社,1996年,304頁。
[7] 《宋書》卷一五《禮志二》,381—382頁。

"黄案"即是奏案,用黄紙書寫[1]。在奏案中,上面的"關"本應爲"奏","事諾"本應爲"事可"或"事御"[2]。再看奏抄體式,兹以 P.2819 開元《公式令》所載奏授告身爲例:

1. 尚書吏部(餘司授官奏者,各載司名)謹奏某官名等擬官事。具
2. 官姓名(某州、某縣、本品、若干人)
3. 　　　右一人云云。(謂若爲人舉者,注舉人具官封姓及所舉之狀。若選者,皆略注其由歷及身才行。即因解更得叙者,)
4. 　　　(亦略述解由及擢用之狀。)令擬某官某品,替某申考滿。若
5. 　　　因他故解免及元闕者,亦隨狀言之。
6. 左丞相具官封臣名
7. 右丞相具官封臣名
8. 吏部尚書具官封臣名
9. 吏部侍郎具官封臣名
10. 吏部侍郎具官封臣名　　　等言:謹件同申人具姓名等若
11. 干人,擬官如右,謹以申聞。謹奏。
12. 　　　年月日　　吏部郎中具官封臣姓名上
13. 　　　　　　　給事中具官封臣姓名讀
14. 　　　　　　　黄門侍郎具官封姓名省
15. 　　　　　　　侍中具官封臣姓名審
16. 聞(御畫)
17. 　　　月日都事姓名受
18. 　　　　　　　左司郎中付吏部

---

[1]《南齊書》卷一六《百官志》:"其諸吉慶瑞應衆賀……疑讞、通關案,則左僕射主,右僕射次經,維是黄案,左僕射右僕射署朱符見字,經都丞竟,右僕射横畫成目,左僕射畫,令畫。"319—320頁。

[2] 史籍數見尚書奏事稱"事可奉行"或"事御奉行",例如《晋書》卷二〇《禮志中》:"尚書奏:'案如辭輒下主者詳尋……謂宜聽胤所上……事可奉行。'詔可。"中華書局,1974年,629頁。《南齊書》卷一一《樂志》:"尚書殿中曹奏:'太祖高皇帝……此二歌爲一章八句,别奏事御奉行。'詔可。"719頁。"事可"當指皇帝同意完全按奏案内容執行,"事御"可能意味着奏案上奏皇帝後,也會得到其他批示。史料所見"奏可""奏御"當亦可作此區分。

19. 吏部尚書具官封名

（後略）[1]

其中第 1 行至第 16 行即爲奏抄部分。兩相比較，可以看到，一個完整的奏案，應當並不包括皇帝所書之"可"字或其他批復語，否則就不是奏案，而是成爲王言了，其體屬於自秦漢以來的"批復型詔書"，亦即《獨斷》所載"第二品詔書"。劉宋的皇太子監國儀注，亦不將太子所畫之"諾"放在正文中。然而，一個完整的奏抄，正文無疑包括了皇帝所書之"聞"，否則就不具有《唐律疏議》中所述的行政效力。仿唐的日本《養老公式令》所載論奏式、奏彈式，亦均有"聞 御畫"字樣[2]。因此，雖然奏抄在文書稱謂、形式等層面和前代奏案確有一定的繼承、借鑒關係，但奏抄也具有王言的特徵。"從奏案到奏抄"的概括固然不誤，但還不夠全面。

## 二、與奏抄存在關聯性的前代王言文書

漢唐間王言體制歷經複雜變化，在唐代敕類王言使用範圍大幅擴展之前，"詔"是日常行政中使用最廣泛的王言文體。蔡邕《獨斷》將漢代詔書分爲三品：

> 詔書者，詔誥也，有三品。其文曰"告某官某""如故事"，是爲詔書。群臣有所奏請，"尚書令奏"之下有"制曰"，天子答之曰"可"，若"下某官"云云，亦曰詔書。群臣有所奏（表）請，無"尚書令奏""制"之字，則答曰：已奏，如書。本官下所當至。亦曰詔。[3]

關於漢代詔書之三品，學者間存在不同認識，主要爭議之處在於第一品和第三品，對第二品詔書則基本沒有分歧[4]。作爲皇帝意志的表達，各類詔書的權威性並無不同，但詔書文體內部則存在不同等級序列，這種"文體秩序"無疑與政

---

[1] 劉俊文《敦煌吐魯番唐代法制文書考釋》，中華書局，1989 年，226—228 頁。
[2] 參看《令義解》卷七，《國史大系》第 12 卷，經濟雜誌社，1900 年，213、219 頁。
[3] 蔡邕《獨斷》卷上，中華書局，1985 年，4 頁。"奏請"，《唐六典》作"表請"，見《唐六典》卷七《中書省》，274 頁。
[4] 相較漢代其他類型詔書，關於"第三品詔書"的研究較少，且存在一些誤解。相關梳理，可參看孫梓辛《漢代詔書研究述評》，《中國中古史研究》第 6 卷，中西書局，2018 年，265—269 頁。

務運作的層次密切相關。就第一品詔書而言,其起首語無論是否僅有"告某官"還是包括"制詔某官",在隋唐時期的"王言之制"中均已不存在。"可"字是第二品詔書的標誌,南北朝時期,根據尚書奏案裁決的事項,除了形成詔書外,具體安排還會以"尚書符"的形式呈現。僅就皇帝批復"可"字而言,隋唐時期的詔書(制書)也是從漢代第二品詔書變換而來,祇是二者存在很大差異,不能完全等同。而隋唐"王言之制"中處於詔書之下的敕書,不僅與漢式詔書文體關聯不大,亦與《漢制度》《獨斷》中的"戒書""誡敕"沒有直接關聯,主要是魏晉以降歷經複雜演變而形成的新制度[1]。漢代的第三品詔書在後世看似沒有蹤跡[2],不過上文已通過分析奏案與奏抄的差異,指出奏抄具備一定的王言特徵,若從政務處理的層次上看,與第三品詔書存在關聯的則應爲奏抄。

首先,奏抄的"上奏+批復"模式固然與第二品詔書類似,但"畫聞"是一個全新的制度,二者所涉政務內容輕重也存在較大差異。我們當然可以說,奏抄的設立,受到了秦漢以來第二品詔書體式的一定影響,但二者的差異也值得重視。

其次,和奏抄一樣,皇帝對於第三品詔書中的"群臣有所奏(表)請",也是不行使"可否"之權,祇是由尚書批示"已奏,如書",然後"本官下所當至"。有學者認爲第三品詔書與"表"有關,而表"不需頭",亦即不用皇帝在表文後面批答具體意見[3]。皇帝若想發布與表文有關的其他命令,還需另行下詔。

再次,第三品詔書的處理事項,亦與奏抄有部分相似之處。第三品詔書的應用實際十分廣泛,祇是因爲所涉及的多是有法可循的日常政務,並非大事,故史書多不記載,但在石刻、簡牘等材料中則留有遺存。比如奏抄的用途之一是處理祭祀事務,而漢代的第三品詔書亦有此功能。《魯相史晨祀孔子廟奏銘》:

> 建寧二年三月癸卯朔七日巳(己)酉,魯相臣晨、長史臣謙頓首死罪上尚書:……臣以建寧元年到官,行秋饗,飲酒畔宫畢,復禮孔子宅,拜謁神聖,仰瞻榱桷,俯視几筵,靈所馮依,肅肅猶存,而無公出酒脯之祠……臣輒依社

---

[1] 相關問題,筆者已另撰文探討,此不贅述。
[2] 郭桂坤先生認爲西晉的尚書符即漢代的第三品詔書,見《唐代前期的奏事文書與奏事制度》,162 頁。然尚書臺自行頒下的符本身並非王言,奉詔(制)之符亦與第三品詔書無涉。
[3] 代國璽《漢代章奏文書"需頭"與"言姓"問題考論》,《蘭州學刊》2017 年第 8 期,35—36 頁。

稷出王家穀,春秋行禮,以共煙祀,餘□賜先生執事。臣晨頓首頓首,死罪死罪。臣盡力思惟庶政,報稱爲效,增異輒上。臣晨誠惶誠恐,頓首頓首,死罪死罪,上尚書。時副言大傅、大尉、司徒、司空、大司農府治所部從事。〔1〕

這看似僅僅是一份上行文書,不過應如學者所論,此碑文所載屬第三品詔書,祗是略去了批答及詔書傳遞的記録〔2〕。碑文主要記載了魯相史晨奏請增祀孔子廟一事。其中"輒依""增異輒上"諸語表明,相關事務在上奏得到批准之前,很可能就已經執行了,上奏的目的是主要是知會皇帝,同時也告知其他上級官員。這種"奏聞皇帝,兼申所司"的做法,在唐代也能看到,是皇帝及上級機構藉以同步掌握政務信息的手段,其文書性質主要屬於"報告"而非"請示"〔3〕。但與第三品詔書不同的是,奏抄在經皇帝御畫之前,其中的事項一般不會執行。

爲了進一步討論奏抄的成立及意義,還需要先對"第三品詔書"的形成、演變進行簡要梳理。東漢時期,尚書機構取得草擬王言的職權〔4〕,《獨斷》所載第三品詔書體式當由此形成,這無疑反映了兩漢之際尚書機構的發展。據劉釗先生所論,在此之前,性質類似《獨斷》所載"第三品詔書"的是簡牘所見"請詔"文書〔5〕。此所謂"請詔",並不是要請皇帝批示具體意見〔6〕。懸泉漢簡所見"傳信"中有如下記録:

  甘露三年十月辛亥,丞相屬王彭護烏孫公主及將軍、貴人、從者,道上傳車馬爲駕二封軺傳,有請詔。御史大夫萬年下謂(渭)成,以次爲駕,當舍傳

---

〔1〕 洪适《隸釋》卷一,《隸釋・隸續》,中華書局,1985 年,23 頁。

〔2〕 參看馬怡《漢代詔書之三品》,北京大學中國古代史研究中心編《田餘慶先生九十華誕頌壽論文集》,81 頁;劉釗《漢簡所見官文書研究》,吉林大學 2015 年博士學位論文,398—399 頁。

〔3〕 詳參葉煒《釋唐後期上行公文中的兼申現象》。

〔4〕 《初學記》卷一一《職官部上》引《漢官儀》:"尚書郎主作文書起草。"中華書局,2004 年,269 頁。

〔5〕 劉釗《漢簡所見官文書研究》,399—400 頁。另外,學者還將"五曹詔書"歸入第三品詔書。其實,應如孫梓辛先生所論,所謂"五曹詔書"祗是指尚書諸曹保管的詔書,並非第三品詔書。參看孫梓辛《漢代詔書研究述評》,268 頁。

〔6〕 史書中確有官員上書"請詔云云",然後由皇帝進行批示的記載,如《漢書》卷八二《王商傳》:"左將軍〔史〕丹等奏:'商位三公……臣請詔謁者召商詣若盧詔獄。'……制曰'勿治'。"中華書局,1962 年,3374 頁。出土文獻中亦多見此類。學者或將這相關文書稱作"請詔書",如李均明、劉軍《簡牘文書學》,廣西教育出版社,1999 年,217—222 頁。這與本文所論"請詔"所指不同。

舍,如律令。(Ⅴ92DXT1412③:100)〔1〕

甘露四年六月辛丑,郎中馬倉使護敦煌郡塞外漕作倉穿渠,爲駕一乘傳,載從者一人,有請詔。外卅一。御史大夫萬年下謂(渭)[成],以次爲駕,當舍傳舍,從者如律令。七月癸亥食時西。(Ⅱ90DXT0115④:34)〔2〕

居延漢簡中亦有此例:

守大司農光禄大夫臣調昧死言;守受簿丞慶前以請詔使護軍屯食,守部丞武☐以東至西河郡十一、農都尉官二、調物錢穀漕轉糶爲民困乏,願調有餘給不☐(214·33A)〔3〕

侯旭東先生在考察"傳信"文書時,認爲"請詔"是對"皇帝權力的預支","'有請詔'表示公出官吏的長官已經向皇帝奏請外出事宜,即上'請詔書',却一時沒有得到奏可的情况,因此在移文時注明'有請詔'"〔4〕。"請詔"應當主要屬於報告性文書,皇帝一般不會有所可否。否則,皇帝縱使不同意,已經簽發的文書也不容易追回了。這與第三品詔書有相似之處。就"傳信簡"而言,其中由中朝官員"承制"簽發的一類,至東漢時因中樞體制的變化與尚書機構的發展,日常王言運作中的"中朝官承制發布"體制走向終結〔5〕。憑"請詔"簽發的情况亦當不同於西漢。上引傳信簡中皆有"御史大夫下",而御史系統至東漢已經發生較大變化,這一項可能改爲尚書官員或御史中丞簽署〔6〕。

魏晉南北朝時期,相關史料匱乏,但仍有迹可循。《宋書·禮志》載皇太子監國儀注:

尚書下:云云。奏(奉?)行如故事。

---

〔1〕 郝樹聲、張德芳《懸泉漢簡研究》,甘肅文化出版社,2009年,149頁。
〔2〕 郝樹聲、張德芳《懸泉漢簡研究》,138頁。"謂(渭)"後或當脱"成"字。
〔3〕 謝桂華、李均明、朱國炤《居延漢簡釋文合校》,文物出版社,1987年,337頁。
〔4〕 侯旭東《西北漢簡所見"傳信"與"傳"——兼論漢代君臣日常政務的分工與詔書、律令的作用》,《文史》2008年第3輯,29頁。
〔5〕 相關問題,另參看李柏楊《漢代"使主某"及相關問題新探》,《簡帛研究》2023春夏卷,廣西師範大學出版社,2023年,317—333頁;李柏楊《漢代"承制"演變考論》,《中國典籍與文化》待刊。
〔6〕 直到西晉時期,部分詔書開頭仍有"制詔御史中丞",説明御史機構仍有傳詔職能。見許敬宗編,羅國威整理《日藏弘仁本文館詞林校證》卷六六五《西晉武帝即位改元大赦詔》,中華書局,2001年,331頁。

右以準尚書敕儀。起某曹。[1]

有學者將尚書敕儀與緊隨其前的"令書(詔事)板文"視作相互關聯的兩個文書,認爲尚書敕的作用在於傳遞拜官之板文[2]。此説未安。按"令書(詔事)板文"由"侍御史某甲受"[3],此板文即拜官板,直接送往"得官之家"[4],與尚書敕不同。從劉宋皇太子監國儀注的整體結構看,魏晉以降形成的新制度(啓事、奏案)在前,之後是漢代式的詔書。在"尚書敕儀"之前,儀注記載的"外上事,内處報,下令書儀""令書自内出下外儀"和"令書板文",參考的均是皇帝詔書,制度淵源可追溯至漢代制書和第一、二品詔書。"尚書敕儀"緊隨其後,研究者措意甚少。實際上,"尚書敕"並非如先前學者所論不屬於天子文書[5]。元嘉儀注主要記録太子監國時文書制度較皇帝的不同之處。因此,所涉上行、下行文書應當均與皇帝(太子)本人有關,否則便無須更改,不會放在儀注當中了[6]。

誠然,隋唐之前,"敕"確實不是祇有皇帝纔能使用,但漢代以來"尚書敕"應具有一定的王言性質[7],這類似於漢晉簡牘所見郡縣之"曹敕"雖稱"曹",其實却是具有長官權威的文書[8]。《後漢書·楊震列傳》記載:

> 延光二年,代劉愷爲太尉。帝舅大鴻臚耿寶薦中常侍李閏兄於震,震不從。寶乃自往候震曰:"李常侍國家所重,欲令公辟其兄,寶唯傳上意

---

[1] 《宋書》卷一五《禮志二》,383頁。"奏行",《通典》作"奉行",見《通典》卷七一《禮三十一》,中華書局,1988年,1954頁。學者或據《通典》改《宋書》,如張雨《南朝宋皇太子監國有司儀注的文書學與制度史考察》,《中華文史論叢》2015年第2期,37頁。不過,如本文以下所論,尚書敕具有王言性質,相關事項需皇帝同意,因此"奏行"未必一定錯誤。

[2] 王策《金雞梁所出木牘、封檢及相關問題研究》,蘭州大學2011年博士學位論文,188頁;張雨《南朝宋皇太子監國有司儀注的文書學與制度史考察》,43頁。

[3] 《宋書》卷一五《禮志二》,383頁。

[4] 相關問題,可參看周文俊《信物、憑證與文書:試釋兩晉南朝的朝廷授官用"板"》,《中國文化》第51期,2020年,249—255頁。

[5] 陳啓雲《兩晉三省制度之淵源、特色及其演變》,《儒學與漢代歷史文化:陳啓雲文集(二)》,廣西師範大學出版社,2007年,302—305頁;陳琳國《魏晉南北朝政治制度研究》,文津出版社,1994年,84頁;王策《金雞梁所出木牘、封檢及相關問題研究》,176—190頁。

[6] 即使是看似與皇帝無關的尚書符,也牽扯到其中的"事可(或事御)"應在太子監國時改爲"事諾"。

[7] 參看祝總斌《兩漢魏晉南北朝宰相制度研究》,中國社會科學出版社,1990年,178頁。

[8] 徐暢《草刺、行書刺與三國孫吳縣級公文運轉機制——從長沙吳簡閏月草刺册的集成切入》,《文史》2020年第4輯,92頁。

耳。"震曰:"如朝廷欲令三府辟召,故宜有尚書敕。"遂拒不許,寶大恨而去。[1]

其中,"朝廷"是皇帝的代稱。此"尚書敕"涉及任命中低級官職,功能與尹灣漢簡所見"請詔"類似:

> 戚丞陳留郡寧陵丁隆,故廷史,以請詔除。
>
> 東安相河南郡密,故郎中騎,以請詔除。
>
> □鄉相陳留郡陳留李臨,故侍郎,以請詔除。[2]

關於其中的"請詔",廖伯源先生認爲:"蓋其遷除之條件不符合法令,長官特爲請詔除官。"[3]侯旭東先生則認爲是走皇帝的"後門"特批[4]。其實,"請詔"未必不符合法令,反而很可能就是法令的要求,否則不會出現在文書檔案中。就文書性質而言,"請詔"和"尚書敕"文書之性質,應均與《獨斷》之第三品詔書類似[5],這也是儀注中"尚書敕儀"列於諸"令(詔)書儀"之後的原因所在。

關於尚書敕的格式,還可參考西晉潘岳《上客舍議》:

> 被下尚書敕:客舍廢農,奸淫亡命,敗亂法度,皆當除外,十里安一官舍,老小民使守之,又差吏掌主,依宫舍收錢數,春農事興,求須冬閑。謹案:客舍逆旅之設,其所由來遠矣。……豈非衆庶顒顒之望![6]

在非太子監國的情況下,"尚書下云云"或許應寫作"尚書敕云云"。元嘉太子監國儀注多云"右××,準於××",如"右令書板文,準於詔事板文",但"尚書下"三字畢竟難以稱作公文文體,所以没有説"右尚書下儀,準於尚書敕儀",而是祇

---

[1] 《後漢書》卷五四《楊震列傳》,中華書局,1965年,1763頁。

[2] 連雲港市博物館等編《尹灣漢墓簡牘》,中華書局,1997年,86、92、93頁。

[3] 廖伯源《漢代仕進制度新考》,《簡牘與制度——尹灣漢墓簡牘官文書考證(增訂版)》,廣西師範大學出版社,2005年,30頁。

[4] 侯旭東《西北漢簡所見"傳信"與"傳"——兼論漢代君臣日常政務的分工與詔書、律令的作用》,31頁。

[5] 《漢書》卷六七《云敞傳》:"敞時爲大司徒掾……車騎將軍王舜高其志節,比之欒布,表奏以爲掾。"2927—2928頁。皇帝答"表"形成《獨斷》所載第三品詔書。府主本可自辟掾屬,但云敞本爲大司徒掾,故王舜需要表奏皇帝。由此亦能看出第三品詔書與尚書敕的相似之處。

[6] 嚴可均輯《全晉文》卷九二,《全上古三代秦漢三國六朝文》,中華書局,1958年,1991—1992頁。"除外"應作"除壞"。另見《太平御覽》卷一九五《居處部二十三》,中華書局,1960年,940頁。但《太平御覽》引文脱"被下"二字。

説"右以準尚書敕儀"。東漢尚書臺能够起草王言,却不能獨立頒行後世尚書符那樣的文書,因爲此時尚書並非宰相機構[1]。其所頒尚書敕應具有一定的王言性質,屬天子文書。尚書敕不僅與胡廣《漢制度》、蔡邕《獨斷》所載皇帝"誡敕""戒書"没有關聯,亦與可由尚書臺自行頒下的尚書符有别。漢代的"第三品詔書"演變至魏晉南北朝時期,很可能主要以"尚書敕云云"的形式呈現。而之所以有學者將尚書敕和"詔事板文"相連,或許是因爲没有意識到"尚書下云云"本爲"尚書敕云云",同時又聯想到漢代詔書傳遞中的"御史大夫下某官"等類似句式,遂誤將"尚書下云云"理解爲傳遞詔事板文之語。

史料所見"敕吏""敕繫"很可能與尚書敕有關。《宋書·高祖紀》:"制諸署敕吏四品以下,又府署所得輒罰者,聽統府、寺行四十杖。"[2]其中"統府"指統轄若干州的都督區軍府[3],"寺"當指大理寺,這項規定出臺後,相關處罰不需申報至尚書省即可進行。又,劉宋後宫中,"諸房中掾各置一人,中藏掾各置二人,比五品敕吏。紫極供殿直僮、光興供殿直僮、總章伎僮、侍御扶持、主衣,準二衛五品,敕吏比六品"[4]。所謂"吏之被敕,猶除者受拜"[5],"敕吏"當是根據任命方式命名的。《太平御覽》引《晉書》曰:"諸王官、司徒吏應給職使者,每歲先計偕文書上道五十日,宣敕使使各手書,書定,見破券,諸送迎者所受郡别校數,寫朱券爲簿集上。"[6]王官、司徒吏"由州郡之貢,而後升在王廷,策名委質,

---

[1] 參看祝總斌《兩漢魏晉南北朝宰相制度研究》,178—181頁。
[2] 《宋書》卷三《武帝紀三》,57頁。其中的"署"均指機構,用作名詞,如戴法興曾"爲吏傳署,入爲尚書倉部令史"。見《宋書》卷九四《恩幸·戴法興傳》,2303頁。
[3] 六朝時期常見"統府"一詞,例如《宋書》卷五三《張永傳》:"永及申坦並爲統府撫軍將軍蕭思話所收,繫於歷城獄。"1512頁。錢大昕指出:"思話以徐兖二州刺史、持節監徐兖青冀四州,故云'統府'。"見《廿二史考異》卷二四,陳文和主編《嘉定錢大昕全集(增訂本)》,鳳凰出版社,2016年,480頁。另參嚴耕望《中國地方行政制度史——魏晉南北朝地方行政制度》,上海古籍出版社,2007年,102—110頁;陶新華《魏晉南朝中央對地方軍政官的管理制度研究》,巴蜀書社,2003年,93—97頁。
[4] 《宋書》卷四一《后妃傳》,1278—1279頁。
[5] 《宋書》卷五三《庾炳之傳》,1517頁。
[6] 《太平御覽》卷五八九《文部·契券》,2693頁。

列爲帝臣"〔1〕,具體來説,他們地位不高,中正品可能多爲四、五、六品〔2〕,任命職務時没有"除拜"的資格,而是由具有一定王言性質的尚書敕處理,故稱"王官"。刑罰體制中還存在"敕繫"。南朝赦詔經常提及"敕繫長徒"群體,例如劉宋孝武帝詔書有云:"南豫州别署敕繫長徒,一切原散。"〔3〕齊武帝大赦詔云:"敕繫之身,優量散遣。"〔4〕陳霸先亦曾下詔:"長徒敕繫,特皆原之。"〔5〕被"敕繫"者可能本來具有一定地位,地方政府無權處置,故需尚書機構憑藉皇帝權威介入〔6〕,所用文書當爲尚書敕。"敕吏""敕繫"之尚書敕,不同於南朝皇帝從内廷直接發出的敕書,而後者此時更多地具有皇帝個人色彩,並非用來處理瑣細事務,且尚未像唐代敕旨、發日敕等文書那樣進入制度化的"王言之制"。

又《宋書·何承天傳》記載:

> 太尉江夏王義恭歲給資費錢三千萬,布五萬匹,米七萬斛。義恭素奢侈,用常不充,〔元嘉〕二十一年,逆就尚書换明年資費。而舊制出錢二十萬、布五百匹以上,並應奏聞,〔尚書左丞謝〕元輒命議以錢二百萬給太尉。事發覺,元乃使令史取僕射孟顗命。元時新除太尉咨議參軍,未拜,爲承天所糾。〔7〕

據"奏聞"可知,相關事項需要讓皇帝知曉,但皇帝並不一定做具體批示,這與奏抄"不可否"類似。值得注意的是,錢、布之二十萬、五百的分界點,仍爲唐制所承。《唐六典》載發日敕"用庫物五百段、錢二百千、倉糧五百石、奴婢二

---

〔1〕《通典》卷一〇一《禮六十一》,2674頁。另可參看閻步克《北魏北齊職人初探——附論魏晉的"王官"、"司徒吏"》,《樂師與史官:傳統政治文化與政治制度論集》,生活·讀書·新知三聯書店,2001年,387—402頁。

〔2〕敕吏最低應是六品,這是因爲中正品在實際評定中,不存在七、八、九品。參看閻步克《品位與職位——秦漢魏晉南北朝官階制度研究》,中華書局,2002年,314—323頁。

〔3〕《宋書》卷六《孝武帝紀》,134頁。

〔4〕許敬宗編,羅國威整理《日藏弘仁本文館詞林校證》卷六六五,260頁。

〔5〕《陳書》卷二《高祖紀下》,中華書局,1972年,32頁。

〔6〕《三國志》卷二四《魏書·高柔傳》:"時制,吏遭大喪者,百日後皆給役。有司徒吏解弘遭父喪,後有軍事,受敕當行,以疾病爲辭。詔怒曰:'汝非曾、閔,何言毀邪?'促收考竟。柔見弘信甚羸劣,奏陳其事,宜加寬貸。帝乃詔曰:'孝哉弘也!其原之。'"中華書局,1982年,687頁。可見早在曹魏時期,皇帝就會介入對"敕吏"的處罰。

〔7〕《宋書》卷六四《何承天傳》,1710—1711頁。

十人、馬五十疋、牛五十頭、羊五百口已上則用之"[1]。仿唐的日本養老令"論奏式"所處理事項包括"用藏物五百端以上、錢二百貫以上"[2]。據郭桂坤先生研究,唐初"王言之制"中本無發日敕,發日敕書所處理政務的範圍,很大程度上是分割自唐初奏抄的功能[3]。由此亦可見六朝隋唐間制度條文延續性的一面。

相比群臣奏請後尚書批答"已奏如書,本官下所當至","尚書敕儀"並不包括群臣奏請的原文,很可能上奏文已經被整合到了"尚書敕(下)云云"當中,上奏的環節遂隱而不顯[4]。而另一方面,與《獨斷》第三品詔書僅涉及臣僚奏請不同,此時尚書敕當多爲尚書機構奏聞皇帝並主動下發命令。這些變化,無疑是中古時期尚書機構職權不斷發展的結果。

綜合而言,從西漢簡牘所見"請詔"到《獨斷》所載"第三品詔書",再到元嘉儀注所見"尚書敕儀",均存在皇帝"不可否"而形成王言(或具有王言性質的文書)的制度。但其中程序也越加複雜。西漢的"請詔"祇是報皇帝聞知,而東漢的"已奏如書"又增添了"本官下所當至"的環節。至"尚書敕",執行的主體已變爲尚書官員,其他臣僚的奏請則隱而不顯,而且相關事項需奏聞皇帝後方能執行。這與前述漢代"請詔"能夠"預支皇帝權力"有別,却與隋唐時期奏抄由尚書省製作、奏上、經御畫聞後再以"符"的形式頒下,有相似之處。不過,相比作爲單純下行文書的尚書敕,奏抄却兼有上行性質,二者不能完全等同,祇是在政務運作層次上有相通之處。奏抄加上附於其後的省符,方能取代尚書敕的功能。至於奏抄的最終成立,則應是隋代系統性重塑中樞政務運行機制的結果。

---

[1] 《唐六典》卷九《中書省》,274頁。

[2] 《令義解》卷七,《國史大系》第12卷,213頁。

[3] 詳參前引郭桂坤《唐代前期的奏抄與發日敕》。張雨先生對此曾提出不同意見,見前引《公文書與唐前期司法政務運行——以奏抄和發日敕爲中心》,59頁。筆者大體贊同郭文觀點,唯其若干細節還可補充,擬另文探討,此不展開。

[4] 比如南北朝的部分尚書奏案的內容,是整合群臣之"議"並加以評判,而群臣不同議論的具體情況在奏案中一般沒有詳細記錄。又如隋唐時期的敕旨,就存在整合臣僚奏狀內容進入正文的情況,參見郭桂坤《唐代奏敕研究》,北京大學2016年博士學位論文,82頁。又如唐代尚書省符文亦多整合上行文書內容,如《大中九年尚書省司門符》:"今月 日得萬年縣申稱'今欲歸本貫覲省,並往諸道州府,巡禮名山祖塔,恐所在關津守捉,不練行由,請給過所'者,準狀勘責狀同,此正准給,符到奉行。"轉引自礪波護著,韓昇譯《隋唐佛教文化》,上海古籍出版社,2004年,193頁。

## 三、奏抄的成立與中樞體制變革——兼談奏案的終結

　　《唐六典》稱"《隋令》有奏抄、奏彈、露布等"[1]，奏彈、露布皆是與奏抄相近的公文，皇帝皆以"聞"的方式裁決，其中，由尚書兵部司奏上的露布，本質上可視作奏抄的一種[2]。《唐六典》引《隋令》時不太可能誤將"奏案"寫作"奏抄"。然而，《隋書·百官志》記隋煬帝時門下省給事郎有"省讀奏案"之責[3]。若將奏案、奏抄視作性質相近、具有前後更替關係的公文，則祇能將奏抄制度成立的時間確定爲隋唐之際。不過，已如前文所指出，奏案、奏抄在性質上其實存在重要差别，自不必因爲隋代仍有奏案而否定其時奏抄的存在。考慮到隋朝建立後的諸多制度變革以及隋唐之際制度的延續性，奏抄很可能在隋代前期即已經出現。奏抄的成立，則不僅對應着南北朝隋唐之際諸多制度的變革，亦折射出王朝政治結構乃至制度文化的演化軌迹[4]。以下從皇帝、尚書省、門下省三個方面，探討奏抄成立的意義。

　　其一，皇帝對奏抄雖然"不可否"，但却通過奏抄將本來有法可循的事項，形式上納入親自裁決的範圍，又通過"御畫聞"的方式進一步展現自身的權威。這種權力的展演，在文書性質與奏抄相同、用以展示捷報的露布中，表現得尤爲突出[5]。若將上行公文大體分爲"報告性"和"請示性"兩大類，可知相較漢代"請詔"的"報告"屬性，隋唐奏抄的成立不僅擴大了"報告""請示"皇帝事項的範圍，更是在一定程度上將一些原本僅需"報告"的事項，變成了形式上需要"請示"的事項。而且皇帝有時也會否定上奏内容，如杜易簡《御史臺雜注》記載，高

---

[1]《唐六典》卷八《門下省》，242 頁。
[2] 參看郭桂坤《唐代前期的奏事制度與奏事文書》，158—161 頁。
[3]《隋書》卷二八《百官志下》，795 頁。
[4] 這裏所謂"政治結構"，指的是以皇權爲中心的秩序構造；所謂"制度文化"，則指與制度相關的政治文化觀念。
[5] 參看吕博《唐代露布的兩期形態及其行政、禮儀運作——以〈太白陰經·露布篇〉爲中心》，武漢大學中國 3—9 世紀研究所編《魏晉南北朝隋唐史資料》第 28 輯，武漢大學人文社會科學學報編輯部，2012 年，161—164 頁。

宗時監察御史"雖有吏部注擬,門下過覆,大半不成"[1]。可以說,奏抄是兼具"報告"與"請示"雙重屬性的公文,且"請示"的色彩較重。在獲得批准之前,不得擅自行動。總之,奏抄的成立可看作皇帝權力擴展、權威強化的表現。

其二,奏抄的成立意味着尚書省職權的擴展。奏抄的上奏者僅能爲尚書諸司,這是漢唐間國家政務集併至尚書省的體現,四方事務"一切先申尚書省",尚書省的"政本""會府"地位亦更爲穩固。由於隋代更多的政務被納入尚書省職權範圍內,造成了尚書官員編制規模擴大,但事務依然繁忙。《隋書》記載:

> 〔吏部尚書牛〕弘嘗從容問〔劉〕炫曰:"案《周禮》士多而府史少,今令史百倍於前,判官減則不濟,其故何也?"炫對曰:"古人委任責成,歲終考其殿最,案不重校,文不繁悉,府史之任,掌要目而已。……古今不同,若此之相懸也,事繁政弊,職此之由。"弘又問:"魏、齊之時,令史從容而已,今則不遑寧舍,其事何由?"炫對曰:"齊氏立州不過數十,三府行臺,遞相統領,文書行下,不過十條。今州三百,其繁一也。往者州唯置綱紀,郡置守丞,縣唯令而已。其所具僚,則長官自辟。受詔赴任,每州不過數十。今則不然,大小之官,悉由吏部,纖介之迹,皆屬考功,其繁二也。省官不如省事,省事不如清心。官事不省而望從容,其可得乎?"[2]

在劉炫看來,施政方針本是"委任責成",但此時轉向"事繁政弊";三公府及衆多行臺的廢止、州的增設,使得有更多文書需要處理;中央負責選任、考課的官員數量大幅增加。正是因此,尚書省事務急劇增多。在此基礎上,隋代的尚書省亦傾向於從決策機構向具體事務執行機構轉變[3]。

其三,門下省在奏抄運行過程中的角色也十分重要。《唐六典》:"凡百司奏抄,侍中審定,〔給事中〕則先讀而署之,以駁正違失。"[4]由於皇帝對奏抄"不可否",門下省官員事實上成了對奏抄內容的最後審核者。學者對門下省審核奏

---

[1] 參見《唐會要》卷六〇《御史臺上》,1055頁。
[2] 《隋書》卷七五《儒林·劉炫傳》,1721頁。
[3] 參看劉嘯《隋代三省制及相關問題研究》第二章第一節《從決策到執行:隋代尚書省性質的轉變》,中華書局,2021年。
[4] 《唐六典》卷八《門下省》,244頁。

抄的職能已經進行了較多討論，此不贅述[1]。值得注意的是，奏抄之所以名爲"抄"，很可能和門下省直接有關。《唐六典》記載了制書的頒行過程："覆奏畫可訖，留門下省爲案。更寫一通，侍中注'制可'，印縫，署送尚書施行。"[2]可見，對於皇帝"畫可"的制書原件，還需由門下省重新抄寫一遍再下發至尚書省。但是這一過程在制書式中並無直接體現，如敦煌文書 P. 2819 開元《公式令》制授告身式所見，"制可"之後緊接着便是"月日都省姓名受　右司郎中付某司"[3]，由此進入尚書省程序，這與奏抄式"聞"之後是類似的。考慮奏抄具有一定的王言特徵，可推測經由"御畫聞"的奏抄當與制書類似，亦需門下省存檔、抄寫後再下發至尚書省，是故文書以"抄"爲名[4]。前引《唐六典》稱"凡百司奏抄，侍中審定"，似乎在皇帝畫聞並下發前，相關文書就可稱"奏抄"了。然而如前文所論，在上行環節中，更準確的稱謂應祇是"牒"而已。總之，奏抄的運作程序反映了隋代門下省職權的擴展及其在政務運行中的樞紐地位[5]。

最後，本文嘗試對尚書奏案的終結做一些簡單推測。前述隋煬帝時所設門下省給事郎有"省讀奏案"之責，此"奏案"可能是指未經奏聞御畫的奏抄上行內容，但也可能還指南北朝式的奏案文書。隋唐之際的制度調整並非一蹴而就，唐初一段時間內，可能仍有類似文書。或許可以將奏案的消失與尚書省組織結構、職能的演變聯繫起來。衆所周知，南北朝以來，由令、僕、尚書構成的"八座"是尚書機構中的決策群體，《通典》云："大事八座連名，而有不合，得建異議。"[6]南朝選任官員的"黃案"即需"八座通署"[7]。相比之下，因爲奏抄所處理的並

---

[1] 參看前引劉後濱《唐代中書門下體制研究》和吳宗國主編《盛唐政治制度研究》，以及羅永生《三省制新探——以隋和唐前期門下省職掌與地位爲中心》，中華書局，2009 年。

[2] 《唐六典》卷八《門下省》，242 頁。

[3] 劉俊文《敦煌吐魯番唐代法制文書考釋》，225 頁。

[4] 唐代御畫奏彈需留御史臺爲案，再抄寫後移送大理。詳參張雨《唐代司法政務運行機制及演變研究》，140—154 頁。奏彈的下發原則當與奏抄類似，祇是門下省不參與其中。

[5] 相比前代，隋唐門下省在將奏抄、敕書納入審核範圍之後，卻又不再承擔傳遞所有官員上表的職能。晋令規定："侍中，除書表奏皆掌署之。"見蕭統編，李善注《文選》卷五〇《恩幸傳論》，中華書局，1977 年，704 頁。而唐代"表"或由中書舍人、給事中、侍御史等受理，可參看郭桂坤《唐代前期的奏事文書與奏事制度》，171—172 頁。這種文書制度的調整，無疑是隋代諸多制度變革中的重要一環。

[6] 杜佑《通典》卷二二《職官四》，588 頁。

[7] 《隋書》卷二六《百官志上》，748 頁。

不是重大政務,故在唐代奏抄式中,已經完全没有"八座通署"了,祇有僕射和負責相關事務的尚書、侍郎署名。考慮到南北朝時期尚書奏案形成之前,有時會存在衆官參議的環節,奏案即是將這些參議意見加以總結後奏上請示,其中重要事項還需八座聯名上奏。但是到了唐太宗後期,尚書省從宰相機構完全轉型爲最高行政機構後,八座共同議事、奏請的體制亦告終結,六曹與都省的分離態勢則日漸顯著[1]。奏案的消失,有可能與唐初八座議事制度的終結大約同步,也可能略早。奏案消失後,原本由奏案所處理的事項,很大一部分改用"門下"起首式詔書施行,比如所有五品以上官員均屬詔授(制授),而之前的上奏環節則代之以表、狀等文體,吏部尚書等官員仍藉此行使建議權;又如唐代衆官議事之後,往往直接交由宰相、中書門下兩省官員或其他皇帝近臣(如各種學士)商量後出臺詔敕,不再需尚書省履行製作奏案的程序了,尚書省不再發揮分析處理臣僚議事的功能,轉而成爲執行機構。此外,另一些原本由奏案處理的非重要事項,可能也會交由奏抄進行處理,這是唐初奏抄使用範圍較大的原因之一。當然,在這些奏抄上奏之前,可能有時也會存在先行請示皇帝的文書,《唐六典·尚書都省》所提及的"其近臣亦爲狀"[2],或許即屬此類。總之,南北朝式尚書奏案文書制度的最終消失,應當主要與隋唐之際三省體制的演變有關。

## 四、結語

有别於以往"從奏案到奏抄"的認識,本文通過分析政務處理的層次和過程,提出奏抄不僅在形式上與漢代的"第二品詔書"、魏晉以後的"奏案+批復"式文書有相似性,而且也可視作漢代以來"第三品詔書"及"尚書敕"的發展。具體來説,就皇帝的處理方式而言,南北朝時期對尚書省奏案的處理,多是以"符詔"的複合形式頒下[3],皇帝批准的標誌是書"可",這與後世奏抄畫"聞"有别。雖然奏抄

---

[1] 參看雷聞《隋與唐前期的尚書省》,吴宗國主編《盛唐政治制度研究》,80—82頁。
[2] 《唐六典》卷一《尚書都省》,11頁。
[3] 南北朝史料常見"符詔""符旨",這與唐代的"旨符"在文書形態上不同。劉宋元嘉太子監國儀注中,先列尚書符、再列奏案,這是文書次序的真切反映。而唐代則是尚書符文列於制敕、奏抄之後。

在文書格式、運行程序等層面對奏案確實有一定的繼承性,但與奏案不同,需要經過御畫的奏抄本身具有一定的王言性質,實可視作漢代以來部分詔書的發展,而元嘉儀注中的"尚書敕"亦可納入視野。奏抄當形成於隋代,其上奏部分不僅是"請示",也有一定的"報告"色彩。奏抄的成立,既是皇權擴展的表現,也伴隨着尚書省、門下省職權的發展。奏抄之所以名"抄",或許與門下省存檔、抄寫、轉發的職能有關,反映了門下省在政務運行中的樞紐地位。奏抄的成立及相關文書運作制度的調整,意味着隋代中樞體制相較前代發生了較大變化。此外,奏案可能消失於隋唐之際,與其時尚書省從宰相機構轉型爲最高行政機構的變動有關。

對奏抄的追溯,提示出漢代以降皇帝文書制度"第三層次"的演化。參考前述《獨斷》所載漢代詔書之"三品",可將皇帝對政務的介入分爲三個層次:一是皇帝主動發布政令,二是批復臣民奏請形成命令,三是部分事項的執行需報告皇帝知道或憑藉皇帝名義[1]。隨着漢唐間中樞體制的演變,與上述三個層次有關的文書制度也在發生着變化。從"第三品詔書"到尚書敕的演化,反映了漢魏以降尚書機構的發展。隋唐奏抄的成立,則在一定程度上突破了舊有的政務處理的層次,使皇帝權威展現得更加鮮明,同時,政務運行中的君臣分工也更爲明確。

但另一方面,唐初奏抄所處理事項之多及皇帝之"不可否",使得很大一部分政務的裁斷權事實上歸於官員,這有礙君主自身進一步發揮其主動性進行集權。爲此,需要對上、下行文書體系進行新的調整。其主要結果,在"王言之制"中表現爲"敕"的擴展,在上行文書體系中表現爲"狀"的擴展[2]。其實,原本的文書體系中並非沒有敕、狀,祇是制度化程度較低。南北朝以降,皇帝通過"敕"裁決政務後,還需進入公開制度程序,即由尚書等官員奏上之後再正式批准。這種程式較爲複雜,是制度變遷中新舊因素疊加的結果,皇帝更像是居於幕後而非前臺。直到敕旨、發日敕進入"王言之制",這種局面纔發生改變。此後,

---

[1] 還可參看馬怡《漢代詔書之三品》,68 頁。另外,大庭脩也曾提出漢代制詔三種形式,但與本文不完全相同。詳見大庭脩著,林劍鳴等譯《秦漢法制史研究》,上海人民出版社,1991 年,189—190 頁。

[2] 最近的研究,參見前引郭桂坤《唐代前期的奏抄與發日敕書》和《唐代前期的奏事文書與奏事制度》。此外,唐代後期聞奏皇帝並兼申中書門下的公文,亦可歸於上述第三層次,但一般不形成王言。詳參葉煒《釋唐後期上行文公文中的兼申現象》,19—21 頁。

隨着中書門下體制的形成,奏抄逐漸淡出中樞政務運行的核心環節,皇帝則進一步走向政務運行的前臺[1]。相比南北朝諸種制度的疊床架屋,隋唐時期以皇權爲中心的政治結構顯得更爲整齊清晰,皇帝權威也表現得更加明顯。總之,奏抄等文書制度的變遷,不僅對應着中樞政務運行體制的變革,亦折射出中古王朝政治結構、制度文化等層面的演變脈絡。

附記:感謝匿名審稿人提供的詳細意見!

## The Origin of "Zouchao" of the Sui and Tang Dynasties

### Li Boyang

"Zouchao" 奏抄 of the Sui and Tang dynasties did not directly evolve from "zou'an" 奏案 in earlier period. During the Northern and Southern Dynasties, the emperor's approval of "zou'an" was marked by "ke" 可, while "zouchao" was marked by "wen" 聞. "Zouchao" was not only similar to "the second rank imperial edict" 第二品詔書 and "zou'an + approval", but also could be regarded as the development of "the third rank imperial edict" 第三品詔書 and "shangshu-chi" 尚書敕 since the Han dynasty. Therefore, the legal regulation of "zouchao" was regarded as edict. The establishment of "zouchao" was the result of the expansion of imperial power as well as the development of the function and power of the Secretariat (zhongshu sheng 中書省), and the Chancellery (menxia sheng 門下省). The name of "chao" or transcription might be related to the responsibility of the Chancellery of archiving and copying. The establishment of "zouchao" and the adjustment of the relevant document system were huge changes in the central administrative institution during the Sui and Tang dynasties. Moreover, the disappearance of "zou'an" is related to the change in the role of the Department of State Affairs (shangshu sheng 尚書省).

---

[1] 詳見劉後濱《唐代中書門下體制研究》;劉後濱《唐代中書門下體制下的三省機構與職權——兼論中古國家權力運作方式的轉變》,《歷史研究》2001 年第 2 期。

# 從寇境到王土：憲宗元和用兵前後淄青的地方態勢

## 吴曉豐

  唐憲宗元和元年（806）閏六月，淄青節帥李師古去世，軍中奉其弟李師道權總軍務，他以輸兩税、申官吏、行鹽法等爲代價，取得了唐廷的認可並獲授旌節。此後在淮西之亂期間，李師道暗中援助蔡州，並遣人刺殺宰相武元衡，其行迹頗爲悖逆。元和十三年七月，憲宗詔令宣武、魏博等五道發兵共討淄青，隨着次年二月淄青都知兵馬使劉悟倒戈，斬殺李師道父子，李氏祖孫三代割據淄青五十餘年的局面就此結束。淄青平定後，其所統諸州被析分爲鄆濮曹、平盧、兖海三道，分而治理，自此，穆宗以後山東半島地區的藩鎮格局基本定型。

  淄青可謂是唐後期兩河一帶最爲特殊的藩鎮之一：一方面因其地處齊魯，素來被認爲存有周公、太公之遺風，有弘揚仲尼之禮教的傳統，但在中唐因武夫悍將的專擅統治，使得當地的社會風氣大變，所謂"朝宗之地，曠若外區；封祀之山，隔成異域"[1]。憲宗平淄青後，任用一批素有治績的地方官，致力於在當地移易風俗，淄青地域顯現出了向禮儀之鄉復歸的趨勢。另一方面，淄青本隸屬河南道，但在安史之亂後被南下的平盧軍人所占據，此後又仿效河北三鎮推行河朔故事，在中唐亦被視作是河朔強藩中的一員。不過在憲宗元和中興、穆宗復失河朔的歷史劇變中，爲唐廷所平復的淄青並未像河朔三鎮重歸半獨立狀態，而是如宣武軍等河南藩鎮被改造爲唐廷統治下的順地，此種在河南、河北兩種藩鎮類型間不斷轉換的特性，值得引起注意。

---

\* 本文係湖南省社科基金青年項目"唐宋湖湘石刻文獻整理與研究"（23YBQ018）的階段性成果。
[1] 尹占華、韓文奇校注《柳宗元集校注》外集卷下《爲裴中丞賀破東平表》，中華書局，2013年，3359頁。

在以往的研究中,除概論性著述外[1],學者或從牙軍的組建及瓦解過程入手[2],或通過梳理平叛後唐廷推行的有關州縣廢置、賦税徵收等方面的舉措[3],來討論中唐時期淄青由反側之地轉化爲順地的歷程;另有研究者則聚焦於泰山信仰及海商、山棚等特殊人群的活動,以揭示淄青一道所具有的地方統治特色[4];或關注入唐新羅人在登州、海州等地的活動,探究淄青地域與東亞鄰國間的交往情況等[5]。相關成果已較爲可觀,不過既有的研究對中唐淄青的軍政結構及其變動歷程的認識並不深入,憲宗中興後唐廷是如何重塑淄青地方社會秩序的,其所推行的善後舉措爲何能在當地取得成效等,相關問題亦未能得到充分解答。筆者擬在重新梳理史料的基礎上,試圖從李氏家族所構建的軍政結構及其瓦解、社會風俗及政治景觀的移易、河朔故事的推行及廢止過程等三個層面,重新檢討中唐時期淄青一道所經歷的歷史變化。

―――――――

[1] 金文經《唐代藩鎮의 한 研究——高句麗遺民 李正己一家를 中心으로》,《省谷論叢》第6輯,1975年,454—477頁;樊文禮《唐代平盧淄青節度使略論》,《煙臺師範學院學報》1993年第2期,27—33頁;氣賀澤保規《9世紀の山東——中國唐宋变革期の一斷面》,《アジア遊学》第26號《九世紀の東アジアと交流》,勉誠社,2001年,67—77頁;池培善《이정기 일가의 산동 지역 활동》,《梨花史學研究》第30輯,2003年,719—736頁;林偉洲《中晚唐藩鎮分類與性質之商榷——以昭義澤潞與平盧淄青二節度使爲例》,《唐代藩鎮研究論文集》,花木蘭文化出版社,2016年,145—151頁。

[2] 辻正博《唐朝の對藩鎮政策について——河南「順地」化のプロセス》,《東洋史研究》第46卷第2號,1987年,326—355頁。

[3] 鄭炳俊《李正己 一家 이후의 山東 藩鎮——順地化 過程》,《對外文化交流研究》第3卷,2004年,119—166頁;張達志《李宗奭案與滄州之變——兼論唐元和、長慶之際的橫海局勢》,《廈門大學學報》2014年第1期,35—44頁;《"淄青"廢縣與淄青重塑——以唐憲宗朝爲中心》,權家玉主編《中國中古史集刊》第1輯,商務印書館,2015年,469—494頁。

[4] 新見まどか《唐後半期における平盧節度使と海商・山地狩獵民の活動》,《東洋学報》第95卷第1號,2013年,59—88頁,收入氏著《唐帝国の滅亡と東部ユーラシア:藩鎮体制の通史的研究》,思文閣,2022年,72—98頁。《平盧節度使と泰山信仰:『太平広記』所收「李納」傳を中心に》,《史泉》第123號,2016年,17—33頁。

[5] 其中引起熱烈討論的當屬新羅人張保皋在唐朝、新羅及日本間所開展的海洋活動,國内相關研究綜述可參拜根興《9世紀初張保皋海洋活動關聯問題研究的現狀——以唐與新羅關係爲中心》,杜文玉主編《唐史論叢》第11輯,三秦出版社,2009年,261—270頁。國外學者中,較近的研究可參近藤浩一《登州赤山法花院の創建と平盧軍節度使・押衙張詠——張保皋の海上ネットワーク再考》,《京都産業大學論集・人文科学系列》第44號,2011年,154—169頁;李炳魯《平安初期における北東アジア世界の交涉と現況——張保皋と円仁を中心として》,《北東アジア研究》第22號,2012年,67—79頁;金炳坤《張保皋の赤山法華院と円仁の赤山禪院》,《身延山大学仏教学部紀要》第16號,2015年,1—22頁。

## 一、李氏家族統治下淄青的軍政結構及其瓦解

　　肅宗至德元載(756),唐廷於山東地區設置青密節度使,寶應元年(762)平盧軍節度使侯希逸引兵渡海至青州,被任命爲平盧淄青節度使。此後淄青不斷兼領鄰近諸州,至大曆十一年(776)李靈曜之亂後一度領有青、密、登、萊等十五州之地,"擁兵十萬,雄據東方,鄰藩皆畏之"〔1〕,可稱得上是當時實力最爲强大的藩鎮。

　　在李正己家族統治時期,淄青一道藩鎮軍的中堅主要是南下的平盧軍以及南下後李氏家族所招募的亡命之徒。安史之亂期間渡海南下的平盧軍人先後有兩批,其一是至德二載正月時任平盧都知兵馬使的董秦攜步卒三千自雍奴過海,其二爲寶應元年正月節度使侯希逸拔其軍二萬餘人浮海入青州。隨侯希逸南下的平盧軍人如邢君牙、高崇文、王緷等不久後即流散至他地〔2〕,但亦有相當部分留駐淄青,並在此後爲其繼任者李正己所承襲,其中可考者如周光濟,《新唐書·周寶傳》載:"祖光濟,事平盧節度希逸爲牙將,每戰,得攻魯城者,必手屠之。歷左贊善大夫,從李洧以徐州歸天子。"〔3〕李洧爲李正己從父兄,被辟任爲徐州刺史,德宗四鎮之亂期間他棄李納投奔唐廷,周光濟隨李洧一道歸唐,應屬徐州軍將無疑,他在平盧軍中的地位當不算顯要。不過周的情況可能屬於個例,《册府元龜·帝王部·封建》載大曆九年唐廷曾加封平盧軍都知兵馬使王廷俊、都虞候李令德、步軍使劉神藻、都押衙許皎等四名高級將領爲郡王〔4〕,四人出身暫不明確,但他們僅以僚佐身份即得以獲封郡王,或與其在安史之亂期間隨李正己歸國助唐平叛的功勛有關。在李氏家族統治初期,他們顯然在淄青藩鎮軍中占據核心地位。不過,隨著時間的推移,這部分南下的平盧軍人不可避免地漸

---

〔1〕《資治通鑑》卷二二五《唐紀四一》代宗大曆十二年十二月條,中華書局,2011年,7368頁。
〔2〕《舊唐書》卷一四四《邢君牙傳》,中華書局,1975年,3925頁;韋貫之《南平郡王高崇文神道碑》,李昉等編《文苑英華》卷八九二,中華書局,1966年,4696頁下欄;《新唐書》卷七五下《宰相世系表五下》,中華書局,1975年,3455頁。
〔3〕《新唐書》卷一八六《周寶傳》,5415頁。
〔4〕《册府元龜》卷一二九《帝王部·封建》,中華書局,1960年,1554頁上欄。

歸於凋零,《舊唐書·李師古傳》有"及納卒,師古繼之。武俊以其年弱初立,舊將多死,心頗易之"云云[1],在節帥之位歷經三代傳至李師古之時,淄青舊將多死,其中有相當一部分當屬隨侯希逸、李正己等渡海南來的平盧宿將。

除渡海南下的平盧軍人外,李氏家族亦積極招募外來亡命者,以作爲兵力之補充,這種政策自李正己時代可能已經開始,至李師古、李師道任内得以加強。《新唐書·李師道傳》有:"自正己以來,雖外奉王命,而嘯引亡叛,有得罪於朝者厚納之。"[2]《舊唐書·李師古傳》則稱:"師古雖外奉朝命,而嘗畜侵軼之謀,招集亡命,必厚養之,其得罪於朝而逃詣師古者,因即用之。"[3]亡命經招募加入淄青藩鎮軍者,以李敢言、劉悟二人較爲典型,前者爲趙郡棗強人,墓誌稱他在壯年"委質於淄青節度太尉李公之轅門",太尉李公指李正己,他服事李氏祖孫三代,至李師道時期終於平盧軍都教練使之位,"班列冠於諸將之首"[4];後者本爲平盧節帥劉正臣之孫,因在東都豪横犯法,遂亡歸李師古,並被署爲節度押牙,李師道時期升至都知兵馬使之高位[5]。當然淄青藩鎮軍中亦有不少本地人士,如□鸞居曹州成武縣,後接受李納委任,臨終前位至兵馬使[6]。相較之下,在李師古、李師道兄弟在任期間,外來的亡命之徒似在軍中占據主導地位,在南渡平盧軍人的勢力趨於衰落之際,他們中如李敢言、劉悟之輩迅速崛起,驟至高位,成爲李氏兄弟維繫統治的核心力量。

在李氏家族統治時期,位居會府的武力可區分爲外營軍與親衛軍[7]。其中外營軍設左右廂,從大曆9年代宗封賞平盧諸將中有步軍使劉神藻[8],以及元

---

[1]《舊唐書》卷一二四《李正己附師古傳》,3537頁。
[2]《新唐書》卷二一三《李正己附師道傳》,5992頁。
[3]《舊唐書》卷一二四《李正己附師古傳》,3537頁。
[4]《李敢言墓誌》,《山東石刻分類全集》編輯委員會編著《山東石刻分類全集》第5卷,青島出版社,2013年,152—153頁。
[5]《新唐書》卷二一四《劉悟傳》,6012頁;《劉悟墓誌》,毛陽光主編《洛陽流散唐代墓誌彙編續集》,國家圖書館出版社,2018年,618、620頁。
[6]《□鸞墓誌》,吳鋼主編《全唐文補遺》第9輯,三秦出版社,2007年,456頁。
[7] 齊勇鋒《中晚唐五代兵制探索》,《文獻》1988年第3期,172—173頁。在齊氏對藩鎮軍武裝的劃分中,位居會府的兵士有牙兵、牙外兵(又名外營兵、府兵),牙兵實際爲節帥的親衛軍,但唐後期節帥在牙兵之外往往另建新的親衛軍,以親衛軍稱呼這一類宿守使衙的武力更爲合適。
[8]《册府元龜》卷一二九《帝王部·封建》,1554頁上欄。

和十三年李師道命劉悟與兵馬使張丹分統馬步五千拒魏博軍等事例來看〔1〕，與當時各藩鎮軍中的情形類似，淄青外營軍中亦設有馬、步二軍種。不過，囿於史料，我們對其內部構造的瞭解極爲有限。在淄青親衛軍中，除了有各藩鎮軍中常設的牙軍組織外，另據《劉悟墓誌》稱他"署節度押牙，領左右大勝親軍數千人"〔2〕，《舊唐書》劉悟本傳則記載李師古"因令管壯士，將後軍，累署衙門右職"〔3〕，所謂的"大勝"應即李師古於牙軍之外另行組建的親軍組織名號，選精壯充任，由押牙統領。另《周少誠墓誌》記述其父周令璿擔任"平盧軍同□□□□知節院將事"〔4〕，誌主周少誠弱冠從事李師道，周令璿的任職履歷應亦集中於李氏家族統治時期，所謂的知節院將事，應屬設置於節帥使宅内的某種親衛軍統領之職。親衛軍似多由經李氏家族招募、新近加入淄青的亡命充任，上舉李敢言、劉悟即是如此，二人來到淄青不久即被署爲押衙。此外亦有以姻族充任親衛軍將者，《新唐書·李師道傳》載："親將王承慶，承宗弟也，師道以兄女妻之，潛約左右，欲因肆兵執師道。"〔5〕事在憲宗討淄青，劉悟倒戈入鄆之際。王承慶被安排在李師道近旁，所謂的親將應指他在淄青擔任某親衛軍將領，他得以獲授此職與其爲李氏姻親，頗受信任有關。在淄青，任親衛軍者似難以久任，如李敢言、劉悟之輩此後皆出爲外營軍將或支州刺史，他們一旦失去信任，節帥往往另行辟命新加入的亡命或姻親替代。

至於支州刺史的面貌，在李正己時代，爲加強對屬州的控制，曾"使子納及腹心之將分理其地"〔6〕，這一政策至李師古在任時期仍有延續。文獻可見李正己以其從父兄李洧爲徐州刺史，李納曾委任其内兄李惟誠爲兗、淄等州刺史，婿張昇璘爲海州刺史，李師古時期又命異母弟李師道爲知密州事〔7〕。甚至節帥

〔1〕《劉悟墓誌》，毛陽光主編《洛陽流散唐代墓誌彙編續集》，618、620頁。
〔2〕 同上。
〔3〕《舊唐書》卷一六一《劉悟傳》，4230頁。
〔4〕《周少誠墓誌》，《山東石刻分類全集》第5卷，180—181頁。
〔5〕《新唐書》卷二一三《李正己附師道傳》，5995頁。
〔6〕《舊唐書》卷一二四《李正己傳》，3535頁。
〔7〕 以上事例分見《舊唐書》卷一二四《李正己附師道傳》，3538頁；同書卷一二四《李正己附洧傳》，3542頁；同書卷一四二《李寶臣附惟誠傳》，3870頁；《册府元龜》卷一七六《帝王部·姑息第一》，2121頁上欄。

所屬意的繼承人,亦被付予鎮守支州的重任,如李正己曾以其子李納先後任淄州、青州刺史行軍司馬兼曹州刺史;李納在位時則命其繼任者李師古鎮守青州[1]。不過,到李師古時期,以文職出任屬州刺史的情形增多,如李師古以"海隅阻饑,萊夷不理",遂任命崔澹鎮撫萊州,因治理卓有成效又遷爲淄州刺史[2],愈加注重以政績作爲支州刺史的選任標準。至李師道時期,文職僚佐遷爲支州刺史的事例,亦時有發生,如判官高沐屢屢勸諫李師道輸忠款於朝廷,遭到李氏猜忌,令知萊州事[3];判官李文會本爲鼓動李師道對抗朝廷者,在憲宗用兵之時,李師道迫於軍中輿論壓力,出其爲攝登州刺史[4]。二人被外放至支州,皆含有疏遠、貶謫之意。關於淄青屬州軍的情況,相關記載較爲有限,唯《靳朝俊墓誌》記述誌主曾於貞元十三年(797)來到淄青,任鄆府兵馬使,此後相繼改遷爲沂州、淄州兵馬使[5]。鄆州爲淄青會府所在地,會府與支州之軍本各有統屬,不屬於同一係統,靳氏在會府軍將與支州軍將之間遷轉,這與一般藩鎮會府軍將多在其内部遷轉,同州縣軍較爲疏離的情形似有不同。

最後來看外鎮軍的情況,淄青舊有平海軍,東牟、東萊守捉,蓬萊鎮,主要分布在登、萊二州的入海口附近[6],其設置可能與防備海賊以及渤海國的偶發性侵擾有關。在李氏家族統治時期,淄青境内出現了一些新的鎮戍,如李師古在任時曾在穆陵置關,以備不虞[7]。憲宗發五道軍征討李師道期間,曾攻克淄青境内的部分軍鎮,如爲陳許帥李光顏所占領的斗門城、杜莊栅,爲滁州刺史李聽所降的沭陽鎮、朐山戍等[8],其始設置於何時已不可考。它們主要分布在淄青與

---

[1] 分見《舊唐書》卷一二四《李正己附納傳》,3536頁;同書卷一二四《李正己附師古傳》,3537頁。

[2] 《崔澹墓誌》,周紹良主編《唐代墓誌彙編》元和〇二八,上海古籍出版社,1992年,1968頁。

[3] 《舊唐書》卷一八七下《高沐傳》,4911頁。

[4] 《資治通鑑》卷二四〇《唐紀五六》憲宗元和十三年十二月條,7879頁。

[5] 《靳朝俊墓誌》,周紹良、趙超主編《唐代墓誌彙編續集》貞元〇七六,上海古籍出版社,2001年,789頁。

[6] 《新唐書》卷五〇《兵志》,1329頁。

[7] 沈亞之著,肖占鵬、李勃洋校注《沈下賢集校注》卷二《雜記》,南開大學出版社,2003年,34頁。

[8] 《舊唐書》卷一二四《李正己附師道傳》,3540頁;同書卷一三三《李晟附聽傳》,3683頁。

其鄰道淮南等的交界地帶,個別鎮戍如沭陽鎮遏兵馬使由沭陽縣令兼任[1],是淄青藩鎮軍與鄰鎮開展軍事角力的前沿陣地。

在李氏家族統治時期,爲加强對藩鎮軍的控制,對其麾下的軍將實施了脅迫政策。《舊唐書·李師道傳》載:"大將持兵鎮於外者,皆質其妻子;或謀歸款於朝,事泄,其家無少長皆殺之。以故能劫其衆,父子兄弟相傳焉。"[2]這方面的具體事例,可舉者如在建中之亂中李納用高彦昭守濮陽,先質其妻子[3];在憲宗用兵淄青期間,李師道麾下大將夏侯澄等人皆"爲賊逼脅,質其父母妻子而驅之戰"[4],都知兵馬使劉悟受命將兵抵禦官軍之時,李師道辟署其子劉從諫爲門下別奏[5],亦不無將其充作人質以脅迫劉悟的用意。在淄青節帥與軍士締結的主從關係中,脅迫威壓的色彩稍顯濃厚,此種軍事統屬關係實際並不牢固。另一方面,李氏家族尤其是在李師道擔任節帥期間,淄青內部的軍政運作顯現出了倚重親信的政治特色。李師道起初得以承襲節帥之位,即是由於受到了家奴的推立。他成爲節帥後,固然幕府中聚集了不少如高沐、郭昈等集才幹與忠義於一身的文職僚佐,但爲其所信賴的是伴隨其左右的奴婢,史稱:"李師道暗弱,軍府大事,獨與妻魏氏、奴胡惟堪、楊自温、婢蒲氏、袁氏及孔目官王再升謀之,大將及幕僚莫得預焉。"[6]甚至僚佐進言以及傳達節帥軍令,亦需要通過府中的用事奴作爲媒介[7]。與此同時,遠離會府權力中心的州縣官則漸成爲淄青軍政結構中的離心力量,在四鎮之亂中,即有徐州刺史李洧與海、沂二州刺史王涉、馬萬通連謀潛歸朝廷的事例[8]。李師道在任時期,如前所述幕職官外放至州縣的事例愈爲常見。在憲宗用兵期間,州縣中不附從李氏對抗朝廷的官吏不在少數,《册府元龜·帝王部·旌表》保留了一份憲宗平定淄青後唐廷褒贈當地官員的名單,皆爲此前欲圖謀殺李師道歸國而遇害的人員,其中包括淄、登、萊三州刺

---

[1]《册府元龜》卷一六五《帝王部·招懷第三》,1993 頁上欄。
[2]《舊唐書》卷一二四《李正己附師道傳》,3538 頁。
[3]《新唐書》卷二〇五《高愍女傳》,5825 頁。
[4]《新唐書》卷一七七《李翱傳》,5281 頁。
[5]《資治通鑑》卷二四一《唐紀五七》憲宗元和十四年二月條,7884 頁。
[6]《資治通鑑》卷二四〇《唐紀五六》憲宗元和十三年四月條,7872 頁。
[7]《舊唐書》卷一八七下《高沐傳》,4911 頁;同書卷一二四《李正己附師道傳》,3540 頁。
[8]《舊唐書》卷一二四《李正己附洧傳》,3542 頁。

史及萊、兗、鄆三州上佐[1],皆爲淄青下轄的州縣官僚,顯示出此際淄青會府與州縣之間的隔閡在進一步擴大。

總而言之,在李氏家族尤其是李師道統治後期,淄青一道在軍事上以節帥所招募的亡命之徒爲武力核心,在内政上則倚重家奴參與决策及傳達政令,政權構造的封閉化色彩愈益顯著。固然其所擁有的轄地甚廣、兵力頗衆,但統治基礎實際並不牢固。在淄青平定後,天平節帥馬總所撰《鄆州刺史廳壁記》中稱"先是元凶事猶未順,惟此邦衆,尚或率從,及顯逆謀,多不爲用,其所寵任,皆亡命之徒與皂隸耳"[2],即是對李師道統治時期淄青這一軍政特點的精確概括。

元和十三年七月憲宗詔發諸路兵共討淄青,次年二月都知兵馬使劉悟倒戈,襲殺李師道父子,淄青遂平。事後,淄青被一分爲三,關於分割方案,《資治通鑑》載:

> 上命楊於陵分李師道地,於陵按圖籍,視土地遠邇,計士馬衆寡,校倉庫虛實,分爲三道,使之適均:以鄆、曹、濮爲一道,淄、青、齊、登、萊爲一道,兗、海、沂、密爲一道。上從之……三月,戊子,以華州刺史馬總爲鄆曹濮等州節度使;己丑,以義成節度使薛平爲平盧節度,淄青齊登萊等州觀察使;以淄青四面行營供軍使王遂爲沂海兗密等州觀察使。[3]

這一分割方案固然如《通鑑》所言,主要是基於淄青所屬諸州的地理、軍力、倉儲等各方面情况制定出來的。然另可注意者,將淄青在大曆十二年以前的舊治所青州,以及此年之後的新會府所在地鄆州分別置於不同藩鎮的統治之下,且三道之中鄆曹濮(元和十五年得軍號天平)一道得地最狹,唐廷大有藉行政區劃之調整,以削弱李師道殘餘勢力的用意。又將膠東丘陵諸州與魯中南山地諸州劃分爲不同的藩鎮,或是出於地理環境因素的考慮,但亦屬歷史傳統影響下的結果。安史之亂爆發後山東半島最早出現的藩鎮爲至德元載設置的青密節度使,一度領青、密、登、萊四州,同年另置鄆齊兗三州防禦使;建中三年(782)德宗曾以李納降將高

---

[1] 《册府元龜》卷一四〇《帝王部·旌表第四》,1693 頁下欄。

[2] 馬總《鄆州刺史廳壁記》,姚鉉編《唐文粹》卷七三,《四部叢刊》本,上海古籍出版社,1994 年,141 頁下欄。憲宗平定淮西後,李師道在軍中召集諸將商議納質割地事宜,大將崔承度曾進言:"公初不示諸將腹心,而今委以兵,此皆嗜利者,朝廷以一漿十餅誘之去矣。"《新唐書》卷二一三《李正己附師道傳》,5994 頁。亦預見了李師道統治下的淄青藩鎮軍易於瓦解的事實。

[3] 《資治通鑑》卷二四一《唐紀五七》憲宗元和十四年二月、三月條,7887、7889 頁。

彥昭爲曹濮觀察使,李洧任徐海沂密觀察使,元和十四年的淄青分割方案與此近似,楊於陵所擬定的分治辦法,或對此前淄青一道的行政區劃變動有所參照。而三道分別與魏博、橫海、武寧等藩鎭爲鄰,又不無以其兩相犄角、互爲掣肘的意味。

而三道節帥的人選又各出自不同的考慮,其中馬總爲文儒之臣,在淮西之亂中作爲副使隨裴度宣慰淮西,事後被任命爲彰義留後,"蔡人習僞惡,相掉訐,獷戾有夷貊風。總爲設教令,明賞罰,磨治洗汰,其俗一變"[1],唐廷大概是認可其在淮西之亂後治理蔡州時所取得的成效,寄希望其能將平蔡的善後經驗施用於淄青,故將原淄青會府所在地鄆州交由其統轄。薛平本爲安史降將、相衛節度使薛嵩之子,代宗大曆八年入朝後常年擔任南衙禁軍將領,此後在汝州刺史、義成節度使任上皆有能名。憲宗發諸道軍進討李師道時,薛平所統義成亦爲其中一路軍,在中唐平叛戰爭結束後,唐廷常就近取鄰道節帥移鎭,以防不虞,憲宗以薛平爲平盧節帥,當亦是出於此種考慮。王遂則爲錢穀吏,在淮西之亂期間任宣歙觀察使,曾進助軍錢三萬餘貫[2],因其理財能力受到憲宗賞識。在進討淄青之際,憲宗以其爲行營糧料使,事後進羨餘錢一百萬,"時憲宗急於盪寇,頗獎聚斂之臣,故藩府由是希旨,往往捃拾,目爲進奉"[3],王遂被擢爲兖海觀察使,亦屬理財官通過進奉獲取節鉞的事例之一。

原先受李師道脅迫對抗朝廷的軍士,其中應有相當部分在戰爭進程中折損,如牙將李英曇曾規勸李師道納質獻地而被其所殺,大將崔承度亦因進言而遭到猜忌,被李師道遣送京師而不敢還[4]。另有部分軍將則在戰爭中爲官軍俘虜,規模較大的一次爲元和十三年魏博及義成軍所擒的淄青都知兵馬使夏侯澄、兵馬使宋澄等四十七人,他們被遞送至魏博、義成兩道收管[5]。而在劉悟倒戈會府之際,曾斬殺軍中如兵馬使趙垂棘等持有異議者,攻入鄆州城後又殺害協從李

---

[1]《新唐書》卷一六三《馬總傳》,5034 頁。
[2]《册府元龜》卷四八五《邦計部·濟軍》,5798 頁上欄。
[3]《舊唐書》卷一五九《崔群傳》,4189 頁。
[4]《舊唐書》卷一八七下《高沐傳》,4911 頁;《新唐書》卷二一三《李正己附師道傳》,5994 頁。
[5]《册府元龜》卷一六五《帝王部·招懷第三》,1992 頁下欄—1993 頁上欄。《杜英琦墓誌》亦記載此事,稱誌主作爲中使奉詔宣慰魏博,隨魏博軍擒獲"大將夏侯澄等七十人"。趙力光主編《西安碑林博物館新藏墓誌續編》,陝西師範大學出版總社,2014 年,517—518 頁。

師道謀逆者,其中包括大將魏銑等二十餘家[1]。戰爭結束後,尚存的淄青將士則面臨着分崩離析的命運。劉悟作爲會府軍將之首,因結束動亂有功被唐廷任命爲義成節度使,部分淄青軍士隨其移鎮滑州,後來到昭義,成爲其武力中堅。在會昌伐叛期間,唐廷對昭義部衆進行招諭,其中可見有附從劉氏的鄆州舊將校子孫的身影[2],其規模和實力應不容小覷。

其他會府軍士隨淄青版圖的分裂亦被分割至三處,以削弱李師道殘餘部衆的勢力。隨薛平出鎮平盧者如周少誠,其父爲平盧知節院將事,墓誌稱少誠"弱冠投筆,從事東平,元和十四年□□師□□□虁十□二郡□列三鎮,太保薛公授鉞淄青,□□□因□□□□□效戎職"[3],其在薛平治下的平盧軍中擔任何種武職,暫不明確,但從其所帶"遊擊將軍、□□武衛大將軍"的加官來看,他在軍中的地位應並不低微。然而這一家族在平盧的軍旅生涯並未就此終結,據周少誠與其夫人合祔墓誌,知其次子公政在平盧任使宅衙將,三子公瞻爲登州軍事押衙[4],顯示出這一軍將世家在平盧有着頑強的生命力。在薛平節制平盧期間,長慶二年(822)十一月發生了突將馬狼兒挑起的暴亂[5],事件起因爲薛平遣兵援助被成德圍困的棣州,因刺史供饋稍薄,遂引發嘩變。馬狼兒是否出自唐廷三分淄青過程中被送往青州的鄆府舊卒,尚不明確,不過其所統領的叛軍反攻青

---

[1] 《新唐書》劉悟本傳稱其攻入鄆州城後"殺師道並大將魏銑等數十人",6013頁。《資治通鑑》卷二四一《唐紀五七》憲宗元和十四年二月條則作"斬贊師道逆謀者二十餘家",7886頁。二者所記實爲一事。

[2] 傅璇琮、周建國校箋《李德裕文集校箋》卷三《討劉稹制》,中華書局,2018年,38頁。

[3] 《周少誠墓誌》,《山東石刻分類全集》第5卷,180—181頁。

[4] 《周少成及夫人郝氏合祔墓誌》,《山東石刻分類全集》第5卷,191—192頁。周氏的姓名在《周少誠墓誌》稱"府君諱少誠",在與其夫人合祔墓誌中則作"府君諱少成"。

[5] 關於叛首的姓名,文獻記載不一,《舊唐書·薛嵩附平傳》中作"馬狼兒"(3526頁);《新唐書·薛嵩附平傳》則稱"馬士端"(4145頁),《資治通鑑》卷二四二《唐紀五八》穆宗長慶元年十一月條《考異》注引《河南記》(7925頁)、《令狐梅墓誌》(李獻奇、郭引强編著《洛陽新獲墓誌》,文物出版社,1996年,116、288頁)的記載亦同;《資治通鑑》卷二四二《唐紀五八》穆宗長慶元年十一月條則稱"馬延崟"(7925頁);《舊唐書·穆宗紀》作"馬延崟"(492頁);《册府元龜》卷四二三《將帥部·討逆》則將馬狼兒、馬延崟視爲兩人(5037頁下欄—5038頁上欄)。此處暫從《舊唐書·薛嵩附平傳》。

州,一路裏挾平盧外鎮軍士,一度擁衆七千〔1〕,其中或有李師道舊卒的參與。而來到兗海的鄆府軍士,文獻則明言共有一千二百人,不過因節帥王遂爲政嚴酷,督役甚急,終在元和十四年七月激起了牙將王弁等的變亂,王遂亦爲亂黨所誅。事後,唐廷以棣州刺史曹華出鎮兗海,繩治亂卒,據記載隨王弁作亂的鄆卒實際僅有四人,但曹華將一千二百名鄆卒悉數屠戮〔2〕,或是奉朝廷詔命,以整治亂卒爲由,徹底肅清李師道殘黨。天平軍則以鄆州爲治所,亦存有部分李師道將校子孫,如李雲爲李師道時代的平盧軍都教練使李敢言之子,他留在鄆府加入新設立的天平軍,官至馬步右廂都虞候〔3〕。天平軍成立後不久亦發生動亂,事在文宗大和元年(827)節帥烏重胤去世之際。被派出參與討伐橫海李同捷的軍士借機作亂,爲知鹽鐵兗鄆院事陸迗諭止,此次變亂距李師道被誅僅八年,亂卒中或亦有其舊衆的身影〔4〕。不過,隨着年歲日久,平盧、天平兩道中的李師道舊衆,不可避免地漸歸山陵,最終趨於瓦解。

在李師道部衆被肢解之際,新設立的天平、平盧、兗海三鎮亦各自組建了新的藩鎮軍。囿於史料,我們僅能描繪其大概:其中,天平軍在長慶元年銷兵之議時管軍士三萬三千五百人〔5〕,至遲在烏重胤時代組建了新的藩鎮親衛軍,有勁健之卒五千人,依照所戍守的幕府辦公機構之不同,親衛軍又有"使廳""別敕院官署"等名號〔6〕。烏重胤一度以其婿陳專領節度親兵,"導之忠勤,督以武毅,咸勵效順之節,皆悛覬覦之心"〔7〕。而在平盧軍中,薛平上任後爲鎮壓馬狼兒之亂,曾"悉府庫並家財募二千精卒"〔8〕,以緩解青州城兵弱的局面。另外薛氏在義成所統的部分親衛軍亦隨其移鎮,轉變爲平盧的親衛軍,如令狐梅爲薛平之

---

〔1〕《資治通鑑》卷二四二《唐紀五八》穆宗長慶元年十一月條《考異》注引《河南記》則稱有衆二萬餘人(7925頁)。

〔2〕《資治通鑑》卷二四一《唐紀五七》憲宗元和十四年七月、九月,7892、7894頁。

〔3〕《李雲墓誌》,韓明祥編著《濟南歷代墓誌銘》,黃河出版社,2002年,45—46頁。

〔4〕對此動亂的記載,見《陸迗墓誌》,李明等主編《長安高陽原新出土隋唐墓誌》,文物出版社,2016年,274—275頁。

〔5〕《舊唐書》卷一六《穆宗紀》,486頁。

〔6〕《鄭恭楚墓誌》,周紹良、趙超主編《唐代墓誌彙編續集》大中〇三九,997頁。

〔7〕《陳專夫人烏氏墓誌》,毛陽光、余扶危主編《洛陽流散唐代墓誌彙編》,國家圖書館出版社,2013年,558—559頁。

〔8〕《舊唐書》卷一二四《薛嵩附平傳》,3527頁。

侄,在薛平義成幕府中任節度押衙,薛氏出任平盧節帥,"署如義成之職"〔1〕,他在突將馬狼兒之亂後充任主校,以整肅軍紀。同樣隨薛平來到平盧的押衙還有韋全直,他另被授予衙内兵馬使的兼職,其在平盧的仕宦履歷一直延續至薛氏的後繼者康志睦任内〔2〕。較之於平盧軍中舊將,新加入的義成軍士無疑更受薛氏信任。晚唐平盧軍中另可見有"使宅""門槍"等軍隊番號〔3〕,顯示出其親衛軍組織又有了新的發展。在兗海,唐廷起初任命曹華爲節帥,令其引棣州兵赴鎮以討王弁之亂,騷亂平息後,調撥至沂州的李師道鄆府舊卒被悉數屠戮殆盡,新藩鎮軍則是以原沂州州兵及曹華所攜棣州兵爲主體而構建的。與其他兩鎮相較,兗海一道牙軍的差遣性質似更爲凸顯,出土墓誌中即可見有任押衙兼馬軍都知兵馬使、青州長史及廉使客卿者〔4〕,除護衛外,押衙在政治生活中扮演着更爲多樣的角色。文獻中暫未見兗海於牙軍之外另設新的親軍名號,其親衛軍的重層化趨勢似並不顯著。

總的來看,經憲宗討平李師道,淄青一分爲三後,三道藩鎮軍呈現出較爲複雜的面貌。一方面父子相襲充軍的現象較爲常見,如文宗大和年間,有彭城劉公任平盧軍節度押衙兼左厢兵馬使,其長子劉克勤則任平盧節度衙前虞候,次子克恭爲節度散列將〔5〕,父子三人在平盧軍中皆任中高層軍將;又如僖宗在位期間,檀肱爲密州司倉,其父檀慶任平盧兵馬使,諸兄弟輩中有兩人爲平盧節度押衙,一人爲平盧馬步都虞候,其子檀珣亦出任衙前虞候〔6〕,其家族三代爲將,顯赫一時。而在曹翔任兗海節帥期間,亦有翟建武充任馬軍都知兵馬使兼押衙,長子翟怡擔任當軍節度押衙。此類家族代爲軍校者,如檀肱一族,多爲本地人,或表明晚唐平盧等三道藩鎮軍呈現出地方化的趨勢。另一方面,由於穆宗以後平

---

〔1〕《令狐梅墓誌》,李獻奇、郭引强編著《洛陽新獲墓誌》,116、288頁。

〔2〕《韋全直墓誌》,拓片見毛遠明、李海峰編著《西南大學新藏石刻拓本彙釋》(圖版卷),中華書局,2019年,318頁,錄文見同書釋文卷,361頁。

〔3〕《周少成及夫人郝氏合祔墓誌》,《山東石刻分類全集》第5卷,191—192頁;《孔君墓誌》,周紹良主編《唐代墓誌彙編》大順〇〇二,2523頁。

〔4〕分見《翟君夫人陳氏墓誌》,周紹良、趙超主編《唐代墓誌彙編續集》咸通〇九八,1110頁;《郭瑤墓誌》,樊英民編著《兗州歷代碑刻錄考》,齊魯書社,2013年,39頁。

〔5〕《劉夫人辛氏墓誌》,阮元編《山左金石志》卷一三,《石刻史料新編》第1輯第19册,新文豐出版公司,1982年,14544頁下欄。

〔6〕《檀肱墓誌》,《山東石刻分類全集》第5卷,228—229頁。

盧等三鎮節帥多由唐廷所派遣的文官或他鎮節帥充任，任期往往較短，如李師道家族統治時代節帥之位父子兄弟相襲的現象幾乎已不見，節帥移鎮往往遴選部分本鎮軍士充作護衛，隨同遷轉，如文宗大和五年王承元自鳳翔出鎮平盧，即有討擊副使劉逸等鳳翔武職隨之來到平盧，依署前銜〔1〕；又如王渭始授職荆南，此後相繼出任滄景、兗海押衙，宣宗大中元年（847）卒於義成押衙任上〔2〕，兗海僅爲其漫長軍府遷轉生涯中的一站。節帥的頻繁移易以及外來藩鎮武力的注入，使得平盧等三道藩鎮軍又呈現出一定的流動性色彩。從目前來看，三道藩鎮軍的地方化趨勢似主要體現在外營軍中，而流動性則主要表現爲押衙等親衛軍隨節帥移鎮，這在某種程度上有助於消解三道藩鎮軍中的親黨膠固局面，這或是晚唐平盧等三鎮未再出現大規模動亂的緣由之一。

## 二、禮儀文教的復興與新政治景觀的營造

憲宗平定淄青，標誌着安史之亂後六十餘年間"兩河號爲反側之俗"的局面結束，河朔藩鎮皆重歸王化，憲宗元和中興的偉業至此達到頂點。在時人的觀念中，認爲李氏家族在淄青一道的專擅統治，導致當地社會風氣爲之一變，史稱："李正己盜有青、鄆十二州，傳襲四世，垂五十年，人俗頑驁，不知禮教。"〔3〕在平叛期間唐廷發布的詔書中，亦稱當地居民"久居污俗，皆被脅從"〔4〕。因而在淄青平定後，爲削除李氏家族統治之僞迹，如何藉助新政治景觀的塑造宣告淄青重歸唐廷統治，如何通過禮儀文教活動移易社會風俗，無疑成爲唐廷開展善後工作所需重點考慮的問題。

有唐一代素有在重大戰事結束後刻石紀功的傳統，作爲唐代各類功德碑中的一種，紀功碑的刊刻對於誇飾戰功、宣示帝國權威無疑具有重要意義。在唐後期，紀功碑的建造多與朝藩間的政治角力有關，其中一類是在平定藩鎮變亂後爲謳歌

---

〔1〕《劉逸墓誌》，周紹良主編《唐代墓誌彙編》大和〇七〇，2147頁。
〔2〕《王渭墓誌》，趙君平、趙文成編《秦晉豫新出墓誌蒐佚》，國家圖書館出版社，2012年，994頁。
〔3〕《舊唐書》卷一六二《曹華傳》，4243頁。
〔4〕宋敏求編《唐大詔令集》卷一二二《宥淄青大將敕》，中華書局，2008年，651頁。

皇帝功績而營造,另一類則是爲褒揚某位節度使的個人功勛而刊刻,前者實可稱爲紀聖碑[1]。憲宗一朝,在剿除西川劉闢、淮西吴元濟之後,皆曾有刻石紀功之舉,而在平定李師道、三分淄青後,要務之一亦是在當地營建紀功碑。《舊唐書·李師道傳》載:"詔分其十二州爲三節度,俾馬總、薛平、王遂分鎮焉。仍命宰臣崔群撰碑以紀其績。"[2]崔群所撰碑文已無存,由於平定淄青的戰爭實際由魏博、宣武等五路節帥共同參與,此通碑刻當並非爲了表彰某位節度使的戰功而營造,而應如《平淮西碑》那樣,其性質亦屬謳歌皇帝的紀聖碑。崔群曾在翰林學士任上長達八年,元和十二年入相,傳世文獻中尚存其所撰元和七年立遂王宥爲皇太子後的赦書,以及元和十四年加憲宗尊號的册文[3],可堪稱當時之大手筆。儘管文獻中未留下更多與此碑有關的綫索,然可以想見,此通碑銘的刊刻,對於向淄青當地民衆宣示李氏家族統治之終結,弘揚帝國的政治聲威具有重要象徵意義。

如果説紀功碑的營造意味着平叛戰爭的落幕,那麽廳壁記的刊布則具有標榜新政之到來的意味。中唐以後,廳壁記漸成爲一種獨立的文學體裁並廣爲流行,主要記述各類衙署的創建起始、官員職掌等信息,有的附有任職者名録,其中部分藩鎮衙署壁記的撰寫,發生在動亂結束,朝廷新委命的節帥赴任之後,往往帶有除舊布新、樹立新政治規範的用意[4]。憲宗平定淄青後,唐廷以華州刺史馬總爲鄆曹濮等州節度使,仍以李氏家族割據時代之理所鄆州作爲會府所在地。馬總到任後隨即撰寫《鄆州刺史廳壁記》[5],其主旨仍不出交代撰述緣起及叙述鄆州建制沿革,但其内容可注意者尚有兩點:首先是指出李師道家族的統治基

---

[1] 關於唐代的紀功碑,拜根興《唐涇原節度使劉昌紀功碑考述——兼論唐代紀功碑功能的演變》一文有初步討論,《山西大學學報》2016年第2期,61—64頁;劉子凡《哥舒翰與〈隴右紀聖功頌〉——唐哥舒翰紀功碑考實》亦有所涉及,《隋唐遼宋金元史論叢》第7輯,上海古籍出版社,2017年,123—124頁。

[2] 《舊唐書》卷一二四《李正己附師道傳》,3541頁。

[3] 崔群《册太子禮畢赦文》,李昉等編《文苑英華》卷四三二,2187頁上欄—下欄;《唐大詔令集》卷七《元和聖文神武法天應道皇帝册文》,46頁。對崔群生平的考述,可參傅璇琮《唐翰林學士傳論》,遼海出版社,2005年,429—436頁。

[4] 關於這一類官署題記的價值,可參讀杜希德著,黃寶華譯《唐代官修史籍考》,上海古籍出版社,2010年,83—86頁;吴河清《論唐代廳壁記的文獻價值》,《河南大學學報》2011年第3期,108—113頁;楊俊峰《我曹之春秋:盛唐至北宋官廳壁記的刊刻》,《政治大學歷史學報》第44期,2015年,43—81頁。

[5] 馬總《鄆州刺史廳壁記》,姚鉉編《唐文粹》卷七三,141頁下欄—142頁上欄。

礎爲亡命之徒和家奴,當地民衆並非李氏逆謀的隨從參與者,齊魯當地的禮教傳統也並未因李氏家族的統治而中斷,客觀上帶有批評李氏的割據統治不得民心,安撫當地民衆並勉勵其去逆從順的用意。其次,在叙述鄆州歷代沿革及刺史姓名時,將李氏家族割據時代的歷史略而不計,又以平亂之初唐廷曾以魏博田弘正勾當鄆州事爲由,將其置於廳壁記所書當州刺史名録之首。這一叙述方式意在强調李師道家族在鄆州的統治不具備正當性,而要重新確立以田弘正權知州事作爲鄆州歷史之起點,馬總或意圖以此種方式告誡其後繼者,如田氏這般選擇忠順於唐廷的長官方纔具備在廳壁記中留名的資格[1]。

因天平節度使兼任鄆州刺史,鄆州刺史之衙署同時亦是節度使之使廳所在地,馬總所撰《鄆州刺史廳壁記》即被置於使廳之西墉。此通廳壁記記述,未來還將搜訪李唐建國以來的鄆州刺史名氏,補充刊刻於使廳東壁。不過這一計劃大略就此擱置,直至馬總離任九年後,到文宗大和五年令狐楚節制天平期間,東壁的空缺由另一塊廳壁記填補,此即劉禹錫所撰之《天平軍節度使廳壁記》[2]。劉氏時任禮部郎中、集賢學士,他與令狐楚在貞元末年通過文章相識,直至文宗開成二年(837)令狐楚去世,二人長期保持着較爲密切的詩文唱和往來[3],此篇廳壁記亦屬令狐楚請劉禹錫代爲撰作的産物。較之於馬總所撰《鄆州刺史廳壁記》,此文更多地包含了劉禹錫本人推崇令狐氏道德才能的私人感情色彩。儘管在令狐楚蒞臨此鎮之前,天平軍之旌節已傳授三代,然而李師道家族之統治雖已終結,其治下的積弊舊俗並未徹底革除。據廳壁記描述,唐廷決意從根本上變革當地的社會風貌,遂選用此前曾在節制宣武期間政績卓著的令狐楚出任節帥。壁記重點闡揚了令狐楚任内的治績,諸如"罷供第無名錢"以及"去苛法急徵、毁家償租之令"等,兩《唐書》本傳另提到他曾均富贍貧以應對旱災,摧毁李

---

[1] 仇鹿鳴先生指出此廳壁記中所書日期"時聖曆元和紀號己亥直歲十二月己卯",有宣示鄆州歷史時間之重新開始的用意,將李師道家族統治時代的諸任刺史闕而不載,以便於在新的時間秩序下構建符合正統觀念的地方記憶,參氏著《長安與河北之間:中晚唐的政治與文化》,北京師範大學出版社,2018年,184頁。

[2] 瞿蜕園箋證《劉禹錫集箋證》卷八《天平軍節度使廳壁記》,上海古籍出版社,1989年,183—184頁。

[3] 關於二人的詩文往來,可參讀肖瑞峰《劉禹錫新論》,浙江大學出版社,2020年,434—476頁;陳尚君《詩人令狐楚的人生大節與朋友圈》,《文史知識》2020年第12期,37—39頁。

師古僭制園檻等事迹[1],這一系列舉措當取得了良好的成效,壁記有"公命愚志之,俾來者仰公知變風之自"云云,在宣示其成功清理李氏家族統治之餘毒的同時,或存有以此自我作古,勸誡將來,藉以樹立新施政綱領的用意。繼天平首任節帥馬總之後,相繼掌領旌節的烏重胤、崔弘禮二人,一爲武將,一爲能吏,直至令狐楚到來,方纔真正開啓天平軍建制後的文治幕府時代。要之,若言馬總所撰《鄆州刺史廳壁記》宣告了李師道家族統治之終結,劉禹錫所撰《天平軍節度使廳壁記》的刊布則昭示着當地文官政治之開始,兩方壁記皆被置於使廳廳壁,共同向世人傳遞着鄆州政治秩序發生轉變的時代訊息。

在李師道家族統治時期,爲誇飾其強大的政治力量,曾營建了一定數量的園宅建築。李師古在任時,文獻記載他曾在當地建造山亭、園林,其中不乏有僭越禮制者[2]。至李師道時期淄青一道兵鋒愈強,李氏割據自立的圖謀愈發膨脹,其在政治景觀的營造方面則越發突破常規,史稱:"師道益驕,乃建新宫,擬天子正殿,卜日而居。"[3]在唐代,節度使宅第的規模多與其政治權勢之大小相匹配[4],李師道擬天子宫殿營建居室,正是其驕横跋扈、專擅一方的統治象徵。此外,李師古在任時曾在長安營建家廟,已耗費甚巨[5],李師道襲位後又奏請追祔曾祖、祖、父三代,並請列師古神主於昭穆,按照唐令規定,"傳襲之制,皆子孫以下相繼,並無兄弟相繼爲後之文"[6],其奏請突破了現有的禮制規定。在

---

[1] 《舊唐書》卷一七二《令狐楚傳》,4462頁;《新唐書》卷一六六《令狐楚傳》,5100頁。《新唐書》本傳載:"始,汴、鄆帥每至,以州錢二百萬入私藏,楚獨辭不取。"劉禹錫撰《天平軍節度使廳壁記》中提到的"罷供第無名錢"應即指此而言。

[2] 段成式撰,許逸民校箋《酉陽雜俎校箋》前集卷一○《物異》,中華書局,2015年,802頁;《新唐書》卷一六六《令狐楚傳》,5100頁。

[3] 張讀《宣室志》卷七,陶敏主編《全唐五代筆記》第3冊,三秦出版社,2012年,2065頁。

[4] 學界對節度使宅第的討論集中於兩京宅第,對於其在地方的園宅,則措意不多,可參王靜《唐長安城中的節度使宅第——中晚唐中央與方鎮關係的一個側面》,《人文雜誌》2006年第2期,125—133頁;榮新江《高樓對紫陌,甲第連青山——唐長安城的甲第及其象徵意義》,《中華文史論叢》2009年第4期,1—39頁;李丹婕《從宫廷到坊里——玄肅代三朝政治權力嬗變分析》,榮新江主編《唐研究》第15卷,北京大學出版社,2009年,254—264頁。

[5] 《冊府元龜》卷九三一《總錄部·枉横》,10977頁上欄。

[6] 《唐會要》卷一九《百官家廟》,上海古籍出版社,2006年,450頁。關於唐代家廟的研究,另可參甘懷真《唐代家廟禮制研究》,臺灣商務印書館,1991年;游自勇《禮展奉先之敬——唐代長安的私家廟祀》,榮新江主編《唐研究》第15卷,435—481頁。

李師道兄弟統治期間,此類僭越規制的建築被頻繁修造,正映照出其欲圖突破現有的權力格局、攫取更大權勢的政治野心。

　　憲宗平定淄青後,此類頗具僭越色彩的政治景觀被視作僞亂之迹,大體漸次被唐廷所委命的節度使清除殆盡,如令狐楚鎮天平期間即曾摧毁李師古所遺留下的逾制園檻〔1〕。與此同時,平盧等三道節帥上任後亦修建了一些新的使府建築,較典型者則是天平節帥馬總在鄆州修建的谿堂。據韓愈所撰《鄆州谿堂詩並序》,谿堂建於馬總出任天平節帥後第四年,即穆宗長慶二年,時值唐廷復失河朔,天平軍南面的武寧亦發生了王智興逐崔群而自立的事件,而天平軍則在馬總的治理下得以捍衛元和中興的勝利果實,反而成爲順地化成效最爲顯著的藩鎮;馬總亦得到唐廷的加官褒獎。爲慶賀唐廷所給予的封賞,馬總遂於節度使使宅之西北隅營建此堂,"以饗士大夫,通上下之志"〔2〕。谿堂主要是用作天平幕府文士宴饗之地,其修造既是對馬總在鄆州施行教化及其政績的肯定,同時也展現了其治下政通人和的幕府氛圍,在某種程度上宣示着李師道統治後期保守封閉的政治生態已成過去。

　　憲宗平定淄青後,唐廷削除李氏家族之僞迹,構建新政治秩序的努力還體現在官方祭祀活動中。在古代中國,岳瀆被視作帝國疆土的地理標識,是王朝大一統的重要象徵,自西漢中期以來,五岳四瀆一直是歷代王朝所開展的重要官方祭祀項目,唐代對岳鎮瀆海的尊崇有增無減,它們不僅被列爲中祀,同時還被加封爵位。作爲五岳之首,唐前期在泰山舉辦的祭祀活動,主要是統治者派遣朝中文臣分祭五岳四瀆〔3〕,以及派遣內官、兩京道士赴泰山修齋醮並舉行投龍儀,此外在高宗乾封元年(666)以及玄宗開元十三年(725)曾兩次東封泰山。安史之亂後內地普立藩鎮,泰山所在的兗州一度歸河南節度使管轄,唐廷遣文官致祭以及投龍等活動仍有延續。不過,隨着大曆十一年兗州改由淄青節度使統領,由內

---

〔1〕 《新唐書》卷一六六《令狐楚傳》,5100頁。

〔2〕 劉真倫、岳珍校注《韓愈文集彙校箋注》卷四《鄆州谿堂詩並序》,中華書局,2010年,406頁。

〔3〕 按照《大唐開元禮》卷三五《祭五岳四鎮》規定,"諸岳鎮每年一祭,各以五郊迎氣日祭之"。民族出版社,2000年,199頁。

官及兩京道士主持開展的投龍儀在次年舉辦過一次後,未再見蹤影[1]。而由朝中文官歲時致祭泰山的禮儀,大約亦受到淄青節帥的阻礙,貞元二年八月德宗曾詔太常卿裴郁等十人各就藩鎮祭祀岳瀆[2],東岳的主祭官是否抵達淄青並完成祭儀,史無明文,但此際這一官方祭祀活動正逐步由淄青鎮及兗州州縣官接管。現存岱岳觀碑題名中可確定有兩組爲大曆十一年之後官府祭祀泰山時所留,即建中元年二月淄青支度判官敬謇等岱岳觀題名,以及貞元十四年正月兗州刺史任要等岱岳觀題名;另有一通祭岳官題名未署年月,根據其鐫刻的位置,應在大曆十一年以後,建中元年敬謇題名之前[3]。根據任要等岱岳觀題名中有"其年十二月廿一日立春再來致祭"云云,可知此際東岳祭祀定在立春日舉行,據題名結銜可知祭祀活動參與者有淄青幕府僚佐、兗州刺史及州佐、乾封縣令及縣佐、岳令等[4]。總體而言,這一由藩鎮及兗州州縣官主導的祭祀禮儀,與唐前期中央遣文官致祭之禮存在較大的差别,是這一時期朝廷祀典下行的反映[5]。

除作爲人格神被官方賜爵並得以載入王朝祀典外,在民間,泰山神亦作爲可頒賜福澤的神靈而存在。在李氏家族統治期間,泰山神作爲頒福之神的屬性有所增强,《集異記》中記載貞元初節帥李納病篤後,派遣押衙王祐赴泰山祈禱,以求消災攘疾的傳説故事[6],透露出在李氏家族所主導的崇祀泰山活動中,與載

---

[1] 魏成信《洞靈觀修醮題記》,陳尚君輯校《全唐文補編》卷四八,中華書局,2005年,577—578頁。

[2] 《唐會要》卷二二《岳瀆》,498頁。

[3] 《岱岳觀碑》,王昶編《金石萃編》卷五三,《石刻史料新編》第1輯第2册,893頁下欄—894頁下欄。

[4] 據河北曲陽北岳廟所留存的石刻題記,可知唐後期的北岳立冬常祀一般由本鎮節度文職屬僚、攝本縣縣令、攝本縣縣尉依次充任三獻官,參礪波護《唐代政治社會史研究》,同朋舍,1986年,189—190頁;江川式部《北嶽廟題記にみえる唐代の常祀と三獻官》,氣賀澤保規編《中國石刻資料とその社會——北朝隋唐期を中心に》,汲古書院,2007年,145—178頁,在東岳祭祀的場合或亦存在類似的原則。

[5] 可參牛敬飛《古代五岳祭祀演變考論》,中華書局,2020年,183—185頁。

[6] 薛用弱《集異記》卷下,陶敏主編《全唐五代筆記》第2册,879頁。《耳目記》亦記載了王瑶之遠祖受淄青節帥委派,前往泰山禱告以祈求免除病患的故事,與《集異記》中的記述主題類似,具體情節則有差異,陶敏主編《全唐五代筆記》第4册,3179頁,或表明當時此類傳聞之盛行。對此則神異故事的討論,另可參新見まどか《平盧節度使と泰山信仰:『太平広記』所收「李納」伝を中心に》,17—33頁。

入禮典的官方祭祀儀式相較,爲祈福禳災而開展的神祠禱告更爲節帥所重。這一時期淄青節帥所開展的祭祀活動,並非爲追求王朝之大一統,而是爲其個人安危消災祈福服務。在這則故事中,又包含泰山神預示李師古爲節帥繼承人的内容,該故事亦有最初經李師古或其親近之人講述的可能,意在藉助泰山神之靈應,以强化其承襲旌節之正當性的用意。除此之外,此際亦可看到備受官民尊崇的泰山神,開始遭到淄青節帥的褻瀆。《集異記》另記載了李師古爲延續其家族世襲旌節之運祚,任用術士劉元迥,效法玄宗以鉛錫鎔泰山神像以受其福的故事[1],是李師古專擅跋扈之政治形象的反映,故事的結局則是李師古受到泰山神的懲戒,最終暴瘍而薨。儘管上述故事僅爲當時之傳聞,但亦當反映了部分事實,即在李氏家族的統治下,唐王朝所主導的官方祭祀活動遭到廢弛,泰山神信仰更多地與淄青節帥的個人安危及政治命運聯繫起來。

隨着憲宗討平李師道,李氏家族統治下"泰山沈寇六十年,旅祭不饗生愁煙"的局面得以結束[2],事後在唐廷頒布的《破淄青李師道德音》中有:

> 其淄青封域,歷稔氛昏,管内名山大川在祀典者,宜令宣撫使與本鎮計會,差官備禮致祭。其祠廟中應緣陳設器服等物,是賊中所置者,並宜廢撤,特加修換,用致虔誠。[3]

在淄青管内,所謂的名山大川在祀典者,無疑應首推東岳泰山。在動亂結束後,這一類因李氏家族的專擅統治而遭到廢弛的官方祭祀活動得以恢復舉行,甚至李師道家族在神祠中所置祭祀儀物,亦被視作冒瀆神靈而需裁撤。因五岳本即帝國之疆界、王朝之大一統的象徵,故而動亂結束後,在泰山神祠中舉行由唐廷所主導的祭祀禮儀,對於重建王朝禮制秩序,向民衆宣告齊魯之地重歸王化,無疑極具象徵意義。此後載於祀典的泰山祭祀禮儀,大概由唐廷交付兗海及兗州地方長吏舉辦,在唐後期所頒布的大赦文中,常有"五岳四瀆,宜委本州府長吏備禮致祭"的節

---

[1] 薛用弱《集異記》卷下,陶敏主編《全唐五代筆記》第 2 册,881 頁。
[2] 《劉禹錫集箋證》卷二五《平齊行二首》,768 頁。
[3] 《唐大詔令集》卷一二四《破淄青李師道德音》,667 頁。

文〔1〕,泰山應亦處於所在州府長吏致祭的行列。文獻亦可見僖宗乾符四年(877)兗海節度判官李義先奉詔祭祀東岳的事例〔2〕,祭祀禮儀由幕府中的高級文職僚佐主持,顯示出兗海一道對此禮之重視程度,此亦折射出兗海被納入帝國禮儀秩序中的實況。與此同時,隨着李師道家族專擅統治的終結,晚唐時期的泰山信仰亦逐漸擺脱了爲節帥統治服務的境況,在晚唐的一些傳奇小説中,泰山府君恢復了其掌管生死之籍的尊榮,重拾其超越淄青一道的地域影響力〔3〕,泰山的信仰屬性及其變化,正與其所處現實政治局勢之變動密切相關。

與泰山祭祀境遇類似的還有孔廟釋奠禮。在唐代曲阜闕里、兩京國子監及地方州縣皆營建有孔廟,其中闕里孔廟位於兗州境内孔子故宅,廟中原本有孔子後裔歲時舉行的薦享之禮;兩京國子監及地方州縣孔廟近傍各級學館,主要舉行釋奠禮〔4〕。安史之亂爆發後,兗州一度歸河南節度使統轄,代宗大曆八年兗州修繕闕里孔廟,侍御史裴孝智撰碑記描繪廟中情狀,稱"孝智不敏,儒家之流,徒抱春秋舍菜之禮……"〔5〕,所謂"舍菜"即"釋菜",實際指釋奠禮,可見原本在國子監及州縣孔廟中舉行的該項禮儀,已在闕里孔廟中推行開來。不過,隨着李

---

〔1〕《唐大詔令集》卷七〇《寶曆元年正月南郊赦》,395頁;《大和三年十一月十八日赦文》《會昌五年正月三日南郊赦文》《大中元年正月十七日赦文》,《文苑英華》卷四二八、四二九、四三〇,2171頁上欄、2177頁上欄、2182頁上欄。

〔2〕《唐李義先孔林石臺題名》,葉奕苞編《金石錄補》卷二一,《石刻史料新編》第1輯第12册,9093頁上欄。

〔3〕李昉等編《太平廣記》卷一五七《李敏求》,中華書局,1961年,1126—1128頁;段成式撰,許逸民校箋《酉陽雜俎校箋》前集卷一四《諾皋記上》,990頁。

〔4〕對唐代孔廟釋奠禮的討論,可參讀高明士《唐代的釋奠禮制及其在教育上的意義》,《大陸雜誌》第61卷第5期,1980年,20—38頁;David McMullen, *State and Scholars in T'ang China*, Cambridge, New York: Cambridge University Press, 1988, pp. 29–66. 中譯本參麥大維著,張達志、蔡明瓊譯《唐代中國的國家與學者》,中國社會科學出版社,2019年,21—48頁;黄進興《權力與信仰:孔廟祭祀制度的形成》,《大陸雜誌》第86卷第5期,1993年,8—34頁,收入《優入聖域:權力、信仰與正當性》(修訂版),中華書局,2010年,140—183頁;《象徵的擴張:孔廟祀典與帝國禮制》,《"中研院"歷史語言研究所集刊》第86本第3分,2015年,471—510頁;雷聞《郊廟之外:隋唐國家祭祀與宗教》,生活·讀書·新知三聯書店,2009年,61—72頁;朱溢《唐代孔廟釋奠禮儀新探——以其功能和類別歸屬的討論爲中心》,《史學月刊》2011年第1期,33—40頁,收入《事邦國之神祇:唐至北宋吉禮變遷研究》,上海古籍出版社,2014年,266—288頁;礪波護《唐代の釋奠》,《隋唐佛教文物史論考》,法藏館,2016年,175—199頁。

〔5〕裴孝智《文宣王廟新門記》,王昶編《金石萃編》卷九九,《石刻史料新編》第一輯第三册,1640頁下欄。

正己盜據齊魯,"傳襲四世,垂五十年,人俗頑驁,不知禮教"[1],兗州也於大曆十一年爲其所占據,象徵着禮儀文教的釋奠禮或一度遭到廢棄。元和十四年唐廷平定李師道後,憲宗曾在朝中詢問"彼鄒魯儒鄉,久被甲胄,誰可復者"[2],遂任命以理行著稱的陸亙爲兗州刺史,當年七月又以曹華出任沂海兗密等州觀察使,並移治兗州,"乃躬禮儒士,習俎豆之容,春秋釋奠於孔子廟,立學講經,儒冠四集"[3],通過任命素有治績的地方官並在當地舉辦釋奠禮,向民衆宣示李師道家族的軍政統治就此終結,新組建的藩鎮軍府將致力於恢復文教傳統的決意。晚唐皇帝舉行大赦時,亦常將修繕闕里孔廟作爲一項固定的恩典,懿宗咸通年間天平節帥孔温裕曾出俸錢修葺廟宇,"稷門之舊業俄興,闕里之清風再起。既可以傳芳萬古,亦可以作範一時"[4],闕里孔廟重新焕發了其作爲天下孔廟之祖庭的風采。

除闕里孔廟外,淄青一道亦有州縣孔廟分布。在唐前期如淄州即已設有孔廟[5],其在李師道家族統治期間的命運如何,已無從考究。憲宗平定李師道後,在當地州縣營繕孔廟,是地方官恢復文教法度、重建社會秩序的重要環節,如濮州自代宗大曆十一年由淄青增領,憲宗平淄青後被劃歸天平軍管轄,與此同時唐廷以司農少卿田滴出任刺史,以强化對該州的控制,田滴到任後即"修文宣廟,備俎豆茶祭器,置黌舍,教生徒百人,洙泗之風,行於濮上"[6]。孔廟作爲一種載入祀典的官方祠宇,其修建是唐廷統治秩序在東平各州縣得以重新確立的重要標識;又因其與州縣學合爲一體,承擔着教授生徒的功能,孔廟在振興當地儒學,傳播王朝意識形態等方面亦扮演着重要角色。此後武宗會昌五年(845)

---

[1]《舊唐書》卷一六二《曹華傳》,4243頁。
[2]《陸亙墓誌》,楊作龍、趙水森等編著《洛陽新出土墓誌釋録》,北京圖書館出版社,2004年,185、188頁。
[3]《舊唐書》卷一六二《曹華傳》,4243頁。
[4] 賈防《新修曲阜縣文宣王廟記》,阮元編《山左金石志》卷一三,《石刻史料新編》第1輯第19册,14551頁下欄。
[5]《唐諡文宣王進封兗國公等詔》,陳思纂輯《寶刻叢編》卷一,《石刻史料新編》第1輯第24册,18102頁上欄。
[6]《田滴墓誌》,齊運通主編《洛陽新獲墓誌百品》,國家圖書館出版社,2020年,204—205頁。

青州重修當地的孔廟[1],宣宗大中年間兗海節帥劉莒亦在兗州創辦廟學[2],這些散布在州縣的孔廟,與闕里孔廟一道,對於在齊魯當地恢復文儒之風,重塑其作爲禮義之鄉的特質,具有重要推動作用[3]。

除重振官方祭祀禮儀外,宗教秩序的重構亦是唐廷善後舉措中不可忽視的層面。在侯希逸節制淄青時期,曾大興佛教,史稱其"後漸縱恣,政事怠惰,尤崇奉釋教,且好畋遊,興功創寺宇,軍州苦之"[4]。在李氏家族統治期間,文獻中雖未明言其家族曾有崇重佛道的舉措,但透過一些零星的材料,仍可推斷其統治勢力與宗教之間的關係較爲密切,如現存《李佰威等長清靈巖寺題名》中有"□州刺史□□□使、御史中丞、安固郡王李佰威""□密州諸軍事、前□海青密曹濮曹齊等七□功德王"等字樣[5],時間在貞元十三年,長清在齊州境内,可知此通題名應與某次淄青州縣官參與的佛事活動有關。《寶刻叢編》另著録有元和二年寶鞏所書《唐心經》[6],地點在青州,或亦與李師道時代佛教在當地的發展有關。而《唐闕史》中所載李師道麾下軍士丁約崇道劍解的故事[7],則透露出道教在平盧藩鎮軍中亦有影響。憲宗平定淄青後,地方官府一方面致力於興復部分官方寺觀,如上文提及的濮州刺史田滈,到任後除修文宣王廟外,亦"復紫極宫,建玄元真容"[8],紫極宫爲玄宗天寶二年(743)詔天下諸州所營建的官方道

---

[1] 裴坦《唐修文宣王廟碑》,陳思纂輯《寶刻叢編》卷一,《石刻史料新編》第1輯第24册,18094頁下欄。

[2] 《劉莒修兗州文廟碑》,樊英民編著《兗州歷代碑刻録考》,373頁。

[3] 中晚唐時期朝廷在平定藩鎮變亂後在當地修繕孔廟,是其宣示政治威權、更化風俗的重要舉措,如憲宗平淮西後亦曾在當地修建多處孔廟。見《新唐書》卷一七〇《高崇文附承簡傳》,5163頁;鄭□《殷府君墓誌》,陳尚君輯校《全唐文補編》卷六五,802頁。

[4] 《舊唐書》卷一二四《侯希逸傳》,3534頁。《寶刻叢編》卷一著録有一通撰於永泰元年(765)五月的《唐龍興寺長明燈頌》(《石刻史料新編》第1輯第24册,18094頁上欄),地點在侯希逸時期淄青會府所在地青州,龍興寺爲唐中宗時代在各州營建的官寺,該寺在當地頗具影響,此篇燈頌或即侯希逸崇佛的産物。

[5] 《李佰威等長清靈巖寺題名》,吴鋼主編《全唐文補遺》第7輯,三秦出版社,2000年,456頁,拓片見北京圖書館金石組編《北京圖書館藏中國歷代石刻拓本彙編》第28册,中州古籍出版社,1989年,124頁。

[6] 寶鞏《唐心經》,陳思纂輯《寶刻叢編》卷一,《石刻史料新編》第1輯第24册,18094頁上欄。

[7] 高彦休《唐闕史》卷上,陶敏主編《全唐五代筆記》第3册,2330頁。

[8] 《田滈墓誌》,齊運通主編《洛陽新獲墓誌百品》,204—205頁。

觀,除玄元真容外,觀中亦有皇帝御容;文宗開成年間入唐求法僧人圓仁抵達山東,曾在登州、青州境内的開元寺、龍興寺等官寺内開展佛事活動[1],這些官方寺觀的振興,對展現唐廷的政治權威具有重要意義。

随着憲宗征討淄青戰事的展開,李師道家族自行辟命州縣官的局面就此結束,唐廷重新獲得了對淄青境内地方官的任命權,淄青與朝中及内地諸道的仕進通道得以暢通,促使被派往平盧等三道的地方官汲汲於修理内政,以便獲得進身躍遷的機會。事實上,地方官爲清理李氏家族之弊政而開展的移易風俗的改革,在諸道征討大軍攻入鄆州伊始就已經開始。由於李師道生前對境内施行高壓政策,"禁鄆人親識宴聚及道路偶語,犯者有刑",魏博田弘正進占鄆州後曾權領州事,"悉除苛禁,縱人遊樂,寒食七晝夜不禁行人"[2],此舉是唐廷謀求初步改善當地社會風貌的有益嘗試。而在戰争結束後,憲宗"制丞相擇中朝能吏,理東平支郡"[3],一批素有治績的文官被派往平盧等三道出任州縣長吏,如唐廷以少府少監盧俌爲曹州刺史,奉先令竇庠爲登州刺史,户部郎中陸亘爲兖州刺史[4]。部分長官在當地爲移易風俗、重建社會秩序貢獻了積極力量,所謂"國家盪定濟魯,餘三十年,多用名儒鎮之,以還古俗"[5]。如前文所言的田滈,他在淄青平定後出任濮州刺史,遂"搜故府,得廢鏃刃三萬餘斤,鑄農器給郡民,荒田盡闢。天雨絲於境内,鹽大登歲大熟,歸流庸一萬八千户"[6];蔡啓迪受平盧節帥薛平薦用,委以軍旅之事,"近邑流亡,府君理之,宰化無方,一以糾之。自此馨香,習於遐藩,克化安民,寧於遠境"[7]。在這一批地方官的努力下,平盧等三道扭轉了李師道家族統治下久染污俗、人情獷戾的社會風貌。

---

[1] 圓仁著,白化文等校注,周一良審閲《入唐求法巡禮行記校注》卷二,中華書局,2019年,215—222、233頁。

[2] 《資治通鑑》卷二四一《唐紀五七》憲宗元和十四年二月條,7888頁。

[3] 《田滈墓誌》,齊運通主編《洛陽新獲墓誌百品》,204—205頁。

[4] 《盧俌墓誌》,毛陽光主編《洛陽流散唐代墓誌彙編三集》,國家圖書館出版社,2023年,518—519頁;《竇庠墓誌》,胡戟編《珍稀墓誌百品》附録,陝西師範大學出版總社,2016年,282—283頁;《陸亘墓誌》,楊作龍、趙水森等編著《洛陽新出土墓誌釋録》,185、188頁。

[5] 吴在慶校注《杜牧集繫年校注·樊川文集》卷一九《楊知退除鄆州判官薛廷望除美原尉直弘文館等制》,中華書局,2008年,1098頁。

[6] 《田滈墓誌》,齊運通主編《洛陽新獲墓誌百品》,204—205頁。

[7] 《蔡啓迪墓誌》,楊作龍、趙水森等編著《洛陽新出土墓誌釋録》,308、310頁。

## 三、河朔故事的廢止與淄青的順地化

安史之亂後,淄青由平盧軍掌控,節帥侯希逸及其後繼者李正己皆屬來自河北的平盧軍人。他們雖非安史陣營出身,但由於淄青與魏博等河北三鎮不僅在地理位置上接近,且彼此之間輔牙相倚、互相聯姻,淄青漸被視作與河北三鎮氣類相近的藩鎮,其節帥亦逐步獲得了河北三鎮節帥所擁有的政治特權。

先來看河朔故事在淄青的推行過程。河朔故事的核心內容爲節帥之位父子兄弟相襲、自擇官吏、賦不上供、版籍不入等[1],其中最爲重要的是節帥人選的產生方式。在侯希逸等平盧軍人南下之前,無論是任青密節度使的鄧景山、尚衡、田神功,還是擔任兗鄆節度使的能元皓等,皆來自唐廷的任命。不過,軍將自任節帥的事例在渡海南下前的平盧軍中已經發生。天寶十四載十一月平盧遊弈使劉正臣聯合諸將殺僞節度呂知誨,並被推立爲平盧節帥,至德元載四月獲得唐廷的正式任命,此爲軍士推立藩鎮節帥之始。此後安東副大都護王玄志、平盧裨將侯希逸、兵馬使李正己相繼憑藉軍士推立成爲節帥,在平盧軍中推舉軍情所向之人爲節帥就此相沿成爲慣例。在肅宗乾元元年(758)十二月李正己等平盧軍人推侯希逸爲節帥之際,因恐王玄志之子承襲爲帥,遂將其殺害,節帥之位父死子繼的現象,實際已顯現出端倪。永泰元年(765)李正己逐侯希逸並被推舉爲節帥時,因侯氏本即李正己外兄,此際在決定平盧節帥人選的諸因素中,家族血緣關係的重要性已顯現出超越軍中輿情的趨勢。李正己上臺後,頗倚重其家族成員或與其有姻親關係者,並任命其擔任支州刺史等要職,這爲其子李納承襲節帥之位奠定了權力基礎。德宗建中二年七月,李正己去世後,李納以行軍司馬兼曹州刺史的身份擅領軍務,並向唐廷奏請旌節,在遭到德宗拒絕後遂聯合魏博田悅等對抗朝廷,直至興元元年(784)德宗赦免其罪,正式下詔任命其爲平盧節

---

[1] 關於河朔故事的討論可參讀秦中亮《胙土封邦:河朔故事形成史論》,《江西社會科學》2020年第1期,172—181頁;張天虹《中晚唐五代的河朔藩鎮與社會流動》,社會科學文獻出版社,2021年,103—148頁。不過二文所討論的河朔故事僅限於節帥之位的父子相襲,仇鹿鳴先生據元稹《故中書令贈太尉沂國公墓誌銘》明確指出河朔故事的主要內容還應包括"不入版籍、不輸貢賦、自擇官吏",《長安與河北之間:中晚唐的政治與文化》,178頁。

帥。自此,李氏家族獲得了節帥之位父子兄弟相襲的特權。

《册府元龜·銓選部·條制》載:"先是,淄青不申闕員,至是叛將李師道誅,始用闕焉。"[1]淄青不申闕員的局面始於何時?文獻所見淄青節帥大量自署官吏(主要指州縣官)始於李正己時期,前文已言他在任期間,爲加強對屬州的控制,曾"使子納及腹心之將分理其地"[2],爲其所辟署的支州刺史中,不少爲與其有血緣或姻親關係者,史稱"自李正己跋扈平盧,傳封五十年,東郡已東太守不自朝廷出"[3]。不唯支州長官,支州僚佐亦需接受其委任調度,如崔澹在建中初年客於淄青,"時司徒領曹州,太尉惜公之才,請往於曹爲輔益之"[4],司徒指李納,太尉即李正己,可知李正己以其子李納爲曹州刺史的同時,亦爲其安排了州府屬吏。不過在這一時期,唐廷並未立即放棄對淄青境內地方官的任命權,文獻仍可見不少經吏部銓選任命的淄青地方官吏,如白季庚在天寶末年以明經出身,此後歷任蕭山縣尉、左武衛兵曹參軍、宋州司户參軍,直至建中元年授彭城縣令[5],彭城爲徐州屬縣,此時仍屬淄青管轄,白季庚任彭城縣令應是依照銓選程序而遷轉;又如李宏在永泰初任許州鄢陵縣丞,"大曆中,恩制特加階朝議郎、行曹州司法參軍事,勛上柱國,皆貞幹也"[6],此道任命亦在李正己節制淄青期間,應屬唐廷直接授命而非節帥自署無疑。要之,李正己在位時期固然跋扈不恭,但淄青一道地方官的任命仍維持着由節帥自署與唐廷銓選並行的局面。不過,隨着四鎮之亂的爆發,李納向唐廷邀取旌節不成,遂加入反抗中央的行列。此後除了因淄青地方官主動投誠,使得唐中央有機會通過銓選任命來降州縣官吏外,朝廷越過李氏家族的支配,直接任命其屬境內地方官的事例,基本消失不見。

而淄青一道不輸貢賦的局面,亦並非在安史之亂後就立即形成。事實上,在

---

[1] 《册府元龜》卷六三一《銓選部·條制第三》,7564頁下欄。
[2] 《舊唐書》卷一二四《李正己傳》,3535頁。
[3] 《田滴墓誌》,齊運通編《洛陽新獲墓誌百品》,204—205頁。
[4] 《崔澹墓誌》,周紹良主編《唐代墓誌彙編》元和○二八,1968頁。
[5] 朱金城箋注《白居易集箋校》卷四六《襄州別駕府君事狀》,上海古籍出版社,1988年,2836頁。
[6] 《李宏墓誌》,吴鋼主編《全唐文補遺》第1輯,三秦出版社,1994年,223頁。

李正己出任節帥後相當長一段時期内,淄青仍如同内地多數藩鎮一樣,向唐廷貢獻租税,大曆十一年李靈曜之亂後,李正己占有十五州之地,《舊唐書》本傳稱其"法令齊一,賦税均輕,最稱强大"[1],可見此際唐廷的税法在淄青境内尚得以推行,且被視作其實力强大的標誌之一。建中元年四月皇帝降誕日,德宗不納諸道貢物,"淄青節度使李正己、魏博節度使田悦各獻綾三萬疋,悉以歸度支以代租税"[2],德宗詔令淄青以貢綾代替租税,表明當年淄青實際仍在向唐廷履行進獻租税的義務。建中二年四鎮之亂爆發,該年正月李正己發兵萬人屯曹州,正式走上了與唐廷對抗的道路。《資治通鑑》稱李正己等四鎮"相與根據蟠結,雖奉事朝廷而不用其法令,官爵、甲兵、租賦、刑殺皆自專之"[3],此條被繫於代宗大曆十二年下,然而對於淄青而言,自專租賦的局面實際應形成於建中二年以後。又,版籍是徵收租賦的依據,在淄青拒絶向中央貢獻租税後,向唐廷申報版籍户口已無必要,穆宗長慶元年册尊號發布敕文稱"今淮蔡並山東率三十餘州,約數千里……其諸道定户,宜委觀察使、刺史必加審實,務使均平"[4],《舊唐書·王彦威傳》亦云:"朝廷自誅李師道,收復淄青十二州,未定户籍。"[5]顯然,在唐廷平定淄青之前,境内的户口申報工作已廢弛多年。

　　經以上考察,可以認爲河朔故事在淄青一道的全面推行實際應在建中二年四鎮之亂爆發後,自此,原本隸屬河南道的淄青成爲與河北三鎮氣類相同的藩鎮。唐廷士大夫在商討制定藩鎮政策時,亦將淄青與河北三鎮視爲同類藩鎮對待,如在元和十年憲宗征討淮西期間,韓愈即建議憲宗詔令淄青、成德兩道:"至如淄青、恒州、范陽等道,祖父各有功業,相承節制,年歲已久。朕必不利其土地,輕有改易,各宜自安。"[6]這一建議在朝中當頗具代表性,表明唐廷實際已認可了淄青與河北三鎮享有同等政治待遇的事實。

　　不過,憲宗即位後,亦着手變更貞元時代姑息藩鎮的政策,重新確立了以藩

---

[1]《舊唐書》卷一二四《李正己傳》,3535頁。
[2]《册府元龜》卷一六八《帝王部·却貢獻》,2026頁上欄。
[3]《資治通鑑》卷二二五《唐紀四一》代宗大曆十二年十二月條,7369頁。
[4]《唐大詔令集》卷一〇《長慶元年册尊號敕》,61頁。
[5]《舊唐書》卷一五七《王彦威傳》,4155頁。
[6]《韓愈文集彙校箋注》卷三〇《論淮西事宜狀》,3014頁。

鎮是否無條件接受唐廷指派的節帥人選,作爲評判其忠順與否的標準〔1〕。隨着元和元年六月李師古去世,唐廷迎來了率先在淄青一道終結節帥之位父子兄弟相襲之局面、廢止河朔故事的契機。此際,淄青内部在判官高沐、李公度及家奴的主導下,秘不發喪,推舉李師古之異母弟師道爲節度副使,令總軍務。不過憲宗有意採取了静觀其變的策略,久未頒布詔令授予其旌節。在高沐等的建議下,李師道請求"進兩税、守鹽法、申官員"〔2〕,並遣使奏事,唐廷亦因此時用兵西川,無暇征討淄青,遂以建王審遥領淄青節度暫作過渡,當年十月正式任命李師道爲淄青節度使。李師道雖放棄河朔故事中有關其自署官吏、不輸貢賦等方面的權益,但是其家族世襲節帥之位的特權仍得以保留。

李師道此舉實際開啟了變更河朔故事的肇端,他因此贏得了恭順的美名,以往史家並未注意到李師道對唐廷的態度以及時人對其評價風向的轉變。而從當時朝野的政治輿論來看,李師道提出輸貢賦、降王官的請求應在事後得到推行,如元和四年成德王承宗自擅留後,憲宗令朝臣商議對策時,翰林學士李絳奏稱:"當於新以河北近來稍加恭順……且令士真之依師道例充留後,既推恩信,且獲便安。近日師道最奉朝廷……"〔3〕《劉悟墓誌》的撰者描繪李師道繼任節帥之初的政治形勢,亦稱"歲輸賦於左藏,條官員於吏部。恂恂默默,不敢越禮。河南無警者,逾於十載"〔4〕。元和初年朝野人士認爲李師道恭順於朝廷,應是基於淄青地方官須經吏部銓選,兩税法在淄青境内部分得到推行等事實而做出的評判,所謂的"進兩税、守鹽法、申官員"應並非一紙空文。《李舉墓誌》載:

  今東平李僕射遵朝廷法,時其管内鹽鐵院事,久虛其人。省曹將選,畏懦者則依違敗職,剛直者或去就遷分。思處衆和柔,奉公幹濟者,逾時不得。故吏部尚書李公掌轉運使,精求以得公。公辭拒不獲免,卒受命,拜監察御史裏行,知兖鄆院,果以愿恭柔立聞。其明年,加授章服。始於元和二年秋

---

〔1〕 陸揚《西川和浙西事件與元和政治格局的形成》,《清流文化與唐帝國》,北京大學出版社,2016年,54—55頁。

〔2〕 《舊唐書》卷一二四《李正己附師道傳》,3538頁。

〔3〕 冶豔傑《〈李相國論事集〉校注》卷三《論鎮州事宜》,華中科技大學出版社,2015年,83頁。

〔4〕 《劉悟墓誌》,毛陽光主編《洛陽流散唐代墓誌彙編續集》,618、620頁。

至六年夏,凡五歲,竟得地主歡心,所務有績[1]。

墓誌撰於元和九年,所言東平李僕射即指李師道,撰者同樣持有李師道恭順於朝廷的評價。誌文提到元和初年鹽鐵轉運使李巽以李舉爲知鹽鐵兗鄆院事,且在任時間長達五年,此次任命無疑應以李師道"守鹽法"爲背景。文獻中亦可見在李師道即任初期,唐廷曾收回部分任命淄青地方官的權限,如朱泳葬於元和七年,其子惟禎"以調補兗州魚臺尉"[2],朱惟禎的授命應是經吏部銓選而達成的;另有部分節帥奏請除官的事例,如華封輿在元和初年爲李師道辟命,"表授崇文館校書郎,實參一方從事,遷青州□□"[3],李敢言卒於元和六年,去世前爲李師道"奏授兗州刺史,充都教練使"[4],華、李二人皆是通過節帥奏請而非自署的方式成爲淄青州縣官的。以上事例皆可證實在元和初年李師道確曾放棄了部分河朔故事中的權益。

不過,在李師道主動犧牲其在辟署官吏、不輸貢賦等方面的特權之餘,對於河朔故事中最核心的內容,即世領旌節這一項則試圖予以鞏固加強。上引元和四年翰林學士李絳議成德事時,奏稱"近日師道最奉朝廷,猶奏小男引〔弘〕方充副使"[5],李弘方實際爲師道長子[6]。唐後期河朔藩鎮中普遍推行以節帥嫡

---

[1]《李舉墓誌》,吳鋼主編《全唐文補遺(千唐誌齋新藏專輯)》,三秦出版社,2006年,321頁。

[2]《朱泳墓誌》,胡戟、榮新江主編《大唐西市博物館藏墓誌》,北京大學出版社,2012年,768—769頁。

[3] 拓片見《華封輿墓誌》,中國文物研究所、北京石刻藝術博物館編《新中國出土墓誌(北京卷壹)》上册,文物出版社,2003年,29頁,錄文見同書下册,22頁。

[4]《李敢言墓誌》,《山東石刻分類全集》第5卷,152—153頁。

[5] 冶豔傑《〈李相國論事集〉校注》卷三《論鎮州事宜》,83頁。校注本稱李師道此子作"引方",又注稱"引,彭本、畿輔本作'宏'"。據《資治通鑑》卷二四一《唐紀五七》憲宗元和十四年二月條,李師道有二子,一子名弘方,7886頁。又據《舊唐書》卷一二四《李正己附師道傳》,其有侄名"弘巽",3541頁。《白居易集箋校》卷五六《與師道詔》則稱"弘選",3206頁。可見其子侄皆以"弘"字爲輩,《論鎮州事宜》中的"引方"當作"弘方"。

[6]《新唐書》卷二一三《李正己附師道傳》載淮西之亂後李師道奏請以子弘方入侍,5993頁;而在憲宗用兵前發布的《令百僚議征李師道敕》中稱"師道自知罪過,難掩群言……請令長子入侍",《唐大詔令集》卷一二〇,634頁。可見李弘方即師道長子。

長子爲副大使(文獻中偶爾亦單稱副使),充任儲帥的政治慣例[1],史載:"河北三鎮,相承各置副大使,以嫡長爲之,父没則代領軍務。"[2]文獻所見河朔藩鎮中最早以副大使充任儲帥的人物,爲盧龍節帥劉濟之長子劉緄,事在德宗貞元八年[3]。在淄青鎮中,李納、李師古、李師道三人出任節帥前皆爲支州長官,其中李納爲曹州刺史,亦兼任行軍司馬,在李師古僚佐及家奴迎立師道爲節帥前,曾奉其爲節度副使[4],此舉不無藉助副大使任儲帥之慣例,以強化其合法性的用意。至元和初年,上引李絳奏文中提及李師道曾奏請以其長子弘方爲副使,李絳的表奏旨在藉用李師道的事例,説明河朔藩鎮中父子相承的局面積重難返,可知李弘方所擔任的並非藩鎮中常設的高級文職僚佐節度副使、營田副使之類,而應是具有儲帥身份的副大使。根據李師道的安排,在他去世後,長子弘方將承襲節帥之位,這亦是以嫡長爲副大使充儲帥之政治慣例在淄青的首次推行。除節帥之位的世襲特權予以保留外,元和二年李吉甫撰《元和國計簿》,其中列舉當時不申户口數的藩鎮共十五道,淄青亦在其中[5],可見在元和初年,河朔故事中"版籍不入"這一項在淄青亦得到保留。不過與節帥世襲相較,這一項權益的重要性有所不及,亦非雙方開展政治博弈的焦點。總的來看,李師道實際上是通過放棄其在任官、租税等方面的權益,獲得了節帥之世襲特權的延續與加強,這一政治默契的達成换來了元和初年淄青與唐廷間的相安局面。

至元和四年,成德節帥王士真卒,其子王承宗被推爲留後,歷時數月而未得唐廷正授旌節,淄青鎮中聽聞此事的部分僚佐如高沐、郭昈等人,大約敏鋭嗅到了憲宗謀求徹底變革河朔故事,終止節帥之位父子相襲局面的意圖,遂勸説李師道稱:"誠能此時因經圖以盡入其地,親謁闕下,則君侯之功,莫可與等,保餉世

---

[1] 相關討論可參谷川道雄《關於河朔三鎮藩帥的繼承》,《第一屆國際唐代學術會議論文集》,唐代研究學者聯誼會,1989年,903—913頁;馮金忠《唐代河北藩鎮研究》,科學出版社,2012年,20—28頁。
[2] 《資治通鑑》卷二三七《唐紀五三》憲宗元和四年三月條,7779頁。
[3] 《資治通鑑》卷二三四《唐紀五〇》德宗貞元八年十一月條,7660頁。此條未明言劉濟之子充副大使者的姓名,同書卷二三《唐紀五四》憲宗元和五年七月條稱"劉濟之討王承宗也,以長子緄爲副大使,掌幽州留務"(7800頁),貞元八年充任副大使的應即劉濟長子劉緄。
[4] 《資治通鑑》卷二三七《唐紀五三》憲宗元和元年六月條,7756頁。
[5] 《唐會要》卷八四《租税下·雜録》,1839頁。

世,雖屢孫亦終不奪,豈不偉哉。"[1]希望李師道趕在淮西、成德等強藩節帥之前,先行獻地入朝,以換取家族之榮禄的保全。元和元年憲宗平夏州楊惠琳、西川劉闢後,内地諸藩鎮中迎來了節帥奏請入朝的高峰,而在河朔藩鎮中,此前亦有貞元十年橫海程懷直,以及元和元年易定張茂昭先後入朝,得以保全節帥之位的事例,這或爲高沐等人出此謀劃提供了借鑒。不過與程、張二人僅節帥本人入朝不同,高沐等提出要舉本道圖籍獻地歸朝,這在河朔藩鎮中尚屬首次。如這一計劃得到實施,李師道不僅將喪失對其屬地的統屬權,節帥之位亦有可能被憲宗褫奪,其家族世襲節帥的特權亦不再保留,河朔故事的全部内容將在淄青境内徹底終結。然而,高沐等人的謀劃,遭到了判官李文會、孔目官林英等的反對,後者以"尚書奈何不惜十二州之城,成高沐等百代之名乎"爲辭[2],説服李師道拒絶接受高沐等的建議,此事實爲淄青政治風向轉變的肇端。

元和四年憲宗用兵成德後數年,李師道恭順於朝廷的局面有所轉變,此前爲李師道所放棄的部分權益在淄青境内再度復活。此際李師道自署官吏的權限似有所强化,如李□在李師古時期即被辟爲從事,李師道領旄節後"心懷異圖,醜正惡直,遂出公爲權知沂州司馬,又徙爲曹州司馬"[3],事在憲宗征討淄青稍前,而在官軍征討期間,他曾逐大將李英曇於萊州,出判官李文會攝登州刺史[4],此種權知、攝職皆屬未經唐廷正除的職務,他們出現在李師道統治後期,正是其日漸走向與唐廷對抗之路的反映。又,元和後期唐廷在經濟層面亦對淄青喪失約束,憲宗發兵攻伐李師道前夕,詔令朝臣商議其事,稱"李師道潛苞禍心,僞布誠懇。緣自淮西用兵已後,怨釁屢彰……當道租税,頻年不送"[5],可知元和元年李師道雖請求向唐廷輸入兩税,但大約在淮西之亂後該項義務實際已終止履行。文獻記載在憲宗討淮西期間,"李師道鄆州之鹽,城往來寧陵、雍丘之間,韓弘知而不禁"[6],顯示《李舉墓誌》中所言元和初年一度爲鹽鐵巡院

---

[1]《沈下賢集校注》卷三《旌故平盧軍節士》,45頁。
[2]《舊唐書》卷一八七下《高沐傳》,4911頁。
[3]《李□墓誌》,周紹良主編《唐代墓誌彙編》長慶〇〇八,2063頁。
[4]《資治通鑑》卷二四〇《唐紀五六》憲宗元和十三年四月、十二月條,7872、7879頁。
[5]《唐大詔令集》卷一二〇《令百僚議征李師道敕》,634頁。
[6]《舊唐書》卷一四五《吳少誠附元濟傳》,3951頁。

掌握的淄青鹽池經營權,再度爲李師道所奪。至此,元和初年唐廷在淄青一道變更河朔故事的成果皆付之東流。

元和後期李師道一方面在本道恢復河朔故事,另一方面又以河朔故事的維繫者自居,試圖干涉河朔鄰藩歸款唐廷的行動。元和七年十月田弘正舉魏博六州之地歸朝,李師道遣使赴宣武軍,向其節帥韓弘傳言:"我代與田氏約相保援,今弘正非其族,又首變兩河事,亦公之所惡,我將與成德合軍討之。"[1]田弘正請求歸朝時,以"獻地圖,編口籍,修職貢,上吏員"爲代價[2],無疑是元和元年李師道向唐廷換取旌節時所提供籌碼之翻版。然而,或是由於擔心田弘正的舉動會破壞河朔藩鎮間基於道義而達成的連衡關係,最終引發連鎖反應,波及淄青,李師道遂試圖出面阻止田弘正變更河朔故事的謀劃。而從上文所梳理淄青境内自署官吏、停送租稅等動向的時間綫來看,河朔故事在淄青一道的復興或即在田弘正歸朝前後。

李師道對河朔故事的立場改易,正與其内部權力構造的變化有關。在其兄李師古主政期間,雖心懷逆謀,隱而未發,但在招撫任用有識之士上,仍不遺餘力,時人稱"及侍中(指李師古)紹政,大變齊魯,尤重賢良"[3]。爲李師古所延攬、倚任者如高沐、郭旷、郭航、李公度等皆爲山東本地出身的才幹之士,且多爲進士出身[4],頗受兩京主流政治文化的影響。在李師古去世後,他們奉李師道繼總軍務,在李師道在位初期對淄青内政仍握有發言權,是元和元年促成李師道放棄河朔故事中的部分權益換取旌節,進而在元和四年勸其歸朝的主要動員力量。然而由於李師道並非其兄生前公開指定的節帥繼承人,被奉爲節帥後則面臨着權力正當性不足的問題,加之年齒尚少[5],生性暗弱,到其統治後期愈發

―――――
[1] 《韓愈文集彙校箋注》卷二二《韓弘神道碑》,2365頁。
[2] 周相録校注《元稹集校注》卷五三《田弘正墓誌》,上海古籍出版社,2011年,1316頁。
[3] 《崔澹墓誌》,周紹良主編《唐代墓誌彙編》元和〇二八,1968頁。
[4] 《舊唐書》卷一八七下《高沐傳》,4911頁;《沈下賢集校注》卷三《旌故平盧軍節士》,44頁。
[5] 李師古生前與幕僚論及身後事,稱:"吾非不友於師道也,吾年十五擁節旄,自恨不知稼穡之艱難。況師道復減吾數歲。"《資治通鑑》卷二三七《唐紀五三》憲宗元和元年六月條,7756頁。可知李師道繼任節帥時不滿十五歲。

疏離其兄所延攬的舊僚,倚重奴婢等近幸勢力[1],又受到判官李文會的蠱惑,殺害高沐,囚禁郭昈,"凡軍中勸師道效順者,文會皆指爲高沐之黨而囚之"[2],軍府構造漸轉向保守封閉,而河朔故事的復行亦是其施政風格切換的產物。

在淄青幕府構造發生轉變之際,元和十年正月憲宗用兵淮西,李師道暗中援助吳元濟解蔡州之圍。元和十二年十月淮西戰事結束,吳元濟被誅,李師道倍生恐懼,遂於次年正月遣使奏請令長子李弘方入侍,並獻沂密海三州以贖罪。根據兩《唐書·高沐傳》及《資治通鑑》的記載,納質獻地的謀劃是在李公度與牙將李英曇的勸諫下做出的[3],而據《新唐書·李師道傳》,這一自贖方案是由唐廷派遣的使臣比部員外郎張宿向李師道傳達的[4]。考慮到約略與淄青同時,在憲宗第二次征討成德期間,亦與之達成了以納質割地求得赦免的方案,可以認爲在元和後期,唐廷或許已認識到,要在一時之間徹底廢除河朔故事仍頗具阻力,遂有意在河朔藩鎮中確立一折中方案,即通過割地的方式向天下傳達土地王有的觀念,藉由遣子入侍的形式,廢止河朔藩鎮中以嫡子爲副大使充儲帥的慣例,待現任節帥去世後父子相襲的局面將自動終結,由此部分實現變革河朔故事的目的。不過由於此時淄青鎮中近幸勢力的增強,在李師道妻魏氏及群婢的勸阻下,納質割地的和解方案最終未能實施。

李師道反復易轍,玩忽朝旨的做法自然令憲宗難以忍受,元和十三年七月憲宗發諸道兵征討,次年二月淄青悉平。征討戰事的勝利,使得唐廷在淄青一道徹底廢止河朔故事有了可能。首先,具有儲帥身份的李弘方及師道另一名兒子,皆爲劉悟所殺,師道堂弟師賢、師智及李師古之子弘巽皆配流遠徙,唯師古子明安受劉悟表薦,任朗州司戶參軍[5]。至此,李師道家族勢力已被肢解,徹底斷絕了其家族成員世領旌節的可能。不唯如此,唐廷還否定了其家族世領旌節的正當性基礎。在德宗以來的政治輿論中,李師道家族得以世襲旌節,源於其祖父對唐有

---

[1]《資治通鑑》卷二四〇《唐紀五六》憲宗元和十三年四月條,7872頁。

[2]《資治通鑑》卷二四〇《唐紀五六》憲宗元和十三年正月條,7869頁。

[3]《舊唐書》卷一八七下《高沐傳》,4911頁;《新唐書》卷一九三《高沐傳》,5557頁;《資治通鑑》卷二四〇《唐紀五六》憲宗元和十三年正月條,7869—7870頁。

[4]《新唐書》卷二一三《李正己附師道傳》,5993頁。

[5]《舊唐書》卷一二四《李正己附師道傳》,3541頁;《新唐書》卷二一三《李正己附師道傳》,5995頁。

功,如在淮西之亂期間,韓愈曾建議憲宗下詔:"至如淄青、恒州、范陽等道,祖父各有功業,相承節制,年歲已久,朕必不利其土地,輕有改易,各宜自安。"[1]在安史之亂中李師道祖父李正己隨侯希逸攜平盧軍南下,爲討平安史叛軍貢獻了積極力量,成爲唐廷之功臣,在韓愈看來,唐廷允許其家族以土地傳子孫,其正當性即源自於此,這一看法在當時應屬朝中君臣之共識。不過憲宗在平淄青後,對其家族的評價開始發生變化,在憲宗批答臣僚的賀啓中有"李師道三代受恩,四凶負德""李師道累代負恩,不起悛革,餘孽怙亂,更肆猖狂"云云[2],指出其祖孫三代四世皆有跋扈不臣之舉,有負國恩,其祖上之功業亦被隱没。在此輿論背景下,李師道家族世領節鉞的正當性亦不復存在。

　　淄青平定後,唐廷大幅介入當道地方官的人事任免。部分協從作亂者遭到貶黜,如營田副使兼齊州刺史嚴纂配流雷州,營田判官陸行儉黜任高州司户參軍,曹州司馬李□責授袁州宜春縣尉[3]。而有功的軍將則得到擢升,其中倒戈斬殺李師道父子的大將劉悟被授爲義成節度使,在元和年間爲李師道所疏離或囚禁的幕府文士如賈直言、郭昈、李公度等,爲劉悟所辟請,亦隨之離開淄青;姚成節協助劉悟誅殺逆首有功,被任命爲成州刺史,又遷任右神策將軍知軍事[4]。少數地方官則得到留任,如青州從事韋挺,因有德行爲新任平盧節帥薛平任命爲青州攝録事參軍[5]。另有地方官在李師道之亂中無功過可言,亦遷轉至外地,如齊州刺史劉約"在官無敗事,罷秩有去思",改任棣州刺史[6]。前文已提到在平定淄青後,淄青一分爲三,唐廷委任一批素有治績的文官前往平盧等三道做官,在晚唐,平盧等三道的州縣官主要由吏部銓選及節帥表請兩種方式任命,其中前者占據主導,未經朝廷任命而由節帥自署任官的情況基本消失不見。甚至不乏釋

---

[1] 《韓愈文集彙校箋注》卷三〇《論淮西事宜狀》,3014頁。
[2] 《柳宗元集校注》外集卷下《答鄭員外賀啓》,3373頁;同書外集卷下《答諸州賀啓》,3374頁。
[3] 分見《册府元龜》卷一五〇《帝王部·寬刑》,1815頁下欄—1816頁上欄;同書卷一五三《帝王部·明罰第二》,1855頁上欄;《李□墓誌》,周紹良主編《唐代墓誌彙編》長慶〇〇八,2063頁。
[4] 《白居易集箋校》卷四八《姚成節右神策將軍知軍事制》,2900頁。
[5] 《韋挺墓誌》,周紹良、趙超主編《唐代墓誌彙編續集》寶曆〇〇六,873頁。
[6] 《白居易集箋校》卷五〇《劉約授棣州刺史制》,2977頁。

褐即出任平盧等三鎮州縣官者,如封□以明經登第,解褐任文林郎守青州臨淄縣尉[1];謝觀開成二年舉進士中第,釋褐曹州冤句縣尉[2]。對於這一批地方官而言,出仕平盧等三道的經歷,大多僅爲其漫長仕宦生涯之中轉站,且其去留與否主要由考績決定,如大中年間濮州鄄城縣令馬文諫"居居四考,恬如晏如……自濮來代覲"[3];孟珏爲孫範辟爲節度副使,"時以濮州冤獄未辨,敕公往治之,旬日折然,校上下考"[4],因節帥自署官吏所造就的封閉化仕宦結構最終消失。

在經濟層面,征討淄青戰事結束後,穆宗詔令"宜委所在長吏審詳墾田,並親見定數,均輸税賦,兼濟公私,每定税訖所增加賦申奏。其諸道定户,宜委觀察使、刺史必加審實,務使均平"[5]。此後唐廷以王彦威爲十二州勘定兩税使,他出使平盧等三道,大概完成了重定户籍、田畝、差科,釐定各州兩税三分的份額等任務。不過,在此後的一段時期内,平盧等三道所得貢賦皆用於留州和送使,而無上供,自文宗大和六年經天平軍節度使殷侑、平盧節度使王承元奏請,兩道於次年始進上供份額[6],兖海大概亦在此時隨兩道一同奏請上供,自此李師道家族統治時期賦不上供的局面徹底扭轉。與税法相關的另有鹽法方面的改革,在淄青平定後,唐廷將三道的鹽利收歸鹽鐵使掌管,起初採取了由鹽鐵使在三道境内鹽産地附近置小鋪糶鹽,長慶二年五月又詔停糶鹽,以糶鹽所得錢,均減管内貧下百姓所繳兩税錢數[7]。大和五年王承元出鎮淄青,行均輸鹽法[8],大概是禁止私人參與榷鹽的經營,由官府將鹽場所産食鹽就地售賣,將所得錢物運往中央的一項制度,當道的鹽利亦被收歸朝廷。

至此,河朔故事中的全部内容在平盧等三道皆被清整殆盡。我們可將四鎮之亂後所達成的河朔故事,理解爲一項包含多個條款在内的政治協議,淄青往往

---

[1]《封□墓誌》,《山東石刻分類全集》第5卷,204—205頁。
[2]《謝觀墓誌》,周紹良主編《唐代墓誌彙編》咸通〇六四,2428頁。
[3]《馬文諫墓誌》,齊運通編《洛陽新獲七朝墓誌》,中華書局,2012年,355頁。
[4]《孟珏墓誌》,毛陽光、余扶危主編《洛陽流散唐代墓誌彙編》,624—625頁。
[5]《唐大詔令集》卷一〇《長慶元年册尊號赦》,61頁。
[6]《舊唐書》卷一六五《殷侑傳》,4321頁;《册府元龜》卷四八八《邦計部・賦税第二》,5838頁上欄。
[7]《唐會要》卷八八《鹽鐵》,1905頁。
[8]《舊唐書》卷一四二《王武俊附承元傳》,3884頁。

以放棄部分條款的施行爲代價，以換取另一部分條款的保留，直至憲宗平淄青後將所有條款逐一廢除，這構成了中唐時期淄青與唐廷開展政治博弈的主綫。

## 四、結語

元和十四年憲宗用兵之後，淄青在由強藩轉化爲順地的過程中，經歷了一系列重要的歷史變化：首先，戰後唐廷將淄青一分爲三，會府軍士亦被分割至三處，李師道部衆逐漸瓦解，新設立的天平、平盧、兗海三鎮各自組建了新的藩鎮軍，部分親衛軍隨節帥的頻繁移易而呈現出一定的流動性色彩，客觀上有助於消解因軍政結構封閉而引發的牙軍動亂。其次，動亂結束後唐廷將李師道家族所營建的僭越規制的園林建築摧毀，通過紀功碑、廳壁記等的建造，向民衆傳達淄青新政治秩序即將開啓等信息；又通過恢復東岳祭祀及孔廟釋奠禮等，將當地重新納入帝國的禮儀秩序中。再次，憲宗平淄青後，有效肢解了李師道家族勢力，並否定了其世領旌節的正當性基礎，唐廷重新獲得了在當地任免地方官的權力，此外唐廷還派遣官吏在當地重定户籍、勘定兩税，又恢復上供，推行鹽法，自此河朔故事被徹底廢止。

一般而言，在中晚唐強藩節帥之所以能開展專擅統治，關鍵因素在於其能網羅一批親黨膠固的地方武力作爲軍事基礎。不過淄青的情況則有所不同，作爲安史之亂期間南下的平盧軍勢力，李師道家族在淄青的統治主要是依靠招募外來的亡命之徒以及家奴等近幸勢力，其核心統治力量未能與在地勢力充分結合，這是它與河北三鎮在軍政構造上的關鍵差異。故而在憲宗平定淄青後，其薄弱的統治力量易於爲唐廷迅速肢解，軍政結構被徹底改變，李師道家族割據一方的基礎亦不復存在。加之唐廷在地方治理、移易風俗等方面的舉措亦頗具成效，又收回了淄青一道在任官、賦稅等方面的特權，與河北三鎮在元和中興以後得而復失不同，淄青的順地化成果得以長期保留，在安史之亂後被視作與河北三鎮氣類相同的淄青，終於走上了與三鎮不同的政治發展軌迹。

# From Rebel Area to Imperial Territory: The Situation of Ziqing before and after Xianzong's Military Operation

Wu Xiaofeng

This paper focuses on the changes of situation in Ziqing 淄青 before and after Tang court's military operation in the thirteenth year of Xianzong 憲宗's Yuanhe 元和 reign. The rule of Li Shidao's 李師道 family in Ziqing was mainly relied on outlaws and domestic slaves. After Xianzong pacified Ziqing, the military forces of the local government as well as its territory were divided into three parts. This led to the dissolution of Li Shidao's forces and the establishment of three military towns, including Tianping 天平, Pinglu 平盧 and Yanhai 兗海. At the same time, the court conveyed to the public a message that the political order in Ziqing had changed dramatically by building memorial monuments and creating hall wall notes. In addition, the Mount Tai 泰 worship ceremony and the shidian ritual 釋奠禮 in Confucius temples were restored. A group of local officials were also sent to reshape the local social scene. Before the pacification, in the political confrontation between Ziqing and the central government, Ziqing often sacrificed some rights in exchange for the reservation of other rights related to Heshuo convention 河朔故事. After Ziqing was pacified, the Tang court denied the legitimacy that Li Shidao's family owned the hereditary rights of military commissioner, retook the power of appointment and dismissal of local officials, reestablished the local household registry, surveyed the two taxes 兩稅, and restored the tribute system to the central government. These efforts completely terminated the Heshuo convention. The radical changes in the military and political structure were the key elements for the different development between Ziqing and the other military towns after the Yuanhe period.

# 更代往來，以爲守備

## ——再論中晚唐防秋兵的戍期與組織形態

### 宋欣昀

中晚唐，尤其是德宗朝之後的材料中零散可見的"防秋"，是調集軍隊備禦吐蕃於秋季入侵的軍事性措施。討論防秋的學者常常引述兩份材料作爲概念的引入：一是《舊唐書·陸贄傳》在節引《論緣邊守備事宜狀》前的一段背景交代中，對防秋的含義有簡單的提及："河隴陷蕃已來，西北邊常以重兵守備，謂之防秋，皆河南、江淮諸鎮之軍也，更番往來，疲於戍役。"[1]二是胡三省爲大曆六年（771）八月李忠臣攜兵防秋奉天所作注，其中亦指出"秋高馬肥，吐蕃數入寇，唐歲調關東之兵屯京西以防之，謂之防秋"[2]，爲是時已經出現的防秋兵給出了一個綜合性的定義[3]。但這兩份經典材料皆爲後人的總結，其中描繪的特徵

---

[1]《舊唐書》卷一三九《陸贄傳》，中華書局，1975年，3804頁。

[2]《資治通鑑》卷二二四《唐紀四十》代宗大曆六年八月條胡注，中華書局，1956年，7218頁。

[3] 在具體運作中，防秋兵的徵發範圍並不僅僅局限於關東。文獻中可見唐代較早的防秋案例出現於開元十五年，見《資治通鑑》卷二一三《唐紀二九》玄宗開元十五年十二月條："十二月，戊寅，制以吐蕃爲邊患，令隴右道及諸軍團兵五萬六千人，河西道及諸軍團兵四萬人，又徵關中兵萬人集臨洮，朔方兵萬人集會州防秋，至冬初，無寇而罷；伺虜入寇，互出兵腹背擊之。"6781頁。這一次防秋抽調了原本便駐扎關中的團練兵與招募兵至臨洮、會州，防禦吐蕃可能入侵的路綫，冬初險情解除，則又各自返鎮。德宗貞元十七年，邠寧節度使楊朝晟亦曾"以防秋移軍寧州"，《舊唐書》卷一四四《楊朝晟傳》，3928頁。德宗以後林立於京西北的神策軍鎮，也一定程度參與了防秋活動，如《董府君經幢》所載"故右神策軍襄樂防秋同正將兼押衙銀青光禄大夫檢校太子詹事上柱國董府君公諱叙"，王昶《金石萃編》卷六六，上海古籍出版社，2020年，1116頁。唐人的詔敕中，關東兵防秋一般被稱作"諸道防秋"。見《唐大詔令集》卷一一一《命諸道平糴敕》："應諸道每歲皆有防秋兵馬，其淮南四千人，浙西三千人"，中華書局，2008年，580頁。《文苑英華》卷四三〇《大中元年正月十七日敕文》："諸道防秋，固是常例。"中華書局，1966年，2178頁。但相對來說，關東防秋體制的出現和演化更加自成體系，故無論是後世史臣的理解還是今日學者的討論，在大部分狀況下"防秋"概念便徑直等同於關東防秋。

並不能等同於中晚唐防秋的實際施行狀況。

最早系統討論防秋體制的曾我部靜雄,便是在搜集整理相關材料的基礎上遵從上引兩份材料的定義,着重關注關東防秋兵的特徵,細節化地探討了兵員出自的關東藩鎮、關東防秋兵屯駐的地區,更將常態的更番年限判斷爲三年,對防秋兵指揮體系在德宗前後的變化,曾我部氏已有所察覺,然並未深入[1]。與之相反,中國學界早期對"防秋制度"的定義相對廣泛,將唐廷對京西北屯防的布局整體納入其中,故對之的討論也常常與京西北藩鎮的設置、神策軍鎮的發展相始終,不過關注屯防體系演變的齊勇鋒也較早提出以大曆九年作爲關東藩鎮軍戍邊體制形成的節點[2],何永成則注意到防秋兵向神策軍的轉化[3],其中後者近年由李碧妍、黃樓作出了更深刻的發覆[4]。近十年來以"防秋"爲主題的討論,則將注意點轉移到了防秋兵的層面,討論了防秋兵的具體兵力、兵源以及屯駐地點的空間分布[5]。

整體來看,迄今爲止祇有曾我部靜雄、齊勇鋒兩位學者對各自定義下的"防秋制度"作出了比較綜合性的討論,然因年代較早,儘管已經或多或少關注了"制度"在時間流動中的變化,但還是呈現出點狀的樣態,以"制度"特徵的揭明爲主。而防秋體系的成熟本是一個相對漫長的過程,前輩學者已經提出的特徵亦非適用於所有時段。近年來新出墓誌的公布整理,爲重新梳理這一話題提供了必要的基礎。在本文中,筆者便以傳統意義的關東兵防秋爲主要着眼點,從防

---

[1] 曾我部靜雄《唐の防秋兵と防冬兵—上—》,《集刊東洋學》第42號,1979年,14—24頁。同氏《唐の防秋兵と防冬兵—下—》,《集刊東洋學》第43號,1980年,45—52頁。《「唐の防秋兵と防冬兵」の補遺》,《集刊東洋學》第54號,1985年,88—93頁。在曾我部氏之前,日野開三郎在討論神策軍時也對防秋有簡單的提及,概念使用範圍與曾我部氏基本一致,指出神策軍鎮的布置帶來了防秋兵的減少,見氏著《「支那」中世の軍閥》,收入《日野開三郎東洋史學論集》第1卷,三一書房,1980年,132—133頁。

[2] 齊勇鋒《中晚唐防秋制度探索》,《青海社會科學》1983年第4期,102頁。

[3] 何永成《唐代神策軍研究——兼論神策軍與中晚唐政局》,臺灣商務印書館,1990年,72頁。

[4] 李碧妍《危機與重構:唐帝國及其地方諸侯》,北京師範大學出版社,2015年,205—209頁。黃樓《神策軍與中晚唐宦官政治》,中華書局,23—28頁。

[5] 朱德軍《中晚唐中原藩鎮"防秋"問題的歷史考察》,《寧夏社會科學》2011年第2期,92—98頁。同氏《時空場域與中唐京西防秋兵的布防》,《山西師範大學學報》2019年第3期,67—76頁。

秋兵的戍期和防秋兵的組織形態切入,在反思前輩學者所判斷的防秋特徵的基礎上,嘗試串連起這些零碎的材料,爲防秋體系的形成提供相對動態的面向。也正因爲存在對防秋諸特徵的反思,本文使用的防秋概念會退回"防禦措施"的層面,而不爲之加上其他的特徵限定,相對於前輩學者的使用常例,可能要範圍稍大一些。

## 一、中晚唐防秋戍期的波動與固定化

前輩學者在論述"防秋制度"時,一個重要的共識便是各關東方鎮的防秋兵"三年一代"[1]。這一說法是對《陸贄傳》"更番往來"表達的細節化,主要依據了《資治通鑑》卷二三二貞元三年(787)李泌的叙述,以及貞元九年的《城鹽州詔》。在討論具體的問題時,學者似乎傾向於將三年的戍期推廣至防秋兵存在的所有時段[2],而並未對其適用的時空範圍做出考量。近年出土的墓誌材料,則爲這一話題提供了與一般認知不同的面向。在本節中,筆者便首先對這一"共識"進行初步反思,依據現有材料探討防秋戍期的實態。

前已有述,關東防秋兵"三年輪番更替"、三年一代的說法,出自《資治通鑑》載貞元三年六月德宗與李泌關於復府兵的對話:

> 泌又言:"邊地官多闕,請募人入粟以補之,可足今歲之糧。"上亦從之,因問曰:"卿言府兵亦集,如何?"對曰:"戍卒因屯田致富,則安於其土,不復思歸。舊制,戍卒三年而代,及其將滿,下令有願留者,即以所開田爲永業。家人願來者,本貫給長牒續食而遣之。據應募之數,移報本道,雖河朔諸帥得免更代之煩,亦喜聞矣。不過數番,則戍卒土著,乃悉以府兵之法理之,是變關中之疲弊爲富强也。"上喜曰:"如此,天下無復事矣。"[3]

所謂"舊制,戍卒三年而代",正是前輩學者將防秋兵更戍年限一概判斷爲三年的

---

[1] 曾我部靜雄《唐の防秋兵と防冬兵——上——》,14—24頁。同氏《唐の防秋兵と防冬兵——下——》,45—52頁。齊勇鋒《中晚唐防秋制度探索》,103頁。

[2] 例如李碧妍討論張萬福的材料時,便徑以其防秋年限爲三年,儘管並沒有直接的材料證明這一點,見氏著《危機與重構:唐帝國及其地方諸侯》,211—212頁。

[3] 《資治通鑑》卷二三二《唐紀四八》德宗貞元三年六月條,7494頁。

關鍵。正文中並未提及這些關中的"戍卒"即關東防秋兵,不過"河朔諸帥得免更代之煩"的狀況,無疑與關東防秋兵的派遣基本相合。在此李泌便是向德宗建言於關中復府兵,在關東防秋兵戍期將滿時招募願留者實行屯田,最終在多番"入戍—留鎮"的循環中實現關東防秋兵的關中土著化,並以府兵制管理。而學者早已指出,《通鑑》記載李泌事迹相較於《舊唐書》李泌傳的五十餘處溢出,應大多出自李繁的《鄴侯家傳》[1],上引内容不見於李泌《舊唐書》本傳[2],大概亦本自《鄴侯家傳》。《鄴侯家傳》溢美李泌,其中所叙制度沿革、政策建議等内容的可信度亦需大打折扣、仔細審視。

當然,在這一條不大可靠的材料之外,學者還注意到了貞元九年的《城鹽州詔》。在對鹽州築城時臨時布防的指示後,詔文提到:"其餘將士,皆列營布陣,戒嚴設備,明加斥堠,以警不虞。其修城板築功役將士,各賜絹布有差。其鹽州防秋將士,三年滿與代,更加給賜,仍委杜彦光具名聞奏,悉與改轉。其防遏將士等,畢事便合放歸,仍賜布帛有差。"[3]其中"其鹽州防秋將士,三年滿與代",便被視作李泌之言的旁證。但是鹽州防秋兵的三年一代,在當時尚非穩定的慣例,無法擴展至所有的防秋。

近年陸續發現的、圍繞大曆年間淮西普潤行營的三方墓誌,便生動地展現了防秋活動的具體細節。這三方墓誌分別爲《李良墓誌》《梁歸朝墓誌》與《劉鎬澄墓誌》,所謂淮西普潤行營,出自《劉鎬澄墓誌》對其終官的叙述:"淮西軍普閏行營監軍使朝議郎行掖庭局宫教博士彭城劉府君。"[4]李良是這一行營的兵馬使,梁歸朝、劉鎬澄作爲宦官,時間相接地擔任了這一行營的監軍[5]。對於出鎮普潤的始末,三方墓誌表述大體相似,《李良墓誌》稱"屬西戎犯邊,徵

---

[1] 羅寧、武麗霞《〈鄴侯家傳〉與〈鄴侯外傳〉考》,《四川大學學報》2010年第4期,67—70頁。

[2] 《舊唐書》卷一三〇《李泌傳》,3620—3623頁。

[3] 《唐大詔令集》卷九九《城鹽州詔》,500頁。

[4] 陝西歷史博物館編《風引蕤歌:陝西歷史博物館藏墓誌萃編》第38號《劉鎬澄墓誌》,陝西師範大學出版社,2017年,100—102頁。考釋研究見李文英《西安棗園新出唐〈劉鎬澄墓誌〉考》,《碑林集刊》第10輯,2004年,131—136頁。

[5] 《風引蕤歌:陝西歷史博物館藏墓誌萃編》第38號《劉鎬澄墓誌》:"俄而梁公謝世,公從而代焉",101頁。梁歸朝墓誌見汪勃《唐代兩方墓誌考》,《陝西歷史博物館館刊》第2輯,三秦出版社,1995年,292—294頁。

戍關右"〔1〕,《梁歸朝墓誌》亦言"後以西蕃猖狂,牧馬汧隴,飛詔頒下,徵戍關東"〔2〕,"西戎"與"西蕃"在當時均可代指吐蕃〔3〕。相對而言,《劉鎬澄墓誌》給出了更具體的時間:"暨大曆建元,上以羌戎之變,羽檄徵淮西兵入戍關中。"〔4〕大曆元年吐蕃並未入寇,大曆二年九月,"吐蕃衆數萬圍靈州,遊騎至潘原、宜禄;詔郭子儀自河中帥甲士三萬鎮涇陽,京師戒嚴"〔5〕,疑大曆初詔徵淮西兵入關防秋即是在大曆二年。

更爲關鍵的一點,也即普潤行營的存在時間,敘述最詳細的《劉鎬澄墓誌》提到:

> 惟我有唐大曆初紀之明年歲御戊午月建丁巳之十日,淮西軍普閏行營監軍使朝議郎行掖庭局宫教博士彭城劉府君,年四十有三,以疾終於行營幕舍也……暨大曆建元……羽檄徵淮西兵入戍關中,軍於鳳翔府普閏縣,以今御史中丞〔6〕鄧公主之,詔梁公就而監焉,公爲佐也如故……俄而梁公謝世,公從而代焉。〔7〕

戊午歲爲大曆十三年。《梁歸朝墓誌》載其終於大曆八年,劉鎬澄即從大曆八年至

---

〔1〕 杜黄裳《唐故興元元從雲麾將軍右神威軍將軍知軍事兼御史中丞上柱國順政郡王食邑三千户實封五十户贈夔州都督李公墓誌銘》,吴鋼主編《全唐文補遺》第3輯,三秦出版社,1996年,134頁。

〔2〕 汪勃《唐代兩方墓誌考》,292—294頁。

〔3〕《唐大詔令集》卷一一一《命諸道平耀敕》:"四海之内,方叶大寧。西戎無厭,獨阻王命。不可忘戰,尚勞事邊。"這一段之後則是對防秋兵慣例的討論,580頁。《舊唐書》卷一三《德宗紀下》:"貞元四年春正月庚戌朔,上御丹鳳樓,制曰:'……頃者務於安人,不憚屈己,與西蕃結好,申以齊盟。而戎心不厭,背義虧信,劫脅士庶,屢犯封疆。元元何辜,皆朕之失。'"所指爲去年吐蕃之平涼劫盟,363頁。

〔4〕《風引薤歌:陝西歷史博物館藏墓誌萃編》第38號《劉鎬澄墓誌》,100—102頁。此處的"羌戎"頗值得注意。在中晚唐,"羌戎"雖更容易與党項羌產生聯想,但亦有在詔文中代指吐蕃的案例。見《宋本册府元龜》卷一三九《帝王部·旌表第三》所載建中三年五月詔:"故河西兼伊西北庭節度觀察使、檢校工部尚書兼御史大夫、贈太子太保楊休明……並抗貞節,率勵將吏,誓一其心,固守西陲,以俟朝命,羌戎乘間,驟逼城池,國家方有内虞,未遑外救,河隴之右,化爲虜場",中華書局,1989年,184頁。此處攻陷伊西庭的"羌戎"便正是吐蕃。吐蕃對唐西域的侵蝕,見王小甫《唐、吐蕃、大食政治關係史》,北京大學出版社,1992年,196—208頁。

〔5〕《資治通鑑》卷二二四《唐紀四十》代宗大曆二年九月條,7197頁。

〔6〕 原石作"御吏中丞",當爲誤刻,拓片見《風引薤歌:陝西歷史博物館藏墓誌萃編》第38號《劉鎬澄墓誌》,100頁。筆者在引文中進行了文字修正。

〔7〕《風引薤歌:陝西歷史博物館藏墓誌萃編》第38號《劉鎬澄墓誌》,101—102頁。

十三年在淮西普潤行營監軍任上。結合這兩份材料,我們至少能够獲得大曆二年至大曆十三年淮西普潤行營均穩定存在於京西北的信息。而以此爲基礎再來看《李良墓誌》中"擢授淮西行營兵馬使,拜右金吾衛大將軍、兼太常卿,移屯普潤……又爲節度使李希烈改署都虞候"[1]的歷官描述,我們或許可以認爲李良在大曆中一直屯駐於普潤行營,直到大曆十四年以後李希烈取代李忠臣成爲淮西節度使[2],方被召回淮西本鎮任職。作爲行營兵馬使的李良回到淮西後,這一行營是否繼續設置在邊地,其中駐守的淮西兵動向又如何,我們已不得而知[3]。

貫穿大曆年間的淮西普潤行營,主要展現了一種長期的防秋戍守,大曆八年主動請求入朝防秋的幽州鎮,則呈現了與之相反的狀況。大曆八年,"〔朱〕滔上表令弟泚率兵二千五百人赴京西防秋"[4],八月,朱滔五千騎至,"詔千騎迓於國門,許自皇城南面出開遠門,赴涇州行營"[5]。次年,在朱滔的誘説下,朱泚"請自入朝,兼自率五千騎防秋",九月至京師[6]。朱滔在大曆八年所帥的五千騎防秋兵,與朱泚在大曆九年自率的五千騎,應爲兩批人馬,且大曆九年誘説朱泚入朝的朱滔應回到了幽州本鎮。由此,大曆八年由朱滔率領入涇州行營防秋的幽州兵,戍期實際不到一年。而大曆九年入朝並防秋的朱泚,若無後續於幽州失權的狀況,或許也不會留屯關中至大曆十二年,最終在朝廷主導下取代澤潞軍入駐鳳翔[7]。

這樣相對短期的屯戍,在德宗時期亦有其例。《崔俌墓誌》便記載道:

劉公(玄佐)薨,詔以其子士寧嗣位,又辟爲節度推官。其軍奉旨,以千

---

[1] 杜黄裳《唐故興元元從雲麾將軍右神威軍將軍知軍事兼御史中丞上柱國順政郡王食邑三千户實封五十户贈夔州都督李公墓誌銘》,《全唐文補遺》第3輯,134頁。

[2] 《舊唐書》卷一四五《李希烈傳》,3943頁。

[3] 德宗初年唐廷與吐蕃之間圍繞會盟事宜頻繁的使節派遣,以及相對融洽的邊地關係,確實能够成爲唐廷相對放鬆防秋邊備的背景之一。見林冠群《玉帛干戈:唐蕃關係史研究》,聯經出版公司,2016年,435—455頁。建中二年,河朔不寧,德宗還曾"發京西防秋兵萬二千人戍關東",見《資治通鑑》卷二二六《唐紀四二》德宗建中二年二月條,7298頁。在此狀況下,因本鎮節度使要求而將常駐關中的行營撤回本鎮,大約也並非難事。

[4] 《舊唐書》卷二〇〇下《朱泚傳》,5386頁。

[5] 《舊唐書》卷一一《代宗紀》,302頁。

[6] 《舊唐書》卷一一《代宗紀》,305頁。

[7] 朱泚所帥幽州兵進入鳳翔的過程和緣由,見李碧妍《危機與重構:唐帝國及其地方諸侯》,144—154頁。

餘人遏秋寇於涇原,率一歲一更之。其參謀慮或勞費,慎度其才,俾往止之。既三往矣,又請往而止之。歸師難遏,果有亡命剛悍之類大呼者、露刃者、彎弧者、攘臂者,咸曰:從事以利動吾節度使,俾吾不得見吾父母,今將除之。其將卒愕,不知以制。吾兄笑之,亂兵中止,乃叱其將曰:彼群醉衆狂,罔知□惜□,奈何盡赤其家族。吾乃從事也,彼實無禮,節度使將盡訣其父母妻子,豈非盡赤其族乎。由是,英機立斷,群醜請罪,乃斬其先呼者而還。天子使中貴人勞之。[1]

崔俌任節度推官時,宣武軍曾奉旨防秋,如墓誌所述,這些防秋兵"率一歲一更",以一年爲其戍期。"參謀"考慮到防秋兵發遣頻繁而花費甚多,請崔俌"往〔劉士寧處〕止之",也即將一歲一更變爲更長時間的屯駐。這支防秋兵由此發生了以歸鎮爲目標的小規模軍亂,又因內部的妥協最終得以化解[2]。劉士寧於貞元八年四月至貞元九年十二月擔任節度使[3],《崔俌墓誌》所記載的防秋兵軍亂應正發生在這一時間段內。

同樣,在一年一更的短期防秋之外,宦官《西門珍墓誌》展現了大約同一時期相對長時間的防秋兵戍守:"〔貞元八年〕六月,監淄青行營兵馬三千餘人戍於岐山,西扞荒服。上以公臨□不私,撫軍有術,凡積星歲,逾十瓜時。十三年入奏,上嘉其勳,錫以朱紱。昆戎自從會盟,曆負恩信,知我有備,未嘗犯邊。上以關東甲士,遠從勞役,悉令罷鎮,却歸本管。三軍別公,援轡揮泣,如訣父母,豈勝道哉。既歸闕庭,復任高品。"[4]西門珍所監淄青行營,即是淄青藩鎮的防秋兵。依墓誌文意,似乎這支防秋兵自貞元八年至十三年一直屯於京西,直至貞元十三年德宗以邊備不急,方令之罷歸本鎮。

---

[1] 《唐故汴宋觀察支使朝請郎殿中侍御史內供奉賜緋魚袋崔府君墓銘》,吳鋼主編《全唐文補遺》第9輯,三秦出版社,2007年,386—387頁。

[2] 對於劉士寧被逐後任節度使的李萬榮而言,防秋曾成爲"放逐"與己不同心之兵士的手段,《舊唐書》卷一四五《李萬榮傳》載:"初,萬榮遣兵三千備秋於京西,有親兵三百前爲劉士寧所驕者日益橫,萬榮惡之,悉置行籍中,由是深怨萬榮",3933—3934頁。此次防秋兵派遣亦引發了一場未遂的兵變,當然我們並不清楚是時宣武軍防秋的戍期是否有所改變。

[3] 《舊唐書》卷一三《德宗紀下》,374、378頁。

[4] 《大唐故朝議郎行宮闈令充威遠軍監軍上柱國賜紫金魚袋西門大夫墓誌銘》,周紹良主編《唐代墓誌彙編》元和一一九,上海古籍出版社,1992年,2033頁。

在分析了"三年一代"戍期之説所源的材料,列舉了防秋的反例之後,我們不由對這一慣例產生了懷疑。不過"三年一代",或稱存在固定戍守時間的慣例在更晚的材料中得到了一定呈現[1]。《唐大詔令集》卷六五所載穆宗長慶二年(822)三月《叙用勛舊武臣德音》,提到"守塞備邊,固不可廢。煙塵既靖,亭障無虞。諸道舊有防秋兵馬在邊上者,自依年限代替"[2]。所謂"依年限代替",大體可以判斷是時已經出現了一個相對常態的防秋年限。與之相似,開成二年(837),"宰相鄭覃、李石奏襄陽殷侑論當道防秋兵,請就邊上招召。徐泗薛元賞請留舊防秋兵二年"。文宗則回答"殷侑所請邊上募兵,恐不得其實,又遷動農者。防秋既有年限,元賞豈得苟留,念其邊戍鄉情,不可爽及瓜之信"[3]。文宗以"防秋既有年限"拒絶了薛元賞延長防秋戍期的奏請,證明開成時的防秋兵亦存在一定的戍守年限,限滿即還方爲常例。晚唐中和初年,崔致遠所撰面向楚、壽兩州防秋回戈將士王承問等的委曲中提到"久勞防戍,又役戰征,知得遠歸,良多慰愜。詩稱束楚,不免怨思;傳載及瓜,亦嘗憤恚。古之難事,今見忠誠。況承問限過三年,訓齊一旅,值國家之多難,息鄉井之懷歸。言下忘身,軍前效命"[4]。此文是爲防秋歸鎮之將士而作,所提及的王承問等人"限過三年""值國家之多難,息鄉井之懷歸",正是指這支楚、壽二州的軍隊在三年的防秋期限内,或是期限過後,又遭遇了黃巢入長安、僖宗奔蜀,故"又役戰征",積年方歸。此處"限過三年"的表述,相當明確地揭示防秋三年的固定戍期已成爲一種時人的共識。

整體上説,就目前可見的材料來看,大致可以判斷穆宗長慶時期已經存在防秋兵相對固定的戍期,但具體爲幾年暫不得而知;晚唐中和年間,存在明確的材料證明這一戍期爲三年。從慣例形成到呈現於文本之中,其間或存在一定的時間

---

[1] 朱德軍統計中晚唐的防秋案例後,認爲元和以後數量接近爲零,是錯誤的判斷。見《時空場域與中唐京西防秋兵的布防》,74 頁。且不論筆者之後開列的材料,中晚唐關中防秋的實行在其體系基本走向成熟之後應某種意義上成爲了士人的共識。《酉陽雜俎》便提到"大和三年,壽州虞候景乙,京西防秋回"。見段成式撰,許逸民校箋《酉陽雜俎校箋》前集卷一五《諾皋記下》,中華書局,2015 年,1081 頁。又《因話錄》載:"王智興在徐州,法令甚嚴。有防秋官健交代歸,其妹婿於家中設饌以賀。"《唐國史補 因話錄》,上海古籍出版社,1979 年,115 頁。

[2] 《唐大詔令集》卷六五《叙用勛舊武臣德音》,362—363 頁。

[3] 《宋本册府元龜》卷一三五《帝王部·愍征役》,153 頁。

[4] 崔致遠撰,党銀平校注《桂苑筆耕集校注》卷一二《楚壽兩州防秋回戈將士》,中華書局,2007 年,375 頁。

差,此處所揭明的幾個時間點,大概可稱是慣例形成的最下限。穆宗、文宗時期相對固定的戍期可能正是三年,三年一代的慣例也可能在穆宗朝之前就已經基本定型,前輩學者慣爲引用的《通鑑》(《鄴侯家傳》)中所書三年而代的"舊制",或也可以理解爲作者李繁立足於其所生活的憲、穆、敬、文時代所作出的觀察。

我們還可以注意到,前引期限與三年不符的反例,基本爲德宗及德宗之前的材料。而穆宗與文宗時期,便分別出現了"防秋存在一定期限"的類似表達。暫且不論時長是否爲三年,相對常態的固定戍期,或許正是在德宗貞元後期、憲宗元和年間初步形成。在慣例形成之前,防秋的戍期具有較大的波動性,同樣是在代宗時期,既存在着屯駐長達十餘年之久的淮西普潤行營,亦有幽州朱滔不及一年便率兵回鎮的案例。而德宗貞元八年至貞元十三年間,同樣既有由詔令規定三年而代的鹽州防秋兵,有五年方在皇帝令下"罷鎮""却歸本管"的淄青行營,也有以"一歲一更"爲舊慣例、"參謀"擅自向節度使請求變更戍期以至於釀成軍亂的宣武軍防秋兵。在這些狀況下,兵員出自的藩鎮距離京西北的遠近、藩鎮自身的特性、藩鎮內部的動向,以及唐廷與吐蕃關係的變化、邊境防禦布局的實態,都影響着防秋兵的戍期,給予其波動變化的可能。能夠長駐的淮西普潤行營,或許便與淮西節度使李忠臣在關中防禦活動中的活躍相關[1],代宗大曆時緊張的京西北邊境局勢或許也帶來了相對長時屯駐的需求[2]。淄青行營的歸鎮,

---

[1] 永泰元年九月,僕固懷恩"誘吐蕃數十萬寇邠州……逼鳳翔府、盩厔縣,京師戒嚴",爲了應對這一突發狀況,代宗"命李忠臣屯東渭橋,李光進屯雲陽,馬璘、郝〔廷〕玉屯便橋,駱奉仙、李伯越屯盩厔,李抱玉屯鳳翔,周智光屯同州,杜冕屯坊州,上親率六軍屯苑中"。見《舊唐書》卷一一《代宗紀》,279—280頁。此段本紀"郝廷玉"處脱"廷"字,據同書卷一二〇《郭子儀傳》增補,3461—3462頁。在這份名單中,嚴格意義上屬於關東藩鎮的僅有淮西節度使李忠臣,其餘或爲關內藩鎮節度使,或爲禁軍將領。《舊唐書》李忠臣本傳的一段記載爲這一特別的現象給出了解答:"代宗命中使追兵,諸道多不時赴難;使至淮西,忠臣……即日進發。"是時代宗詔徵之兵應非止於淮西一鎮,祇是淮西較快響應了朝廷,發兵入關,故最終與關中諸鎮軍一起出現在了這份名單中。其後,"自此方隅一有警,忠臣必先期而至",《舊唐書》卷一四五《李忠臣傳》,3941頁。如《資治通鑑》卷二二四《唐紀四十》代宗大曆六年八月條:"淮西節度使李忠臣將兵二千屯奉天防秋",7218頁。淮西普潤行營大概也是印證這一叙述的案例。

[2] 大曆年間,唐廷儘管與吐蕃屢有使節往來,還曾在興唐寺會盟,但吐蕃對邊境的侵襲却並未停止。據林冠群統計,吐蕃僅有大曆元年、大曆七年、大曆九年、大曆十四年未曾入寇,其餘十年每年均發動寇略,且月份大多集中於七、八、九月,見林冠群《玉帛干戈:唐蕃關係史研究》,410—420頁。入秋時調兵在吐蕃可能入侵的路綫上加固邊防,也成了京西北常態性的需求。

亦與吐蕃"未嘗犯邊"的現實狀況緊密相連。宣武軍因軍亂未果的戍期變更,又是考慮防秋軍費支出的結果。而相對固定的戍期慣例,也正是在波動中萌發,逐漸占據了主導。但慣例的建立並不意味着諸多現實性因素影響力的消退。前引文宗、僖宗兩條展現慣例的材料,本身便是反慣例的存在。不過薛元賞將當道防秋兵的戍期延期兩年的奏請並未得到文宗的應允,中和初楚州、壽州防秋兵戍期的延長也是因突發的黄巢入京而起,軍隊的功能似由防秋轉向了征伐,與防秋戍期本身的波動關係不大。在這些實際並未打破慣例的案例之外,或許還隱藏着因現實狀況延長或縮短了防秋戍期的實例,晚唐的龐勛之亂,便是由於對抗南詔、戍於桂林,"舊三年一代"的徐州防冬兵六年不得回鎮而興起的[1]。與之相似的防秋兵因現實需求打破慣例,大概也並不罕見。因此,所謂戍期慣例的形成,更多是出現了一個穩定的、理想的參考標桿,減弱了波動的振幅。現實的因素從未消退,在特殊的時刻,這些因素也會超越慣例的束縛,重新對戍期產生撞擊和影響。

還值得一提的是,戍期慣例的建立,或許與防秋兵在關中防禦體系内重要性的下降有一定關聯。德宗貞元時代,神策軍鎮由畿内向畿外擴張,其駐地的選擇,實以防禦吐蕃作爲最重要的參考因素[2],李碧妍亦指出神策軍鎮與關東防秋兵屯駐地具有重合性[3]。在忽略統屬問題的前提下,神策軍鎮大概承擔了相當一部分原本由防秋兵行使的、備禦吐蕃的職能[4]。儘管防秋兵的派遣持續至唐末,但其重要性的下降,或許也正促成了邊地關係對其戍期影響的減弱。相對穩定的戍期,便是在這樣的過程中慢慢確立了。

## 二、"專門化"的行營:防秋兵的組織形態

張國剛將行營的派遣定義爲調發藩鎮一部分軍隊出征、離開本鎮執行軍事任

---

[1] 《新唐書》卷一四八《康承訓傳》記"咸通中,南詔復盜邊。武寧兵七百戍桂州,六歲不得代",4774頁。
[2] 黄樓《神策軍與中晚唐宦官政治》,104頁。
[3] 李碧妍《危機與重構:唐帝國及其地方諸侯》,207—208頁。
[4] 日野開三郎《「支那」中世の軍閥》,《日野開三郎東洋史學論集》第1卷,133頁。

務。正如《通鑑》所稱,"及安禄山反,邊兵精鋭者皆徵發入援,謂之行營"〔1〕,安史之亂時中央徵調原先邊境節度使的軍隊離境伐叛,名爲"行營"的組織開始出現。較早見於材料的行營是安西、北庭行營,至德三載集兵討安慶緒時李嗣業的頭銜便爲"北庭行營節度使"〔2〕。在安史之亂後穩定化的新藩鎮體制下,行營的建制也得到了延續。就防秋而言,張國剛已將定期於西北戍邊的防秋視作組織行營的目的之一,基於行營的概念點明防秋兵的組織形態即行營,但宥於材料的有限未能詳細展開〔3〕。近年的出土墓誌則爲防秋活動提供了具體運作的細節,本節便希望在這些零散材料的基礎上,對防秋兵的組織形態做出再考察,亦兼揭示隨着時間推移其中可能存在的微妙變化。

上文提到的大曆年間的淮西防秋兵,《劉鎬澄墓誌》中便題銜"淮西軍普閏行營"〔4〕,《李良墓誌》中亦稱之爲"淮西行營",可見確是以行營作爲組織形式。具體到行營内部,在出鎮普潤前,李良"爲淮西節度李忠臣補十將,改太子左贊善大夫,又知衙事",在出鎮普潤後"擢授淮西行營兵馬使"〔5〕。梁歸朝自身的墓誌中歷官頗有缺環,反倒是作爲其僚屬的劉鎬澄,在墓誌中清晰地記載道"寶應初,中常侍梁公歸朝出監淮西軍,公實判其堆案"〔6〕,揭明梁歸朝在出監淮西普潤行營前淮西監軍使的身份。《劉鎬澄墓誌》還提到"以今御史中丞鄧公主之(普潤行營),詔梁公就而監焉"〔7〕,其中的"御史中丞鄧公"難以確考,御史中丞也未知是實任還是憲銜。而作爲憲銜的御史中丞,在代宗時多爲兼任觀

---

〔1〕《資治通鑑》卷二二三《唐紀三九》代宗廣德元年七月條,7146頁。
〔2〕 胡耀飛《行營之始:安西、北庭行營的分期、建置及其意義》,《新疆大學學報》2019年第1期,86—93頁。關於安西北庭行營的更革,還可參考薛宗正《唐安西、北庭行營建置述略》,《西域研究》1993年第3期,73—80頁。劉玉峰《論安西北庭行營軍》,《陝西師範大學學報》1997年第1期,142—147頁。
〔3〕 張國剛《唐代藩鎮行營制度》,收入氏著《唐代政治制度研究論集》,文津出版社,1994年,175—196頁。
〔4〕《風引薤歌:陝西歷史博物館藏墓誌萃編》第38號《劉鎬澄墓誌》,100—102頁。
〔5〕 杜黄裳《唐故興元元從雲麾將軍右神威軍將軍知軍事兼御史中丞上柱國順政郡王食邑三千户實封五十户贈夔州都督李公墓誌銘》,《全唐文補遺》第3輯,134頁。
〔6〕《風引薤歌:陝西歷史博物館藏墓誌萃編》第38號《劉鎬澄墓誌》,100—102頁。
〔7〕《風引薤歌:陝西歷史博物館藏墓誌萃編》第38號《劉鎬澄墓誌》,100—102頁。

察使、防禦使的州刺史,以及部分節度使所加[1]。又此處稱"今",應是以大曆十三年的時點作出的觀察,鄧公此前的歷官,則又不得而知。不過在身份不明的統率者鄧公之外,監軍、兵馬使皆由淮西本鎮調入,行營的建制是相對完整的[2]。除此之外,大曆八年八月前來的朱滔,《舊唐書》代宗紀記載"幽州節度使朱泚弟滔率五千騎來朝,請河西防秋。詔千騎迓於國門,許自皇城南面出開遠門,赴涇州行營"[3]。不論涇州行營在朱滔率領幽州兵入駐前是否存在,此處唐廷以行營爲防秋兵的組織形式,應該没有問題。來年攜防秋兵入朝的朱泚,在上請留京之後亦受令"出鎮奉天行營"[4],《通鑑》考異引《實録》"遣朱泚如奉天行營",並解釋道:"按去年已云泚出鎮奉天行營;至此,又云;明年九月,又云。蓋泚每年往奉天防秋,至春還京師。但《實録》不載其入朝耳。"[5]朱泚留於關中的幽州兵固然是比較特殊的案例,但每年防秋之處皆爲行營,亦佐證了關東防秋兵在關中的組織形態應是行營。

揭明爲"行營"的防秋案例,一直延續到了德宗貞元年間。比較確定的案例是貞元三年至四年的劉昌。貞元二年十一月,宣武軍節度使劉玄佐來朝,次年,"上因以宣武士衆八千委[劉]昌北出五原"[6],權德輿所撰《劉昌紀功碑》表述爲"貞元三年,朝廷以五原盛秋,式遏侵軼,詔公領宣武駟介,北出護邊",是以分劉玄佐

---

[1]《舊唐書》卷一一《代宗紀》中有"常州刺史李栖筠爲蘇州刺史、兼御史中丞、浙西團練觀察使""右羽林將軍張獻恭爲梁州刺史、兼御史中丞,充山南西道節度觀察使""以宣歙池等州都團練觀察使、宣州刺史、兼御史中丞陳少遊充浙江東道團練觀察使""以兵部侍郎李涵爲蘇州刺史、兼御史中丞,充浙西觀察使"等案例,289—299頁。《段晏墓誌》中載大曆五年的鳳翔尹李忠誠,也提到"頃使主交河郡王兼御史中丞李公尹府鳳翔",從庭訓《唐故鳳翔觀察使神策行營兵馬上都留後段府君墓誌銘》,吳鋼主編《全唐文補遺》第3輯,109—110頁。

[2] 值得一提的是行營監軍的出現。安史之亂以前,宦官已經開始擔任臨時性的行軍監軍,安史之亂後,隨着中原藩鎮的設立,長期駐守的藩鎮監軍,也即中晚唐更常見意義的監軍由此出現;另一方面,繼承自行軍監軍,行營也多配備了相應監軍。不過從監軍的人選來看,由於行營本身爲藩鎮派出性的組織,行營監軍在一些狀況下也成爲藩鎮監軍的派出性監察樞紐。此處淮西監軍梁歸朝直接出爲行營監軍,是有些特殊的案例,可能存在來自中央的人事調整。對於監軍的詳細討論可以參考黄樓《神策軍與中晚唐宦官政治》,342—376頁。

[3]《舊唐書》卷一一《代宗紀》,302頁。

[4]《舊唐書》卷二百下《朱泚傳》,5386頁。

[5]《資治通鑑》卷二二五《唐紀四一》代宗大曆十一年八月條考異,7238頁。

[6]《舊唐書》卷一五二《劉昌傳》,4071頁。

入朝所領之兵至京西防秋；其後則"拜本軍京西行營節度使"，次年出任涇原節度使[1]。《册府元龜》的記載，恰好爲我們瞭解劉昌的頭銜變化提供了關鍵信息："〔貞元三年〕八月，以宣武行營兵馬使、檢校禮部尚書劉昌爲本軍京西行營節度使。"[2]也即在劉昌北出五原防秋時，頭銜已爲宣武行營兵馬使，祇不過之後留駐京西，故改爲宣武軍京西行營節度使，《劉昌神道碑》中"建行師之節制，自稟新書；分上相之賦輿，留屯便地"[3]的記述，亦爲這一判斷提供了旁證。除此之外，前引《西門珍墓誌》"其六月，監淄青行營兵馬三千餘人戍於岐山……上以關東甲士，遠從勞役，悉令罷鎮，却歸本管"[4]一段，作爲防秋兵屯戍岐山的淄青兵亦被徑直稱作行營，而監軍記錄的留存，與此前提及的淮西普潤行營也形成了印證。

相對具有推測性的是陳許韓全義與高崇文的材料。由於陳許節度使曲環神策軍將的身份，前輩學者對韓全義鎮軍的判斷更傾向認爲其屬神策軍[5]。但結合韓全義的履歷，這一判斷值得再作探討。韋貫之所撰《高崇文神道碑》中提到，"貞元初始授陳許節度都候。及領所部隨韓全義鎮長武城，神策、淮南、陳許、浙右四軍同戍，公總其候奄之任"[6]，並未説明出鎮的時間。而《舊唐書·吐蕃傳》稱"〔貞元三年〕十月，吐蕃數千騎復至長武城，韓全義率衆禦之"[7]，則是時韓全義已屯駐於長武城。貞元四年五月，復載"陳許行營將韓全義自長武城率衆抗之，無功而還"[8]。而到貞元四年七月，則有《舊唐書·德宗紀》"陳許防禦兵馬使韓全義檢校工部尚書，充長武城及諸軍行營節度使"[9]的記

---

[1] 權德輿撰，郭廣偉校點《權德輿詩文集》卷一二《大唐四鎮北庭行軍兼涇原等州節度支度營田等使開府儀同三司檢校尚書右僕射使持節涇州諸軍事涇州刺史兼御史大夫上柱國南川郡王劉公紀功碑銘》，上海古籍出版社，2008年，191頁。

[2] 《册府元龜》卷一二四《帝王部·修武備》，中華書局，1960年，1491頁。

[3] 《權德輿詩文集》卷一五《唐故四鎮北庭行軍兼涇原等節度支度營田等使開府儀同三司檢校尚書右僕射使持節涇州諸軍事涇州刺史兼御史大夫上柱國南川郡王贈司空劉公神道碑銘》，241頁。

[4] 《唐文拾遺》卷二五《大唐故朝議郎行宮闈令充威遠軍監軍上柱國賜紫金魚袋西門大夫墓誌銘》，《全唐文·唐文拾遺》，10648—10649頁。

[5] 張國剛《唐代的神策軍》，《唐代政治制度研究論集》，123頁。

[6] 《文苑英華》卷八九二，韋貫之《南平郡王高崇文神道碑》，4696頁。

[7] 《舊唐書》卷一九六下《吐蕃傳》，5256頁。

[8] 《舊唐書》卷一九六下《吐蕃傳》，5256頁。

[9] 《舊唐書》卷一三《德宗紀下》，365頁。

載。韓全義的出鎮與其鎮兵性質改變之間,似乎存在一定的時間差。筆者更傾向於認爲,韓全義最初以兵馬使職銜所統、入關活動的一支軍隊正是陳許的防秋兵,貞元三年十月至貞元四年七月之間均以行營活動。這也符合筆者此前對防秋兵組織形式的判斷。貞元四年,這支軍隊留鎮長武城,韓全義亦以長武城爲據點,如《高崇文神道碑》所述統轄"神策、淮南、陳許、浙右"四軍。《舊紀》韓全義頭銜中"諸軍行營"之"諸軍",應正是指《神道碑》中此四軍。不過確如前人所述,陳許節度使曲環、行營軍將韓全義曾從屬於神策軍的身份,使得這一城鎮與神策軍保持着更緊密的關係,更像是神策軍鎮的前身。也因此,《册府元龜》載貞元十二年二月授檢校右僕射的詔文中,提及韓全義的官銜,已作"左神策軍行營節度、檢校工部尚書兼御史大夫"[1]。《舊唐書・德宗紀下》書貞元十四年韓全義遷轉,亦稱"以左神策行營節度韓全義爲夏州刺史,兼鹽夏綏銀節度使"[2]。韓全義轉任鹽夏綏銀節度使後,長武城使便由高崇文繼任。

在闡明了防秋兵的組織形態應確爲行營後,我們還可對防秋的組織結構作一關注。在代宗大曆年間,材料中開始出現冠名"防秋"的使職。新出《劉瓊神道碑》便提到"〔大曆〕五年,遷河中五州都勾當兵馬使,充節□□使,尋加開府□□授防秋兵馬使"[3]。卒於元和四年(809)的王大劍,在墓誌中叙述祖父王釗的歷官,亦稱"朔方防秋兵馬使、守左金吾衛大將軍、試太常卿、上柱國、賜紫金魚袋"[4],以年齡推算,其祖父應大致卒於代宗年間。德宗時,"防秋兵馬使"正式出現在了朝廷頒布的詔文中。貞元九年南郊大赦詔便提到"應諸軍防秋兵

---

[1] 《宋本册府元龜》卷一七六《帝王部・姑息》,424 頁。而《舊唐書》卷一六二《韓全義傳》對其這一段歷官表述爲:"及文場爲中尉,用全義爲帳中偏將,典禁兵在長武城,貞元十三年,爲神策行營節度、長武城使",4247 頁。竇文場由神策軍使爲左神策中尉,在貞元十二年六月,即使將韓全義任神策行營節度使放在竇文場任神策中尉後,也與《册府》此條存在幾個月的時間差,且神策行營節度使早在貞元六年就已經出現,見《册府元龜》卷五二《帝王部・崇釋氏》:"是日,命中官送歸岐陽,左神策行營節度使、鳳翔尹邢君牙迎護",578 頁。在此筆者傾向於認爲《傳》的叙述存在一定的時間問題,韓全義在竇文場轉任神策中尉之前就已經有神策行營節度使之號。

[2] 《舊唐書》卷一三《德宗紀下》,388 頁。

[3] 史正玉《新見唐〈劉瓊神道碑〉考釋》,杜文玉主編《唐史論叢》第 34 輯,三秦出版社,2022 年,179—191 頁。

[4] 《唐故山南東道節度右廂步軍使行左金吾衛大將軍員外置同正員試殿中監上柱國食邑二千户王公墓誌銘》,吳鋼主編《全唐文補遺》第 5 輯,三秦出版社,1998 年,420 頁。王大劍卒時"春秋六十有七"。

馬使及別敕定名充邊地兵馬使等,備禦勤勞,所宜優異"[1],作爲一個組合式銜名的"防秋兵馬使"列名於大赦詔文,提示我們是時這一銜名可能已普遍存在。此後的材料中亦零散可見"防秋兵馬使"的使名。白居易在穆宗長慶元年至長慶二年間草寫的《故鹽州防秋兵馬使康太崇贈鄧州刺史制》,康太崇的終銜便爲"鹽州防秋兵馬使"[2]。大中五年(851)至大中六年,杜牧也撰有題爲《傅孟恭除威州刺史宣敏加祭酒兼侍御史依前宣歙道兵馬使知防秋事等制》的制文[3]。以上材料除却劉瓊明確來自河中,宣敏明確來自宣歙,其餘皆不清楚兵員所自。宣敏"宣歙道兵馬使知防秋事"的結銜也提示我們,對於關東防秋兵而言,"防秋兵馬使"或許正意味着關東某鎮兵馬使知關中某鎮防秋事。

值得注意的是,除却防秋兵馬使,更高級别的"防秋都知兵馬使"也在德宗末年進入了史料記載。元和元年年初高崇文率領神策軍出討西川劉闢,《舊唐書・憲宗紀上》記錄此事,稱"以左神策長武城防秋都知兵馬使高崇文檢校工部尚書,充神策行營節度使"[4]。可知高崇文在轉任神策行營節度使前擔任"左神策長武城防秋都知兵馬使"。神策軍之外,位處關中要地的鹽州也能够見到兩則"防秋都知兵馬使"的記載。《王宰墓誌》記錄王宰開成初任鹽州刺史的遷轉,詳細提到"開成元年,以檢校左散騎常侍出爲鹽州刺史、御史大夫,充本州防禦使及諸軍防秋、押蕃落等使"[5]。此處"諸軍防秋使",在晚唐宣宗大中十一年陸耽的遷轉中有着更詳細的表達。陸耽自鹽州刺史轉爲涇原節度使,前任官結銜作"鹽州防禦、押蕃落、諸軍防秋都知兵馬使、度支烏池榷稅等使、檢校右散騎常侍、鹽州刺史"[6]。王宰"諸軍防秋使"的全稱應即是此處的"諸軍防秋都知兵馬使"。在陸耽基本完整的結銜中,州防禦使、押蕃落使、諸軍防秋都知兵

---

[1]《册府元龜》卷八一《帝王部・慶賜第三》,943頁。

[2] 白居易著,謝思煒校注《白居易文集校注》卷一四《故鹽州防秋兵馬使康太崇贈鄧州刺史制》,中華書局,2011年,723頁。

[3] 杜牧著,陳允吉校點《樊川文集》卷一八《傅孟恭除威州刺史宣敏加祭酒兼侍御史依前宣歙道兵馬使知防秋事等制》,上海古籍出版社,2007年,278頁。

[4]《舊唐書》卷一四《憲宗紀上》,414頁。

[5] 王宰墓誌圖版與錄文並見張應橋《唐王宰墓誌考釋》,《四川文物》2013年第4期,39—41頁。

[6]《舊唐書》卷一八《宣宗紀》,639頁。

馬使、度支烏池榷税等使可稱當時鹽州刺史所帶使職的"標配",衹是其餘刺史遷轉時没有如此詳細的記録。高崇文"左神策長武城防秋都知兵馬使"的職銜尚有粘連的曖昧感,但鹽州刺史帶有的"諸軍防秋都知兵馬使",則清晰地昭示了鹽州刺史在這些時間點對諸防秋兵馬使的總領。又前已有引,《高崇文神道碑》曾提及韓全義作爲長武城使時"神策、淮南、陳許、浙右"四軍同戍於此[1],換言之也即在長武城防秋。儘管我們並不清楚貞元末長武城的防秋是否仍維持了類似的軍隊格局,但高崇文的"防秋都知兵馬使"或許也與鹽州刺史所帶有的都知兵馬使有相似的含義,意味着高崇文對此地防秋軍的統轄。

與作爲總領者的防秋都知兵馬使相反,我們也能見到較防秋兵馬使級別稍低的軍將。同樣是神策軍,大和四年《黄進華墓誌》便記録了他"右神策軍襄樂防秋都虞候兼正將"的歷官[2],《金石萃編》所載大和六年(832)《董府君經幢》在叙述被祈福者生前經歷時,也提到"故右神策軍襄樂防秋同正將兼押衙、銀青光禄大夫、檢校太子詹事、上柱國董府君公諱叙"[3]。兩位一兼正將,一兼押衙,似乎本身便是右神策軍的一員。明確爲關東防秋兵的材料中,開成五年的《趙君妻夏侯氏墓誌》,便記載了其夫"山南東道節度總管充涇原防秋馬步都虞候"的官銜[4],是以山南東道軍入涇原防秋。

通過以上材料,我們能够窺見防秋體系相對成熟後存在的職銜層級:防秋都知兵馬使總領屯戍於當地的諸軍防秋兵馬使,大部分情況下大概由防秋目的地的最高長官(刺史或神策軍鎮鎮使)直接擔任。而通過貞元九年南郊大赦詔,我們也能大致判斷所謂防秋兵馬使應正是諸鎮防秋行營的統領者。從時間上說,防秋兵馬使在防秋體系基本鋪開的代宗朝即已出現,而防秋都知兵馬使却相對晚至德宗貞元末纔見諸史料,這與防秋兵統領者的前後變化有所關聯。代宗至德宗初年,如陸贄《論緣邊守備事宜狀》所述,"所當西北兩蕃,亦朔方、涇原、隴

---

[1]《文苑英華》卷八九二,韋貫之《南平郡王高崇文神道碑》,4696頁。
[2]《黄進華墓誌》的信息參見黄樓《神策軍與中晚唐宦官政治》,90頁。
[3]《金石萃編》卷六六《董府君經幢》,1116頁。
[4] 周紹良主編《唐代墓誌彙編》開成〇四七《唐山南東道節度惣管充涇原防秋馬步都虞候正議大夫檢校太子賓客上柱國趙公亡夫人譙郡夏侯氏墓誌銘並序》,2203頁。

右、河東四節度而已,關東戍卒,至則屬焉"〔1〕,入戍的關東防秋兵由關中節度使直接統領。《册府元龜》載大曆九年八月的一份分統詔文,也提到"其淮西、鳳翔防秋兵士,馬璘統之;汴宋、淄青、成德軍兵士,朱泚統之;河陽、永平兵士,子儀統之;楊、楚兵士,抱玉統之"〔2〕。是時馬璘爲邠寧節度使〔3〕,郭子儀爲朔方節度使〔4〕,李抱玉爲鳳翔節度使〔5〕,朱泚尚爲幽州節度使,且此時並未到達關中,但朱泚在是年五月已自幽州出發入朝防秋〔6〕,八月時朝廷必然已收到消息,故有這一安排。除却朱泚,其他任命皆貫徹了以邊軍各節度使統領防秋兵的原則〔7〕。不過《論緣邊守備事宜狀》後文又説"自頃逆泚誘涇原之衆,叛懷光汙朔方之軍,割裂誅鋤,所餘無幾。而又分朔方之地,建牙擁節者凡三使焉。其餘鎮軍,數且四十,皆承特詔委寄,各降中貴監臨,人得抗衡,莫相禀屬"〔8〕。儘管陸贄並未明言,但我們能感受到,隨着關中諸藩勢力的洗牌、京西北八鎮的分立、神策軍鎮的增加〔9〕,入戍的關東防秋兵在統屬方面似也一同朝着細碎化的方向發展。又上節曾提到,隨着神策軍鎮在關中的普遍化,防秋兵備禦吐蕃的職責得到了相當程度的分擔,重要性也在關中有所下降。大曆年間的防秋多爲大規模的動員,也可見到如李忠臣、朱泚等以節度使身份親率軍隊入關防秋的案例;貞元中後期受神策軍鎮影響戍期亦走向常態化的防秋兵,大約在規模和諸鎮防秋統領者等級方面皆出現了一定程度的下降。前述以戍地長官領防秋都知兵馬使以總統當地諸鎮防秋兵的模式,便是這些趨勢下的產物。

儘管我們强調貞元以後"防秋都知兵馬使—諸鎮防秋兵馬使"的組織結構,

---

〔1〕 王素點校《陸贄集》卷一九《論緣邊守備事宜狀》,中華書局,2006年,620頁。

〔2〕 《宋本册府元龜》卷九九二《外臣部·備禦第五》,4002頁。

〔3〕 《舊唐書》卷一五二《馬璘傳》,4066頁。

〔4〕 《舊唐書》卷一二〇《郭子儀傳》,3459頁。

〔5〕 《舊唐書》卷一三二《李抱玉傳》,3646—3647頁。此處鳳翔防秋兵由邠寧節度使馬璘而非李抱玉統領,可能因爲是時鳳翔防秋兵的屯戍地在邠寧境内,故在離鎮後歸由當地的節度使管轄。

〔6〕 《舊唐書》卷一一《代宗紀》:"〔大曆九年五月〕幽州節度使朱泚遣弟滔奉表請自入朝,兼自率五千騎防秋。許之,詔所司築第待之",305頁。

〔7〕 這一點曾我部静雄已經揭明,見《唐の防秋兵と防冬兵—上—》,14—24頁。《唐の防秋兵と防冬兵—下—》,45—52頁。

〔8〕 《陸贄集》卷一九《論緣邊守備事宜狀》,620—621頁。

〔9〕 李碧妍《危機與重構:唐帝國及其地方諸侯》,164—194頁。

但上下階序的建立並未改變關東防秋兵的行營組織形式。帶有"防秋"的使銜祗是給予傳統意義上的行營更加專門的命名——故而本節也將這樣的狀況稱作"專門化"的行營。張國剛已經指出防秋爲行營的功能之一,職銜中的"防秋",所標示的便正是這種功能,而非其存在形態與整體結構。由於防秋兵本身的流動性,這樣的使職也自然具有一定的臨時性,戍時增添,戍滿即罷。但另一方面,防秋使職的形成,一定程度展現了防秋措施的常態化。在防秋措施初步常態化後,防秋的功能便作爲一個專門的事項,在行營內部的職名中也得到了呈現。換言之,對於具有臨時派遣性質的行營而言,防秋也成了一種常態化的功能。

## 三、餘論

以上,本文從關東防秋兵的組織形態與戍期,展現了防秋體系走向成熟過程中的兩個重要面向。在進入總結之前,我們或可以對前輩學者所謂大曆九年防秋體制形成的説法再作檢討[1]。這一判斷所依據的核心材料,其一爲《舊唐書·郭子儀傳》中所記載的,大曆九年郭子儀奏對延英時提出的建議:"願陛下更詢讜議,慎擇名將,俾之統軍,於諸道各抽精卒,成四五萬,則制勝之道必矣,未可失時。臣又料河南、河北、山南、江淮小鎮數千,大鎮數萬,空耗月餼,曾不習戰。臣請抽赴關中,教之戰陣。"[2]但這一建議中,抽調關東兵入關中的目的是爲"習戰",並以充實在安史之亂中損耗較大的朔方軍,與以行營形態存在、最終仍會歸鎮的防秋兵應爲二事;代宗最終是否聽從郭子儀的建議,也要打上一個問號。其二則是大曆九年五月的《命諸道平糴敕》,在此筆者不嫌煩冗,將之具引如下:

> 而邊穀未實,戎備猶虛。因其天時,思致豐積,將設平糴,以之餼軍……應諸道每歲皆有防秋兵馬,其淮南四千人,浙西三千人,魏博四千人,昭義二千人,成德三千人,山南東道三千人,荆南二千人,湖南三千人,山南西道二

---

[1] 曾我部静雄《唐の防秋兵と防冬兵—上—》,14—24頁。同氏《唐の防秋兵と防冬兵—下—》,45—52頁。齊勇鋒《中晚唐防秋制度探索》,103頁。

[2] 《舊唐書》卷一二〇《郭子儀傳》,3465頁。

千人,劍南西川三千人,劍南東川三千人,鄂岳一千五百人,宣歙三千人,福建一千五百人,其嶺南、江南、浙西、浙東等,亦合準例。恐路遠往來增費,各委本道節度觀察都團練等使,每年取當使諸色雜錢,及迴易利潤贓贖等錢物,每人計二十千文,每道各據所配防秋人數多少,都計錢數,市輕貨送上都左藏庫貯納,充別敕和糴用。並不得剋當軍將士衣糧充數,仍以秋收送畢。[1]

事實上,這是一份與財政更緊密相關的敕文,並不能稱得上是對關東防秋兵人數的"規定"。敕文的重點是令關東諸道據防秋軍人數繳納輕貨,以充作京西和糴的糴本。至於敕文所列藩鎮究竟是依舊派兵防秋、額外交納糴本[2],還是徑以糴本冲抵防秋兵之派遣,將派遣義務集中於河南、河東的藩鎮[3],由於之後材料的缺乏與矛盾,我們暫無法給出確定性的答案[4]。但是其中開列的、早已被學者們關注的諸道防秋兵員數,確實反映了大曆九年以前已經形成的防秋兵員慣例。換言之,防秋兵人數的相對"制度化"反倒在大曆初年就已經完成。這也一定程度與第二節中關於"防秋兵馬使"的探討形成了呼應。

對於防秋而言,始終並未發生變化的,應是其行營的組織形態。安史之亂後,隨着藩鎮建置走向穩定,以"本鎮軍隊離鎮"作爲主要特徵的行營體系亦逐漸穩定成熟。因吐蕃寇邊而誕生的防秋,正是行營所行使的功能和目的之一。也由此,防秋相關職銜,也多以"行營"作爲直接表達。而就防秋的常態化而言,

---

[1] 《唐大詔令集》卷一一一《命諸道平糴敕》,580 頁。《詔令集》將這篇敕文繫於大曆元年正月,當誤。《舊唐書》卷一一《代宗紀》304—305 頁、《册府元龜》卷四八四《邦計部·經費》5785 頁亦引此敕文,皆繫於大曆九年五月乙丑。此處繫年以《舊唐書》和《册府元龜》爲準。

[2] 丸橋充拓著,張樺譯《唐代的軍事財政與禮制》,西北大學出版社,2017 年,30 頁。丸橋充拓進一步認爲此處的"和糴"確保了防秋兵糧食的供給,也即取之於鎮、用之於兵的狀況。

[3] 李錦綉《唐代財政史稿》第 5 册,社會科學文獻出版社,2007 年,134 頁。

[4] 就丸橋充拓的論述來說,其旁證材料是《新唐書》卷五三《食貨志三》"貞元初,吐蕃劫盟,召諸道兵十七萬戍邊。關中爲吐蕃蹂躪者二十年矣,北至河曲,人户無幾,諸道戍兵月給粟十七萬斛,皆糴於關中",1374 頁,但這條材料更多反映的似乎是貞元時期的狀況。在兩稅法實行之後,防秋兵的軍資供給產生了一定變化,不排除大曆敕文的規定在末年失效的可能性。而李錦綉的觀點則面臨是年九月《宋本册府元龜》卷九九二《外臣部·備禦第五》的反例:"淮西、鳳翔防秋兵士,馬璘統之;汴宋、淄青、成德軍兵士,朱泚統之;河陽、永平軍兵士,子儀統之;楊、楚兵士,抱玉統之",4002 頁。其中成德,以及"楊、楚"也即淮南,均出現在正文《命諸道平糴敕》中。對於這一敕文的理解,或許可以作出有傾向性的推測,但整體皆不太穩妥。

由上文對大曆九年説的反思我們可以看到,在這之中較早形成了一定慣例的,是防秋兵的人數。儘管這些數字未必適用於大曆之後的時代,但人數慣例的出現或也暗示我們防秋兵派遣本身常態化的傾向,與之相伴,"防秋"也開始進入使名。對於行營體系而言,防秋的功能在使名中占據上風,或也反過來印證了防秋功能本身的常態化。但是功能的常態化並不意味着體系中其他要素慣例化的完成,行營本身具有的臨時性,以及兵源藩鎮的特徵、邊境關係的變化等,都與"常態化"的防秋之間形成了一股張力。換言之,這一功能的發揮或許持續存在,但其中的諸多要素在具體運行中仍然未必穩定。最具代表性的便是防秋兵的戍期。代、德時期的材料所記録的防秋兵戍期,大多有基於現實狀況的時長波動。而在穆宗初年,我們看到了在"德音"中出現的"年限",文宗更是明確地表達了年限的存在,基本可以判斷出現了一個時長未知的固定戍期。在德宗後期、憲宗時期,隨着防秋兵在關中防禦體系中重要性的下降,防秋戍期也最終走上了慣例化的道路。

附記:感謝仇鹿鳴老師對本文的詳細指正,同時感謝匿名評審專家提供的寶貴意見。

## Soldiers Come and Leave as Frontier Guards
— A Further Discussion on the Length of the Garrison Period and the Organizational Form of the Autumn Defence during the Mid and Late Tang Dynasty

Song Xinyun

The maturation of the Autumn Defence ( Fangqiu 防秋) system during the Mid and Late Tang dynasty was a long process. Based on some newly discovered epitaphs and other relevant sources, this article discusses the length of the garrison period and the organizational form of the Autumn Defence. From Daizong 代宗 to Dezong 德宗, the length of the garrison period was not fixed but fluctuated according to the actual circumstances. This changed in the Changqing 長慶 reign of Muzong 穆宗. In the Zhonghe 中和 era, there were more definite sources showing that the length of the garrison period was three years. This article speculates that the relatively fixed length of the garrison period was probably started during Dezong's Zhenyuan 貞元 and Xianzong's 憲宗 Yuanhe 元和 era with the development of command of Shence army (Shencejunzhen 神策軍鎮). However, the fixed garrison period was only a stable and ideal reference benchmark that reduces the amplitude of fluctuations, it did not represent the fading of the influence of many realistic factors. Its organizational form was temporary garrison (Xingying 行營). The official titles of its commanders were Commander of the Autumn Defence (Fangqiu Bingmashi 防秋兵馬使) and Commander of Certain Circuit Being Assigned the Duty of Autumn Defence (Moudao Bingmashi Zhifangqiushi 某道兵馬使知防秋事). These titles were in the name of the post of Commissioner (Shizhi 使職). In addition, not all elements in the system became routine even when the function of Autumn Defence was normalized. The temporary nature of temporary garrison, the characteristics of the defense command (Fanzhen 藩鎮) where the Autumn Defence soldiers came from, and changes in border relations, resulted in tension within the normalized Fangqiu system and influenced many elements of its practice.

# 寄以干城：中晚唐藩鎮薦送大將入朝考

## 張照陽

在過去關於朝廷與藩鎮關係的解讀中，政治資源的流動是個很少使用的視角。鑒於唐代藩鎮體制的"不確定性"，藩鎮既能充當朝廷權威的挑戰者，也無法脱離朝廷而存在，更是朝廷進行統治的重要環節。在此背景下，雙方不可避免地進行着種種政治資源的流動。不過這種流動並非一成不變的，也不是没有地域以及文武身份區隔的，更是受到雙方關係的影響而不斷變化的。從官員選任的角度看，無論長慶初年(821—822)白居易宣稱的"今之俊乂，先辟於征鎮，次升於朝庭。故幕府之選，下臺閣一等。異日入爲大夫公卿者，十八九焉"[1]，還是唐末薛廷珪所謂的"天子擢侯府之彦，升諸周行，掄材獎勞，斯謂彝制"[2]，都是肅宗、代宗之際難以想象的面相。也就是説，隨着時間推移，藩鎮在朝廷官員的締造上發揮了越來越大的作用。這種流動性的增强也是雙方依附性日益明顯的寫照。

相較於文官，武將明顯更爲敏感且容易引起猜忌，也是體現朝廷與藩鎮關係變化更有説服力的群體。一方面中晚唐所謂的藩鎮跋扈或者割據，武將往往是始作俑者，抑制藩鎮幾乎等同於防範武將勢力的坐大；另一方面文武分途的趨勢以及武將地位的下降愈加明顯[3]，而恰恰這一時期逐漸形成藩鎮薦送大將入

---

[1] 白居易著，謝思煒校注《白居易文集校注》卷一二《温堯卿等授官賜緋充滄景江陵判官制》，中華書局，2011年，564頁。

[2] 《文苑英華》卷四〇〇《授裴迪太僕卿元鎬京兆少尹盧妣國子司業等制》，中華書局，1966年，2032頁上。

[3] 于賡哲《由武成王廟制變遷看唐代文武分途》，《魏晉南北朝隋唐史資料》第19輯，上海古籍出版社，2002年，136—140頁。馮金忠《唐代地方武官研究》，花木蘭文化出版社，2012年，32—40頁。方震華《權力結構與文化認同：唐宋之際的文武關係(875—1063)》，社會科學文獻出版社，2019年，18—31頁。葉煒《武職與武階：唐代官僚政治中文武分途問題的一個觀察點》注意到唐後期朝廷開始授予武職以文階甚至文職的現象，認爲這很可能是調動其積極性的一種激勵，或者文武差距變大後的些許補償，《中國中古史研究》第6卷，中西書局，2018年，201—221頁。

朝進而受到干城之寄的模式[1]。具體地説,就是這些大將入朝後往往成爲禁軍將領,進而出任藩鎮節度使或者觀察使。過去學界對這一現象已有所注意,祇是要麽聚焦於制度史領域的遷轉,要麽局限於個案式的解讀[2],整體性的關照依然不够。本文將圍繞這一模式的産生和演進進行考察,並討論其與禁軍將領締造之間的關係[3],進而更具體地展示朝廷與藩鎮關係的變化。

## 一、肅宗時代的禁軍格局

《新唐書》描繪安史亂後的形勢時稱:"大盜既滅,而武夫戰卒以功起行陣,列爲侯王者,皆除節度使。由是方鎮相望於内地,大者連州十餘,小者猶兼三四。故兵驕則逐帥,帥強則叛上。"[4]這段記載儘管非常籠統和不精確,却生動地展現了藩鎮時代初期朝廷對武夫戰卒的妥協與猜忌。稍晚於此郭子儀亦表示:

> 自艱難以來,朝廷姑息方鎮,武臣求無不得;以是方鎮跋扈,使朝廷疑之,以致如此。今子儀奏一屬官不下,不過是所請不當聖意。上恩親厚,不以武臣待子儀,諸公可以見賀矣![5]

---

[1] 雖然具體模式上有"諸道薦送大將,或隨節度使歸朝"以及"追赴闕"等區分,但在形式上恐都經過藩鎮推薦的步驟。爲了論述簡便,本文將其統稱爲"薦送大將"。

[2] 前者如:何永成《唐代神策軍研究——兼論神策軍與中晚唐政局》,臺灣商務印書館,1990年,40—44頁。劉琴麗《唐代武官選任制初探》,社會科學文獻出版社,2006年,173—175頁。馮金忠《唐代河朔藩鎮武職僚佐的遷轉流動——以與中央朝官間的流動爲中心》、《唐代河朔藩鎮武職僚佐的遷轉流動——以與順地藩鎮間的流動爲中心》,均收入《唐代河北藩鎮研究》,科學出版社,2012年,30—42頁。馮金忠《唐後期藩鎮武職僚佐的遷轉》,《唐代地方武官研究》,75—162頁。何先成《中晚唐神策軍的遷轉問題再探討》,《重慶師範大學學報》2015年第6期,56—60頁。黃樓《神策軍與中晚唐政治》,中華書局,2019年,37—38頁。後者如:李殷《神策軍將校家族的仕宦空間與中晚唐政局變遷——以新出唐符澈墓誌爲綫索》,《學術研究》2017年第11期,137—145頁。

[3] 需要説明的是,這裏的"禁軍將領",主要指位居南衙、北門禁軍領導層的大將軍、將軍。雖然中晚唐南衙將軍多不掌握實際軍權,但依然具有官僚體系職級的意義,其升遷和北衙將軍相比略有差異。如白居易謂"國家設十二衛,猶漢之有南北軍,而左右羽林,尤稱親重。自諸衛而移領者,謂之美遷",《白居易文集校注》卷一三《王元輔可左羽林衛將軍知軍事制》,636頁。

[4] 《新唐書》卷五〇《兵志》,中華書局,1975年,1329頁。

[5] 趙璘《因話録》卷二《商部上》,《唐國史補 因話録》,上海古籍出版社,1979年,75頁。

到了貞元四年(788),李吉甫仍稱:"自中興三十年而來,兵未緝者,患在將帥以養寇自重,縱敵藩身。"[1]可以説,在相當長的時間裏,武將都是容易引起朝廷猜忌的羣體,祇是朝廷的態度並非姑息。不論"爲唐室中興之關鍵"的朔方軍,還是千里赴難的安西四鎮軍,以及殷仲卿、尚衡、劉展等地方軍人,甚至來瑱等本爲朝廷擢用的將領,都先後遭到不同程度的猜忌和打壓[2]。在此情况下,很難想象藩鎮武將能得到多少信任。

肅宗時期的禁軍打破了玄宗時代的格局,處於劇烈重建中。唐長孺很早就指出這一時期禁軍名類頗多且廢置不一,認爲除威遠營、英武軍外,長興以及寧國等軍"多不可考"[3],但這並不意味着其將領的身份就無規律可循,尤其是地位關鍵的北門禁軍。《新唐書》載:"及禄山反,天子西駕,禁軍從者裁千人,肅宗赴靈武,士不滿百,及即位,稍復調補北軍。至德二載(757),置左右神武軍,補元從、扈從官子弟,不足則取它色"[4],就强調元從扈從將領的重要性。下面就具體地看:

劉感義,右羽林軍將軍、知左羽林軍事。"[玄宗]以公武可計國,文堪政軍,至德年中,俾輔今帝。公於是感激成憤,妖祲是圖。諫聖人,拂衣鳳翔;總兵士,卷甲靈武。裹糧蓄鋭,一舉萬全,蕩滌兩京,廓清四海。功標社稷,義切君臣。"[5]

李懷讓,左羽林大將軍、左神武大將軍。"[公]以良家子選羽林郎……王師巡狩,侍執羈靮,扈陪鸞輿,節見時危……始自靈武,至於扶風,險阻屯蒙,未嘗離上。削平休泰,終契興王,從收軍師,首列勳舊……以佐命功特授鎮國大將軍、左羽林軍大將軍、知左神武軍事,加特進、兼鴻臚卿、左神武軍大將軍。"[6]

曹景林,左龍武將軍。"天寶五載(746),由宿衛而漸官階。至德初,二京陷

---

[1] 《宋本册府元龜》卷五九五《掌禮部·謚法》,中華書局,1989年,1812頁下。
[2] 黄永年《"涇師之變"發微》,《文史探微》,中華書局,2000年,390—424頁。李碧妍《從"劉展之亂"看唐肅宗的江淮政策》,《學術月刊》2010年第10期,收入《危機與重構:唐帝國及其地方諸侯》,北京師範大學出版社,2015年,442—456頁。
[3] 唐長孺《唐書兵志箋正》卷三,中華書局,2011年,110頁。
[4] 《新唐書》卷五〇《兵志》,1331頁。這裏没有列出英武軍,黄樓認爲英武軍屬於南衙,應該來自河隴軍,其將領也多是河隴軍人,《神策軍與中晚唐政治》,64—65頁。
[5] 胡戟、榮新江主編《大唐西市博物館藏墓誌》二七六《劉感義墓誌》,北京大學出版社,2012年,600—601頁。
[6] 《文苑英華》卷九五一《華州刺史李公墓誌銘》,5001頁下—5002頁上。

覆,肅宗遷幸靈武,以警從授左武衛翊府左郎將。總干戈以翼主,奮勇烈以闘國。皇輿返正,以功授右驍衛翊府中郎,進加雲麾將軍、左龍武軍將軍。"[1]

李元琮,右龍武軍將軍、知軍事。"天寶初,以武藝入仕……十五年扈從巴蜀……及肅宗皇帝龍飛北朔,鳳翔西土。入京洛之天宮,求河岳之良佐。知公茂德,命公對見……帝曰家臣,無間然矣。改左内率府率,都巡宫苑使、水族放生使。出納王命,薦賢黜惡。旋授右龍武軍將軍、知軍事。"[2]

曹懷直,右龍武將軍、知軍事。他本爲太子僚屬,後被隴右節度使哥舒翰表爲討擊副使,"天寶十五年,凶逆亂華,今上幸靈武,追入宿衛,拜右龍武將軍知軍事,本諱元秀,改爲懷直,實署行也。至德初,扈從歸中京,紀叙勳效,授雲麾將軍。又以統領有能,遷本軍大將軍、上柱國"[3]。

史繼先,右神武將軍。"玄宗時爲左金吾衛大將軍,酒泉郡太守、河西節度副使。肅宗初,知神武軍事,賜姓史氏。其後爲右神武將軍,封潁國公。卒於建中元年。"[4]

郭英乂,右羽林大將軍,前隴右節度使郭知運之季子。"少以父業,習知武藝,策名河、隴間……至德初,肅宗興師朔野,英乂以將門子特見任用,遷隴右節度使、兼御史中丞。既收二京,徵還闕下,掌禁兵。遷羽林軍大將軍,加特進。"[5]

李抱玉,右羽林大將軍、知軍事。"本安興貴曾孫,世居河西,善養馬。始名重璋,閑騎射,少從軍……天寶末,玄宗以其戰河西有功,爲改今名。禄山亂,守南陽,斬賊使……進至右羽林大將軍,知軍事。"[6]

衛伯玉,右羽林軍大將軍、知軍事。"及安禄山反,[神策]軍使成如璆遣其將衛伯玉將千人赴難。既而軍地淪入吐蕃,伯玉留屯於陝,累官至右羽林大將

---

[1] 周紹良主編《唐代墓誌彙編》建中〇一五《唐故雲麾將軍左龍武軍將軍知軍事兼試光禄卿上柱國譙郡開國公贈揚州大都督曹府君墓誌銘並序》,上海古籍出版社,1992年,1831頁。
[2] 西安文物稽查隊編《西安新獲墓誌集萃》六四《李元琮墓誌》,文物出版社,2016年,156—159頁。
[3] 《大唐西市博物館藏墓誌》二七五《曹懷直墓誌》,598—599頁。
[4] 趙明誠撰,金文明校證《金石錄校證》卷二八《唐右神武將軍史繼先墓誌》,中華書局,2019年,537頁。
[5] 《舊唐書》卷一一七《郭英乂傳》,3396頁。
[6] 《新唐書》卷一三八《李抱玉傳》,4619頁。《舊唐書》卷一三二《李抱玉傳》提示出任羽林將軍在乾元初,3645頁。

軍。"[1]該"右羽林大將軍"即《舊唐書》所謂的"以功遷右羽林軍大將軍、知軍事"[2]。

李光進,李光弼之弟。"自至德後與李輔國並掌禁兵,委以心膂。"[3]李光進名列至德二載十二月收復兩京大赦文中[4],可見亦有扈從肅宗之功。

以上是目前可以確知"知軍事"的北門禁軍將領。這個名單雖不全面,但透露出其將領主要由元從、扈從和"河隴系"軍人構成。再來看禁軍將領出任節度使的記載,除了上元二年(761)出任同華節度使的李懷讓外[5],《舊唐書·肅宗紀》載:

〔乾元元年〕九月庚午朔,右羽林大將軍趙泚爲蒲州刺史、蒲同虢三州節度使。

〔乾元二年六月〕以右羽林大將軍彭元曜爲鄭州刺史,充陳、鄭、申、光、壽等州節度使。

〔乾元二年九月〕右羽林大將軍王仲昇充申、安、沔等州節度使,右羽林將軍李抱玉爲鄭州刺史、鄭陳潁亳四州節度使。

〔乾元三年〕四月庚申,以右羽林大將軍郭英乂爲陝州刺史、陝西節度、潼關防禦等使。

〔上元元年〕十二月庚辰,以右羽林軍大將軍李鼎爲鳳翔尹、興鳳隴等州節度使。[6]

---

[1] 《資治通鑑》卷二二一《唐紀三十七》上元元年七月條,中華書局,1956年,7096頁。亦見王溥撰《唐會要》卷七二《京城諸軍》,上海古籍出版社,2006年,1533頁。

[2] 《舊唐書》卷一一五《衛伯玉傳》,3378頁。關於衛伯玉與神策軍的關係,參吳玉貴《杜甫"觀兵"詩新解——唐乾元二年西域援軍再次入關史實鉤沉》,《西暨流沙:隋唐突厥西域歷史研究》,上海古籍出版社,2020年,211—221頁。

[3] 《新唐書》卷一三六《李光進傳》,4591頁。歐陽脩指出,"右《李光進碑》,楊炎撰,韓秀實書。唐有兩李光進,其一光顏之兄,其一光弼之兄弟也。此碑乃光弼弟也。唐史書此兩人事多誤,《新書》各爲傳以附顏、弼,遂得其正",可見《新唐書》的記載較爲準確,見《集古錄跋尾》卷八《唐李光進碑》,李逸安點校《歐陽脩全集》卷一四一,中華書局,2001年,2280頁。

[4] 宋敏求編《唐大詔令集》卷一二三《至德二載收復兩京大赦》,中華書局,2008年,658頁。這裏並未載李光進的具體職務,但稱"開府儀同三司"。

[5] 李懷讓節度同華的時間不詳,吳廷燮《唐方鎮年表》繫於上元二年,中華書局,1980年,1145頁。

[6] 以上皆據《舊唐書》卷一○《肅宗紀》,253—257頁。

和李抱玉、郭英乂一樣,趙泚、王仲昇、彭元曜應該都是"知軍事"的禁軍將領。其中趙泚、王仲昇的身份尚不清楚,其他都確知是河隴軍人[1],同樣表明河隴軍人在肅宗朝禁軍將領中的重要。這也符合林偉洲的觀察,即河隴軍將在平定安史之亂以及出任軍事統帥上發揮了重要作用[2]。

可以説,這一時期的禁軍將領主要由劉感義、李懷讓等元從扈從將領以及史繼先等河隴系軍人構成,而河隴系軍人和扈從將領有着很大的重合。上文提及的曹懷直就得到哥舒翰的賞識,長期任職於河隴軍中,天寶十五載潼關之役失敗後投奔肅宗行在,繼而成爲扈從將領。他的情況並非個例。下引的材料就表明,河隴系軍人領袖哥舒翰的主要部將如李承光、王思禮、吕崇賁、管崇嗣、鉗耳大福和蘇法鼎等人都投奔肅宗行在[3]:

〔天寶〕十四載,禄山反,封常清以王師敗。帝乃召見〔哥舒〕翰,拜太子先鋒兵馬元帥,以田良丘爲軍司馬,蕭昕爲判官,王思禮、鉗耳大福、李承光、高元蕩、蘇法鼎、管崇嗣爲屬將,火拔歸仁、李武定、渾萼、契苾寧以本部隸麾下,凡河、隴、朔方、奴剌等十二部兵二十萬守潼關。[4]

〔哥舒〕翰大將鉗大福、蘇法鼎、管崇嗣等,於靈寶西原與賊軍戰,聞潼關失守,亦各奔散,西走入關。[5]

哥舒翰爲元帥,奏思禮加開府儀同三司,兼太常卿同正員,充元帥府馬軍都將,每事獨與思禮決之……潼關失守,思禮西赴行在,至安化郡。思禮與吕崇賁、李承光並引於纛下,責以不能堅守,並從軍令。或救之可收後效,

---

[1] 彭元曜天寶十三載任隴右兵馬使,並且他出任的陳鄭申光壽等州節度使正是接管魯炅餘部,而魯炅集團也是河隴軍人主導。彭元曜去世後,這一職務由李抱玉接任。《金石録校證》卷七《唐鄭陳節度使彭元曜墓誌》,"李潮撰並八分書。乾元二年十一月",142頁。

[2] 林偉洲《安史亂後關中軍事防禦系統的初次構建與瓦解》,《史學彙刊》第18期,《河隴軍將的參與平定及安史亂後對其軍事人力之派任——以肅代二朝首都防衛爲中心》,《大葉大學通識教育學報》第15期,均收入《唐代藩鎮研究論文集》,花木蘭文化出版社,2016年,3—17、115—132頁。

[3] 黄永年《〈通典〉論安史之亂的"二統"説證釋》認爲玄宗後期存在河西、隴右等"西方二師"與范陽、平盧、河東等"東方三師"的對立,主要的領袖分别爲哥舒翰和安禄山,《文史探微》,中華書局,2000年,292—311頁。

[4] 《新唐書》卷一三五《哥舒翰傳》,4571頁。

[5] 《册府元龜》卷四四三《將帥部·敗衄三》,中華書局,1960年,5258頁上。

遂斬承光而釋思禮、崇賁……遷戶部尚書、霍國公……自武德已來,三公不居宰輔,唯思禮而已。[1]

〔至德三年正月〕鉗耳大福封洛郊郡開國公,實封一百戶;李懷讓封沂國公、食實封一百戶,與一子五品官;舍利如珍食邑封一百戶,與一子五品官;王仲昇封沛國公,與一子五品官;吕崇賁封鄆國公,與一子五品官;周皓封汝南郡開國公。[2]

需要説明的是,李承光之被斬,並非肅宗真的要追究潼關之戰的責任,而是和其捲入玄宗、肅宗的權力之爭有關。代宗時于邵代寫的上表中有非常詳細的説明:

故開府儀同三司兼太常卿李承光,頃充河西兵馬使……俄屬幽燕作逆,伊洛陷寇,蒲潼不關,天地交閉。承光臨計自失,倉卒西還,亦既通表華陽,奉箋靈武。枕干待命,俟期而往。曾未信宿,先朝賜書,敦序兄弟,如家人禮。當是時也,臣親見之。開緘流涕,是日便發,及至行在,特加天下兵馬副元帥,改名匡國。扈蹕彭原,別承誥旨,因此伏法。[3]

李承光自潼關西還後,一邊"通表華陽",一邊"奉箋靈武",很快就收到肅宗書信,"敦序兄弟,如家人禮",之後便加入肅宗集團。這是史乘未及的面相,也表明韓泚墓誌所謂的"肅宗於靈武踐祚,密詔追公赴行在"之舉可能相當普遍[4]。李承光被肅宗"特加天下兵馬副元帥,改名匡國",同時被賜名護國的則是判元帥府行軍司馬事李靜忠,也即後來的李輔國[5],可見其受信任之深。祇是李承光"扈蹕彭原,別承誥旨",即同時接受玄宗的誥旨,"因此伏法"[6]。值得注意的是,這並没有影響管崇嗣、吕崇賁等人繼續得到肅宗信任,他們仍在政治上發揮重要作用。換言之,這些河隴軍人也基本是扈從功臣。這既符合有唐以元從主導北門禁軍的傳統,也和玄宗時代"唐隆功臣"主導龍武軍的情況類似[7]。

---

[1] 《舊唐書》卷一一〇《王思禮傳》,3312—3313 頁。
[2] 《宋本册府元龜》卷一三一《帝王部·延賞二》,119 頁下。
[3] 《文苑英華》卷六〇八《爲人請合祔表》,3151 頁下。
[4] 胡戟《珍稀墓誌百品》七〇《韓泚墓誌》,陝西師範大學出版社,2016 年,172—173 頁
[5] 《舊唐書》卷一三四《宦官傳》,4759—4760 頁。
[6] 從時間上看,這裏的"誥旨"很可能是韋見素、房琯、崔渙等自蜀郡齎上册書及傳國寶到達肅宗行在時所帶的。
[7] 蒙曼《唐代前期北衙禁軍制度研究》,中央民族大學出版社,2005 年,90—140 頁。

在這種情況下,朝廷與藩鎮之間並非没有武將的流動。李元淳的墓誌載:

> 天寶末,凶徒南向,北騎濟河,平北節度使尚衡時在濮陽,首圖義舉……公年始十六,仗劍從軍,深爲將帥之所親重。響義之衆幾數萬人,騎射驍雄,推公第一……後隨尚衡入覲,肅宗召見,親加慰諭,敕留親軍宿衛,乃授試右金吾衛將軍,賜紫金魚袋。尋屬王嶼出鎮淮海,特奏公在麾下,詔從之。[1]

李元淳即後來的李長榮。墓誌説他在肅宗時代就隨使赴闕,並得到肅宗賞識而留在禁軍,但其職位祇是試官而非實權禁軍將領,並且很快就隨出鎮淮南的王嶼南下,就此長期沉浮藩鎮,直到德宗時代纔得以回到朝廷,因此,很難説他多麽得到朝廷信任。

這樣的例子還有王栖曜,"及〔尚〕衡居節制,授右威衛將軍、先鋒遊奕使。隨衡入朝,授試金吾衛將軍。上元元年,王嶼爲浙東節度使,奏爲馬軍兵馬使"[2]。事實上,就連自平盧軍"率諸將校之子弟各一人,間道趨闕"的楊燕奇,"天子嘉之,特拜左金吾衛大將軍員外置,賜勳上柱國。上元二年春,詔從僕射田公平劉展,又從下河北"[3],同樣很快外放。不過李長榮、王栖曜和楊燕奇等例子應該也不多見,就更不用説藩鎮薦送大將入朝再成爲節度使了。

## 二、代宗、德宗之際薦送大將的出現

代宗時期,帝國全面進入藩鎮時代。雖然朝廷以"務姑息"著稱,但雙方的流動却明顯增強,藩鎮薦送大將入朝的情況開始出現。需要説明的是,伴隨着這一時期神策軍從地方軍隊成爲禁軍,開始迅速擴張,大量藩鎮將領被吸納其中。比如原李光弼的部將郝廷玉、侯仲莊、陳利貞以及李國臣等人就先後"入備宿衛,出鎮河隴"[4],還有各地的防秋軍將邢君牙、朱忠亮、陽惠元和尚可孤等也

---

[1] 黄樓《〈祁連郡王李公(元淳)墓誌銘〉考釋——兼論唐德宗貞元年間三次擇帥問題》,《碑誌與唐代政治史論稿》,科學出版社,2017年,20—21頁。
[2] 《舊唐書》卷一五二《王栖曜傳》,4068—4069頁。
[3] 韓愈著,劉真倫、岳珍校注《韓愈文集彙校箋注》卷一四《静邊郡王楊燕奇碑文》,中華書局,2010年,1561頁。
[4] 《文苑英華》卷就五三《汝州刺史陳公墓誌銘》,5010頁上。

多"以兵隸神策"[1]。不過正如李碧妍所指出的,朝廷吸納他們主要是爲了出鎮京西北以防禦吐蕃,而非拱衛宫廷[2]。因此,他們並不屬於藩鎮薦送的一般情况,但表明朝廷對藩鎮武將的立場發生了微妙變化。

從統治階層的角度看,代宗政治與肅宗時有着高度的延續性。代宗即位後,先是對張皇后、李輔國、朱光輝以及李遵等前朝要臣或誅或貶[3],之後誅殺赴闕的山南東道節度使來瑱、同華節度使李懷讓等元勳軍將[4],試圖擺脱前朝功臣的影響,但並不成功。結果就導致廣德元年(763)吐蕃攻入長安,代宗被迫幸陝時,諸道"莫有至者",以及僕固懷恩突然叛亂。

在廢置已久的郭子儀的努力下,吐蕃被擊退,年底代宗回到長安。次年,僕固懷恩之亂被平息,帝國內政趨於穩定。永泰元年(765),代宗突然以優待勳臣之名設立集賢院十三待制:

> 三月壬辰朔,詔左僕射裴冕、右僕射郭英乂、太子少傅裴遵慶、檢校太子少保白志貞、太子詹事臧希讓、左散騎常侍暢璀、檢校刑部尚書王昂、高昇、檢校工部尚書崔涣、吏部侍郎李季卿王延昌、禮部侍郎賈至、涇王傅吴令瑶等十三人,並集賢院待詔。上以勳臣罷節制者,京師無職事,乃合於禁門書院,問以文儒公卿,寵之也。[5]

這段記載並不完全準確,其中白志貞當作孫志直[6]。從身份上看,裴冕、郭英乂、裴遵慶以及暢璀等都算是肅宗扈從功臣,孫志直、高昇則與河隴軍人關係密

---

[1] 《舊唐書》卷一四四《陽惠元傳》:"以材力從軍,隸平盧節度劉正臣。後與田神功、李忠臣等相繼泛海至青、齊間……又以兵隸神策,充神策京西兵馬使,鎮奉天。"3914頁。參何永成《唐代神策軍研究——兼論神策軍與中晚唐政局》,73—82頁。

[2] 李碧妍《危機與重構:唐帝國及其地方諸侯》,208—214頁。

[3] 他們應該都屬肅宗的靈武元從功臣,可參王凱《唐肅宗靈武元從定策功臣考論——兼論北奔路綫》,吴琦主編《華大古史論壇》第7輯,湖北人民出版社,2021年,27—45頁。

[4] 《新唐書》卷二〇七《宦者上》,5861頁。孟彥弘《"姑息"與"用兵"——朝廷藩鎮政策的確立及其實施》,《唐史論叢》第12輯,2010年,117—119頁。

[5] 《舊唐書》卷一一《代宗紀》,278頁。

[6] 黄光輝《唐代宗朝集賢院十三待制考》,包偉民、劉後濱主編《唐宋歷史評論》第6輯,社會科學文獻出版社,2019年,125—131頁。

切〔1〕，很可能也在其列。因此，集賢待制的成立很可能是代宗措置功臣的延續，並非真如詔書所説"思與文武藎臣，咨謀善道"〔2〕。獨孤及亦稱："詔裴冕、崔涣等十有三人並集賢殿待制，以備詢事考言之問……然頃者陛下雖容其直，而不録其言……但有容諫之名，竟無聽諫之實。"〔3〕事實上，趙明誠很早就指出這一制度的不合慣例，"余觀韋述所撰《集賢注記》，開元、天寶間，凡隸名於集賢者，皆一時文學之選。蓋官以待制爲名，所以備人主顧問，言語侍從之臣也。今乃以武夫庸人參於其間，可乎？"〔4〕

集賢待制的局面並没有持續多久，"自後遷者非一"〔5〕。同年五月，劍南節度使嚴武去世，代宗就任命郭英乂爲劍南節度使，之後臧希讓、王昂等人亦先後被任命爲節度使〔6〕，裴冕則再度同平章事，出任東都留守、河南淮南淮西山南東道副元帥。事實上，大曆前期的權宦魚朝恩，以及後期被寄以非常的宰相楊綰，都有扈從肅宗之功〔7〕。凡此種種，都提示代宗政治的主導者仍多爲前朝勛舊。他們均從扈從肅宗中興中獲得了政治生涯中的重要資本。

從現存史料看，代宗時期禁軍内並没有出現大規模的人員調整，即便"寶應功臣""陝州功臣"也和前朝元從、扈從功臣有很大的重合，因此，其將領應該延續了肅宗時期的構造特徵，即主要由前朝元從扈從將領構成。在這種背景下，馮朝光、陳守禮等人升遷禁軍將軍就具有代表性。其墓誌載：

> 先君諱守禮，字守禮……起家兵部常選。會幽陵桀逆，來陷京邑。扈從靈武，間諜都畿，頗得賊計。又輔燉煌王爲和國使，得回紇五千帳赴難……

---

〔1〕《舊唐書》卷一一一《暢璀傳》載天寶末"副元帥郭子儀辟爲從事。至德初，肅宗即位，大收俊傑，或薦璀，召見悦之，拜諫議大夫。累轉吏部侍郎"，3332頁。代宗時代孫志直、高昇先後出任鳳翔兼隴右節度使，吴廷燮《唐方鎮年表》，2頁。

〔2〕《唐會要》卷二六《待制官》，591—592頁。

〔3〕獨孤及撰，劉鵬、李桃校注，蔣寅審定《毗陵集校注》卷四《諫表》，遼海出版社，2006年，84頁。

〔4〕《金石録校證》卷二八《唐郭英乂碑》，528頁。

〔5〕錢易撰，黄壽成點校《南部新書》丙，中華書局，2002年，32頁。

〔6〕《舊唐書》卷一一《代宗紀》，279頁。同卷載大曆四年"六月丁酉，以太子詹事臧希讓檢校工部尚書，充渭北節度"，293頁。《舊唐書》卷一一八《王昂傳》載："大曆五年六月，爲江陵尹、兼御史大夫，充荆南節度觀察使，代衛伯玉"，但受到衛伯玉的抵制並未成行，3414頁。

〔7〕《新唐書》卷二〇七《宦者傳上》，5863頁。《舊唐書》卷一一九《楊綰傳》，3430—3435頁。

洎代宗董戎,命我先君親入衙幕,寔近臣也……代宗之即正也,凌霄門册立,制以寶應功臣爲名,遂授左金吾衛大將軍,兼光禄卿。西戎之盜宫廟也,鑾駕巡陝,行在拜右龍武軍將軍知軍事……上以藩邸舊臣,宜委北軍之政,乃擢明威將軍,守左龍武軍將知軍事。[1]

公姓馮氏,諱朝光……釋巾拜馮翊府別將。會胡虜構逆,乘輿避狄。公見危授命,挺劍啟行。比寧復皇州,乃賞勞報□□左武衛中郎將,除左清道率府率,轉左金吾衛將,歷左威衛將,改右監門衛將軍。公服膺七德,委質三朝。屢承如綍之旨,爰沐分第之寵。遷輔國大將軍、行左龍武軍將軍知軍事、兼光禄卿、扶風縣開國伯,食邑一千户。[2]

從禁軍將領出任節度使的角度看,除了上文提及的臧希讓、王昂外,永泰元年節度渭北的李光進[3]、曾任丹延都團練觀察使的周皓[4],以及大曆七年(772)出任嶺南節度的吕崇賁,同樣屬於肅宗扈從之臣。他們可以説是最受代宗信任的武將。

不過正是這一時期,藩鎮大將入朝成爲禁軍將領的例子開始出現。《新唐書·論惟貞傳》載,"[永泰元年]光弼病,表以自代。擢左領軍衛大將軍,爲英武軍使,卒"[5]。墓誌顯示論惟貞入闕時身份是"副元帥都知兵馬使",建中二年(781)去逝前一直任英武軍使[6]。與論氏幾乎同時入朝的還有朔方大將張惟岳。其神道碑載:

天寶末改服仗劍,北趨朔邊。屬幽陵首禍,安羯稱亂,汾陽王郭公子儀偉其材略,引爲步將。太尉李光弼……李國貞繼掌師律……僕固懷恩之授鉞也,亦仗公以心腹……懷恩之逋,封漢東郡王,增封一百五十户,充朔方都

---

[1] 《大唐西市博物館藏墓誌》三〇八《陳守禮墓誌》,666—668 頁。關於這篇墓誌存在的問題,參寧欣《〈陳守禮墓誌〉考釋》,《史學史研究》2017 年第 2 期,110—116 頁。
[2] 吴鋼主編《全唐文補遺》第 8 輯《大唐故輔國大將軍行左龍武將軍知事兼光禄卿扶風縣開國伯上柱國馮府君墓誌》,三秦出版社,2005 年,92—93 頁。
[3] 吴廷燮《唐方鎮年表》,81—82 頁。
[4] 陸贄撰,王素點校《陸贄集》卷一四《奉天薦袁高等狀》,中華書局,2006 年,433 頁。吴廷燮《唐方鎮年表》繫於大曆四年、五年,1154—1155 頁。
[5] 《新唐書》卷一一〇《論惟貞傳》,4127 頁。
[6] 沈琛《入唐吐蕃論氏家族新探——以〈論惟貞墓誌〉爲中心》,《文史》2017 年第 3 輯,82—83 頁。

> 知兵馬使。公以三軍無帥,審於避嫌,馴歸闕下,□食四百五十户,拜左羽林軍將軍、知軍事……遷本軍大將軍。[1]

張惟岳可謂朔方老將,經歷郭子儀、李光弼、李國貞和僕固懷恩等節度使的領導,位至都知兵馬使等要職。不過他之入關並非僅如墓誌所稱的"三軍無帥,審於避嫌",而是和誅殺僕固懷恩之子僕固瑒有關[2]。因此,他出任左羽林將軍很可能是對該功勞的獎賞。很明顯,論惟貞、張惟岳入朝的背景都比較特殊,更何況其中也不乏羈縻的因素。

代宗、德宗之際,藩鎮薦送大將入朝的情況頻繁出現。最有名的例子就是李晟,《舊唐書》:

> 李晟字良器,隴右臨洮人。祖思恭,父欽,代居隴右爲裨將……年十八從軍……時河西節度使王忠嗣擊吐蕃,有驍將乘城拒鬥,頗傷士卒,忠嗣募軍中能射者射之。晟引弓一發而斃……鳳翔節度使高昇雅聞其名,召補列將……累遷左羽林大將軍同正。廣德初,鳳翔節度使孫志直署晟總遊兵……大曆初,李抱玉鎮鳳翔,署晟爲右軍都將……無幾,兼左金吾衛大將軍、涇原四鎮北庭都知兵馬使,並總遊兵。無何,節度使馬璘與吐蕃戰於鹽倉,兵敗,晟率所部橫擊之,拔璘出亂兵之中,以功封合川郡王。璘忌晟威名,又遇之不以禮,令朝京師,代宗留居宿衛,爲右神策都將。[3]

河隴軍人在肅宗、代宗政治上的意義已如上述。李晟不僅出身於河隴,而且長期任職於與河隴軍人關係密切的鳳翔軍內,先後得到了高昇、孫志直和李抱玉三任節度使的賞識。祇是不久後他突然轉任安西四鎮軍人掌握的涇原軍中,出任都知兵馬使這樣的要職,則頗爲費解。在有救命之功的情況下,李晟仍没有得到節度使馬璘的信任,被送遣入朝[4]。之後代宗留任李晟爲神策都將。這一職位

---

[1] 陸增祥《八瓊室金石補正》卷六六《唐故開府儀同三司兼左羽林軍大將軍知軍事文安郡王贈工部尚書清河張公神道碑銘並序》,《石刻史料新編》第1輯第7册,新文豐出版公司,1977年,5065頁上。

[2] 《舊唐書》卷一二一《僕固懷恩傳》,3488頁。

[3] 《舊唐書》卷一三三《李晟傳》,3661—3662頁。

[4] 儘管如此,李晟後來出任鳳翔節度使時,仍表舉馬璘之子馬晤入幕。參見故宫博物院、陝西考古研究院編《新中國出土墓誌·陝西肆》下册,一八三《唐故朝請郎行右衛騎曹參軍馬君墓誌銘並序》,文物出版社,2021年,168頁。

頗類於後來的禁軍將軍。

再來看李觀。《舊唐書》：

> 李觀……乾元中，以策干朔方節度使郭子儀，子儀善之，令佐坊州刺史吳㑴，充防遏使……廣德初，吐蕃入寇，鑾駕之陝，觀於盩厔率鄉里子弟千餘人守黑水之西，戎人不敢近。會嶺南節度楊慎微將之鎮，以觀權謀，奏充偏將，俾總軍政。及徐浩、李勉繼領廣州，尤加信任，麾下兵甲悉委之……李勉移鎮滑州，累奏授試殿中監，加開府儀同三司。追赴闕，授右龍武將軍。[1]

李觀的仕宦履歷就略顯複雜。李勉出鎮滑州自大曆八年至興元元年（784）[2]，那麼李觀之入朝當在這一時期。

另如焦銑。其神道碑載：

> 公諱銑……年十六，河東節度辛公始以將門子擢升勇爵，洎河北俶擾。下缺列則掉鞅賈勇，數閴示閒。引顏高之六鈞，復養由之一矢。下缺搜三軍，得勇悍之最。下缺聖上有梁洋之搜，六軍之師，中亦散潰。公總其部下，爲下缺前射生左虞候，加御史中丞，進封高平郡王，食邑二千户。下缺宜署美名，因改爲左右神威軍，累遷公充左神威大將軍下缺寄以心腹。有頃，遷御史大夫，依前知軍事。[3]

儘管碑文殘泐，不少細節已經遺失，不過從"聖上有梁洋之搜"看，焦銑至遲"涇師之變"前已在禁軍，那麼他之薦送入朝當也在代、德之際。

最後來看韓潭。韓潭於史乘無傳，不過兩《唐書》均稱其爲西川崔寧故將。而《册府元龜》載："崔寧爲劍南西川節度使，奏本管兵馬使、瀘州刺史韓澄與先代諱同，請改名潭，許之。"[4]可見韓潭即韓澄。而此韓澄應該就是永泰元年西川大亂時支持崔寧，並誅殺郭英乂的普州刺史韓澄。他此後長期居於西川權力結構的重要位置上。《奉天錄》載：

---

[1] 《舊唐書》卷一四四《李觀傳》，3912頁。

[2] 吳廷燮《唐方鎮年表》，216—218頁。

[3] 陳尚君輯校《全唐文補編》卷五《唐故雲麾將軍守左神威大將軍知軍事兼御史〔大夫焦銑碑〕》，中華書局，2005年，694頁。毛鳳枝《關中金石文字存逸考》卷六《唐故雲麾將軍守左神威大將軍知軍事兼御史〔大夫焦銑碑〕》，收入《石刻史料新編》第2輯第14册，新文豐出版公司，1979年，10502頁下—10503頁上。

[4] 《册府元龜》卷八六三《總錄部·名諱》，10249頁上。

> 時神武軍使、御史大夫韓澄拜而奏曰："臣昔在劍南西山八州防守，戰具備諳。雲梯小技，不足上勞神慮，請禦之。"上曰："昔沛公困於項籍而得韓信，寡人迫於重圍，上天以卿賜朕。千載一時，卿其勉之！"……此韓澄之計也，拜鹽夏節度、左三統軍。[1]

同焦茶一樣，"涇師之變"時韓澄已經入朝爲神武將軍。考慮到大曆十四年德宗即位後西川節度使崔寧入朝後，不少西川將領都隨之入闕[2]，那麼韓澄很可能也在其中，繼而留任禁軍。

值得注意的是，論惟貞、張惟岳、李觀、焦茶以及韓潭等人，入闕後雖出任禁軍將領，但仕宦通常會止步於此，很少更進一步出任藩鎮節察，和吕崇賁等人有着明顯區別。到了"涇師之變"後，這種情況發生根本性改變。無論扈從德宗的李觀、韓潭等"功臣"，還是新近被薦送入朝的李長榮、王栖曜等人，都被寄以干城，貞元(785—805)初年先後出任藩鎮節度使。首先來看李觀和韓潭：

> 建中末，涇師叛，[李]觀時上直，領衛兵千餘人扈從奉天……駕還京師，詔總後軍禁衛。興元元年閏十月，拜四鎮北庭行軍涇原節度使、檢校兵部尚書。[3]

> [貞元三年七月]以左羽林大將軍韓潭爲夏州刺史、夏綏銀等州節度使。[4]

再來看李長榮和王栖曜：

> 建中、興元之際，晋國公韓滉全領江南東道……以公爲鎮海節度兵馬使……貞元二年隨使朝奏，拜右神策軍將軍知軍事……四年，制除河陽三城懷州都團練使兼御史大夫。公本名長榮，至是詔改爲元淳焉。……明年，兼懷州刺史，仍加管内營田使……十二年制除檢校工部尚書、河陽三城懷州節度使。十五年，改拜昭義軍節度管内支度營田，澤路磁邢洺等州觀察處置

---

[1] 趙元一撰，夏婧點校《奉天錄》卷一，中華書局，2014年，36—37頁。
[2] 崔時用就是其例。《大唐西市博物館藏墓誌》三一二《崔時用墓誌》載，"故劍南西川節度使、右僕射、冀國公即君之季父，奇其能而委以戎務，爲左廂馬軍將，遷銀青光禄大夫，太常卿。建中初，公拜朔方都統，復以君爲左廂兵馬使，累遷金紫光禄大夫，殿中監"，676—677頁。
[3] 《舊唐書》卷一四四《李觀傳》，3913頁。
[4] 《舊唐書》卷一二《德宗紀上》，357頁。

使。[1]

王栖曜,貞元初爲浙西都知兵馬使,從節度使韓滉入覲,授左龍武將軍、知軍事。[2]

〔貞元四年正月〕以左龍武大將軍王栖曜爲鄜州刺史、鄜坊丹延節度使。[3]

事實上,這樣的例子還有張獻甫、劉昌、范希朝和張昌(敬則)等等。從目前掌握的材料看,貞元時期,禁軍將領主要由德宗奉天、梁州等扈從"功臣"以及藩鎮的薦送大將構成。他們中均有不少人先後出任節度使,在遷轉上之間已不見明顯區別[4]。這是不同於代宗時代的變化,足以説明朝廷對藩鎮將領的立場發生轉變。自此他們不再被視爲提防的對象,而是受到干城之寄,成爲帝國加强統治的重要憑藉。换言之,從德宗時期起,藩鎮薦送大將入朝成爲禁軍將軍,再出任節度使的模式真正形成。伴隨着流動性的增强,朝廷與藩鎮之間的依附性也日漸明顯。

## 三、晚唐的藩鎮薦將與禁軍將領的締造

憲宗時期,藩鎮薦送大將入朝之後被寄以干城的情況逐漸增多。他們在"元和中興"和帝國秩序維持上發揮了重要作用,其中最有代表性的例子就是淮西歸國將領李祐和董重質。隨着時間推移,晚唐的藩鎮薦將呈現出許多新的特徵,依附性也對禁軍將領的締造產生了影響。

首先,這一模式越來越具有締造武將"極選"的性質。自德宗以來,文武分途之勢日益明顯,清流文化逐漸形成宰制地位,武將的升遷空間日益受到限制,郭子儀、李晟等位至中書令等實相的再造勳臣鮮有出現,節度使成爲武人之極選。《唐摭言》載:

---

[1] 黄樓《碑誌與唐代政治史論稿》,21頁。
[2] 《宋本册府元龜》卷八四六《總録部》,3218頁上。
[3] 《舊唐書》卷一三《德宗紀下》,363頁。
[4] 關於這批藩鎮大將的薦送背景,參筆者《論貞元初年的禁軍改革》,《中華文史論叢》2021年第1期,219—246頁。《論貞元時期宦官與神策軍的結合》,《文史》2021年第4輯,47—48頁。

> 令狐趙公在相位,馬舉爲澤潞小將,因奏事到宅;會公有一門僧善聲色,偶窺之,謂公曰:"適有一軍將參見相公,是何人?"以舉名語之。僧曰:"竊視此人,他日當與相公爲方面交代。"公曰:"此邊方小將,縱有軍功,不過塞垣一鎮,奈何以老夫交代。"[1]

這裏的令狐趙公即令狐綯。令狐綯家族是中晚唐崛起的最重要的清流家族之一,其父就是備受憲宗信任的宰相令狐楚,他本人也在宣宗時代有着長達十年的輔政經歷,因此上述對話應該發生於宣宗大中四年(850)以後,正是清流文化空前強大的時期[2]。借用五代人的觀察,"唐自大中已來,以兵爲戲者久矣。廊廟之上,耻言韜略,以囊鞬爲凶物,以鈐匱爲凶言"[3]。從史料上看,令狐綯所謂的"邊方小將,縱有軍功,不過塞垣一鎮"應是準確的,馬舉在懿宗前期果然位至天雄軍節度使,後因平定徐州龐勛而升任淮南節度使,祇是這時唐帝國的秩序已趨於崩潰。換言之,對於晚唐的武將來說,出任節度使就是仕宦的頂點。在這種背景下,藩鎮薦將的重要性自然會隨之提高。

其次,晚唐藩鎮薦送的大將已不再是純粹的地方將領,很多都和禁軍家族有着密切聯繫。比如劉沔,關於其生涯,史傳記載差異較大,《舊唐書》載:"劉沔,許州牙將也。少事李光顏,爲帳中親將。元和末,光顏討吴元濟,常用沔爲前鋒……淮、蔡平,隨光顏入朝,憲宗留宿衛,歷三將軍。歷鹽州刺史、天德軍防禦使,在西北邊累立奇効。"[4]《新唐書》則載:"沔少孤,客振武,節度使范希朝署牙將……希朝卒,入爲神策將。大和末,遷累大將軍,擢涇原節度使,徙振武。"[5]趙明誠比較史傳及其神道碑後認爲,"蓋沔初未嘗爲許州牙將,從李光顏平蔡,及爲鹽州刺史、天德軍防禦使,皆當以《碑》爲正。至《新史》所書,悉與《碑》合,疑史官嘗

---

[1] 王定保《唐摭言》卷一五,見陶敏主編《全唐五代筆記》第4册,三秦出版社,2012年,2918頁。

[2] 陸揚《唐代的清流文化——一個現象的概述》,北京大學中國古代史研究中心編《田餘慶先生九十華誕頌壽論文集》,中華書局,2014年,後收入《清流文化與唐帝國》,北京大學出版社,2016年,227—232頁。

[3] 孫光憲撰,賈二强校點《北夢瑣言》一四《儒將成敗》,中華書局,2002年,282頁。

[4] 《舊唐書》卷一六一《劉沔傳》,4233頁。

[5] 《新唐書》卷一七一《劉沔傳》,5194頁。

得此《碑》，以訂《舊史》之失云"〔1〕。劉沔之入朝顯然屬於藩鎮薦將，他此後的升遷也循着藩鎮薦送大將的一般途徑。不過他並非普通的地方將領，而是出身長安禁軍家族，"父廷珍，以羽林軍扈德宗奉天，以戰功官左驍衛大將軍、東陽郡王"〔2〕，祇是因爲少孤纔選擇去藩鎮謀職。

還如稍晚一些的周寶。《新唐書》載：

  周寶字上珪，平州盧龍人。曾祖待選，爲魯城令，安禄山反，率縣人拒戰，死之。祖光濟，事平盧節度希逸爲牙將……歷左贊善大夫，從李洧以徐州歸天子。父懷義，通書記，擢累檢校工部尚書、天德西城防禦使，以徙城事不爲宰相李吉甫所助，以憂死。寶藉蔭爲千牛備身。天平節度使殷侑嘗爲懷義參軍，寶從之，爲部將。會昌時，選方鎮才校入宿衛，與高駢皆隸右神策軍，歷良原鎮使，以善擊球，俱備軍將，駢以兄事寶。寶强毅，未嘗詘意於人。官不進，自請以毬見，武宗稱其能，擢金吾將軍。以毬喪一目。進檢校工部尚書、涇原節度使。〔3〕

周寶可以說是唐末最重要的禁軍節度使之一。他的出身也不普通，父親周懷義做到天德防禦使。白居易撰寫的制書載，"前汝州刺史周懷義，久列禁衛。嘗從征伐，又領軍郡，率著勤功，宜加獎用……可豐州刺史、天德軍使"〔4〕，顯示周懷義亦曾從屬禁軍。而他進入禁軍的過程，白居易亦曾提及，"懷義本是徐泗一小將，近入左軍，無大功能，忽與（汝州）刺史"〔5〕，可見他是自藩鎮武寧進入左神策軍，之後出任汝州刺史、天德軍防禦使。周懷義於元和九年（814）去世，所以周寶應該和劉沔一樣"少孤"。祇是他選擇自藩鎮武將起家，還有受到門吏殷侑提攜的因素。周寶在會昌年間"選方鎮才校入宿衛"時進入禁軍，之後歷任禁軍將軍、節度使，取得了比其父更成功的仕宦成就。

最後，藩鎮薦將一度在數量上日漸增多，造成禁軍淹滯的格局。元和七年，權

---

〔1〕《金石録校證》卷三〇《唐太子太傅劉沔碑》，568頁。
〔2〕《新唐書》卷一七一《劉沔傳》，5194頁。
〔3〕《新唐書》卷一八六《周寶傳》，5415—5416頁。
〔4〕《白居易文集校注》卷一八《除周懷義豐州刺史天德軍使制》，956—957頁。
〔5〕《白居易文集校注》補遺《論周懷義狀》，2057頁。汝州刺史地位頗高，憲宗初年薛平"累授右衛將軍，在南衙凡三十年。宰相杜黄裳深器之，薦爲汝州刺史、兼御史中丞"，《舊唐書》卷一二四《薛平傳》，3526頁。那麽周懷義在禁軍中的地位應該不低，武寧"小將"云云恐不可信。

德興之子權璩在墓誌中感慨:"嗚呼,自國家□□□以來,勇人材人,多在外府,或終身不識朝廷。"[1]強調勇人材人多在藩鎮,很難流入朝廷。不過至少有兩處材料顯示這一時期藩鎮薦送"其數漸多"。長慶二年初的詔書明確説:

> 武班之中,淹滯頗久。又有諸薦送大將,或隨節度使歸朝。自今已後,宜令神策六軍使及南衙常參武官,各具由歷,並前後功績,牒送中書門下。若勳伐素高,人才特異者,量加獎擢。[2]

造成武班淹滯的原因是多方面的,除了官僚體系在演進中日益膨脹外,藩鎮不斷地薦送大將,也會對既有的遷轉秩序産生影響。這裏雖未明言諸道"薦送大將"與禁軍"淹滯頗久"的關係,但詔書既然指出此點,那二者間的聯繫就不能排除。值得注意的是,就在此詔頒布之前,元和十四年宣武節度使韓弘"盡攜汴之牙校千餘人入覲"[3],長慶元年幽州節度使劉總歸國時,除請分割所理之地外,"又盡擇麾下伉健難制者都知兵馬使朱克融等送之京師,乞加獎拔,使燕人有慕羨朝廷禄位之志"[4]。儘管其中朱克融等人久羈旅京師,日詣中書求官而不得,不久後被遣回原籍,成爲"河朔再叛"的重要因素,但不少人獲任禁軍將領是無疑問的。因此,朝廷下令中書門下嚴格考核禁軍將領的才器功勞,量加獎擢。

不過這一問題並没有得到解决,到了大和四年(830)四月:

> 中書門下奏:"自元年以來,頻有討伐,諸道薦送軍將,其數漸多。臣等商量:應諸道軍將,官至常侍、大夫,職兼知兵馬使、都押衙,功績顯著,本道官職可獎者,即任薦送。其餘官職未高,才能可録,所在軍鎮合驅使。自今後,軍官未至常侍、大夫,職兼都虞候、都知兵馬使、都押衙者,不在薦送限。"[5]

伴隨着大和初年討橫海李同捷等軍事行動,藩鎮薦送軍將的數量逐漸增多,朝廷對藩鎮薦送大將進行更嚴格的限制,其目的也是要解决禁軍內部升遷淹滯的問題。

儘管晚唐藩鎮薦將"其數漸多",那麽它是否成爲禁軍將領的主要締造模式

---

[1]《大唐西市博物館藏墓誌》三五五《張瑜墓誌》,766—767頁。
[2]《唐會要》卷七二《京城諸軍》,1536頁。
[3]《舊唐書》卷一五六《韓弘傳》,4135頁。
[4]《資治通鑑》卷二四一《唐紀五十七》長慶元年六月條,7792頁。
[5]《唐會要》卷七九《諸使下》,1710頁。

呢？下面就以寶曆二年(826)平定張韶之亂時神策將軍的名單略作説明。《新唐書》載：

〔馬〕存亮遣左神策大將軍康藝全、將軍何文哲、宋叔夜、孟文亮，右神策大將軍康志睦、將軍李泳、尚國忠……〔1〕

晚唐的左右神策軍每軍置大將軍兩人、將軍兩人。這個名單不完全準確，也遺漏一人，却是目前所見最全面反映神策軍將領格局的材料，因此仍有分析的意義。其中宋叔夜、孟文亮以及尚國忠等人的出身尚不清楚，康藝全、何文哲、康志睦以及李泳的生涯如下：

康藝全，"爲河東偏伍，勇力絶人。節度使馬燧以其多藝，因以'藝全'名之"〔2〕。馬燧節度河東在德宗時期，而到了敬宗時代，康藝全已是左神策大將軍，之後出任鄜坊節度使。因此，他應該屬於藩鎮薦送入朝的將領，衹是時間不詳。

何文哲，出自長安禁軍家族，父親何遊仙爲寶應元從功臣。"貞元初，德宗追惟舊勳，悉求其後"，何文哲得以進入禁軍，歷任左軍馬軍副將，主兵正將、充馬軍廂虞候知將事，散兵馬使、廂使兼押衙，左神策軍將軍知軍事、充步軍都虞候，左神策大將軍，鄜坊丹延等州節度觀察處置等使〔3〕。何文哲的遷轉完全在禁軍内部。

康志睦，前晋絳節度使康日知之子。《新唐書》稱其"隷右神策軍，遷累大將軍"〔4〕，暗示其遷轉可能同樣集中於禁軍内部。其墓誌載："未冠之年，已探孫吴之術，爰從試用，授職禁軍，累至先鋒兵馬使，仍兼憲官。元和中……因授雲麾將軍、右神策將軍兼侍御史……俄遷大將軍。"〔5〕

李泳，"本以市人，發跡禁軍。以賄賂交通，遂至方鎮"〔6〕。長安市人進入禁軍是中晚唐的常見現象，其中最有名的就是唐末義成軍的統治者王處直、王處

---

〔1〕《新唐書》卷二〇七《宦者傳上》，5871頁。
〔2〕《宋本册府元龜》卷八二五《總録部·名字二》，3066頁下。
〔3〕《唐代墓誌彙編續集》大和〇二〇《唐故銀青光禄大夫檢校工部尚書守右領軍衛上將軍兼御史大夫上柱國廬江郡開國公食邑二千户贈太子少保何公墓誌銘並序》，893—895頁。
〔4〕《新唐書》卷一四八《康志睦傳》，4773頁。
〔5〕何如月、鄧夢園《唐代〈康志睦墓誌〉考釋——兼論中晚唐政局的相關問題》，包偉民、劉後濱主編《唐宋歷史評論》第11輯，社會科學文獻出版社，2023年，191頁。
〔6〕《册府元龜》卷四五五《將帥部·貪黷》，5395頁下。

存家族[1]。李泳夫人的墓誌稱:"〔李泳〕自糜軍職,名列禁司,三十年間,富貴自若。以至揭勳效,彰懿績,擁旄三鎮,位統十城。"[2]那麽,李泳的升遷也應該集中於禁軍内部。

以上諸人中,除了康藝全明確是藩鎮薦送外,何文哲、康志睦和李泳都來自於禁軍家族或者長安社會,其遷轉基本集中於禁軍内部。從數量上看,後者可能多於前者。换言之,雖然藩鎮薦將一度"其數漸多",但晚唐禁軍將領的締造,可能以來自禁軍内部和長安社會爲主。這也符合與其關係密切的宦官日益"長安化""家族化"的傾向[3]。

## 四、結論

上文對中晚唐藩鎮薦送大將入朝模式進而受到干城之寄的形成進行了考索,並從此流動的視角觀察朝廷與藩鎮關係的變化。安史亂後,朝廷對朝廷大將的態度發生了從敏感猜忌到寄以干城的轉變。肅宗時期禁軍將領主要由其元從、扈從功臣構成,具有相當的封閉性,藩鎮大將則受到猜忌,進入朝廷後也得不到信任。代宗時期以及德宗初年,禁軍將領封閉的格局逐漸打破,開始出現藩鎮大將入朝後出任禁軍將軍的情況,祇是他們在遷轉上仍受到限制,很少會升任藩鎮節察。"涇師之變"後,中晚唐這種情況發生了根本性轉變,藩鎮大將入朝成爲禁軍將領進而出任節度使的模式真正形成。這表明德宗以來朝廷和藩鎮之間流動性和依附性的增强。

隨着時間推移,晚唐的藩鎮薦將出現了若干不同於過去的特徵。首先是它成爲締造晚唐武將"極選"的重要模式,其次被薦送的大將也不再是普通的地方將領,不少都出身長安禁軍家族,最後就是藩鎮薦送大將一度呈"其數漸多"之

---

[1] 《舊唐書》卷一八二《王處存傳》,4699頁。可參寧欣《唐後期禁軍與"市井之徒"》,《河北學刊》2016年第1期,36—42頁。黄樓《神策軍與中晚唐政治》,121—123頁。

[2] 杜文玉《唐李泳妻太原郡居王氏墓誌銘淺釋》,榮新江主編《唐研究》第6卷,北京大學出版社,2000年,407—412頁。

[3] 陳仲安《唐代後期的宦官世家》,《唐史學會論文集》,陝西人民出版社,1986年,195—225頁。杜文玉《唐代宦官世家考述》,《陝西師範大學學報》1998年第2期,78—85頁。

勢,造成禁軍升遷淹滯的局面,但可能仍未成爲禁軍將領的主要締造模式。

## "Granting Shield and Wall": Regional Recommendation and Court Appointment of Generals during the Mid and Late Tang Dynasty

### Zhang Zhaoyang

After the An Lushan 安禄山 Rebellion, the Tang dynasty entered an era characterized by regional defense commands( fanzhen 藩鎮). This gradually led to a special circulation of political resources between the court and defense commands. Although regional military generals were often suspected by the court, they gradually enter the court and be entrusted with important military responsibilities. Since the era of Emperor Dezong 德宗, many regional generals were recommended to the court by military commissioners ( jiedu shi 節度使) of defense commands. They were appointed as generals of the royal guard 禁軍將軍 and then as military commissioners. In the late Tang period, this pattern exhibited more new features, showing the increased dependence between the court and the regional defense commands.

# 再論總材山[*]

## 張凱悅

自鄂爾渾碑銘在19世紀末被發現以來,對碑文中地名、部族名等專有名詞的比定與研究始終是一項重要的課題。"čuγay"一詞兩見於古突厥文碑銘中[1]。與它結合而成的詞組在《闕特勤碑》南面第6行中爲"čuγay yïš"[2],在《暾欲谷碑》西面第7行中作"čuγay quzï"[3]。"čuγay"含義爲何、所在何處、對應於漢文史料中何地的問題,突厥學家和中國史研究者們先後提出了多種觀點。本文將首先回顧前賢對čuγay的研究[4],進而探討漢文史料中的總材山是否就是碑銘中的"čuγay",乃至載籍中的"陰山"這一問題。最後,本文將在檢討已有觀點的基礎上,結合文獻資料和敦煌文書進一步討論總材山的今地所在,以及總材山地區對突厥第二汗國興起初期的意義。

## 一、čuγay、陰山與總材山

1889年,雅德林采夫(N. Yadrinstev)率探險隊在鄂爾渾河谷發現了《闕特勤

---

[*] 本文係國家社科基金青年項目"'政治體'視角下的隋唐突厥史研究"(23CZS013)的階段性成果之一。本文的初稿作爲綜合考試論文撰成於2018年8月,先後得到榮新江、朱玉麒、孟憲實、孟彥弘、葉煒、黨寶海等諸位老師和匿名審稿人的指正,以及劉子凡的幫助,謹此致謝。

[1] 本文全採用čuγay這一轉寫。關於突厥學家們對čuγay的不同轉寫,可參V. Rybatzki, *Die Toñuquq-Inschrift*, Szeged: Dept. of Altaic Studies, University of Szeged, University of Szeged, 1997, p. 46, n. 108。

[2] 耿世民《古代突厥文碑銘研究》,中央民族大學出版社,2005年,118頁。

[3] 耿世民《古代突厥文碑銘研究》,95頁。

[4] 芮傳明、李錦繡以"漠南説""漠北説"爲綱介紹研究史,雖然在這種回顧叙述下觀點截然分明,但研究者的觀點實際上是極爲複雜的,且互相影響。故本文不避煩瑣,以新的叙述綫索對這段研究史加以評述。

碑》。拉德洛夫(W. Radloff)以爲《闕特勤碑》中 čuɣay 是後一詞 yïš(山林)的修飾語,疑其爲"濃密"之義[1]。湯姆森(V. Thomsen)則從察合台語的用例釋"čuɣay"爲"暗"[2]。但這一觀點在很長一段時間内未受重視,甚至連其本人也未意識到這對比定 čuɣay 的價值。1897 年,《暾欲谷碑》被發現,爲確定 čuɣay 的所在提供了新材料。拉德洛夫在出版於 1899 年的《蒙古古突厥碑銘(續編)》(*Die alttürkischen inschriften der Mongolei: Zweite Folge*) 中,將《暾欲谷碑》中"čuɣay quzï"定位在杭愛山以南,鄂爾渾河上游與塔米爾河分水嶺南部,翁金河等諸條水道交縱的地區[3]。同書中,夏德(F. Hirth)推測 čuɣay quzï 即漢文史料中的總材山[4]。在出版於 1916 年的《突厥》(*Turcica*)中,湯姆森提出"čuɣay quzï"和"qara qum"可能在杭愛山南麓[5]。湯姆森和拉德洛夫作爲古突厥語如尼文最初的釋讀者,他們對 čuɣay 的含義及所在的推測雖缺乏確切論證,但此後的衆多研究者却明顯受到他們的影響,將 čuɣay 的位置定在今蒙古高原的杭愛

---

[1] W. Radloff, *Die alttürkischen Inschriften der Mongolei*, St. Petersburg: Commissionäre der Kaiserlich Akademie der Wissenschaften, 1895, p. 132.

[2] V. Thomsen, *Inscriptions de l'Orkhon déchiffrées*, Helsingfors: Impr. de la Société de littérature finnoise, 1896, p. 169.

[3] W. Radloff, *Die alttürkischen inschriften der Mongolei: Zweite Folge*, St. Petersbourg: Commissionäre der Kaiserlich Akademie der Wissenschaften, 1899, pp. 36 – 37.

[4] F. Hirth, Nachworte zur Inschrift des Tonjukuk, in *Die alttürkischen inschriften der Mongolei: Zweite Folge*, pp. 31 – 33. 夏德雖未直接回答 čuɣay quzï 或總材山何在,但由於他受上引拉德洛夫觀點的影響,認爲需穿越沙漠纔至黑沙城,故其應是視 čuɣay 或總材山位於戈壁沙漠以北、杭愛山以南的地區。此文中譯本見夏德《跋〈暾欲谷碑〉》,陳浩譯,余太山、李錦繡主編《歐亞譯叢》第 3 輯,商務印書館,2017 年,43—139 頁。

[5] Vilhelm Thomsen, *Turcica: Études concernant l'interprétation des inscriptions turques de la Mongolie et de la Sibérie*, Helsingfors: Société finno-ugrienne, 1916, p. 80. 湯姆森後修訂譯文,由沙德(H. H. Schaeder)譯爲德文,但其觀點仍舊,見 V. Thomsen, "Alttürkische Inschriften aus der Mongolei in Übersetzung und mit Einleitung" (translated by Hans Heinrich Schaeder), *Zeitschrift Der Deutschen Morgenländischen Gesellschaft*, Vol. 78, No. 3/4, p. 172。

山以南一帶〔1〕。

　　破除湯姆森、拉德洛夫觀點的突破口正是被湯姆森置於一旁的釋 čuγay 爲 "暗"的觀點。1933 年,岩佐精一郎受此啓發,指出 čuγay yïš 即陰山,猜測總材山可能就是突厥人對陰山的稱呼〔2〕。1937 年,韓儒林在《綏北的幾個地名》一文中亦藉助突厥學家釋 čuγay 爲"陰影"的成果,將 čuγay 比定爲陰山〔3〕。同年,岑仲勉據湯姆森的釋讀,把 čuγay 與漠北的"涿邪"勘同〔4〕。這恐怕也不免是受了湯姆森的影響。其後,岑仲勉注釋《闕特勤碑》中的 čuγay 時,態度模棱:既認爲夏德、韓儒林證 čuγay 爲總材山、陰山的觀點可信,又在其原來"čuγay 即漠北涿邪山"觀點的基礎上認爲"總材"可爲"涿邪"在唐代的異譯〔5〕。值得注意的是,岑仲勉雖未擺脫湯姆森舊説的窠臼,却憑藉其對漢文史料的嫻熟,指示 P. 2511《諸道山河地名要略殘卷》"嵐州"條下有山名爲"總林"。這爲之後探討總材山之所在提供了新綫索。1962 年,蔡格萊迪(Károly Czeglédy)肯定 čuγay

---

〔1〕　此處舉三例採信湯姆森觀點,且常被引用的研究。如 С. Е. Малов, Памятники древнетюркской письменности: тексты и исследования, М. – Л.: Изд – во Академии наук СССР, 1951, pp. 376; A. Von Gabain, "Steppe und Stadt im Leben der ältesten Türken", Der Islam, Vol. 29, No. 1, 1950, p. 34。勒内・吉羅(R. Giraud)進一步將 čuγay 定位於漠北科爾切洛(Korchelot)群山區,見勒内・吉羅《東突厥汗國碑銘考釋——骨咄禄、默啜和毗伽可汗執政年間》,耿昇譯,烏魯木齊:新疆社會科學院歷史研究所,1984 年,229—232 頁。原書見 R. Giraud, L'empire des Turcs célestes: les règnes d'Elterich, Qapghan et Bilgä (680–734) Contribution à l'histoire des Turcs d'Asie Centrale, Paris: Librairie d'Amérique et d'Orient Adrien-Maisonneuve, 1960, pp. 168 – 171。後來鐵兹江向杭愛山北尋求 čuγay quzï 就更違背歷史了,見 S. Tezcan, "Über Orchon-Türkisch çuγay", in M. Erdal and S. Tezcan, ed., Beläk Bitig: Sprachstudien für Gerhard Doerfer zum 75. Geburtstag, Wiesbaden: Otto Harrassowitz, 1995, pp. 223 – 231。

〔2〕　岩佐精一郎《突厥の復興に就いて》,和田清編《岩佐精一郎遺稿》,岩佐伝一,1936 年,117—118 頁。此文的最初發表時間見編者附記(和田清編《岩佐精一郎遺稿》,167 頁)。此後,小野川秀美亦採信岩佐氏的觀點,見小野川秀美《突厥碑文譯注》,《滿蒙史論叢》第 4 卷,1943 年,336—337、392 頁。

〔3〕　韓儒林《綏北的幾個地名》,《禹貢》第 7 卷 8、9 合期,1937 年,83 頁。據韓儒林自述,他參考了邦格(W. Bang)論文(W. Bang, "Zu Den Köktürkischen Inschriften", T'oung Pao, Vol. 9, No. 2, 1898, pp. 117 – 141)的第 12 頁,但檢邦格此文,似無此觀點,疑韓氏所據爲前引湯姆森《鄂爾渾碑銘釋讀》(Inscriptions de l'Orkhon déchiffrées)一書。

〔4〕　岑仲勉《跋突厥文闕特勤碑》,《輔仁學志》第 6 卷第 1、2 合期,1937 年,251 頁。

〔5〕　岑仲勉《突厥集史》,中華書局,1958 年,890—891 頁。

意爲"陰影"的説法〔1〕,又據《突厥語大辭典》(Dīwān Lughāt al-Turk),提出"quz"是"山中未被陽光照到的部分"〔2〕。至此,čuγay quzï 得到了較爲圓滿且符合歷史實際的解釋。其後,芮傳明嘗試將 čuγay quzï、陰山、總材山三者勘同,並將總材山定位於今内蒙古白雲鄂博市的西北方〔3〕。李錦繡針對"čuγay"與"總材"勘同的困難,提出"čuγay"借自漢語"總材",且"可能不是直接借自漢語的'總材',而是經過了其他語言的仲介",並表示"這種仲介語言是否爲粟特語,待考";此外,她還將總材山定位於今陝西省神木縣〔4〕。本文的最後一節將對此加以檢討。

通過梳理有關 čuγay 的研究史,不難發現將《闕特勤碑》中的"čuγay yïš"和《暾欲谷碑》中的"čuγay quzï"比定爲"陰山"和"陰山北麓"的觀點在現有的材料下仍是可信的。而岩佐精一郎、岑仲勉和芮傳明更進一步,他們基於對"čuγay"即"總材"之對音的推斷,進而通過"čuγay"與陰山的聯繫,認定總材山即陰山。這一觀點是否成立,便是本文接下來要利用《陽玄基墓誌》進行討論的。

## 二、"奉敕於嵐州總材山守捉"的陽玄基

《陽玄基墓誌》首題"大周故左羽林衛將軍上柱國定陽郡開國公右北平陽君墓誌銘並序",於 1997 年冬出土於河南省洛陽市伊川縣彭婆鄉許營村北萬安山南,現收藏於洛陽市第二文物工作隊;誌石高 76.5 釐米、寬 76.8 釐米、厚 17 釐

---

〔1〕 蔡格萊迪根據的是德尼(J. Deny)對-ey(-ay)後綴的研究,見 J. Deny, "Turc Kol-ay ( cf. grec εὐ-χερής) et la famille des mots en -ey(-ay)", in *Mélanges Émile Boisacq*, Vol. 5, Brussels: L'Institut de philologie et d'histoire orientales et slaves, 1937, pp. 301-302。

〔2〕 K. Czeglédy, "Čoγay-quzï, Qara-qum, Kök-öng", *Acta Orientalia Academiae Scientiarum Hungaricae*, Vol. 15, No. 1/3, 1962, pp. 57-58.

〔3〕 芮傳明《Čoγay 和 Kara-Kum 方位考》,《西北民族研究》1990 年第 2 期,151—160 頁。後經作者修改,收入《古突厥碑銘研究》,上海古籍出版社,1998 年,6—26 頁;以及《古突厥碑銘研究(修訂本)》,商務印書館,2017 年,1—21 頁。

〔4〕 李錦繡《總材山考》,余太山、李錦繡主編《歐亞學刊》新 7 輯,商務印書館,2018 年,35—59 頁。

米,誌文隸書37行,滿行37字,計1334字[1]。吳玉貴整理突厥第二汗國相關漢文史料時,檢出這方墓誌,揭示其對於突厥第二汗國歷史的研究價值[2]。

誌主陽玄基之名不見載籍,但細繹史料,即可知其與文獻中的"楊玄基"實爲一人。陽、楊兩字在中古時期常混用[3]。在誌文中,"陽玄基"先後平契丹、滅高麗、破吐蕃、戰突厥,東征西討之事頗爲豐富。文獻所載"楊玄基"之事迹雖僅寥寥數條,但兩者頗能相合。誌文載:

> 〔陽玄基〕以功授莊州都督,尋改授忠武將軍、行左衛勳一府中郎,仍借紫兼充清邊軍總管。時逆賊何阿小陷没冀州。君兵有二千,騎盈數百,權謀間發,秘略潛施,殺張角於山東,斬陳餘於水上。

萬歲通天元年(696)十月辛卯[4],契丹首領孫萬榮"遣別帥駱務整、何阿小爲遊軍前鋒,攻陷冀州,殺刺史陸寶積,屠官吏子女數千人"[5]。誌文中"何阿小陷没冀州"即指此事。次年三月,清邊道總管王孝傑與孫萬榮戰於東硤石谷,兵敗身死[6],其後唐軍又屢敗於契丹。直至神功元年(697),唐軍在與契丹作戰前,策動奚與突厥自後夾擊,楊玄基等則領軍自正面迎敵,方擊潰契丹,俘獲何阿小[7]。誌文中"殺張角於山東,斬陳餘於水上"正喻陽玄基率兵破契丹之事。而從"兵有二千,騎盈數百,權謀間發,秘略潛施"的描述看,誌主還直接謀劃、參

---

[1] 這方墓誌出土、收藏情況以及拓片照片見趙君平、趙文成編《河洛墓刻拾零》,北京圖書館出版社,2007年,173—174頁;洛陽市第二文物工作隊、喬棟、李獻奇、史家珍編著《洛陽新獲墓誌續編》,科學出版社,2008年,75、363—365頁。後者還提供了這方墓誌的形制信息、錄文和初步考訂。本段對誌石的介紹綜合兩書的記錄而成。此外,墓誌錄文還見於吳鋼主編《全唐文補遺》第8輯,三秦出版社,2005年,330—331頁。本文引用的誌文内容綜合拓片照片和兩種錄文,擇善而從,以下不再出注。

[2] 見吳玉貴《突厥第二汗國漢文史料編年輯考》,中華書局,2009年,494頁。

[3] 如《洛陽伽藍記》的作者,《大唐内典錄》《續高僧傳》作"楊衒之",《廣弘明集》作"陽衒之",周祖謨疑衒之姓陽,與《北齊書》有傳的陽休之同行輩,參《洛陽伽藍記校釋》,周祖謨校釋,中華書局,2010年,19—20頁。

[4] 此事繫月據《舊唐書》卷六《則天皇后紀》,中華書局,1975年,126頁;《新唐書》,中華書局,1975年,96頁。

[5] 《舊唐書》卷一九九《契丹傳》,5351頁。

[6] 《資治通鑑》卷二〇六《唐紀二二》,中華書局,1956年,6514頁。

[7] 《册府元龜(校訂本)》卷九八六《外臣部·征討》,鳳凰出版社,2006年,11414頁。諸書對此戰的具體過程記載歧異,具體考訂參吳玉貴《突厥第二汗國漢文史料編年輯考》,658頁。

與了策反奚、突厥聯合進攻契丹之事。另外,在此次戰役勝利後,張説所撰《神兵道爲申平冀州賊契丹等露布》中提到的楊玄基之銜爲"前軍總管行左衛勳一府中郎將上柱國定陽郡開國公"[1],其中"行左衛勳一府中郎將"正與墓誌所載相符。可見,"陽玄基"與"楊玄基"正是一人[2]。值得一提的是,據周肇祥稱,他曾獲得一件"顯慶四年陽玄基爲亡父母造像"[3]。

這方墓誌之所以與本文所要討論的總材山有關,是因爲誌文提及了誌主曾"奉敕於嵐州總材山守捉":

> 永隆二年(681),加授左金吾中郎。永淳元年(682),加壯武將軍、太子左清道率,奉敕於嵐州總材山守捉。彎弧累剹,穿兕洞胸;舞戟雙飛,揮蛟斷骨。頻破突厥有功,弘道元年,制加三品,授左驍衛將軍。君屢有戰功,頻蒙優進。前副李大志,遭御史李孝廉之冤;後爲田揚名,被御史馮思勗之謗。才高致嫉,回樹來風。

裴行儉於開耀元年(681)平定阿史那伏念、阿史德温傅的叛亂後不久,骨咄禄等又"鳩集亡散,入總材山,聚爲群盜,有衆五千餘人"[4]。永淳元年,骨咄禄入侵嵐州、并州[5]。誌文所提到的陽玄基於此年"加壯武將軍、太子左清道率,奉敕於嵐州總材山守捉",正是發生在這一背景下的加官和軍事行動。從句意看,這裏的"守捉"應當並非鎮戍長官之稱,亦非邊防軍的建制[6],而當作動詞解。菊池英夫從文獻中檢出數例,論證"守捉"作爲動詞時義爲在柵、壁、亭障等據點鎮守拒敵、刺探軍情[7]。所以,唐廷交付給陽玄基的任務即是率軍在嵐州總材山處與突厥對峙,防備其進攻。

---

[1] 熊飛校注《張説集校注》,中華書局,2013年,1435頁。
[2] 本文以下全以"陽玄基"稱之。
[3] 造像"高二尺餘,石質青堅,土花斑駁而字無損。雄強茂密,如北朝制",見周肇祥《琉璃廠雜記》,北京聯合出版公司,2016年,35頁。
[4] 《舊唐書》卷一九四上《突厥傳上》,5167頁。
[5] 《資治通鑑》卷二〇三《唐紀十九》永淳元年條,6412頁。
[6] "守捉"作爲鎮戍長官之稱和邊防軍建制的用例,參程喜霖《漢唐烽堠制度研究》,三秦出版社,1990年,254—255頁。
[7] 菊池英夫《唐代邊防機關としての守捉・城・鎮の成立過程について》,《東洋史學》第27號,1964年,42—44頁。

史載次年六月,"突厥別部寇掠嵐州,偏將楊玄基擊走之"〔1〕,陽玄基很可能正因此功,"制加三品,授左驍衛將軍"。這裏未言及其被調遣或離任,故陽玄基此後應仍在嵐州總材山負責防禦突厥。"屢有戰功,頻蒙優進"指的亦應是他與突厥作戰時建立功勳,獲得封賞。在這一時段中,以骨咄禄、阿史德元珍爲首的突厥屢攻唐朝北疆,但文獻中並未詳載這些戰事過程,我們亦無法確知陽玄基究竟於何時調離嵐州。誌文提到的李大志、李孝廉之事囿於文獻,難以具知〔2〕。不過在垂拱元年(685)四月癸未,淳于處平謀劃進攻突厥,結果敗於忻州〔3〕。結合陽玄基曾駐兵於嵐州總材山,當時李大志很可能也參與了此次與突厥的作戰,後因兵敗而牽連陽玄基被李孝廉彈劾。"後爲田揚名,被御史馮思勖之謗",指的應是田揚名破回紇一事。垂拱元年六月,同羅、僕固諸部叛亂。垂拱二年〔4〕,田揚名因此發西突厥部落兵入漠北平亂,但因誤攻回紇,而被責以"妄破回紇之罪"〔5〕。陽玄基離開嵐州後,應曾隨田揚名一同入漠北平叛,結果因後者"妄破回紇",故遭到馮思勖的彈劾。

通過以上對史料的梳理,可知陽玄基應是在永淳元年至垂拱元年四月的一段時間內,駐兵於嵐州總材山以備突厥。故漢文史料中的總材山位於嵐州已是無疑,而它也絕無可能是漢文史料中的陰山,更不會是《闕特勤碑》《暾欲谷碑》中的 čuγay〔6〕。

---

〔1〕《資治通鑑》卷二〇三《唐紀十九》弘道元年六月條,6415頁。
〔2〕《洛陽新獲墓誌續編》從《新唐書·宰相世系表》檢出李大志乃李靖之孫、李客師之子(洛陽市第二文物工作隊等編著《洛陽新獲墓誌續編》,364頁)。此外,李大志之名還見於駱賓王《兵部奏姚州破逆賊諾没弄楊虔柳露布》《兵部奏姚州破賊設蒙儉等露布》,見駱賓王著,陳熙晋箋注《駱臨海集箋注》,上海古籍出版社,1985年,348、360、362頁。
〔3〕此據《新唐書》卷四《則天皇后紀》,84頁;《新唐書》卷二一五上《突厥傳上》,6044頁。
〔4〕吳玉貴推測垂拱元年十一月,唐廷册阿史那元慶"爲左玉鈐衛將軍,兼昆陵都護,襲興昔亡可汗押五咄陸部落"之事與田揚名發西突厥兵東討九姓有關,見吳玉貴《突厥第二汗國漢文史料編年輯考》,518頁。筆者贊同這一推測,但是田揚名討九姓一事應在垂拱二年,參羅庸《陳子昂年譜》,《國學集刊》第5卷第2期,1935年,97—99頁;嚴耕望《唐代安北單于兩都護府考》,《唐代交通圖考》第1卷《京都關內區》,"中研院"歷史語言研究所,1985年,331—333頁。
〔5〕彭慶生校注《陳子昂集校注》卷八《上西蕃邊州安危事》,黃山書社,2015年,1302頁。
〔6〕鈴木宏節已對岑仲勉、芮傳明勘同"čuγay"和"總材"時做的音韻學論證提出異議,見鈴木宏節《突厥トニュクク碑文箚記——斥候か逃亡者か》,《待兼山論叢(史學篇)》第42號,2008年,75頁注9。

然而,文獻中對突厥第二汗國早期活動的記載,尤其是與總材山有關的若干條史料的繫年、叙述頗不清晰。所以,接下來本文擬對這些記載做一番考辨,以闡明在突厥第二汗國誕生前夕,突厥的動向與總材山地區間的關係。

## 三、有關突厥第二汗國早期史料的檢討

關於突厥第二汗國早期的首領骨咄禄最初在永淳元年的活動,最主要的記載如下:

> 永淳二(元)年,突厥阿史那骨咄禄復反叛。……伏念既破,骨咄禄鳩集亡散,入總材山,聚爲群盗,有衆五千餘人。又抄掠九姓,得羊馬甚多,漸至强盛,乃自立爲可汗,以其弟默啜爲殺,咄悉匐爲葉護。時有阿史德元珍,在單于檢校降户部落,嘗坐事爲單于長史王本立所拘繫,會骨咄禄入寇,元珍請依舊檢校部落,本立許之,因而便投骨咄禄。骨咄禄得之,甚喜,立爲阿波達干,令專統兵馬事。[1]

> 永淳元年,骨咄禄又反。……伏念敗,乃嘯亡散,保總材山,又治黑沙城,有衆五千,盗九姓畜馬,稍强大,乃自立爲可汗,以弟默啜爲殺,咄悉匐爲葉護。時單于府檢校降户部落阿史德元珍者,爲長史王本立所囚。會骨咄禄來寇,元珍請諭還諸部贖罪,許之。至即降骨咄禄,與爲謀,遂以爲阿波達干,悉屬以兵。乃寇單于府北鄙,遂攻并州,殺嵐州刺史王德茂,分掠定州,北平刺史霍王元軌擊却之。[2]

> 是歲,突厥餘黨阿史那骨篤禄、阿史德元珍等招集亡散,據黑沙城反,入寇并州及單于府之北境,殺嵐州刺史王德茂。右領軍衛將軍、檢校代州都督薛仁貴將兵擊元珍於雲州,虜問唐大將爲誰,應之曰:"薛仁貴。"虜曰:"吾聞仁貴流象州,死久矣,何以紿我!"仁貴免冑示之面,虜相顧失色,下馬列

---

[1]《舊唐書》卷一九四上《突厥傳上》,5166—5167 頁。《通典》這部分内容與《舊唐書》幾乎全同,見《通典》卷一九八"突厥"條,中華書局,1988 年,5434 頁;另外,此事在永淳元年,《舊唐書》《通典》兩書因涉同一史源而誤,參《通典》卷一九八"突厥"條,5444 頁校勘記一四。

[2]《新唐書》卷二一五上《突厥傳上》,6044 頁。

拜,稍稍引去。仁貴因奮擊,大破之,斬首萬餘級,捕虜二萬餘人。[1]
以上三條記載都是將突厥第二汗國早期的若干史事合而敘之。《舊唐書·突厥傳》《新唐書·突厥傳》應涉同一史源。但《新唐書》不僅"保總材山"和經略九姓之事間加上"又治黑沙城",還增添了一系列事件。《資治通鑑》的記載中第一句前半部分"是歲,突厥餘黨阿史那骨篤禄、阿史德元珍等招集亡散,據黑沙城反,入寇并州"若非源自《舊唐書·高宗紀》[2],便是兩者均涉同一史源;第一句後半部分則是改寫《新唐書》新加入的一系列事件;第二句話是插入了薛仁貴擊突厥之事[3]。由於突厥入寇并州之事在《舊唐書·高宗紀》中被繫於當年十二月,故司馬光將這些内容都按"終言其事"的原則處理。《唐會要》的記載雖然歷來被認爲具有一手史料的價值,但其中卷九四實由後人依據《通鑑綱目》補撰[4],故並無作爲唐史史料的價值,本文不再詳考。因此,需要重點討論的祇有《舊唐書》《新唐書》中的記載。

值得注意的還有另一條材料:永淳元年"六月甲子,突厥骨咄禄寇邊,嵐州刺史王德茂死之"[5]。此條記載僅見於《新唐書·高宗紀》。岑仲勉因永淳二年六月"突厥別部寇掠嵐州"的記載與此月份同但差一年[6],而懷疑兩事本爲一事,《新唐書》可能錯編入永淳元年[7]。筆者以爲,此事確應在永淳元年六月。誠如上一節所論,陽玄基奉敕於永淳元年在總材山防備突厥。很可能正是由於此前突厥已有進攻,故唐朝一方纔有此措置。這也就從側面證明王德茂應是死於永淳元年六月突厥寇邊之事。上引《新唐書》的記載將"王德茂之死"置於"寇并州"

---

[1] 《資治通鑑》卷二〇三《唐紀十九》永淳元年條,,6412頁。
[2] "十二月……突厥餘黨阿史那骨篤禄等招合殘衆,據黑沙城,入寇並州北境。"見《舊唐書》卷五《高宗紀》,110頁。
[3] 《資治通鑑》中這段對薛仁貴的描述,可能也源自《新唐書》,見《新唐書》卷八三《薛仁貴傳》,2783頁。《新唐書·薛仁貴傳》中的這條記載當出自《譚賓錄》,參章群《通鑑及新唐書引用筆記小説研究》,文津出版社,1999年,59頁。
[4] 這一點最先由黃麗靖指出,見黃麗靖《〈唐會要〉闕卷後人僞撰考》,《江淮論壇》2012年第4期,181—183頁。吳玉貴全面地比對《唐會要》卷九四突厥、吐谷渾的内容,系統討論了這一問題,見吳玉貴《〈唐會要〉突厥、吐谷渾卷補撰考》,《文史》2015年第2輯,167—219頁。
[5] 《新唐書》卷三《高宗紀》,77頁。
[6] 此事見《資治通鑑》卷二〇三《唐紀十九》弘道元年六月條,6415頁。
[7] 岑仲勉《突厥集史》,303頁。

之後,應是《新唐書》雜糅一系列突厥寇邊之事時,誤置先後。如"分掠定州,北平刺史霍王元軌擊却之"一事,司馬光便繫於弘道元年(683)二月庚午[1]。

如果以上推論不誤,那麽無論是王德茂之死,還是陽玄基奉敕於總材山守捉,都是突厥據總材山而叛,並進攻嵐州的結果,而這次進攻應是以骨咄禄爲首的突厥復興勢力向唐朝發動的第一波攻勢。

不久,骨咄禄、阿史德元珍便開拓了新的根據地——黑沙城。以下要考辨的這組材料所記叙的事情正與此相關:

〔永淳二年〕十一月……戊戌,命將軍程務挺爲單于道安撫大使,以招討總管討(材)山賊元珍、骨篤禄、賀魯等。[2]

永淳二年十一月,命將軍程務挺爲單于道安撫大使,以招討總管討山賊元珍、骨篤禄、賀魯等。[3]

二年十一月,命右武衛將軍程務挺爲單于道安撫大使,以招討總材管山賊元珍、骨篤禄賀各軍等。[4]

以上三條材料應是來自同一史源。一般而言,《册府元龜》中的記載多抄自唐代的實録、國史,往往比《舊唐書》的記載具有更高的價值。《舊唐書》的校勘者也正因此,據上引《册府元龜》卷一一九的這條材料改正《舊唐書·高宗紀》的原文,後者原作"以招討總管材山賊元珍、骨篤禄、賀魯等"[5]。《舊唐書·高宗紀》叙此事詳及於日,故《高宗紀》的這條記載較之《册府元龜》中的兩條應該是更多地保留了史源的原貌。此外,《册府元龜》卷九八六中的"各軍"顯然是因與"賀魯"形近而有此訛誤。"賀魯"指的是唐朝曾以之置賀魯州的突厥賀魯部[6]。《舊唐書》的原文"以招討總管材山賊"與《册府元龜》卷九八六中的"以

---

[1]《資治通鑑》卷二〇三《唐紀十九》,6413頁。不過,霍王李元軌於弘道元年敗突厥事不見於他書記載,吴玉貴疑此與調露元年李元軌敗突厥爲一事,見吴玉貴《突厥第二汗國漢文史料編年輯考》,499頁。李元軌於調露元年敗突厥事見《資治通鑑》卷二〇二《唐紀十八》調露元年十月條,6392頁。

[2]《舊唐書》卷五《高宗紀》,111頁。

[3]《册府元龜(校訂本)》卷一一九《帝王部·選將》,1303頁。

[4]《册府元龜(校訂本)》卷九八六《外臣部·征討》,11414頁。"各軍",殘宋本《册府元龜》作"名君",見《宋本册府元龜》,中華書局,1989年,3956頁下欄。

[5]《舊唐書》卷五《高宗紀》,113頁校勘記五。

[6]《新唐書》卷四三《地理志》,1120頁。

招討總材管山賊"相近。史官可能是不解總材山之意,又因唐代"招討總管"之職,纔改寫出了《舊唐書》中仍不通順,句意模棱的"以招討總管材山賊"。而《册府元龜》卷九八六中的"總材管山"則可能是"總管材山"的顛倒之誤[1]。相比之下,《册府元龜》卷一一九中"以招討總管討山賊"的"通順"記載則恐怕經過了史官爲求詞通意達所做的更進一步的改寫。綜上,這組材料的史源原貌應近於:永淳二年十一月戊戌,命將軍程務挺爲單于道安撫大使,以招討總材山賊元珍、骨篤禄、賀魯等。

在此次軍事行動中,程務挺作爲單于道安撫大使,其目標應是單于都護府以北的黑沙城,由此可知骨咄禄等應是在永淳元年十一月以前,便已開拓了黑沙城這一新的根據地。那麽何以仍稱骨咄禄、阿史德元珍等人爲"總材山山賊"呢?這很可能是因爲這股突厥的叛亂勢力最初是以總材山爲根據地,故唐廷仍以其原名稱呼之。不過,突厥在嵐州地區的勢力直到垂拱元年仍未完全清除:

> 嗣聖、垂拱間,連寇朔、代,掠吏士。左玉鈐衛中郎將淳于處平爲陽曲道總管,將擊賊總材山,至忻州與賊遇,麈戰不利,死者五千人。[2]

突厥寇朔、代,淳于處平授陽曲道行軍總管之事在垂拱元年二月[3],兵敗忻州事在四月癸未[4]。這裏的擊賊總材山應作"擊賊於總材山"解,而淳于處平負責的行軍既以"陽曲道"爲名,且最後交戰地點位於忻州,故唐軍計劃的作戰目的地——總材山應距太原府陽曲縣和忻州都不遠[5]。這也輔證了總材山應是在河東境内,而不可能是陰山。

## 四、再論總材山今地之所在

總材山在文獻中的記載僅有上一節所討論的寥寥數條史料,其中更無一提

---

[1] 吳玉貴認爲《册府元龜》卷九八六"總材管山賊"一詞中的"'管'字當是撰史者引'總材山'名涉生僻而妄加",見吳玉貴《突厥第二汗國漢文史料編年輯考》,505頁。
[2] 《新唐書》卷二一五上《突厥傳上》,6044頁。
[3] 《册府元龜(校訂本)》卷九八六《外臣部·征討》,11414頁。
[4] 《資治通鑑》卷二〇三《唐紀十九》,6434頁。
[5] 關於陽曲至嵐州的交通路綫,可參嚴耕望《唐代交通圖考》第5卷《河東河北區》,"中研院"歷史語言研究所,1986年,1358—1366頁。

及總材山的具體所在。然而,岑仲勉將總材山與《諸道山河地名要略殘卷》中的"總林"山相聯繫,爲探討總材山的今地所在提供了新的綫索。

P. 2511 寫本首殘,尾題"《諸道山河地名要略》第二"。原書由唐宣宗時的翰林學士韋澳所撰,爲宣宗處理地方政務提供參考[1]。從這件文書的內容來説,它現存 206 行文字,所記爲河東道、晉、太原、代、雲、朔、蔚、潞等八府州部分,每州府下,記州府名稱、等第、距上都里數、建置沿革、郡望地名、山川、民族、物産,最後是處分語[2]。學者們對這件文書寫本形態所做的討論則有助於我們進一步理解它的性質。羅振玉因文書中錯字、多字較多的現象,認爲"此卷繕寫多僞奪"[3]。榮新江認爲此卷"字體有些在行草之間",並推測"應是歸義軍使者匆匆抄於長安而帶回敦煌的寫本"[4]。在 P. 2511 的十一紙中,前九紙有界欄,最後兩紙却無[5]。此外,文書前九紙雖有欄格,但欄綫並不平直;且文字多有逸出欄綫之外者,這一情況在最後二紙尤甚[6]。據此,P. 2511 實由抄寫者匆匆抄就,用字、用紙均不規範。

在這件《諸道山河地名要略殘卷》的"嵐州"條下的"山名"部分提到:

> 總林　玉龍二山名。山在岢嵐軍西北三百里,上多松木,所謂嵐、勝之木是之也。[7]

"林""材"二字形近易訛[8],而 P. 2511 又是匆忙完成、不甚規範的産物,那麼

---

[1]《東觀奏記》卷中,中華書局,1994 年,110 頁。

[2] 榮新江《敦煌地理文獻的價值與研究》,《書品》2000 年第 3 期,34—35 頁。

[3] 羅振玉《敦煌本諸道山河地名要略跋》,見《雪堂校刊群書叙録》卷下,收入羅繼祖主編《羅振玉學術論著集》第 9 集,上海古籍出版社,2010 年,301 頁。

[4] 榮新江《敦煌地理文獻的價值與研究》,35 頁。

[5] 張弓主編《敦煌典籍與唐五代歷史文化》,中國社會科學出版社,2006 年,488 頁

[6] P. 2511 的圖版見上海古籍出版社、法國國家圖書館編《法國國家圖書館藏敦煌西域文獻》第 15 册,上海古籍出版社,2001 年,34 頁。更爲清晰的彩圖見 http://idp.bl.uk/database/oo_scroll_h.a4d? uid =452073706;recnum =59613;index = 8 (訪問時間:2018.10.9)。

[7] 參王仲犖《〈諸道山河地名要略〉第二殘卷校釋》,收入氏著《敦煌石室地志殘卷考釋》,中華書局,2007 年,105 頁。唐耕耦録文同(唐耕耦、陸宏基主編《敦煌社會經濟文獻真迹釋録》,書目文獻出版社,1986 年,75 頁)。"嵐、勝之木",鄭炳林録文作"嵐騰之木",誤(鄭炳林《敦煌地理文書彙輯校注》,甘肅教育出版社,1989 年,179 頁)。引文經筆者重新標點。

[8] 如點校本《通典》所用的底本浙江書局刻本《通典》卷一九八即載"骨咄禄鳩集散亡,入總林山",點校者據他本改作"總材山",見《通典》5434、5444—5445 頁校勘記十六。

"總林"確實極有可能是"總材"之訛。

若以上推測可以成立,且引文所載里數不誤,我們就不得不解答這樣一個矛盾:岢嵐軍在今山西省岢嵐縣,若總材山在其西北三百里,則其位置便已超出嵐州的行政區劃範圍。若要探討總材山的今地,就必須解釋這一矛盾。

如上所述,李錦繡提出將總材山定位於今陝西省神木縣,即黄河以西唐代麟州。這一觀點雖可解釋上述矛盾,但這又引起了新的問題:《陽玄基墓誌》和《諸道山河地名要略》均明確記載總材/總林山位於嵐州,而嵐州又在黄河以東,那麼何以總材山在麟州呢？對此,李錦繡解釋爲:開元十二年(724),張説奏置麟州時,以開元二年、七年所設的新秦縣、鐵麟縣來屬,而《新唐書·地理志》未明言此二縣原屬何州,故"從其與總材山的關係看,推測新秦之地原屬嵐州",天寶之後纔屬麟州[1]。然而,其所提出的嵐、麟二州間跨越黄河的巨大行政區劃變動却不見於《舊唐書·地理志》《新唐書·地理志》《元和郡縣圖志》等地理書中。成書於宣宗時,記載了一些開元以降河東行政區劃沿革的《諸道山河地名要略》之"嵐州"條亦未提及此事[2]。尤其就《新唐書·地理志》的通例而言,若某州名下之縣曾隸於他州,一般都會見諸此縣之下,如同樣是麟州名下的銀城縣"貞觀二年(628)置,四年隸銀州,八年隸勝州"[3],又如石州名下的臨泉縣"本太和。武德三年(620)更名,置北和州,别析置太和縣,四年以太和隸東會州。貞觀三年州廢,以臨泉來屬"[4]。新秦、鐵麟二縣在《新唐書·地理志》中既在麟州名下,又未載其曾隸於他州,故此二縣應是從未隸屬過黄河以東的嵐州,而李氏做出的解釋恐難成立。

此外,李錦繡將總材山定位於唐代麟州、今陝西省神木縣的關鍵論據亦存在問題。第一,其據《嘉慶重修一統志》卷四〇八中"總材山,在〔鄂爾多斯〕右翼前

---

[1] 李錦繡《總材山考》,46頁。
[2] 如"雲州"條載"開元十八年,復置雲州及雲中縣";"潞州"條載"開元十七年,置大都督府,今爲昭義節度使理所",參王仲犖《〈諸道山河地名要略〉第二殘卷校釋》,見《敦煌石室地志殘卷考釋》,100、107頁。
[3] 《新唐書》卷三七《地理志》,975頁。
[4] 《新唐書》卷三九《地理志》,1006頁。"東會州"即是嵐州在武德六年以前的名號,見同卷,1005頁。

旗東南一百四十里"的記載[1],將清代總材山勘同於唐代總材山,並在計算道里時認爲唐代總材山在清代神木縣西不遠處[2]。然而,唐、清兩代相去懸遠,就筆者寓目所及,"總材山"似不見於自唐以降至清代以前的文獻中,故直接將兩個間隔時間如此之長的地名勘同當是尤需謹慎的。而"在清神木縣西不遠處"所基於的道里計算,是將此一百四十里從鄂爾多斯右翼前旗的東南邊界算起。若《一統志》提到里數,均從邊界算起,那無疑會出現歸於某政區名下的山川實際都位於周邊政區的情況,這恐怕是不合於地志體例的。實際上,從行政區的政治中心計算道里一般而言是更爲合理的通例。據《一統志》,鄂爾多斯右翼前旗"駐套內巴哈池,在敖喜峰西九十里"[3],若由此計算,清代神木縣與《一統志》中總材山之所在並不相近。第二,其將čuɣay與總材山勘同,並認爲其位於今神木縣的論據之一是čuɣay的地貌、物産與總材山特徵相符:《暾欲谷碑》載以頡跌利施可汗、暾欲谷爲首的突厥人在čuɣay quzï及黑沙(qara qum)時,以"吃野鹿和兔子度日";而《通典》載麟州/新秦郡"貢青地鹿角二具,鹿角三十具",且《新唐書·五行志》載"永淳中,嵐、勝州兔害稼",故"野鹿和兔子,正是總材山的特産"[4]。事實上,這裏的"野鹿"對應的碑文原詞爲käyik。克勞森(G. Clauson)在《13世紀以前突厥語源學辭典》(*An Etymological Dictionary of Pre-Thirteenth-Century Turkish*)中解釋käyik爲:"本是一個指任何'作爲獵物的四足野生動物'的總稱(generic term),故作爲名詞時用來指特定的野生動物,如鹿、野山羊等……"[5]可見這個詞指的究竟是何動物並不確定,而釋讀《暾欲谷碑》的學者們對此亦無定論[6],如特肯(T. Tekin)譯爲"大獵物(big game)"[7],耿世民譯爲"野山羊"[8]。因此,將具體所指尚不確定的käyik與麟州出産鹿角的記載聯

---

[1] 以下提及《嘉慶重修一統志》,均簡稱爲《一統志》。
[2] 李錦繡《總材山考》,44頁。
[3] 《大清一統志》(影印四部叢刊續編本),上海古籍出版社,2008年,599頁上欄。
[4] 李錦繡《總材山考》,47頁。
[5] G. Clauson, *An Etymological Dictionary of Pre-Thirteenth-Century Turkish*, Oxford: Clarendon Press, p. 755.
[6] 有關諸家學者對《暾欲谷碑》中käyik一詞的翻譯和研究,見V. Rybatzki, *Die Toñuquq-Inschrift*, p. 87, n. 235。
[7] T. Tekin, *A Grammar of Orkhon Turkic*, Bloomington: Indiana University, 1968, p. 284, 350.
[8] 耿世民《古代突厥文碑銘研究》,96頁。

繫起來的基礎並不堅實。而我們在《通典》中還可以找到位於今山西省西北部的嵐州/樓煩郡"貢麝香十顆"[1]，因此，鹿、麝等一類四蹄動物當遍布於唐代嵐州、勝州這片山林茂密的地區，而非麟州獨有。同樣，從永淳年間"嵐、勝州兔害稼"的記載看，此次兔害也是遍布於這一地區。因此，即使其與《暾欲谷碑》中突厥人以兔爲食的記載確有關聯，恐怕也不易坐實其結論。第三，其將čuγay與總材山勘同，並認爲其位於今神木縣的又一條論據是"中文史籍文獻中關於總材山的位置的記載，與突厥第二汗國復興之初的軍事戰爭狀況相符合"。其爲此找出不少由今神木縣之地渡過黃河，轉戰山西的戰例，以證明"分割關内與河東兩道的黃河，並不是不可逾越的天塹，而在唐麟州（神木），一葦可渡"，進而認爲突厥第二汗國復興前夕突厥進攻河東是渡河而來[2]。但以常理度之，無論渡河如何便利，都不比突厥以嵐州爲根基，進攻河東更爲方便。

《陽玄基墓誌》的記載對於確認總材山位於嵐州，具有最直接的史料價值，而文獻記載則在很大程度上佐證了這一點。因此，若能合理地解釋《諸道山河地名要略殘卷》中的矛盾，那麼這條記載便可幫助我們進一步確定總材山之所在。筆者在此提出新的解釋，就正於方家。

《陽玄基墓誌》中的"嵐州總材山"，以及《諸道山河地名要略殘卷》中的"總林（材）山"是唐人對嵐州境內、岢嵐軍西北方向上某片山地的專門指稱。唐代一里約等於今530米[3]，故引文中的"三百里"相當於今159千米。自岢嵐軍北出爲平坦易行的草城川路，即今山西省五寨縣和三岔鎮，再由此北出，西北行，經偏頭循河可至勝州[4]。這條唐代的道路就是今天209國道中岢嵐縣至偏關縣的一段所循的路綫，其長總計約129千米[5]。考慮到古代長距離計量、描述不甚精確等因素，以上誤差已是在可接受的範圍内，故總材山的位置决不致越過黃河，更無需如岑仲勉所言應於河套以北求之。不然何以韋澳撰《諸道山河地

---

[1]《通典》卷六《食貨·賦稅》，114頁。

[2] 李錦繡《總材山考》，49—50頁。

[3] 陳夢家《畝制與里制》，《考古》1966年第1期，42頁；胡戟《唐代度量衡與畝里制度》，《西北大學學報》1988年第4期，39—40頁。

[4] 參嚴耕望《唐代交通圖考》第5卷《河東河北區》，1403—1410頁。

[5]《中國公路交通地圖册》，測繪出版社，1997年，36頁；麥柏楠主編《中華人民共和國國道地圖集》，中國地圖出版社，2002年，57頁。

名要略》時,不直接將總材山置於關内道下叙述呢? 之所以稱"山在岢嵐軍西北三百里",可能是因爲唐人在此將與總材山高度相當,逶迤向北至今偏關地區的山地都計入在内,而這三百里山地的起點則是位於嵐州境内的總材山。這一片山地在唐代有着相同的植被環境。引文中提到的"嵐、勝之木"因其高大粗壯、可長逾五十尺,專供京城營建所需而著稱於時[1]。據史念海考證,這類松柏在河東境内産自吕梁山西至於黄河沿岸的地區,尤其嵐州所在的吕梁山北段,以及更北的位於偏關、甯武兩縣間的蘆芽山是唐宋時代重要的松柏産地[2]。綜上,總材山的確切位置應是在五寨縣以西、保德縣以東,岢嵐縣西北直綫距離30餘千米的山地中。

另外,在《諸道山河地名要略》中與"總林"一起被記録下來的"玉龍山"還有一條明代記載須説明。成化本《山西通志》載:"七峰山,在大同府城西南四十五里,懷仁縣西北四十里,又名玉龍山,有石洞天橋。"[3]此"玉龍山"在今岢嵐縣東北250餘千米,其方位與《諸道山河地名要略》所載的"玉龍山"並不相合,故兩者並非一地當無疑問。

## 餘　論

總材山所在的嵐州是唐代重要的牧場之一,嵐州使有樓煩、玄池、天池三監[4]。骨咄禄等人在總材山起兵寇略,馬匹勢必是其重點争奪的資源。雖限於史料,我們無法確知突厥在嵐州造成的損失,但有一類似的事件可作對比。永隆二年七月十六日,夏州群牧使安元壽奏言:"從調露元年(679)九月已後,至二

---

[1] 《舊唐書》卷一三五《裴延齡傳》,3721—3722 頁。
[2] 史念海《歷史時期黄河中游的森林》,收入氏著《河山集二集》,三聯書店,1981 年,266 頁注 4、269—270 頁。
[3] 李裕民等點校《山西通志(明·成化版)》,中華書局,1998 年,65 頁。
[4] 《新唐書》卷五〇《兵志》,1338 頁。《唐六典》卷五《尚書兵部》亦載嵐州有三監,中華書局,1992 年,163 頁,但《新唐書》卷四八《百官志三》載嵐州僅二監,1255 頁。李錦繡認爲這是《新唐書·百官志》將樓煩監從嵐州使中分出來的結果,見李錦繡《唐代制度史略論稿》,中國政法大學出版社,1998 年,333—334 頁。

年五月前,死失馬一十八萬四千九百匹,牛一萬一千六百頭。"[1]安元壽上報的損失正是自阿史德溫傅、奉職二部調露元年起兵後,關内牧場遭受突厥擄掠的結果[2]。位於嵐州的樓煩等三監的情況當也與關内相近。

從調露元年阿史德溫傅、奉職叛亂,到永淳元年骨咄禄、阿史德元珍起兵,突厥在唐朝北境的反抗此起彼伏,最終鑄就了突厥第二汗國。這些恐怕都與突厥在短短數年内就從唐朝各監牧處奪得大量馬匹資源是分不開的。而作爲第二汗國興起初期的根據地,嵐州地區所擁有的馬匹資源對突厥有着格外重要的價值。

## Further Discussion on the Location of Mount Zongcai

### Zhang Kaiyue

The *Epitaph of Yang Xuanji* 陽玄基墓誌 records that the owner was garrisoned at Mount Zongcai 總材山 in Lanzhou 嵐州 between 682 and the first quarter of 685 to fight against the Turkic rebels. This suggests that the Mount Zongcai in the Chinese sources was located in the Hedong Circuit 河東道 during the Tang dynasty. It is unlikely that Mount Zongcai was Mount Yin 陰山 or a place name associated with the čuɣay mentioned in the Kül Tegin 闕特勤 and Tonyukuk 暾欲谷 inscriptions. Based on the relevant records in the Dunhuang Manuscript P. 2511, the Mount Zongcai should be located in the mountainous area more than thirty kilometers northwest of Kelan County 岢嵐縣 in Shanxi Province 陝西省, not in the area of Shenmu County 神木縣 in Shaanxi Province 山西省. The rise of the Second Turkic Khaganate in the area of the Mount Zongcai may be related to the fact that this area was an important pasture during the Tang dynasty with a large number of horses.

---

[1]《唐會要》卷七二《馬》,1542—1543 頁。《唐會要》的這條記載繫年有誤,今據吳玉貴《突厥第二汗國漢文史料編年輯考》(478 頁)正之。《資治通鑑》卷二〇二《唐紀十八》開耀元年七月條載安元壽此次奏報還提到"監牧吏卒爲虜所殺掠者八百餘人",6402 頁。

[2] 唐長孺《唐書兵志箋證》,科學出版社,1957 年,115—116 頁。

# 契丹國舅帳與審密氏集團*

## 陳曉偉

契丹蕭氏后族與耶律氏皇族構成遼朝兩大政治群體,世代聯姻,"番法,王族惟與后族通婚"[1]。其漢式姓氏全部冠以"蕭"姓,內部結構實則紛繁複雜,有關族帳分野、家族世系以及由此引發的政治鬥爭等系列問題,一直以來都是學界關注的焦點,成果衆多[2],但由於史料有限,總是爭議不斷[3]。本文以質疑"國舅別部"真實性爲緣起,辨析《遼史》相關記載,並結合契丹文字解讀成果,重審國舅帳的整體構成情況。

## 一、"國舅別部"杜撰說

《遼史·外戚表》序文載:

> 契丹外戚,其先曰二審密氏:曰拔里,曰乙室己。至遼太祖,娶述律氏。述律,本回鶻糯思之後。大同元年,太宗自汴將還,留外戚小漢爲汴州節度

---

\* 本文係國家社科基金冷門絕學研究專項學者個人項目"契丹文字石刻所見遼代政治制度研究"(批准號:23VJXG027)階段性成果。

[1] 題葉隆禮撰,賈敬顏、林榮貴點校《契丹國志》卷二三《族姓原始》,中華書局,2014年,247頁。

[2] 主要成果參見橋口兼夫《遼代の國舅帳について》,《史學雜誌》第50編2、3號,1939年2、3月。馮永謙《遼史外戚表補證》,《社會科學輯刊》1979年第3、4期。蔡美彪《試說遼耶律氏蕭氏之由來》,《歷史研究》1993年第5期。蔡美彪《遼代后族與遼季后妃三案》,《歷史研究》1994年第2期。愛新覺羅·烏拉熙春、吉本道雅《新出契丹史料の研究》第二章《國舅夷離畢帳》,松香堂書店,2012年,183—242頁。都興智《遼代外戚的族帳房次問題再探討》,遼寧省博物館、遼寧省遼金契丹女真史研究會編《遼金史歷史與考古》第11輯,科學出版社,2020年,81—82頁。

[3] 參見孫偉祥《遼朝后族研究綜述》,《黑龍江民族叢刊》2018年第3期。

使,賜姓名曰蕭翰,以從中國之俗,由是拔里、乙室已、述律三族皆爲蕭姓。拔里二房,曰大父、少父;乙室已亦二房,曰大翁、小翁;世宗以舅氏塔列葛爲國舅別部。

此文係元朝史官所撰,概括"遼外戚之始末",其中之一有"國舅別部",始創於世宗時期。表中正文最末列"國舅別部,不知世次",下面共有兩支家族:第一支是"北府宰相只魯",及其"八世孫,世選北府宰相塔列葛";第二支是所謂只魯"七世孫臺哂"[1](見圖1)。歷來學者從信這一記載,並指出《遼史》載有這兩位蕭塔列(剌)葛,於卷八五設《蕭塔列葛傳》、卷九〇作《蕭塔剌葛傳》[2]。

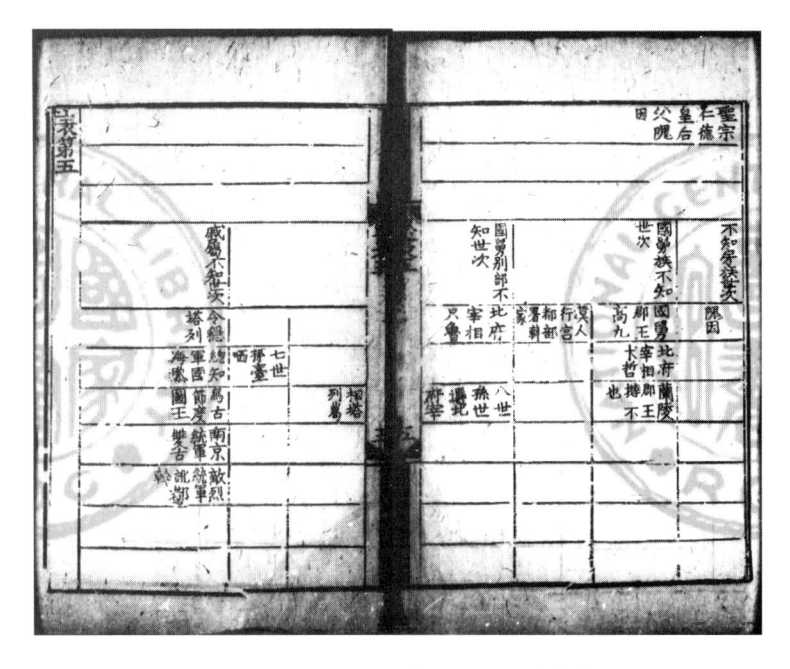

圖1　明初覆刻本《遼史》(北圖甲庫舊藏)

[1]《遼史》卷六七《外戚表》,點校本二十四史修訂本,中華書局,2017年,1135、1142頁。以下簡稱《外戚表》。本文所引紀、志、表、傳等,若無特別說明,均出自《遼史》。

[2] 蔡美彪指出,兩人雖同名而時代不同,並且出身各異,前者"五院部人",後者乃"六院部人"。蔡美彪《遼史兩蕭塔列葛傳辨析》,原刊南開大學歷史系編《中國史論集》,天津古籍出版社,1994年,191—197頁;收入氏著《遼金元史考索》,中華書局,2012年,77—82頁。陳述對《外戚表》"國舅別部"世系進行補注,指出第一個"塔列葛"即卷八五傳主;第二個"七世孫臺哂"下增補"塔剌葛。北府宰相。字陶哂",此即卷九〇有傳者。陳述《遼史補注》卷六七《外戚表》,中華書局,2018年,2698—2699、2707—2708頁。烏拉熙春同樣根據《外戚表》考證兩塔列葛屬同一家族,具有親緣關係,"五院部人"爲七世孫臺哂"六院部人"誤記。愛新覺羅·烏拉熙春、吉本道雅《新出契丹史料の研究》第二章《國舅夷離畢帳》,187—192、241頁。

何謂"國舅別部"？楊若薇將《外戚表》、兩塔列(剌)葛傳文與《遼史·世宗紀》天禄元年(947)八月壬午"尊母蕭氏爲皇太后,以太后族剌只撒古魯爲國舅帳,立詳穩以總焉"的記載聯繫到一起[1],並置於當時政治背景下考察,解釋説:世宗即位後爲擴充自己勢力將其母系——耶律倍妻族的蕭氏正式立爲國舅,以此對抗應天太后述律氏控制下的國舅二帳,故稱這支新力量爲"國舅別部"[2]。蔡美彪梳理剌只撒古魯氏譜系的結果是:一世臺哂、二世爲柔貞皇后之父、三世塔剌葛[3]。以上觀點被後來學者廣泛接受。不過,據苗潤博揭示,《外戚表》實係元朝史官拼湊而成,表中有關國舅別部的記載抄自相關列傳:因卷八五"塔列葛"(字雄隱)與卷九〇"塔剌葛"(字陶哂)名字相近,且均曾任北府宰相,竟誤二者爲一人,並將兩人世系雜糅在一起。這樣一來,本與國舅別部毫無關係的"世選北府宰相塔列葛"及其八世祖只魯就被列入了國舅別部譜系;而本爲"國舅別部敞史"的塔剌葛反倒不見於《外戚表》;還將塔剌葛叔祖臺哂列爲塔列葛先祖只魯之七世孫,史官據此編纂出《外戚表》的國舅別部世系。這並無獨立史料來源[4],那麽,該表所定義的帳房概念必須謹慎對待。

重新檢討《遼史》,在歷史概念生成的視角下考量,"國舅別部"的緣起及其真實性則發生動摇。除《外戚表》上述記載外,《百官志·北面諸帳官》列有兩大國舅族帳管理機構:大國舅司,"掌國舅乙室已、拔里二帳之事";國舅別部,"世宗置。官制未詳"[5]。林鵠全面核查《百官志》史文,最終結論是:"《百官志》北南部分均爲元史臣新撰,其主體係雜抄遼末耶律儼《皇朝實録》及金陳大任《遼史》紀傳部分相關條目所成。"[6]具體而言,《百官志》國舅別部條與《外戚表》序文"世宗以舅氏塔列葛爲國舅別部"同義,均採據卷九〇《蕭塔剌葛傳》傳文無疑,然其原文作:

---

[1] 《遼史》卷五《世宗紀》,72頁。
[2] 楊若薇《釋"遼内四部族"》,《民族研究》1987年第2期;收入氏著《契丹王朝政治軍事制度研究》,中國社會科學出版社,1991年,76—77頁。
[3] 蔡美彪《遼史外戚表新編》,原刊《社會科學戰線》1994年第2期;收入氏著《遼金元史考索》,144—145頁。
[4] 苗潤博《契丹國舅別部世系再檢討》,《史學月刊》2014年第4期。
[5] 《遼史》卷四五《百官志一》,801—803頁。
[6] 林鵠《遼史百官志考訂》,中華書局,2015年,2頁。

蕭塔剌葛,字陶哂,六院部人。素剛直。太祖時,坐叔祖臺哂謀殺于越釋魯,没入弘義宫。世宗即位,以舅氏故,出其籍,補國舅别部敞史。[1]"臺哂謀殺于越釋魯"詳見於《逆臣傳·耶律滑哥》"與剋蕭臺哂等共害其父,歸咎臺哂,滑哥獲免"云云[2]。又《營衛志》著帳郎君條亦載此事云:"初,遥輦痕德堇可汗以蒲古只等三族害于越釋魯,籍没家屬入瓦里。淳欽皇后宥之,以爲著帳郎君。世宗悉免。"[3]《百官志》將這條改編作"北面著帳官",條目下文字内容稍顯豐富,其中"淳欽皇后宥之,以爲著帳郎君"作"應天皇太后知國政,析出之,以爲著帳郎君、娘子,每加矜恤"[4]。綜合諸條表明,述律氏將臺哂等及其族人由瓦里改隸到奉祀太祖的弘義宫(算斡魯朶)。

　　細繹史文,可以確認《營衛志》"世宗悉免"和《蕭塔剌葛傳》所言"出其籍"乃是出弘義宫宫籍,世宗不過是改變臺哂家族宫分人的身份;同時授予塔剌葛官職——擔任"國舅别部敞史"。此中"敞史"一名,會同元年(938)十一月,太宗推行蕃部改革,曾提到"國舅帳郎君官爲敞史"[5],可見"國舅别部"亦設此職。關於"國舅别部"具體所指,《蕭塔剌葛傳》其實隻字未提,至少不是《外戚表》序文"世宗以舅氏塔列葛爲國舅别部"表述之義,這顯然是元朝史官未審其文義,總結失當所致。該表正文"國舅别部"的"七世孫臺哂"亦據《蕭塔剌葛傳》而來,實則與序文的編纂思路一致。

　　《外戚表》《百官志》所載"國舅别部"同出一源無疑。《遼史》還有一條相關記載,即《營衛志·部族》總結出"遼内四部族":"遥輦九帳族。橫帳三父房族。國舅帳拔里、乙室已族。國舅别部。"[6]這一條史文同樣没有獨立的史料來源。苗潤博指出,以上四部族乃元人繼補舊史《部族志》之作,並不是遼代的概念和實際部族制度[7]。總之,《遼史》志、表凡涉及"國舅别部"者,其實全部出自元末史官對遼代后族帳房的理解,根本源自《蕭塔剌葛傳》。原始史文的意思非常

---

[1] 《遼史》卷九〇《蕭塔剌葛傳》,1496頁。
[2] 《遼史》卷一一二《逆臣傳上·耶律滑哥》,1653頁。
[3] 《遼史》卷三一《營衛志上》,419頁。
[4] 《遼史》卷四五《百官志一》,790—791頁。
[5] 《遼史》卷四《太宗紀下》,49頁。
[6] 《遼史》卷三三《營衛志下·部族下》,435—436頁。
[7] 苗潤博《〈遼史〉探源》,中華書局,2020年,154—158頁。

明確,是世宗給塔剌葛授官,而非爲其家族新立一個"國舅帳"。

仍需要解釋一點疑問:世宗初年確有一次蕭氏族帳調整,非但與蕭塔剌葛無關,而且也不是指所謂"國舅別部"。《世宗紀》天禄元年八月壬午云:

> 尊母蕭氏爲皇太后,以太后族剌只撒古魯爲國舅帳,立詳穩以總焉。[1]

羅繼祖《遼史校勘記》判斷《外戚表》國舅別部"只魯"疑即"剌只撒古魯"之省文[2]。陳述校勘《遼史》時採納此説[3],這部點校本因長期作爲通行本,影響頗大,然實難成立。蕭塔剌葛是世宗"舅氏",其家族於《遼史》中並不可考。世宗之父耶律倍,有妻大氏、高氏及兩個蕭氏,本傳云:"重熙二十年(1051),增謚文獻欽義皇帝,廟號義宗,及謚二后曰端順,曰柔貞。"[4]這兩位太后家族皆可算作世宗舅族,"剌只撒古魯"祇見於此,他應出自世宗母柔貞皇后蕭氏家族,端順皇后情況不明。這裏很難判斷塔剌葛到底屬哪一支后族。如此一來,所謂"國舅別部"與《世宗紀》"國舅帳"尚無證據實現勘同[5]。

綜上所論,筆者就此提出,"國舅別部"很有可能是元人根據《蕭塔剌葛傳》"補國舅別部敵史"之文杜撰出來的。實際上,原始語境中的"國舅別部"恐非一個嚴格意義上的族帳概念,蓋即相對於述律后家族以外的其他蕭氏部族而言,像重熙九年十二月庚寅"以北大王府布猥帳郎君自言先世與國聯姻,許置敵史,命本帳蕭胡覿爲之"就屬這種情況[6],不宜視作一支獨立特定的帳族。

## 二、契丹小字 ᠕᠊ 釋疑及其特殊意義

以往學者在探討國舅帳問題時曾注意到一條關鍵綫索:契丹小字石刻所見 ᠕᠊ ᠊᠋ᠠ。即實根據《外戚表》等記載將其釋義作"國舅別部",後一詞詞義

---

[1] 《遼史》卷五《世宗紀》,72頁。
[2] 羅繼祖《遼史校勘記》,上海人民出版社,1958年,15頁。
[3] 《遼史》卷五《世宗紀》校勘記一,中華書局,1974年,67頁。
[4] 《遼史》卷七二《宗室傳・義宗倍》,1335。同書卷二〇《興宗紀三》繫此事於重熙二十一年十一月壬寅條,279頁。
[5] 苗潤博《契丹國舅別部世系再檢討》,《史學月刊》2014年第4期。
[6] 《遼史》卷一八《興宗紀一》,251頁。

確鑿無疑,遂推測 𘲢𘰷 是國舅帳概念[1]。即實還認爲,𘲢𘰷 是國舅別部之簡寫形式[2]。烏拉熙春最初接受這一觀點,將 𘲢𘰷 音值構擬爲 bu-d,本義"別部"[3]。後來改釋成"外戚"[4]。劉鳳翥指出,𘲢𘰷 釋義"別部"並不成立,而是與"蕭"氏有關[5],一般用來修飾述律后系的國舅家族[6]。根據前人研究基礎,我們不妨以 𘲢𘰷 𘰷𘰷(□ + 國舅)爲突破口,結合遼代漢文文獻,鈎沉國舅帳的主綫和核心力量。試證如下:

(一) 忽没里系:蕭闥

咸雍八年(1072)《耶律仁先墓誌》第 62 行記述仁先長女婚姻情況[7]:

| 又 | 囲及 | 叉勺 | 𘲢𘰷 | 才祭伏 | 业关化 | 丕兆和 |
|---|---|---|---|---|---|---|
| 長 | 骨欲 | 迷己 | □ 國舅之 | 胡覩菫 | 匹里 | 太師之 |

| 丹力夊 | 业币夃木 | 九亦夨 | 又平小伏 |
|---|---|---|---|
| 孫 | 蒲打里 | 將軍於 | 嫁 |

咸雍五年《蕭闥妻耶律骨欲迷己墓誌》墓主是"前燕王、尚父、于越、晉王仁先之處子"[8],與《耶律仁先墓誌》上文亦正相合。蒲打里漢名蕭闥,本人墓誌云"皇曾祖諱繼遠"[9]。"繼遠",《遼史》作"繼先"[10],是忽没里之孫。

---

[1] 即實《〈銘石〉瑣解》,氏著《謎林問徑——契丹小字解讀新程》,遼寧民族出版社,1996年,194—195頁。

[2] 即實《〈永訥墓誌〉釋讀》,氏著《謎田耕耘——契丹小字解讀續》,遼寧民族出版社,2012年,105頁。

[3] 愛新覺羅·烏拉熙春《高九大王世系考》,氏著《遼金史與契丹、女真文》,京都大學東亞歷史文化研究會,2004年7月,58頁。

[4] 愛新覺羅·烏拉熙春、吉本道雅《新出契丹史料の研究》第二章《國舅夷離畢帳》,184頁。

[5] 劉鳳翥、叢豔雙、于志新、娜仁高娃《契丹小字〈耶律慈特·兀里本墓誌銘〉考釋》,《燕京學報》新20期,北京大學出版社,2006年5月,257頁。

[6] 萬雄飛、韓世明、劉鳳翥《契丹小字〈梁國王墓誌銘〉考釋》,載劉鳳翥《契丹文字研究類編》第1冊,中華書局,2014年,240頁。

[7] 該墓誌錄文見劉鳳翥《契丹文字研究類編》第3冊,726頁。

[8] 蓋之庸《内蒙古遼代石刻文研究(增訂本)》,内蒙古大學出版社,2007年,319頁。

[9] 蓋之庸《内蒙古遼代石刻文研究(增訂本)》,329頁。參見劉鳳翥《契丹小字〈耶律仁先墓誌銘〉再考釋》,劉鳳翥《契丹文字研究類編》第1冊,107頁。

[10] 《遼史》卷七八校勘記四,1400頁。

## (二) 忽没里系:蕭敵魯

天慶四年(1114)《蕭敵魯副使墓誌銘》第 2 行介紹墓主身份[1]:

□　國舅之　小名　敵魯　第二名　阿魯盌

據考證,墓主阿魯盌的五世祖 (駝寧·撻凜)、六世祖 (术魯列),术魯列爲忽没里之侄,蕭敵魯屬這一家族[2]。

## (三) 阿古只系:蕭太山

壽昌元年(1095)《蕭太山與永清公主墓誌》第 1 行記述蕭太山:

□　國舅　小　翁帳　歐懶　太　山之　將軍

該墓誌第 3 行追述蕭太山的先祖事迹云[3]:

天　皇帝之　時　解里　郎君之子　敵輦　敵魯宰相

月椀　翁帳　子　撒本　阿古只

據解讀,蕭太山第七代祖 (婆故·月椀),其子爲 (撒本·阿古只)[4]。此人即《遼史·阿古只傳》傳主,是淳欽皇后的同母弟[5]。

---

[1] 康鵬《契丹小字〈蕭敵魯副使墓誌銘〉考釋》,劉寧主編《遼金歷史與考古》第 4 輯,遼寧教育出版社,2013 年,285 頁。

[2] 參見康鵬《蕭撻凜家族世系考》,《新亞洲論壇》第 4 輯,首爾出版社,2011 年 8 月,373—383 頁。愛新覺羅·烏拉熙春、吉本道雅《新出契丹史料の研究》第二章《國舅夷離畢帳》,204—234 頁。

[3] 該墓誌錄文見劉鳳翥《契丹文字研究類編》第 3 册,811 頁。

[4] 參見袁海波、劉鳳翥《契丹小字〈蕭大山和永清公主墓誌〉考釋》,《文史》2005 年第 1 輯。按,該墓誌最初發表誤作"蕭大山",後更正作"蕭太山"。

[5] 參見愛新覺羅·烏拉熙春、吉本道雅《新出契丹史料の研究》第二章《國舅夷離畢帳》,215—216 頁。

## (四)阿古只系:阿姆哈娘子

壽昌六年《耶律弘用墓誌》第12—13行詳細敘述墓主弘用妻子的身世：

| 妻 | 子 | 阿姆哈娘子 | □ | 國舅 | 小翁帳 | 儀 | 天 | 皇 |
|---|---|---|---|---|---|---|---|---|

| 太 | 后之 | 第三 | 弟 | 六溫 | 高九 | 大王之 | 少 | 子 |
|---|---|---|---|---|---|---|---|---|

| 時時里 | 敵烈 | 太 | 師 | 橫帳之 | 楚 | 哥 | 夫人 | 二人 | 之女 |
|---|---|---|---|---|---|---|---|---|---|

經學者考釋,阿姆哈的祖父六溫·高九漢名蕭孝誠,"儀天"指欽哀皇后,此係重熙元年所上尊號[1]。據記載,儀天皇太后小字耨斤,"阿古只五世孫"[2]。

## (五)阿古只系:蕭朮哲

乾統七年(1107)《梁國王墓誌》第1行記述墓主 □□（朮里哲·石魯隱）身份[3]：

| □ | 國舅 | 小 | 翁帳 | 六 | 字之 | 功臣之 | 梁 | 國 | 王之 |
|---|---|---|---|---|---|---|---|---|---|

研究指出,墓主梁國王即《遼史》蕭朮哲[4]。《蕭朮哲傳》稱傳主"孝穆弟高九之子"[5],此"高九"即蕭孝誠。

根據近年來的契丹文字解讀成果,我們從《耶律仁先墓誌》《蕭敵魯副使墓誌》《蕭太山與永清公主墓誌》《耶律弘用墓誌》《梁國王墓誌》中找到了五個 □□ 的具體用例與其相對應的家族關係:前二人蕭闈(蒲打里)、蕭敵魯均屬忽沒里

---

[1] 劉鳳翥、清格勒《契丹小字〈宋魏國妃墓誌銘〉和〈耶律弘用墓誌銘〉考釋》,《文史》2003年第4輯。愛新覺羅·烏拉熙春《高九大王世系考》,氏著《遼金史與契丹、女真文》,49—59頁。
[2] 《遼史》卷七一《后妃傳·聖宗欽哀皇后蕭氏》,1324頁。
[3] 該墓誌錄文見劉鳳翥《契丹文字研究類編》第3冊,947頁。
[4] 萬雄飛、韓世明、劉鳳翥《契丹小字〈梁國王墓誌銘〉考釋》,《燕京學報》新25期,北京大學出版社,2008年11月,124頁。
[5] 《遼史》卷九一《蕭朮哲傳》,1501頁。

後裔,後三者蕭太山、阿姆哈、蕭术哲皆出自阿古只家族。這二位先祖活動於遼初,都是淳欽皇后述律氏的兄弟。值得注意的是,從目前出土的墓誌看,凡世系可考者,𘭊𘯱衹用於表示這兩支家族子孫身份,而有時還省略不書。茲舉三例:

第一,天慶五年《故耶律氏銘石》第 17 行稱墓主達得娘子有四個姐妹,長者 𘮕𘭰(時時里)[1]:

| 𘭊𘯱 | 𘭁𘯱𘬌𘯱 | 𘫯𘰠𘬌𘮄 | 𘭉𘬋𘰛 | 𘮮𘭂𘫯𘫤 | 𘫯𘯤𘬌𘯱 |
|---|---|---|---|---|---|
| □ | 國舅 | 烏魯本 | 圖古辭 | 相公之 | 夫人 |

大安八年(1092)《耶律迪烈墓誌》也提到了這位時時里,其丈夫,第 30 行作 𘭁𘯱𘬌𘯱 𘫯𘫤𘫯𘫤 𘫯𘬄𘫳(國舅圖古辭詳穩)[2]。同樣案例,又如《故耶律氏銘石》第 18 行叙述墓主第三個姐姐 𘫯𘬎(度突里)的婚配[3]:

| 𘭊𘯱 | 𘭁𘯱𘬌𘯱 | 𘫯𘫟 | 𘭫 | 𘬊𘭂𘭪 | 𘫯𘯤𘬌𘯱 |
|---|---|---|---|---|---|
| □ | 國舅 | 迪輦 | 訛 | 統軍之 | 夫人 |

《耶律迪烈墓誌》仍是衹作 𘭁𘯱𘬌𘯱 𘭫 𘫯𘬄𘫳(國舅訛詳穩)[4]。通過考證,迪烈與達得是父女關係,兩方墓誌具有重合内容[5],然而後一墓誌表示時時里、度突里所嫁國舅家族時均無𘭊𘯱。

第二,上文引《耶律弘用墓誌》阿姆哈父名"時時里",祖父六溫·高九爲 𘭊𘯱 𘭁𘯱𘬌𘯱 𘮟𘬎 𘫴𘭪(國舅小翁帳之)。乾統十年漢字《宋魏國妃蕭氏墓誌》亦載墓主"祖名六溫,小名高九,蘭陵郡王。父名時時里,小名迪烈",表明宋魏國妃與

---

[1] 該墓誌録文見劉鳳翥《契丹文字研究類編》第 3 册,986 頁。
[2] 該墓誌録文見劉鳳翥《契丹文字研究類編》第 3 册,794 頁。
[3] 該墓誌録文見劉鳳翥《契丹文字研究類編》第 3 册,987 頁。
[4] 該墓誌録文見劉鳳翥《契丹文字研究類編》第 3 册,795 頁。
[5] 愛新覺羅·烏拉熙春《〈耶律迪烈墓誌銘〉與〈故耶律氏銘石〉所載墓主人世系考——兼論契丹人的"名"與"字"》,原刊《立命館文學》第 580 號,2003 年 6 月;收入氏著《遼金史與契丹、女真文》,71—72 頁。

阿姆哈爲親姐妹[1];契丹小字墓誌第4行叙述個人情況[2]:

| 宋 | 魏 | 國 | 妃 | 諱 | 訛都婉 | | 國之舅 | 小翁帳之 | 人 |

與《耶律弘用墓誌》相比,該處表示訛都婉的家族未使用⿰一詞。

第三,前文提到《梁國王墓誌》蕭术哲出身於⿰ ⿰⿰（國舅小翁帳之）。大安十年《耶律智先墓誌》第12行記載墓主智先姊妹婚姻[3]:

| 第四個 | 涅睦滚 | 別胥 | 國舅 | 小 | 翁帳 | 石魯隱 | 术里哲 | 宰相 | 嫁 |

漢文《耶律智先墓誌》記作"涅睦別胥,適國舅述烈者宰相"[4]。"述烈者"對譯⿰,此人即梁國王蕭术哲,名字省譯"里"[5]。墓誌亦無⿰。

綜上比較,我們有一大發現,不同墓誌對於同一個國舅帳人物出身的記述採用⿰ ⿰⿰和⿰⿰兩種方式,這説明即便省書⿰仍不影響原義。從而揭示,⿰ ⿰⿰顯然不能構成特定專有的國舅帳稱謂,⿰作爲一個修飾詞用於忽没里和阿古只兩大族系,却具有特殊意義。漢文石刻中的"大國舅"一詞,恰好與此密切相關[6]。茲將相關記載梳理如下:

首先,咸雍四年《蕭知行墓誌》題作"大遼國舅、故防禦使蕭公墓誌銘",正文謂"公之皇考任大國舅、蘭陵王諱孝誠"[7]。重熙十四年《蕭和妻秦國太妃耶律

---

[1] 劉鳳翥、清格勒《契丹小字〈宋魏國妃墓誌銘〉和〈耶律弘用墓誌銘〉考釋》,《文史》2003年第4輯。

[2] 該墓誌録文見劉鳳翥《契丹文字研究類編》第3册,974頁。

[3] 該墓誌録文見劉鳳翥《契丹文字研究類編》第3册,803頁。

[4] 該墓誌録文見劉鳳翥《契丹文字研究類編》第3册,810頁。

[5] 劉鳳翥《契丹小字〈耶律智先墓誌銘〉再考釋》,劉鳳翥《契丹文字研究類編》第1册,160頁。

[6] 愛新覺羅・烏拉熙春、吉本道雅《新出契丹史料の研究》第二章《國舅夷離畢帳》,186—187頁。

[7] 向南、張國慶、李宇峰輯注《遼代石刻文續編》,遼寧人民出版社,2010年,124頁。

氏墓誌》記述蕭和子五人，第三"孝誠，大國舅、兼侍中、蘭陵郡王、贈忠簡王"〔1〕。此處"大國舅"，前引《耶律弘用墓誌》的六溫·高九帳族 ⿰刂㐅 ⿱力去出玄 正與之對應。另外一例，壽昌元年漢字《永清公主墓誌》稱墓主："適大國舅帳王五駙馬男左千牛衛將軍太山，諱彥弼，字良輔爲偶。"〔2〕契丹小字《蕭太山與永清公主墓誌》第1行叙述蕭太山出自 ⿰刂㐅 ⿱力去出玄 ⿰州余 艾相，知"大國舅帳"對譯此文。論及緣由，咸雍九年《蕭德恭墓誌》叙述德恭家世："次兄興宗朝駙馬都尉、知大國舅、龍虎軍上將軍諱德良"，"祖翁大丞相、齊國王諱孝穆"，尤其以"世有女三作中宮之后"引以爲榮，即聖宗欽哀皇后、興宗仁懿皇后、道宗宣懿皇后均出自這個家族〔3〕。以上諸人皆阿古只後代子嗣，故稱"大國舅"。

其次，大康七年（1082）《蕭勃特本墓誌》載"其先本大國舅帳，曾祖諱〔繼〕遠，聖宗朝駙馬都尉，尚秦晉國長公主"，及"考諱閭"〔4〕。蕭閭墓誌已經出土，誌文亦稱"公乃大國舅之英胄也"〔5〕。前面契丹小字《耶律仁先墓誌》提到閭（蒲打里）系出 ⿰刂㐅 ⿱力去出玄，其義當指"大國舅"，據此證明忽没里系也符合這一條件。

綜合契丹小字、漢文石刻和前人多種考釋成果，得以探明：⿰刂㐅 ⿱力去出玄 和"大國舅"不是特定的族帳概念，但具有明顯的政治意涵和特别的身份象徵，其指稱對象並非一般蕭氏，而應是有着固定的範圍，專門針對淳欽皇后兄弟忽没里和阿古只兩大支系。這樣便可梳理出有遼一代國舅帳的最明確、最核心的一條主綫，從而爲下文討論后族集團組成情況奠定了基礎。

## 三、遼代國舅帳體系的真相

關於遼代后族集團的各家族分支，學界歷來對元修《遼史·外戚表》深信不

---

〔1〕 向南、張國慶、李宇峰輯注《遼代石刻文續編》，91頁。
〔2〕 該墓誌拓片見劉鳳翥《契丹文字研究類編》第4册，1153頁。
〔3〕 向南、張國慶、李宇峰輯注《遼代石刻文續編》，153、155頁。
〔4〕 蓋之庸《内蒙古遼代石刻文研究（增訂本）》，349頁。
〔5〕 蓋之庸《内蒙古遼代石刻文研究（增訂本）》，329頁。

疑,其中元朝史官總結出"國舅五帳",是一種非常典型的説法。據《百官志》記載,"南宰相府。掌佐理軍國之大政,國舅五帳世預其選"[1]。點校者指出,"本書紀傳及遼代石刻所見,北府宰相多出國舅五帳,南府宰相多出皇族四帳"。疑南宰相府條與"北宰相府。掌佐理軍國之大政,皇族四帳世預其選"互舛[2]。今考《太祖紀》,太祖四年(910)七月戊子條云"以后兄蕭敵魯爲北府宰相。后族爲相自此始"[3]。《百官志》蓋據此條編纂。結合《外戚表》序文,可見"五帳"指"拔里二房,曰大父、少父""乙室己亦二房,曰大翁、小翁"和"國舅別部"。

據《后妃傳序》記載:

> 遼因突厥,稱皇后曰"可敦",國語謂之"賦俚謇",尊稱曰"耨斡麼",蓋以配后土而母之云。太祖稱帝,尊祖母曰太皇太后,母曰皇太后,嬪曰皇后。等以徽稱,加以美號,質於隋、唐,文於故俗。后族唯乙室、拔里氏,而世任其國事。太祖慕漢高皇帝,故耶律兼稱劉氏;以乙室、拔里比蕭相國,遂爲蕭氏。

從下文"耶律儼、陳大任《遼史·后妃傳》,大同小異,酌取其當著於篇"探知[4],元修《后妃傳》採據舊史,這篇序文亦非元人原創。書末《國語解》"列傳"有"可敦""忒里謇""耨斡麼"條及"乙室、拔里國舅帳二族名"條[5],内容全部與《后妃傳序》相吻合。經考證,《國語解》基本上是按照《遼史》紀、志、表、傳的順序編排,諸詞條取資耶律儼、陳大任二書[6]。從《后妃傳序》和《國語解》重合內容斷定,"乙室""拔里"云云應出自舊本《遼史》無疑。我們已對"國舅別部"質疑,認爲"國舅五帳"乃出於元人的構建,實際上,元修《遼史》記述中唯有"拔里"和"乙室己"真實可信,這爲解决整個國舅帳分支清除了一道障礙。

可惜《遼史》"拔里""乙室己"止存其名,並未提及具體族帳,學界故有多種

---

[1]《遼史》卷四五《百官志一》,778 頁。
[2]《遼史》卷四五《百官志一》校勘記五,809 頁。
[3]《遼史》卷一《太祖紀上》,4 頁。
[4]《遼史》卷七一《后妃傳》,1318 頁。
[5]《遼史》卷一一六《國語解》,1705 頁。
[6] 參見馮家昇《〈遼史〉源流考》,氏著《馮家昇論著輯粹》,中華書局,1987 年,147—148 頁。劉浦江《從〈遼史國語解〉到〈欽定遼史語解〉——契丹語言資料的源流》,原刊余太山主編《歐亞學刊》第 4 輯,中華書局,2004 年 6 月;收入氏著《松漠之間——遼金契丹女真史研究》,177—205 頁。

猜測,迄今尚未有定論[1]。幸運的是,現在有條件從契丹文石刻中加以探索。目前有大量證據表明,◻◻ ◻◻(大國舅)稱作拔里氏[2]。首先,阿古只族。按《蕭太山與永清公主墓誌》第2行追述蕭太山第七代祖 ◻◻ ◻◻(婆故·月椀)[3],大定十五年(1175)《尚食局使蕭公墓誌》誌蓋題作 ◻◻ ◻◻(拔里公),該墓主◻◻(篋里寧)的第五代祖宗就是上文提到的蕭太山將軍[4]。《耶律弘用墓誌》和《梁國王墓誌》所見蕭孝誠(六溫·高九)具體爲 ◻◻ ◻◻ ◻◻;大康二年《仁懿哀册》第5行記蕭孝穆[5]、天德二年(1150)《蕭仲恭墓誌》第5行載蕭孝友[6],兩人帳房均與蕭孝誠相同,他們的父親都是阿古只孫——蕭和,屬"國舅少父房"。其次,忽没里系。《蕭太山與永清公主墓誌》第3行介紹先祖[7]:

| 父 | 主王甫 | 米朱 | 坌用 | 又力类伏 | 丹为与 | 令用与 | 令用又 | 刘化欠 |
|---|---|---|---|---|---|---|---|---|
| 天 | 皇帝之時 | | 解里郎君之 | | 子 | 敵輦 | 敵魯 | 宰相 |

此 ◻◻ ◻◻(敵輦·敵魯)與《遼史·蕭敵魯傳》傳主同爲一人[8],其父 ◻◻(解里),墓誌第2行全稱 ◻◻ ◻◻,譯作拔里解里,忽没里即其子[9]。

根據以上結論就有條件重新檢討《遼史》相關記載。《外戚表序》謂"拔里二房,曰大父、少父",從阿古只系屬拔里少父房來推測,另外一分支忽没里應當爲

---

[1] 參見孫偉祥《遼朝后族研究綜述》,《黑龍江民族叢刊》2018年第3期。
[2] 參見愛新覚羅·烏拉熙春、吉本道雅《新出契丹史料の研究》第二章《國舅夷離畢帳》,203頁。
[3] 該墓誌録文見劉鳳翥《契丹文字研究類編》第3册,811頁。
[4] 郭添剛、崔嵩、王義、劉鳳翥《契丹小字金代〈蕭居士墓誌銘〉考釋》,《文史》2009年第1輯。按,《尚食局使蕭公墓誌》即《蕭居士墓誌》。
[5] 劉鳳翥《契丹小字〈仁懿皇后哀册〉考釋》,劉鳳翥《契丹文字研究類編》第1册,111頁。
[6] 劉鳳翥《契丹小字〈蕭仲恭墓誌銘〉再考釋》,劉鳳翥《契丹文字研究類編》第1册,281頁。
[7] 該墓誌録文見劉鳳翥《契丹文字研究類編》第3册,811頁。
[8] 《遼史》卷七三《蕭敵魯傳》,第5册,1349頁。
[9] 參見愛新覚羅·烏拉熙春、吉本道雅《新出契丹史料の研究》第二章《國舅夷離畢帳》,175—177頁。

大父房[1],契丹小字石刻一般寫作 力去出굿 又及 女相 [2]。一個很關鍵的問題是,拔里氏中的"大父""少父"是如何劃分出來的? 按《遼史·太宗紀》天顯十年(929)四月丙戌云:"皇太后父族及母前夫之族二帳並爲國舅,以蕭緬思爲尚父領之。"[3]馮永謙指出,述律氏父糯思,"父族"指阿古只系,"母前夫之族"爲蕭敵魯及其弟忽没里系[4]。天慶二年《蕭義墓誌》追述祖先云:"其先迪烈寧,太祖姑表弟,應天皇后之長兄也。佐佑風雲,贊翊日月。初置北相,首居其位。"[5]"北相"確切指北府宰相,上文提到首任者爲蕭敵魯[6]。他的契丹語全名 令用与 令用父,其第二名 令用与 作"敵輦"或"迪烈寧"。墓誌稱迪烈寧"太祖姑表弟",這與《遼史·蕭敵魯傳》敵魯"母爲德祖女弟"相合[7],説明敵魯於述律后爲異父長兄[8]。他們原屬兩個不同來源的部落,故分別兩帳,至此時因述律氏皇太后的身份而合併確立爲"國舅",也就是統一成拔里氏,由述律后兄緬思掌管[9],然内部仍按序齒細分作"大""少"兩房[10]。據此亦知,《外戚表序》"拔里、乙室己、述律三族"之説有誤[11],拔里與述律實乃同一家族,國舅帳中不存在獨立的述律氏。

在確定拔里二房之後,接下來需要追問的是,"乙室己亦二房,曰大翁、小翁"是指哪個國舅帳分支。在契丹小字墓誌中,乾統二年《耶律副部署墓誌》第24行 秃几 力去 用欠 卆相 几次 令各 奉 出굿 女 父 (乙室己國舅少父房孔文詳穩)、第26行 秃几 力去 奉 出굿

---

[1] 參見魏奎閣《遼承天皇太后房族世次考》,李品清主編《阜新遼金史研究》第3輯,阜新市遼金元契丹女真蒙古研究會、阜新市歷史考古研究會編印,1997年,213—216頁。愛新覺羅·烏拉熙春、吉本道雅《新出契丹史料の研究》第二章《國舅夷離畢帳》,203頁。

[2] 參見王弘力《契丹小字墓誌研究》,《民族語文》1986年第4期。劉鳳翥等《契丹小字解讀五探》,《漢學研究》第13卷第2期,1995年12月,326—327頁。

[3] 《遼史》卷三《太宗紀上》,39頁。

[4] 馮永謙《遼史外戚表補證》,《社會科學輯刊》1979年第3期。

[5] 向南《遼代石刻文編》,河北教育出版社,1995年,623頁。

[6] 《遼史》卷一《太祖紀上》,4頁。

[7] 《遼史》卷七三《蕭敵魯傳》,1349頁。

[8] 參見向南《遼代石刻文編》,625頁注釋3。愛新覺羅·烏拉熙春、吉本道雅《新出契丹史料の研究》第二章《國舅夷離畢帳》,176—177頁。

[9] 康鵬《契丹小字"地皇后"考》,《西北師大學報》2016年第5期。

[10] 橋口兼夫《遼代の國舅帳について》,《史學雜誌》第50編2、3號,1939年2、3月。

[11] 《遼史》卷六七《外戚表》,1135頁。

⿰又反 ⿰丰刂 ⿰毛伏 ⿰丙币 ⿰令各 ⿱余女（乙室己國舅大父房陶寧詳穩）[1]能够證明《遼史》上述記載真實存在,不過目前關於乙室己族帳具體世系的案例很少,具體指向尚未坐實。有痕跡可循者:《百官志》國舅本族小將軍條云"興宗重熙五年,樞密院奏,國舅乙室己小翁帳敞史,準大橫帳泊國舅二父帳,改爲將軍"[2],《興宗紀》重熙五年正月甲申條有相同記載[3],説明兩者均源自舊史本紀是條。通過前人考證,我們確認"國舅二父帳"當指拔里二房大父忽没里系、小父阿古只系,由此可見,乙室己"小翁""大翁"是與之分足並立的國舅帳。根據《國語解》"乙室、拔里國舅帳二族名"這條記載,細檢《遼史》,全書記載明確設立國舅帳共有兩處:除《太宗紀》天顯十年四月丙戌條外,還有《世宗紀》天禄元年八月壬午"尊母蕭氏爲皇太后,以太后族剌只撒古魯爲國舅帳,立詳穩以總焉"[4],乙室己或源於此,不過這一假説需要日後新出土材料加以檢驗。

## 四、從"審密氏"概念看后族的整合歷程

最後談一下"審密氏"問題。《遼史》具體條文所見國舅帳乃趨於將非血緣關係的各個分支整合爲同一個政治集團,然而吊詭的是,這種情況却與《外戚表序》載"契丹外戚,其先曰二審密氏:曰拔里,曰乙室己"族帳最初同源説齟齬不合。向南、楊若薇解釋《外戚表》表文説:拔里、乙室己這兩個氏族可能是來源於同一血緣系統,原本統稱"審密",漢人音譯爲"孫",疑興起於武則天時期的契丹首領孫萬榮即姓"審密"[5]。蔡美彪贊同"孫"即"審密"譯音説,認爲拔里氏當爲孫部的後裔,而"蕭"則是遼代的新譯法[6]。以上關於"審密"來源問題的論述有很大漏洞。

所謂"其先曰二審密氏",據《營衛志·部族》遥輦阻午可汗二十部臚列"耶

---

[1] 該墓誌録文見劉鳳翥《契丹文字研究類編》第 3 册,910、911 頁。
[2] 《遼史》卷四五《百官志一》,802 頁。
[3] 《遼史》卷一八《興宗紀一》,245 頁。
[4] 《遼史》卷五《世宗紀》,72 頁。
[5] 向南、楊若薇《論契丹族的婚姻制度》,《歷史研究》1980 年第 5 期。
[6] 蔡美彪《試説遼耶律氏蕭氏之由來》,氏著《遼金元史考索》,66—71 頁。

律七部""審密五部""八部",詳情如下:

> 涅里相阻午可汗,分三耶律爲七,二審密爲五,並前八部爲二十部。三耶律:一曰大賀,二曰遥輦,三曰世里,即皇族也。二審密:一曰乙室己,二曰拔里,即國舅也。其分部皆未詳。[1]

《兵衛志序》也有耶律雅里(涅里)"析三耶律氏爲七,二審密氏爲五,凡二十部"的相同記載[2]。研究指出,"遥輦阻午可汗二十部"並非契丹早期部族設置,而是後世史官杜撰的,這里"二審密爲五"是指拔里二帳、乙室己二帳和國舅別部,是元人對契丹國舅帳的一種理解[3]。從《遼史》中見到的實際情況則是,有遼一代,外戚蕭氏經歷多番調整[4]。第一次,天顯十年四月,"皇太后父族及母前夫之族二帳並爲國舅",確立拔里氏大父房和少父房;第二次,天禄元年八月,世宗"以太后族剌只撒古魯爲國舅帳",新增加一支力量[5];第三次,開泰三年(1014)六月,"合拔里、乙室二國舅爲一帳,以乙室夷離畢蕭敵烈爲詳穩以總之"[6]。通過這幾步舉措,國舅帳的總體發展趨勢是,從逐個分支到最後統合爲一體。據此推斷,作爲整個國舅帳的"審密"顯然是遼開泰以後纔構建形成的政治集團概念,恐非契丹早期部族的原始狀態。

我們可從契丹早期史中探尋具體理由。謹以最核心的拔里氏爲例,"皇太后父族及母前夫之族二帳"這兩個家族的起源完全不同:《后妃傳》記述律氏:"其先回鶻人糯思,生魏寧舍利,魏寧生慎思梅里,慎思生婆姑梅里,婆姑娶匀德恝王女,生后於契丹右大部。婆姑名月椀,仕遥輦氏爲阿扎割只。"[7]《地理志》儀坤州條也有相關記載,謂"本契丹右大部地。應天皇后建州。回鶻糯思居之,至四世孫

---

[1] 《遼史》卷三二《營衛志中·部族上》,430—431頁。
[2] 《遼史》卷三四《兵衛志上》,449頁。
[3] 肖愛民《"分三耶律爲七,二審密爲五"辨析——契丹遥輦氏阻午可汗二十部研究之二》,《内蒙古社會科學(漢文版)》2005年第2期。苗潤博《契丹建國以前部落發展史再探——〈遼史·營衛志〉"部族上"批判》,《中國邊疆史地研究》2022年第1期。
[4] 參見橋口兼夫《遼代の國舅帳について》,《史學雜誌》第50編2、3號,1939年2、3月。
[5] 《遼史·聖宗紀》太平八年(1028)十二月丁亥條云:"兩國舅及南、北王府乃國之貴族。"229頁。"兩國舅"指向不明,或拔里氏二帳,拔里氏、剌只撒古魯家族。
[6] 《遼史》卷一五《聖宗紀六》,191頁。關於國舅帳發展變化,另參見《遼史》卷四五《百官志一》大國舅司條,801頁。
[7] 《遼史》卷七一《后妃傳》,1319頁。

容我梅里,生應天皇后述律氏,適太祖"。其轄廣義縣"本回鶻部牧地"[1]。説明述律"父族"家族發源於回鶻。而"母前夫之族",《蕭敵魯傳》云:"五世祖曰胡母里,遙輦氏時嘗使唐,唐留之幽州。一夕,折關遁歸國,由是世爲決獄官。"[2]胡母里當屬契丹舊人。對比可見,遙輦時期,這兩個家族的先祖糯思和胡母里大概活動年代相當,毫無血緣關係,何談由同一個審密氏分化而來。

筆者注意到,《國語解·帝紀》解釋"耶律氏""蕭氏"兩姓由來云"有言以漢字書者曰耶律、蕭,以契丹字書者曰移剌、石抹,則亦無可考矣"[3]。此文所言不虛,二者在契丹小字石刻中分别寫作𘲢𘰛、𘰿𘰺,音義爲"耶律""審密",而"移剌""石抹"乃是金代譯音[4]。據《金史·金國語解》姓氏條記載說,"石抹曰蕭""移剌曰劉"[5]。研究表明,金章宗明昌年間(1190—1196)曾下令將"審密"統一改成"石抹",後來契丹人凡蕭姓一律採用這個新譯音。[6]陳大任《遼史》修成於泰和七年(1207)十二月[7],由此推測《遼史·國語解》之語源於此。從"審密"改成"石抹"以及金人沿襲使用這條綫索看,陳大任《遼史》接受了遼聖宗開泰以後統合后族姓氏的概念,元末修史時以此反推整體審密氏下各國舅帳構成及其分支部分,結果將該起源追溯至遙輦時期。

綜上所述,"國舅别部"有可能是元末纂修《遼史》時人爲製造的國舅帳概念,以往學者受制於元人叙事框架而走向誤區。在此提示,我們探討國舅帳和后族政治時須謹慎,對相關記載有效區分,所謂"其先曰二審密氏"未必能夠成立。本文從《遼史》和契丹文石刻中再出發,在前人研究基礎上,考索出遼代國舅帳發展主綫:歷朝帝后選拔以述律後兩兄弟"忽没里"和"阿古只"兩系爲主體(參

---

[1]《遼史》卷三七《地理志一》,505頁。
[2]《遼史》卷七三《蕭敵魯傳》,1349頁。
[3]《遼史》卷一一六《國語解》,1690頁。
[4] 劉鳳翥《契丹小字解讀再探》,《考古學報》1983年第2期。
[5]《金史》卷一三五附《金國語解》,中華書局,1974年,2896頁。
[6] 吉野正史《「耶律·蕭」と「移剌·石抹」の間:『金史』本紀における契丹·奚人の姓の記述に関する考察》,《東方學》第127輯,2014年,83—99頁。中文譯本見同氏《"耶律、蕭"與"移剌、石抹"之間——〈金史〉本紀中契丹與奚人漢姓表記之問題》,載平田茂樹、余蔚主編《史料與場域——遼宋金元史的文獻拓展與空間體驗》,上海人民出版社,2021年,204—222頁。
[7]《金史》卷一二《章宗紀四》,282頁。

表1),二者後來合併爲拔里氏,這家勢力最大,世宗新立剌只撒古魯爲"國舅帳",到後來出現"乙室已",開泰三年將拔里和乙室已整合爲一體,通過多番政治改造,最終稱作審密氏,既而以蕭氏爲外衣塑造成一個后族集團。

表1 遼朝皇后出身表

| 皇帝 | 皇后 | 皇后父親 | 家族 |
| --- | --- | --- | --- |
| 太祖 | 淳欽皇后 | 月椀 | 淳欽后父族 |
| 太宗 | 靖安皇后 | 蕭室魯(月椀子) | 淳欽后父族 |
| 世宗 | 甄皇后 | 不詳 | 不詳(漢人) |
| 世宗 | 懷節皇后 | 蕭阿古只(月椀子) | 淳欽后父族 |
| 穆宗 | 蕭皇后 | 蕭知璠 | 不詳 |
| 景宗 | 睿智皇后 | 蕭思溫 | 淳欽后母前夫之族 |
| 聖宗 | 蕭皇后(後廢) | 不詳 | 不詳 |
| 聖宗 | 仁德皇后 | 蕭隗因 | 淳欽后母前夫之族 |
| 聖宗 | 欽哀皇后 | 蕭和(阿古只後人) | 淳欽后父族 |
| 興宗 | 蕭皇后(降爲貴妃) | 蕭匹里 | 淳欽后母前夫之族 |
| 興宗 | 仁懿皇后 | 蕭孝穆(阿古只後人) | 淳欽后父族 |
| 道宗 | 懿德皇后 | 蕭孝惠(阿古只後人) | 淳欽后父族 |
| 道宗 | 蕭皇后(降爲惠妃) | 蕭德溫(阿古只後人) | 淳欽后父族 |
| 天祚帝 | 蕭皇后 | 蕭槁剌 | 淳欽后母前夫之族? |

\*本表採自康鵬《遼道宗朝懿德后案鈎沉》,黃正建主編《隋唐遼宋金元史論叢》第5輯,上海古籍出版社,2015年,140頁。主要根據《遼史·后妃傳》製成(第5冊,1319—1327頁)。

# The Clans of the Imperial Brothers-in-law and the Shen-mi Bloc of Khitai

## Chen Xiaowei

Although with the shared surname Xiao 蕭, the composition of the Khitan empresses is complicated. In *Liaoshi* 遼史, compiled in the Yuan dynasty, the Khitan empresses came from "Guo-jiu wu-zhang" 國舅五帳, including "Guo-jiu bie-bu" 國舅別部. The content of "Guo-jiu bie-bu" in the "Table of Consort Kin" 外戚表 and "Bei-mian zhu-zhang-guan" 北面諸帳官 of the "Monograph of Bureaucracy" 百官志 of *Liaoshi*, are both based on "Bu guo-jiu-bie-bu chagn-shi" 補國舅別部敞史 in the "Biography of Xiao-ta-la-ge" 蕭塔剌葛傳. However, from the perspective of historical conceptualization, its authenticity has been shaken by the interpretation of the original text. The so-called "Guo-jiu wu-zhang" was a reconstruction of the "Guo-jiu-zhang" 國舅帳 by historiographers in the Yuan dynasty, and that only "Ba-li" 拔里 and "Yi-shi-ji" 乙室己 are authentic in *Liaoshi*. This finding has cleared a hurdle on the way to solving the problem of the branch of Guo-jiu-zhang. Through a combination of literature of Khitan small characters, Chinese inscriptions and the results of previous interpretations, it has been verified that 刘ミ 力走 出灬 does not refer in particular to one of the clans, but is the same as "Da-guo-jiu" 大國舅 which symbolizes the identity of the two branches, Hu-mo-li 忽沒里 and A-gu-zhi 阿古只, both half-brothers of Empress Chun-qin 淳欽, with obvious political meaning. According to sources, a main line of the clans of the imperial brothers-in-law in the Liao dynasty is clear: at the beginning of the Liao, the clans of Hu-mo-li and A-gu-zhi were united to form the Bari clan, whose ancestors were of diverse bloodlines. After Shizong 世宗 created the family of La-zhi-sa-gu-lu 剌只撒古魯 as "Guo-jiu-zhang" and the appearance of "Yi-shi-ji", Bali and Yishiji were merged in the third year of Kaitai 開泰, under the name of Shen-mi 審密氏, which was shaped into the clan of empresses under the guise of Xiao through several political transformations.

# 唐人文學"好奇"風尚研究綜述

張豐楚

  唐人被認爲是一代特别"好奇"的文人,唐詩、唐代小説等不同領域的學者都關注到有唐一代文學中的"好奇"風尚,他們的研究涉及這一重要命題的衆多方面,但始終缺乏以此爲專題的深入研究。學界相關論述主要圍繞"好奇"内涵的不同解讀、"好奇"之風的宗教影響、"好奇"之風的泛文化研究三個維度展開,在不同具體層面上對解答唐人文學"好奇"之風的問題具有啓發意義。本文在梳理文獻的基礎上略談體會,以期勾勒出20世紀以來相關學術研究的軌轍,希望對全面研究唐人文學"好奇"風尚及其所反映的時代精神有所啓示。

## 一、對"好奇"内涵的不同解讀

  20世紀以來,不少研究都論及唐人文學的"好奇"之風,但"好奇"的具體内涵在小説與詩歌等領域具有不同的指向。唐代小説研究中,小説之"奇"一般被理解爲一種文體的内在特徵。20世紀20年代,一定程度上受明代胡應麟《少室山房筆叢》三十六之"至唐人乃作意好奇,假小説以寄筆端"的影響[1],魯迅《中國小説史略》稱小説"至唐代而一變,雖尚不離於搜奇記逸,然叙述婉轉,文辭華豔,與六朝之粗陳梗概者較,演進之迹甚明,而尤顯者乃在是時則始有意爲小説"[2],"好奇"被賦予了類似"虛誕""虛構"的意義。胡懷琛《中國小説的起源及其演變》(1934)將唐傳奇與"不常有的事情""很奇怪的事情"聯繫在

---

[1] 胡應麟《少室山房筆叢》,上海書店出版社,2001年,371頁。
[2] 魯迅《中國小説史略》,人民文學出版社,1998年,70頁。

一起[1],突出的是唐傳奇的題材特點。在此後的研究中,"奇"逐漸被視爲唐代小説,尤其是唐傳奇的固有屬性。李宗爲《唐人傳奇》(1985)也認爲唐傳奇的内容是"一切奇人奇事","尤注意於形容描寫以見作者叙事之有方、想象之瑰奇";"傳奇中'傳'、'記'兩類的區分遠遠不如志怪與史傳那樣分明,它們都統一於傳奇的基本特徵之下,即無論作者所側重描述的是奇人還是奇事,都是以'奇'爲歸,都是爲了顯示自己在叙事和想象上的才華,爲了聳動聽聞、令人折服以達到遣興兼揚名的目的"[2]。唐傳奇是以"奇"爲歸的,其目的則是逞才。隨着研究的深化,學界逐漸將討論轉移到唐代小説之"奇"的範圍上。程毅中《唐代小説史話》(1990)指出,"唐代小説主要從史部的傳記演進而來,無論志怪還是傳奇,最初都歸在雜傳類。'奇'和'怪'意思差不多,不過'奇'的概念較廣一些,不但神仙鬼怪可以稱奇,人間的豔遇軼聞也可以稱之爲奇,後世就有把傳奇專指愛情故事的傾向"[3]。侯忠義《中國文言小説史稿》(1990)也將唐代小説的"好奇"定義爲"記叙奇行異事";傳奇的内容"已從記叙鬼怪之'奇事',轉變爲描寫人世間之'奇事',直接、廣泛地面向現實人生"[4]。李劍國《唐五代志怪傳奇叙録》之代前言《唐稗思考録》(1993)將唐代小説詳細區分爲傳奇小説、志怪小説、雜事小説等,並認爲作爲唐代的新體小説,傳奇之"奇"字"含義更廣,不光可指超現實的奇事,也可指現實中的奇事"[5]。關四平《唐代小説文化意藴探微》(2011)以婚戀小説爲切入點,將現實題材的唐代小説概括爲"人奇""情奇"和"事奇",同時認爲"現實中没有的奇聞異事本身就帶有奇的特點",因此唐代小説的奇幻色彩非常濃鬱[6]。王慶華《文言小説文類與史部相關叙事文類關係研究:"小説"在"雜史"、"傳記"、"雜家"之間》(2015)通過分析"傳奇"作爲一

---

[1] 胡懷琛《中國小説的起源及其演變》,山西人民出版社,2014年,34頁;正文括注爲初版時間,下同不贅。

[2] 李宗爲《唐人傳奇》,中華書局,2003年,13、38頁。

[3] 《唐代小説史話》後來改名爲《唐代小説史》。程毅中《唐代小説史》,人民文學出版社,2011年,13頁。

[4] 侯忠義《中國文言小説史稿》,北京大學出版社,1990年,198、199頁。

[5] 李劍國《唐五代志怪傳奇叙録》,南開大學出版社,1993年,6頁。此書還有中華書局2017年版,爲方便梳理各種觀點的源流,此處使用舊版。

[6] 關四平《唐代小説文化意藴探微》,人民文學出版社,2011年,8頁。

個文體類型概念的源流,指出"'傳奇'最早作爲篇名和書名就是從題材内容的性質來命名的","主要爲了彰顯作品内容的奇異性,意爲傳寫奇人、奇事"[1]。上述幾個觀點均認爲唐代小説之"奇"包括現實與超現實的一切奇事。也有學者從史傳傳統、審美品格等方面對唐代小説之"奇"加以解釋,如石昌渝《中國小説源流論》(1994)指出唐代小説"悖離史統而以情節新奇見長"[2]。陳望衡、范明華《大唐氣象:唐代審美意識研究》(2022)明確提出唐代小説的審美品格是"尚奇",並且是"存心造假,本事就虚",以《古鏡記》《補江總白猿傳》等作品爲例,提煉出唐人小説是"通過怪異的故事傳達出真善美來"的意義[3]。

傳奇之"奇"淵源於志怪之"怪"是另一種較爲常見的説法。董乃斌《中國古典小説的文體獨立》(1994)第五章第一節"政事紀要式向生活細節化的轉化"就認爲,唐傳奇幾乎"無傳不奇"的特點與志怪有關,"傳奇與志怪一樣,常常寫到關於神仙鬼怪乃至妖魅靈異的故事,這是它們的共同點。但志怪對此往往止於簡單述記,唯傳奇纔有能力使神仙鬼怪們的奇狀異事充分地生活化起來,從而使紀要式的錄載進化爲有聲有色的小説"[4]。吴志達《中國文言小説史》(1994)也稱志怪對於唐傳奇的影響"主要在於志怪藝術的想象力和情節的奇異性",而唐傳奇"更有意地追求藝術上的奇,通過小説的藝術形式將奇異虚幻的構思表現出來"[5]。寧宗一主編《中國小説學通論》(1995)持同樣的論斷:"唐傳奇既然是六朝志怪的自然延續,那麼它必然還帶着志怪的某些特徵","這主要表現在故事題材的怪異性上";"奇異性乃是傳奇作品與生俱來的特徵之一"[6]。何李《"作意好奇"之風及其對唐代傳奇創作的影響》(2009)也認爲"到了唐代,雖然傳奇小説在藝術成就上與六朝志怪迥然有別,但在搜奇志異這一點,可以説是一脈相承的"[7]。

---

[1] 王慶華《文言小説文類與史部相關敘事文類關係研究:"小説"在"雜史"、"傳記"、"雜家"之間》,華東師範大學出版社,2015年,46頁。

[2] 石昌渝《中國小説源流論》,生活·讀書·新知三聯書店,1994年,144頁。

[3] 陳望衡等《大唐氣象:唐代審美意識研究》,江蘇人民出版社,2022年,203—208頁。

[4] 董乃斌《中國古典小説的文體獨立》,中國社會科學出版社,1994年,180頁。

[5] 吴志達《中國文言小説史》,齊魯書社,1994年,229、234頁。

[6] 寧宗一主編《中國小説學通論》,安徽教育出版社,1995年,340、341頁。

[7] 何李《"作意好奇"之風及其對唐代傳奇創作的影響》,《蘭州學刊》2009年第4期,200—202頁。

劉曉軍《小説文體之争的一段公案——"才子之筆"與"著書者之筆"綜論》(2018)從文體演變的角度指出今所稱"傳奇體小説"的特徵是以"作文之法"寫小説,而據其所引材料,"傳奇體小説"的内容仍不出於魏晉志怪以來"奇僻荒誕,若滅若没,可喜可愕之事"的範圍[1]。在這些解釋中,"奇"主要與題材選擇的範疇相關聯,主要指非寫實與寫實故事中罕見的、超出常人想象的内容,其範圍或即是志怪的神仙鬼怪、妖魅靈異,或比志怪多了現實人間的奇聞軼事。有部分研究也涉及情節特點、敘事手法等方面。突出唐傳奇題材内容的奇異也是後來若干研究的立論基礎,如郭守運《怪奇詩風與中國詩歌美學轉型考略》(2011)稱"唐代詩歌向傳奇等其他文體學習的主要有構思的玄奇性、題材的神奇性、敘事的奇巧性等"[2],即認爲構思、題材、敘事之"奇"是唐傳奇的内在特質,唐傳奇影響了唐代詩歌的美學轉型,不過没有進行深入的分析。陳際斌《論晚唐前期文風對傳奇集盛期尚怪特徵的影響》(2017)一文提到,"唐傳奇多寫佛道神怪題材,並且樂此不疲。傳奇初期即帶有志怪小説的痕迹,内容虚誕……表現出對奇異之事的濃厚興趣"[3]。陳文新《唐人傳奇文類特徵的歷史考察》(2019)也寫道,"從題材選擇來看,唐人傳奇對私生活感情、自然景觀和虚構情事傾注了濃厚的興趣"[4]。

"奇"作爲文體名稱的一個構成要素,也來源於唐代小説的產生方式。浦江清《論小説》(1944)一文就談到唐代小説興起於舉子們"好遊狹斜,體會出男女愛悦的情緒,以寫宫體詩的本領來寫小説",而有意創設虚幻故事的活動[5]。這篇文章雖未直接言及"好奇"問題,但已點明唐代文人對狹邪題材以及虚幻故事的偏好。《唐代小説史話》(1990)則具體論述唐代文人"徵奇話異"的活動:"不少唐代小説是文人們'徵異話奇'的産物。他們在'宵話奇言'之後,就録而傳之,所

---

[1] 劉曉軍《小説文體之争的一段公案——"才子之筆"與"著書者之筆"綜論》,《文學遺產》2018年第1期,169—179頁。

[2] 郭守運《怪奇詩風與中國詩歌美學轉型考略》,《寧夏大學學報》2011年第5期,125—129頁。

[3] 陳際斌《論晚唐前期文風對傳奇集盛期尚怪特徵的影響》,《甘肅社會科學》2017年第2期,73—78頁。

[4] 陳文新《唐人傳奇文類特徵的歷史考察》,《文學遺產》2019年第2期,53—59頁。

[5] 浦江清著,浦漢明、彭書麟編選《無涯集》,百花文藝出版社,2005年,104頁。

以後人稱之爲'傳奇',是有所依據的。這種'徵奇話異'的活動,不是正式的'説話',但與説話有相通之處,也許就是所謂'俳優小説'的遺響"(《唐代小説史》,17頁)。傳奇源於近似"説話"的"徵奇話異"活動,這是從其産生的機制與環境來説的。李劍國《唐稗思考録》(1993)通過追溯六朝文人的"劇談""説話"風氣,指出這種風氣在唐代得到了加强,而"唐代小説的創作基本上還同六朝一樣,依賴於傳聞"(《唐五代志怪傳奇叙録》,15—17頁)。石昌渝《中國小説源流論》(1994)也述及唐人"徵奇話異的消遣娛樂的需要,成爲傳奇小説的根本動力"(148頁)。陳文新《文言小説審美發展史》(2002)也認爲,"唐人傳奇成熟於一種獨特的社交氛圍中。唐代士大夫的社交文化,其特點似不如魏晉顯著,但至少有一點可以指出的:那時的文化人除了愛切磋詩、文、賦之外,也愛談説奇聞異事,諸如神仙、鬼怪、軼事等。他們不求事情的真實,而希望從中獲得超越日常生活的幻想情趣"[1]。羅寧《漢唐小説觀念論稿》(2009)述及唐人小説觀念時,也將"唐人喜歡聚談"的風氣視爲唐代小説産生的一個緣由,"'徵異'成爲聚談中常見的主題。閒談的内容記録下來便成爲小説",並由此談及唐代小説獨特的風格與寫法:"我們可以將它看做是雜傳的文章化或辭章化,但這文章,儘管沾染了不少同時代的駢文和古文氣息,但在寫作上又完全不是駢文或古文的路子,可以認爲是别開一派,容虚構、誇飾、奇想爲一爐,成爲唐宋時期十分奇特的一種文類。"[2]陳望衡、范明華《大唐氣象:唐代審美意識研究》(2022)也持同樣的觀點(204頁)。

對於唐代小説的"好奇"特質,臺灣學者的看法總體與大陸學者相一致,其學術理路尤其受到了魯迅《中國小説史略》的深刻影響,並在此基礎上向更細緻,且更偏重叙事學的方向開拓。王夢鷗在《唐人小説概述》(1981)中指出,"志怪録異"爲唐人撰寫小説的動機之一[3],大抵不出從怪怪奇奇的題材内容來認識唐代小説的範疇。劉瑛《唐代傳奇研究》(1982)更是從幾個具體的方面對魯迅之"搜奇記逸""叙述婉轉""文辭華艷"進行闡釋,如"唐人已擺脱傳説和實事的束縛,任意爲寫小説而寫小説了",側重虚構的特點;評價裴鉶《傳奇》的《孫恪》一篇作

---

[1] 陳文新《文言小説審美發展史》,武漢大學出版社,2007年,178頁。
[2] 羅寧《漢唐小説觀念論稿》,巴蜀書社,2009年,211、214頁。
[3] 静宜文理學院中國古典小説研究中心編《中國古典小説研究專集Ⅲ》,聯經出版公司,1981年,43頁。

品,稱"短短的一篇小説中,竟包含了十二個節目! 真所謂文奇事奇"[1],則側重小説叙事的技巧與内容含量,比粗淺地概括故事與情節特徵更進了一步,觀點中正而有見地。康韻梅《唐代小説承衍的叙事研究》(2005)同樣從解釋魯迅的觀點出發,運用叙事學中"故事"和"叙述"的觀念,認爲與志怪相比,傳奇"在故事的事件組織和事件如何被叙述的層面上","都發展出比較繁複的機制,更能符合叙事的完備性",並且這種叙述特質的改變,"不僅是叙述結構的問題,也牽引出文本的性質,文本意義的建構和撰作意識等議題"[2],此處論述也着眼於唐代小説複雜的叙事技藝,並從藝術技巧提煉出唐代小説的虚構本質。還有一些臺灣學者承續叙事分析的思路,通過對經典小説集的個案分析,剖析唐代小説的"好奇"特徵,比如王志中《以幻自見:〈玄怪録〉的幻設叙事研究》(2017)拈出"細節描寫和人物對話""幻想與詭設""正經與怪誕"等幾組概念,以論述"牛僧孺正是在'好奇'的基礎上,以'以幻自見'的幻設叙事手法,從不同於李公佐、李朝威等人的面向,呈現出當時小説讀者的另一種閲讀興趣與偏好"[3],挖掘《玄怪録》"奇幻感"的技巧來源,兼顧唐代小説之"好奇"的總體特徵與《玄怪録》的藝術個性,也是對"好奇"的叙事角度的闡發。

如何理解唐代小説"好奇"的内涵也引起了日韓學者的關注。日本學者以内山知也爲代表,他的《隋唐小説研究》(1977)較早注意到,儘管魯迅將《種樹郭橐駝傳》等寓意性小説與傳奇區分開來,但二者都有共同的記録"奇""怪"類事情的意圖;並提出唐代文人的社交活動對唐代小説創作的影響:"作者所屬的友人圈子裏的談話被記録並且被瀏覽抄寫,不久其他圈子裏也開始傳播——將這些短篇小説的創作過程作如此解釋似乎更爲恰當一些。"(こうした短篇小説は、作者の属する友人グループの中で語られたものが記録されて回覧されたり筆寫され、やがて他のグループにも伝播していったものと見る方が適當である。)[4] 韓國學者

--------

[1] 劉瑛《唐代傳奇研究》,正中書局,1982年,35、80頁。
[2] 康韻梅《唐代小説承衍的叙事研究》,里仁書局,2005年,59頁。
[3] 王志中《以幻自見:〈玄怪録〉的幻設叙事研究》,《中正文哲集刊》,2017年第2期。
[4] 内山知也《隋唐小説研究》之《小説の概念について》,木耳社,1977年,6—7、13頁。並參閲中譯本:内山知也著,查屏球編,益西拉姆等譯《隋唐小説研究》,復旦大學出版社,2010年,5—7、9—10頁。

丁範鎮《唐 傳奇의 範疇와 分類의 問題》(1978)則呈現出跨越中西的比較文學視野,這篇文章從探討唐傳奇的範疇和分類這一基本問題出發,認爲相比於西方的傳奇小説(Roman),唐傳奇不僅有幻想的、奇異的一面,也有寫實的一面[1],這與許多學者的看法,即將神仙鬼怪、奇聞軼事都納入"奇"的範圍有基本相同的發現,但並未將寫實的一面也視爲小説之"奇"的一部分。同年,丁範鎮還有一篇文章《篇目을 通해 본 唐 傳奇의 虛實》(1978)也運用了較爲別緻的方法,通過唐代以來的諸種唐小説別集、選集、總集,來考察唐傳奇中究竟有多少作品真正具備傳奇小説的要素[2]。這也涉及了與"好奇"相關的小説虛構問題。全寅初《中國小説觀念의演變考釋》(1982)一文關於唐代小説觀念的闡述,則延續了魯迅的"有意爲小説"的觀點,並關注到影響小説發展的社會因素[3]。他的另一篇文章《唐代小説研究理論模式淺探》(2004)對比兩組同題材魏晉志怪與唐傳奇,較爲具體地認識了唐傳奇踵事增華的叙事手法[4],不過尚未提升到理論層面。

在唐人小説"好奇"問題上,歐美學界也重視魯迅的觀點,同時顯示出文本細讀與叙事分析的學術特色。比如,美國學者倪豪士在他的文章《唐傳奇中的創造和故事講述:沈亞之的傳奇作品》(1998)通過對比《馮燕傳》和《李紳傳》指出,魯迅的觀點可以明確定義什麽是"傳奇",傳奇有一種張力,它來自故事中複雜的細節,是作者有意識的創造。(This tension results directly from the intricate details of the story.)[5]傳奇的叙事張力源於精巧的叙事藝術。德國學者莫宜佳在其論著《中國中短篇叙事文學史》(2003)提出,"奇異""非常"貫穿了整個中國短篇小説的發展歷史,而其中唐代文言叙事作品的特點是,它們"不僅僅關注鬼神的故事,它同時也講述生者的奇聞軼事"(Während *zhiguai* sich ausschließlich

---

[1] 丁範鎮《唐 傳奇의 範疇와 分類의 問題》,《大東文化研究》1978 年第十二輯,79—94 頁。
[2] 丁範鎮《篇目을 通해 본 唐 傳奇의 虛實》,《人文科學》第 7 卷第 1 期,1978 年,89—107 頁。
[3] 全寅初《中國小説觀念의演變考釋》,《延世論叢》1982 年 10 月,3—19 頁。
[4] 全寅初《唐代小説研究理論模式淺探》,《中國語文學論集》第 29 號,2004 年,435—457 頁。上述韓語文獻,承蒙北大中文系何智慧博士查找、翻譯,謹致謝忱!
[5] William H. Nienhauser, Jr., "Creativity and Storytelling in the Ch'uan-ch'i: Shen Ya-chih's T'ang Tales," in *Chinese Literature: Essays, Articles, Reviews* (CLEAR), Dec. 1998, Vol. 20, p. 67. 並參閲中譯本:倪豪士著《傳記與小説:唐代文學比較論集》,中華書局,2007 年,230 頁。

auf die Geister bezieht, umfaßt *chuanqi* nicht nur die Geisterwelt, sondern auch die Menschen),"通過妖怪和奇異行爲所表述的'異'有所減少,而更多的故事則是藉助於罕見的人物、深藏而難以表達的情感或是以奇特的風格來表現'異'的内涵"(In den Tang-Erzählungen manifestiert sich das »Fremde« weniger in Dämonen und erstaunlichen Taten, als in seltsamen Persönlichkeiten, in dunklen Gefühlen und in einem aufregend fremdartigen Stil)[1]。唐代小説之奇異也得到了更貼近故事文本的闡述。

總的來説,學界對唐代小説"好奇"的題材偏好及其來源進行了充分地挖掘,並涉及具體的叙事層面。結合到唐代小説的"好奇"問題,尚有一些疑問有待解決:唐人爲何喜好"奇言""異説",特別是像牛僧孺、白居易、元稹這樣地位的人爲何對奇異之事如此感興趣?他們所説之"奇""異"究竟指怎樣的故事與事物,與志怪相比有何區別與特點?這些問題在目前研究中探討尚不够充分、全面,但確是客觀存在的,或許還有一定的拓展空間。通觀研究者對於唐代小説之"奇"的論述,在文體固有特徵的語境下,"奇"是唐代小説的題中應有之義,這也就成爲一個十分普遍,且似乎不需多作説明與分析的文學現象。

詩歌領域,對於"尚奇""尚怪"詩風的探討集中於中唐韓孟、元白兩大詩派方面。"尚奇"與"尚怪"詩風的内涵有所差異,一種頗具代表性的觀點是日本學者川合康三的辨析(1980),他認爲"奇"與"怪"表示偏離常規程度的不同:"奇"指偏離普通的、規範的事物,"怪"的偏離程度進一步加大,達到脱離常規的地步,乃至於成爲一個負價值的概念[2]。

具體而言,研究者所説的詩風之"奇",一般指"非正""奇變"。如錢鍾書《談藝録》(1948)評價李賀詩爲"振衣千仞,遠塵氛而超世網,其心目間離奇俶詭,趁人間事"[3]。而詩風之"怪",則往往與"元和之風尚怪"相聯繫,有"異

---

[1] Monika Motsch, *Die chinesische Erzählung. Vom Altertum bis zur Neuzeit*, (München: K. G. Saur, 2003), p. 80. 並參閲中譯本:莫宜佳著,韋凌譯《中國中短篇叙事文學史》,華東師範大學出版社,2008年,73頁。

[2] 川合康三《奇——中唐における文学言語の規範の逸脱》,東北大学文学部編《東北大学文学部研究年報》1980年,3頁。並參閲中譯本:川合康三著,劉維治、張劍、蔣寅譯《終南山的變容:中唐文學論集》,上海古籍出版社,2007年,83頁。

[3] 錢鍾書《錢鍾書集:談藝録》,生活·讀書·新知三聯書店,2007年,120頁。

端""至奇""險怪"的含義。比如嚴壽澂《從元和詩風之變看韓柳詩》(1987)所寫"在守舊者看來,此一改變是怪而非正,所以《國史補》作者說'元和之風尚怪',而主正變之說的《詩源辨體》作者則認爲元和詩是'異端曲學'"〔1〕。肖占鵬《皎然詩論與韓孟詩歌思想》(1989)也主要從創新的角度看待韓孟詩派的特點:"他們認識到,要探索詩歌的新境界,必須樹立一種全新的詩歌思想觀念。要至險就很難顧慮到根本不僻;至奇就不必顧慮怪異;用力全就不必顧慮苦澀;氣足有時會怒張;力勁有時要露;情多有時不避暗;至苦有時要有迹;追求新奇也可能導向險怪"〔2〕。張安祖、杜萌若《〈唐國史補〉"元和之風尚怪"說考論》(2001)對"元和之風尚怪"一語進行了考證與辨析〔3〕,認爲"儘管李肇與皇甫湜對於'尚怪'的認識截然相反,但二人實際上都將'意新'、'異於常'作爲'尚怪'的標準,白詩的'淺切'、元詩的'淫靡'、張籍歌行的'流蕩'均以此而被崇古的李肇納入'尚怪'的範疇之內",仍是從"異於常"的角度解釋"尚怪"之義的。持類似看法的還有日本學者齋藤茂,他在《文字覷天巧:中晚唐詩新論》(2014)一書的序言中指出,"元和之風"所重之"怪"指"脱離規範且突現的不可思議之力","怪"的一層含義是脱離常規,另一層含義是具有突出的、令人印象深刻的文學表現力〔4〕。

"奇"與"怪"也多專指韓孟詩派狠重奇險的風格,兼及韓愈散文的雄奇特點。有些研究偏重於解讀韓孟詩歌之"怪",有些則將韓孟詩文的整體風格通稱爲"尚奇"。比如孟二冬《韓孟詩派的創新意識及其與中唐文化趨向的關係》(1989)就提到,"《調張籍》詩中那離奇的狂想、怪誕的比喻、大膽的誇張、駭異的物象、躍動的思緒,都顯示出詩人的思維具有強大的異乎尋常的活力"〔5〕。文章方面,孫昌武《韓愈重"文"尚"奇"的"古文"論》(1983)研究韓文之"奇",指出"韓愈提倡'奇',實際上是在藝術上進行新的開拓"〔6〕。周奇文《論韓愈散

---

〔1〕 嚴壽澂《從元和詩風之變看韓柳詩》,《文學遺產》1987年第4期,80—87頁。
〔2〕 肖占鵬《皎然詩論與韓孟詩歌思想》,《文學遺產》1989年第4期,38—45頁。
〔3〕 張安祖、杜萌若《〈唐國史補〉"元和之風尚怪"說考論》,《文學遺產》2001年第3期,136—139頁。
〔4〕 齋藤茂著,王宜瑗、韓艷玲譯《文字覷天巧:中晚唐詩新論》,中華書局,2014年,1頁。
〔5〕 孟二冬《韓孟詩派的創新意識及其與中唐文化趨向的關係》,《中國社會科學》1989年第6期,155—170頁。
〔6〕 孫昌武《唐代文學與佛教》,中華書局,2020年,454—468頁。

文的"尚奇"特點》(2005)也抓住韓文"尚奇"特徵進行了分析[1]。此種論斷十分普遍,成爲學界共識。

　　詩歌的"尚奇""尚怪"也有自身的審美傳統,它與唐人整體的"好奇"之風也有聯繫。霍有明《劉禹錫詩歌創作中的"尚怪"之風》(2000)就論述了劉禹錫的詩風受到"元和之風尚怪"的影響[2]。戴偉華《唐代使府與文學研究》(2007)就從詩人個性、藝術技巧、邊塞的物理環境與文化環境等層次詳細分析了岑參邊塞詩之"好奇"風格[3]。易淑瓊、徐國榮《唐大曆以前詩風尚奇之審美旨趣辨析》(2003)[4]、郭守運《古典美學"奇"範疇的邏輯生成》(2008)[5]、侯文學《"奇"範疇的生成演變及其詩學內涵》(2013)[6]、涂承日《從尚"奇"看賈島對杜甫詩風的接受》(2014)[7]、辛曉娟《杜甫歌行中的"尚奇"特質——兼論從漢樂府到中唐諸家的尚奇傳統》(2014)[8]、黃立一《尚奇觀與唐宋詩史的演變》(2017)[9]等文章都從詩歌傳統與美學範疇的演變角度,對唐詩之"好奇"進行了不同層面的闡釋。

　　海外學界,日本學者川合康三《奇——背離規範的中唐文學語言》(1980)對於中唐文學,尤其是中唐詩歌語言之"尚奇"進行了富於啓發性與思辨性的討論。文章特別注意到"奇"作爲一個文學批評與美學風格範疇的主觀性,指出它的意義與如何看待文學密切相關:"文體特徵祇有在産生它的語言環境中纔能夠辨别,而空間、時間上的隔閡是非常容易帶來誤解的。"由此,作者以歷代評價爲綫索,分析唐代以來古人對於中唐詩歌之奇的看法,提出中唐文人擺脱盛唐文

---

[1] 周奇文《論韓愈散文的"尚奇"特點》,《社會科學戰綫》2005年第5期,314—315頁。
[2] 霍有明《劉禹錫詩歌創作中的"尚怪"之風》,《陝西師範大學學報》2000年第4期,43—48頁。
[3] 戴偉華《唐代使府與文學研究》,廣西師範大學出版社,2007年,144—176頁。
[4] 易淑瓊、徐國榮《唐大曆以前詩風尚奇之審美旨趣辨析》,《中國韻文學刊》2003年第1期,1—6頁。
[5] 郭守運《古典美學"奇"範疇的邏輯生成》,《求索》2008年第2期,109—111頁。
[6] 侯文學《"奇"範疇的生成演變及其詩學內涵》,《文學評論》2013年第5期,40—47頁。
[7] 涂承日《從尚"奇"看賈島對杜甫詩風的接受》,《中國韻文學刊》2014年第1期,8—12頁。
[8] 辛曉娟《杜甫歌行中的"尚奇"特質——兼論從漢樂府到中唐諸家的尚奇傳統》,《西南民族大學學報》2014年第2期,198—205頁。
[9] 黃立一《尚奇觀與唐宋詩史的演變》,《東南學術》2017年第4期,205—211頁。

學樣式與規範,以獲得文學性的核心觀點[1]。研究中唐詩歌的"尚奇"與"尚怪",容易陷入將學者個人感受普泛化、絕對化的誤區,使得這種研究難以有令大多數人信服的發現。這篇文章對此無疑具有重要的警醒作用。

　　上述研究都較爲清晰地顯示出,唐代小説與詩歌之"好奇"問題是在各自獨立的領域内所産生並進行闡述的,大多研究中,唐代小説之"奇"與唐詩之"奇"並不在同一個層面上。但也有部分研究貫通小説與詩歌,時有新見。這兩種文類之"好奇"是否存在關聯,是一個尚有研究空間的問題。陳寅恪《元白詩箋證稿》之《長恨歌》(1950)可以説開闢了這種研究方法的先河。文章指出,元稹《鶯鶯傳》、陳鴻《長恨傳》一類的小説,乃是貞元、元和間的新興文體,此類小説與其相應的詩歌實爲一體,"備具衆體"是其特徵,當與詩歌合而讀之。文章的另一個重要論點是,《長恨歌》《長恨傳》增加了楊貴妃死後在天上的情節,乃是附益了漢武帝李夫人故事,是白居易、陳鴻的特創[2]。這一系列論述雖未直接涉及"好奇"問題,但提示出唐人小説與詩歌的某些共通性,以及貞元、元和年間小説體式的新變,這對研究唐人文學中普遍的"好奇"現象指明了更爲融通且宏觀的研究視角。此外,對於《長恨歌》一類作品,它的故事性其實逼近了詩歌的"尚奇"特徵,由此,須明瞭詩歌故事性與小説之間的淵源也是重要的啓發。

　　此後,小説與詩歌的貫通性研究漸漸成爲一種有效的研究範式。比如日本學者平野顯照《唐代文學與佛教》(1978)也指出了白居易《長恨歌》與變文、小説之間的淵源[3]。石昌渝《中國小説源流論》(1994)稱"唐代傳奇小説的優秀之作受元和詩風的影響乃是一個明顯的事實"(161頁),此説雖未語及"好奇"特徵,但提示出一個頗爲重要的研究思路,即元和詩風與同時期小説風格之間的關係,小説與詩歌之間,究竟哪種文類受對方的影響更大,具體又是如何被影響的,應是一個值得探討的問題。崔際銀《詩與唐人小説》(2004)總結了唐人之詩與小説相配的諸種方式,認爲"小説與詩之間具有密不可分的聯繫",這種聯繫"對

---

[1] 川合康三《奇——中唐における文学言語の規範の逸脱》,《東北大学文学部研究年報》1980年,1—59頁。
[2] 陳寅恪《元白詩箋證稿》,上海古籍出版社,2020年,2—44頁。
[3] 平野顯照《唐代文学と佛教の研究》,《大谷大學中國文學會研究叢刊》,1978年,4—12頁。並參閱中譯本:平野顯照著,張桐生譯《唐代文學與佛教》,貴州大學出版社,2013年,2—8頁。

詩歌(或小説)的創作、流傳具有刺激、推動作用"[1]。邱昌員《詩與唐代文言小説研究》(2008)則在關注小説、詩歌的聯通性基礎上，特別提及"好奇"問題。作者强調，唐人好奇尚異的小説觀念實則源自詩歌："唐代小説家公然宣稱自己好奇，這實在是對史學原則的一種背離，而朝著詩文傳統的回歸"；小説"奇味説"與詩歌"滋味説"也存在呼應、共鳴的關係[2]。唐代小説之"奇"確乎是其文學性的彰顯，文章所稱小説與詩歌觀念之間的融合是一個有價值的看法，值得商榷，並可以進一步討論。

小説與詩歌的交互之外，受陳寅恪古文運動與小説緊密聯繫之觀點的影響，學界對小説與古文的關係有非常充分的論述，兹舉有關好奇風尚的幾例進行説明：日本學者清水茂在《杜牧與傳奇》(1954)一文中就卓有見地地論證了杜牧若干散文風格與傳奇的近似[3]。這一發現對打通不同文類之間的壁壘，從更具整體性的角度考察唐人文學的風貌，進而合理解釋文學中的"好奇"現象，是大有裨益的。中國臺灣學者康韻梅《唐代古文與小説的交涉——以韓愈、柳宗元的作品爲考察中心》(2008)則將韓柳文章的討論引向了"奇"的命題，認爲韓柳文章的"奇、俳之風"，與傳奇小説相類，"甚至形成相互的影響，而此奇詭俳諧的美學風格，適爲韓、柳之作與傳奇小説交涉的核心"[4]。韓柳文章與小説共同的美學風格也是研究唐人普遍好奇風尚的一個出發點。

## 二、宗教影響視域下的唐人文學"好奇"之風成因

關於唐人文學"好奇"的原因，若干研究通過個案分析的方式對此進行了較多的討論，主要有宗教影響研究與泛文化研究兩種分析方式，宗教影響研究討論

---

[1] 崔際銀《詩與唐人小説》，天津古籍出版社，2004年，55—59頁。
[2] 邱昌員《詩與唐代文言小説研究》，中國社會科學出版社，2008年，155—202頁。
[3] 清水茂《杜牧と伝奇》，京都大學文學部中國語學中國文學研究室《中國文學報》1954年10月，50—85頁。並參閱中譯本：清水茂著，蔡毅譯《清水茂漢學論集》，中華書局，2003年，253—274頁。
[4] 康韻梅《唐代古文與小説的交涉——以韓愈、柳宗元的作品爲考察中心》，《臺大文史哲學報》2008年第68期，105—133頁。

佛道教與民間信仰對唐代文學的直接作用,泛文化研究則關注與唐代文學發展並不直接相關,且更加廣泛的文化背景影響,比如學術風氣、西域文明、政治經濟、思想文化的整體社會狀況等方面。此外,作者個性因素也時常被論及,如岑參、韓愈之好奇。

在論述唐人文學好奇風尚的宗教成因之前,有必要扼要地梳理魏晋南北朝時期文學的宗教影響,以及佛道教接受史相關研究,藉此可對唐代的文學與宗教關係問題形成參證與補充。

魏晋南北朝小説方面,研究者多從小説的佛、道教背景角度,尋求對作品的準確理解。一種思路偏重於文獻實證,研究小説與佛經故事的對應關係,如晚清時期沈曾植《海日樓題跋》[1]、梁啟超《翻譯文學與佛典》(1920)[2]、吳海勇《中古漢譯佛經叙事文學研究》(2004)[3],論文如李鵬飛《漢譯佛典與六朝小説》(1999)[4]等。還有一種思路是研究佛、道教觀念、思想、教義、儀式、宣教策略對小説藝術的影響,如中國臺灣學者李豐楙《六朝隋唐仙道類小説研究》(1986)[5]、日本學者小南一郎《中國的神話傳説與古小説》(1993)[6]、陳洪《佛教與中古小説》(2007)[7]、中國臺灣學者王國良《魏晋南北朝志怪小説研究》(2008年)[8]、劉惠卿《佛教中國化進程與晋—唐文言小説演進研究》(2019)[9]等。

魏晋南北朝詩歌方面,佛、道教影響研究集中在詩人的宗教修養與詩歌藝術兩方面。詩人方面,謝靈運、陶淵明等人的宗教與哲學思想得到了非常充分的探討,比如陳寅恪《陶淵明之思想與清談之關係》(1945)[10]、湯用彤《謝靈運辨宗

---

[1] 沈曾植著,錢仲聯輯《海日樓題跋》,遼寧教育出版社,1998年。
[2] 梁啟超《飲冰室合集》(專集第14册),中華書局,2015年,30頁。
[3] 吳海勇《中古漢譯佛經叙事文學研究》,學苑出版社,2004年。
[4] 李鵬飛《漢譯佛典與六朝小説》,《中國文學研究》1994年第4期。
[5] 李豐楙《六朝隋唐仙道類小説研究》,臺灣學生書局,1986年。
[6] 小南一郎著,孫昌武譯《中國的神話傳説與古小説》,中華書局,2006年。
[7] 陳洪《佛教與中古小説》,學林出版社,2007年。
[8] 王國良《魏晋南北朝志怪小説研究》,文史哲出版社,2008年。
[9] 劉惠卿《佛教中國化進程與晋—唐文言小説演進研究》,西南交通大學出版社,2019年。
[10] 陳寅恪《陶淵明之思想與清談之關係》,《金明館叢稿初編》,上海古籍出版社,2020年,203—232頁。

論書後》(1947)〔1〕、錢志熙《陶淵明〈形影神〉的哲學内藴與思想史位置》(2015)〔2〕,相關論著則有袁行霈《陶淵明研究(增訂本)》(2009)〔3〕等。詩歌藝術方面,劉師培《中國中古文學史》(1917)〔4〕、葛曉音《八代詩史》(1985)〔5〕、錢志熙《魏晋詩歌藝術原論》(1993)〔6〕、張伯偉《禪與詩學》(1992)〔7〕、趙益《六朝南方神仙道教與文學》(2006)〔8〕等,論文如王瑶在1942—1948年間發表的多篇文章《玄學與清談》《玄言·山水·田園——論東晋詩》〔9〕等,這些具有代表性的研究成果在詩歌體式、文體觀念、美學風格、語言特徵等多個層面對佛、道教與詩歌的關係進行精彩的論述。總體而言,不論是魏晋南北朝時期的小説還是詩歌,鮮有研究者提及文學"尚奇"的特點。

宗教文學研究,離不開讀者角度的分析,讀者的信仰背景會影響他們對作品的理解,從而也促使作品形成自身的特色。魏晋至唐代的佛、道教接受史研究中,荷蘭學者許理和《佛教征服中國:佛教在中國中古早期的傳播與適應》(1959)與美國學者康儒博《修仙:古代中國的修行與社會記憶》(2009)論述得相對詳細。《佛教征服中國》一書從高僧及其弟子、士大夫教徒、俗家信衆、宗教活動等多個角度,對受到佛教影響的群體進行細分,其中,書中提到的概念"士大夫佛教"以及對俗家信衆的鈎沉梳理,對研究唐代涉佛、涉道文學的讀者群體大有啓發意義〔10〕。《修仙:古代中國的修行與社會記憶》同樣關注到修仙之人的社會屬性,也就是"修仙這一行爲所處的特定社會環境以及社會對成仙這一事實的認可過程"(a certain social setting for the adept's practice and a social process by which his

---

〔1〕 湯用彤《魏晋玄學論稿》,生活·讀書·新知三聯書店,2009年,115—122頁。

〔2〕 錢志熙《陶淵明〈形影神〉的哲學内藴與思想史位置》,《北京大學學報》2015年第3期,127—138頁。

〔3〕 袁行霈《陶淵明研究(增訂本)》,北京大學出版社,2009年。

〔4〕 劉師培《中國中古文學史》之《魏晋文學之變遷》,商務印書館,2017年,35—73頁。

〔5〕 葛曉音《八代詩史》,中華書局,2012年。

〔6〕 錢志熙《魏晋詩歌藝術原論》,北京大學出版社,1993年。

〔7〕 張伯偉《禪與詩學》,浙江人民出版社,1992年。

〔8〕 趙益《六朝南方神仙道教與文學》,上海古籍出版社,2006年。

〔9〕 王瑶《中古文學史論》,北京大學出版社,1986年,33—55、242—260頁。

〔10〕 E. Zürcher, *The Buddhist Conquest of China: The Spread and Adaptation of Buddhism in Early Medieval China*, Leiden: E. J. Brill, 1959. 並參閲中譯本:許理和著,李四龍、裴勇等譯《佛教征服中國:佛教在中國中古早期的傳播與適應》,江蘇人民出版社,2017年。

achievement of *xian*-hood would have come to be recognized）〔1〕,因此,修道故事的聽衆、修道者的社群及其家庭都在這本書的討論範圍之内。考慮到仙傳類作品的讀者反應,有助於更恰切地理解這些作品的寫法與内容。採用宗教接受角度的研究還有高文强《東晉南朝文人接受佛教研究》(2012)〔2〕和段東升《唐代詩人接受道家道教思想史論》(2016)〔3〕。不過,上述幾部著作都不是對唐代涉佛、涉道文學接受史的直接研究。

另外,目前尚未找到以唐代小説爲研究對象考察唐人"好奇"之風的文章或論著,通常的角度是分析唐代小説與佛道教、俠義等因素之間的具體關係,體現在情節模式、人物形象與叙事結構等方面,如程國賦《唐五代小説的文化闡釋》即作了透闢的分析〔4〕,在此不一一列舉了。

1. 佛教

佛教對唐人文學"好奇"之風的一種影響是,"心性"學説豐富了詩人的想象力,促進了中唐韓孟詩派險怪詩風的興盛。孟二冬《韓孟詩派的創新意識及其與中唐文化趨向的關係》(1989)指出,韓孟等人"對'心性'的重視,往往超越客觀物象,脱離現實生活,根據主觀意念,以想象出詼奇,則更助長了險怪之風";"韓孟詩派在'元和詩變'的過程中,完全是以積極主動的態度進行詩歌創新的,光大了自屈原以來'發憤以抒情'的傳統,汲取佛教思想與佛教藝術中的合理成分,在'重心性'的基礎上,充分發揮藝術想象的功能,並達到'筆補造化'的藝術效果,從而創造出與衆不同的藝術風格";"無論是新興的禪宗還是復興的天臺宗,其思想核心和基本教義,都是以'心性問題爲中堅思想的'。韓孟詩派在客觀上難免受到'心性'理論的影響;在主觀上,他們更明確地表現了'漸與佛乘親'的態度。因此,他們對'筆補造化'的要求,比其他詩人更爲積極主動"。這篇文章以韓孟詩派爲個案,深刻地闡釋了佛教"心性"學説對韓孟詩派重主觀、

---

〔1〕 Robert Ford Company, *Making Transcendents: Ascetics and Social Memory in Early Medieval China*, Honolulu: University of Hawai'i Press, 2009, p. 2. 並參閲中譯本:康儒博著,顧漩譯《修仙:古代中國的修行與社會記憶》,江蘇人民出版社,2019年,2頁。
〔2〕 高文强《東晉南朝文人接受佛教研究》,中國社會科學出版社,2012年。
〔3〕 段東升《唐代詩人接受道家道教思想史論》,中國社會科學出版社,2016年。
〔4〕 程國賦《唐五代小説的文化闡釋》,人民文學出版社,2002年。

"筆補造化"風格的影響,從一個側面揭示了唐人文學"好奇"的特點。

密宗也對促進唐人文學"好奇"之風起到了重要作用。晚清時期沈曾植《海日樓劄叢》卷五"成就劍法",論及唐代小説中的劍俠故事可能與密宗興盛的背景有關[1]。胡懷琛《中國小説研究》(1933)與《中國小説的起源及其演變》(1934)也簡略地提到唐代小説的取材來源於密教、印度故事、阿拉伯及波斯故事等方面[2]。但總的來説,學界密宗角度的研究主要是圍繞韓孟詩派,特別是韓愈詩歌展開的。《海日樓劄叢》卷七"韓愈陸渾山火詩"提出韓愈《陸渾山火》詩可"作一幀西藏曼荼羅畫觀"的著名論斷(《海日樓劄叢》,265 頁)。其後陳允吉在《"牛鬼蛇神"與中唐韓孟盧李詩的荒幻意象》(1996 年 2 月)與《韓愈〈南山詩〉與密宗"曼荼羅畫"》(1996 年 5 月)兩篇文章中,十分細緻地分析了密宗,特別是密宗壁畫對於韓孟詩派險怪風格的深刻影響,本質上討論的是佛畫與詩歌之間"相通相生"的問題[3]。其核心觀點有:杜牧評價李賀詩有"牛鬼蛇神"之語,"牛鬼蛇神"的原型出自盛行於中晚唐的佛教密宗,這些密宗造型"差不多全部以奇猛怪險爲崇尚";"鑒於這些宗教藝術與世人日常生活關係甚密,致使'牛鬼蛇神'一類的凶神惡煞,在唐代社會幾乎達到盡人皆知的地步,不管王公貴族還是職官士流,抑或最普通的老百姓,乃至婦孺老幼,均從其直觀形象中獲得一份深刻的感受。處於這樣的文化環境裏,它們能與當時文人的詩歌創作發生某些感觸相通,完全是一件不足爲奇的事情。"韓詩雄桀險怪,其《城南聯句》的詩境得自地獄變畫,《南山詩》之怪怪奇奇的特點與《陸渾山火》一樣,與密宗"曼荼羅畫"有緊密聯繫;孟郊喜好怪險蹶張也受到佛教造型藝術的影響;盧仝作詩則"摹襲佛偈",其《月蝕詩》《與馬異結交詩》"受地獄變畫的浸益";李賀"超現實幻想受道教觀念的影響","它們在詩中與佛教藝術特具的怪誕氣氛會合一起,展現出極其陰森凄幻的場面"。總體而言,陳允吉主要關注的是佛教密宗的繪畫藝術與韓孟詩派怪奇詩風之間的關聯,具體到詩人個體,則有不同的表現。黃陽興《圖像、儀軌與文學——略論中唐密教藝術與韓愈的險怪詩風》(2012)在沈

---

[1] 沈曾植著,錢仲聯輯《海日樓劄叢》,遼寧教育出版社,1998 年,204 頁。
[2] 胡懷琛《中國小説研究》,商務印書館,1929 年,第 41 頁。《中國小説的起源及其演變》,79—105 頁。
[3] 陳允吉《佛教與中國文學溯論稿》,上海古籍出版社,2020 年,213—242 頁。

曾植、陳允吉之説的基礎上〔1〕,用整體性闡釋的方法,更全面地探究密宗與韓愈詩歌之間的關係,指出《陸渾山火》一詩"整體感覺極像是描繪一場以火燒爲手段的祭祀場景";"隨着南禪宗、佛教俗講等形式的帶動,佛教固然朝向白話方向發展,但唐代密宗的一度盛行與傳播,大量經典翻譯流通,同時也掀起了一股念誦陀羅尼咒的潮流,皇室貴族紛然歸向,各類壁畫題材開始大量摹寫於佛教寺院。密宗持念與灌頂的活動一直都在内道場和諸寺各大道場延續,這從一定程度上影響了詩人的意象表達"。這篇文章也提及中晚唐志怪傳奇小説中"炎火地獄描述"甚多,與佛典中炎火地獄屢見,以及密宗地獄圖像的普遍有關。但因核心論題爲詩歌,此處作者未多作説明。此外,這篇文章還有一個觀點頗具啓發性,即作者注意到整體時代氛圍的影響:"佛道禳災祈福、神仙鬼道之術特别盛行,帝國上下彌漫着詭異的神怪之氣";"中唐文學中狐妖鬼魅、神神鬼鬼之語陡增,幽冥玄怪之説熾盛,神鬼險怪之氣躍然紙上",雖然作者並未展開分析,但這一論斷對研究唐人文學"好奇"之風與佛道教的流行之關係很有借鑒意義。

在佛教與"好奇"之風的關係上,也有學者從反向的角度加以研究,認爲唐人的"好奇""尚怪"是禪宗語言詭譎古怪的原因。李壯鷹《禪門機緣語與中唐的尚奇之風》(2001)即明確點出了中唐的尚奇之風及其對禪宗的影響〔2〕,認爲"機緣禪語雖是流行於宗教内部的一種特殊話語,但仍與當時整個社會文化風尚緊密相連。它的詭怪離奇,是與當時社會的話語普遍地趨奇尚怪相呼應的",而社會整體的趨奇風尚,是由多元因素導致的,如中唐政治上王綱解紐,文化上既有秩序被衝擊,思想上比較開放,從師法走向師心,以及"人們處於戰亂頻仍之中,其迷惘、失落與頹廢的心態,也加重了整個社會的求奇求怪的傾向。人們敏感於超常的事物,社會上靈怪之風大盛。而文化界亦以奇特風調相高,文人往往喜歡以奇怪的風格來引起人們的注意。在這方面,韓愈等人尚奇的言論最爲典型"等。這篇文章用一定的篇幅簡要論述了中唐尚怪好奇之風形成的原因,具有一定的參考價值。

---

〔1〕 黄陽興《圖像、儀軌與文學——略論中唐密教藝術與韓愈的險怪詩風》,《文學遺産》2012年第1期,49—60頁。
〔2〕 李壯鷹《禪門機緣語與中唐的尚奇之風》,《北京師範大學學報》2001年第3期,39—45頁。

還有學者並不限於某一特定的宗派,而從佛教的總體影響角度分析佛教與唐人文學"好奇"之間的聯繫。劉開榮《唐代小説研究》(1947)指出,佛教使傳奇小説的想象力更加豐富,"可以説在想像方面,增加了一個極寬闊無垠的境界;在布局方面,也多了許多美麗奪人的穿插";在取材方面,也有小説採用了佛教故事[1]。日本學者平野顯照《唐代文學與佛教》(1978)也强調了佛教所帶來的想象力:"釋家作品裏所藴含的幻想力確實豐富了唐代小説的幻想内容,唐代小説也就是在膨脹的幻想中展開叙述的。"(こうした釈家の作品にみられる空想力を孕むものがたりが、唐代小説の空想を活潑にしたことは傾聽すべきである。まこと唐代小説は、空想のふくらみの中で叙述を展開しているとも考えられる。)(387 頁)蔣述卓《論佛教文學對志怪小説虚構意識的影響》(1987)則注意到佛教哲學中的虚幻觀念對志怪小説虚構意識形成的作用,並由此舉出《拾遺記》的例子,認爲"它標誌了南北朝志怪小説的虚構意識已逐漸走向成熟,實可以看作是唐傳奇的先河"[2],述及唐傳奇虚構意識的淵源。蔣述卓《中古志怪小説與佛教故事》(1989)一文還在佛教故事對中古志怪小説藝術想象領域的開拓進行了詳細的闡釋[3],很有理論高度。《佛教對藝術真實論的影響》(1991)一文還特別提及"唐代傳奇更突出了故事的奇幻成分"[4]。上述研究注意到佛教觀念與故事對小説虚構與想象的影響,很有啓發性,不過尚缺乏對唐代小説特徵的具體分析。相比於魏晉志怪小説,同樣深受佛教影響的唐代小説爲何呈現出如此不同並且是明顯的"尚奇"特點,這也需要加以研究與解釋。韓雲波《唐代小説觀念與小説興起研究》(2002)則主要結合初盛唐佛教小説,沿用虚幻觀念的思路,提出佛教帶來的全新"真實觀"影響了唐代小説的虚構意識[5]。而除了《冥報記》系列的佛教小説之外,佛教觀念還具體影響了小説虚構意識的哪些方面,似乎還可進一步研究。還有研究者關注到唐代小説"好奇"這一經典評價所由產生的佛道教語境,劉曉軍《被虚構的小説虚構論——以魯迅對胡應

---

[1] 劉開榮《唐代小説研究》,商務印書館,1947 年,41—43 頁。
[2] 蔣述卓《論佛教文學對志怪小説虚構意識的影響》,《比較文學研究》1987 年第 4 期。
[3] 蔣述卓《中古志怪小説與佛教故事》,《文學遺産》1989 年第 1 期,6—18 頁。
[4] 蔣述卓《佛教對藝術真實論的影響》,《文藝理論研究》1991 年第 1 期,6—13 頁。
[5] 韓雲波《唐代小説觀念與小説興起研究》,四川民族出版社,2002 年,243—253 頁。

麟的接受爲中心》一文(2019)在辨析胡應麟著名的"至唐人乃作意好奇"之説時就指出[1],受到佛道影響的"胡應麟將佛道兩教的精義均歸結爲'幻'","作意"與"幻"也都是佛教術語,"作意好奇"的造詞方式與佛經中"作意善巧"等相同,"對其含義的解讀也應當由'作意'引發。'好奇'之'奇'與'正'相對,指怪異、特殊、不常見之事物。'作意好奇',當是指内心受到警覺,而將注意力投向怪異或不常見之物(如神鬼怪異)的思維活動",以此證明"作意好奇"並不是有意虚構的意思。這篇文章雖然旨在辨明胡應麟與魯迅關於唐代小説論斷之間的差異,但對於研究唐人文學"好奇"問題同樣有啓發意義,它提示出佛道兩教與唐代小説的"好奇"特徵、唐代小説的虚構問題之間的相關性。

相比於小説研究,學界把更多的關注集中在佛教與詩歌"尚奇"之風的關係上。劉開榮《唐代小説研究》也提到,"白居易《長恨歌》中便有《目蓮變》的痕跡"(39頁),雖不直接關乎"好奇"問題,但注意到佛教對某些詩歌獨特性的影響。饒宗頤《馬鳴佛所行讚與韓愈南山詩》(1963)認爲《南山詩》與《佛所行讚》在文體與風格上不無關涉之處[2]。運用類似的思路進行研究的還有陳允吉《論佛偈及其翻譯文體》(1992年9月)[3],此文談到鳩摩羅什所譯《妙法蓮華經》《維摩詰所説經》《楞伽經》對杜甫、韓愈作品的影響,"這段引文由兩首四句偈合成,雖然講的是很深奧的道理,但具體描摹直觀生動,語言清剛遒勁,境界亦很廓大。在以上兩首四句偈裏,我們依稀已感受到了後來杜甫、韓愈某些作品所呈現出來的氣象"。陳允吉《論唐代寺廟壁畫對韓愈詩歌的影響》(1983年1月)專門通過唐代畫壁之風的視角,研究佛寺壁畫與韓愈詩歌之間的關係[4],從"奇蹤異狀""地獄變相""曼荼羅畫"三個方面加以説明,認爲"有唐一代高度發展的寺廟壁畫,其焕然的藝術成就和詭怪的造型特點,曾廣泛而縱深地影響着當時人們的精神生活,在唐代整個文藝領域引起一種新的變化,也通過審美意識的感染而在韓愈詩中打上深刻的烙印";"我們要追尋中唐文學尚怪之風的由

---

[1] 劉曉軍《被虚構的小説虚構論——以魯迅對胡應麟的接受爲中心》,《明清小説研究》2019年第3期,276—287頁。
[2] 饒宗頤《梵學集》,上海古籍出版社,1993年,313—317頁。
[3] 陳允吉《佛教與中國文學溯論稿》,上海古籍出版社,2020年,1—15頁。
[4] 陳允吉《唐音佛教辨思録》,復旦大學出版社,2018年,130—146頁。

來,寺廟壁畫乃是其中的一大淵藪"。這篇文章在更加宏觀的層面論述了唐代佛寺壁畫對時代風氣的深刻作用。羅筱玉《變文、話本與中唐詩歌的雅俗之變》(2014)提到"變文、話本中那些新鮮的質素尤其是其幻怪萬千的想象當對韓孟詩派尤其是韓愈本人產生重要影響。在中唐詩壇,韓愈以及韓孟詩派最引人注目的特點爲其詩中奇詭、險怪的一面,而促成韓孟詩派'奇詭''險怪'的重要因素——'詼詭'幻怪的想象——則與變文、話本有着極爲密切的聯繫"[1],變文、話本對於韓孟詩派的影響,也是佛教影響的一個側面。但需要注意的是,雖然變文、話本能夠在一定程度上解釋中唐詩歌尚怪的特點,但有研究者認爲它們無法解釋唐傳奇的特徵,或者説對唐傳奇無甚影響。李宗爲《唐人傳奇》(1985)第六章《唐人傳奇與某些文藝現象的關係及其性質》提到,"變文不僅對唐傳奇的形式没有多大影響,其故事内容對唐人傳奇也没有多大影響。從現存敦煌變文看,其題材不外是佛本生、本行故事,歷史故事和佛經故事,而這些故事都恰恰是唐人傳奇中所没有的。即使在唐末傳奇中,宗教色彩加強了,歷史瑣事類題材興起了,但也没有一篇作品是描寫現存變文中任何一個故事的"(198頁)。雖然這個結論能否成立可以再進一步確認,但這至少提示出,唐詩之"奇"與唐代小説之"奇"的原因有一定區别,至少其來源與影響方式稍顯不同。唐傳奇不會照搬變文中的故事,但這並不意味着變文對唐傳奇没有影響,諸如夜叉等形象即可説明變文與唐傳奇之間的關聯。而相比於對詩歌領域的大量研究,關於唐代小説的"好奇"特點的分析,比如這一特點是如何表現的,原因爲何,則很少有人討論。

2. 道教

與佛教類似,關於道教對唐人文學"好奇"之風影響的研究也主要針對韓孟詩派,兼及唐傳奇等其他方面。謝建忠《道教與孟郊的詩歌》(1992)指出[2]:"孟郊的詩歌作爲中唐詩苑裏一叢奇芬馥鬱的天葩,其根柢的一系是深深扎在道教文化的土壤之中的。詩中那些閃爍的靈光、飄浮的仙飆和幽藏的螭虯等意象多可從道教文化角度加以解讀,那些神仙、鬼怪和道術所構成的意象系列庶幾也可還原出一個潛在的道教模式,詩人體驗世界人生的怪誕性與道教存想思神的神秘

---

[1] 羅筱玉《變文、話本與中唐詩歌的雅俗之變》,《文學評論》2014年第2期,173—183頁。
[2] 謝建忠《道教與孟郊的詩歌》,《文學遺産》1992年第2期,42—50頁。

性,在思維方式上又具有一些相通之處。"作者特別提及,"道教文化影響孟郊詩歌較爲隱蔽但却重要之處在於,它促使了詩人的審美意識向尚怪傾斜","這種傾斜的驅力","與道教的神秘思維方式直接相關"。道教在唐代的勢力很强盛,對李白等衆多詩人的影響頗大,因此,以道教特殊的思維方式解釋尚怪詩風的來源,這一角度應值得進一步展開。

葛兆光《道教與唐詩》(1985)的核心主張是道教給予唐詩以激情和想象[1],"老莊帶給中國詩人的,是一種寧静恬淡的情感,道教帶給中國詩人的,是一種熱烈而迷狂的情緒;老莊思想影響了中國詩人,形成以自然澹泊樸素寧静爲美的審美情趣與重在内心體驗的藝術思維習慣,道教則影響了中國詩人的另一種審美情趣——追求絢麗瑰詭,另一種藝術思維習慣——馳騁豐富的想象力",並且"提供了想象的方法——存想思神"。"因此,在道教極爲興旺繁盛的唐代,出現了不少篤信道教的詩人和富於浪漫的想象的詩篇。"這點明了道教對唐詩想象力的影響,與唐人文學"好奇"風尚問題有相關性。不過,從想象力的角度着眼,與中晚唐尚怪之風盛行的普遍論斷不同,作者認爲中唐以後想象力日益消退:"中晚唐禪宗風靡一時,遠比道教有影響。這一禪悦之風,給詩歌帶來了王維式的冲淡玄遠、含蓄簡練的風格,因爲它更强調静觀默照式的直覺把握與清净澹泊的内心體驗,所以,它同樣排斥了迷狂的想象。"此外,針對前文提到的密宗與險怪詩風的關係,葛兆光並不認同這一觀點,在《中國宗教與文學論集》(1998)[2]中,他指出韓詩之怪奇應是道教影響所致:"其實這時候經學是人們習以爲常的知識,佛學是向着日常化白話發展,在當時最能够提供古奥奇詭語詞和意象的知識中,祇有道教典籍最不爲人熟悉,而這'不熟悉'就恰恰最能構成所謂'古怪'和'奇怪'的驚異效果。"此説突出了尚怪詩風中的道教因素。

孫昌武《道教與唐代文學》(2001)一書中"唐代'入道''學仙'的文人"一節深入到歷史細節,注意到唐代文人群體中的宗教身份問題[3],其中也提及與唐代小説頗相關的求仙之士顧况。這雖與"好奇"風尚不直接關聯,但提示出一個

---

[1] 葛兆光《道教與唐詩》,《文學遺産》1985年第4期,42—55頁。
[2] 葛兆光《中國宗教與文學論集》,清華大學出版社,1998年,78—79頁。
[3] 孫昌武《道教與唐代文學》,中華書局,2019年,176—185頁。

重要的研究切入點。在此之前,日本學者平野顯照《唐代文學與佛教》(1978)也撮要式地論述了李白與道教人士的交往(154—158頁)。此外,《道教與唐代文學》一書還分别討論了"幾位關係道教神仙思想的重要的、具有典型意義的作家",如李白的神仙觀念賦予了其筆下的山水以特異的色彩,"仙山、仙境實際是他幻想中的理想世界。李白的許多山水詩都表現出對於自然山川的贊美和熱愛,而自然山川則被賦予這種'仙山'觀念,更體現出特别的思想意義,並使這一題材的作品帶上了特殊的奇情異彩"(211頁)。這説的是道教神仙觀念對詩歌描摹自然山水的作用,此與謝建忠文指出的審美意識尚怪傾向有一定相似性。李商隱詩歌也有類似李白的表現,"李商隱其他各類題材的創作中亦多見道教神仙典故、語彙等等,作爲一般的修辭和表現方法來使用。由於用了這些材料,使作品帶上了獨特的或神秘、或朦朧、或奇麗、或虚幻的色彩,對於形成他特殊的創作風格起了巨大作用"(260頁)。這些論述都是從道教因素對於詩歌創作的一般性影響來談的。對於李賀,作者認爲"他用生動的詩筆從不同角度、不同側面描繪出這幻想中的景象,來抒寫和寄託自己的矛盾和悲慨。這也表現爲唐代文人接受道教及其神仙思想影響的一種相當典型的形態。順便指出,李賀的好友沈亞之同樣熱衷道教,熟悉神仙思想,無論是觀念上還是創作上都與李賀相似。他們的創作一個主要是寫詩,一個是傳奇,但作品中流露的那種傾心神秘的心態,那種委婉述情的筆法,在精神上却有驚人的相似之處"(223頁)。此處的論斷關注到道教對於特定詩歌和小説"傾心神秘"的共同影響。另外,作者同樣述及道教神仙信仰對於李賀詩歌瑰麗奇譎的作用,"神仙觀念所誘發、激勵其的豐富的藝術想象力,促使詩人形成獨特的藝術構思和一套特殊的表現方法;兼之詩人又具有傑出的鍛煉、運用語言和藝術技巧的才能,使他的涉及神仙内容的作品能夠塑造出一批特異的神仙和亡靈形象,顯示出獨特的藝術風貌。……從道教影響的角度説,他是以自己的出色才情發揮了道教神仙信仰的審美因素,從而他的作品稱爲一代神仙美學的獨特的表現"(232—233頁)。在"遊仙——仙人和仙界的禮讚"一節中,作者指出,鮑溶"作有《會仙歌》《李夫人歌》《弄玉詞二首》《思琴高》《悲湘靈》等。他本與韓愈、孟郊等相友善,但他却特别喜歡作神仙詩,這也表現了當時士大夫尚異好奇的傾向"(275頁),此處作者認爲好作神仙詩就是尚異好奇風氣的體現,好作遊仙詩的風氣從漢魏六朝時即産生了,這一風氣是由哪些因素推動的,是否與社會普遍的"好奇"風尚有關,仍可加以討論。

在有關唐代小説的論述中,道教對於小説之"奇"的貢獻不僅在題材上,也在寫作手法上。如"神仙題材本來爲發揮作者的藝術想象提供了廣闊餘地。這一特長也早已較充分地反映在魏晉以來的有關創作中。而發展到唐代,積累了更多的藝術表現經驗,寫作手法也更爲豐富,作者更有可能利用神仙内容的特點,生發出奇思異想,構造出如幻如化的神奇境界,從而豐富、發展了藝術表現技巧"(294頁);如《三水小牘》之《趙知微》的叙寫"充分發揮了藝術懸想,述事極其奇僻,描摹更見筆力……特別是描寫一刻間天象陰晴的轉變,神奇莫測,意境又極其鮮明、優美"(295頁);"人們傳説並記録這類神奇的神仙故事,顯然抱着賞奇記異的藝術欣賞態度"(297頁)。

此外,《道教與唐代文學》一書還提到兩個對研究唐人文學"好奇"問題頗有幫助的社會現象:一個是文人與道士的交往,"李商隱和道士,特別是女冠多有交往,是社會風氣使然"(252頁);一個是將散文,特別是有宗教因素的散文改寫成韻文的風俗,"在中唐時期的文人間,把散文故事改寫成韻文成爲流行的習俗"(275頁),《長恨歌》即有道教影響。

陳文新《文言小説審美發展史》(2002)提出唐人的"嗜奇"促進了小説的虚構:"幻想伴隨著虚構"(178頁);"'嗜奇'乃唐人傳奇的基本特徵之一。對於唐人傳奇的某些虚構,用'不中情理'加以責備是不大合適的"(179頁)。在這樣的理解下,作者認爲佛道教對唐人的虚構才能起了很大作用:"道教在激發唐傳奇作家的虚構才能方面,起過不容忽視的作用。比如,道教的仙人多在山中,這誘發和促進了傳奇作者對景物的關注,尤其是對奇異境界的關注。"(183頁)這段論述與唐人文學"好奇"問題有一定關聯。韓國學者宋倫美《唐人小説〈玄怪録〉研究》(2005)也注意到道教對小説主題形成與人物形象塑造的作用,該書將《玄怪録》的主題區分爲"對神仙的憧憬""確信鬼神世界"等方面,也對神仙等小説人物進行了歸類,[1]此類主題、人物在唐代小説、詩歌中都廣泛存在,如何恰切地處理這部分内容,並藉此對唐人文學之奇幻加以解釋,關係到唐人好奇風尚研究的深度。

---

[1] 宋倫美《唐人小説〈玄怪録〉研究》,北京大學出版社,2005年。

徐翠先《道教"存思"思維對唐傳奇創作想象力的刺激》(2010)同樣從道教獨特的思維方式切入,考察其對於唐傳奇想象力的作用[1]。作者指出,"唐代的傳奇作家們有的是道教的信徒,有的就是道士,必然受到這種宗教思維的濡染,其藝術想象力也就更加活躍,更加開放,從而創造出曲折生動的故事情節和人物形象",這將文人宗教身份問題細化到唐傳奇作者領域内。至於道教存思具體如何促進了唐代小説的想象力,作者的基本觀點是存思與文學思維比較相近,存思所産生的"神靈意象雖然是神秘主義的産物,但與審美意象相近,一個是宗教體驗,一個是審美感受,心理活動機制大體相當"。萬晴川《宗教信仰與中國古代小説叙事》(2013)也注意到存思對唐代文學的作用,認爲它"不僅使道教徒的生活充滿荒誕、離奇怪異的色彩",而且"中國古代文學創作在這種想象方式中也生發出了許多引人入勝、五光十色的幻境和奇情",並且在唐代真正内化爲道教文藝[2]。"存思"是道教重要的修煉方式,同時也與文學創作,特别是文學中奇異的想象息息相關,尚有深入闡釋的空間,值得高度重視。

葛曉音《神仙想象的變異——中唐前期古詩的一種奇思》(2018)通過對中唐詩歌中神仙想象方式變化及其原因的考察[3],從"想象的方式與體式的關係""中唐前期文人神仙想象的社會心理基礎"等方面,解釋"中唐尚奇詩風形成的内在邏輯",非常值得借鑒。其中,"李唐道教在盛唐以後轉化的主要趨勢是從政治化轉爲世俗化","中晚唐時期道教修煉長生的功能取代了前期干預政治的作用"等觀點,從道教自身的階段性發展歷程探尋其與詩歌神仙想象之間的聯繫,這對於研究唐人文學普遍"好奇"之風的形成具有很重要的啓示性意義。

另外,與道教相關,巫俗等民間信仰也是理解唐人好奇風尚不可輕忽的一部分。韓國學者徐敬浩《唐代小説에 나타난 中國古代神話와 巫俗의 殘影》(1985)較早注意到唐代小説中的巫俗,並進行了簡要的梳理[4]。英國學者杜德橋在

---

[1] 徐翠先《道教"存思"思維對唐傳奇創作想象力的刺激》,《甘肅社會科學》2010年第1期,62—65頁。
[2] 萬晴川《宗教信仰與中國古代小説叙事》,浙江大學出版社,2013年,83—84頁。
[3] 葛曉音《神仙想象的變異——中唐前期古詩的一種奇思》,《北京大學學報》2018年第2期,98—111頁。
[4] 徐敬浩《唐代小説에 나타난 中國古代神話와 巫俗의 殘影》,《中國學報》第25卷第1期,1985年,93—102頁。

其專著《神秘體驗與唐代世俗社會：戴孚〈廣異記〉解讀》(1995)中，聚焦於《廣異記》所折射出的唐代世俗社會面貌，以及中國中古社會信仰與制度的轉型，用文學社會學的眼光展開文本細讀。其中，"華山的朝山者""尉遲迴在安陽""袁晁之亂的受害者""與鬼神交歡"等章節都提供了新鮮的學術視野與思路靈活的研究方法。比如，作者用小說、史傳，乃至其他子部、集部文獻，梳理出直至唐代的華山神信仰與華山祭儀的發展脈絡，特別是他注意到《薛二娘》這篇作品是研究唐代金天王信仰的一條綫索，這些發現對更爲透徹地理解唐代小說的內涵、風格都很有幫助。另外，杜德橋提出了"內部故事"與"外部故事"的小說研究方法，將小說敘事區分爲親歷者視角與旁觀者視角，小說的內部與外部故事呈現出迥異的面貌，二者之間的交融體現了個人的神秘體驗如何表現於世俗社會之中，正如書中所言："那些豐富多彩的内部與外部故事又顯示出更多的内容：寺廟中的神與世俗社會的交往是如何被理解感知的。"(The dynamic of inner and outer stories has more to give: here is our first clear view of how the temple's divine population was perceived to interact with secular human society.)[1]這種方法尤其符合唐代小說的特點，是一種有效的研究手段。單個小說集研究之外，還有更具普遍性的考察，劉航《中唐詩歌嬗變的民俗觀照》(2004)還涉及中唐巫覡之風的盛行對中唐詩歌風格嬗變的影響[2]。中國臺灣學者盧秀滿《唐人小說所記載之巫覡及其求雨研究》(2010)通過整理、分析唐代小說中巫覡的記載，來探究巫覡在唐代社會中的職能，尤其是其求雨職能。文章提到，"以唐代當時的社會氛圍而言，巫風十分盛行，上自帝王，下至平民百姓，不乏崇尚巫覡及巫術者，也因此不僅巫覡活躍於當時，各種巫術亦大行其道"，這個角度對研究唐人好奇風尚，亦不失爲一種啓發[3]。

---

[1] Glen Dudbridge, *Religious Experience and Lay Society in T'ang China: A Reading of Tai Fu's Kuang-i chi*, Cambridge: Cambridge University Press, 1995. 並參閱中譯本：杜德橋著，楊爲剛、查屏球譯《神秘體驗與唐代世俗社會：戴孚〈廣異記〉解讀》，江蘇人民出版社，2022年。

[2] 劉航《中唐詩歌嬗變的民俗觀照》，學苑出版社，2004年。

[3] 盧秀滿《唐人小說所記載之巫覡及其求雨研究》，《中國學術年刊》2010年第32期，93—102頁。

## 三、泛文化研究視域下的唐人文學"好奇"之風成因

1. 學術風氣

對於唐人文學"好奇"風尚的成因,學術風氣也是頗爲重要的層面。查屏球《唐學與唐詩》(2000)第三章《元和求新學風與尚奇詩風》全面透徹地分析了中唐學風對尚奇詩風的影響[1]。作者認爲中唐學術本質上體現着一種求新思維:蕭穎士、李華等人於復古中摻入新的思想因素,"他們實際上代表了一種新的文化流向。以梁肅爲代表的這一批傳人則進一步發展了這一種創新精神。在思想方式上,他們多汲取了其時佛學思想因素,重視對儒學作抽象義理的思考。……這種儒佛合流的文化思潮,體現了一種新的學術精神。這一精神的出現也與他在學術上求新思維是相關的。這種求新思維就是將儒學的'事證'與佛學的'理證'融合起來,不守成說,獨創新義"。求新尚奇是以韓愈爲代表的"龍虎榜"八士在"文章風格、人格個性與學術思想"上的標準。"他們的學說思想皆有極強的道統意識,都以自承道統爲己任","多是以自立新論爲主。"

因此,元和前後的學術風氣也曲折地反映到了詩風上。"尚奇是元和詩風最主要的特點。""經學的新變自然導致他們的文化心理變化。這種創新求奇的學風也會滲入到他們的審美意識中。""從整個元和文化的構成看,這種尚奇求新的學風與以經爲奇的觀念在其時文風與詩風中都有所體現",具體表現在"以古德爲奇的人格精神""以古爲奇的詩境""以經爲奇的語言"三方面。

尤其可以注意"思維的新奇化"一節。這一節中,作者論述了"唐人多好奇"的普遍特點,以及"好奇"在初盛唐以及中唐的不同表現與原因。"唐人多好奇,這一奇氣在初盛唐文人身上多表現爲一種不拘常禮、脱俗離奇的行爲方式。元和時代的文人又將這一奇氣注入到他們學術思維中,形成了一些新奇的學術觀點。……在科舉競爭的刺激下,文人多好以奇言怪論聳人視聽。隨着大量的辭章文士加入到學術研究中,這一傾向也益發突出。僅從漢儒章句之學的標準看,這是學風的敗壞、學術的墮落。但從學術發展的角度看,這一風氣也是一種活

---

[1] 查屏球《唐學與唐詩:中晚唐詩風的一種文化考察》,商務印書館,2000年,103—169頁。

力,它使得中唐學人在學術思想上比較開放,在學術方法上也比較大膽。""追求創造性與個性化已成爲一種時代精神,也是那一個時代學風的主要特色。韓愈言其爲文宗旨是'唯陳言之務去',韓愈此説並不是專指文章,這一文學觀念的形成正是以'唯陳言之務去'的學術精神爲基礎的。"

總體而言,作者從學術風氣與時代精神的角度注意到元和時期整個社會氛圍的新變,並以此解釋當時詩風的一系列變化,凸顯求新思維、求奇學風與尚怪詩風之間的一致性與互動關係,很有創新性與啓示性。至於如何將中唐學風與小説聯繫起來,如何具體論證中唐學風對唐代整體文學尚怪傾向的推動作用,可能也是需要進一步考慮的問題。

2. 西域文明

西域文明方面,没有直接針對唐人文學"好奇"之風的研究,比較相關的研究以圖像(包括繪畫與雕刻藝術、形象、意象)、名物等爲主,兼及文學藝術,較少涉及社會現象、時代風氣這些層面,目前衹找到個别對"好奇"問題或有助益的文化史、藝術史論述,兹列舉如下:

首先是關於唐代小説中龍王、龍女神奇形象的考索。對於這一具體問題,衆多學者在前人基礎上都作出各自的拓展與深化。美國學者薛愛華《神女:唐代文學中的龍女與雨女》(1973)特别梳理了唐代文學中的龍女故事,提到:"龍女故事有一個相當特别的變形,經由柳宗元之筆傳到我們今天……這第二段故事的不同尋常之處,在於其完全没有性,没有鬼怪,没有恐懼。相反,它引人注目的地方正是其人性,與此相連的是它還有一定程度的科學好奇心。此篇題爲《謫龍説》。"(A rather special variation on the dragon woman tale comes to us from the pen of the same Liu Tsung-yüan ... The unusual quality of this second tale lies in the complete absence of sexuality, of ghostliness, or of fear. Instead it is marked by a spirit of humanity, coupled with a degree of scientific curiosity. It is titled "A Report on the Banishment of a Dragon".)[1]不過"科學好奇心"一詞作者在後文没有再進行解

---

[1] Edward H. Schafer, *The Divine Woman: Dragon Ladies and Rain Maidens in T'ang Literature*, Berkeley and Los Angeles: University of California Press, 1973, pp. 118 – 119. 並參閱中譯本:薛愛華著,程章燦譯《神女:唐代文學中的龍女與雨女》,生活·讀書·新知三聯書店,2014年,170—171頁。

釋。中國臺灣學者臺静農《佛教故實與中國小説》(1975)也指出《柳毅傳》受到佛教龍宫形象的影響[1]。季羨林《比較文學與民間文學》(1991)追溯了唐傳奇中龍王與龍女形象的印度源頭:"龍王和龍女的故事在唐代頗爲流行,譬如柳宗元的《謫龍説》,沈亞之的《湘中怨》,以及《震澤龍女傳》等等都是。……從這種故事的本質來説,它們總還是印度貨色。"[2]研究龍女形象流變的經典文章,還有白化文《龍女報恩故事的來龍去脈——〈柳毅傳〉與〈朱蛇傳〉比較觀》(1992)等[3]。姜伯勤則從莫高窟龍王、象王圖像的源流入手,在《莫高窟隋説法圖中龍王與象王的圖像學研究》(1996)一文中指出,"龍王圖像大量見於犍陀羅及中亞佛教藝術"[4],從圖像學的角度説明了敦煌隋壁畫中龍王圖像與犍陀羅佛教藝術及中亞藝術之間的聯繫。王青《西域文化影響下的中古小説》(2006)不僅總結了印度、西域有關龍的神話、觀念及龍女報恩故事流變,而且將研究視野擴展到西域的水域世界想象[5]。熊明《唐人小説與民俗意象研究》(2015)之《唐人小説與龍及龍宫俗信》從小説呈現的角度,全面梳理和歸納了唐人小説中龍王與龍宫的諸種特點及相關民俗信仰[6]。喻曉紅《佛典流播與唐代文言小説》(2017)在總結唐代小説中的龍族形象時也有類似的發現[7]。

其次是關於唐代畫壁之風的興盛。畫壁之風與唐代小説、詩歌的尚奇特點均有很重要的聯繫,因此這些研究是解釋唐人文學"好奇"風尚問題的寶貴資料。張大千(1944)即提到唐代畫壁之盛:"唐宋畫家必畫壁""因爲畫佛風氣盛行,所有仕宦商賈,大家都爭奇鬥勝,因爲這個緣故,必定爭着聘請高手來做這種工作"[8]。姜伯勤《敦煌藝術宗教與禮樂文明:敦煌心史散論》(1996)之《論敦煌的"畫師"、"繪畫手"與"丹青上士"》也曾引用張大千的觀點,進一步指出:

---

[1] 臺静農《佛教故實與中國小説》,收入《静農論文集》,海燕出版社,2015年,200—285頁。
[2] 季羨林《比較文學與民間文學》,北京大學出版社,1991年,106頁。
[3] 白化文《龍女報恩故事的來龍去脈——〈柳毅傳〉與〈朱蛇傳〉比較觀》,《文學遺產》1992年第3期,78—84頁。
[4] 姜伯勤《敦煌藝術宗教與禮樂文明:敦煌心史散論》,中國社會科學出版社,1996年,126頁。
[5] 王青《西域文化影響下的中古小説》,中國社會科學出版社,2006年,216—240頁。
[6] 熊明《唐人小説與民俗意象研究》,上海古籍出版社,2015年,235—298頁。
[7] 喻曉紅《佛典流播與唐代文言小説》,人民出版社,2017年,209—219頁。
[8] 李永翹編《張大千畫語錄》,海南攝影美術出版社,1992年,222、225頁。

"從南朝隋唐之際就以(有)文人畫壁的情形,一直到9世紀中葉以前極盛。其時文人畫壁與工徒爲伍,不以爲怪,實因佛教極盛。大抵從會昌毁佛即9世紀中葉以後,此風漸衰,但在唐末五代,仍有畫家於四川等地畫壁。敦煌莫高窟隋及初唐、盛唐,文人畫窟亦極盛,中晚唐仍有文人畫壁。"[1]這部分關於唐代畫壁之風的研究可以補充前文陳允吉所提出的佛教畫壁對韓孟詩派之影響的觀點。

再次是中外文明交往視域下的相關史實與文學關係。向達《唐代長安與西域文明》(1933)對研究唐代與西域間交往的歷史具有相當重要的開創性意義,文章從"西市胡店與胡姬"、"爭奇炫麗"之西亞建築、具有"吐番風"之"時世妝"等方面,細緻而精確地爬梳了傳入唐代長安之西域文明的史實,前舉幾方面都與唐代小說人物、風格、主題相關,是有益於詮釋唐人文學"好奇"風尚的非常重要的研究成果[2]。季羨林《中印文化交流史》(1991)也概要式地羅列了唐傳奇的印度影響,例如《古鏡記》的結構形式與印度《五卷書》及漢譯《六度集經》之間的關係;夢幻、生魂出竅、借屍還魂、幽婚、龍女、杜子春故事及變文的印度淵源[3]。相對實證性的研究之外,還有小說藝術層面的分析,比如中國臺灣學者康韻梅《異物/法術——唐代小說中的西域圖像》(2011)就着眼於唐代小說對西域文明的表現方式及其所反映的文化心理,指出"唐代小說對於西域的認知,主要憑藉的是具體可見且能引發好奇的陌異事物——異物與法術",小說"對於西域的想象,往往是基於中土文化本位的立場,多爲對陌異人事地物充滿好奇的試圖瞭解"[4]。類似思路的研究還有很多,茲不贅述。另外,與西域文明相關的話題還有不同於中土文明的異質文明,美國學者薛愛華《朱雀:唐代的南方意象》(1967)就關注到了唐代偏僻且陌生的南方文化對於中土之人在感覺、情感以及想象力方面的影響。唐人文學,比如韋應物、白居易、劉禹錫的詩歌,其對於南方奇異意象的融合,恰也反映出了在常規文學形式中吸納新奇因素的方式,這對唐

---

[1] 姜伯勤《敦煌藝術宗教與禮樂文明:敦煌心史散論》,中國社會科學出版社,1996年,51頁。
[2] 向達《唐代長安與西域文明》,河北教育出版社,2001年,3—111頁。
[3] 季羨林《中印文化交流史》,中國書籍出版社,2014年,119—123頁。
[4] 康韻梅《異物/法術——唐代小說中的西域圖像》,(新竹)《清華中文學報》2011年第6期,155—208頁。

人好奇風尚研究也是有啓示的[1]。

最後,全面考察西域文化對唐代小説影響的論著是王青的《西域文化影響下的中古小説》(2006)。這部書最突出的特色可以説是其第二章《西域文化的輸入與想象力的拓展》。作者指出,"異域文化的輸入何以能够、又是如何拓展我們的想象力的? 至今爲止,並没有人對此作具體深入的分析"。這無疑是敏鋭而中肯的。在將想象區分爲"邏輯型""經驗型"和"超驗型"的基礎上,作者詳細論述了中印不同文化的思維特點以及不同巫術對想象的影響,有很多精彩之見,比如"印度式思維不回避矛盾,但也不關心矛盾"等。其中,文化思維、入神方式、表像系統、禪定修行方面都觸及大多文學文化史研究不甚注意的方面,對研究唐人文學"好奇"風尚問題有很大借鑒意義[2]。

3. 整體性研究

在突破具體問題的研究之外,還有研究者注重從整體文化趨向對唐人"好奇"之風問題加以解釋。羅宗强《隋唐五代文學思想史》第八章《中唐文學思想·下篇 尚怪奇、重主觀的詩歌思想》(1984 年《古代文學理論研究》第 9 輯)述及中唐整體的社會審美趣味[3]:"韓愈在《上兵部李侍郎書》中説:'南行詩一卷,舒憂娱悲,雜以瑰怪之言,時俗之好,所以諷於口而聽於耳也。'時俗尚怪,或爲一原因。"這裏提到中唐整體文化氛圍就是尚怪的。作者又引用沈從文《中國服飾研究》一書,指出關於元和年間婦女的服飾,"完全近於一種病態",以及白居易《時世妝》"妝成盡似含悲啼","《時世妝》作於元和四年,則此種好尚在元和初已開始。當時之尚怪奇,似乎還不僅僅表現在審美趣味上,在行爲風尚上也有所反映。韓愈詩《誰氏子》,寫一士人棄其老母與妻室,去爲道士","對於何以棄老母與少妻入道,韓愈解釋説:'又云時俗輕尋常,力求險怪取貴仕。'尚怪奇,大概是當時的一種社會風氣"。作者從整體審美趣味、服飾、妝容,以及奇怪的行爲風尚角度,闡釋當時詩歌尚怪之風的由來。其中,韓愈《誰氏子》所寫故

---

[1] Edward H. Schafer, *The Vermilion Bird: T'ang Images of the South*, Berkeley and Los Angles: University of California Press, 1967. 並參閲中譯本:薛愛華著,程章燦、葉蕾蕾譯《朱雀:唐代的南方意象》,生活·讀書·新知三聯書店,2014 年。

[2] 王青《西域文化影響下的中古小説》,中國社會科學出版社,2006 年,68—99 頁。

[3] 羅宗强《隋唐五代文學思想史》,中華書局,2016 年,344—345 頁。

事,在唐代小説中也有所表現,頗能反映一段時期内的奇異行爲,這是道教影響所致。不過,在道教影響下,這一行爲具體是如何以及爲何出現的,似乎有待進一步説明。另外中唐整體的時代風尚又是受到了哪些因素的左右,具體到小説領域,這種尚怪好奇之風又是如何體現的,這些也許都還有討論的餘地。

孟二冬《韓孟詩派的創新意識及其與中唐文化趨向的關係》(1989)的思路也是類似的。作者注意到,"文學藝術的變新,在元和時代是一種普遍的文化現象"。並且從書法、繪畫、禪宗與天臺宗、佛教藝術,以及詩人自身個性這幾個方面,討論了孕育韓孟詩派創新意識的文化土壤。主要觀點有:"顔真卿書法創變的時代,正與當時'詩變'的時代相銜接,他與韓孟等人所處的社會環境與文化背景基本相同";"中唐繪畫藝術的創新,重在主觀情思的抒發……這一創新的趨向,在書畫藝術領域内相當普遍,且與韓孟詩派'重心性'、力求'筆補造化'的創新趨勢相一致";"無論是新興的禪宗還是復興的天台宗,其思想核心和基本教義,都是以'心性問題爲中堅思想的'。韓孟詩派在客觀上難免受到'心性'理論的影響"。

肖占鵬《審美時尚與韓孟詩派的審美取向》(1992)也有一些發人深省的觀點[1],例如:"審美時尚是指某一時代或某一時期人們共同的審美追求和審美判斷。對流動於某一時代或某一時期審美時尚的考察,往往是開啓某一詩人或某一詩歌流派審美趣味和文學蘄尚迷宫的金鑰匙。某一詩人或詩派在文學史上被標舉爲戛戛獨造的東西,放到包籠他們的時代藝術文化的大背景下來透視,往往可以發現其與同時代其它藝術門類某些類項的'共構'特徵。""盛唐'世尚輕肥',轉變到中唐,杜甫題畫詩《丹青引贈曹將軍霸》:'幹惟畫肉不畫骨'。""重神、重骨、尚瘦硬,是杜甫藝術審美取向的基本内核。碰巧的是,這位由盛唐轉入中唐的'詩聖'的藝術審美觀的生成,正好開啓了審美時尚由盛唐向中唐的微妙嬗變。"作者同樣將詩歌領域的變化與書法、繪畫領域相比較。

楊國安《試論中唐兩大詩派創作中的共同趨向》(2007)講到了中唐時期不同性質的文化之間的互相對立與激蕩[2],"中興的希望和救亡圖存的努力使一

---

[1] 肖占鵬《審美時尚與韓孟詩派的審美取向》,《文學遺産》1992年第1期,42—50頁。
[2] 楊國安《試論中唐兩大詩派創作中的共同趨向》,《文學遺産》2007年第4期,26—32頁。

部分士人對儒學價值觀念重新予以强調;另一方面,因國家權威的下降,佛禪思想的流行,通俗文化的高漲與享樂主義的流行,又對主流意識形態和儒學文學價值觀形成衝擊。可以説,功利主義與享樂主義,教化主義與表現主義,淑世精神與自我娛樂,現實訴求與審美追求等等中國文學固有的深刻緊張在這個時期更加凸顯出來,在相互激蕩中浮沉起伏,處於一種急遽的變化之中"。這對於理解中唐文化轉型狀況有所裨益,有助於拓展研究視野。

海外學界也有若干整體性研究值得重視,這些研究採用了不同於國内學界的視角與思維。俄羅斯學者李福清《中世紀文學的類型和相互關係》(1974)一文將唐傳奇置於東西方各個民族的中世紀文學中進行考察,以宏闊的世界文學視野、詳實的文本細節,指出唐傳奇的一個特徵是漸漸失去了此前小説中"狹隘的實用意義",並且是當時的作家"把傳記和歷史文學的經驗同漢魏短篇小説的情節結合起來",創造出的新體裁[1]。此外,李福清還總結東西方中世紀文學的共同特徵:"描寫的禮節性、特殊的傳統、封閉性和主題、情節、藝術手法的重複使用,還有極爲常見的因中世紀模式化思維而産生的模式化形象。"[2]這些發現或許能給予唐代小説的文本特性研究以些許靈感。

相比於李福清的跨文化研究,美國學者宇文所安《中國"中世紀"的終結:中唐文學文化論集》(1996)則立足於唐代社會自身的文化屬性,認爲:"中唐時代目睹了一種浪漫傳奇文化的興起,它表現了男女之間出自個人選擇而社會未曾予以認可的關係。浪漫傳奇的興起,與個人的詮釋或評價活動的發展、與私人空間的建立,是緊密相關的。"(The Mid-Tang saw the rise of a culture of romance, with the representation of individually chosen and socially unauthorized relationships between men and women. The rise of romance is closely related to the development of individual acts of interpretation or valuation and the demarcation of private space.)正是這種文化氛圍孕育了諸如《李娃傳》《鶯鶯傳》之類的小説[3]。中唐浪漫傳

---

[1] 李福清著,李明濱編選《古典小説與傳説》,中華書局,2003年,302—303頁。

[2] 李福清著,李明濱編選《古典小説與傳説》,中華書局,2003年,317頁。

[3] Stephen Owen, *The End of the Chinese 'Middle Ages': Essays in Mid-Tang Literary Culture*, Stanford: Stanford University Press, 1996, p. 130. 並參閲中譯本:宇文所安著,陳引馳、陳磊譯《中國"中世紀"的終結:中唐文學文化論集》,生活·讀書·新知三聯書店,2014年,109頁。

奇的文化不失爲一個理解部分小說奇異特性的觀察視角。

日本學者小南一郎《唐代傳奇小說論》(2014)在關注唐代社會整體面貌的基礎上,更加强調小說對於政治、歷史因素、現實生活的呼應與反思,由此産生了唐代小說卓異於文言小說的特質,也就是作者所説的"問題意識"。比如,在分析《李娃傳》時,作者指出:"當時婚仕的狀態,直接反映出官僚世界的規則。在'狹義傳奇小說'背後,存在着一種共同的問題意識,那就是對這樣的官僚世界規則提出懷疑。"(當時の婚仕のあり方は、官僚世界の論理を直接に反映したものであった。そうした官僚世界の論理に対する懷疑が、狭義の伝奇小説の背後に、共通の問題意識として強く存在していた。)〔1〕正是這種對現實生活的懷疑精神賦予了唐傳奇難以企及的高度和深度。小南一郎提出的問題意識、懷疑精神,也是唐代小說中人間奇聞軼事、奇情幻想的重要來源,這一個研究角度值得深入挖掘與闡釋。

綜上所述,對於唐人文學"好奇"之風這一提法,唐代小說領域與唐詩領域的內涵差異頗大,詩歌領域主要指尚奇的詩歌傳統以及流行於中唐的險怪詩風,小說領域則一般認爲"傳奇"是唐代小說,特別是傳奇小說自身的文體特徵,它産生自"徵奇話異"的社交風氣。這兩個基本看法也就在很大程度上影響了各自領域對"好奇"問題研究的深度。小說方面鮮有將"好奇"直接作爲問題或現象進行研究的論著或文章,這多半是因爲"奇"被認爲是唐代小說司空見慣的固有屬性;而詩歌方面則圍繞中唐韓孟詩派用力甚深,成果很多。但是這些從韓孟詩派得出的結論,很少能用在小說上。從研究方法看,宗教影響研究對於具體解釋唐代小說"好奇"的特點以及中唐的尚怪詩風具有很强的説服力,佛教的典籍、觀念與學説、密宗與禪宗等不同宗派、變文、話本、佛偈,乃至佛寺畫壁等,道教的典籍和語言系統、存思術、神仙信仰、巫術法術等,從不同層次,以不同視角,在不同程度上影響了唐代文學總體的"好奇"風格。這些社會、文化與文學現象是客觀存在的。更廣泛的文化史研究則關注到學術風氣、西域文明,以及社會的一般狀況與時代潮流對唐人好尚的浸染,這些研究方面有些是十分具體的,比如

---

〔1〕 小南一郎《唐代伝奇小説論》,岩波書店,2014年,227頁。並參閱中譯本:小南一郎著,童嶺譯《唐代傳奇小說論》,北京大學出版社,2015年,169頁。

龍王與龍女形象、故事的流變,有些則是抽象、間接的,比如中唐求新學術風氣對詩風的作用。上述研究成果提示出兩個重要的思考方向:一是唐代小說研究方面,目前小說與詩歌之間的研究程度有較大區別,唐代小說之"好奇"問題少有研究,尚有頗多沒有梳理清楚,甚至沒有注意到的文學現象,比如社會地位頗高的小說作者爲何會對怪異之事感興趣?應以怎樣的方式去描述與分析《梁四公記》等衆多唐代小說的"好奇"特質?因此小說研究方面是大有可爲的。二是宗教影響研究方法方面,應選擇怎樣的具體路徑解答唐人的"好奇"風尚?從目前研究狀況以及社會、文化、文學方面的史實來看,佛道教及民間宗教或許是一個合適的切入點。

# A Research Overview on the Fashion of the "Affection-for-Wonders" in the Tang Dynasty

Zhang Fengchu

The fashion of the "affection-for-wonders" 好奇 in the Tang dynasty has been a concern for researchers in various disciplines such as fiction and poetry. In the study of fiction, this fashion was mainly shown in the theme of miraculous characters and anecdotes, as well as in the social customs of literati in the mid-Tang dynasty who liked to talk about strange stories. In poetry studies, this fashion refers to the poetic tradition of oddity and the poetic style of strangeness and eeriness. Different interpretations have influenced the depth of research in various disciplines. To solve the relevant questions, scholars have taken several approaches such as religious and cultural approaches. As for the cause of this fashion, researchers have demonstrated and expounded in detail from multiple angles, such as the Buddhist theory of mind and conception of reality, Esoteric 密宗佛教 and the Chan school 禪宗 of Buddhism, Buddhist literary works, Taoist classics, the mindset of "Cunsi" 存思, immortal belief, etc. The findings on some specific issues are very convincing. Studies of literary-cultural history also provide ingenious perspectives, including innovative academic atmosphere in the mid-Tang dynasty, the culture of civilizations in the Western Region 西域, as well as political and economic conditions and the zeitgeist.

Although literati in the Tang dynasty were interested in fantasy and marvels, nevertheless, this fashion still received inadequate attention. The current research findings have point to two lines of thought: strengthening the investigation on the fashion of "affection-for-wonders" represented in fiction, and expanding the research paradigm of religious influence.

# 書　評

《陝西省考古研究院新入藏墓誌》（陝西省考古研究院編，上海古籍出版社，2019年4月，392頁，980圓）《新中國出土墓誌（陝西肆）》（故宫博物院、陝西省考古研究院編著，上下兩册，文物出版社，2021年10月，334+309+37頁，1080圓）

仇鹿鳴

  新出墓誌作爲廣受學者注意的重要史料，有力地推動了北朝隋唐史研究，遺憾的是十餘年來刊布的多數墓誌係流散出土，大量考古信息在盜掘的過程中遭到破壞，經科學發掘的墓誌，往往因各種主客觀原因，未能及時整理發表，影響了學界研究的深入。近年來，作爲國内規模最大、實力最强的省級考古機構陝西省考古研究院爲改變這一狀況，做出了持續的努力，他們利用2004年涇渭基地建成的契機，將原來分散在各工作站的墓誌彙聚一處，並新建了石刻文物標本庫。在此基礎上，《長安高陽原新出土隋唐墓誌》（下文簡稱《高陽原》）、《陝西省考古研究院新入藏墓誌》（下文簡稱《陝考新藏》）、《新中國出土墓誌（陝西肆）》（下文簡稱《陝西肆》）三部大型圖録先後編纂出版，三書總計收録十六國至清代磚、石墓誌671種，基本囊括了2016年以前陝西省考古研究院發掘的所有墓誌，不但清償了歷史積欠，同時也爲及時、高水平地整理刊布墓誌資料樹立了新典範。其中，2016年出版《高陽原》收録陝西省考古研究院2001—2006年在西安南郊高陽原隋唐墓地發掘所獲墓誌113種，發掘時間、地點較爲集中，關於其史料價值，陳尚君已撰專文評述[1]。稍晚出版《陝考新藏》《陝西肆》兩書所收墓誌關係更爲緊密，因此本文一並加以評騭，以爲續貂。

  2019年出版《陝考新藏》雖以"新藏"爲名，實際上包含了陝西省考古研究院自1980年代以來歷年發掘所得，共收録磚、石墓誌228種，其中前秦1種、西魏3種、北周5種、隋代5種、唐五代132種（含鎮墓石）、宋代30種、宋以後52種，其中170種係首次發表。2021年出版《陝西肆》收録墓誌330種，其中北魏3種、西魏1種、北周24種、隋代22種、唐代213種、元代12種、明清55種，所收墓

---

[1] 陳尚君《書評 陝西省考古研究院編〈長安高陽原新出土隋唐墓誌〉》，《唐研究》第23卷，北京大學出版社，2017年，599—604頁。

誌截至 2012 年前所獲,首次刊布者亦占半數以上。董理者李明在兩書前言中已對整理過程與史料價值有所論列,特別是在《陝西肆》前言中,作者枚舉元威、薛元煆、張陸、李侹四誌爲例,指出誌文所記葬地與實際考古發現的地點時有不符,提示學者注意墓誌文本與喪葬實踐之間的差異,也揭示了相對完整的考古信息對於研究的重要價值。

《陝考新藏》《陝西肆》遵循學界公認的石刻文獻整理規範,以 8 開本精裝印行,影印高清石刻拓本的同時附有精審釋文,便於利用。從整理規範上而言,有幾點值得表彰,首先是系統公布資料的自覺。一些早有披露但未正式發表的重要墓誌,如宇文通、宇文泰妾烏六渾顯玉、權白女墓誌,《中國文物報》2001 年曾報道,《新出魏晉南北朝墓誌疏證》初版據此編入存目;《隋代墓誌銘彙考》列爲存目的王慶墓誌,此次終獲刊布。此前零散發表的陝西省考古研究院所藏墓誌,多附載於相關考古簡報、研究論文中,不但較難通檢,刊布的完備性亦有欠缺。兩書所收墓誌,不少之前僅見錄文,如《陝西肆》所收馬晤夫婦、尼常清、韋昊夫婦 5 方墓誌,錄文見王育龍、程蕊萍《陝西西安新出唐代墓誌銘五則》(《唐研究》第 7 卷),《陝考新藏》所收陳嗣通妻王氏墓誌、張守讓妻竇淑墓誌,分載《全唐文補遺》第 7、8 輯,拓本皆首次刊出。韋孝寬墓誌,《文博》1991 年第 5 期初刊時雖附有圖版,但較爲模糊,幾不可識。作爲周隋之際的關鍵人物,韋孝寬家族墓地的發現尤爲引人注目,戴應新雖然早年在臺北《故宮文物月刊》《故宮學術季刊》陸續撰文介紹韋圓照與豐寧公主楊靜徽、韋諶、韋壽夫婦、韋子遷 6 方墓誌及隨葬品的情況[1],仍祇是冰山一角。《陝西肆》首次發表的韋孝寬直系親屬墓誌包括其妻賀蘭毘羅、元幼娥、子韋摠、韋摠妻達奚氏(初葬、合葬兩誌)、子韋津、韋津妻元咳女、孫韋圓成、韋圓成妻獨孤具足、楊智度、孫韋瑜等 11 方墓誌,提供

---

[1] 戴應新《北周韋孝寬夫婦合葬墓》,(臺北)《故宮文物月刊》第 16 卷 9 期,100—113 頁;戴應新《隋豐寧公主與韋圓照合葬墓》,(臺北)《故宮文物月刊》第 17 卷 3 期,76—93 頁;戴應新《隋豐寧公主楊靜徽駙馬韋圓照墓誌箋證》,(臺北)《故宮學術季刊》第 14 卷 1 期,159—170 頁;戴應新《隋韋諶墓和韋壽夫婦合葬墓的出土文物》,(臺北)《故宮文物月刊》第 18 卷 4 期,62—73 頁;戴應新《三方唐墓誌札記》,(臺北)《故宮學術季刊》第 11 卷 4 期,93—108 頁。

《陝西省考古研究院新入藏墓誌》《新中國出土墓誌(陝西肆)》

了韋氏家族三代完整的仕宦與婚姻情況〔1〕。同樣,中唐名將馬璘家族的墓誌,雖然馬璘、子馬晤夫婦、女尼常清4方墓誌早年已陸續發表,但皆未附載拓本,兩書新公布馬璘妻房氏、叔馬驥、馬驥子馬彰、馬向、馬寀、馬寀妻李氏6方墓誌,藉此得以勾勒一因參與平定安史之亂而崛起中唐武將家族的面貌。馬璘墓誌與神道碑皆由同中書門下平章事常衮奉敕撰〔2〕,凸顯大曆中"涇原節度馬璘又累著功勳,恩寵莫二"的顯赫地位〔3〕。這類重要官宦家族墓誌資料的完整披露,不但對推動相關研究具有重要價值,同樣體現了整理者以學術爲公器的氣度。

其次,體例精密,注意提示相關考古信息。除詳細著録每方墓誌具體出土時間與地點外,整理者在部分墓誌録文後附加簡注,提示相關問題或資料出處,其中包括誌石同出一穴的情況。一般同出一穴者爲鴛鴦誌,偶有例外值得注意。如《陝考新藏》88號楊守義墓誌附記與《陝西肆》154號楊守慎妻張氏墓誌同出,兩人雖非夫婦,但誌石同出於西安咸陽機場二期擴建工程工地316號墓。楊守慎妻張氏葬於天寶九載(750),元和二年(807)楊守義墓誌是簡陋的磚誌,僅記由孫楊穌遷葬舊塋,暗示安史亂後家道中落,如非誤啓墳塋,楊守義或因某種情況暫時祔入兄弟之墳。由於僅記録同出一穴的情況,兩書所收部分鴛鴦誌因非出自同穴而未加附注,如《陝西肆》100、101號裴彝亮、裴彝亮妻柳神尚墓誌,分別出土於七〇六七基地一〇三廠工地52、51號墓,53號墓墓主爲其父裴龍虔。類似情況還有宇文通與妻烏六渾顯玉、段孝敬與妻李元貞、韋恂如與妻陸娊、張浣與妻李寡尤、韋崊與妻楊氏墓誌等多組,其中韋崊墓誌明確記載"卜祔之日,將啓夫人之墓,奉遵周禮,請於龜策,未叶,更俟吉辰",知夫婦異穴,但多數情況下誌文仍泛云祔於舊塋;裴彝亮墓誌更記夫妻爲合葬,"式遵周典,合葬於明堂縣洪固鄉之原",再次提示我們注意墓誌文本與喪葬實踐之間的落差。此類記

---

〔1〕 加上同收入《陝西肆》,但稍早在《中原文物》2017年第4期發表的韋匡伯墓誌,共計18方。李明在《陝西肆》前言中提及陝西省考古研究院收藏韋氏家族郿公房成員墓誌共40種,此處僅列韋孝寬三代之内的親屬。

〔2〕 常衮《四鎮北庭行營節度使扶風郡王贈司徒馬璘神道碑銘》,《唐文粹》卷五七,《四部叢刊》本。

〔3〕 《舊唐書》卷一一九《常衮傳》,中華書局,1975年,第3445頁。按詔葬之神道碑、墓誌多奉敕撰,但撰者多爲中書舍人、翰林學士之屬,由宰相親撰者相對少見,碑、誌由同一人所撰之例亦較罕見。

録墓葬發掘情况的簡注,體現整理者的考古學本位[1],具有重要的價值,但與史學研究者依據誌文排比親屬關係的習慣稍異,又未在凡例中説明,故特地表出。另外一些細節也足見整理者之用心,如《陝考新藏》書前彩色影印了朱書、墨書墓誌的圖片,彌補黑白圖版之不足,而《陝考新藏》62號韋虔晃墓誌,原石上半部分已殘,録文據院藏整拓校録,圖版則影印殘石拓本,兼顧了誌石現狀與史料信息[2]。《陝考新藏》56號韋縱墓誌誌蓋、《陝西肆》101號裴彝亮妻柳神尚墓誌係用舊誌改刻,整理者皆仔細録出舊誌殘存文字,其中開元三年(715)八月韋縱墓誌誌蓋存字數稍多,知原誌主爲姚璹之子,推考其人葬於長安二年(701)九月,兩位逝者入葬間隔不過十餘年,不知爲何已有陵谷之變。近年公布的姚璹孫姚孟宗、姚仲良兩方墓誌[3],提供了一綫索,兩人之父爲姚昌演,仕至鄒王府司馬,值得注意的是兩人皆於開元三年二月八日改葬,祔入祖塋,則姚璹家族在當月有一次較大規模的遷葬,或姚璹之子亦牽涉其中,故舊誌廢棄,半年後被改刻爲韋縱墓誌蓋。另若能提供舊誌殘存文字的放大圖版,更有利於研究者辨識。

再次,著録定名更爲準確。糾訂初刊時個别墓誌定名的訛誤,如遵化縣主李寡尤墓誌,《陝西歷史博物館館刊》第16輯段毅文誤釋爲李寮尤,吕知遇妻劉珪墓誌,《中國考古年鑒》1987年披露時誤作吕遠母劉氏墓誌。整理者也注意結合傳世文獻,考證出部分誌主姓名,提供了更多的歷史信息,如《陝考新藏》58號寶氏墓誌僅記夫韋君爲監察御史隆康縣男,整理者利用《新唐書·宰相世系表》比定爲韋知遠。《陝西肆》128號王暉墓誌據"暉鴒原義切"一語與蘇頲撰《高安長公主神道碑》所記諸子順序,考撰者王暐爲王暉長兄,199號劉定智墓誌由崔鄲所撰,藉助誌文"司農卿""仲兄"等内證,考訂劉定智夫爲崔鄷。

---

[1] 不過這一體例兩書似未劃一,如《陝考新藏》所收韋都賓與妻李氏墓誌,出土時地暫不詳,却附記同出。《陝西肆》更爲謹嚴,如張渾與妻永昌郡主、韋昊與妻柳氏墓誌,誌文皆云合葬,大體也出自同一地,由於未詳具體出土墓葬編號,未附記同出。關於韋昊夫婦,王育龍、程蕊萍《陝西西安新出唐代墓誌銘五則》一文云"從兩人墓誌誌文和墓葬發掘結果來看,屬夫婦兩人同穴合葬",《唐研究》第7卷,北京大學出版社,2001年,454頁。

[2] 缺憾是韋虔晃墓誌部分録文無拓本可復按,若能同時刊載現存誌石拓本與完整拓本則更佳。

[3] 姚孟宗墓誌拓本刊胡戟編《珍稀墓誌百品》,陝西師範大學出版社,2016年,110頁;姚仲良墓誌拓本刊劉文、杜鎮編《陝西新見唐朝墓誌》,三秦出版社,2022年,150頁。按,從年齡來看姚昌演與姚璹之子並非同一人。

《陝西省考古研究院新入藏墓誌》《新中國出土墓誌(陝西肆)》

　　從研究現狀而言,重要官宦家族的碑誌由於易與傳世文獻相發明,故廣受學者關注。世居長安的幾個大家族中,京兆韋氏、外戚竇氏兩族墓誌近年來發現數量甚夥,京兆杜氏則相對較少,尤其韋氏家族,僅《高陽原》《陝考新藏》《陝西肆》三書刊布者即達96種,加之《長安新出墓誌》及流散所見,總數恐不下200方。但這類世家大族不但正史中已有傳記,世系、婚宦在《新唐書·宰相世系表》《元和姓纂》等縉紳録中亦有詳細載録,新出碑誌多數情況下不過糾訂補充而已。若仍以家族爲單位,最值得關注的或是宦官家族墓誌,作爲中晚唐政治中的關鍵人群,宦官在正史雖有傳記,多數仍較簡略,且屬負面的臉譜化形象,至於宦官的家世背景,内使諸司的升遷秩序,通過收養、通婚等渠道構建的權力網絡,往往衹有藉助碑誌纔能窺見一斑。儘管目前發現的宦官墓誌數量不少,多數係流散出土,《陝考新藏》《陝西肆》新刊梁寶威德、梁守志妻趙氏、梁君妻劉氏、郭文幹妻梁氏4誌,加上之前發表梁守謙、梁守志、梁承政墓誌,共計7方。陝西省考古研究院2021年又在西安東郊白楊寨村南發現劉弘規家族墓地[1],這使梁守謙、劉弘規這兩個中唐時最重要權閹家族的面貌變得清晰,若能及時整理公布相關墓葬資料,將會極大地推動相關研究。

　　除了縱向以家系爲中心的研究,橫向在不同墓誌中勾稽同類史料,揭示某些重要的歷史變化,或是碑誌研究更值得用力的方向。西魏北周的賜姓一般被認爲是關隴集團凝聚的重要手段,《陝考新藏》《陝西肆》所收多方墓誌存録了某一家族改姓及復姓的經過,如韋孝寬家族賜姓宇文、李寂家族賜姓宇文、韋孝寬妻鄭氏賜姓賀蘭、高賓賜姓獨孤、烏六渾顯玉(本姓崔)、去斤誕(本姓許)、莫仁相(本姓馬)等。既往學界對關隴集團的討論,囿於材料,多聚焦於上層,藉助墓誌則能勾勒不少次等家族從西魏至初唐的仕宦情況。兩書刊布大量相關資料,其中有段孝敬、妻李元貞、弟段仁3誌。這並不是段氏家族墓誌首次被發現,1953年在咸陽底張灣發現其曾祖段威墓及墓誌[2]。這一家族最顯赫的人物是段孝敬祖段文振,《隋書》卷六〇有傳,爲周隋之際的名將,段文振墓也在2022年被

---

[1] 陝西省考古研究院《唐宦官劉弘規及夫人李氏墓發掘簡報》,《中原文物》2023年第4期,20—29頁。按,簡報披露目前已發現劉弘規家族墓葬6座。
[2] 尹達:《四年來中國考古工作中的新收穫》,《文物參考資料》1954年第10期,41—46頁;拓本刊《新中國出土墓誌·陝西貳》,文物出版社,2003年,8頁。

發現〔1〕,由此形成了四代人的資料序列。王文楷與妻元英鴛鴦誌,王文楷父王長述、元英父元壽,傳記分見《隋書》卷五四、卷六三。出自關隴的李淵在底定關中的過程中,很大程度上仰賴這一人群的支持,"三秦士庶、衣冠子弟、郡縣長吏豪族,弟兄老幼相攜來者如市"〔2〕。如王憐墓誌記其係王思政之孫,李淵入關時,留守鄠杜,率衆先歸,並參加了攻打長安城的戰鬥。李寂出身夏州李氏,祖李和、父李徹,《周書》《隋書》各有傳,墓誌云其時任合川令,歸附李淵。河東裴氏、薛氏這些地方大族的向背,更是李淵能否在關中立足的關鍵。裴龍虔墓誌云"義旗遐舉,神兵濟河,始謁軍門,便蒙禮遇";薛述墓誌則呈現出河東薛氏文質化的轉變,其祖薛端,《周書》卷三五有傳,嘗爲西魏守河東,後賜姓宇文,文武兼備〔3〕,薛述則以文學見長,武德元年(618),授太子通事舍人。這一類資料的累積,推動我們從更廣闊的視角觀察關隴貴戚間的通婚、仕宦及其政治選擇,進而重探關隴集團的變化與存續。同樣,新出墓誌也揭示唐初太原元從集團構成的複雜性,如武太墓誌記其祖武舉爲太原元從,自丞相府功曹參軍仕至安東都護,封晉陽郡開國公。儘管武舉其人不見於載籍,但他的出身、地位與武士彠相若,或出自同族,反映山西本地豪富之族參與起兵的側面。趙綽墓誌記家族本仕於齊,父趙興,齊亡入周,預平尉遲迥,得封平昌伯,後授光州刺史。趙綽大業八年(612)從征遼東,授建節尉、泜水府鷹揚郎將,後預太原起兵。趙綽的經歷則爲李淵起兵之初,將領相當部分來自"背征三衛"提供了一注腳〔4〕。

儘管三書聚合了目前所見最大宗的科學考古墓誌,由於近年來盜掘現象的猖獗,具體研究時仍需注意結合早年發表的資料,特別是近年流散出土的墓誌。這方面整理者已有措意,如《陝考新藏》18 號李寂、33 號李達磨父子墓誌,整理前言指出可與其祖李和墓誌一並考察,而李寂兄李譽墓誌收錄於《秦晉豫新出墓誌搜佚續編》,李譽字安遠,以字行,《舊唐書》卷五七有傳。又《陝西肆》218

---

〔1〕 相關報道見《名起軍旅 身付洪瀆——周隋名將段文振家族墓地考古記》,"文博中國"公衆號 2023 年 6 月 6 日。
〔2〕 温大雅撰,仇鹿鳴箋證《大唐創業起居注箋證(附壺關録)》卷二,中華書局,2022 年,122 頁。
〔3〕 宇文(薛)端墓誌亦發現,見《新中國出土墓誌·陝西叁》,文物出版社,2015 年,6 頁。
〔4〕 《舊唐書》卷五八《武士彠傳》,2317 頁。

《陝西省考古研究院新入藏墓誌》《新中國出土墓誌(陝西肆)》

號郭盈墓誌,簡注云其妻盧氏墓誌見《大唐西市博物館藏墓誌》,郭盈叔郭彥墓誌新刊於《陝西新見唐朝墓誌》。《陝西肆》收宇文泰子宇文儉、宇文通兄弟墓誌,其另外三子宇文賢、宇文盛、宇文逌墓誌則是近年流散。巧合的是《陝西肆》51號獨孤羅妻賀若突厥墓誌,賀若突厥蓋賀若誼之女,經歷坎坷,前後兩嫁,前夫即宇文盛,宇文盛被殺後,又嫁給獨孤信之子獨孤羅,獨孤羅墓於1953年在底張灣被發現,因墓中出土了拜占庭帝國的金幣而受矚目[1]。夫妻3誌歷經半個多世紀,由不同渠道發現並刊布,其中的曲折不下於賀若突厥本人生平。又以京兆韋氏爲例,《陝西新見隋朝墓誌》所收韋世□墓誌,係韋孝寬之侄;韋匡伯之子韋整墓誌見《珍稀墓誌百品》,皆屬近年流散。《陝西肆》79號柳大順墓誌,其祖柳帶韋墓、柳帶韋叔柳虯(賜姓乙弗)墓在長安區航天產業園內被發現[2],但這一支河東柳氏多數重要人物墓誌仍係盜掘流出,目前已刊者至少有柳帶韋父柳鷟、母王令嬡、叔柳慶、柳檜等諸人墓誌。《陝西肆》53號竇暾墓誌,竇暾係竇抗之子,竇抗墓誌趙明誠《金石録》即有著録,云由歐陽詢撰並書[3],惜誌文不傳,目前已有四子墓誌發現,除竇誕墓誌1985年在順陵發現外,竇幹、竇師綸皆是近年盜掘出土。竇誕子竇孝諶墓誌見《陝西肆》119號,竇孝諶是玄宗生母昭成皇后之父,昭成皇后被武后所誅,竇孝諶受累左遷羅州司馬而卒,墓誌存録了先天元年(712)改葬時的哀榮。"玄宗以早失太后,尤重外家"[4],竇孝諶諸子開天時頗受眷顧,其子竇希瓘神道碑近年已發現[5],知其地是竇孝諶一支復起後家族墓地所在,遺憾的是竇孝諶媳、竇希瑊妻王内則墓誌之前已流散,收録於《大唐西市博物館藏墓誌》,推測這一重要家族墓地至少已有部分遭破壞。近年陝西省考古研究院在洪瀆原地區又清理發掘了竇孝諶家族多座墓葬,值得進一步關

---

[1] 夏鼐《咸陽底張灣隋墓出土的東羅馬金幣》,《考古學報》1959年第3期,67—72頁。
[2] 西安市文物保護考古研究院《陝西西安北周康城愷公柳帶韋墓發掘簡報》,《文博》2020年第5期,10—24頁;西安市文物保護考古研究院《陝西西安西魏乙弗虯及夫人隋代席氏合葬墓發掘簡報》《考古與文物》2020年第1期,33—48頁。
[3] 趙明誠撰,金文明校證《金石録校證》,中華書局,2019年,437頁。
[4] 《舊唐書》卷一八三《竇希瑊傳》,4725頁。
[5] 李明、劉呆運《唐竇希瓘神道碑研究》,《考古與文物》2014年第5期,95—101頁。

注〔1〕。《陝西肆》160、142 號刊布張渾與妻永昌郡主墓誌,張渾爲肅宗張皇后之弟,尚惠文太子李範女,不但可與早年在底張灣發現的張渾父張去逸、伯張去奢、兄張清妻鄡國公主、張清子張怙四誌相互發明,又藉《陝考新藏》57 號所刊張渾祖母張守讓妻竇淑墓誌,證實《舊唐書·張皇后傳》所記玄宗、肅宗兩朝外戚竇氏、張氏間的通婚關係。但張去逸另一孫張回與妻薛芳墓誌,係被盜掘出土,公安機關追繳後,入藏西安市博物院,拓本刊《西安新獲墓誌集萃》。《陝西肆》232、225 號歸弘簡與妻范氏墓誌,其中歸弘簡墓誌由侄歸仁晦所撰,歸氏是中唐後崛起的進士家族,歸仁晦墓誌亦於數年前流出,見《秦晉豫新出墓誌搜佚續編》。

近年來,一方面仍不斷看到新資料的刊布,另一方面在排比新見碑誌時,越來越難掩因盜掘帶來遺憾。伴隨着研究的深入,即使站在傳統史學的立場,學者也日益關注伴隨墓葬出土的各種考古遺存,尤其對於家族墓地而言,經科學發掘獲得對墓地的整體性瞭解〔2〕,價值遠超一兩方墓誌。若以此爲標準,《陝考新藏》《陝西肆》體例上的不足之處是未能提示已刊相關考古報告,如兩書所收紇豆陵曦、蘇統師、王憐、李大娘、張泰及妻蕭氏、羅君妻□氏、高氏、令狐緘、令狐鈞妻裴氏諸人墓葬在《西安長安區韓家灣墓誌發掘報告》一書中有正式考古報告,拓跋虎等八座墓葬的考古報告載《中國北周珍貴文物》,其他零散有簡報發表者亦爲數不少,若能一一注明相關考古報告的出處,將對學者利用墓誌之外的墓葬資料提供便利。此外,筆者在翻檢時,亦發現個別編纂時的疏失,在此一並指出。資料收錄上,仍偶有缺漏,如《陝西肆》235 號裴君妻時氏墓誌,考古簡報中已公布誌蓋〔3〕,此次或因暫時未見原石而沒有收錄。《陝西肆》14 號宇文(韋)子遷、46 號蘇統師、59 號李晃等墓誌皆因蓋素面無字無紋飾而不發表圖版,似有不妥〔4〕。部分定名、錄文,若參據其他材料,或更準確。如《陝考新藏》35 號楊從

---

〔1〕《咸陽洪瀆原 半部隋唐史——陝西咸陽發現中古時期系列家族墓園》,《中國文物報》2021 年 12 月 17 日第 8 版。

〔2〕 近年對於西安洪瀆原北朝隋唐家族墓的大規模發掘,最重要的收穫是通過對家族墓地圍溝兆域的揭露,深化了對於家族墓園布局的認識。《咸陽洪瀆原 半部隋唐史——陝西咸陽發現中古時期系列家族墓園》,《中國文物報》2021 年 12 月 17 日第 8 版。

〔3〕 桑紹華《西安南郊三爻村發現四座唐墓》,《考古與文物》1983 年第 3 期,36 頁。

〔4〕 如同樣素面無字無紋飾,《陝西肆》4 號甄忻、7 號宇文陟墓誌蓋即發表。

儉妻韋氏墓誌,由於是朱書磚誌,字迹較爲模糊,未釋出其父美原縣令韋君名諱,據《洛陽流散墓誌彙編續集》129 號韋攸墓誌參證,可知韋氏父名"玄泰"。78 號韋涵及妻孫氏墓誌"次男頌"誤作"次男頱",128 號夏侯君妾鄧氏墓誌,據《偃師碑誌選粹》所收唐故同州白水縣令夏侯府君墓誌,知其名夏侯敏,其妻崔氏墓誌亦發現,收入《洛陽流散唐代墓誌彙編續集》。《陝西肆》153 號梁晅墓誌云誌主葬於天寶九載十月,或是誤讀誌文"天寶九載遁丁家艱"所致,誌主實卒於天寶十載八月,葬於十月。238 號姚郇墓誌云"大父諱袞從,知於帷幄",當作"大父諱袞,從知於帷幄",姚袞妻李氏墓誌見《長安新出墓誌》。

儘管十餘年來,新出墓誌受到學界的重視,成爲研究熱點,但在資料公布的規範性與完備度上,仍存在不少欠缺,時至今日,《全唐文補遺》等早年編纂大型錄文集,仍有少量墓誌拓本未見刊布。如前引梁承政墓誌錄文載《全唐文補遺》第 8 輯,知誌石藏西安市文物保護考古研究院,是梁守謙家族 7 方墓誌中唯一拓本未刊者。又《陝西肆》刊布韋浩、韋泚及妻鄭氏、衛南縣主韋氏三位中宗登基後,追贈重葬韋氏家族成員的墓誌,但同時下葬的韋城縣主韋氏墓誌錄文雖見於《全唐文補遺》第 7 輯,拓本一直未見發表。這些缺憾,期待隨着各考古機構所藏資料整理公布工作的推進,逐步得到解決。儘管《陝考新藏》《陝西肆》刊布墓誌本身的史料價值自不待言,我們更期待相關考古報告的整理出版,科學完整地公布墓葬情況。

# 《朝廷、藩鎮、土豪——唐後期江淮地域政治與社會秩序》(蔡帆著,浙江大學出版社,2021年4月,307頁,58圓)

## 曾 磊

藩鎮作爲中晚唐史研究的核心問題之一,學界已積累相當豐厚的研究。既往研究主要從政治、軍事向度展開,集中討論藩鎮内部的權力構造和朝藩之間的政治關係。新一代學者則在深入闡述已有議題的同時,期待更新研究範式,發現藩鎮研究新的增長點。藩鎮是管轄特定地域的軍政機構,地域社會内部的運作及其與藩鎮的互動無疑是一個重要但前人相對疏忽的話題,近年來得到了更多關切。蔡帆著作《朝廷、藩鎮、土豪——唐後期江淮地域政治與社會秩序》便就此進行了探討。

該書近26萬字,本自作者2018年完成的博士論文,2021年經少量修訂後正式出版。該書以唐後期的江淮藩鎮和土豪爲研究重心,同時關注唐朝廷與兩者的關係。以下,筆者將依次介紹是書整體結構與各章内容,並對其研究創獲和不足略做評議。

除緒論和結語外,全書共四章。緒論對"唐後期""江淮""土豪"等關鍵概念做了界定,並介紹了研究旨趣和相關研究史。正文第一章《安史之亂後的江淮藩鎮格局》和第三章《唐末江淮藩鎮的變局:以高駢及淮南鎮爲中心》主要關注藩鎮,第二章《土豪與江淮社會秩序》和第四章《唐末江淮在地割據的形成:以土豪割據爲中心》更多考察土豪。結語總結全書的研究内容和意義,認爲安史之亂後江淮富民土豪在中古時代一以貫之的"南方脈絡"中崛起,而唐廷出於財賦需求建構江淮藩鎮的財源型格局,"自下而上"和"自上而下"的兩股力量不斷博弈,展現出"唐宋變革"視域下地方社會階層和權力結構變遷的典型面貌。

具體而言,第一章概述安史之亂後江淮財源型藩鎮格局的形成史。由於亂後全國軍政格局的變化,江淮成爲唐廷依賴的賦稅之地。唐廷在當地採取了限制兵力和選任文臣爲節度使的策略,加強地方控制,保障財賦上供。德宗時期,唐廷曾出於河北削藩戰爭的需要,一度提振江淮藩鎮的實力,韓滉、陳少游、李錡等強勢藩帥乘勢崛起,威脅到唐廷對財賦的控制。在韓滉、陳少游去世和李錡之亂平定後,憲宗恢復了壓制江淮藩鎮的政策,在當地停罷部分藩鎮軍額,割屬藩鎮外鎮軍給支州,改革兩稅上供流程,並設置專門的兩稅使,江淮藩鎮養兵少、上供多、文臣主鎮的穩固格局正式形成。但這種格局伴隨着本地軍力單薄、財政窘迫、文儒藩帥難以應付亂事等問題,唐廷衹能在江淮大體安定,偶爾遭遇亂事時徵調外道軍隊入境作戰,並在中央財政補助軍費的前提下勉力維持。

第二章受魯西奇"中國歷史的南方脈絡"啓發,勾勒了一條中古時代南方土豪連續發展的綫索。作者認爲必須要聯繫江淮社會自漢魏以來悠久的土豪傳統,纔能理解唐宋間本地土豪的崛起。他把中古時期的江淮土豪分爲蠻族土豪、宗族土豪和富民土豪三類。第一類土豪是華夏邊緣的江淮土著領袖。第二類土豪脱胎於第一類土豪,但更加華夏化,形成宗族勢力。第三類土豪依傍大土地所有制和商品經濟積累財富,進一步控制地方。前兩類土豪經歷隋政權的打擊後走向衰落,第三類土豪則在隋唐統一南方但不更動舊制(最主要的表現是未推行均田制)的有利環境下崛起爲地方秩序的主導者。安史之亂後,由於江淮賦稅責任加重,唐廷和富民土豪的關係開始密切化。但兩方始終不能達成理想的合作狀態,早期有直接的武裝衝突,後期則在縣鄉治理和鹽茶利益等問題上持續博弈。作者最後藉宣州康全泰之亂的個案分析,提出了土豪和王朝國家兩種可能的結合方式:或是徹底對抗,或是土豪自覺進入王朝國家體系並得到認可。唐末江淮土豪的驅逐唐廷、實現在地割據體現了前一種方式,唐代以後江淮土豪的文儒化轉型則體現了後一種方式。

第三章以高駢和淮南鎮爲中心,討論唐末朝廷控制的江淮藩鎮的崩潰。宣宗以降,江淮的平靜時代結束,兵亂、民變連續發生,至王仙芝、黄巢起事,動亂達到高潮。唐廷維持江淮藩鎮穩定的固有機制難以運行,被迫加強江淮本地的軍事實力,以抵禦黄巢入侵,高駢也在這個背景下先後移鎮浙西和淮南。然而,高駢實力不足,對黄巢的作戰先勝後敗。戰事的嚴重失利導致與高駢結盟的盧攜在政爭中失勢,加之唐後期素有防備武將、以文制武的政治文化,高駢的處境不斷惡化,最終與唐廷完全離心。但高駢對淮南的掌控架構在唐後期傳統的軍政體制上,當他欲脱離朝廷自立時,淮南的支州和基層發生了叛離。失意的高駢乞靈於方術,轉而信用道士吕用之一黨,引起軍府舊將的反感。吕用之党和高駢舊將甚至高駢本人的矛盾後來激化爲畢師鐸之亂,淮南的主要武裝力量在戰爭中被消耗殆盡,高駢亦走向敗亡。這標誌着唐廷勢力開始全面退出江淮,填補唐廷退出後權力空間空白的則是以在地土豪武裝爲基礎的新興力量。

第四章從唐末團練武裝的土豪化和土豪自衛武裝的興起兩個層面闡述江淮土豪武裝的普遍化,並進一步梳理唐末江淮各地區土豪的割據狀況。唐末江淮動亂頻繁,唐廷和江淮政府不得不藉助團練民兵,民間也越來越多地組織自衛武裝。民間自衛組織基本爲土豪層主導,官方團練武裝也往往被土豪層控制。要言之,唐末土豪武裝在江淮州縣和鄉里普遍分布,改變了地方權力格局。最終,江淮土豪層依賴武力,廣泛實現了縣鄉級割據,在部分北來武人和本地軍隊力量薄弱的地區(如浙東、浙西、鄂岳、福建)還實現了州級割據:即使在未能成功實現割據的數州,也保持了較強的勢力。不過,由於土豪武裝的組織規模和戰鬥力有限,州級以上的割據很難實現,江淮地區因此呈現出細碎化割據的特點。

在傳統的藩鎮研究中,相對安静恭順的江淮藩鎮,受到的關注遠少於以驕橫跋扈著稱的河北藩鎮。藩鎮研究以外,國内部分唐後期制度、財政史研究者雖也曾指出一些江淮地區的特殊性,但他們往往致力於考察全國性的歷史現象,分析相對簡單和分散。反而日本學者爲瞭解南方十國成立的社會基礎,對中晚唐南方藩鎮與"土豪層"的關係做過較多討論。國内學者,僅見李碧妍在碩博論文《唐鎮海軍研究》(上海大學歷史學系碩士學位論文,2006年)和《危機與重構:唐帝國及其地方諸侯》(北京師範大學出版社,2015年)中對此做過回應。蔡帆的研究一方面較好地綜合和深化了前人有關唐後期江淮地區藩鎮政治、州縣制度和財政運作幾方面的討論,另一方面詳細介紹了日本學者提倡的"土豪層"概念,並將其作爲分析該時期江淮社會狀況的關鍵要素,一定程度上加深了我們對唐後期江淮地域政治與社會秩序特殊性、複雜性的認識。此外,由於高駢對唐末江淮局勢乃至國家軍政造成的重要影響,前輩學者對高駢鎮淮史事關注較多。該書出土第三章充分利用《桂苑筆耕集》,對相關史事做了不少補證。如164—165頁梳理廣明二年(881)五月高駢東塘屯兵事件,首先指出《桂苑筆耕集》所收上行文書(卷二《請巡幸江淮表》《讓官請致仕表》)、平行文書(卷一一《告報諸道徵會軍兵書》)與下行文書(卷一二《光州李罕之》)皆記載高駢兩次收到唐廷要求他撤軍的詔旨後退兵,兩詔雖然失載於兩《唐書》、《資治通鑑》,但絶非捏造。其次反駁方積六《黄巢起義考》以詔旨送達速度證明高駢九月六日回師前不可能接到唐廷七月十一日撤軍指示的三大證據,指出其中兩個衹能代表宦官宣慰與詔敕送抵的時間差,以《桂苑筆耕集》卷三《謝詔狀》"伏奉四月十日詔旨"但寫於"屯駐五旬"後的七月初,説明高駢需要兩個半月纔能收到詔書的最後一個證據也不能成立。高駢接到四月十日詔旨後立即啓程,《謝詔狀》是謝此後發布的"鳳銜之詔"。而且從卷六《謝加侍中兼實封狀》言"伏奉十一月十一日恩制"、並無"去年"來看,高駢在兩個月内就能收到唐廷的詔書,兩方的軍情交流比較暢達。其説可從。又如 201 頁整理《桂苑筆耕集》中與黄巢降將相關的文書,指出高駢傾向於把降將安置到與鄰鎮存在衝突的支州,以防遏淮南周邊的敵對勢力,觀察相當敏鋭。總體而言,該書選題新穎,框架嚴謹,既有宏觀分析,又有微觀考察,在具體論述上也有一定推進,同時文筆流暢,可讀性較强。

不過,該書在勾勒考察地域、界定"土豪"概念和利用史料等方面存在一些疏失。此前的一些評論已經有所論及,如盧建榮指出該書對"土豪"的討論不足,劃定的江淮範圍過大,並具體批評第二章討論魏晉土豪時失檢許倬雲的經典研究《三國吳地的地方勢力》,解讀杜牧《祭城隍神祈雨文》第二文、吕温元和六年(811)正月奏書和楊憑《唐廬州刺史本州團練使羅珦德政碑》三份材料時以論帶史,將與州縣對抗的不法胥吏一律指認爲土豪,第四章把戰亂時期的特殊現象視爲中晚唐的常態[1]。周鼎則含蓄地説明作者對"土豪"的認知主要基於日本學者所構築的歷史形象和賦予的特殊意義,對其中的學理問題未加反思[2]。下文便在此基礎上略作補充。

首先是對考察地域範圍的確定。作者在緒論中説明,"本書所論江淮並非狹義地理概念上的淮南江北地區,而是指安史之亂後成爲唐朝廷主要賦税區的廣大南方地區,具體而言即指浙東、浙西、宣歙、淮南、江西、鄂岳、福建、湖南八道"。這一較寬泛的界定,不僅與時人的一般叙述有一定差距,而且與作者的具體討論存在較多脱節。誠然,唐人有時會用"江淮"指代較大的南方財賦區,但在多數情況下,唐人衹用"江淮"指代淮南、浙西、浙東、宣歙、江西五道。張偉然

---

[1] 盧建榮《評蔡帆〈朝廷藩鎮土豪——唐後期江淮地域政治與社會秩序〉》,《社會/文化史集刊》第 30 輯,新高地文化,2022 年,267—280 頁。
[2] 周鼎《晚唐五代"土豪"新論——以學術史反思爲中心》,《歷史教學問題》2021 年第 6 期,38 頁。

## 《朝廷、藩鎮、土豪——唐後期江淮地域政治與社會秩序》

在對唐人"感覺文化區"的分析中指出,唐人所說的"江淮"大體相當於江南、淮南的省稱,其中江南(即兩浙和宣歙,以前者爲主)是"江淮"的精華所在,吴楚之郊的淮南和荆吴之會的江西是"江淮"的邊緣地帶,鄂岳、湖南和福建,則被目爲"江淮"以外的"荆楚"和"嶺南"地區〔1〕。即使在財政史史料中,"江淮"的指涉範圍一般也較作者的界定爲小,如《册府元龜》載元和四年(809)正月壬午制,稱"近者江淮之間,水旱作沴,綿亘郡邑。……宜以江西、湖南、鄂岳、荆南等使折糴米三十萬石,賑貸淮南道三州;三十萬石,貸浙西道三州"〔2〕。這裏的"江淮"僅指淮南、浙西兩道,不包括湖南、鄂岳甚至江西地區。並且,該書除第四章外,對江西、鄂岳、福建和湖南等地的關注,顯然遠少於浙西、淮南。作者或可考慮將觀察範圍收束至兩道,並將更多筆墨放在分析不同地域的互動及同一地域的内部差異上。該書第三章已經留意到唐末江淮藩鎮的崩潰,與河南藩鎮存在至關重要的關係,並嘗試從藩鎮—州—基層三個層級出發,討論淮南的軍政格局。但唐末材料較少,當將視角進一步下移到五代十國初,以便深化討論。

其次是對"土豪"概念的界定。該書所說的"土豪",嚴格來說是日本學者提出的學術概念。20世紀50、60年代,松井秀一和栗原益男在對江淮、四川兩地的考察中,不約而同地使用了"土豪層""土豪地方勢力"等術語,並得出了大體相似的結論。他們認爲"土豪"的本質是兼營商業貿易的鄉村大土地所有者,在此基礎上達成對普通農民的支配,成爲鄉村社會的"在地有力者"。"土豪"一方面作爲官僚貴族的對立面而出現,表現出反體制的色彩;另一方面爲躲避賦役,又多設法寄生於官僚機構的末端。在唐末戰亂中,武裝起來的"土豪"往往割據一方。總之,唐後期的"土豪"近似西歐中世紀的封建領主,是中國古代奴隸社會與中世封建社會過渡期内的特殊角色〔3〕。進入90年代後,中國歷史分期争論漸趨平息,大澤正昭在反思此前分期論主導下的"土豪"研究後提出新說。他

---

〔1〕 張偉然《中古文學的地理意象》,中華書局,2014年,94—112頁。
〔2〕 《册府元龜》卷一〇六《帝王部·惠民》,中華書局,1960年,1265頁。
〔3〕 松井秀一《唐代後半期の江淮について:江賊及び康全泰、裘甫の叛亂を中心として》,《史學雜誌》1957年66編2號,1—29頁;松井秀一《唐代後半期の四川:官僚支配と土豪層の出現を中心として》,《史學雜誌》1964年73編10號,46—88頁;栗原益男《唐末の土豪的在地勢力について:四川の韋君靖の場合》,收入《唐宋變革期の國家と社會》,汲古書院,2014年,341—375頁。

仔細排比史料,指出唐末動亂前的大土地所有者、商業從事者和動亂中的武裝割據者並非一類人群,建議將後者界定爲嚴格意義上的"土豪",將前者泛稱爲"在地有力者"。大澤進而指出,"土豪"是唐朝中葉鹽茶專賣制度建立後的新産物,與地方民衆形成縱向的支配關係,"在地有力者"則從地主階層中分化,兼營莊園和流通貿易,與地方民衆達成橫向的共同體關係[1]。國内學界一般將此類人群稱爲"庶族地主"或"富民"。"庶族地主"説以唯物史觀爲理論基礎,"富民"説則藉取西方"市民社會"理論[2]。"富民"説近年來受到了較多青睞,但僅從學理角度而言,未必較"庶族地主"説周備。蔡著在緒論中歸納出了"土豪"在地方占有大量的土地和社會財富、没有法定的政治特權、往往憑藉對經濟力量的掌握形成影響甚至主導地方社會秩序的勢力、内部存在一定程度的分化和流動、缺乏一定的文化積累和素質五大特徵,正文又從縣鄉吏治的豪吏化、土豪介入鹽茶之政、土豪結托乃至滲透進藩鎮軍府以及地方團練武裝的土豪化四個方面,概括中晚唐江淮土豪對地方社會的影響。其對"土豪"經濟基礎和社會力量的理解,接近松井、栗原,與大澤差異較大。至於對"土豪"不穩定性和少文的强調,應該受林文勳相關討論的啓發。

"土豪"論中前置的理論預設和粗疏的具體論證,在該書出版前後已經受到了一些批評。前揭周鼎文指出"土豪"論以隱含世界歷史發展普遍性預設的"唐宋變革論"爲基礎,未必適用於中國古代史中某些較具特殊性的歷史現象的研究,且日本學者建構的唐末"土豪"歷史形象,恐怕是日本史上中、近世過渡期"土豪"形態的無意識投射。僅從原始史料看,"土豪"一詞,不能指稱一個活躍於中晚唐時期、具有相同經濟基礎與身份自覺意識的社會階層,而是泛稱當時的非身份性地方精英。與之對照,該書確實存在對"土豪"概念未加反思的問題。再者,"土豪""富民"是中日學者描述"唐宋變革期"内社會主導階層的特定學

---

[1] 大澤正昭《唐末五代"土豪"論》,《上智史學》1992 年 37 號,139—161 頁;大澤正昭《唐末五代の在地有力者について》,柳田節子先生古稀記念論集編集委員會編《柳田節子先生古稀記念:中國の傳統社會と家族》,汲古書院,1993 年,129—149 頁。

[2] 分參李文治、江太新《中國地主制經濟論——封建土地關係發展與變化》,中國社會科學出版社,2005 年,150—182 頁;林文勳《論題:中國古代的"富民"階層》,《歷史教學問題》2005 年第 2 期,37—46 頁。

《朝廷、藩鎮、土豪——唐後期江淮地域政治與社會秩序》

術概念,該書第二章前兩節建構的漢魏蠻族土豪、南朝宗族土豪和隋唐富民土豪在江淮社會漸次演進的宏大叙事,嫁接了中古前期典籍中並無深意的歷史語彙"土豪"和中古後期研究中寄託了較多理論關懷的學術概念"土豪",反而模糊了這一概念的具體指涉。最後,即使採用最寬泛的"土豪"定義,該書行文中對"土豪"的指認,偶爾也有失之粗率的問題。如 78 頁稱陳隋之際反叛的江南土豪陳峴、高智慧、汪文進、王國慶等爲"宗族土豪"。史言王國慶"南安豪族"也,此人視作"宗族土豪"並無疑義。但從陳峴曾爲章大寶部曲,章大寶又是武康土豪章昭達之子,得出陳峴亦爲"宗族土豪"的結論,似乎經不起推敲。撰諸史文,陳峴父陳碩"以漁釣自給",他"少驍勇,事章大寶爲帳内部曲",後"告大寶反,授譙州刺史,陳滅,廢於家"。高智慧、汪文進等作亂江南期間,廬江豪傑意圖應合,"以峴舊將,共推爲主"。陳峴"僞從",暗中向隋廷舉發,事泄,爲廬江豪傑所殺。隋廷爲酬報他的功勞,拜其子陳棱爲開府[1]。據史料叙述,陳峴父子似既無土著背景,又無宗族勢力,視作亂世中憑財力和投機崛起的地方豪杰爲宜。而由高智慧、汪文進與陳峴、王國慶的互動,進一步推測高、汪同樣爲"宗族土豪"出身,更嫌過度推理。103—114 頁有意區隔李福長、李碧妍"吏治的富豪化趨勢"論述,轉而"遵循史書的記載"稱"兼具土豪與胥吏性質的職役人群"爲"豪吏",並收集了多種相關材料。古漢語中少有兩個名詞疊用的詞例,唐代材料中"豪吏"之"豪"當作形容詞理解。該書 94 頁所引《資治通鑑》載元載"擇豪吏爲縣令",便是説此輩豪横,"有不服者,嚴刑以威之"。97 頁提到韓滉言"里胥者,皆鄉縣豪吏,族系相依",另一版本作"里胥……此輩皆鄉縣豪黠",此處"豪吏"之"豪"與"豪黠"同義。"胥吏"與"職役"所指並不一致,前者近似於官,後者則祇是民。104、107 頁分别截取了杜牧《祭城隍神祈雨文》第二文的一部分,該段完整的叙述是"伏臘節序,牲醪雜須,吏僅百輩,公取於民,里胥因緣,侵竊十倍,簡料民費,半於公租,刺史知之,悉皆除去。鄉正村長,强爲之名,豪者屍之,得縱强取,三萬户多五百人,刺史知之,亦悉除去"[2]。文中的"吏"和"里胥"指胥吏,"鄉正村長"則指正在爲户役所取代的鄉官。同理,105 頁提及的"情願把鹽每年納

---

[1] 《隋書》卷六四《陳棱傳》,中華書局,1973 年,1518—1520 頁。
[2] 吳在慶校注《杜牧集繫年校注》,中華書局,2008 年,902 頁。

利"的"土鹽商"承擔的是職役,畢諴舅所任的"伍伯"則指一種胥吏職位。104、108、112 頁還將李錦繡《關於唐後期官與吏界限的幾點思考》中縣令等"職事官職掌的胥吏化"誤解爲唐後期的縣令也是胥吏,因此把懿宗時期"慈溪民陳珹冒名仕至縣令"解釋成"由土豪承擔的職役類型、職位等亦較爲多樣……所任職位則包括吏胥至縣令不等"。總之,第二章《土豪與江淮縣鄉吏治的豪吏化》一節頗多混淆胥吏和職役,進而將擔任者一律指認爲土豪的問題,此處不一一贅述。132—148 頁討論大中時期宣州康全泰之亂,核心史料《祭梓華府君神文》載"有押衙李惟真者,家道巨富,久爲横害,置店收利,組織平人","討擊使余雄,置石斗門,絶却一百三十户水利,自取其水,獨澆己田",該書因此斷定"李惟真、余雄本是土豪出身,兩人通過結托軍府獲得了列名軍籍的機會",實則不能排除李惟真、余雄因列名軍籍而取得財富的可能性。《祭梓華府君神文》又載"首有百姓前潮郡押衙汪玕走來相接……續有前宣郡衙前虞候胡政,借船兩隻,及食物之輩,兼與汪生同在船中,慰安引接"。作者從鄭薰出逃時候攜"一家百口",汪玕等却能游刃有餘地供應安頓,判斷他們"皆是宣歙當地土豪無疑",又以汪玕和胡政的前職印證"當時土豪與藩鎮結托的普遍性"。在此,我們同樣無法由史料判斷汪玕、胡政究竟是"先富後貴"——由富農、富商轉爲胥吏,還是"先貴後富"——由擔任胥吏而致富,因此無法斷定他們是"土豪"。並且,中晚唐地方藩鎮和州府皆設押衙[1],汪玕爲"前潮郡押衙",即潮州府押衙,與藩鎮無關,談不上結托。

以今日的學術眼光觀之,"土豪"這一概念存在揚棄的必要性。首先,新舊王朝更替之際地方豪雄乘勢而起的現象,在中國歷史上並不罕見,以往被稱爲"土豪"的這一人群是否具有標誌甚至引領"唐宋變革"的特殊意義,本身就值得反思。其次,日本前輩學者以往對晚唐五代"土豪"的過分强調,遮蔽了當時地方社會更爲複雜的面向。周鼎在回顧"土豪"學術史的同時,便指出唐後期江淮地區存在不同於"土豪"的另一種社會勢力,並將其稱爲"邑客"。他認爲"邑客"是一群擁有京城社會背景的僑寓士人,寄居他鄉,擁有相對封閉的交遊圈、通

---

[1] 參劉安志《唐五代押牙(衙)考略》,《魏晋南北朝隋唐史資料》第 16 輯,武漢大學出版社,1998 年,67—68 頁。

婚圈乃至以州縣攝官等方式出仕的獨特門路,與地方社會的關係較爲疏離[1]。渡邊孝早年曾結合統計分析與個案研究,指出唐後期淮南、浙西藩鎮幕府人員以門閥、郡姓爲主,較少吸納地方新興層[2],其結論與周鼎頗有暗合之處。要之,有唐一代,占據藩鎮與州縣中心位置的仍是傳統精英,新興"土豪"的勢力雖在不斷增長,但一時間還不足以與之抗衡。若過度誇大"土豪"的存在感,難免曲解甚至誤讀某些歷史信息。如該書141頁引李華《潤州丹陽縣復練塘頌並序》、劉晏《奏禁斷練湖狀》,説明當地的"土豪"長期霸占練湖。凍國棟曾對這兩種材料做過專題分析,但認爲占領練湖的應該是本地或外來的"大族""強家",以及一些卸任的官員和避亂南遷者[3]。換言之,占湖者的身份接近周鼎所説的"邑客"。考慮到練湖之復需要州刺史韋損甚至轉運使劉晏出面干預,恐怕還是凍國棟的分析較爲切合實情。在今後的唐宋史研究中,我們不妨用所指更爲模糊的"豪杰""豪強"取代寄予較強理論預設的"土豪"一詞。若討論涉及具體個人,還可指實其身份究竟爲富農、富商、軍將抑或胥吏。

最後需要談到該書蒐集、利用材料方面的問題。以墓誌爲主的石刻文獻是近年來中古史研究發展的重要推動力。具體到中古地方史研究上,傳世文獻著錄或實物尚存的金石材料,近世早期的方志、族譜等材料,也有較高的價值。但據筆者統計,該書使用的墓誌、碑銘、文書、方志材料,祇有12種,且僅對《羅珦德政碑》和《新安文獻志》卷九六的唐末人物傳做過較細緻的解讀。然就筆者管見,至少還有以下幾種材料應對作者的研究較有幫助。出土墓誌方面,1966年揚州出土的《唐淮南進奉使檢校尚書工部郎中兼御史中丞會稽駱潛墓誌銘》(收入周紹良主編《唐代墓誌彙編》)此前已經受到學者的關注。誌主駱潛,另見於《桂苑筆耕集》卷三《謝詔獎飾進奉狀》。朱祖德曾據此説明高駢中和二年(882)以後仍與唐廷保持貢賦上的聯繫;陳燁軒則藉此指出高駢在黃巢攻破長安後確

---

[1] 周鼎《僑寓與仕宦:社會史視野下的唐代州縣攝官》,《文史哲》2020年第3期,36—44、166頁;周鼎《"邑客"論——僑寓士人與中晚唐地方社會》,《中國史研究》2020年第4期,125—141頁。

[2] 渡邊孝《唐後半期の藩鎮辟召制についての再檢討:淮南・浙西藩鎮における幕職官の人の構成などを手がかりに》,《東洋史研究》2001年60卷1號,30—68頁。

[3] 凍國棟《唐五代"練塘"資料中所見的"強家"與"百姓"——隋唐五代江南地方社會個案研究之一》,《魏晋南北朝隋唐史資料》第23輯,武漢大學出版社,2006年,175—187頁。

實存在勤王的擧動[1]。墓誌和狀文對淮南、唐廷的往來叙述較詳,還有進一步挖掘的空間。地方性文獻方面,筆者認爲特別值得一提的是與陳果仁(又作杲仁、仁果、仁杲等)信仰相關的文獻。高駢兩位幕僚顧雲《武烈公廟碑記》(《全唐文》卷八一五)、崔致遠《移浙西陳司徒廟書》(《桂苑筆耕集校注》卷一六),甚至《太平廣記》卷二九〇引《廣陵妖亂志》中都有描寫高駢陳杲仁信仰的片段。頗可從此入手,對唐後期江淮藩鎮與地域社會的互動及高駢的治淮策略,做出一些新的解釋。此外,對於江淮地方社會的研究而言,唐代碑刻、文集和宋元方志中大量與水利、救災、營造、信仰相關的史料,也還有進一步搜檢的必要。

第三章分梳《桂苑筆耕集》和《廣陵妖亂志》兩種材料時,另有一些材料解讀、利用方面的問題值得商榷。其一,該書對《桂苑筆耕集》的繫年基本依傍党銀平校注本,對後續補訂注意不多,因此忽略了夏婧《〈桂苑筆耕集校注〉匡補》中一些相當重要的發現[2]。該書164、166、167、170、171頁連續引用《桂苑筆耕集》卷一一《答襄陽郄將軍書》,標題中"郄將軍"的所指,學界長期未能明確,因此党銀平不加注釋,該書也未做解說。然夏文已經通過比勘此答書與《桂苑筆耕集》卷三《謝郄公甫充監軍手詔狀》、卷九《護軍郄公甫將軍三首》,確定了"襄陽郄將軍"即先後擔任山南、淮南監軍的郄公甫。168—169頁利用《謝加侍中表》《謝賜宣慰兼加侍中實封表》《謝就加侍中兼實封狀》《謝加侍中兼實封狀》《謝落諸道鹽鐵使加侍中兼實封狀》時,僅引用田廷柱和張卉的觀點,"懷疑這些表狀乃是因崔致遠所作並不令高駢滿意,因而多有改作"。但夏文的解說遠較田、張周延,她指出五篇表狀中或稱"十一月十一日恩制"、或稱"去年十一月十一日恩制",判斷五文寫於前後兩年,且第三、四篇稱從進奏院獲知狀報,應是當年末奏上,第二篇明確記述六月宣慰使到達淮南頒發詔令、官告,必爲次年之事,第一、五篇則是次年正式獲得官告後分別向皇帝、宰相奏謝。党銀平的整理雖然在文本校勘、典故注釋和篇章繫年等方面做過一定努力,但仍有不少缺陷,不可僅憑信校注本。其二,該書對《廣陵妖亂志》的考辨也略有不足,僅在164頁注3

---

[1] 分見朱祖德《唐代淮南道研究》,花木蘭文化出版社,2009年,113頁;陳燁軒《高駢的野心——晚唐的朝廷、淮南節度使和揚州社會》,《中華文史論叢》2020年第4期,246—247頁。

[2] 夏婧《〈桂苑筆耕集校注〉匡補》,張伯偉編《域外漢籍研究集刊》第9輯,中華書局,2014年,215—248頁。

引用司馬光的史評,説明《廣陵妖亂志》對高駢廣明二年出兵祇爲"禳雄雉之災"的記載並不可信。227 頁注 5、6,228 頁注 3,229 頁注 1,分别引述《資治通鑑》《太平廣記》和《羅隱集》,忽略這四條史料皆出於《廣陵妖亂志》。陳尚君曾指出"《廣陵妖亂志》一書,是事實與傳聞兼雜的筆記,但爲兩《唐書》《册府元龜》《資治通鑑》等採信,幾乎成爲信史"[1]。換言之,除《資治通鑑考異》和《太平廣記》注明出自《廣陵妖亂志》的條目外,兩《唐書》、《册府元龜》、《資治通鑑》中還存在不少暗襲《廣陵妖亂志》的内容。同時,《廣陵妖亂志》雖然是完整記載高駢晚年敗亡史事的唯一材料,但若詳細比勘兩《唐書》、《資治通鑑》,不難發現諸修撰者在敘述相關史事時,亦據情理和其他史料(如徐鉉《吴録》)對《廣陵妖亂志》的記載做過少量改寫。作者或可嘗試剥離出現存高駢史料中源出《廣陵妖亂志》系統和源出其他史料系統的兩個層次,再在此基礎上重新討論高駢鎮淮晚期史事。

  總體而言,在中文世界中,地域社會視角下的藩鎮研究仍是一個方興未艾的領域。許多學者往往祇簡單將一個或一類藩鎮所覆蓋的區域視爲一個自然、自足的"地域社會",並在此基礎上展開研究。其學術趣味與從區域出發、反思西方國家—社會理論的地域社會史或區域社會史研究大相徑庭,甚至背道而馳。該書的研究在很大程度上也落入窠臼,其成果近於疊加部分社會史關注的藩鎮研究,未能真正深入"社會秩序"層面。未來的研究者若有意於此,還需要在反思前人研究、劃分研究空間、提出新概念工具和搜集利用相關史料幾方面做更多的努力。

---

[1] 陳尚君《亂世能臣高駢的文學才華與人生迷途》,《我認識的唐朝詩人》,中華書局,2023年,230 頁。

# "五代在碑誌"三部曲平議——《世變下的五代女性》(山口智哉、李宗翰、劉祥光、柳立言編著,廣西師範大學出版社,2021年8月,419頁,108圓)、《五代武人之文》(山口智哉、李宗翰、劉祥光、陳韻如、柳立言編著,廣西師範大學出版社,2021年8月,465頁,118圓)、《五代的文武僧庶》(山口智哉、李宗翰、劉祥光、陳韻如編著,廣西師範大學出版社,2022年3月,485頁,118圓)

胡耀飛、謝宇榮

五代十國時期的碑誌,在製作方式和使用方面與前後兩代唐、宋時期雖有不同,但其實相差不大。筆者此前剛剛整理了五代十國時期的金石文獻研究現狀,其中談到五代十國時期碑誌的特徵時,關於載體和内容的多樣化,主要是指墓誌之外的金石文獻[1]。至於五代十國時期的墓誌,與唐代、北宋墓誌在形制上略無差别。因此,對於五代十國墓誌的認識,往往等同於對唐代、北宋墓誌的理解,這無形中遮蔽了五代十國墓誌的獨特性。當然,學界目前已經逐漸重視對五代十國墓誌的單獨梳理,不僅出現了周阿根《五代墓誌彙考》(2012),章紅梅《五代石刻校注》(2017),仇鹿鳴、夏婧《五代十國墓誌彙編》(2022)這樣的墓誌整理成果[2],也出現了周阿根《五代墓誌詞彙研究》(2015)這樣的語言學研究著作[3]。在此園地中,近年來更出現了一套歷史視角的專題著作,即"五代在碑誌"三部曲。

這三部曲並非對五代十國墓誌的整理,也不是對五代十國墓誌的專題研究著作,而是集合了老師的示範、學生的札記爲一體的五代十國墓誌選注。並在此基礎上,根據内容的側重,分别冠以《世變下的五代女性》《五代武人之文》《五代的文武僧庶》三個題目作爲書名。本文即就此三種書進行簡要介紹和評議,以期帶動更多同好來關注五代十國墓誌。

---

[1] 胡耀飛、謝宇榮《五代十國金石文獻的基本特徵和研究現狀》,王連龍主編《中國古代墓誌研究》,社會科學文獻出版社,2023年,109—136頁。

[2] 周阿根《五代墓誌彙考》,黄山書社,2012年;章紅梅校注《五代石刻校注》,鳳凰出版社,2017年;仇鹿鳴、夏婧輯校《五代十國墓誌彙編》,上海古籍出版社,2022年。其中後者在三部曲出版之後問世,故不加入本文的討論。

[3] 周阿根《五代墓誌詞彙研究》,中國社會科學出版社,2015年。

一

"五代在碑誌"三部曲由廣西師範大學出版社於 2021 年、2022 年陸續推出，2021 年出版的是《世變下的五代女性》《五代武人之文》，2022 年出版的是《五代的文武僧庶》。這三部書的基本情況如下：

《世變下的五代女性》由山口智哉、李宗翰、劉祥光、柳立言共同署名"編著"。該書雖然與《五代武人之文》同時出版，但排序在前，可謂三部曲中的第一部。該册開篇有柳立言先生《寫在"五代在碑誌"前面》（2018 年 11 月定稿）一文，是爲三部曲之總的前言。在目録之後，方有該册的《本册導讀》。該書分爲三編：第一編《不變與變：墓誌筆法與史學方法》包括六篇，分别探討夫死從妻葬、僧官寫命婦等現象；第二編《世變：社會流動與文武交流》包括七篇，分别探討張全義家族及其姻親，以及其他武人家族内部的男女關係；第三編《世變下的婦女角色》包括六篇，分别探討各種身份的五代女性。在該册最後，則有一篇基於正文三編討論而成的《總論》（第 339—399 頁），以及"墓誌之篇幅及時地人分析"和"墓誌格套一覽及分析"兩個數據統計基礎上的附録。總體而言，該册累計使用了 32 方墓誌，探討了至少 48 位五代男女人物。

根據《本册導讀》，該册的"目的有二：一是抛磚引玉，盼望學人投入大有可爲的五代女性研究。目前可謂嚴重不足，原因之一應是兩《五代史》的女性傳記不超過一萬五千字，今後唯有大量利用墓誌。我們自設的議題是'世變下的婦女角色'，竟寫了六萬多字。二是指出女性墓誌也大可用來研究男性的事，如社會流動和文武交流。墓誌儘管隱惡揚善，但對人口、身份、蔭補、官職、婚姻和喪葬等很少造假，反讓墓誌成爲研究家庭史和社會史不可或缺的史料"（第 1—2 頁）。該册强調女性研究，與臺灣地區學者的女性史研究起步甚早有關[1]，劉静貞即研究過五代正史和墓誌上的女性人物形象[2]。

---

[1] 相關成果集中體現於李貞德、梁其姿主編"臺灣學者中國史研究論叢"之《婦女與社會》，中國大百科全書出版社，2005 年。
[2] 劉静貞《正史與墓誌資料所映現的五代女性意象》，榮新江主編《唐研究》第 11 卷，北京大學出版社，2005 年，第 187—204 頁。

《五代武人之文》由山口智哉、李宗翰、劉祥光、陳韻如、柳立言共同署名"編著"。該册分三編:第一編《文人如何書寫武人:文字與實相》包括四篇,分別探討趙鳳,李存進,韓通、宋太祖、董氏和張秉、史弘肇;第二編《武人之文事與武功》包括七篇,分別探討鍾公、蕭符、蕭處仁、任漢權、郭進、馬文操、馬全節、宋彦筠、劉拯、劉再思、劉永;第三編《武人的後代和轉型》包括四篇,分別探討國礦,周令武,孫漢筠、李存進,張秉、張昭允、張正中。在《前言》中,該册編著者指出曾經詳細梳理過五代墓誌的章紅梅《五代石刻校注》一書,"竟然完全没有看到或提到五代光明的一面,她還是以'血腥'、'凋敗'和'重武輕文'作爲五代的特點"(前言第11頁)。因此,編著者希望通過一些武人墓誌來發掘四個方面的内容:1. 文人如何書寫武人;2. 武人之文事(或作文治、吏治、民事等,隨重點而用);3. 武人之品德和信仰;4. 武人之後代和轉型(前言第11—12頁)。

大體而言,該册基本完成了這四方面内容的揭示。比如文人如何書寫武人,編著者利用《趙鳳墓誌》揭示了誌文作者作爲文人在對武人趙鳳生平書寫過程中隱惡揚善的情況,並將所隱之惡粗分爲兩種:"一是所謂普世價值,即古今中外大都視之爲惡事,如非法斂財和濫權害民;二是隨時代而改變之價值,如今日認爲不忠之事,昔日直書不諱,當然亦有昔非今是的,如婦女改嫁。"(第21頁)

《五代的文武僧庶》由山口智哉、李宗翰、劉祥光、陳韻如共同署名"編著"。該册分爲四編:第一編《格套下的文武僧庶》包括五篇,分別探討包括中層平民、晋北商人、新羅僧人、沙陀武官等在内的文武僧庶;第二編《文官群像與社會流動》包括十二篇,探討亂世之中堅守文事的家族;第三編《武官群像與文武交流》包括十五篇,分別探討各種地位的武人之性格,諸如仁、忠、德等,以及武人從文或文武兼備的情況;第四編《平民之社會流動》包括七篇,集中討論一些平民布衣通過文、武兩途立家,實現社會流動的情況。該册最後爲一篇《總論》,分述五代墓誌的格套,以及文官、武人、平民、僧人墓誌的總體特徵。

根據該册《總論》中的表述,編著者認爲:"從墓誌却可發現,其實當時不論文武官員都不乏爲致治付出心力者。即如道德,五代表現也不如一般所想象的糟糕。……若過於强調五代亂的一面,則不免失於一偏,而可能忽略歷史發展的延續性及其意義。"(第471頁)當然編著者也認識到,墓誌格套往往會遮蔽更多生平細節,大部分墓誌很難走出這種格套化的書寫模式。因此,編著者特別重視那些突破格套書寫模式的墓誌,從中發掘更加豐富的歷史面向。比如"真正的平民墓誌,亦即墓主的先人與後輩均無人爲官,但經濟上多屬中上階層。這類墓誌的撰寫,大體模仿一般統治階級的墓誌格套,但有時也會出現打破格套的書寫方式,從而使得更多元的平民生活面貌得以呈現於墓誌中"(第480頁)。

## 二

"五代在碑誌"三部曲的基本內容如上所述,但要全面認知還是得細讀原書,每一册的每一則札記都有其獨特的存在價值。歸納起來,可以看出三部曲主要的獨特性如下:

1. 由讀書會札記而成著作

根據晚出的《五代的文武僧庶》前言,三部曲源於2015年柳立言發起的讀書班,並在2019年2月柳氏榮退後繼續進行。至2021年,先行出版《世變下的五代女性》和《五代武人之文》,並在第二年《五代的文武僧庶》出版後集齊三部曲的規模。可以說,從時間綫來看,三部曲的出版其實有些倉促,因此保留了很深的讀書札記痕迹。這些痕迹除了全書行文的口語化之外,也體現於各篇重複話語的反復出現。但以札記形式問世,並不代表粗糙,從另一種視角來看,可以視爲學術思考路徑的完整呈現。畢竟我們一般人撰寫的學術論文,呈現出來的是一種經過深度加工的文本討論,在字數方面有所限制,故而不會重複一樣的措辭和觀點。而三部曲的出版,一方面滿足了普通讀者欲瞭解歷史研究路徑的渴望,另一方面也有助於青年學子學習當下撰寫金石札記或讀書紀要的方法。比如三部曲中經常使用的對於墓誌包含事(what/which)、時(when)、地(where)、人(who/whom)、原因/是否(why/whether)、經過(how)在內的"史學六問"(《世變下的五代女性》之《寫在"五代在碑誌"前面》,第6頁),以及根據門類製作表格後將材料搬運到表格中的"五鬼搬運"(《世變下的五代女性》之《寫在"五代在碑誌"前面》,第8頁)這兩種方法,就是非常好的解讀包括墓誌在內的各類史料的方法。

總之,通過這類札記的撰寫,編著者更想要展示的是一種言傳身教。如柳立言所說:"老師一方面以身作則,親自撰寫,以便解說史學方法和寫作要點;另方面指導學生下筆,往往四至五稿,最後由指導老師定稿並負文責。"(《世變下的五代女性》,前言第 2 頁)因此,在行文過程中時不時會用教師教導學生的口吻,苦口婆心地提示一些基本的要求。比如《五代武人之文》在一篇文章寫到末尾時說道:"無論如何,要作爲新史學人,不要人云亦云,必須多用邏輯、多作分類、多算篇幅和多造表格。"(第 22 頁)有時候更藉助札記的撰寫,向讀者和研究者提出建議:"讀者不但要分析墓誌,更要感受墓誌。墓誌本是用來表達當時人的關懷,不是爲了回答今人的問題。但願研究者不要再對墓誌提出一些莫須有的問題和刑求逼供了。"(《世變下的五代女性》,第 398 頁)

2. 對碑誌議題的充分發掘

在《寫在"五代在碑誌"前面》一文中,柳先生在毛遠明《碑刻文獻學通論》所總結的十二個碑刻文獻研究領域的基礎上,擬定了五代墓誌研究的九項議題:"一是社會流動;二是文武交流;三是亂世中的武人業績,特別留意其民政,也注意文武之共孽;四是武德或武士之道,如忠和孝等價值觀念和行爲,亦與文人比較;五是家庭或家族型態,探討唐型和宋型之間,有無五代型或過渡型;六是婚姻,尤其留意婚姻對仕宦和家庭的作用,比對郝-韓模式(Hartwellian-Hymesian Models)中的人際網絡說;七是喪葬,觀察文人、武人和平民的禮法和風俗有何差異,探討儒術對武人的同化和對平民的滲透;八是婦女角色;九是墓誌筆法和史學方法。"(前言第 5—6 頁)

早期由柳立言等先生領讀時,基本實踐了大部分議題;後期柳先生退休,加之成員變動,相關議題逐漸集中於第一、二、三、四、九這五項。即便如此,對各類議題的發掘仍然十分充分,三部曲的取名也集中反映了相關議題的分布情況。而且在這九個議題之外,還有一些無法完全歸入其中的内容,比如《五代的文武僧庶》第一編有《唐末晉北商人》一篇,討論的是唐末五代初河東朔州馬邑商人張宗諫的生平(第 19—24 頁)。這雖然可以歸入"平民"或曰"庶"的範疇,但在古代"士農工商"之區别下,更可以單獨歸入"商"的範疇。如果再結合其他唐末五代河東地區商人家族墓誌,比如趙洋討論過的《聶慕閏墓誌》,便能得到更多的呈現[1]。又如《五代武人之文》第二編有《一所懸命》一篇,編著者從郭進

---

[1] 趙洋《〈唐代郡李使君故聶氏夫人墓誌銘並序〉考釋——論後唐的一個晉商家族》,劉子凡、康鵬、張國旺主編《隋唐遼宋金元史論叢》第 12 輯,上海古籍出版社,2022 年,68—74 頁。

的武功出發,對通常印象裏的北宋統一"先南後北"進程質疑,認爲北宋建立之後"就不斷蠶食北漢",而非攻打南方爲主(第187頁)。這已經接近劉喆的觀點[1],祇是未能進一步申發。三部曲中類似的小議題還有許多,值得讀者進一步發掘。

3. 文武關係理解的碑誌視角

雖然三部曲的主題各異,但三部曲有其共同點,即文武之對比。《世變下的五代女性》中有第二編《世變:社會流動與文武交流》,《五代武人之文》和《五代的文武僧庶》更是在書名即體現"文""武"二字。這一共同點,大約源於柳立言最初關注五代墓誌時的着眼點所在。柳氏曾在2018年發表了《五代治亂皆武人——基於宋代文人對"武人"的批評和贊美》一文,通過新、舊《五代史》等傳世文獻梳理了五代28位"武人"的政治表現,認爲五代時期的"武人"不僅有"亂"的一面,也有"治"的一面[2]。在此文之前,柳氏也曾就傅斯年圖書館藏碑誌拓片討論五代宋初武人的"文"事,認爲包括五個方面:儒將(允文允武)、吏治、品德/守禮、文武仕途和文武通婚[3]。相比較而言,三部曲中的文武探討更像是對柳氏這兩篇文章的詳細注解。

關於文武議題更大的背景,是宋史學界一直以來對宋代"崇文抑武"話題的熱衷,這方面陳峰的研究持續至今[4]。就宋代"崇文抑武"現象向晚唐五代文武關係進行溯源,則始於方震華的研究[5]。而三部曲關於文武話題的探討,更進一步在方震華所未能全面關注的新出碑誌方面進行了發掘。雖然墓誌材料的

---

[1] 劉喆《後周、北宋平邊事發微——兼論"先北後南"與"先南後北"》,葉煒主編《唐研究》第27卷,北京大學出版社,2022年,465—478頁。

[2] 柳立言《五代治亂皆武人——基於宋代文人對"武人"的批評和贊美》,《"中研院"歷史語言研究所集刊》,第89本第2分,2018年,339—400頁。

[3] 柳立言等《五代宋初武人之"文"——從傅斯年圖書館所藏拓片談起》,史語所講論會報告,2015年12月14日。筆者未見原文,轉引自柳立言《五代治亂皆武人——基於宋代文人對"武人"的批評和贊美》,341頁。

[4] 陳峰《武士的悲哀:北宋崇文抑武現象透析》,陝西人民教育出版社,2000年;再版,人民出版社,2011年;第三版改題《武士的悲哀:崇文抑武與北宋興亡》,重慶出版社,2021年。

[5] Cheng-Hua Fang, *Power Structures and Cultural Identities in Imperial China: Civil and Military Power from Late Tang to Early Song Dynasties (A.D. 875—1063)*, VDM Verlag Dr. Müller, 2009;中譯本:方震華《權力結構與文化認同:唐宋之際的文武關係(875—1063)》,社會科學文獻出版社,2019年。

价值可能更多在於豐富我們已有的認知,而無法推翻固有的印象,但基於墓誌,三部曲的編著者還是將唐宋之際的文武關係更加細化地呈現了出來。如果説方震華的書是時間綫上的文武關係演變路徑,那麽三部曲則是文武關係在空間上的拓展。這種拓展,不僅是地理上關注到北方和南方,更是社會群體方面涉及女性、平民、僧人等,包括武人家族的女性群體角色,平民階層的文武上升渠道之別,乃至文武人群的佛教信仰以及僧人群體與文武官員的關係,等等。

## 三

在褒揚之餘,筆者也想指出一些三部曲中未愜人意之處,或可供編著者日後修改參考。雖然就這三部曲而言,繼續修訂的可能性不大,畢竟並非成書於一人之手,很難再來召集原作者分別修訂。但或許對於在三部曲基礎上進一步研究的其他學者來説,可以稍作參考。

1. 三部曲的出版定位比較雜糅

三部曲本身屬於碑誌讀書班所産出的札記式成果,雖然札記也能體現學術性研究,但並不是論文,甚至也不是像清代乾嘉學者那樣的學術筆記體。就論文來説,三部曲中的内容並無論文應有的格式,即前言和學術史梳理、正文的學術討論、結論,以及相應的學術性標題。但如果仍然視作學術札記,則每篇又太長,並無一般學術筆記短小精悍的效果。更重要的是,三部曲出版後的宣傳和發行模式,是將三書當成歷史普及型讀物來看待的。這就導致很多原本並不關注五代史,更不瞭解五代碑誌的讀者,在通過普及型宣傳瞭解到這本書,産生興趣並購買閲讀。他們會發現難以通過這三部曲的札記式寫作來全面瞭解五代歷史本身和五代碑誌的基本情況。此外,三部曲作者皆臺灣學者,與大陸讀者之間有着明顯的行文差異,雖然出版社將三部曲以簡體字而非臺灣通行的繁體字出版,算是解決了字體問題,但兩岸學者之間學術語言的差異仍然未能有效彌合。

以上這些都影響到三部曲在普通讀者中的口碑,比如在知名讀書網站"豆瓣讀書"(https://book.douban.com/)上的評分。根據筆者統計,目前三部曲的豆瓣評分(10分制)都祇有7分多,並不是高分。此外,從先出版的《世變下的五代女性》《五代武人之文》到後出版的《五代的文武僧庶》,相關的想讀、在讀、讀過人數,以及短評、書評、筆記篇數都呈下降態勢,即受關注度明顯減弱[1]。基於以上情況,筆者認爲,三部曲若欲扭轉這種雜糅情形,應將札記式文章或者改爲專業性的學術論文,或者改爲更爲通俗的人物傳記或學術散文。雖然這樣做可能會少很多讀者,但可能評分會相應提高,有深度的評論也會增加。

2. 缺乏南北、漢蕃等地域和族群差別

就學術内容而言,三部曲雖然對男女、文武、僧庶等方面的差別都能體現,但對南北、漢蕃方面的差別未能直接關注。其中南北方面,在《世變下的五代女性》中有一篇《武人何幸》(第224—229頁),探討的是南方楊吴政權的李濤及其妻汪氏;在《五代武人之文》中,並無南方人物的碑誌研究;在《五代的文武僧庶》中,僅有一篇簡單討論了南唐僧人玄寂禪師的塔銘(第33—54頁)。雖然就地域而言,臺灣本身屬於我國東南區域,但臺灣學者在三部曲中探討的幾乎都是五代時期的北方人物。因此,就南北方的差異來説,三部曲的五代碑誌很難代表整個五代時期的碑誌。當然,學界有時候會將"五代"局限在北方的梁、唐、晉、漢、周這五個中原政權,而將"十國"除去北方的北漢政權,主要指代南方諸政權。但既然三部曲的編著者以"五代"入書名而没有在三册書中明確區分"五代"和"十國"之別,而且三部曲所利用的主要材料《五代墓誌彙考》《五代石刻校注》都是以"五代"爲名而包含南北方各個政權在内,那麽三部曲缺乏對南方碑誌的關注,無疑是很大的遺憾。對於南方材料缺少關注,也體現在對一些地名的生疏上,如《五代武人之文》中,乾州當在關中,而非湖南(第181頁);同册中,睦州當在兩浙,而非湖北(第214頁)。

就漢蕃方面的差別來說,三部曲中雖然注明了一些探討對象的蕃人身份,但並未將此話題集中處理。如《世變下的五代女性》中探討的石金俊、石仁贇父子(第214—223頁),《五代武人之文》中探討的李存進(第27—51頁),《五代的文武僧庶》中探討的藥繼能(第55—72頁)、安崇禮(第289—301頁),都可以歸入廣義的沙陀人,而編撰者並未突出這幾位的沙陀人身份。三部曲中唯一强調沙陀的一次是《五代武人之文》第三編中的《沙陀王朝武人刺史賣劍買牛》一文對

---

[1] 以上統計數據截止時間爲2023年4月20日。

於周令武生平的探討(第353—387頁),但其實側重點還是在周令武的武人身份。總之,從三部曲的漢蕃人物分布來看,不僅關注蕃人數量的稀少無法反映五代時期北方地區蕃人的廣泛存在;就蕃人多出將這一點來說,對大量蕃人墓誌的忽視也難以全面反映五代武人的多元生存樣態。

3. 存在多墓誌而少碑刻的現象

三部曲總題"五代在碑誌",但《世變下的五代女性》全書皆用墓誌,《五代武人之文》除了《任漢權屏盜碑》(第163—172頁)、《郭進屏盜碑》(第173—238頁)、《馬文操神道碑》(第240—277頁)外亦皆墓誌,《五代的文武僧庶》除了朗空、智堅、玄寂三方塔銘(第25—54頁)和景範一方神道碑(第99—108頁)外,其餘也都是墓誌。可見,雖然三部曲取"碑誌"二字冠名,但真正用到碑的很少。但事實上,五代時期的碑刻數量不少,以墓誌爲搜羅範圍的《五代墓誌彙考》計凡242方墓誌中,其中有6篇塔銘;同樣以墓誌爲搜羅範圍的《五代十國墓誌彙編》計凡467方墓誌,其中有12篇塔銘;而包括各類石刻在内的《五代石刻校注》計凡350通石刻,其中造像記、塔銘、神道碑、經幢、買地券、哀册及其他碑記共計137種之多。此外,還有一些以碑刻爲主的材料,如厲祖浩編《越窑瓷墓誌》對唐宋之際越州地區的瓷質墓誌的搜集,浙江省博物館編《杭州石屋洞吴越國題刻》對吴越國時期石屋洞題刻的整理,都有其獨特價值[1]。

當然,限於兩岸學術交流途徑等因素,三部曲的材料最初應是以傅斯年圖書館所藏拓片爲中心,日後方纔擴展到《五代墓誌彙考》和《五代石刻校注》。因此,未能進一步抉發墓誌以外的各類碑刻亦能理解。不過,在三部曲中已有涉及的碑刻中,未能發掘殆盡的議題也有不少,比如任漢權、郭進兩方屏盜碑,編著者更多關注的是《五代武人之文》這一册主題所限定的,兩人作爲武將的人生經歷及其對當時文武關係的認識價值。但屏盜碑本身反映的是唐末五代地方上盜賊橫行的社會現實,故而其社會史的價值更大,學界已有人初步探討,可惜《五代武人之文》的編著者未能進一步抉發[2]。

---

[1] 厲祖浩編著《越窑瓷墓誌》,上海古籍出版社,2013年;浙江省博物館編《杭州石屋洞吴越國題刻》,中國書店,2019年。

[2] 孟凡港《屏盜碑與五代地方賊患治理》,《齊魯學刊》2017年第2期。

其他由兩岸交流生發的類似問題,則是三部曲過於關注文本,最多比對傅斯年圖書館藏拓片,以及參考《五代墓誌彙考》《五代石刻校注》和其他一些墓誌圖錄的錄文,而未能直接比對墓誌實物,更難考慮到墓葬形制等。這方面確實是頗爲遺憾的,有待於後來者補足。

# 2023 年唐史研究書目

*A Manichaean Prayer and Confession Book*, edited by Nicholas Sims-Williams, John S. Sheldon, Zsuzsanna Gulacsi, Brepols, 2023.

*A Thorough Exploration in Historiography / Shitong*, translated and introduced by Victor Cunrui Xiong, University of Washington Press, 2023.

《阿拉伯阿拔斯"苦行詩"與中國唐宋"出家詩"比較研究》,齊明敏著,北京師範大學出版社,2023年10月。

*Animals and Plants in Chinese Religions and Science*, by Huaiyu Chen, Anthem Press, 2023.

*Aromas of Asia: Exchanges, Histories, Threats*, edited by Hannah Gould and Gwyn McClelland, Penn State University Press, 2023.

《白楊集:竺岳兵唐詩之路學術研究文集》,竺岳兵著,俞曉軍編,浙江大學出版社,2023年8月。

《碑林集刊》第27輯,西安碑林博物館編,三秦出版社,2022年12月。

《碑林集刊》第28輯,西安碑林博物館編,三秦出版社,2023年12月。

《北大國文課・唐代文學篇》,張一南著,岳麓書社,2023年10月。

《北户錄校箋》,段公路撰,崔龜圖注,許逸民校箋,中華書局,2023年5月。

*Beyond the Silk and Book Roads: Rethinking Networks of Exchange and Material Culture*, edited by Michelle C. Wang and Ryan Richard Overbey, Brill, 2023.

《貶謫文化與貶謫詩路:以中唐元和五大詩人之貶及其創作為中心》,尚永亮著,中華書局,2023年7月。

《變動的傳統:中國古代政治文化史新論》,陳侃理主編,上海古籍出版社,2023年5月。

《彬縣大佛寺:唐代佛教石窟的考古學報告與研究》,常青著,新文豐出版公司,2022年9月。

《渤海國文物研究》,彭善國著,上海古籍出版社,2023年12月。

《長安道上:繽紛的唐人世界》,董乃斌著,鳳凰出版社,2023年11月。

《長安學研究》第7輯,黃留珠、賈二强主編,上海古籍出版社,2023年4月。

《朝野僉載校證》,趙庶洋著,中華書局,2023年10月。

*Chinese Autobiographical Writing: An Anthology of Personal Accounts*, edited by Patricia Buckley Ebrey, Cong Ellen Zhang and Ping Yao, University of Washington Press, 2023.

*Classical Chinese Poems of Mourning: An Anthology*, edited by Victor H. Mair and Zhenjun Zhang, Bloomsbury, 2023.

*Cold Mountain Poems: Text Travel and Canon Construction*, by Anjiang Hu, Routledge, 2023.

《從敦煌到奈良・京都》,礪波護著,黃錚譯,四川人民出版社,2023年4月。

《從漢簡到唐楷:中古時期書迹研究》,冉令江著,中國社會科學出版社,2023年6月。

《從户版到紙籍:戰國至唐代户籍制度考論》,張榮强著,科學出版社,2023年9月。
《從隴上到吴越》,劉進寶著,甘肅文化出版社,2023年7月。
《從肉刑到流刑:漢唐之間刑罰制度的變革》,陳俊强著,元華文創股份有限公司,2023年10月。
《從唐詩走進歷史》,寧欣著,新星出版社,2023年4月。
《從饗宴到喪祭:兩漢至宋元墓葬家居隨葬組合研究》,李嘉妍著,上海古籍出版社,2023年6月。
《從蕭門到韓門:中唐通儒文化研究》,李桃著,中國社會科學出版社,2023年4月。
*Conjuring the Buddha: Ritual Manuals in Early Tantric Buddhism*, by Jacob P. Dalton, Columbia University Press, 2023.
《大使廳壁畫研究》,王静、沈睿文著,文物出版社,2022年12月。
*Dem Buddha geweiht: Neue Forschungen zu den kaiserlichen Seiden der Tang-Zeit aus dem Tempel von Famen*, edited by Susanne Greiff, Romina Schiavone, Shing Müller, Sun Zhouyong, and Hou Gailing, Romisch-Germanisches Zentralmuseum, 2023.
《〈帝範〉集注彙校》,竇秀艷、杜中新著,上海古籍出版社,2023年12月。
*Disciplinary Rituals in Dunhuang Buddhism*, by Zhan Ru, Brill, 2023.
《東來西往:8—13世紀初期海上絲綢之路貿易史研究》,陳燁軒著,社會科學文獻出版社,2023年11月。
《東亞唐詩學研究論集》第4輯,查清華主編,上海辭書出版社,2023年2月。
《東亞唐詩學研究論集》第5輯,查清華主編,上海辭書出版社,2023年8月。
*Dreaming and Self-Cultivation in China, 300 BCE – 800 CE*, by Robert Ford Campany, Harvard University Asia Center, 2023.
*Du Fu: The Song Dynasty Making of China's Greatest Poet*, by Jue Chen, Brill, 2023.
《獨異志校證》,李冗撰,李劍國校證,中華書局,2023年4月。
《杜甫研究新探索:杜甫研究高端論壇論文集》,胡可先、咸曉婷主編,浙江大學出版社,2023年2月。
《杜詩雙聲疊韻研究:聯綿語を超えて》,丸井憲著,研文出版,2023年1月。
《杜詩與朝鮮時代漢文學》,左江著,中華書局,2023年9月。
《敦煌本〈文選音〉考釋》,羅國威著,四川人民出版社,2023年1月。
《敦煌古藏文文獻釋讀與研究——對中古時期于闐歷史的解讀》,丹曲著,甘肅人民出版社,2023年6月。
《敦煌蒙書校釋與研究·習字卷》,任占鵬著,文物出版社,2023年3月。
《敦煌蒙書校釋與研究·算術卷》,任占鵬著,文物出版社,2023年6月。
《敦煌莫高窟土塔研究》,郭俊葉著,科學出版社,2023年5月。
《敦煌沙州回鶻洞窟研究》,劉人銘著,甘肅文化出版社,2023年7月。
《敦煌詩歌集萃》,紀忠元、紀永元、武國愛主編,中國書籍出版社,2023年8月。
《敦煌詩集佚詩、佚句、異文叢考》,張琴著,山西經濟出版社,2023年7月。
《敦煌通史·吐蕃卷》,陳繼宏著,甘肅教育出版社,2023年7月。
《敦煌通史·隋及唐前期卷》,吴炯炯著,甘肅教育出版社,2023年7月。
《敦煌通史·晚唐歸義軍卷》,李軍著,甘肅教育出版社,2023年7月。

## 2023 年唐史研究書目

《敦煌通史·五代宋初歸義軍卷》,杜海著,甘肅教育出版社,2023 年 7 月。
《敦煌吐魯番文書論叢》,朱雷著,武漢大學出版社,2023 年 12 月。
《敦煌吐魯番研究》第 22 卷,郝春文主編,上海古籍出版社,2023 年 7 月。
《敦煌吐魯番與漢唐西域史》,王素著,生活·讀書·新知三聯書店,2023 年 7 月。
《敦煌文獻語言大辭典》,張湧泉、張小豔、郜同麟主編,四川辭書出版社,2022 年 12 月。
《敦煌西域出土的法律文書與中國古代法制研究》,鄭顯文、王蕾主編,中國法制出版社,2023 年 11 月。
《敦煌西域文獻題跋輯錄》,劉波著,上海古籍出版社,2023 年 8 月。
《多元的中華世界の形成:東アジアの「古代末期」》,佐川英志主編,臨川書店,2023 年 2 月。
*Early Tang China and the World*, *618– 750 CE*, by Shao-yun Yang, Cambridge University Press, 2023.
*Early to Medieval Chinese Pottery: The Maclean Collection*, by Richard A. Pegg, Tongyun Yin and Zheng Wei, Weldon Owen, 2023.
《法國國家圖書館藏敦煌文獻》第 01—10 册,榮新江主編,上海古籍出版社,2023 年 7 月。
《法國國家圖書館藏敦煌文獻》第 11—40 册,榮新江主編,上海古籍出版社,2023 年 8—9 月。
《法門寺與隋唐文化研究》,王倉西著,三秦出版社,2022 年 10 月。
《樊錦詩文集》,敦煌研究院編,文物出版社,2023 年 6 月。
《風骨興寄:唐宋散文十二講》,高璐著,社會科學文獻出版社,2023 年 11 月。
《佛所王土:中古中國佛教地理研究》,李智君著,上海古籍出版社,2023 年 11 月。
《宮廷文化與唐五代詞發展史》,孫艷紅著,中國社會科學出版社,2023 年 8 月。
《古壁丹青:昭陵唐墓壁畫集》,張志攀、李浩主編,文物出版社,2023 年 5 月。
《古代中國與亞洲文明》,劉迎勝著,甘肅教育出版社,2023 年 4 月。
《古意:隋唐銅鏡藝術風格淵源的美術考古學研究》,范淑英著,上海古籍出版社,2023 年 2 月。
《官文書與唐代政務運行研究》,雷聞著,上海古籍出版社,2023 年 5 月。
《關中文化的歷史嬗變》,劉景純著,陝西師範大學出版總社,2022 年 11 月。
《虢國夫人遊春圖:大唐麗人的生命瞬間》,黃小峰著,河南美術出版社,2023 年 4 月。
《邯鄲學步輯存》,孫繼民著,甘肅文化出版社,2023 年 7 月。
《漢唐的巫蠱與集體心態》,蒲慕州著,聯經出版公司,2023 年 9 月。
《漢唐法制史研究》,冨谷至著,周東平、薛夷風譯,中華書局,2023 年 10 月。
《漢唐婦女史》,高世瑜著,三秦出版社,2023 年 7 月。
《漢唐海洋文獻輯錄》,尚永琪編,中國社會科學出版社,2023 年 2 月。
《漢唐間的制度文獻與制度文化》,黃楨著,上海古籍出版社,2023 年 9 月。
《漢唐時期河西走廊墓葬壁畫整理研究》,賈小軍著,中國社會科學出版社,2023 年 3 月。
《漢唐時期胡、俗樂的融合——絲綢之路上的樂器、樂舞的圖像學研究》,吳潔著,中央音樂學院出版社,2022 年 12 月。
《漢唐時期環塔里木盆地文化地理研究》,張弛著,商務印書館,2023 年 12 月。
《漢唐時期嶺南的銅鼓人群與文化》,龔雅華著,魏美強譯,南京大學出版社,2023 年 6 月。
《漢唐時期文殊菩薩信仰研究》,郭鎧銘著,佛光文化事業有限公司,2022 年 9 月。
《漢唐時期西南邊疆治理與區域社會互動整合研究》,尹建東著,雲南人民出版社,2023 年 11 月。

《漢唐絲路蜀錦文化貿易交流》,毛藝壇著,中國紡織出版社,2023 年 11 月。
《翰墨辨疑:唐宋元書畫家叢考》,余輝著,生活·讀書·新知三聯書店,2023 年 9 月。
《胡漢之間:"絲綢之路"與西北歷史考古(修訂本)》,羅豐著,文物出版社,2023 年 9 月。
《皇位傳承與中古政治》,姜望來著,中國社會科學出版社,2023 年 7 月。
《黄文弼所獲西域文書》,榮新江、朱玉麒主編,中西書局,2023 年 6 月。
《回望唐朝:瑰麗的長沙窰瓷器》,劉震主編,四川美術出版社,2023 年 2 月。
*In the Land of Tigers and Snakes: Living with Animals in Medieval Chinese Religions*, by Huaiyu Chen, Columbia University Press, 2023.
《〈集沙門不應拜俗等事〉校注》,釋彦悰纂録,劉林魁校注,上海古籍出版社,2023 年 8 月。
《假如她們是男人:唐代女皇難產與性別政治》,盧建榮著,暖暖書屋,2023 年 1 月。
《江蘇出版史·先秦至宋元卷》,黄鎮偉著,江蘇人民出版社,2023 年 5 月。
《金匱探賾:唐宋文獻叢考》,唐雯著,上海古籍出版社,2023 年 8 月。
《金縷瑞衣:法門寺地宫出土唐代絲綢考古及科技研究報告》,陝西省考古研究院編,科學出版社,2023 年 1 月。
《拘校道文:敦煌吐魯番道教文獻研究》,鄁同麟著,中國社會科學出版社,2023 年 5 月。
《君臣之際:中國古代的政權與學術》,祝總斌著,北京大學出版社,2023 年 7 月。
《跨越兩國的審美:日本與中國漢唐時期文化交流》,清華大學藝術博物館、奈良縣橿原考古學研究所編,上海書畫出版社,2023 年 1 月。
*L'Eurasie autour de l'an 1000: Cultures, religions et sociétés d'un monde en développement*, edited by Dominique Barthélemy, Frantz Grenet, Cécile Morrisson, Collège de France, 2023.
《朗潤輿地問學集》,李孝聰著,鳳凰出版社,2023 年 12 月。
*Late Tang China and the World, 750–907 CE*, by Shao-yun Yang, Cambridge University Press, 2023.
*Les Man du fleuve Bleu: La fabrique d'un peuple dans la Chine impériale*, by Alexis Lycas, Anacharsis, 2023.
《黎虎文集》,黎虎著,中國社會科學出版社,2023 年 12 月。
《李杜之争與宋代杜詩地位的浮沉》,張慧玲著,上海古籍出版社,2023 年 6 月。
《李賀詩論》,小田健太著,早稻田大學出版部,2023 年 3 月。
《李商隱年譜》,宋寧娜著,萬卷樓,2022 年 12 月。
*Literary History in and beyond China: Reading Text and World*, edited by Sarah M. Allen, Jack W. Chen, and Xiaofei Tian, Harvard Asia Center, 2023.
《龍門石窟研究(增訂本)》,龍門石窟研究院編,閻文儒、常青著,上海交通大學出版社,2023 年 4 月。
*Lore and Verse Poems on History in Early Medieval China*, by Yue Zhang, SUNY Press, 2023.
《論集 隋唐仏教社會とその周邊》,氣賀澤保規編著,汲古書院,2023 年 9 月。
《論王維》,王志清著,商務印書館,2023 年 5 月。
《洛陽流散唐代墓誌彙編三集》,毛陽光主編,國家圖書館出版社,2023 年 2 月。
《洛陽唐代墓誌拓片集萃》,時明德、李虎、高慎濤編,中國社會科學出版社,2023 年 4 月。
《馬馳史學論集》,馬馳著,山西人民出版社,2022 年 9 月。
《馬蹄寺石窟群漢傳佛教圖像研究》,張善慶著,甘肅教育出版社,2022 年 10 月。

Medieval Textiles across Eurasia, c. 300–1400, by Patricia Blessing, Elizabeth Dospěl Williams, and Eiren L. Shea, Oxford University Press, 2023.

《門閥時代：魏晉南北朝的政治與制度》，祝總斌著，北京大學出版社，2023 年 7 月。

《妙香國的稀世珍寶：大理國〈畫梵像〉研究》，李玉珉著，石頭出版股份有限公司，2022 年 12 月。

Middle Imperial China, 900–1350: A New History, by Linda Walton, Cambridge University Press, 2023.

《明月出天山：絲綢之路與唐人書寫》，高建新著，人民出版社，2023 年 11 月。

《モノと権威の東アジア交流史：鑑真から清盛まで》，費許爾著，勉誠社，2023 年 5 月。

《摩尼教非漢語文書研究》，芮傳明著，商務印書館，2023 年 7 月。

《摩尼教離合詩研究》，胡曉丹著，上海古籍出版社，2023 年 5 月。

《墓誌的生成及其在唐代的衍變研究》，孟國棟著，浙江大學出版社，2023 年 9 月。

《南唐春秋》，杜文玉著，陝西師範大學出版總社，2023 年 11 月。

《南天佛國：南詔大理佛教歷史與文化》，李東紅著，中華書局，2023 年 1 月。

《南詔大理國的圖像敘事與神話歷史》，安琪著，上海交通大學出版社，2023 年 6 月。

《南詔大理國興衰史》，方鐵著，岳麓書社，2023 年 1 月。

《內亞淵源：中古北族名號研究》，羅新著，社會科學文獻出版社，2023 年 1 月。

Networks of Faith and Profit: Monks, Merchants, and Exchanges Between China and Japan, 839–1403 CE, by Yiwen Li, Cambridge University Press, 2023.

Nominal Things: Bronzes in the Making of Medieval China, by Jeffery Moser, University of Chicago Press, 2023.

Northern Wei (386–534): A New Form of Empire in East Asia, by Scott Pearce, Oxford University Press, 2023.

《歐亞交通、貿易與唐帝國》，荒川正晴著，馮培紅、王蕾譯，甘肅教育出版社，2023 年 5 月。

《平齋晨話》，戴偉華著，鳳凰出版社，2023 年 12 月。

《七至十世紀朝鮮半島石刻碑誌整理研究》，拜根興著，社會科學文獻出版社，2022 年 12 月。

《千祀飛名：千唐誌齋藏宮人墓誌書法研究》，裴志強著，上海交通大學出版社，2023 年 12 月。

Religion and Poetry in Medieval China: The Way and the Words, edited by Gil Raz and Anna Shields, Amsterdam University Press, 2023.

《日本藏中國古代石刻拓本著錄輯目》，王連龍編撰，社會科學文獻出版社，2023 年 9 月。

《三升齋三筆》，榮新江著，甘肅文化出版社，2023 年 7 月。

《三餘書屋話唐錄》，查屏球著，鳳凰出版社，2023 年 11 月。

《山西出土唐代昭武九姓胡人墓誌舉例》，王俊、龍真著，文物出版社，2023 年 9 月。

《聲聞荒外：巴彥諾爾唐墓與鐵勒考古研究》，徐弛著，社會科學文獻出版社，2023 年 9 月。

《詩情與幽境：唐代文人的園林生活》，侯迺慧著，東大圖書公司，2023 年 9 月。

《〈史記〉的寫本時代：西元 10 世紀前〈史記〉的傳寫與閱讀》，張宗品著，上海古籍出版社，2023 年 10 月。

《史念海佚稿》，王雙懷整理，山西人民出版社，2023 年 3 月。

《史前至唐代高原絲綢之路考古研究》，霍巍著，科學出版社，2023 年 4 月。

《蜀山琢玉：喪葬制度與帝國氣象》，霍巍、王煜主編，上海古籍出版社，2023 年 5 月。

《絲綢之路古錢幣研究》,楊富學、袁煒主編,甘肅文化出版社,2023年9月。
《絲綢之路南道的歷史變遷:塔里木盆地南緣綠洲史地考索》,羅帥著,甘肅教育出版社,2023年3月。
《絲綢之路研究集刊》第9輯,陝西師範大學歷史文化學院、陝西歷史博物館、陝西師範大學人文科學高等研究院編,社會科學文獻出版社,2023年8月。
《絲綢之路研究集刊》第10輯,陝西師範大學歷史文化學院、陝西歷史博物館、陝西師範大學人文科學高等研究院編,社會科學文獻出版社,2023年9月。
《絲綢之路與敦煌文化研究》,李並成著,中國社會科學出版社,2023年5月。
《絲從東方來:隋唐洛陽城東運河兩岸的胡人部落與絲綢之路的東方起點》,張成渝、張乃翥著,文物出版社,2022年12月。
《絲路文明》第7輯,劉進寶主編,上海古籍出版社,2022年11月。
《絲路文明》第8輯,劉進寶主編,上海古籍出版社,2023年11月。
《絲路之光:2023敦煌服飾文化論文集》,劉元風主編,中國紡織出版社有限公司,2023年10月。
*Spatial Dunhuang: Experiencing the Mogao Caves*, by Wu Hung, University of Washington Press, 2023.
《隋:「流星王朝」の光芒》,平田陽一郎著,中央公論新社,2023年9月。
《隋唐:帝國的形成》,孫英剛著,上海古籍出版社,2023年10月。
《隋唐:盛衰的痕迹》,孫英剛著,上海古籍出版社,2023年10月。
《隋唐:文明的轉向》,孫英剛著,上海古籍出版社,2023年10月。
《隋唐の詔勅》,中村裕一著,汲古書院,2023年6月。
《隋唐北部邊疆治理研究》,艾冲著,陝西師範大學出版總社,2023年4月。
《隋唐崔氏家族墓誌疏證》,張應橋著,上海交通大學出版社,2022年11月。
《隋唐遼宋金元史論叢》第13輯,中國社會科學院古代史研究所隋唐五代十國史研究室、宋遼西夏金史研究室、元史研究室編,上海古籍出版社,2023年9月。
《隋唐洛陽の都城と水環境》,宇都宮美生著,雄山閣,2023年6月。
《隋唐平民服飾研究》,納春英著,人民出版社,2023年2月。
《隋唐五代佛教文學史》,祁偉主編,北方文藝出版社,2023年10月。
《隋唐五代僧人塔銘研究》,李谷喬著,社會科學文獻出版社,2023年1月。
《隋唐五代史要義》,金寶祥著,魏明孔整理,人民出版社,2022年10月。
《隋唐中樞體制的發展演變》,袁剛著,重慶出版社,2023年11月。
《唐:東ユーラシアの大帝國》,森部豊著,中央公論新社,2023年3月。
《唐朝西部治理與人員往來》,王慶昱著,山西人民出版社,2022年10月。
《唐傳奇鑑賞辭典》,上海辭書出版社編,上海辭書出版社,2023年5月。
《唐刺史考全編(增訂本)》,郁賢皓著,鳳凰出版社,2022年12月。
《唐代邊疆封授與治理研究》,劉海霞著,浙江大學出版社,2023年11月。
《唐代東部天山廊道軍城研究》,王玉平著,上海人民出版社,2023年10月。
《唐代藩鎮研究(三版)》,張國剛著,生活·讀書·新知三聯書店,2023年8月。
《唐代藩鎮與中央關係之研究》,王壽南著,北京大學出版社,2023年8月。
《唐代後期方鎮轄區變動研究》,付先召著,社會科學文獻出版社,2023年8月。

## 2023 年唐史研究書目

《唐代日本國朝臣備書李訓墓誌》,深圳望野博物館編,文物出版社,2023 年 8 月。
《唐代社會救濟法律制度研究》,武宇紅著,中國財政經濟出版社,2023 年 9 月。
《唐代史研究》第 26 號,日本唐代史研究會編,日本唐代史研究會,2023 年 8 月。
《唐代文學研究》第 22 輯,李浩主編,社會科學文獻出版社,2022 年 12 月。
《唐代文學研究》第 23 輯,李浩主編,社會科學文獻出版社,2023 年 6 月。
《唐代文學研究》第 24 輯,李浩主編,社會科學文獻出版社,2023 年 12 月。
《唐代西域民間借貸秩序研究》,王夢穎著,武漢大學出版社,2023 年 5 月。
《唐代樂府詩體研究》,王立增著,北京大學出版社,2022 年 12 月。
《唐代宗室研究》,陳麗萍著,中西書局,2022 年 4 月。
《唐法典と日本律令制》,阪上康俊著,吉川弘文館,2023 年 11 月。
《唐法史源》,卡爾·賓格爾著,金晶譯,商務印書館,2023 年 6 月。
《唐虢國夫人:文本與日常生活》,李志生著,陝西師範大學出版總社,2022 年 12 月。
《唐陵石刻遺存圖集》,党明放著,蘭臺出版社,2023 年 8 月。
《唐律研究新思考》,錢大群著,人民法院出版社,2023 年 3 月。
《唐七言詩式》,黃侃編選,熊禮匯輯評,崇文書局,2023 年 5 月。
《唐前期隴右防禦體系研究》,李新貴著,中國社會科學出版社,2023 年 9 月。
《唐詩講讀》,程鬱綴著,北京大學出版社,2023 年 1 月。
《唐詩三體家法彙注彙評》,陳斐輯著,鳳凰出版社,2023 年 6 月。
《唐詩十講》,劉青海著,北京大學出版社,2023 年 1 月。
《唐詩之路上的唐代摩崖》,許力著,浙江古籍出版社,2023 年 5 月。
《唐史論叢》第 36 輯,杜文玉主編,三秦出版社,2023 年 3 月。
《唐史論叢》第 37 輯,杜文玉主編,三秦出版社,2023 年 9 月。
《唐宋河套邊防體系的構築與生態變遷》,保宏彪著,鳳凰出版社,2022 年 10 月。
《唐宋軍政史研究》,島居一康著,汲古書院,2023 年 11 月。
《唐宋歷史評論》第 10 輯,包偉民、劉後濱主編,社會科學文獻出版社,2022 年 12 月。
《唐宋歷史評論》第 11 輯,包偉民、劉後濱主編,社會科學文獻出版社,2023 年 5 月。
《唐宋歷史評論》第 12 輯,包偉民、劉後濱主編,社會科學文獻出版社,2023 年 12 月。
《唐宋詩歌與園林植物審美》,王悅笛著,中國社會科學出版社,2022 年 11 月。
《唐宋時期長江下游圩田開發與環境問題研究》,莊華峰著,中國科學技術大學出版社,2023 年 12 月。
《唐宋時期的橋樑、法制與社會》,彭麗華著,人民出版社,2023 年 11 月。
《唐宋于闐史探研》,榮新江著,甘肅教育出版社,2023 年 3 月。
《唐王朝的賤人制度》,濱口重國著,王安泰、廖昀譯,安部聰一郎校,復旦大學出版社,2022 年 11 月。
《唐研究》第 28 卷,葉煒主編,北京大學出版社,2023 年 3 月。
《唐昭容上官氏墓考古發掘報告》,陝西省考古研究院編著,文物出版社,2023 年 9 月。
*Textual Practices of Literary Training in Medieval China: Evidence from Dunhuang Manuscripts*, by Christopher M. B. Nugent, Brill, 2023.

*The Awakening of the Hinterland: The Formation of Regional Vinaya Traditions in Tang China*, by Anna Sokolova, Brill, 2023.

*The Creative South Buddhist and Hindu Art in Mediaeval Maritime Asia*, edited by Andrea Acri and Peter Sharrock, Cambridge University Press, 2023.

*The First Print Era: The Rise of Print Culture in China's Northern Song Dynasty*, by Daniel Fried, Routledge, 2023.

*The Interpretation of Tang Christianity in the Late Ming China Mission: Manuel Dias Jr. 's* Correct Explanation of the Tang "Stele Eulogy on the Luminous Teaching" (*1644*), by Matteo Nicolini-Zani, Brill, 2023.

*The King's Road: Diplomacy and the Remaking of the Silk Road*, by Xin Wen, Princeton University Press, 2023.

*The Poetry of Li He*, by Robert Ashmore, Sarah M. Allen, Christopher Nugent, Xiaofei Tian, De Gruyter, 2023.

*The Silk Road and Cultural Exchanges Between East and West*, by Rong Xinjiang, Brill, 2023.

*The Threshold: The Rhetoric of Historiography in Early Medieval China*, by Zeb Raft, Harvard University Asia Center, 2023.

*The Way of Ch'an: Essential Texts of the Original Tradition*, by David Hinton, Shambhala, 2023.

*The World of the Ancient Silk Road*, edited by Xinru Liu, Routledge, 2023.

*The World of Wu Zhao: Annotated Selections from Zhang Zhuo's Court and Country*, by N. Harry Rothschild, Anthem Press, 2023.

《〈天寶遺事諸宮調〉輯錄校注》,王伯成著,武潤婷校注,人民文學出版社,2023年6月。
《同道中國:韓愈古文的思想世界》,劉寧著,生活·讀書·新知三聯書店,2023年10月。
《突厥汗國暨西域北狄東胡漢文史料編年輯證稿》,吳玉貴著,商務印書館,2023年12月。
《吐魯番的典籍與文書》,榮新江著,上海古籍出版社,2023年11月。
《吐魯番盆地考古發掘編號整理研究》,李亞棟、仵婷著,甘肅文化出版社,2023年8月。
《晚唐五代士風遞嬗與古文變遷研究》,李偉著,上海古籍出版社,2022年11月。
《王國的背影:吐谷渾慕容智墓出土文物》,甘肅省文物考古研究所編,文物出版社,2022年12月。
《魏晉南北朝隋唐史資料》第46輯,武漢大學中國3—9世紀研究所編,上海古籍出版社,2022年11月。
《魏晉南北朝隋唐史資料》第47輯,武漢大學中國3—9世紀研究所編,上海古籍出版社,2023年4月。
《魏晉南北朝隋唐史資料》第48輯,武漢大學中國3—9世紀研究所編,上海古籍出版社,2023年11月。
《文化生態與唐代詩歌》,戴偉華著,中華書局,2023年11月。
《文明:中西交流三千年》,張國剛著,大有書局,2023年11月。
《文書之力:唐代奏敕研究》,郭桂坤著,商務印書館,2023年7月。
《文物に現れた北朝隋唐の仏教》,礪波護著,法藏館,2023年11月。
《我認識的唐朝詩人》,陳尚君著,中華書局,2023年3月。

《吳越國塔幢研究》,魏祝挺著,浙江古籍出版社,2022年12月。
《五代十國:亂世のむこうの「治」》,山根直生主編,勉誠社,2023年12月。
《五代十國史料輯存》,杜文玉編,鳳凰出版社,2023年6月。
《五代十國研究論著目錄》,杜文玉、胡耀飛主編,鳳凰出版社,2023年6月。
《五至十世紀統萬城、夏州城考古發現與研究》,陝西省考古研究院編著,邢福來、侯甬堅主編,三秦出版社,2022年12月。
《西安何家村唐代窖藏文物集成》,陝西歷史博物館編,侯寧彬、譚前學主編,陝西人民出版社,2023年9月。
《西北出土契約文書所見習慣法比較研究》,韓樹偉著,甘肅文化出版社,2023年12月。
《西北史地與絲路文明》,劉進寶著,甘肅教育出版社,2023年3月。
《西明東夏:唐代長安西明寺與絲綢之路》,湛如著,中華書局,2022年12月。
《西域文史》第17輯,朱玉麒主編,科學出版社,2023年6月。
《西域文獻與中古中國知識–信仰世界》,余欣著,甘肅教育出版社,2023年5月。
《新修增訂注釋全唐詩》,陳鐵民、彭慶生主編,黃山書社,2023年2月。
《信仰與習俗:社會文化史視野下的唐代道教》,王永平著,社會科學文獻出版社,2023年1月。
《形象的趨同與内涵的嬗變:漢唐中外美術交流研究》,常豔著,商務印書館,2023年7月。
《玄奘三藏がつなぐ中央アジアと日本》,近本謙介、影山悦子編集,臨川書店,2023年12月。
《尋夢與歸來:敦煌寶藏離合史》,劉詩平、孟憲實著,廣西師範大學出版社,2023年6月。
《尋找繚綾:白居易〈繚綾〉詩與唐代絲綢》,趙豐著,浙江古籍出版社,2023年8月。
《顏師古"古今字"研究》,張青松、關玲著,社會科學文獻出版社,2022年12月。
《揚州通史·隋唐五代卷》,李文才主編,廣陵書社,2023年3月。
《以王羲之的名義:〈集王聖教序碑〉的經典化之路》,羅豐著,生活·讀書·新知三聯書店,2023年8月。
《魚國之謎:從蔥嶺東西到黃河兩岸》,馮培紅著,甘肅教育出版社,2023年3月。
《榆林窟壁畫樂舞圖像研究》,朱曉峰著,文物出版社,2023年6月。
《域外漢籍研究集刊》第26輯"中國中古的鈔本與知識史專號",童嶺編,中華書局,2023年12月。
《粵西唐詩之路探源與詩人尋蹤》,莫道才編,中華書局,2023年4月。
*Zen Evangelist: Shenhui, Sudden Enlightenment, and the Southern School of Chan Buddhism*, by John R. McRae, University of Hawaii Press, 2023.
《張海書法藝術館館藏石刻選》,張海書法藝術館編,張永強主編,西泠印社出版社,2023年4月。
《遮蔽與再生:以西安交大博物館館藏墓誌爲中心》,薛養賢、楊曉萍主編,西安交通大學出版社,2022年2月。
《貞石留芳:唐代詩人四十家墓誌疏證與研究》,胡可先、楊瓊著,上海古籍出版社,2023年12月。
《中古的社邑與信仰》,劉淑芬著,上海古籍出版社,2023年8月。
《中古喪葬模式與禮儀空間》,李梅田著,上海古籍出版社,2023年5月。
《中古山東軍事地理研究》,王鳳翔著,九州出版社,2022年12月。
《中古時期敦煌文人詩歌傳播研究》,侯成成著,中國社會科學出版社,2023年1月。
《中古時期月光童子信仰研究》,武紹衛著,花木蘭文化出版社,2022年9月。

《中古文學文獻學(增訂版)》,劉躍進著,鳳凰出版社,2023 年 2 月。
《中古政治與思想文化史論》,樓勁著,上海人民出版社,2023 年 1 月。
《中古中國〈法華〉譬喻詮釋研究》,林健著,中國社會科學出版社,2022 年 1 月。
《中古中國的女性與社會——南開中古社會史工作坊系列文集三》,夏炎主編,中西書局,2023 年 8 月。
《中古中國研究》第 4 卷"文本的歷史肌理:新文獻學的構建",余欣主編,中西書局,2023 年 8 月。
《中古中西物質文化交流論叢》,李靜傑著,科學出版社,2023 年 10 月。
《中國初期禪思想の形成》,古勝亮著,法藏館,2023 年 10 月。
《中國古代碑刻紋樣研究》,徐志華著,科學出版社,2023 年 6 月。
《中國古代的財政與國家》,渡邊信一郎著,吴明浩、吴承翰譯,社會科學文獻出版社,2023 年 4 月。
《中國古代國家論》,渡邊信一郎著,汲古書院,2023 年 1 月。
《中國古代社會論》,渡邊信一郎著,徐冲、劉藝穎譯,復旦大學出版社,2023 年 8 月。
《中國古代災荒賑貸制度研究》,楊乙丹著,商務印書館,2023 年 1 月。
《中國繪畫:五代至南宋》,巫鴻著,上海人民出版社,2023 年 6 月。
《中國經學史・南北朝、隋及初唐卷》,韓大偉撰,童嶺、陳秋、李曄譯,社會科學文獻出版社,2023 年 11 月。
《中國美術史の眺望:中國美術研究會論集》,曾布川寬、宇佐美文理編,汲古書院,2023 年 11 月。
《中国前近代の貨幣と財政》,宫澤知之著,京都大学学術出版会,2023 年 12 月。
《中國石窟銘文藝術》,胡天正著,中國文聯出版社,2023 年 3 月。
《中國司法長夜微光乍現》,盧建榮著,暖暖書屋,2023 年 7 月。
《中國唐史學會會刊》第 41 期,拜根興、介永強主編,中國唐史學會秘書處,2022 年 12 月。
《中國與古代東亞世界》,堀敏一著,馮立君譯,北京聯合出版公司,2023 年 9 月。
《中國中古史研究》第 10 卷"中古史研究的舊式新法",仇鹿鳴執行主編,中西書局,2023 年 8 月。
《中日書法交流史・古代卷》,鄭鳴謙、陳小法著,浙江人民美術出版社,2023 年 6 月。
《中唐古詩的尚奇之風》,葛曉音著,北京大學出版社,2023 年 6 月。
《中唐至五代石頭禪研究》,王潔著,宗教文化出版社,2023 年 12 月。
《走出五代:10 世紀藩鎮研究》,閆建飛著,四川人民出版社,2023 年 5 月。
《作爲物質史的石刻文獻》,程章燦著,南京大學出版社,2023 年 5 月。

(本篇所收書目涵蓋上卷至本卷定稿時所見相關出版物,標注時間爲上市時間。)

# 第二十九卷作者研究或學習單位及文章索引

| | | |
|---|---|---|
| 陳曉偉 | 復旦大學歷史系 | XXIX/653 |
| 董永强 | 西安電子科技大學人文學院 | XXIX/483 |
| 馮培紅 | 浙江大學歷史學院 | XXIX/507 |
| 富嘉吟 | 日本國立御茶水女子大學文教育學部 | XXIX/281 |
| 胡耀飛 | 陝西師範大學唐文明研究院 | XXIX/733 |
| 李柏楊 | 北京大學歷史學系（博士研究生） | XXIX/533 |
| 李浩搏 | 中國社會科學院大學歷史學院（博士研究生） | XXIX/423 |
| 劉　屹 | 首都師範大學歷史學院 | XXIX/313 |
| 劉真倫 | 華中科技大學中文系 | XXIX/123 |
| 吕　博 | 武漢大學歷史學院暨中國3—9世紀研究所 | XXIX/169 |
| 孟楷卓 | 北京大學歷史學系（博士研究生） | XXIX/371 |
| 聶溦萌 | 首都師範大學歷史學院 | XXIX/3 |
| 仇鹿鳴 | 復旦大學歷史學系 | XXIX/711 |
| 沈國光 | 中國社會科學院考古研究所 | XXIX/337 |
| 石　祥 | 復旦大學中國古代文學研究中心 | XXIX/297 |
| 宋欣昀 | 復旦大學歷史學系（碩士研究生） | XXIX/591 |
| 童　嶺 | 南京大學文學院 | XXIX/99 |
| 吳曉豐 | 湖南大學岳麓書院歷史學系 | XXIX/555 |
| 吳　真 | 中國人民大學文學院 | XXIX/65 |
| 夏　婧 | 復旦大學中國語言文學系 | XXIX/259 |
| 謝宇榮 | 陝西省社會科學院古籍整理研究所 | XXIX/733 |
| 徐紫悦 | 北京大學歷史學系（博士研究生） | XXIX/197 |
| 查屏球 | 復旦大學中國古代文學研究中心 | XXIX/35 |

| | | |
|---|---|---|
| 曾　磊 | 復旦大學歷史學系（博士研究生） | XXIX/217、721 |
| 張豐楚 | 北京大學中國語言文學系（博士研究生） | XXIX/673 |
| 張凱悦 | 華東師範大學歷史學院 | XXIX/635 |
| 張瀟文 | 復旦大學歷史學系（博士研究生） | XXIX/403 |
| 張照陽 | 華中師範大學歷史文化學院 | XXIX/613 |
| 朱超龍 | 揚州市文物考古研究所 | XXIX/447 |

# 《唐研究》簡介及稿約

《唐研究》由美國羅傑偉（Roger E. Covey）先生創辦的唐研究基金會資助，自第 16 卷開始，與北京大學中國古代史研究中心合辦，每年由北京大學出版社出版一卷，論文和書評以中文爲主，也包括英文論文和書評。

《唐研究》以唐代及相關時代的研究爲主，内容包括歷史、地理、美術、考古、語言、文學、哲學、宗教、政治、法律、經濟、社會等各方面的傳統學術問題。其特色是論文之外，發表新史料、書評和學術信息。

來稿請附作者簡歷。中文論文用繁體字書寫，須附中英文提要；英文稿件須用 A4 型紙單面隔行打印。注釋放在頁脚。詳細書寫格式附於本書最後。

論文作者可得到論文抽印本二十份及該卷書一册。内地作者，酌付稿酬。

論文、書評以及作者或出版社寄贈本刊之待評圖書均請寄至：

（100871） 北京大學歷史系 葉煒收；電郵：gtyjtg@ pku. edu. cn。

訂閱請與北京大學出版社郵購部聯繫。電話：（010）62752019，電傳：（010）62556201。

## *Journal of Tang Studies*（*JTS*）

The *Journal of Tang Studies* was founded under the auspices of the Tang Research Foundation founded by Mr. Roger E. Covey. From the 16th volume, it is jointly supported by the Foundation and the Center for Studies of Ancient Chinese History of Peking University. It is published annually by the Peking University Press. Most of the articles and reviews are presented in Chinese, with some in English as well.

The subject matter of the papers is the Tang dynasty and related periods, including issues in history, geography, fine arts, archaeology, language, literature, philosophy, religion, political science, law, economics, and sociology, etc. The *JTS* features new sources, book reviews and professional news in addition to research articles.

Prospective authors should send a brief resume. Manuscripts submitted in Chinese must be accompanied by English abstracts, and those in English must be typed double spaced. Footnotes should appear at the bottom of the same page. The style-sheet appears at the end of this issue.

Contributors will receive 20 offprints of their articles, and one copy of the Journal.

Please address all manuscripts of articles, reviews, and book reviews to Professor Ye Wei, Department of History, Peking University, Beijing 100871, China. Email：gtyjtg@pku.edu.cn.

Subscription enquiries should be addressed to the Peking University Press ( tel. 010-62752019, fax. 010-62556201).

## 稿件書寫格式

一、手寫稿件,必須用橫格稿紙單面書寫;字體使用規範繁體字,除專論文章外,俗字、異體字改用繁體字;引用西文,則必須打字。歡迎用電腦打字,請用與方正系統兼容的 WPS、Word 等軟件,用 A4 型紙隔行打印。

二、一律使用新式標點符號,除破折號、省略號各占兩格外,其他標點均占一格。書刊及論文均用《 》,此點尤請海外撰稿人注意。

三、第一次提及帝王年號,須加公元紀年;第一次提及外國人名,須附原名。中國年號、古籍卷、葉數用中文數字,如貞觀十四年,《新唐書》卷五八,《西域水道記》葉三正。其他公曆、雜誌卷、期、號、頁等均用阿拉伯數字。引用敦煌文書,用 S.、P.、Ф.、Дх.、千字文、大谷等縮略語加阿拉伯數字形式。

四、注釋號碼用阿拉伯數字表示,作〔1〕、〔2〕、〔3〕……其位置放在標點符號前(引號除外)的右上角。再次徵引,用"同上"×頁或"同注〔1〕,×頁"形式,不用合併注號方式。

五、注釋一律寫於頁脚;除常見的《舊唐書》《新唐書》《册府元龜》《資治通鑑》等外,引用古籍,應標明著者、版本、卷數、頁碼;引用專書及新印古籍,應標明著者、章卷數、出版者及出版年代、頁碼;引用期刊論文,應標明期刊名、年代卷次、頁碼;引用西文論著,依西文慣例,如 P. Demiéville, *Le concile de Lhasa*, Paris 1952, pp. 50-100。書刊名用斜體;論文加引號。

六、中文論文必須附五百字的中、英文摘要,同時提供大作的英文名稱(格式要求詳下)。

七、來稿請寫明作者姓名、性別、工作單位和職稱、詳細地址和郵政編碼,以及來稿字數。

## 稿件英文摘要格式

一、英文摘要不超過五百字,無須提供關鍵詞。

二、專有名詞的翻譯請對照魏根深《中國歷史研究手册》的中、英文版,如未能在

《手册》中找到相應翻譯,職官類名詞可參考賀凱《中國古代官名辭典》,考古類名詞可參考 Anne P. Underhill (ed.), *A Companion to Chinese Archaeology*,美術類名詞可參考 Maria Cheng, Tang Wai Hung, Eric Choy, *Essential Terms of Chinese Painting*,其他可參考魏根深《手册》中各部分所列英文圖書所用的翻譯。

三、正文中書名使用斜體,非書名的專名、術語不使用斜體。

四、正文中首次出現中文專名、術語的音譯,除王朝名外,音譯後須提供中文,如 Shangshu sheng 尚書省。

五、正文中首次出現中文專名、術語的意譯,意譯後可直接提供中文,亦可以括注同時提供漢語拼音和中文,如 *Selected Works* 文選,collation office (Lantai ling 蘭臺令)。

六、正文中以數字命名的王朝以及南北朝,王朝 dynasty 用大寫,如 Three Kingdoms, Six Dynasties, Northern and Southern Dynasties。不以數字命名的王朝,王朝 dynasty 用小寫,如 Tang dynasty。

七、特指王朝時,王朝名前加冠詞 the,如 during the Tang dynasty。王朝名用作附屬時,王朝名前不加冠詞 the,如 some Tang dynasty writers。

八、王朝的早、中、晚期使用小寫,如 late Tang dynasty。

九、年號放在皇帝前面,同時必須加冠詞 the,如 the Qianlong Emperor。謚號和廟號放在皇帝後面,不需要加冠詞 the,如 Emperor Taizong of Tang。

十、標題大小寫採用《芝加哥手册》的標準。

# 投稿須知

爲提高本刊的工作效率,特作如下規定,請各位學者投稿時注意。

1. 從第十卷起,所收到的來稿不論採用與否,一律不退稿,請各位作者自留底稿;如果您希望退還稿件,請來稿時說明。

2. 本刊每年一季度出版,因此投稿件截止日期爲前一年5月底,請務必遵守截稿日期。每年5月31日以後的來稿,視作投給下一卷,敬希留意,以免大作在本刊放置太久。

3. 來稿請務必遵守本刊書寫規範,引文正確,中英文摘要齊備,並用規範繁體字書寫。如不遵守本刊規範,將不予處理。

4. 本刊已許可中國知網及北京大學期刊網以數字化方式複製、彙編、發行、資訊網絡傳播本刊全文。本刊支付的稿酬已包含中國知網及北京大學期刊網著作權使用費,所有署名作者向本刊提交文章發表之行爲視爲同意上述聲明。如有異議,請在投稿時說明,本刊將按作者說明處理。

《唐研究》編委會
2021 年 2 月 21 日